SCHOLAR'S ZULU DICTIONARY

Omar C. Jadwat

SCHOLAR'S ZULU DICTIONARY

English — Zulu
Zulu — English

Compiled by
G. R. DENT
and
C. L. S. NYEMBEZI

PIETERMARITZBURG
SHUTER & SHOOTER

Shuter & Shooter (Pty) Ltd
Gray's Inn, 230 Church Street
Pietermaritzburg, South Africa 3201

Copyright © Shuter & Shooter (Pty) Ltd 1969

First edition 1969 (ISBN 0 86985 023 7)
Second edition 1988
Fourth impression 1993

ISBN 0 7960 0111 1

Set in 8 pt Times Roman
Printed by The Natal Witness
Printing and Publishing Company (Pty) Ltd
Pietermaritzburg
9954L

INTRODUCTION

This abridged dictionary is intended for those people who find the more comprehensive dictionaries too cumbersome and too detailed for their needs.

The following publications have been freely consulted during the compilation of this dictionary, and full acknowledgement is made for all material which has been used.

Zulu-English Dictionary. Doke and Vilakazi (*Witwatersrand Univ. Press*).

English-Zulu Dictionary. Doke, Malcolm, Sikakana (*Witwatersrand Univ. Press*).

Zulu-English Dictionary. A. T. Bryant (*Mariannhill Mission Press*).

An Abridged English-Zulu Word Book. A. T. Bryant (*Mariannhill Mission Press*).

In Zulu the noun consists of a prefix and a stem. If the prefix is removed the stem remains, and all nouns are entered under the first letter of the stem.

Thus the nouns umfana (boy) and abafana (boys) are divided into the singular prefix um- and the stem -fana, and the plural prefix aba- and the stem -fana.

Nouns in Zulu are divided into classes according to the form their prefixes take. It is generally accepted that for normal purposes there are eight classes of nouns, as listed in the following table: —

1. umu-ntu, aba-ntu
    um-fundisi, aba-fundisi
    um-shayeli, aba-shayeli
    (umu-   aba-)

1. (a) u-baba, o-baba
    u-dade, o-dade
    u-sheleni, o-sheleni
    (u-   o-)

2. um-lenze, imi-lenze
    um-thunzi, imi-thunzi
    umu-thi, imi-thi
    (umu-   imi-)

3. i-qanda, ama-qanda
    i-bhola, ama-bhola
    i-dolo, ama-dolo
    (i-   ama-)

There are a number of words in this class which appear only in the plural, e.g., ama-futha, ama-zolo, ama-khaza. (The full form of the singular prefix here is ili-).

4. isi-khulu, izi-khulu
    isi-cebi, izi-cebi
    isi-bhatata, izi-bhatata
        (isi-   izi-)

5. in-ja, izin-ja
    in-gwenya, izin-gwenya
    in-tandane, izin-tandane
        (in-   izin-)

6. u-donga, izin-donga
    u-phaphe, izim-phaphe (izimpaphe)
    u-fudu, izim-fudu
        (u-   izim-, izin-)

(The full form of the singular prefix here is ulu-).
There are a number of nouns in this class which appear only in the singular, e.g.:
    ubisi
    uxolo

7. The prefix in this class is not indicative of number.
    ubu-hlalu
    ubu-bi
    ubu-hle
        (ubu-)

8. The nouns in this class have the same form as the verb infinitive.
    The prefix is not indicative of number.
    ukukhanya
    ukudlala
    ukuhamba
        (uku-)

PRONUNCIATION

In an abridged dictionary of this type pronunciation of English or Zulu words has not been indicated, either by marks to indicate the stressed syllables or by phonetic script.

For the non-Zulu speaking person, a brief indication of the pronunciation of the vowels and consonants in the Zulu language is given here.

The best method of learning the pronunciation of exceptional or unusual words is to ask a Zulu speaking person to pronounce the word, and then to imitate this pronunciation.

Most of the standard dictionaries also indicate pronunciation.

PRONUNCIATION: ZULU

In the standard orthography now in use, no additional letters beyond the normal twenty-six letters of the alphabet are used to represent the sounds in the Zulu language.

There are a number of sounds which are not adequately represented by these letters. In the interests of uniformity however it was decided to use only the twenty-six letters, and therefore one letter may represent more than one sound, and it is necessary to use combinations of letters to represent other recognised sounds.

vi

The vowel "e" for example is sometimes pronounced as in the English word "bed" and sometimes as in the English word "lay".

Zulu is a tonal language, the tone of the word frequently determining its meaning. This is a further urgent reason for learning to pronounce the more difficult Zulu words by listening to a Zulu speaking person saying them.

In this dictionary tone is not indicated and the different meanings are given under one entry in the case of homonyms. The prefix *ubu-* is used extensively in Zulu to form abstract nouns; e.g. *indoda* (man) *ubudoda* (manhood). It is also common to find personal nouns formed from verbs by substituting -*i* for the final vowel and prefixing the appropriate class prefix. In non-personal nouns -*o* replaces the final vowel. Examples: *umhambi* (traveller), *uhambo* (journey) derived from the verb *hamba*.

The following examples illustrate the more commonly used simple verbal suffixes: *funa* (seek), *funwa* (be sought), *funisa* (help to seek), *funisisa* (search thoroughly), *funela* (search for or on behalf of), *funafuna* (search a little), *funana* (seek each other); *funeka* (to be sought after).

There are three click sounds represented by the letters "c", "q", and "x". These appear also in various combinations, and will be treated as they appear in the alphabet.

Generally speaking the main stress in a Zulu word occurs on the penultimate syllable.

Vowels

a	is pronounced as in the English word "bark", e.g. udaka (mud).
e	usually is pronounced as in the English word "bed", but also as in the English word "lay", e.g. deda (move aside); ihele (row of people).
i	is pronounced as in the English word "feast", e.g. biza (to call).
o	is used to represent two sounds as in the English words "shawl" and "coat", e.g. ibhola (ball); isigodi (ravine).
u	is pronounced as in the English word "fool", e.g. imbuzi (goat).

Semi-vowels

y	is pronounced as in the English word "yeast", e.g. uyise (his/her father).
w	is pronounced as in the English word "well", e.g. amawele (twins).

Consonants

b	this is a soft "b" sound pronounced with bilabial implosion, e.g. ubaba (my/our father); bala (count).
bh	this is a hard "b" sound pronounced as in the English word "bed". This is a bilabial explosive sound, e.g. bhala (write); ibhala (a barrow).
c	this is a click sound. It is the sound sometimes made in English to express exasperation. The sound is made by pressing the tip of the tongue against the forepart of the upper mouth, and then withdrawing it, e.g. cela (to ask); ceba (to inform against).
ch	this is the "c" sound aspirated, e.g. chela (sprinkle with water): ichibi (pond).
d	this is pronounced as in the English "dark," e.g. idada (duck); deka (lay the table).
dl	this is a fully voiced sound. It is a merging of the normal English "d" and "l" sounds, e.g. dlala (to play).
f	is pronounced as in the English word "fair," e.g. fela (to spit).
g	is pronounced as in the English words "golf," "gather". It is never given the "g" sound as in the word "gentle," e.g. goba (to bend); igama (name).

gc	this is a voiced combination of the "g" and "c" sounds, e.g. gcaba (to vaccinate).
gq	this is a voiced combination of the "g" sound and the click sound "q," e.g. gqabuka (be torn off).
gx	this is a voiced combination of the "g" sound and the click sound "x," e.g. imigxala (crow bars).
h	in some words this is pronounced as in the English word "hand," and in others as in the Afrikaans word "hand". (The double "h" for the second "h" sound is no longer used), e.g. hamba (go); ihashi (horse).
hl	this is pronounced as is the "ll" in Welsh, e.g. hlaba (stab).
j	this is pronounced as in the English word "jig," e.g. jika (make a turn).
k	this is pronounced as in the English word "scheme," e.g. ikati (cat). In many Zulu words "k" represents a softer sound than this, something between a "k" and a "g", e.g. ukuma (to stand); uThukela (Thukela river).
kh	this is an aspirated sound. It is pronounced rather like the "c" in the English word "comb," e.g. ukhezo (spoon).
kl	this is often found to be the most difficult sound to pronounce. It is a type of tearing sound made towards the back of the throat, e.g. klekla (pierce the ears); klwebha (scratch).
l	is pronounced as in the English word "land," e.g. lamba (be hungry).
m	is pronounced as in the English word "man," e.g. umama (my/our mother).
n	is pronounced as in the English word "nine," e.g. nona (become fat).
nc	this is a nasalised sound. It is a combination of the "n" sound and the "c" click sound, e.g. ncika (lean against).
ng	this is pronounced as in the English word "linger," e.g. amanga (falsehood).
ngc	this is a voiced nasal sound, e.g. isingci (heavy rain).
ngq	this is a voiced nasal sound, e.g. ungqi (full stop).
ngx	this is also a voiced nasal sound, e.g. ngxama (be angry).
nq	this is a nasalised form of the "q" click sound, e.g. inqama (ram).
nx	this is a nasalised form of the "x" click sound, e.g. inxeba (wound).
p	this is pronounced as in the English word "speech," e.g. ipiki (a pick).
ph	this is the aspirated form of the "p" sound. It is never pronounced as in the English word "phone," e.g. phatha (to hold).
q	this is a click sound. In order to sound this press the front part of the tongue against the upper part of the mouth, and then release the tongue sharply, e.g. qamba (make up).
qh	this represents the aspirated form of this click, e.g. qhamuka (appear).
r	the "r" as pronounced in English words does not occur in Zulu. It is now found in a number of imported words, e.g. irayisi (rice).
s	this is pronounced as in the English word "silk". It is never given the "z" sound as in "hose", e.g. sika (to cut).
sh	this is pronounced as in the English word "should", e.g. shuka (rub together).
t	is pronounced as in the English word "tort", e.g. totoba (walk with a halting gait).
th	this is an aspirated form of the "t" sound. It is never pronounced as in the English word "this", e.g. thoba (foment).
tsh	this is pronounced as in the English word "cheek", although the Zulu sound is more ejective; e.g. tshinga (throw away).
v	is pronounced as in the English word "valour", e.g. vama (abound).

x	this is the sound sometimes made to indicate exasperation, or to urge a horse on to greater speed, e.g. ixoxo (frog).
xh	this is the aspirated form of the "x" click sound, e.g. xhuma (join together).
z	this is pronounced as in the English word "zinc", e.g. ziba (pretend).

Abbreviations

The following abbreviations are in general use in written Zulu:

a.m.	a.m.
p.m.	p.m.
e.g.	izib. (izibonelo)
i.e.	i.e.
Dr.	Dr.
Miss	Nks. (Nkosazane)
Mr.	Mnu. (Mnumzane)
Mrs.	Nkz. (Nkosikazi)
etc.	njll. (njalo njalo)
Rev.	Mf. (Mfundisi)
St.	St. (isitaladi)

The following abbreviations are used in this dictionary:

a., adj.	adjective
adv.	adverb
aux. v	auxiliary verb
c., conj.	conjunctive
def. v	deficient verb
ideo.	ideophone
interj.	interjective
inter. suffix	interrogative suffix
loc. dem. cop.	locative demonstrative copulative
n.	noun
pl.	plural
poss.	possessive
prep.	preposition
rel.	relative
pron.	pronoun
v.	verb
s., sg.	singular
anat.	anatomical
arith.	arithmetic
geo.	geography
geom.	geometry
gram.	grammar
math.	mathematics
med.	medical
theol.	theology

English — Zulu.

A

abandon (v) shiya; lahla; yeka; dela; hlubuka (a. one's friends); ukushiya ungaphinde ubuye (to a. and never return).

abandoned (a) -lahliwe; -shiyiwe; -deliwe; -nobundlavini (free from restraint).

abash (v) jabhisa; bangela amahloni.

abate (v) bohla; nciphisa; lotha; khawuka; nqamuka (cease).

abattoir (n) amadela; isilaha.

abbess (n) umphathikazi wesigodlo sezindela zabesifazane.

abbey (n) indlu ehlala izindela; indlu yesonto.

abbot (n) umphathi wendlu ehlala izindela zesilisa.

abbreviate (v) fingqa; finyeza; nciphisa.

abbreviation (n) isifingqo; isinciphiso; isifinyezo; ukufinyeza igama.

abdicate (v) dela; duba; lahla; ukudela ubukhosi; yeka ilungelo.

abdication (n) ukudelwa kwobukhosi.

abdomen (n) isisu.

abdominal (a) -phathelene nesisu; -esisu.

abduct (v) thumba; thwala; thwala ngenkani.

abduction (n) ukuthumba; ukuthwala ngenkani.

abed (adv.) embhedeni; ocansini; okhukhwini.

aberration (n) impambuko; inkohlakalo; ukuhlanhlatha.

abet (v) duda; kwezela.

abeyance (n) ukumiswa; ukuyekwa; miswa (be in a.).

abhor (v) canukela; enyanya; zonda.

abhorrence (n) ukwenyanya; isinengiso.

abhorrent (a) -enyanyekile; -nengekile.

abide (v) hlala; akha (dwell); nyamezela (tolerate); gcina (a. by).

ability (n) ikhono; ukwazi; ubungcweti; isiphiwo.

abject (a) -delelekile; ubuswempu (a. poverty).

abjure (v) phika; ala.

ablaze (a. adv.) -sha; vutha amalangabi.

able (a) -nokwazi; -nokuhlakanipha; -hlakaniphile.

able-bodied (a) -philayo; -nobudlakala.

ablution (n) ukugeza; ukuhlanza; indlu yokugezela (a. block).

ably (adv.) ngokwazi; ngokuhlakanipha; ngamandla.

abnegation (n) ukuzidela.

abnormal (a) -ngandile; -ngavamile; -ngahambi ngohlelo.

abnormality (n) okungavamile; okungandile.

aboard (prep. adv.) emkhunjini; esitimeleni; endizeni.

abode (n) ikhaya; umuzi.

abolish (v) chitha; qeda; susa; esula; ukuqeda nya (a. completely).

abolition (n) ukuchithwa; ukuqedwa; ukwesulwa.

abominable (a) -enyanyekile; -casulayo.

abominate (v) enyanya; zonda; nengwa.

abomination (n) isinengiso.

aboriginal (a) -omdabu; emvelo; isizwe somdabu (a. people).

aboriginees (n) abantu bomdabu; abantu bemvelo.

abort (v) khipha isisu (human); phunza (animal).

abortion (n) ukukhipha isisu, ukuphuphuma kwesisu (human); ukuphunza (animal).

abortive (a) -ngaphumeleli; -ngafinyeleli.

abound (v) vama; anda; chuma; gcwala.

about (adv. prep.) ngakhona; yaluza, hambahamba (walk a.); phenduka (turn a.); -zungezile (surrounded); -cishe, -phonse (a. to); -phathelene (concerning).

above (adv. prep.) -ngenhla; phezulu; enhla kwa-.

above-board (adv.) obala.

abrasion (n) umhuzuko; umhuzulo; ukudleka; ukugudleka.

abrasive (n) isishukulo; isigudlo.

abreast (adv.) ngokulinganisana (a. of); ngokulungelana ngezikhathi.

abridge (v) fingqa; thothanisa.

abridgement (n) okufinyeziwe; ukuthothanisa.

abroad (adv.) phandle; ndawo zonke; kwelinye izwe (in another country); phesheya (overseas).

abrogate (v) esula; qeda; phelisa.

abrupt (a) -zumile (not expected);

-ngabhekwanga, zumayo (sudden);
-okubhekuza (a. behaviour).

abruptly (adv.) ngokuzuma;
ngokubhekuza (rudely).

abscess (n) ithumba.

abscond (v) baleka; eqa; nyiba.

absence (n) ukuphutha; ukungabikho;
ukuntuleka.

absent (v) -ziphuthisa (a. oneself); (a)
-phuthile; -ngekho; -ngabikho.

absentee (n) ophuthile; ongekho.

absent-minded (a) -luluthekayo; -lulu-
thekile.

absolute (a) -okuphelele; -ngenaku-
lulekwa; -ngenakuphikiswa; isabi-
zwana soqobo (a. pronoun, gram.).

absolution (n) ukukhululwa ecaleni;
ukuxolelwa.

absolve (v) xolela (forgive);
hlambulula; khulula ecaleni (a.
from blame).

absorb (v) munya; munca; ncela
(suck); gwinya (swallow).

absorbing (a) -hlaba umxhwele;
-nehuha.

absorption (n) ukumunca; ukugwinya;
ukudonswa.

abstain (v) yeka; zila (a. from).

abstemious (a) -yekelelayo; -nculuzile;
-zilayo.

abstinence (n) ukuzila; ukuyekelela.

abstract (n) okungephatheke
ngezandla; okusemcabangweni;
ibizosimo (a. noun, gram.). (v)
khipha ingqikithi yento; finyeza.

abstruse (a) -julile; -hhlakele; -nga-
qondakali.

absurd (a) -ngasile; -ligidigidi;
-yinhlekisa.

absurdity (n) igidigidi; inhlekisa;
insumansumane.

abundance (n) inala; ubuningi.

abundant (a) -ningi; -xhaphakile;
-vamile; omiyane bavame
emaxhaphozini (mosquitoes are a.
in swamps).

abuse (n) isithuko; inhlamba. (v)
thuka; hlambalaza; phatha kabi,
ona (use wrongly); phatha ngonya.

abut (v) encikana (a. upon); ncika
(a. on).

abysmal (a) -julile; ubuphukuphuku
obujulile (a. ignorance).

abyss (n) isikhelekehle esijulile;
umhome ojulile.

acacia (n) umuthi osawatela; umunga;
umtholo.

academic (a) -kwemfundo ephakeme.

academy (n) inhlanganisela yezazi
ezihloniphekile; isikole semfundo
ephakeme.

accede (v) vuma; ngena esikhundleni
(a. to position).

accelerate (v) sheshisa; phangisa; iya
ngokushesha; gijimisa ngokushesha.

accelerator (n) into ethintwayo
esheshisayo.

accent (n) isigcizelelo; ukuqhama
kwamanye amalunga egama; isimo
sokukhuluma (way of speaking).
(v) gcizelela; qhamisa.

accentuate (v) gcizelela; qhamisa.

accept (v) amukela; vuma.

acceptable (a) -vumekayo; -amukele-
kayo; -thandekayo.

acceptance (n) ukwamukelwa; ukwa-
mukela.

access (n) intuba; isango; umnyango.

accessory (n) umsekeli; owelekelelayo;
umsizi ekwenzeni okuyicala; ono-
lwazi ngento eyicala eyenziwe (a.
after the fact). (a) -sekelayo;
-elekelelayo.

accident (n) ingozi; isehlo; okuzivele-
layo.

accidentally (adv.) ngengozi; ngo-
kuzenzekela.

acclaim (v) halalisa; enanela;
halalisela; hlokomela.

acclimatize (v) jwayeza ezweni elisha.

accommodate (v) ngenisa; hlalisa;
lungisela; siza.

accommodation (n) indawo yokuhlala;
indawo yokungenela; indlu engahla-
lisa abantu abane (the house has a.
for four people).

accompaniment (n) ukuvumela; uku-
hambisana; washaya upiyane ngo-
kuvumelana nomculi (played piano
in a. with the singer).

accompany (v) phelekezela; khapha;
vumela (as in music).

accomplice (n) umlekeleli; umvunisi;
impeleki.

accomplish (v) feza; yenza; gcina;
qeda.

accomplished (a) -enzekile; -fezekile;
-yingcweti (skilful).

accomplishment (n) ubungcweti;
ubuciko.

accord (n) isivumelwano (agreement);
ngentando yakhe (of own a.). (v)
vuma; vumelana.

according (prep. a.) njenga- (a. to);

njengokuba; sivale umnyango njengokusho kwakho (We closed the door in accordance with your instruction).

accordingly (adv.) ngokunjalo; kanjalo; ngakho.

accordion (n) inkositini esalupiyane.

accost (v) misa endleleni; bingelela.

accouchement (n) ukubeletha; ukuzala.

account (n) iakhawunti; indaba, ingxoxo (story). (v) bala; linganisa inani (as in business); landa (a. of a happening); -zibika (a. for yourself).

accountant (n) umbhali wamabhuku ezimali; umcwaningi wamabhuku ezimali.

accountancy (n) ukubhalwa kwamabhuku ezimali.

accounting (n) ukubhalisisa; ukubalisisa.

accretion (n) ihlumelelo.

accrue (v) qongelela; inzalo eqongelekayo (interest which accrues to).

accumulate (v) buthelela; qongelela; didiyela; buthana (come together).

accumulation (n) indidiyela; inqwaba.

accuracy (n) ukucophelela; ukuqikelela iqiniso.

accurate (a) -cophelekile; -ngenaphutha; -lungile.

accursed (a) -qalekisiwe; -thukiwe.

accusation (n) icala elibekwayo; isihlebo (false a.).

accuse (v) beka icala; thwesa icala.

accused (n) ummangalelwa. (v) thweswe icala.

accuser (n) ummangali.

accustom (v) jwayeza (a. to).

acerbity (n) ulunya.

ache (n) ubuhlungu; ukuqaqamba. (v) qaqamba; futha; nkenketha.

achieve (v) feza; phumelela; finyelela; qedela; qeda.

achievement (n) impumelelo; ukufinyelela.

acid (n) iasidi; okumuncu; isimuncu.

acidity (n) ubumuncu; ukubaba; isilungulela (a. of stomach).

acknowledge (v) vuma; thela; khonza (a. an authority).

acknowledgement (n) ukuvuma; ukukhonza; ukuthela.

acne (n) izinsunsu; umqubuko.

acoustics (n) okuphathelene nokuzwakala kahle nokungezwakali phakathi endlini.

acquaint (v) azisa; tshela; bika.

acquaintance (n) isazani (person known to one); ukwazi (knowledge).

acquiesce (v) vuma (a. in); amukela (accept).

acquiescence (n) ukuvuma; ukwamukela.

acquire (v) thola; zuza; funda (a. learning); -zizuzela; -zitholela; -zifundela.

acquisition (n) ukuzuza; inzuzo; ukuzizuzela; ukuzitholela.

acquisitiveness (n) ubuqongqela; ukunxanela inzuzo.

acquit (v) -thethwa yicala; esula icala; khulula; -ziphathe kahle (a. oneself well).

acquittal (n) ukuthethwa yicala; ukuvunywa yicala; ukukhululwa.

acre (n) ieka; iyeka; isilinganiso sobungakho bendawo; 4840 yd skw.; 4000 m. skw.

acreage (n) ubungako bendawo; ubungako besiqinti somhlaba.

acrid (a) -khakhile; -babayo.

acrimony (n) ukufutheka enkulumweni.

acrobat (n) umdlali onomzimba olula; umgwilingi.

across (prep. adv.) nquma kabili; vundla; phesheya (a. sea or river); eqela ngaphesheya (jump a.).

act (n) isenzo; okwenziwe; umthetho; isimiso (a. of parliament); inkundla (a. of play). (v) enza; dlala (a. in a play).

acting (n) ukudlala (play); ukuzenzisa (pretence). (a) -bambelayo.

action (n) isenzo; ukwenza; isiwombe (in battle); icala (at law).

active (a) -khuthele; -bukhuphekhuphe.

activity (n) ukusebenza; ukukhwishiza; ubukhuphekhuphe.

actor (n) umenzi; umdlali (on stage).

actual (a) -ngempela; -luqobo; -kungesiwo umcabango wodwa.

actually (adv.) ngoqobo; ngempela.

acumen (n) ikhono; ubuqili.

acute (a) -cijile (sharp); -hlakaniphile (clever); -dlangile (of disease).

adage (n) umzekeliso; isisho; isaga.

adamant (a) -ngaguquki.

adapt (v) jwayeza; vumelanisa (a. to); linganisela; ukuguqula into ilungele esinye isimo (to a. to another form).

add (v) hlanganisa; engeza; enezezela;

ethasisela; jobelela (a. to the end of).

adder (n) inyoka encane enesihlungu; inyoka.

addict (n) umlutha. (v) jwayeza; lutha.

addition (n) ukuhlanganisa; ukuhlanganiswa; isengezo (something added); uphawu lokuhlanganisa (a. sign).

additional (a) eyengeziwe; ethasiselweyo (a. to).

addled (a) -bolile (a. egg); -didekile (muddled).

address (n) inkulumo; ikheli (postal a.). (v) khuluma; bingelela (greet); shumayeza (preach); bhala ikheli (a. a letter).

addressee (n) umuntu incwadi eqondiswe kuye.

adenoids (n) amankanka; izimila ezibakhona ngemuva kwamakhala.

adept (n) ingcweti; onekhono; onesandla. (a) -nekhono.

adequate (a) -anele; -lingene.

adhere (v) bambelela; namatha; namathela (a. to).

adhesion (n) ukubambelela; ukunamathela.

adhesive (n) okunamathelisayo. (a) -namathelayo; -bambelelayo.

adieu (interj.) hamba kahle; sala kahle (to bid a.).

adit (n) umgodi wemayini ongenela intaba eqeleni.

adjacent (a) -encikene; -gudlana.

adjective (n) isiphawulo.

adjectival (a) -phawulayo.

adjoin (v) encikana; akhelana.

adjourn (v) hlehlisa; umhlangano wahlehliswa uyobuye ubuthane ngakusasa (the meeting was adjourned until tomorrow).

adjudge (v) ahlulela; nquma.

adjudicate (v) ahlulela; nquma.

adjudicator (n) umahluleli.

adjunct (n) isengezo; isenezezelo.

adjust (v) linganisa (a. to); hlela; lungisa.

adjustment (n) isilinganiselo; ukulinganisela.

administer (v) phatha; busa; jezisa (a. punishment); elapha (a. medicine); idlisa ubuthi (a. poison).

administration (n) ukuphatha; abaphetheyo; abaphathimbuso (those administering).

administrator (n) umphathi; umlawuli; umphathimbuso; umphathi-provinsi (provincial a.).

admirable (a) -babazekile; -babazekayo; -ncomekayo.

admiral (n) umholi omkhulu wemikhumbi yempi.

admiration (n) ukubabaza; ukuncoma.

admire (v) ncoma; azisa; babaza.

admirer (n) umncomi; isesheli (in courtship).

admission (n) ukuvuma; ukwamukela; ukwamukelwa; ukungeniswa; ukuvuma icala (a. of guilt); imali yokungena (a. fee).

admit (v) vuma; amukela; ngenisa (allow to enter); vuma icala, ukuzilahla ngecala (a. a charge).

admonish (v) khuza; yala.

admonition (n) umyalo; umlayezo.

adobe (n) indlu eyakhiwe ngodaka; indlu eyakhiwe ngezitini ezingabaselwanga.

adolescence (n) ubujaha (male); ubuntombi (female).

adolescent (n) oseqede ubuntwana; intsha; othombileyo (sexually mature). (a) -seqede ubuntwana.

adopt (v) thola; thola intandane; nxibisa; amukela (accept, as an idea).

adoption (n) ukuthola; ukutholwa.

adorable (a) -thandisisekayo.

adore (v) thandisisa; dumisa, khonza (worship).

adorn (v) hlobisa; vunulisa (a. with finery).

adrenal gland (n) indlala engasensweni.

adrift (adv.) ngokuzintantela emanzini.

adult (n) osekhulile; umuntu osekhulile ongesesiye umntwana.

adulterate (v) dunga; ona; balona ubisi ngokuluthela amanzi (they adulterated the milk with water).

adulterer (n) isiphingi; isifebe (female).

adultery (n) ukuphinga; ubufebe.

advance (n) ukuqhubeka; ukunikela phambili. (v) qhubeka; hamba; nikela phambili; thuthuka (a. as in property owned).

advancement (n) inqubela-phambili; intuthuko.

advantage (n) usizo; inzuzo.

advantageous (a) -nosizo; -sizayo; -zuzisayo.

advent (n) ukufika; ukuza.

adventitious (a) -ngabhekekile; impande exhantelayo (a. root).

adventure (n) isehlo esingejwayelekile;
isenzo esiyingozi; isigigaba.
(v) linga; -zidela.

adventurer (n) isiphulukundleli; isi-
phokopheli.

adverb (n) isandiso.

adverbial (a) -andisayo.

adversary (n) imbangi; isitha.

adverse (a) -alayo; -nqabayo;
-vimbayo.

adversity (n) ubunzima; ukuhlupheka;
usizi; ubumpofu (needy).

advertise (v) azisa; memezela; bika;
khangisa.

advertisement (n) isaziso; isaziso
esikhangisayo; isikhangiso; isimeme-
zelo.

advice (n) iseluleko; umyalo; isu.

advisable (a) -fanele; -lungele.

advise (v) eluleka; qondisa; cebisa.

adviser (n) umeluleki; umcebisi.

advisory (a) -lulekayo; -qondisayo.

advocate (n) ummeli; umkhulumeli;
umlamuleli; ummeli wamajaji.
(v) tusa; ncoma; khulumela.

adze (n) imbazo; izembe.

aeon, eon (n) iminyakanyaka engena-
kubalwa.

aerate (v) thaka ngembiliso; bhubhu-
dlisa ngogesi.

aerial (n) ucingo lwewayelense olusa-
kaza noma oludonsa imisindo (radio
a.). (a) -okomoya; -sesibhakabha-
keni.

aerodrome (n) inkundla yezindiza-
mshini; inkundla yamabhanoyi.

aeroplane (n) indizamshini; ibhanoyi.

aesthetic (a) -buthandabuhle.

afar (adv.) kude; kudekude.

affable (a) -mnene; -nomusa; -yisivi.

affair (n) indaba; isigigaba; isimanga;
akundaba yami (no a. of mine).

affect (v) -zishaya; thinta; thanda;
phatha; lingisa.

affectation (n) ukuzishaya; ukuzenzisa.

affected (a) -zenzisile; -fefenyekile;
-thintekile; -ngenile.

affection (n) uthando; isifiso; inkanuko
(jealous a.).

affectionate (n) -thandayo; -thande-
kayo.

affiance (v) ganisa; qoma; thembisa
(promise).

affidavit (n) isitetimende esifunge-
lwayo; amazwi abhaliwe afungelwa.

affiliate (v) xhuma; ngenisa phansi
kwa-.

affiliation (n) ukungeniswa enhlanga-
nweni.

affinity (n) ubuhlobo; ukuzwana;
ukulungelana.

affirm (v) nyanisa; vuma; qinisa.

affirmation (n) ukuvuma; izwi elivu-
mayo. (a) -qinisayo; -vumayo.

affix (v) fakela; namathisela; bethela
(as with nails).

afflict (v) fundekela; hlupha (worry);
phatha (a. with illness).

affliction (n) usizi; inhlupheko;
ubunzima.

affluence (n) umnotho; umcebo;
ingcebo.

affluent (a) -nothile; -cebile.

afford (v) -banakho; -banamandla
okwenza; -banemali yokuthenga;
thela; veza.

afforestation (n) ukutshalwa kwama-
hlathi.

affray (n) isidumo; isiwombe.

affright (v) ethusa; shaqisa.

affront (n) ukweyisa; isithuko.
(v) eyisa; duba; thuka.

afire (adv. a) -vuthayo; -vuthayo
amalangabi; -namalangabi.

aflame (adv. a) -vuthayo amalangabi;
-namalangabi.

afloat (adv.) ngokuntanta.

afoot (adv.) ngezinyawo; phansi;
ukuhamba phansi.

afore (adv.) phambili; kuqala.

afraid (a) -novalo; -ngokwesaba;
-sabayo.

afresh (adv.) -busha; kabusha.

African (n) umAfrika; umuntu woku-
zalwa eAfrika.

Afrikaans (n) isiBhunu, isiAfrikansi
(language).

Afrikander (n) iBhunu; iAfrikana;
uhlobo lwezinkomo ezinkulu ezibo-
mvu (cattle).

aft (adv. a) emuva; ngasemuva.

after (a) -angasemuva; (prep.)
-ngemuva (behind); -landelayo
(following); emuva kwa-; ande,
qede (and a. that); fuza (take a.);
fisa (yearn a.); londoloza (look a.).

afterbirth (n) umhlapho; umlizanyana.

aftermath (n) imvelamuva.

afternoon (n) intambama.

afterthought (n) umzindlamuva; okwa-
catshangwa muva.

afterwards (adv.) emuva kwalokho;
kamuva.

again (adv.) -phinda futhi; -buye; futhifuthi; nezeneze (never a.).

against (prep.) encikene; -enqikene; bhekene; -nqwamana (meet with); encika (lean a.).

agape (adv. a) -khamisile; -vulekile.

age (n) ubudala; iminyaka; inkathi (period of time); endulondulo (in ages past). (v) guga; gugisa.

aged (a) -gugile; -dala.

ageless (a) -ngagugiyo.

agency (n) ukumela; ukuphathela; ukusebenzela; igatsha eliphatheleyo.

agenda (n) iajenda; uhlelo lomsebenzi.

agent (n) umenzeli; umsebenzeli; umenzi; umphatheli.

aggravate (v) andisa okubi; banga ukukhula kokubi; ncokoloza (annoy).

aggregate (n) inhlanganisela; umumo ophelele; inani eliphelele.

aggression (n) ukusukelwa; ukuqalwa; ukuhlaselwa.

aggressive (a) -hlaselayo; -qalayo; qala (be a.).

aggressor (n) umsukeli; umqali; umhlaseli.

aggrieved (a) -nesikhalo; -oniweyo.

aghast (a) -shaqekile; -mangele; -thukileyo.

agile (a) -khaliphile; -lula.

agitate (v) zamazisa; zamazamisa; nyakazisa; cunula (annoy); lwela (a. for); fundekela.

agitation (n) ubuyaluyalu; amathezane.

agitator (n) iphekulazikhuni; umzamazisi.

aglow (adv. a) -vuthayo; -bazimulayo.

agnostic (n) umuntu ongeneliswa ukuthi uNkulunkulu ukhona.

ago (adv.) ekadeni.

agog (a) -ndlandlamu; -nosikisiki; -bhekile.

agony (n) ubuhlungu obubulalayo; umunyu.

agree (v) vuma (a. with); vumelana; fanana (correspond to).

agreeable (a) -vumelanayo (a. to); -mnandi; -vumelayo.

agreement (n) uvumelwano; isivumelwano.

agriculture (n) ezolimo; ezokulima.

agricultural (a) -zokulima; -phathelene nezolimo.

agriculturist (n) umlimi.

aground (adv. a) -gxilekile emhlabeni; -bishile.

ague (n) amaqhuqhwane.

ahead (adv.) ngaphambili; qhubeka (go a.).

aid (n) usizo; uncedo. (v) siza; elekelela; hlenga; nceda.

ail (v) gula; xhwala; phathwa; phatheka.

ailment (n) isifo; ukugula; ukuphatheka.

aim (n) inhloso; injongo. (v) khomba (point at); nemba (a. a gun); hlosa, jonga (intend); zama (attempt).

air (n) umoya; umoya esiwuphefumulayo; igama, ihubo (a song). (v) ngenisa umoya; eneka (expose to a.); zwakalisa (publicise).

aircraft (n) indizamshini; ibhanoyi.

airless (a) -ngenamoya; -ngangeniwe umoya.

airport (n) inkundla yamabhanoyi; inkundla yezindiza.

aisle (n) isikhala esiphakathi kwezinhla zezihlalo endlini.

airtight (a) -kungangeni moya; -kungaphumi moya; -ngenakungenwa moya.

ajar (adv.) kusho umnyango ongavaliwe ngci.

akin (a) -luhlobo lunye.

alacrity (n) ukushesha ukuvuma; ukuvumela phezulu.

alarm (n) ivuso; umkhosi; isibhelu. (v) ethusa; shaqisa; shayisa uvalo.

alarmist (n) umuntu oshesha ukungenwa ingebhe; umuntu oshaywa uvalo ngeze.

alas (interj.) maye babo; maye mamo; yebuya baba.

albino (n) umuntu oyinkawu; inkawu.

album (n) ialbhamu; ibhuku lokuqoqela izithombe nani enjalo.

albumen (n) umgwagwa weqanda.

alcohol (n) ialkhoholi; ugologo (spirits, liquor); indakisa (alcoholic drink).

alcoholic (n) umuntu ophuzayo ngokweqisa engakwazi ukuzibamba. (a) -dakisayo; isiphuzo esidakisayo (alcoholic drink); -nealkhoholi.

alcoholism (n) ukuphuza okudakisayo ngokwedlulele.

alcove (n) igosi elakhiwe odongeni; ikhosela endlini.

ale (n) uhlobo lotshwala besilungu; ubhiya.

alert (a) -phapheme; -xwayile; -qaphile.

alfafa (n) uhlobo lohlaza oludliwayo yimfuyo; iluseni.

alias (n) igama umuntu azetha lona eqonda ukuzifihla; igama mbumbulu.

alibi (n) ubufakazi bomuntu bokuthi wayekwenye indawo mhla icala lidaleka.

alien (n) owasezizweni; owezizwe. (a) -asezizweni; -ehlukene.

alienate (v) ahlukanisa; -zonela; dlulisela ifa komunye (a. property).

alight (v) ehla; ehlika; ngqibitha (step down); khanyisa (cause to light); okheleka (catch a.).

align (v) hlela ngokuqondisa.

alike (a) -fanayo; -fananayo. (adv.) ngokufanana; kanye.

alimentary (a) -ngokokudla; umgudu wokudla (a. canal).

alimony (n) imali yokwondla owesifazane owahlukanise nomyeni.

alinement (n) uhlelo ngokuqondileyo.

alive (a) -zwayo; usezwa (he is a.); -philile; -philayo; -zwelayo (be a. to).

alkali (n) ialkhalayi; umuthi oqeda amandla easidi ngokulumbana nalo.

all (a) -nke; -nkana.

allay (v) nciphisa; dambisa; thambisa; thulisa.

allegation (n) ingomela; isihlebo; isihlebo esingakafakazwa.

allege (v) gomela; -sho.

allegiance (n) ukuthobela; inkonzo; ukuthela.

allegory (n) isilinganiso; umfanekiso.

alleviate (v) dambisa; thambisa; nciphisa.

alley (n) indlela enqamula phakathi kwezakhiwo; indledlana engaphumi ndawo (a blind a.).

alliance (n) imvumelwano; umvumelwano; inhlanganisela.

alligator (n) isilwane saseMelika esinjengengwenya.

alliteration (n) ufanamsindo.

allocate (n) abela; pha.

allocation (n) isabelo; ukwabelwa.

allot (v) ahlukanisela; abela.

allotment (n) isabelo somhlaba; isiqinti.

allow (v) vumela; vuma.

allowance (n) imvumelo; isibonelo; imali enqunyelwe (a. of money).

alloy (n) isidungo; ingxubaniso yezinsimbi ezehlukile. (v) xuba; dunga.

allude (v) bhekisa ku-; thinta.

allure (v) yenga; donsa.

allusion (n) usikiselo; izwi elibhekiswa ku-.

alluvial (a) ifenya, inhlabathi ekhukhuliwe (a. soil); -khukhuliwe; -gudiiwe.

ally (n) umlekeleli; isihlobo; izwe elisekela elinye (country). (v) vunana.

almighty (a) -namandla onke; uSomandla (the A.).

almost (adv.) -cishe; -phose.

alms (n) izipho; okuphiwa abampofu.

aloe (n) umhlaba; icena; inhlaba (small a.).

aloft (adv.) ngaphezulu.

alone (a) -dwa; kuphela; uyedwa (he is a.); phanquza (be a.).

along (adv.) phambili (onward). (a) ngokulinganisene na- (from end to end).

aloof (adv.) ngokuhlukana; ngokwahlukene.

aloud - (adv.) ngokuzwakele; ngezwi elizwakalayo.

alphabet (n) onobumba; uhlu lonobumba; uhlu lononhlamvu; uhlu lwamaletha onke esiwasebenzisayo.

alphabetical (a) -ngohlu lokulandelana kononhlamvu.

Alpine (a) -kwaseAlps; izintabakazi zeAlps (the Alps).

already (adv.) -se; kade; ngaphambili.

also (adv. conj.) futhi; njalo.

altar (n) ialthari; ilathi.

alter (v) shintsha; phendula; guqula.

alteration (n) inguqulo; ushintsho.

altercation (n) impikiswano; ukuhilizisana.

alternate (v) phambanisa; landelana ngokudedelana. (a) -phambanisiweyo; -dedelanayo.

alternative (n) okungenziwa esikhundleni sokunye.

alternatively (adv.) ngokuphambanisiweyo; uma kungenjalo.

although (conj.) noma; nanxa; ingani; nokuba.

altimeter (n) umshini olinganisa ukuphakama phezu kolwandle.

altitude (n) ukuphakama; ubude bokuphakama phezu kolwandle.

alto (n) ialitho; ialtho; iphimbo lokucula.

altogether (adv.) impela; ngakho konke.

altruism (n) ukubonela abanye; uku-

zidela.
aluminium (n) ialuminiyamu; insimbi elula emhlophe engasheshi ukuthomba.
always (adv.) njalonjalo, njalo; khathi zonke; mihla yonke.
amalgamate (v) xubanisa; hlanganiselana.
amalgamation (n) inhlanganisela; inxubevange.
amass (v) qongelela; qoqela; buthela.
amateur (n) imfundamakhwela; umdlali ongakhokhelwayo.
amatory (a) -phathelene nezithandani; -ganukayo.
amaze (v) mangalisa.
amazement (n) ukumangala.
amazing (adv.) -mangalisayo.
amazon (n) umuntu wesifazane ofana nendoda ngamandla; isizwe sasendulo okuthiwa isifazane sakhona sasiphuma izimpi.
ambassador (n) inxusa.
ambiguity (n) ukufithiza; umthinziyelo.
ambiguous (a) -fithizile; -ngacacile.
ambition (n) ukulangazela okuthile; ukuzimisela.
ambitious (a) -zimiselayo; -langazelayo.
amble (v) hambahamba; qhuqha.
ambulance (n) iambulense; imoto yohlaka; imoto yesibhedlela.
ambush (n) umlalelo. (v) lalela; yengela ophathe.
ameliorate (v) enza ngcono.
amenable (a) -vumayo; -phathekayo; -thobelayo.
amend (v) beka umbandela; guqula; phendula; lungisa; khuza.
amendment (n) inguqulo; umbandela.
amends (n) imbuyiselo; umgezo; khokha, nxephezela (to make a.).
American (n) iMelika; owaseMelika.
amiable (a) -mnene; -nomusa; -thandekayo.
amicable (a) -nothando; -buhlobo.
amid, amidst (prep.) phakathi kwa-.
amiss (a) -ngalungile; -onakele. (adv.) ngokuphosisa; ngokungalungile.
ammunition (n) inhlanganisela yezinhlamvu zokudubula; izinhlamvu zezibhamu.
amnesia (n) ukuphelelwa amandla okukhumbula, ukukhohlwa.
amnesty (n) ukuxolelwa kwababoshiwe.

amoeba (n) isilwanyana esiyiseli elilodwa esibonakala kuphela ngesibonakhulu.
among, amongst (prep.) phakathi kwa-.
amoral (a) -ngahambisani nemithetho yonke yokulunga.
amorous (a) -othando.
amorphous (a) -ngenasimo.
amount (n) ubuningi; inani; ubungako; ubungakanani; isamba (arith.). (v) fikela enanini; finyelela.
amphibian (n) isilwane esiphila emanzini nasemhlabeni esifana nengxangxa.
amphitheatre (n) inkundla yemidlalo; isiqhethankundla.
ample (a) -khulu; -banzi; -nele; -ningi; -lingene.
amplification (n) isandiso; ukukhulisa.
amplify (v) andisa; khulisa.
amputate (v) juqula; shumpula; nquma; gininda (a. a leg).
amuck, amok (n) iqungo lokulimaza.
amulet (n) iziqu.
amuse (v) hlekisa; libazisa; dlalisa.
amusement (n) ukulibazisa; ukujabulisa; isilibaziso; umdlalo.
anachronism (n) isehlo noma umuntu ongahambisani nezikhathi zamanje.
anaemia (n) ukuphaphatheka kwegazi.
anaesthetic (n) isidikizisamizwa; umuthi wokudikizisa yonke imizwa emzimbeni (general a.).
anaesthetist (n) isazi semithi yokudikizisa imizwa; udokotela ofaka umuthi wokudikizisa imizwa.
anaesthetize (v) dikizisa imizwa.
anagram (n) igama elinezinhlamvu ezingashintshwa ukulandelana kwazo egameni kuvele elinye igama.
anal (a) -phathelene nomdidi; -engqedamabele.
analgesic (n) isidambisabuhlungu.
analogy (n) isifanekiso; isifaniselano.
analyse (v) hlahlela; hlaziya; qaqulula.
analysis (n) uhlahlelo; inhlaziyo; ukuhlaziya; ukucubungula; umcikilisho.
analyst (n) umqaquli; umuntu oqaqula izithako ezibumbana ukwakha into.
anarchy (n) ukungabi nawo umbuso omile; isiphithiphithi.
anathema (n) isiqalekiso.
anatomical (a) -phathelene nomumo womzimba.
anatomy (n) umumo womzimba;

isayensi yomumo womzimba; isimo senhlanganisela.

ancestor (n) ukhokho.

ancestral (a) -okhokho.

ancestry (n) uhlanga; usendo.

anchor (n) isankora; ihange. (v) ehlisa ihange.

anchorage (n) itheku lezikebhe; ikhosela lezikebhe.

ancient (n) owasendulo. (a) -asendulo; -daladala.

anecdote (n) indatshana eyake yavelela umkhulumi.

anew (adv.) busha; ngobusha; kabusha.

angel (n) ingelosi.

angelic (a) -bungelosi.

anger (n) ulaka; intukuthelo. (v) thukuthelisa.

angina (n) ubuhlungu obubangwa yisifo senhliziyo.

angle (n) iengele; igumbi; ingoxi; ingoni.

angler (n) umdobi.

Anglican (n) owaseSheshi.

anglicism (n) ulimi oluqukethe isiNgisi; igama elithathelwa esiNgisini.

anglicize (v) phendula kube yisimo sobuNgisi; phoqa ubuNgisi.

angry (a) -thukuthele (a. with); -nolaka; -futhekile.

anguish (n) usizi; ukudabuka; ubuhlungu benhliziyo.

angular (a) -namagumbi acijile; -nengoni ecijile.

animal (n) isilwane; isilo; inyamazane; isilwane sasendle (wild a.); isilwane esifuyiwe (domestic a.).

animate (v) zwisa; vusa. (a) -zwayo.

animosity (n) isibhongo; inzondo.

ankle (n) iqakala.

anklet (n) isigqizo.

annals (n) imilando.

annex (n) isandiso somuzi; isikhuliso somuzi. (v) -dla izwe; -zithathela; amuka; xhumelela (add to.).

annexation (n) ukudliwa kwezwe; ukunyonka.

annihilate (v) bhuqa; bhubhisa; shabalalisa.

annihilation (n) imbubhiso; umbhuqo; ukushabalalisa.

anniversary (n) usuku onyakeni lokukhumbula okuthile; usuku onyakeni okwenzeka ngalo okuthile.

annotate (v) bhala incazelo; chaza; chasisa.

announce (v) memezela; azisa; bika.

announcer (n) umazisi; umsakazi (radio).

announcement (n) isaziso; umbiko.

annoy (v) cunula; casula; xhokoloza.

annoyance (n) isicunulo; isicasulo; isinengiso.

annoying (a) -canulayo; -hluphayo.

annual (n) imvelakanye ngonyaka; unyakanye (a. plant); umkhakha wonyaka (a. rings). (a) -konyaka.

annuity (n) imali ekhishwayo njalo ngomnyaka.

annul (v) chitha; qeda; phelisa; chitha umshado (a. a marriage.).

anoint (v) gcoba; qhola; ninda; khatha.

anomalous (a) -ngahambi ngohlelo olwaziwayo; -didayo.

anomaly (n) okungahambi ngohlelo olwaziwayo; okudidayo.

anon (adv.) khona manje; ngesinye isikhathi.

anonymity (n) ukungavezi gama; ukufihla igama; ukuzifihla.

anonymous (a) -ngavezi igama; -zifihla igama; -ngaziwa umqambi wayo.

anopheles (n) ianofelizi; umiyane woqhuqho.

another (pron. a.) -nye; -mbe.

answer (n) impendulo; umphumo; umphumela (arith.). (v) sabela; vuma; phendula.

answerable (a) -necala la-; -nokuphendulwa.

ant (n) itsheketshe; intuthwane; isibonkolo (tree a.); umuhlwa (termite); inhlwa (flying a.); isiduli (a. hill); isambane (a. bear).

antagonism (n) ukuphikisana; umbango.

antagonise (v) banga ubutha.

antagonist (n) imbangi; umuntu olwa naye.

antarctic (n) iantatika; impelelo yezwe eningizimu elinamakhaza asabekayo.

antecedent (n) isandulelo. (a) -andulelayo; -phambi; -kuqala.

antechamber (n) ikamelo okungenwa kulo kuqala endlini.

antedate (v) andulela; bhala usuku olungaphambili kwalolo obhala ngalo.

antediluvian (a) -ngaphambi kokubhubha komhlaba ngamanzi; -ndulondulo.

antelope (n) inyamazane.

ante meridian, a.m. (adv.) ekuseni; phambi kwasemini.

antenatal (a) -ngakabelethi; ukunakekela unina engakabelethi (a. care).

antennae (n) izimponjwana zokuzwa zesilokazana; izimpondo zewayilense (radio a.).

antenuptial (a) -ngakashadwa; isivumelwano kungakashadwa (a. contract).

anterior (a) -aphambili.

anthem (n) ingoma; ihubo; inkondlo.

anthology (n) iqoqo lemibhalo.

anthracite (n) uhlobo lwamalahle alukhuni.

anthrax (n) undicosho; umbendeni.

anthropoid (n) okufana nomuntu ngomzimba.

anthropology (n) isayensi yemfundo ngomuntu oyisilwane esiphilayo.

anti-aircraft (n) ombayimbayi namasu acuphe amabhanoyi abafo.

antibody (n) inhlayiyane esegazini enqanda imbewu yokufa.

antic (n) umkhuba; umgilo.

anti-Christ (n) isitha sikaKrestu.

anticipate (v) andulela; lindela; phangela; themba.

anticipation (n) umzindlo; ukuthemba; ukulindela.

anticlimax (n) ukuphelela obala; ukudamba kwendaba ize ibe yize.

antidote (n) isibiba; umuthi oqondene nesihlungu esithiie; ikhubalo.

antipathy (n) inzondo; ukunengwa; ukwalana.

antiquarian (n) ovumbululayo okwasendulo; (a) -phathelene nezinto zasendulo.

antique (a) -asendulo; -kwakudala.

antiquity (n) indulondulo; ubudala basendulo.

anti-Semite (n) umuntu owazondayo amaJuda.

antiseptic (n) isinqandakuvunda; umuthi obulala imbewu yokufa. (a) -vimbela ukuvunda.

antisocial (a) -lwayo nokuhlalisana kwabantu; -ezwayi nokuhlalisana kahle kwabantu ngokuthula.

antithesis (n) okungafani neze na-; ukuhlanekezela; isiqhathaniso.

antitoxin (n) isinqandabuthi; umuthi oqeda isihlungu esisemzimbeni.

antler (n) izimpondo zenyamazane ezimagatshagatsha.

antonym (n) isiphikiso; izwi elimqo-

ndo walo uphikisana nowelinye.

antrum (n) ingoxi esemhlathini ongasenhla.

anus (n) ingqedamabele; umdidi; ingquza.

anvil (n) isikhando; ikhandela.

anxiety (n) uvalo; imbandezeko; itwetwe.

anxious (v) shiseka; nevuso (to be a.). (a) -shisekile; -enqenayo; -nokufisa.

anybody (n) noma ubani; umuntu.

anyhow (adv. conj.) nakanjani; ngaphandle kokunaka; nokho.

anything (n) utho; noma yini.

anyway (adv. conj.) nakanjani; nakuba kunjalo; noma kunjalo.

anywhere (adv.) naphinaphi; nakuphi.

aorta (n) umthambo omkhulu othumelayo oxhumelene nenhliziyo; iaorta.

apace (adv.) ngokushesha; ngokukhawuleza.

apache (n) isizwe somdabu saseMelika; iqola laseParisi.

apart (adv.) ngokwahlukanisa; nganhlanye; beka kodwa; ngasese; hlakazeka (fall a.).

apartment (n) ikamelo; indlu; indlu eyahlukaniswe amakamelo.

apathetic (a) -ngakhathali; -ngenanhliziyo.

apathy (n) ukungathatheki; ukungabinanhliziyo; ukungaganuki.

ape (n) uhlobo lwenkawu engenamsila. (v) lingisa; nkawuza.

aperient (n) umxukuzo; umhudiso; umuthi ohambisayo; imbiza.

aperture (n) imbobo; intunja; isikhala.

apex (n) isihloko; isiqongo.

aphis (n) intwala yemithi.

aphorism (n) isaga; isisho; isiga.

aphrodisiac (n) umuthi obanga inkanuko.

apiarian (n) umuntu ofuya izinyosi.

apiary (n) indawo yezidleke zezinyosi ezifuywayo.

apical (a) -sihloko; -siqongo.

apiece (adv.) -nye; isenti kukunye (a cent a.).

apish (a) -obunkawu.

apocrypha (n) izincwadi eziyishumi nane ezakhishwa eBhayibheleni zahlelwa zodwa.

apocryphal (a) -ngathembekiyo; -kusambumbulu.

apologetic (a) -nxephezelayo.

apologise (v) nxephezela; xolisa.

apology (n) isinxephezelo; ukuxolisa.

apoplexy (n) isifo esibangwa uku-phelelwa ngamandla okunyakaza nokuzwa.

apostate (n) umhlubuki; umshokobezi. (v) -shokobezayo; -hlubukayo.

apostle (n) umphostoli; owokuqala owashumayeza izizwe.

apostolic (a) -obuphostoli.

apostrophe (n) isimeli-nobumba; oko-kukhombisa ukuthi kukhona oku-silele.

apothecary (n) ikhemisi; umninistolo othengisa ngemithi.

appal (v) esabisa; ukuba netwetwe; ngenwa yingebhe.

apparatus (n) amalungiselelo; izinto zokwenza okuthile.

apparel (n) izingubo; izivatho. (v) gqokisa; hlobisa.

apparent (a) -sobala; -bonakele; -chachile.

apparition (n) umungcwi; isipoki; isithunzi.

appeal (n) isikhalo; ukuncenga; icala elidluliswayo (court a.). (v) khala; khalela; dlulisa icala (a. in court); akungihlabi mxhwele (it does not a. to me.).

appear (v) vela; bonakala; hlaluka; qhamuka.

appearance (n) ukubonakala; uku-qhamuka; ukuvela; isimo; umumo; ubunjani (aspect).

appease (v) duduza; xolisa; shweleza; thiba.

appeasement (n) ukudambisa; indu-duzo.

appelate (n) amajaji okudlulisela (a. division).

appelant (n) umdlulisi. (a) -dluliselayo.

append (v) jobelela; lengisa.

appendage (n) isixhumelelo; isijobelelo.

appendix (n) isithasiselo; isengezo; iseleko (a. to book); ithunjana (anat.).

appetite (n) inkanuko; inhliziyo; umhaha (excessive a.).

applaud (v) babaza; halalisa; hala-lisela; enanela; bonga.

applause (n) umhalaliselo; isenanelo; ukwenanela; ihlombe.

apple (n) iapula; ihabhula.

appliance (n) into osebenza ngayo; into elekelelayo emsebenzini.

applicable (a) -qondene; -fanele.

applicant (n) umceli; umncengi; oce-layo.

application (n) isicelo; ukubuza; uku-qondana; isineke (attention).

apply (v) cela; bhekisa isicelo; beka isicelo; faka isicelo.

appoint (v) qasha; ngenisa esikhu-ndleni; beka; misa.

appointment (n) ukuqashwa; uku-bekwa; isikhundla; ukunqumelana usuku (to make an a.).

apportion (v) abela; ahlukanisa; caza.

appraise (v) beka inani; klama inani; klama intengo.

appreciable (a) -bonakalayo; -zwaka-layo.

appreciate (v) ncoma; azisa; bonga; qonda (understand); thuthuka, thu-thukisa; (a. in value).

appreciation (n) ukuncoma; ukubonga; ukwazisa; ukuqonda (understand-ing); ukuthuthuka (a. in importance, value).

apprehend (v) bamba; bopha (arrest); qonda; zwa; bona.

apprehension (n) ukubopha; uku-boshwa; ingqondo (understanding); itwetwe (fear); ukubona.

apprehensive (a) -novalo; -netwetwe; -nengqondo.

apprentice (n) umuntu obophekile ekufundeni umsebenzi othize; imfu-ndamakhwela.

approach (n) ukuvelela; ukusondela. (v) velela; sondela.

appropriate (v) -zithathela; -zidlela; gabadela; ahlukanisela. (a) -fanele; -lungele; -lingene.

approval (n) imvume.

approve (v) vuma; vumela; kholwa.

approximate (v) sondezela; sondela. (a) -sondelele; -cishu ukulingana; -cishu ukufana; cela.

approximation (n) ukusondelela; uku-sondezelela.

apricot (n) ibhilikosi.

April (n) uApriIi; uNhlaba.

apron (n) isibhaxelo; iphinifo; ifasi koti.

apropos (adv.) mayelana na-; malu-ngana na-.

apt (a) -lungele; -fanele; -thambekele; -nozwela.

aptitude (n) isiphiwo; ukuzwela; uku-fanela.

aquarium (n) ithange lamanzi loku-fuyela -izilwane nezithombo eziphi-lela emanzini.

aquatic (a) -asemanzini.
aqueduct (n) umsele wokudonsa amanzi ikakhulu umsele osekelweyo.
aqueous (a) -amanzi.
Arab (n) iArab; iSulumani.
arable (a) -limekayo; -nokulinywa; umhlabathi olimekayo (a. land).
arbiter (n) umahlukaniseli; umabeli.
arbitrary (a) -hlofuzile; -nganaki mthetho; isenzo sokuhlofa (a. action).
arbitrate (v) nqumela; lamula; abela.
arbitration (n) isinqumo somlamuli.
arbitrator (n) umlamuli.
arboreal (a) -semthini; -sezihlahleni.
arbour (n) indlwana ephakathi ezihlahleni.
arc (n) ucezu lwesiyingi.
arcade (n) umhubhe onophahla; umhubhe phakathi kwezakhiwo.
arch (n) igobela. (v) gobela; goba. (a) -oqobo; impela; -lishinga; ngamehlo obushinga (an a. look).
archaeology (n) isayensi ephathelene nokuphenya ngendulo.
archaic (a) -sendulondulo.
archangel (n) ingelosi enkulu.
archbishop (n) umbhishobhi omkhulu.
archer (n) umnembi ngomcibisholo; umnembi ngomnsalo.
architect (n) umklami wokwakhiwa kwezindlu; umqambi womumo wendlu.
architecture (n) ukumiswa kwezakhiwo.
archives (n) indlu yokulondoloza imilando yesizwe.
archivist (n) umlondi wemilando yesizwe.
arctic (n) iAthiki; impelelo yomhlaba ngasenyakatho enamakhaza asabekayo. (a) -eAthiki.
ardent (a) -shisekelayo; -vuthayo.
ardour (n) amashushu; ukushisekela.
arduous (a) -shikashikayo; -shikilisayo; -khathazayo; -lukhuni; -nommango (steeply ascending road).
area (n) ieriya; ubungako bendawo.
arena (n) inkundla; ishashalazi.
argot (n) isidolobha; ulimi olungaphucuzekile ikakhulu ulimi lwezigangi.
argue (v) phikisana; phikisa; qakulisana (a. with); fakazela; gomela.
argument (n) impikisano; ukuphikisana.
argumentative (a) -nenkani yokuphikisana.

arid (a) -omisile; -omile.
arise (v) vuka; sukuma; phaphama.
aristocracy (n) abohlanga; abantu basebukhosini; iziphakanyiswa; izikhulu.
aristocrat (n) umuntu wasebukhosini; umuntu wohlanga; isikhulu.
aristocratic (a) -ohlanga; -sebukhosini; -busayo.
arithmetic (n) izibalo.
arithmetical (a) -phathelene nezibalo.
ark (n) ikhisi; umkhumbi; umphongolo; umphongolo wesivumelwano (the a. of the covenant).
arm (n) ingalo; umkhono; izikhali (arms). (v) ukuhlomisela ukulwa; hlomisa; hloma; phatha izikhali; phathisa izikhali.
Amageddon (n) impi okuthiwa iyoba eyokugcina.
armament (n) onke amalungiselelo esizwe ukuhlomisela impi; izikhali ezikumanola (the a. of the vessel).
armistice (n) amaluju empini; umkhenene.
armlet (n) umbhedazane; isigqizo; ingxotha (decoration bestowed by chief); ithekwana (a. of the ocean).
armour (n) izikhali zokulwa; ingubo yezinsimbi.
arm-pit (n) ikhwapha.
arms (n) izikhali zokulwa; ukuhlabana (feat of a.).
army (n) impi; amabutho.
army-worm (n) umncwangube.
aroma (n) iphunga elimnandi; uqambothi; uqambunqekethe.
aromatic (a) -nephunga elimnandi; -nuka kamnandi.
around (adv.) emacaleni onke; ngokujikeleza; ngokuzungeza.
arouse (v) vusa; phaphamisa; chukuluza (annoy); vusa ihuho/umdlandla (a. interest).
arraign (v) beka icala; thwesa icala.
arrange (v) hlela; lungisa; enza amalungiselelo; landelanisa (a. in order of).
arrangement (n) uhlelo; ukulungisa; amalungiselo; ukulandelanisa; ukuvumelana.
arrant (a) -ansondo; -zulayo.
arras (n) ucansi lwesilungu oluvama ukulengiswa odongeni.
array (v) hlela; phaka; hlobisa; vunula; vunulisa (a. in finery).
arrear (n) insalelo; okusalele; okusa-

sele kulindele ukulungiswa; insalelo yeholo (arrears of pay).

arrest (n) ukubanjwa; ukuboshwa; ukumiswa. (v) bamba; bopha; nqamula (a. flow); khanga (a. attention).

arrival (n) ukufika; umfiki; isifiki.

arrive (v) fika; finyelela; theleka.

arrogant (a) -qholoshile; -zikhulisayo; -zidlayo.

arrow (n) umcibisholo; insutsha.

arsenal (n) lapho kulondwa khona izikhali nezimpahla zonke zempi.

arsenic (n) iaseniki; umuthi ongubuthi.

arson (n) icala lokushisa ngamabomu.

art (n) ubuciko; imisebenzi yobuciko (work of a.); isinwe (skill); ubuqili (cunning).

arterial (a) -nezimpambosi; -nemingenela; igazi elithunyelwayo (a. blood); umgwaqo onezimpambosi; umgwaqo onemingenela (a. road).

artery (n) umthambo othumelayo.

artesian (a) -phethuzayo; umthombo ophethuzayo (a. well).

artful (a) -nobuqili; -namacebo.

arthritis (n) isifo esibanga ukuqaqamba kwamalunga omzimba.

article (n) impahla; into; indaba elotshwe ngokuthize (written a.); isici senkolo (a. of faith); umunci ocacile (the definite a.); umunci ongacacile (the indefinite a.); ucezu, isakhi (gram.).

articulate (a) -phinyiselwe; -cacisiwe. (v) phimisela (enunciate); hlanganisa (join).

articulation (n) ukuhlanganisa; lapho kuhlangana khona amathambo (a. of bones); ukuphimisela (enunciation).

artifice (n) umsebenzi wobuciko.

artificial (a) okwenziwe; okungaziveleliyo; usilika mbumbulu (a. silk); umanyolo othakiweyo (a. fertilizer); ukuphefumulisa (a. respiration).

artillery (n) ombayimbayi; isigaba sempi esiphcthe ombayimbayi.

artilleryman (n) ophatha ombayimbayi; odubula ngombayimbayi.

artisan (n) osefunde umsebenzi wezandla othile; ingcweti yomsebenzi othile.

artist (n) ingcweti yemifanekiso; ingcweti yomsebenzi othize; ingcweti yokudweba; ingcweti yokupenda.

artiste (n) umhayi wengoma.

artistic (a) -ngobungcweti.

artless (a) -ngenabuciko; -ngafundiswanga.

arum (n) intebe; imbali yentebe (a. lily).

asbestos (n) iasbhestosi; uhlobo lwesithako semvelo esingathombi nesingashi.

ascend (v) khuphuka; khwela; enyuka.

ascendancy (n) ithonya; isithunzi; isisindo.

ascension (n) ukwenyuka; isenyuso.

ascent (n) ukwenyuka; ummango (steep a.).

ascertain (v) thola; azisisa; finyana.

ascetic (n) ozilayo; ozibambayo; ozalelayo. (a) -zilayo; -zithibayo; -zalelayo.

ascribe (v) beka; buyisela; -thiwa kubangwe; beka kuye (a. to him).

asepsis (n) okungenambewu yokufa.

aseptic (a) -ngenambewu yokufa.

asexual (a) ukungabikho kobulili besifazane nobesilisa ekuqambeni kwesizukulwane esisha.

ash (n) umlotha; ilotha; izala (a. heap).

ashamed (a) -jabhile; -nezinhloni; -dumele.

ashen (a) -luthuthu.

ashore (adv.) -osebeni; emhlabeni.

Asiatic (n) owaseAsia; iSulumani.

aside (adv.) ecaleni; nganhlanye; ngasese; qhelika, deda (move a.).

asinine (a) -obuthutha; -obumbongolo.

ask (v) buza; nxusa; ncenga; cela; mema (invite).

askance (adv.) ecaleni; ngasolinye.

askew (adv.) lukeke.

asleep (adv. a.) -lele; zumeka (fall a.); thathwa ubuthongo.

aspect (n) ukubheka; ukubukela; isibonelo.

asperity (n) ubudlova.

aspersion (n) ukubheca; inhlebo.

asphalt (n) itiyela lokugandaya imigwaqo. (v) gandaya ngetiyela.

asphyxia (n) ukukwaliza; ukugwaliza; ukuphelelwa ngamandla okuphefumula.

aspirant (n) umlangazeli; ozimisele.

aspirate (n) isivuthelo. (v) vuthela; ukuphimisela ngokuhahazisa.

aspiration (n) ukuphefumula, ukuhahaza (of breathing); uvuthelo; ukulobizela (desire); ukuphinyiswa kwawonongwaqa (a. of consonants, gram.).

aspire (v) fisa; langazela; langaza; phokophela.

aspirin (n) iaspirini; umuthi odambisa ubuhlungu; umuthi owehlisa ukushisa komzimba.

ass (n) imbongolo; isithutha (stupid person).

assail (v) hlasela; dumela.

assailant (n) umsukeli; umhlaseli.

assassin (n) inswelaboya ebulala umuntu ngamabomu; umsoziseli.

assassinate (v) bulala ngamabomu; bulala isigungu.

assault (n) ukushaya ngokungemthetho; ukuhlasela. (v) hlasela; sukela; bhudukeza.

assay (n) ukucwaninga; ukuvivinya. (v) linga (attempt); cwaninga; vivinya (analyse).

assegai (n) umkhonto; ingwadla; iklwa (large bladed stabbing a.).

assemble (v) hlangana; hlanganisa; buthana; qoqana.

assembly (n) inhlangano; umbuthano; ibandla.

assent (n) imvume; ukuvumela. (v) vuma; vumela; gomela; qinisa.

assertion (n) ukugomela; isiqiniselo.

assess (v) nquma; nquma inani; linganisa.

assessor (n) umsekeli; umsekeli wejaji (judge's a.); umnqumi wenani.

assets (n) ingcebo; impahla umuntu anayo.

assiduous (a) -khuthele; -nesineke.

assign (v) abela; nika; ahlukanisela; nquma; misa (designate); beka (a. to).

assignation (n) ukunqumelana; ukudlulisela; isabelo.

assignment (n) isinqumo; isabelo; ukwabela.

assimilate (v) ngenisa; lumbanisa; fanisa; funda (a. knowledge).

assist (v) siza; hlenga; sekela (support); nceda.

assistance (n) usizo; isisekelo; uncedo.

assistant (n) umsizi; isekela; umsekeli.

associate (n) ilunga; umngane. (v) hlangana; jwayelana; bambisana na-; bhunga; hlanganisa.

association (n) ukuhlangana; ukubambisana; inhlangano.

assort (v) hlela ngononina.

assorted (a) -nhlobonhlobo; -xubene; -khethiwe kwaxutshwa.

assortment (n) okunhlobonhlobo; okwa-

hlukanisiwe ngezinhlobo; ingxubevange.

assume (v) gabadela; -zıkhulisa; -zicabangela; -zithathela; -zithwesa.

assumption (n) ukugabadela; ukuzithathela; ukuzethwesa.

assurance (n) isithembiso; ithemba; izwi lokuqinisa; isiqiniseko; isibindi (courage).

assure (v) thembisa; azisisa.

assuredly (adv.) -ngeqiniso; -ngesiminya.

asterisk (n) inkanyezana ebhaliwe; ichashazi elishicilelwayo elikhombisa okuthile okusilele.

astern (adv.) emuva; ngasemuva.

asthma (n) umbefu; isifuba somoya.

asthmatic (a) -nombefu; -nesifuba somoya.

astigmatism (n) ukungemi ngokuyikh kwezitho zehlo izinto zingabonakal kahle.

astonish (v) mangalisa; shaqisa; ethusa.

astonishing (n) -mangalisayo; -esabekayo; -yisimanga.

astound (v) shaqisa; mangalisa; ethusa.

astray (adv.) eduka, phambuka, lahleka (go a.).

astride (adv.) ngokuxamalazile.

astringent (a) -shuqisayo; -shaqayo; -babayo.

astronomer (n) isazi sezinkanyezi.

astronomy (n) isifundo sezinkanyezi; isayensi ephathelene nezinkanyezi.

astute (a) -hlakaniphile; -bukhali; -khaliphile.

asunder (adv.) ngokwahlukene; juqu.

asylum (n) lapho kulondwa khona izinhlanya (mental a.); esayilomo.

asymmetrical (a) -ngalingene; -ngafaniyo ezinhlangothini zombili.

ate (v) -dlile; -dle.

atheism (n) ukungakholwa ukuthi ukhona uNkulunkulu.

atheist (n) ongakholwa ukuthi uNkulunkulu ukhona.

athlete (n) umuntu onezikhwepha; ingcweti yemidlalo; umdlali.

Atlantic (n) iAtlantiki; iAtlantic.

atlas (n) ibalazwe; iatlasi; umabalazwe.

atmosphere (n) iatmosfera; umoya owemboze umhlaba jikelele; isisindo seatmosfera (atmospheric pressure).

atmospheric (a) -asesibhakabhakeni; -eatmosfera.

atoll (n) isiqhingi esincane esiyisiyingi

esinechweba phakathi kwaso.
atom (n) iathomu; isithako semvelo esibuncane obungenakubuye buncishiswe sisale siseyiso leso sithako.
atomic (a) -seathomu; ibhomu leathomu (a. bomb).
atone (v) hlawula; buyisela.
atonement (n) ukuhlawulela; inhlawulo.
atrocious (a) -nonya olwesabekayo; -bi ngokuphindiwe.
atrocity (n) ubudlova.
atrophy (v) ukubuna kwesitho somzimba; ukudleka kwesitho somzimba.
attach (v) namathisela (stick to); hlanganisa (join to); thandana na- (be attached to); -dla (a. legally).
attache (n) olekelelayo esikhundleni esiphakeme; umuntu olekelela inxusa.
attachment (n) ukuhlanganisa; ukubanjwa (as arrest); ukuthandana, uthando (affection).
attack (v) hlasela; sukela; dumela; qala; hlaba; phathwa, khwelwa (a. of illness).
attain (v) finyelela; zuza; thola.
attainment (n) inzuzo; ukufinyelela.
attempt (n) umzamo; izaba. (v) linga; zama; mokomela.
attend (v) qaphela; naka; bheka; lalela; -ba khona.
attendance (n) ukubakhona; ukungaphuthi.
attendant (n) inceku; isikhonzi; insila; umphelekezeli. (a) -hambisana na-.
attention (n) ukulalelisisa; ukunakekela; ukunaka; umnako.
attentive (a) -qaphele; -nakile; -azelele.
attest (v) fakaza; qinisa; fungela.
attic (n) ikamelo eliphansi kophahla endlini enesitezi.
attire (n) izingubo; izivatho; izivunulo. (v) gqokisa; vunulisa.
attitude (n) isimo; ukuma.
attorney (n) ummeli; incwadi enika umuntu igunya lokumela omunye ngokomthetho (power of a.); inhloko yabashushisi (a. general).
attract (v) heha; thatha; yenga; donsa; qhweba; khangisa.
attraction (n) isiyengo; ihuha; ukudonsa; okukhangisayo; iwozawoza; isibunge.
attractive (a) -khangayo; -newozawoza; -nehuha; -khangisayo.
attractiveness (n) iwozawoza; uku-

bukeka.
attribute (n) isici semvelo; isibanjalo (gram.). (v) bala; buyisela; balela.
auction (n) indali yokubhida.
auctioneer (n) umdayisi endalini yokubhida.
audacious (a) -nesibindi; -nengagu.
audible (a) -zwakele; -zwakalayo; ngokuzwakala.
audience (n) abalaleli; izibukeli; ukuzwa.
audit (n) ukucwaninga izimali; ukucwaninga amabhuku ezimali.
auditor (n) umcwaningi wezimali.
auger (n) ibhola; isontibhola.
augment (v) andisa; khulisa; enezela.
augmentative (a) -andisayo; -khulisayo.
augur (n) isanusi; umhlahli; umbhuli. (v) bhula; profetha; hlahla.
augury (n) umhlahlo.
august (a) -nesithunzi; -nobukhosi.
August (n) uAgasti; uMandulo.
aunt (n) umamekazi; ubabekazi.
au revoir (interj.) sala kahle; hamba kahle.
auricle (n) igosi lenhliziyo elingaphezulu.
austere (a) -nonya; -nola a; -ngahlobisi.
auspicious (a) -hlahlamelisayo; -thokozisayo.
Australia (n) iOstreliya; iAustralia.
Australian (n) owakhe eAustralia.
authentic (a) -oqobo; -neqiniso; -nesiminya.
authenticate (v) fakazela; veza ubufakazi bokuthi kuyiqiniso.
author (n) umbhali; umlobi; umqambi.
authoritative (a) -phume kwabanolwazi; -negunya; -nqamulayo.
authority (n) isazi; amandla; igunya.
authorise (v) vumela; pha amandla; misa; -phathisa umthetho; nikeza igunya.
authorship (n) ubuqambi; umqambi; umbumbi.
autobiography (n) umlando womlobi wawo.
autocrat (n) impoqamandla; uzibeke.
autograph (n) isandla somuntu lowo ogama lakhe libhaliwe; incwadi elotshwe ngesandla somqambi wayo.
automatic (a) -zenzekelayo; -zenzelayo; -ngacatshangelwa.
automaton (n) umshini ozenzelayo; into ezihambelayo.
automobile (n) imoto.

autonomy (n) uzibuse; ukuzimela.
autopsy (n) ukuhlinzwa kwesidumbu ukuba kubonwe okubange ukufa.
autumn (n) ikwindla.
auxiliary (n) umthelela; amabutho ezizwe; insizasenzo (a. verb gram.).
(a) -elekelelayo; -okusiza.
avail (n) usizo. (v) siza; phumelela; kungasizi (to no a.).
available (a) -nokutholakala; -tholakalayo; -lungele.
avalanche (n) isiwohlololo seqhwa; isiwulukuhlu.
avarice (n) ukuhaha.
avaricious (a) -hahile; -hahelayo.
avenge (v) phindisela.
avenger (n) umphindiseli.
avenue (n) umhubhe; umgwaqo obanzi onezihlahla emacaleni.
aver (v) gomela; qinisa.
average (n) okulingene; okuvamile; iavereji; okusemkhathini; imvama.
(v) vama; fumana iavereji. (a) -lingene; -vamile; -sendimeni.
averse (a) -enqenayo; -zindelayo.
aversion (n) isabhongo; inzondo; ukungezwani na-.
avert (v) vika; gwema; qhelisa; dedisa.
aviation (n) uhambo emoyeni; uhambo ngezindiza.
aviator (n) umshayeli wezindizamshini.
avocado (n) ukwatapheya.
avocation (n) ibizelo.
avoid (v) gwema; xwaya; fulathela.
avoidance (n) ukuxwaya; ukugwema.
avow (v) vumela; vuma.
await (v) hlalela; lindela; bheka.
awake (v) vuka; phaphama; qabuka.
(a) -vukile; -bhekile; -xwayile.
award (n) isabelo; umklomelo; ingomela. (v) abela; gomela; klomela.
aware (v) azi; qonda; zwa (to be a.).
(a) -lumukile.
awash (adv. a) -gutshuzelwa ngamanzi.
away (adv.) kude; ngokwahlukene; kude le.
awe (n) uvalo; itwetwe. (v) esabisa; shayisa ngovalo.
awful (a) -esabekayo; -mangalisayo; -bi kabi.
awhile (adv.) isikhashana; umzuzwana.
awkward (a) -ngaphatheki kahle; -zinyeza (feel a.); ubucayi (a. position); -lukhuni (difficult).
awl (n) usungulo.
awning (n) useyili wokusitha ilanga; umpheme woseyili.

awry (adv.) -lukeke; -sontekile; -ngavumi.
axe (n) imbazo; izembe; imbemba; isizenze (battle axe).
axiom (n) iqiniso elimisiweyo; iqiniso elivezwayo; isaga.
axis (n) ieksizi; umudwa onqamulayo phakathi ngqo.
axle (n) ieksile; umphini wesondo; umphini isondo elizungezela kuwo.

B

babble (v) qeketha; hwaza (b. in low voice); mpompa (b. nonsense).
babe (n) ingane; umntwana; umntwanyana.
babel (n) ukusanganiswa kwamazwi.
baboon (n) imfene; unoha; imbuzimawa; ikhonde (male b.); umathanazana (female b.); isijwana (baby b.); uqholwane (old female b.).
baby (n) ingane; umntwana; usana; umntwanyana; ingane encelayo (suckling b.).
bachelor (n) impohlo; indoda engaganiwe; iziqu zemfundo ephakeme njenge—B.Sc.
bacillus (n) imbewu yokufa.
back (n) umhlane; iqolo; amagxalaba (b. of shoulders); umsundulo (b. of neck); isinqe (buttock). (v) hlehlisa imoto (reverse car); hlehlisa; eseka.
(adv.) emuva; nyova.
backbone (n) umhlandla; umgogodla.
background (n) isendlalela; isizinda.
backing (n) ukuphasa; isenzelelo; ukuhlehlisa (reversing as of car).
backveld (n) inkangala; emaphandleni.
backwards (adv.) emuva; nyova; ngokubheka emuva.
backwash (n) ibuya lolwandle.
bacon (n) ubhekeni; inyama yengulube efusiweyo.
bacterium (n) ibhaktheriya; imbewu yokufa; imbewu evundisayo.
bacteriology (n) isifundo sebhaktheriya.
bad (a) -bi; -ngalungile; -onakele; -bolile (rotten); -ishwa (b. fortune); -obishini (in a b. way).
badge (n) indonya; ibheji; imbasa; isiphandla.
badly (adv.) kabi; ngokungalungile.
badness (n) ukonakala; ububi; umo-

nakalo.

baffle (v) qikaza; ahlula, dida.

bag (n) isaka; isikhwama; umgodla; umtshingo wezikotshi (b. pipes); umahambanendlwana (b. worm). (v) godla; faka esakeni.

baggage (n) impahla yendlela; impahla yempi; udibi (army b. boy).

bail (n) ibheyili; ukubopha imali; imali eboshiwe. (v) melela; bheyila (pay b.); khipha amanzi esikebheni (b. out water).

bail; bale (n) umfuqulu; inyanda. (v) bopha umfuqulu.

bailiff (n) isithunywa senkantolo; umbheki wefa.

bait (n) ibheyithi; okokucupha odobeni; isiyengo; isenene (red b.). (v) cupha; cupha udobo; cupha ngebheyithi; yenga; shishizela, hlupha (worry).

bake (v) bhaka; pheka (cook); gazinga (roast); gagada (harden).

baker (n) umbhaki; umpheki wezinkwa.

bakery (n) ibhikawozi; indlu okuphekelwa kuyo izinkwa.

balaclava (n) isigqoko sikavolo esemboza lonke ikhanda kanye nentamo.

balance (n) isikalo (weighing machine); okuseleyo (remainder); imali esekhona ebhange (bank b.); uhlelo lwemali ephumileyo nengenileyo (b. of accounts). (v) linganisa; bhalansa; linganisa izimali.

balanced (a) -linganisiwe; ukudla okukhethwe ngohlelo (b. diet).

balcony (n) uvulande ophezulu; uvulande osesitezi.

bald (n) impandla (b. man). (a) -yimpandla.

balderdash (n) inkulumo engasile; ukubhamuza.

balk (n) isivimbelo; isivimbezelo. (v) vimbela; dumaza; qunda.

ball (n) ibhola; umdanso (dance); isidindi sonyawo (b. of foot).

ballad (n) inkondlo; ingoma.

ballast (n) okulayishwa emkhunjini ukuze untante ngokulingene emanzini; amatshe okuqinisa ujantshi.

ballet (n) uhlobo lomdanso olubukelwayo.

ballistics (n) isayensi yezinhlamvu zezibhamu nokudutshulwa kwazo.

balloon (n) ibhaluni; ibhamuza.

ballot (n) ivoti; iphepha levoti; iphepha lokuvota. (v) vota.

balm (n) amafutha okuqeda izinhlungu; umuthi odambisa ubuhlungu.

balmy (a) -mnene; umnyelele (b. breeze).

balustrade (n) isibambelelo esakhiwe esitezi sokuvimbela ukuwa.

bamboo (n) uqalo.

bamboozle (v) khohlisa; ziba; phica; dida.

ban (n) umyalo; isimemezelo. (v) enqabela; ala.

banal (a) -ngenasithunzi; -duvileyo; -vamileyo.

banana (n) ubhanana; ukhova (plantain); isibhanana (b. plantation).

band (n) ibhande; isibopho; ibutho, ibandla (b. of people); ibhendi; abashayi bemitshingo nezigubhu (musical b.). (v) buthana; hlangana (b. together).

bandage (n) umdweshu wokubopha inxeba; okokubopha; ibhandeshi. (v) bopha; zongolozela; bhandesha.

bandit (n) umphangi; isigcwelegcwele; isigebengu.

bandolecr (n) umgaxo wezinhlamvu.

bandy (a) -magwegwe (b.-legged). (v) phambanisela; nqakisana amancoko (b. jokes).

bang (n) umsindo. (v) muhluza; gqogqoza; shaya umnyango; gaklaza umnyango (b. the door).

bangle (n) isongo; isigqizo; ibhengele.

banish (v) dingisa; xosha.

banishment (n) ukudingiswa; indingiso.

banister (n) isibambelelo sokuvimbela abantu bangawi esitezi.

banjo (n) ibhenjo; uhlobo lwesigingci.

bank (n) udonga; unqenqema; ibhange (commercial b.). (v) faka imali ebhange; bekelela; qoqana; ethemba (b. on).

banker (n) umnini webhange; umphathi webhange.

bankrupt (n) ophelelwe yimali; isishoni. (a) -ngenamandla okukhokha izikweletu; -shonile; -wile.

bankruptcy (n) umshono; ukuqothuka.

banner (n) iduku lombuso; iduku lamabutho.

banns (n) izibiko zomshado; izimemezelo zomshado.

banquet (n) isidlo; idili.

bantam (n) uhlobo lwezinkukhu ezincane; isimolandana; isisindo sebhantamu (b. weight), imolisi.

banter (v) ntela; bhinqa; lawuza.

Bantu (n) abantu (people); isintu (B. language); uNdabazabantu (B. Affairs Commissioner); isifunda sabantu (Bantu area).

baptism (n) umbhabhadiso; ukuphehlelelwa.

baptise (n) bhabhadisa; phehlelela.

bar (n) inkantini (b. where liquor is available); umxabo (cross b.); ugoqolo lwensipho (b. of soap); isilinganiso sesikhathi emculweni (b. in music); umbombuluka wesihlabathi (sand b.); izinsimbi efasiteleni ejele (prison bars). (v) vimba; vala; vimbezela; valela. (prep.) -phandle kwa-.

barb (n) indlendla; iva; idlebe; ucingo olunameva (barbed wire); inhlendla (barbed spear).

barbarian (n) ongaphucukile; iqaba; isidlwabidlwabi.

barbaric (a) -obuqaba; -dlovulayo; ubukhazikhazi bobuqaba (b. finery).

barbarism (n) ukungaphucuki; ubulwane.

barbarity (n) unya lobulwane.

barbarous (a) -nonya lobulwane.

barbecue (n) inyama egazingwayo idlelwe phandle; sonke isilwane sosiwa siphelele.

barbel (n) uhlobo lwenhlanzi; ibhavula; ibhabula; ubhabuli.

barber (n) umgundi wezinwele; umphuci; umphothuli.

bard (n) imbongi.

bare (v) veza; phenya; embula; phundla, qothula (denude). (a) -nqunu; -ze; -ngembesiwe; uqwathule (b. land).

barely (adv.) kancane; cishu kunga-.

bareness (n) ubuze; ubunqunu; ukuphundleka (denuded).

bargain (n) umtitilizo; imvumelano; imvumelano ngenani. (v) thengisa; bhumbuluza.

barge (n) isikebhe esinesinqe esibanzi; isikebhe sokuthutha izimpahla. (v) fulukuhlela (to b. in).

baritone (n) imbambathoni; ibharitoni; iphimbo lowesilisa.

bark (n) ukukhonkotha (b. of dog); igxolo, ixolo (b. of plant). (v) khonkotha; ebula amagxolo.

barque, bark (n) uhlobo lwesikebhe esihanjiswa umoya noseyili.

barley (n) ubhali; uhlobo lwezinhlamvu ezidliwayo ezifana nokolo.

barn (n) ingobo; indlu yokukhweza izimpahla.

barnacle (n) imbambelela.

barometer (n) ibharomitha; okokulinganisa isisindo somoya.

baron (n) isikhulu phesheya; ibharoni.

baroness (n) inkosikazi yebharoni.

baronet (n) isikhulu esingaphansana kwebharoni.

barrack (v) hewula; hewulela.

barracks (n) inkomponi; ikamu (military b.).

barracuda (n) uhlobo lwenhlanzi enkulu edliwayo.

barrage (n) udonga oluvimbela amanzi omfula (b. in river); ithala lezinhlamvu zombayimbayi (b. of artillery).

barrel (n) umphongolo; umgqomo; umbhobho wesibhamu (b. of gun).

barren (a) -yinyumba; izwe elingatheliyo (b. land).

barricade (n) isivimbezelo; umgoqo. (v) vimbezela; biyela; akha umgoqo.

barrier (n) isithiyo; okuvimbelayo.

barrister (n) ummeli; ummeli onelungelo lokuvela phambi kwamajaji.

barrow (n) ibhala (wheel b.).

barter (n) uhwebo; ukuthengiselana. (v) hweba; thengiselana.

base (n) isisekelo; isiqu; isiduku; isikhonkosi; isihlulampisi (b. of neck); umudwa ongaphansi (b. line). (a) -bi; -nolunya; -nobulwane; ichilo (a b. act).

baseless (a) -ngenaqiniso; -ngenasisekelo.

bash (v) mohloza; muhluza; dukla.

bashful (a) -namahloni; -hloniphayo.

basic (a) -yisisekelo; imisebenzi eyisisekelo (b. operations); ingqikithi eyisisekelo (b. principles).

basin (n) ubheseni; isitsha; isigodi (geog.).

basis (n) isisekelo; isiqu.

bask (v) thamela; otha.

bass (n) ibhesi; imbodlongo; iphimbo lowesilisa.

bassinet (n) uhlaka olulala ingane.

bastard (n) umlanjwana; ibhasitela; ivezandlebe.

baste (v) thela amafutha enyameni egazingwayo; thunga (sew); shaya (beat).

bat (n) ilulwane; ibhekezansi; igomonqo; iphini lokuphebeza (as in cricket). (v) phebeza.

batch (n) iqoqwana; umbhako.

bath (n) ubhavu; indlu yokubhavela, indlu yokuhlambela (b. room). (v) bhava; hlamba.

bathe (n) ukubhukuda; ukuhlamba. (v) bhava; geza; bhukuda (swim).

baton (n) indukwana yokubhida. uthi lomculisi (conductor's b.); isiqobolo (policeman's b.).

battalion (n) iqembu lamabutho empini elibalwa enkulungwaneni.

batten (n) isikhonkwane sokukhonkothela. (v) -zinonisa (b. on); khonkothela (b. down).

batter (n) inhlama ephekwayo. (v) donya; mbungqa; bhambabula.

battery (n) ibhetri, ilahle, into okugcinwa kuyo ielektriki (electric b.); icala lokubhambabula umuntu (b. of a person); ombayimbayi abadubula ithala kanyekanye (artillery).

battle (n) impi; isiwombe; ukulwa; imbemba, isizenze (b. axe); inkundla yempi (b. field). (v) -lwa.

bauble (n) igugu elingelutho; into ecwazimulayo kodwa ingenantengo engakanani.

bawdy (a) -enhlamba; -obufebe; inhlamba (b. talk).

bawl (v) klabalasa; mpompoloza; khalisisa.

bay (n) itheku, ibheyi (geog.); ichweba (lagoon); ifasitela elakhiwe laphumela phandle (b. window); bhijeza (bring to b.). (v) hohoza. (a) -mpofu; ihashi elimpofu (a b. horse.)

bayonet (n) insabula, ibhayinede, umkhonto ogxunyekwa esihlokweni sesibhamu. (v) gwaza ngensabula.

bazaar (n) ibhaza; indawo enezitolo eziningi ezincane.

beach (n) usebe lolwandle; ugu lolwandle; ibhishi. (v) ngenisa isikebhe esihlabathini ogwini lolwandle.

beacon (n) isikhonkwane somdabuli (surveyor's b.); umlilo ozoveza amalangabi okuhlaba umkhosi.

bead (n) ubuhlalu; ubuhlalu bokuthandaza (rosary).

beak (n) uqhwaku; umlomo wenyoni.

beaker (n) inkomishi; isitsha esincane sokuphatha amanzi.

beam (n) ugongolo; umjanjatho;

umshayo; umsebe (b. of light). (v) manyazela.

bean (n) ubhontshisi; indumba; umkhokha (lucky b.).

bear (n) ibhele; isilwane esitholakala phesheya. (v) beletha, zala (give birth); thwala (carry); thela (b. as plant); bekezela (be patient).

beard (n) isilevu; intshebe; uphefeni (long beard).

bearer (n) umuntu ophethe incwadi; umthwali; udibi (b. for warrior).

bearing (n) ukuma: ukuhamba; ukubekezela (b. suffering); uhlwayi okuphenduphenduka umshini kulo, izinsinjana okuphenduka umshini kuzo (machine bearings).

beast (n) isilwane; isilo.

beastliness (n) ubudlova; ubulwane.

beastly (a) -nolunya; -bi kakhulu; isidlova (b. person).

beat (n) ukushaya; ukugquma (throb) umgqumo (rhythmic b.) ukushaya kwegazi (pulse b.). (v) shaya; betha; dinda; bhonya; qobola; khanda; ahlula, nqoba (overcome); hlehla (b. a retreat); bhula (b. out as fire); phebeza (b. off); hlehlisa (b. back); gxoba (b. down); gquma (throb); casha obala (b. about the bush).

beater (n) umshayi; umvusi.

beatify (v) hlahlamelisa.

beating (n) ukushaywa; ubudaxudaxu.

beatitude (n) umbusiso; inhlanhla.

beautiful (a) -bukekayo; -hle; -hlehle.

beautify (v) hlobisa; vunulisa.

beauty (n) ubuhle; ubukhazikhazi; ukubukeka.

beaver (n) isilwane saphesheya esihlamba emanzini nesiququda izihlahla.

becalmed (a) -ntula umoya wokuqhuba isikebhe.

because (conj.) ngokuba; ngoba; ngenxa; ngalokho.

beckon (v) qhweba; khwebeza.

become (v) -ba; ukubayisisebenzi (to b. a servant); enzekela (happen to). (v) fanela; lungela.

becoming (a) -fanelekile; -fanele.

bed (n) umbhede; indawo yokulala; imbungulu (b. bug); isikigi (b. pan); izinsimbi zombhede (bedstead); (v) lalisa; tshala ezindinyaneni (to b. plants out); gxumeka (embed).

bedaub (v) nameka; gcoba; ninda;

bhaceka.

bedding (n) okokwendlala umbhede; izingubo zokulala; izingubo zombhede; utshani obendlalelwa imfuyo.

bedeck (v) hlobisa; vunulisa.

bedlam (n) umsindo omkhulu: indlu yezinhlanya.

Bedouin (n) umArabhu ohlala ogwadule ehlane.

bedraggled (a) -manaphunaphu.

bedroom (n) ikamelo lokulala: indlu yokulala.

bee (n) inyosi; udongoyi (drone b.); unodongwe (humble b.); isikhupha (b. bread); umovu (b. wax.).

beef (n) inyama yenkomo.

beefy (a) -zimukile.

beer (n) utshwala; ubhiya (European b.); ifumuka (incompletely fermented b.); isilaza (sour b.); icacane (tasteless b.); phisa utshwala (brew b.); amatshwala (b. feasts); ivovo (b. strainer).

beestings (n) umthubi.

beetle (n) ibhungane; inkumabulongwe (dung b.); inkwelo (water b.); iphehla (borer b.).

befall (v) vela; velela; ehla; ehlela: fikela.

befog (v) sambathekisa.

before (adv.) ngaphambili; phambili; kuqala.

before (prep. conj.) phambi kwa-; kunoba.

beforehand (adv.) kuqala; phambili.

befriend (v) phatha ngobuhlobo.

beg (v) cela; nxiba; nqiba; ncenga; phanza; khonga; nxusa; nxepheza, shweleza (b. pardon.).

beget (v) zala; veza.

beggar (n) isinxibi; isinqibi; isiphanzi. (v) shonisa; nciphisa.

beggarly (n) -ncishene; -nganele.

begin (v) qala; qalisa; sungula; emula; ngena.

beginner (n) imfundamakhwela; osaqala.

beginning (n) isiqalo; ukuqala; isiqaliso; isiqu; ekuqaleni (in the b.).

begrudge (v) ncisha; -ba nomhobholo.

beguile (v) khohlisa; yenga; dlulisa; chitha (b. time).

behalf (n) inxa; ngenxa yakhe (on his b.).

behave (v) -ziphatha; enza; -ziphatha kahle (be well b.); -ziphatha kabi

(b. badly).

behaviour (n) ukuziphatha; inkambo; amabhongo (bad b.); igcobo (good b.).

behead (v) nquma; nquma ikhanda.

behest (n) umyalo; isiyalezo.

behind (adv.) ngasemuva; emuva. (prep.) ngasemuva kwa-; ngaphansi kwa-.

behindhand (adv.) -libele; ephuza (be b.).

behold (v) bheka; khangela; bona; buka.

beholden (a) -sekhwapheni; obopheke ku-

being (n) ukuba khona; ubukhona; ngokwamanje (for the time b.); umuntu (human b.).

belabour (v) dinda; bhula; bhambatha.

belated (a) -shiyiwe isikhathi; -hlwelwe (benighted).

belch (v) bhodla; phafuza; thunqa (b. smoke); khafuza (b. flames).

belfry (n) isakhiwo sezinsimbi ezikhencezayo.

belief (n) ithemba; ukholo; ukukholwa.

believe (v) kholwa; themba; kholelwa.

believer (n) ikholwa; okholwayo.

belittle (v) gxeka; dicila.

bell (n) insimbi; insimbi ekhencezayo.

belle (n) intombi ebukekayo.

bellicose (a) -nochuku; -thanda ukulwa.

belligerent (a) -lwayo; -thanda ukulwa.

bellow (n) umbhavumulo; ukubhonga. (v) bhavumula; bhonga; khonya; klabalasa.

bellows (n) isivuthelo; isifutho.

belly (n) isisu.

belongings (n) impahla; izinto umuntu anazo.

beloved (n) othandekayo; isithandwa. (a) -thandekayo; -thandiwe.

below (adv.) ngaphansi; phansi, ezansi. (prep.) phansi kwa-.

belt (n) ibhande; isifociya (woman's b.); uthungulu (coastal region); ibhande lomshini (machine b.). (v) shaya ngebhande.

bemoan (v) khalela; -zikhalela; lila.

bemuse (v) sanganisa.

bench (n) ibhentshi; isihlalo; usesihlalweni sokuqula amacala (he is on the bench to try cases); iqembu lamajaji (b. of judges).

bend (n) ingoni; isigwegwe; iqhubu;

insonge. (v) goba; phula; gobela; khothama (b. the body, bow).

beneath (adv.) phansi; ngaphansi.

benediction (n) isibusiso.

benefaction (n) isiphiwo.

benefactor (n) umuphi; umsizi.

beneficient (a) -nomusa; -nobunene; -sizayo.

beneficial (a) -nosizo; -nenzuzo; -sizayo.

beneficiary (n) owamukelayo; owamukela utho efeni.

benefit (n) usizo; inhlanhla; inzuzo; insizakalo. (v) zuza; siza; sizeka.

benevolence (n) ubumnene; isihle.

benevolent (a) -mnene; -nomusa.

benighted (a) -hlwelwe; -luhlaza, -ngazi lutho (ignorant).

benign (a) -nomusa; -mnene.

bent (n) isiphiwo (special ability). (a) -gobile; -gotshiwe; -sontekile; -magwegwe.

benzine (n) ubhenzini; umuthi ohwamukayo kalula wokuhlanza izingubo.

bequeath (v) shiya nefa; shiyela ifa; abela ifa.

bequest (n) ifa; isiphiwo.

berate (v) sola; thethisa.

bereaved (a) -shonelwe, -felwe (by death); -luphuya (destitute).

beret (n) ibherethi; isigqokwana sendwangu.

berg (n) intaba; unqenqema lwezintaba (range of hills); intaba yeqhwa entanta olwandle (ice b.).

berry (n) isithelo esinezinhlamvana eziningi ekudleni kwaso; okusagqumgqumu.

berth (n) isikhundla sokulala; isikhundla esikebheni; isikhundla somsebenzi. (v) ngenisa umkhumbi ethekwini.

beseech (v) ncenga; nxusa; celisisa; khulekela; khuleka.

beseechingly (adv.) ngokuncenga; ngokunxusa.

beside (adv.) futhi. (prep.) ecaleni kwa-; cncikene na-; ngaphandle kwa-; unjalo nje ngenxa yomunyu (he is b. himself with grief.).

besides (prep.) ecaleni kwa-; ngaphandle kwa-; phezu kwa-.

besiege (v) vimbezela.

besmear (v) nameka; bhaceka; gcoba; ninda; khatha.

besmirch (v) ngcofa; bhaxeka; dixa.

bespatter (v) chaphazela; hlaphaza.

bespeak (v) lungisela ngaphambili; khulumela ngaphambili.

best (a) -hle hle; -hle kakhulu (the b.). -ngcono kakhulu, okuhle kakhulu

bestial (a) -nobulwane; -nobudlova; -nolunya.

bestiality (n) ubudlova; ulunya; ubulwane.

bestir (v) nyakazisa; vusa.

bestow (v) -pha; nika; bekela.

bet (n) imali ebhejwayo. (v) bheja; bekela.

betake (v) -ya; qonda; banga; hamba.

bethink (v) khumbula; cabanga.

betimes (adv.) masinyane; ngesikhathi.

betray (v) khaphela; nikela; ceba; dazulula.

betroth (v) endisa; thembisa.

better (n) okungcono. (a) -ngcono; -hle kunokunye.

between (adv.) ngaphakathi. (prep.) phakathi kwa-.

beverage (n) okuphuzwayo; isiphuzo.

bevy (n) isixuku; umhlambi; isixuku sezintombi (a b. of girls).

bewail (v) khalela; khala nga-.

beware (v) qaphela; xwaya.

bewilder (v) dida; khohla; dukisa.

bewitch (v) loya; thakatha.

beyond (adv.) phambili. (prep.) phambili kwa-; phambili; phesheya kolwandle (b. the sea); ngokweqile (b. measure); angikuqondi lokho (that is b. me).

biannual (a) -enzeka kabili ngonyaka.

bias (n) umvuno; ubandlululo; isisindo esinganhlanye kwebhola (as in bowls).

biased (a) -nobandlululo.

bibber (n) isiphuzi; isidakwa; ophuzayo ngokweqile.

bible (n) ibhayibheli.

biblical (a) -ebhayibheli.

bibliography (n) uhlelo lwezincwadi ezithile.

bibulous (a) -esiphuzi; -esidakwa.

biceps (n) izinkonyane.

bicker (v) phikisana; xabana ngento encane.

bickering (n) ukuxabana.

bicycle (n) ibhayisikili.

bid (n) ukubhida; ibhidi. (v) yala, layeza (command); mema, biza (invite); bhida (b. at auction); valelisa (b. farewell); bingelela (greet).

bide (v) hlala; sala; hlalela; lindela

ithuba (b. one's time).

bidder (n) umbhidi.

biennial (n) unyakambili. (a) kanye ngeminyaka emibili; -konyakambili.

bier (n) uhlaka okulaliswa kulo isidumbu.

bifocal (a) izibuko ezibhanqe amabanga okubona amabili.

big (a) -khulu; -dlondlobele; zimuka (grow b.); umithi, ukhulelwe (she is b. with child); uqukulu (b. toe).

bigamist (n) othathe abafazi ababili ngokungemthetho.

bigamous (a) -ganwa ngabafazi ababili kungengomthetho.

bigamy (n) ukuthatha abafazi ababili kungengomthetho.

bigot (n) ogcizelela esicini senkolo ngaphandle kwengqondo.

bilateral (a) -nxambili.

bile (n) inyongo.

bilharzia (n) isichenene segazi; umchama-gazi.

biliary (a) -enyongo; isifo senyongo esivama ukuphatha izinja (b. fever).

bilingual (a) -khulumayo izilimi ezimbili ezahlukeneyo.

bilious (a) -nenyongo; -nonjongwe.

bill (n) iakhawunti (account); umthetho osavivinywa (parliamentary b.); iphepha lezaziso (placard); uhlelo lwezimpahla (b. of lading); uqhwaku (bird's b.). (v) enza uhlelo (list); azisa ngamaphepha (advertise); qabulana njengamajuba (b. and coo).

billet (n) isikhundla sokulala (place to sleep); isikhundla somsebenzi (place of employment); incwajana (small notice); ukhuni (b. of wood).

billow (n) igagasi; idlambi.

billy-goat (n) impongo.

biltong (n) umqwayiba; inyama eyomisiwe elangeni.

bin (n) ingobo.

binary (a) -enziwe ngeziqu ezimbili.

bind (v) bopha; zongoloza; thekeleza; thandela (wind around); khuleka (tie up); vimba (prevent).

binder (n) isibopho; isibopho sengane (child's b.); umbophi.

binding (n) okubophayo; ukubopha. (a) -phoqekile; isivumelwano esiphoqekile (a b. agreement).

binoculars (n) isibonakude; amaferikiki.

biochemistry (n) isayensi yezifundo zezithako zemvelo eziphathelene

nokuphilayo nokukekwaphila.

biography (n) okwenkambo yomuntu; umlando wempilo yomuntu.

biology (n) isayensi yokuphilayo.

bioscope (n) ibhayisikobho.

biped (n) isilwane esimilenze mibili.

birch (n) uhlobo lwezihlahla eMelika; uswazi lokujezisa abantwana. (v) shaya ngoswazi; bhaxula.

bird (n) inyoni; inyoni edla inyama (b. of prey); inyoni emukelayo kwamanye amazwe (migratory b.).

birth (n) ukuzala; ukubeletha; usuku lokuzalwa (b. day); umkhangu (b. mark); lapha inkaba ikhona (b. place).

biscuit (n) umqathane; ibhisikidi.

bisect (v) nqamula kabili izingcezu zombili zilingane.

bisector (n) umudwa onqamula kabili.

bisexual (a) ubulili besifazane nobesilisa busesilwaneni esisodwa noma embalini eyodwa.

bishop (n) umbhishobhi.

bishopric (n) isifunda sombhishobhi.

bison (n) inyathi yaseMelika.

bit (n) ibhola, isiphehlo (tool); iqosha (b. of bridle); ucezu, isihlephu, ijwaphu (small part); umzuzwana, isikhashana (brief time); kancane kancane (b. by b.). (v) lumile.

bitch (n) injakazi; isindindwa.

bite (n) ukulunywa; ukuluma; ijwaphu (small b.); inxeba lokulunywa (wound from b.); ukubamba (grip); (v) luma; zavuza, dlephuza (b. off); tinyela (b. as insect).

bitter (a) -muncu; -munyu; -baba, -khakha (be b.); -buhlungu (grievous).

bitumen (n) isitafutafu esimnyama esakha imigwaqo; itiyela.

bivouac (n) ikamu lesikhashana amatende engekho; ezihonqeni (at the b.).

bizarre (a) -mangalisayo; -yinqaba.

blab (v) ncetheza; wushuza.

black (n) umbala omnyama; umbala onsundu; uqadolo, ucadolo (b. jack). (a) -mnyama; -nyama khace (jet b.); -nzima; -nsundu.

blackguard (n) isigcwelegcwele; ishinga. (v) thuka; hlambalaza.

blackmail (n) ukubiza inkokhelo kumuntu yokukugqiba ukuba ungavezi ihlazo lakhe. (v) ukudixa; ukuhlala ngabanye.

Black Maria (n) inqola emnyama ethwala iziboshwa.

blacksmith (n) umkhandi wezinsimbi; umshayizinsimbi.

bladder (n) inqalathi; isinye (urinary b.); inqalathi yenyongo (gall b.); ibhamuza (inflated b.).

blade (n) ubukhali, ukudla (assegai b.); udwani (grass b.); icembe (leaf b.); insingo (razor b.); isiphanga (shoulder b.); inkemba (sword b.).

blame (n) insolo; isijeziso. (v) sola; hlinikeza.

blameless (a) -ngenacala; -msulwa.

blameworthy (a) -necala; -solekayo.

blanch (v) -ba mhlophe; phaphatheka.

blandishment (n) ukuthopha.

blank (n) isikhala; iphepha elingenalutho (a. b. form); hamba inqina kamabuyaze (to draw a b.). (a) -ngenalutho; -khohliwe (b. mind).

blanket (n) ingubo yokulala; isiphuku (skin b.); umphethangubo (b. stitch). (v) embesa ngengubo; embesa.

blare (n) ukukhala kwamacilongo. (v) khala ngamandla.

blaspheme (v) jivaza; thuka ngoNkulunkulu.

blasphemy (n) ukuthuka uphathe uNkulunkulu.

blast (n) isivunguvungu, isiphepho (b. as of storm); ukutshingoza (sound of trumpet); ukuqhuma (as of explosion). (v) qhuma; sakaza; bunisa (cause to wilt).

blatant (a) -mpamuzile; -nomsindo.

blaze (n) umlilo obhebhethekayo; amalangabi (flames); ingomane; inkazimulo (bright light); ukugqamuka (outburst); isibekiso (b. on tree); ukuchopha ebusweni besilwane (b. on animal). (v) vutha; gqamuka; dangazela (b. with anger); khazimula (shine); vula indlela (b. a path).

blazer (n) uhlobo lwebhantshi; ibhleza; ibhuleza.

bleach (n) umuthi owenza-mhlophe. (v) cacisa umbala omhlophe; enzamhlophe.

bleak (a) -makhaza; ugwadule olubandayo (a b. country).

bleat (n) ukukhala kwemvu. (v) khala.

bleed (v) opha; ophisa.

blemish (n) umbandela; okunukubezayo; isici.

blend (n) ingxube. (v) xuba; xubana; xubanisa.

bless (v) busisa; hlahlamelisa; bonga.

blessed, blest (a) -busisiwe; -yingcwele; -nenhlanhla.

blessing (n) isibusiso; isihlahlameliso.

blether, blather (v) mfemfeza; phahluka.

blight (n) isigoco. (v) goca; qunda.

blind (n) impumputhe (b. person); ibhulayindi (b. for window). (v) valeka amehlo; phuphuthekisa; phandla, xhopha (dazzle); xhopha (foreign body in eye); wulaza (confuse). (a) -yimpumputhe; -ngenamehlo; -ngaboniyo; -wulaziwe.

blindfold (v.) bopha amehlo isimuku.

blindly (adv.) ngokuphuphutheka; ngokumpumpuzela.

blindness (n) ubumpumputhe.

blink (v) cwayiza; cwazima; lokoza (b. as a fire).

blinkers (n) iziphandla; insithamehlo.

bliss (n) intokozo; ukujabula.

blister (n) intshabusuku; ibhamuza; ishashazi; ipoto (b. on hand from work).

blithe (a) -eneme; -jabulayo.

blitz (n) umonakalo omkhulu. (v) bhubhisa; shabalalisa.

blizzard (n) isiphepho esineqhwa; ukukhithika.

bloat (v) qumba; vuvukala (swell).

blob (n) isigaxana; ichaphazelo (drop).

block (n) umbhuku; isigaxa. (v) vimbela; cina.

blockade (n) umvimbezelo; ukuvinjezelwa. (v) vimbezela ikakhulu ngemikhumbi yempi.

blond (n) umlungu onezinwele ezimhloshana. (a) -ozinwele zimhloshana.

blood (n) igazi; umopho; inhlayiya yegazi (b. corpuscle); ihlule (b. clot); ukonakala kwegazi ngesihlungu (b. poisoning); umfutho wegazi (b. pressure); ukuthasiselwa igazi (b. transfusion); umthambo wegazi (b. vessel).

bloodless (a) -ngenagazi; -ngenamopho.

bloodshed (n) ukuchithwa kwegazi.

bloodthirsty (a) -nequngo; -thandayo ukuchitha igazi.

bloody (a) -negazi.

bloom (n) imbali; intshakazo (grass). (v) qhakaza; khahlela; bhalasa.

bloomers (n) amabhulukwe owesi-fazane; ibhulumazi.
blossom (n) imbali. (v) khahlela; qhakaza.
blot (n) ichaphazelo; ichashazi; ibala. (v) chaphazela; dixa; hlikihla (rub); omisa (b. dry).
blotting paper (n) iphepha lokumunca uyinki; ibhlotha.
blouse (n) iyenjana lowesifazane; ibhulawuzi.
blow (n) isigalelo; ukushaya; impama (b. with palm of hand); isibhakela (b. with fist); isibhaxu (b. with whip). (v) betha, phephetha, vunguza (b. as wind); futha (b. as pump); chinsa (spout); qhuma (b. up); phekuka (b. over); phephuka (b. about); cima (b. out); ngquzula (b. up, explode); bhibhizela (b. bubbles); finya (b. the nose).
blowfly (n) imvimvi; impukane ezalela enyameni ivunde.
blubber (n) amafutha omkhomo. (v) phihlika izinyembezi.
bludgeon (n) induku enkulu; umshiza. (v) shaya ngomshiza.
blue (n) ubhulomu (washing b.). (a) -zulucwathile; -esomi; -luhlaza.
bluebottle (n) imvimvi (b. fly); isilokazane esintinyelayo esiphuma olwandle.
bluebuck (n) iphithi.
bluejacket (n) itilosi.
bluff (n) inhlonhlo; isibubulungu. (v) wawaza; khohlisa.
blunder (n) isiphosiso; isiphambeko. (v) phosisa; ona; phambeka.
blunderbus (n) isithunqisa; isibhamu sakudala.
blunt (v) qunda; nqinda. (a) -buthu-ntu; -qundekile; -ndikindiki.
blur (n) okufipheleyo. (v) fikizisa.
blurt (n) phahluka; phafuza.
blush (v) shiwuza; bheja.
bluster (v) wawaza; vunguza (of wind).
boaconstrictor (n) inyoka yaphesheya efana nenhlwathi nomonya.
boar (n) ingulube yenkunzi.
board (n) ipulangwe; ibhodi (b. of control); ibhodi yokuphenya (b. of inquiry); ukudla (meals); ngena emkhunjini (go on b.). (v) shayela ngamapulangwe (b. up); ngena emkhunjini (b. a ship); ondla, -dla, -dlela (supply meals, keep).

boarder (n) oqashela ukondliwa; oqa-shela ukudla; umfundi olala khona esikoleni (b. at school).
boarding-house (n) indlu okuqashelwa kuyo ukudla nokulala.
boast (n) iwawa; ukugabisa; ukubukisa. (v) wawaza; gabisa; bukisa; thwala ilunda.
boastful (a) -zazisayo; -zishoyo; -qho-loshile; -zikhukhumezayo; -gabisayo.
boat (n) isikebhe; umkhumbi.
bob (n) umyeko (fringe of hair); ukugwiliza. (v) gwiliza; tshiloza; xoxoma.
bobbin (n) isongo lohala.
bodice (n) isifuba sengubo; ibhodisi.
bodily (adv.) ngomzimba; kanyekanye.
bodkin (n) usungulo lokudonsa uhala.
body (n) umzimba; indikimba (main part);umuntu (person); noma ngu-bani (anybody); into enesisindo (substance); umgwamanqa (group of people); phakathi nesonto (the b. of the church); isidumbu (corpse).
Boer (n) iBhunu; umlimi.
bog (n) ixhaphozi; ubhuku; ubishi.
boggle (v) ethuka; nqikaza; enqena (b. over).
bogie (n) itilogo lesitimela; amasondo etilogo.
bogus (a) -mbumbulu; -khohlisayo.
boil (n) ukubila; ithumba (b. on body). (v) bila; bilisa; bhadla (as porridge); chichima (b. over).
boiler (n) ubhayela; imbiza; itangi lamanzi ashisayo.
boiling-point (n) izinga-kubila.
boisterous (a) -nomsindo; -yaluzayo; -gubhayo.
bold (a) -nesibindi; -qavile; -gqamile (prominent); gangile (naughty).
bole (n) isiqu sesihlahla.
bolster (n) umcamelo omude wo-mbhede. (v) seka.
bolt (n) ibhawoti; umshudo (b. on door); isishuqulu (b. of cloth). (v) gimbiliqela; gwinqa; minza (eat hurriedly); shuda, vala ngomshudo (b. the door). (adv.) hlala uqonde; hlala ngothi (sit b. upright).
bomb (n) ibhombu; into eqhumayo. (v) bhomba; wisa amabhombu.
bomber (n) ibhanoyi lamabhombu; umqondisi wamabhombu (person).
bombast (n) ubugagu; ukukhafuza.
bona fide (n) ubufakazi beqiniso.
bond (n) isibopho; isethembiso (agree-

ment); ibhondi (arith.). (v) bophisa ngebhondi; bhonda.

bondage (n) ubugqili; ukuthumbeka.

bone (n) ithambo; umgogodla (back b.); isidindi (cheek b.); inqulu (hip b.); umhlathi (jaw b.); inyonga (thigh b.); inhlola (divining b.). (v) khipha amathambo enyameni.

bonfire (n) umlilo onamalangabi; ikloba; imbuthuma.

bonnet (n) isigqoko sengane; isigqoko sowesifazane; okokuvala phambili emotweni, ibhonethi (b. of car).

bonny (n) -bukekayo; -hle.

bonus (n) umklomelo; ibhonasi; umbhanselo.

bony (a) -namathambo; -mathambo.

booby (n) isiphukuphukwana esikhalela ubala.

book (n) incwadi; ibhuku; isahluko (chapter of b.); ukubhalwa kwamabhuku ezimali (b.-keeping); umbhejisi (taker of bets). (v) loba encwadini (write in a b.); bekisa indawo, khulumela indawo (b. a seat);

boom (n) ugodo; ugongolo olwakhelwe ukuvala indlela; umdumo (roar); inala (b. as in trade). (v) xhaphaka; duma; dubula.

boomerang (n) isikhali sabomdabu eOstreliya esithi singaphonswa sibuyele kosiphosileyo.

boon (n) isipho; inhlanhla. (a) -nenhlanhla.

boor (n) umfokazana ongaziphathi ngenhlonipho.

boost (n) ukukhuphula. (v) khuphula; andisa.

boot (n) isicathulo; ibhuthi (b. of car); umchilo wesicathulo (b. lace). (v) khahlela.

bootee (n) isicathulwana somntwana.

booth (n) isitolo esinompheme; idokodo.

booty (n) impango; isizi.

booze (n) uphuzo oludakisayo. (v) phuza okudakisayo.

border (n) umncele; umkhawulo; umphetho; iphethelo. (v) phethela.

bore (n) imbobo; ubukhulu bomlomo wesibhamu (b. of gun); umgodi wokudonsa amanzi (b. hole); odinayo (person). (v) bhola; bhoboza; chambuza.

boredom (n) ukudinwa; isithukuthezi.

borer (n) ibhola (instrument); isihlava

(stalk b.); isilokazana esiqopha izinkuni, isilokazana esiphehla izinkuni (wood-borer).

born, borne (a) -zelwe; -belethwe; -thwelwe.

borough (n) idolobha; idolobha likakopeletsheni.

borrow (v) tsheleka; boleka.

bosom (n) isifuba; amabele (breasts).

boss (n) ubasi; iphuzu (protruding part). (v) phatha; mela.

botany (n) isayensi yezithombo ezimilayo; ibhothani.

both (a. pron.) -bili; bobabili (b. of them).

bother (n) inkathazo; uhlupho. (v) khathaza hlupha; fundekela; -zikholisa.

bothersome (a)-khathazayo, -hluphayo.

bottle (n) ibhodlela; igabha. (v) londoloza ebhodleleni (b. fruit); gcwalisa egabheni (b. wine).

bottom (n) ingaphansi; iphansi; isinqe; ubuphansi.

bottomless (a) -ngenasinqe; -ngapheliyo.

boudoir (n) ikamelo lowesifazane.

bough (n) igatsha; ingaba.

bought (v) -thengile; -thengiwe.

boulder (n) itshekazi; idwala; imbokodo (small b.).

bounce (n) ukuqhasha; ukugxuma; ukubhampa. (v) qhasha; bhampa; bhampisa.

bound (n) umeqo; amanqeshe; umkhawulo (bounds). (v) khawulisa; xhuma; eqa (leap); gabavula (b. along); encikana (adjoin).

boundary (n) umncele; umphetho; iphethelo; umkhawulo.

boundless (a) -ngenamkhawulo; -ngenamphetho.

bounteous (a) -nomusa; -hlaphazayo; -ningi.

bountiful (a) -hlaphazayo; -phanayo; -ningi.

bounty (n) ukuphana; umvuzo (reward).

bouquet (n) umqulu wezimbali; uqambothi; iphunga elimnandi.

bovine (a) -enkomo.

bow (n) ukukhothama; ikhala lomkhumbi (front of ship); uthi olunenhlali (b. as for violin); umnsalo nemicibisholo (b. and arrow); uthingo lwenkosikazi (rainbow); ifindo lokuhlobisa (b. of ribbon). (v) khothama; fola; goba; gobisa; guqa (kneel).

bowels (n) amathumbu; izibilini.

bowl (n) isikotela; isigodlela; isitsha; ibhola (ball); isigoxi (b. shaped part); umgoxi (hollow in land). (v) yela ibhola (in game of bowls).

box (n) ibhokisi; ikesi; inqindi; isibhakela (fist); ingqaba (medicine b.); ishungu (snuff b.). (v) shaya ngenqindi; shaya ngesibhakela; valela (b. up); nquma uthango luqondane (b. the hedge); valela ngamapulangwe (b. in).

boxer (n) umshayi wenqindi; uhlobo lwenja ethi ayifane nobhova (breed of dog).

boy (n) umfana; ibhungu; insizwa (young man); udibi (baggage b. with army).

boycott (v) dikila; bandlulula.

boyhood (n) ubufana; isikhathi sobufana.

boyish (a) -njengomfana.

brace (n) insimbi yokuphendula ibhola; amakhilesibhande (braces). (v) qinisa; bopha.

bracelet (n) isigqizo; ubusenga.

bracken (n) uhlobo lwenkomankoma.

bracket (n) isisekelo (support); isibi-yelo, abakaki (brackets). (v) biya; kaka.

brackish (a) -nosawoti; -muncu; -babayo; amanzi anosawoti (b. water).

bradawl (n) usungulo.

brag (v) gabaza; khuluma iwawa.

braggart (n) okhuluma iwawa; ozikhukhumezayo.

Brahman, Brahmin (n) umpristi wamaHindu eNdiya.

braid (n) ithephu yokuhlobisa. (v) aluka; hlobisa.

braille (n) uhlobo lokubhala ngama-chashazana azwakalayo ngeminwe ongaboniyo emehlweni afunde ngo-kuzwa amachashaza ngayo iminwe.

brain (n) ubuchopho; ingqondo (mind); ukuphindaphinda indaba umuntu ayizwayo aze ayikholwe (b. washing). (v) limaza ngoku-phohloza ikhanda.

brainless (a) -ngenangqondo.

braise (v) thosa inyama ebhodweni elivaliweyo.

brake (n) isikulufo sokubopha; ibhilika; ihlozi (small wood). (v)

bopha; bhilika.

bramble (n) ijikijolo.

bran (n) ubhlani; izimpepha.

branch (n) igatsha, ingaba, ihlamvu, ihlahla (b. of tree); impambosi, umxhantela (offshoot); isigaba (sec-tion); igatsha (b. office). (v) hlukana; cezuka, phambuka (b. off as from path); xhanta (b. out). (a) -yigatsha (subsidiary).

brand (n) uphawu (b. on animals etc.); ichaphazi (stigma); isikhuni (burn-ing b.); uhlobo (kind). (v) shisa izilwane, phawula izilwane (b. animals); penda uphawu empahleni, faka uphawu empahleni (b. goods); chaphazela (b. with stigma).

branding-iron (n) insimbi yokushisa izilwane.

brandish (v) sikaza; ngqwinda.

brandy (n) ubhrendi; ugologo.

brass (n) ithusi. (a) -ethusi.

brassiere (n) ingubo yowesifazane yokusekela amabele.

brat (n) ingane engahloniphiyo.

bravado (n) iwawa; ubuqha.

brave (n) iqhawe; ibutho. (a) -nesi-bindi; -banesibindi.

bravery (n) ubuqhawe; isibindi.

brawl (n) uchuku; ukuxokozela. (v) veza isidumo; veza uchuku; xoko-zela.

brawn (n) ububende; imisipha (strength).

bray (v) novoza (b. hide); khonya, mbongoloza (b. as animal).

brazen (a) -gangile; -dumuzile; -ethusi (of brass).

brazier (n) ingcweti yomsebenzi wethusi (worker in brass); imbawula (for heating).

breach (n) isango, ingcamu (gate, opening); ukwephula, ukweqa (breaking); ukweqa umthetho (b. of the law). (v) bhodloza; eqa.

bread (n) isinkwa; ukudla (food).

breadth (n) ububanzi.

breadwinner (n) umondli; uzime.

break (v) aphula; fehleza; vithiza, hlakaza (scatter); aphuka; chofoka; qhezuka; hlaba ikhefu (rest).

breakfast (n) ukudla kwasekuseni; indlakusasa; ebhulakufesi.

breakwater (n) impola.

bream (n) uhlobo lwenhlanzi edliwayo.

breast (n) isifuba; ibele (female); isibele (male).

breath (n) umphefumulo; umoya; iphika (shortness of breath); ngokuhlebeza (under one's b.).

breathe (n) phefumula; befuza (b. asthmatically); phefuza (gasp); hosha umoya (inhale); khipha umoya (exhale).

breathing (n) ukuphefumula; ukudonsa umoya.

breathless (a) -nephika; -khefuzelayo.

breed (n) uhlobo; inzalo. (v) fuya; zalanisa; zala; anda.

breeze (n) unyele; unyelele; umnyelele; ihelehele.

breezy (a) -omnyelele; -khululekile (carefree).

brethren (n) abazalwane.

breviary (n) incwadi yemithandazo elotshiweyo yamaRoma.

brevity (n) ubufushane.

brew (v) phisa; vubela; qunga; qamba (devise); inkathazo ithanda ukuvela (trouble is brewing).

bribe (n) ukufumbathisa; imfumbathiso; imvalamlomo. (v) fumbathisa; ukugqiba; ukuthenga umuntu.

brick (n) isitini. (v) akha ngesitini; vala ngesitini.

bridal (a) -omthimba; -omgcagco; -kamakoti.

bride (n) umakoti; umlobokazi.

bridegroom (n) umyeni; umkhwenyana.

bridesmaid (n) impelesi kamakoti.

bridge (n) ibhuloho; uhlobo lomdlalo wamaphepha (card game); umbombo (b. of nose).

bridle (n) itomu. (v) bophela itomu; vuka ulaka (be angry).

brief (n) isijubo (lawyers b.); kafushane (in b.).. (v) juba ummeli (b. a lawyer). (a) -fushane.

briefly (adv.) kafushane.

brig (n) isikebhe esihanjiswa umoya.

brigade (n) iqembu lamabutho ayizinkulungwane ezine ziphethwe indunankulu yempi; ibhrigedi.

brigadier (n) undunankulu ophethe ibhrigedi.

brigand (n) isigebengu; isigcwelegcwele.

bright (a) -cwebezelayo; -khazimulayo; -khaliphile; -hlakaniphile (clever).

Brights disease (n) isifo esibangwa ukonakala kwezinso.

brilliant (n) itshana elifaniswa neliyigugu; umbala ocacile (colour); -qhamile ngombala.

brim (n) umphetho; undi; ugu.

brimful (a) -gcwele ciki; -gcwele swi.

brindled (a) -hunqu; -ngampisi.

brine (n) amanzi anosawoti; amanzi olwandle.

bring (v) letha; zisa; banga, enza (b. about); mangalela (b. a charge); wisa, ehlisa (b. down); khanyisela (b. home to); yeza, zala (b. forth); ngenisa (b. in); sondeza (b. near); welisa (b. over); hlanganisa (b. together); khuphula, thuthukisa, khulisa (b. up); hlanza (b. up food).

brink (n) unqenqema; useku.

brisk (a) -sheshayo; -ngcangcayo.

brisket (n) isitho sesifuba senkomo.

bristle (n) ingqangasi. (v) vokomala; vokomalisa; vusa umhlwenga; veza ulaka (b. with anger).

Britisher (n) iNgisi.

brittle (a) -mpoqompoqo; -vendlezekayo.

broach (v) ethula indaba (b. the question); khipha isivimbo (b. the cask).

broad (a) -banzi; -endlalekile.

broadcast (n) okusakazwe ngomoya; hlwanyela (b. seed). (v) sakaza; hlwanyela; sakaza ngomoya (radio).

brochure (n) incwajana echazayo.

brogue (n) uhlobo lwezicathulo (b. shoes); ukuphimisa amazwi ngokwahlukene nokujwayelekile.

broil (v) osa; thosa; ilanga elichochayo (a broiling sun).

broken (a) -aphukile; -file; -qhephukile; -makhelekethe (b. country).

bronchitis (n) isifo sokucinana kwemithanjana yomoya emaphashini.

bronco (n) ihashi lokugitshelwa elingakafundiswa kahle.

bronze (n) insimbi eyinhlanganisela yezinsimbi.

brooch (n) ibhroshi; isiqhano esihlotshisiwe.

brood (n) amatshwele esikhukhukazi. (v) fukama; zindla (ponder); balisa.

brook (n) umthonjana; umfudlana. (v) vumela.

broom (n) uhlobo lwesithombo sokuhlobisa esiqhakaza izimbali; umshanelo, umshayelo (b. for sweeping).

broth (n) umhluzi; isobho; inkovu.

brothel (n) indlu yobufebe; indlu yezifebe.

brother (n) umfowethu (my, our b.); umfowenu (your b.); umfowabo (his, her, their b.); umlamu, umkhwenyana (b. in law).

brotherhood (n) ubuzalwane.

brow (n) ithundu; ibunzi; ishiya (eye b.); isimongo (b. of hill).

browbeat (v) gogobeza.

brown (a) -nsundu; -mdubu; -mpofu; -viyo.

browse (v) nqampuna utshani; funda uthi qaphu qaphu (read).

bruise (n) iphuphusi; iduma; umzizima. (v) shayeka; tuba; sicila; gxoba.

brunette (n) umlungu wesifazane onwele zinsundu.

brunt (n) ubunzima; thwala ubunzima (bear the b.).

brush (n) ibhulashi; umshayelo (sweeping b.); isikolobho (scrubbing b.); ishoba (tail). (v) bhulasha; shayela; hlangula; thinta (touch).

brusque (a) -lalazayo; -shampuzayo.

brutal (n) -nonya; -nobulwane.

brutality (n) unya; ubudlova; ubulwane.

brute (n) isilwane; isixofuxofu (person).

bubble (n) igwebu; ibhamuza; iququva (blister). (v) phuphuma; bhibhiza; bila, bhadla, xhapha (b. in boiling); xhaphazela (b. over).

bubonic plague (n) ubhubhane; isifo sezimbilapho.

buccaneer (n) isigcwelegcwele sasolwandle.

buck (n) inyamazane; imbabala (bush b.); umziki (reed b.); igadu (steen b.); insephe (spring b.). (v) bhekuza; xhuma.

bucket (n) ibhakede.

buckle (n) ikhongco. (v) bopha ngekhongco; goba (bend); gobisa isondo (b. a wheel).

buckwheat (n) izinhlamvana ezidliwa yizinkukhu; okusakolo.

bucolic (a) -asemaphandleni.

bud (n) umqumbe; iklumu. (v) hluma; hlumelelisa (graft).

budge (v) qhubeka; fuduka.

budget (n) ibhajethi yezimali; uhlelo lokuqondisa ukuthi izimali zichithwa kanjani.

Buddhist (n) olandela inkolo kaBhuda.

buffalo (n) inyathi.

buffer (n) isidutshwa; izwe elahlukanisayo (b. state).

buffet (n) itafula okubekwa kulo ukudla.

buffet (n) ukumukula. (v) mukula; shaya.

buffoon (n) iphompo; umuntu ozenza inhlekisa.

bug (n) imbungulu (bed b.); isilokazane (insect).

buggy (n) ikalishana.

bugle (n) icilongo; ixilongo.

build (n) isimo; umzimba. (v) akha; akhela; misa; akhelela (b. on to).

builder (n) umakhi.

building (n) isakhiwo; indlu; ukwakha.

bulb (n) ibhalbhu; isigaxa esivela phansi kwezinhlobo zeminduze.

bulbous (a) -njengesigaxa; -yisigaxa esiyindilinga.

bulge (n) iqhubu; inqubu; igobosi; ingqumunga. (v) qhubusha; dumba.

bulk (n) ubukhulu; ubuningi; okuningi. (v) kusemqoka (it bulks large).

bulkhead (n) udonga olwakhiwe lwahlukanisa izindawo ngezindawo emkhunjini.

bull (n) umthetho (edict); inkunzi (male animal); ivukana (young b.); umasheqe (old b.); ubhova (b. dog).

bullet (n) inhlamvu; imbumbulu yesibhamu.

bulletin (n) umbiko; isaziso.

bullion (n) igolide noma isiliva eselilungele ukusetshenziswa ukukhanda izinhlamvu zemali.

bullock (n) inkabi; inkunzi etheniwe.

bully (n) isichokolozi; umuntu oqinela abancane kunaye. (v) chokoloza; ngqongqoza; qinela.

bulrush (n) ibhuma; ikhwani.

bulwark (n) inqaba; isivikelo; uthango olwakhiwe emacaleni omkhumbi ukuvikela abantu bangaweli emanzini.

bump (n) iphuphusi; ingqumunga (swelling). (v) ngqikiza; -thi nqwama.

bumpkin (n) umuntu wasemaphandleni oluhlaza (country b.).

bumptious (a) -qholoshayo; -zigqajayo.

bun (n) ibhani; isinkwana esincane.

bunch (n) isithungu; isixheke; isihleke. (v) hlanganiselana (b. together).

bundle (n) umqulu; inyanda; isithungo; indondela. (v) fuqula; bopha inyanda.

bung (n) isivimbo. (v) vimba; vala; vala ngesivimbo.

bungalow (n) indlu engenasitezi.

bungle (v) onakalisa; ona; phatha dedengu.

bunion (n) isiqagalane; isitshophi; inyiki.

bunk (n) umbhede owakhelwe odongeni. (v) baleka; balekela.

bunker (n) lapho kukhwezwa khona amalahle okumbiwa; isikhisi (golf b.).

bunny (n) unogwaja.

bunting (n) izindwangu zokuhlobisa izindlu.

buoy (n) okuntanta emanzini ukuze kubonakale ukuthi kukhona ingozi ngalapho.

buoyancy (n) amandla okuntanta.

buoyant (a) -ntantayo; -lula.

bur, burr (n) uhlamvu lwesithombo olubambelelayo.

burden (n) umthwalo; inkathazo (worry); indikimba yendaba yakhe (the b. of his tale). (v) thwalisa; sinda; etshathisa.

burdensome (a) -sindayo; -elekayo.

bureau (n) ihovisi (office); umnyango (department); umnyango wezohambo (travel b.); itafula lokubhalcla (desk); into okukhwezwa kuyo izingubo ekamelweni (chest of drawers).

bureaucracy (n) umbuso ophethwe izisebenzi zikahulumeni.

burgeon (v) hluma; qhuma; qala ukukhula.

burgher (n) isakhi; ibutho leBhunu.

burglar (n) umgqekezi.

burgle (v) gqekeza.

burial (n) umngcwabo; ukumbelwa; ukutshalwa.

burlesque (n) ukufanisa; uteku.

burn (n) isilonda sokusha; isibashu; ihlungu (b. on veld); umthonjana, umchachazo (small stream). (v) shisa; vutha; babela (burn veld); languza (b. up); lotha (b. down).

burning (a) -shayo; -vuthayo; -okhelekile.

burnish (v) phucuza; cwazimulisa.

burrow (n) umgodi; umhome. (v) mba; vukuza.

bursar (n) umphathi wezimali ekholiji.

burst (n) ukuqhuma. (v) qhuma; patshaka, qhibuka (b. forth); fohlela (b. into); phubuka (b. into tears or laughter); okheleka, languza (b. into flames); qhiwuka (b. open); gegetheka (b. into laughter); folo-

kohla (b. through).

burrweed (n) igcuma; ugudluthukela.

bury (v) gqiba; ngcwaba; tshala; lahla; mbela.

bus (n) ibhasi.

bush (n) ihlathi; igxa; isihlahla (tree); ihlanze (b. veld); ihlozi (small area of b.); unkonka (b. buck); isinkwe (b. baby).

bushel (n) isilinganiso somthamo.

Bushman (n) uMuthwa; isiChwe.

business (n) ibhizinisi; uhwebo; umsebenzi wohwebo; umsebenzi.

bust (n) isifanekiso sekhanda namahlombe; isifuba; isifuba sowesifazane.

bustle (n) ubukhuphekhuphe; into yokukhulisa isiketi ngasemuva (b. frame). (v) phekuza; khwishiza; gigizela (b. about); khekhezela (b. along).

busy (a) -bambekile; -thathekile; -phethuzelayo.

but (conj.) kanti; kepha; kodwa.

butcher (n) umthengisi wenyama; ubhusha; iqola (b. bird).

butchery (n) isilaha; ukubulala ngonya (brutal killing).

butler (n) inceku; inceku ephethe ezinye izisebenzi.

butt (n) umgqomo; isidunu (end); inhlekisa (b. of jests).

butter (n) iphehlwa; ibhotela. (v) gcoba ngebhotela.

butterfly (n) uvemvane; ijubajubane.

buttermilk (n) umbhobe; uklibhi; umqhiki.

buttock (n) isinqe; impensula (person with large butocks).

button (n) inkinobho; iqhosha. (v) qhobosha ngenkinobho.

buttress (n) insika; udonga olusekela olunye. (v) sekela.

buxom (a) -yisijaqaba; -bukekayo; -akhekile.

buy (v) thenga.

buyer (n) umthengi.

buzz (n) imbunga, ukubhuza (b. as bees); ukuvungazela (b. of conversation). (v) bhuza; nseneneza.

by (prep.) nga-; ngasendlini (b. the house); wangidlula (he passed b. me); ebusuku (by night); ngomshini (b. machine); ngephutha (b. mistake); eqinisweni (b. right); ngedwa (b. myself). (adv.) ngaseduzane (near b.).

bygone (a) -dlule; kudala (b. days).
by-election (n) ukhetho lwesikhundla
esisodwa.
by-law (n) umthetho wedolobha;
umthetho kakopeletsheni.
by-pass (n) indlela enqamula eceleni.
(v) dlula eceleni.
bypath (n) umvundlo.
by-product (n) okuvela eceleni; imve-
laceleni.
byre (n) umpheme wezinkomo.
bystander (n) isibukeli; oma eceleni.
byword (n) umuntu onegama eselaba
libi; isaga (common saying).

C

cab (n) ikalishi lokuqashwa; lapho
kuhlala khona umshayeli wesiti-
mela.
cabaret (n) lapho kubukiswa khona
ngemidlalo nalapho kudanswa
khona.
cabbage (n) iklabishi; ikhabishi;
umsenge (c. tree).
cabin (n) indlwana eyakhiwe ngezi-
ngodo; ikamelwana lokulala
emkhunjini.
cabinet (n) isigungu sikahulumeni (c.
of ministers of state); ikhabethe
elibazwe kahle.
cable (n) izincingo ezilukiweyo zaba-
nohlonze; igoda lokubopha umkhu-
mbi (ship's c.); ucingo oluhamba
phansi kwamanzi (underwater c.).
(v) shaya ucingo oluwela ulwandle.
cablegram (n) ucingo oluhambe
ngocingo lwaselwandle.
cache (n) impahla efihliweyo; indawo
lapho kufihlwa khona impahla.
cackle (n) ukukekela. (v) kekela;
ukukhala kwezinkukhu.
cacoon (n) umfece.
cacophany (n) umsindo ongezwani.
cactus (n) isihlehle; umdolofiya.
cad (n) umuntu ongathembekiyo;
umsheshelengwana.
cadaver (n) isidumbu; umuntu ofileyo.
cadaverous (a) -njengesidumbu, -nje-
ngogodo.
caddie (n) umthwali wesikhwama
nempahla yokudlala igalofu.
cadence (n) ukuphakama nokwehla
kwephimbo.
cadet (n) ofundela ukuphatha empini;

ofundela umsebenzi othile.
cadge (v) nxiba.
caesarean (operation) (n) ukubelethisa
owesifazane ngokumqaqa isisu.
cafe (n) lapho kutholakala khona
okokuphuzwa nokudliwayo; ikhefi.
cafeteria (n) ikhefi lapho abathengi
bezilandela khona ukudla abaku-
thengile oweta bengekho.
cage (n) ikheji (as c. of lift); isivalela.
(v) valela ekhejini.
cairn (n) isivivane; inqwaba yamatshe
abekelwe ukukhomba okuthile.
cajole (v) ncenga; huha; khohlisa.
cake (n) ikhekhe; ukhekhe; isigaxa
sodaka (c. of mud); ikhekheba,
umkhumanca (caked mass). (v)
khumanca.
calabash (n) igula; isigubhu (vessel);
indebe (ladle); ithongwane (con-
tainer for snuff); iselwa, ugalonci
(fruit); uselwa (plant).
calamitous (a) -yingozi; -lusizi;
-ngumhlola.
calamity (n) isehlakalo; inkelenkele;
umhlola; usizi.
calcareous (a) -komcako.
calcify (v) phenduka kube ngumcako;
phendula kubengumcako.
calcium (n) isithako semvelo esisemca-
kweni; ikhalsiyamu.
calculate (v) balisisa; bala; cabanga
(think).
calculation (n) ukubalisisa; ukubala;
isilinganiso.
calendar (n) ikhalenda; incwadi
okuhlelwe kuyo zonke izinsuku
zomnyaka.
calf (n) inkonyane, ithole, umvemve
(c. of cattle etc.); isikhumba senko-
nyane (c. skin); isitho; isihluzi (c.
of leg).
calibrate (v) linganisa ubukhulu
bezimbobo.
calibre (n) ubukhulu bomlomo wesi-
bhamu; ubukhulu bengqondo (c. of
mind).
calico (n) uhlobo lwendwangu; uka-
likho.
caliph (n) umholi wabakwaMaho-
mede.
call (n) ukubiza; ukumemeza; ukume-
mezela; ukumema (summons);
ukukhala (c. of bird or animal).
(v) memeza; memezela; biza; vusa
(waken); mema (summon, invite).
caller (n) isivakasheli; isihambeli.

calling (n) ukumemeza; ibizelo (vocation); umsebenzi (occupation).

callous (n) iqhukuva; iqhubu. (a) -ngenaluzwela; -nolunya; -namaqhubu.

callow (a) -ngenangqondo; -yisibhumbe; -luhlaza.

callus (n) iqhukuva; iqhubu.

calm (n) ukuthula; isizotha; uxolo. (v) phozisa; thulisa; dambisa; thoba; thobisa (c. down.). (a) -thulile; -bekile; -xolile; -cwebile (as c. water).

calomel (n) umuthi wokuhlambulula isisu; ikhalomeli.

calorie (n) isilinganiso sobungako bokushisa.

calumny (n) isibhaceko; isihlebo; inhlebo.

Calvary (n) indawo okwabethelwa kuyo uKrestu.

calve (v) zala; zala inkonyane.

calyx (n) ikheliksi; amaqabunga afumbethe umqumbi wembali.

camber (n) ukuphakama komgwaqo nganhlanye okwenza ukuthi izimoto zihambe kangcono emajikeni.

cambric (n) uhlobo lwendwangu emhlophe ecolekileyo.

camel (n) ikamela; isilwane esifuywayo esingenazimpondo esinelunda noma amalunda amabili kwezinye izinhlobo.

cameo (n) itshe elincane eliyigugu elinomfanekiso ogwedelwe kulona.

camera (n) umshini wokuthwebula izithombe; ikhamera; ngasese (in c.).

camouflage (n) ukufihla into ngokushintsha umbala wayo ukuze izitha zingayiboni. (v) fihla ngemibala ekhohlisayo.

camp (n) ikamu; inkambu (paddock). (v) misa ikamu; gxumeka amathende; ngenisa ematendeni.

campaign (n) umkhankaso; impi; isu (plan). (v) hlasela; phaka impi.

camphor (n) uzamlandela.

campus (n) inkundla ekholiji noma esikoleni.

can (n) ikani; ithini; isitsha; ithunga (milking c.); ishumbu (billy c.). (v) azi uku-; namandla oku-; pheka ukuba kulondwe emabhodleleni.

canal (n) umselekazi wamanzi ohamba imikhumbi; umgudu wokudla emzimbeni (alimentary c.).

canalise (v) akha umselekazi; enza ukuba izinto zihambe ngohlelo oluthile.

canary (n) umzwilili; inyoni yaphesheya ekhala kahle; umbala oliphuzi (c. colour).

cancel (v) esula; hlikihla; chitha; bulala (c. in arith.); enza kulingane (c. out).

cancer (n) isimila; umhlaza; ikhensa.

candelabrum (n) into eyodwa ephethe amakhandlela amaningi.

candid (a) -qotho; -ngenamacebo; -ngesabi ukuphumela obala.

candidate (n) omele ukhetho; imfunda; imbangi (c. for office); ohlolwayo (c. for examination).

candle (n) ikhandlela; ubhaqa.

candour (n) ubuqotho; ukuphumela obala ngenkulumo.

candy (n) uswidi; ushukela obilisiwe (sugar c.). (v) thela ngoshukela obilayo.

cane (n) ugonothi (plant); uswazi (light stick); umoba (sugar c.); isithombo esiveza izithelo ezisajikijolo ezidliwayo (berry canes); ivondwe (c. rat); ucelemba (c. knife). (v) shaya ngoswazi; khwixa.

canine (a) -enja; -obunja; izinyo lenja (c. tooth).

canister (n) isitsha sokukhweza ukudla.

canker (n) isifo esidla umzimba; ububi obanda kancane kancane.

canna (n) uhlobo lwembali.

cannery (n) indawo lapho kuphekwa ukudla bese kugcinwa emathinini.

cannibal (n) izimu; izimuzimu.

cannon (n) umbayimbayi.

cannonade (n) ukudubula kaningi ngombayimbayi.

cannon ball (n) imbumbulu kambayimbayi.

cannot (v) a- kwazi uku-; anginakuhamba (I c. go).

canny (a) -qaphelayo; -khaliphile; -qinile.

canoe (n) isikejana esigwedlwa ngabantu abakuso.

canon (n) umthetho wesonto (church law); umthetho (general law); umthetho wobuciko (c. of art); isikhundla esiphakemeyo saseSheshi (dignitary of Church).

canonize (v) ngcwelisa emaRomeni.

canopy (n) umpheme owakhiwe phezu kombhede noma phezu kwesihlalo.

cant (n) ukutsheka; ukuzenzisa (hypocrisy). (v) tsheka; tshekisa.

cantankerous (a) -lixoki; -thanda ukuxabana.

canteen (n) inkantini; ibhokisi eliphethe izinto okudliwa ngazo njengemimese nezimfologo (c. of cutlery).

canter (n) ukuholobha. (v) holobha; holobhisa.

cantonment (n) izindlu ezihlala amabutho.

canvas (n) useyili; indwangu okupendwa kuyo umfanekiso (artist's c.).

canvass (v) cela amavoti; nxusa ukusekelwa; hlolisisa (examine carefully).

canyon (n) isigoxi esikhulu esisikwe umfula.

cap (n) ikepisi; isisibekelwana (lid); ithophi (percussion c.); ivi (knee c.); isihloko sesicathulo (toe c. of shoe). (v) vala ngesisibekelo; thwesa iziqu (c. for degree).

capability (n) ikhono; ukwazi; amandla okwenza; ukuhlakanipha.

capable (a) -nokwazi; -nekhono; -namandla okwenza.

capacious (a) -banzi; -khulu.

capacity (n) umthamo; ububanzi; ubukhulu; ukuhlakanipha (mental c.); isikhundla (position).

cape (n) inhlonhlo (geo.); isiphika (garment); iKipi, iKapa (C. Province); iBholomane (C. Coloured); ugqumugqumu (C. gooseberry).

caper (n) ukutshekula; ukutshekedula; isithombo okudliwa imiqumbi yaso. (v) tshekula; gadula.

capillarity (n) ukudonseka koketshezi ngemibhobhana emincane.

capillary (n) umthanjana omncane ohamba igazi emzimbeni.

capital (n) ikomkhulu; ikhulumbe; ihlalambusi (c. city); imali yokuqhuba umsebenzi, ingqikithi (working c.); unobumbakazi, usonhlamvukazi (c. letter). (a) -letha ukufa, -pha ukufa (involving death); ukujeziswa ngokubulawa (c. punishment).

capitalise (v) phendula impahla ibe yimali; bhala ngonobumbakazi (write in capitals).

capitulate (v) thela; beka phansi izikhali.

capitulation (n) ukuthela; ukubeka phansi izikhali.

capon (n) iqhude elitheniweyo.

caprice (n) ukugubhuka kwenhliziyo; ilumbo.

capricious (a) -thathwa isigubhugubhu senhliziyo.

capsize (v) gumbeqa; gumbuqela; pewuka; qethuka.

capstan (n) isondo elisemkhunjini eliphendulwa amatilosi uma ekhuphula into esindayo.

capsule (n) igobongwana eligwinywayo elinomuthi; igobongwana.

captain (n) ukaputeni; induna yamasosha (c. in army); ophethe umkhumbi (c. of ship); umholi. (v) hola.

caption (n) isihloko esichaza indaba.

captivate (v) khanga; thumba inhliziyo; eleka ngesithunzi.

captive (n) isiboshwa; isithunjwa, umthunjwa; (a) -thunjiwe.

captivity (n) ukuthunjwa; ukuboshwa.

captor (n) umbophi; umthumbi.

capture (n) ukuthumba; ukuthunjwa; ukubamba; ukubopha. (v) bamba; thumba; phanga; bopha.

car (n) imoto; imotokali.

caramel (n) uhlobo lawoswidi.

carat (n) isilinganiso sesisindo sedayimani; isilinganiso segolide loqobo entweni eyigolide; ikharathi.

caravan (n) indlwana eyakhelwe emasondweni; abantu kanye nezimpahla zabo abahamba indlela ende.

caravanserai (n) ihotela elikanye nekhumulo endleleni emazweni aseMpumalanga.

carbine (n) isibhamu esifishane.

carbolic (a) -ikhabholikhi; umuthi obulala imbewu yokufa (c. disinfectant); insipho yekhabholikhi (c. soap).

carbon (n) ikhabhoni; isithako semvelo esikhona cishu kuzozonke izinto eziphilayo; isikhutha, ikhabhondayoksayidi (c. dioxide); iphepha lekhabhoni (c. paper).

carbonize (v) phendula kube yikhabhoni.

carbuncle (n) ithumba elibi impela emzimbeni; uhlobo lwetshana eliyigugu (garnet).

carcass, carcase (n) isidumbu sesilwane; isidikadika sesilwane.
carcinoma (n) uhlobo lwekhensa; isimila.
card (n) ikhadi; ipheshana eliqatha; ikhadi leposi (post c.); amakhadi, amaphepha (playing c.); ikhadi lesivakashi (visiting c.). (v) kama uvolo.
cardboard (n) iphepha elinohlonze; ikhadibhodi.
cardiac (a) -kwenhliziyo; -ngenhliziyo; ukwahluleka kwenhliziyo (c. failure).
cardigan (n) ijezi elisabhantshi.
cardinal (n) isikhulu esontweni lama-Roma; ukhadinali; uhlobo lwenyoni ebomvu klebhu (c. bird). (a) amagumbi asemqoka omhlaba (c. points of compass); amagama oqobo ezibalo (c. numbers); ubuhle obuyisimilo (c. virtues).
care (n) ukunakekela; isihe; ukunaka; inkathazo (trouble). (v) nakekela; khathalela; londoloza; ondla (c. for, rear); thanda; mela; londa.
career (n) ibizelo; inkambo; umsebenzi wokuziphilisa; ukugijimisa. (v) gijimisa (cause to run).
careful (a) -qaphelayo; -nakekelayo; -xwayayo; -ongayo (saving).
carefully (adv.) ngokunakekela; ngokuqaphela; kahle.
careless (a) -ngakhathali; -nganakekeli.
carelessly (adv.) ngokunganakekeli; dedengu.
caress (n) ukugona; ukuwotawota. (v) gona; anga; wotawota.
caretaker (n) umbheki; umaluseli.
cargo (n) impahla ethwelwe umkhumbi.
caricature (n) umfanekiso oqhamisa isimo esithile somuntu; umfanekiso womuntu ohlekisayo.
carnage (n) ukucekaceka; ukubulawa kwabantu abaningi.
carnal (a) -khanukayo; -bunyama.
carnival (n) isikhathi semidlalo nentokozo.
carnation (n) uhlobo lwembali enephunga elimnandi.
carnivore (n) isilwane esidla inyama.
carnivorous (a) -dlayo inyama.
carol (n) ihubo lentokozo; ihubo lokuthokozela uKhisimusi (Christmas c.). (v) huba ngentokozo.
carousal (n) idili nokuphuza utshwala

ngokweqile.
carp (n) uhlobo lwenhlanzi yasemfuleni. (v) khononda; tetema.
carpenter (n) umbazi wamapulangwe.
carpentry (n) umsebenzi wokubaza amapulangwe; umsebenzi wokwakha ngamapulangwe.
carpet (n) ikhaphethe; umata. (v) endlala umata; endlala njengekhaphethe.
carriage (n) ikalishi; inqola; isimo (bearing); ukuthutha, ukuthuthwa (act of carrying); ukukhokha izindleko zokuthutha nxa impahla isifikile (c. forward).
carrier (n) umthwali; umthuthi; udibi (baggage c.); into ethwalayo (mechanical c.).
carrion (n) ingcuba; inyama evundile.
carrot (n) ikherothi; isaqathe; isanqante.
carry (v) yisa, thutha, thatha (convey); phatha (c. in hand); thwala, yekelela (c. on head); etshatha, beletha; (c. on back); dlulisela (c. over, transfer)) -ziphatha (behave); weza, welisa (c. across); thatheka (be carried away emotionally); qhuba (c. on); phumelelisa (c. through); hleba (c. tales); gcina. feza (c. out, do).
cart (n) ingqukumbane; ikalishi; umthuthambi (rubbish c.). (v) thutha ngengqukumbane.
cartage (n) ukuthutha ngethwali; imali ekhokhwayo ngokuthutha (cost of c.).
carte blanche (n) ukwenza into ngokuzibonela.
carter (n) umuntu othutha impahla.
cartilage (n) uluqwanga.
cartilaginous (a) -oluqwanga.
cartography (n) ukudweba izimephu namashadi.
carton (n) ibhokisi likakhadibhodi; ikhadibhodi.
cartoon (n) umfanekiso ohlekisayo ikakhulu umfanekiso ophathelene nepolitiki.
cartridge (n) ibhosho; iqobolondo (c. case).
carve (v) qoba, sika (c. meat); gweda (c. out); baza (sculpture).
carving (n) ukubaza; into ebaziweyo.
cascade (n) impophonyana.
case (n) ibhokisi; ikesi, ipotimende (suit case); ibhokisi elinamashalufu

ezincwadi (book c.); icala (law
c.); uma kunjalo (in that c.); noma
kunjani (in any c.); isiguli esizo-
hlinzwa (a surgical c.).
casement (n) ifasitela elivulwa njengo-
mnyango.
cash (n) imali; ukheshe. (v) shintsha
kube yimali; shintsha isheke libe
yimali (c. a cheque).
cashier (n) umphathi wezimali. (v)
xoshwa kabi emsebenzini.
casino (n) indlu yokubheja; indlu
yokubekela.
cask (n) umphongolo.
cassava (n) isithombo esidliwayo;
umdumbula.
casserole (n) ibhodwe lokupheka
elilethwa etafuleni.
cassock (n) ingubo ende yompristi.
cast (n) ukuphonsa; ibanga lokuphonsa
(distance thrown); insonge (c. in
the eye); iqembu labadlali (c. of
actors); insimbi ebunjiweyo (c.
iron); umebuzo (c. skin); isimo
(appearance). (v) phonsa, phosa,
jikijela, jukujela (throw); vuthulula
(c. off); ebuza, hluba (c. off skin);
bumba (c. from metal); sakaza (c.
about); lahla (c. aside); tshinga,
lahla (c. away); wisa, diliza (c.
down, demolish); bandlulula, xosha
(c. off, disown); khedamisa (c.
down, deject); bala (calculate); eleka
ngesithunzi (c. shadow over);
khunkula, bekcla (c. spell upon);
enza inkatho (c. lots); phenduka
(c. about as a ship); dlinza (con-
sider).
castanets (n) izinto ezikhehlezayo
eziphathwa ngezandla uma kusinwa.
castaway (n) imbuqa; umuntu
olahliweyo ngokushona komkhumbi.
caste (n) uhlobo lokuzalwa esizweni
sakubo; -zihluba isithunzi (lose c.).
castigate (v) shaya; jezisa; bhamba.
cast iron (n) inyela; insimbi ebunji-
weyo.
castle (n) indlu enkulu eyinqaba.
castor oil (n) amafutha enhlakuva;
ukhastawoyela.
castrate (v) thena; phakula.
casual (a) -ngabhekiwe; -ethukwe
kwavela; -nganaki (careless).
casualty (n) inkubele; umuntu obulewe
empini; ingozi.
cat (n) ikati; umangobe; imbodla (wild
c.); iqaqa (pole c.); insimba (civet).

catacombs (n) imigede okwakulahlwa
kuyo izidumbu.
catalogue (n) incwadi ehlela zonke
izinto ezikhona kuleyo ndawo;
ikhathalogi.
catapult (n) ilengisi; isihlilingi; isilingi.
(v) shaya ngesilingi noma ngelengisi.
cataract (n) impophoma; isilazi (c. of
eye).
catarrh (n) umkhuhlane wamakhala
nomphimbo; isishiso; umjuzela.
catastrophe (n) isehlakalo esesabe-
kayo; ingozi; ubhici; isigemegeme.
catch (n) ukubamba; ukunqaka;
isihintshela (fastening); umhwibitho
(portion of song); izinhlanzi eziba-
njiweyo (c. of fish); ukungingiza
(speak with a c. in voice); inkohliso,
impica (trick). (v) bamba; moko-
mela; nqaka; bhabha; cupha (trap);
hila (c. in noose); phamba, phica
(trick); fica, finyana (c. up to); zuma
(c. by surprise); khongozela (c. a
liquid); khanga (c. attention).
catching (a) -nokuthathelwana; -nama-
thelayo.
catchment (n) isigodi sonke okunela
kuso imvula (c. area).
catechism (n) ikhathekhizimu; incwadi
yemibuzo esontweni; ukubuzisisa.
category (n) uhlobo; isigaba.
cater (v) thengisa ukudla; lungisela
ukudla.
caterpillar (n) iqhimiza; iqhamuza;
icimbi; isibungu; isicabucabu; ama-
sondo anebhande elinamazinyozinyo
abambelela phansi uma ephenduka
(c. wheels).
cathedral (n) indlu enkulu yesonto
ephethwe nguMbhishobhi.
catheter (n) ithunjana elincane elinge-
niswa esinyeni ukuze likhiphe
umchamo.
catholic (a) -ezwe lonke; abantu
bonke jikelele (universal); -nozwelo
nezinye izinkolo (liberal).
Catholic (n) iKatolika; iRoma (Roman
C.).
catholicism (n) inkolo yebandla lama-
Katolika.
cattish (a) -sakati; -nochuku.
cattle (n) izinkomo; izilwane ezifu-
ywayo; isibhunu, ubhelu (Afrikan-
der c.); imofu (European breeds of
c.); inzule (Zulu type c.); ubulongwe
(c. dung); ilongwe (c. dung dried
for fuel); isibaya (c. kraal).

caucus (n) inxa; umunxa.
caul (n) umhlehlo; umhlwehlwe.
cauldron (n) imbiza yensimbi enkulu.
cauliflower (n) isithombo esisaklabishi esinembalasi enkulu edliwayo; ukholifulawa.
caulk (v) gcwalisa imiveve ngetiyela.
causative (n) impambosi yokwenzisa.
cause (n) isisusa; isiqaliso; isibango (c. of quarrel); isicunulo (c. of annoyance); isibambezelo (c. of delay); isizathu, isici (reason); umgomo (interest); bambisana (make common c.). (v) enza; banga; dala; (the causative of verb) bonisa (c. to see); hambisa (c. to walk); etc.
causeway (n) umthantatho; umgwaqo owakhelwe phezu kwobishi.
caustic (a) -babayo; -dlayo; -shisayo; usoda odlayo (c. soda); -hlabayo (satirical); imbabazane (c. remark).
cauterize (v.) shisa ngensimbi; bhashula.
caution (n) isixwayiso; ukuxwaya. (v) xwayisa; qaphelisa; luleka.
cautious (a) -xwayileyo; -qaphele.
cavalcade (n) udwendwe lwabagibeleyo.
cave (n) umgede; umhume; umphandu. (v) bhidlika, focoka, botoka (c. in).
cavern (n) umgede; umhume; umphandu.
cavil (v) phika; bandela.
cavity (n) isikhoxe; umgodi; imbobo.
cease (v) khawula; phela; nqamuka; nganqamukiyo, ngapheli (without ceasing).
cede (v) dela; nikela; yekela; nikela amalungelo (c. rights).
ceiling (n) uphahla lwangaphakathi endlini; isilingi.
celebrate (v) gubha; -zithokozisa; gubha umkhosi.
celebration (n) umkhosi; umgcagco (wedding c.).
celebrity (n) umuntu odumileyo; udumo.
celestial (a) -asezulwini; -asesibhakabhakeni; -ngcwele (divine).
celibacy (n) ubumpohlo; ukunganganwa.
celibate (n) impohlo; umuntu ongagani. (a) -ngagani; -ngaganwa.
cell (n) igobolondwana; iseli; ikamelwana (small room); ilahle lethoshi

(torch c.).
cellar (n) ikamelwana phansi kwendlu.
cellophane (n) iphepha elifana nengilazi.
cellular (a) -akheke ngamagobolondwana.
cellulose (n) izingcezu zemithi okwenziwa ngazo amaphepha.
cement (n) usemende; ukhonkolo (concrete). (v) namathelisa; bhangqa (join); khonka (c. in).
cemetery (n) amangcwaba; amathuna; amaliba.
cenotaph (n) itshe lesikhumbuzo sabafileyo.
censer (n) isitsha sokuthunqisela impepho.
censor (n) umbheki wezincwadi ukuthi zifanele; umbheki wezimilo (c. of morals etc.). (v) ala emuva kokuhlola.
censorious (a) -solayo; -khonondayo.
censure (n) isijeziso; ukujeza. (v) thethisa; sola; jezisa.
census (n) ukubalwa kwabantu.
cent (n) isenti (coin); ikhulu (hundred); okwekhulu (per c.); kune ekhulwini (four per c. 4%).
centenarian (n) umuntu onekhulu leminyaka.
centenary (n) iminyaka eyikhulu; umkhosi wokugubha ukukhumbula ikhulu leminyaka.
centigrade (n) -sentigredi; -ehlukaniswe izigamu eziyikhulu.
centipede (n) inkuma.
central (a) -phakathi nendawo; indeni (a c. position); -khulu (main).
centralize (v) hlanganisa endaweni eyinhloko.
centre (n) iphakathi nqo; phakathi nendawo; indeni; isenta; umongo, umnyombo (c. part); lapho bekhangeka khona bonke (c. of attraction).
centurion (n) igosa elaliphethe amabutho alikhulu empini yaseRoma.
century (n) ikhulu; ikhulu leminyaka.
cereal (n) izinhlamvu zezithombo zohlobo lokolweni notshani.
cerebral (a) -obuchopho; ukopha kwasebuchosheni (c. haemorrhage).
ceremonial (n) imininingwana eyenzelwa ukwakha isithunzi; umkhosi. (a) -omkhosi.
ceremony (n) umgidi; umgidingo; umgubho; umkhosi.

certain (a) -nqunyiweyo; -qinisekile; -azi kahle; -qinisile; -ngenakuvinjelwa (c. to); -thile, -thize (unspecified); okuthile (a. c. amount); abathize (c. people).

certainly (adv.) impela; kusobala (of course); ngoqobo; kakhulu (interj.).

certainty (n) iqiniso; isiminya; ngempela (for a c.).

certificate (n) isitifiketi; ubufakazi obubhaliwe encwadini efakazayo; isiqiniselo.

certify (v) qinisa; qinisela; fakazela.

cervical (a) -esijingo.

cessation (n) umkhawulo; ukukhawuka; ukupheza; ukunqamuka.

cession (n) ukunikela; ukuyekela.

cesspit (n) umgodi wokuthuthela okungcolile.

cesspool (n) umgodi wokungcolile.

chafe (v) khuhla; hlikihla; gudla, gudleka, qothula (rub, wear); xina, cunula (irritate).

chaff (n) izimpepha; amakhoba; izibi; uteku (banter). (v) tekula.

chagrin (n) ukujabhisa; ukujabha; isicunulo. (v) jabhisa; cunula.

chain (n) iketanga; ikhongco (watch c., link); isibopho (bondage); uhide (list of things); ugomo (mountain c.); isilinganiso sobude (measure of length, 66 ft.). (v) bopha ngeketanga.

chair (n) isihlalo; isikhundla (seat of authority); ongamela (take the c.).

chairman (n) usihlalo; umgcinisihlalo; umongameli.

chaise (n) ikalishi elilula.

chalice (n) inkomishi ecwazimulayo; inkomishi yokwamukelisa iwayini eSidlweni seNkosi.

chalk (n) ishoki; umcako (lime-wash). (v) loba ngeshoki.

challenge (n) inselele. (v) cela inselele; qhudela; banga.

chamber (n) ikamelo; umkhandlu wokushaya imithetho (legislative c.); ikamelo lommeli (lawyer's chamber); lapho kuhlohlwa inhlamvu yesibhamu (c. of gun); isikigi (c. pot).

chamberlain (n) isikhulu sasendlunkulu.

chambermaid (n) isisebenzi sesifazane esilungisa emakamelweni.

chameleon (n) unwabu.

champagne (n) uhlobo lwewayini.

champion (n) umlweli; ingqwele; iqhawe elahlula amanye. (v) lwela; mela. (a) -nikezwa umklomelo wokuqala.

chance (n) ithuba; isikhala; into ethuka ivela; ngenhlanhla (by c.). (v) ethuka; qabuka; qhamukela (c. upon). (a) -okunqwamana; ukunqwamana (a c. meeting).

chancellor (n) ijaji laseNgilandi; ishansela (c. as of University).

chandelier (n) isibani csinamagatshagatsha.

change (n) ukuphenduka; ukuguquka; inguquko; isiguqulo; ukushintshashintsha; impenduko (c. of heart); ushintshi, uhlweza (small money, c.). (v) shintsha, hlweza (c. money); guqula, phendula (alter); shintshisana (c. places); gqunqa (c. colour); guqula umqondo, gwilika (c. one's mind); guqula kube- (c. into); guquka, phenduka (undergo c.); shintsha izingubo (c. clothes); phenduka, buyisa (c. in weather).

changeable (a) -guquguqukayo; -ngabanjelwa zwi; -menezayo.

changeling (n) ingane ebekwe esikhundleni senye ngasese.

channel (n) insungubezi (strait); umkhwibi (of stream); umsele, umselekazi (artificial watercourse); indlela, isu (manner of transmission).

chant (n) iculo; ihubo. (v) cula; hlabelela; huba.

chaos (n) amabhekedwane; inxushunxushu; imbixi; ubuxibilili.

chaotic (a) -nxushunxushu; -obuxakalala.

chap (n) umnkenke, inkwali (crack in skin); umfo, uwethu (fellow).

chapped (a) -dabukile; inkwali (c. skin); amansensela (c. feet).

chapel (n) isonto; indlwana yesonto.

chaperon (n) umphelekezeli ohamba nentombi. (v) phelekezela; bheka.

chaplain (n) umfundisi; umfundisi emabuthweni (c. in army).

chapter (n) isahluko sencwadi; umkhandlu wezikhulu zesonto.

char (v) sebenza endlini (daily menial work); shisa, hangula, bhadeka (scorch).

charabanc (n) ibhasi enkulu yokuthwala abantu.

character (n) isimo; isimilo; uhlobo;

ubunjani; isici (symbol); inkambo (reputation); umdlali, umlingiswa (c. in book or play); uphawana lwesimilo (c. trait); onenkambo enhle, onesimilo (good c.); ihathanga, ongasekho osendweni lobuntu (bad c.).

characteristic (n) isimilo; umumo; ukhondolo. (a) -okokhondolo; -yisimilo.

charcoal (n) ilahle lokhuni.

charge (n) icala (accusation); umgixelo (false c.); isiwombe, indumela (attack); inkokhelo, imali ebizwayo (price); isiyalo, isilayezo (instruction). (v) laya, yala (instruct); beka icala (accuse); dumela, sukela (attack); biza (charge in payment).

charger (n) ihashi cligitshelwa empini; uqwembe (large platter).

chariot (n) inqola yempi endulo.

charitable (a) -nomhawu; -phanayo; -nokuzwela abanye.

charity (n) umhawu; isisa; uzwela; ukuphana.

charlatan (n) imbulu; umuntu ozenzisayo.

charm (n) ukubukeka; ubuhle; iselapho (amulet); intelezi, iselekezo (protective c.); umanda (good love c.); isidina, isichitho (bad love c.). (v) hunga; thonya; jabulisa (please); loya, phosa, khunkula (use witchcraft on).

charmer (n) umthonyi; umwungi; umthonyi wezinyoka (snake c.).

charming (a) -bukekayo; -elekayo ngobuhle.

chart (n) ishadi; imephu. (v) bhala emephini; bhala eshadini.

charter (n) incwadi yemvume yakwahulumeni enikeza ilungelo. (v) nikeza ilungelo; nikeza amandla; qasha (hire).

charwoman (n) isisebenzi sesifazane sasendlini.

chary (a) -xwayile; -nakekelayo.

chase (n) ukuzingela. (v) xosha; hubha; landclisa; zingela (hunt).

chasm (n) inkelenkele; igebe; isihobhozi.

chassis (n) izinsimbi ezisekela imoto yonke ngaphansi; imihlandla yensimbi yemoto.

chaste (a) -msulwa; -cwebile.

chasten (v) jezisa; shaya; thambisa.

chastise (v) shaya; jezisa; qondisa.

chastisement (n) isishayo; ukushaya; ukujezisa.

chastity (n) ubumsulwa.

chat (n) ingxoxo. (v) xoxa.

chattel(s) (n) impahla; izimpahla zonke onazo.

chatter (n) ubugevugevu. (v) gevuza; qeketha; shafuza.

chauffeur (n) umshayeli wemoto oqashiwe.

cheap (a) -shibhile; -bizayo kancane. (adv.) ngokushibhisa.

cheapen (v) shibhisa; shibha; ehlisa inani; ukuzenza umuntu odelelekile (to c. oneself).

cheat (n) inkohliso; umkhohlisi. (v) khohlisa; phamba; -dla.

cheating (n) ubuwaka; ukukhohlisa.

check (n) ukuvimba; ukuvinjelwa; okokuvimbela; isithikamezo; ukuhlolisisa; ukuhlola (examine). (v) vimbela; thiya; thiba; nqanda; hlola.

cheek (n) isihlathi; isiqhoma (c.-bone); ubuqholosha (insolence). (v) futha; eyisa.

cheeky (a) -lithatha; -yiphompo; -delelayo.

cheer (n) ukwenama; injabulo; isenanezelo; umhalaliselo (applause); ukudla, izibiliboco (eatables). (v) thokozisa; enamisa; enanela; halalisa; shayela ihlombe.

cheerful (a) -eneme; -thokozile.

cheerfulness (n) ukwenama; injabulo.

cheerless (a) -ngenamisi; -ngajabulisi.

cheery (a) -thokozile; -enamile.

cheese (n) ushizi.

cheetah (n) ingulule.

chemical (n) isithako; isithako semvelo. (a) -thakiweyo; -phathelene nesayensi yekhemisteli.

chemise (n) ihembe lowesifazane.

chemist (n) ingcweti yekhemisteli; umkhemisi; umthaki; ikhemisi (chemist's shop).

chemistry (n) isayensi ephathelene nezithako zemvelo; ikhemisteli.

cheque (n) isheki; bhala isheki (write a c.); shintsha isheki (cash a c.).

cherish (v) ondla; londoloza; thanda; azisa (hold in mind).

cheroot (n) uhlobo losigazi ovulekile ndawo zombili.

cherry (n) uhlobo lwezithelo ezidliwayo ezithi azifane namathunduluka; umbala obomvana (colour).

cherub (n) ingelosana; isherabhu.

chest (n) isifuba; ibhokisi.

chestnut (n) umbala onsundu ngoku-bomvu; ihashi lalombala; umuthi waphesheya onezinhlamvu ezidli-wayo (fruit).

chew (v) hlafuna; qhumuza; etshisa, hlwabula (c. the cud); mpolomba (c. tobacco).

chicanery (n) okokukhohlisa.

chicken (n) itshwele; inkukhu; inyama yenkukhu.

chicken-pox (n) inqubulunjwana.

chide (v) thethisa; khankatha.

chief (n) inkosi; inkosana (petty c., chief's son); inkosi yohlanga (c. of royal blood); inkosi enkulu (im-portant c.); ingqoza; ingqongqoshe. (a) -khulu; indunankulu (c. officer); inkosikazi (c. wife).

chiefly (adv.) kakhulu; phambili kokunye; ngokuvamileyo; imvamisa.

chieftain (n) inkosi.

chilblain (n) indunguza yamakhaza.

child (n) ingane; umntwana; izibulo (first born c.); uthunjana (last born c.); umlanjwana, ivezandlebe (illegi-timate c.); incengancenga (fretful c.); khulelwa (be with c.).

childbirth (n) ukubeletha; ukusikwa (pains of c.); izinseko (after pains of c.).

childhood (n) ubungane; ubuntwana.

childish (a) -njengengane; -nobungane; -nobuntwana; -nobuthutha bobu-ntwana.

childlike (a) -njengengane; -thambile njengengane.

chill (n) ukugodola; amakhaza; umkhuhlane wokugodola (illness). (v) pholisa; qandisa; godolisa. (a) -makhaza.

chilly (a) -makhaza; -pholisayo; -qandayo; -bandayo.

chime (n) ukukhala ngokunqenqetha. (v) khala ngokunqenqetha.

chimera (n) isilwane sezinganekwane zamaGriki; into engenakwenziwa.

chimney (n) umbhobho odonsa intuthu; ushimula.

chimpanzee (n) uhlobo lwemfene enkulu etholakala emahlathini pha-kathi neAfrika.

chin (n) isilevu; ibilo (double c.).

china (n) izitsha zésilungu zobumba.

chink (n) ufa, ihele (crack); ukuthi khence (sound).

chip (n) izwibela; ingcwecwe; ibazelo;

iqhezu. (v) ceza; qhezula; hle-phula; xhoza; cezuka; qhezuka (c. off).

chiropodist (n) umlungisi wezinzipho nezinzwane.

chirp (n) ukutshiyoza. (v) tshiyoza.

chisel (n) ishizolo; isixhokolo. (v) xhokola; baza ngeshizolo.

chit (n) ipheshana; incwajana (note); umntwanyana, itshitshi, intombaza-nyana (a c. of a girl).

chivalrous (a) -hloniphayo; -ziphethe ngobuqhawe.

chivalry (n) isimo seqhawe; ukuhlo-nipha imithetho nemikhuba eyayi-phethe amaqhawe akudala.

chivy (v) xosha.

chlorine (n) igesi enombala oluhla-zana esetshenziswa ekuhluzweni kwezinto ukuze zibemhlophe, nase-kubulaweni kwembewu yokufa.

chloroform (n) isidikizisa mizwa esilalisa umuntu nxa ezohlinzwa; ikilorofomu.

chlorophyll (n) ikilorofili; okuluhlaza okusezithonjeni okwelekelela ekwa-kheni isitashi.

chocolate (n) ushokoledi; uhlobo lukaswidi; umbala onsundu (c. colour).

choice (n) ukukhetha; ukuqoma; ikhethelo (the pick). (a) -likhethelo; -khethiweyo; izithelo zekhethelo (c. fruit).

choir (n) abahlabelcli; abaculi; ikhwaya; umculisi, umhlabelelisi (c. master).

choke (v) klinya, hila, futhanisa (strangle); miwa; binda, bindwa (c. as on food); vimba (supp ess); klikliza, bindana (be choked).

cholera (n) ikholera; isifo esibi esihudisayo esivama emazweni ase-Mpumalanga.

choleric (a) -nolaka; -nochuku.

choose (v) khetha; qoma; qoka.

chop (n) ukugenca; ukunquma; ishobhu (meat c.). (v) nquma; kabha; gawula; gininda (cut off); qoba (cut up); hlahla (cut up a beast).

chopper (n) izembe; isigawulo; isigenco.

choral (a) -ekwaya.

chord (n) omavumelwano, ikhodi (music); umudwa onqamula ucezu esiyingini (geom.); umsipha (anat.).

chore (n) umsebenzana.
chorister (n) oweqembu labahlabeleli.
chortle (v) hleka; gigitheka.
chorus (n) ingoma endlelaningi; impinda; imvumo, isiphindo (in song); iqembu labaculi (group of singers).
Christ (n) uKrestu.
christen (v) bhabhathiza; phehlelela; etha.
Christendom (n) amazwe onke anenkolo yamaKrestu.
Christian (n) umKrestu; ikholwa.
Christianity (n) ubuKrestu; ubukholwa.
Christmas (n) uKhisimuzi; isihlahla sikaKhisimuzi (C. tree); isihlonono (C. beetle).
chromatic (n) okuphathelene nemibala; isayensi lemibala; uhlobo lwamanothi omculo.
chronic (a) -gxilile; ukugula okugxilile, ukugula kwafuthi (c. illness).
chronicle (n) umlando; indaba. (v) bhala imilando.
chronological (a) -ehlelo ngezikhathi ezilandelanayo ngemilando; ngokulandelana kwezikhathi.
chronometer (n) iwashi; iwashi elingasheshi ukuguqulwa wukushisa namakhaza.
chrysalis (n) isiphungumangathi.
chrysanthemum (n) isithonjana esiqhakaza izimbali ezinhle.
chubby (a) -khuluphele; -yisibhukubhuku.
chuckle (n) ukugigitheka. (v) gigitheka; hleka.
chum (n) umngane; umufo.
chunk (n) isinqamu; isihlephu; isigaxa.
church (n) isonto; indlu yokusonta; amakholwa onke, ibandla lamakholwa (adherents of c.); inkonzo yasesontweni (c. service).
churchyard (n) igceke lasesontweni; amangcwaba asebaleni lesonto (c. graveyard).
churl (n) umfunda; isijaka.
churlish (a) -obujaka.
churn (n) isiqungo; isitsha sokuphehlela. (v) phehla; qunga.
chutney (n) isinongo senyama esenziwa ngezithelo.
chyme (n) umswani.
cicada (n) isihlonono.
cider (n) utshwala obuvutshelwa ngama-apula.
cigar (n) usigazi.

cigarette (n) usikilidi.
cinder (n) ilahle, ilahlana.
cinema (n) ibhayisikobho.
cinematograph (n) umshini wokubonisa imifanekiso yebhayisikobho.
cinnamon (n) isithombo saseNdiya esinamaxolo adliwayo anephunga elimnandi.
cipher (n) uphawu olukhomba ukuthi nya; indlela yokuloba okuyimfihlo (secret writing).
circle (n) isiyingi; indingilizi; yingeleza (make a c.); shayani umkhumbi (stand in a c.); umndeni (family c.); (v) zungeza; yingeleza; haqa.
circlet (n) umqhele; umnqwazi.
circuit (n) umzungelezo; isekethe; ibanga elizungeza indawo; inkantolo ehamba ihlala (c. court); izinkantolo ezihanjelwa ijaji (judge's c.); isifunda somhloli (inspector's c.); ukuhamba kwe-elektriki (electrical c.).
circuitous (a) -zungezayo; -gwegwesayo; -thathelayo.
circular (n) isekhula; incwadi ethunyelwa kwabaningi (c. notice, letter). (a) -yisiyingilizi; -dingilizile; isidingilizi (c. object).
circularise (v) azisa ngamasekhula; azisa ngezincwadi ezifanayo.
circulate (v) zungeleza; yingeleza; sabalala; sakaza phakathi kwabantu, sabalalisa (disseminate).
circulation (n) ukuzungeleza; ukuyingeleza; ukuphenduka; ukusakazwa; uhlelo lokuhamba kwegazi, ukuyingeleza kwegazi (c. of blood); imali esetshenziswayo (money in c.).
circumcise (v) soka.
circumcision (n) ukusoka.
circumference (n) umjikelezo wesiyingi; ibanga elizungeza indawo; ibanga lokuzungezela into ngaphandle kwayo.
circumlocution (n) ukukhuluma ngamazwi amaningi ungaqondisi; umzekelelo.
circumnavigate (v) zungeleza umhlaba wonke ngomkhumbi.
circumscribe (v) dweba umugqa ozungelezayo; nciphisa angakwenza umuntu (reduce what one may do).
circumspect (a) -qaphile; -qaphele; -xwayile; -hlakaniphile.
circumspection (n) ukuqaphela; ukuxwaya.

circumstance (n) isimeko; isimo; isici; umniningwane; ngezimeko ezinzima (difficult c.); njengoba izinto zimi kanjalo (in those circumstances); imikhosi nezici zayo (pomp and c.); zinzile (in good c.).

circumstantial (a) -ngaqondene ngqo necala.

circumvent (v) qengqa; phamba; vimba.

circus (n) isekisi; inkundla lapho kubukiswa khona ngezilwane ezifundisiweyo.

cirrhosis (n) isifo esiqondana nesibindi sisiphendule sibeyitshe.

cirrus (n) amafu angathi afana neziye-phu; iyezi.

cistern (n) itangi; itangi lamanzi ashi-sayo; ithangi.

citadel (n) inqaba; inqaba evikela umuzi.

cite (v) biza; mema; landisa; funda amazwi (quote).

citizen (n) isakhamuzi; umphakathi womuzi noma wezwe.

citizenship (n) ukuba wumphakathi womuzi noma wezwe; amalungelo emzini noma ezweni elithile.

citrus (n) isitrasi; izinhlobo zezithelo ezisebuthweni lamawolintshi.

city (n) idolobha; umuzi omkhulu wesilungu; inxuluma.

civet (n) iqaqa.

civic (a) -phathelene nedolobha.

civics (n) ulwazi lokubusa nokuhlali-sana kwabantu ezweni.

civil (a) -okobuntu; -phathelene nezakhamuzi; -nenhlonipho, -nesi-zotha (polite); isisebenzi sakwahu-lumeni (c. servant); impi yombango (c. war); umthetho wenhlalakahle (c. law).

civilian (n) isakhamuzi esingabuthiwe; ongekho empini.

civility (n) isizotha; inhlonipho eku-khulumeni nasekwenzeni.

civilization (n) impucuzeko; impucuko.

civilize (v) phucuza; phucula; fundisa inhlalo entsha.

clad (a) -embethe; -gqokile; -gqokiwe.

claim (n) isibizo; ukubanga; ukubiza; bizela; mangalela (make a c. against); banga (lay c. to); isiqinti sokumba igolide noma amalahle noma okunye (mining c.); (v) banga; biza; mangalela (c. against); -zisho; -zishaya (c. to be).

claimant (n) umbangisi; imbangi.

clairvoyance (n) ubungoma.

clairvoyant (n) isangoma; izwandaba.

clamant (a) -nenhlokomo; -nomsindo.

clamber (v) nwayizela; khwela kanzima.

clamour (n) inhlokomo; umsindo. (v) xokozela; hlokoma.

clamp (n) okokubopha; ikilempu. (v) bopha ngekilempu; qinisa.

clan (n) isizwe sasigodi sinye; uzalo; uzalo lwakini (your c.).

clandestine (a) -ngasese; -fihliwe; -ngumshoshaphansi.

clank (v) khenceza.

clansman (n) owozalo lunye; owasi-godi sinye.

clap (n) ukuduma; ukuthi mahla (loud noise); ihlombe, ukuthi wahla (clapping); ukuthi muhlu, ukuthi khahla (heavy blow); ukumba-mbatha emhlane (c. on the back). (v) shaya; betha; shaya izandla, shaya ihlombe (c. the hands).

clapper (n) isingqongqozo.

clapping (n) ihlombe; ubuwoklowoklo.

claret (n) uhlobo lwewayini elibomvu; ububomvu (colour).

clarification (n) ukuhlambulula; uku-cwengisa.

clarify (v) chasisa; chachisa; chaza; cazulula; hlambulula; cwenga.

clarinet, clarionet (n) igekle lesilungu; umtshingo omnyama ophakeme.

clarion (n) icilongo; isaho samaci-longo. (a) -zwakalayo impela.

clarity (n) ukuchacheka; ukucwengeka.

clash (n) ukunqwamana; ukubethana; ukuxabana (quarrel). (v) nqwa-mana; bethana; phambana; xabana.

clasp (n) insimbana yokuvala; uku-gona (embrace). (v) vala uthi khaxa; singatha; gona; -thi khaxa; thandela (twine round); bambana ngezandla. (c. hands).

clasp-knife (n) igotshwa, ummese ophecayo.

class (n) isigaba, ikilasi (c. in school); uhlobo, inhlobo (kind, type); isigaba (gram. term); izinto ezifanayo (group of like things); abakhulu, izikhulu (upper classes); okhwahla (poor classes). (v) fanisa; bhanqa (group together).

classic (a) -qhamile; -nesithunzi; -aziswayo.

classification (n) uhlelo; ukuhlela

ngononina; isahlukaniso.

classify (v) hlela ngononina; hlela ngezinhlobo; ahlukanisa.

clatter (n) amakhenqekhenqe; ubuhoqohoqo. (v) hoqoza; khenqeza; gwaqaza.

clause (n) umshwana (gram.); uhlamvu lwamazwi (c. in document).

claustrophobia (n) ukwesaba okukhulu ukubasendaweni evalelekile.

clavicle (n) ingqwababa.

claw (n) izipho; ukhokhobana; isando esinodlawu (c. hammer). (v) nwepha; klwebha.

clay (n) ibumba; udongwe; ibomvu, isibhuda (red c.); umhlabathi oyibumba (c. soil).

clean (v) hlanza; hlungula; sula; shuqula; xubha (c. the teeth). (a) -hlanzekile; -sulekile; -ncwaba; -msulwa (pure); impilo emsulwa (a c. life).

cleanly (adv.) ngokugezeka; ngokuhlanzeka.

cleanliness (n) ukuhlanzeka; ukugezeka; ubunono.

cleanse (v) hlanza; geza; phaqula; phucuza.

clear (v) hlanza; cwenga; hlambulula; sula; sa, balela, cwethula (become c. weather); susa, khukhula (c. away); phuma, suka, dedela (c. out); endlulela itafula (c. the table); hlahla, chachisa (c. up a difficulty). (a) -chachile; -sobala; -bonakele; -khanyile; -qhamile; amanzi acwebile (c. water); izulu elicwebile (c. sky); hlambuluka (become c. as of liquid); -zwakele (c. to the ear); -chachile, -hlakahlekile (c. to the mind); ingqondo ehlakahlekile (a c. head); -vulekile (unobstructed); umgwaqo ovulekile (a c. road).

clearance (n) ukususa; ukukhucula; isitifiketi semvume, isitifikethi sokwesula, isithifikethi sokwedlulisa into (clearance certificate); isikhala, umkhathi (space between).

clearing (n) ukusa; ukucwenga; umcabo (cleared area).

clearly (adv.) ngembala; ngokukhanyayo; obala.

clearness (n) ukucweba; ukusa; ukukhanya.

cleavage (n) ukwahlukana.

cleave (v) namatha (c. to); banda,

canda, dabula (c. apart); qhekeza (c. open); hebhula (c. through).

cleft (n) umfantu; inkotho; ingoxi; umvava. (v) qandiwe; candiwe.

clemency (n) umhawu; umusa.

clench (v) bambisisa; hlanganisa amazinyo (c. the teeth); fumbatha isibhakela (c. the fist).

clergyman (n) umfundisi; umfundisi wenkolo.

cleric (n) umfundisi.

clerical (a) -obufundisi; umsebenzi wokubhala (c. work); izevatho zobufundisi, izivatho zobupristi (c. clothes).

clerk (n) umabhalana; umbhali.

clever (a) -hlakaniphile; -khaliphile; ingcwepheshi (a c. person).

cleverness (n) ubuhlakani; inhlakanipho; inkalipho.

click (n) ukunxapha; ungwaqabathwa (gram.). (v) qoqoza (use c.).

client (n) omelwayo; umthathimmeli; othengayo.

clientele (n) iqembu labathengayo; iqembu labasebenzelwayo.

cliff (n) iwa; isiwa; ingoje; ugedla.

climate (n) ikilayimethi; ubunjalo bezulu; ubunjalozwe; imibandela yekilayimethi (climatic conditions).

climax (n) uvuthondaba; unomphelo; intshaka.

climb (n) ukukhwela; ukwenyuka; ummango (steep ascent). (v) khwela; enyuka; caca; khuphuka; nombela (c. as a monkey); thandela (c. as plant).

climber (n) inkweli; intandela, isithombo esibambelelayo (plant).

cling (v) nombela; ncasha; singatha.

clinic (n) ikiliniki; indawo yokwelapha nokwaluleka abantu ngezempilo.

clinical (a) -ekiliniki; ithemomitha kadokotela (c. thermometer); ukuhlolisisa isiguli uqobo (c. observation).

clinker (n) isitini esishisiwe saqina kakhulu (c. brick); insalela yamalahle aseshile.

clip (n) ukugunda; uvolo ogundiwe (wool c.); isifaso; isiqhano. (v) gunda; sika; nqamula; fasa isifaso (fasten the c.).

clipper(s) (n) isigedla; isizece; uhlobo lomkhumbi kaseyili (sailing ship).

clipping (n) okusikiweyo; ukusika iphepha ukukhipha indaba elotshiweyo kulo (paper c.).

clique (n) umunxa; isicecelegwana; umbimbi; abahlangene bodwana.

cloak (n) isembatho; ingubo; isiphuku; into yokumboza nokufihla (disguise). (v) embesa; mboza; fihla (hide).

cloakroom (n) ikamelo okulondolozwa kulo izimpahla zezihambi.

clock (n) iwashi; ikilogo.

clockwise (adv.) njengokuhamba kwezinti zewashi.

clod (n) igade; igabade; isoyi (as turned by plough); isidindi (of grass).

clog (n) into evimbelayo; isicathulo sokhuni (wooden shoe). (v) vimbela; vimbanisa; -vimbene ngezibi (clogged with rubbish).

cloister (n) indlu engumhume ehlanganisa ezinye izindlu (covered passage); indlu yezindela zesonto (church cloisters). (v) valela abantu ukuze baphile impilo yezindela zesonto.

close (n) ukugcina, ukuphela, ukuvalwa (end); indawo ebiyelweyo (enclosed space). (v) vala; vimba; vimbezela (c. in); qeda (finish); valela (shut in); cimeza (c. eyes); vumelana (c. with, agree); valeka (become closed). (a) -minyene; -bukhomo (at c. quarters); -fihlekile (secret); isifuba (a c. secret); -yisikhudumezi, -fudumele (oppressive); -seduze (near). (adv.) eduze; ngokuminyanisa.

closeness (n) ukusondelana; ukuthothana; isifudumezi, isigudumezi (c. of atmosphere).

closet (n) ilavathi; ikilozethi; ibhoshi; ikamelwana (small room). (v) ngenisa ekamelwaneni; bonisana ngasese (be closeted together).

clot (n) isigaxa; ihlule (c. of blood). (v) shuqungana; jilingana; phothelelana (be clotted together).

cloth (n) indwangu; indwangu yetafula (table c.).

clothe (v) gqokisa; embesa; evathisa; vunulisa (c. in finery).

clothes (n) izingubo; izivatho; izembatho; amanikiniki (old c.); inondo, ubuvunya (c. moths).

cloud (n) ifu; umlaza (stratified c.); isikhatha, (c. of smoke). (v) fiphaza; guqubala (c. over).

cloudburst (n) isiwulukuhlu semvula.

cloudless (a) -ngenafu; -cwebile; -cwathile.

cloudy (a) -guqubele; -sithibele; -namafu; -dungekile (c. liquid).

clover (n) isithombo esidliwa yimfuyo.

clown (n) umhlekisi; iphompo.

cloy (v) dina; suthisa ngezibiliboco.

club (n) ikilobho (association); indlu yekilobho (c. house); isagila, isimuhluza, umshiza (weapon); untshaka (of cards). (v) shaya ngomshiza; muhluza; hlangana, hlanganisela (c. together).

clue (n) isici esikhomba umkhondo.

clump (n) isihleke; isixhobo (c. of trees).

clumsy (a) -ndaxandaxa; -madaxadaxa; ibhadabhada, iphamaphama, igamathandukwana (c. person).

cluster (n) isixuku; iviyo; isishomo; ihlukuzo (c. of berries); isixheke (c. of fruit); isixha (c. of flowers); iqulo (c. of bees). (v) qula; bunga; bunganyela (c. round).

clutch (n) ukubamba; isiqumbi samaqanda (c. of eggs); ikilashi (c. of car). (v) bamba; khamfuna.

clutter (n) imfuhlumfuhlu. (v) fuhluza.

coach (n) ikalishi; umfundisi wabantu abambalwa (special teacher). (v) hamba ngekalishi.

coagulate (v) shuqungana; jiya; jilingana.

coal (n) amalahle ambiwayo; amalahle. (v) layisha amalahle; thatha amalahle.

coalesce (v) hlangana; xubana; lumbana.

coalescence (n) ukuhlangana; ukulumbana.

coalition (n) ukuhlanganiswa kwamaqembu ahlukile; uhulumeni wokuhlangabezana (c. government).

coal-mine (n) imayini yamalahle; umgodi wamalahle; inkomponi yamalahle.

coarse (a) -maholo; -mahaye; -ngazothile; -nobunuku (indelicate taste).

coast (n) ugu; izwe lasolwandle; isifunda sasogwini; uthungulu (coastal region). (v) gudla osebeni; ntweza ekwehleleni (c. in a car).

coastline (n) umncele wosebe lolwandle.

coat (n) ibhantshi; umnqini (short

jacket); isikhumba (skin covering); ungwengwezi lukapende (a c. of paint); isiphandla (c. of arms); umjiva (frock c.); umqhewu (c. with slit at back); ujazibhantshi (long c. reaching knees); ijazi (overcoat). (v) mboza.

coating (n) ungwengwezi.

coax (v) ncenga; nxenxa.

cob (n) isikhwebu (of mealies); bhoxa (put on cobs); ihleza (shelled c.); ihashi lokugitshelwa elincane (horse).

cobble (n) imbokojwana yokugandaya indlela. (v) gandaya ngamatshe; ciciyela (sewing); bekela izicathulo (patch shoes).

cobbler (n) umkhandi wezicathulo; umthungi wezicathulo.

cobra (n) imfezi; uphempethwane; umabilwana.

cobweb (n) ubulembu; ulembu.

cocaine (n) umuthi oyisidikizisa mizwa; umuthi othulisa ubuhlungu; ikhokheyini.

coccyx (n) umsinsila; igonondo.

cochlea (n) iphakathi lendlebe.

cock (n) iqhude, ingqoza (c. bird); izithungu zotshani ezibekwe zamiswa (c. of hay); insimbi yokuvala nokuvula (stop c.). (v) pheshula; vusa (erect); nsala, cuphisa (c. a gun). (a) -enduna.

cockade (n) umhlobiso ohlonywa esigqokweni.

cock-a-hoop (a) -zigqajayo.

cockatoo (n) inyoni ethi ayifane nesikhwenene.

cockerel (n) iqhude; iqhudana; ixogo.

cockney (n) owomdabu waseLondon.

cockpit (n) indawo ehlala umshayeli wendizamshini (c. of plane); inkundla yezimpi (c. of war); indawo lapho kuqhathwa khona amaqhude (place of cock-fighting).

cockroach (n) iphela; igugu (large black c.).

cock-sure (a) -nobugagu; -neqiniso.

cocktail (n) uphuzo oluyinxube yezinhlobonhlobo zotshwala besilungu.

cocky (a) -zithwele; -zazisayo.

cocoa (n) ukhokho.

cocoanut, coconut (n) ukhukhunathi.

cocoon (n) umfece.

cod (n) uhlobo lwenhlanzi yasolwandle edliwayo; ikhodi.

coddle (v) wotawota; totosa; ukufaka iqanda emanzini abaselweyo kuthi angabila likhishwe (to c. an egg).

code (n) umbhalo ofihliweyo, ukubhala okuyimfihlo (write in c.); inhlanganisela yemithetho (c. of law).

codicil (n) isengezelo sencwadi yokwabela ifa; okwethasiselwayo ewilini.

codify (v) bhala ngokuyimfihlo (write in code), hlela umthctho ngesu elithile (arrange in order).

codling (n) iapulana; ibhu lama-apula (c. moth).

coeducation (n) ukufundela ndawonye kwabesilisa nabesifazane.

coerce (v) xhina; phoqa; cindezela; enzisa.

coercion (n) ukucindezela; ukuphoqa.

coffee (n) ikhofi.

coffer (n) ibhokisi; ikesi.

coffin (n) ibhokisi lokungcwaba.

cog (n) izinyo lesondo.

cogent (a) -qinisekile; -ahlulayo.

cogitate (v) zindla; cabanga.

cogitation (n) umzindlo; umcabango.

cognate (a) -luhlobo lunye; -fanayo.

cohabit (v) hlala ndlininye; hlalisa okwabantu abaganene; kipita.

cohere (v) namathelana; thwaxelana.

coherent (a) -landelanayo; -namathelanayo; -zwakalayo; inkulumo ezwakalayo (a c. speech).

cohesion (n) ukunamathelana; ukulandelana.

coiffure (n) isu ezalukwe ngalo izinwele.

coil (n) inkatha; umgoqongo; ingoqela (spiral); umthando (c. of wire); inkatha (grass head-pad); igeqele, igoda (c. of hair). (v) goqa; songa; thandela; songana; swaxela (c. round).

coin (n) uhlamvu lwemali. (v) bumba imali, khanda imali (mint c.); qamba igama(c. a word).

coinage (n) uhlelo lwemali esetshenziswayo.

coincide (v) qondana na- (c. with); vumelana na-; lungelana.

coincidence (n) ukwethuka kuqondana; ukwethuka kuvela; ukwethuka kuvela ngasikhathi sinye; ukuzenzekela nje ngasikhathi sinye.

coir (n) iminxeba kakhukhunathi; ikhoyi.

coition (n) ukuhubula, ukulalana

(human); ukukhwela (big animal); ukubhebha (small animal).

colander (n) isisefo sokudla.

cold (n) amakhaza; iqhwa (snow); umkhuhlane (illness); godola (feel c.). (a) -makhaza; -bandayo; -qandayo; -godole; -qandayo mo (very c.).

cold-storage (n) emakhazeni; endlini yamakhaza.

colic (n) isilumo.

colitis (n) isifo sethumbu elikhulu; isilumo ethunjini elikhulu.

collaborate (v) bambisana; sebenzisana.

collapse (n) ukubhidlika, ubuwohlowohlo (of building etc.); ukudiceka (of person). (v) bhidlika, bohloka (of building etc.); diceka, bhangalala (of person).

collapsible (a) -hlakazekayo; -likhepheca; -bhidlikayo.

collar (n) ukhala; ibhande; ukhololo (stiff c.); ingqwababa (c. bone). (v) bamba; -thi khaxa.

collate (v) hlanganisela; linganisa.

collation (n) inhlanganisela; ukudlana; ukudlana okumakhaza (a cold c.).

colleague (n) osebenzisana nomunye.

collect (v) qoqa, butha, wola, hlanganisa (gather up); fucuza (c. rubbish); qongelela (amass); buthelela (make a collection of).

collection (n) iqoqo; izinto ezibuthelelwe ndawonye; umnikelo, inkongozelo (c. of money).

collector (n) umbuthi; umqoqi.

collective (a) -qoqayo; -buthelelayo; ibizoqoqa, ibizoningi (gram. a c. noun).

college (n) ikholiji; isikole esiphakeme.

collide (v) ngqubuzana; shayana; shayisana; ngqwamana.

collier (n) umuntu omba amalahle emgodini; umkhumbi othwala amalahle (coal ship).

colliery (n) imayini yamalahle; umgodi wamalahle; inkomponi yamalahle.

collision (n) ukushayana; ukushayisana; ukungqubuzana; ukunqwamana.

colloquial (a) -vamileyo olimini endaweni ethile.

collusion (n) ukuvumelana ngasese.

colon (n) inanzi, ubhobhobho (anat.); ikhefu, ikholoni (punctuation).

colonel (n) ukhenela; induna ephatha amasosha ayinkulungwane.

colonial (a) owakhe kwelibuswa ngabakubo. (a) -owasekoloni; -okwasekoloni; abakhayo kwelibuswa ngabakubo.

colonize (v) akha izwe; akha kwelinye izwe.

colony (n) ikoloni; abaphuma kwelinye izwe (people); izwe abalakhileyo (country); iKoloni (Cape c.).

colossal (a) -khulu kakhulu.

colossus (n) umfanekiso omkhulukazi womuntu obazwe ngetshe.

colour (n) umbala; ibala (complexion); ibhaxa (pretext); veza ibhaxa (give c. to); iduku, ifulegi (the colours). (v) penda (paint); bhuda (c. with red ochre); khulisa, fekethisa (exaggerate); chobozela (blush).

colour-blind (a) -ngenakuhlukanisa imibala.

colouring (n) umbala; ibala.

colourless (n) -ngenambala.

colt (n) inkonyane yehashi.

column (n) insika (pillar); isibhonqu sentuthu, isikhatha (c. of smoke); udwendwe, iviyo (c. of people); isigaba, iviyo (c. of soldiers); uhlu lwezibalo (c. of figures); uhide lwezinto (a c. of things); umhlandla (spinal c.).

coma (n) isihlwathi.

comb (n) ikama (for hair); ugedla, umema (of fowl); ikhekheba, igqekema (of honey). (v) kama; funisisa (search).

combat (n) ukulwa; umshikashika. (v) lwa; vimbela (prevent).

combatant (n) olwayo.

combination (n) ukuhlanganiswa; umbumbatha.

combine (n) inhlanganisela. (v) hlanganisa; hlangana; xubana; lumbana (as chemically); hlanganyela (c. against).

combustible (a) -shayo; -nokuvutha; -ngasha.

combustion (n) ukusha; ukuvutha; injini ehanjiswa ukuvutha nokuqhuma ngaphakathi nayo (internal c. engine).

come (v) -za; sondela; gqigqa; fika (arrive); vela, enzeka (occur);

qiniseka (c. true); thukululeka (c. undone); qephuka (c. apart) ehlakala, enzeka (c. to pass); vuleka (c. open); lunga (c. right); ehla, dilika (c. down); ngena (c. in); qhamuka (c. into view); sondela (c. near); phuma (c. out); phahluka (c. out with); phenduka (c. round); gcina (c. to an end); khawuka (cease); hlaluka (c. to light); vumbuluka (c. to surface); khuphuka (c. up); dundubala (c. to top as of hill); mila, hluma (c. up, grow); finyelela (c. up to); sanguluka (c. to); khumuka (c. loose); vumelana, zwana (c. to terms); vuthwa, khula, thomba (c. to maturity); qoqana, buthana (c. together); fumana, fica (c. up with, overtake); qhamukela, finyana (c. upon).

comedian (n) umhlekisi; iphompo.

comedienne (n) umhlekisikazi; umhlekisi oyisifazane.

comedy (n) isiyoliso; umdlalo ohlekisayo.

comely (a) -bukekayo; -hle; -akhekile.

comet (n) inkanyezi enomsila.

comfort (n) ukunethezeka; induduzo; okuthokozisayo. (v) duduza; thokozisa; phephisa.

comfortably (adv.) ngokunethezeka; ngesizotha; notha (be c. off).

comforter (n) umduduzi; isikhafu sikavolo (wool c.).

comic (a) -hlekisayo; -nensini.

comical (a) -hlekisayo; -nensini.

comma (n) ikhefana; ikhoma.

command (n) ukukhuzwa; umyalo; isijubo; ubuciko (c. language); -phethe (in c. of); busa, phatha, engama (take c. of). (v) khuza; layeza; phatha; busa; engama.

commandant (n) ukhomandanti.

commandeer (v) khomondela; thathela impi ngokuphoqa.

commander (n) umphathi; umlawuli; umholi.

commanding (a) -holayo; -busayo; -engamclayo; -phathayo; -phethcyo.

commandment (n) umyalo; umyalelo; isimemezelo.

commemorate (v) khumbula; misa isikhumbuzo.

commemoration (n) isikhumbuzo; umgidi wesikhumbuzo.

commence (v) qala; thathela phansi; hlomuza; andulela (c. cultivation).

commencement (n) ukuqala; isiqalo.

commend (v) ncoma; tusa; dumisa; phathisa, sisa (entrust).

commendable (a) -ncomekayo; -tusekayo; -dumileyo.

commendation (n) ukuncoma; indumiso.

commensurate (a) -fanele; -lingeneyo.

comment (n) isithasiselo; amazwana. (v) beka amazwana; beka umqondo; thasisela.

commentator (n) umhlaziyi.

commerce (n) uhwebo; imigidingo yonke yokuthengiselana; ikhomesi.

commercial (a) -ezohwebo; -entengiso; -ekhomesi; umhambeli wezohwebo (c. traveller).

commiserate (v) khalela; hawukela; nxephezela (c. with).

commissariat (n) lapho kuphathwa khona ukudla kwempi; umphako.

commission (n) umhlomulo, umongulo (allowance in business); amandla okwenza (authority); ikhomishani (c. as of enquiry); umsebenzi wokuthunywa (duty for another); ukwenza (act of doing). (v) phathisa; nika amandla; thuma; lungisela umkhumbi (c. a ship).

commissionaire (n) umbekimnyango.

commissioner (n) inxusa likahulumeni; ikhomishinali; inxusa elikhulu lombuso (High C.); uNdabazabantu (Batu Affairs C.); umfungisi (c. of oaths).

commit (v) enza; ona, hilikiqa, lelesa (c. wrong); beka, sisa (entrust); faka; buyisela (consign); funda ngekhanda (c. to memory); bhala (c. to writing); ambuka, shokobeza (c. treason); nikela, thembisa, -zibopha (pledge); -zinikela (c. oneself).

committal (n) ukwenza; ukunikezwa; ukungcwaba (burial).

committee (n) ikomiti; ibandla lokuphatha indaba; isigungu (executive c.).

commodious (a) -banzi; -ncndawo.

common (n) idlelo labantu bonke; ikhaphelo. (v) -vamile; -andile; -abantu bonke; izindaba ezibhekene nabobonke (c. interest); -ningi, -vamile (frequent); inhlalayenza (a c. event); -duvile, -ngenasithunzi (of little value); umfokazana (a c. person); inkalipho (c. sense); ubulilibonke (c. gender); ibizomvama (c. noun); imithetho yabantu bonke (c. law); hlanganyela (make c. cause); jwayelekile (of c. occurrence).

commonage (n) idlelo labantu bonke; ikhaphelo.

commoner (n) owomphakathi; umuntukazana; umfokazana.

commonly (adv.) ngokuvamile.

commonplace (n) inhlalayenza; ize. (a) -jwayelekile; -duvileyo.

commonwealth (n) inhlanganisela yamazwe aziphetheyo phansi kombuso munye.

commotion (n) isiyaluyalu; isiphithiphithi; isidumo; isibhelu.

communal (a) -qondene nabantu bonke bomuzi; -setshenziswa ngumuzi wonke; -kukawonke.

commune (n) ukuxoxisana; isigodi sesifunda esiphethwe yinduna. (v) khulumisana; xoxisana (c. with); -zindla (c. with oneself).

communicant (n) umamukeli wesidlo seNkosi.

communicate (v) thintana; azisa; tshela; bika; bhalela; amukela isidlo seNkosi (take Holy Communion).

communication (n) izindlela zokuthintana; ukukhulumisana; indlela okungabikwa ngayo; ukuzwana; intambo yokuhlaba umkhosi (c. cord).

communicative (a) -khulumayo; -thintanayo; -azisayo.

communion (n) iSidlo seNkosi (Holy C.); ibandla elithile lamakholwa (denomination); ubudlelwane (social intercourse).

communism (n) ubukhomanisi.

community (n) umphakathi; umgwamanda; bonke abantu besifunda.

commute (v) guqula; shintsha; sebenzisa ithikithi lokuhamba ngethwali uye emsebenzini ubuye ubuye nsuku zonke; guqula isigwebo (c. a sentence of court).

compact (n) inhlangano; isivumelwano; isikhwanyana sowesifazane aphatha ngaso okokuzihlobisa nokuziqhola (lady's c.). (a) -cinene; -minyene; -khandene.

companion (n) umngane, isihlobo (friend); uwethu (of same age set); igxebe (intimate); izithandani (lovers); umhlanganyeli, umphelekezeli (one who accompanies).

companion-way (n) isitezi emkhunjini.

company (n) inkampani (business); ibandla, isixuku, umgwamanda (c. of people); izivakashi (guests); iviyo, isigaba (military c.); ukuba khona (be present).

comparable (a) -nokulinganiswa; -nokuqhathaniswa.

comparative (a) -qhathanisiweyo; -ncane (slight); -vayo (showing increase above); ihlelo lezinto ezinkulu kunezinye (c. degree).

compare (n) ukulinganisa; ukuqhathanisa; -ngenakulinganiswa (beyond c.). (v) qhathanisa; linganisa; fanisa.

comparison (n) ukulinganisa; ukuqhathanisa; ukufanisa.

compartment (n) ikamelwana elihlala abantu esitimeleni; ingosana.

compass (n) isikhombamagumbi; ikhompasi; okokudweba isiyingi (drawing c.); umkhawulo (extent). (v) feza; hanqa.

compassion (n) isihawu; ububele.

compassionate (a) -nesihawu; -nobubele.

compatible (a) -faneleneyo; -lingeneyo.

compatriot (n) umuntu wasizwe sinye nawe; umuntu wesizwe sakini.

compel (v) phoqa; cindezela; xhina.

compensate (v) hlawula; buyisela; enana; khokhela.

compensation (n) isinxephezelo; isenanelo; inhlawulo.

compete (v) phikisana; ncintisana.

competence (n) okufanele umuntu abenakho aze ahlale kahle; amandla; ukwazi, ikhono (ability).

competent (a) -namandla; -namandla alingeneyo; -lingene; -fanele; -nekhono.

competition (n) umncintiswano; umqhudelwano; impikiswano.

competitor (n) umncintisani; imbangi.

compilation (n) inhlanganisela; umbuthelelo; iqoqo.

compile (v) qoqela; qoqa; hlanganisela; buthela.

complacence (n) ukungazikhathazi; ukunganaki; ukwenama.

complacent (a) -eneme ngokunganaki.

complain (v) khala; sola; khononda; mangalela (c. to).

complainant (n) ummangali; umma-

ngaleli; osolayo; okhalayo; okhono-
ndayo.

complaint (n) isikhalo; insolo; isifo,
ukufa (sickness).

complement (n) okugcwalisayo. (v)
gcwalisa; linganisa.

complementary (a) -gcwalisayo.

complete (v) feza; qeda; phelelisa.
(a) -pheleleyo; -feziweyo; -qediweyo.

complex (n) yonke inkimbinkimbi
yemicabango eqondene nokuthile;
isimo sokucabanga (mental c.);
ukuzinyeza (inferiority c.); izakhiwo
zonke ezisenkundleni ethile (c. of
buildings). (a) -phitheneyo; -phi-
cayo; -didayo; umusho onamaga-
tshagatsha, umusho oyinkimbinki-
mbi (a c. sentence, gram.).

complexion (n) ibala; ibala lobuso;
esinye isimo (a different c.).

complexity (n) ubunkimbinkimbi;
ingxabangxaba; ukuphica.

compliance (n) ukuthobela; uku-
vumela; njenga-, -vumelene, -lunge-
lene (in c. with).

complicate (v) phambanisa; phithanisa;
hibanisa.

complicated (a) -zinkimbinkimbi;
-hilelene; -phambene.

complication (n) ingxabangxoza isixa-
badiya; inkinga; ukuxabadiya kwe-
sifo (medical c.).

compliment (n) ukutusa; ukuhalalisela;
ukubonga; ukukhonzela (to give
one's compliments). (v) tusa; hala-
lisela; bongela.

complimentary (a) -esihle; -thokoze-
layo; -ngakhokhelwa mali.

comply (v) vumela; vuma ukwenza
(c. with).

component (a) -hlangeneyo; -xubene
na-; izinxenye ezakhayo (c. parts).

compose (n) qamba; qukatha (com-
posed of); -zithulisa, -zibamba (c.
oneself).

composer (n) umqambi; umlobi.

composite (a) -yingxube; -yingxube-
vange.

composition (n) ukuhlanganiswa;
okuhlanganisiweyo; indaba ebhaliwe
(written c.).

compost (n) imvundela; umquba
wokwenziwa.

compound (n) inkompolo; inkomponi;
okuthakiwe (chemical c.); ingxube,
inhlanganisela (mixture); inzalo-
mpinda (c. interest); iqabunga

elinamacembe (c. leaf); ibizombaxa
(c. noun); umusho omagatsha (c.
sentence). (v) thaka; xuba; lumba-
nisa; vumelana ukufihla icala (c. a
felony). (a) -ngxube; -thakiweyo.

comprehend (v) qonda; qondisisa;
izwa; bona.

comprehension (n) ukuqonda; uku-
qondisisa; ukwazisisa; ukwazi.

comprehensive (a) -gcwele; -banzi.

compress (v) minyanisa; cindezela;
nciphisa (reduce).

comprise (v) hlanganisa; qukatha.

compromise (n) ukuhlangabezana
ukuze kubekhona ukuvumelana.
(v) vumelana; ehlisa (reduce);
-zingenisa ebucayini (c. oneself).

compulsion (n) ukucindezela; impoqo;
isificezelo.

compulsory (a) -phoqelekile; -pho-
qayo; -cindezelayo.

compunction (n) amahloni; ukuzi-
ncinza.

compute (v) balisisa; bala.

computer (n) umshini obalisisayo.

comrade (n) umngane; isihlobo.

comradeship (n) ubungane; ubudle-
lwane.

concavity (n) iphimbolo; amala ezulu
(the c. of the heavens).

conceal (v) fihla; thukusa; sitheza;
cashisa; casha (c. oneself).

concealment (n) intukuso; ukucasha.

concede (v) nika; vuma; yekela;
dedela.

conceit (n) ukuzidla; iqholo (vanity);
umzindlo (opinion); umcabango
ongagxilile (whim); ubuqha.

conceited (a) -qhoshayo; -ziqhayisayo;
-zidla; -nobuqha.

conceivable (a) -nokucatshangwa;
-nokukholwa.

conceive (v) mitha; khulelwa; cabanga
(imagine); dala isu (c. a plan).

concentrate (v) cabangisisa (c. men-
tally); singa (c. upon); qoqana,
qoqela ndawonye (c. together).

concentration (n) ukucabangisisa,
ukusinga (mental c.); ukuqoqana
(collect together); ukushuqisa izi-
thako (chemical c.).

concept (n) umqondo ophathelene
nokuthile; umcabango.

conception (n) ukumitha (pregnancy);
umcabango (idea).

concern (n) umnako (anxiety); indab⸗
(affair); indaba egudwini (a matte⸗

of general c.); isineke (care). (v)
-ba nendaba na- (be concerned
with); enqenisa (make anxious);
khathalela (c. oneself).

concerned (a) -enqenile; -shisekela.

concert (n) ikhonsathi; umculo;
umdlalo; ukuhlangana; ukuvume-
lana; ukusebenzisana (harmony).
(v) hlanganisa; hlelisana amasu (c.
plans).

concertina (n) inkositini.

concerto (n) ikhontshetho; ukuvume-
lana kwemitshingo nezimfijoli.

concession (n) imvume; imvumelo;
isabelo somhlaba (c. of land);
ukwehliswa kwemali yethikithi
lokukhwela (c. on fare).

conciliation (n) ukuxolelana; uku-
shweleza.

conciliatory (a) -shwelezayo; -xole-
layo; -thobelayo.

concise (a) -hlangene, namazwi amba-
lwa; -fushane; -fingqiwe.

conclude (v) qeda; phelisa; gcina;
phela; phetha.

conclusion (n) isiphetho; isiphelo;
ukugcina.

conclusive (a) -okugcina; -nqamulayo;
-anelisayo.

concoct (v) qamba; hlanganisa; thaka
(c. medicines); lumba (c. tales);
bhila (c. magic).

concoction (n) isithako; isiphuzo
sokudidiyelwa; umbhulelo (wizard's
c.).

concord (n) isivumelwano; ukuthula
(peace); ukuzwana (agreement);
isivumelwano (gram.).

concrete (n) usemende, ukhonkolo (of
cement). (v) khonka. (a) -oqobo;
-yiyo; -thintekayo.

concubine (n) isixebe; isancinza.

concur (v) vuma; vumelana.

concurrent (a) -ngasikhathi sinye;
-enzeka kanyekanye.

concussion (n) ukuxukuzeka kobu-
chopho; ukulimala kobuchopho
ngenxa yokungqubuzeka.

condemn (v) lahla; jezisa; gweba;
gwebela ukufa (c. to death); nquma
ukuthi akusafanele ukusetshenziswa
(c. as unfit for use); sola (censure).

demnation (n) ukulahlwa; uku-
ziswa; isijeziso.

usation (n) ukuguquka komhwa-
o ube amanzi (c. of water);
ngqa (reduce length).

condense (v) thothanisa; fingqa; jiyisa;
cindezela (compress); guqula kube-
luketshezi (c. to liquid).

condenser (n) umshini okuguqulelwa
kuwo umhwamuko ube luketshezi;
into okuqoqelwa kuyo i-elektriki;
izingilazi eziqondisa imisebe yoku-
khanya.

condescend (v) -zehlisa; -zikhothamisa;
-zithobisa.

condescension (n) ukuzehlisa; uku-
zikhothamisa; ukuzithobisa.

condiment (n) okokunonga ukudla.

condition (n) isimo; isimiselo (stipula-
tion); ubunjani, isimo (state);
-nonile (in good c.); zacile, ondile
(in poor c.); beka izimiselo, beka
umbandela (state conditions);
umbandela (gram. term).

condole (v) lilela; duduza.

condolence (n) induduzo; ukulilela.

condone (v) xolela; thethelela.

conduct (n) ukuphatha; ukuziphatha;
inkambo; umkhuba. (v) khapha,
phelekezela (accompany); ziphathe
kahle (c. oneself well); -ziphathe
kabi, klina (c. oneself badly); bhida,
culisa (c. a choir).

conductor (n) umbhidi; (c. music);
ukhondaktha (c. bus); into ezwelisa
ukushisa (c. of heat); umkhaphi
(guide); umphathi (director).

cone (n) imbumbulu; okuyisiyingi
ngaphansi kubelutshubungu ngaphe-
zulu; isithelo sephayini (pine c.).

coney (n) imbila.

confectionery (n) ukudla okungama-
khekhe namaswidi nokunye.

confederation (n) ukuhlanganyela nge-
sivumelwano; ukwenza isixexelegu.

confer (v) nika; pha; thwesa (c. upon);
buzana, cebisana (consult).

conference (n) ukubuzana; ukucebi-
sana; umhlangano (meeting).

confess (v) vuma; qinisa; qinisela;
vuma isono (c. to a sin).

confession (n) ukuvuma; ukuvuma
izono (religious); okuvunyiweyo
(what is confessed).

confessional (n) lapho kuvunyelwa
khona izono esontweni.

confessor (n) umvumi; umpristi
ovumisa izono; ovumayo.

confidant (n) umuntu omethembile;
isifuba.

confidante (n) umuntu wesifazane
omethembile.

confide (v) ethemba; hlebela; tshela; phathisa, sisa (entrust).

confidence (n) ukungazenqeni; ukuzethemba; isibindi; iqholo; ukwethemba; ithemba; isifuba (secret information); kholwa, ethemba, gaba (have c. in); -ngasathembi (loose c. in).

confident (a) -thembayo; -kholwayo; -qinisile.

confidential (a) -yisifuba; -yimfihlo.

confine (n) umkhawulo, umncele (confines). (v) valela; biyela; minyanisa; hlawulisa; belethisa (c. at childbirth).

confinement (n) ukuboshwa; ukuvalelwa; ukubeletha (child-birth).

confirm (v) gxilisa; fakaza; vumela; qinisa (in church).

confirmation (n) ukuqinisa, umqiniso (c. in church); isifakazo, ukuqinisa (evidence).

confiscate (v) phuca; -dla; komondela; thumba.

confiscation (n) ukudliwa; ukuphucwa; ukukomondelwa.

conflagration (n) umlilo omkhulu; amakloba; ingomane.

conflict (n) ukulwa; ukuphambana; ukuphikisana; isiwombe; udweshu. (v) phambana; phikisana.

confluence (n) inhlangano; imbaxa.

conform (v) vuma ukwenza; landela (c. with).

conformity (n) ukuvumelana; ukufanana; njengokuba (in c. with).

confound (v) phambanisa; jabhisa; shaqisa (abash); dida (confuse).

confounded (a) -phambanisiwe; -jabhile; -ethukiwe (cursed).

confront (v) bonisa; beka phambi kwa-.

confuse (v) dida, sanganisa, luthuza (disconcert); phithizisa, phixa, nyakazisa (throw into disorder); phambanisa (mistake); dida udaba (c. the issue).

confusion (n) isiphithiphithi; ingxovangxova; insambatheka; iziyiyane, ubudidiwane (mental c.); ukujabha (abashment).

confute (v) ahlula ngokuphikisana.

congeal (v) shuqa; shuqungana; jiya; jilingana; ihlule, igazi elijiyile (congealed blood).

congenial (a) -thandekayo; -vumelanayo; -fanele.

congenital (a) -zelwe nakho.

congestion (n) ukuminyana; ukucinana.

conglomerate (a) itshe eliyimbumbuthela (c. rock); -bhumbuthene.

congratulate (v) halalisela; thakazela; bonga.

congratulation (n) umhalaliselo; isithakazelo; ukubonga.

congregate (v) buthana; qoqelana; futhuzela.

congregation (n) ukubuthana; inhlangano; umgwamanda; ibandla (church).

congress (n) inhlangano; ukhongolose (assembly); ukuhlangana kowesilisa nowesifazane (sexual c.).

congruence (n) ukuvumelana nxa zonke; ukuzwana.

conical (a) -yindilinga ngaphansi lutshubungu ngaphezulu.

conifer (n) uhlobo lwezihlahla olunezithelo ezingamakhoni.

conjectural (a) -ngatshazwayo; -qandelelwayo; -ngathekisayo.

conjecture (n) ikumbe; umqaziyelo; umngathekiso. (v) ngabaza; qandelela; qamba; linganisa.

conjugal (a) -phathelene nokuganana.

conjugate (v) hlela, guquguqula (gram.).

conjugation (n) ukuhlelwa kwesenzo (gram.).

conjunction (n) ukuhlangana; isihlanganiso (gram.).

conjunctivitis (n) isifo samehlo esithathelwanayo.

conjure (v) gila; lumba; qamba.

conjurer (n) umlumbi; umbukisi ngemikhuba ayigilayo.

connect (v) hlangana; hlanganisa; thekeleza.

connected (a) -hlangene; kanye na-; -negazi lohlobo (well c.).

connection (n) ukuhlangana; okuphathelana na- (in relation to); umthekelezo (knot); isihlobo (relative); ibandla lesonto (denomination).

connective (a) -bhanqayo; -hlanganisayo; izinyama ezihlanganisayo (c. tissue).

connive (v) zibela; cimela; sitheza amehlo.

connoisseur (n) ingcweti; umunt' owazi ukwenzeka kwezinto kahle.

conquer (v) ahlula; nqoba.

conqueror (n) umnqobi.

conquest (n) ukunqoba; ukwahlu

ukwahlulwa; okunqotshiweyo, izwe eliqhwagiweyo (land conquered).

consanguinity (n) ubuzalwana.

conscience (n) unembeza; isazelo (guilty c.).

conscientious (a) -zinikelayo; -zihluphayo; -phaphamele.

conscious (a) -zwayo; -zwile; -azile; -zenyeza (be self c.).

conscript (n) obuthelwe impi ngokuphoqwa. (v) butha ngokuphoqa.

conscription (n) ukubutha ngokuphoqa.

consecrate (v) ngcwelisa; busisa; ahlukanisa; nqwambisa.

consecutive (a) -landelene; -landelene ngokwelamana.

consensus (n) ukuvumelana; umqondo weningi (c. of opinion).

consent (n) imvume; ukuvuma. (v) vuma; vumela phezulu (agree readily).

consequence (n) impumelelo; umphumela; okulandelayo (result); umkhokha (unpleasant c.); akunani (it is of no c.); umuntu onegama (a person of c.); ubukhulu (importance).

consequent (a) -landelayo.

consequently (conj.) ngakhoke; ngenxa yalokho.

conservation (n) ukonga; ukongiwa; ukongiwa komhlabathi (soil c.).

conservative (n) odla ngoludala. (a) -ngathandi izinto ezintsha; -thanda ukudla ngoludala; -namandla okulondoloza (preserving).

conserve (v) onga; londoloza.

consider (v) cabanga; zindla; naka; cabangela.

considerable (a) -khulu; -khudlwana; -ningana.

considerate (a) -cabangelayo; -nozwela; -condobezelayo.

consideration (n) umcabango; ingcingane; isici (detail); isilinganiselo; uzwela (regard).

consign (v) beka; yisa; nika; thumela.

consignee (n) umthunyelwa.

consignment (n) okuthunyelwayo; impahla ethunyelwayo; incwadi ethumela impahla (c. note).

consist (v) enziwa; bunjwa; hlanganisa.

consistent (a) -vumelene; landelene; -lizwi linye.

consistency (n) isingxephezelo; oku-

thokozisayo; umklomelo wokwesula izinyembezi, umthoba-nhliziyo (c. prize).

consolidate (v) gxilisa; qinisa; qokotha; gxila; hlanganisa.

consolidation (n) ukugxila; ukuqinisa.

consonant (n) ungwaqa. (a) -vumelene na-; -zwana na- (c. with).

consort (n) umyeni; umka- (ikakhulu wenkosi ebusayo); umkhumbi ophelekezelayo (ship). (v) hlangana na-.

conspicuous (a) -gqamile; -qavile; -sobala.

conspiracy (n) ugobe; uzungu; ingungu.

conspirator (n) umcebi; owakha uzungu.

conspire (v) ceba; enza uzungu.

constable (n) iphoyisa; unongqayi (mounted c.).

constabulary (n) ubuphoyisa; amaphoyisa.

constant (n) into engaguquki. (a) -miyo; -mayo; -qinile; -gxilile; -vamile; -njalonjalo (recurring).

constantly (adv.) njalo; zonke izikhathi.

constellation (n) umlaza wezinkanyezi.

consternation (n) uvalo; ingebhe.

constipate (v) songeleka; qumbisa; qumba.

constipation (n) ukusongeleka; ukuqumba.

constituency (n) isifunda; abantu besifunda esizomelwa ilunga ePhalamende.

constituent (n) ingxenye; okuhambelana na-; ilungu labakhetha ozobamela ebandla. (a) -yingxenye; -ngamalungu.

constitute (v) misa; beka; enza.

constitution (n) isimiso somthetho wezwe; umthetho wokumiswa; isakhiwo (structure); ukumisa (act of constituting); isigubo, igazi (physical c.).

constitutional (a) -lunge ngomthetho; -hambelana nomthetho; -kwegazi, isigubo (physical); -kwemvelo (original).

constrain (v) phoqelela; xhinelela; cindezela.

constraint (n) ukuphoqelelwa; ukucindezelwa.

constrict (v) minyanisa; shwaqisa.

construct (v) akha; enza; hlanganisa; qamba; dweba (draw).

construction (n) ukwakhiwa; ukwakha; isakhiwo (building); ukudweba (drawing).

constructive (a) -akhayo.

construe (v) humusha; ncozulula (gram.).

consul (n) inxusa elimele umbuso wakubo komunye umbuso; undunankulu (Roman c.).

consult (v) bonisana; xoxisana; buzana; bhula (c. a diviner).

consultant (n) umuntu okubuzwa kuye; udokotela ababonisana naye abanye (medical c.).

consultation (n) ukubonisana; ukuxoxisana; umhlahlo (c. with diviner); ingomboco (c. of diviners).

consume (v) dla; qeda; shisa; chitha.

consumer (n) odla noma osebenzisa okuthengiswa ngabanye.

consummate (v) phelelisa; gcwalisa; feza; gcwalisa umshado (c. a marriage). (a) -pheleleyo; -gcwele.

consumption (n) ukudliwa; ukuqeda; ukuqedwa; ixhwala, isifuba sexhwala (disease).

consumptive (n) onexhwala. (a) -nexhwala.

contact (n) ukuthintana; ukuphathana. (v) thintana; bonana na-; buza.

contagion (n) ukusulelana; ukulumathana.

contagious (a) -sulelwanayo; isifo esisulelwanayo (a c. disease).

contain (v) phatha; mumatha; qukatha.

container (n) okokuphatha; isitsha, idlelo (c. for snuff).

contaminate (v) onakalisa; dunga; thelela ngembewu yokufa (c. with germs).

contemplate (v) buka; ceba; cabanga; ninga.

contemporary (n) intanga. (a) -esikh athi sinye; -yintanga.

contempt (n) indelelo; usulu; ncifila (express c.); eyisa (treat with c.); ukudelela inkantolo (c. of court).

contemptible (a) -dclclckile; -eyiswayo.

contemptuous (a) -eyisayo; -delelayo; indelelo (c. behaviour).

contend (v) lwa; banga (strive); phika, qinisa (maintain).

content (n) okuphakathi; inhlanganisela; okuqukethwe (what is contained); indikimba, okumumethwe

(essential meaning). (v) enamisa; delisa. (a) -enamile; -xolile; -delile.

contentious (a) -nenkani; -luxabosi; isiphikeleli (c. person); indaba eyimbango (c. matter).

contentment (n) ukwenama; ukudela.

contest (n) umbango; ukuphikisana; umzakuzakwana. (v) banga; zakuza; lwela.

context (n) ingqikithi yendaba.

continence (n) ukuzibamba.

continent (n) izwekazi. (a) -zibambayo; -zithibayo.

continental (n) ovela eYurobhu. (a) -ezwekazi.

contingency (n) isehlo; isehlakalo; okungahle kuvele.

continually (adv.) njalonjalo; mihla nayizolo; -de, -damane (do c.).

continuation (n) ukuqhubela phambili; okulandelayo (following on).

continue (v) hlala (abide); thatha isikhathi; qhuba, ma, qhubisa (persevere).

continuity (n) ukuqhubeka; ukulandelana.

continuous (a) -qhubekayo; -hleziyo njalo; -enzekayo njalo; uthunge (c. series); insakavukela (c. repetition).

contort (v) sonta; gwegwebeza; yayathekisa.

contortion (n) ukusonteka; ukuyayatheka.

contour (n) ukunquma nentaba; ikhontuwa; umudwa wekhontuwa (c. line); ukulima ngokuvundla intaba (c. ploughing).

contraband (n) impahla enqatshelwe. (a) -enqatshelwe.

contraceptive (n) okokuvala inzalo.

contract (n) imvumelano; ikhontilaka; iphepha lesivumelwano. (v) vumelana (agree); finyeza, fingqana (shorten, shrink); habula, hogela (c. a disease); thatha (c. a marriage.).

contraction (n) isifinyezo; ukufingqa; ukufinyeza; inkwantshu (c. of muscles).

contradict (v) phika; phikisa; qagulisa; bhadaza (c. oneself).

contradiction (n) ukuphikisa.

contradictory (a) -phikisayo; -phambene.

contradistinction (n) ukwahlukanisa ngokuqhathanisa.

contralto (n) iphimbo lowesifazane;

ibhesi lowesifazane.
contraption (n) okuqanjiweyo.
contrary (n) okuphambene; okuphe-
ndukisiweyo; ngokuphambene, ngo-
kwalana (on the c.). (a) -phambene;
-alanayo.
contrast (n) umehluko; ukwahlukana.
(v) ahlukana; ahlukanisa; qhathani-
sa
contravene (v) eqa; aphula; phikisa.
contravention (n) ukwaphula; ukwa-
phuka.
contribute (v) nikela; pha; bhalela
iphepha indaba (c. to a paper).
contribution (n) umnikelo; inkongo-
zelo; isethulo.
contrite (a) -dabukile; -zisolayo.
contrition (n) ukudabuka; ukudabu-
kela; ukuzisola.
contrivance (n) isu; icebo; okuqanji-
weyo.
contrive (v) enza; ceba; qamba;
songoza.
control (n) umthetho wokuphatha;
amandla okubeka; izinsimbi zoku-
shayela (the controls). (v) phatha;
bheka; khuza; khalima; -zithiba; (c.
oneself).
controller (n) umphathi.
controversial (a) -okuphikisana; -oku-
banga.
controversy (n) ukuphikisana; ukuba-
nga.
convalesce (v) lulama; totoba; sinda.
convalescence (n) ukululama; uku-
sinda.
convalescent (n) umuntu olulamayo.
(a) -lulamayo; -tatamayo; -sindayo.
convection (n) ukuhamba kokushisa;
ukuzwela kokushisa.
convene (v) hlangana; hlanganisa;
buthana; buthanisa; mema umhla-
ngano (c. a meeting).
convener (n) umhlanganisi; ummemi;
umsungugli.
convenience (n) ithuba elifanele;
ukuthanda; into esizayo; indlwana
yangasese (lavatory).
convenient (a) -lungileyo; -faneleyo;
-sizayo.
convent (n) umuzi wezindela zabesi-
fazane.
convention (n) inhlangano, umbuthano
(assembly); ibandla lamanxusa (c.
of delegates); isiko (customary
usage); isivumelwano (agreement).
converge (v) sondelana; hlangana;

khandana; qonda endaweni yinye
(c. on a place).
convergent (a) -sondelanayo; -khanda-
nayo.
conversant (a) -jwayele; -fundile.
conversation (n) ingxoxo; inkulumo.
converse (n) ingxoxo; inkulumo;
okuphendukisiweyo (opposite). (v)
khuluma; xoxa; lawuza.
conversion (n) ukuphenduka; impe-
nduko; ukuguquka.
convert (n) ophendukile; ikholwa;
umphenduki. (v) phendukisa;
phendula; guqukisa.
convey (v) yisa; thutha; thwala;
khonzela (c. greetings).
conveyance (n) ukuyiswa;
ikalishi, okokuthutha (vehicle).
convict (n) isiboshwa. (v) lahla
ngecala.
conviction (n) ukukholwa; ukulahlwa
ngecala (c. at law).
convince (v) anelisa; bonisa; delisa;
kholisa; ahlula.
convivial (a) -eneme; -thandayo
ukudla idili.
convoy (n) okuphelekezelwayo kuvi-
kelwa ngezikhathi zempi. (v) vikela
ngokuphelekezela.
convulse (v) zamazisa; dikiza; qhaka-
nyeka.
convulsion (n) umqhakanyeko; ukuza-
mazamisa.
cook (n) umpheki; ukuka (c. in home);
(v) pheka; lovisisa (c. expertly);
nyantisa (partly c.).
cookery (n) ukupheka; izindlela
zokupheka.
cool (v) phola; phoza; phozisa;
dambisa. (a) -pholile; -bandayo;
-nyundukile (unfriendly); -eyisayo
(impudent).
cooler (n) into yokupholisa.
coolie (n) ikula; isisebenzi.
coop (v) minyanisa; khandanisa;
valela.
co-operate (v) bambisana; sebenzisana.
co-operation (n) ubambiswano; ukusi-
zana.
co-operative (a) -bambisanayo; umhla-
ngano wobambiswano (c. society);
ukulinga ngokubambisana (c.
effort).
co-opt (v) enyula; ilungu elenyuliwe
(co-opted member).
co-ordinate (v) vumelanisa na-;
qondanisa na-, hlanganisa.

cope (v) bhekana na-; phatha; enza (c. with).

copious (a) -ningi; -vamile.

copper (n) ikhopha; amasenti (coins).

coppice (n) ihlozi.

copra (n) ukudla kukakhukhunathi okomisiwe.

copulate (v) hlangana; lalana; bhebha, zeka (of animal); phinga (of dogs).

copulative (n) isibanjalo (gram.).

copy (n) isifanekiso; okokufanisa (imitation); into yokufaniswa (example); ikhophi (c. of). (v) fanisa; enza isifaniselo (reproduce); kopisha, linganisa, bonela (imitate).

copyright (n) ilungelo ngokomthetho umqambi wento analo ukuba kubenguye yedwa othengisa ngayo kuze kuphele iminyaka ethile.

coquetry (n) ubuveleza.

coquette (n) iveleza; ihungula.

coral (n) into edalwa phansi kwamanzi olwandle ngokwakhelana kwezilwanyana zakhona.

cord (n) intambo; umchilo; indophi; umfonkolo (spinal c.); imisipha yephimbo (vocal cords); isilinganiso senyanda yezinkuni ezithengiswayo (measure of wood); ufokothi (naval c.).

cordage (n) izindophi; izintambo.

cordial (n) okuphuzwayo okungadakisi. (a) -nenhliziyo enhle; -jabulayo.

cordially (adv.) ngenhliziyo emhlophe.

cordite (n) izintana eziqhumayo.

corduroy (n) imfolivili.

core (n) umongo; impakathi; ubuthumbu (c. of fruit). (v) khipha ubuthumbu besithelo.

co-respondent (n) ummangalelwa wesibili ecaleni lesahlukaniso.

cork (n) ukhokho (material); isivalo, isivimbo (stopper). (v) vimba; vala ngekhokho.

corm (n) ikhomu; uthi lwesithombo olumilela phansi kwenhlabathi lube yisigaxa.

corn (n) izinhlamvu ezidliwayo zohlobo lotshani; ukolweni; ummbila; amabele; inhlumba, isiqalagane (c. on foot).

cornea (n) isikhunjana esibonisayo esinamathele ngaphambili enhlamvini yeso; ukufakela isikhunjana ehlweni sithathelwa komunye umuntu osefile (corneal graft).

corner (n) igumbi; ingosi; ikhona; ichopho lendwangu (c. of cloth). (v) ficezela; buyisela egunjini.

cornet (n) icilongo; ikhonethi.

corolla (n) umqhele wembali; ikhorola.

corollary (n) isilandelo; isigcino.

corona (n) isiyingi esikhanyayo esizungeza ilanga noma inyanga.

coronation (n) ukubekwa kwenkosi; ukugcotshwa kwenkosi.

coroner (n) umhloli wezindaba zokufa kwabantu bengaziwa ukuthi babulewe yini.

coronet (n) umqhedlana.

corporal (n) ukopolo. (a) -omzimba; ukujeziswa ngokushaywa (c. punishment).

corporation (n) inhlangano esemthethweni; ukopoletsheni (municipal c.).

corps (n) iqembu elikhulu lamabutho empi; iqembu lamanxusa (diplomatic c.).

corpse (n) isidumbu; ugodo; isidikadika (of animal).

corpulent (a) -khuluphele.

corpuscle (n) inhlayiyana esegazini.

corral (n) isibaya sezilwane; isibaya semfuyo. (v) valela esibayeni.

correct (v) lungisa; qondisa; bukeza; luleka; jezisa, khuza (punish). (a) -lungile; -qinisile; -qondile.

correction (n) ukulungisa; ukulungiswa; imbuyekezo; ukujeza (punishment); ukukhuza.

corrective (n) isilungiso.

correctly (adv.) ngokuyikho; ngakho; ngokulungileyo.

correlate (v) qhathanisa; hlanganisa ngokuqhathanisa.

correlation (n) ukuqhathanisa.

correspond (v) fanelana; vumelana; hlangana; bhalelana (c. by letter).

correspondence (n) ukuvumelana; ukufanelana; ukubhalelana; izincwadi ezibhaliwe.

correspondent (n) umbhaleli; umlobeli wephephandaba (newspapper c.).

corridor (n) umhubhe; iphasiji.

corroborate (v) qinisa; qinisekisa; fakazela; vumela.

corroboration (n) ukuvumelana; ukufakazelana.

corrode (v) hevuza; khevuza; dla.

corrosive (a) -gevuzayo; -dlayo.

corrugated (a) -mazinga; -zinkimbinkimbi; -mqoloqolo; uthayela, ukhethe (c. iron).

corrugation (n) ingqimba; unkimbi.

corrupt (a) -onakele; -kohlakele; -ngcolile. (v) ona; ngcolisa; onakalisa; xhwalisa.

corruption (n) inkohlakalo; ukonakala; ukubola.

cortex (n) ixolo; ingxenye engaphandle.

corvette (n) uhlobo lomkhumbi wempi.

cosmetics (n) imithi yokwenza ubuso bubukeke.

cosmic (a) -omhlaba nezulu nakho konke okusesibhakabhakeni.

cosmopolitan (a) -amazwe onke nezizwe zonke.

cosset (v) totosa; wotawota.

cost (n) inani; inkokhelo; imali; izindleko zokuzondla (c. of living). (v) biza; dla; beka inani lentengo.

costive (a) -songelekile; -qumbisayo.

costly (a) -dulile; -biza imali eningi.

costume (n) izivatho; ingubojazi (costume); isimo sokugqoka (manner of dressing).

cosy (n) isifukamelo (tea c.). (a) -thokomele; -enabile.

cot (n) umbhede wengane obiyelweyo.

coterie (n) iqembu labangane.

cottage (n) indlwana yesilungu; ikotishi.

cotton (n) ukotini; uhala (thread); ugampokwe (plant); indwangu kakotini (c. cloth); isipolo sikakotini (c. reel).

cotton wool (n) uvolo; ugampokwe.

cotyledon (n) ucezu lohlamvu; ungcezunye (monoc.); ungcezumbili (dic.).

couch (n) umbhede wokuphumulela emini; isikhundla (resting place). (v) lala embhedeni; cambalala embhedeni; lalisa embhedeni; hlela amazwi (c. in words).

cough (n) ukukhwehlela; ukukhohloza; umkhuhlane (illness). (v) khwehlela; khohlela.

could (v) bebengahamba (they c. go); bebeyohamba (they c. have gone).

council (n) umkhandlu; isigele; ibandla.

councillor (n) ilungu lomkhandlu; ilungu lesigele; ilungu lebandla; umkhulumeli.

counsel (n) iseluleko (advice); ummeli (legal advisor). (v) eluleka; yaleza.

counsellor (n) umeluleki.

count (n) ukubala; inani; ukhawunti (nobleman). (v) bala (number); cabanga; angicabanganga ngezindleko (I did not c. the cost).

countenance (n) ubuso; bangela amahloni (put out of c.); ukuvumela. (v) vumela (agree with).

counter (n) itafula lasesitolo. (v) phambanisela. (a) -phambene; isiphakamiso esiphambene (c. proposal). (adv.) ngokuphambanisela.

counteract (v) theleza; phikisa.

counterbalance (v) yenza isisindo silingane nxazombili.

counterfeit (n) inkohliso. (v) bhumbuluza. (a) -mbumbulu.

countermand (v) guqula isilayezo.

counterpane (n) indwangu yokumboza umbhede.

countersign (v) sayina ukuba kuqiniseke ukusayina komunye.

countess (n) inkosikazi kakhawunti.

countless (a) -ngenakubalwa.

country (n) izwe; umhlaba; inkangala (open high veld); umzansi (low c.); inkelekethe (broken c.); ihlane (barren c.); ithafa (flat c.); ihlanze (bush c.); ugwadule (desert c.); amaphandle (c. out of town); uthungulu (coastal c.). (a) -semaphandleni.

countryman (n) owasezweni linye (compatriot); owasemaphandleni (living out of town).

county (n) isifunda sezwe.

coup (n) isigalelo esiphumelelayo; ukushintsha uhulumeni ngokungemthetho (c. detat); ukubulala ukuba kuphele ubuhlungu (c. de grace).

coupe (n) ikamelo lesitimela elilala abantu ababili.

couple (n) okubili; ububili; ihuku (connection); umyeni nomkakhe (a married c.). (v) bandakanya; bhanqanisa.

couplet (n) imigqa emibili yenkondlo.

coupling (n) ukubhanqanisa; ihuku (connection).

coupon (n) ipheshana lokufakazela.

courage (n) isibindi; inhliziyo; qunga isibindi (take c.).

courageous (a) -nesibindi; iqhawe (c. man).

courier (n) isigijimi; isithunywa.

course (n) ukuhamba; indlela; umzila; umzila womkhumbi (ship's c.);

ukwewusa komfula (c. of river);
uhlelo lwezifundo (c. of studies);
ukulandelana kwezitsha zokudla
(courses of a meal); isu lokwenza
(c. of action); okufaneleyo, kuso-
bala (a matter of c.). (v) gijimisa;
landela; zingela.

court (n) igceke; isidlangala (enclosed
area); igceke lethenisi (tennis c.);
ihlalankosi (royal c.); inkantolo
(legal c.); inkantolo yokugcina (c.
of appeal); ukukhulekela (pay c. to,
homage). (v) funa; zincengela
(solicit); qomisa, eshela (woo).

courteous (a) -nokuhlonipha; -nesizo-
tha; -mnene.

courtesan (n) isancinza.

courtesy (n) ukuhlonipha; inhlonipho.;
ubumnene; isithakazelo (c. title).

courthouse (n) indlu yenkantolo.

courtier (n) inceku yenkosi; umothi
webandla.

court-martial (n) inkantolo yasempini.
(v) hlola icala eliphathelene naba-
sempini.

courtship (n) ukuqomisa; ukweshela.

cousin (n) umfowethu (my c.); umfo-
wenu (your c.); umfowabo (his/her
c.); umzala (cross c.).

cove (n) insonge.

covenant (n) imvumelwano; isivume-
lwano. (v) vumelana.

cover (n) isimbozo, isizibekelo (lid);
isembozo, isambatho (cloak); oko-
kuzicashisa (shelter); isikhungo (c.
for wild game). (v) sibekela;
mboza; embesa; mbatha; mbathisa
(put on c.); fihla;-gqoka; gubuzela
(c. over, hide); qukatha (deal with);
gqiba (c. up); eleka, fulela (c. over);
khwela, zeka, bhebha (c. of
animals).

covering (n) okokwembesa; okumbo-
zayo; isambatho, isembeso (clothes);
umshuqulo, umnqwazo (head c.).

covert (n) ihlozi; indawo yokubhacela.
(a) -fihlekileyo.

covet (v) fisa; khanukela; hawukela;
langazela.

covetous (a) -fisayo; -khanukayo;
-langazelayo.

covey (n) umhlanjana wezinyoni.

cow (n) inkomazi; imazi; eyensikazi
(female animal); insengwakazi
(good milking c.); isigqala (c. giving
little milk); isigudo (c. milked
without calf). (v) gogobeza.

coward (n) igwala; ivaka.

cowardice (n) ubugwala; ubuvaka.

cowherd (n) umalusi.

cower (v) tshovozela; enza izibuthu.

cowpeas (n) izindumba.

coy (a) -nezinhloni; -choyachoyayo.

crab (n) inkala; inkalankala; uno-
dladla.

crack (ideo.) ukuthi qhu; ukuthi
thwahla (loud sound). (n) ufa;
umfantu; isiklewu; umdabuka
(fissure); umnkenke (c. in skin).
(v) dabuka; fohloka; qhibuka;
ngekleza; klewuka (break).

crackle (v) chwakaza; khwahlaza;
fohloka.

cradle (n) umbhede wengane ozwibe-
kayo; indawo yokudabuka (place of
origin); insika esekela into esindayo
(supporting frame). (v) khulisa;
ondla (bring up).

craft (n) umsebenzi (occupation);
ubuciko (skill); ubuqili (guile);
isikebhe, umkhumbi (ship).

craftsman (n) ingcweti yomsebenzi.

crag (n) iwa.

cram (v) gqisha; gxusha; hlohla;
gcwalisa swi (c. full).

cramp (n) inkwantshu (c. in muscles);
into yokucindezela.

crane (n) ujibha; umshini wokufukula
izimpahla ezisindayo; indwa, uno-
hemu (bird). (v) elula; elula intamo
(c. the neck).

cranium (n) isitho somzimba esiphe-
the ubuchopho.

crank (n) insimbi yokuphendula
umshini wemoto; umuntu ongahla-
hlile kahle ekhanda (person). (v)
phendula umshini wemoto.

crape (n) indwangu elula; indwangu
emnyama yokuzila (for mourning).

crash (n) ukumahlazeka; umbhidlika.
(v) mahlazeka; fohloka; woloko-
hlela; shayisa (cause to c.); fohloka
(c. through).

crate (n) isihulugu; umphongolo;
ihoko (c. for small animals). (v)
faka emphongolweni; valela eho-
kweni.

crater (n) umgodi ophezulu entabeni
yomlilo.

crave (v) ncenga (ask for); zondelela,
khanguleka (c. for).

craven (n) igwala. (a) -nobugwala.

crawl (n) ukugaqazela; ukunokolosha;
ukuhamba kancane (move slowly).

(v) khasa; gaqazela; nabuzela (c. as insect).

crayfish (n) isikhuphashe.

crayon (n) ikhirayoni; into yokuloba. (v) dweba ngekhirayoni.

craze (n) ukuhlushwa; ukuphiswa (obsession). (v) hlanyisa.

crazy (a) -luhlanya; -nebhungane; imbude (c. person, talk).

creak (n) ukutsekeza. (v) tsekeza; klekleza; gedleza.

cream (n) ulaza; umengulo (skimmed c.); ikhethelo (choice part); umthubi (c. colour). (a) -mthubi.

creamery (n) indawo lapho kusetshenziswa khona ubisi, ekhrimu.

crease (n) usendo; ukushwabana; umqolo; umhlandla webhulukwe (c. in trousers). (v) shwabana; shwabanisa; finca.

create (v) dala; dabula; enza; banga.

creation (n) ukudala; ukudalwa; okudaliweyo; ukudabuka.

Creator (n) uMenzi; uMdali.

creature (n) isidalwa; isilwane; isilwanyakazane; umfokazana (person).

creche (n) indawo yokulondoloza izingane.

credence (n) ukukholwa.

credentials (n) izincwadi ezichaza ngomuntu.

credible (a) -kholisayo; -kholekayo; -nokukholwa.

credit (n) ukholo (belief); udumo (source of honour); ukukweleta, kweletela (give on c.); imali umuntu anayo (assets); ikhredithi. (v) kholwa, ethemba (believe); bala nokwenezezelayo emalini (count on credit side); bonela (c. with, ascribe to).

creditor (n) umuntu okweletwa imali.

credulity (n) ukushesha ukukholwa.

credulous (a) -kholwayo okuyize; -bhumbuluzekayo.

creed (n) ukholo; isivumo sokholo.

creek (n) umfudlana; umhoshana.

creep (v) gaqa; khasa; huquzela; nwabuzela; cusha (c. under); shaqisa (make one's flesh c.).

creeper (n) isithombo esenabayo (c. on flat surface); intandela (twiner, c. on supports).

cremate (v) shisa isidumbu.

crematorium (n) indawo lapho kushiswa khona izidumbu.

crescendo (n) umsindo oya ngokuya uze udume.

crescent (n) ukumisa okwenhlendla. (a) -yinhlendla.

crest (n) isiqongo, isihloko (upper part); isiqhova, ugedla (c. of bird); isidlodlo (plumed head-dress).

crevasse (n) ingoxi enkulu ezweni leqhwa.

crevice (n) umfantu; inkolo.

crew (n) amatilosi emkhunjini (c. of ship); iqembu labantu abaqondene nomsebenzi othile (work c.).

crib (n) umkhombe (manger); ingobo, ixhiba (storage place); indlwana (small dwelling); umbhede wengane (child's bed). (v) nyonka (pilfer); nyinya (confine).

cricket (n) umagende, inyendle (insect); ikhrikhethi (game).

crier (n) ummemezeli; umuntu omemeza edolobheni (town c.).

crime (n) icala; iseleleso; ubugebengu.

criminal (n) iselelesi; isigebengu; icala legazi (c. offence). (a) -nobugebengu; -ngokwelelesa.

criminology (n) isayensi ephathelene nokwelelesa.

crimson (a) -bomvu klebhu; -bubende.

cringe (v) -zifojisa; tshovozela.

crinkle (v) shwabanisa; shwabana.

cripple (n) isidalwa; isishosha; isinqekle. (v) limaza; goga.

crisis (n) amanqamu; isikhathi esinengozi; emankanini; isikhathi esinqumayo ukuthi ukufa kuyanqoba na (c. in sickness).

crisp (a) -klamuzelayo; -buklumuklumu.

criterion (n) isici okubonwa ngaso; isimo sokunquma.

critic (n) umuntu ohlola imisebenzi yabanye; umhloli wezemibhalo (literary c.); umhloli wezobuciko (art c.); umsoli, isikhononi (fault finder).

critical (a) -solayo; -khononayo (censorious); -neso eliholayo (showing judgement); isimo esinengozi, amanqamu (a c. situation).

criticism (n) insolo; ukuhluza; ukuhlaba.

criticize (v) hluza; hlaba; sola.

croak (v) khalisa okwesele.

crochet (n) umkhilosho. (v) khilosha.

crockery (n) okwebumba; izitsha zebumba.

crocodile (n) ingwenya.

crone (n) isalukazi esesigugile.
crony (n) umngane.
crooked (a) -magwegwe; -mazombe; -tshekile.
croon (v) cula ngemvunge; culela phansi.
crop (n) isithelo; isilimo; okuvunwayo (harvest); inkwico (poor c.); inala (good c.); ukulandelaniswa kwezilimo (rotation of crops); ingobo, indlelo (c. of bird). (v) nqampuna (c. the grass); gunda izinwele (c. the hair); qhamuka (c. up).
cross (n) isiphambano; unqamlezo (the c.); ukuxutshwa kohlobo (hybrid). (v) phambanisa; wela; eqa (go across); xubanisa izinhlobo (hybridize); phambana (lie across). (a) -phambenc (adverse); -khunile (bad tempered).
cross-examine (v) khwesha; buzisisa; phenya.
cross-eyed (a) -yingxemu.
crossing (n) umgamanxo; izibuko (of river); ukuxutshaniswa kwezinhlobo (hybridization).
cross-pollination (n) ukuqholana kwezimbali.
cross-question (v) buzisisa; gomboloqa; geqa; khwesha.
crossroads (n) umahlukanandlela.
crosswise (adv.) ngokunquma kabili; ngokuphambana; ngokuvundla.
crouch (v) gogobala; quba; enza izibuthu.
crow (n) igwababa; igwababana; ihlungulu. (v) khalisa okweqhude; kikiliga; esasa (exult).
crowbar (n) umgxala.
crowd (n) umbonda; isixuku; iqulo; umgxobela; isinyokotho. (v) khandana; minyana; bunganyela; nyinyana (c. together); bungaza (c. round); cinanisa; minyanisa.
crown (n) umqhele; ubukhosi (sovereignty); ingcongco (summit); isicoco (of hut); isihloko (c. of tooth); ukhakhayi (c. of head). (v) qhelisa; misa inkosi; beka inkosi.
crown land (n) izwe likahulumeni.
crow's nest (n) indawo yokuhlola phezulu kwephizela lomkhumbi.
crucial (a) -bucayi; -nqumayo.
crucible (n) isitsha sobumba sokuncibikilisela izithako.
crucifix (n) isiphambano esinesifanekiso sikaKrestu.

crucifixion (n) ubethelo; unqamlezo.
crucify (v) bethela; nqamleza.
crude (a) -luhlaza; -ngenanhlonipho.
cruel (a) -nonya; -ngenamhawu.
cruise (n) ukuhamba ngomkhumbi. (v) hamba ngomkhumbi.
cruiser (n) umanolo; umkhumbi wempi.
crumb (n) imvuthuluka (crumbs); imvuthu yesinkwa; ingcosana (small portion). (v) thela inyama ezothoswa ngemvuthu yesinkwa (c. meat).
crumble (v) buthuka; khumuzeka; khumuza; cubuza.
crumple (v) shwabana; goqanisa; faxaza.
crunch (v) klumuza; ququda; gqumuza; -thi qathaqatha (as when walking).
crusade (n) impi ephumela inkolo.
crush (n) isiminya; umxinaxina. (v) chifiza; buthuza; dlovoza; choba (as flea); gqakaza (as mealies); nqoba (defeat).
crust (n) uqweqwe; ukhokho.
crutch (n) umsime; uzime lonyonga; umnqundu (anatomical).
crux (n) intshaka; indikimba.
cry (n) isikhalo; isililo; ukukhala. (v) khala; memeza; dazuluka (shout); lila (weep); khuza, khala (of animal).
crying (n) isibibithwane; isimayemaye (continual c.). (a) -khalayo; -lilayo.
crypt (n) igodi eliphansi kwendlu yesonto.
cryptic (a) -ngacacile; -yimfihlo.
crystal (n) igcaki; uzikhewana; inselekehle; itshe elikhanyisa okwengilazi; ikristali; izinto ezenziwe ngekristali (c. ware); ingilazi ekhanyayo ngokucwebile (c. glass); ukubhula ngokubheka engilazini (c. gazing).
crystalize (v) phenduka kube ngamakristali; hwamukisa uketshezi kusale inzika yamakristali; hwamukisa kusale izinselekehle; enza ukuba into icace ibonakale umumo wayo (c. a matter).
cub (n) iwundlu lesilo; iwundlu lebhele.
cube (n) ikiyubhu; isigaxa esilingana macala onke; isibalo esiphindwe kathathu (math.).
cubic (a) -okuyikiyubhu; -phindwe kathathu.
cubicle (n) ikamelwana lokulala.

cuckoo (n) inyoni yohlobo lofukwe; inyoni ezalela amaqanda ayo esidlekeni senye inyoni.

cud (n) ukudla okwetshiswayo; umswani; etshisa, hlwabula (chew c.).

cuddle (v) wota; gona; singatha; lala ugoqane (c. up).

cudgel (n) umzaca; umshiza; isiqobolo; lwela (take up the cudgels for). (v) qobola; shaya ngenduku; hlekeza umqondo (c. one's brains).

cue (n) induku yokushaya emdlalweni wamabhiliyadi; isiboniso; okuqhwebayo (hint).

cuff (n) umphetho womkhono wengubo; ukumukula. (v) mukula; wahlela; shaya ngesandla.

cuisine (n) isimo sokupheka.

cul-de-sac (n) umgwaqwana ongaphumeli ndawo; impulampula.

culinary (a) -okupheka.

cull (v) khetha; khipha; nciphisa izinkomo (c. the cattle).

culminate (v) phela; gcina; phethela.

culmination (n) unomphelo; ukugcina.

culpable (a) -necala; -nokusolwa; icala lokubulala ngokungemthetho (c. homicide).

culprit (n) onecala; isigangi; isoni.

cult (n) inkolo ethile.

cultivate (v) lima; tshala; -zijwayeza (accustom oneself to); sebenzisa ingqondo (c. the mind).

cultivation (n) ukulima; ulimo; ukukhulisa.

cultivator (n) umsheshane (implement); umlimi.

culture (n) impucuko; ukuphucuzeka; ukulima (plant); uketshezi abakhulisa imbewu yokufa kulo (c. for growth of germs).

culvert (n) umsele wokudonsa amanzi emgwaqweni.

cumbersome (a) -khathazayo; -nzima; -sindayo; -ngaphatheki kahle.

cumulative (a) -qongelelekayo; izinsuku zokuphumula eziqongelelekayo (c. leave).

cumulus (n) amafu aqongelelekile.

cunning (n) ubuqili; ubuhlakani. (a) -nobuqili; -hlakaniphile.

cup (n) inkomishi; dakiwe (in his cups). (v) lumeka.

cupboard (n) ikhabethe.

cur (n) umgodoyi; isinaphungana senja.

curable (a) -nokwelashwa.

curate (n) umpristi; umfundisi; umfundisi olekelela umfundisi wesifunda.

curator (n) umphathi.

curb (n) isilibaziso; insimbi yetomu eyisithibo (c. on bridle); itshe lonqenqema (curbstone). (v) thiba; khuza; libazisa.

curdle (v) jiya; jiyisa; hloba; hlobisa.

curds (n) ihongo; amasi; izamfemfe; izamfemfe nomlaza (c. and whey).

cure (n) ukuphilisa; insindiso; iselapho (remedy). (v) elapha; sindisa; pholisa; gqumisa (preserve); gqumisa isikhumba (c. the skin).

curfew (n) insimbi ekhencezayo ngesikhathi esinqunyelwe; isikhathi esinqunyelwa abantu bangahambihambi edolobheni.

curio (n) iqabuqabu; into yasendulo eyigugu.

curiosity (n) usikisiki lokwazi; inhlazane.

curl (n) ukushwila; insonge; ingoqela; ishongololo (ringlet). (v) shwileka; shwila; goqa; goqeka; vonqobala (c. up); ntshonga (c. upwards as smoke).

currant (n) ikhalanti; isithelwana sokunandisa amakhekhe.

currency (n) imali.

current (n) umsinga; isikhukhula (of water); ukuhamba kwelektriki. (a) -dlulayo; -amanje.

curriculum (n) izinhlelo zezifundo.

curry (n) ukhali. (v) khuhla (c. a horse); pheka nokhali (cook with c.); cebedisa, -zincengela (c. favour).

curse (n) isiqalekiso; isithuko. (v) qalekisa; qanganisa; thuka.

cursed (a) -qalekisiwe; -zondekile.

cursive (a) -hlangeneyo; ukubhala okuhlangeneyo (c. writing).

cursory (a) -walazela.

curt (a) -nqamulayo; -fushanyana.

curtail (v) nciphisa; finyeza.

curtain (n) ikhethini; umdlalo wokushanyela inkundla (a c. raiser in games).

curtsy (n) ukuhlonipha ngokugoba amadolo. (v) goba amadolo ngenhlonipho.

curvature (n) ukugoba; isifumbu (c. of spine).

curve (n) ukugoba; insonge; igwinci. (v) goba; khweca; gungubala; gobisa; peteza.

custodian (n) umgcini; umphathi.
custody (n) ukugcina; ukubopha; ukuphathwa kwabantwana (c. of the children); bopha (take into c.).
custom (n) umkhuba; isiko; inkambo; umdabuko (original c.); isimanje (modern c.); usendo (tribal c.); ukuthenga (trade); intelo (customs duty).
customary (a) -vamile; -jwayelekile; umthetho ophathelene namasiko (c. law).
customer (n) umthengi; umkhozi; umuntu oyinqaba (a strange c.).
cut (n) umsiko; ukunquma; inxeba (wound). (v) sika; nquma; zawula; nqinda (c. short); qoba (c. in pieces); klaya (c. down middle); gcaba (c. incisions); qopha (c. notches); juqula (c. off); gininda (c. off legs); nqamula (c. across); ceka (c. down); qaqa, hlinza (c. open); hlahla, klabela (c. up). (a) -sikiweyo; -nqunyiweyo; -manqindi (c. short).
cutaneous (a) phathelene nesikhumba; umjovo phansi nje kwesikhumba (sub-c. injection).
cute (a) -bukekayo; -nobuqili.
cutlass (n) inkemba; inkemba yetilosi.
cutlery (n) izikhali zokudla.
cutlet (n) iqatha.
cutter (n) umsiki; umsiki wezingubo (tailor's c.); into yokusika (implement).
cutting (n) ukusika; umsaho (c. on a road); ukukhuluma okuhlabayo (c. remarks); uthi lomuthi olusikelwa ukutshalwa, ihlumela (plant c.). (a) -lubengu; -hlabayo.
cut-worm (n) umswenya.
cycle (n) umjikelezo; ukuyingiliza; ibhayisikili. (v) gibela ibhayisikili.
cyclist (n) umgibeli webhayisikili.
cyclone (n) umshingishane womoya omkhulu; isihlwithi.
cylinder (n) into emise okombhobho eyisiyingi phansi naphezulu; isilinda.
cylindrical (a) -njengesilinda.
cynic (n) onyundelayo aphike ukuthi kukhona ukulunga.
cynical (a) -nyundelayo ukulunga.
cyst (n) isikhwanyana esibakhona emzimbeni esinye sivuvuke sibenobovu.
cystitis (n) isifo sesinye.
Czar (n) inkosi eyayibusa kuqala eRashiya.

Czarina (n) inkosikazi yeCzar.

D

dab (n) ibhaceka. (v) bheca; bhaceka; huqa (d. on).
dabble (v) dlala ngamanzi; dlala emanzini (d. in water); cabhaza, -thi copholozi (work superficially).
dachshund (n) uhlobo lwenja emfishanyana yaseJalimane.
dacoit (n) isigcwelegcwele saseNdiya.
dad (n) igama labantwana elithi "baba".
dado (n) ibhande elizungeza udonga endlini kodwa elicakwe ngombala owehlukile kosodongeni.
daft (a) -phukuzekile; -yisithutha.
dagga (n) insangu.
dagger (n) isinkemba; isinqindi sokugwaza; ummese.
dahlia (n) uhlobo lwembali; idaliya.
daily (a. adv.) izinsuku zonke; -enzekayo zonke izinsuku; insakavukela (d. occurrence); iphephandaba lansuku zonke (d. newspaper).
dainty (n) isibiliboco. (a) -mnandi; -hle; -coyiyayo (fastidious); umathonqazana, incwasimende (a d. person).
dairy (n) ideli; indawo okusetshenziswa kuyo ubisi; inkomo yobisi (d. cow); ukufuyela ubisi (d. farming).
dais (n) indawo ephakeme kancane; ipulatifomu.
daisy (n) uhlobo lwembali; imbali efana nodlutshana.
dale (n) isigodi; isikhisi.
dalliance (n) ubutikatika.
dally (v) libala; tikata; tikaza (d. over).
dam (n) idamu; ichibi; unina wesilwane (animal mother). (v) akha idamu; vimbela ngodonga.
damage (n) umonakalo; ukulimaza; isikhubazo; inhlawulo (damages). (v) limaza; ona; khubaza.
dame (n) inkosikazi; intokazi.
damn (v) qalekisa, thuka (swear at); lahla (theol.); jezisa (punish).
damnable (a) -qalekisiwe.
damnation (n) ukulahlwa; isiqalekiso; isijeziso.
damp (n) umswakama; ubumanzi; ugesi wasemayini obulalayo (fire d. in mine). (v) nyambisa; swaka-

misa; manzisa. (a) -swakeme;
-nyephile; -manzana.

damper (n) insimbi evimbela umoya
wokuvuthisa umlilo (d. on stove);
into edangalisayo (d. on pleasure).

dampness (n) umswakama; umnyepho.

damsel (n) intombi; intombazanyana.

dance (n) ukusina; umgido; umdanso
(European type of d.); ukugiya.
(v) sina; gida; giya; dansa.

dandelion (n) uhlobo lwembali
yasendle.

dandruff (n) inkwethu; intuva.

dandy (n) igcokama; iqhathanzipho.

danger (n) ingozi; isingcapha; kha-
phela engozini (lead into d.).

dangerous (a) -nengozi; -yingozi.

dangle (v) lenga; ntenga; vondoza;
jikiza.

dapper (a) -nobunono; -condobezelayo.

dappled (a) -mahwaqahwaqa.

dare (v) lokotha; -ba nesibindi; cela
inselele (challenge).

daring (n) isibindi; ukuba nesibindi.
(a) -nesibindi.

dark (n) ubumnyama; ukuhlwa
(become d.); umbala ozothile (d.
colour); endulondulo (d. ages). (a)
-fiphele, -hwaqile (of colour);
-mnyama, -nsundu, -zima (of black
colour); -hlwile (of nightfall);
-sithekile, -yisifuba (secret).

darken (v) -bamnyama; fiphaza; hlwa.

darling (n) isithandwa; isingane. (a)
-thandekayo.

darn (n) ukuciciyela; indawo eciciye-
lwe. (v) ciciyela.

dart (n) umcibisholo; ukhandi. (v)
shuza; qhashaqhasha (d. about).

dash (n) ukuthi gulukudu; udwi,
umudwa (line); ukuthi combi,
uzipho (small quantity of, d. of).
(v) -thi fu (d. as water); ona, qeda,
chitha (ruin); qeda ithemba (d. ones
hopes); phuhluza; khahla (d. down);
dumela (d. at); phulukundlela (d.
into); gulukudela (d. off); phangquza
(d. out).

dastard (n) igwala.

dastardly (a) -obugwala.

data (n) umniningwane owaziwayo;
izisusa ezivunyiweyo zendaba.

date (n) idethi; usuku lwenyanga;
umnyaka; isundu (d. palm). (v)
bhala usuku; thathela (d. from).

daub (n) ukubheca; umfanekiso
opendwe ngokubhecwa. (v) bheca;

huqa; ninda; penda ngokubheca.

daughter (n) indodakazi; inkosazana
(chief's d.).

daughter-in-law (n) umalokazana;
umakoti.

daunt (v) esabisa; dangalisa.

dauntless (a) -nesibindi; -ngesabi;
-ngenaluvalo.

dawdle (v) libala; nanguzela; sulaza.

dawn (n) ukusa; uvivi; ngovivi lokusa
(at d.). (v) -sa; ntwela; ukuqala
ukumkhanyela (begin to d. on him).

day (n) usuku (period of 24 hours);
imini, umuhla (time of daylight);
imihla ngemihla (d. by d.); mihla
namalanga (d. in and d. out); langa
lonke (all d. long); ngelanga elinye,
ngosuku olunye (on another d.);
ngangomuso, ngakusasa (the next
d.); izolo (yesterday); kuthangi
(the d. before yesterday); ngomhlo-
munye (the d. after tomorrow);
izinsuku zokudla ngoludala (the
good old days).

daylight (n) imini; ukukhanya kwase-
mini; ilanga.

daze (n) ukuphuphutheka. (v) phu-
phuthekisa; sanganisa ikhanda.

dazzle (v) xhopha amehlo; phandla.

dazzling (a) -cwazimulayo; -xhophayo;
umbala oxhophayo (a d. colour).

deacon (n) idikoni; igosa.

deaconess (n) umdikonikazi.

dead (n) abafileyo; abangasekho;
phakathi kwamabili (the d. of
night). (a)- file; isidumbu (d. body);
ibhola eliphumile emdlalweni (d.
ball); ulimi olungasakhulunywa (a
d. language); ukuthula nya (d.
calm). (adv.) nya; impela (ab-
solutely); -ngahambisani neze (d.
against).

deaden (v) thulisa; qunda; nciphisa.

deadly (a) -bulalayo; -bhubhisayo;
-nokufa. (adv.) kabi kakhulu.

deaf (a) -ngenakuzwa emadlebeni;
isithulu (d. person).

deafen (v) vimba izindlebe; vala
izindlebe.

deafness (n) ukungezwa; ubuthulu.

deal (n) intengo; vumelana ngentengo
(make a d.); okuningi kakhulu (a
great d.); ukwabela (d. in cards);
uhlobo lwamapulangwe alula (soft
wood). (v) abela (d. out); nika
(give); gadla, galela (d. a blow);
phatha, thengisa (d. in).

dealer (n) umthengisi wezimpahla; umthengi nomthengisi wezimpahla.

dealings (n) ukuphatha; ukuthengiselana.

dean (n) inhloko yeziphakanyiswa zaseSheshi; inhloko yesigaba sezifundo ezithile.

dear (n) igugu. (a) -thandiwe; thandekayo; Mnumzane othandekayo (Dear Sir); -bizayo kakhulu; -nemali eningi; -dulile.

dearth (n) ukuntuleka; indlala.

death (n) ukufa; ukushona; ukubulawa; -zifela (die a natural d.).

death-duties (n) intelo efeni lofileyo.

death-warrant (n) incwadi yokubulala ojezisiwe.

debacle (n) umbhidlika; isilokohla.

debar (v) vimbela; nqabela.

debase (v) diliza; ehlisa; nciphisa; hlaza.

debatable (a) -nokuphikiswa.

debate (n) impikisano; ukuphikisana. (v) phikisa; phikisana; -zibuza.

debauch (v) -zitika ngemikhuba emibi; onakalisa.

debauchery (n) ukuzitika ngemikhuba emibi; ukudakwa nokonakala ngemikhuba emibi.

debilitate (v) dangalisa; dondobeza.

debility (n) ukudangala; ubuthakathaka.

debit (n) isikweletu; idebhithi. (v) bhala icala lesikweletu.

debonair (a) -nesimo senjabulo; -nesimo somusa.

debris (n) imfucumfucu; imvithimvithi; umbhidlika.

debt (n) isikweletu; icala lemali; umbolela (bad d.); -ba sezikweletini (be in d.).

debtor (n) onesikweletu; onecala lemali.

debut (n) ukungena okokuqala ebandla; ukungena ebandla lezikhulu.

debutante (n) intombazane eyethulwe phambi kwezikhulu.

decade (n) isikhathi seminyaka eyishumi.

decadence (n) ukonakala; ukuhlehlela emuva.

decamp (v) eqa; baleka.

decant (v) cwenga ngokuthela kwesinye isitsha kusale inzika; thunga.

decanter (n) isitsha sengilazi soku-

thunga iziphuzo.

decapitate (v) nquma ikhanda.

decarbonise (n) khipha ikhabhoni enjinini yemoto.

decay (n) ukubola; ukubuthuka; imbucumbucu. (v) bola; buthuka; bhucuka.

decease (n) ukufa; ukushona; ukukhothama; ukugoduka (of old people).

deceit (n) inkohliso; inkohlaniso; amacebo.

deceitful (a) -khohlisayo; -namacebo.

deceive (v) khohlisa; hlakaniphela; mbuluzela.

decelerate (v) ehlisa ijubane.

December (n) uDisemba ; uMasingana.

decency (n) ukuhlonipha; ukuziphatha kahle; ukufanela.

decent (a) -fanele; -hloniphile; -hloniphekile; -hle; -qatha; -qotho.

decentralize (v) nikeza eminye imisebenzi kwabangekho komkhulu.

deception (n) amacebo; ukukhohlisa; imbumbulu.

decide (v) nquma; gweba; phetha; klama (d. upon); qula (d. a law case); lahla (d. against).

decided (a) -nqumayo; -qinisile.

decidedly (adv.) impela; nakanjani.

deciduous (a) -vuthukayo; -wohlokayo; -wohloka amaqabunga ebusika.

decimal (n) isishumi; idesimali; iqhezu lesishumi (d. fraction).

decimate (v) ceka; bulala abaningi.

decision (n) isinqumo; isahlulelo; isigwebo.

decisive (a) -nqamulayo; -qedayo inkani.

deck (n) indawo eyisicaba emkhunjini. (v) vunula; hlobisa; gqoka.

declaim (v) qaphuza; shumayela.

declaration (n) isimemezelo; ukusho; izwi lokufakazelwa; amazwi afungelwe (sworn d.).

declare (v) memezela; shumayela; gomela; -zibika.

declension (n) umthambeka (slope downwards); ukuhlelwa (gram.).

declination (n) umthambeka; ukuthambeka.

decline (n) umthambeka; ukuguga; ukuncipha. (v) ala; enqaba; landula (refuse); thambeka (slope downwards); ncipha (decrease); hlela (gram.).

declutch (v) khulula ikilashi.

decode (v) phendula kube ngamazwi ajwayelekile okubhalwe ngamazwi ayimfihlo.

decolourize (v) phaphathekisa umbala.

decompose (v) bola; bhucuka; hlahla (d. numbers).

decorate (v) vunulisa; hlobisa; xoshisa ngengxotha (award honours).

decoration (n) umhlobiso; ukuhlobisa; ukuvunulisa; isiphandla, umklomelo (mark of honour).

decorous (a) -hloniphayo; -fanele.

decorum (n) isimo esifanele; ukuhlonipha.

decoy (n) uyengo; umyengi (person). (v) yenga; womba.

decrease (n) ukuncipha. (v) nciphisa; ncipha; ehlisa.

decree (n) isimo; isimiso; isimemezelo. (v) misa; misela.

decrepit (a) -gugile; -ngumxegexege.

decry (v) jivaza; khesa; fenyisa.

dedicate (v) ahlukanisela, nikela (devote); ethula (d. to).

dedication (n) ukuzahlukanisela; ukwahlukanisela; ukwethula.

deduce (v) fumana; qonda.

deduct (v) susa; phungula.

deduction (n) ukususa; ukuphungula; ukufumana.

deed (n) isenzo; isono (bad d.); incwadi yesibopho (legal d.).

deem (n) cabanga; -sho; -thi.

deep (n) ulwandle. (a) -shonile; -julile; -zikisiwe; umqondo onzulu (d. thought); ubuthongo obuthe zwi (d. sleep); bomvu klebhu (d. red). (adv.) ngokujulile; phansi kakhulu.

deer (n) inyamazane enezimpondo ezimagatsha.

deface (v) ona; onakalisa; ona isithombe (d. a picture).

defalcation (n) ukutshontsha; ukweba imali noma yini esisiweyo.

defamation (n) icala lenhlamba (d. of character); umbandeka; isibhaceko; isithuko.

defame (v) hlambalaza; bhaceka; thuka.

default (n) iphutha; ngokuntulwa kwa- (in d. of); engekho (by d.). (v) phutha.

defeat (n) ukwahlula; ukwahlulwa; ukwahluleka; ukunqotshwa. (v) nqoba; ahlula; chitha; xosha; vimbela, thiya (frustrate).

defecate (v) nya; ya ngaphandle; bhosha.

defect (n) icala; insilelana; isici; isiyinga. (v) ambuka.

defection (n) ukuhlubuka; ukwambuka.

defective (a) -ngaphelele; -phuthile; isenzo esiphundulekile (d. verb, gram.).

defence (n) ukuvika; ukuvikelwa; inqaba, isihonqa (protection); umbandela, amazwi okuphendula (reply).

defend (v) vikela (protect); phendulela; khulumela, phikela, melela (speak for).

defendant (n) ummangalelwa.

defender (n) umvikeli; ummeli.

defensible (a) -nokuvikelwa.

defensive (n) ukuvikela; ukuzikhulumela. (a) -vikelayo; -khulumelayo.

defer (v) hlehlisa; thobela (d. to).

deference (n) ukuhlonipha; ukuthobela.

deferential (a) -hloniphayo.

defiance (n) ubujaka; ukudlelezela; ukweyisa; ukudelela.

defiant (a) -jakile; -dlelezelayo; -eyisayo; -delelayo.

deficiency (n) ukuntuleka; insilela.

deficient (a) -swelayo; -phuthayo; -silelayo; -ntulekile; isingasenzo (d. verb, gram.).

deficit (n) ukuntuleka kwemali; imali engekho.

defile (n) umgoxi; isihosha; umcingo. (v) ngcolisa; onakalisa (dirty); ona dlwengula (violate).

defilement (n) ukungcolisa; ukona.

define (v) chazisisa; chasisela; nquma (d. limits).

definite (a) -nqumayo; -khanyayo; qinisekayo.

definition (n) ukukhanya; ukucaca (distinctiveness); incazelo.

deflate (v) bohlisa; bucekisa.

deflect (v) phambukisa.

deflexion (n) ukuphambukisa; ukuphambukisa ngokwehlisa.

deflower (v) mekeza; mekezisa; ona.

deformed (a) -yisidalwa; -yisilima (d. person).

deformity (n) isiyiko; ubulima; isilima.

defraud (v) dla ngamacebo; ginga; waka.

defray (v) khokha; khokha izindleko (d. expenses).

defrock (v) susa esikhundleni sobupristi.

deft (a) -nekhono; -nobungcweti.

defunct (a) -file; -phelile.

defy (v) dlelezela; eyisa; delela.

degenerate (n) umphuphe. (v) bisha; onakala; xhwala. (a) -phuphile; -bishile; -onakele.

degeneration (n) ukuphupha; ukubisha; ukonakala.

degrade (v) hlaza; lulaza; thobisa; hluba isithunzi.

degraded (a) onakele; hlazekile; lahlekelwe isithunzi; lahlekelwe isikhundla.

degree (n) indawo, ibanga (step) idigri (geom.); isiqu (university d.); amazinga (degrees); ukudlulana (gram.); okudlula konke (superlative d.).

dehydrate (v) omisa; hwamukisa amanzi.

deify (v) enza isithixo.

deign (v) vumela; -zithobisa; -zikhothamisa.

deity (n) uNkulunkulu; ubuNkulunkulu.

dejected (a) -dangele; -dumele; -dabukile.

dejection (n) indumalo; inkongolwane.

delay (n) isilibaziso; isimiso; umzukululo. (v) libazisa; ephuzisa (retard); bambeka, laza, libala (be delayed).

delectable (a) -mnandi; -ethabisile.

delegate (n) isithunywa; inxusa. (v) thuma; nikeza amandla.

delegation (n) ukuthuma; ukunikezwa; iqembu lamanxusa (persons).

delete (v) susa; esula; chitha; khipha.

deleterious (a) -limazayo.

deletion (n) ukukhishwa; ukususwa; ukwesulwa.

deliberate (v) zindla; etshisa. (a) -enziwe ngamabomu; -qondiwe.

deliberation (n) ukuzindla; ukwetshisa.

delicacy (n) izibiliboco, ukudla okumnandi (food); uzwela (sensitiveness); ubucayi besimo (d. of situation); ubuntengentenge (frailty); ukuzotha (refinement).

delicate (a) -tetemayo (frail); ichoboka (d. person or thing); -zothile (refined); -gayisekile (finely made); -tengetengezayo (light); -cacamezelwayo (requiring skill).

delicious (a) -mnandi kakhulu; izibiliboco, unqekethe (d. food).

delight (n) injabulo; intokozo; ukwesasa. (v) ethabisa; thokozisa;

jabulisa; jabulela.

delightful (a) -thabisayo; -jabulisayo; -lunqekethe.

delimitation (n) ukunquma; ukukhawulisa; umkhawulo.

delineate (v) dweba; fanekisa; cabaza.

delineation (n) ukufanekiswa.

delinquency (n) icala; isono; ukuganga; ukuganga kwabantwana (juvenile d.).

delinquent (n) isclelesi; isoni; isigangi; isoni esisengumntwana (juvenile d.).

delirious (a) -bhudayo; -mpompayo; -humayo; ibhuda (a d. person).

delirium (n) ukubhuda; ukuhuma; amathezane.

deliver (v) khulula (set free); nikeza (hand over); fikisa (bring); belethisa (d. a child); khipha (give forth).

deliverance (n) ukukhulula; ukusindiswa; ukuhlengwa; usindiso; inkululeko; ukwephulwa.

deliverer (n) umkhululi; umsindisi; umlethi (one who brings).

delivery (n) ukukhululwa; ukunikezwa; ukulethwa; ukuphimisela (d. in speech); wabeletha kanzima (a difficult d.).

dell (n) isigoxi; isikhumbu esinemithi.

delouse (v) choba izintwala; bulala izintwala.

delta (n) lapho umfula ungenela olwandle ngezizalo eziningi; ideltha.

delude (v) khohlisa; phambukisa; thembisa amanga.

deluge (n) uzamcolo; umvimbi. (v) khihlabeza ngamanzi; gcwalisa ngamanzi.

delusion (n) inkohliso; ukuzikhohlisa; icebo lokugubuda.

delve (v) mba; gqobha; cubungula (d. into).

demand (n) isibizo; ukubiza; isamanisi (summons); ukufuneka, ukudingeka (need). (v) biza, buza (claim on); funa, swela, dinga (need).

demarcate (v) nquma; klama; sika; khawulisa.

demean (v) lulaza; -zilulaza (d. oneself).

demeanour (n) ukuziphatha; isimo.

demented (a) -sangene; -hlanyile; -luhlanya.

dementia (n) ukuhlanya; ukusangana.

demijohn (n) igabha lebumba eliphatha okokuphuza.

demi-monde (n) abesifazane abanga-

gculisi ngenkambo yabo; amaha-
thanga.
demise (n) ukufa; ukushona.
demobilize (v) khulula ekubuthweni.
democracy (n) umbuso weningi;
ukubusa ngentando yeningi.
democrat (n) umuntu osekela umbuso
weningi.
democratic (a) -okubusa ngentando
yeningi.
demolish (v) diliza; bhidliza; hlakaza;
chitha.
demolition (n) ukudiliza; ukubhidlika;
ukuhlakaza.
demon (n) idimoni.
demoniacal (a) -edimoni; -luhlanya.
demonstrable (a) -ngachachiswa;
-tshengisekayo.
demonstrate (v) khombisa; bonisa;
chachisa; tshengisa.
demonstration (n) isibonakaliso;
isichasiso; isikhombiso.
demonstrative (a) -bonisayo; -chachi-
sayo; -khombayo; isabizwana soku-
khomba (d. pron.).
demonstrator (n) obonisayo; umbonisi.
demoralise (v) khohlakalisa; khubekisa
(corrupt); luthaza (dishearten).
demote (v) ehlisa esikhundleni.
demur (v) ala; khonona; enqaba.
demure (a) -thobileyo; -khosozayo.
demurrage (n) izindleko ezikhokhelwa
ukugcinwa kwempahla.
den (n) umgede; umhume.
dengue (n) udenga; isifo sodenga
esiqaqambisa umzimba.
denial (n) ukwala; ukuphika (con-
tradiction).
denigrate (v) hleba; nyemba.
denizen (n) umakhi; ohlala endaweni
ethile; isilwane esihlala endaweni
ethile.
denomination (n) ibandla; isonto;
inkolo; ihlelo; igama, uhlelo (arith.).
denominator (n) unambaphansi;
unambaphezulu (numerator).
denote (v) khombisa; qondisa; -thi.
denouement (n) isiphetho; impumelelo;
isigcino.
denounce (v) sola; jivaza; fenyisa.
de-novo (adv.) ngokuqala phansi;
ngokuqala busha.
dense (a) -yisithutha (stupid);
-minyene, -hlangene (crowded); -the
ngci, -mnyama (dark); udukathole
(dense forest).
density (n) isisindo (mass); uku-

minyana; ukucinana.
dent (n) isifoco; isifaxa; isiboco. (v)
focoka; faxaka; bocoka; bocoza.
dental (a) -amazinyo; -zinyo.
dentifrice (n) umuthi wokuxubha
amazinyo.
dentine (n) ithambo lezinyo.
dentist (n) udokotela wamazinyo.
dentition (n) ukumila kwamazinyo.
denture (n) amazinyo afakwayo;
amazinyo okufakwa.
denude (v) qothula; phundla; qwatha.
denuded (a) -luqwathule; -phundliwe;
umqothu (d. place).
denunciation (n) ukusola; ukujivaza;
ukubekwa icala.
deny (v) phika; nqathuza; ala;
nqabela; -zinqabela (d. oneself);
phika icala (d. a charge); hlanaza
(d. responsibility).
deodorant (n) isiqedaphunga; uqedi-
phunga.
depart (v) emuka; hamba; suka;
phambuka; shiya (d. from); fa,
shona (die).
department (n) umnyango; ihovisi;
isigaba (sub-division); umnyango
wezolimo (d. of agriculture);
umnyango wezezimali (d. of
finance).
departmental (a) -omnyango; -isigaba;
isitolo esinezigabagaba (d. store).
departure (n) ukuhamba; ukusuka;
ukwemuka; ukuphambuka (devia-
tion); umahluko omusha (a new d.).
depend (v) themba; enqika; eyama (d.
on); lenga (d. from); kuzoya ngo-
kwenzekayo (it all depends on what
happens).
dependable (a) -thembekayo; -thembe-
kile; -nokuqondwa.
dependant (n) impabanga; isikhonzi;
umuntu omi ngomunye.
dependence (n) ithemba; ukuma
ngomunye.
dependency (n) izwe elibuswa ngesi-
nye isizwe; izwe elisekhwapheni.
depict (v) fanekisa.
depilatory (n) umuthi wokuqeda
uboya emzimbeni.
deplete (v) nciphisa; ngqwambisa;
geqeza.
deplorable (n) -dabukisayo; -thuna-
zayo.
deplore (v) dabukela; khalela; sola.
deploy (v) phaka impi; khankasa.
deponent (n) ufakazi; olibekayo izwi.

(a) -zibikayo; isenzo esizibikayo (d. verb).

depopulate (v) nciphisa abantu; chitha abantu.

deport (v) dingisa (banish); -ziphatha (d. oneself).

deportation (n) indingiso; ukudingiswa.

deportment (n) ukuzimisa; ukuziphatha.

depose (v) susa esikhundleni; dingisa; fakaza, beka izwi (give evidence).

deposit (n) isibeko, umbekelelo (money deposited); inzika, indimbela (sediment); isibambiso (d. as security); idiphozithi (d. as in bank). (v) beka (put down); zikisa (cause to sink to bottom); bekelela (as in bank).

deposition (n) ukukhishwa esikhundleni; ubufakazi, ukubeka amazwi (evidence).

depot (n) indawo yokugcina izimpahla; lapho kumiswa khona amabhasi.

deprave (v) onakalisa; xhwalisa.

depravity (n) ukonakala; ubuxhwala.

deprecate (v) fojisa; sola; dabukela (regret).

depreciate (v) duva; bhuntsha; nciphisa; jivaza; lulaza; khesa.

depreciation (n) ukuduva; ukubhuntsha; ukululaza; ukudleka.

depredation (n) ukuphanga; ukugcweleza.

depress (v) ehlisa; cindezela; nciphisa (lessen); danisa, dabukisa (sadden).

depressant (n) umuthi wokudangalisa imizwa.

depression (n) isikhathi sokuntuleka kwezinto zonke; ukushona; isifoco (indentation); ukhwantalala (mental d.).

deprivation (n) ukwamukwa; ukwaphucwa; ukuntula.

deprive (v) amuka; aphuca; phanga; phundla; khahla; khandla; coba (deprive of strength).

depth (n) ukujula; ukushona; inzolongo (great d.); ebusika obumpofu (in the d. of winter); kungasekho themba (in the d. of despair).

deputation (n) izithunywa; amanxusa.

depute (v) thumela; thuma.

deputize (v) phathela; bambela isikhundla.

deputy (n) isekela; iphini; isandla; ilungu lephalamende (member of parliament).

derail (v) khipha esipolweni.

derailment (n) ukuphuma esipolweni.

derange (v) hlakaza; hlikiza; phithanisa (mentally d.).

deranged (a) -hlakaziwe; -phithene; imbude (talk of mentally d. person).

derelict (n) into elahliwe engenamniniyo. (a) -lahliwe; -yindinda.

deride (v) klolodela; hleka usulu.

derision (n) usulu; isiyeye.

derisive (a) -klabezelayo; usulu (d. laughter).

derivation (n) imvelaphi; ukususa; isisusa; uhlanga.

derivative (n) igama elivela kwelinye. (a) -phumile kokunye.

derive (v) thola; zuza; susa; suka; phuma.

dermatology (n) isayensi ephathelene nezifo zesikhumba.

derogatory (a) -jivazayo.

derrick (n) ujibha; umshini wokufukula izinto ezisindayo.

descend (v) ehla; ewuka; ehlika; dabuka ku- (descended from).

descendant (n) isizukulwana; uzalo; usendo. (a) -dabukayo; -ewusayo.

descent (n) ukwehla; umthambeka; isizukulwana (lineage).

describe (v) chasisa; chaza; khanyisa; fanekisa; dweba (draw).

description (n) ukuchaza; ukulanda; ukufanekisa; uhlobo (type).

descriptive (n) isikhanyiso (gram). (a) -landayo; -landelayo; -chasisayo; -fanekisayo.

descry (v) bona; qabuka; hlola.

desecrate (v) ngcolisa; onakalisa.

desert (n) ugwadule; umqothu; ihlane. (a) -luqwatha; -lugwadule.

desert (n) umvuzo; okufanele. (v) mbuka; hlubuka; eqa; shiya; lahla.

deserted (a) -ngenamuntu; -shiyiwe; -lahliwe.

deserter (n) imbuka; umhlubuki.

desertion (n) ukushiya; ukulahla; ukwambuka; uphumo; uqhekeko.

deservedly (adv.) ngokufanele.

dessicate (v) omisa; oma; hwamukisa.

design (n) icebo; isibomu, umklamo (purpose); isifanekiso, isimo somfanekiso (pattern); (v) klama; ceba; linganisa; qamba.

designate (v) khomba; khetha; biza. (a) -khethiweyo.

designation (n) ibizo (calling); incasiselo (meaning).

designer (n) umdwebi; umqambi; iqili (schemer).

designing (a) -obuqili.

desirable (a) -thandekayo; -funekayo; -khangayo.

desire (n) uthando; isifiso; inkanuko; intshisekelo (strong d.); isicelo (request). (v) fisa; thanda; langazela; khanuka (desire ardently); cela (request).

desirous (a) -nokufisa; -nokuthanda; -nokulangazela.

desist (v) pheza; yeka; shiya.

desk (n) ideski.

desolate (v) phundlekisa. (a) -phundlekile; -chithakele; -lahliwe.

desolation (n) isichithakalo; ubuhlane; isizungu (loneliness).

despair (n) ukuphela ithemba; ukuphelelwa yithemba. (v) phela ithemba; lahla ithemba.

despatch (n) ukuhambisa (send off); ukukhawuleza (hurry); ukuqedela (finish off, kill); umbiko (message); ijubane (speed). (v) hambisa; thuma; bulala, qedela (kill); sheshisa (expedite).

desperado (n) isigelekeqe; isidlwangudlwangu.

desperate (a) -phelelwa yithemba; izinyathelo ezinzima (d. measures).

despicable (a) -enyanyekayo; -delelekile.

despise (v) eyisa; fela; enyanya; delela.

despite (prep.) phezu kwa-; phezu koba.

despoil (v) phanga; amuka; thumba.

despondent (a) -dangele; -phelelwe yinhliziyo.

despot (n) obusa ngolunya; ozibuselayo.

despotism (n) ukuzibusela; ukubusa ngobudlwangudlwangu.

dessert (n) ukudla okugcinwa ngako.

destination (n) lapho kuyiwa khona; ukuphela.

destine (v) qondisa; misela.

destiny (n) okumiselwe khona; lokho umuntu adalelwe khona.

destitute (a) -ntulayo; -dingayo; -lambathayo.

destroy (v) chitha; diliza; bhubhisa; shabalalisa; bhuqa; gedla.

destroyer (n) umchithi; umonakalisi; umkhumbi wempi (warship).

destruction (n) imbubhiso; impelela;

umcobosho.

destructive (a) -chithayo; -bhubhisayo; -bulalayo; -onayo.

desultory (a) -nqamunqamukayo.

detach (v) ahlukanisa; thukulula; qembula.

detachment (n) ukuqembuka; iqembu lamabutho (a d. of troops); ukudla yedwana (aloofness).

detail (n) umnombo; umniningwane; phatha ngeminingilizo (go into d.); amabutho ambalwa (a d. of soldiers). (v) thuma (appoint to duty); ningiliza, cwaningisisa (study in d.).

detain (v) libazisa; bambezela; bopha (as prisoner).

detect (v) bona; fica; hlalukisa; hlonga (d. a sound).

detective (n) ufokisi; umseshi.

detention (n) ukubamba; ukubanjwa; ukuboshwa.

deter (v) thiba; vimbela; yekisa.

detergent (n) isihlambululi; umuthi wokugezisisa.

deteriorate (v) onakala; dumala; hlehlela emuva.

determination (n) isiphelo (conclusion); ukubala (calculation); ukuphikelela, isinxanelo (resolution).

determine (v) nquma, khawulisa (limit); fica (ascertain); qonda, qinisa, cophelela (resolve); enzisa (influence).

determined (a) -qondile; -cophelele; -shisekele.

deterrent (n) okuthiyezayo. (a) -yekisayo.

detest (v) zonda; ala; enyanya.

detestation (n) ukwenyanya; ukunengeka.

detonate (v) qhumisa; qhuma.

detonator (n) ibhosho eliqhumisayo.

detour (n) umshekelelo; indlela ethathelayo. (v) gwegwesa.

detract (v) hoxisa (withdraw); thunaza, nyundela (defame).

detribalization (n) ukubhunguka; umbhunguko; ukungabi ngaphansi komthetho wenkosi; ukulahla amasiko.

detriment (n) ukona; ukulimala; okulimazayo.

detrimental (a) -onayo; -limazayo.

devastate (v) bhuqa; ceka; chitha.

devastation (n) ukuchithakala; ukhukhulelangoqo.

develop (v) thuthukisa; khula; khulisa; sombuluka; thuthuka.

development (n) intuthuko; ukukhula; ukuqhubeka; ukuthuthukiswa kwezwe (the d. of a country).

deviate (n) umuntu owehlukile. (v) ahluka; chezuka; gwegwesa; phambuka; nhlanhlatha.

deviation (n) ukuchezuka; ukuphambuka; inhlanhlatho.

device (n) iccbo; isu; ukuqamba; uphawu (emblem).

devil (n) uSathane; idimoni (demon). (v) pheka ngezinongo eziningi (in cooking).

devilish (a) -bi ngokwesabekayo.

devilment (n) ukuganga.

devious (a) -gwegwesayo; -mazombe; -phambukile.

devise (v) qamba; ceba; klama; hlahla; -pha ifa (d. by will).

devoid (a) -ngena-; -ntulayo; umuntu ongenasihe (person d. of pity).

devolve (v) ehlela; qondana na-; buyela ku-.

devote (v) nikela; nikezela; ahlukanisela; -zinikela ku- (d. oneself)

devoted (a) -shisekile; -zimisele; -thembekile.

devotee (n) isishisekeli; ikholwa elishisekele.

devotion (n) ukuzinikela; ukukhuthazela; umthandazo, umkhuleko (prayer).

devour (v) dla; shwabadela; minza.

devout (a) -khuthazele ekukhonzeni.

dew (n) amazolo; umbethe.

dewlap (n) ubilo.

dewy (a) -namazolo; -lele amazolo.

dexterity (n) ikhono; isandla; ingalo.

dexterous (a) -khaliphile; -nekhono; -ngqengqile.

diabetes (n) isifo esibangwa wushukela omningi egazini; idayabhithisi.

diabetic (n) ophethwe yidayabhithisi. (a) -nedayabhithisi.

diabolical (a) -bi ngokwesabekayo.

diadem (n) umqhele wobukhosi.

diagnose (v) bona isifo; xilonga isifo (d. a disease).

diagnosis (n) ukubonwa kwesifo esikumuntu.

diagonal (n) umudwa ohlanganisa amachopho aphambeneyo; inhlanganisachopho.

diagram (n) umdwebo; isifanekiso; idayagramu.

dial (n) ubuso bewashi (watch d.); iwashi lelanga (sun d.); idayeli yocingo (telephone d.). (v) shaya ithelefoni; dayela.

dialect (n) ulimi lwesifunda.

dialectical (a) -olimana lokukhuluma; -olimana lwesifunda; -olimana oluphambukile.

dialogue (n) inkulumo yababili.

diameter (n) ububanzi besiyingi; umudwa odabula indeni yesiyingi uthinte umjikelezo nxazombili.

diametrically (adv.) malungana na-; phikisene.

diamond (n) idayimani.

diaper (n) iqakelo.

diaphanous (a) -lula ngokubonisayo.

diaphragm (n) isiceshana senjoloba esidonsa uphethiroli emotweni; untu, uvalo (anat.).

diarrhoea (n) isihudo; uhudo; huda; cubuluza (have d.).

diary (n) umlando wansuku zonke; incwadi okubhalwa kuyo okwenzekayo nsuku zonke.

diathermy (n) ukwelapha ngokothisa izitho zomzimba ngelektriki.

diatribe (n) inkulumo yokufutheka.

dice (n) idayisi. (v) ukushaya amadayisi.

dicotyledon (n) ungcezumbili; okungcezumbili.

dictaphone (n) umshini okukhulunywa kuwo ubuye uyikhiphe leyonkulumo.

dictate (v) bizela; biza amazwi okulotshwa; phoqa, phoqelela (command, d. terms).

dictation (n) ubizelo; ukubizela.

dictator (n) umashiqela; umbusi ongaphikiswa .

dictatorial (a) -okuphoqa; isimo sokuphoqa (d. manner).

diction (n) ukuphimisela.

dictionary (n) isichazimazwi.

dictum (n) isisho; isaga.

didactic (a) -fundisayo.

diddle (v) khohlisa.

die (n) ifolomu (mould). (v) fa; shona; bhubha; goduka; phangalala.

diet (n) ukudla okukhethwe ngohlelo; ukudla kwemifula yonke. (v) dla ukudla okukhethiweyo.

dietitian (n) isazi semithetho yokudla; isazi sokuhambisana kokudla.

differ (v) ahlukana, ehluka (d. from); phikisana, phambana (d. with).

difference (n) ukwahlukana; umahluko; ukuxabana (quarrel).

different (a) -ahlukile, -ngafani (d. from); -ahlukene (separate).

differentiate (v) ahlukanisa; khetha; hlunga; bandlulula; (d. against).

difficult (a) -lukhuni; -nqala; -bucayi; -nzima.

difficulty (n) ubulukhuni; ubunzima; inkinga.

diffidence (n) ukungabaza; ukungathembi.

diffident (a) -ngabazayo; -ngathembi.

diffuse (v) hlakaza; hlwanyela. (a) -enabile; -hlakazekile.

diffusion (n) ukuhlakazeka; ukuxubana (of gases etc.).

dig (v) mba; gaba; lima; gqula (prod.); mbulula, phanda (d. up).

digest (n) umbuthano wokufingqiweyo (collection of abridged versions); ukufingqwa kwemibhalo (literary d.). (v) gayeka; gaya enanzini; etshisa (chew the cud); vungunya (d. mentally).

digestion (n) ukugayeka enanzini; ukugayeka kokudla.

digestive (a) -phathelene nokugayeka kokudla; uhlelo lomgudu wokudla (d. system); injengezi yokugaya ukudla (d. juice).

digger (n) umumbi; umlimi; umumbi wamadayimani (diamond d.).

diggings (n) lapho kumbiwa khona; indawo okumbiwa kuyo amadayimani.

digit (n) idijithi; yilezo namba ezingaphansi kweshumi (arith.); isithwana esinjengomunwe noma uzwane (anatom.).

dignify (v) dumisa; khulisa; phakamisa.

dignitary (n) isikhulu; isiphakanyiswa.

dignity (n) isithunzi; isizotha; udumo.

digress (v) phambuka endaweni; phambuka emazwini.

digression (n) ukuphambuka endabeni.

dike, dyke (n) uthango lokuvimbela amanzi; udonga lokuvimbela ulwandle.

dilapidated (a) -dilikile; -mafukufuku; -mahlakahlaka.

dilapidation (n) ukudilika; amahlakahlaka.

dilate (v) nweba; khukhumalisa; elula; chaza ngamazwi amaningi (d. upon).

dilation (n) ukunweba.

dilatory (a) -lembayo; -libele; isilibazi (d. person).

dilemma (n) ubucayi; isixako; ungqingetshe; xaka (put in a d.).

dilettante (n) ongesiyo ingcweti kodwa othanda ukuthintathinta eminingi imisebenzi.

diligence (n) inkuthalo; ukuzimisela.

diligent (a) -khuthele; -zimisele.

dilute (v) hlambulula; thela amanzi (d. with water). (a) -hlambulukile.

dim (v) fiphaza; fiphalisa. (a) -fiphele; -lufifi; -qundekile.

dime (n) uhlamvu lwemali yaseMelika engangamasenti âyishumi.

dimension (n) ubukhulu; isilinganiso sobukhulu.

diminish (v) nciphisa; ncipha; phungula.

diminutive (n) isinciphiso (gram.). (a) -nci; -ncinci; -bhashile.

dimly (adv.) ngokufiphele; ngokuqundekile.

dimple (n) isifaca; isifaxa.

din (n) umsindo; inhlokomo; isimokomo.

dine (v) dla; dla idina.

diner (n) odla ukudla; osetafuleni; lapho kudlelwa khona esitimeleni (dining coach).

dinghy (n) isikejana esigwedlwayo.

dingy (a) -ngcolile; -mnyama; -phuphile.

dinner (n) idina; ukudla okukhulu.

diocese (n) isifundambhishobhi.

dip (n) ukukha; ukucwila; ukucwilisa; ukudipha; isifothongo emgwaqweni (a d. in the road); idiphu (cattle d.); ukuhlamba, ukubhukuda (swim). (v) caphuna, kha (d. up); dipha (cattle d.); cwila (as in water); gwinja (d. down); ngenangena, fundafunda (d. into).

diphtheria (n) uxhilo; isifo esithathelwanayo esiye sivimbanise umphimbo.

diphthong (n) unkamisamâphahla.

diploma (n) isitifikethi sezifundo.

diplomacy (n) ubungcweti ekwenzeñi kwezivumelwano phakathi kwezizwe.

diplomat (n) ohlakaniphile ezindabeni zokuzwana kwezizwe.

diplomatic (a) -hlakaniphile; -xwayile; -zwelanayo; -phathelene nezindaba zokuzwana kweziwe.

dipsomania (n) ukulangazela iziphuzo ezidakisayo.

dipsomaniac (n) ophuza iziphuzo ezidakisayo ngokweqile.

dire (a) -yingozi; -lusizi; -esabekayo.

direct (v) bonisa, khombisa, qondisa (guide); layeza, yaleza, phatha (order); bhala ikheli (d. a letter). (a) -sobala; -qondile; -qondile ngqo; imisebe ngqo (d. rays); inkulumo ngqo (d. speech).

direction (n) ukukhombisa; ukuyalela; ukuphatha; isiyalo, isiyalelo, iseluleko (command, advice); indlela; ukukhomba indlela (show course, way).

directly (adv.) khona manje; emuva kwesikhashana (shortly).

director (n) umphathi; isiphathimardla; udayirektha.

directory (n) incwadi eqoqele amagama namakheli abantu bendawo ethile.

direful (a) -yingozi; -lusizi; -esabekayo.

dirigible (n) ibhanoyi; ibhamuza elikhulu eliqondisekayo.

dirk (n) inkemba encane.

dirt (n) ukungcola; izibi; isidoxo; insila (body d.); umgwaqo ongagandayiwe ngetiyela (a d. road).

dirty (v) ngcolisa; dunga; nukubeza. (a) -ngcolile; -nensila; -dungekile.

disability (n) umqhina; ukugogeka.

disable (v) limaza; goga; gogobeza; gininda; khubeza; jiyeza.

disabled (a) -nqunywe amanqindi; -khenendiwe; -linyaziwe; -yisilima (person).

disabuse (v) azisa iqiniso; hlela; khipha engqondweni (d. one's mind).

disadvantage (n) isici; into ejiyezayo; ukumisa kabi.

disadvantageous (a) -thiyayo; -misayo kabi; -vimbelayo; -khubezayo; -jiyezayo.

disaffected (a) -khononile; -dungekile.

disagree (v) -ngahlangani, -ngafanani, phambana (differ); -ngezwani, phikisana, xabana (quarrel); -ngavumelani na- (d. with).

disagreeable (a) -ngathandekiyo; -alekile; -nengekile; -dinekile.

disallow (v) enqabela; alela.

disappear (v) nyamalala; shabalala; phulukushela; zika (sink down).

disappearance (n) ukunyamalala; uku-shona.

disappoint (v) dumaza; jabhisa; danisa.

disappointment (n) indumalo; ukujabha.

disapproval (n) ukungavumi; ukunga-vumeli.

disapprove (v) -ngavumeli; -ngavumi; khononda; khonona; -ngavumelani na- (d. of).

disarm (v) vathazelisa; aphuca izikhali; qeda insolo (d. criticism).

disarrange (v) hlakaza; phixisa; phithanisa.

disarray (n) ubuphixiphixi; inxakanxaka. (v) phixiza.

disaster (n) ingozi enkulu.

disastrous (a) -limaza kakhulu; -shonisayo kakhulu.

disavow (v) ala; landula; phika.

disband (v) chitha; hlakaza; hlakazeka; khumula.

disbelieve (v) -ngakholwa; khononda; khonona.

disburse (v) khokha; khipha.

discard (v) lahla.

discern (v) bona; qabuka; ahlukanisa (differentiate).

discerning (a) -bonayo; -hlakaniphile.

discernment (n) ubuhlakani; inhlakanipho.

discharge (n) ukuyekisa, ukukhululwa, ukuxoshwa (d. from service); ubovu (as from wound); ubhici (as from eye); ukuphunyiswa kwelektriki (electrical d.); ukudutshulwa (firing as from rifle). (v) dubula (firearm); ethula (unload); khulula, yeka (d. of debt, accusation); hambisa, xosha (dismiss); gcina, feza (carry out duty); thunga (emit); chicha (as a wound).

disciple (n) umlandeli; umfundi.

disciplinarian (n) ophatha ngesandla esiqinile.

discipline (n) imfundiso yokulalela; impatho eqinile. (v) jwayeza umthetho; phatha ngokuqina.

disclaim (v) phika; nqaba; ala; bandlulula.

disclose (v) veza; dalula; bonakalisa.

disclosure (n) ukuveza; ukuvezwa; ukudalulwa.

discolour (v) gqunqa; fusa; gqunqisa; phuphisa umbala.

discomfort (n) ubuhlungu; amalozane; ukungahlali kamnandi.

disconcert (v) phithizisa; yangazisa; enzela amahloni; enyelisa.

disconnect (v) ahlukanisa; thukulula; khumula.

disconnected (a) -ahlukene; -ngahlangene; -nhlakanhlaka (rambling).

disconsolate (a) -dabukile; -jabhile; -nosizi; -ngaduduzeki.

discontent (n) ukhonondo; ukusola; ukungenami.

discontinue (v) phezisa; yeka; nqamula; nqamuka.

discord (n) ukungavumelani; ukungezwani; ukubhimba (music).

discordant (a) -bhimbayo; -phambene.

discount (n) isaphulelo. (v) nciphisa; phungula imali; ehlisa intengo; -ngakholwa (d. a story).

discourage (v) dumaza; nqunda; khubeza.

discourse (n) intshumayelo; inkulumo. (v) shumayela; khuluma; xoxa.

discourteous (a) -ngahloniphi; -ngenazicolo; -eyisile.

discourtesy (n) ukungahloniphi; ukuziphatha kabi.

discover (v) vumbulula; thola; fumanisa; qamba (invent).

discovery (n) umvumbululo; umvumbukulo; ukuqanjwa (invention).

discredit (n) ichilo; ihlazo. (v) dumaza; nciphaza.

discreditable (a) -dumazayo; ichilo, ihlazo (d. act).

discreet (a) -sile; -xwayile; -qaphile.

discretion (n) ukuhlakanipha kobudoda; ukuxwaya.

discriminate (v) khetha; ahlukanisa; bandlulula (d. against).

discrimination (n) ukukhetha; ubandlululo.

discuss (v) xoxisana; khuluma; phendulana; bhunga (d. secret matters).

discussion (n) ingxoxo; ukukhuluma.

disdain (n) ukweyisa; ukuncimfela. (v) eyisa; ncimfela.

disease (n) isifo; ukufa; ukugula; imbewu yokufa (d. germ).

disentangle (v) cazulula; qaqulula; hlazulula.

disfavour (n) isinyombo; isisila.

disfigurement (n) isici; ukonakala kobuhle.

disfranchise (v) aphuca ivoti.

disgorge (v) hlanza; khipha osekudliwe; khokha ngempoqo (forced payment).

disgrace (n) ichilo; ihlazo. (v) dumaza; hlaza.

disgraceful (a) -dumazayo; -hlazisayo; -nesihlamba.

disgruntled (a) -thentesile.

disguise (n) okokuthubela. (v) fihla; sitheza; thubela.

disgust (n) isicasulo; ukwenyanya. (v) casula; nenga; enyanya; cunula.

dish (n) indishi; isitsha; isidlelo; ipuleti; uxwembe (platter); ukudla okusesitsheni (d. of food). (v) phaka, nikeza (d. up).

disharmony (n) ububhimbi; inhlembunhlembu.

dishearten (v) dangalisa; dumaza; danisa.

dishevelled (a) -maxhikixhiki.

dishonest (a) -ngathembekile; -khohlisayo.

dishonesty (n) ukungathembeki; inkohliso.

dishonour (n) ichilo; ihlazo. (v) hlaza; nciphaza; dumaza.

dishonourable (a) -hlazisayo; -nciphazayo.

disillusion (v) sangulula; vula amehlo.

disinclination (n) ukungathandi; ukwenqena.

disinfect (v) bulala imbewu yokufa; hlanzisisa.

disinfectant (n) umuthi wokubulala imbewu yokufa; isihlanzisisi.

disinherit (v) sula efeni; aphuca ifa.

disintegrate (v) bhuduka; buthuka; buthukala.

disinter (v) khipha ethuneni; mbulula ethuneni.

disinterested (a) -ngakhathalele; -ngenandaba.

disjointed (a) -ngahlangene; -ahlukeneyo; -nhlakanhlaka.

disk, disc (n) indingilizi eyisicaba.

dislike (n) isicunulo; inzondo; ukungathandi. (v) -ngathandi; casulwa; cunulwa; enqena; zonda, ala.

dislocate (v) bhinyilika; enyela; enyelisa.

dislocation (n) isenyelo; ukubhinyilika; ukubhonculuka.

dislodge (v) khipha; gwaqanisa.

disloyal (a) -hlubukayo; -limbuka.

disloyalty (n) ukuhlubuka; ubumbuka.

dismal (a) -khwantabele; -nosizi; -mnyama.

dismantle (v) ahlukanisa; diliza.

dismay (n) ingebhe; itwetwe. (v) esabisa.

dismember (v) hlahla; hlakahla; juqula.

dismiss (v) mukisa; hambisa; xosha.

dismount (v) ehlika; ehlisa.

disobedience (n) ukungalaleli; ingqosho.

disobey (v) -ngalaleli; ala ukuzwa; eqa umthetho.

disorder (n) inxakanxaka; ubuxakalala; ubucakacaka.

disorderly (a) -mafukufuku; -mahlikihliki; ukuchwensa (d. conduct).

disown (v) bandluza; lahla; phika; ala.

disparage (v) jivaza; fela; khesa.

disparity (n) ukungalingani; ukungafanani.

dispassionate (a) -zibambayo; -ngafufuzeli.

dispatch (v) bheka 'despatch.'

dispel (v) chitha; xosha; qeda.

dispensable (a) -ngaswelekile; -ngenalusizo.

dispensary (n) indlu lapho kuthakwa khona imithi yokwelapha.

dispensation (n) ukuhlela impatho; imvume yokwenza okwenqatshelwe (exemption from refusal).

dispense (v) abela (distribute); thaka (d. medicine); yeka, dedela (d. with).

dispersal (n) ukuhlakazeka.

disperse (v) hlakaza; chitha; sabalalisa; bhidlika.

dispirited (a) -dangele.

displace (v) gudlula; khwebula; abantu abagudluziwe emakubo (displaced people).

displacement (n) ukugudlulwa; ukuthathelwa; isisindo samanzi agudlulwe yinto esemanzini (d. of water).

display (n) umbukiso. (v) veza; bonisa; bukisa; qhenya, bhensa (show off).

displease (v) casula; thikibeza; solisa; khonondisa.

displeasure (n) ukhonondo; ukusola; umona (jealous d.).

disport (v) dlala; qhalazela.

disposal (n) ukulahla; ukufihla; ukuhlela (arrangement); ukuphathwa (control).

dispose (v) lahla; fihla; chitha; hlela (arrange).

disposition (n) ukuhlela, ukuhlelwa (arrangement); ukuphathwa (con-trol); isimilo (character); ubuntu (good d.); ufudu (serious d.); ubudlwangudlwangu (savage d.).

dispossess (v) aphuca; thathelwa; dingisa.

disproportionate (a) -ngalingani.

disprove (v) qinisa ukuthi akunjalo.

dispute (n) umbango; impikiswano. (v) banga; phikisa; phikisana.

disqualification (n) isici esenza umuntu angafaneli; isithiyo.

disqualify (v) aphuca izimfanelo; thiya; vimbela.

disquiet (n) ukuyaluza; ukwenqena (fear). (v) ethusa; enqenisa; yaluzisa.

disquisition (n) inkulumo ehlakaniphile.

disregard (n) ukunganaki. (v) delela; fulathela; -nganaki.

disrepair (n) ukubhidlika; ukonakala.

disreputable (a) -negama elibi; -hlazisayo.

disrepute (n) ukuhlaziswa; ukudumazeka.

disrespect (n) ukungahloniphi; ukweyisa; isiqholo.

disrobe (v) khumula izingubo; nquna.

disrupt (v) hlakaza; xakaza.

disruption (n) ukuhlakazeka; inxakanxaka.

dissatisfy (v) khonondisa; -ngagculisi.

dissect (v) hlinza; cwiya; klaya; juqula.

dissemble (v) -zenzisa; mbuluza; gcaya.

disseminate (v) sakaza; azisa.

dissension (n) ukungavumelani; ukungezwani.

dissent (n) ukungavumi; ukunqaba. (v) ngavumi; nqaba; phikisa.

dissenter (n) ongahambisani nebandla lesonto elimisiweyo.

dissentient (n) onqabayo; umphikisi. (a) -nqabayo; -alayo; -phikisayo.

dissimilar (a) -ahlukene; -ngafani.

dissimulate (v) -zenzisa.

dissipate (v) chitha; lahla; hlaphaza; chitheka.

dissipation (n) ukusaphazwa; ukuchitheka; ukuqhafa.

dissociate (v) ahlukanisa; -zahlukanisa; -zikhipha.

dissolute (a) -qhafile; -ngenabuqotho; -luyaba.

dissolve (v) ncibilika; ncibilikisa; buhluza; hlakazeka (disintegrate); vala umhlangano (d. a meeting);

chitha umshado (d. a marriage); chitha umhlangano wePalamende (d. parliament).

dissuade (v) yekisa; khalima.

distaff (n) uthi lokuphatha uboya obelukwayo; ohlangothini lowesifazane emzini (on the d. side).

distance (n) ibanga; iduze (short d.); amajukujuku (long d.); ubuqamama (medium d.); umkhathi (intervening d.); phikelela indlela yonke (stay the d.).

distant (a) -buqamama; -kude; -khashana; -ngunyube (reserved).

distaste (n) isidina; ukunengwa; ukungathandi.

distasteful (a) -ngathandeki; -casulayo; -dinayo.

distemper (n) umcako (wall paint); usekela (sickness). (v) caka.

distend (v) khukhumalisa; nweba; qumba; qumbisa.

distil (n) thonsisa; khongozela amathonsi esisi. (v) thonsisa; consa.

distillation (n) ukukhongozela amathonsi.

distinct (a) -ahlukile; -qhamile; -sobala; -khanyile.

distinction (n) umahluko; ukwahlukanisa; idumela; ukuphakanyiswa (honour); indoda enesithunzi (a man of d.).

distinctive (a) -ahlukanisayo; -qhamisayo.

distinguish (v) ahlukanisa; phawula; qabuka; phakamisa, enzela udumo (honour); -zenzela udumo (d. oneself).

distinguished (a) -negama; -nesithunzi; -nodumo; -phakeme.

distort (v) sonta; phendukezela.

distortion (n) inhlanekezela; impendukezela.

distract (v) thikazisa; phazamisa; sulaza.

distraction (n) ihungo; umphazamo; ukuthikameza; okokulibazisa.

distraught (a) -sangene; -mpampile.

distress (n) usizi; ukuhlupheka; inkongolwane. (v) hlupha; dabukisa; xhina; bangela usizi; isibonakaliso sosizi (d. signal).

distribute (v) abela; aba; hlahla; amukezela.

distribution (n) ukwabelwa; ukuhleleka; isamukezo.

district (n) isifunda; isigodi; ihlane

(uninhabited d.).

distrust (n) ukungathembi; ukwenqena. (v) -ngathembi; xwaya; enqena.

disturb (v) thikameza; phazamisa; nyakazisa; dunga (unsettle); nyukubeza (d. the mind).

disturbance (n) isithikamezo; ukunyakaza; uchuku; isiphithiphithi.

disuse (n) ukuyekwa; ngasetshenziswa (be in d.).

ditch (n) isisele; udongana.

dither (v) tengatenga; guquguquka.

ditto (n) into efanayo; ukuphinda into efanayo.

ditty (n) iculwana.

diuretic (n) umuthi owandisa umchamo.

diurnal (a) -emihla yonke; -asemini.

divan (n) idivani; umbhede.

dive (n) ukutshuza. (v) tshuza; cwila; gwinja; shutheka.

diver (n) umtshuzi; umcwili; ugwinja.

diverge (v) ahlukana; phambuka; ceza; ahluka.

divergence (n) ukuphambuka; ukwahlukana.

diverse (a) -ngafaniyo; -ahlukene.

diversion (n) isilibaziso; ukuphambukiswa; umdlalo.

diversity (n) ukungafani; ukwahlukana; inkithinkithi.

divert (v) phambukisa; dlalisa; hlekisa (amuse).

divest (v) hlubula; khumula; aphuca.

divide (v) hlukanisa; qcmbula; abcla, hlahla (apportion); phambanisa (set at variance); ahlukana.

dividend (n) inzalo yemali yokwabelwa; isabelo semali; isahlukaniswa (arith.).

divination (n) ukubhula.

divine (n) umfundisi.(v) bhula; nuka; hlahla; nyanga; qagela (guess); bona (discern). (a) -kaNkulunkulu; -njengezithixo.

diviner (n) isangoma; umngoma; isanusi; inyanga yokubhula.

divinity (n) ubunkulunkulu; ubuthixo; uNkulunkulu (the D.).

divisible (a) -nokwahlukaniseka; -nokwahlukaniswa.

division (n) ukwahlukana; isigaba, isiqephu, isahluko (divided part); isikhala (space between); isigaba sempi esinamabutho 20,000 (military); ukuxabana, inkani (disunion); ukwahlukanisa (arith.).

divisor (n) isahlukanisi.

divorce (n) isahlukániso; idivosi. (v) ahlukanisa; chitha umshado; divosa.

divorcee (n) odivosiweyo; owahlukanisiweyo; iphumandlini.

divulge (v) dalula; veza; hlakaza.

dizzy (a) -nenzululwane; -zululekile.

do (v) enza, qeda, sebenza (perform); cebengela, linga kakhulu (d. one's best); enza okuhle (d. good); ona, hilikiqa (do evil); lunga, nwala (d. well); enza ngcono (d. better); enza isihle (d. a favour); phinda (d. again); susa, chitha, bulala (d. away with); gedla, enza kabi (d. down); buyekeza (d. over again); enzela (d. for, d. to); bopha (d. up).

docile (a) -thobile; -thambile.

dock (n) idoki, ikhumulo lemikhumbi (for ship); ibhokisi enkantolo lapho kuma khona omangaleliweyo (in court). (v) ngenisa edoki; nquma, nqunda, aphula (reduce).

dockyard (n) indawo ogwini yolwandle lapho kuhlala khona imikhumbi nezimpahla zayo.

doctor (n) udokotela; inyanga yokwelapha; uhlaka (attendant of d.). (v) elapha; goma; sukula; phengula.

doctrinal (a) -emfundiso.

doctrine (n) imfundiso; imfundiso yobuKristu (Christian d.).

document (n) umbhalo; incwadi.

documentary (a) nemibhalo efaneleyo.

dodder (n) isona. (v) tengezela.

dodge (n) icebo; impicimpici. (v) phicizela; shulubeza; thubeleza.

dodo (n) inyoni engasekho manje eyayingakwazi ukundiza; -file nya (dead as a d.).

doe (n) insikazi yenyamazane; insikazi kanogwaja.

doff (v) ethula.

dog (n) inja; ichalaha (male d.); injakazi (female d.); umgodoyi (mongrel); isimaku (small type of d.); onakala ngesimilo (go to the dogs); namatha, landelisisa (d. one's footsteps).

dogged (a) -phikelelayo.

doggerel (n) inkondlo engasho lutho nebhimbayo.

dogma (n) imfundiso engaphikiswayo.

dogmatic (a) -yisiphisekeli; -phikazayo.

dogmatise (v) phikaza.

dole (n) imali eholwa ngabantu

abangasebenziyo.

doleful (a) -nosizi; -dabukile.

dolerite (n) uhlobo lwetshe olulukhuni okuvama ukugandaywa ngalo imigwaqo.

doll (n) udoli; isithombe sengane.

dollar (n) uhlamvu lwemali yaseMelika; idola.

dolorous (a) -nosizi; -dabukile; -buhlungu.

dolour (n) usizi; ukudabuka.

dolphin (n) uhlobo lwenhlanzi olufana nehlengethwa.

domain (n) izwe; indawo ebuswayo.

dome (n) isiqongo sendlu esiyindingilizi phezulu.

domestic (n) isisebenzi sasendlini. (a) -asendlini; -asekhaya; -isilwane esifuyiwe (d. animal).

domesticate (v) funda imisebenzi yasekhaya; fuya; jwayeza ekhaya; thambisa.

domicile (n) ikhaya; lapho kuhlalwa khona.

dominant (a) -busayo; -phathayo; -ngaphezulu.

dominate (v) busa; -bangaphezulu; -banamandla.

domination (n) ukubusa; ubukhulu.

domineer (v) chachaza; xozomela (d. over).

don (n) isikhulu saseSpeyini. (v) gqoka; embatha; ngqwaza.

donation (n) umnikelo; isipho.

done (v) -enziwe; -phelile; -ahlulekile; -vuthiwe (cooked).

donga (n) udonga; igebhuka.

donkey (n) imbongolo.

donor (n) umuphi.

doom (n) ukulahlwa; ukubhubha; isijeziso; kwankatha (final d.). (v) lahlela.

door (n) umnyango; isivalo; isicabha; indlu enqikene nenye (next d.).

doorkeeper (n) umgcinimnyango.

doormouse (n) impukushoba.

dope (n) isilumbo; umuthi osanganisa ikhanda. (v) lumba; faka umuthi osanganisa ikhanda.

dormant (a) -lele; -ngahlumi; -fihliwe.

dormitory (n) ikamelo elilala abantu abaningi.

dorp (n) idolobhana.

dorsal (a) -phathelene nomhlane.

dosage (n) isilinganiso somuthi wokwelapha.

dose (n) isilinganiso somuthi wokwelapha; ithamo elilinganisiweyo. (v) phuzisa umuthi; faka umuthi.

dossier (n) iqoqo lezincwadi eziqondene nodaba oluthile.

dot (n) ichashaza; ichaphazi; isipho esinikwa indodakazi uma igana (dowry). (v) faka ichashazi.

dote (v) totosa (d. on).

double (n) okuphindiwe kabili; okufananayo. (v) phinda kabili; engeza ngokulingeneyo; songa kabili (fold d.); phindela emuva (d. back); fingqana (d. up). (adv.) ngokubili. (a) -phindiwe; -kubili; -mbaxa (of two parts); umqondo ombaxambili (d. meaning).

doubt (n) ukukhononda; ukungabaza; intandabuzo. (v) sola; ngabaza; thandabuza; ngabazela.

doubtful (a) -khonondisayo; ngabazisayo; -nswempu.

doubtless (adv.) impela; ngokungaquli.

douche (n) ukuchatha ngamanzi. (v) chatha ngamanzi.

dough (n) inhlama; inafunafu.

doughty (a) -nesibindi; -nobuqhawe.

douse (v) cwilisa emanzini.

dove (n) ijuba; ihobhe; unkombose (Namaqua d.).

dovetai (v) -thi khaxa.

dowager (n) umfelokazi wesikhulu.

dowdy (a) -ngavunule ngobunono.

dowel (n) isikhonkwane sokubamba.

dower (n) indlalifa yomfelokazi; ifa eze nalo umfazi.

down (n) imbunge; isihluphe. (v) beka phansi; nqoba (defeat). (adv.) ngaphansi; ngasezansi; ehla (come d.); wa (fall d.); ewuka (go d.); cambalala (lie d.); shona, zika (sink d.); namathelisa (stick d.); wisa, diliza (throw d.); gawula, ceka (cut d.); lotha (die d. as fire); khohlisa (let d.); xhoxha (render d.).

downcast (a) -dangele; -danile.

downfall (n) ukuwa; ukushona.

downhill (adv.) ekwehleleni; ngokwehla.

downpour (n) isiphihli; isiwulukuhlu; umvimbi.

downright (a) uqobo lwa; amanga uqobo (d. lie). (adv.) impela; uqobo.

downstairs (a) -phansi esitezi. (adv.) phansi esitezi.

downtrodden (a) -cindezelwe phansi; -phethwe kalukhuni; -phethwe ngo-

khahlo.

downward (a) -ehlayo; -ehlelayo; -shonayo; -ewusayo. (adv.) phansi; ngaphansi.

dowry (n) isipho esinikwa indodakazi uma igana.

doxology (n) ihubo lokubonga uNkulunkulu.

doyen (n) omdala esikhundleni kunabanye.

doze (n) isihlwathi. (v) hlwathiza; ozela.

dozen (n) ishumi nambili; idazini.

drab (a) -mdubu; -dinayo.

draft (n) ipulani elingaphelele; iphepha lokuthumela imali (money d.); iviyo lamabutho (d. of soldiers). (v) loba okuyisigece; loba amazwi esiphakamiso (d. a resolution); thumela amabutho (send soldiers).

draftsman (n) bheka 'draughtsman'.

drag (n) isihudulo; isikhubekiso (something that retards); ukudonsa. (v) hola; donsa; hudula (d. along).

dragon (n) isilwane ezinganekwaneni okuthiwa sasikhipha umlilo ngamakhala.

dragoon (n) isosha eligibela ihashi. (v) phoqelela; hlupha.

drain (n) umsele; ukumunceka. (v) omisa; khoca; khama; khameka; donsa amanzi.

drainage (n) ukudonswa kwamanzi; ukukhanywa; ihlelo lemisele.

drake (n) iqhude ledada.

dram (n) isilinganiso sesisindo esincane; isilinganiso sokumanzi (fluid measure).

drama (n) idrama; umdlalo odlalwa esiteji phambi kwezibukeli.

dramatic (a) susa usinga; ubungcweti bokudlala imidlalo esusa usinga; izehlakalo ezisusa amadlingozi (d. events).

dramatise (v) enza samdlalo; gubha umdlalo.

drape (v) embesa; gqokisa; nqwambisa (d. over shoulders).

draper (n) umthengisi wezingubo nezindwangu.

drastic (a) -nendluzula; -namandla.

draught (n) ukudonsa; umphungo; ithamo (drink); umoya, umnyelele (d. of air); ukujula komkhumbi emanzini (d. of ship).

draughtsman (n) umdwebi wamapulani nezilinganiso.

draw (n) iwozawoza . (attraction); umhabulo (d. on pipe). (v) donsa, hola (pull); khipha, hosha, khumula (pull out); khipha, susa (withdraw); vala ikhethini (d. the curtain); huha, yenga, khanga (d. attention); donsa umoya (d. breath); kha amanzi (d. water); ophisa (d. blood); enza inkatha (d. lots); hola imali (d. pay); fanisa (d. comparison); bhala, chaza, dweba (depict); buthaza, khweca, fingqa (d. in); cwenga (d. off); lungisa icebo (d. up a plan); fica (d. up with); shwabana (d. in, shrink); munca (d. out, extract); dweba imifanekiso (make drawing); deda (d. aside); hlehla, qikelela (d. back); sondela (d. near); bunga (d. around).

drawback (n) isikhubekiso; isijiyezo.

drawbridge (n) ibhuloho eliphakanyiswayo.

drawer (n) umdwebi; idrowa (furniture).

drawing (n) umfanekiso; ukudweba.

drawing room (n) ikamela lokuphumulela.

drawl (n) ukunamuza. (v) namuza; denga.

drawn (v) dwebile; donsekile. (a) -nyakeme (d. appearance); -lingene; umdlalo olingene (a d. game).

dread (n) itwetwe; ingebhe; uvalo. (v) esaba kakhulu. (a) -esabekayo; -twetwezelisayo.

dreadful (a) -esabekayo; -esabisayo.

dreadnought (n) umanola; umkhumbi wempi.

dream (n) iphupho. (v) phupha.

dreamy (a) -phuphayo; -ngumnwebelele.

dreary (a) -nesizungu; -dinayo.

dredge (n) isigubho. (v) gubha.

dredger (n) ogubhayo; umshini wokugubha; umkhumbi wokugubha.

dregs (n) isicethe; izicucu; amavovo; izinsipho, amashiqa (d. of beer).

drench (n) umuthi ophuziswa isilwane. (v) phuzisa isilwane umuthi; netha (wet).

dress (n) ingubo; isivatho; ukugqoka; ukuvunula; ilokwe (lady's gown). (v) gqoka; embatha; gqokisa; embathisa; bhinca; vunula; lungisa (prepare); lolonga (d. stone); elapha isilonda (d. a wound); cwala (d. the hair); shuka (d. a skin).

dresser (n) ikhabethe lasekhishini; ikhabethe lezitsha.

dressing (n) okokubopha inxeba, imidweshu (d. for a wound); isithokelo semifino (salad d.); ukugqoka.

dressy (a) -vunule.

dribble (n) ugce. (v) gxazisa; consisa; mfoma; gxaza amathe; dribula ibhola (d. a ball).

driblet (n) umthonsela.

driftwood (n) izingodo nezinkuni ezilahlelwe osebeni ngamanzi.

dried (a) -omile; -omisiwe; izithelo ezomisiwe (d. fruit): umqwayiba (d. meat).

drift (n) izibuko (ford of river); amabibi omfula (d. material); umlalela weqhwa (d. of snow); ukushushumba. (v) ntanta namanzi; shushumba.

drill (n) ibhola, ijombolo (instrument); idrili (exercise); uhlobo lwendwangu elukhuni (cloth). (v) fola; qeqesha; drila; bhola (d. hole).

drink (n) isiphuzo; umphungo; okokuphuza; ukuphuza, utshwala, ugologo (intoxicating d.). (v) phuza; hubhuluza; qhafa (d. heavily); gwinya (swallow); minya (d. off).

drinkable (a) -nokuphuzwa; -phuzwayo.

drip (n) iconsi. (v) consa; vuza; gxaza; chichiza.

dripping (n) ukuvuza; ukuconsa; isinqumela samafutha (fat).

drive (n) ukuhamba ngemoto; umgwaqo (road); intshisekelo (impetus). (v) qhuba; qhubela phambili (d. forward); hambisa, shayela (as d. a car); enza, banga (cause to be); xosha (d. away); dudula (d. back); hlohla, bethela (d. in); qhubeka; qonda (d. at); uqondeni? (what are you driving at?).

drivel (n) ukumpompa. (v) mpompa.

driver (n) umshayeli; umbaseli; umhambisi.

drizzle (n) umkhemezelo; umkhizo. (v) khemezela; khiza.

dromedary (n) uhlobo lwekamela olunesifumbu esisodwa.

drone (n) unodongo (bee); ivila (lazy person); ukuduma (d. of engine). (v) duma; vungaza.

drool (v) gxaza amathe.

droop (v) buna; yenda; yetha.

drop (n) iconsi; ichaphazelo; ichiphiza (tear d.). (v) wisa; consa (drip); khithika (fall of snow); wohloka (d. as leaves); zumeka (d. off to sleep).

droppings (n) imvuthuluka (crumbs etc.); izinsimbane (dung); isitingi sezinkukhu (fowl d.).

dropsy (n) umankunkunku; isikhukhukhu.

dross (n) amanyela.

drought (n) umomiso; ukomisa kwezulu.

drove (n) umhlambi; iqambi. (v) qhutshiwe.

drown (v) minza; cwila; minzisa; cwilisa.

drowse (v) ozela.

drowsy (a) -ozelayo; -nguphazile.

drudgery (n) umsebenzi onesizungu; umsebenzi odinayo.

drug (n) umuthi wokwelapha; ikhubalo (medicine); ukhovo, umlaliso (opiate). (v) khovoya; jwayela ukufaka imithi eluthayo (take drugs habitually).

druggist (n) umkhemisi; umthengisi wemithi yokwelapha.

drum (n) isigubhu; isigubhu sendlebe (ear d.); umgqomo (container). (v) shaya isigubhu; ngunguza.

drunk (v) phuzile. (a) -dakiwe.

drunkard (n) isidakwa; isiphuzi.

dry (v) oma; sha; shaza; omisa. (a) -omile; -shile.

dry-shod (adv.) ngezinyawo ezomileyo.

dual (a) -mbaxambili; -obhanqwana.

dub (v) etha; fengqa.

dubious (a) -ngabazayo; -solisayo; -ngenaqiniso.

ducat (n) imali yegolide yasendulo.

duchess (n) inkosikazi yejuki.

duchy (n) isifunda sejuki.

duck (n) idada; ikewu. (v) cwilisa; gwinja; -thi gontshi.

duckling (n) ichwane ledada.

ductless gland (n) indlala engenalutshumo.

dudgeon (n) ulaka; ukuthukuthela.

due (n) inana; intela. (a) -kweletayo; -lungele; -fanele; -enziwe ngesikhathi esifanele (in d. course).

duel (n) ukulwa kwababili.

duet (n) undlelambili; ihubo labantu ababili.

duffer (n) isithutha; isiphukuphuku.

dugout (n) isikebhe esibazwe ngogodo (boat); umgodi wokucasha empini (shelter).

duiker (n) impunzi (buck); inyoni egwinjayo emanzini (bird).

duke (n) ijuki; umntwana; igama lezikhulu elilandela elobuntwana basendlunkulu.

dukedom (n) ubujuki.

dulcet (a) -mnandi endlebeni; -zwakala kahle.

dull (v) qunda; thuntubeza. (a) umbala ofiphele (d. colour); -lufifi, -buthuntu, -qundekile (not sharp).

duly (adv.) njengokufaneleyo; ngesikhathi sakho.

dumb (a) -yisimungulu; -ngakhulumiyo; -buthuntu; -yisithutha (stupid).

dumdum (n) inhlamvu ethambile ngaphambili ebanga elikhulu inxeba.

dummy (n) isachuse (imitation); idami (child's d.). (a) -mbumbulu.

dump (n) indawo yokuthuthela izibi (rubbish d.); inqwaba yezimpahla (stores d.); indunduma (mine d.); ukudangala, ukhuthu (low spirits, down in the dumps). (v) thulula; ethula (off-load).

dumpling (n) idombolo; ifusazana.

dun (v) belesela; gqobha. (a) -mpofu; -mtulwa.

dunce (n) isiphukuphuku ezifundweni.

dune (n) indunduma yesihlabathi; igquma.

dung (n) ubulongwe (cattle d.); amalongwe (dry cattle d.); umquba (manure); amasimba, uthuvi (human).

dungeon (n) umgodi oyitilongo leziboshwa.

dunghill (n) iquba; izala (rubbish heap).

duodenum (n) ithumbu lenanzi.

dupe (n) umuntu okhohlisiweyo. (v) khohlisa.

duplicate (n) impindakabili; okufana nokunye. (v) phinda kabili. (a) -fana nokunye.

duplicator (n) umshini wokuphindaphinda.

duplicity (n) inkohliso; ubuqili.

durable (a) -qinile; -ngasheshi ukuguga.

duration (n) ubude besikhathi; umkhathi; ukuhlala isikhathi sonke sokuhambela kwami (for the d. of my visit).

during (prep.) phakathi kwa-; ngesikhathi.

dusk (n) ukuhwelela; ngokuhlwa (at d.); hwalala (become d.).

dust (n) uthuli; impuqwane, ibhuqu (d. on the ground); ibhuqusi (d. in the air); thuquza, bhuquza (raise a d.); intuva (wood d. from borer). (v) esula; thuntutha; dasida.

dust-bin (n) umgqomo wezibi.

duster (n) indwangu yokwesula uthuli; isihlangulo.

dusty (a) -nothuli; -luthuqusi.

Dutch (n) amaBhunu; isiBhunu (language). (a) -eBhunu.

dutiable (a) -fanele ukukhokhelwa intelo.

dutiful (a) -zwayo; -lalelayo; -kholekayo; -hloniphayo.

duty (n) isibopho; imfanelo; intelo (tax).

dux (n) ophumelele phambili kubobonke ezifundweni.

dwarf (n) isichwe; imbashelana. (v) bhashisa. (a) -bhashileyo.

dwell (v) hlala; akha; elula; zindla (d. upon).

dwelling (n) indlu; ikhaya; indlu yokuhlala.

dwindle (v) ncipha; phunguka.

dye (n) impendulambala; udayi. (v) phendula umbala.

dying (a) -fayo; -shonayo.

dynamic (a) -khuthele; -bukhuphekhuphe; -namandla.

dynamite (n) udalimede. (v) diliza ngodalimede.

dynamo (n) umshini wokwenza ielektriki; idayinamo.

dynasty (n) uhlanga lwamakhosi.

dysentery (n) isisu segazi; isihudo.

dyspepsia (n) ukuqumba; ukungagayeki kahle kokudla esiswini.

E

each (a. & pron.) yilowo; yileyo; emunye; sisinye; thina sonke (e. of us); bona bonke (c. of them); lowo nalowo (e. one); bonana (see e. other).

eager (a) -maganga; -nomdlandla; -nosikisiki; -fisayo.

eagerness (n) ukushisekela; umdlandla; amaganga; ukufisa.

eagle (n) ukhozi; ingqungqulu (bateleur e.); inkwazi (fish e.).

eaglet (n) ichwane lokhozi.

ear (n) indlebe; idlebe (of animal); igwagwa (large animal e.); isicubu sendlebe (lobe of e.); izimba, isikhwebu, ibele (e. of corn).

earl (n) isikhulu saseNgilandi.

early (adv.) masinya; ekuseni kakhulu. (a) -sha; -sekuseni; impilo yobusha; (one's e. life).

earmark (n) uphawu lwasendlebeni; iqopho. (v) hlaba uphawu; bekela.

earn (v) hola; sebenzela; fanela; thola.

earnest (n) isibambiso; isiqiniselo; -zimisela (be in e.). (a) -khuthele; -shisekele; -cophelele.

earnings (n) okuholwayo; imali eholwayo; iholo.

earth (n) umhlabathi; imbulunga yonke yomhlaba; inhlabathi (soil); isihlabathi (sandy soil). (v) hlanganisa ucingo lwelektriki nomhlabathi (e. electrically).

earthenware (n) okwebumba; izitsha zebumba. (a) -ebumba.

earthly (a) -omhlaba; -ngenakusiza lutho (no e. use).

earthquake (n) indudumela; ukuzamazama komhlaba.

earthy (a) -omhlaba; amahlaya athi awabe yinhlamba (e. jokes).

earwig (n) umkhothane.

ease (n) intokomalo; isenabo; umphumulo. (v) phumuza; thulisa; dambisa (e. pain).

easel (n) imiler 'e yokuphakamisa isicabha sokud ebela; iyizili.

easily (adv.) kalu,a; kahle.

east (n) impumalanga. (a) -sempumalanga; umzansi (e. winds).

Easter (n) uMkhosi woVuko.

easterly (a) -velayo ngasempumalanga.

eastern (a) -kwasempumalanga.

easy (a) -lula; -thulile; -ncwaba (free); -zinzile, -nethezekayo (comfortable).

eat (v) dla; memfuza, momfuza, phanga, minza (e. greedily); fukutha (e. uncooked food); eshwama (e. first fruit); nqampuna (e. off as grass); shwabadela (e. up); mungunya umunyu (e. one's heart out).

eatables (n) okudliwayo.

eaves (n) undi lophahla.

eavesdrop (v) lalela izimfihlo ungabonwa.

ebb (n) ukuhlehla; ukubohla. (v) hlehla; bohla.

ebony (n) uhlobo lomuthi olukhuni

omnyama; iebhoni.

ebullient (a) -phuphumayo; -obundla-mundlamu.

eccentric (n) umuntu oyinqaba. (a) -yinqaba; -ngakhungekile nephaka-thi ngqo (off centre).

eccentricity (n) ukubayinqaba.

ecclesiastic (n) umfundisi wezenkolo. (a) -obufundisi.

ecdysis (n) ukwabuza.

echo (n) isenanelo; ukufanisa (copy). (v) enanela; nkenketha.

eclipse (n) ukufiphazeka; ukusithwa; ukufiphala kwelanga (e. of sun). (v) fiphaza; sitha.

economical (a) -ongayo; -congobeze-layo.

economics (n) ezomnotho wezwe; isayensi ephathelene nezomnotho wezwe.

economist (n) owongayo; umfundi wesayensi ephathelene nezomnotho wezwe.

economize (v) onga.

economy (n) umnotho wezwe; indlela yokuphatha umnotho; ukonga.

ecstacy (n) amadlingozi okwesasa.

ecstatic (a) -okujabulisayo.

eczema (n) umuna; utwayi.

edge (n) umphetho; iphethelo; icala; undi, usebe (verge); ichopho (e. of cloth); ubukhali, ubudla (cutting e.); lola (put an e. on). (v) hlehla (e. away); phetha.

edgeways (adv.) lukeke; ngecala.

edging (n) unqenqe; isiphetho.

edible (a) -dlekayo; -nokudliwa.

edict (n) isimemezelo sakomkhulu; umthetho.

edifice (n) isakhiwo; indlu enkulu.

edify (v) fundisa okunosizo.

edit (v) hlela.

edition (n) okucindezelwe ngasikhathi sinye.

editor (n) umhleli.

editorial (n) uhla lomhleli. (a) -phathelene nokuhlela.

educable (a) -fundisekayo.

educate (v) fundisa; khulisa.

education (n) imfundo; ukufundiswa; uMnyango weMfundo (E. De-partment).

eel (n) umbokwane; izece.

eerie, eery (a) -esabisayo.

efface (v) sula; chitha; hlikihla; esula engqondweni (e. from memory).

effect (n) umphumela; impumelelo;

okuvela kamuva (after e.); isisusa nomphumela (cause and e.); ukuzi-bonisa (impression); impahla yonke yakhe (his effects). (v) feza; banga; enza (give e. to).

effective (a) -sebenzayo; -phumelelayo.

effectual (a) -sebenzayo; -bangayo.

effeminate (a) -njengowesifazane.

efferent (a) -thumelayo; imizwa ethumelayo (e. nerves).

effervesce (v) zoyiza; gqwambiza; bila.

effete (a) -ngenamandla; -phelelwe amandla.

efficacious (a) -sizayo; -sebenzayo; -namandla okwenza.

efficiency (n) ukuba nekhono lokwe-nza; ukuqeqesheka.

efficient (a) -nekhono; -nesandla; -qeqeshekile.

effigy (n) isithombe esifana nomuntu.

effluent (a) -gobhozayo; okugobhozayo (the e.).

effluvium (n) iphunga; ukunuka.

effort (n) umzamo; linga (make an e.); izaba (token e.).

effrontery (n) indelelo; ukweyisa.

effusive (a) -dlulisayo; ukubonga okwedlulisile (e. praise).

e.g. (conj.) kanje; njengokuthi.

egg (n) iqanda; umthubi, isikhupha (yolk of e.); umgwagwa weqanda (white of e.); igobolondo (shell of e.); ubomi (eggs of insect).

ego (n) umina.

egotism (n) ukugqajela kwesakhe; ukuzazisa.

egotist (n) ozazisayo.

egregious (a) -mangalisayo; -qhamile.

egress (n) ukuphuma; impumela phandle.

egret (n) ilanda; ingekle.

Egyptian (n) umGibhithe. (a) -kwa-seGibhithe.

eight (n) isishiyagalombili; isiphohlo-ngo.

eighteen (a) -lishumi nesishiyagalo-mbili.

eighty (a) -ngamashumi ayisishiyaga-lombili.

eisteddfod (n) umncintiswano woku-cula nokulanda; umkhosi wamaciko.

either (a. & pron.) noma muphi; noma . . . . noma. (e. or)

ejaculate (v) khuluma ngamandla; khipha ngamandla; phimisa nga-mandla.

eject (v) putshuza; khafula; khipha;

phumisa.

eke (v) congobezela; onga (e. out).

elaborate (v) cubungula; chasisa; hlela. (a) -lungisisiwe; -nemininingwane (detailed).

eland (n) impofu.

elapse (n) ukudlula. (v) dlula; phela.

elastic (n) injoloba; umnwebuluka. (a) -nwebekayo; -enjoloba.

elasticity (n) ukunwebeka.

elate (v) khukhumeza; thokoza (be elated).

elation (n) ukuthokoza.

elbow (n) indololwane. (v) qhukuluza; chiliza; gadlameza.

elder (n) igosa (e. of church); omdala; abadala; abakhulu; umnewethu (e. brother). (a) -dala; -khulu.

elderly (a) -dadlana; -khudlwana; -qinile.

eldest (a) -dala kakhulu; dala kunabo bonke.

elect (n) abakhethiweyo. (v) khetha; qoma; thanda. (a) -khethiwe; umongameli okhethelwe ukungena esikhundleni (president e.).

election (n) ukhetho.

electioneer (v) celela othile ukuba avotelwe.

electorate (n) abavotayo; abavoti.

electric (a) -elektriki; isibani selektriki (e. light).

electrician (a) isazi selektriki; osebenza ngelektriki.

electricity (n) ielektriki.

electrification (n) ukuxhuma izincingo zelektriki.

electrocute (v) bulala ngelektriki.

electroplate (v) embesa insimbi ngoqweqwe lwesiliva ngokusebenzisa

(a) -bukekayo; -hle kakhulu; -nobunono.

elegy (n) inkondlo yesililo.

element (n) isithako semvelo; into engumsuka wezinye izinto; amandla ezulu; ukuduma, ukubaneka, isangquma, umoya (the elements); ichashaza (small trace).

elemental (a) -ngumsuka.

elementary (a) -okuqalisa; -kwaphansi.

elephant (n) indlovu; indlovukazi (female e.); into engasizi lutho (a white e.).

elephantiasis (n) isifo sokuvuvuka kwezitho.

elevate (v) phakamisa; khuphula;

khulisa.

elevation (n) ukuphakama; impakama (elevated place).

elevator (n) udladla; indlu enkulu ephakeme okulondolozwa kuyo ummbila namabele nokunjalo (grain e.); umshini othwala abantu ubakhuphule ubehlise esitezi, ilifti (lift).

eleven (a) -yishumi nanye.

elf (n) isidalwa ezinganekwaneni esingumuntukazana.

elfin, elfish (a) -okwesidalwa esingumuntukazana.

elicit (v) husha; wonga; engula.

elide (v) eqa; nquma; ukweqa uhlamvu (e. a letter).

eligible (a) -nokukhethwa; -fanelekile.

eliminate (v) khipha; susa; quphula.

elimination (n) ukukhishwa; umgwabulo.

elision (n) iseqo; ukushiya.

elixir (n) umuthi okuthiwa unqala.

elk (n) uhlobo lwenyamazane enkulu yaseMelika enezimpondo ezimagatsha.

ellipse (n) okusasiyingi okumisa okweqanda.

elocution (n) ukuqaphuza; isifundo sokuphimisa amazwi.

elongate (v) enza kube kude; dephisa; jobelela (add on to); elula (stretch out).

elongation (n) ukwelula; ukudephisa.

elope (v) eqa; baleka.

elopement (n) ukweqa; ukubaleka.

eloquence (n) ubuqaphuqaphu; iphimbo.

else (a. & pron.) futhi; -nye; kungekho omunye (no one e.). (adv.) -nye, kwenye indawo (somewhere e.); kungenjalo (otherwise).

elsewhere (adv.) kwenye indawo.

elucidate (v) chachisa; hlazulula.

elude (v) phunyuka; phamba; phicizela.

elusive (a) -phunyukayo.

emaciated (a) -zacile; -hushukile; -ondile; intshwapha (an e. person).

emaciation (n) ukuzaca; ukumbungceka.

emanate (v) vela; phuma.

emanation (n) okuphumayo; okuvelile.

emancipate (v) khulula; khipha ebugqileni.

emasculate (v) thena; thena amandla, qeda amandla (weaken).

embalm (v) gqumisa isidumbu ngemithi.

embankment (n) udonga lokuvimbela.

embargo (v) ukuvimbela uhwebo.

embark (v) ngena emkhunjini; khwela emkhunjini; sukela (e. upon).

embarkation (n) ukukhwela emkhunjini; ukukhwela kwamasosha emkhunjini; (e. of troops).

embarrass (v) phoxa; xina; khungatha.

embarrassment (n) ukuphoxeka; ukukhungatheka.

embassy (n) iqembu lamanxusa ezwe; indlu ehlala inxusa lelinye izwe (residence).

embellish (v) hlobisa; fekethisa; vunulisa.

embers (n) amalahle avuthayo.

embezzle (v) eba; dlela; khwabanisa.

embitter (v) khonkobalisa inhliziyo.

emblazon (v) hlobisa ngeziphandla.

emblem (n) isiphandla; isibonakaliso.

emblematic (a) -fanekisayo.

embody (v) hlanganisa; thatha.

embolden (v) duda; -pha isibindi.

embolism (n) ukuvaleka ngehlule nokuvuvukala kwomthambo.

embrace (n) ukugona. (v) gona; singatha; amukela, thatha (accept).

embrasure (n) intuba; intunja; imbobo.

embrocation (n) umhlabelo; imbulukhesheni.

embroider (v) fekethisa.

embroidery (n) umfekethiso; isibeba.

embroil (v) xabanisa; gaxa.

embryo (n) umbungu; isibindi sembewu.

embryonic (a) -ombungu; -ngakakhuli; -ngakalungiswa.

emerald (n) itshe elincane eliluhlaza eliyigugu. (a) -luhlaza.

emerge (v) phuma; hlaluka; qhamuka.

emergent (a) -sanda kuhlaluka.

emergence (n) ukuphuma; ukuvela; ukuhlaluka.

emergency (n) okuvela kungazelelwe; ingozi.

emery (n) umuthi wokukhuhla; iemeri; iphepha eline-emeri nganxanye (e. paper).

emetic (n) umuthi wokuphalaza; umhlanziso. (a) -phalazayo; -hlanzisayo.

emigrant (n) othuthele kwelinye izwe.

emigrate (v) thutha kwelinye izwe; fuduka.

emigration (n) ukuthutha ezweni lakubo.

eminence (a) ukuphakama; intaba; ubukhulu.

eminent (a) -phakeme; -dumile; -qhamile.

Emir (n) inkosi yaseArabhia.

emissary (n) inxusa; isithunywa.

emission (n) ukuphuma; okuphunyiswayo (discharge); ukukhipha ukukhanya (e. of light).

emit (v) khipha; phumisa; thaphuka (e. odour).

emolument (n) inkokhelo; iholo; inzuzo.

emotion (n) usinga; umhawu; umunyu; inhliziyo; uzwelo; isithukuthezi.

emotional (a) -nomhawu; -shesha ukuzwela.

emperor (n) inkosi enkulu ebusa amanye amakhosi.

emphasis (n) isigcizelelo; ingomothela.

emphasize (v) gcizelela; qinisa.

emphatic (a) -nokugcizelela; -qinisayo.

empire (n) umbuso; inhlanganisela yezizwe ezibuswa yinkosi enkulu.

employ (n) ukuqashwa; umsebenzi. (v) qasha; sebenzisa; ngenisa emsebenzini; ekumsebenzeleni (in his e.).

employee (n) isisebenzi; oqashiwe.

employer (n) umqashi; umninimsebenzi.

employment (n) umsebenzi; ukuqashwa; isikhundla somsebenzi.

emporium (n) indawo enkulu yokuthengisela impahla.

empower (v) nika amandla.

empress (n) inkosikazi yenkosi enkulu; inkosikazi ebusayo.

empty (n) okungenalutho; amabhodlela angenalutho (empties). (v) thulula; khoca; thululela. (a) -ngenalutho; -ngathwele lutho; -yize; izethembiso eziyize (e. promises).

emulate (v) linganisa; fanisa.

emulation (n) ukulinganisa; ukulinga ukufanisa.

emulsify (v) xuba namafutha.

emulsion (n) okuxutshwe namafutha; umuthi oxutshwe namafutha.

enable (v) nika amandla; phumelelisa.

enact (v) linganisa; misa; misa umthetho (e. a law).

enamel (n) inamela; uqweqwe lwezinyo (e. of tooth); upende owomayo ubeluqweqwe (e. paint). (v) penda ngenamela.

enamour (v) thandisa; vusela uthando.

encamp (v) ngenisa ematendeni; kanisa.

encampment (n) lapho kuma khona amatende; isikaniso.

encase (v) faka phakathi kwa-; thandela.

enceinte (a) -khulelwe; -nesisu; -mithi.

encephalitis (n) isifo sobuchopho.

enchantment (n) ukujatshuliswa; ukulunjwa.

enchantress (n) isanusi sesifazane; owesifazane ozithandekisayo.

encircle (v) haqa; kaka; zungelezela.

enclave (n) izwana eliphakathi kwezwe labanye abantu.

enclosure (n) indawo ebiyelweyo; into ebiyelayo; uthango; into efakwe phakathi (as e. in a letter).

encompass (v) zungelezela; kaka; qukatha.

encore (n) impindafuthi; ukuphindisa. (interj.) phinda!

encounter (n) impi; ukulwa; isiwombe; ukuhlangana. (v) hlangana na-; nqwamana na-.

encourage (v) khuthaza; duda; qinisa; qunga.

encouragement (n) inkuthazo; isikhuthazo; umshushiso.

encroach (v) eqa umudwa; dla; sondelezela (e. upon).

encrust (v) mbesa ngokhokho.

encumber (v) sinda; xina; thiya.

encumbrance (n) ukusindwa; umthwalo; ukujiyelwa.

encyclopaedia (n) incwadi ephethe izinhlobonhlobo zolwazi.

encyst (v) valeka esikhwanyaneni emzimbeni; mbesa ngesikhumba.

end (n) ukugcina; isiphetho; umkhawulo; isiduku, isidunu (butt e.); ukuphela (close of time); ekupheleni (the e.); isigcino, umphelo, impetho (termination); phetha, lotheka (come to e.); ingqondo, umphumela, unomphela (result, purpose); ukuze (to the e. that). (v) phela; nqamuka; shabalala; qeda, phetha, thothanisa, phelisa (e. off).

endanger (v) ngenisa engozini; eyelisela engozini.

endear (v) thandekisa.

endeavour (n) umzamo; ukulinga. (v) zama; linga.

endemic (a) -vamileyo ezweni elithile.

ending (n) isigcino; inkawulo; isiphe-tho.

endless (a) -ngapheliyo; -ngenamkhawulo.

endorse (v) sayina ngemuva kwesheke noma kwenye incwadi; sayina ufakazele ukuvumela kwakho; vumela.

endorsement (n) ukusayina; ukuvumela.

endow (v) pha; pha imali; shiyela ifa.

endowment (n) isiphiwo; ukusekwa ngemali; isikhwama sokuseka (e. fund); iziphiwo umuntu anazo (talents).

endurance (n) amandla okubekezela; ukuqina.

endure (v) bekezela; qina; hlala isikhathi eside; bekezelela.

enema (n) uchatho; isitho; upotsho.

enemy (n) isitha; umufo; impi.

energetic (a) -khuthele; -bukhuphekhuphe; -cophelele.

energy (n) amandla; isidlakadla.

enervate (v) enqenisa; fehla; coba.

enfilade (v) velela ngenhlamvu nganhlanye.

enfold (v) singatha; zongolozela.

enforce (v) phoqelela; gcizelela emthethweni (abide by the law).

enfranchise (v) nikeza ilungelo lokuvota.

enfranchisement (n) ukunikezwa kwamavoti.

engage (v) vuma, qasha, thembisa (bind by promise); -ziqashisa ku- (e. oneself to); qasha isisebenzi (e. a servant); lwa, bambana nezitha (e. the enemy); phatha, libala.

engaged (a) -thenjisiswe umshado (betrothed); -bambekile, -thathekile (busy).

engagement (n) ukuthenjiswa umshado (betrothal); ukubambana, isiwombe (encounter); umcimbi (appointment).

engender (v) veza; banga; zala.

engine (n) injini; isitimela; umshini.

engineer (n) umphathi womshini; umbaseli; unjiniyela. (v) ceba; enza.

English (n) iNgisi; isiNgisi (language). (a) -eNgisi; -esiNgisi.

engrain (v) gxilisa; imikhuba egxilileyo (engrained habits).

engrave (v) qopha; dweba; faxaza.

engraving (n) umfanekiso ofaxaziwe.

engross (v) libazisa ingqondo; shikashikeka (be e. in).

enhance (v) engeza; khulisa; engezela.

enhancement (n) ukukhuliswa; ukwengezela.

enigma (n) inkinga; amasithesithe.

enigmatic (a) -yinkinga; -sithezayo.

enjoin (v) nqumela; laya; thwalisa.

enjoy (v) jabulela; thokoza; enaba; dla.

enjoyable (a) -jabulisayo; -hle.

enlarge (v) khulisa; andisa.

enlargement (n) ukukhulisa; isengezelelo; isenezelelo; isichasiso (gram.).

enlighten (v) khanyisela; qondisa.

enlightenment (n) ukukhanyiselwa; inkanyiso.

enlist (v) butha; bhala; joyina; thola usizo (e. help).

enliven (v) jabulisa; vusa.

enmity (n) inzondo; ubutha.

ennoble (v) khulisa; enza isikhulu; dumisa.

ennui (n) isizungu; isitikiyane.

enormity (n) ubukhulu; ubunzima.

enormous (a) -khulukazi; -ningi kakhulu.

enough (n) okwanele; okuningi. (a) -ningi; -lingene; -anele. (adv.) ngokulingeneyo.

enquire (v) buza; buzela; hlaziya.

enquiry (n) umbuzo; inhlaziyo; ukuhlola.

enrage (v) thukuthelisa; phehla ulaka.

enrapture (v) heha; huha; vusa amadlingozi enjabulo.

enrich (v) nothisa; cebisa; fuyisa; vundisa (e. the soil).

enrol (v) butha; bhala; joyinisa.

enrolment (n) ukubhalwa; inani elibhaliwe; ababhaliweyo.

enshrine (v) beka endaweni engcwele; ngcwelisa.

enshroud (v) mboza.

ensign (n) iduku; ifulegi; umphathi weviyo lamabutho.

ensilage (n) uhlaza olubandelwe emgodini noma esakhiweni oluzodliwa yimfuyo.

enslave (v) gqilazisa.

ensnare (v) cupha; hila; bhabha.

ensue (v) landela; icala elilandelayo (the ensuing case).

ensure (v) qiniseka; enzakalisa.

entail (v) banga; veza; susa; beka umbandela ekwabeleni kwefa (e. an estate).

entangle (v) hila; phambanisa; xaka; bhabha.

entanglement (n) isixhakaxholo; isihibe.

enter (v) ngena; ngenela; bhala (enrol).

enteric (n) isifo samathumbu; interiki.

enteritis (n) isifo samathumbu esihambisayo esivamise ezinganeni.

enterprise (n) umsebenzi osongozwayo; ikhono (ability).

enterprising (a) -namasu; -nezilokotho.

entertain (v) ngenisa ekhaya, ngenisa (hospitality); jabulisa, libazisa (amuse); qukatha, cabanga (consider).

entertainment (n) umdlalo; ukulitshaziswa.

enthral (v) thokozisa; gqilazisa.

enthrone (v) beka ebukhosini.

enthuse (v) khuthaza; shiseka; shisekisa.

enthusiasm (n) umdlandla; intshisekelo; ukushisekela.

enthusiast (n) isishisekeli; onomdlandla.

entice (v) yenga; wunga; huha.

enticement (n) uyengo; ukuyengwa.

entire (a) -phelele; -phelayo; -the nya.

entirely (adv.) ngokuphelele; ngokuthi du.

entirety (n) konke konke; inya.

entitle (v) etha; biza; vumela; nika ilungelo (give right).

entity (n) ubunye.

entomb (v) ngcwaba; fihla engcwabeni.

entomology (n) isayensi ephathelene nezilokazane.

entrails (n) amathumbu; izibilini.

entrain (v) khwela isitimela; khwelisa esitimeleni.

entrance (n) ukungena; isango; umnyango. (v) jabulisa; lutha.

entrant (n) ongenayo; ophikisanayo.

entrap (v) cupha; hila; thiya; phica (confuse).

entreat (v) ncenga; nxusa; khonga.

entreaty (n) ukuncenga; isikhalo.

entrench (v) mba imisele yokucashela; gxilisa; imitheshwana egxilisiwe (entrenched clauses).

entrust (v) phathisa; beka.

entry (n) isingeniso; ukungena; umbhalo, okubhaliwe (e. in writing); umnyango, isango (place of e.).

entwine (v) thandela; zombelezela; phica; photha.

enumerate (v) bala; landisa.

enunciate (v) phumisela; phimisela.

envelop (v) mboza; embathisa; kaka; haqa; hanqa.

envelope (n) imvilophi; isembozo sencwadi.

enviable (a) -fisekayo; -fiseka; -nokuhawukelwa.

envious (a) -khanukayo; -khanukelayo; -nomona.

environment (n) ubunjalo bendawo; inhlalo yendawo.

environs (n) indawo okuhlalwa phakathi kwayo.

envisage (v) cabanga; fanekisa.

envoy (n) isithunywa; inxusa.

envy (n) umona; umhawu; inkanuko. (v) hawukela; khanukela.

ephemeral (a) -hlala isikhathi esifishane.

epic (n) inkondlo ebonga amaqhawe esizwe; indumezulu. (a) -bonga amaqhawe.

epicure (n) othanda ukudla kwekhethelo.

epidemic (n) ubhememe; umqedazwe; isibhicongo. (a) -esibhicongo.

epidermis (n) ulwabulo; ulwebu olungaphandle kwesikhumba.

epiglottis (n) imvalamphimbo; ugovana.

epigram (n) isisho esifishane esibukhali.

epilepsy (n) isithuthwane.

epileptic (n) onesithuthwane. (a) -esithuthwane.

epilogue (n) isiphetho ekugcineni kombhalo.

episode (n) isigigaba; isehlakalo.

epistle (n) incwadi; incwadi yokuthunyelwa.

epitaph (n) amazwi okubonga oshonile.

epithet (n) igama elichasisayo.

epitome (n) ukufinyeza indaba.

epoch (n) inkathi enqunyiweyo; ukuqala kwenkathi entsha.

epsom salts (n) usolisi; ingisawoti.

equable (a) -ngaguquguquki; -lingeneyo; -fanayo njalo; inhliziyo enesizotha (e. temper).

equal (n) olingene na-; intanga ya- (in age); ozaqa (equals). (v) lingana na-. (a) -lingene; -fanayo.

equality (n) ukulingana.

equalize (v) linganisa.

equally (adv.) ngokulinganayo; ngokufanayo.

equate (v) linganisa; fanisa.

equation (n) isibalo esilinganisiwe nesinye.

equator (n) inkabazwe; iyikhweyitha.

equatorial (a) -enkabazwe.

equestrian (a) -phathelene nokugitshelwa kwamahashi.

equidistant (a) -phathelene nemikhathi elinganayo; -phathelene nebanga elilinganayo.

equilateral (a) -nezinhlangothi ezilinganayo.

equilibrium (n) ukungashukumi okuvezwa ukucindezelwa nhlangothi zombili ngesisindo esilinganayo.

equine (a) -ehashi; -phathelene namahashi.

equinox (n) ukulingana kwemini nobusuku.

equip (v) funela; nika okudingekile; hlomisa.

equipment (n) izinto zokusebenza; impahla nezikhali zokuhlomisa.

equitable (a) -lingene; -lungile; -fanele.

equity (n) isinwe; ukulingana; okulungile.

equivalent (n) okulinganayo; okukanye. (a) -lingene.

equivocal (a) -mbandazayo; -masithesithe.

equivocate (v) mbandaza.

era (n) isikhathi; isikhathi esinomlando; inkathi enomlando oqhamileyo.

eradicate (v) khipha; qeda; siphula; qeda ukhula olumenyezelwe (e. noxious weeds).

eradication (n) ukususa; ukuqeda; ukusiphula.

erase (v) sula; hlikihla.

erect (n) akha; misa; vusa. (a) -qhiyeme; -the mpo.

erection (n) ukwakha; ukumiswa; isakhiwo.

ermine (n) isilwane esiphenduka sibemhlophe emazweni alala iqhwa esinesikhumba esiyigugu.

erode (v) guguleka; hovoka; dla; dleka.

erosion (n) ukuguguleka; ukukhukhuleka; ukudleka.

erotic (a) -phathelene nothando lowesilisa nowesifazane.

err (v) phambuka; duka; phosisa.

errand (n) umsebenzi wokuthunywa; umhiba.

errata (n) iziphosiso.

erratic (a) -ngahambi ngasu; -ngenamthetho; -okugwabuzela.

erroneous (a) -phosisile; -dukileyo.

error (n) isiphosiso; ukuduka; ukuphambuka.

erudite (a) -fundile kabanzi.

erupt (v) qubuka; qubukisa; qhuma; qhumuka.

eruption (n) ukuqhumuka (volcanic); umqubuko (e. on skin).

escalade (v) ukukhwela ngesitebhisi.

escalator (n) isitebhiso esizihambelayo.

escape (n) ukweqa; ukubaleka; ukuphunyuka. (v) sinda; eqa; baleka; phepha; phunyuka.

escarpment (n) undi; ukwehlela kwasethafeni eliphakeme.

eschew (v) gwemela.

escort (n) umphekezeli; umhlengi; umqhubi. (v) phelekezela; qhuba; hlenga.

Eskimo (n) umEskimo; uhlobo lwabantu basenyakatho emazweni eqhwa.

especial (a) -gqamileyo.

Esperanto (n) ulimi olukhulunywa yizinhlobonhlobo zabantu kungesilo ulimi lwesizwe.

espionage (n) ubunhloli.

esplanade (n) umgwaqo ongasogwini lolwandle.

espousal (n) ukuganwa; ukusekela (support).

espy (v) bona; qabuka.

esquire (n) isikwaya; isigwili; udibi lwesikhulu.

essay (n) ingxoxo; indaba elotshiweyo; ukulinga (attempt). (v) linga; zama.

essence (n) okwekhanyiweyo kokunye (concentrated); isizinda, ingqikithi (true nature); okuchininisiweyo ezithonjeni (e. from plants); isinandiso (flavour).

essential (n) okusemqoka; indikimba. (a) -funekayo; -fanele.

establish (v) akha, misa, gxilisa (build, make firm); qinisa.

establishment (n) ukumiswa; bonke abasebenza endaweni ethile; indlu yomsebenzi; umuzi.

estate (n) ifa, impahla (possessions); umumo, isikhundla (rank); izindlu nemihlabathi (real e.).

esteem (n) ukwazisa. (v) azisa; thanda; cabanga.

estimable (a) azisayo; -bukekayo; -nokubalwa.

estimate (n) isilinganiso; umcabango. (v) linganisa; bala.

estimation (n) ukulinganisa; isilinganiso; ukubona.

estrange (v) ahlukanisa; xabanisa.

estreat (v) shonisa ibheyili (e. bail).

estuary (n) isizalo somfula.

et cetera, etc. (n) njalonjalo; njll.

etch (v) dweba ensimbini ngeasidi.

etching (n) umfanekiso odwetshwe ensimbini bese kucindezelwa ephepheni ngaleyo nsimbi.

eternal (a) -ngapheliyo; -naphakade; ukuphila kwaphakade (e. life).

eternity (n) iphakade; isikhathi esingapheliyo.

ether (n) umoya osemkhathini wesibhakabhaka; umuthi osetshenziswa njengesidikizisamizwa.

ethereal (a) -lula njengento yasemoyeni.

ethics (n) isayensi ephathelene nenkambo elungileyo.

Ethiopian (n) umTopiya. (a) -aseTopiya; ibandla lamaTopiya (E. church).

ethnic (a) -kohlobo lobuzwe.

ethnology (n) isayensi eyahlukanisa izinhlobo zabantu.

etiquette (n) ukuziphatha kahle; inhlonipho; ukuhloniphana kwabantu.

eucalyptus (n) ugamthilini; uoyili otholakala kugamthilini (e. oil).

Eucharist (n) isithebe seNkosi ebandleni lamaRoma.

eugenics (n) isayensi ephathelene nokuzalwa kwabantwana abaqinileyo ngokukhethwa kwabazali.

eulogize (v) babaza; dumisa; tusa.

eulogy (n) isibongo; indumiso.

eunuch (n) owesilisa otheniweyo.

euphemism (n) inhlonipho; isifekethiso; izwi elisetshenziswa esikhundleni selinye elingenanhlonipho.

euphony (n) ukuzwakala kamnandi endlebeni.

euphorbia (n) umhlonhlo; isithombo esisamhlonhlo.

European (n) umlungu owaseYurobhu. (a) -abelungu.

euthanasia (n) ukufa ngaphandle kokuzwa ubuhlungu; ukulethela umuntu ogulayo ukufa ngaphandle kwezinhlungu; ukugodukisa ngaphandle kobuhlungu.

evacuate (v) thutha; suka; fuduka,

huda, bhosha (excrete).

evade (v) shalazela; vika; khwiciza; ziba; phicizela.

evaluate (v) linganisa; hluza.

evanescent (a) -nyamalalayo ngoku- shesha.

evangelical (a) -evangeli; -phathelene nezifundiso zabavangeli.

evangelism (n) ukushumayela ivangeli.

evangelist (n) umvangeli.

evaporate (v) hwamuka; khothwa umoya.

evaporation (n) umhwamuko; uku- khothwa ngumoya.

evasion (n) ubugonci; isikhwici.

eve (n) isikhathi sokuhlwa; ntambama ngosuku oluphambili kukaKhisimusi (Christmas e.); ngaphambidlana kokuqala ukulwa (on the e. of battle).

even (a) -loloziwe (smooth); -lingene (equal, level); -linganayo (of numbers); inamba engelona ugweje (e. number); -anamuhla (of e. date). (v) linganisa (e. up). (adv.) noma kunjalo (e. so); namanje (e. now); nanxa, ingani, nokho (e. though).

evening (n) kusihlwa; isikhathi saku- sihlwa.

event (n) isehlo; isehlakalo; isigigaba; umhlola (surprise); umncintiswano wokuqala (the first e.).

eventide (n) isikhathi sakusihlwa.

eventual (a) -yokwenzeka ekugcineni.

eventuality (n) ukwenzeka okuyofika ekugcineni.

eventuate (v) enzeka; gubhuka.

ever (adv.) nanini; naphakade; naninini (e. and e.).

evergreen (n) umuthi ongawohloki; isihlahla esingavuthuki amaqabunga. (a) -ngawohloki.

everlasting (n) uhlobo lwembali engasheshi ukubuna. (a) -nguna- phakade; -ngapheliyo.

every (a) -nke; -nke nje; izikhathi ngezikhati (e. now and again); -malanga onke (e. day); njalo.

everybody (n) abantu bonke; wonke umuntu; wonke uwonke.

everything (n) konke; izinto zonke.

everywhere (adv.) ndawo zonke; naphinaphi.

evict (v) xosha; khipha.

evidence (n) ubufakazi; isiqiniselo; ukubonakala; okukhombisayo; oku-

fakazayo.

evident (a) -bonakala; -sobala; -qhamile.

evil (n) okubi; ububi; ukona. (a) -bi; -enzayo okubi; -lethayo okubi; -okokuhlupheka.

evil-minded (a) -nhliziyombi; -khohla- kele.

evince (v) veza; bonisa; bonakalisa.

eviscerate (v) khipha amathumbu.

evoke (v) banga; biza.

evolution (n) ukusombuluka kwendalo; ukuvela kwezinto kwezinye; uku- qhubekela phambili ngokusombu- luka njalo kancane kancane.

evolve (v) sombuluka; qhuma; veza.

ewe (n) imvukazi; ixhukazi.

ewer (n) ukhamba lwesilungu lwa- sendulo; igabha lokuphatha amanzi.

exacerbate (v) thukuthelisa; andisa izinhlungu.

exact (v) biza ngokudlulisa; qothula. (a) -qinisile; -lunge nse; -yikho du.

exactly (adv.) ngokuyikho du; ngempela.

exaggerate (v) andisa; khukhumalisa; khafuza; -ba nehaba.

exaggeration (a) isandiso; ubuhafu- hafu; ihaba.

exalt (v) phakamisa; dumisa; khulisa.

exaltation (n) ukuphakanyiswa; indu- miso.

examination (n) ukuhlola; ukuhlolwa; isivivinyo.

examine (v) vivinya; hlola; hlaziya; popola (medically).

example (n) isibonelo; isiboniselo; isilinganiso; isifaniselo.

exasperate (v) casula; thukuthelisa.

excavate (v) mba; gubha; mbulula.

excavation (n) ukumba; ukugubha; indawo embiweyo.

exceed (v) dlula; dlulisa; eva.

exceedingly (adv.) kakhulu impela; ngaphezulu.

excel (v) ahlula; dlula; shiya; eqa.

excellence (n) ubuhle; ubuqabavu.

excellent (a) -hle kakhulu; -enqabile.

except (v) khipha; khetha; yeka; shiya. (prep.) ngaphandle kwa-; kuphela.

exception (n) isiphambuko; okwehlu- kile; okukhishiweyo; okungekho; ukucunula (objection); cunuka, sola, khononda (take e. to).

exceptional (a) -ngavamile.

excerpt (n) okukhishiweyo.

excess (n) ukweqa; ukudlulisa (in-

temperance); okuseleyo kungasa-
funeki (surplus); impahla eyeqile
esilinganisweni (goods in e.).
excessive (a) -dlulileyo; -eqileyo.
exchange (n) ukushintshiselana. (v)
shintsha.
exchequer (n) umnyango kahulumeni
ophethe imali yesizwe.
excise (n) intelo yempahla ethengi-
swayo yalelozwe. (v) nquma; sika;
khipha.
excite (v) vusa; ethusa; duda; thuku-
thelisa (anger).
excitement (n) amabhongo; ukwesasa;
isiwiliwili; into evusa inhliziyo.
exclaim (v) babaza; memeza; khuza.
exclamation (n) isibabazo; izwi loku-
khuza; unombabazo (e. mark).
exclude (v) vimbela; bandlulula;
khetha; silalisa; shiya ngaphandle.
exclusion (n) ubandlululo; ukusilela.
exclusive (a) -khethayo; -ngaphandle
kwa-.
excommunicate (v) khipha ebandleni
nasemalungelweni ebandla; khipha
ebandleni lamaRoma.
excrement (n) amasimba, uthuvi, indle
(human); ubulongwe (cattle); isitingi
(poultry); imisimbane (horse).
excreta (n) amasimba; indle.
excrete (v) nya; chama; khipha.
excruciating (n) ubuhlungu obuhla-
bayo (e. pain).
exculpate (v) khipha ecaleni; hlanza.
excursion (n) uhambo; uhambo loku-
zijabulisa; ukuphambuka (digres-
sion).
excuse (n) isilandulo; isihlanguzo;
izaba. (v) thethelela; xolela; hlanza.
execrable (a) -qalekisiwe; -zondekile.
execute (v) enza; gcina; bulala ngo-
komthetho (capital punishment).
execution (n) ukwenza, ukugcina (per-
formance); ukubulala ngokomthe-
tho.
executive (n) isigungu. (a) -okwenza;
amandla okwenza (e. powers).
exemplary (a) -bukekayo; -tusekayo;
-xwayisayo.
exemplify (v) bonisa; fanisa.
exempt (v) khulula. (a) -khishiwe;
-xolelwe; -izemtiti (one e. from
native law).
exercise (n) ukusebenza; ukwelula
umzimba (take e.); okokufundisa
(lessons). (v) sebenzisa; hlelemba;
jwayeza.

exert (v) sebenzisa; zama; cindeza;
qanula; fuqela.
exertion (n) umzamo; umzukuzuku.
exhalation (n) ukukhipha umoya;
ukukhipha umphefumulo.
exhale (v) khipha umoya; khipha
umphefumulo; phumisa.
exhaust (n) umbhobho okhipha
intuthu enjinini. (v) qedamandla;
coba; khandla.
exhaustion (n) ukukhathala; uku-
khandleka.
exhaustive (a) -phelele; ukufundisisa
okuphelele (e. study).
exhibit (n) into ebukiswayo; into
evezwe obala. (v) veza obala;
bonisa; bukisa.
exhibition (n) umbukiso.
exhilarate (v) jabulisa; enamisa.
exhort (v) layeza; layezisa; ncengisisa;
shumayeza.
exhortation (n) umyalo; intshumayelo.
exhume (v) mbulula isidumbu.
exigence, exigency (n) ukusweleka
masinyane.
exile (n) umdingiswa; odingisiweyo.
(v) dingisa; xosha ezweni lakubo.
exist (v) zwa; bakhona; phila.
existence (n) ukubakhona; ubukhona.
existent (a) -khona; -sekhona; -semhla-
beni.
exit (n) umnyango; isango; ukuphuma.
exodus (n) ukumuka; ukuphuma kwa-
bantu abaningi; incwadi yesibili
yeTestamente elidala (book of Old
Testament).
ex officio (adv.) ngelungelo lesi-
khundla.
exonerate (v) hlambulula ecaleni;
khipha ecaleni.
exorbitant (a) -phakemeyo kakhulu;
-klamayo.
exorcise (v) khipha amadimoni.
exotic (a) -vele kwelinye izwe.
expand (v) khulisa; khukhumalisa;
elula; nweba; chasisa (e. upon).
expanse (n) isithabathaba; ukhwatha-
lala; udwadwa.
expansion (n) ukwandisa; ukuqumba;
ukunwebeka; ukweluleka.
expansive (a) -banzi kakhulu;
-luthwaca.
expatiate (v) xoxisisa; chasisisa.
expatriate (n) umuntu oxoshiwe
ezweni lakubo. (v) xosha ezweni
lakubo.
expect (v) ethemba; lindela; bheka.

expectancy (n) ithemba; intemba.
expectant (a) -thembayo; -bhekile; owesifazane okhulelwe (e. mother).
expectation (n) ithemba; umzindlo.
expectorant (n) umuthi wokukhiphisa izikhwehlela. (a) -felisayo izikhwehlela.
expectorate (v) fela amathe; phimisa amathe.
expedient (n) isu elenzelwa ukusiza. (a) -fanele; -lingene; -funekile.
expedite (v) sheshisa; phangisa; khawuleza.
expedition (n) uhambo; inkambo; umkhawulezo (promptness).
expeditious (a) -sheshayo; -khawulezayo.
expel (v) xosha; chitha; dingisa.
expend (v) khipha; chitha; khokha.
expenditure (n) izindleko; incithakalo; imali echithwayo.
expense (n) izindleko; incithakalo.
expensive (a) -bizayo kakhulu; -dulile.
experience (n) ukuthintana; ukuzwa; ukubona; ulwazi. (v) zwa; bona; thintana.
experiment (n) isilingo; umsebenzi wokulinga; umsebenzi wokubonisa. (v) linga; bona; hlola.
experimental (a) -okulinga; -okubona.
expert (n) ingcweti; isihlakaniphi; igagu. (a) -hlakaniphile.
expiate (v) hlawula; hlanza.
expiration (n) ukukhipa umoya (breathing out); ukugcina, ukuphela (end).
expire (v) khipha umoya; phuma umoya (breathe out); fa, shona (die); phela, gcina (end).
expiry (n) ukuphela; ukugcwaliseka.
explain (v) chaza; chasisa; hlahla; khanyisa.
explanation (n) incasiselo; umhlahlelo.
explanatory (a) -chasisayo.
expletive (n) isiqalekiso; ukuthuka.
explicit (a) -khanyayo; -chasisiwe.
explode (v) qhuma; qhumisa; ngquzula; bhamuka.
exploit (n) umgidingo; udwamba. (v) sebenzisa; xhaphaza.
exploitation (n) ukuxhashazwa; ukusetshenziswa.
exploration (n) ukuhlola; ukusinga.
explore (v) hlola; phenya; singa; hamba izwe.
explorer (n) umhloli wamazwe; umsingimazwe.

explosion (n) ukuqhuma.
explosive (n) okuqhumayo. (a) -qhumayo.
exponent (n) umchazi; okwazi ukwenza.
export (n) okohwebo okuphumayo. (v) thumela kwamanye amazwe.
expose (v) dalula; veza; dazulula.
exposition (n) umhlahlelo; ukuchasisa; umbukiso (exhibition).
exposure (n) ukuveza obala; ukudazululwa; ukuvuleka kweso lekhamera (in taking photos).
express (n) isitimela esikhetha iziteshi (e. train). (v) -sho; -shono; -thi; babaza (e. surprise); bonga (e. thanks); shweleza (e. regret); sola (e. uncertainty).
expression (n) ukusho; izwi; umusho; isaga (proverbial saying); ukuveza isimilo (e. of character); umumo wobuso (facial e.); ukukhanywa, ukubhiciza (of squeezing out).
expressive (a) -shoyo; -vezayo; -zwakalisayo.
expropriate (v) phanga ngokomthetho.
expulsion (n) ukuxosha; ukuxoshwa; ukudingiswa; ukudingisa.
expunge (v) cisha; sula; khipha.
expurgate (v) hlanza; khipha okungathandeki.
exquisite (a) -hle ngokumangalisayo.
extant (a) -khona; -sekhona emhlabeni; -philayo.
extempore (adv.) ngokuzifikela; ngalungiselelwe.
extend (v) nweba; nyobulula; qhubekisa.
extension (n) ukuqhubekiswa; isandiso; itafula elixhunywayo (e. table).
extensive (a) -khulu; -banzi; -ningi.
extent (n) ububanzi; ubukhulu; ubude.
extenuating (a) -xolelayo; izizathu zokunciphisa icala (e. circumstances).
exterior (n) indawo yangaphandle; ingaphandle. (a) -ngaphandle.
exterminate (v) bhuqa; bulala; qotha; qothula; shabalalisa.
extermination (n) ukuqedwa nya; ukuqothulwa.
external (a) -ngaphandle; -ezizwe; ukuhlolwa ngabangakufundisanga (e. examination); uMnyango weZindaba zeZizwe (Dept. of E. Affairs).
extinct (a) -ngasekho; -phelile; izilwane

ezingasekho emhlabeni (e. animals).
extinction (n) ukuphela nya.
extinguish (v) cima; cisha; bhula (beat out).
extol (v) bonga; tusa; dumisa; babaza.
extortion (n) ukuthatha imali engafanele ngokuphoqa.
extra (n) isenezelo; okungaphezulu; okuvile. (a) -thasiselwe; -ngaphezulu. (adv.) ngaphezulu; ngaphandle.
extract (n) amazwi athathwe encwadini (e. from book); ukukhipha ngokwekhama. (v) khipha; ngqothula, bangula (e. a thorn); bhoncula (e. as a tooth).
extraction (n) ukukhishwa; ukubhonculwa; isizalo (lineage); okukhanyiwe (essence).
extradite (v) buyisela umuntu ezweni adale kulo icala.
extraneous (a) -ngaphandle; -ngaphezulu.
extraordinary (a) -ngavamile; -mangalisayo.
extravagance (n) ukuhlaphaza; ukuhumuza.
extravagant (a) -hlaphazayo; -bhensayo.
extreme (n) ukugcina. (a) -dlulile; -sekugcineni ngci.
extremist (n) umuntu onemiqondo engahambisani neyeningi kodwa yena eqhubekela phambili ngokwakhe.
extremity (n) isigcino; isiphelo.
extricate (v) khipha; hlenga; dalula.
exuberant (a) -nenjabulo exhuxhumisayo; -enile.
exude (v) mfoma; chinineka; bhicika.
exult (v) esasa; ethaba.
exultation (n) ukwesasa.
eye (n) iso; ihlo; ukubona; khanga (catch the eye); intunja, imbobo (aperture); intunja yenaliti (the e. of a needle); qabuka (set e. on); khwenqeza amehlo (roll eyes).
eyeball (n) inhlamvu yeso.
eyebrow (n) ishiya.
eyelash (n) ukhophe.
eyelet (n) imbobo; imbotshana; intunja.
eye-lid (n) ijwabu leso.
eyesight (n) amehlo; ukubona.
eye-tooth (n) izinyo lenja ngenhla.
eye-witness (n) isibukeli; ufakazi obone ngamehlo.

F

fable (n) insumo; inganekwane; insumansumane; indaba efundisayo.
fabric (n) okuphothiweyo kwaba yingubo; into eyakhiweyo.
fabricate (v) lumba; bumba; qamba; hlanganisa; akha.
fabrication (n) amanga; ilumbo; icebo; okuqanjiweyo.
fabulous (a) -ngakholekiyo; -yinganekwane; -mangalisayo.
facade (n) ingaphandle langaphambili lesakhiwo.
face (n) ubuso; ingaphambili lento. (v) bheka; melana na-; bekela; vela phambi kwa-; bhekana na-; -thi gubudu (face downwards); -thi gengelezi (f. upwards).
facet (n) icala elisikwayo uma kulolongwa into enjengedayimani ukuze licwazimule.
facetious (a) -nensini; -tekulayo; -namahlaya.
facile (a) -lula; -yingcwepheshi; -sheshayo ukuvuma.
facilitate (v) siza; lungisela; elekelela.
facility (n) ithuba; isu; amalungiselelo (pl.); amalungelo (pl.).
facing (n) umfekethiso; ukubekela. (a) -bhekene na-.
facsimile (n) isifanekiso; isifaniselo.
fact (n) iqiniso; isenzeko; isiminya; into ekhona; ingqikithi; ngeqiniso (as a matter of f.); osiza isigelekeqe ukufihla esikwenzileyo (accessory after the f.).
faction (n) iqembu labantu elingavumelani neningi; isixexelegu.
factor (n) ophathela omunye; isizathu (cause); ifektha (arith.); isixungo (distressing f.).
factory (n) ifektri; indlu okwenziwa kuyo izimpahla.
factotum (n) isisebenzi; isikhonzi; inceku.
factual (a) -veza okwenziweyo; -phathelene nezenzeko.
faculty (n) amandla; ugalo; izikhwepha; isigaba sezifundo (dept. of studies).
fad (n) isigameko; ukuchwensa.
fade (v) phupha; fiphala; phaphatheka.

faeces (n) indle; amasimba; uthuvi.

faggot (n) inyanda yezinswani; inyanda yezinkuni.

Fahrenheit (n) ithemometha eline-180 lamazinga phakathi kwezingaqhwa nezinga lokubila kwamanzi; iFarenhayithi.

fail (n) ukusilela; ukuhluleka. (v) silela; ahluleka; phutha; geja; ahluleka ekuhlolweni, feyila (f. the examination).

failing (n) iphutha; isici. (a) impilo ebuthakathaka (f. heath).

failure (n) isahluleko; ukwahluleka; ukushaba; umfaba.

fain (a. and adv.) jabulela; ngokuvumela phezulu.

faint (n) isinxi; ukuquleka. (v) quleka; hlwathiza. (a) -zwakalayo kancane; -luvivi; -danile; khanandela, hwalaza (be f.).

faint-hearted (a) -nobugwala; -phelelwe yisibindi.

fair (n) umbukiso owenzelwe phandle. (a) -hle, -bukekayo (f. appearance); -lungile, -ngakhethi (just); -lingene (moderate); mhloshana, phaphathekile (light coloured); -zothile (mild); -cwathile, -balelayo (f. weather); ukuloba okungenaphutha (a f. copy).

fairly (adv.) kahle; ngokuqotho; kahlana (f. well).

fairy (n) isidalwa esithandekayo sezinganekwane esingavami ukona lutho; utokolo omuhle.

fait accompli (n) osekwenzekile kwaphelela.

faith (n) ukukholwa; ukholo; ithemba.

faithful (a) -thenjiwe; -thembekile; -namathelayo.

faithless (a) -ngathembekile; -phendukelayo.

fake (n) imbumbezelo; inkohliso; umkhohlisi. (v) bumbezela; khohlisa.

fakir (n) umuntu ongcwele waseNdiya.

falcon (n) uhlobo lwenyoni cfana nomathebethebeni; inyoni efuyelwa ukuzingela ezinye izinyoni.

fall (n) ukuwa; ukudilika, ukukhithika (f. of snow); ukuwoholoka (f. of leaves). (v) -wa; dilika; wohloka; ehla; ncipha (decrease).

fallacious (a) -ngamanga; -dukisayo; -khohlisayo.

fallible (a) -nokuduka; -nokuphosisa; -nokuphambeka.

fallow (a) -ngalinyiwe; -ngahlwanyeliwe; qinta (to lie f.).

false (a) -namanga; -namacebo; -yilumbo; -yimbulu; -khohlisayo.

falsehood (n) amanga; amacebo; ilumbo.

falsetto (n) izwi eliphakeme lowesilisa.

falsify (v) mbuluza; guqula kube ngamanga.

falter (v) nqikaza; thiziyela.

fame (n) udumo; idumela; ubukhulu.

familiar (n) umhlobo; umkhovu; isiyiyane (witchcraft). (a) -jwayelene; -azanayo.

familiarity (n) ukuzwana; ukujwayelana.

family (n) umuzi; umndeni; inzalo; usapho; indlu yonke. (a) -kwakubo; -komuzi; ukwelamana kwabosendo (f. tree).

famine (n) indlala; intola; ukhuvethe.

famish (v) lambisa; bulala ngendlala.

famous (a) -dumile; -negama; -azekayo; chuma (become f.).

fan (n) isiphephezelo; iselo; umncomeli (enthusiast). (v) -zibhebheza (f. oneself); bhebhezela; bhengula (f. a fire).

fanatic (n) isishisekeli; uhlanya.

fanatical (a) -shisekelayo; -luhlanya.

fancier (n) umfuyi wezinyoni zokubukisa (bird f.); umfuyi wezinja (dog f.).

fanciful (a) -catshangwayo; -phushwayo ngenhliziyo.

fancy (n) umcabango; umxhwele; uthando. (v) cabanga; phupha; -zidla (f. oneself). (a) -fekethisayo; -ligugwana; -nqabile; izivatho ezingajwayelekile (f. dress).

fancy-work (n) umfekethiso; umthungo wokuhlobisa.

fanfare (n) ukuqubula kwamacilongo.

fang (n) izinyo; izinyo elide; inzawu (snake f.); umsuka (root).

fantastic (a) -kungeyikho; -mangalisayo; -yisimanga; -fekethisayo.

fantasy (n) umcabango onqabile; ukuloba ngodaba oluyinqaba.

far (adv.) kude; kudana, kudebuduze (fairly f.) ivelakancane (few and f. between); -finyelela kude (far reaching); ngangokuba (in so f. as). (a) -akude.

farce (n) umdlalo ohlekisayo; incwadi ehlekisayo; igidigidi.

farcical (a) -hlekisayo; -ligidigidi.

fare (n) ukudla; ukudla umuntu anga-khetha kuko ehotela (bill of f.); imali yokukhwela (charge for f.). (v) phumelela; chuma; phila; aneli-swa wukudla (f. well).

farewell (n) ukuvalelisa; valelisa (bid. f.). (a) -okuvalelisa.

farm (n) ipulazi; ifamu. (v) lima; fuya izilwane; abela abanye imise-benzi (f. out work).

farmer (n) umninipulazi; umlimi; umfuyi wezinkomo (cattle f.).

farmstead (n) izakhiwo zomuzi wepulazi.

farrier (n) umbetheli wezipolo zensi-mbi emahashini.

farrow (v) zala (okwengulube).

farther (a. and adv.) ngaphambidlana.

farthest (adv.) kude kakhulu.

farthing (n) uhlamvu lwemali encane; isithivini.

fascinate (v) huha; thonya; kha; eleka ngesithunzi.

Fascism (n) uhlobo lombuso olwa-qalwa ezweni laseTaliyane lwagcina umbuso uphethwe ngumuntu mu-nye.

fashion (n) imfesheni; umkhuba; umkhuba wokugqoka; isidala (old f.); isimanje (modern f.); umsiko (dress f.); ngokungenelisi (after a f.). (v) enza; bumba; lungisa.

fashionable (a) -yisimanje; -hambayo ngomkhuba wanamuhla; -nobugwili.

fast (n) ukuzila; inzilo. (v) zila; zila ukudla; -zilambisa. (a) -sheshayo; -sheshisayo; -masinyane; owesifa-zane oyihiliba (f. woman); -gxilayo, -gxilile, -qinile, -gomothele (firm). (adv.) ngokuthi ngqi; -zumekile (f. asleep); eduze (close); bambelela (hold f.); bophisisa (make f.); ngo-kushesha, ngamandla (quickly).

fasten (v) bopha; thekeleza; khunga; khuleka; namathela; hlanganisa ku-(f. on to); chosha (f. by a pin); khwaxa (f. as a belt); qhosha (f. with stud, clip).

fastidious (a) -tengetengezayo; -coyi-yayo; -tetemayo; -cubulungayo.

fastness (n) ijubane (speed); inqaba (fort, stronghold).

fat (n) amafutha; ukukhuluphala; inoni; umfuma (f. for annointing); umnembe (f. for smearing body); isothamlilo (human f.). (a) -khulu-phele; -zimukile; isibhaxakazi (f. person).

fatal (a) -bulalayo; -nokufa.

fatalism (n) ukukholwa ukuthi zonke izinto zahlelwa nguMdali akusena-kuguqulwa lutho.

fatality (n) ukufa; ukubulawa; umuntu obulewe.

fate (n) isimiselo; ukudalelwa; ukunqunyelwa; okuqondene na-.

fateful (a) -misiweyo; -dalelwe.

father (n) ubaba; umzali wesilisa; uyihlo (your f.); uyise (his f.).

father-in-law (n) ubabezala; umukhwe.

fatherland (n) izwe azalelwe kulo umuntu.

fatherless (a) -ngenayise; -yintandane.

fatherly (a) -njengoyise; -njengo-mzali.

fathom (n) isilinganiso sobude sama-fidi ayisithupha. (v) linganisa ukujula; qonda imfihlakalo (f. a secret).

fatigue (n) ukukhathala; isidikinyane. (v) khathaza; dina; khandla; zuka.

fatiguing (a) -khathazayo; -zukayo.

fatten (v) khuluphalisa; zimukisa; nonisa; khuluphala; ceba, fuya (grow rich).

fatty (a) -namafutha; -namanoni; -matifitifi.

fatuous (a) -yisiwula; -yisiphukuphuku.

faucet (n) ithephu; okokuvala noma okokuvula amanzi.

fault (n) iphutha; isici; -ba necala (be at f.); sola (find f.).

fauna (n) izilwane; zonke izilwane eziphilayo.

favour (n) umusa; isihle; inhlengo; isasasa; thandeka (win f.); -zincayi-sela (curry f.). (v) thanda; siza; khetha; enzela umusa; fuza (re-semble).

favourable (a) -sizanayo; -vumelanayo.

favourite (n) incelebana; intandokazi; isilomo. (a) -thandekayo; -ligugu; -jwayele.

fawn (n) izinyane lenyamazane. (v) bungazela; khotha isandla. (a) -nsundu ngokubomvu.

fear (n) uvalo; ukwesaba; ivuso; itwetwe. (v) esaba; enqena; dabuka (regret).

fearful (a) -esabekayo; -sabisayo; -novalo.

fearless (a) -ngesabi; -nesibindi.

fearsome (a) -sabisayo; -shekelisayo.

feasible (a) -nokwenzeka; -ngenzeka.

feast (n) idili; isidlo; umbhidli. (v) -zitika; dla; hlabela; thapha (f. eyes on).

feat (n) isenzo esibalulekileyo; umkhuba; ukuhlabana (f. of arms).

feather (n) uphaphe; usiba; isihluphe (down f.); veza ubuvaka (show the white f.). (v) mila izimpaphe; gcwalisa kwesakhe (f. one's own nest).

feature (n) uphawu; isimo; isici; ubuso; ulwangu (features). (v) qhamisa; veza.

February (n) uFebruwari; uNdasa.

feckless (a) -ngenamkhuba; -ahlulekayo; -ngenakhono; -yisilima.

fecund (a) -zalayo; -hlumayo; -chumayo; -vundile.

fed (v) funziwe; phiwe ukudla. (a) -phiwe.

federal (a) -yinhlangano yamazwe.

federation (n) inhlangano; ukuhlangana kwamazwe.

fee (n) imali enqunyelwe umsebenzi; ugxa; inkokhelo; ukuthela.

feeble (a) -buthakathaka; -thambile; -nensayo; -ngenamandla.

feed (n) idili; ukudla; ukudla kwemfuyo. (v) pha ukudla; ondla; funza; dla.

feeder (n) umfunzi; odlayo (eater); umngenela (tributary); ibhibhi (child's f.).

feel (n) ukuzwakala. (v) zwa; phatha; thinta (f. by contact); cumbaza (f. over); fufutha (f. one's way); zwela (experience); hawukela (f. for); zizwa ukulamba (f. hungry); -ba neqiniso (f. sure).

feeler (n) uphondo oluzwayo; uphaphe lwesilokazane; -zwa amanzi ngobhoko (put out feelers).

feeling (n) ukuzwakala; amahaqahaqa (f. of roughness); isifudumezi (f. of heat); isihe, umhawu (f. of sympathy); phelelwa uzwela (lose f. for); uzwela (emotion). (a) -nesihe.

feet (n) izinyawo; amafithi (length).

feign (v) ziba; bhumbuluza; lingisa; enzisa.

feigned (a) -zenzisiwe; -enziwe ngamabomu.

feint (n) ukufanisa; ukusikaza; ukuzenzisa. (v) sikaza.

felicitate (v) halalisa; busisa; thokozisa.

felicitous (a) -nesibusiso; -nokujabula; -nobuciko.

felicity (n) ubugagu; ubuciko; isasasa; isibusiso.

feline (a) -nobukati; -nobungwe.

fell (n) isikhumba sesilwane esinoboya. (v) gawula; wisa; wile; khehla. (a) -nolunya; -nobuqili; -sabekayo.

fellow (n) umfo; umfokazi; uwethu; umngane; umbangqwana (one of a pair); ilungu lenhlanganisela (member).

fellowship (n) ukuhlangana; ukuzwana; ubungane; umklomelo wabanemfundo ephakeme (scholarship).

felon (n) udlangadlanga; inswelaboya.

felony (n) isono; icala legazi; icala elibi.

felt (n) indwangu enohlonze eyenziwa ngokunamathelisana kwemicu yoboya. (v) zwile; phathile; thintile.

female (n) owesifazane; insikazi (f. animal). (a) -esifazane; -ensikazi.

feminine (a) -esifazane; ubulilikazi (f. gender).

femur (n) ithambo lethanga; ithambo elifuphi; ifemur.

fen (n) isidaka; isihlambo.

fence (n) ucingo (wire f.); uthango; umthangala; ugange; intendemuzi (f. round kraal); umamukeli wezinto ezintshontshiwe (receiver of stolen goods). (v) biya; biyela; akhela uthango; ngcweka, qakulisana, vika (f. as in fighting).

fencing (n) ukubiya; uthango; ucingo (wire); umngcweko, umqakulisano (as in fighting).

fend (v) vika (f. off); -zifunela (f. for oneself).

fender (n) isidutshwa.

feral (a) -obulwane; -asendle.

ferment (n) imvubelo; ukuyaluza. (v) bila; bhubhudla; vubela; gqumisa; yaluzisa; phehla (excite, stir up).

fermentation (n) ukubila; ukuvutshelwa; ubuyaluyalu.

fern (n) uhlinzamfuku; isikhomakhoma; inkomankomane.

ferocious (a) -nolaka; -yisidlova; -ngqofa, -dlovadlova (be f.).

ferocity (n) ulaka; ukungqofa; ubudlova.

ferret (n) uhlobo lwesilwane esinjengekati esifuyelwa ukuzingela onogwaja; iferethi. (v) zingela ngeferethi; gumba (f. out).

ferrule (n) isongo lensimbi elifakwa esihlokweni senduku ukuyiqinisa; isongo lokuqinisa ilungu.

ferry (n) isikebhe sokuwelisa emtateni. (v) thwala ngesikebhe; weza.

fertile (a) -vundile; -thelayo; -zalayo; -zothile.

fertilization (n) ukuvundisa; ukulumbaniseka; ukuzalisa.

fertilise (v) lumbana; zalisa; vundisa (soil).

fertilizer (n) umqubɑ; umanyolo (artificial f.).

fervent (a) -shisekelayo; -babele (zealous); -vuthayo (intense).

fervid (a) -shisayo; -vuthayo.

fervour (n) ukushisekela; amashushu.

festal (a) -ngumkhosi; -lidili.

festival (n) umgidingo; umkhosi; umgubho; usuku lomdlalo.

festive (a) -lidili; -ngumkhosi; -buqheleqhele.

festivity (n) umkhosi; ubuqheleqhele; ukudlala umdlalo.

festoon (n) umgaxo wokuhlobisa. (v) nqwambisa; gaxa ngomhlobiso.

fetch (v) landa; letha; khanga (attract); zuzisa (sell for).

fete (n) idili; umkhosi. (v) gubhela umkhosi.

fetid, foetid (a) -nukayo kabi; -lufutho.

fetish (n) isithombe esikhonzwa ngabantu; into engafanele ukukhonzwa.

fetlock (n) isihlakala sehashi.

fetter (n) isibopho; isinsalo. (v) bopha izinyawo.

fettle (n) impilo ephelele; usempilweni ephelele (he is in fine f.).

feud (n) umbango; ingxabano; umlanjwana.

feudal (a) -phathayo izwe ukuze abahlezi kulo bamlwele empini umninilo bamsebenzele bamhlomulele kwabakutholayo kulo.

fever (n) imfiva; umkhuhlane; imbo; uqhuqho (malarial); inkasa (tick f.); ukusha amashushu (be in a f. of excitement).

feverish (a) -nokushisa komzimba; -noqhuqho; -qhuqhayo.

few (n) ingcosana; imithonselana. (a) -mbalwa; -ncane; -yingcosana; -ncinyane.

fez (n) isigqokwana esingumbhoshongo; isigqoko sama-Arabhi.

fiance (n) insizwa ethembisele intombi.

fiancee (n) intombi ethembisele

insizwa; ingoduso.

fiasco (n) icebo elikhulu elonakele lashaba.

fib (n) amanga. (v) qamba amanga; shayana ngesibhakela (box).

fibre (n) inxoza; umucu; umcayo; umthambo; umsipha.

fibrositis (n) isifo semisipha; ubukhubele bemisipha.

fibula (n) ithanjana lombala; ifibula.

fickle (a) -guquguqukayo; -menezayo.

fiction (n) indaba eqanjiweyo; inganekwane; amanga (untruth).

fictitious (a) -ngamanga; -qanjiweyo.

fiddle (n) ivayolini. (v) shaya ivayolini; tikata (f. about); cubungula (f. with).

fiddling (n) ukushaya ivayolini; ukutikata. (a) -ngenamkhuba.

fidelity (n) ukwethembeka; ukugcina umthetho; ukuba neqiniso.

fidget (n) iqwashaqwasha. (v) qwashaza; yilayileka.

field (n) insimu; indima; ilima; ihlanga (harvested f.); ifusi (fallow f.); isimoba (sugar-cane f.); idlelo (grazing f.); inkundla yempi (battle f.).

fiend (n) umuntu omubi ngokwedlulele.

fierce (a) -nolaka; -dlovadlovayo; -bhevayo.

fiesta (n) umkhosi wokudumisa abangcwele.

fifteen (n) ishumi nesihlanu.

fifth (a) -esihlanu.

fifty (n) amashumi amahlanu; okulingene nxazombili (f. f.).

fig (n) ikhiwane; umkhiwane (f. tree).

fight (n) ukulwa; impi. (v) lwa; tholana; hlabana; shayana; mokomelana.

figment (n) into ebunjiweyo; umcabango ongenaqiniso.

figurative (a) -okulinganisa; -linganisayo.

figure (n) isibalo, inamba (number); isithombe; isimo; umzimba; ukufanisa; umdwebo. (v) baza; bumba; dweba; fanisa; cabanga; bala (calculate).

filament (n) inkosa; iziyephu; ucingwana.

filch (v) ntshontsha; eba.

file (n) isigudlo; ifeyili; udwendwe; ihele (row of people); uhlonhlo, ifayili (f. for papers). (v) gudla; gudluza;

hlela; hlaba ihele (form a file).

filial (a) -njengokomntwana nomzali.

fill (n) ukusutha; ukukholiseka; ukugcwala. (v) gcwalisa; gqiba (f. up a hole); cobela (f. a pipe); dumba (f. out).

fillet (n) inyama ethambileyo.

fillip (n) ukuqwabuza; okuvusayo. (v) qwabuza.

filly (n) isithole sehashi.

film (n) ulwebu; ufasimba; ungwengwezi; umthuqu (f. on eye); ifilimu (for camera); uhide lwemifanekiso ebhayisikobho.

filter (n) ihluzo; isivovo; isisefo. (v) hluza; cwenga; cinineka; vova.

filth (n) inkucunkucu; imbicimbici; amanyala.

filtration (n) ukuhluzwa; ukucinineka.

fin (n) isigwedlo senhlanzi.

final (n) okugcinileyo. (a) -gcinayo; -sekugcineni; -nqamulayo.

finale (n) isigcino; isiphelo; okokugcina.

finality (n) ukuphela; ukugcina; amagcino.

finance (n) izimali; izindaba zokuphathwa kwemali. (v) funela imali; xhasa ngemali.

financial (a) -emali; -kwezindaba zemali; unyaka wokusebenza kwezimali (f. year).

financier (n) umphathi wemali; ingcweti yokuphatha imali.

finch (n) intaka; ujojo; isakabuli.

find (n) okutholiweyo; umthapho. (v) thola; fumana; elamela; fumanisa; sola (f. fault); fumana enecala (f. guilty).

fine (n) inhlawulo; hlawula (pay f.). (v) hlawulisa. (a) -coliweyo (refined); -cijile (sharp); -ligcokama (dainty); umthuqu (f. dust); umkhizo (f. rain); cilikisha (do f. work); bukekayo, -hle, -nogazi (admirable).

finery (n) ubukhizekhize; amahlobohlobo.

finesse (n) ubungcweti; ubuhlakani. (v) enza ngobungcweti.

finger (n) umunwe; ucikicane (little f.); unkomba, isikhombisa (index f.); iqupha (f. joint); uthupha (f. tip); uzipho (f. nail); umnyatheliso weminwe (f. print). (v) mpulampula; cumbaza.

finical (a) -cubulungayo; -tetemayo; -chwensayo.

finish (n) ukugcina; ukuphela; impelela; umphetho. (v) qeda; pheza; gcinisa; qedela; qothula; gcina.

finished (a) -phelile; -qediwe; -phangalele (dead).

finite (a) -nomkhawulo; indlela yesenzo esinesivumelwano sikamenzi (f. mood).

Finn (n) umuntu waseFinlandi.

fiord (n) ukungenela kolwandle ezweni ngezingalo ezinde eziphahlwe ngamawa amade; ifiyodi.

fir (n) uhlobo lwemithi efana nephayini.

fire (n) umlilo, ilangabi (flame); ikloba; imbuthuma (large f.). (v) basa, phemba (light a f.); okhela, thungela (set f. to); sha, vutha (be on f.); ingomane (conflagration); cima, cisha, bhula (put out f.); qala ukudubula (open f., guns); thola ithala lezinhlamvu (be under f.); isibhamu (f. arm); iziko (f. place); ikhanyikhanyi (f. fly). (v) okhela; thungela; shisa; basela; qhumisa, dubula (discharge firearm).

firearm (n) isikhali esidutshulwayo; isibhamu.

fireworks (n) izinto ezokhelwayo ziqhume zikhiphe umlilo obukekayo.

firm (n) inkampani. (a) -gxilile; -qinile; -simeme; -qatha; -gomothele (resolute); gamela (be f. with). (adv.) ngokuthi ngxi; -zimelela.

firmament (n) isibhakabhaka; umkhathi.

first (n) owokuqala; ungqongqoshe (f. in rank). (a) -qalisayo; -okokuqala; -yinhloko; -ngokokuqala. (adv.) kuqala; ngaphambili; andulela (do f.).

first-born (n) izibulo; ungangi (of twins).

first-fruits (n) ulibo; isandulelo; eshwama (eat of f.).

firstly (adv.) kuqala; okokuqala.

fiscal (a) -kwesikhwama sezwe; imali yombuso.

fish (n) inhlanzi; imbothwane (Cape Salmon); itheketheke (jelly f.); isifu (cuttle f.); inyundu (f. moth); inkwazi (f. eagle); ingwane (cat f., octopus). (v) doba.

fisherman (n) umdobi.

fish-hook (n) udobo.

fishy (a) -nephunga lezinhlanzi; -okwenhlanzi; -solisayo (doubt).

fission (n) ukwanda ngokwahlukana phakathi; ukuklatshwa.

fissure (n) ufa; umnkenke; inhlewuka.

fist (n) inqindi; isibhakela.

fisticuffs (n) ukushayana ngesibhakela.

fit (n) ukuquleka, isinxi (fainting); isithuthwane (epileptic f.); ihabiya, isiphoso (hysterical f.); isifuqu (f. of anger); ubugwabugwabu (in fits and starts); ukulingana (of clothing). (v) lingana; fanela; qina, nyinya (f. tightly); linganisa (make to f.); khaxaza (t. together); lungisela (f. for); faka (supply); faka amaphayipi (f. pipes); nika okudingekayo (f. out).

fitness (n) ukuqina; ukuphila; imfanelo.

fitting (a) -fanekile.

five (n) isihlanu. (a) -hlanu; bobahlanu, kokuhlanu (all f.).

fix (n) ubucayi; inkatha; isixako. (v) qinisa, gxilisa (make firm); qaphela, jolozela (f. eyes on); misa, nquma, hlela (arrange).

fixative (n) okunamathelisayo; umuthi owenza ukuba imibala igxile ingaxubani.

fixed (a) -gxilile; -the mbe; amazinga agxilile (f. points on scale).

fixture (n) into ebethelwe odongeni; into emi ngqi; isigxilagxila.

fizz (v) hlihla; hwahwaza.

fizzle (v) phishiza; gqwambiza; phelela phansi (f. out).

flabbergast (v) mangalisa; dida; ethusa.

flabby (a) -yintecentece; -thecezelayo.

flaccid (a) -vondozayo; -wokozayo; -sobozelayo.

flag (n) iduku; ifulegi; ukhethe lwaphansi (flagstone). (v) thecezela, dangala (lag, be limp); hlela izinkethe zaphansi (lay flagstone); qhweba ngefulegi (signal by f.).

flagelant (n) ozibhambabulayo ngenxa yokholo lwakhe.

flagellate (v) bhambabula; thaxabula.

flagon (n) igabha elikhulu lewayini.

flagrant (a) -bi kakhulu; -lihlazo; -nodumo olubi.

flail (n) isibhulo; isiqongqwane. (v) bhula; shaya ngesibhulo.

flair (n) ugazi; ikhono; -banokwazi ukuqamba izindaba (have a f. for writing).

flak (n) izinhlamvu eziqhumayo ezidutshulwa ngemithala zikhonjwa kubhanoyi lempi.

flake (n) izimpephelezi; ucwecwana; ilephu (snow f.). (v) lephuka.

flamboyant (n) isihlahla esikhulu esinezimbali ezibomvu. (a) -hlotshisiwe ngokubomvu; -fanayo nomlilo; -hlotshisiwe ngobucwazicwazi.

flame (n) ilangabi; ikloba; vutha (be in f.). (v) vutha; languzela.

flamingo (n) umakholwane.

flange (n) impundu yesondo.

flank (n) uhlangothi; umhlubulo (of beast); iphiko, uphondo (f. of army). (v) beka ngasohlangothini.

flannel (n) imfulane; ibhulukwe lemfulane (flannels).

flap (n) ukubhakuza; ichopho. (v) wabezela (f. about); phephezela (f. a flag); bhakuza (f. as wings); thaxuza (f. as a garment); phengezela (f. up and down); gwagwaza (f. as ears).

flapjack (n) uhlobo lwekhekhe (kind of cake); intwana yowesifazane ephethe okokuzilungisa ubuso.

flapper (n) itshitshi (young girl).

flare (n) ukubhenguza; ukugqamuka. (v) bhenguza (f. up in temper); languza, dumuzela (as grass fire); gqamuka (f. up suddenly).

flash (n) umbani; unyampu. (v) benyezela; nyazima; baneka; phazima; khanyisa; nyaziza, zoyiza (f. intermittently).

flashing (n) ucwecwe lokhethe olubethelwa ophahleni ukuze imvula ingangeni (strip of roofing to prevent leaking); ubukhanyikhanyi; ububanebane.

flashy (a) -hlobise ngokweqileyo; -makhwezikhwezi.

flask (n) igabha; ibhodlela lensimbi.

flat (n) ifulathi (dwelling); impama yesandla (f. of hand); ithafa, iwathanga (of land). (a) -yisicaba; cabazeka, endlaleka (be f.); -dindi (insipid); shoda (become f. as beer). (adv.) ngimtshele ngokusobala (I told him flatly).

flatten (v) cabaza; phathaza.

flatter (v) duda; thopheza; thopha; babaza; lawuzela.

flatterer (n) isilawuzeli.

flattery (n) ukuthoshwa; umdudo; isilawuzelo.

flatulent (a) -qumbile; -nokuqumba.

flaunt (v) gabisela; dlelezela.

flautist (n) umshayimitshingo.

flavour (n) ubumnandi; uqashi; ukunambitha. (v) nonga; nandisa; thokela.

flaw (n) ufa; uvava; isiyiko; icala.

flax (n) ifuleksi; umthana nozi lwawo okwenziwa ngalo izingubo.

flaxen (a) -mhlophe ngobumpofu; -enziwe ngefuleksi.

flay (v) hlinza; ebula; hlahla.

flea (n) izeze; itekenya (jigger f.).

flea-bite (n) ukulunywa yizeze; okungenamkhuba.

fleck (n) igciwane; isilongosha; ikhifikhifi. (v) chaphazela; -thi khifikhifi.

fled (v) balekile.

fledgeling (n) iphuphu; itshwele.

flee (v) baleka; balekela; nyamalala (f. out of sight).

fleece (n) isikhumba semvu; uboya obugundwe emvini eyodwa. (v) gunda; phanga (strip of property).

fleet (n) iviyo lemikhumbi yempi; imikhumbi ethile iyonke. (a) -nejubane; -yisiphepha.

flesh (n) inyama (meat); umzimba (body); khuluphala (put on f.); onda (lose f.); abomndeni (one's own f. & blood); isimo sokomzimba (the ways of the f.).

fleshy (a) -khuluphele; -nenyama; -njengenyama.

flew (v) ndizile; ndizisile.

flex (n) ukugoba; ucingo olusongwe ngenjoloba. (v) goba; petekisa.

flexibility (n) ukuthamba; ukupeteka.

flexible (a) -petekayo; -gobekayo.

flick (n) ukuphathaza; ukuzwathuza. (v) zwathuza; phathaza; tshikiza.

flicker (n) ukulokoza; ilambu emotweni elilokozayo. (v) lokoza; lontoza; bhamzela.

flight (n) ukweqa (escape); xosha (put to f.); ukundiza (flying); ukudlula kwesikhathi (f. of time); ihlambi lezinyoni (f. of birds); ithala lemikhonto (f. of spears); isitezi (f. of stairs).

flimsy (a) -lula; -nwebunwebu; -lize (worthless).

flinch (v) thikazeka; fiphala.

fling (n) umjikijelo; -zidelisa (have your f.). (v) ciba; jiba; sakaza (f. about); ngqabashiya (f. legs about); bhaklaza (f. down); jikijela; juba (f. far).

flint (n) itshe lomlilo.

flip (n) ukuqhwabaza; iqanda eliphehlwe nobisi (egg f.). (v) qhwabaza; qaphuna.

flippant (a) -bheluzayo; -liqebeqebe.

flipper (n) umkhono wesilwane esihlamba ngawo; iphiko lenyoni engandiziyo.

flirt (n) uhiliba; uhungula; iveleza. (v) veleza; qomisa; qomisana na-.

flit (n) ukweqa; eqa ngasese (do a secret f.). (v) zwayiza; -thi shalu.

float (n) okuntazayo; isihlenga. (v) ntanta; ntaza; ntantisa; qoqa imali eyanele ukuqamba inkampani (f. a company); qalisa.

floating (n) ukuntanta; ubuleza; umpethwane (f. rib). (a) -ntantayo; -ntazayo.

flocculent (a) -nesiluba soboya; -nesinuthunuthu.

flock (n) umhlambi; ihlambi (of birds). (v) bunga; shoqa; bunganyela; shuqungana; butheleka.

floe (n) isiqephu esikhulukazi seqhwa esintantayo olwandle.

flog (v) mbonya; bhaxabula; shaya; khwixila.

flood (n) uzamcolo; isikhukhula (spate); isibhakabhaka (great expanse); umfula udla izindwani (the river is in f.). (v) ngenisa amanzi; thela ngemibuzo eminingi (f. with enquiries); wululeka (f. with tears).

floodlights (n) amalambu amakhulu okukhanyisa ngaphandle.

floodlit (a) -khanyisiwe ngezibani ezinkulu.

floor (n) iphansi; indawo yangaphansi endlini; isitezi sokuqala (first f.); inkundla yomdanso (dance f.). (v) gandaya; bethela amapulangwe phansi; ahlula, wisela phansi (overcome).

flop (v) -thi dinsi; thwaxuzela (f. about); paquza (as a fish); yabaza (f. down).

floppy (a) -thwaxuzelayo.

flora (n) izimbali; okumilayo; izinhlobo zonke zezithombo ezimilayo ezweni.

floral (a) -kwembali; -nembali; umfekethiso osambali (f. decoration).

florid (a) -bomvu; hlobise ngokweqile.

florin (n) osheleni ababili.

florist (n) umlimi noma umthengisi

wezimbali.

flotilla (n) iqembu lezikebhe.

flotsam (n) imfuhlumfuhlu.

flounce (n) ifali. (v) phuma ngokhwishi (f. out); bhamuza; faka ifali (tach f.).

flounder (v) bhadaza; phubazela; bhoxoza; phuphutheka(as one unable to see); mpampa, bhangquza (f. in speech).

flour (n) ufulawa; incushuncushu. (v) vuthuzela.

flourish (n) ukuqhakaza; ukuchuma; ukushwiliziswa. (v) chuma; hluma; shwilizisa.

floury (a) -nempuphu; -ncushuncushu.

flout (v) hleka usulu; eyisa; enza indiva.

flow (n) ukukopoza; intuntululu. (v) gobhoza; kopoza; thuntululeka (f. into); qhumuka, vuza (f. out); dambuluka (f. as oil); chichima (f. over); heleza (f. rapidly); nseneneza (f. along); minineka, gxaza (f. slowly, diffuse); phuma, khihlika, mululeka (f. as tears).

flower (n) imbali; umqhakazo; intshakaza; amabutho ekhethelo (the f. of the army). (v) qhakaza; khahlela; khephuza.

flowery (a) -nembali; -fekethisiwe; ulimi oluqhaphuzayo (f. language).

flowing (a) -gobhozayo; -lazayo; -nkaphunkaphu.

flown (v) ndizile.

flu (n) imfuluwenza; umkhuhlane.

fluctuate (v) tengatenga; guquguquka; yacazela; amanani aloku ehla enyuka (prices f.).

fluctuation (n) ukwehla nokwenyuka; ukuguquguquka.

flue (n) umbhobho wentuthu; umbhobho kashimula.

fluency (n) ukuqephuza; ukuqavitha.

fluent (a) -nganqikaziyo; -yingqamundi; -liqaphuqaphu.

fluff (n) imbunga; uboya; iqubu.

fluid (n) uketshezi; into engamanzi; injimbilili (viscous f.); ncibilika (become f.). (a) -luketshezi; -ngamanzi.

fluke (n) uhlobo lwezilo ezivama ukungenela ubende lwezimvu (liver f.); inhlanhla engalindelekile (lucky chance).

flummox (v) phambanisa; dida; dukisa.

fluorescence (n) ukukhanya okumibalabala okuvezwa ezinye izinto nezilokazana ebumnyameni.

flurry (n) ukutatazela; amatata. (v) tatazelisa; bhakuzelisa.

flush (n) ukubheja. (v) bheja; shiwuza.

fluster (n) ukutatazela; ubudididi. (v) wiliza; phathaza.

flute (n) umtshingo; ivenge; impempe.

flutter (n) ubudididi. (v) didizela; tatazela; bhakuza (as wings); phephezela (as a flag); bhungazela (as small objects).

flux (n) umhudo onegazi; ukugeleza kwamanzi; ukushintshashintsha kwezinto.

fly (n) impukane; isibawu (gadfly); ujekamanzi (dragon f.); ukhanyikhanyi (fire-f.); imvimvi (blue bottle f.); imbuzane (swarm of small flies); impukuvane (tsetse f.); ingaphambili lebhulukwe elivalwayo (f. on trousers). (v) ndiza; phapha; khwesha; phanquza (f. about); mpeza (glide); mpenga (f. past); nteza (f. near earth); bhakuza (with flapping wings); qhasha (f. as chips); futheka (f. into rage); balekela ingozi (f. from danger); ndiziza (cause to f.).

flying (n) ukundiza. (a) -ndizayo.

flying-boat (n) ibhanoyi elinokwehlela emanzini.

fly-leaf (n) ikhasi lokuqala encwadini elingabhalwe lutho.

foal (n) inkonyane yehashi. (v) zala (ihashi).

foam (n) igwebu; isikhephukhephu. (v) khihliza; khephuza.

fob (n) iketangwana lewashi; isikhwanyana esincane. (v) khohlisa; gubuda.

focus (n) indawo okuqondiswe kuyo du lapho izinto ziqhamise khona. (v) lungisela ukuba kuqhamise.

fodder (n) ifoliji; ifolishi; ukudla kwemfuyo.

foe (n) isitha; impi ehlasele isizwe.

foetal (a) -phathelene nombungu; -phathelene nengane engakazalwa.

foetus (n) umbungu; ingane engakazalwa.

fog (n) inkungu; isingci. (v) enza inkungu; fiphaza; didekisa (perplex).

foggy (a) -nenkungu; -noncwamba.

foghorn (n) umshini okhaliswa ngesikhathi senkungu.

fogy (n) umuntu osemdala; umuntu obambelele kokudala.

foible (n) insilelane; umcabango ongaqondile.

foil (n) insimbi eyagxotshwa yabalikhasi; igolide eliyikhasi (gold f.); inkemba engacijile yokufunda (fencing f.). (v) thiya; vimba; jabhisa.

foist (v) sisela nga-; funza; funzwa.

fold (n) umgobo; uqimba; impinda; umvingqi (f. in flesh); isibaya (enclosure); umhlambi (flock). (v) songa; goba; goqa; phinda; shuqula, pheqa (f. back); khwica (f. under); khwica izingalo (f. arms); goqa izandla (f. hands); songeka (be folded up).

folder (n) uhlonhlo (file); ifayili lokukhweza izincwadi.

foliage (n) amaqabunga; amakhasi; amaqabi; amagwagwa.

foliate (a) -njengeqabunga; -ngamakhasi.

folk (n) abantu; abakhulu (the old f.).

folklore (n) amasiko nezinganekwane zabantu.

folktale (n) inganekwane.

follow (v) landela; fuza (resemble); elama (f. in order of birth); landelana (f. one another).

follower (n) umlandeli; abantu bakhe (his followers).

following (n) abalandeli; okulandelayo (the f.). (a) -landelayo.

folly (n) ubuthutha; ubuphoxo.

foment (v) thoba; thoba inxeba (f. a wound); phemba, vusa (f. a rebellion).

fomentation (n) isithobo; ukuthotshwa.

fond (a) -thandayo; -nesisa; -nakayo; azisa (be f. of).

fondle (v) wota; totosa.

fondly (adv.) ngokuthanda; ngokwethemba.

fontanelle (n) ufokothi.

food (n) ukudla; imifino (greens); isiyoliyoli, izibiliboco (tasty rich f.); imbindolo (unappetising f.); umphako (f. for journey); umhlinzeko (f. for visitor); umpholela (cold f.); indikindiki (tasteless f.).

fool (n) isithutha; isilima; umluthu; isiphukuphuku; isiphoxo; wulaza, lutha (make a f. of); lathazela (play the f.).

foolhardy (a) -ngakhathaliyo; liphulukundlu.

foolish (a) -ligidigidi; -yinsumansumane; -yingazayo.

foolishness (n) ubulima; ubuphukuphuku; ubuwula.

foot (n) unyawo; isinqe (base); phansi komuthi (at the f. of tree); ifidi; isilinganiso sobude esingamayintshi ayishumi nambili (measure of length).

football (n) ibhola; umdlalo webhola.

footboard (n) ipulangwe okunyathelwa kulo.

footbridge (n) ibhuloho lokuhamba abantu.

foothills (n) izintatshana ezincikene nezintaba ezinkulu.

footing (n) indawo yokuma; isikhundla; isimo; nobungane bokuzwana (on a friendly f.); izwe selilungiselelwe ukulwa (the country is on a war f.).

footlights (n) uhla lwezibani oluphambili esiteji somdlalo.

footling (a) -yize; -ngelutho.

footman (n) isisebenzi sesilisa ezindlini zabanumzane.

footmark (n) isixathu; unyawo.

footnote (n) isenezelo esibekwa phansi kokunye okubhaliwe.

footpath (n) indlela yokuhamba ngezinyawo; umcangcatho.

footprint (n) unyawo (human f.); isondo (f. of hooved animal); isidladla (f. of paw of animal); isithende (f. of elephant).

footstep (n) isigi; isigqi; unyawo.

footstool (n) isenabo; isenabelo.

footwear (n) izicathulo.

fop (n) igcokama; untandakubukwa.

for (prep.) (use applied form of verb); sebenzela inkosi (work f. the king); isikhathi sokungena kwesikole (time f. commencement of school); kungawe ukuba wenze lokho (it is f. you to do that); ngiphathele ukudla (get food f. me); isitimela esiya edolobheni (the train f. town); shintsha lokhu ngalokuya (change this f. that); ngenzele ngesihle (do it f. me f. nothing); humusha izwi ngezwi (translate word f. word); sebenzela iholo (work f. a wage); uzele mina (he came f. me); ngeze (f. nothing); ngenxa ya- (f. the sake of); ngothando lwa- (f. the love of); ngokwesaba kwa- (f. fear of); ngokuntula kwa- (f. want of); ngani?

(f. what reason); langalinye (f. one day); okwamanje (f. the present); nanini, naphakade (f. ever); ngaphezu kwakho lokho (f. all that); ngokwami mina (as f. me); unomphelo (f. good). (conj.) ngokuba (because).

forage (n) ifoliji; ifolishi; ukudla kwezilwane ezifuyiwe. (v) alukela (f. for); gqwabaza (f. about).

foray (n) ukuhlasela ngokuzuma ezweni labafo.

forbear (v) -zibamba; zila; yeka; -zikhuza.

forbearance (n) umnyamezelo; nyamezela (have f.).

forbid (v) ala; nqabela; enqaba.

forbidding (a) -nqabelayo; -casulayo; -enyanyekayo.

force (n) amandla; indluzula; impoqo; isicindezelo; isidlakadla; phuma ngokuphithizela (turn out in f.); qala ukusetshenziswa (come into f.); ngenxa yokucindezeleka (the f. of circumstances); impi (military f.); amaphoyisa (police f.). (v) cindezela; cinelela; phoqa; xina; enza ngendlovuyangena; xazulula (f. apart); qhuba, khaphezela (f. forward); gudluza (f. open).

forced (a) -phoqiwe; -nzima; -sindayo; ukuhamba okunzima okuphoqiwe (a f. march).

forceps (n) ugxa; udlawu.

forcibly (adv.) ngendluzula; ngempoqo.

ford (n) izibuko; lapho umfula uweleka khona. (v) wela; -thi chaphasha.

fore (n) indawo yaphambili; phambili (to the f.). (adv.) phambili; phambi kwa-.

forearm (n) ugalo; umkhono; ugalo womkhono. (v) hlomela okwesatshwayo kungakaveli.

foreboding (n) ibika; uvalo.

forecast (n) inhlaziyo; ukubikezela. (v) hlaziya; bikezela.

forecastle (n) indawo ephambili emkhunjini.

foreclose (v) bamba into okwethenjiswe ngayo; biza imali eyabe ibolekiwe.

forefather (n) ukhokho.

forefinger (n) inkomba; unkomba; umkhothi.

forefoot (n) unyawo lwangaphambili;

isondo langaphambili.

forefront (n) indawo yangaphambili.

foregather (v) buthana.

forego (v) dela; yeka; zila.

foreground (n) indawo engaphambili; ziveza njalo phambili kwabantu (keep oneself in the f.).

forehead (n) ibunzi; imvelelo; isimongo (prominent f.); uhlonzi (wrinkled f.); isigele (receding f.).

foreign (a) -akwelinye izwe.

foreigner (n) owakwelinye izwe; owasezizweni; owaphesheya (from overseas); idebe.

foreknowledge (n) ukwazi ngaphambili; ukwazi ngezinto zingakenzeki.

foreleg (n) umkhono.

forelock (n) isihlonti; unwele lwempunzi.

foreman (n) imfolomane; induna yomsebenzi.

foremost (a) -phambi kwakho konke; -yinhloko.

forenoon (n) imini yakusasa.

forensic (a) -semthethweni; -enqike ngomthetho; isayensi ephathelene nemithi ebulalayo kanye nemithetho (f. medicine).

foreordain (v) nqumela ngaphambili.

forerunner (n) umanduleli; isihlabamkhosi; ogijimela phambili; isihlabamhlola.

foresee (v) bona ngaphambili; qandelela.

foreshadow (v) bika kungakaveli; bonisa ngaphambili.

foreshore (n) ugu lolwandle.

foresight (n) ukwazelela; ukubona izinto zingakenzeki.

foreskin (n) inhlonze; ijwabu.

forest (n) ihlathi; igxa.

forestall (v) nqukula ngaphambili; qamekela; phangela.

forester (n) onolwazi ngamahlathi; umbheki wamahlathi.

forestry (n) isayensi ephathelene nokutshalwa nokulondwa kwamahlathi.

foretaste (n) isandulela. (v) ukuzwa ngaphambili.

foretell (v) bikezela; profetha; ncinga (f. evil).

forethought (n) ukulungisela okuzayo; imicabango eyandulelayo.

forever (adv.) naphakade; kuze kubenini.

forewarn (v) xwayisa; qaphisa into ingakaveli.

foreword (n) ibika; amazwana achasisa inhloso yombhali webhuku.

forfeit (n) inhlawulo; ihlawulo. (v) lahlekelwa yilungelo; hlawula. (a) -lahlekelwa.

foregather (v) buthana; qoqana.

forge (n) isithando; ibetho; iziko. (v) khanda; bhumbuluza, lingisa ngokwamanga, ntshontsha isandla (counterfeit); qhubeka (f. ahead).

forgery (n) ukuntshontsha isandla; ukubhumbuluza.

forget (v) khohlwa; amuleka; phunduleka; khohlwa ukuzibamba (f. oneself).

forgetful (a) -khohlwayo; -yisikhohlwa.

forgive (v) xolela; thethelela; yekela.

forgiveness (n) uxolo; ukuthethelelwa; intethelelo.

forgotten (a) -khohliwe; -khohlakele.

fork (n) imfologo; isihlabo; ibhaxa (f. of tree); lapho umgwaqo uphambuka khona (f. in road). (v) hlaba ngemfologo; fukula ngemfologo; phambuka, ahlukana (branch off).

forked (a) -nebhaxa; -mbaxambaxa (many f.).

forlorn (a) -khedamisile; -lahliwe; icebo elingathembisi (a f. hope).

form (n) indlela; uhlobo; isimo; isihlalo eside (seat); ikilasi, ibanga (class in school); isibonelo esibi (bad f.). (v) akha; bumba; enza; enzeka; bumbeka.

formal (a) -okokugcina umthetho; -okwesimiso.

formality (n) umniningwane; umcilikishane.

formation (n) ukwakhiwa; ukubunjwa; ukumiswa; ukuhlanganiswa.

formative (n) isakhi (gram.). (a) -enzayo; -akhayo.

formerly (adv.) endulo; mandulo (in olden times); kuqala; ngaphambili.

formidable (a) -namandla; -shayisayo uvalo.

formless (a) -ngenasimo.

formula (n) umthetho ofingqiwe; umthetho oklanywe ngamazwi amafuphi.

formulate (v) klama umthetho; hlanganisa amazwi (f. a statement).

fornicate (v) feba; phinga.

fornication (n) ubufebe.

forsake (v) lahla; hlubuka; shiya.

forsooth (adv.) kanti cha!

forswear (v) thembisa ukuthi akuye kubuye kwenziwe; qinisela amanga.

fort (n) inqaba; isikaniso.

forte (n) into umuntu anamandla kuyo; ukubhala akuyiyo into enginamandla kuyo (writing is not my f.).

forth (v) phuma (come f.); hamba (go f.); thuma (send f.); khipha (bring f.); zala, beletha (bring f. young).

forthcoming (a) -zayo masinyane; -landelayo.

forthright (a) -qotho; -khulumayo okusenhliziyweni.

forthwith (adv.) khona manje; khona lapho.

fortification (n) inqaba eyakhiweyo; isiqungo; indawo eyakhiweyo ukuba ivikeleke.

fortify (v) akha kuvikeleke; qunga isibindi, hlumelela amandla (f. oneself).

fortitude (n) isibindi; amandla; ukuqina; ingidi.

fortnight (n) amasonto amabili; amaviki amabili.

fortnightly (adv.) ngamasonto amabili.

fortress (n) inqaba enkulu; isikaniso.

fortuitous (a) -qatshukwayo sekwenzakele.

fortunate (a) -nenhlanhla; -nesasasa.

fortune (n) ukunotha; inhlanhla; umhlahlamelo; inhlanhla (good f.); isisila, umswazi (ill f.); bhula okuzokwenzeka (tell one's f.).

fortune-teller (n) umngoma obhulela abantu.

forty (n) amashumi amane. (a) -amashumi amane.

forum (n) inkundla; indawo yokukhulumela.

forward (n) ifowadi; ifolosi ebholeni. (v) thuma; qhubekisela; dlulisela. (a) -qhubekile; -thuthukile; -ba yithatha, veleza (be f.). (adv.) phambili; khokhelwa phambili (carriage f.); beka isiphakamiso (put f. a proposal); ethemba (look f. to); shikelela (push f.).

fossick (v) phenyaphenya; qhwandaqhwanda.

fossil (n) amathambo noma izilokazane nezithombo osekwaguquka kwabayitshe.

foster (v) khuthaza; gqugquzela;

ondla; khulisa. (a) -ondliweyo;
-ondlayo; umntwana okhuliswe ngu-
muntu ongesiye umzali wakhe (f.
child); usinganina (f. mother);
usingamzali (f. parent).

fought (v) lwile.

foul (n) isiphosiso; ukudlala kabi;
ukweqa umthetho womdlalo. (v)
ngcolisa; ngcola; ngqila (entangle).
(a) -vundile; -namanyala; -nukubele;
-umoya ongcolile, isikhutha (f. air);
isenzo esibi (f. deed); inhlamba (f.
language); -zixabanisa na- (fall f.
of).

foul-mouthed (a) -khuluma inhlamba;
-khuluma amachilo.

foulness (n) ukuvunda; amanyala;
ukunukubala.

found (v) akha; qalisa; misa; qamba;
tholile.

foundation (n) isisekelo; isisusa;
udonga lwamatshe okwakhelwa
kulo (f. of building); ukwakhiwa;
ukumiswa.

founder (n) umqambi; umsunguli;
umakhi; umsekeli. (v) zika; shona;
cwila.

foundling (n) isitholwa; ingane elahlwe
ngabazali bayo.

foundry (n) lapho izimpahla zensimbi
zibunjwa khona; ifandolo.

fountain (n) isiphethu; umthombo;
umsuka.

fountain-head (n) lapho umsuka
ukhona.

fountain-pen (n) ipeni lokubhala
eliziphathela uyinki.

four (a) -ne; kokune; bobane (all f.);
kane (f. times); gaqa phansi (go on
all fours).

fourteen (a) -yishumi nane.

fourth (n) ubune; ingxenye yesine.
(a) -esine.

fourthly (adv.) ngokwesine.

fowl (n) inyoni (bird); inkukhu,
ikhwibi (domestic f.); ichogo, icho-
gwana (young f.); itshwele
(chicken).

fowler (n) umcuphi wezinyoni
zasendle.

fowl-house (n) isilugu; ixhiba lezinku-
khu; ihoko.

fowling-piece (n) isibhamu sohlwayi;
ingebe.

fox (n) uhlobo lwempungushe; iqili
(wily person).

foxy (a) -nobuqili.

fracas (n) isidumo; isiphithiphithi;
udweshu.

fraction (n) ucezwana; isiqeshana;
iqhezu, ingxenye (arithmetical f.).

fractious (a) -nenkani; -tetemayo.

fracture (n) ufa (in rock); ukwaphuka;
ukuphoqoka; isifece; ukufecezeka
(green stick f.). (v) aphula; aphuka;
phoqoka; feceza.

fragile (a) -aphukayo; -lichoboka.

fragment (n) isiqhephu; isihlephu;
ucezu; udengezi (shard); imvingi-
mvingi (fragments); imvithizeko
(small pieces).

fragrance (n) ivumba; iphunga;
uthungo; amakha; isantungwana (of
food).

fragrant (a) -nephunga; -nephunga
elimnandi; -nesantungwana (of
food); -nevumba.

frail (a) -yintengentenge; -ichoboka (a
f. thing).

frailty (n) ubuntengantenga; ubutha-
kathaka.

frame (n) uhlaka; uphahla; izinti
okwakhelwa kuzo; isimilo esithoko-
zayo (happy f. of mind). (v) misa;
akha; qamba; hlanganisa; fulema
isithombe (f. a picture); akha icebo
(f. a plan); qambela umuntu
amanga ukuze alahlwe yicala (f. a
person).

franc (n) uhlamvu lwemali eFulansi.

franchise (n) ilungelo lokuvotha; ivoti;
inkululeko (exemption).

frank (v) cindezela imvilophu
yencwadi ngophawu oluthile esi-
khundleni sesitembu. (a) -khuluma
obala; -ngenanhlebo.

frankly (adv.) ngokukhuluma obala.

frankness (n) ubuqotho ekukhulumeni;
ukungagunci.

frantic (a) -vukwe ngamadlingozi;
-phiyazayo.

fraternal (n) inhlangano yabazalwane.
(a) -obuzalwane.

fraternity (n) ubudlelwane; inhlangano
yabazalwane.

fraternise (v) jwayelana; azana;
-dlelana na-.

fratricide (n) ukubulala umfowenu;
umagwazendlini.

fraud (n) inkohliso; icebo lokukho-
hlisa; ubuwaka.

fraudulent (a) -namacebo okukhohlisa.

fraught (a) -gcwele; -thwele; -nengozi
(f. with danger).

fray (n) ukulwa; isidumo; isiwombe.
(v) vithiza; qaqeka; dleka; cothuka.

freak (n) into eyilumbo; amahlaya; isilima.

freckle (n) ichashazi; ubuthembuzane; umkhangu. (v) vela amachashazi.

free (v) khulula; khumula; hlenga. (a) -khululekile; chanasa (go f.); thululuka, dluba (get f.); -ziphethe, -zibuselayo (independent); -ngavinjelwa lutho (unimpeded); -lihlaphahlapha (lavish); -ngenasici (without defect); -ligagu (boastful); -ngasetshenziswa (not in use). (adv.) mahala.

freedom (n) inkululeko; ukukhumuka; amandla okuzenzela.

free-hand (a) -lotshiwe ngesandla.

freehold (n) ilungelo lokuba nomhlabathi noma indlu engeyakho uqobo; ilungelo lokuthenga umhlabathi noma isakhiwo ngaphandle kwemibandela.

free-lance (n) ozisebenzelayo.

free-wheel (v) ehlela ngaphandle kokushova noma kokusebenzisa injini.

freewill (n) intando; amandla okuzenzela.

freeze (v) qandisa; qandisisa; -baliqeqeba lamakhaza.

freezing point (n) izingaqhwa.

freight (n) ifulaha; imali yokuthwala.

freighter (n) umkhumbi othwala amafulaha; umkhumbi othutha izimpahla.

French (n) amaFulentshi (people); isiFulentshi (language). (a) -kwamaFulentshi; -seFulansi.

frenzy (n) ukuvukwa ngamanwele; ukuphiyaphiyaza (be in a f.).

frequency (n) ukuphindaphindwa; ukuvama; ubuningi bokwenzeka.

frequent (v) gqigqa; jinga. (a) -ningi; -enzekayo kaningi.

frequently (adv.) kaningi.

fresco (n) umfanekiso odwetshwe odongeni.

fresh (a) -sha; -nye (another); -luhlaza (green); -ncwaba (vigorous); umoya omuhle (f. air).

freshen (n) ukungenisa kwamanzi emfuleni; umfudlana ocwebile ongenela olwandle; isikhukhulana.

freshly (adv.) ngokusha; kabusha.

freshness (n) ubusha; ubuncwaba.

fret (n) ukutetema. (v) tetema; bibitheka.

fretful (a) -yincengancengane; -tete-

mayo.

friable (a) -yinkumunkumu; -yimbudumbudu.

friar (n) ilunga lebandla elithile lamaRoma.

fricative (n) ungwaqa omfuthwa; umfuthwa.

friction (n) ukuhlikihlana; ukugudlana; ukungezwani (f. between persons).

Friday (n) olwesiHlanu; usuku lokufa kukaJesu (Good F.).

friend (n) umngane; umhlobo; igxebe.

friendly (a) -zwene; -phahlene; bungana na-, azana na- (be f. with).

friendship (n) ubungane; ubudlelwane; ubuhlobo.

frieze (n) ibhande lokuhlobisa elizungeza udonga phansi kophahla.

frigate (n) umkhumbi wempi ongemkhulu kakhulu.

fright (n) ingebhe; uvalo; ivuso; ukwethusa; ngqazula (to frighten); ngqazuka (take f.).

frighten (v) ethusa; sabisa; hubha (f. away); hebeza (f. with noise); nunusa (f. with fearsome object).

frightful (a) -sabekayo; -sabisayo.

frigid (a) -namakhaza kakhulu; -qandayo mo; -lugwele (unresponsive, cold person).

frill (n) ifrili; umfekethiso.

fringe (n) insephe; impetho; umyeko (on forehead); insephunsephu (tasseled f.). (v) phetha ngensephe.

frippery (n) okokuhlobisa okuyize; izinto zokuhlobisa ezingenamkhuba.

frisk (v) tshekula; tshakadula; qabavula.

frisky (a) -tshekulayo; -tshakadulayo.

fritter (n) ikhekhe elinezithelo eziphekwe nalo; iqatha elinenyama egayiweyo. (v) gcugca; humuza (f. away); chitha isikhathi (f. away time).

frivolous (a) -ngenasisindo; -thandayo ukuzithokoziza ngeze.

frizzle (v) hlihla; hlihliza.

frock (n) ilokwe; ingubo yowesifazane yokugqoka.

frog (n) iselc; iselesele; ingxangxa; ixoxo; ujunguju (f. spawn).

frolic (n) ukudlala; ukungqabashiya. (v) tshekula; dlala; esasa; ngqabashiya.

from (prep.) ngokusukela (away f.); ahlukanisa ku- (exclude f.); suka ekhaya (go away f. home); ibanga ukusuka ekhaya (distance f. home) ngisuka kuye (I come f. him); uphuma ekhaya (he comes f. home); ahlukanisa enye kwenye (tell one f. another); ngokungabekeli ingomuso (f. hand to mouth); izindawo ngezindawo (f. place to place); hlenga engozini (save f. danger); ngivela kwaZulu (I come f. Zululand); lenga egatsheni (hang f. a branch); guliswa umkhuhlane (suffer f. a cold); isipho esivela kuye (present f. him).

frond (n) iqabunga lesithombo; ihlahlana.

front (n) ubuso; umphambili; qhama; -za phambili (come to the f.); phambili kwa- (in f. of). (v) bheka ku- (f. towards). (a) -phambili.

frontage (n) uhlangothi lwangaphambili.

frontal (a) -aphambili.

frontier (n) iphethelo; isifunda esisemaphethelweni (f. district).

frontispiece (n) umfanekiso osekuqaleni kwebhuku.

frost (n) isithwathwa; ungqoqwane; ungqweqwane. (v) lala isithwathwa; shazwa yisithwathwa.

frostbite (n) ukushazwa.

frosty (a) -nesithwathwa; -nongqoqwane.

froth (n) igwebu; umdlambi (f. on the waves). (v) khihliza amagwebu; phuphuza (f. over); phukuzela, qhilika (f. up).

frown (n) ukuhwaqabala. (v) hwaqabala; swaca izinhlonze; nyakama; nyonkoloza (f. at).

frozen (a) -qandisisiwe; -liqeqeba lamakhaza.

fructify (v) thelisa isihlahla; enza ukuba umuthi uthele; vundisa.

frugal (a) -ongayo; -congobezelayo.

fruit (n) isithelo; uhlamvu; imilibo (first f.); thela, hlanza (bear f.); impumelelo (results); inzuzo (gains).

fruiterer (n) umthengisi wezithelo.

fruitful (a) -thelayo; -hlanzayo; -chumayo.

fruition (n) impumelelo; phumelelisa (bring to f.).

fruitless (a) -ngatheli; -ngenamvuzo; -ngavezi lutho.

fruity (a) -njengesithelo.

frump (n) owesifazane ongakunakile ukugqoka kwakhe.

frustrate (v) vimbela; shabisa; qunda;

khungatha; bindeka (be frustrated).

fry (n) isibindi semvana (lamb's f.). (v) thosa; gazinga; chachambisa; chochobala.

fuddle (v) sanganisa; dida.

fuel (n) okokubasela umlilo; okuhambisa injini.

fugitive (n) umbaleki; obalekileyo. (a) -balekayo.

fulcrum (n) iphuzu elinika umgxala amandla lapho ucindezelwa kufukulwa into esindayo.

fulfil (v) gcwalisa; gcina; enza njengokuthemba (f. one's expectations).

full (a) -gcwele; -the swi; inyanga isihlangene (the moon is f.); umbiko opheleleyo (a full report).

full-dress (a) -hlobile ngokuphelele.

fullness (n) ukugcwala; ukusutha; ukuphela.

fulminate (v) bholokoqa ngamazwi.

fulsome (a) -tusayo ngokweqile; -casulayo.

fumble (v) phumputha; phuthaza.

fume (n) isophu; isintshongo. (v) thunqa; bheva; dloba (f. with anger).

fumigate (v) thunqisela; shunqisa; fusa; bulala izilokazane ngokuzishunqisela.

fun (n) uteku; ihlaya; ukudlala; ncokola, lawula (make f.); ntela (say in f.); bhuqa (make f. of).

function (n) umsebenzi obhekene nomkhosi othile.

fund (n) imali ebekelwe umsebenzi othize; isikhwama.

fundamental (a) -yisisekelo; -swelekeliyo; -qavile; -phansi esiqwini.

funeral (n) umngcwabo; ukufihlwa komuntu.

funereal (a) -ndondayo; -fanele umngcwabo.

fungus (n) ukhunta; uhlonzane; ugwayi kanhloyile.

fungicide (n) umuthi wokubulala ukhunta.

funk (n) ubugwala; ubuvaka. (v) baleka; esaba.

funnel (n) ushimula; isetho.

funny (a) -mahlaya; -nensini; -hlekisayo.

fur (n) uboya; okokugqoka koboya (f. garment); izingqweqwe (f. on pots). (v) enza izingqweqwe emapayipini amanzi ashisayo.

furbish (v) vusa; cwazimulisa; pholisha.

furious (a) -nobudlangudlangu; thukuthela, bheva (be f.).

furl (v) songa; songa oseyili; songa iduku (f. the flag).

furlong (n) isilinganiso sobude esingamayadi 220.

furlough (n) ikhefu lokukhumuka emsebenzini izinsuku ezithile.

furnace (n) isithando somlilo; imbuthuma.

furnish (v) faka izimpahla zasendlini; pha; nika.

furniture (n) impahla yendlu; ifenisha.

furore (n) umsindo; isiyaluyalu; isibhelu.

furrier (n) ohweba ngezikhumba ezinoboya; oshuka izikhumba ezinoboya.

furrow (n) umsele; inkasa (for irrigation); imfingcizo (f. on face). (v) hlaba umsele; fingciza.

further (v) qhubekisela phambili. (adv.) phambili; qhubekela phambili (go. f.); kuphambidlana (it is a little f.); akusekude (it is not much f.). (conj.) futhi.

furtive (a) -nyenyayo; -phishilayo.

fury (n) isibhengubhengu; isankahlu; owesifazane onolaka (virago).

fuse (n) intanjana yokugijimisa umlilo; ucingo lwefiyuzi (f. wire). (v) ncibilikisa; xubanisa; xubana ngokuncibilika; fiyuza (of electric system).

fuselage (n) udlame lwendizamshini.

fusillade (n) ukudubula kaningi ngezibhamu.

fusion (n) ukuncibilikiswa wukushisa; ingxubano.

fuss (n) ubudididi; ukutatazela. (v) tatazela; walazela.

futile (a) -yize; -ngasizi lutho.

future (a) -zayo; -phambili; isikhathi esizayo (the f.); kuhlwile phambili (the f. is hidden); ngesikhathi esizayo (in the f.).

fuzzy (a) -lufifi (blurred); -songene; izinwele ezisongene (f. hair).

G

gabble (v) mpompoza; themeleza; bhebheza.

gable (n) utshubungu lodonga lwendlu; igebula.

gadabout (n) ucecevana; isikhwishizi.

gadget (n) intwana ewusizo; insinjana ewusizo.

Gaelic (n) iGeyiliki; umuntu womdabu esiKotilandi. (a) -liGeyiliki.

gaff (n) induku enenhlendla; ihuku lensimbi; ukubheda (nonsense); veza imfihlo (blow the g.). (v) khipha ngenduku enenhlendla.

gaffe (n) ukuphosisa; inkulumo engahlakaniphile.

gaffer (n) indoda endala; ixhegu.

gag (n) into yokuvala umlomo. (v) vimba umlomo; thulisa ngenkani; enza isamuku.

gage (n) isifungo; inselele (challenge).

gaiety (n) ubuqheleqhele; ukugenama; ubukhwangukhwangu.

gaily (adv.) nokugenama; -hlotshisiwe (g. dressed).

gain (n) inzuzo; umtitilizo. (v) zuza; nqoba; titiliza; qhubeka (g. ground); finyelela phezulu (g. the summit); thonya (g. distinction); thandwa (g. favour).

gainful (a) -nenzuzo.

gainsay (v) phika; phikisa.

gait (n) isimo sokuhamba; ukunyathela.

gala (n) umkhosi wobuqheleqhele.

galaxy (n) umbuthano wobucwebecwebe; umthala.

gale (n) isiphepho; isivunguvungu.

gall (n) inyongo (bile); ukubaba (bitterness); isilonda esiphuthukile (chafed sore); iqhubu emthini elibangwa izilokazane (g. on tree). (v) phucula; fundekela; thukuthelisa (vex).

gallant (n) isoka; ibhungu (young man). (a) -liqhawe; -nesibindi; -hlotshisiwe.

gallantry (n) ubuqhawe; isibindi; inhlonipho.

galleon (n) uhlobo lomkhumbi lwakudala owawuphakeme emuva naphambili.

gallery (n) indawo eyisitezi eholweni; izibukeli emdlalweni (audience); -zicelele ihlombe (play to the g.); umhubhe (passageway); ithanela (in mine).

galley (n) uhlobo lomkhumbi wempi ogwedlwayo wezikhathi zakudala.

galley-slave (n) isigqili esasigwedla umkhumbi.

Gallic (a) -aseFulansi.

gallivant (v) -zijabulisa ngokuzulazula.

gallon (n) igalani; isilinganiso somthamo.

gallop (n) ukuholobha. (v) holobhisa; jaha; gadulisa; qabavula; holobha.

gallows (n) isilengiso; lapho kuphanyekwa khona abanqunyelwa ukufa; umuntu ofanele ukulengiswa (a gallows bird).

gallstone (n) iqondo (in human); umdaka (in cattle); itshe elivelayo engqalathini yenyongo.

galore (adv.) kaningininigi.

galoshes (n) izicathulo ezingangeni mvula ezigqokwa phezu kwezinye.

galvanize (v) mboza insimbi ngoqweqwe lwenye insimbi engasheshi ukuthomba; ukhethe; uthayela; (galvanized iron); vusa ukuze kwenziwe okuthile (g. into action).

gamble (v) bekelana ngemali; bheja.

gambol (n) ukutshekula; ukutshakadula; (v) tshekula.

game (n) imidlalo; umdlalo; enza inhlekisa (make g. of); isu selahlulekile (the g. is up); izinyamazane (animals hunted); isiqiwu (g. reserve); umqaphi wezilwane (g. guard). (a) -nesibindi, -phikelelayo (plucky); -vumayo (willing).

gamut (n) uhla oluphelele; uhide lonke; izinhlobo zonke (the whole g.).

gander (n) iqhude lehansi.

gang (n) iviyo; iqembu; isikwata; amavukana (g. of youths).

ganger (n) induna yesikwata.

ganglion (n) isihlukuzo emizweni lapho kuvela khona imizwana exhantelayo.

gangrene (n) ukuvunda kwenyama yesitho; ukuvunda.

gangster (n) isigcwelegcwele; umuntu ozihlanganisa neqembu lezigebengu.

gangway (n) indlela yokuwela eyenziwe ngamapulangwe.

gaol (n) ijele; itilongo.

gaoler (n) umgcini-jele.

gap (n) isikhala; isibhobo; insungubezi; umgamu (interval); umkhathi (space between).

gape (v) khamisa; kheveza; zamula (yawn); golozela (g. at).

garage (n) igaraji. (v) ngenisa egaraji.

garb (n) isivatho; okokugqoka. (v) gqoka; vunula.

garbage (n) inkucunkucu; izibi.

garble (v) khohlisa; xubanisa; hlane-

kezela.

garden (n) isivande; ingadi; insimu; isiqinti (g. plot). (v) lima; lima esivandeni.

gardener (n) umlimi; umtshali wesivande.

gargantuan (a) -khulukazi.

gargle (n) ukuhahaza; umuthi wokuhahaza (medicine). (v) hahaza.

gargoyle (n) isifanekiso sesilwane esesabekayo esibazwe samiswa odongeni phezulu.

garish (a) -xhophayo; -hlotshiswe ngokweqile.

garland (n) umqhele wezimbali.

garlic (n) ishaladi lenyoka; isithombo okunandiswa ngaso ukudla.

garment (n) ingubo; isembatho; isivatho; okokwembatha.

garner (n) ingobo. (v) vuna; qoqa; qongelela.

garnish (v) hlobisa; fekethisa; thokela (g. a dish).

garnishee order (n) incwadi yokuthumba iholo.

garret (n) ikamelwana eliphezulu phansi kophahla lwendlu.

garrison (n) amabutho alinde inqaba. (v) ngenisa amabutho ukuvikela inqaba.

garrotte (n) isikhali sokuklinya umuntu. (v) klinya ngesikhali.

garrulous (a) -havuzayo; -ligavugavu; igavugavu (a g. person).

garter (n) igatha; isihlilingi samasokisi; isiphandla esiqavile saseNgilandi esedlula zonke ezinye (order of the G.).

gas (n)   igesi; okusamoya; umoya ophelelwe yioksijini ngenxa yembawula endlini evaliweyo (poison g., carbon monoxide). igesi ebulalayo (poisonous g.); amagesi (gases). (v) thela ngegesi; hogela igesi, ngenwa yigesi (be gassed).

gaseous (a) kwegesi;   okuyigesi; -omoya.

gash (n) umuga; umhehe; isihevu. (v) hobhoza; zavula; genca.

gasket (n) ucwecwe olufakwa ekuhlanganeni kwezinsimbi ukuze kungaphumi igesi nani enye.

gasoline (n) uphetroli.

gasometer (n) ithange elikhulu legesi.

gasp (n) ukuthi befu. (v) befuzela; nqomfiza; -sho ngokubefuzela (g. out).

gastric (a) -phathelene nokugayeka kokudla; -phathelene nesisu; ujengezi lwasesiswini (g. juice).

gastritis (n) isifo sesisu esilumayo.

gate (n) isango; ubuningi bezibukeli emdlalweni, imali ekhokhwa yizibukeli (money paid for entrance). (v) valela phakathi (g. as at school).

gate-crasher (n) umfohli; umuntu ozifikelayo engamenywanga.

gatepost (n) impundu; isigxobo sesango.

gather (v) buthana; hlangana; bunganyela (g. together, as people); vunda (fester); butha; hlanganisa; qoqa; thola; vuna (g. in, as crops); fula (g. crops for present use); theza (g. firewood); bungazela (g. around); fiŋgqa (g. dress material); wola (g. up).

gathering (n) umbuthano; umhlangano; ithumba (abscess).

gathers (n) imifingqizo; imifingcizo.

gaudy (a) -makhwazikhwazi.

gauge (n) isilinganiso; ujantshi onezinsimbi ezisondelene (narrow g. railway). (v) linganisa.

gaunt (a) -lukhohlomba; -luhoqolo.

gauntlet (n) okokuvikela isandla uma kuliwa; okokuvikela ingalo uma kuzingelwa ngenyoni; cela inselele (throw down the g.); thubeleza (run the g.).

gauze (n) igozi; ushodo; ulembu.

gave (v) phile; nikile; khangezile.

gawky (a) -ngumdadavu; -yimpubumpubu.

gay (a) -jabulile; -qhelezile; -mibalabala (g. colours).

gaze (n) ukubuka; amehlo anjolozile. (v) buka; joloza; thapha; golozela (g. at); nduluza (g. vacantly).

gazelles (n) izinhlobo zezinyamazane ezifana nezinsephe.

gazette (n) igazethi, iphepha eliphethe izaziso. (v) cindezela egazethini.

gear (n) impahla; okokugqoka; igiya (of machine); -ngaqondile, -ngalungile (out of g.). (v) ngenisa igiya; faka egiyeni (engage g.).

gecko (n) uqhothetsheni; intulo.

geese (n) amahansi.

geisha (n) intombi yomdanso yaseJaphani.

gelatine (n) itheketheke elitholakala ngokubilisa imisipha nezinselo zezilwane.

gelatinous (a) -yitheketheke.

geld (v) thena.

gelding (n) inkabi yehashi; ihashi elitheniwe.

gelignite (n) isithako esiqhumayo njengodalimede.

gem (n) itshana eliyigugu; uthanazana.

gendarme (n) isosha laseFulansi eliyiphoyisa.

gender (n) ubulili; ubulili besifazane (feminine g.); ubulili besilisa (masculine g.); ubulili bento (neuter g.).

genealogy (n) uhlanga; isizukulwana.

genera (n) izinhlobo; izigaba zezinhlobo.

general (n) ujenene (military). (a) -vamile; -jwayelekile; -yimvama; -kwezindawo zonke; njengokuvamileyo (as a g. rule); ukuvota kwabantu bonke (g. election).

generalissimo (n) ujenene omkhulu; ujenene ophethe abanye.

generality (n) imvama; imvamela; iningi.

generalization (n) inkulumo eyengamele iqiniso mayelana nezinto ezahlukene.

generalize (v) -sho okuliqiniso mayelana nezinto eziningi.

generally (adv.) ngokujwayelekile (commonly); ndawozonke (everywhere).

generalship (n) ubujenene.

generate (v) enza, veza, banga (g. power); zala (produce); enza ielektriki (g. eletricity).

generation (n) isizukulwane; intanga; ukuzala; ukubanga.

generator (n) ijenereyitha; umshini wokwenza ielektriki.

generosity (n) ukuphana; ububele; umusa.

generous (a) -nokuphana; -nobubele; -nomusa.

genesis (n) ukuqala; uGenesisi (book of G.).

genetics (n) imithetho ephathelene nezofuzo nokuzalana nokwahlukana kwezinhlobo.

genial (a) -mnene; -nomusa; -thakasayo.

genital (a) -phathelene nezitho zokuzala.

genitive (n) ubunini. (a) -vezayo ubunini.

genius (n) ubuhlakani; isihlakaniphi (person); umlozi (spirit).

genteel (a) -nokwenza okunesizotha; -ohlobo olunesithunzi.

gentile (n) ongesiye umJuda.

gentility (n) isimo esinesizotha; isimo sokuthamba; ubumnene.

gentle (a) -thambile; -zothile; -mnene; -egazi (well born); -hle; -ncane (moderate); ukwehlela okuncane (a g. slope); umnyelele (a g. breeze).

gentleman (n) umnumzane; indoda enesithunzi; inkinsela.

gentlemanly (a) -nesithunzi sobudoda; -nesizotha; -yinkinsela.

gentleness (n) ubumnene; ukuthamba.

gentlewoman (n) owesifazane onesithunzi; owesifazane wegazi.

gently (adv.) kamnene; kahle; kancane; cacamezela (do g.); ncengelezela, yoyosa (handle g.); nyathuza (tread g.).

gentry (n) izikhulu; abogazi.

genuflect (v) guqa; thoba.

genuine (a) -qotho; -eqiniso; -qatha.

genus (n) uhlobo; isigaba sohlobo.

geographic (a) -ezomumo wamazwe.

geography (n) umumo womhlaba; isifundo ngamazwe omhlaba.

geology (n) isayensi ephathelene nokwakheka komhlaba; isayensi ephathelene nomumo wamatshe.

geometric (a) -linganisayo ubukhulu nokumelana kwezinto.

geometry (n) isifundo esiphathelene nobukhulu bezinto nokumelana kwazo.

geotropism (n) ukudonselwa emhlabathini.

germ (n) imbewu yokufa; ijemu; igciwane.

German (n) iJalimani; isiJalimani (language); (a) -esiJalimani.

germane (a) -phathelene na-; -esihlobo (akin).

germicide (n) umuthi wokubulala imbewu yokufa.

germinate (v) qhuma; mila; feca.

germination (n) ukuqhuma; ukumila.

gestation (n) ukumitha; ubude besikhathi sokumitha.

gesticulate (v) nqathuzisa izandla; nqathuza.

gesture (n) ukunqathuzisa izandla; isanya.

get (v) zuza, thola (obtain); vunyelwa (g. permission); ehlula, nqoba (g. upper hand); anginamanzi (I have g. no water); enza, enzisa (g. done);
-ba, qala (become); lunga, lungisa (g. ready); phila, lulama (g. better); limala (g. hurt); finyelela ekhaya (g. home); -ziphindisela (g. one's own back); ehlika (g. down); sitha (g. in the way); vusa umhlwenga (g. back up).

geyser (n) isitofu sokufudumalisa amanzi (for heating water); isiphethu samanzi ashisayo (natural g.); ushushu.

ghastly (a) -shaqisayo; -esabekayo.

ghetto (n) indawo ebekelwe ukuba ihlale amaJuda kuphela.

ghost (n) umungcwi; isipoki; isithunzi; Umoya oyiNgcwele (Holy G.).

ghostly (a) -fana nesithunzi; -fana nesipoki.

ghoul (n) okufana nomkhovu ezinganekwaneni zasempumalanga okwakuvumbulula izidumbu emangcwabeni.

giant (n) umdondoshiya; isidlakathi; isiqhwaga.

gibberish (n) ukumpompa inkulumo engezwakali.

gibbet (n) isigxobo okwakulengiswa umuntu osebulewe kuso.

gibbon (n) uhlobo lwenkawu yasempumalanga.

gibe (n) ukuklolodela. (v) klolodela.

giblets (n) okwangaphakathi namanqondo enkukhu okudliwayo.

giddiness (n) isizunguzane; isiyezi; inzululwane.

giddy (a) -nenzululwane; -nesiyezi; -ndiyazile.

gift (n) isipho; umkhungo; umnyomulo; isiphiwo (talent).

gifted (a) -nesiphiwo; -nobungcweti.

gigantic (c) -khulukazi; -khulu kakhulu.

giggle (n) ukugigitheka. (v) gigitheka.

gild (v) penda ngegolide.

gill (n) isiphefumulo, isitho sokuphefumula senhlanzi (g. of fish); isilinganiso sezinto eziluketshezi (g. measure).

gilt (n) upende wegolide. (a) -pendiwe ngegolide.

gimlet (n) ibhola; umshini wokubhola.

gin (n) umshini wokuqhathula ukotini (cotton g.); uhlobo logologo (spirit); isithiyo (trap); uhlobo lojibha (hoist). (v) qhathula izinhlamvu kukotini.

ginger (n) ujinja; izingxabo zesithombo esithile ezidliwayo.

gingerly (adv.) ngokuchophelela; kahle.

Gipsy (n) umJiphusi; uhlobo lwabantu abangenalo izwe lakubo abahamba bezula emazweni.

giraffe (n) indlulamithi.

gird (v) haqa; zungeleza; bhinca (g. on).

girder (n) insika ephase okwakhiweyo; umjanjatho wensimbi.

girdle (n) ibhande; ixhama; isibhamba; isifociya (woman's g.); umkhindi, uyaca, ubendle (girl's g.). (v) bopha ngebhande; zungeleza.

girl (n) intombazana; intombi; itshitshi (young g.); inkehli (betrothed g.); umdlunkulu (g. from chief's kraal).

girth (n) ubukhulu ezintunjini; ibhande lasezintunjini (g. as for horse).

gist (n) ingqikithi; indikimba; umnyombo.

give (v) pha; nika; amukelisa; khangeza; nyomulisa; zala, beletha (g. birth); fakaza (g. evidence); lahla ngecala (g. judgement against); banga (g. rise to); buyisela (g. back); khipha, thunqa (g. off); gidlabeza (g. generously); thela, vuma (g. in); phela (g. out); dela (g. up).

given (a) -jwayele (g. to); isikhathi esithile (a g. time). (adv.) uma sengathi (g. that).

gizzard (n) ingila; ingingila.

glacial (a) -neqhwa; -qandayo mo; -lugwele.

glacier (n) isikhukhula seqhwa esehlika ezintabeni.

glad (a) -enamile; -ethabile; -thokozile; -jabulile.

glade (n) ibhathu; isikhala.

gladiator (n) umuntu owayelwela ukufa phambi kwezibukeli enkundleni; igladiyetha.

gladiolus (n) isidwa; imbali yohlobo lomnduze.

glamour (n) ubuhle obukhangayo.

glance (n) ukuthi klabe; ukuthi shazi. (v) -thi klabe; jeqeza, klabela (g. at); bhekabheka (g. over); gulula, gwengula (g. off).

gland (n) indlala; indlalathi; isithwana emzimbeni esakha izinhlayiyana ezibalulekile egazini.

glanders (n) isifo samahashi.

glandular (a) -phathelene nezindlala;

isifo sezindlala (g. fever).

glare (n) ukuxhopha; ukubenyezela; ukujamela (g. at). (v) xhopha (dazzle); benyezela; jamela, golozela (g. at).

glaring (a) -xhophayo (dazzling); -sobala (obvious); iphutha elisobala (g. mistake); -hlabayo (fierce).

glass (n) ingilazi; isibuko (mirror); izibuko (spectacles); isipopolo sokubuka (spy g.). (v) faka ingilazi.

glaucoma (n) isifo samehlo esigcina ngokuphuphuthekisa.

glaze (n) ukulolonga kuzekucwebezele. (v) faka ingilazi; cwebezelisa.

glazier (n) umuntu ofaka izingilazi emafasiteleni.

gleam (n) ukubenyezela; ukubazimula. (v) khazimula; benyezela; bazimula.

glean (v) khothoza; khwanya; qwabinga.

gleeful (a) -genamayo; -jabulayo.

glen (n) isihosha; isikhumbu.

glib (a) -lula; -washuzayo; ulimi olulula (g. tongue).

glide (n) ukuviyoza (phon.). (v) huhuluza; mpeza; tshuma.

glider (n) indiza engenamshini.

glimmer (n) ukulokoza; ukubenyeza. (v) bazimula; lokoza; benyeza.

glimpse (n) ukhasha; qabuka; -thi nhla (catch a g.).

glint (n) ubucwazicwazi; incwazimulo. (v) benyezela.

glitter (n) ucwebecwebe; ububenyebenye. (v) benyezela; cwazimula; khazimula.

gloaming (n) ukuhwalala.

gloat (v) bheka ngokuganuka; enamela (g. over).

globe (n) imbulunga; indilinga; iglobhu; iqoqazwe; ingilazi yelektriki (electric light g.).

globular (a) -dilingene; -bhulungene.

globule (n) imbulungana encane; iconsi.

gloom (n) umnyama; ukhwantalala; ukuhwaqabala.

glorify (v) dumisa; tusa; khulisa (enlarge).

glorious (a) -nedumela; -hle kakhulu; -jabulisayo.

glory (n) inkazimulo; indumiso; idumela; (v) -ziqhayisa; qalaba.

gloss (n) ukucwebezela; inkazimulo. (v) cwebezelisa; -nganaki, ziba (g. over).

glossary (n) uhlu lwezincasiselo zamazwi.

glottis (n) umlomo womphimbo; amaxhaka.

glove (n) igilavu; isandla esinzima (the iron g.).

glow (n) ikloba; ukufudumala (warmth). (v) kloloba; nkemuzela; nkewuzela.

glowing (a) -nkewuzelayo; -fudumele (warmth); umbiko otusayo (a g. report).

glower (v) lakazela; hwaqabala.

glucose (n) uhlobo lukashukela otholakala ezithonjeni ezithile.

glue (n) inhlaka; ingcino; iglu. (v) namathelisa; namathisela; hlanganisa ngengcino.

glum (a) -hwaqabala; -khunule; -hluneme.

glut (n) inala; ukuvunda. (v) minza; dikizisa; fuqela impahla emakethe (g. the market).

glutinous (a) -nafunafu; -nafuzelayo.

glutton (n) isiminzi; igovu.

gnarled (a) -namaphuzu; iqokolo (a g. tree).

gnash (v) gedla; gedla amazinyo (g. the teeth).

gnat (n) imbuzane; insensane.

gnaw (v) ququda; gedla; thaphuza, fumfutha (g. as pain).

gnawing (a) -mfumfuthayo; -thaphuzayo; -ququdayo (as by a rodent).

gnome (n) uhlotshana lomkhovu enganekwaneni.

gnu (n) inkonkoni (brindled g.); imbuzimeshe.

go (v) hamba; ya; sonta (g. to church); hanjiswa (cause to g.); lamba (g. hungry); ngesimo esikhona (so far as it goes); bekwa; lokhu kubekwa lapha (this goes here); ngena (be contained in); bola, onakala, vunda (g. bad); hlanya (g. mad); duka, onakala (go wrong); xosha, _andela (g. after); lwa na-; (g. against); gudla, encika (g. near to); sukela (g. at); landa (g. for); ngena (g. into); cubungula (g. into a matter); suka (g. off); qhubeka (g. on); zungeza (g. round); bukeza (g. over); shuma (g. under); khuphukela (g. up); ntula (g. without); welela phesheya (g. overseas); lahleka (g. astray); emuka (g. away); gwilika (g. back on); andulela (g. before); ehla,

ewuka (g. down); ncipha (abate); bohla (g. down, decrease); cima, cimeka (g. out; extinguish); hlasela (g. to war, attack); hlangabeza (g. to meet); khasa, gaqa (g. on hands and knees); aluka (g. out to graze).

goad (n) isigqulo; isijujo. (v) juja; gqula.

goal (n) inhloso; impokophelo; umgomo; igoli, ipali (in sport).

goat (n) imbuzi; imbuzikazi (ewe); impongo (ram); isiyephu (angora g.).

goatee (n) isilevu sempongo.

gobble (v) khamfuza; ginga; tshobotshela; khala okwekalikuni (g. as turkey).

goblet (n) inkomishi engenasibambo.

goblin (n) umkhovu; umkhobo.

god (n) isithixo; izithixo-mbumbulu (false g.); isithombe (idol); uNkulunkulu, uThixo (God); uMvelinqangi, uSomandla, uSimakade (praise names to indicate the original one).

goddess (n) isithixo sesifazane.

godless (a) -ngakholwa nguThixo; -ngakhonzi uNkulunkulu.

godlike (a) -njengesithixo.

godly (a) -khonza uNkulunkulu.

godsend (n) inhlanhla; inhlanhla eyehla phezulu.

goggles (n) izibuko ezinkulu zokuvimba umoya.

going (n) ukuhamba; ukwenzeka (behaviour). (v. aux) -zaku; ngizokukwenza (I am g. to do it). (a) -sebenzayo.

goitre (n) isibobo somphimbo; isifo sokuvuvuka komphimbo.

gold (n) igolide; imali ebomvu (money).

golden (a) -egolide; -nombala wegolide (g. colour); ithuba elihle kakhulu.

golf (n) igalofu; umdlalo wegalofu (game of g.); induku yegalofu (g. club).

golliwog (n) udoli onezinwele eziyisiyephu.

gondola (n) igondola; isikejana saseVenisi.

gondolier (n) umgwedli wegondola.

gone (v) hambile; godukile.

gong (n) ingungu yensimbi ekhaliswayo ngokushaywa.

gonorrhoea (n) idropha; isipatsholo.

good (n) ubuhle; ukulunga; (a) -hle; -fanele; isibonelo esihle (a g.

example); inhlanhla (g. fortune);
-lungile; -sebenzayo (usable); indoda
eqotho (a g. man); indoda enomusa
(a kind man); -nekhono, -nengalo
(g. at his work); gcina (make g.,
complete); sakubona (greetings, g.
day etc.).

good-bye (n. interj.) hamba kahle; sala
kahle; valelisa (bid g.).

goodly (a) -khudlwana; -ngconywana.

good-natured (a) -nomusa; -nobuhle;
-nenhliziyo emhlophe.

goodness (n) ubuhle; ukulunga.

goods (n) izimpahla; izinto; isitimela
sezimpahla (g. train).

goodwill (n) uxolo; inhliziyo enhle;
igama elihle; isithunzi sebhizinisi
(g. in business).

goose (n) ihansi; ihoye (spur-winged
g.).

gooseberry (n) ugqumgqumu (Cape g.).

gore (n) igazi; ingazi; amahlule (blood
clots). (v) hlaba; bhudla, bovula.

gorge (n) isikhelekehle; isihosha;
ingoxi; cunula, casula (make one's
g. rise). (v) minza; gila.

gorgeous (a) -bucwazicwazi; -hle
kakhulu.

gorilla (n) imfene enkulu yamahlathi
aphakathi neAfrika.

gormandize (v) minza; huqa.

gorse (n) isihlahlana esinamevana
saphesheya.

gosling (n) ichwane lehansi.

gospel (n) iVangeli; incwadi equkethe
izindaba zezinkambo zikaJesu;
iqiniso, isiminya (truth).

gossamer (n) ubulembu; uthwethwesi.

gossip (n) iphoshophosho; iyavuyavu;
amahemuhemu, ubuqekeqeke (idle
talk). (v) phoshoza; qeketha;
yavuza.

got (v) zuzile; tholile.

gouge (n) isixhokolo. (v) gweda;
kipilita.

gourd (n) iselwa; uselwa (plant);
isigubhu (vessel).

gourmand (n) isiminzi; ingilela;
isihubengu.

gourmet (n) isichizi ezintweni ezidli-
wayo.

gout (n) isifo esibanga ubuhlungu
nokuvuvukala emalungwini ikakhu-
lu oqukuleni nasemadolweni.

govern (v) busa; phatha.

governess (n) uthishakazi ofundisa
emakhaya.

government (n) uhulumeni; umbuso;
uzibuse (self g.).

governor (n) umbusi; umphathi;
uLusibalukhulu.

gown (n) ingubo yowesifazane;
ilokwe; isivatho sonesiqu semfundo
ephakeme (academic g.).

grab (n) umhwaphuno; ukuthi nqaka;
amazinyo amakhulu omshini oku-
bamba (mechanical g.). (v) hwa-
phuna; hlwitha; daphuna.

grace (n) umusa, isasasa (kindness);
ukuphiqilika (beauty); ngesizotha
(with a good g.); bongela ukudla
(say g. at meals); Wena wa-
koMkhulu (Your G.).

graceful (a) -nokuphiqilika.

graceless (a) -ngenakuphiqilika;
-ngenamusa; -ngenasihe.

gracious (a) -nomusa; -mnene; -hloni-
phayo.

gradation (n) ukuhlela ngokulande-
lana kobukhulu.

grade (n) ibanga; isigaba, ikilasi (in
school); intanga (age g.); ukutha-
mbeka (slope). (v) hlela ngesimo;
hlela ngokuya kobukhulu; hlelemba
umgwaqo (g. the road).

grader (n) umshini wokuhlelemba
umgwaqo.

gradient (n) ukuthambeka.

gradual (a) -hambayo kancane;
kancane kancane.

gradually (adv.) ngokuya ngokuya;
kancane kancane.

graduate (n) isifundiswa esineziqu.
(v) hlela ngesimo; thola iziqu
(obtain degree).

graft (n) ihlumela; ukuhlumelelisa
(plants); ukubekela isikhumba noma
isitho kumuntu ukuze kumile kuye
(surgical); ukuthatha imali yabantu
ngokukhohlisa (dishonest dealing).
(v) hlumelelisa; xhumelela.

grail (n) inkomishi; Inkomishi yesi-
thebe sokugcina sikaJesu (the
Holy G.).

grain (n) uhlamvu; ukudla okuzinhla-
mvana (cereal); inhlamvu (particle);
izilongotsha, izinselekehle (small
grains); isilinganiso sesisindo
esincane (small measure of weight);
umnyama (grain in timber).

gram, gramme (n) igramu; isilinganiso
sesisindo.

grammar (n) uhlelo; igrama; imithetho
mayelana nokukhulunywa noku-

bhalwa kolimi.

grammatical (a) -phathelene negrama; -phathelene nohlelo.

gramophone (n) igramafoni.

granadilla (n) iganandela.

granary (n) inqolobane.

grand (a) -hle; -nobukhosi; -khulu; -ziqhayisayo; upiyane olukhulu oluyitafula (g. piano).

grandchild (n) umzukulwane; umzukulu.

grandeur (n) ubukhosi; ubucwazicwazi.

grandfather (n) ubabamkhulu (my/our g.); uyihlomkhulu (your/thy g.); uyisemkhulu (his/her/their g.).

grandiloquent (a) -phoshozayo.

grandiose (a) -obukhwangukhwangu.

grandmother (n) ukhulu; umakhulu (my g.); unyokokhulu (your g.); uninakhulu (his/her g.).

grandparent (n) umkhulu; ukhokho; ugogo.

granite (n) igwadle; igranayithi.

granolithic (n) ukhonkolo.

grant (n) isabelo; isipho; imali yokwelekelela. (v) pha; nika; vuma (agree); vumela (allow).

grantee (n) onikezwa imali yokwelekelela; ugranti.

granular (a) -yimbudumbudu.

grape (n) igrebhisi; umgrebhisi (vine); into umuntu athi ayinamkhuba ebona ukuthi angeze ayithola (sour grapes).

grapefruit (n) isithelo esithi asifane newolintshi elikhulu.

graph (n) igrafu; isilinganiso esenziwe ngemigqa.

graphical (a) -okubhala; -qhamile; umbiko oqhamile (a g. account).

grapnel (n) insimbi enamahuku okubamba.

grapple (v) bambana na-; tikitana nenkinga (g. with a problem).

grasp (n) ukubamba (seize); ukufinyelela (reach); ukuqonda (comprehension). (v) bamba; thola ngesandla; nklinya (g. by throat); qonda (comprehend); thaphuza (g. at).

grass (n) utshani; isikhotha (g. in veld); isiqunga (tambootie g.); ungwengwe (lawn g.); inkomfe (plaiting g.).

grate (n) iziko elenziwe ngensimbi. (v) khuhluza; khuhla; hadlaza; gedla; hlasimulisa (g. on).

grateful (a) -bongayo; -thokozayo.

gratify (n) delisa; thokozisa.

grating (n) ukugedleza; umgugudo (grinding); izinsimbi ezivimbe efasiteleni (bars on window).

gratis (adv.) mahala; ngesihle.

gratitude (n) ukubonga; umbongo; isithokozelo.

gratuitous (a) -phiwe mahala (free); -ngacelwanga; ukudelelwa ngaphandle kwesizathu (a g. insult).

gratuity (n) isabelo; isiphiwo.

grave (n) ithuna; iliba; ingcwaba. (a) -bi; -nzima; -nengozi; isifo esinzima (a g. illness).

gravel (n) ugedla; uhlalwane; amatshana; umgubane. (v) faka uhlalwane.

gravid (a) -khulelwe; -mithi; -nesisu.

gravitate (v) donselwa emhlabeni; -zigelezela; donselwa.

gravity (n) ubunzima; isisindo; ukudonsa komhlaba okudonsela kuwo zonke izinto.

gravy (n) umhluzi; isobho.

graze (n) umcothu; umphuthuluzo. (v) dla utshani; klaba; aluka, klabisa (go out to g.); gudla, huzula, phuthuluza (abrade).

grazing (n) umphuthulo (chafe); idlelo, ikhaphelo (pasture); inkambu eyidlelo (g. camp).

grease (n) amafutha; igrisi (thick g.). (v) huqa; gcoba; khatha; grisa.

greasy (a) -namafutha; -nembicimbici.

great (a) -khulu; -phakemeyo, -dumile (famous); -nekhono, -nesandla (proficient, g. at); uphoshozwayo (a g. talker); -khulelwe (g. with child).

great-coat (n) ijazi; ujazi.

great-grandchild (n) umzukulwana.

greatly (adv.) kakhulu.

greatness (n) ubukhulu; ubuningi.

Grecian (n) iGriki. (a) -eGriki.

greed (n) umhaha; umgolo; ubugege.

greedy (a) -minzayo; -phangile; -gingile; -hahile.

Greek (n) iGriki; isiGriki (language). (a) -eGriki; -obuGriki.

green (n) uhlaza; izitshalo, imifino (greens); inkundla enotshani (lawn). (a) -luhlaza; -cwebile; -the cwe (colour); -luhlaza (unripe); -luhlaza, -ngaphucukile (ignorant).

greenery (n) uhlaza; ukwena.

greengrocer (n) umthengisi wemifino nezinye izilimo.

greenhorn (n) impatha; induluzane.

greet (v) bingelela; khonza; khuleka; thakazela.

greeting (n) isibingelelo; izwi lokubingelela.

gregarious (a) -hamba ngemihlambi; -thanda ukuhlalisana nabantu abaningi.

grenade (n) uhlobo lwebhomu olungaphonswa ngesandla.

grew (v) milile; khulile; andile.

grey (n) ubumpunga; ubungwevu. (a) -mpunga; -ngwevu; izimvu (g. hairs); ubuchopho (g. matter, brains); khahlela, xuba (turn g.).

greyhound (n) inja enejubane; ibhansi.

griddle (n) insimbi yokosa. (v) osa ensimbini.

grief (n) usizi; inhlupheko; ukudabuka; ahluleka, limala (come to g.).

grievance (n) isikhalo; insolo; uhlupho.

grieve (v) dabukisa; dabuka; -banosizi; khubalisa.

grievous (a) -nzima; -dabukisayo.

grill (n) insimbi yokosa; umchachambiso (grilled food). (v) chachambisa; chochobalisa; osa; gazinga; oseka.

grille (n) ifasitela elinezinsimbi ezivimbileyo.

grim (a) -khwantabalayo; isimo esinzima (a g. outlook); nyinyiphala (look g.).

grimace (n) umhlibitho. (v) qhoboya; hlibitha.

grime (n) insila; ukungcola.

grimy (a) -nensila; -ngcolile.

grin (n) ukusineka. (n) sineka; nyewuzela.

grind (v) gaya; qotha; phothula; gqumuza (g. coarsely); cola, ncushuza (g. finely); lola (sharpen); gedla amazinyo (g. the teeth); hlupha, cindezela (oppress).

grindstone (n) umlalazi (for sharpening); imbokodo (for crushing).

grip (n) isibambo (handle); ukuqonda (comprehension). (v) bamba; gamathela; xhakathisa.

gripe (v) gedla; sucula.

gripes (n) itshati; intungwa (of children).

grisly (a) -thusayo; -sabisayo.

gristle (n) inhlali.

grit (n) amatshana; ugedlana; isibindi (courage). (v) gedla amazinyo (g. the teeth).

grizzled (a) -ngwevu; -mpunga.

grizzly (n) uhlobo lwebhele laseMelika (g. bear). (a) -ngwevana; -mpungana.

groan (n) umbubulo; umbhongo; ingquma. (v) bubula; gquma.

grocer (n) umthengisi wokudla; ugilosa; igrosa.

groceries (n) izinhlobo zokudla ezithengiswayo ngugrosa.

grog (n) ugologo.

groggy (a) -thiyazelayo; -zululekayo.

groin (n) imbilapho.

groom (n) umyeni; umkhwenyana (bride-g.); umuntu ophatha amahashi (stable g.). (v) lungisa (make tidy); sula ihashi.

groomsman (n) impelesi yomkhwenyana.

groove (n) isisele; isikhoxe; inkotho. (v) qumba; hlenhlebula.

grope (v) phumputha; fufutha; dukuza; mpumpuza.

gross (n) igrosi (144); amadazini ayishumi nambili; ingqikithi yakho konke (bulk). (a) -khulu; -qatha; -khuluphele; -luhlaza (vulgar); -ngenanhlonipho (crude); -sobala (obvious).

grotesque (a) -mangalisayo ngendlela yobulima; -hlekisayo; -ligidigidi.

grotto (n) umphandu; umgede.

ground (n) iphansi; indawo yaphansi; phezu komhlabathi (above g.); phansi komhlabathi (below g.); izala (dumping g.); idlelo (grazing g.); igceke (open g., yard); qhubeka (gain g.); hlehlela emuva (loose g.); inhlabathi, umhlabathi (soil); isisusa (basis); izizathu (reasons); inzika, amahabulo (sediment); izinkambi (coffee grounds, tea leaves); amabala (grounds of house). (v) shayeka phansi (run aground); misa, gxilisa (g. firmly); qeqesha (teach); gayiwe, colisekile (well g.); intothombela (g. snuff).

groundless (a) -ngenasisusa; -ngcnasizathu.

groundnut (n) intongomane.

groundwork (n) iziseko zomsebenzi.

group (n) iviyo; iqembu; isixuku; iqoqo; uhlobo. (v) qoqana; buthana; hlanganisa; didiyela.

grouse (n) uhlobo lwenyoni ezingelwayo efana nethendele. (v) thethisa; thetha; sola.

grove (n) isixhobo.

grovel (v) nabuzela; huquzela; gaqa.

grow (v) mila; khula; thuthuka; -zimilela (g. wild); khula, anda, vokomala (increase); zaca, gcansa (g. thin); khuluphala, zimuka (g. fat); godola (g. cold); qala ukuhlwa (g. dark); guga (g. old); depha, luleka (g. tall ; zimuka, dlondlobala (g. big); thandelela (g. around); khula (g. up); bhebhetheka (g. quickly); canduleka (g. afresh); lima (cultivate); qhuma amazinyo (g. teeth).

growl (n) ukugwavuma; ukubhavumula; ukuvungama. (v) gwavuma; bhavumula; vungama.

growling (n) umbhavumulo; umbhongo. (a) -gwavumulayo; -bhavumulayo; -vungamayo.

grown (a) -khulile; -milile; -linyiwe.

growth (n) ukumila; ukukhula; ukwanda; isimila (things grown); umdoyiyana (poor g.); ukwena (luxuriant g.); isimilela, inhlumba, iqhubu (g. on the body).

grub (n) umhlakanya; ithuku; inhlava (mealie g.). (v) mba; phanda; mbulula.

grubby (a) -ngcolile; -nensila.

grudge (n) igqubu; isibhongo. (v) ncisha.

gruel (n) incumbe; utshekeza.

gruesome (a) -shaqisayo; -bi kakhulu.

gruff (a) -bhodlayo; -bhodlozayo.

grumble (n) ukukhononda; inso!o. (v) khononda; vungama; sola.

grunt (n) ukubhodla. (v) bhodla; bhonga.

guano (n) umquba wezinyoni zasolwandle.

guarantee (n) igaranti; isiqiniselo sokuthi lokho okuvunyiwe kuyofezwa. (v) enza isiqiniselo.

guarantor (n) umgaranti; othembisa ukuthi lokho okuvunyiwe kuyofezwa.

guard (n) umlindi; umgadi; umalusi; umlindo (act); imvimbamlilo (fire g.); ugadi (railway g.); bheka, qaphela (keep g.); xwaya (be on g.). (v) linda; londoloza; alusa; vikela; gada; qikelela; qaphela.

guardian (n) umondli; umphathi; umlondolozi.

guava (n) ugwava.

guerdon (n) umvuzo.

guerrilla (n) omunye wamaqembu azilwelayo ngokubona kwawo kungesiye umuntu wempi ephethwe ngokujwayelekile.

guess (n) ukuqagela; ukuqandelela. (v) qagela; qandelela; linganisa.

guest (n) isivakashi; isihambeli; isimenywa; umqashi ehotela (hotel g.).

guffaw (n) ukuqhumuka uhleke. (v) qhumuka uhleke.

guidance (n) ukuhola; ukuqondiswa; ukukhashwa.

guide (n) umkhaphi; umholi; into yokuqondisa. (v) eluleka; khapha; hola; qondisa;

guild (n) inhlangano; inhlangano eqondene nomsebenzi othile.

guile (n) inkohliso; ubuqili; ubuhlakani.

guillotine (n) umshini wokunquma abantu; umshini wokunquma amaphepha; isikhali sikadokotela sokunquma amalaka. (v) nquma ngomshini.

guilt (n) icala; isanya; ukuzinyeza (feeling of g.).

guiltless (a) -ngenacala; -yinyabule.

guilty (a) -lahlwa yicala; -necala; vuma icala (plead g.).

guinea-fowl (n) impangele.

guise (n) izivatho; isimo; -vathise okwesosha (in the g. of a soldier).

guitar (n) isigingci; ukatali.

gulf (n) igumbi lolwandle.

gull (n) inyoni yasogwini lolwandle (seagull). (v) khohlisa.

gullet (n) umminzo; umuminzo.

gullible (a) -khohliseka kalula.

gully (n) isihosha; udonga.

gulp (n) ithamo; umfokoqelo. (v) nklinkliza; gimbiliza; minza; loboshela.

gum (n) inhlaka; ungiyane. (v) namathelisa ngenhlaka.

gums (n) insini (of person).

gumboil (n) ithumba ensinini.

gun (n) isibhamu; ingebe (shot g.); isithunqisa (muzzle loader); umbayimbayi (cannon).

gunner (n) umdubuli kambayimbayi.

gunnery (n) ubungcweti bokuphatha izibhamu.

gunpowder (n) umsizi wesibhamu.

gunwale (n) uthango oluzungeze isikebhe esinqeni saso.

gurgle (v) gobhoza; ntontoloza; kopoza.

gush (v) phophoza; putshuka.

gust (n) isikhwishi; isivuthela (g. of wind).

gusto (n) ukushisekela; -ngentshisekelo (with g.).

gusty (a) -vunguvunguzayo.

gut (n) ithumbu; usinga lwethumbu (cat-g.). (v) khipha izibilini (remove entrails); bhuqa, chitha (destroy).

gutter (n) umsele; umsele wamanzi. (v) ncibilikela nganxanye.

gutteral (a) -phinyiselwa ngomphimbo.

guzzle (v) lobotshela; gwica; khamfuza.

gymkhana (n) umdlalo wemijaho yamahashi.

gymnasium (n) indlu yokufundela umtambo wokuqinisa umzimba; isikole semfundo ethile.

gymnastics (n) umtambo wokuqinisa umzimba.

gynaecology (n) isayensi yezifo zabesifazane.

gyrate (v) dilingana.

H

habeas corpus (n) isicelo sokuba umuntu oboshiwe avezwe phambi kwenkantolo ukuze kubhekisiswe ukuthi ngempela uboshwe ngokomthetho.

haberdashery (n) impahla encane ephathelene nokokugqoka; isitolo esithengisa impahla encane yokugqoka.

habit (n) injwayelo; isijwayezi; inkambo; inkambiso; imvelo; umkhuba; umkhuba omubi (bad habits); injwayezi (force of habit); ingubo, ilokwe (dress).

habitable (a) -nokuhlalwa ngumuntu; -fanele ukuhlalwa.

habitat (n) indawo yokuhlala; indawo okuphilwa kuyo; isikhungo (for game).

habitation (n) indlu; umuzi; indawo yokuhlala.

habitual (a) -jwayelekile; -vamile.

hack (n) ihashi eliqashwayo; ihashi lokugibela; isiqopho (tool). (v) zikiza; genca; junduza; qopha; khahlela (kick).

hackle (n) umhlwenga; vusa umhlwenga (get hackles up).

hackney (n) ihashi lokusebenza; ikalishi lokuqashiswa (h. carriage).

hack-saw (n) isaha lokusika insimbi.

had (v) ufanele ukubhala (you h. better write); uzoboshwa (you will be h. up).

haddock (n) uhlobo lwenhlanzi yasolwandle eshunqiswayo ilondolozwe ngeswayi.

haemoglobin (n) okuveza umbala obomvu ezinhlayiyeni zegazi.

haemophilia (n) isifo esibanga ukopha okunganqamukiyo nasenxebeni elincane.

haemorrhage (n) umopho; umongozima (h. from the nose).

haemorrhoids (n) imizoko.

haft (n) umphini.

hag (n) isalukazana; umthakathi wesifazane.

haggard (a) -omelele; -khandlekile.

haggle (v) hwilizana.

hail (n) isiqhotho; isichotho; isangquma. (v) wise isiqhotho; bingelela, memeza (accost, greet); vela (h. from).

hair (n) unwele; uboya (on body, on animal); izinza (pubic hair); isihluthu (long h.); ingqangasi (bristly h.); imbunga (downy h.); izimvu (grey h.); inhlali (horse tail h.); coyiya (split hairs).

hairbreadth (n) ububanzi bonwele. (a) ukusinda ngokulambisa (h. escape).

haircut (n) ukugunda izinwele.

hairdresser (n) umgundi wezinwele; umcwali.

hairiness (n) ubuhwanqa (on face); ubuhashahasha (on chest).

hairless (a) -ngenazinwele; -ngenaboya.

hairy (a) -hwanqa; -noboya.

hale (a) -nempilo enhle; -nempilo emnandi.

half (n) uhafu; ingxenye yesibili. (adv.) -gamanxile (h. full); nyantisa (h. cook). (a) -kahafu; -thi gamanxa; iholo elincishisiwe ngohafu (h. pay); -yingxenye enguhafu yemali yentengo (h. price).

half-caste (n) ikhoboka; ikhaladi.

half-mast (n) ukulengisa iduku phakathi nesigxobo salo kukhombisa ukukhalela isikhulu esishonile.

half-wit (n) isilima; isithutha; isiyingayinga.

half-yearly (adv.) kabili ngonyaka; njalo ngokuphela kwezinyanga eziyisithupha.

hall (n) iholo; ibhilidi elikhulu; iholo elikhulu ledolobha (town h.); iphasiji (vestibule).

hallmark (n) uphawu lokuqinisa ukuthi into enjengento ebunjiwe ngegolide iyilo igolide impela.

hallow (v) ngcwelisa; ahlukanisela.

hallucination (n) ukubona izinto ezingekho ngenxa yokudungeka kwemizwa.

halo (n) indingilizi yokukhanya; umqhele emifanekisweni yabangcwele.

halt (n) ukuma; ikolosi; istopu. (v) misa; kanisa; ma; xhuga (limp); nqikaza (hesitate).

halter (n) ihalithi; intambo yokuphanyeka. (v) khungela ngehalithi; qhobosha (knee h.).

halve (v) ahlukanisa kabili; klabela kabili.

ham (n) itshweba (thigh); umlenze wengulube; isipeke.

hamel (n) umthondolo (wether).

hamlet (n) idolobhana; umzana.

hammer (n) isando; isiqandulo; isikhando; idlebe lesibhamu (h. of gun); thengiswa ngendali (come under the h.). (v) shaya ngesando; khanda; bethela; bandula (h. out); belesela (keep on hammering away at, persist).

hammock (n) inethi elenza umbhede ophanyekiwe.

hamper (n) ubhasikidi onesisibekelo; izidlo ezifakwe kubhasikidi. (v) libazisa; xaka; nyinya.

hamstring (n) umsipha ongasemuva kwedolo. (v) nquma umsipha ongasemuva kwedolo.

hand (n) isandla; isandla sokuloba; isandla (handwriting); isisebenzi (employee); kwesokunene, kwesokuphonsa, kwesokudla (on the right h.); kwesokhohlo, kwesobunxele (on the left h.); ngenye indlela (on the other h.); izinti zewashi (hands of a watch); siza (give a h. to); eduze (at h.); -fikile (to h.); xhawulana (shake hands); phatha (take in h.); nqoba (get the upper h.); ojwayeleyo (an old h.); ongatatazeli (a cool h.); -phumile endleleni (out

of h.); sizana na- (have a h. in). (v) nikeza; amukeza; nika; pha; emukezelana (h. down); dlulisa (h. on); abela (h. out); siza (assist).

handcuff (n) uzankosi; izinsimbi. (v) faka uzankosi; faka izinsimbi.

handful (n) isandla; ukhweshe.

handicap (n) isibambeko; isithiyo; umthwalo. (v) thiya; qhina.

handicraft (n) umsebenzi wezandla.

handiwork (n) into eyenziwe ngezandla.

handkerchief (n) iduku; iduku lasekhukhwini.

handle (n) isibambo; inkintsho; umphini (haft). (v) thinta; phatha; yoyosa (h. carefully); hlohlela, nyimfiza (h. roughly).

handmade (a) -enziwe ngesandla.

handmaid (n) isisebenzi sesifazane; incekukazi.

handsome (a) -bukekayo; -nogazi; igeza (a h. person).

handwriting (n) isandla; ukubhala ngesandla; ukuloba.

handy (a) -sizayo; -nekhono (deft); eduze (nearby); umuntu oqashelwa ukwenza noma yimuphi umsebenzi (a h. man).

hang (n) ukulenga kwengubo (the h. of clothes). (v) phañyeka, khungela, jikazisa (suspend); huka (h. on a hook); lengisa, phanyeka (execute by hanging); ngxolombisa (h. one's head); gaxa (h. over); eneka (h. out); phanyeka (h. up); choma (h. on spike); lenga, jikaza (dangle); phanyekwa (die by hanging); zindela (h. back); yethezela, bendla (h. down); bambelela, bambela (h. on); libazisa (delay); phikelela (persist).

hangar (n) indlu yamabhanoyi.

hanger (n) isiphanyeko; isiphanyeko sebhantshi (coat h.).

hank (n) isilinganiso sentambo sendophi nesikavolo.

hanker (v) langazela; lobiza.

haphazard (a) -enziwe ngokuhlofuhlofuza.

hapless (a) -neshwa; -nomswazi.

happen (v) ehlela; enzeka; vela; velela.

happening (n) isehlakalo; isimangaliso; umhlola (surprising h.).

happiness (n) injabulo; isithangami.

happy (a) -eneme; -esasile; -jabulayo; -thokozile; -faneleyo (apt).

harangue (n) ukukhuluma ngokukla-balasa. (v) klabalasela isixuku sabantu (h. a group of people).

harass (v) khathaza; gqugqumeza; hlupha.

harbinger (n) isandulela; ibika.

harbour (n) itheku lemikhumbi; izibuko ogwini lolwandle. (v) ngenisa; cashisa umuntu (h. a person); bambela igqubu (h. a grudge).

hard (a) -lukhuni; -qinile; -qatha; -nqala, -nzima (difficult); amazwi ahlabayo (h. words); umthetho ogxilile (h. and fast rule); -ngezwa kahle ezindlebeni (h. of hearing); -ntule imali (h. up, without money); ishwa, umswazi (h. luck). (adv.) ngamandla; kakhulu.

harden (v) qinisa; -ba lukhuni; gangada; qina.

hardihood (n) ukuqina.

hardly (adv.) -cishe; kancane (scarce-ly); kalukhuni (severely).

hardship (n) inkathazo; uhlupho; ubunzima; into elukhuni.

hardy (a) -lukhuni; -yisiqhakathi.

hare (n) umvundla; intenesha (red hare); unziphondo (spring h.).

hare-lip (n) inhlewuka.

harem (n) isigodlo; isithembu; umdlu-nkulu.

hark (v) lalela; yizwa; phindela emuva (h. back).

harlot (n) isifebe.

harm (n) ukulimala; isenzakaliso; ingozi; icala; limala (come to h.). (v) limaza; ona; elelesa; khubaza; bulala.

harmful (a) -limazayo; -onayo; -yingozi

harmonica (n) imfiliji; ezinye izinhlobo zezinto ezishayelwa umnyuziki.

harmonious (a) -vumelana kamnandi; -klasile; -zwanayo (friendly).

harmonium (n) ugubhu.

harmony (n) uvumelwano; ukuvume-lana; ukufanelana; ubungane (friendship); hlalisana ngokuzwana (live in h.).

harness (n) amahanisi; fela emsebe-nzini (die in h.). (v) bophela; faka amahanisi; sebenzisa (make use of).

harp (n) uhabhu; isitolotolo (Jew's h.). (v) khalisa uhabhu; khuluma njalo nga- (h. on).

harpoon (n) inhlendla.

harpsichord (n) uhlobo lwepiyane lasendulo.

harpy (n) isilwane sezinganekwane esasinomzimba wesifazane nama-phiko namazipho enyoni; owesi-fazane ongcolile ongenasimilo.

harridan (n) isalukazi esomelele esinolaka.

harrow (n) ihala; isibhuqo. (v) hala; bhuqa; banga umunyu (h. the feel-ings).

harry (v) hlupha; phanga; khathaza.

harsh (a) -nendluzula; -nolunya (cruel); -lukhuni (hard); iphimbo eliyisihogolo (h. voice).

harshly (adv.) ngolunya; ngokhahlo.

harum-scarum (n) isiphulukundleli. (a) -qhawuzelayo; -lalazayo.

harvest (n) okuvuniweyo; isivuno; isikhathi sokuvuna (h. time). (v) vuna; khwica; fula; casa (h. while unripe).

harvester (n) umvuni; umshini woku-vuna; uhlobo lwesilokazane esiqo-thula utshani esikhotheni (h. ants).

hash (n) umbondabonda; inyama eqotshwe kanye nemifino; ona into (make a h. of it). (v) qobisisa.

hashish (n) uhlobo lwensangu yase-mpumalanga.

hasp (n) insimbi eyisihintshelo soku-vala ngengide.

hassock (n) isenabelo sokuguqela; isidindi sotshani (h. of grass).

haste (n) ukusheshisa; ukuphangisa; umkhawulezo; shesha, phangisa (make h.). (v) shesha; phangisa.

hasten (v) shesha; phuthuma; khawu-leza; phangisa.

hasty (a) -namawala; -walazelayo.

hat (n) isigqoko; umnqwazo; ethula isigqoko (raise the h.).

hatch (n) isivalo salapho kungeniswa khona impahla emkhunjini. (v) chamusela, chamuselisa (h. eggs); qamba icebo (h. a plot); dweba imidwana (h. in lines).

hatchery (n) indawo yokuchamusela amaqanda ezinhlanzi.

hatchet (n) isigawulo; imbazo; izembe; khohlwa ingxabano (bury the h.).

hate (n) ukuzonda; inzondo. (v) zonda; enyanya; ala; -ngathandi (have a dislike for).

hateful (a) -zondekayo; -nenzondo; -enyanyekayo.

hatred (n) inzondo.

haughty (a) -zidlayo; qhoshayo; -chiphathekayo.

haul (n) ukudonswa; ukudotshwa; ukubanjwa. (v) donsa; hola; hosha.

haunch (n) isinqe; qoshama (sit on haunches).

haunt (n) isikhundla; iseqelo. (v) vama ukuhambela; indlu enezipoki (haunted house).

hauteur (n) ukuqhosha.

have (v) -ba na-, ngikhulumile (I h. spoken); bengizokhuluma (I would h. spoken); bengingakhuluma (I could h. spoken); ngimelwe ukukhuluma (I h. to speak); nginabangane (I h. friends); hlonipha (h. respect for); -banolaka (h. a bad temper); -banakho okushoyo (h. something to say); bindwa (h. nothing to say); ngenakuzikhethela (h. no choice); biloza (h. an appetite); anela (h. enough of); phupha (h. a dream); gula (h. an illness); hlupheka (h. a worrying time); dla (h. a meal); hlamba umzimba (h. a bath); phuza (h. a drink); fikelwa isivakashi (h. a visitor); melwa ukuya esikoleni (h. to go to school); gunda izinwele (h. a haircut); ebelwa imali (h. one's money stolen); beletha (h. a baby); ukugqoka (to h. on); phatha (to h. in hand).

haven (n) isisithelo; indawo yokukhosela.

haversack (n) umandawane.

havoc (n) umonakalo; ukonakala; ukuchithakala.

hawk (n) uklebe; unhloyile; uhele. (v) zingela ngoklebe; thilaza (peddle).

hawker (n) ohamba ethengisa ngempahla; othilazayo.

hawser (n) indophi enkulukazi; indophi yokubopha umkhumbi.

hay (n) utshani obomisiwe sebusikiwe; ifolishi.

hazard (n) ingozi; inkatho; ukulinga (attempt). (v) linga; -zifaka engozini; lokotha; enza inkatho.

hazardous (a) -nengozi; -yingozi.

haze (n) ufasimba; inkwezane.

hazel (a) umbala onsundu ngokuluhlaza.

hazy (a) -lufifi; -fikizayo; -mayezi; -luthuthu.

he (pron.) yena. (a) -esilisa.

head (n) ikhanda; nikina ikhanda (shake the h.); inhloko; isihloko (of plant); inhloko, omkhulu (one in charge, most important); umnumzane, umninimuzi (h. of family); usokhaya (h. of home, kraal); hlanganisa imilomo (put heads together); phaphatheka (loose one's h.); ukhakhayi (top of the h.); ibunzi (forehead); umthombo womfula (h. of river); vuthwa (come to a h.); induna (h. man); phathwa yikhanda (h. ache). (v) hola; -ba ngophambili ohlwini (be h. of list); thena izihloko (lop heads off plants); khalima (h. off); shaya ngekhanda (h. ball); bheka; qonda ku- (h. for).

heading (n) isihloko; amazwi esihloko.

headland (n) inhlonhlo.

headlong (adv.) -ngekhanda; phulukundlu. (a) -okuphulukundlela; ukubaleka ngokuphulukundlela (h. flight).

headman (n) induna; umnumzane; umninimuzi (h. of kraal).

head-master (n) umphathi wesikole; uthisha omkhulu.

headquarters (n) ikomkhulu; ikhulumbe; isizinda.

headring (n) isicoco; ungiyane.

headstone (n) itshe lesikhumbuzo engcwabeni.

headstrong (a) -nenkani; -yisiphikeleli.

headway (n) impumelelo; qhubekela phambili (make h.).

heal (v) phola; hlumelela; pholisa; sindisa; elapha.

health (n) impilo; ukuphila; inhlalakahle.

healthful (a) -nempilo; -nenhlalakahle.

healthy (a) -philile; -qinile; -philisayo (giving good health).

heap (n) inqwaba; ingqumbi; isitha; ifuku (h. of rubbish); izala (ash h.); isivivane (stone h.); ngokuthi wulukuhlu (in a h.). (v) nqwabela; qongelela; qhinkqa; didiyela; futhuza (as rubbish).

hear (v) zwa; lalela; thetha (h. a case).

hearing (n) ukuzwa; udlebe (keen h.); -ehluleka ukuzwa kahle (hard of h.); ukulalela (pay attention); -banethuba lokukhuluma (get a h.).

hearken (v) zwa; beka indlebe; lalela.

hearsay (n) inzwabethi.

hearse (n) ikalishi lokuthwala isidumbu.

heart (n) inhliziyo; isanhliziyo (h. shaped); inhliziyo enomusa (a warm h.); lethela umhawu (touch the h.); fisa (set one's heart on); lahlekelwa ithemba (lose h.); umongo, ingqikithi (essential part of); azi ngenhliziyo (know by h.); zwela (take to h.).

heartburn (n) isilungulela.

hearted (a) -nenhliziyo; -nenhliziyo yobungane (warm h.); -ngenasibindi, -yigwala (chicken-h., faint-h.).

hearten (v) khuthaza; qunga isibindi.

hearth (n) iziko.

heartily (adv.) ngenhliziyo; ngoku-khuthala; ngokujabula.

heartless (a) -nonya; -dangele; -danile; -ngenanhliziyo.

hearty (a) ngokujabula; ngamandla; ukudla okudelisayo (a h. meal).

heat (n) ukushisa; ukufudumala; isi-hanguhangu; isifudumezi (h. of at-mosphere); isango (blast of h.); khu-luma ngokufutheka (speak heated-ly). (v) shisisa; fudumeza; khudu-meza.

heathen (n) iqaba; umhedeni; ongakholiwe. (a) -liqaba.

heave (n) ukufukula. (v) fukula; fukuka; gonyuluka (vomit); misa umkhumbi (h. to, as a ship).

heaven (n) umphezulu; izulu; ezulwini (in h.).

heavenly (a) -asezulwini; -kaNkulu-nkulu (divine).

heavy (a) -nzima; -sindayo; -lidinsi; isibhidli semvula (h. rain); ugade-nzima (h. soil).

heaviness (n) isisindo; ubunzima.

Hebrew (n) umHebheru; iJuda; isiHebheru (language). (a) -obu-Hebheru.

heckle (v) bhedla ngemibuzo.

hectic (a) -yaluzisayo; -namadlingozi; isikhathi sobundlamundlamu (a h. time).

hedge (n) uthango lwezitshalo; itshalo. (v) biya ngothango lwezitshalo; gwi-nciza (be indefinite).

hedgehog (n) inhloli.

heed (n) ukunaka; ukukhathale!a. (v) qaphela; naka; khathalela.

heedless (a) -ngakhathali; -yihlonga-ndlebe; -delelayo.

heel (n) isithende; washaya wachitha (he took to his heels).

hefty (a) -sindayo; -zimukile; -zabala-zayo.

heifer (n) isithole; ithokazi.

height (n) ukuphakama; ubude; intaba (hill); ubukhulu; ukugcina; ubu-thutha obukhulu (the h. of folly).

heighten (v) khuphula; dephisa.

heinous (a) -bi kakhulu; -zondekile.

heir (n) indlalifa; inkosana.

heirloom (n) into eyigugu evela kokhokho.

helicopter (n) indiza engenamaphiko emaceleni; ihelikhophtha.

heliotropism (n) ukudonswa wuku-khanya kwelanga.

hell (n) isihogo; kwalasha.

helm (n) okokuqondisa umkhumbi.

helmet (n) ingungu; umgqomo.

helmsman (n) umqondisi womkhumbi.

help (n) usizo; uncedo; iselekelelo. (v) siza; elekelela; sekela; nceda; xasa; phakela (serve food); qhuba (h. on); hlenga, hlengelela (h. along); phakamisa (h. up); ehlisa (h. down).

helpful (a) -nokusiza; -sizayo.

helping (n) ukuphakela; isitsha sokudla (a h. of food).

helpless (a) -thithibele; -thothongene; umthothongo, umbushwana (a h. person); luthaza (render h.).

helpmate (n) umsizi; umlekeleli.

hem (n) umphetho. (v) phetha; khunga, cindezela (h. in).

hemisphere (n) ingxenye yesibili yomhlaba; imbulunga yomhlaba inqunywe kabili.

hemp (n) insangu; uhlobo lwesithombo okwenziwa ngaso indophi.

hemstitch (n) isitishi somphetho. (v) fekethisa ngesitishi somphetho.

hen (n) isikhukhukazi.

hence (adv.) kulendawo; emuva kwenyanga (a month h.); ngakhoke (therefore).

henceforth (adv.) emva kwalokhu; emuva kwalesisikhathi.

henchman (n) isikhonzi.

her (pron.) yena; yona. (a) -khe; -yo; isandla sakhe, isandla sayo (h. hand).

herald (n) umanduleli; umazisi; ummemezeli. (v) bika; memezela.

heraldry (n) umsebenzi wokwakha iziphandla ezifanele abantu aba-thile; ulwazi ngeziphandla ezifanele; ulwazi ngemisebenzi ebhekene nommemezeli wesikhulu.

herb (n) isithombo; imifino (edible

herbs); ikhambi (medicinal h.); imbiza (infusion of herbs).

herbal (a) -ezithombo; ikhambi (h. remedy).

herbalist (n) inyanga yokwelapha; inyanga yamakhambi.

herbarium (n) indlu okugcinwa kuyo izinhlobonhlobo zezithombo ezomisiweyo zonke zihlelwe ngononina.

herd (n) umhlambi; isiqikili; iqambi (small h.); untukazana (the common h.). (v) alusa; buthana (h. together).

herdsman (n) umalusi; umaluseli.

here (adv.) lapha; la; khona lapha; khona manje.

hereafter (n) ukuphila okuzayo. (adv.) emuva kwalokhu.

hereditary (a) -ofuzo; -ohlanga; -segazini.

heredity (n) ufuzo.

heresy (n) ukukholwa okungahambisani nenkolo ejwayelekile.

heretic (n) okholwayo okuphambene nokukholwa okujwayelekile.

herewith (adv.) kanye nalokhu.

heritage (n) ifa; isabelo sefa.

hermaphrodite (n) uncukubili; impisintshange.

hermetically (adv.) valiweyo ukuze kungabibikho umoya ophumayo nongenayo.

hermit (n) umcilikishi; umhlalawodwa.

hernia (n) isibhumu; umbhumu; isibhono (umbilical h.).

hero (n) iqhawe; isiwakawaka; umuntu osemqoka endabeni (h. of a story).

heroic (a) -nobuqhawe; -obuqhawe.

heroin (n) umuthi odikizisa imizwa umuntu athonyeke.

heroine (n) iqhawekazi; iqhawe lowesifazane.

heroism (n) ubuqhawe; isibindi.

heron (n) indwandwe.

herring (n) uhlobo lwenhlanzi encane ehamba imihlambi elwandle; okudukisa abantu endabeni (a red h.).

hers (pron.) okwakhe.

herself (pron.) yena; yena uqobo lwakhe.

hesitant (a) -nqikazayo.

hesitate (v) nqikaza; zindela; ngunaza; ngingiza (h. in speech).

hesitation (n) ukuzindela; amathizethize.

heterogeneous (a) -nhlobonhlobo; -ngafaniyo; ingxubevange.

hew (v) gawula; hlahla; gweda, qopha (h. out).

hewer (n) umgawuli; umgwedi; ingwedi (skilful person).

hexagonal (a) -nezinhlangothi eziyisithupha.

heyday (n) isikhathi sempilo enhle; isikhathi samandla empilweni.

hiatus (n) isikhala; inqeke.

hibernate (v) lala ubuthongo bobusika bonke.

hibiscus (n) uhlobo lwesithombo olunezimbali ezinkulu ezinye ezibomvu.

hiccup, hiccough (n) ithwabi. (v) shaywa yithwabi.

hid, hidden (a) -fihliwe; -cashile; -cashisiwe; -sithekile.

hide (n) isikhumba; umkhwahla (dry h.). (v) casha; sitheka; bhaca; fihla; thukusa.

hideous (a) -esabekayo; -bi kakhulu.

hiding (n) ukufihlwa; ukucasha; intukuso; ukushaywa (beating).

hieroglyphics (n) ukubhala kwasendulo eGibhithe; ukuloba ngemifanekiso.

high (a) -de; -phakeme; -khulu (h. rank); inkantolo yamajaji (H. Court); -zidla, qhosha (ride the h. horse); inhlalo yokunethezeka (h. living); inkangala (h. veld); into esemqoka (h. light); ukuvukela umbuso (h. treason); ngokudlovunga (with a h. hand). (adv.) phezulu.

highly (adv.) kakhulu; ngokubabaza.

highway (n) umgwaqo omkhulu.

highwayman (n) isigelekeqe; isigebengu; umphangi wezihambi.

hike (n) uhambo ngezinyawo. (v) hamba ngezinyawo.

hilarious (a) -jabulayo ngokweqile; qhelezayo; -nokuhleka.

hill (n) igquma; intaba; ummango (steep h.); ingele (precipitous h.); iqele (h. side); isiduli (ant h.); iduli (hillock).

hillock (n) igqunyana; iduma; iduli.

hilt (n) umphini wesikhali; ngokupheleleyo (up to the h.).

hilum (n) inkaba yembewu.

him (pron.) yena.

himself (pron.) yena uqobo lwakhe.

hind (n) inyamazane yensikazi. (a) -asemuva.

hindrance (n) isithiyo; okuvimbelayo.

hinder (v) vimbela; xaka; thikazisa; libazisa; thiya. (a) -asemuva.

Hindi (n) ulimi lwabantu abathile baseNdiya; isiHindi.

Hindu (n) owaseNdiya; owenkolo yamaHindu.

hinge (n) ingibe; ihinji. (v) beka ingibe; -ncika ku- (h. upon).

hint (n) isilulekwana; ukusikisela; sikisela (drop a h.); enza njengoku-qhwetshwa (take a h.). (v) sikisela; qhweba; dlulisela.

hinterland (n) iphakathi nezwe; umunhla.

hip (n) incele; inqulu (h. bone).

hippopotamus (n) imvubu; ingexe.

hire (n) umqasho; ukuqasha. (v) qasha; qashisa (h. out).

hireling (n) isisebenzi esiqashiwe; oqashiweyo.

hirsute (a) -noboya.

his (a) -khe; imali yakhe (h. money).

hiss (n) ukuthi khisi; ukufutha kwenyoka (the h. of a snake). (v) khisila; hwahwaza; futha.

historian (n) isazi somlando wezezwe; umlobi wemilando.

historic (a) -asemlandweni; isigigaba esenzeka (an h. event); isendlalela somlando (h. background).

history (n) umlando wezezwe; izindaba zezwe; ezemvelo (natural h.).

histrionic (a) -phathelene nokudlalwa phambi kwezibukeli.

hit (n) ukushaya; phumelela impela (make a h.). (v) shaya; betha; donya; nqinda (h. with fist); mpama, mpamuza (h. with flat of hand); shaya emhloleni (h. the nail on the head); elamela (h. upon).

hitch (n) isixabadiya; isixako. (v) hintshela; hintshiza; huka.

hither (adv.) lapha; neno.

hitherto (adv.) kuze kube manje.

hive (n) indlu yezinyosi; lapho izinyosi zakhele khona. (v) ngena endlini yezinyosi; -zahlukanisa (h. off).

hoard (n) okubekelelwe ngasese. (v) qongelela; bekelela ngasese.

hoarding (n) ukunqwabela; okuqonge-lelwayo; okubekelelwayo; uthango olude lokufaka izaziso (advertise-ment h.).

hoarse (a) -shile; -hoshozayo; izwi elishile (a h. voice).

hoarseness (n) ukusha kwezwi.

hoary (a) -nezimvu; -mhlophe hu.

hoax (n) ihlaya ngokukhohlisa. (v) enza amahlaya ngokukhohlisa.

hob (n) indawo eziko lapho ukudla kufudunyezwa khona.

hobble (n) ukuxhuga; intambo yoku-bopha izinyawo zehashi. (v) xhuga; kheleza; qhobosha (as a horse).

hobbledehoy (n) ibhoxongwana.

hobby (n) umsebenzi wokuzilibazisa.

hobnail (n) isipikili esinenhloko ebanzi esibethelwa ngaphansi kwezicathulo.

hob-nob (v) dlelana na-; zwana na-.

hoe (n) ikhuba; igeja. (v) lima ngomkhono; centa (h. clear of grass); hlenhlebula (h. roughly); hlakula (h. out weeds).

hog (n) ingulube; indlovudawana (wart-h.).

hogshead (n) umgqomo wotshwala.

hoist (n) umshini wokukhuphula impahla. (v) khuphula; phakamisa; fukula.

hold (n) ukubamba; bamba (lay h. of); phunyuka (lose h. of); indawo yempahla ngaphansi emkhunjini (for cargo on vessel). (v) bamba; phatha; singatha (h. in arms); bambelela, gomothela (h. on to); gcina (retain); -zilungisela (h. one-self in readiness); qukatha, khumbula (h. in remembrance); lingana negaloni (h. a gallon); enza ukhetho (h. an election); godla (h. back); cindezela (h. down); kha-ngeza (h. out); khongozela (h. out a receptable); thembisa (h. out pro-mise); hlanganisa (h. together); misa, phakamisa (h. up); bambela igqubu (h. a grudge against); thula (h. one's tongue); zabalaza (h. one's own); -ngavuzi (h. water); -bumbana (h. together); qinisela (h. on, bear).

holder (n) umphathi; umninikhaya, usokhaya (house-h.); umgodlo (con-tainer).

holding (n) ipulazana (small farm); imali efakwe enkampanini (invest-ment).

hole (n) umgodi; isisele; imbobo; thola iziphosiso (pick holes in). (v) qhumbusa; bhoboza; bhoboza isikebhe (hole a ship).

holiday (n) iholide. (a) -eholide.

holiness (n) ubungcwele.

hollow (n) inkotho, imbobo (cavity); isikhisi, isigodi, isigoxi (depression, as in land); intende yesandla (the h. of the hand). (v) gweda; gumba; khoxa (h. out). (a) -ligobongo (with cavity); -ngumholo (sunken); izihlathi ezifecekile (h. cheeks); -dudumayo (h. sounding); izithembiso ezingelutho (h. assurances).

hollowness (n) ubugoxi; ubuze; ubumbulu.

holocaust (n) ukufa kwabantu abaningi.

holster (n) isikhwama sevolovolo.

holy (a) -ngcwele; -cwebileyo; uMoya oyiNgcwele (Holy Spirit); ubupristi (h. orders); iziBhalo eziNgcwele (H. Scriptures).

homage (n) inkonzo; khonza; khuleka (pay h. to).

home (n) umuzi; ikhaya; ikubo; enaba (feel at h.); khanyisela (bring h. to). (a) -asekhaya; -phathelene nasekhaya.

homeless (a) -ngumhambuma; -ngenakubo.

homely (a) -the koto; -shesha ukujwayelwa.

homespun (n) indwangu eyalukwe ekhaya.

homesick (a) -khumbulayo ekhaya.

homeward (adv.) -ngasekhaya; -qonda ekhaya (h. bound).

homicidal (a) -nokubulala umuntu.

homicide (n) ukubulala umuntu; icala lokubulala umuntu.

homily (n) intshumayelo.

homing (a) -buyela ekhaya.

homogeneous (a) -luhlobo lunye; -zinhlobo ezifanayo.

homonym (n) umabizwafane; elinye lamazwi aphinyiselwa ngokufanayo kodwa echaza okwahlukeneyo.

hone (n) umlalazi; itshe lokulola. (v) lola.

honest (a) -qotho; -thembekile.

honesty (n) ubuqotho; ukuthembeka.

honey (n) izinyosi; uju lwezinyosi.

honeycomb (n) ikhekheba lezinyosi.

honeymoon (n) izinsuku zokuzihambela ezithathwa ngabasanda ukushada.

honey-sucker (n) incuncu; incwincwi.

honorarium (n) isipho sokubonga umsebenzi.

honorary (a) -okubonga; -ngaholelwa mali; iziqu zokubonga umsebenzi owenziwe (h. degree).

honour (n) inhlonipho; udumo; isiqholiso; okokubonga (respect); ngokubonga (in h. of); ubuqotho, ukuthembeka (trustworthiness); indoda

eqotho (a man of h.). (v) hlonipha; dumisa; qholisa; azisa.

honourable (a) -nokuhlonishwa; -nesithunzi; -nobuqotho; -nedumela.

hood (n) umgaxo (over head); itende (of wagon); umnqwamba (academic).

hoodwink (v) mbumbuluza; gubuda; lalisa.

hoof (n) isondo; inselo; isolosha.

hoofprint (n) isondo.

hook (n) ihuku; isihintshelo; udobo (fish h.); ingwegwe (bill-h.); noma ngayiphi indlela (by h. or by crook). (v) gaxa; huka; hintshela; kilela; gwegwa, doba (catch on h.).

hooked (a) -nengwegwe; -yingwegwe; ingwagila (h. stick).

hooligan (n) isichwensi; isixhwayixhwayi.

hoop (n) indingilizi.

hoopoe (n) uziningweni.

hoot (n) ukupopoza; ukukhala kwesikhova (owl h.); ukukhala kwemoto (car). (v) popoza; hewula; angikhathali nokukhathala (I don't care a hoot).

hooter (n) insimbi yomshini ekhalayo; ihutha.

hop (n) ukuthi khele; ukuthontela; ihobhane (plant); uhobhane (h. beer). (v) kheleza; thontela; gcogcoma; eqa.

hope (n) ithemba; thembisa (hold out h.); thembela (h. for); khulisa ithemba (raise h.).

hopeful (a) -thembayo; -thembisayo.

hopeless (a) -ngasenathemba; -ngathembi.

hopper (n) inkasa (locust); itilogo (for coal).

horde (n) uquqaba lwabantu.

horizon (n) impelamehlo; umkhathizwe.

horizontal (n) ihorizontali; okuthwishikile. (a) -ehorizontali; ukuhlanganisa ngokuvundla (h. addition).

horn (n) uphondo; icilongo (musical h.); igudu (smoking h.); isilumeko (cupping h.).

hornbill (n) umkholwane; insingizi (ground h.).

hornet (n) umuvi.

hornpipe (n) umdanso wamatilosi.

horoscope (n) uhlelo lwezinkanyezi nokunye okusezulwini ngesikhathi sokuzalwa komuntu.

horrible (a) -esabekayo; -nyanyekayo.

horrid (a) -bi kakhulu; -esabisayo; -sabekayo; -nyanyekayo.

horrify (v) esabisa; gedezelisa.

horror (n) ukwesaba okukhulu; okushaqisa umzimba.

horse (n) ihashi; injomane; umgibe (clothes h.); -zigabisa (ride the high h.).

horschair (n) inhlali yehashi.

horseshoe (n) isipolo sehashi; umkhankaso (h. formation).

horticulture (n) ukulima; ukulima izitshalo.

hose (n) ithumbu; ithumbu lamanzi (water h.); amasokisi (hosiery); (v) nisela ngethumbu.

hosier (n) umthengisi wamasokisi.

hospitable (a) -yibakabaka; -phanayo; -cecezile; -cecezelanayo.

hospital (n) isibhedlela.

hospitality (n) ukucecezelana; ukuphana ezivakashini.

host (n) isixuku esikhulu; impi; ongenisile izihambeli; umnumzane, usokhaya (giver of hospitality); isilwane noma isithombo esihlalwa izilokazane ezisidlayo (h. of parasite); isinkwa saselathini sesonto lamaRoma (H. in Catholic Church).

hostage (n) othunjiweyo ukuba amele abakubo.

hostel (n) ihostela; lapho abantu bangaqasha indawo yokuhlala.

hostess (n) unkosikazi; owesifazane ongenisile izihambeli; umondli.

hostile (a) -nobutha; -yimpi.

hostility (n) ubumpi; ubutha.

hot (a) -shisayo; -fudumele; -balele; chocha, goloza, lavuza (be very h.); ushushu (h. spring).

hotbed (n) isidleke sobubi; isidleke sobugebengu.

hotch-potch (n) amafuhlufuhlu.

hot-tempered (a) -maganga; -babayo; -yisififane.

Hottentot (n) iLawu.

hound (n) inja enkulu. (v) xosha; belesela.

hour (n) iawa; ihora; isilinganiso sesikhathi; ngezikhathi zonke (at all hours).

hourly (adv.) ngama-awa; ama-awa onke.

house (n) indlu; ikhaya (home); isitezi (double storey); abomuzi bonke (household); usendo, indlu (lineage);

indlunkulu (the royal h.); umhlangano (assembly); iPhalamende (H. of Assembly); ibhizinisi (business h.). (v) hlalisa; ngenisa.

household (n) abomuzi bonke; umndeni; abasekhaya. (a) -sekhaya.

householder (n) umninindlu; usokhaya.

housewife (n) inkosikazi yomuzi.

housing (n) ukwakhelwa amakhaya; ukwakhela abantu izindlu.

hovel (n) ifuku; indlwana.

hover (v) zazela; ukhozi ludedela amaphiko (the eagle hovers).

how (adv.) kanjani? -njani? ngakanani? kangakanani? -ngaki? kangaki?, ngani na? (by what means).

however (adv.) kanjani-ke? kodwa; kepha; nokho; hayi-ke.

howitzer (n) uhlobo lukambayimbayi.

howl (n) umkhulungwane. (v) hlaba umkhulungwane (h. as a dog); mbongoza; klabalasa.

howling (n) ukuklabalasa; umkhulungwane. (a) -khalayo njalo; -hlaba umkhulungwane.

hoyden (n) ishingana lentombazana.

hub (n) okuphakathi nesondo; ihabhu; okuqavile emhlabeni wonke (the h. of the universe).

huckster (n) ohamba ethengisa endleleni.

huddle (n) amafuhlufuhlu; ukuminyana. (v) minyanisa; ququbala; minyana; hoqobala (h. up); khonkobala, xinana (h. together).

hue (n) umbala; isibhelu (outcry); ukukhuza ubhememe (h. and cry).

huff (n) ukucasuka; ukufutheka. (v) casula; thukuthelisa.

hug (n) ukugona. (v) gona; singatha; gudla ugu (h. the shore).

huge (a) -khulukazi; -yingongomela.

hulk (n) umkhumbi omdala osekwadilizwa amaphizela kuwo; amafundululu.

hulking (a) -yisidiviza.

hull (n) uphepha, ikhasi (husk); umzimba womkhumbi (ship's h.).

hullabaloo (n) inhlokomo.

hum (n) umvungazelo; imvungamo. (v) mumuza; shwashwaza; bubula.

human (n) umuntu. (a) -kobuntu; -obuntu; isidalwa esingumuntu (h. being); ubuntu (h. nature).

humane (a) -nomusa; -nomhawu.

humanitarian (a) -nomhawu kubantu

bonke.
humanity (n) isintu; umusa, umhawu (kindness).
humanly (adv.) njengobuntu.
humble (a) -thobile; -khotheme; -obumpofu; zelwe njengomuntukazana (of h. birth).
humbug (n) ukukhohlisa; ukugubuda; umkhohlisi (person). (v) khohlisa; gubuda.
humdrum (a) -yinhlalayenza; -ngaguqukiyo.
humerus (n) ithambo lomkhono; ihumerasi.
humid (a) -swakeme; -nyephile.
humidity (n) ukuswakama; umswakama.
humiliate (v) jabhisa; dumaza; yoca; ehlisa; fojisa.
humiliation (n) ukufojiswa; ukunyazwa; ukujabhiswa.
humility (n) ukuzithoba; intobeko.
humming (n) ukumumuza; ibubulo.
hummock (n) igqunyana.
humorist (n) iyavuyavu; umhlekisi.
humorous (a) -hlekisayo; -mahlaya; -nensini.
humour (n) uteku; injabulo (good h.); isishi (bad h.); insini; ihlaya. (v) ncenga; totosa; duda.
hump (n) ilunda; inqoklolo; isifumbu (hunchback).
humus (n) ihumasi; umbolela; umquba wokwenziwa.
hundred (n) ikhulu.
hundredweight (n) isilinganiso sesisindo; 112 amaphawundi.
hung (v) phanyekiwe; khungiwe.
hunger (n) ukulamba; iphango; indlala.
hungry (a) -lambile; -nephango.
hunk (n) isigaxa.
hunt (n) inqina; ukufunisisa. (v) zingela; funisisa; hlwaya.
hunter (n) umzingeli; iphisi (keen h.); ihashi lokuzingela (horse).
hunting party (n) inqina.
huntsman (n) umzingeli; ozingelayo.
hurdy-gurdy (n) ugubhu olugaywayo.
hurl (v) phonsa; jikijela; ciba; bhunsula; khahla (h. down); ngquzula (h. upwards).
hurly-burly (n) ukulukuzela.
hurricane (n) isivunguvungu; isibhengubhengu; isiphepho.
hurriedly (adv.) ngokushesha; ngokuphangisa; ngamawala.

hurry (n) ukushesha; ukuphangisa; amawala. (v) phangisa; shesha; khawuleza; phuthuma.
hurt (n) ubuhlungu; ukulimala; ingozi. (v) limaza; khubaza; elelesa; bulala; hlaba; thunuka.
husband (n) umyeni; indoda. (v) qongelela; sebenzisa onakho ngokucophelela (h. one's resources).
husbandry (a) ubulimi; impatho yemfuyo (animal h.).
hush (n) ukuthula. (v) thulisa; duduza; gqiba (h. up); thula. (interj.) thula bo!
husk (n) uphepha; ikhoba; amahlube. (v) hluba; ela (winnow).
husky (n) inja yasemazweni alala iqhwa enyakatho. (a) -she izwi; -khocozile.
hussy (n) imfithilili yentombazane; intombi engenasimilo.
hustle (v) walazela; khangqaza; sunduza.
hut (n) indlu; indlwana; iqhugwane; idokodo, idladla (temporary h.); ixhiba (small cooking h.); inqolobane (grain h.); ilawu (hut for unmarried persons); indlunkulu (hut of chief wife).
hutch (n) indlwana yokugcina izilwanyana ezifuyiwe.
hybrid (n) okuzalwe yizinto ezimbili ezingafani nse ngohlobo lwazo. (a) -zalwa yizinto ezingafanani nse ngohlobo.
hybridize (v) zalanisa izinto ezimbili ezingafani nse ngohlobo.
hydrant (n) iphayiphi elikhulu lamanzi.
hydrate (n) isithako esiyisixubaniso samanzi nezinye izinto.
hydraulic (a) -setshenziswa ngamandla aqhubekezwa ngoketsheza.
hydro-electric (a) ielektriki ephuma emandleni amanzi.
hydrogen (n) ihayidrojeni; ugesi olula ongenambala naphunga.
hydrophobia (n) irebisi; isifo esibangwa ukulunywa yinja ehlanyayo.
hydroponics (n) isayensi yokukhulisa izitshalo emanzini ngaphandle kwenhlabathi.
hyena, hyaena (n) impisi; inswelaboya.
hygiene (n) inhlanzeko; isayensi ephathelene nempilo; isifundo ngezempilo (h. lesson).
hygienic (a) -ngokuhlanzeka; -empilo.

hymn (n) iculo; ihubo; isihlabelelo.
hymnal (n) incwadi yamaculo.
hyperbole (n) ihaba.
hypercritical (a) -eqisayo ekusoleni.
hyphen (n) ikhonco; umdwana wokwahlukanisa amazwi.
hyphenate (v) ahlukanisa ngekhonco.
hypnotic (a) -okulutha; -okuthonya.
hypnotism (n) ithonya; ithwebulo.
hypnotize (v) lutha; thwebula; thonya; phonsa.
hypochondriac (n) umuntu oguliswa yisifo sevuso; umuntu ocabanga njalo ngezifo aze agule.
hypocrisy (n) ukuzenzisa; ubuzenzisi.
hypocrite (n) umzenzisi; imbulu.
hypodermic (a) -phansi kwesikhumba; umjovo ojovelwa phansi kwesikhumba (as injection).
hypotenuse (n) uhlangothi lonxantathu olubhekene neyengele lesikwele.
hypothecate (v) bambisa ngento noma ngempahla.
hypothesis (n) imicabango engafakazelwanga ethathwa njengengqikithi yodaba.
hyrax (n) imbila (rock rabbit).
hysteria (n) umhayizo; ukuhayiza.
hysterics (n) ihabiya; umhayizo.
hysterical (a) -hayizayo.

I

ibis (n) inkankane (common i.); unongqanga.
ice (n) iqhwa; amakhaza; thatha isinyathelo sokuqala (break the i.); -ngasholutho (cuts no i.); -engalalwa iqhwa (i. free).
iceberg (n) intaba yeqhwa entanta elwandle.
icicle (n) umjobuluka weqhwa.
icing (n) uqweqwe lukashukela okuhuqwa ngalo amakhekhe.
iconoclast (n) umphihlizi wezithombe ezikhulekelwayo.
icy (a) -neqhwa; -qandayo mo; -lugwele.
idea (n) umcabango; umkhankanyo; icebo; -namasu amaningi (full of ideas); angazi (I have no i.).
ideal (n) inhloso ephakeme; umqondo ophakeme. (a) -fiswa inhliziyo; -phelele.
idealism (n) okuhlosiwe ngengqondo ephelele ngokuhle kuphela.
idealist (n) umuntu ofisayo ngenhliziyo

okuhle kodwa.
identical (a) -yikho du; -yikhonakhona; fana ncimiji.
identify (v) khomba; -zihlanganisa na- (i. oneself with).
identity (n) uqobo lwa-; ukuba nguye impela; khombisa ukuthi nguwe uqobo (prove one's i.); inamba yophawu (i. number).
ideology (n) imicabango esekela inqubo ethile; isayensi yemicabango.
ideophone (n) isenzukuthi.
idiocy (n) ubuthutha; ubulima.
idiom (n) isimo sokukhuluma; ubunyoninco bolimi.
idiomatic (a) -isimo sokukhuluma; -oliminyoninco.
idiosyncracy (n) okwahlukile kwabanye abantu esimeni somuntu; okwakhe yedwa.
idiot (n) isilima; isiphukuphuku; isithutha; isiwula.
idiotic (a) -obulima; -nobuthutha.
idle (a) -ngenzi lutho; -vilaphayo; akasebenzi (he is i.); ukuxoxa okuyize (i. talk).
idol (n) isithixo; isithombe esikhulekelwayo; igugu.
idolater (n) umuntu okhonza izithixo.
idolize (v) thanda kakhulu; khonzisisa.
idyll (n) isosha esiphathelene nenhlalo yasemaphandleni.
if (conj.) uma; nxa; ukuba.
igloo (n) indlu eyakhiwe ngeqhwa.
igneous (a) -vezwe wumlilo; -nomlilo.
ignite (v) okhela; thungela; phemba; vutha.
ignition (n) ukuthungeleka; ukokheleka; okokususa injini yemoto (i. of car).
ignoble (a) -nesimo sobufokazana.
ignominy (n) isihlamba; ukudumazeka.
ignoramus (n) umuntu ongazi lutho; umuntu ongahlakaniphile; umuntu oluhlaza.
ignorance (n) ukungazi; ubuluhlaza; inkungu.
ignorant (a) -ngazi; -ngafundile.
ignore (v) -nganaki; dikila; eyisa.
iguana (n) uxamu; ibhekezansi.
ilk (n) uhlobo; ohlobo lolo (of that i.).
ill (n) okubi. (a) -bi; ukuphatha kabi (i. usage); inzondo (i. will); -limazayo (harmful); ishwa, umswazi (i. luck); -gulayo (sick); gula (be i.); binyeka (be i. at ease.). (adv.) kabi.

ill-disposed (a) -nenhliziyo embi; -nenzondo.

illegal (a) -ngavumelani nomthetho. -ngavunyelwa ngumthetho.

illegible (a) -ngafundeki kalula.

illegitimate (a) -livezandlebe; -phambene nomthetho; ivezandlebe, umlanjwana (i. child).

ill-feeling (n) igqubu; isabhongo; inzondo.

illiberal (a) -nobandlululo; -ncishanayo.

illicit (a) -ngavunyelwe umthetho; ukuthenga idayimane ngokungemthetho (i. diamond buying).

illimitable (a) -ngenamkhawulo.

ill-mannered (a) -ngahloniphi; -ngenasizotha.

illiterate (a) -ngenakufunda okubhaliweyo; -ngafundile; -luhlaza.

illness (n) ukugula; isifo.

illogical (a) -phambene kodwa; -phambene nomqondo; -ngalandelani ngohlelo.

ill-omened (a) -neshwa; -nesinyama.

ill-tempered (a) -nolaka; -bhevile; -nenhliziyo embi.

ill-timed (a) -enzekayo ngesikhathi esingafanele.

illumination (n) ukukhanya; ubucwazicwazi.

illusion (n) ukukhohliswa; inkohliso; ukuzikhohlisa.

illusive (a) -khohlisayo; -ngamanga; -cashayo.

illustrate (v) bonisa; fanisa; chasisela ngeziboniso; hlobisa ngemifanekiso.

illustration (n) isifanekiso; umfanekiso; isiboniso; isiboniselo; isichasiselo.

illustrative (a) -chasisayo; -bonisayo.

illustrator (n) umdwebi wemifanekiso; umchasiseli.

illustrious (a) -negama; -dumile; -phakeme.

ill-will (n) isabhongo; inzondo; amagqubu.

image (n) isithombe; isifanekiso; umcabango (mental i.); ufuze uyise (he is the i. of his father).

imagery (n) ukufanekisa.

imaginable (a) -nokucatshangwa.

imaginary (a) -qanjiwe; -catshangiwe; uhambo olungathekiswayo (an i. journey); inkinga efanekiswayo (an i. problem).

imagination (n) umcabango; oku-

bunjwe yinhliziyo.

imaginative (a) -nokuziqambela engqondweni; -nokuzicabangela.

imagine (v) cabanga; -zicabangela; -zifanekisela; ngabaza.

imbecile (n) isithutha; isilathalatha; umluthu.

imbibe (v) phuza; gwinya; thola ulwazi (i. knowledge).

imbroglio (n) ingxubevange yamasu.

imbue (v) faka; thela; zondisa (i. with hate).

imitate (v) lingisa; fanisa; landela; bukela.

imitation (n) ukulinganisela; ukufanisa. (a) -mbumbulu.

immaculate (a) -ngenasisila; -cwebile; -gqoke ngokupheleleyo (immaculately dressed).

immaterial (a) -yize; -ngathinteki; akunani lokho kimi (it is i. to me).

immature (a) -ngakakhuli; -ngakavuthwa; -luhlaza.

immeasurable (a) -ngenakulinganiswa.

immediate (a) -seduze; -akhona manje; -sheshisayo; -enza masishane (take i. action).

immediately (adv.) masinyane; khona manje; eduze.

immemorial (a) -dala kakhulu; -ngasaziwa; -ngokusukela endulondulo (from time i.).

immense (a) -khulukazi; -yingongomela; -yisiwalakahla.

immensity (n) ubukhulu; ububanzi; ubuningi.

immerse (v) cwilisa; gxambuza; -thishi.

immersion (n) ukucwilisa; ukucwiliswa.

immigrant (n) umuntu osuka kwelakubo ayokhonza kwelinye izwe; isifiki.

immigrate (v) fika kwelinye izwe; akha kwelinye izwe.

immigration (n) ukuthuthela kwelinye izwe.

imminence (v) ukuba seduze kakhulu.

imminent (a) -seduze kakhulu; -engeme.

immobile (a) -ngasahambi; -ngasasuki.

immobilize (v) misa; enza ukuba kungabinakusuka.

immoderate (a) -eqileyo; -dlulisayo; ophuza ngokweqileyo (an i. drinker).

immodest (a) -velezile; -ngenazinhloni; -ngahloniphi; -ngazihloniphi.

immoral (a) -nobubi; -ngalungile; -onakeleyo; -ngcolile; ukuziphatha ngobunuku (i. conduct).

immorality (n) imikhuba yokonakala; ubukhwixikhwixi; uphingo, ubufebe (sexual i.).

immortal (a) -ngafiyo; -ngapheliyo.

immortalize (v) enza kungabe kusa-khohlakala.

immovable (a) -ngenakususwa; -zime-lele.

immune (a) -gomekile; -holoyiwe; -ngenakuthatha; umuntu ogomekile (an i. person).

immunisation (n) ukugonywa; uku-holonywa.

immunity (n) ukugomeka; uku-holonywa.

immunize (v) goma; holoya.

immure (v) valela phakathi kwe-zindonga.

immutable (a) -ngenakuguqulwa; -ngaguqukiyo.

impact (n) amandla okushayana.

impair (v) nciphisa amandla; ona.

impale (v) chwaneka; choma; xhoma; joja.

impalpable (a) -ngenakuqondakala.

impart (v) azisa; tshela; fundisa; nika.

impartial (a) -ngabandlululi; -nga-khethi; -ngenanhlengo.

impassioned (a) -namadlingozi; -futhe-kile.

impassive (a) -ngathintekiyo; -nga-hlabekiyo.

impatience (n) ukungabekezeli; ama-tata.

impatient (a) -ngabekezeli; -ngena-sineke; -xhamazelayo.

impeach (v) thwesa icala lokunga-thembeki.

impeccable (a) -ngenasici; -ngenakona.

impecunious (a) -ntula imali; -genqe-zayo.

impede (v) thiya; vimbela; libalisa.

impediment (n) isixako; isibambezelo; amalimi (i. in speech).

impedimenta (n) impahla yesihambi.

impel (v) qhubela phambili; phisa.

impending (a) -zokwenzeka; -zayo masinyane.

impenetrable (a) -ngenakungenwa; -ngenakubhoboka; igxa elingenaku-ngenwa (i. jungle).

impenitent (a) -ngazisoliyo; -nga-dabukeli ukona.

imperative (a) -yisibopho; -phoqayo.

imperceptible (a) -ngabonakali; -nge-zwakali.

imperfect (a) -ngaphelele; -nesiyiko; -nephutha; inkathi engaphelele (i. tense, gram.).

imperialism (n) umbuso wenkosi ephethe amanye amakhosi; uku-sekela umbuso onobukhosi bama-zwe amaningi.

imperialist (n) osekela umbuso onobukhosi bamazwe amaningi.

imperil (v) thela engozini; ngenisa engozini.

imperious (a) -zidlayo; -thanda uku-khahla.

imperishable (a) -ngenakufa; -ngena-kubola; -ngenakonakala; -ngena-kushabalala.

impermissable (a) -ngenakuvunyelwa; -ngavumeleki.

impersonal (a) -ngaphathelene naba-ntu; -ngaqondene nomuntu; -pha-thelene nezinto.

impersonate (v) -zifanisa nomunye umuntu; -zenze ukuba abantu aba-nye bakufanise nomunye umuntu.

impertinent (a) -eyisayo; -gangile; -ngenanhlonipho.

imperturbable (a) -ngenakuthinteka enhliziyweni; -ngasheshi ukune-ngwa.

impervious (a) -ngangenwa; -ngena-kubhobozeka; -ngangenwa yimvula (i. to rain).

impetigo (n) isifo esisulelwanayo esiveza amashashazi emzimbeni.

impetuous (a) -namawala; -phanga-bulayo.

impetus (n) amandla okuqhubeka; umfutho; isiqubu.

impiety (n) ukungahloniphi uNkulu-nkulu; ukungahloniphi.

impinge (v) gudlana na-, ngqubuzana na- (i. upon).

impious (a) -ngahloniphi; -ngahloniphi uNkulunkulu.

impish (a) -gangileyo; -shingayo.

implacable (a) -ngenakuthanjiswa; -ngcnakuxoliswa; -ngcnakulanyulwa.

implant (v) ngenisa; hloma; fundisa (i. an idea).

implement (n) into yokwenza umse-benzi; isikhali. (v) gcwalisa; enza; enza njengesiphakamiso (i. a sug-gestion).

implicate (v) ngenisa; xabhelela; wayexabhelele kulelo cala (he was implicated in that case).

implicit (a) -qondiwe; -shiwo; ukulalela okungabuziyo (i. obedience).

implore (v) ncengisisa; celisisa; nxusa.

imply (v) gudlisa; qonda.

impolite (a) -ngahloniphi; -nokweyisa; -nokudelela.

imponderable (a) -ngacabangeki; -ngalinganiswa.

import (n) impahla yohwebo engenayo; intela yezohwebo ezingenayo (i. duty); okuqondiweyo (meaning). (v) ngenisa; qondisa (signify).

importance (n) ubukhulu; isisindo.

important (a) -khulu; -thuthukile; -nzima.

importunate (a) -beleselayo; -fundekelayo.

importune (v) belesela; fundekela; nxiba; gqugqumeza.

impose (v) eleka; thwalisa; nqumela; gidlabeza; funza; zidlela; khohlisa (i. upon); thelisa (i. a levy).

imposition (n) ukweleka; ukufunza; umthwalo (burden).

impossibility (n) isinqalanqala; into engenakwenzeka.

impossible (a) -ngenakwenzeka.

impost (n) intelo eqondene nempahla engenayo.

impostor (n) umkhohlisi; umuntu ozifanisa nomunye.

impotent (a) -ngenamandla; -nobuthakathaka; -ngazali (sexually i.); umkume (sexually i. person).

impound (v) faka esikidi; bamba impahla.

impoverish (v) phofisa; lambathisa; phundla.

impracticable (a) -ngenakwenzeka; -yisinqalanqala.

impregnable (a) -ngenakufohlwa; -ngenakuhlulwa; -ngenakungenwa.

impregnate (v) mithisa; zalisa; khulelisa; gcwalisa, thela (saturate).

impress (v) phoqa (enforce); cindezela (imprint); zwisisa (affect); akangihlabanga umxhwele (he did not i. me).

impression (n) ukucindezela; okucindezelweyo (printed); isinyathelo; sicila (make an i.); ukucabanga (idea).

impressionable (a) -thambile; -zwelayo.

impressive (a) -nesithunzi; -hloniphekayo; -nesigqi.

imprint (n) isinyathelo; incwadi

ecindezelwayo. (v) cindezela; nyathela.

imprison (v) bopha; valela ejele.

imprisonment (n) ukuvalelwa etilongweni.

improbable (a) -ngathembeki kahle.

impromptu (a) -ngazilungiselanga.

improper (a) -ngafanele; -ngeyikho; iqhezu elinenambaphezulu enkulu kunenambaphansi (i. fraction).

impropriety (n) okungafanele; ukungafaneli; ukungahloniphi.

improve (v) thuthukisa; enza kubengcono; nonisa; nonophala, lulama (i. in health).

improvement (n) intuthuko; ubungcono; ukululama.

improvident (a) -ngabekeli ingomuso; -saphazayo; -nobuchithichithi.

improvise (v) ciciyela; qamba; inkulumo engalungiselwanga (i. speech).

imprudent (a) -ngacopheleli; -obuphoxo; -ngahlakaniphile.

impudence (n) ukweyisa; ukuchwensa; ukuqholosha.

impudent (a) -eyisayo; -chwensayo; -gangile.

impugn (v) phikisa; sola.

impulse (n) uvuko; isibophezelo; isikhahlu; ubhekazane (evil i.).

impulsive (a) -yisihluthuhluthu.

impunity (n) ukungesabi ukujeziswa; ukungalahlekelwa.

impure (a) -ngcolile; -xubene (mixed); isikhutha (i. air); okungafuneki kulokho (impurities in that).

impute (v) cabangela.

in (n) imininingwane (ins and outs). (prep.) phakathi kwa-; nxazonke (i. all directions); endlini (i. house); phambi kwa-; (i. the presence of); ngasese (i. secret); ngokunethezeka (i. comfort); ekuseni (i. the morning); engekho (i. his absence); maqondana na- (i. accordance with); ngokuba (i. that); imbala (i. fact); futhi (i. addition).

inability (n) ukungabinamandla; landula (plead i.).

inaccessible (a) -ngenakufinyelelwa.

inaccuracy (n) okungeyikho; iphutha; ukungalungi.

inaccurate (a) -ngalungile; -phosisayo; -ngashayi emhlolweni.

inactive (a) -nzonzo; -fundeme; -ngasebenzi.

inadequate (a) -nganele; -ngalingene.
inadmissable (a) -ngenakuvunywa; -ngavumeleki.
inalienable (a) -ngenakwaphucwa.
inane (a) -yisilima; -yisithutha.
inanimate (a) -ngezwayo; -ngenampilo.
inapplicable (a) -ngenakungeniswa; -ngenakufakwa; -ngadingekiyo.
inappropriate (a) -ngafanele; -thunayo.
inapt (a) -ngafanele; -ngenakhono; -ngahambisani na-.
inarticulate (a) -ngenamandla okuzikhulumela; -kwitizayo.
inattention (n) ukungaqapheli; ukunganaki.
inaudible (a) -ngezwakali.
inaugural (a) -okuqala; -okuvula.
inaugurate (v) qala; sungula; phemba; vula.
inborn (a) -segazini; -sekuzalweni.
inbred (a) -segazini; -zalwa ngabasibongo sinye; -zalwa luhlobo lunye.
incalculable (a) -ngenakulinganiswa; -khulu kakhulu.
incandescent (a) -mhlophe wumlilo; isibani esingavuthi langabi (i. lamp).
incantation (n) amazwi okuloya.
incapable (a) -ngenamandla; -ngenakwazi; -buthakathaka (weak).
incapacitate (v) thena amandla; nquma amanqindi; goga.
incarcerate (v) faka etilongweni.
incarnate (v) embesa ngomzimba wobuntu.
incarnation (n) ukuthathwa komzimba wobuntu.
incautious (a) -ngaxwayile; -ngaqaphele.
incendiary (n) oshisa ngamabomu; iphekulazikhuni (agitator). (a) -shisayo; -vuthayo; -hlubukisayo (seditious); ibhomu elivuthayo (i. bomb).
incense (n) impepho. (v) thukuthelisa; okha; vusa ulaka.
incentive (n) isivuso; okukhuthazayo; okudala umdlandla.
inception (n) isiqalo; isisusa.
incessant (a) -nganqamuki; -ngenakupheza.
incest (n) ukuthandana nowakubo; ukuthathana nowakubo; igangane.
incestuous (a) -egangane.
inch (n) iyintshi; isilinganiso sobude.
incidence (n) ukuvama.
incident (n) isigameko; isehlakalo; okuqhamukayo.

incidental (a) -vama ukulandela; izindleko ezivama ukubakhona (i. expenses).
incinerate (v) shisa; lotha.
incinerator (n) iziko elakhelwe ukushisa izinto zibengumlotha.
incise (v) gcaba; zawula; klekleza.
incision (n) umkleklo; umsiko; uhlanga (medicinal i.).
incisive (a) -hlabayo; -sikayo.
incisor (n) izinyo lokuluma; izinyo lokusika.
incite (v) vusa; qhatha; chokoloza.
incivility (n) ukungahloniphi; ubunja.
inclement (a) -hluphayo; izulu elibi (i. weather).
inclination (n) ihuha; ukwehlela, thambeka (slope).
incline (n) umthambeka; ummango (steep i.). (v) thambeka; tsheka; geba.
include (v) faka; fakelela; ngenisa; ngimbala kanye nabanye (I i. him with the others).
inclusion (n) ukungeniswa; ukufakwa phakathi.
inclusive (a) -kanye na-; -phakathi.
incognito (adv.) ngokufihla igama; ngokungaziwa igama.
incoherent (a) -ngezwakali; -mpompayo.
incombustible (a) -ngenakusha.
income (n) ingeniso; ingcebo engenayo; iholo; intelo elinganiselwa emalini engenayo (i. tax).
incommode (v) khathaza; xina.
incomparable (a) -ngenakufaniswa nalutho.
incompatible (a) -ngavumelene; -ngafanelene; -ngahlangene.
incompetent (a) -ngenakhono; -ngazi; -ngenamandla.
incomplete (a) -ngaphelele; -yisigece.
incomprehensible (a) -ngenakuqondwa; -ngaziwa.
inconceivable (a) -ngenakukholeka; -ngenakucatshangwa.
inconclusive (a) -ngadelisanga; -nganqamuli juqu.
incongruous (a) -nhlambanhlamba.
inconsequential (a) -ngalandelani.
inconsiderable (a) -yize; -ngelutho; -ncinyane.
inconsiderate (a) -ngakhathaleli muntu; -ngenaluzwela.
inconsistent (a) -ngahlangene na-; -phambene kodwa.

inconsolable (a) -ngenakududuzwa.

inconspicuous (a) -ngaqhamile.

inconstant (a) -guqukayo; -shintshayo.

incontestable (a) -ngenakuphikiswa; -sobala bha.

incontinent (a) -ngenakuzibamba; -ngazibambi enkanukweni.

incontrovertible (a) -ngenakuphikwa muntu.

inconvenience (n) ukukhathazeka; ukudina; ukungalungi. (v) khathaza; xina; xaka; nyinya.

inconvenient (a) -nokukhathaza; -nokuxaka; -nokunyinya.

incorporate (v) fakelela; ngenisa; hlanganisa; thathela.

incorrect (a) -ngeyikho; -ngalungile; -yiphutha.

incorrigible (a) -ngavumi ukuzwa; -ngalaleli; -phaphile.

incorruptible (a) -ngapheliyo; -ngenakonakaliswa; -ngaboliswa lutho; -ngaboliyo.

increase (n) ukukhula; isanda; inzalo (progeny, interest). (v) khula; chuma; thuthuka; anda; enezela.

incredible (a) -ngenakukholeka; -ngathembeki; -nswempu.

incredulous (a) -ngabazayo; -nqabayo ukukholwa.

increment (n) isengezo; inqubekiselo.

incriminate (v) bangela icala; ngenisa ecaleni.

incubate (v) fukamela; chamusela; chamuseleka.

incubation (n) ukuchamuselwa; isikhathi sokuchamuseleka (i. period).

incubator (n) umshini wokuchamusela.

inculcate (v) fundisa; funzelela; yala.

inculcation (n) ukufunzelela; ukufundisa.

incumbent (n) ophethe isikhundla. (a) -fanelekile; ngimelwe (it is i. on me).

incur (v) -zehlisela; -zitholisa; -zingenisa esikweletini (i. a debt).

incurable (a) -ngenakwelashwa; isifo esingalapheki (an i. disease).

indebted (a) -necala; -nesikweletu.

indebtedness (n) ukubanecala; isikweletu.

indecent (a) -nenhlamba; -namahloni; -enzayo okunamahloni.

indecipherable (a) -ngafundeki; -ngachasiseki.

indecision (n) amathizethize; ukuzindla.

indecisive (a) -nganqamuli juqu; -ningayo.

indecorous (a) -ngafanele; ukuziphatha okungekho esikweni (i. behavior).

indeed (adv.) isiminya; impela; nembala; isibili.

indefatigable (a) -ngakhathaliyo; -khuthazayo.

indefensible (a) -ngenakuvunywa; -ngenakuvikelwa.

indefinite (a) -ngakhanyi kahle; -ngachachisi kahle; -ngakhombinto; -ngayindawo.

indelible (a) -ngasukiyo; -ngaphumiyo; -ngagezeki; indelebuli, ipenseli engacimekiyo (i. pencil).

indelicate (a) -ngenazinhloni; -ngafanele.

indemnify (v) buyisela; vimbela icala.

indemnity (n) imbuyiselo; isivikelo secala.

indent (n) ipheshana lokuoda. (v) bocoza; ngcofoza (dent in); hlehlisela phakathi ekhasini (in printing); cela, oda (order).

indentation (n) isiboco; isifaxa; isigoxi; okugwincigwinci (indentations in the coast); okuhlehliselwe phakathi ekhasini (insets).

indenture (n) isibhalo; ikontraka. (v) bhala; enza ikontraka.

independence (n) ukuzimela; ukuzibusa.

independent (a) -zimeleyo; -zimele; -zibusayo; ngaphandle kwa- (i. of).

indescribable (a) -ngenakuchasiseka; -ngazekeki.

indestructible (a) -ngenakuchithwa; -ngenakubhuqwa; -ngenakubhubhiswa.

indeterminate (a) -nganqunyiwe; isigwebo esinganqunyelwe isikhathi (i. sentence).

index (n) inkomba; into ekhombayo; unkomba (i. finger); uhla lwezihloko zezindaba (i. in book). (v) bhala uhla lwezindaba; bhala uhla lwamagama ezinto.

Indian (n) iNdiya. (a) -aseNdiya.

indicate (v) khombisa; bonakalisa; phawula.

indication (n) isibonakaliso; inkomba.

indicative (a) -khombisayo; -ngondisayo; indlela eqondisayo (i. mood, gram.).

indicator (n) inkomba; isikhombiso.

indict (v) thwesa icala; beka icala.

indictment (n) icala selilotshwe encwadini; icala selichazwe encwadini.

indifference (n) ukunganaki; ukungakhathali.

indifferent (a) -ngakhathali; -nganaki; -fifayo; yekethisa (be i. to).

indigenous (a) -kwemvelo; -emvelo; -kokudabuka; umvumo wemvelo (i. song); umuthi womdabu (i. tree).

indigent (a) -mpofu; -buswezi; -nswempu.

indigestible (a) -qumbisayo; umqumbisa (i. food).

indigestion (n) ukuqumba; unjongwe; isilungulela.

indignant (a) -thukuthele; -sineme.

indignation (n) intukuthelo; ukhanana.

indignity (n) okudumazayo; ukweyisa.

indirect (a) -zombelezayo; -hambayo nhlanye; intelo ekhokhwayo emananini ezimpahla zohwebo (i. taxation); inkulumombiko (i. speech).

indiscipline (n) ukungahloniphi umthetho; ukungalaleli.

indiscreet (a) -ngacopheleli; -ngaxwayile; -ngahlakaniphile.

indiscretion (n) ukungacopheleli.

indiscriminate (n) -ngahlukanisi; -ngakhethi.

indispensable (a) -dingekayo; -ngenakusilela.

indisposed (a) -gulayo; -xhwalileyo.

indisposition (n) ukugula; isifo; ukungathandi (dislike).

ndisputable (a) -ngenakuphikwa.

indistinct (a) -fithizile; -ngaqhamile; -ngezwakali kahle; -ngahlukene (not separate).

indistinguishable (a) -ngabonakali kahle; -ngezwakali kahle; -ngahlukene (not separated).

individual (n) umuntu munye; into inye. (a) -nye; -dwa.

individuality (v) ubunye; umongo womuntu; isimo somuntu.

individually (adv.) ngabanye; ngezinye; ngakunye; lowo nalowo.

indivisible (a) -ngenakuhlukaniswa.

indoctrinate (v) funza ngemfundiso ethile.

indolent (a) -vilaphayo; -yivila; -enqenayo; ivila (i. person).

indomitable (a) -ngenakuhlulwa lutho.

indoors (adv.) phakathi endlini; fofobala (stay i.).

indubitable (a) -liqiniso impela.

induce (v) vumisa; xhasa; heha.

inducement (n) okuvumisayo; isihungo.

induct (v) misa; ngenisa.

induction (n) ukumisa; ukumiswa; ukubalisa izinto eziningi ukuze kufakazeke iqiniso eliqondene nazo zonke.

indulge (v) vumela; duda; totosa; -zitika.

industrial (a) -emisebenzi yempahla yohwebo.

industrious (a) -khuthele; -bhekuzayo; -xhamazelayo.

industry (n) umsebenzi wokwakha okohwebo; inkuthalo; ubuxhamaxhama.

inebriate (n) isidakwa. (v) dakisa.

ineffable (a) -ngenakushiwo.

ineffective (a) -ngasizi lutho; -nqindekile; -phuthile; -buthuntu.

ineffectual (a) -phuthile; -phishazile; -khubele.

inefficient (a) -ngenakhono; -ngakwazi ukwenza.

inelegant (a) -ngenasizotha; -luhlaza; -ngaphucuzekile.

ineligible (a) -ngenakukhethwa; -ngenakungena.

inept (a) -ngafanele; -yisithutha.

inequality (n) ukungalingani; ukungafanani.

ineradicable (a) -ngenakusulwa; -ngenakukhishwa; -ngenakusishulwa.

inert (a) -ngenakuzinyakazisa; -ngenamandla okwenza.

inestimable (a) -ngenakulinganiswa; -ngenakuqondwa.

inevitable (a) -ngenakuvinjelwa; isigcino esingenakubalekelwa (i. conclusion).

inexact (a) -ngalungile; -gejayo; -shayayo eceleni.

inexcusable (a) -ngenakuxolelwa.

inexhaustible (a) -ngenakuqedwa; -ngenakupheliswa.

inexorable (a) -ngancengc i.

inexpensive (a) -ngabiziyo; -shibhile.

inexperienced (a) -ngafundile; -ngazi; -ngajwayele; -ngathintani.

inexplicable (a) -ngenakuchazeka; -ngenakuqondwa.

inexpressible (a) -ngenakushiwo ngamazwi.

inextinguishable (a) -ngenakucishwa.

inextricable (a) -ngenakumonyululwa;

-ngenakuxazululwa.

infallible (a) -ngenakuphosisa; -ngenakuduka engqondweni.

infamous (a) -nehlazo; -bi kakhulu.

infamy (n) ihlazo; ububi obesabekayo.

infancy (n) ubungane; isikhathi sobuntwana.

infant (n) ingane; umntwana. (a) -engane; -omntwana; -ncane.

infanticide (n) icala lokubulala isayoyo; ukubulala ingane.

infantile (a) -engane; -obungane; -obuntwana.

infantry (n) amasosha ahamba ngezinyawo.

infatuate (v) thonya; thanda; thandisa.

infatuation (n) isilulutheka sothando; ukuhungeka.

infect (v) thelela ukufa; sulela ukufa; habulisa.

infection (n) ukuthathelwana ukufa; okuthelelayo isifo; umhabulo.

infectious (a) -thathelanayo; -nikelwanayo; isifo esithathelwanayo (i. disease).

infer (v) qonda; khombisa.

inference (n) okuqondiswayo; ingqondo; umqondo.

inferior (n) ongaphansi komunye. (a) -bi; -bana; -ngaphansi.

inferiority (n) ubuphansi; ukuzibukela phansi; ukuzibona ubuze (i. complex).

infernal (a) -phathelene nesihogo; -bi ngokwesabisayo.

inferno (n) umlilo omkhulu; umlilo ofana nesihogo.

infertile (a) -ngavundile.

infest (v) hlupha; hlushwa; khwela; khwelwa (be infested).

infidel (n) -ngakholwa inkolo yama-Mohamedi; ongakholiwe.

infidelity (n) ukungathembeki; ukungakholwa; ukuphinga (adultery).

infiltrate (v) ngena okwamanzi; ngena ngokuchinineka; ngena ngabanye ngabanye (i. a country).

infinite (a) -ngagcini ndawo; -ngenasiphelo; -ngenamkhawulo.

infinitesimal (a) -nci; -ncinyane.

infinitive (a) -ngenamenzi; -indlela esabizo (i. mood).

infinity (n) okungapheliyo; ubukhulu obungapheliyo.

infirm (a) -buthakathaka; -totobayo.

infirmary (n) indlu yeziguli; isibhedlela.

infirmity (n) ubuthakathaka; ukugula.

inflame (v) okhela; okha; bhebhethekisa; vusa; thukuthelisa.

inflamed (a) -dumbile; -vuvukile; -bhibhayo; -khubele.

inflammable (a) -vuthayo masinya; -langukayo.

inflammation (n) ukudumba; ukuvuvuka; ubukhubele; ukubhibha.

inflammatory (a) -nokuxabanisa; -nokuvusa; -nokuvutha.

inflate (v) futha; qumbisa; khukhumeza.

inflexible (a) -ngaguquki; -ngaphenduki.

inflict (v) zwisa.

inflorescence (n) ukuqhakaza; intshakazo; imbali yonke.

influence (n) ithonya; imfundiso; isithunzi. (v) fundisa; thonya; eleka ngesithunzi.

influential (a) -nesithunzi; -nogazi; -namandla.

influenza (n) imfluwenza; umkhuhlane.

influx (n) ukungena; ukuvimbela ukuthutheleka (i. control).

inform (v) bonisa; azisa; tshela; bika; ceba; otha (i. against).

informal (a) -ngenasimo; -nganqunyelwe mthetho.

information (n) umbiko; ukwaziswa; ukwazi; imfundiso; inhlebo (secret i.).

informative (a) -fundisayo; -chazayo.

informed (a) -fundisiwe; -azisiwe.

informer (n) umcebi; umzekeci; umsheshelengwana.

infraction (n) ukwaphula; ukweqa umthetho (i. of the law).

infrequent (a) -ngavamile; -velayo kancane.

infringe (v) eqa; aphula; thathela amalungelo (i. the rights).

infuriate (v) thukuthelisa; qathazisa; vusa ulaka.

infuse (v) thela; faka; qunga; fundisa (i. learning).

infusion (n) umqungo; isiphungo; imfudumezela; imbiza (medicinal i. of herbs).

ingenious (a) -nobuqili; -nokuhlakanipha.

ingenuity (n) ubuqili; ukuhlakanipha.

ingenuous (a) -sobala; -qotho; -khanyayo.

inglorious (a) -ngenaludumo.

ingot (n) isigaxa sensimbi noma

esegolide.
ingrained (a) -gxilile.
ingratiate (v) khuhla; -zikhuhla (i. oneself).
ingratitude (n) ukungabongi.
ingredient (n) isithako; umqobelo.
ingrowing (a) -khulela phakathi; uzipho olukhulela phakathi (i. toenail).
inhabit (v) hlala; akha; akhela.
inhabitant (n) ohlalayo; owakhile.
inhalant (n) umhogelo.
inhale (v) hogela.
inherit (v) dla ifa; thola ngefa.
inheritance (n) ifa; okutholiweyo njengefa.
inhibit (v) vimbela; thiya.
inhospitable (a) -ngaphani; -ngenamusa ezihambini.
inhuman (a) -nonya; -ngenabuntu; -nobulwane.
inimical (a) -lwayo na-; -yimpi ku-.
inimitable (a) -ngenakulingiswa.
iniqitous (a) -bi kakhulu; -ngalungile impela.
iniquity (n) ububi impela.
initial (n) amaletha aqala amagama (initials). (v) bhala amaletha aqala amagama. (a) -okuqala; -okuqalisa; -qalisayo.
initiate (n) othwasiswayo. (v) thwesa; thwasisa; fundisa; qalisa; phemba; qamba (i. plan).
initiative (n) ukuzisusela; ukuziqalisela; enza kuqala (take the i.).
inject (v) hlaba; jova; etha.
injection (n) uhlabo; ukujova; ukwetha; umjovo; okuthelwa phakathi.
injudicious (a) -ngenakuhlakanipha; -ngahlakaniphile.
injunction (n) umyalezo; umyalo.
injure (v) limaza; khubaza; bulala; ona.
injurious (a) -limazayo; -nengozi.
injury (n) ingozi; ukulimala; isikhubazo.
injustice (n) okungemthetho; ukwenza okungalungile.
ink (n) nyinki; umuthi wokuloba. (v) bheca ngoyinki.
inkling (n) ukusikisela; ukunyenyeza.
inland (a) -aphakathi kwezwe; -kwasenhla nezwe. (adv.) enhla nezwe.
inlet (n) isikhewu; insonge yolwandle.
inmate (n) ohlala khona phakathi.
inmost (a) -aphakathi.
inn (n) ihotela; indlu yokungenisa

izihambi.
innate (a) -kokuzalwa; -segazini.
inner (a) -ngaphakathi.
innings (n) isikhathi sokudlala; i-iningi.
innocent (a) -ngenacala; -msulwa; -ngazi lutho olubi.
innocuous (a) -ngenakulimaza; -ngenakona.
innovation (n) okuqanjwe busha.
innuendo (n) izwi lokusikisela; umgigiyclo.
innumerable (a) -ngabaleki; -ninginingi.
inoculate (v) jova.
inoculation (n) umjovo.
inoffensive (a) -ngoni lutho; -ngenakucunula.
inoperable (a) -ngenakuhlinzeka; -ngenakuhlinzwa.
inopportune (a) -enzekayo ngesikhathi esingesihle.
inordinate (a) -eqileyo.
inorganic (a) -ngazekuphile; -ngenakhabhoni.
inquest (n) ukuhlolwa kwendaba yokufa kwomuntu.
inquire (v) buza; hlola.
inquiry (n) ukuphenya udaba; ukuhlola; umbuzo.
inquisition (n) ukuhlolisisa; ibandla lesonto lamaRoma lokuhlolisisa amacala abaphambukayo enkolweni.
inquisitive (a) -nosikisiki lolwazi; nenhlazane.
insane (a) -hlanyayo; -sangene ikhanda.
insanitary (a) -ngenampilo; -ngenakuphilisa; -ngcolile.
insanity (n) ukuhlanya.
insatiable (a) -hahayo; -ngasuthiyo; -ngadeliyo.
inscribe (v) loba; bhala.
inscription (n) umbhalo; okulotshiweyo.
inscrutable (a) -ngenakuqondwa; -khobele.
insect (n) isilokazane; isinambuzane.
insecticide (n) isibulala-nambuzane; umuthi wokubulala izilokazane.
insecure (a) -ngalondekile; -hlezi engozini.
insensible (a) -ngezwa; -ngasezwa.
insensitive (a) -ngezweli; -ngahlabeki.
inseparable (a) -ngenakuhlukaniswa; -ngenakwahlukaniswa.
insert (v) faka; ngenisa; chwasheka.
insertion (n) ukungenisa; ukukhaxa-

zwa; okungeniswe phakathi.

inset (n) okubekwe phakathi. (v) hlelela phakathi; beka phakathi.

inshore (adv.) ngasogwini.

inside (n) indawo yangaphakathi; okungaphakathi; indeni. (a) -aphakathi; -angaphakathi. (adv.) phakathi.

insidious (a) -ngumshoshaphansi.

insight (n) ukubona okusithekile.

insignia (n) izimpawu; izivatho zesikhundla.

insignificant (a) -yize; -ncinyane; -luhoyizana; -ngasho lutho.

insincere (a) -ngenaqiniso; -zenzisayo; -nobumbulu.

insincerity (n) ukuzenzisa; ubumbulu.

insinuate (v) sikisela; yingiliza; shikishela (i. oneself).

insipid (a) -duma; -dikibele; intimentime (i. food).

insist (v) gcizelela; qinisa.

insistence (n) isigcizelelo; imfundekelo.

insobriety (n) ukudakwa.

insolent (a) -eyisayo; -qholoshayo; -delelayo.

insoluble (a) -ngenakuncibilikiswa; -ngenakuchasiswa (of a problem).

insolvent (n) umuntu oseshonile emalini. (a) -shonile emalini; -sehlulekile ukukhokha izikweletu.

insolvency (n) ukushona emalini; ukushona ebhizinisini.

insomnia (n) ukuqwasha; ukungalali ubuthongo.

inspan (v) bophela.

inspect (v) hlola; qaza; bheka.

inspection (n) ukuhlola; ukubheka; ukuhlolwa.

inspector (n) umhloli; umbheki.

inspiration (n) udude; imfunzelelo: usinga; ugqozi, ukuhoshwa komoya (i. of air).

inspire (v) funzelela; khusela; vusa ugqozi; hosha umoya (i. air).

instability (n) ukuxega; ukungaqini; ubuqhashiya.

install (v) misa; beka; ngenisa esikhundleni; faka.

instalment (n) isigamu; okukhokhwa kancane kancane; isiqephu (i. of a story).

instance (n) isiboniso; isici esenzekayo; ngokunje (for i.); ngokoku-qala (in the first i.). (v) bonisa nga-.

instant (n) umzuzwana; isikhashana;

woza manje (come this i.). (a) -amanje; -akhonamanje.

instantly (adv.) khona manje; masinyane.

instead (adv.) esikhundleni sa-; endaweni yokuba.

instep (n) amathe onyawo.

instigate (v) susa; phemba; qala; qhatha; okha.

instil (v) ngenisa kancane kancane; fundisa; jwayeza ukulalela (i. obedience).

instinct (n) isazela; ukuzibonela ngokwemvelo; inembe (maternal i.).

instinctive (a) -esazela; -bonwa ngokwemvelo.

institute (n) umthetho; indlu yemfundo. (v) misa; susa; qalisa; phemba.

institution (n) ukumiswa; into emisiweyo; indlu yemfundo; inhlangano.

instruct (v) fundisa; qondisa; qeqesha.

instruction (n) umyalo; umlayezo; ukufundisa; imfundiso.

instructive (a) -fundisayo.

instructor (n) umfundisi; umqeqeshi.

instrument (n) imfijoli (musical i.); isikhali somsebenzi (implement); umenzi, owenzayo (agent); incwadi elotshwe ngokomthetho (legal i.).

instrumental (a) -bangayo; -enzayo; -sizayo; imvunge yezimfijoli (i. music).

insubordinate (a) -dlelesayo; -ngalaleli; -delelayo.

insubordination (n) indelelo; ubudle-ledlele.

insufferable (a) -ngenakuvunywa; -ngenakubekezeielwa.

insufficient (a) -ngalingene; -silele.

insular (a) -phathelene nesiqhingi; imiqondo egxile esiqhingini (i. frame of mind).

insulate (v) namathelisa ngento ezovimbela ukuthintana.

insulation (n) ukuvimbela ielektriki ingaputshuki; ukuvimbela ukuthintana.

insulin (n) umuthi wokwelapha isifo soshukela egazini.

insult (n) isithuko. (v) eyisa; delela; thuka.

insuperable (a) -ngenakwahlulwa; -ngenakudlulwa.

insurance (n) inshuwarensi; imali yokunakekela izindleko mayelana nengozi ingakaveli.

insure (v) lungisela izindleko zengozi zingakaveli; thenga inshuwarensi; qiniseka (be assured).

insurgent (n) umshokobezi (a) -vukelayo umbuso; -shokobezayo.

insurmountable (a) -ngenakwahlulwa; -ngenakukhwelwa.

insurrection (n) ukuvukela umbuso; ukushokobeza.

intact (a) -phelele.

intake (n) ukungenisa; okungenayo; lapho kungeniswa khona ephayiphini.

intangible (a) -ngenakuphathwa; -ngenakuthintwa.

integer (n) inamba ephelele; isibalo.

integral (a) -phelelisayo.

integrate (v) hlanganisa ngokuphelelisa.

integrity (n) ubuqotho; ukuphelela.

integument (n) ulwambesi; okumbozayo.

intellect (n) ingqondo; inhlakanipho.

intellectual (n) umuntu onengqondo. (a) -nengqondo; -hlakaniphile.

intelligence (n) ingqondo; ukuhlakanipha; izindaba (news).

intelligent (a) -khaliphile; -lumukile; -nengqondo; -hlambulukile.

intelligentsia (n) izazi; izihlakaniphi.

intelligible (a) -zwakalayo; -nokuqondwa; -khanyayo.

intemperate (a) dlulisayo; -eqisayo; -nobuxhwele; -ngazibambi.

intend (v) hlosa; qonda; ceba.

intense (a) -namandla; -khulu; -julileyo.

intent (n) ukuqonda; inhloso. (a) -qonde; -qaphele; -hlose; -babele.

intention (n) umqondo; inhloso; umxhwele.

intentional (a) -enziwe ngamabomu; -ngokuqonda.

inter (v) ngcwaba; mbela; gqiba.

interact (v) enzelana.

interbreed (v) zalana; zalanisa.

intercede (v) khulumela; ncengela; lamula.

intercept (n) isinqamu somudwa esikhonjwe amachashaza amabili. (v) bamba; vimbela; eqela; qamekela.

intercession (n) ukukhulumela; ukuthandazela; ukuncengela.

interchange (v) enana; phambanisa; shintshelana.

intercourse (n) ukukhulumisana;

ubudlelwane; ukuxoxisana; ukuhlalisana; ukulalana (sexual i.).

interdenominational (a) -phethwe ngamabandla amasonto ahlukeneyo.

interdict (n) ukwala ngokomthetho.

interest (n) umnako; uthando; ukuthatheka; isihe; inzuzo; inzalo (financial i.); inzalo eqondile (simple i.); inzalompinda (compound i.). (v) thatheka; -banehuha; thanda; thandisa.

interfere (v) xaka; gxamalazela; khubeza.

interference (n) isiphazamiso; isikhubekiso; ukugxamalazela.

interim (n) umkhathi; isithuba. (a) -esikhashana; -esikhathi esisemkhathini.

interior (n) ingaphakathi; indawo yangaphakathi.

interject (v) nquma umlomo; babaza.

interjection (n) ukunquma umlomo; isibabazo.

interlace (v) phica; bhanqanisa; hida.

interloper (n) ozigaxayo; umafikahlale.

interlude (n) imvunge ephakathi; isikhathi esiphakathi.

intermarriage (n) ukuganiselana.

intermarry (v) thathana; ganiselana.

intermediary (n) umlamuli; umcabi. (a) -lamulayo; -hambelayo.

intermediate (a) -semkhathini; -angaphakathi; indawo ephakathi; isikole esiphakathi kwesabancane nesiphakeme (i. school).

interment (n) umngcwabo; ukulahlwa.

interminable (a) -ngapheliyo; -nganqamukiyo.

intermingle (v) xubana; hlangana; xubanisa.

intermission (n) isikhawu; ukunqamuka.

intermittent (a) -ngezikhawu.

intern (n) ofundela ubudokotela esibhedlela. (v) gonqa.

internal (a) -ngaphakathi.

international (a) -izizwe ngezizwe; -phathelene nezizwe ezahlukene.

interplay (n) ukwenzisana.

interpolate (v) khaxaza amazwi embhalweni; gaxeka ekukhulumeni.

interpolation (n) ukujobelela amazwi; ukuxhaka amazwi.

interpose (v) khaxaza; faka emkhathini; ngenisa; lamula.

interpret (v) humusha; chachisa.

interpretation (n) ukuhumusha; isicha-

chiselo.
interpreter (n) umhumushi.
interrogate (v) buza; buzisisa.
interrogation (n) ukubuza; ukubuzisiswa; uphawu lokubuza (i. mark).
interrupt (v) nqamula; phazamisa; thikazisa.
interruption (n) isilibaziso; isiphazamiso; ukunqamuka.
intersect (v) phambana; nquma; nqumisa.
intersection (n) ukuphambana; indawo lapho kuphambana khona.
intertwine (v) sontana; thandelana; songelana; phica; hida; khwica.
interval (n) isikhawu; umgamu; umkhathi.
intervene (v) lamula; ngena phakathi.
intervention (n) ukungena phakathi; ukulamula.
interview (n) ukubonana nomuntu nokukhuluma naye. (v) bonana nomuntu nokukhulumisana naye.
intestate (a) -ngaphandle kwencwadi yokwaba ifa; -ngaphandle kwewili.
intestinal (a) -asemathunjini.
intestines (n) amathumbu; izibilini; usinyaka (small i.); upopopo (large i.).
intimacy (n) ukwazana kakhulu; kwabakhona ukulalana (i. took place).
intimate (a) -azana kakhulu; kholana; jwayelana.
intimate (v) azisa; bika; qondisa; nyenyeza; qhweba.
intimidate (v) esabisa; qwengula.
intimidation (n) isiqwengulo.
into (prep.) ku-; phakathi; ngena endlini (go i. the house); hlola (inquire i.); phenduka ukuba- (change i.); humusha isiZulu sibe- (translate Zulu i.).
intolerable (a) -ngenakubekezelelwa.
intolerant (a) -ngabekezeliyo.
intonation (n) ubuviyoviyo; ukusho ngephimbo lokucula.
intone (v) -sho ngephimbo lokucula.
intoxicant (n) okudakayo; okudakisayo.
intoxicate (v) daka; dakisa; bhamazisa.
intractable (a) -nenkani; -nqabayo; -ngaphatheki.
intransigent (a) -ngenakululekwa; -alayo ukuthanjiswa.
intravenous (a) -phakathi emthanjeni obuyisayo.
intrepid (a) -nobuqhawe; -nesibindi.

intricate (a) -phambaphambene; -yinkinga; -didayo.
intrigue (n) isicecelegwana; amacebo okuvumelana ngasese; isigungu. (v) vumelana ngamacebo ngasese; enzela isigungu; hlaba umxhwele (interest).
intrinsic (a) -oqobo; -ngumongo.
introduce (v) ngenisa; veza, bika, azisa (make known); ngenisa, qalisa, qamba (bring in, commence).
introduction (n) isingeniso; ukungenisa; ukuqalisa; ukwethula (i. to a person); ibika, isandulelo (i. to a book etc.).
introspection (n) ukuzihlolisisa; ukuzicabangela wedwa.
intrude (v) xhaka; -zingenisa; -zigaxa; xhantela.
intruder (n) iselelesi; umafikahlale; inxantela.
intrusion (n) ukuxhantela; ukuzisisa.
intuition (n) ukuzibonela; ukuzizwela.
inundate (v) chichimisa ngamanzi; thela indakandaka; fuhlela ngezicelo (i. with requests).
inundation (n) uzamcolo; ukufuhlela ngezicelo.
inure (v) jwayeza.
invade (v) hlasela; ngena ngempi.
invalid (n) isiguli; isithothobala; inkubele (casualty). (v) gulisa. (a) -esiguli.
invalid (a) -ngenamthetho; -ngaqinisile.
invalidate (v) enza kungabingokomthetho; enza kungabiliqiniso.
invaluable (a) -bizayo kakhulu; -ligugu; -nenani elikhulu.
invariable (a) -ngenakuguquka.
invasion (n) ukuhlaselwa kwezwe.
invective (n) isithuko; amazwi ahlabayo.
inveigle (v) yenga; wonga; hunga.
invent (v) qamba; photha; bumba.
invention (n) okuqanjiwe; ilumbo; icebo.
inventor (n) umqambi; umsunguli; umlumbi.
inventory (n) uhlu oluqukethe ubungaki namanani empahla ekhona.
inverse (n) okuphambene. (a) -phambene; -phendukeziwe.
inversion (n) ukuphendukezela.
invert (v) hlanekezela; phendukezela.
invertebrate (n) isilwane esingenamhlandla. (a) -ngenamhlandla.
invest (v) faka imali ukuze ithole

inzalo (i. money); vimbezela, hanqa (besiege); misa (install); thwalisa udumo (i. with dignity).

investigate (v) hlola; phenya; qula.

investigation (n) ukuhlola; ukuphenya; umcubungulo.

investiture (n) ukumisa; ukumiswa.

investment (n) ukufakwa kwemali emsebenzini ukuze ithole inzalo; imali efakwa emsebenzini ukuze ithole inzalo; umvimbezelo, umbaqo (military i.).

inveterate (a) -gxilile; umqhafi (i. drunkard).

invidious (a) -nokucunula; -nokuvusa umona.

invigilate (v) engamela; bheka.

invigorate (v) vuselela amandla; qinisa umzimba.

invincible (a) -ngenakwahlulwa.

inviolate (a) -msulwa; -ngalimazekile.

invisible (a) -ngenakubonwa; -sithakele.

invitation (n) isimemo; ubizo; ukumenywa.

invite (v) mema; bizela.

invoke (v) khulekela; ncengela.

involuntary (a) -zenzelayo; -ngenziwe ngokuthanda.

involve (v) banga; gaxa; zongolozela.

invulnerable (a) -ngenakoniwa; -ngenakulinyazwa; -ngenakwahlulwa.

inward (a) -aphakathi; -fikayo; -ngenayo. (adv.) ngaphakathi.

iodine (n) iayodini; isithako semvelo eselapha ukuvuvukala komphimbo.

iota (n) iletha lesiGriki; okuncane impela; akukho nelincane iqiniso kukho (there is not an i. of truth in it).

irascible (a) -nolaka; -sififane.

irate (a) -nolaka; -thukuthele.

ire (n) ulaka; intukuthelo.

iris (n) isiyinge seso (of eye); uhlobo lwembali (flower).

irk (v) dina; khathaza.

irksome (a) -dinayo; -nenkathazo.

iron (n) insimbi; inyele (cast i.); ukhethe (galvanized i.); umkhando (i. ore); iayini (flat i.). (v) shisa; ayina. (a) -ensimbi.

ironical (a) -bhuqayo; -bhinqayo; umbhinqo (i. speech).

ironmonger (n) othengisa ngezinto ezenziwe ngensimbi.

irony (n) isibhinqo; umbhinqo; umbhuqo.

irrational (a) -phambene nengqondo.

irreconcilable (a) -ngavumi ukuzwana; -ngavumi ukuhambisana.

irrecoverable (a) -ngenakubuyiswa.

irrefutable (a) -ngenakuphikiswa.

irregular (a) -ngahambi ngohlelo; -ngahambi ngomthetho; -ngalingene.

irrelevant (a) -mbangcazayo; -ngavumelani; -ngaqondene.

irreligious (a) -phambene nokukholwa; -ngenakukholwa.

irreparable (a) -ngasenakulungiswa.

irreplaceable (a) -ngasenakubuyiselwa.

irreproachable (a) -ngenakusolwa.

irresistable (a) -ngenakuvinjelwa; -ngenakwahlulwa.

irresolute (a) -ngenakuqinisela; -manqikanqika.

irrespective (a) -ngaphandle kwa- (i. of).

irresponsible (a) -ngenacala; -zenzelayo.

irresponsive (a) -ngaphenduli; -ngasabeli.

irreverent (a) -ngahloniphi; -eyisayo.

irrevocable (a) -ngenakuguqulwa.

irrigate (v) nisela ngamanzi; donsa amanzi; thela amanzi.

irrigation (n) ukunisela; inkasa.

irritable (a) -shesha ukucunuka.

irritant (n) umqubulo. (a) -shoshozelisayo; -cunulayo.

irritate (v) cunula; casula; fundekela.

irritation (n) okucunulayo; okucasulayo.

Islam (n) inkolo yamaSulumani.

island (n) isiqhingi.

isle (n) isiqhingana; isiqhingi.

islet (n) isiqhingana.

isolate (v) ahlukanisa kubekodwa; qhinga.

isolation (n) ukwahlukaniswa kwabanye; isibhedlela esahlukanisa isiguli kwabanye (i. hospital).

isosceles (a) -nezinhlangothi ezimbili ezilinganayo; unxantathu onezinhla ezimbili ezilinganayo (i. triangle).

issue (n) ukuphuma; okuphumayo; inzalo (offspring); impumelelo (outcome); ukucindezelwa (edition). (v) phuma; khishwa; qhumuka (i. forth); phumisa (discharge); khipha, cindezela (publish).

isthmus (n) ugamfu.

it (pron.) yona; wona; sona; khona; etc.; yinja (i. is a dog).

Italian (n) iTaliyana; isiTaliyana

(language). (a) -amaTaliyana.
italics (n) amaitaliki; omalukeke.
itch (n) utwayi; ukhwekhwe. (v)
batshwa; mvayiza; luma; lunywa.
item (n) umcimbi; inhlamvu; indaba
eyodwa ohleni lwezindaba.
iterate (v) phinda; bukeza; buyekeza.
itinerant (a) -hambahambayo.
itinerary (n) uhambo; uhlelo lohambo.
itself (pron.) yona; lona; khona; etc.;
ngokwayo (by i.).
ivory (n) izinyo lendlovu.
ivy (n) uhlobo lwentandela olwenabela
ezindongeni.

J

jab (n) umgqulo; ukugqula. (v)
gqula; dukluza; xhokoza; xhoxha.
jack (n) ujeke; into yokufukula imoto;
imbongolo yenkunzi (donkey j.).
jackal (n) impungushe; ikhanka (silver
j.).
jackass (n) imbongolo yenkunzi; isi-
thutha (stupid person).
jacket (n) ibhantshi; okumbozayo
(covering).
jade (n) itshe eliluhlaza eliyigugu.
(v) khathaza.
jaded (a) -khathele.
jagged (a) -sinazile; iphethelo elidla-
vuzekile (j. edge).
jaguar (n) uhlobo lwengwe enkulu.
jail (n) ijele; itilongo. (v) ngenisa
ejele.
jailer (n) ujele.
jam (n) ujamu; ukuminyana (close
packed). (v) shiqela; sicila; bambeka.
jamb (n) isigxobo somnyango.
jamboree (n) umbuthano wenjabulo.
jangle (n) ukuyehleza; ukuhehleza.
(v) yehleza; hehleza; kheceza.
janitor (n) umlindi womnyango,
umlindi.
January (n) uJanuwari; uNhlolanja.
japan (n) upende othile omnyama;
ujapani. (v) penda ngojapani.
Japan (n) izwe laseJapani.
Japanese (n) iJapani; isiJapani (lan-
guage). (a) -aseJapani.
jar (n) igabha elibanzi ngomlomo;
isitsha; umgqonyana; ukudlukuza,
ukwethuka (shock). (v) bhimba;
casula; uyangicasula (he jars on
me).

jargon (n) ukukwitiza; inembunembu.
jaundice (n) isifo esibangwa yinyongo
eningi egazini; ijondisi.
jaundiced (a) -ejondisi; ukubuka ngo-
kusola (a j. outlook).
jaunt (n) uhanjwana. (v) hamba-
hamba.
jaunty (a) -shayela phezulu.
javelin (n) umkhonto wokuphonsa.
jaw (n) umhlathi; ithambo lomhlathi
(j. bone).
jealous (a) -nomona; -hawukelayo;
-khanukayo; -nesikhwele; -qaphe-
layo (taking care of).
jealousy (n) umona; umhawu; isi-
khwele.
jeer (n) amazwi okuklolodela. (v)
klolodela.
Jehovah (n) uJehova; uNkulunkulu.
jelly (n) ujeli; intikintiki; ujunguju.
(v) -bayintikintiki.
jelly-fish (n) itheketheke; isikhwehlela
somkhomo.
jemmy (n) umgxalana wokugqekeza.
jeopardize (v) ngenisa engozini.
jeopardy (n) ingozi yokulahlekelwa;
engozini (in j.).
jerk (n) ukuthi dluku. (v) dlukuza;
dluthula; gqunsula; hluthula; hlwi-
tha (j. away); benga (slice meat).
jerked meat (n) inyama yombengo.
jerkin (n) ibhantshi lesikhumba.
jerry-built (a) -akhiwe ngokungaqinile.
jersey (n) ijezi; isokisi; uhlobo lwe-
zinkomo ezivela esiqhingini sase-
Jersey (cattle).
jest (n) amahlaya; uteku; ukuntela.
(v) ntela; tekula.
jester (n) isinteli; isiqangi.
Jesuit (n) owenhlangano ethize yaba-
fundisi bebandla lamaRoma.
jet (n) ubumnyama khace; ukutshuma;
itshe elimnyama elicwazimulayo.
jetsam (n) impahla elahlwe olwandle
ukuze umkhumbi ubelula.
jettison (v) lahlela impahla olwandle.
jetty (n) ijeti; isakhiwo ogwini oku-
khulekwa imikhumbi kuso.
Jew (n) iJuda.
jewel (n) itshana eliyigugu; igugu.
jewelry (n) iqoqo legugu; iqoqo
elinamatshana ayigugu negolide.
Jewess (n) iJudakazi; iJuda lesifazane.
Jewry (n) amaJuda onke.
jews-harp (n) isitweletwele; isitolotolo.
jib (n) useyili wesikebhe omise oko-
nxantathu. (v) ala; -ngavumi.

jibe (v) sinineka; hleka usulu.

jig (n) ukudansa ngokuxhumaxhuma. (v) xhumaxhuma.

jigger flea (n) itekenya.

jiggle (v) nyakanyakaza; nyakanyakazisa.

jilt (v) ala isoka; ala isithandwa.

jingle (n) ubukhencekhence; isosha esinamazwi afanayo aphindwayo (rhyme). (v) khenceza; khencezisa.

jingo (n) umuntu othanda ukukhuluma ngokuhlasela kwesizwe sakubo.

job (n) umsebenzi; umsebenzana.

jockey (n) ujoki; umjahi; ingibeli. (v) enzisa ngokukhohlisa; qilaza; -ziphenyela isikhundla (j for a position).

jocose (a) -ntelayo; -hlekayo.

jocular (a) -ntelayo; -noteku.

jocund (a) -tekulayo; -eneme; -ntelayo.

jog (n) ukugqugquza. (v) gqukuza; hlukuza; dledlezela (j. along).

jog-trot (v) hamba ngokudledlezela.

join (n) indawo ehlanganisiweyo. (v) hlanganisa; bhangqa; xhuma; xhumela, jobelela (j. on); hlangana; joyina (engage oneself).

joinery (n) umsebenzi wokubaza amapulangwe.

joint (n) inhlangano yamathambo (bone j.); iqupha (finger j.); isitho senyama (j. of meat). (a) -hlanganyelwe; abanikazi ababhanqene (j. owners).

jointed (a) -namalungu.

joist (n) umshayo wokusekela.

joke (n) ihlaya; amahlaya; uteku; ukulawula. (v) tekula; ntela; ncokola.

joker (n) isinteli; isilawuli; igabaza (j. in cards).

jollity (n) ukugenama; ukwenama; ukujabula.

jolly (a) -geneme; -hlekayo; -jabulisayo.

jolt (n) ukuthi hluku. (v) dlukuza; dlukuzeka; hlukuluza.

jostle (v) qhukuluza; gudlumeza.

jot (n) ichashazi; angikunaki neze (I don't care a j.). (v) loba, bhala phansi (j. down).

journal (n) ijeneli; incwadi yezigigaba zansuku zonke (j. of daily events); iphephandaba (newspaper).

journalism (n) umsebenzi wokulobela amaphephandaba.

journalist (n) umlobi wezindaba zamaphephandaba.

journey (n) uhambo; indlela. (v) hamba.

journeyman (n) oseqedile ukufundela umsebenzi.

joust (n) umqhudelwano wamaqhawe agibele. (v) lwa ugibele uphethe omude umkhonto.

jovial (a) -eneme; -hlekayo; -jabulayo.

jowl (n) umhlathi; sondelene kakhulu (cheek by j.).

joy (n) injabulo; ukwenama.

joyful (a) -geneme; -jabulisayo; -esasile.

joyride (n) ukuzijabulisa ngokuhamba mahala.

jubilant (a) -nconcozayo; -jabulayo.

jubilee (a) umkhosi wokugubha iminyaka engamashumi amahlanu.

judas (n) umuntu oyimbuka; umsheshelengwana.

judge (n) ijaji; umahluleli; umgwebi; umthethimacala; umahlukaniseli. (v) gweba; thetha amacala; nquma; ahlulela.

judgement (n) isahlulelo; isigwebo; isinqumo; ukujezisa.

judicial (a) -omsebenzi wamajaji; ingqondo ekwazi ukwahlulela (a j. mind).

judiciary (n) amajaji.

judicious (a) -nengqondo; -hlakaniphile.

jug (n) ujeke; isitsha. (v) bilisa ngamanzi.

juggle (v) gila; gilela (j. with).

juggler (n) isigilamkhuba.

jugular (n) umthovothi; umthambo obuyisayo omkhulu osentanyeni.

juice (n) amanzi amnandi esithelo; umpe; ujusi.

juicy (a) -tewuzelayo; -nompe.

ju-jutsu (n) ingunyangunya eyaqanjwa eJapani.

July (n) uJulayi; uNcwaba.

jumble (n) ingxube; ingxubevange. (v) xubanisa; phithizisa.

jump (n) umeqo; ukuxhuma. (v) eqa; xhuma; tshekula, tshakadula (j. about); qhasha (j. away); ngqibitha (j. down); halakashela (j. over); putshuka (j. out); gxuma (j. up); jombisa ihashi, eqisa ihashi (j. a horse).

junction (n) ukuhlangana; umgamanxo; inhlangano; ibhaxa; umahlukanandlela (j. of roads).

juncture (n) umzuzu; ithuba.

June (n) uJuni; uNtulikazi.
jungle (n) igxa; umeno; isiningolo.
junior (n) omncane. (a) -ngaphansi; -ncane.
junk (n) izimpahla ezingasafuneki; uhlobo lwesikebhe saseShayina (type of boat).
junket (n) izaqheqhe ezinongwe ngoshukela; amangqanga.
jurisdiction (n) amandla esikhundla.
jurisprudence (n) isayensi ephathelene nemithetho.
jurist (n) isazi semithetho.
jury (n) ijuri; ibandla lezakhamuzi elelekelela ijaji ekuqulweni kwecala.
juryman (n) ilungu lejuri.
just (a) -qotho; -lungile; -fanele; -nqumayo ngokomthetho. (adv.) ngokuthi ngqo; -lungile ngqo; khona manje (j. now); khona manjalo (j. then); usanda ukufika (he has j. come); -simze, -nje, ake (merely); ake uthi ukudla (j. eat a little). (conj.) njengoba; khani; njengokuthi; qede (j. as).
justice (n) ukunquma ngokomthetho; okulungileyo; ukwenza komthetho; ijaji (judge); umfungisi (j. of the peace).
justify (v) vumela; nika ilungelo; bonisa ukulunga; phendulela.
justly (adv.) ngokufanele; ngokulunga; ngokomthetho.
jut (v) phumela ngaphandle (j. out).
jute (n) ijuthi; uhlobo lwezithombo okwelukwa ngazo amasaka.
juvenile (n) ingane; umuntu osebunganeni. (a) -obungane; -sha.

K

kafir-beer (n) utshwala.
kafir-boom (n) umsinsi.
kafir-corn (n) amabele.
kangaroo (n) isilwane saseAustralia esihamba ngokugxuma ngezinyawo zangemuva.
kaolin (n) ibumba elimhlophe okwenziwa ngalo izitsha zekhethelo.
kapok (n) ukotini oyintofontofo okwenziwa ngawo imicamelo nokunye.
karakul (n) uhlobo lwemvu efuyelwa isikhumba sayo.
karoo (n) izwe enyakatho Kipi elithe

caba elivama ukomisa.
kaross (n) isiphuku esenziwe ngezikhumba zezilwane.
kayak (n) isikebhe samaEskimo.
keel (n) isiqu somkhumbi owakhelwa kuso. (v) qethuka iphansi libheke phezulu (k. over).
keen (v) lila. (a) -bukhali; -hlakaniphile; -khaliphile; -cijile; -loliwe (sharp, as a tool).
keep (n) inqaba (fort); isondlo (maintenance). (v) londa; londoloza; gcina; -zibamba ulaka (k. one's temper); godla esifubeni (k. to oneself); fuya, ondla, -ba na- (maintain, breed); linda, qaphela (k. watch); thobela umthetho (k. the law); gcwalisa isethembiso (k. a promise); vimbela (k. from); qhelisa (k. away); cindezela (k. down); gwemela, nyiba (k. away from); hlehlela emuva (k. back); -zithiba (k. oneself from); qhubeka (k. on); bandakanyana (k. together); hamba ngesokudla (k. to the right); hamba ngesokhohlo (k. to the left); qinisa (k. up).
keeper (n) umlondolozi; umqaphi wezilwane (game-k.); umlindisango (gate-k.); umphathikhaya (house-k.); umninistolo (store-k.).
keeping (n) ukulondolozwa; ukubhalwa kwamabhuku ezimali (book-k.); ezandleni zakho (in your k.).
keepsake (n) isikhumbuzo.
keg (n) umphongolwana.
kelp (n) isithombo sasemanzini olwandle.
ken (n) ukwazi; ngaphezu kokwazi kwami (beyond my k.).
kennel (n) indlwana yenja.
kerb (n) unqenqema lomgwaqo.
kerchief (n) iduku.
kernel (n) umnyombo; umongo.
kerosene (n) uphalafini.
kestrel (n) umathebethebeni.
kerrie (n) iwisa; isagila.
ketchup (n) usosi; uhlobo lwesinongo senyama.
kettle (n) igedlela; isitsha sokubilisa amanzi.
key (n) ukhiye; isihluthulelo; amathambo opiyane (keys of piano); isithombululi-nkinga (k. to mystery).
keyhole (n) imbobo yesikhiye.
khaki (n) ukhakhi; umbala wohlobo

lwendwangu.

khaki-weed (n) unsangwana; unsangwini.

khan (n) isiphathimandla sase-Eshiya; indawo esendleleni yokungenisa izihambi empumalanga (Eastern inn).

kick (n) ukukhahlela; ukukhaba. (v) khahlela; khaba; ngqasha; bhushuza; vekula (k. up legs).

kick-off (n) ukuqala komdlalo.

kid (n) izinyane; ichwane. (a) -esikhumba sezinyane.

kidnap (v) thumba; eba.

kidney (n) inso.

kill (n) inyamazane ezingelwe yabulawa. (v) bulala; bhubhisa; hlaba (k. for meat); bhuqa, qedela (k. off); shonisa ilanga (k. time).

kill-joy (n) umchithinjabulo.

kiln (n) uhonela; indlu yokushisela izinto zobumba.

kilt (n) isidwaba; umabubane.

kimono (n) ingubo egqokwa abesifazane eJapani.

kin (n) izihlobo; umndeni; abakubo.

kind (n) uhlobo; umkhuba; inhlobo; ukwenanana ngempahla kungaphathwa mali (payment in k.); mbuyisele njengokwenza kwakhe (repay him in k.); akukho okunjalo (nothing of the k.). (a) -nomusa; -mnene; -nezicolo.

kindergarten (n) isikole sabantwana abancane abaqalayo ukufunda.

kindle (v) okhela; phemba; thungela; basa.

kindly (adv.) ngomusa; kamnene; thakaza (treat k.).

kindness (n) umusa; ubumnene; isisesane.

kindred (n) ubuhlobo; izihlobo. (a) -luhlobo lunye.

kine (n) izinkomazi.

king (n) ukhingi; inkosi yezwe; umhlikwe (k. in cards).

kingdom (n) umbuso ophethwe yinkosi; izwe lenkosi.

kingfisher (n) unongozolo; isivuba.

kingly (a) -njengenkosi; -nobukhosi.

kink (n) ifindo; iphimbolo.

kinsfolk (n) izihlobo; abakubo.

kinship (n) ubundeni.

kinsman (n) owomndeni.

kiosk (n) indlwanyana yokuthengela.

kipper (n) inhlanzi yohlobo oluncane egqunyiswe ngentuthu nosawothi.

kirk (n) isonto.

kiss (n) ukwanga; ukuqabula. (v) anga; qabula.

kist (n) ibhokisi lokukhweza izimpahla; umphongolo.

kit (n) impahla edingekayo emsebenzini; impahla ephathwa endleleni.

kitchen (n) ikhishi; indlu yokuphekela.

kitchenette (n) ikhishana elincane.

kite (n) inyoni yephepha; unhloyile (bird).

kith (n) izihlobo; izihlobo zonkana (k. and kin).

kitten (n) ichwane lekati; umthinyane wekati.

kleptomania (n) isifo esibanga ukuba umuntu angabinakuzibamba eyilokhu eba izimpahla angazisweliyo.

kleptomaniac (n) umuntu onesifo sokuthanda ukweba.

kloof (n) umhosha; isihosha; isihohoba.

knack (n) ikhono; icebo; ubuqili.

knapsack (n) isikhwama esetshathwayo.

knave (n) isichwensi; ishingana; ihathanga.

knavish (a) -obuwaka; -obushinga.

knead (v) dovadova; xova.

knee (n) idolo; ivi (kneecap); ngokukhasa (on hands and knees).

knee-halter (n) umqhobosho; isiguqiso. (v) qhobosha; guqisa.

kneel (v) guqa ngamadolo.

knell (n) ukukhala kwensimbi; ukukhenceza kwensimbi.

knew (v) azile; wayekwazi lokho (he k. that).

knickerbockers (n) ibhulukwe lowesilisa eliboshwe ngaphansi kwamadolo.

knickers (n) ibhulukwe lowesifazane.

knife (n) ummese; igotshwa (pocket k.); ucelemba (cane k.). (v) gwaza ngommese.

knife-edge (n) ukudla kommese.

knight (n) isikhulu kubelungu; iqhawe lasendulo; inayithi.

knighthood (n) ubunayithi.

knit (v) phica; nitha; bhangqa ndawonye (k. together); hlumelela (k. as broken bone).

knitting (n) ukuphica; ukunitha; usungulo lokuphica (k. needle); insonte yokuphica (k. wool).

knob (n) ingqamuza; isikhanda; imbumbulu; iwisa, isagila (k-kerrie).

knock (n) ukuthi ngqo. (v) shaya, dinsa, dikadika (k. a person about); diliza (k. down, as a building); qulekisa (k. out); khandana (k. against); ngqongqoza (k. at door); shayana (k. together).
knocker (n) into yokungqongqoza.
knock-kneed (a) -the pete; -lunyinyi.
knoll (n) igqunyana; iduli.
knot (n) ifindo; umthekelezo; isihibe (slip k.); iphuzu (k. in wood); iqhubu (k. on tree); isixuku, isihlukuzo (cluster); ibanga 6080 ft. elwandlc.
knotty (a) -mafindofindo; -maphuzuphuzu; -buhiqihiqi.
know (v) azi; azana na-; bona (recognise); -banekhono (be expert); azi ngokubona (k. by sight); ukwazi ngenhliziyo, ukwazi ngekhanda (k. by heart).
knowing (a) -hlakaniphile; -nobuqiyana.
knowingly (adv.) ngamabomu.
knowledge (n) ulwazi; ukwazi; imfundiso.
knuckle (n) iqupha.
koodoo (n) umgankla; igogo.
kopje (n) iduli; igqunyana.
koran (n) incwadi eyingcwele yamaSulumani.
kosher (a) -ngomthetho wamaJuda; inyama yesilwane esihlatshwe ngesiko lamaJuda.
kowtow (v) -zithoba ngokweqile.
kraal (n) umuzi; inxuluma (large k.); ikhanda (military k.); isiza (k. site); ithanga (temporary k.); inxiwa (old k. site); isibaya (cattle k.). (v) ngenisa esibayeni.
krans (n) isikhelekehle; isiwa; iwa.
Kremlin (n) indlu enkulu yephalamende eRashiya.
kudos (n) udumo; idumela.
Ku-Klux-Klan (n) inhlangano engumshoshaphansi yaseMelika.
kulak (n) isakhamuzi esinothile sasemaphandleni eRashiya.

L

laager (n) isikaniso; inqaba yezinqola.
label (n) isithikithana; ilebula. (v) thikitha; bhala isithikithana; bhala igama lomniniyo.

labia (n) ilebe; izindebe.
labial (n) ungwaqa ophinyiswa ngezindebe zomlomo. (a) -phathelene nezindebe.
laboratory (n) ilebhu; indlu yokusebenzela abafunda isayensi.
laborious (a) -sebenzisayo kanzima; -khathazayo.
labour (n) umsebenzi; ukusebenza; itoho (daily l.); izinseka (l. pains). (v) sebenza; shikashikeka; zama; phindaphinda iphuzu (l. a point).
labourer (n) isisebenzi; isikwata (gang of labourers).
labyrinth (n) izinkimbinkimbi; izingoningoni; izombe.
lace (n) uleyisi; umchilo, ifosi (l. for a shoe). (v) donsa ngefosi ukuze kuhlangane; fasa ngomchilo; xuba nogologo (l. with spirits).
lacerate (v) sika; klebhula; benga.
lachrymal (a) -ezinyembezi.
lachrymose (a) -sheshayo ukukhihla izinyembezi.
lack (n) ukuntula; ukusilela; ukuhlonga. (v) ntula, swela; hlonga; silela; yeketha (l. zeal); lwambula (l. appetite).
lackadaisical (a) -yisinothongo; -yivila.
lackey (n) inceku; isisebenzi.
laconic (a) -ngandisi ngamazwi; -fingqayo amazwi.
lacquer (n) upende olukhuni okhazimulayo.
lactation (n) ukuveza ubisi ebeleni.
lad (n) umfana; ibhungu (a grown l.).
ladder (n) iladi; isitebhisi; isikhwelo.
ladle (n) indebe; isiphako; ingxwembe; isengulo (for skimming); ikhamanzi, inkezo (l. for water).
lady (n) inkosikazi; inkosikazi yomuzi (the l. of the house); manene namanenekazi (ladies and gentlemen). (a) -esifazane.
ladybird (n) umanqulwana.
ladylike (a) -ziphethe njengenkosikazi; -zithwele ngenhlonipho.
lag (v) donda; salela emuva.
lager (n) uhlobo lotshwala besilungu; ubhiya.
laggard (n) isidondi; umafikazisina.
lagoon (n) ichweba; umncwebe.
lair (n) isikhundla; iquba; umbhudu.
laity (n) abantu abangabu undele ubudokotela noma ubumeli noma ubufundisi nomani enjalo.
lake (n) ichibi elikhulu.

lama (n) umpristi waseThibhethi; ilama.

lamb (n) izinyane lemvu, imvana, iWundlu likaNkulunkulu (l. of God). (v) zala (izinyana lemvu).

lambaste (v) betha; shaya; thwaxabula.

lambent (a) -lokozayo; -khanyayo ngokuthi lokoloko.

lame (v) qhugisa; xhugisa; xhuga (go l.). (a) -qhugayo; enyela, kheleza (be l.).

lament (n) isililo; izwi lokulila. (v) lila; dabukela.

lamentable (a) -khalisayo; -lethelayo umunyu.

lamentation (n) isililo; isikhalo; lilisela (make l.).

lamina (a) icembe.

laminated (a) -hlanganiswe ngamacembe; -enziwe ngamacembe ensimbi noma okhuni.

lamp (n) ilambu; isibani.

lampoon (n) umbhalo obhingqayo nohlambalazayo.

lamprey (a) isilwane esifana nombokwane esidliwayo.

lance (n) umkhonto omude ophathwa umuntu ogibele ihashi.

lancer (n) injojela; isosha eligibele eliphethe umkhonto omude.

lancet (n) ummesana wokuchambusa; inzawu kadokotela.

land (n) izwe; umhlaba; umqatho (recently ploughed l.); inkangala (treeless l.); idlelo (pasture l.); ifusi (fallow l.); insimu (cultivated l.); unyele lwasezweni (l. breeze); ugqamezweni (l. mark). (v) phuma emkhunjini, ehlika endizeni (l. from ship, plane); ethula emkhunjini (l. goods from ship); bamba, dica (l. a fish).

landed (a) -omhlaba; ifa eliwumhlaba (l. property).

landing (n) ukwehlikela emhlabathini; indawo yokwehlikela khona (l. place); indawo evulekile ephezulu esitezi (l. above stairs).

land-locked (a) -hanqwe yizwe ndawozonke.

landlord (n) umninindlu; umninizwe; umqashisi.

landrost (n) imantshi; umphathisifunda.

landslide (n) ukugidlika komhlaba.

lane (n) indlela; indlelana; indlela engumhubhe.

language (n) ulimi; isintu (Bantu l.); isiZulu (Zulu l.); isiBhunu (Afrikaans l.); isigcabo (abusive l.); isihlamba, isithuko (bad l., swearing).

languid (a) -dangele; -fehlekile; -nensayo; cobeka, dangala (become l.).

languish (v) denga; fehlenyeka; dangala.

languor (n) isifehlane; ukunensa; ukudenga.

lank (a) -lengayo; -de; izinwele eziyisihluthu (l. hair).

lanolin (n) amafutha atholakala oboyeni bezimvu.

lantern (n) isiketekete; isibani.

lap (n) amathanga (thighs); ukuzungeleza (circuit); ichopho (fold of garment). (v) xhapha ubisi (l. up milk); amagagasi athi yaca ogwini (the waves l. the shore).

lap-dog (n) inja encane.

lapel (n) umpheco; umpheqo webhantshi (l. of coat).

lapse (n) iphutha; ukudlula; ukudlula kwezinsuku (the l. of time). (v) phutha; wa; shelela (slip); dlulela.

larceny (n) icala lokweba; ubusela.

lard (n) amafutha; amafutha engulube; isinqumela. (v) sikela enyameni kufakwe amafutha engulube.

larder (n) iphandolo; ikamelo lapho kukhwezwa khona ukudla.

large (n) ebantwini; ngaphandle; ebantwini bonke (the people at l.). (a) -khulu; -zimukile; -ningi; -banzi.

largesse (n) imali neziphiwo ezinikelwa yizikhulu ebantwini.

lariat (n) intambo yokukhuleka ihashi; intambo enesihibe.

lark (n) inqomfi; umangqwashi; ukutekula, amahlaya (prank). (v) tekula; enza amahlaya; dlala.

larva (n) ilava; isibungu; iqhimiza; impethu.

laryngeal (a) -phathelene negilo nomphimbo.

larynx (n) igilo; umphimbo.

laryngitis (n) ubuhlungu basemphinjeni; isifo esibanga ubuhlungu egilweni.

Lascar (n) itilosi lasempumalanga.

lascivious (a) -nokuganuka; -nesigweba.

lash (n) isibhaxu; ukudansula; umvimbo (l. imposed by court);

uswazi; isambokwe; ukhophe (eye l.). (v) khwixa; dansula; thwibila; bophezela (fasten); thethisa (l. with tongue); nqasha (l. out).

lashing (n) isibhaklu (as with whip); ukushaya; isibophezelo, isibopho (binding).

lass (n) intombazana; intombi; itshitshi (young l.).

lassitude (n) ukudenga; ukukhathala; umkhandlo.

lasso (n) intambo enesihibe. (v) hila; hintsha.

last (n) unyawo lwensimbi noma olokhuni okushayelwa kulo izicathulo (bootmaker's l.); amagcino (the l.). (v) hlala isikhathi; londeka kungonakali (keep). (a) -gcinayo; -dlulileyo (past); -fileyo (deceased); -kwamanqamu.

last-born (n) uthunjana (human); untondo (of a litter); umvase (of twins).

lasting (a) -hlalayo; -ngapheliyo.

lastly (adv.) ngokokugcina.

latch (n) isiqhebeza somnyango. (v) vala ngesiqhebeza.

late (a) -libele; -phuzile; libala, phuza (be l.); -fileyo (deceased). (adv.) ngokuphuza; ngokulibala.

lately (adv.) kamuva, kulesi isikhathi esisanda ukudlula.

latent (a) -ngakaphumeleli obala; -salele.

later (adv.) ngasemuva; muveni; kamuva.

lateral (a) -secaleni; -sohlangothini.

latex (n) amasi esithombo; okumhlophe okuchicha kwezinye izithombo.

lath (n) ilati; ipulangwe elilula.

lathe (n) umshini wokundingiliza okuzosetshenzwa.

lather (n) igwebu; ihashi lijuluke lamanzi nte (the horse was in a l.). (v) khihliza igwebu; bhaxabula (flog).

Latin (n) isiLatini; ulimi lwabantu baseRome endulo.

latitude (n) ilathithudi; imidwa edwetshwe emephini yomhlaba wonke ekhombisa ukuthi indawo ethize isenhle noma isezansi kwenkabazwe ngokungakanani; ukukhululeka, amandla okuzenzela (freedom).

latrine (n) ibhoshi; indawo yokuphumela ngasese.

latter (n) into yesibili okusanda ukukhulunywa ngayo. (a) -gcina nga-.

latterly (adv.) ngesikhathi esisanda ukudlulula.

lattice (n) isihonqa esakhiwe ngokuphica izintingo.

laud (v) tusa; bonga, thakazela; babaza.

laudable (a) -tusekayo; -bongekayo; -batshazwayo.

laugh (n) ukuhleka; uhleko; insini. (v) hleka; gigitheka; qhilika; klolodela, hleka usulu (l. to scorn).

laughable (a) -nokuhlekwa; -hlekisayo.

laughter (n) insini; ukuphubuka; umyiyitheko, igidigidi (burst of l.).

launch (n) umkhunjana. (v) ngenisa umkhumbi emanzini; phumisa (send forth); qalisa (commence); phonsa (throw).

launder (v) washa; geza izingubo.

laundress (n) owesifazane ogeza izingubo.

laundry (n) indlu yokuwashela izingubo; indlu okugezelwa kuyo izingubo; izingubo zokugezwa (clothes to be washed).

laureate (a) -bekwe umqhele wobumbongi; imbongi ekhethwe yinkosi (poet l.).

lava (n) inyibilika yentabamlilo; amatshe ancibilikileyo aphume entabeni yomlilo.

lavatory (n) ibhoshi; ilavathi; indlu yokugezela izandla neyokuya ngaphandle.

lave (v) geza; khaphaza.

lavish (v) hlaphaza; chithiza. (a) -lihlaphahlapha; -hlaphazayo.

law (n) umthetho; umyalo; isimiso; yisa udaba enkantolo (go to l.); ukuthula nenhlalakahle (l. and order).

law-court (n) inkantolo.

lawful (a) -ngokomthetho; -njengomthetho.

lawless (a) -eqayo umthetho; -phulayo umthetho.

lawn (n) ibala longwengwe; uhlobo lwendwangu emhlophe (material).

lawn-mower (n) umshini wokugunda utshani.

lawsuit (n) icala; icala phambi kwenkantolo.

lawyer (n) ummeli.

lax (a) -xekethile; -yisidelelana; -enqenayo.

laxative (n) umuthi wokuhlambulula isisu.

laxity (n) ukuxeketha; ukuhlambulula.

lay (n) ingoma. (v) beka; lalisa; gcizelela (l. stress on); -methwesa (l. at his door); bamba, bopha (l. by the heels); deka itafula (l. the table); bheja (l. a bet); bekelela (l. by); shaya (l. on); ambula (l. bare); vimbezcla (l. siege to); qothula (l. waste); gandaya (l. a floor); misa umthetho (l. down the law); zalela (l. eggs). (a) -ngesibo abafundisi besonto (l. people); umvangeli, igosa (l. preacher).

layer (n) umkhakha; ungwengwezi; uncwamba (l. of dust); ubuhalalazi (l. of clouds); umlalela (l. of dew).

laze (v) vilapha.

lazy (a) -vilaphayo; -livila; dembesa, khenenda (be l.); ibhaxakezi (a l. person).

lead (n) indawo yangaphambili; ilungelo lokususa umdlalo (the right to l.); umdlali ophambili emdlalweni (the leader in a game); intambo yokuhola inja (the l. of a dog). (v) hola; donsa; khapha; qondisa (direct); yenga (allure); dukisa (l. astray); busa (l. an easy life); donsa amanzi (l. water); hamba phambili (take the l.).

lead (n) umthofu (metal); umsizi (black l.); ipensela lomsizi (a l. pencil).

leaden (a) -enziwe ngomthofu; -nzima (heavy); izulu eliguqubele (l. skies).

leader (n) umholi; ungqongqoshe; umholeli; (l. of team of oxen); umkhokheli (l. of a society); igosa (l. in dance).

leading (a) -phambili; -dumile; -negama.

leaf (n) iqabunga; ikhasi; icembe; icembe leqabunga (l. blade); umqumbi weqabunga (l. bud); ingono yeqabunga (l. stalk); ikhasi (l. of a book); izinkambi (tea leaves); igwagwa (large flat l.); guquka endleleni ohamba ngayo (turn over a new l.).

leaflet (n) ikhasi lephepha elicindezelweyo; iqabungana.

league (n) inhlangano; Inhlangano Yezizwe (L. of Nations); inhlangano yamaqembu aqhudelanayo ngokudlala okuthile (l. as in games);

ibanga elingamamayela amathathu.

leak (n) ukuchachaza; ufa; imbobo. (v) vuza; chachaza; mfimfa; gxaza.

lean (n) inyama ebomvu. (v) thambeka; ketuka; encikela (l. against); engama (l. over); encikisa, camelisa (cause to l. on). (a) -zacile, -ondile (meat); iminyaka yendlala (l. years).

leaning (n) ukuthanda. (a) -lutsheke; -lukeke.

lean-to (n) umpheme.

leap (n) ukuxhuma; ukweqa; umeqo; amangqeshe (leaps). (v) eqa; xhuma; gxuma; tshakada; ngqabitha (l. down); gabadela (l. about); halakashela (l. over); unyakande (l. year).

learn (v) funda; zwa; ngizwa ngabo (I l. from them).

learned (a) -yisazi; -fundile; -yisifundiswa.

learning (n) imfundo; imfundiso; ukwazi.

lease (n) imvumelwano yokuqashiswa; phiwa ilungelo lokuphila emuva kwokugula (be given a new l. of life). (v) qasha; qashisa.

leash (n) intambo yokubamba inja.

least (n) okuncane; kungabi ngaphansi kwa- (at l.). (a) -ncinyane; -yingcosane; -nakanci (not in the l.).

leastways (adv.) nokho; kodwa.

leather (n) isikhumba esishukiweyo.

leave (n) ilivu; izinsuku zokuphumula; ukuvumela; imvumo; valelisa (take l.). (v) shiya; yeka (let remain); bhunguka (l. home); shiya nefa (dispose of at death); pheza (l. off doing); shiyela (l. over); yekela (l. go); phuma, suka, hamba (go); nyelela (l. secretly).

leaven (n) imvubelo; imbiliso. (v) vubela; vubela ngembiliso.

leavings (n) insalelo; amanembe; izigeqe.

lecherous (a) -khanukayo; -nobubheva.

lectern (n) itafulana lokufundela.

lecture (n) isifundo; intshumayelo. (v) fundisa; shumayeza.

lecturer (n) umfundisi; umshumayeli.

ledge (n) unqenqema; umqolomba.

ledger (n) ileja; incwadi okubhalwa kuyo ama-akhawundi.

lee (n) uhlangothi oluvikelekileyo.

leech .(n) umnyundu; umzokwe; inyanga yokwelapha endulo (doctor of olden times).

leek (n) uliksi; uhlobo lomfino olufana noanyanisi.

leer (v) bheka ngokukhanuka.

lees (n) izinsipho zewayini.

leeward (adv.) ngalapho umoya ubheke ngakhona.

left (n) ikhohlo; isinxele (l. hand). (a) -sekhohlo; -bunxele.

left-handed (a) -linxele; inxele (l. person).

leg (n) umlenze; umcondo (thin l.); umkhono (front l. of animal); isondo (l. of pot).

legacy (n) ifa; okushiyelwe osefile.

legal (a) -omthetho; imali evunyelwe ngumthetho (l. tender); thatha izinyathelo ngokomthetho (take l. action).

legality (n) ukuvunyelwa ngumthetho.

legalize (v) enza kube ngokomthetho.

legate (n) isithunywa sikaPhapha (Papal l.); isithunywa sesikhulu sezwe.

legatee (n) owabelwe ifa ekufeni komuntu.

legation (n) izithunywa ezimele umbuso welinye izwe; indlu yezithunywa zelinye izwe.

legend (n) umzekeliso; inganekwane; indaba yasendulo.

legerdemain (n) ukukhohlisa amehlo ngezandla nezikwenzayo.

legging (n) igomazi.

leggy (a) -nemilenze emide.

leghorn (n) uhlobo lwenkukhu; uhlobo lwesigqoko (l. hat).

legibility (n) ukufundeka.

legible (a) -fundekayo; -bonakalayo.

legion (n) impi yamaRoma; ibutho; ubuningi (numerous).

legionary (n) ibutho lempi yamaRoma endulo.

legislate (v) misa umthetho; qamba umthetho.

legislation (n) ukumiswa kwemithetho; imithetho emisiweyo.

legislator (n) okhiphayo imithetho.

legislature (n) ibandla elimisa imithetho.

legitimate (a) -vunyelwa ngumthetho; -ngokomthetho.

legume (n) okusabhontshisi; okuthela imidumba.

leguminous (a) -thelayo imidumba.

leisure (n) ukuzinza; ukuzihlalela; ikhefu; -zinzile (at l.); isikhathi

sokuhlaba ikhefu (l. hours).

leisurely (adv.) ngokungaphuthumi; -ngasheshile.

lemming (n) isilwane esifana nebuzi esivama ukuqoqana imihlambi emikhulu.

lemon (n) ulamula; isithelo esifana newolintshi elimuncu.

lend (v) tsheleka; bolekisa; siza, elekelela (l. a hand).

length (n) ubude; ukunyobuluka; ndandaza (speak at length).

lengthen (v) nyobulula; dendisa; nyobuluka; xhumelela, jobelela (add on to).

lengthy (a) -de; -yindendende; -lunyobunyobu.

lenience (n) umusa; ukuthamba; dembesela (show l. towards).

lenient (a) -nobubele; -nomusa; -thambile.

lens (n) ingilazi eqoqa imisebe yokukhanya; ilenzi.

lent (n) iLenti, isikhathi sokuzila onyakeni wamakholwa (Lent). (v) tshelekile; bolekile.

lentil (n) umdumba odliwayo; ulensisi.

leonine (a) -fanayo nembube.

leopard (n) ingwe; ihlosi.

leper (n) onochoko; indiki; umlephero; emandikini (l. colony).

leprosy (n) uchoko; ubhadeka; ubundiki.

leprous (a) -nochoko; -nobhadeka.

lese-majesty (n) ukuvukela inkosi yesizwe; ukwambuka.

lesion (n) ukulimala; ingozi; isilonda.

less (a) -ncane kuna-; -ngaphansi kwa-; -nciphile; ncipha (become l.); nciphisa (make l.); noma kungabanjalo (none the l.).

lessen (v) nciphisa; phungula; hluza; finyeza (shorten).

lesser (n) okuncane. (a) -ncane.

lesson (n) isifundo; ukufunda.

lessor (n) umqashisi; oqashisayo.

lest (conj.) funa; hleze.

let (n) isikhubazo; isithiyo. (v) vumela; yekela; banga (cause); yeka, yekela (l. go); vulela (l. out); qashisa (rent). •

lethal (a) -bulalayo; -nengozi yokufa.

lethargic (a) -ngumlembelele; -thandabuzayo.

lethargy (n) ubulembelele; ubunwazela.

letter (n) incwadi elotshiweyo; igama,

iletha, unobumba (l. of alphabet); isazi sezincwadi (man of letters).

lettuce (n) uletisi; uhlobo lwemifino oludliwa lungaphekiwe.

leukaemia (n) isifo esibonakala ngokwanda kwezinhlayiyana ezimhlophe egazini.

leucocyte (n) inhlayiyana emhlophe egazini; ilukosayithi.

level (n) indawo ethe tha; ileveli (instrument). (v) cabaza; hlelemba; linganisa; leleza. (a) -lingene; -the tha; -the ndindilizi.

evel-headed (a) -ngayekezeliyo; -ngaphakazeli.

lever (n) isigwadlulo; umgxala. (v) gwadlula; qebekula.

leverage (n) amandla esigwadlulo.

levitate (v) ntantela phezulu; enza ukuba kuntante emoyeni.

levity (n) ukudlala kobungane; ukuphiphiza.

levy (n) intela; imbizo; ummemo. (v) biza; mema; buthezela; hlawulisa (l. a fine).

lewd (a) -nesigweba; -ganukelayo; isibhino (l. saying).

lexicography (n) isayensi ephathelene nokubhala izichazimazwi.

lexicon (n) incwadi echasisa amazwi.

liability (n) icala; okuyisikweletu; ukwenzeka (tendency).

liable (a) -necala; -nokubizwa; -ngenzeka.

liaison (n) ubugxebe; umkhongi phakathi kwezinhlangano ezimbili (person).

liana (n) intandela emila emahlathini.

liar (n) umuntu onamanga; umqambimanga; ipholopholo.

libation (n) utshwala obuthelelwa amadlozi.

libel (n) isihlambalazo; umbhandeka. (v) nyundela ngamazwi.

libellous (a) -nyundelayo; -nenhlamba.

liberal (n) ovumela amalungelo afanele kubantu bonke. (a) -phanayo; -hlaphazayo; -banzi.

liberally (adv.) ngokuphana; ngokubanzi.

liberate (v) khulula; phumisa.

liberation (n) ukukhulula; ukukhululwa.

libertine (n) ihathanga.

liberty (n) inkululeko; ukuzibusela.

librarian (n) umphathi weqoqo lamabhuku.

library (n) iqoqo lamabhuku.

lice (n) izintwala; ubukhuphe (fowl l.); choba (crush l.).

licence (n) ilayisense; imvumelo; ukugabaza (excess)

license (v) nika ilayisense; vumela.

licensed (a) -nelayisense.

licensee (n) onelayisense; onemvume.

licentiate (n) onelayisense elikhomba ukuthi uphumelele ezifundweni eziphakeme.

licentious (a) -lihathanga.

lick (n) ukukhotha. (v) khotha; nyala.

lid (n) isisibekelo; isivalo; isidikiselo; ijwabu leso (eye l.).

lie (n) amanga; inkohliso; amacebo; isimo sezwe (the l. of the land). (v) qamba amanga; lumba; qambela (l. about); lala, cambalala (recline); gingqika (l. about on ground); qwasha (l. awake); gudla (l. along); nquma (l. across); -thi wathalala (l. thick upon); qamekelela (l. in wait); dindiliza (l. naked); gwaca (l. in hiding); qhekeka (l. exposed); lalana (l. with).

liege (n) inkosi emelwe ukukhonzwa.

lieu (n) isikhundla; esikhundleni sa- (in l. of).

lieutenant (n) umholi weqembu empini; ulefutenanti.

life (n) ukuzwa; ukuphila; inkambo; umendo (married l.); nethezeka (lead an easy l.); inhlalo yasedolobheni (town l.); inhlalo yasemaphandleni (country l.); bulala (take l.); yonke impilo yami (all my l.); umlando wempilo, inguqunguquko yempilo (life cycle).

lifebuoy (n) into entantayo abangabambelela kuyo abawela emanzini.

lifeless (a) -file; -ngasezwa; -bhocobele.

lift (n) ukukhwelisa; ukuthuthukisa; ilifti, umshini wokukhwelisa (elevator). (v) fukula; phakamisa; qubukula; khweza; vukela (l. one's hand against); klabalasa (l. one's voice); damuka, nqamuka (clear, as fog).

ligament (n) umsipha ohlanganisa amathambo.

ligature (n) okokunsinya inxeba; okuhlanganisayo.

light (n) ukukhanya; isibani, ubhaqa (a l.); veza obala (bring to l.); kungakasi (before l.). (v) phemba, okhela, thungela (set alight); khanyisa, baneka (l. up); elamela, velela (l. upon). (a) -khanyayo; ntwela (become l.); -lula (not heavy); lulaza (make l. of); -ngalukhuni (not difficult).

lighten (v) enza kubelula (make less heavy); khanyisa; hluzeka; nyazima.

lighter (n) into yokokhela; isikebhe sokuthutha izimpahla emkhunjini (barge).

light-headed (a) -nenzululwane; -thezayo.

light-hearted (a) -enamile; -thokozayo.

lighthouse (n) isibubulungu; isibani solwandle.

lightning (n) umbani; unyazi.

lights (n) ukukhanya; izibani; amaphaphu ezilwane ezihlatshiwe (of animal).

like (n) okufanayo; okufuzayo. (v) thanda; azisa; buka. (a) -fana; -njenga; -fuza. (adv.) njengoba; njenga. (conj.) njengoba; njengokuba; njengokuthi.

likelihood (n) ukubanokwenzeka; ngokungenzeka (in all l.).

likely (a) -ngenzeka; -thembekayo.

liken (v) fanisa na-; linganisa na- (l. to).

likeness (n) ukufanana; ufuzo; isifanekiso; isithombe; umfanekiso.

likewise (adv.) ngokunjalo; futhi.

lily (n) uhlobo lweminduze; umphikisane (fire l.); izibu (water l.); intebe (arum l.).

limb (n) isitho; umlenze; ingalo; igatsha (bough); isinqekle (broken l.).

limber (n) inqodlana ehamba nombayimbayi. (v) hlanganisa umbayimbayi nenqola yakhe. (a) -gobeka kalula.

limbo (n) ukukhohlwa.

lime (n) umcako (limewash); inomfi (bird l.); isithelo selayimi (fruit).

limelight (n) ukukhanya okukhazimulayo; gqama (be in the l.).

limerick (n) isoshana esihlekisayo.

limewash (n) umcako. (v) caka.

limit (n) umkhawulo; umncele; umphelamandla (l. of endurance). (v) nqumela; vimbela; khawulisa.

limitation (n) ukukhawuliswa; ukungapheleli.

limited (a) -nqunyelwe; -linganiselwe.

limousine (n) imoto enokuvaleka yonke indawo.

limp (n) ukuxhuga. (v) xhuga; kheleza. (a) -lunyobonyobo; -lusololo; yendla (be l.); sokola (become l.).

limpet (n) imbada; isikhwembe; umbumbeqolo.

limpid (a) -cwebile.

line (n) umugqa; umudwa; uhlu; umdenda (row); ihele, udwendwe (file); intambo (cord); umgibe (l. for hanging things); udobo (l. for fishing); uthunge, uhlanga (series); ujantshi (railway l.); -ngaqondile (not in l.); isanhlukano, umncele (dividing l.). (v) shayela ngaphakathi nga- (l. the inside); dweba imidwa (draw lines); hlelisa (l. up one behind the other).

lineage (n) uhlanga; inzalo; usendo; uhlobo.

lineal (a) -emidwa; -phathelene nohlanga.

lineament (n) lokho ebusweni bomuntu okumahlukanisayo kwabanye.

linear (a) -emidwa; -fanayo nomudwa.

linen (n) ilineni; uhlobo lwendwangu enziwa ngefuleksi. (a) -thungwe ngelineni.

liner (n) umkhumbi omkhulu othwala abantu.

linesman (n) umuntu obheka ukweqa kwebhola kulayini emdlalweni.

linger (v) libala; donda.

lingerie (n) izingubo zangaphansi zowesifazane.

lingua franca (n) ulimi oluxubene olukhulunywa ukuze abezizwe ezahlukene bezwane.

lingual (a) -wulimi.

linguist (n) isazi sezilimi.

linguistic (a) -phathelene nezilimi.

liniment (n) umuthi wokugcoba isinyelo.

lining (n) umthwaku.

link (n) isihlanganiso (joining); ihuku leketango, ilunga elilodwa leketango (l. in chain); ubhaqa; inkundla okudlalelwa kuyo igalofu (golf links). (v) hukanisa; hlanganisa.

linoleum (n) ilinoliyamu; uhlobo lukamata olungenaboya.

lint (n) indwangu enubunubu esetshenziswa ukubopha izilonda.

lintel (n) umshayo ophezu komnyango noma phezu kwefasitela.

lion (n) ingonyama; ibhubesi; imbube; inxenye enkulu (lion's share).

lionize (v) dumisa; phakamisa.
lip (n) udebe; undi (edge).
liquefy (v) ncibilika; ncibilikisa; phendula kubesamanzi.
liquid (n) uketshezi; into esamanzi; utsheke, injembuluka (thick l.). (a) -manzi; -samanzi; -ncibilikile.
liquidate (v) khokha izikweletu; chitha inkampani (l. a company); khipha icala.
liquor (n) uphuzo oludakisayo; utshwala besilungu; ugologo.
lisp (n) isitshako; ukufefeza. (v) shwashwaza; fefeza.
lissom (a) -gobozelayo; -nzubunzubu.
list (n) uhlu; uhide lwezinto; uhlu lwamanani (price l.); ukuthi yeme (leaning). (v) tsheka njengomkhumbi; lalela (listen); bhala uhide lwezinto (make a l. of things).
listen (v) -zwa; beka indlebe; lalela.
listless (a) -cobekile; -delele; -zifele; khenezela (feel l.); yetha (become l.).
listlessness (n) ukucobeka.
litany (n) umkhuleko; umkhuleko ku-Nkulunkulu.
literacy (n) ukwazi ukufunda incwadi nokubhala.
literal (a) -landelayo izwi ngezwi.
literary (a) -kwezincwadi; -sezincwadini; -kokubhala.
literate (a) -aziyo ukuloba nokufunda incwadi.
literature (n) imibhalo; izincwadi zesizwe; izincwadi zokufunda.
lithe (a) -luzica; -gotshwayo.
litigate (v) banga nomunye enkantolo.
litigation (n) icala lokubanga enkantolo.
litmus (n) umuthi okuthi ungathintwa yiasidi uphenduke ubebomvu.
litre (n) isilinganiso somthamo; 1000 c.c.
litter (n) imfukumfuku; utshani obendlalelwa imfuyo; uhuludwane oluzalwe yisilwane ngasikhathi sinye (l. of animals); uhlaka (stretcher). (v) fuhluza; endlalela; zala.
little (n) ingcosana; incinyane. (a) -ncane -nci; -yingcosana; ucikicane (little finger).
liturgy (n) imithetho yamabandla yokusontisa.
live (v) zwa; hamba; akha; hlala; phila; nethezeka (l. at ease);

akhisana (l. together); dlelana (l. on friendly terms). (a) -zwayo; -hambayo; -philayo; -vuthayo (burning); ilahle elivuthayo; inhlamvu esenokuqhuma (a l. cartridge).
livelihood (n) umsebenzi umuntu azondla ngawo.
lively (a) -phekuzayo; -khwishizayo; -lixubungu (merry); qebetha (be l.).
liver (n) isibindi.
livery (n) izingubo zesikhundla sobunceku; indawo yokuqasha amahashi (l. stable).
livestock (n) imfuyo; impahla.
livid (a) -lithubela; -thukuthele (angry).
living (n) inkambo; ukuhamba; ukuhlala; ukuphila; ukubusa (good l.). (a) -zwayo; -hambayo; -philayo.
lizard (n) isibankwa; isichashakazana; uqhothetsheni, imbulu (rock l.); isiquzi (veld l.); uxukazana (blue l.); uxamu (monitor l.).
llama (n) isilwane esifana nekamela esitholakala ezintabeni zaseNzansi neMelika.
load (n) umthwalo; ifulaha. (v) thwalisa; layisha; qhinkqa (heap up); hlohla (press in, l. as a gun).
loaf (n) isinkwa; isibumbatha; umbhosho; ukulova, ukunyangala (be indolent). (v) nyangala; heqenga; lova.
loafer (n) ivila; ulova; uheqengu.
loam (n) ugadenzima; ifenya.
loamy (a) -yidudusi; -yifenya.
loan (n) okutshelekiwe; isikweletu. (v) tsheleka; boleka.
loath (a) -enqenayo; -zindelayo.
loathe (v) enyanya; nengwa.
loathsome (a) -enyanyekayo.
loaves (n) izinkwa; izibumbatha; imibhosho.
lobby (n) ikamelo elingumhume ohlanganisa amanye amakamelo; ikamelo elisendlini yephalamende. (v) cela amalungu ukuba avotele okuthile.
lobe (n) isicubu sendlebe; okulengayo; idlebe.
lobster (n) isikhuphashe.
local (a) -akuleyondawo; -asendaweni ethile; -asesigodini.
locality (n) isigodi; indawo; isifunda.
localize (v) hlalisa endaweni eyodwa.
locate (v) fumanisa indawo yakho; beka endaweni ethize.
location (n) ukubekwa endaweni

ethize; isabelo, ilokishi (reservation).

locative (n) undaweni. (a) -phathelene nendawo.

lock (n) ingidi (padlock); isihluthulelo; isikhiye; isidlungana (l. of hair). (v) hluthulela; khiya; kinatela (l. in).

locker (n) ikhabethe elincane elivalwa ngesihluthulelo.

lockjaw (n) umhlathi-ngqi; isifo semisipha.

locksmith (n) umkhandi wezihluthulelo.

locomotion (n) amandla okuhamba; ukuhamba.

locomotive (n) ikhanda lesitimela; injini.

locum tenens (n) umuntu ophathela omunye esikhundleni sakhe.

locust (n) isikhonyane; inkumbi; iqhwagi; idiye; inkasa (hopper).

locution (n) isimo sokukhuluma.

lodge (n) indlwana; inhlangano (society). (v) ngenisa; beka icala (l. complaint); dlulisa icala (l. an appeal); hlala, qasha indawo yokuhlala (reside, rent a room).

lodger (n) umqashi wendawo yokuhlala.

lodging (n) indawo yokuhlala eqashiweyo.

loft (n) indawo endlini engaphansi nje kophahla. (v) yisa phezulu emoyeni

lofty (a) -dephile; -de phezulu; -ngumdondoshiya; -qoshayo.

log (n) ugodo; umgoqo; ugongolo; ukhuni (l. for fire); ukulinganiswa ukuthi umkhumbi uhambe ibanga elingakanani (ship's l.).

loggerheads (n) xabana, phambana, shayana ngamakhanda (be at l.).

loggia (n) ikamelo elivulekile nganxanye.

logic (n) ilojiki; ukwazi ukuqonda nokuhlazulula ngohlelo izindaba.

logical (a) -hambayo ngomqondo ohlelekile; -qondile; -nengqondo; ukulandelana okuqondile (l. sequence).

loin (n) iqolo; ukhalo; amanyonga.

loin-cloth (n) umutsha; umsubelo (Indian l.).

loiter (v) libala; zilazila; denga; salela (lag).

loll (v) thendeka.

lollipop (n) uswidi ikakhulu uswidi wabantwana.

lone (a) -dwa; -nesizungu.

lonely (a) -dwa; -zihlalele; -sehlane; -nesizungu.

lonesome (a) -nesizungu.

long (v) langazela; labatheka; fisa; lululekela. (a) -de; -banzi; -cululekile (extended); -wumhubhe (l. and narrow); khuluma okungakholekiyo (draw the l. bow). (adv.) kudala; kade; nininini (l. ago).

longingly (adv.) nswempu; ngokulangazela.

longevity (n) impilo ende.

longitude (n) ilongithudi; imidwa edwetshwe emephini yomhlaba ekhomba ukuthi indawo ethile imi kude kangakanani ngasentshonalanga noma ngasempumalanga kweGreenwich.

long-suffering (a) -bekezelayo; -nyamezelayo.

look (n) ukubheka; ukubuka; -thi klabe (have a l.); ukubukeka kahle (good looks). (v) bheka; qaphela; jamela; chizela (l. down upon); langazela (l. forward to); hlola (l. into); qapha (l. to); thalaza (l. here and there); cinga (l. for); phumpuza (l. about blindly); klukluluza (l. disdainfully); hlonipha (l. up to).

looking glass (n) isibuko.

lookout (n) imboniso; imbonisi (person); xwaya; qikelela, hlozinga (be on l.).

loom (n) umshini wokweluka indwangu. (v) hlaluka; bonakala kalufifi enkungwini (l. through the mist).

loop (n) isihibe; inkintshela; inkintsho. (v) hibela; gumbuqeka emoyeni ngendizamshini (l. the l.).

loophole (n) imbobo enziwe odongeni okungadutshulwa kuyo (for firing); intuba yokuphuma, isikhala sokuputshuka (way of escape).

loose (v) khulula; khumula. (a) -xhekethile; -ngakhulekiwe; -ndindayo (uncontrolled); shwampuzayo (inexact); -yinyekenyeke (not firmly bound); -nyibilikile (not clinging); -hlambulukile (as bowels); -xegayo; mahele (not closely made); uhlweza lwemali (l. cash). (adv.) dlubulunda (break l.); phunyula (escape); nyibilika (slip l.); khumuka (come l.); khumula (let l.).

loosen (v) xegisa; khulula; thukulula; khumuka; khululeka.

loot (n) umphango; impango; okuphangiweyo.

lop (v) nquma; gina; gininda, juqula, benqeza (l. off).

lopsided (a) -lalayo lutsheku; -lukeke; -the qethu.

loquacious (a) -ligevugevu; -liqebeqebe; qeketha, phoshoza (be l.).

loquat (a) umalukwata (tree); ulokwata (fruit).

lord (n) ungqongqoshe; isikhulu; Inkosi yethu uJesu Krestu (our L. Jesus Christ).

lordly (a) -obukhosi; -nesithunzi.

lore (n) imfundo; izindaba zezwe ezikhunjulwa ngabadala.

lorry (n) iloli; ilori.

lose (v) lahlekelwa; aphucwa; lahla; chitha (waste); phuthelwa (miss); duka (l. one's way); dumala (l. favour); sokola (l. flesh); hlehliselwa emuva (l. ground); phelelwa inhliziyo (l. heart); phunyukelwa (l. hold); phaphatheka (l. colour); nyinyiphala (l. confidence); gquleka (l. interest); quleka (l. consciousness); shona, ahlulwa (be unsuccessful); hluzeka (suffer waste).

loss (n) ukulahlekelwa; incitheko; incithakalo; dideka (be at a l.).

lost (a) -lahlekelwe; -swelekile.

lot (n) inkatho; indliki; khetha ngenkatho (choose by l.); ukhanda lwakhe umuntu (fate); isabelo, isigaba (portion); okuningi (quantity); -zazisa (think a l. of oneself); okuningininingi (a great many).

lotion (n) umuthi oluketshezi wokukhatha emzimbeni.

lottery (n) umkhuba wokuqoqa imali kubantu ezobuye yabelwe ngokwenza indliki.

loud (a) -nomsindo; -luklangaklanga; -khangamehlo (showy); igedegede (l. talker).

loud-speaker (n) umshini owenza inkulumo izwakale kude.

lounge (n) ikamelo lokuhlala nokwenabela; isudi lokugqokwa emini (l. suit). (v) cambalala; hleleleka.

lour (v) golozela umuntu kungathi uyamzonda; hwaqabala.

louse (n) intwala; ibuyelakhona (wood-l.); ubukhuphe (fowl l.); ucwebecwebe (plant l.); imfanzi (sea l.).

lout (n) impubumpubu; umbhulukuqu.

lovable (a) -thandekayo; -fisekayo; -khangayo; -nothando.

love (n) uthando; ukuthanda; isisa; qomisa, shela (make l. to); umsebenzi wesihle (a labour of l.). (v) thanda; fisa; cecezelela.

loveless (a) -ngenaluthando.

lovelorn (a) -langazelayo isithandwa.

lovely (a) -hle; -hukekayo; -lithonqa; umceko, imbali (a l. girl).

lover (n) isithandwa; icece; isoka (male); intombi (female); isigxebe, ishende (not generally recognised l.).

loving (a) -thandayo -nothando.

low (v) bhonsa; lilisela; khalima; bubula. (a) -ngaphakeme; -ehlile; -phansi; -fushane; -lele; umfutho wegazi ophansi (l. blood pressure); imfunda (l. land); ibuya elishile (l. tide); iphimbozwi (l. tone); ihlanze (l. veld). (adv.) ngaphansi; ngezansi; ngokungaphakamisi (not loudly); bhaca (lie l.).

low-born (a) -zelwe ngumuntukazana.

lower (v) ehlisa; shonisa; zikisa; thobisa; gobisa; fehlisa; lulaza (degrade); nciphisa; ncipha; bohla; ehla. (a) -ngaphakeme; -phansi; -ezansi (on the l. side). (adv.) phansi; ngaphansi.

lowly (a) -thobile; -ncane.

loyal (a) -namathele enkosini; -thembekile; -neqiniso.

loyalty (n) ukwethembeka.

lozenge (n) umuthi osaswidi wokwelapha umphimbo.

lubricant (n) amafutha okugcoba; uoyili.

lubricate (v) gcoba ngamafutha; huqa; khatha.

lucerne (n) ilusene; ukudla kwemfuyo.

lucid (a) -cacile; -sile; -khanyayo.

Lucifer (n) uSathane.

luck (n) inhlanhla; ukhanda; iwela (good l.); isisila, ishwa (bad l.).

luckily (adv.) ngenhlanhla.

lucky (a) -nenhlanhla; -nokhanda oluhle.

lucrative (a) -zuzisayo imali.

ludicrous (a) -nensini; -ligidigidi; -hlekisayo.

luggage (n) impahla yendlela; umthwalo wendlela.

lugger (n) isikebhe esingesikhulu esihanjiswa ngumoya.

lugubrious (a) -nyinyiphele.

lukewarm (a) -luvivi; -buthukuthuku.

lull (n) ukuthula; ukuthi lothololo. (v) thulisa; duduza; lolozela; thula; -thi lothololo.

lullaby (n) umlolozelo; umduduzo; isiduduzelo.

lumbago (n) yiqolo; umunyuka waseqolo.

lumbar (a) -seqolo; idanda (l. region).

lumber (n) amapulangwe asanda ukusahwa ezingodweni (sawn timber); izimpahla ezingasenamsebenzi (things of no further use). (v) gcwalisa ngezinto ezingasenamsebenzi; gawula imithi nokuyilungisela ukuthengisa (l. industry); hamba ngokugexa (l. along).

lumberman (n) umgawuli wemithi.

luminous (a) -khanyayo; -khanyayo emnyameni.

lump (n) isigaxa; isibumbatha; isidikadika, iqatha (l. of meat); isibhuku (block); iduma, inquzu (protuberance); ukuvuvukala, iqhubu, iqhwala (swelling); amadluludlulu (lumps, as in porridge). (v) bhumbuthela; didiyela; dilingana; bhulungana (l. together).

lumpy (a) -nezigaxa; -manquzunquzu; -dilingene; -nezindumbuluza.

lunacy (n) ubuhlanya.

lunar (a) -phathelene nenyanga.

lunatic (n) uhlanya; umluthu.

lunch (n) ukudla kwasemini; indlamini. (v) dla indlamini.

lung (n) iphaphu.

lunge (v) bhokoda; hlokoza.

lurch (n) ukuphoseka nganhlanye; shiya ebucayini (leave in the l.). (v) phoseka nganhlanye; ginqeka nganhlanye.

lure (n) isiyengo; ihuha. (v) yenga; huha; gega; phekula.

lurid (a) -sabekayo; -nsundu ngokubomvu.

lurk (v) casha; qamela.

luscious (a) -mnandi; -hlwabusayo; -klabusayo.

lush (a) -klabusayo; -nomongo.

lust (n) inkanuko; iqungo. (v) khanukela; nwayizela.

lustre (n) ukucwebezela; udumo.

lusty (a) -namandla; -nobuphekupheku.

lute (n) umqangala ontamboningi; umtshingo.

Lutheran (n) umLuthela. (a) -se-Luthela; -obuLuthela.

luxuriant (a) -enile; -nothile; izimila ezenileyo (l. vegetation).

luxuriate (v) ena; notha; nethezeka.

luxury (n) ubukhizikhizi; ukuzitika ngomnotho.

lying (n) amanga; ukulala. (a) -namanga; -hemuzayo; -leleyo.

lying-in (n) ukubeletha.

lymph (n) ilimfu; okusamanzi okusemzimbeni; amanzana amfomayo emphuthuluzweni.

lymphatic (a) uhlelo lwelimfu emzimbeni (l. system).

lynch (v) -zibulalela ngendlovula kungathethwanga icala.

lynx (n) indabushe.

lyric (n) isosha esihlatshelelwayo. (a) -phathelene nezosha.

M

ma'am (n) nkosikazi; nkosazana.

macabre (a) -shaqisayo; -phathelene nokufa nezidumbu.

macadamize (v) gandaya umgwaqo ngamatshe.

macaroni (n) umakaroni; ukudla okwenziwa ngenhlama yofulawa.

mace (n) iwisa elinekhanda lensimbi (weapon); intonga yesikhundla (staff of office).

machination (n) ukusongela; ukuceba.

machine (n) umshini; umshini wokuthunga (sewing m.). (v) enza ngomshini; thunga ngomshini.

machinery (n) imishini; umshini.

machinist (n) osebenza ngomshini; osebenzisa imishini.

macintosh (n) ijazi elivimba imvula; ijazi likatapolo; umankindoshe.

mad (a) -luhlanya; -phaphile; hlanya (go m.); hlanyisa (drive m.); -obuphukuphuku (foolish); unosinga (he is m. on).

madam (n) nkosikazi; nkosazana.

madden (v) hlanyisa; phaphisa.

mademoiselle (n) inkosazana.

madman (n) uhlanya.

madonna (n) igama abizwa ngalo unina kaJesu; uMadonna.

magazine (n) indlu lapho kukhwezwa khona izikhali zempi (military m.); indawo yesibhamu lapho kufakwa khona izinhlamvu (m. of rifle);

iphephandaba elicindezelwe njenge-
bhuku (periodical).

magenta (n) umbala ofana nobubende.

maggot (n) impethu; isibungu; ithuku
(large grub); ubuvunya (small m.);
ubomi (fly m.).

magic (n) umlingo; ilumbo; umbhilo.

magician (n) umlumbi; umbhili.

magisterial (a) -phathelene nobuma-
ntshi; -namandla emantshi; -nesi-
khundla semantshi.

magistracy (n) inkantolo yemantshi;
ubumantshi; isifunda semantshi
(magisterial district).

magistrate (n) imantshi; inkosi yase-
nkantolo; umthethimacala.

magnanimous (a) -hlaphazayo; -no-
mzwelo wobuntu.

magnate (n) inkinsela enolwazi loku-
phatha amabhizinisi; isicebi; isi-
khulu.

magnesia (n) umuthi wokuhlambulula
isisu; umuthi wenyongo.

magnet (n) uzibuthe.

magnetic (a) -kazibuthe; -thonyayo.

magnetism (n) ubuzibuthe; amandla
kazibuthe; iwonga (attraction).

magnetize (v) enza kubenamandla
kazibuthe; thonya (hypnotize).

magneto (n) umshini odala izinhlansi
eziqhumisa uphethroli emotweni;
imagnito.

magnificent (a) -nobukhosi; -nobucwa-
zicwazi; -hle kakhulu.

magnify (v) khulisa; dumisa; babaza
(praise).

magnitude (n) ubukhulu; ububanzi;
ubunzima.

magnum (n) igabha elikhulu lewayini.

Magyar (n) uhlobo lwabantu base-
Hungary.

Maharajah (n) inkosi yesifunda
esikhulu eNdiya; uMaharajah.

Maharanee (n) inkosikazi kaMahara-
jah.

mahogany (n) umuthi okubazwa
ngawo izimpahla zasendlini; ima-
hogani; umbala onsundu (m.
colour).

mahout (n) umshayeli wendlovu
efuyiwe.

maid (n) intombazana; isisebenzi sesi-
fazane (maidservant); owesifazane
ongakagani (spinster); umzanyana
(nurse m.); umjendevu (old m.).

maiden (n) intombi; intombazane.
(a) -obuntombi; igama lobuntombi

(m. name); -cwebile; -msulwa (with-
out blemish); -okuqala (first); iova
abangatholanga banga ngalo (m.
over, cricket).

mail (n) isevatho sensimbi sebutho
(armour); iposi (post). (v) posa;
thuma ngeposi.

mail-boat (n) umkhumbi othwala
iposi.

mail-train (n) isitimela seposi; imeyili.

maim (v) limaza; goga.

main (n) amandla (strength); ngama-
ndla onke (with might and m.);
ulwandle (ocean); iphayiphi eli-
khulu, ucingo olukhulu (the mains);
ngokukhulu (in the m.). (a)
-namandla; -khulu; -yingqikithi;
-ngendlovuyangena (by m. force).

mainland (n) izwe; izwekazi.

mainly (adv.) kakhulu; imvama.

mainstay (n) insika; uzime.

maintain (v) gcina; bambelela; ondla;
londoloza; qinisela; qinisa.

maintenance (n) ukondliwa; isondlo;
ukuhlaliswa; ukuphathwa.

maize (n) ummbila; ichefeza (young
m.); izinkobe (boiled dry m.); isi-
khwebu (m. cob with grains); ihleza
(m. cob without grains); isitambu
(stamped m.); ihlobo (green m.);
igcaki (large white m.); uthubini
(yellow m.); uqanya (roasted m.);
utshwele (dry m. soaked or boiled
in water and roasted); umgqakazo
(coarsely ground m.); ukhothe
(ground roasted m.); isihlava (m.
stalk borer); uhlanga (m. stalk);
intshakaza (m. flower head).

majestic (a) -nobukhosi; -njengenkosi;
-babazekayo.

majesty (n) ubukhosi; Ndabezitha
(Your M.).

major (n) induna yasempini; induna
emaphoyiseni; umeja; omkhulu
(bigger, older one, person of age).
(a) -khulu; -ningi.

majority (n) iningi; imvama (number);
ngena ebangeni losekhulile ngoko-
mthetho (become a major at law);
ubumeja (rank).

make (n) uhlobo; ukwenziwa. (v)
enza, akha, banga, hlanganisa,
qamba, dala, susa, sungula (create,
produce); gulisa (m. ill); -mbeka
abeyinkosi (m. him a king);
-menzise, -mphoqe (m. him do it);
bulala, chitha, qeda (m. away with);

banga, qonda (m. towards); guqulela (m. into); baleka (m. off); cabangela, qonda (m. out); nikezela (m. over); fakelela, thaka, songa (m. up); endlala umbhede (m. a bed); basa umlilo (m. a fire); bumba, qamba (concoct); phaqula (m. up with cosmetics); hlosa, qonda (m. up one's mind); enanela (m. up for); enza sengathi (m. as though); vumelana (m. a bargain, agree); -zenzisa (m. believe); chasisa (m. clear); vuma icala (m. confession); nquma, qula (m. a decision); gwegweza (m. a detour); qubula uthuli (m. dust); linga, zama (m. an effort); dluluzela (m. a face at); bopha (m. fast); phemba (m. a fire); lutha (m. a fool of); -zenzela ingcebo (m. a fortune); ubungane (m. friends); tekulela (m. fun of); totosa (m. a fuss of); thuthuka (m. good); ona (m. a hash of); shesha (m. haste); qhubekela phambili (m. headway); chumbusa (m. a hole in); klekla, caca (m. incisions); azisa (m. known); nciphaza (m. light of); -zondle (m. a living); eshela, qomisa (m. love to); jabulisa, -zijabulisa (m. merry); bhixiza (m. a mess); bhoxoza (m. a mess of); sambatheka (m. a mistake); zuza imali (make money); banga umsindo (m. a noise); chazisisa (m. plain); -zijwayeza (m. a practice of); thola inzuzo (m. a profit); qhubeka (m. progress); lungisela (m. ready); qhela, suduka (m. room); misa umthetho (m. a rule); -zicashisa (m. oneself hidden); qondisisa (m. known); shaya ubhuqe (m. short work of); phazama (m. a slip); gcona, bhuqa (m. fun of); ma, zabalaza (m. a stand); qala (m. a start); khathaza (m. trouble); hlasela (m. war); chama, shobinga (m. urine); deduka, qhela (m. way); enza incwadi yefa (m. a will).

maker (n) umenzi; umdali; umdabuli.
making (n) ukwenza; ukwakha; angagcina ngokubayinyanga (he has the m. of a doctor).
maladjustment (n) ukungalingani kahle: okungalungiswanga kahle.
maladministration (n) ukungabusi ngokuyikho; ukungaphathi kahle.

maladroit (a) -ngenakhono; -ngenakwazi.
malady (n) isifo.
malaise (n) ukwenqena komzimba; ivuso.
malaria (n) uqhuqho; umkhuhlane woqhuqho; uhlonzane.
malcontent (n) isikhonondi.
male (n) isilisa; umlisa (human); iduna, inkunzi (animal); iqhude (bird). (a) -esilisa (human); -enduna, -enkunzi (animal); -eqhude (bird).
malediction (n) isiqalekiso; isithuko.
malefactor (n) isoni; ihilikiqi.
malevolent (a) -nhliziyombi; -zondayo.
malformation (n) ukungakheki kahle; okungakhekanga kahle; ubulima.
malice (n) inhliziyo embi; isibhongo; isizondo.
malign (v) nyundela; hleba; bhaceka. (a) -mbi; -nhliziyombi; -onayo.
malignant (a) -nyundelayo; -bhacekayo; -limazayo; isimila esiqhubekela phambili (m. growth).
malinger (v) -zenza ogulayo.
malingerer (n) ozenza esengathi ngumuntu ogulayo.
malleable (a) -nokubethwa ngesando kubeyisicaba; -thambile; -khandekayo.
mallet (n) isando sokhuni.
malnutrition (n) ukungondleki; ukuntuleka kokudla.
malodorous (a) -neququ; -nukayo kabi; -nephunga elibi.
malpractice (n) ukwenza okubi; ukwenza okungengomthetho.
malt (n) imithombo; imvubelo. (v) vubela.
maltreat (v) hlupha; khathaza; hlukuluza.
mammal (n) isilwane esincelisayo.
mammalian (a) -ezilwane ezincelisayo.
mammoth (n) indlovu yasendulondulo eyayinoboya obude. (a) -khulukazi.
man (n) umuntu; indoda; umufo (fellow); umlungu (white man); umuntu onsundu (black m.); ibhungu (young m.); ingcibi (wise m.); ixhegu (old m.); ukhwahla (poor m.); isicebi (rich m.); ubafazini (ladies' m.); umakadebona (m. of the world); indojeyana (m. of little worth). (v) phaka amadoda; butha; buthana; vikela (defend).
manacle (n) uzankosi; izinsimbi. (v) faka uzankosi; faka izinsimbi.

manage (v) phatha; mela; phumelela; waphumelela (he managed).

management (n) ukuphathwa; ukuphatha; ugalo (good m.).

manager (n) umphathi; imeneja.

mandarin (n) induna enkulu yaseShayina; uhlobo lwenantshi; umandarini.

mandate (n) igunya; amandla okwenza; izwe elinikezwe elinye ngaphansi kwegunya, izwe elisisiwe (mandated territory).

mandible (n) ubuhlathi ezilwaneni ezincelisayo; noma yimuphi umhlathi ezilokazaneni (m. of insect).

mandolin (n) imandolini; uhlobo lwesigingci.

mane (n) umhlwenga.

manfully (adv.) ngobudoda; njengendoda.

mange (n) utwayi; ukhwekhwe.

manger (n) umkhombe.

mangle (n) umshini wokusizila izingubo. (v) sizila; cubuza (mutilate).

mango (n) umango.

mangrove (n) umhlume.

mangy (a) -notwayi; -nokhwekhwe.

manhood (n) ubudoda; amadoda.

mania (n) ubuhlanya; ihuha (keen interest).

maniac (n) uhlanya.

manicure (n) ubuqhathanzipho. (v) qhatha izinzipho.

manicurist (n) iqhathanzipho; oqhatha izinzipho.

manifest (n) izincwadi okubhalwe kuzo zonke izimpahla ezisemkhunjini. (v) bonisa; bonakalisa; veza. (a) -sobala; -bonakele.

manifesto (n) amazwi abika osekwenziwe nokuhlosiwe.

manifold (n) insimbi enezimbobo eziningana zokuputshuza igesi (engine m.). (v) phindaphindayo. (a) -ninginingi; -phindaphindiweyo.

manipulate (v) phatha; sebenzisa ngezandla; buyisela endaweni ngezandla (manipulation of bones etc.); khohlisa (fraudulently m.).

mankind (n) isintu.

manliness (n) ubudoda.

manly (a) -nobudoda; -nesibindi (courageous).

manna (n) imana; ukudla okwatholwa ngamaIsrayeli ehlane.

mannequin (n) owesifazane obukisa ngezevatho azigqokileyo.

manner (n) isimo; umkhuba; inkambo; uhlobo (kind); izinhlobo zonke za- (all m. of); indlela (way); inkobo (m. of living); inkambiso (m. of life); inhlonipho (respectful manners); ukungahloniphi (bad manners); isimanje (modern manners); isidala (old-fashioned manners).

mannered (a) -nesimo; -ngahloniphiyo (ill-m.); -nesimo esibi (bad m.); -nesimo esihle (well m.).

mannerism (n) isijwayezo; umkhubana.

mannish (a) -njengendoda.

manoeuvre (n) umvivo (military); isu (stratagem). (v) viva (of army); enza, enza isu (scheme).

man-of-war (n) umanola; umkhumbi wempi.

manor (n) isifunda; indlu yomninisifunda (m. house); umninisifunda (lord of the m.).

manse (n) indlu yomfundisi webandla lesonto.

mansion (n) indlu enkulu.

manslaughter (n) icala lokubulala umuntu ngengozi.

mantel (n) ishalufu eliphezu kweziko.

mantis (n) isithwalambiza.

mantle (n) isiphuku; isikhwanyana esikhanyisayo elambini (m. of a lamp). (v) enabisa; gcwala (suffuse).

manual (n) incwadi yokuchasisa. (a) -enziwe ngezandla; umsebenzi wezandla (m. labour).

manufacture (n) ukwenziwa; ukwenza; into eqanjiweyo. (v) enza; qamba; bumbezela.

manure (n) umquba; ubulongwe; umanyolo (artificial m.). (v) vundisa ngomquba.

manuscript (n) umbhalo.

many (a) -ningi; -ninginingi (very m.); -ngaki? (how m.); -ngaka, -ngako (so m.); -kaningi (m. times).

map (n) ibalazwe; imephu. (v) dweba emaphini; nqumela (m. out).

mar (v) ona; onakalisa.

marathon (n) impikisano yokugijima ibanga elide.

maraud (v) phanga.

marauder (n) umphangi; isigcwelegcwele.

marble (n) itshe elilukhuni lokwakha nelokugweda izithombe nezifanekiso; imabula; iguni (for playing).

March (n) uMashi; uMbasa.

march (n) ukuhamba; umbukiso wamabutho edluliswa phambi kwesikhulu (m. past); ekuhambeni, endleleni (on the m.); ibanga elihanjiweyo (distance marched); ihubo (music); ihubo lokungcwaba (dead m.). (v) hamba; ncungela; ncungelisa.

mare (n) ihashi lensikazi; imeli.

margarine (n) imagarini; okunjengebhotela.

margin (n) usebe lwekhasi (m. of page); imajini; icala; umphetho; umsikelo.

marginal (a) -asemphethweni.

marine (n) isosha emkhunjini wempi. (a) -asolwandle; -phathelene nolwandle.

mariner (n) itilosi.

marionette (n) isithombe esincane esisiniswayo ngokudonsa izintambo ezikhungelwa kuso.

marital (a) -okuganana; -phathelene nomshado.

maritime (a) -phathelene nezindaba zolwandle; -ncikene nolwandle; izifunda ezincikene nolwandle (m. provinces).

mark (n) uphawu; isici; isiboniso; okunenjwayo (target); geja (miss the m.); uphawu lwebhizinisi (trade m.); uphawu lokubuza (question m.); amamaki (exam. marks); ukufinyelela endimeni emisiweyo (up to the m.); -ngafinyelele, -silele (below the m.); isibashu (burn m.); umkhangu (birth m.); isishada, umbhandeka (dirty m.); imfoloko (pock-m.); isicindezelo (stamp m.); isixathu (tatoo m.); umgcabo (vaccination m.); -cezile (beside the m.); imali yaseJalimani (German m.). (v) beka ibala; bhadeka; phawula (make a m. on); khomba (point out); hlola (examine); qaphela (observe); nciphisa (m. down); qopha (m. off); klama (m. out); khuphula (m. up).

marked (a) -mabhudla (scarred); -lotshiwe, -nebala (with markings); -khulu, -gqamile (conspicuous).

market (n) imakethe; indali; ithuba lokuthengisa. (v) thengisa.

markings (n) amabala; izibhadu; amachashaza (spotted m.); izifaxa (pitted m.).

marksman (n) umnembi; inkombi.

marmalade (n) uhlobo lukajamu owenziwe ngamawolintshi.

maroon (n) umbala onsundu ngokubomvu. (v) lahlela; shiya; lahlela esiqhingini.

marquee (n) itende elikhulu.

marquis (n) isikhulu saphesheya.

marriage (n) umshado; umgcagco; ukugana; ukuthatha; endisa (give in m.).

marriageable (a) -sebangeni lokugana; -fanele ukugana.

married (a) -ganile; -shadile; -ganiwe; -thathiwe.

marrow (n) igawu; ugalonci; umnkantsha (bone m.).

marry (v) ganwa, thatha umfazi (of a man); gana, enda (of a woman); ganisa, shadisa, endisa (conduct, arrange m.).

marsh (n) ixhaphozi; ubhuku; ixobho.

marshal (n) induna ephakemeyo. (v) viva, lawula impi (m. troops); qoqa (collect together).

marshy (a) -lixhaphozi; -nobhuku.

marsupial (n) isilwane esithwala izinyane laso ngesikhwama esixhunywe ngaphambili ngaphandle kwesisu.

martial (a) -empi; inkantolo yasempini (court-m.).

martinet (n) umphathi ocindezelayo ukuba yonke imininingwana yomthetho igcinwe.

martyr (n) umfelukholo. (v) bulalela ukholo.

martyrdom (n) ubufelukholo; ukuzidela amathambo ngento oyikholwayo.

marvel (n) ukumangala; isimangaliso; ilumbo. (v) mangala.

marvellous (a) -mangalisayo; -lilumbo.

mascot (n) isifanekiswana esethenjwa ukuthi siletha inhlanhla.

masculine (a) ubulilisilisa (m. gender); -njengendoda; -esilisa; -enkunzi.

mash (n) okubondiwe; indaphundaphu; iyambazi. (v) bonda; dubuza; tubuza.

mason (n) umkhandi wamatshe; umbazi wamatshe; umeselane; ilungu lenhlangano ehlose ukusizana (Freemason).

masonry (n) isakhiwo samatshe abaziweyo.

masquerade (n) ukuzifanisa nomuntu

othile.   (v)   -zifanisa   nomuntu
othile.

mass (n) imisa (R.C. m.); iningi;
isinyokotho; isiqumbi; ingqumbi;
isigada; inguzunga; isixhobo; isididi
(confused m.); uwonkewonke (the
masses); thandaza imisa (say m.).
(v) bhumbuthana; qongelela; qoqela
ndawonye (m. together).

massacre (n) ukuceka; ukucekela
phansi; ukubhuqa.   (v) cekela
phansi; bulala.

massage (n) ukuhlikihla; uku-
mfanyaza.   (v) hlikihla; khuhla;
mfanyaza; dovadova; phothula.

masseur (n) umuntu omfanyazayo;
umphothuli.

massive (a) -khulu kakhulu; -yisimu-
hluza.

mast (n) iphizela; imasti.

master (n) induna, inkosi, ubasi (one
in charge); umculisi (choir-m.);
umthonga (m. of the hunt);
umninindlu (m. of the house);
ingcweti (skilled person); uthisha,
umfundisi esikoleni (school-m.);
inhloko yesikole, uthisha omkhulu
(head-m.).   (v) ahlula; qoqoda;
nqoba; funda (learn). (a) -khulu.

masterful (a) -vezayo   amandla;
-obungqongqoshe.

masterly (a) -obungcweti.

masterpiece (n) into yobuciko.

mastery (n) ubungqongqoshe; uku-
qoqoda.

masticate (v) hlafuna; zokoca.

mastiff (n) uhlobo lwenja enkulu
enamandla.

mastitis (n) ukuvuvukala nokubabu-
hlungu kwamabele.

mastoid (n) isiqhoma.

mat (n) umata; icansi; isicephu;
isicaba; isithebe (eating m.); inxaka-
nxaka (matted mass). (v) songana;
songanisa.

matador (n) umuntu olwa nenkunzi
enkundleni phambi kwezibukeli.

match (n) umentshisi;   hlangana
nolingene na- (meet one's m.);
okufanana na- (alike); ukuganana,
umshado (marriage);   umbango
(contest). (v) qhathanisa, qhudela-
nisa (set against); fanisa, fanela,
bandakanya (suit); vumelana na-;
lingana; hambelana; lumbanisa.

matchless (a) -ngenakufaniswa; -nge-
nakulinganiswa.

mate (n) umata; untanga; owakwa-
(spouse); umana (m. of animal);
umsizi wenduna yomkhumbi (ship's
m.). (v) matana; hubula; khwela;
zeka.

material (n) into ephathekayo; into
uqobo lwayo; izinto zokwenza
impahla (raw materials); indwangu
(cloth). (a) -phathelene nezinto
eziphathekayo; vumelana na- (m.
to).

materialism (n) inkolo yokuthi akukho
lutho ngaphandle kwalokho okupha-
thekayo nokubonakalayo ngamehlo;
ukwethembela ezintweni zomhlaba.

materialize (v) enzekisa; enzeka; enza
kuvele.

maternal (a) -kanina;   -phathelene
nobunina.

maternity (n) ubunina;   isibhedlela
sokubelethisa (m. hospital).

mathematical (a)   -emathimathiki;
-ezibalo.

mathematics (n) imathimathiki; isa-
yensi ephathelene nezibalo noku-
linganisa.

matinee (n) umdlalo ethiyetha noma
ebhayisikobho wasemini.

matriarchal (a) -phathelene nokuda-
buka kunina; abantu abazisa unina
njengenhloko yomndeni (m. society).

matriarchy (n)   inkambo   enikeza
amandla okwabela amafa kunina
namagama nawo adabuka ngaye
unina.

matricide (n) ukubulala unina; umuntu
obulele unina.

matriculate (v) phumelela ekuhlolweni
kukamatrikuleshelni.

matrimony (n) ukuthathana; ukugana;
ukuganwa.

matron (n) umatroni;   owesifazane
obheka imisebenzi njengasesibhe-
dlela; owesifazane oganileyo (mar-
ried woman).

matted (a) -nxakanxaka; -qokothene;
izinwele eziyisihluthu (m. hair).

matter (n) into; into ekhona; oku-
bonakalayo; okuphathekayo; ubovu
(pus);   indaba (affair);   izindaba
zomkhaya (family matters); udaba
olusemqoka (m. of importance);
inkinga (a difficult m., puzzle);
eqiniseni (as a m. of fact); ukwa-
ndisa izinhlupheko (to make matters
worse); akundaba yansini (it is no
laughing m.); asazi ukuthi iyozala

nkomoni (it is not known how the
m. will end). (v) -ba yindaba; -ba
yicala; akunandaba (it does not m.).
matting (n) ukusongana; umata;
ucansi.
mattock (n) ugejazembe.
mattress (n) umatilasi.
mature (v) vuthwa; khula; dlondlo-
bala; fikelwa isikhathi (become
due). (a) -vuthiwe (ripe); -khulile
(grown up).
maul (v) shikashika; dlikidlikiza.
mauve (a) -nyaluthi.
maw (n) isisu; ingila.
maxim (n) isaga; isiga.
maximum (n) ubuningi bokugcina;
isibalo esiphelele esinqunyiweyo. (a)
-pheleleyo; -gcwele.
may (aux. v.) kumbe; mhlawumbe;
mhlayimbe; -nga-; ungahamba (you
m. go); wanga ungaba khona (m.
you be there); ukuba azi ngesikhathi
(that he m. know in time).
May (n) uMeyi; uNhlangulana.
mayhem (n) icala lokulimaza umuntu.
mayor (n) umphathi-dolobha; imeya;
ungqongqoshe wedolobha.
mayoress (n) inkosikazi yemeya.
maze (n) ukudidakala; izombe (a
winding way).
me (pron.) mina; ngi-; uyangifuna na?
(do you want me?).
meadow (n) imfunda.
meagre (a) -ngengakanani; -ncane;
-ncinyane.
meal (n) ukudla; impuphu; ufulawa
(flour); umphothulo (mealie m.);
incushuncushu (finely ground m.);
indlabume (picnic m.); indlakusasa
(morning m.); indlamini (mid-day
m.); indlakusihlwa (evening m.).
mealie (n) ummbila (bheka maize).
mean (n) indawo ephakathi nqo;
indeni; okulingene kahle (the m.).
(v) qonda; lokhu kumelwe uku-
phuzwa (this is meant for drink-
ing); -sho; -thi; alisho lutho (it does
not m. anything); yisho ukuthi
uqondeni (say what you m.); amasu
okufeza inhloso (means to an end);
qonda ubuhle (m. well). (a)
-ngenasithunzi, -ngenalucu (com-
mon); -delelekile (inconsiderable);
-ncishanayo (not generous); -phaka-
thi (intermediate).
meander (v) zomba; zombeleza.
meaning (n) ingqondo; isichazelo;

incaselo; incaciso.
meanness (n) ukuncishana.
means (n) ingcebo; isicebi (man of
m.); isu, icebo, into yokwenza utho
(plan, instrument); ngamasu anga-
lungile (by unfair m.).
measles (n) isimungumungwana;
inhlumba (m. in pigs).
measly (a) -nesimungumungwana;
-nenhlumba.
measure (n) ukulinganisa; isilinganiso;
isilinganiso somthamo (m. of
capacity); isilinganiso sobude (m. of
length); isilinganiso sesikhathi (m.
of time); isilinganiso sesisindo (m.
of weight); nciphisa esilinganisweni
(give short m.); ithephu (tape-m.);
ukushaya ngokuzwana (rhythmic
m.); umthetho (government m.);
ukwenza (action); thatha izinyathelo
(take measures). (v) linganisa;
abela (m. out); linganisa ku- (m.
off); linganisa na- (m. up to).
measured (v) linganiswe. (a) -linga-
nisiwe; -condozayo (carefully).
measurement (n) ukulinganisa; uku-
linganiswa; ubukhulu, isilinganiso.
meat (n) inyama; iklasha (fat m.);
inyama ebomvu (lean m.); umqwa-
yiba (dried m.); ikhuthu, umkhusu
(cold m.); isicubu (raw m.); ingcuba
(m. from a dead animal); uqwembe
(m. tray); ukudla (food).
meaty (a) -nenyama eningi.
Mecca (n) iMecca; lapho uMohamedi
wazalwa khona.
mechanic (n) umakhaniki; isisebenzi
sasemishinini; ingcweti ekukhandeni
imishini.
mechanical (a) -njengomshini; -omshi-
ni; isazi semishini, unjiniya (m.
engineer); -zihambelayo, -zenzelayo
(automatic).
mechanism (n) umshini; indlela yoku-
hamba komshini; izinsimbi zo-
mshini.
mechanize (v) lungisela ukuba imise-
benzi iqhutshwe ngemishini.
medal (n) imendlela; isiphandla.
medallion (n) imendlela enkulu.
medallist (n) umuntu oklonyelwe
ngemendlela.
meddle (v) dokoxa; xakela; -zigaxa
ku- (m. in); thinta (m. with).
mediaeval, medieval (a) -endulo
esikhathini esimayelana neminyaka
1500.

mediate (v) lamula; xazula; ahluka-nisela; lamulela (m. between).

mediator (n) umlamuli; umlamuleli.

medical (a) -esayensi yokwelapha; -yimithi yokwelapha; isitifikethi sikadokotela (medical certificate); ukuhlolwa ngudokotela (m. examination).

medicinal (a) -okwelapha; ikhubalo (m. plant).

medicine (n) umuthi wokwelapha; ikhubalo; imbelethisa (childbirth m.); umbekelo, umthelelo (witch-craft m.); isibethelelo, ubulawu (love charm m.); udoloqina (strengthening m.); inhlanzeko (purifying m.); iselekezo (preventive m.); ufundela ubudokotela (he is studying m.).

medicine-man (n) inyanga yokwe-lapha.

mediocre (a) -hlana; -hle nje; -vamile.

mediocrity (n) ubuhlana; ukuvama.

meditate (v) qonda; cabanga; dlinza; zindla.

meditation (n) ukuzindla; ukucabanga.

mediterranean (n) ulwandle iMedi-thera (M. sea). (a) -olwandle lwaseMedithera; -phakathi kwa-mazwe.

medium (n) okuphakathi; into yokwe-nza utho (instrument); owenzayo, ohlanganisayo (agency); umthonga (spiritual m.); isimo sendawo (en-vironment). (a) -aphakathi; -lingene.

medley (n) ingxubevange; inhlangani-sela.

meek (a) -thobile; -bekile.

meerkat (n) ububhibhi; umhlangala; ubuhayi (striped m.).

meerschaum (n) ipipi elenziwe nge-bumba elimhlophe.

meet (n) umhlangano wabazingeli noma wabadlali. (v) hlangana na-; funyana; nqwamana na-; hlanga-beza; ethulwa phambi kwa- (be in-troduced to); linganisa (equal); anelisa (m. demands); -basobala (m. the eye); enzakala (m. one's fate, happen); khokha isikweletu (m. one's debts); ehlelwa yingozi (m. with an accident); ngena enka-thazweni (m. with trouble); bonana, hlangana, khandana, nqwamana (m. with). (a) -fanele.

meeting (n) umhlangano; umhlanga-bezo; imbizo; umbutho; inhlangano

(m. of the ways); isidlanga (m. place).

megalomaniac (n) umuntu ozicabange-layo ukuthi mkhulu unodumo.

megaphone (n) into okukhulunyelwa kuyo likhuliswe izwi kuzwakale kude.

melancholia (n) isifo sengqondo esi-hamba nokudikibala komoya.

melancholy (n) isikhomololo. (a) -nesikhomololo.

mellow (v) vuthwa; zotha; zothisa. (a) -zothile.

melodious (a) -mnandi endlebeni; -zwakalayo.

melodrama (n) umdlalo onosizi kodwa ogcina ngentokozo.

melody (n) indlela eholayo; indlela yehubo.

melon (n) ikhabe (sweet m.); ukhabe (vine); ibhece (pig m.); ubhece (vine).

melt (v) ncibilika; ncibilikela (dissolve); shabalala, nyamalala (m. away, dis-appear); ncibilikisa (liquify).

member (n) ilungu (m. of council); ilunga (one of a group); isitho (limb).

membership (n) ubulunga; ubulungu; amalunga.

membrane (n) uthwethwesi; ulwebu.

memento (n) isikhumbuziso.

memoir (n) umlando wezindaba eseze-nzakala ngokwazi komlandi wazo.

memorable (a) -khunjulwayo; -dumile.

memorandum (n) incwadi elotshiweyo yokukhumbuza umfundi ngezindi-kimba ezigqamile zodaba.

memorial (n) isikhumbuzo. (a) -okokukhumbuza; -khumbuzayo; inkonzo yesikhumbuzo (m. service).

memorize (v) funda ngekhanda; -zikhumbuza.

memory (n) inkumbulo; ukukhumbula; izinkumbulo ezijabulisayo (happy memories); isithunakalo (unpleasant m.); ekukhumbuleni kwalabo aba-sekhona (in living m.).

men (n) amadoda; isilisa; abantu (people).

menace (n) usongo; insongo. (v) songela.

menacing (a) -songayo; -cuphileyo; -qondayo okubi.

menagerie (n) inhlanganisela yezi-lwane nezasendle ezifuyiweyo.

mend (v) lungisa; khanda (repair);

lulama, sinda (recover); useya-
lulama, useyasinda (he is on the
m.).
mendacious (a) -namanga; -khohli-
sayo.
mendacity (n) ukubanamanga; uku-
khohlisa.
mendicant (n) isinxibi; umuntu
ohamba ecela kwabanye.
menial (n) inceku, isigqila (m. ser-
vant); isichaka, isikhuza (poor m.
person). (a) -esichaka; -esigqila;
-obukhuza.
meningitis (n) isifo solwembu lobu-
chopho.
menses (n) iqako.
menstrual (a) -eqako.
menstruate (n) qaka; phothela; geza;
-ba senyangeni.
mensuration (n) imithetho ephathelene
nokulinganiswa kobude nobubanzi
nokudepha kanye nomthamo wezi-
nto.
mental (a) -engqondo; izibalo
ezenziwa ngekhanda (m. arith-
metic); -nengqondo eyinsambatheka
(mentally deranged).
mentality (n) ingqondo; isimo
sengqondo.
mention (n) amaphatho; ukuphathwa
okutusayo (honourable m.). (v)
phatha; -sho; -thi; lawula; gagabula.
mentor (n) umfundisi; umaluleki.
menu (n) iphepha okubhalwe kulo
ukudla okuzodliwa ngokulandelana
kwakho.
mercantile (a) -phathelene nemi-
khumbi ethwala izimpahla.
mercenary (n) isosha eliziqashisela
ukulwa. (a) -sebenzelayo inzuzo.
merchandise (n) izimpahla zohwebo.
merchant (n) umhwebi; onesitolo. (a)
-phathelene nemikhumbi ethwala
izimpahla zohwebo (m. marine).
merciful (a) -nobubele; -nomhawu;
-nomusa.
merciless (a) -nonya; -ngenamhawu.
mercurial (a) -shintshashintshayo;
-guqukayo.
mercury (n) isigidi; imercury.
mercy (n) ububele; umhawu; umusa.
mere (n) icibi; idangu. (a) -nje;
-mbala; kuphela.
merely (adv.) nje; -simze; kuphela.
merge (v) hlangana; hlangana na- (m.
with); hlanganisa.
merger (n) ukuhlanganiswa kwezinka-

mpani ezithile.
meridian (n) isihloko esiphezulu;
imini; umudwa ozungeza umhlaba
emephini.
merino (n) uhlobo lwesiklabhu;
indwangu eyenziwe ngoboya besi-
klabhu (cloth); imerino. (a) -oboya
bemerino.
merit (n) ukufanela; okufanele uku-
tuswa. (v) fanela.
meritorious (a) -fanele ukubongwa.
mermaid (n) intombi yasolwandle
yasenganekwaneni okuthiwa ingu-
muntu ngesingenhla ibe yinhlanzi
ngesingezansi.
merriment (n) ukugenama; umcha-
nguzo; ukuhlekisana.
merry (a) -genamile; -changuzile.
mesalliance (n) ukuganana komuntu
oyisikhulu nomuntu ongumfoka-
zana.
mesh (n) isikhadlana ekwalukweni.
(v) bambana kwamazinyo asemaso-
ndweni omshini.
mesmerism (n) umthwebulo; uku-
thonya.
mesmerize (v) thwebula; thonya.
mess (n) inhlikinhliki; imfucumfucu;
isibhixi; bhixiza (make a m.);
lungisa ubuhliphihliphi (clear up
the m.); ingxovangxova (muddle);
ukudla ndawonye (eat together).
(v) khixa; nukubeza; bhixiza,
khixiza (muddle); -dla ndawonye
(eat together).
message (n) umbiko; isiyalezo; umya-
lezo; umyalezo wocingo (telegraphic
m.).
messenger (n) isigijimi; umthunywa;
impisi; inxusa, isikhonzi (important
m.); unyandla, inkasa (secret m.).
Messiah (n) uMesiya.
metabolism (n) indlela okwakhiwa
ngayo umzimba ngokudliweyo.
metal (n) okusansimbi; insimbi; ama-
tshana okuqinisa umgwaqo (road
m.); izipolo (railway metals). (v)
qinisa ngamatshe. (a) -ensimbi;
-yinsimbi.
metallic (a) -ensimbi; -sansimbi.
metallurgy (n) isayensi yokusansimbi
ikakhulu ukwenza izinsimbi ngemi-
thapho yayo.
metamorphosis (n) inguqukompilo;
ukuguquka kwesimo.
metaphor (n) isingathekiso; ukunga-
thekisa.

metaphorical (a) -okungathekisa.

mete (v) abela; linganisa; nika; jezisa (m. out punishment).

meteor (n) inkanyezi ecibayo, inkanyezi enomsila.

meteoric (n) -phathelene nenkanyezi ecibayo; inkambo ephumelela masinyane (a m. career).

meter (n) isilinganiso; umshini wokulinganisa; umshini wokulinganisa ielektriki (electricity m.).

methinks (v) ngithi; sengathi.

method (n) indlela; indlela yokwenza; uhlelo; umkhuba.

methodical (a) -nendlela; -nesu; -nohlelo.

meticulous (a) -cilikishile; -cilikishayo.

metre (n) imitha; isilinganiso sobude, amayintshi 39.37; ukuvumelana kwamazwi engomeni (rhythm).

metric (a) uhlelo lwemetriki; -phathelene nezilinganiso zemitha.

metronome (n) ibalasikhathi.

metropolis (n) idolobha elikhulu.

metropolitan (n) umbhishobhi omkhulu ophatha abanye ababhishobhi. (a) -phathelene nedolobha elikhulu.

mettle (n) isibindi; konke umuntu angahle akwenze (on his m.).

miasma (n) inkungu efuquka emaxhaphozini.

mice (n) amagundane; amaphuku.

microbe (n) imbewu yokufa; igciwane lokufa; intwana ebonakala kuphela ngesibonakhulu ebanga ukubola nokufa.

microbiology (n) isayensi ephathelene nempilo nokwanda kwembewu yokufa.

microphone (n) umshini obamba umsindo uwukhiphe uzwakale.

microscope (n) isibonakhulu; umshini okubonwa ngawo izinto ezincane.

microscopic (a) -phathelene nesibonakhulu; -ncinyane.

micturition (n) ukuchama; ukushobinga.

mid (prep.) phakathi kwa-; phakathi na-. (a) -aphakathi.

midday (n) imini bebade; imini.

midden (n) izala (rubbish heap).

middle (n) indawo yaphakathi. (a) -aphakathi; ngobudala obuphakathi kwendima yempilo (in m. age).

middling (a) -lingene; -hlana.

midge (n) imbuzane; insensane.

midland (a) -aphakathi nezwe.

midnight (n) phakathi kwamabili. (a) -aphakathi kwamabili.

midriff (n) untu; izimvalo.

midshipman (n) umfana osafunda ubutilosi.

midst (n) iphakathi. (prep.) phakathi kwa-.

midsummer (n) ihlobo elikhulu; phakathi nehlobo.

midwife (n) umbelethisi.

mien (n) isimo; ukuziphatha.

might (n) amandla; isidlakala; izikhwepha. (aux. v) mhlawumbe.

mighty (a) -namandla; -amandla.

migraine (n) isifo esibanga ubuhlungu bekhanda.

migrate (v) emuka; hamba uyokwakha kwelinye izwe.

migration (n) ukwemuka; ukuya uyokwakha kwelinye izwe; ukufudukela kwenye indawo.

mild (a) -thambile; -pholile; -bekile; -mnene.

mildew (n) isikhunta; ukukhutha. (v) khunta; khutha; khuntisa.

mile (n) imayela; isilinganiso sobude; amayadi 1760.

mileage (n) ibanga lamamayela.

milestone (n) itshe lokukhombisa amamayela emgwaqweni.

militant (a) -lwayo; -nenkani; -yimpi.

military (n) amasosha; amabutho. (a) -amasosha; -empi.

militia (n) abantu ababuthelwe impi.

milk (n) ubisi; umthubi (beestings); amasi, izamfemfe (curdled m.). (v) senga; kleza (m. into the mouth); munca (emaciate, exploit).

milk-tooth (n) izinyo lobungane.

mill (n) umshini wempuphu (flour m.); itshe lokugaya (m-stone); umshini wokugaya umoba (sugar m.); izenga (milling on edge of coin). (v) gaya ngomshini (grind meal); enza amazenga ohlamvini lwemali; phithiza (m. around).

miller (n) umnini womshini wokugaya impuphu.

millet (n) amabele; unyawothi.

milliner (n) owenza noma othengisa izigqoko zabesifazane.

millinery (n) umsebenzi wezigqoko zabesifazane; izigqoko zabesifazane.

million (n) imiliyoni, isigidi; 1,000,000.

millionaire (n) onemiliyoni yawompondwe; onezigidigidi zemali.

millipede (n) ishongololo.

millstone (n) itshe lokugaya emshinini.

mime (n) umdlalo okufaniswa kuwo kuphela kungakhulunywa. (v) lingisa emdlalweni; fanisa emdlalweni.

mimic (n) ovame ukulingisa abanye. (v) lingisa; fanisa. (a) -fanisayo; -lingisayo.

mimosa (n) umunga; umtholo; umsasane.

minaret (n) umbhoshongo omude osesontweni lamaSulumane.

mince (n) inyama egayiweyo. (v) qoba; cobisisa; akagodlanga amazwi (he did not m. his words); -thi gcoka.

mind (n) ingqondo; umqondo; ukucabanga; inkumbulo (memory); khumbuza (put in m.); ukulahlekelwa ingqondo (absence of m.); usangene, uluhlanya (he is out of his m.). (v) qaphela; bheka (take care of); suduka endleleni (m. out of the way).

minded (a) -nengqondo; -zimisele.

mindful (a) -khumbulayo; -qondile.

mine (n) umgodi; umtapo; imayini; isiqhimu (explosive m.). (v) mba; tapa emgodini; bekela iziqhimu (lay mines). (pron.) -ami; (eyami, owami, ezami). (a) -ami.

miner (n) osebenza emgodini; osebenza ezimayini.

mineral (n) okusansimbi; okumbiwa phansi. (a) enziwa sansimbi; isiphuzo esinegesi esixhaphazelisayo (m. water).

mineralogy (n) isayensi yezinto ezisansimbi nezimbiwa phansi.

mingle (v) xuba; xubanisa; hlanganisa; xubana.

miniature (n) isithonjana somuntu. (a) -ncinyane.

minimal (a) -phathelene nobuncinyane.

minimize (v) nciphisa.

minimum (n) ubuncane bokugcina.

minister (n) umfundisi (religious); umphathiswa omkhulu; ungqongqoshe (cabinet m.). (v) khonza; siza (m. to).

ministerial (n) -phathelene nobufundisi (religious); -phathelene nobungqongqoshe.

ministration (n) ukukhonza; ukusiza.

ministry (n) ubufundisi; ibandla labaphathi; isikhundla sobuphathi; ukwenza (agency); ukusiza (aid).

mink (n) uhlobo lwesilwane esinoboya obuligugu bokwenza izevatho.

minnow (n) uhlobo lwenhlanzi encane; uqhashaqhasha.

minor (a) -seyingane ngokomthetho; -ncane; -ngaphansi.

minority (n) ingcosana; abayingcosana kunabanye; isimo somuntu ongakakhuli.

minstrel (n) umculi oshaya nesigingci.

mint (n) lapho uHulumeni egxobela imali khona; iminti; uhlobo lwesithombo oluyisithokelo (plant). (v) gxoba imali.

minus (n) -susiwe; uphawu lokususa (m. sign).

minute (n) iminithi (of time); amaminithi omhlangano (minutes of meeting). (a) -nci; -ncinyane.

minutely (adv.) ngokuningiliza.

miracle (n) isimangaliso; umlingo; ilumbo.

miraculous (a) -mangalisayo; -yisimangaliso; -yinqaba.

mirage (n) ukukhohlisa amehlo ngokuvela kwezinto ezingekho otalagwini.

mire (n) isidaka; udaka.

mirror (n) isibuko; isibonelo (pattern). (v) bukisa; phindisela isimo.

mirth (n) ubuqheleqhele; injabulo.

mirthful (a) -qhelezayo; -nokuhleka; -nensini.

misadventure (n) ingozi; isehlo.

misanthrope (n) ozonda bonke abantu emhlabeni.

misapply (v) enza ngokungeyikho.

misapprehension (n) inzwakabi; ukungaqondi.

misappropriate (v) eba; thatha ngokukweba.

misbegotten (a) -ngatholiwe ngokomthetho.

misbehave (v) ganga; klina; -ziphatha kabi.

miscalculate (v) eduka ekubaleni; eduka ekucabangeni.

miscalculation (n) ukweduka ekucabangeni; ukweduka ekubaleni.

miscarriage (n) ukuphuphuma kwesisu (human); ukuphunza (animal); iphutha (m. of justice).

miscarry (v) phuphuma isisu (human); phunza (animal); phutha; onakala.

miscegenation (n) ukulalana kwabantu bezinhlobo ezahlukene.

miscellaneous (a) -yingxubevange;

-yinhlanganisela; -nhlobonhlobo.

miscellany (n) ingxubevange; inhla-nganisela.

mischance (n) ishwa; isehlakalo; ingozi.

mischief (n) ukuklina; ukuganga; ukona; elelesa (do m.).

mischievous (a) -gangile; -klinile; inkulumo ebanga uchuku (m. talk).

misconduct (n) ukweqa umthetho; isiphosiso; ukuklina; ukona. (v) -ziphatha kabi (m. oneself); hambisa kabi.

misconstrue (v) guqulela; guqukezela; duka ekuhunyushweni.

miscount (v) phosisa ekubaleni.

miscreant (n) ihilikiqi; isoni.

misdeed (n) isiphosiso; isono; isenzo esibi.

misdemeanour (n) iseleleso; ukuziphatha kabi.

misdirect (v) dukisa; faka ikheli elingeyilo.

miser (n) iqonqela; ongaphani.

miserable (a) -lusizi; -nyephile; -ngenamkhuba (contemptible).

miserly (a) -ncishanayo.

misery (n) usizi; ubuhlungu; ukuhlupheka.

misfire (n) ukunxapha. (v) nxapha.

misfit (n) ukungalingani; okungafanele.

misfortune (n) isenzakalo; ishwa; umswazi; umehlo.

misgiving (n) ukhonono; ukusola.

misguided (a) -dukile; -dukisiwe; -khohlisiwe.

mishandle (v) -phatha ludedengu.

mishap (n) ingozi; umsingilili; umonakalo.

misinterpret (v) humusha ngokungeyikho; phendukezela; thatha kabi (m. an action).

misjudge (v) qula ngokungeyikho; phambeka ekucabangeni; bandlulula.

mislay (v) lahla; lahlekisa.

mislead (v) dukisa; dida; lutha; khohlisa; wulaza.

mismanage (v) phatha kabi; thithizela; phatha ludedengu.

misnomer (n) ibizo elingafanele.

misogynist (n) indoda ezonda abesifazane.

misplace (v) beka endaweni engeyiyo.

misprint (n) isiphosiso ekucindezelweni. (v) phosisa ekucindezeleni.

mispronounce (v) phimisela kabi;

qokotha.

misquote (v) phendukezela okulotshiweyo noma okukhulunyiweyo.

misread (v) funda kabi; -ngafundisisi; funda okungabahlwanga.

misrepresent (v) phendukezela iqiniso lento; hlanekezela.

misrule (n) ukuphatha kabi; ukubusa kabi. (v) busa kabi; phatha kabi.

miss (n) ukugeja; ukuphutha, ukuphaphalaza (m. the mark); inkosazana; intombazana; uNkosazana (Miss). (v) duka, phutha (fail); geja; phaphalaza (m. the mark); shiya, sulazela (m. out); swela, ntula (feel need of).

misshapen (a) -bunjiwe kabi; -magodolozi.

missile (n) isilabi; umlandeliselo; into ejikijelwayo; into edutshulwayo.

missing (a) -swelekile; -lahlekile; -ntulekile; -ngekho; -phuthile.

mission (n) imishani (m. station); ukuthunywa; izithunywa (persons sent).

missionary (n) umfundisi-sithunywa; isithunywa senkolo; umfundisi.

missive (n) incwadi ethunyiweyo.

misspel (v) pela ngokungeyikho.

misspend (v) chitha imali.

misstate (v) hlanezela; phambanisa; sonta.

mist (n) inkungu; ubuhalalazi; umlalamvubu (thick m.).

mistake (n) isiphosiso; isisambatheko; icala; iphutha; (v) phosisa; phambeka (make a m.); ngephutha (by m.). phambanisa.

mistaken (a) -phambekile; -dukile; -phambanisiwe.

mister (Mr.) (n) umnumzane; u-Mnu.; Mr.

mistime (v) bala kabi isikhathi.

mistletoe (n) umhlalanyoni.

mistress (n) inkosikazi; umesisi, umaqumbane (m. of the house); uthishelakazi (school m.); ishende (paramour).

mistrust (n) ukungathembi. (v) -ngathembi; sola.

misty (a) -nenkungu; -hwalazile; -luzizima.

misunderstand (v) -ngezwa; -ngaqondi kahle.

misunderstanding (n) ukungaqondi; ukungezwani.

misuse (n) ukuphatha kabi. (v) sebenzisa ngendlela engafanele.

mite (n) ubuvunya; isibungu (insect); umntwanyana (child); uhlamvana lwemali (small coin); uhoyizana (tiny thing).

mitigate (v) thambisa; nciphisa.

mitigation (n) ukuthambisa; ukunciphisa.

mitre (n) isigqoko sombhishobhi; umqhele wesikhundla sikaPhapha (Pope's m.); isu lokuhlanganisa amapulangwe ngokubonisa lapho isaha lingena khona (m. for woodwork).

mitten (n) igilavu elingayivaleli iminwe.

mix (v) hlanganisa; xuba; xubanisa; phithanisa; bhubhudla; thaka (of medicine, or chemicals); xova (of mud); dibana, nqwamana (of people); -zihlanganisa nabantu (m. with people).

mixed (a) -xubene; -hlangene; -phithene -phambene; -didekile (confused); udidekile (he is m. up).

mixture (n) ingxube; inhlanganisela; umuthi othakiweyo (medicine).

moan (n) umbubulo. (v) bubula; gquma.

moaning (n) umbubulo; umbhongo; ukugquma.

moat (n) umsele omkhulukazi ozungeleza inqaba.

mob (n) uquqaba; untukazana. (v) hlanganyela ngokuchwensa.

mobile (a) -hambayo.

mobility (n) amandla okuhamba.

mobilize (v) viva; butha; hlanganisa amabutho.

moccasin (n) uhlobo lwesicathulo sesikhumba esithambileyo esasigqokwa abomdabu baseMelika.

mock (v) hleka usulu; kloloda; klolodela; lingisa; bhinqa. (a) -lingisayo; -mbumbulu (pretence).

mockery (n) ukukloloda; usini; isigcono; umbhinqo.

mode (n) umkhuba; indlela; inkambiso; isinyathelo (m. of life); indlela yokuhamba (m. of travel).

model (n) isifanekiso; isilinganiso; isibonelo (desirable example). (v) bumba; linganisa; fanekisa; ukulinganisa nokubukisa izingubo (m. clothes). (a) -yisibonelo.

moderate (v) ncipha; nciphisa; lungisa; thulisa; ongamela. (a) -faneleyo;

-ngeqile; -ngenkulu.

moderation (n) ukulinganisela; ukungadlulisi; ukungeqisi.

moderator (n) umongameli.

modern (a) -anamuhla; izikhathi zamanje (m. times); isimanje (m. customs); intsha (m. youth).

modest (a) -khophozayo; -namahloni; -zithobayo; -lingeneyo (not excessive).

modicum (n) ingcosana; ithanzi.

modify (v) nciphisa kancane; guqula kancane.

modulate (v) thambisa; ehlisa; ehlisa izwi (m. the voice).

modus operandi (n) indlela yokusetshenziswa.

mohair (n) uboya bembuzi.

Mohammedan (n) umMohamedi; iSulumani. (a) -ʾhathelene nabaMohamedi.

moist (a) -swakeme; -nyephile; -manzana.

moisten (v) manzisa; swakamisa.

moisture (n) umswakama; ubumanzi.

moke (n) ihashi noma imbongolo endala engasenamandla.

molar (n) izinyo lomhlathi; elomhlathi. (a) -hlafunayo; -gayayo.

molasses (n) utiligi.

mole (n) ivukuzi; imvukuzane; umkhangu (m. on the body); isakhiwo esinjengodonga esisuka ogwini siphumele ibangana olwandle, impola (breakwater).

molecule (n) imolikuli; ubuncane bokugcina uma into ibuye icoliswe inciphiswe futhi ayisoze ibeleyonto okuqalwe ngayo.

molest (v) hlupha; fundekela; beka isandla; khathaza.

mollify (v) thibelela; shweleza.

mollycoddle (n) ugombotshe. (v) totosa; tetemisa.

molten (a) -ncibilikile; utsheke (m. matter).

moment (n) umzuzu; umzuzwana; isikhashanyana (a short time); ubuzima (importance).

momentary (a) -nesikhashanyana; -the nyampu.

momentum (n) umfutho; ubukhulu bejubane; ukukhula kwesisindo.

monarch (n) inkosi; inkosi enkulu.

monarchy (n) ubukhosi.

monastery (n) umuzi wezindela zesilisa.

monastic (a) -phathelene nomuzi wezindela; -obundela.

Monday (n) uMsombuluko.

monetary (a) -phathelene nemali; -emali.

money (n) imali; uhlamvu (coin); imali yephepha (paper m.); uhlweza, ubuchwabalalana (small change).

moneyed (a) -cebile; -nothile; -nemali.

money-order (n) iphepha lokuthumela imali.

mongoose (n) uchakide; iklolodo (white-tailed m.); umhlangala (S.A. m.); ubuhayi (banded m.).

mongrel (n) ibhasitela; umgodoyi (m. dog). (a) -obubhasitela.

monitor (n) imonitha, induna esikoleni (school m.); umqaphelisi; umxwayisi; uxamu, ibhekezansi (m. lizard).

monk (n) indela yesilisa.

monkey (n) inkawu; insimango (long haired m.); intongomane (m. nut). (v) dlala nga- (m. with).

monocle (n) ingilazi yeso elilodwa.

monocotyledon (n) ungcezunye; isithombo esingcezunye.

monogamy. (n) ukuthatha umfazi munye.

monologue (n) ukukhuluma komuntu oyedwa.

monopolize (v) thatha onke amandla; khuluma ngokunganiki abanye ithuba (m. the conversation).

monopoly (n) igunya lokwenza okuthile abanye abangenalo.

monotone (n) iphimbo elinomsindo munye ongaguqukiyo.

monotonous (a) -ngashintshiyo; -dinayo.

monsieur (n) umnumzane (igama lesiFulentshi).

monsoon (n) imonsuni; isiphepho esiletha imvula empumalanga njalo ngezikhathi ezithile.

monster (n) isilwane esikhulu esisabekayo; inqamundolo, usondonzima (monsters in Zulu folklore); into enkulukazi.

monstrosity (n) amabumbelandeni; ilumbelo.

monstrous (a) -khulukazi; -sabekayo; -wumhlola; -yisimanga.

month (n) inyanga.

monthly (n) iphepha eliphuma kanye ngenyanga; iqako (menses). (a) -enzeka kanye ngenyanga. (adv.) ngenyanga.

monument (n) itshe lesikhumbuzo; into enodumo (notable thing).

monumental (a) -esikhumbuzo; umgwedi wamatshe esikhumbuzo (m. mason); -dumile, -ngenakukhohlwa (lasting).

mood (n) ukuma kwenhliziyo; indlela (gram.).

moody (a) -khunethe; -nokhuthu.

moon (n) inyanga; inyanga ehlangene (full m.); inyanga elucezu (new m.).

moonlight (n) unyezi. (a) -nonyezi.

moor (n) inkangala emile ufabana. (v) bophelela umkhumbi.

mooring (n) indawo lapho kuboshelwa khona umkhumbi; izindophi zokubophela umkhumbi (m. hawsers).

moose (n) uhlobo lwenyamazane yaseMelika enezimpondo eziyinxakanxaka.

moot (v) sungula; -sho. (a) -ngabazekayo (doubtful).

mop (n) isesulo; isihluthu (m. of hair). (v) sula.

mope (v) dangala; dikibala.

moral (n) imfundiso ephathelene nesimilo, isifundiso (m. lesson); ubuqotho (morals). (a) -nemithetho yokulunga; -lungile; indoda eqotho (a m. man).

morale (n) isibindi ikakhulu emabuthweni; isimo sokuzimisela.

morality (n) isimo sokulunga; ukulunga kwenhliziyo.

moralise (v) shumayela ngokuphathelene nesimilo; khomba isifundiso.

morass (n) ubhuku; ixhaphozi.

moratorium (n) isikhathi esinqunywe ngomthetho ukuba abantu balibale ukukhokha izikweletu.

morbid (a) -khwantabele; -ngesifo.

mordant (n) umuthi wokuqinisa imibala ukuba ingaphuphi. (a) -hlabayo; -dlayo; -nonya.

more (a. & n.) -ningi ngokudlula; -khulu ngokudlula; -okweqile; -dlulayo; okudlulayo; okuphezulu; okweqile; okunye (additional). (adv.) futhi; ngaphezulu; ngaphambili.

moreover (adv. & conj.) futhi.

morganatic (a) -thathwayo owesifazane kube kwaziwa ukuthi lowesifazane nabantabakhe abanakulidla ifa lomyeni.

morgen (n) isilinganiso sobukhulu

bomhlaba; imogeni; isiqinti esinga-
phezulwana kwamayeka amabili.

morgue (n) indlu okubekwa kuyo
isidumbu somuntu singakangcwa-
tshwa.

morning (n) isikhathi sasekuseni;
uvivi (very early in the m.); kusasa,
ekuseni (in the m.); ekuseni na-
muhla (this m.); kusasa ekuseni
(tomorrow m.); ikhwezi (m. star).

moron (n) isithutha; isilima; umuntu
ohluleka ukufunda.

morose (a) -xhukulile; -nyinyiphele;
-lukhuntu.

morphine (n) umuthi odikizisa imizwa;
umuthi odambisa ubuhlungu.

morphology (n) isayensi ephathelene
nokubunjwa nokwakheka kwezi-
lwane nezithombo.

morrow (n) ingomuso; usuku olula-
ndelayo; ngangomuso (on the m.).

morsel (n) iqashana; ingebezane;
ingcosana.

mortal (n) umuntu. (a) -ngafa; -fayo;
-bulalayo; -nokufa (deadly).

mortality (n) ukufa; ubuningi baba-
fayo.

mortar (n) igqulo; isigqulo nesigxisho
(pestle and m.); uhlobo lukamba-
yimbayi (for bombs); udaka, ukho-
nkolo (cement).

mortgage (n) ukubanjiswa kwento
kuze kukhokhwe isikweletu. (v)
bambisa ngempahla noma ngezwe.

mortify (v) bozisa (flesh); jabhisa (be
ashamed); -zivikela ezinkanukweni
zomzimba (m. the flesh).

mortuary (n) indlu okubekwa kuyo
izidumbu zingakangcwatshwa. (a)
-phathelene nokungcwaba.

mosaic (n) ukufekethisa ngamatshana
amibalabala.

Moslem, Muslim (n) okholwa ngu-
Mahomedi; iSulumani. (a) -obu-
Sulumani; -obuMahomedi.

mosque (n) indlu yesonto yabakholwa
nguMahomede.

mosquito (n) umiyane; unongxi,
umndozolwane.

moss (n) izithonjana eziyivukusi;
ulembu.

most (n. & a.) iningi; imvama;
ingqikithi; -ningi kakhulu. (adv.)
kakhulu; ngaphambi kwakho konke.

mote (n) isilongotsha; isibi; imizwayi
(motes in the eye).

moth (n) ibhu, uvemvane lwasebusuku.

mother (n) umame (my, our m.);
unyoko (your m.); unina (his, her
m.); umalume (mother's brother);
umamekazi (mother's sister); isi-
mame, amanina (mothers); umame-
zala (mother-in-law of woman).
(a) umzali (parent); -nsikazi (female
animal); inzalamuzi (m. city); inza-
lamasonto (m. church); izwe
lomdabu (m. country); ulimi lwase-
khaya (m. tongue); imfundiso
yobunina (m.-craft).

motherhood (n) ubunina.

mother-in-law (n) umamezala (of
woman, my m.); unyokozala (of
woman, your m.); uninazala (of
woman, her m.); umkhwekazi (m.
of man).

motion (n) ukuhamba, ukunyakaza (of
moving); isiphakamiso (proposal);
ukuhambisa kwesisu (have a m.).
(v) qhweba; khombisa; yabiza (m.
away).

motionless (a) -nganyakazi; -thulile
du.

motive (n) isisusa; imbangi. (a)
-hambisayo; amandla okuhambisa
(m. power).

motley (a) -mibalabala; -yingxu-
bevange.

motor (n) imoto; imotokali; isithu-
thuthu (motor cycle); umshini, injini
(engine). (v) hamba ngemoto. (a)
-hambisayo.

motorist (n) ohamba ngemoto; umsha-
yeli wemoto.

mottled (a) -hungqu; -mahwalahwala.

motto (n) isaga esiwumgomo.

mould (n) isikhutha; umngcithi; ubu-
lembu; ifenya (soft earth); ifoloma
(frame). (v) khutha (become
mouldy); bumba (m. as in clay);
foloma (m. as in set forms).

moulder (n) umbumbi. (v) vunda;
bola.

moulding (n) into ebunjiweyo; okwe-
nziwe ngefoloma.

mouldy (a) -khuntile; -khuthile.

moult (n) ukwebuza; umebuzo; uku-
hluba. (v) ebuza, khula.

mound (n) indunduma; isiduli;
igquma; inqwaba. (v) nqwabela.

mount (n) intaba; ihashi; isilwane
esigitshelwayo; ucwecwe lwekhadi-
bhodi lokunamathisela isithombe
(m. for picture). (v) khwela,
enyuka, khuphuka (climb); gibela

ihashi (m. a horse); ntshingila (m. guard); misa (m. in position); namathisela isithombe ekhadibhodini (m. a picture); zeka, bhebha, khwela (m. as of animals).

mountain (n) intaba; ukhahlamba, ubombo (range of mountains); ugoma lwezintaba (chain of mountains); unqenqema (m. ridge); ingele (m. side).

mountaineer (n) inkweli yezintaba. (v) khwela izintaba.

mountainous (a) -zintabantaba.

mountebank (n) umkhohlisi; imbulu.

mounted (a) -khwele ehashini; unongqayi (m. police); -nanyathiselwe ekhadibhodini (m. as a picture).

mourn (v) khala; lila; zila; dabuka; dabukela; khalela; lilela.

mourner (n) umlili; odabukelayo; oshonelweyo.

mournful (a) -dabukile; -dabukisayo; -khedamisile.

mourning (n) isililo; inzilo; izingubo zokuzila (m. clothes); izilo (m. period).

mouse (n) igundane; igundwane; impuku; imbiba (field m.); ingoso (shrew m.).

moustache (n) idevu.

mouth (n) umlomo; isibhobo (opening); isizalo (m. of river); dangala (be down in the m.).

mouthful (n) umthamo; ithamo; umhabulo.

mouth-organ (n) imfiliji.

mouthpiece (n) umlomo; indawo okukhulunyelwa kuyo; umkhulumeli (spokesman).

movable (a) -nokususwa; -nokunyakaziswa.

move (n) ukuthi nyaka; ukuqhubeka (in board games); icebo (plan); isisambatheko (wrong m.); isinyonyobela (sly m.). (v) susa; nyikinya; sunduza; nyakazisa; fuduka; vusela umhawu (m. to pity); thukuthelisa, vusa ulaka (m. to anger); phakamisa, enza isiphakamiso (propose); suka, thutha (move residence); yaluza (m. about); zilazila (m. restlessly); qhubeka (m. along); gudluka, qhela (m. aside); suduka, fuduka (m. out of way); ngena (m. in); phuma (m. out); zungeza, zungeleza (m. round); qhubekela phambili (m. forward).

movement (n) ukunyakaza; ukuhamba; ukuzamazama; umhlangano (organization).

movie (n) ibhayisikobho.

mow (v) gunda; sika.

mown (a) gundiwe; utshani obusanda ukugundwa (new-mown grass).

much (n. & a.) okuningi; okukhulu; ngakanani? (how m.?); kubizani? (how m. is it?); -ngaka, -ngako (so m.); okungaka futhi (as m. again); lokhu sekweqile (this is too m.); -ningi; -khulu; -vamile. (adv.) kakhulu; kaningi; okuningi ngokweqile (m. too m.); -cishe, -cisho (nearly); bacisho bafanane (they are m. alike); kangaka (so m.).

muck (n) imbucumbucu; inkucunkucu.

mucous (a) -phathelene namafinyila, -yimbicimbici; ulwebu oluphakathi emzimbeni olukhihla imbicimbici (m. membrane).

mucus (n) imbicimbici; amafinyila (nasal m.); isikhwehlela (phlegm).

mud (n) udaka; ubishi (deep m.); imbacambaca (slushy m.); bhacela; bhaceka (throw m. at). (v) thela udaka; thela ngodaka.

muddle (n) isiphithiphithi; ididiwane; ukudideka (be confused). (v) phithanisa; phithizisa; dida; sanganisa.

muddle-headed (a) -yisilathalatha.

muddy (v) dunga; nameka ngodaka. (a) -dungekile; -mbaxambaxa; -nodaka.

muff (n) into eyisikhwama yokufudumalisa izandla; ukutatazela (bungling). (v) tatazela (bungle).

mufti (n) ummeli womthetho wobu-Sulumani; izingubo zasekhaya (not uniform).

mug (n) inkomishi engumgqonyana.

mulatto (n) ikhoboka.

mulberry (n) umalibhele; uhlobo lwesihlahla esithela izithelwana ezidliwayo.

mulch (n) isembezo sezibi nemvundela. (v) emboza ngezibi.

mulct (v) hlawulisa; khiphisa; khokhisa.

mule (n) umnyuzi; umuntu onenkani (obstinate person).

mulish (a) -njengomnyuzi; -nenkani.

multimillionaire (n) umuntu onezigidigidi zemali.

multifarious (a) -nhlobonhlobo; -ningi.

multiple (n) isibalo esiqukethe esinye isibalo; umphumela wesiphindi. (a) -ninginingi; ukubeletha amaphahla (m. birth); ukulimala ezithweni eziningi (m. injuries).

multiplication (n) ukuphindaphinda; ukwandisa; uphawu lokuphindaphinda (m. sign).

multiplicity (n) ubuninginingi.

multiplier (n) isiphindi; isibalo okuphindwa ngaso.

multiply (v) phindaphinda; andisa; anda, chuma (increase in number).

multitude (n) uquqaba; udolonzima; okuninginingi.

mumble (v) dokoza; humuza; vungazela; mungazela.

mummy (n) isidumbu esomisiwe ukuze silondolozwe.

mumps (n) uzagiga.

munch (v) mumutha; bebetha.

mundane (a) -phathelene nezinto zomhlaba.

municipal (a) -kakopoletsheni; -kamasipalati; -phathelene nedolobha.

municipality (n) umasipala; uzibuse wedolobha.

munificent (a) -lihlaphahlapha; -hlaphazayo; -khulu.

mural (n) umhlobiso osodongeni. (a) -enziwe odongeni; -phathelene nodonga.

murder (n) icala lokubulala umuntu ngamabomu; ukubulala umuntu ngamabomu. (v) bulala umuntu ngamabomu.

murderer (n) umbulali; obulala umuntu ngamabomu.

murderous (a) -qonda ukubulala umuntu.

murky (a) -hwaqabele; -fiphele.

murmur (n) inhlokomo; imvungamo; insolo (complaint). (v) hlokoma; chwaza; vungama; sola (complain).

muscle (n) umsipha; isicubu; inhlali (sinew); inkonyane (bicep); isihluzu (m. in the calf of leg); amajaqamba (m. cramp).

muscular (a) -emisipha; -yisijaqaba (heavily built).

muse (n) ukundwema. (v) ndwema; zindla; cabanga.

museum (n) imyuziyemu; indlu okubekwa kuyo izinto zokubukwa njengezinto zasendulo nezinyamazane nezinyoni nani nani.

mushroom (n) inkowankowane; inko-

wane; ikhowe (large type of edible m.). (a) -khulayo ngokushesha (m. growth).

music (n) umnyuziki; imvunge; ukuhlabelela nokushaya izimfijoli; umculo.

musical (a) -emnyuziki; umqangala wemvunge (musical instrument); ukunambithisa umculo (m. appreciation).

musician (n) ingcweti yemnyuziki; isazi semnyuziki.

musket (n) uhlobo oludala lwesibhamu.

musketry (n) ukudubula izibhamu.

muslin (n) ithwethwesi; ulembu; umazilini.

mussel (n) imbaza; inkwethu.

must (n) uju lwamagilebhisi; ukukhunta (mustiness). (aux. v.) -fanele; -mane; -musa (m. not).

mustard (n) umasitadi; okokunonga inyama.

muster (n) ukubuthana. (v) buthana; butha.

mutable (a) -ngaphenduka; -ngaguquka.

mutation (n) ukuphenduka; ukuguquka.

mute (n) isimungulu (dumb person); isiduli (deaf person); intwana yokunciphisa umsindo (muffle). (a) -thulile (silent); -yisimungulu (dumb).

mutilate (v) cwiya; ona; nquma izitho; sikasika.

mutilation (n) umcwiyo; ukunqumanquma.

mutineer (n) isihlubuki; ihlubuka; ovukela umbuso.

mutinous (a) -hlubukayo; -vukela abaphathi; -ambukayo.

mutiny (n) ukuhlubuka; ukuvukela umbuso; ukwambuka. (v) hlubuka; vukela umbuso; ambuka.

mutter (v) mungunya; bubula; vungazela.

mutton (n) inyama yemvu; inyama yesiklabhu.

mutual (a) -okuphambaniselana omunye nomunye.

muzzle (n) impumulo (of animal); umlomo, umbhobho (of gun); isimfonyo (m. for an animal). (v) faka isimfonyo (m. an animal); enza isimuku (restrain speech, gag).

muzzle-loader (n) isibhamu esihlohlwa

izinhlamvu ngomlomo.

my (a) -mi; indlu yami (m. house).

myriad (n) okuninginingi. (a) -ninginingi.

myriapod (n) isilwane esinemilenze eminingi njengeshongololo.

myrrh (n) uhlobo lwenhlaka engamakha.

myself (pron.) mina; mina luqobo; ngedwa (by m.).

mysterious (a) -nswempu; -fihlakele; -sithekile; -ngaqondakali; -yinkinga.

mystery (n) isimanga; imfihlakalo; ubunswempu; inkinga.

mystic (n) okholwayo ukuthi amaqiniso atholakala ngokulalela nokuthobela uMoya oNgcwele. (a) fiphele; -yinkinga; -omlingo.

mystify (v) dida; sithibeza; fiphaza.

myth (n) inganekwane; insumansumane; okuqanjiweyo.

mythology (n) isifundo esiphathelene nezinganekwane.

N

nag (n) ihashi; ihashana.

nag (v) belesela; thetha njalc.

nagana (n) unakane.

nagmaal (n) isidlo seNkosi esontweni lamaBhunu.

nail (n) isipikili; uzipho (finger or toe n.); shaya emhloleni (hit the n. on the head). (v) bethela; faka isipikili.

naive (a) -obungane; -obuntwana; -njengokwengane; -ngenamacebo.

naivete (n) ubuqotho benhliziyo njengobengane.

naked (a) -ze; -nqunu; -qulusile; -ngembethe; nquna (go n.); bona ngeso uqobo (see with the n. eye).

name (n) igama; ibizo; isibongo (clan n.); isithakazelo (praise n.); isifekethiso (baby n.); igunya (authority); udumo; zenzela udumo (make a n. for oneself); umkhokha (good n.); isihlamba (bad n.). (v) etha; qamba; biza; biza ngegama la- (n. after).

nameless (a) -ngenabizo; -ngenakushiwo.

namely (adv.) ngokuthi.

namesake (n) ubizo; ugama.

nap (n) isihlambi; isihlwathi; imbu- nga, umsendo (n. on material). (v) -thi hlwathi; enzekala engazelele (caught napping).

napery (n) izindwangu ezisetshenziswa endlini.

naphtha (n) uzamlandela.

napkin (n) indwangu yokusula umlomo (serviette); umsubelo; inabukeni (child's n.).

narcotic (n) umuthi olalisayo; umphoziso. (a) -lalisayo; -phozisayo.

narration (n) ingxoxo; ukulandisa.

narrate (v) landa; zeka; tshela; xoxa.

narrative (n) ukulandisa; isilando; ixoxo; ingxoxo. (a) -landayo; -xoxayo.

narrow (v) nciphisa; minyanisa. (a) -mcingo; -minyene; -ncane; -nengqondo emfishane (n. minded); ukusinda ngokulambisa (a n. escape).

nasal (n) umankankana (gram.). (v) nkankaza (nasalize). (a) -empumulo; -ekhala; isifo samankanka (n. catarrh); imbobo yekhala (n. passage).

nasty (a) -bi; -casulayo; -nukubele; -nensila (dirty).

Natal (n) iNatali. (a) -aseNatali; uzozo (N. sore); ithunduluka (N. plum).

natal (a) -phathelene nendawo yokudabuka; -phathelene nokuzalwa.

nates (n) izinqe.

nation (n) isizwe.

national (n) owesizwe. (a) -esizwe.

nationalism (n) ukwazisa ubuzwe nokuhlangana kwesizwe.

nationality (n) isizwe; isizalo; uhlobo.

nationalize (v) beka phansi kombuso wesizwe.

native (n) owomdabu; owokuzalwa; umuntu. (a) -okuzalwa; -abomdabu; amasiko abomdabu (n. customs).

nativity (n) ukuzalwa; ukuzalwa kukaJesu.

natural (n) isiwula; isiphukuphuku. (a) -yimvelo, -kokuzalwa (inborn); -omhlaba (of the world); isayensi ephathelene nezinto zonke zomhlaba (n. science); -njengokuzalwa (according to nature).

naturalist (n) ofunda nowazi ngokwemvelo nemvelo.

naturalize (v) nikeza amalungelo okuzalwa ezweni (make a citizen); jwayeza (acclimatize).

naturally (adv.) kusobala; nempela;

kambe; ngesimo soqobo (natural manner).

nature (n) imvelo; isimo; isimilo; isidalo; ubuntu (human n.); ubulwane (beastial n.); imithetho yemvelo (laws of n.); isifundo ngezemvelo (n. study).

naught (n) ize; enza ize (set at n.); phelela phansi, phelela emoyeni (come to n.); unothi (arith.).

naughtiness (n) ukuganga; ubuhlifithana.

naughty (a) -gangile; -hlifithekayo.

nausea (n) isicanucanu; injimbilili.

nauseate (v) nenga; canula; casula; cunula; casuzelisa inhliziyo.

nauseous (a) -cunulayo; -casuzelisayo; -nengayo.

nautical (a) -phathelene nobutilosi; -phathelene nemikhumbi nolwandle; imayela lasolwandle (n. mile).

naval (a) -emikhumbi yempi; -asolwandle; isiwombe sempi yemikhumbi (n. engagement).

navel (n) inkaba; isibhumu (n. hernia); uhlobo lwewolintshi elinenkaba (n. orange).

navigable (a) -nokuhanjwa yizikebhe.

navigate (v) hambisa umkhumbi; qondisa umkhumbi; qondisa ibhanoyi.

navigation (n) ukuhanjiswa kwemikhumbi; ukuqondiswa kwamabhanoyi.

navigator (n) umhlahli wendlela; umqondisi womkhumbi.

navvy (n) isisebenzi esimbayo.

navy (n) imikhumbi yempi.

nay (adv.) qha; hayi.

Nazi (n) umuntu weqembu elithile elaliholwa nguHitler waseJalimani.

neap (a) ibuya elibakhona uma inyanga isanda ukufa noma isizogcwala lithi uma kunjalo lingangeni lingabohli kakhulu. (n. tide).

near (a) -seduze; isihlobo esisondelene ngegazi (n. relative). (adv.) eduze; budebuduze, buqamama (a fair distance); kancane; kafuphi. (prep.) eduze na-.

nearly (adv.) -cishe.

near-sighted (a) -ngaboni kude.

neat (a) -cilikishiwe; -nobunono; -ngaxutshiwe (not mixed); -qinile (clever).

neatness (n) ubunono; ubuciko (cleverness).

nebulous (a) -ngabonakele kahle; -fiphele.

necessarily (adv.) kuswelekile; kufuneka.

necessary (a) -swelekile; -dingekile; -funekayo.

necessitate (v) enza kufuneke.

necessitous (a) -ntulayo; -dingayo.

necessity (n) indingeko; inswelakalo; ukufuneka.

neck (n) intamo; umqala; uginxi (narrow connecting part); intunjana lapho kungakhandwana khona (bottle-n.).

necklace (n) umgexo; ubuhlalu basentanyeni.

necklet (n) umlengiso; umyeko; ubande.

necromancy (n) ubungoma; ukubhula.

nectar (n) umpe; amanzana amnandi asezimbalini; utshwala bamakhosi ezinganekwaneni.

nectary (n) indlala yompe.

need (n) inswelakalo; ukuntula; swela, ntula, dinga (be in n. of); ubumpofu (poverty). (v) dinga; swela; ntula.

needful (a) -funekayo; -dingekile; -ntulekile; -silele.

needle (n) inalithi; usungulo; ibhudle (thatching n.); umthungo (needlework).

needless (a) -ngafuneki; -ngadingeki.

nefarious (a) -khohlakele; -ngalungile; -bi.

negation (n) isilandulo; ukwenqaba (refusal); ukuphikisa (dispute).

negative (n) ukwala (refusal); inekethivu (n. of photo.). (v) phikisa; enqaba. (a) -phikayo; -landulayo; impendulo elandulayo (a n. answer).

neglect (n) ukunganaki; ukuyeka. -nganaki; vabaza; vambaza; yeka.

neglectful (a) -vabazele; -nganaki; -yekayo.

negligence (n) ukuyekelela; ubudenga; ukunganaki.

negligent (a) -nganaki; -yivathavatha; ukuphatha dedengu (be n.).

negligible (a) -ngenakukhathalelwa; -yize.

negotiate (v) lungisana; vumelana; dlulisela komunye.

Negro (n) umuntu onsundu waseAfrika.

neigh (n) ukukhala kwehashi. (v) yiyiza.

neighbour (n) umakhelwane. (v) encikana na-; nengelana na- (n. on).

neighbourhood (n) lapho kwakhelene khona abantu; ebudebuduze; isifunda (wide n.).

neighbourly (a) -nokudlelana; -nokuzwana.

neither (a. pron.) noyedwa; nokodwa. (conj.) noma . . . . . noma (n. nor).

neophyte (n) umuntu osanda ukuphenduka; imfundamakhwela.

nephew (n) umshana; umfana ongumntakadade.

nephritis (n) isifo sezinso.

nepotism (n) umkhuba womphathi wokufunela abakubo izikhundla.

nerve (n) umuzwa; isibindi (courage). (v) qunga isibindi.

nerveless (a) -yendile; -ngathukiyo.

nervous (a) -emizwa; uhlelo lwemizwa (n. system); ukwehluleka kwemizwa (a n. breakdown); -ephaphile, -ethuka izanya, -twetwezele (excitable, fearful).

nervy (a) -nesibindi (courageous); -netwetwe, -namathezane (excitable, timid).

nest (n) isidleke (bird's n.); ifuku (n. of mice); isixheke (wasp's n.); -ziqongelela imali (feather one's n.). (v) akhela; akhela isidleke.

nest egg (n) okuqalwa ngakho ukuqongelela; okubekelelwayo; iqanda mbumbulu elibekwa esidlekeni senkuku (imitation egg in nest).

nestle (v) khosela; -thi koto; sondela ngokukhosela.

nestling (n) iphuphu; ichwane lenyoni.

net (n) inetha; inetha lezinhlanzi (fish n.).

net, nett. (a) -yinsalela; inzuzo eseleyo sezikhokhwe zonke izindleko (n. profit).

nether (a) -aphansi; izwe labafileyo, izwe lamadlozi (the n. world).

netting (n) okuyisisevo; okwelukwe kwafana nenetha; ucingo oluyisisevo (wire n.).

nettle (n) imbabazane; imbati. (v) cunula; nqawuzisa.

neural (a) -phathelene nohlelo lwemizwa.

neuralgia (n) ubuhlungu bemizwa ikakhulu ekhanda nasebusweni.

neurosis (n) isifo sohlelo lwemizwa.

neurotic (n) oguliswa imizwa. (a) -guliswa yimizwa ikakhulu lapho kungabonakali kahle ukuthi yisifo sini.

neuter (n) ubulili bento (n. gender); impambosi yokwenzeka (n. form).

neutral (n) uqazeyahlulwayo. (a) -ngagaxekile; -ngaqhamisisi uhlobo; -ngahlangene nabani.

neutralize (v) enza kuphelelwe amandla; thena amandla.

never (adv.) nanini; naphakade; ngeke; -phinde; -zange; -bonazc; angibonange ngimbone (I n. saw him).

nevertheless (conj.) kodwa; nokho; kanti nokho.

new (a) -sha; -saqalwa; -kwanamuhla; inyanga ethwese (n. moon).

newfangled (a) -vele kabusha.

newly (adv) kabusha; busha; saqalwa.

news (n) izindaba; bikela (break the n.).

newspaper (n) iphephandaba; inyuziphepha.

next (a) -landelayo; -seceleni kwa- (n. to); -zayo; isonto elizayo (n. week). (adv.) emuva kwalokho.

nib (n) inibhu.

nibble (v) bebetha; cozula; ncozula; ququda.

nice (a) -hle; -mnandi; -bukekayo (n. looking); klabusile (n. tasting).

nicety (n) isinwe; umcilikishane.

niche (n) ingosi; isikhundla.

nick (n) ukuthi qopho. (v) qopha.

nickel (n) uhlobo lwensimbi elukhuni emhloshana evama ukuhlanganiswa nezinye izinsimbi; uhlamvu lwemali yaseMelika (5 cent piece).

nickname (n) isifekethiso; isigcono; isifenqo. (v) etha ngesifenqo.

nicotine (n) umuthi osenjimbilini ephuma kugwayi uma ushiswa; inikothini.

niece (n) umshanakazi.

niggard (n) isincishani. (a) ncishanayo.

niggardly (a) -ncishanayo; -khwantule; -mbanyayo.

nigh (adv.) eduze.

night (n) ubusuku; ubusuku bayizolo (last n.); lala kahle (good n.); phakathi kwamabili (the middle of the n.).

night-adder (n) inhlangwane.

nightcap (n) isigqoko sokulala; utshwala obuphuzwa ngesikhathi sokulala (drink).

nightmare (n) iphupho elisabisayo.

night-soil (n) okwasemabhoshi.

night-watchman (n) ugqayinyanga; umantshingelana.
nil (n) ize; ukungabibikho.
nimble (a) -yathuzele; -lula.
nine (n. & a.) isishiyagalolunye; unayini.
nineteen (n. & a.) ishumi nesishiya-galolunye.
ninety (n. & a.) amashumi ayisishiya-galolunye.
ninth (n) ingxenye yesishiyagalolunye. (a) -esishiyagalolunye.
nip (n) ukuthi zathu; ithamo (small (drink). (v) ncinza; zathuza; ncweba; nqunta (n. off); zeca (n. in two); vimbela kusavela (n. in the bud).
nipple (n) umbele (animal); isibele, ingono (human); okusambele emshi-nini (oil n. on machinery).
nirvana (n) ukufinyelela ekubuseni okuphelele njengokwenkolo kaBhu-da.
nit (n) umnoyi.
nitrogen (n) inayitrojeni; ugesi onga-bonakali ongezwakali ngephunga kodwa ovame kakhulu emoyeni.
nitwit (n) umuntu ongahlakaniphile; umuntu ongebukhali.
no (a) asinamanzi (we have n. water); nempela, empeleni (n. doubt); -ngabingaphansi kwa- (n. less than). (adv.) akangcono nakancane (he is no better); angisayisebenzisi (I use it n. more); qede (n. sooner); qha, qhabo, cha, hayi (not so).
nobility (n) amakhosi ohlanga; izikhulu; ubuntu; isithunzi.
noble (n) isikhulu; owasemakhosini. (a) -obuntu; -esithunzi; isenzo sobu-qhawe (n. deed); -asemakhosini.
nobleman (n) owasebukhosini; isi-khulu.
nocturnal (n) -asebusuku; -hamba ebusuku.
nod (n) ukuthi leku. (v) lekuza; nqekuza; nqekeza; yenda; umuntu omazi ngokumbingelela nje (a nod-ding acquaintance).
node (n) ilunga; isigaxa (protube-rance).
nodule (n) iqhuzwana; isigaxana.
noggin (n) inkomishana.
noise (n) umsindo; isaho; ingomane (loud n.); ubuwohlowohlo, ubuwolo-wolo (rumbling n.); ubugudlugudlu (rattling n.); banga umsindo, klaba-

lasa (make a n.). (v) sakaza, azisa (n. abroad).
noisome (a) -nququ; -nukayo kabi; -cunulayo.
noisy (a) -nomsindo; -xokozelayo.
nomad (n) umhambuma; uzulane; umuntu ongakhi ndawonye (a) -zulazulayo.
nomadic (a) -zulazulayo; -ngahlali ndawonye.
nom de plume (n) igama mbumbulu; igama azifihla ngalo umuntu.
nomenclature (n) ihlelo lokubhalwa kwamazwi.
nominal (a) -okushiwo nje; -ligama nje; umuntu ozishaya ikholwa (a n. churchman); -amabizo, -ibizo (re nouns).
nominate (v) phakamisa; beka; kho-mba.
nomination (n) ukuphakanyiswa; uku-bekwa; ukuphakamisa.
nominative (n) umenzi (gram.). (a) -ngumenzi.
nominee (n) ophakanyisiweyo; obeki-weyo.
nonchalant (a) -nganakiyo; -ngena-ntshisekelo.
non compos mentis (a) -ngengqondo engahluzekile kahle.
noncomformist (n) ongavumelani ne-mithetho; ongahambisani nezimiso zeBandla leSonto.
nondescript (a) -ngenaluhlobo; -ngena-kuchazeka kalula.
none (pron.) akukho (there is n.); namunye wabo (n. of them).
nonentity (n) umfokazana; inkulungu.
nonsense (n) ubuthutha; ubulima; umbhedo; okuyize.
nonsensical (a) -ngubuthutha; -oku-bheda; -yize.
nook (n) ingosi; igumbi; igosi.
noon (n) imini; imini uqobo; imini bebade.
noose (n) isihibe; inkilela. (v) hilela; kilela.
nor (conj.) noma; noma......noma (neither......nor).
norm (n) ihlelo; inkambiso; imvama.
normal (a) -lunge nohlelo; -ngoku-vamile; -phelele; akaphelele (he is not n.).
north (n) inyakatho. (a) -asenyakatho; ipholi yasenyakatho (n. pole). (adv.) enyakatho.
north-east (n) inyakatho-mpumalanga.

north-west (n) inyakatho-ntshonalanga.

northern (a) -asenyakatho.

Norwegian (n) iNoki; isiNoki (language). (a) -amaNoki; -esiNoki.

nose (n) ikhala; impumulo; izukumba (pug n.); sebenzisisa (keep one's n. to the grindstone); donsa ngesimfonyo (lead by the n.); inhloko (projecting end); umongozima (n. bleeding). (v) hogela, nuka, faka ikhala (smell).

nostalgia (n) ukukhumbula ekhaya.

nostril (n) ikhala.

nostrum (n) ikhambi lokwelapha.

not (adv.) angiboni (I do n. see); asibonanga (we did n. see); qhabo (n. so).

nota bene (v) qaphela okulandelayo; qaphela okubekiwe; qaphela kahle.

notable (a) -negama; -dumile; -qhamile.

notary (n) ummeli wokulungisa izivumelwano.

notch (n) ukuqopha; inkotho; isifaxa. (v) qopha; faxaza.

note (n) inothi (musical); uphawu (sign); amazwi abhaliweyo (in writing); incwajana (short letter); qaphela (take n.); indoda enodumo (a man of n.); imali yephepha (bank notes); incwadi yesithembiso (promissory n.). (v) qaphela; bona; bhala phansi, loba (record).

noteworthy (a) -fanele ukukhunjulwa; -dumile; -gqamile.

nothing (n) ize; inkongolo; akulutho (it is n.); mahala (for n.); shaba (come to n.).

notice (n) isimemezelo; isaziso; umnako (attention); -nganaki (take no n.); nothisa (give n. to). (v) naka; phawula; bheka; bona.

notifiable (a) -fanele ukubikwa; -nokubikwa; isifo esibikwayo (a n. disease).

notify (v) azisa; bikela.

notion (n) umcabango; ukuqonda.

notoriety (n) igama elibi; umuntu owaziswa njengomuntu omubi (person of n.).

notorious (a) -negama elibi; -nodumo olubi.

notwithstanding (conj., adv.) nokho; khona; ingani; kanti; kwala.

noun (n) ibizo; ibizongxube (compound n.); ibizoqho (proper n.); ibizomvama (common n.); ibizosimo (abstract n.).

nourish (v) ondla; khulisa; ncelisa; qukatha inzondo (n. ill-feeling).

nourishment (n) okubumba umzimba; ukudla.

novel (n) incwadi enendaba eqanjiweyo; inovele. (a) -yingqala; -mangalisayo; -sha.

novelist (n) umbhali wenovele; umqambi wendaba ebhaliweyo.

novelty (n) ubusha; into entsha.

November (n) uNovemba; uZibandlela.

novice (n) impatha; idliwe; imfundamakhweia.

noviciate (n) isikhathi sokwethwasa; ethwasa.

now (adv.) manje; kalokhu; -se-; uselapha (he is here n.); ukusukela manje (from n. on); ngalesisikhathi (by n.). (conj.) -ke; manje-ke.

nowadays (adv.) namuhla; kulezizinsuku.

nowhere (adv.) neg+ndawo; neg.+naphinaphi.

noxious (a) -onayo; -nokulimaza; -bulalayo; ukhula olumenyezelwe (a n. weed).

nozzle (n) umlomo oxhunywa embhojeni.

nuance (n) umahluko omncane; umahlukwana encaselweni yamagama (a n. of meaning).

nubile (a) -nokushadwa; -sebangeni lokuganwa.

nucleus (n) ubuphakathi bento; iqoqo (a collection); into eyisiqalo ezinye ziqoqelana kuyo (the n. of a collection).

nude (n) ubunqunu; umuntu onqunu; isithombe esinqunu; -nqunu (in the n.). (v) -ze; -nqunu; -ngembethe; -qungquluzile.

nudge (n) umqhubukusho. (v) qhubukusha; gqugquza.

nudist (n) umuntu ohambaze; umuntu ohamba nqunu.

nugget (n) isigaqa; isigaqa segolide (n. of gold).

nuisance (n) isicunulo; inhlupho; inkathazo; bhembesela (be a n. to).

null (a) -yize; -chithekile; -yize ngokomthetho (n. and void).

nullify (v) chitha; phelisa.

nullity (n) okuyize; ubuze.

numb (v) enza kubendikindiki. (a) -ndikindiki; -ngasezwa.

number (n) inamba, isibalo, inombolo (numeral figure); ubuningi, inani, umumo (quantity); isigidi, isigidigidi, iwaka (large n.); ubunye (singular n.); ubuningi (plural n.). (v) bala.

numeral (n) isibalo; inamba; inani. (a) -ezibalo.

numeration (n) ukubala; ukubiza izibalo.

numerator (n) unamba-phezulu (of fraction); umbali (of census).

numerical (a) -phathelene nezinamba; -obuningi.

numerous (a) -ningi; -dlondlobele.

nun (n) indela yowesifazane; isistela.

nuptial (n) umshado (nuptials). (a) -okugana; -omgcagco; -omshado.

nurse (n) unesi; umongi; umzanyana (of child). (v) onga; nesa; ncelisa (at breast); phatha ingane (n. a child); godla isikhalo (n. a grievance).

nursery (n) ikamelo lezingane (children's n.); umlolozelo (n. rhyme); isimiliselo (n. for plants).

nurture (n) ukondla; ukukhulisa. (v) ondla; khulisa; fundisa.

nut (n) inhlamvu yomuthi (n. of a plant); indlubu (ground n.); inati, insinjana ekulufelwayo (n. for bolt).

nutrient (a) -ondlayo umzimba.

nutriment (n) ukudla okondla umzimba.

nutrition (n) ukondleka komzimba; ukondliwa komzimba.

nutritious (a) -ondlayo umzimba; -nokubumba umzimba; -nomongo.

nutshell (n) ugobhozi lwenhlamvu yomuthi; igobolondo; kafushane (in a n.).

nuzzle (v) fumfutha.

nymph (n) intombazana eyayihlala olwandle noma emifuleni eyinganekwane; isiphungumangathi.

nymphomaniac (n) owesifazane obulawa ukuganuka.

O

oaf (n) isithushana; umfokazana.

oak (n) ioki; isihlahla esiveza amapulangwe alukhuni.

oar (n) isigwedlo; umgwedli (oarsman).

oasis (n) umthombo wasehlane; isiqinti esivundile esingasemthonjeni ogwadule.

oats (n) izinhlamvu zeothi; ifolishi; izinhlamvu ezigayelwe iphalishi (porridge o.); -zibusela usemusha ngokunganaki (sow one's wild o.).

oath (n) isifungo; isigamelo; funga (swear an o.); isibhino, isithuko (profanity).

oatmeal (n) impuphu yeothi.

obdurate (a) -nenkani; -lukhuni.

obedience (n) inhlonipho; ukulalela; ukuzwa.

obedient (a) -hloniphayo; -lalelayo; -zwayo.

obeisance (n) ukukhothamela; ukukhuleka.

obese (a) -khuluphele; -zimukile.

obey (v) lalela; zwa; thobela.

obituary (n) umbiko wokufa komuntu; isililo. (a) -okubhalwe ngokufa komuntu.

object (n) impahla, into (thing); igugu (valuable o.); umenziwa (o. gram.); umgomo, umsungulo (aim). (v) ala; nqaba; phika; -ngavumi.

objection (n) izwi lokuphikisa.

objectionable (a) -ngathandeki; -nengayo; -cunulayo.

objective (n) impokophelo. (a) -kamenziwa (gram.).

objector (n) umali; ongavumi; impiki.

obligation (n) isibopho; indingakalo.

obligatory (a) -yisibopho; -ngumthetho obophayo.

oblige (v) siza; jabulisa; bopha, cindezela (compel).

obliging (a) -sizayo; -nezicolo.

oblique (a) -thambekile; -tshekile; -ngaqondile.

obliterate (v) chitha; sula; hlikihla.

oblivion (n) ukukhohlwa.

oblivious (a) -khohliwe; -ngasazi; -ngaboni.

oblong (n) unxande. (a) -ngunxande.

obloquy (n) ihlazo; ukuthethiswa.

obnoxious (a) -onayo; -enyanyekayo; -cunulayo.

obscene (a) -nechilo; -bhinayo; -nenhlamba; isibhino, isithuko, inhlamba (o. talk).

obscenity (n) isihlamba; ukubhina; okulichilo.

obscure (v) fiphaza; sithibeza; sitha (o. from view). (a) -fiphele; -sithekile; -ngaziwa.

obsequies (n) okwenziwayo ekungcwabeni.

obsequious (a) -cebediselayo; -zibhuqayo othulini.

observance (n) ukubona; ukubonwa; ukugcina; ukugcinwa.

observant (a) -qaphile; -bonayo; -neso.

observation (n) ukubona; ukubheka; ukuhlola; ukuhlolisisa; izwana; okuphawulayo (remark).

observe (v) gcina, londa (comply); bona, buka, bheka, qaphela (watch); phawula (remark).

obsess (v) ongamela; onganyelwa (be obsessed with).

obsession (n) umdlinzo; umzindlo.

obsolete (a) -ngasaphathwa; -ngasasetshenziswa; imbuqa (an o. thing).

obstacle (n) isithiyo; imbandezelo; iphuzu; isibambezelo.

obstetrician (n) udokotela wokubelethisa.

obstetrics (n) isayensi yokubelethisa.

obstinate (a) -nenkani; -phikayo; -zimiseleyo.

obstreperous (a) -nqaba ukulalela; -banga umsindo.

obstruct (v) vimbela; thiya; goga; henqa; binda (choke).

obstruction (n) ukuvimbela; inguzunga; umqamekelo; iphuzu; isimiso.

obtain (v) thola; zuza; enana; thenga (purchase); enzeka.

obtainable (a) -nokutholwa; -tholakele.

obtuse (a) -ngacijile; iengele elingaphezulu kuka-90°; buthuntu; phukuzekile (slow-witted).

obverse (n) uhlangothi lohlamvu lwemali noma lwemendlela oluphethe umfanekiso wenhloko. (a) -ngabhekene na-; -alanayo na-.

obviate (v) vimbela; enza kungafuneki.

obvious (a) -bonakele; -gqamile; -sobala.

obviously (adv.) ngokusobala.

occasion (n) ithuba; iphuzu; isikhathi; isisusa; indingeko (need); umkhosi (special event). (v) susa; banga; enza; phemba.

occasional (a) -ngokwethuba; -ngasikhathi.

occasionally (adv.) khathisimbe; ngezinye izikhathi.

occidental (a) -asentshonalanga.

occult (a) -omlingo; -sithekile; -ngabonwa ngamehlo.

occupant (n) ohlalayo khona; umqashi

(one who rents).

occupation (n) umsebenzi; isikhundla; ukuhlala (tenure); ukudla izifunda zezitha (o. of enemy territory).

occupy (v) hlala; thatha; sebenzisa; ukusebenzisa izingane (o. the children).

occur (v) ehlakala; vela; enzeka; fika.

occurrence (n) isehlakalo; isenzakalo; okuvelayo; umhlola, isimanga (unusual o.).

ocean (n) ulwandlekazi.

ochre (n) uhlobo lwebumba; insoyi, isibhuda (red o.).

octave (n) inothi lesishiyagalombili; amanothi ayisishiyagalombili.

October (n) uOktoba; uLwezi.

octogenarian (n) umuntu oneminyaka yobudala engamashumi ayisishiyagalombili.

octopus (n) ingwane; imbambezela.

ocular (a) -amehlo; -bonwa ngamehlo.

oculist (n) udokotela wezifo zamehlo.

odd (a) -yinqaba; -mangalisayo (strange); -dwa (not paired); inamba ewugweje (o. number); -ngenakwahlukaniswa kabili ngokulinganayo kungabibikho insalela (not exactly divisible by 2).

oddity (n) into engavamile emangalisayo.

oddly (adv.) ngokumangalisayo.

oddments (n) imithonselana esalayo (remnants); ingxubevange yezimpahla.

odds (n) isinkiyankiya; ukungezwani (quarrel); amathuba.

ode (n) isosha; inkondlo.

odious (a) -enyanyekayo; -zondekayo; -canulayo.

odium (n) ukucanulwa; inzondo.

odorous (a) -nukayo; -nothungo; -neququ.

odour (n) ukunuka; iphunga; uthungo; isinyakala (bad o.); iququ (body o.).

oesophagus (n) umuminzo; umminzo.

of (pre.) -a- (wa-, ba-, lwa-, sa-, za-, etc); -ngena-; -ngenazikweletu (free o. debt); elapha (cure o.); -njani? (o. what kind); indoda yengcebo (a man o. wealth); endulo (o. old); ukuqala kwa- (the beginning o.); -ngasholutho (o. no consequence); ukuphela kwa- (the end o.); isisusa sa- (the cause o.); isiphetho sa- (the result o.); zwa nga- (hear o.); azi nga- (know o.); -baneqiniso la- (be sure o.); -namahloni a- (be ashamed o.); bulawa yi- (die o.); esaba (be afraid o.); -ziqhenya nga- (be proud o.); ngenxa ya- (because o.); ngamasu a- (by means o.); indodana yomngane wami (the son o. my friend); indlwana yotshani (a small hut o. grass); enziwe ngokhuni (made o. wood); isixuku sabantu (a group o. people); dlala nga- (make a fool o.); imbiza yamanzi (a pot o. water); isaka lommbila (a sack o. mealies); ukuyiloba incwadi (the writing o. a letter).

off (prep.) wa etafuleni (fall o. the table); eduze na-; eduze komgwaqo (just o. the road). (v) wisa (knock o.); eqa, ngqibitha (jump o.); suka, vika (keep o.); wa (fall o.); ncipha (decrease, fall o.); susa, khumula (take o.); nqothula, pheza (break o.); nquma, juqula (cut o.); khumula (pull o.); khumuka (come o.); xosha (drive o.); vimbela (hold o.); baleka (run o.); balekela ku- (run o. to); dleka (wear o.); qedela (finish o.); yeka (leave o.); qhuma (go o., explode); qhenya (show o.); libala (put o., delay); xolela (let o., pardon). (a) amanzi avaliwe (the water is o.); umi kahle (he is well o.); ukudla konakele (the food is o., bad).

offal (n) amanyikwe namathumbu esilwane; okwangaphakathi; imfucumfucu; okulahlwayo.

offence (n) isicasulo; isicunulo; isinengiso; icala; isono; ukuhlasela (attack); thukuthela (take o.); thukuthelisa (give o.).

offend (v) ona; cunula; nenga; hlukumeza.

offensive (a) eyisayo (insulting); -cunulayo, -nengekile (disgusting); -sukelayo, -hlaselayo (attacking).

offer (n) isithembiso. (v) nikela; hlehlelezela; funisa.

offertory (n) umnikelo.

offhand (adv.) ngokudelela; ngokushampuza. (a) -delelayo; -shampuzayo.

office (n) ihovisi; isikhundla; phatha isikhundla (hold o.); umnyango (department); iposihovisi (post o.); ishantshi (charge o.); usizo (service); inkonzo (service in church).

officer (n) ophethe isikhundla; umshadisi (marriage o.); umaqhuzu wempi, induna yempi, iofisa (military).

official (n) onesikhundla; isisebenzi sakwahulumeni (government o.); inceku (o. of chief). (a) -esikhundla; ulimi lombuso (o. language).

officiate (v) ongamela; phatha umsebenzi.

officious (a) -okuphishelekela; -gaxelayo.

offing (n) indawo elwandle eqhelukile ogwini; -seduze nokwenzeka (in the o.).

off-saddle (v) ethula isihlalo ehashini.

offset (n) okulinganisene nokunye (against); imbaxa (offshoot); ukushicilela endaweni engeyiyo (in printing). (v) mela, thengana na-; lemali izomela leyamali eyangilahlekela (this money will o. the money I lost).

offshoot (n) umxhantela; imbaxa.

offspring (n) inzalo; umntwana; isizukulwane; umthelela (additional portion).

often (adv.) kaningi; futhifuthi; kangaki? (how o.?).

ogle (v) buka ngamehlo abonisa uthando.

ogre (n) izimu; izimuzimu.

oil (n) uwoyela; uoyili; amafutha; injimbilili; xolisa (pour o. on troubled waters). (v) gcoba; khatha ngamafutha; thela amafutha.

oilskin (n) indwangu esaseyili ekhathwe ngamafutha.

oilstone (n) umlalazi osetshenziswa namafutha; umlalazi othelwa uwoyela.

oily (a) -amafutha; -bincilizelayo; -namafutha; -lalisayo; -cebedisayo (fawning).

ointment (n) umuthi wokugcoba izilonda; umbheco.

old (n) indulo; endulo (of o.). (a) -gugile, -dala (aged); -asendulo (olden times); igxikiva (o. maid); ubudala, uhlonze (o. age); ixhegu (o. man); isalukazi (o. woman).

olden (a) -asendulo; -endulo (in o. times).

oldfashioned (a) isidala.

olfactory (a) -phathelene nokuzwa ukunuka.

olive (n) umhlwathi, umgwenya, umolivi (tree); iolivi, igwenya (fruit); uphawu loxolo (o. branch). (a) -luhlaza ngokumdaka.

omelette (n) amaqanda axutshwe nobisi nezithokelo asethoswa.

omen (n) ibika; isigameko; umswazi; umbonanhle (good o.); umbonambi, umhlola, isinyama (bad o.). (v) bikezela.

ominous (a) -bikayo okubi; -shayisayo uvalo; -nemihlola.

omission (n) iphutha; isulubezi; ukushiya; into eshiyiweyo (thing omitted).

omit (v) shiya; yeka; phutha.

omnibus (n) ibhasi; imoto enkulu yokuthwala abantu. (a) -phathelene nezinto eziningi.

omnipotent (a) -namandla onke.

on (prep.) ma phezu kwetshe (stand o. the stone); endleleni (o. the road); phansi (o. the floor); phezulu (o. the top); isigqoko esisekhanda (the hat which is o. the head); emsebenzini (o. duty); ngokuyiqiniso (o. good authority); imiqondo ngodaba (thoughts o. the matter); ngasempumalanga (o. the east); ngaphesheya (o. the other side); ngoLwesibili (o. Tuesday); ngangomuso (o. the morrow); ngamabomu (o. purpose); ngokuphikisayo (o. the contrary); ngenxa, ngenxa ya- (o. account of); ngalokho (o. that account); okheleka (bc o. fire); ngezinyawo (o. foot); isinyelela (o. the sly); -ma nqo (stand o. end); phendukela (turn o. one's back); hlasela (make an attack o.); thembela ku- (depend o.). (adv.) isimbozo sibekwe phezulu (the lid is o.); amanzi asevulelwe (the water is turned o.); siza (help o.); qhubeka (go o.); hamba (walk o.); sasazela (urge o.); phumelela (get o); khwela (get up o.); bambelela (hold o.); bophelela (tie o.); namathelisa (stick o.); gqoka (have o.. dress); banga (bring o.); vulela (turn o.); phambidlana (a little further o.). (a) -seduze; indawo enganeno (the o. side).

once (n) isikhathi sinye; lesisikhathi sodwa (this o); khona manje, khona manjalo (all at o.); kanye zwi (only o.). (adv.) kanye; kanye futhi (o. more); noma nini nxa ngithola ithuba (when o. I get the opportunity); uma kukekokheleka (if o. lighted); kwake, kwesukela (formerly, o. upon a time).

one (n. & a.) -nye; ngabanye (o. by o.); inxenye (o. part); munye ngamunye (o. at a time); usuku oluthile (o. day); usho kuphi? (which o. do you mean?). (pron.) umuntu; thandana (love o. another).

onerous (a) -nzima; -sindayo; -lukhuni.

one-sided (a) -lukeke; -nganhlanye.

onion (n) uanyanisi.

only (a) -nye; -dwa. (adv.) nje; kuphela; uma nje (if o.). (conj.) kuphela; kodwa; ukuba (o. that).

onomatopoeia (n) ifuzamsindo; ukufuzisela.

onset (n) isiwombe; ukusukela; ukuqala.

onslaught (n) isiwombe; isiyelo; ukuhlasela.

onus (n) ubuzima; icala; igunya.

onward (adv.) phambili; ngaphambili.

ooze (n) imbicimbici. (v) bhiciza; mfoma; qhinsika (o. out).

opaque (a) -fiphele; -ngabonisisi.

open (n) ubala; obala; oqangqalazini (in the o.). (v) vula; vuleka; thunguluka; qhiwuka; nyewuka, cazuka (o. out); hlekeka (o. up); vulekela (o. into); khamisa (o. mouth); qalisa (commence). (a) -vuliwe; -vulekile; -golozele (wide o.); gqekeza (break o.); -obala (in the o.); -enekiwe, -ngenamacebo, sobala (not secret); -nganqunyiwe (undecided).

opening (n) ukuvula; ukuqala; isango, umnyango, isikhala, intuba, intunja (space, o. in); umqhewu (o. in garment); umvulo (o. of function); ithuba (opportunity). (a) -qalisayo; -okuvula.

openly (adv.) obala; phambi kwabantu.

opera (n) umdlalo wokuhlabelela nokudansa; iopera; amafelikiki, izibonakude (o. glasses).

operate (v) enza; sebenza; sebenzisa; hlinza (surgically).

operatic (a) -phathelene neopera.

operation (n) umsebenzi; ukusetshenziswa; ukusebenza; ukwenza; ukuhlinza, ukuhlinzwa (surgical o.).

operetta (n) umdlalo weopera omfishane.

ophthalmia (n) isishiso samehlo; isifo samehlo.

opiate (n) umuthi olalisayo; umuthi odambisa izinhlungu.

opinion (n) umbono; ukucabanga; iseluleko somthetho (legal o.); beka umqondo (give an o.).

opinionated (a) -gxilayo emiqondweni yakhe.

opium (n) umuthi odambisa ubuhlungu nodakisayo; iophiyamu.

opponent (n) olwayo; ophikisene na-; isitha; umufo.

opportune (a) -enzekayo ngesikhathi esihle; -enzekayo ngesikhathi esifaneleyo.

opportunist (n) umphangimathuba.

opportunity (n) ithuba; isithuba; isikhala.

oppose (v) nqaba; phikisana na-; melana na-; qagulisa (o. in debate).

opposite (n) okuphambene na-. (a) -bhekene na-; -phambene na-; qondana (be o. one to another). (adv.) malungana; maqondana; mayelana.

opposition (n) ukumelana; umzukululu; abaphikisene na-; iqembu elingakhethelwanga uhulumeni (parliamentary o.).

oppress (v) phatha ngokhahlo; cindezela; hlupha.

oppression (n) imbandezelo; ukhahlo; ukuhlupheka.

opprobrium (n) isihlamba; ukuthuka; ukuqalekisa.

optic (a) -phathelene namehlo; -ngamehlo; -ngokubona; umuzwa omkhulu weso (o. nerve).

optical (a) -phathelene nokubona; -phathelene nezibuko zamehlo; ukukhohliseka kwamehlo (o. illusion).

optician (n) isazi sokuhlela nokwenziwa kwezibuko zamehlo.

optimism (n) ithemba lokuhle.

optimist (n) othembela okuhle njalo; umbonanhle.

optimum (n) okuhle kakhulu mayelana nokuthile; okukhulu impela mayelana nokuthile.

option (n) ukhetho; ukuziqomela; ukuzikhethela; thatha igunya lokukhetha kuqala (take a first o. on).

optional (a) -nokukhethwa ngokuthanda.

opulent (a) -nothile; -cebileyo.

or (conj.) kumbe; noma; mhlawumbe; khathisimbe; hleze.

oracle (n) umlomo wesithixo; impendulo yesithixo; indawo lapho kwakutholakala khona imibiko yesithixo.

oracular (a) -phathelene nempendulo yesithixo; -ngaqondakali kahle (obscure); -bikayo okubi (prophesy of evil).

oral (a) -khulunywe ngomlomo; umlando ongabhaliwe (o. tradition); okuxoxwa ngomlomo (o. composition).

orange (n) iwolintshi.

orangoutang (n) imfene enkulu yasemahlathini asempumalanga.

oration (n) inkulumo; intshumayelo.

orator (n) umshumayeli oqaphuzayo; ingcweti yokukhuluma.

oratory (n) ubuciko bokukhuluma; ikamelo lokuthandaza.

orb (n) imbulunga; imbulunga eyisimiso somhlaba wonke.

orbit (n) indlela emkhathini wesibhakabhaka (o. in the heavens); ingoxi yeso (eye-socket).

orchard (n) ingadi yemithi yezithelo.

orchestra (n) abashayi bezigubhu nemiqangala kanyekanye; iokhestra.

ordain (v) beka umthetho; misa; beka, gcoba (o. a minister).

ordeal (n) inhlupheko.

order (n) uhlu; uhlelo; hlela (put in o.); -lungile (in good o.); -ngalunganga (out of o.); phatha, thulisa (keep in o.); misa kahle (keep a place in o.); uhlobo (class); okhwahla (the lower orders); -gcotshelwe ubupristi (in holy orders); umyalo, umyalezo, isimiselo (command); ngokugunyazwa (by o.); ioda, ukubiza izimpahla (o. as from a store); ukuba, ukuthi (in o. to). (v) layeza; thuma; phathisa; khakhabisa, xosha (o. away); oda, biza (o. as from a store).

orderly (n) umtatamisi (hospital o.); inceku; (a) -hlelwe kahle; -nobunono; -nesu.

ordinal (a) -vezayo ukulandelana okufanele; izinamba ngokulandelana kwazo ezikhomba ukuthi okwesingaki (o. numbers).

ordinance (n) isimiselo; isimiso; umthetho.

ordinarily (adv.) imvama; emvameni.

ordinary (a) -vamile; -jwayelwe; -yinqaba, -yivelakancane (out of the o.); -ngenamkhuba (inferior).

ordination (n) ukubekwa; ukumiswa; ukugcotshwa.

ordure (n) amasimba; indle; uthuvi.

ore (n) umkhando; insimbi isahlangene namatshe.

organ (n) ugubhu, iogani (musical); isitho (biological); into yomsebenzi, umlomo (instrument).

organic (a) okunekhabhoni, okuvela kokwake kwaphila (biological); -phathelene nezitho zomzimba (of the organs).

organism (n) okuphilayo.

organist (n) umshayi wogubhu.

organisation (n) ukuphathwa komsebenzi nokuhlelwa kwawo ngesu; inhlangano (association); ibandla (religious o.).

organize (v) hlela; hlanganisa ngesu; hambisa ngesu.

orgy (n) umbuthano wezidakwa nabaziphathisa okwamahathanga.

orient (n) impumalanga; amazwe asempumalanga.

oriental (n) umuntu wasezweni lasempumalanga. (a) -asempumalanga.

orientate (v) qondisa ngasempumalanga; -zihlola ukuba kubhekwe ngaphi.

orifice (n) imbobo; umlomo; intunja.

origin (n) umdabu, indabuko, isizalo, isiqu, isizinda (source); umsuka, isisusa, isiqalo (cause).

original (n) okuqalisayo; isandulelo. (a) -omdabu; -asekuqaleni; abantu bomdabu (o. inhabitants); -daliweyo, -sha, -qanjiweyo, -andulelayo (o. work).

originally (adv.) ngokwemvelo; ekuqaleni; ekusukeni phansi.

originate (v) dabula; qalisa; phemba; qamba, dabuka, qala, vela (o. from).

ornament (n) umhlobiso; isivunulo. (v) hlobisa; fekethisa; vunulisa.

ornamental (a) -hlotshisiwe; -okuhlobisa; umuthi wokuhlobisa (o. tree).

ornate (a) -fekethisiwe; -hlotshisiwe.

ornithology (n) isayensi ephathelene nezinyoni.

orphan (n) intandane; inkedama.

orphanage (n) umuzi wezintandane.

orthodox (a) -nokukholwa okuyikho; -qhuba ngendlela ehambisana nomthetho.

orthography (n) umbhalomagama; indlela okulotshwa ngayo amagama.

oscillate (v) thekezela.

osculate (v) anga; qabula.

osier (n) uthingo; uthingo lokweluka.

osmosis (n) ukuchinineka kwezinto ezisamanzi; ukuchinineka kwamanzi; iosmosisi.

ossify (v) guquka kubelithambo; guqula kubelithambo.

ostensible (a) -bonakalayo; -semehlweni.

ostentation (n) ukuziqhenya; ukuzixinga.

ostracise (v) bandlulula.

ostrich (n) intshe.

other (pron.) abanye; ezinye; eminye; nakuphi (somewhere or o.); namuphi (someone or o.). (a) -nye; amadodana akhe amanye (his o. sons); -nye, -mbe (different); uqobo (none o. than); izipho ngaphandle kwezingubo (gifts o. than clothes); ngolunye usuku (the o. day); akukho ukwenza okunye (there is no o. way).

otherwise (adv.) ngokunye. (conj.) uma kungenjalo.

otter (n) umthini; umanzini.

ought (aux. v) -fanele; -lunge; -enzeka; ufanele ukhulume (you o. to speak).

ounce (n) isilinganiso sesisindo; iawunsi; kuphelela ama-awunsi 16 ephawundini.

our (a) -ethu; abantabethu (o. children) phakathi kwethu (in o. midst); kithi (o. home).

ours (pron.) abethu; ezethu; owethu; lencwadi ngeyethu (this book is o.); ezethu izinkomo zilapha (o. cattle are here).

ourselves (pron.) thina; ngokwethu (by o.); ukuzibona (to know o.).

oust (v) khipha; susa; xosha.

out (adv.) phandle; phuma, khumuka (come o.); khipha, khumula (take o.); siphula, nqonsula (pull o.); sika, kipilita (cut o.); khiphela phandle (throw o.); ngokukhipha (movement away); usendle (he is o. in the veld); musa ukuya kude (do not go far o.); khangeza (hold o. your hand); -hambile, -phelile (absence); uphumile (he is o.); cima isibani (put the light o.); imfihlakalo idalulekile (the secret is o.); uphaphalazile ekubaleni kwakhe (he is o. in his counting); khulumela phezulu (speak o.); khandleka (be tired o.); -phelelwe ngumoya (o. of breadth); -ngaphethwe ngesandla esiqinile (o. of control, undisciplined); lahlekelwe umsebenzi (o. of work); ecaleni (o. of the way); -ngenakwenzeka (o. of the question); -sangene (o. of one's mind); phandle (o. of doors); -bhimbile (out of time); ngasesc, esitha (o. of sight); -khwantabele (o. of sorts); -songene (o. of order); ngenxa yomusa (o. of kindness); siphelelwe yizinkwa (we are o. of bread).

outbreak (n) ukuqubuka; ukuvuka; ukuqhamuka.

outcast (n) umxoshwa; isilahlwa.

outclass (v) ehlula; ehlulisisa; dlulisisa.

outcome (n) impumelelo; isiphetho; isigcino; umphumela.

outcry (n) isikhalo sokukhuza; isibhelu; ukukhonona.

outdistance (v) shiya; dlula.

outdoors (n) phandle; emaphandleni (the o.).

outface (v) qholoshela.

outfitter (n) umthengisi wezimpahla ezigqokwayo.

outhouse (n) ikhobolo langaphandle; ixhiba.

outlandish (a) -ngaziwayo; -yilumbo; -yisimanga.

outlaw (n) umgulukudu; isaphulamithetho; isigcwelegcwele. (v) khipha emthethweni; khipha ekuvikelweni ngumthetho.

outlay (n) indleko; imali echithwayo; izindleko.

outlet (n) isizalo; isikhala sokuphumisa.

outline (n) ukuhawuza; umklamo; ukufanekisa ngokudweba ngemidwa nje (draw in o.). (v) fanekisa ngokungaphelele ngokudweba ngemidwa nje; klama; beka izihloko zendaba (o. a story).

outlive (v) phila isikhathi eside kuna-.

outmanoeuvre (v) ahlula ngamasu.

outnumber (v) dlula ngobuningi.

out-patient (n) isiguli esigulela ekhaya kodwa side siya esibhedlela ukuba sihlolwe siphuziswe imithi.

outrage (n) indlovula; ubudlangadlanga. (v) ona ngendlovula;

dlwengula; thukuthelisa. uwonkewonke (o. public opinion).

outrageous (a) -bi ngokwesabekayo.

outright (adv.) obala; ngembaba; nya; du. (a) -the du-.

outside (n) indawo yangaphandle; umphandle. (a) -angaphandle; -sobala; -okugcina; umncele (o. limit). (adv.) phandle; obala; ngaphandle. (prep.) phandle kwa-.

outsider (n) ongafanele ukwamkelwa: owangaphandle; ihashi elingabhekwe ukuphumelela emjahweni (horse not expected to win).

outskirts (n) iphethelo; umngcele; usebe.

outspan (n) isikhumulo. (v) khumula.

outspoken (a) -hluba indlubu ekhasini; -ngagodli amazwi; -ngancengiyo.

outstanding (a) -qhamile; -ncintile; isigigaba esivelile (o. event).

outstretched (a) -eluliwe.

outstrip (v) dlula; shiya; shiya ngokugijima.

outvote (v) dlula ngobuningi bamavoti.

outward (adv.) -mukayo; -hambayo (o. bound). (a) -angaphandle; -asemehlweni.

outwit (v) ahlula ngobuqili; phamba; qinela.

oval (n) isiyingelezi csithi asifane neqanda. (a) -yisiyingelezi esithi asifane neqanda; -makhophelana.

ovary (n) isizalo; indlala yamaqanda; isizalo sembewu.

ovation (n) ihlombe; umhalaliso; isenanelo.

oven (n) uhavini; isitofu.

over (n) iova (cricket). (adv.) eqela (get o.); lulama (get o. illness); welisa (take o., across); letha (bring o.); eqa (jump o.); phuphuma (run o. as a pot); wisa, gaya, nyathela (run o., as in accident); sithibala (cloud o.); phenduka (turn o.); pheza, yeka (give o.); phenya ikhasi (turn o. page); gingqa (roll o.); wa (fall o.); wisa (knock o.); ngokuhlola, ngokuhlwaya (of inspection); fundafunda incwadi (look o. a letter); xoxisana (talk o. with); cabanga (think o.); cabangisisa (think well o.); ngokuphinda (of repetition); phinda (do o. again); ngokweleka (o. and above); futhifuthi (o. and o.); ngokuphelile (of completion); sekuphelile konke (it is all o.); ngokweqile (of excess); -khathele ngokwcqilc (o. tired); -sele, -silełe (left o.). (prep.) phesheya kwa-; ngale kwa-; phesheya kwomfula (o. the river); ngale kwegquma (o. the hill); laphaya (o. there); khubeka etsheni (trip o. a stone); phezu kwa- (above); phezu kwamahlombe ethu (o. our shoulders); kuna-; ngaphambi kwa-; ngokudlula; phezu kwamamayela amathathu (o. three miles); ngaku-, ngase- (o. against).

overawe (v) shayisa uvalo; esabisa; engama.

overbalance (v) genuka; genukisa.

overbearing (a) -khahlamezayo; -nobuphompo.

overboard (adv.) ngaphandle komkhumbi; phonseka emanzini (fall o.).

overburden (v) khinyabeza; thwalisa kakhulu.

overcast (a) -guqubele; -hwaqabele; -buyisile; -sithibele.

overcharge (n) okufakwe kweqiswa; okubizwe ngokweqile. (v) faka ngokweqisa; biza imali eyeqileyo; ntamuza.

overcoat (n) ijazi.

overcome (v) ahlula; nqoba; xosha; daka (as with alcohol). (a) -madakadaka; -ahlulekile; -phuphumile (with emotion); -jumekile -zumekile (as with sleep).

over-confidence (n) ukuzithemba ngokweqile.

overcrowd (v) minyanisa; vimbanisa; butheleka; gxusha (crush in).

overdo (v) dlunya; eqisa.

overdose (n) isilinganiso somuthi eseqileyo; ithamo lomuthi eleqileyo. (v) dlunyeka; phuzisa umuthi ngokweqileyo.

overdraft (n) imali esetshenzisiweyo csiyeqile kuleyo umuntu anayo ebhange.

overdraw (v) khipha okungaphezulu kokukhona ebhange.

overdress (v) gqoka ngokweqileyo; gqokisa ngokweqileyo.

overeat (v) dla ngokudlulisa; huqa.

over-estimate (v) dlulisa ekulinganiseni; linganisa ngesibalo eseqileyo.

over-expose (v) vula kungene ukukhanya ngokweqile.

overflow (n) ukuchichima; okuphu-

mele ngaphandle; indawo yokuphumela (outlet). (v) chichima; phuphuma; qhilika.

overgraze (v) bhuqa idlelo; khothisa ngokweqile.

overgrow (v) ena; enaba yonke indawo.

overhang (v) engama phezu kwa-.

overhaul (n) ukuhlolwa; ukulungiswa. (v) hlola; lungisa; khanda; fica (catch up to).

overhead (n) phezulu; okhakhayini; izindleko zomsebenzi (o. expenses); isipolo sesitimela esihambela phezulu (o. railway). (a) -phezu kwekhanda; izindleko zokuqhuba umsebenzi (o. expenses).

overjoyed (a) -jabule kakhulu; -thokozile.

overland (a) -ngendlela yasezweni. (adv.) ngasezwcni.

overlap (v) khwelana; phokophelana; eqa.

overload (v) gidlabeza; layisha ngokudlulisa; sindisa.

overlook (v) engama; mela; buka; phatha, -nganaki, yeka, khohlwa (forgive).

overnight (adv.) ngobusuku; ebusuku. (a) -asebusuku.

overpay (v) khokha ngokweqile; holela ngokweqile.

overpower (v) ahlula; nqoba; gunya.

overpowering (a) -dlangayo; -dlobayo; -zonzobele.

over-produce (v) veza okuningi ngokweqile.

overrate (v) dlulisa ekulinganiseni.

override (v) dlula phezu kwa-; eqa; chitha; nqabela (deny).

overripe (a) -vuthiwe ngokweqile.

overrun (v) gijimela phambili; eqa; bhuza (infest); chitha, ahlula (ravage).

overseas (adv.) phesheya; amazwe aphesheya (countries o.).

overshadow (v) engama; sithibeza; enzela ithunzi (make shade for).

oversight (n) ukuphatha, ukumela (supervision); ukukhohlwa, iphutha (error of judgement).

oversleep (v) lala isikhathi eseqile.

overspend (v) chitha imali ngokweqile.

overstate (v) -sho ngokudlulisa; nweba.

overstock (v) fuya ngokweqe idlelo; ukukhothisa imfuyo eyeqile.

overstrain (v) khandleka; qanula.

overt (a) -sobala.

overtake (v) fica; funyana; eqela.

overthrow (n) ukuchitha; ukuwiswa. (v) chitha; wisa; ahlula; diliza; jikijela weqise (throw beyond).

overtime (n) ukusebenza isikhathi eseqile.

overture (n) isandulelo; isiqalo somdlalo; isiphakamiso (offer).

overturn (v) chitha; geñula; gumbuqa; phenula; phenuka.

overweening (a) -qholoshayo; -zithembile ngokweqile.

overweight (a) -dlulile esisindweni esifanele; -zimuke ngokweqile.

overwhelm (v) ahlula; bhuqa; qeda amandla; luthekisa.

overwhelming (a) -ahlulayo; -hlihlayo.

overwind (v) wayinda ngokweqileyo; bopha ngokweqileyo.

overwork (v) sebenzisa ngokweqile; duba; khandla; sebenza ngokudlulisa; dubeka.

ovum (n) imbewu yowesifazane; imbewu yensikazi; iqanda.

owe (v) kweleta; -banecala; bambela igqubu (o. a grudge).

owing (a) -nesikweletu; ngenxa ya- (o. to).

owl (n) isikhova; umandukulu; umshwele (grass o.); umswelele (horned o.).

own (pron.) fikelwa okwakhe okumfanele (come into one's o.); -zimela, -ziphatha (be on one's o.). (v) fuya; -ba- na-; vuma (admit). (a) wami, yami, kwami, owami, eyami, okwami (my o.); zabo, yabo, wabo, ezabo, eyabo, owabo (their o.).

owner (n) umnini; umnikazi; umniniyo.

ox (n) inkabi; ifolosi (front o. in span); itilosi (back o. in span); ijongosi (young o.).

oxidation (n) ukulumbana neoksijini.

oxygen (n) igesi esemoyeni esiphila ngayo; ioksijini.

oyster (n) ukhwathu; imbada; igobolondo lembada (o. shell).

ozone (n) umoya omuhle oneoksijini eningi.

P

pace (n) ukunyathela; ubude besinya-

thelo (length of p.); ijubane lokuhamba (rate of movement). (v) nyathela; khenka.

pacific (a) -thulile; -nokuthula; ulwandlekazi iPhasifiki (P. ocean).

pacification (n) ukuthulisa; intibelo.

pacifism (n) ukuthanda ukuthula; ukukholwa okuzonda izimpi nokuxabana.

pacify (v) thulisa; xolisa; lamula; duduza (p. a child).

pack (n) umshuqulu; umthwalo; iqembu (a crowd); umhlambi (p. of animals); indawo olwandle egcwele izigaxa zeqhwa ezintantayo (ice p.); okokuphahla isitho somzimba ngemishuqulu efudunyeziwe noma eqandisiwe (hot or cold p.). (v) hlanganisa; bopha; gxusha; thutha ngesilwane (transport by p. animal); xosha (p. off); khetha abantu bejuri abaziwayo ukuthi bazovuna uhlangothi oluthize (p. a jury); pakisha (p. clothing).

package (n) impahla; isishuqulu, isithungo.

packer (n) umpakishi; umgxushi.

packet (n) umpotshongwana; iphakethe; isikhwama.

pad (n) umgxusho (cushion); inkatha (head p. for load); umqulu wamaphepha okuloba (p. for writing); intende yonyawo (p. of foot); isigqi (sound of footsteps). (v) nyathela; davuza (p. along); gxusha (stuff).

padding (n) okokugxusha; amazwi enkulumeni angasho lutho kodwa abe okuqhuba isikhathi nje (p. in a speech).

paddle (n) isigwedlo; iphini (as an oar); ukungena ngezinyawo nje emanzini (p. in water). (v) gwedla; ngena ngezinyawo nje emanzini.

paddock (n) idlelo elinocingo olubiyile: inkambu.

paddy (n) insimu yerayisi.

padlock (n) ingide. (v) vala ngengide; hluthulela ngengide.

padre (n) umfundisi wenkolo wasempini.

paean (n) ihubo lokujabula.

pagan (n) umhedeni; ongakholiwe; iqaba. (a) -ubuhedeni; -ngakholiwe.

paganism (n) ubuhedeni; ukwenza kwabangakholiwe.

page (n) ikhasi (of book); inceku (attendant).

pageant (n) umbukiso wobukhangu-khangu.

pageantry (n) ubukhangukhangu.

pagoda (n) indlu ewumbhoshongo engcwele yasemazweni asempuma-langa.

pail (n) ibhakede; ithunga (milk p.); isitsha (dish).

pailliasse (**palliasse**) (n) umatilasi ogxushwe ngotshani.

pain (a) ubuhlungu; ukuthunukala; ubukhubele; isibhobo (sharp p.); inzondo (continuous p.); isidubulo (internal p.); ukufutha (throbbing p.); ukudabuka, usizi (mental p.); izinseka (childbirth pains); enza ngesineke (to take pains). (v) limaza; thunuka; hlaba enhlizi-yweni; dabukisa (cause grief); khubala; zonda.

painful (a) -buhlungu; -thunukele; -khubele.

painstaking (n) isineke; impikelelo. (a) -condobezelayo; -nakisisayo; -nesineke.

paint (n) upende; umcako (colour wash). (v) penda; caka; bheca; fanekisa ngopende (p. a picture).

painter (n) umpendi; umfanekisi; umcaki; umapendana; indophi yokukhungela umkhumbi (mooring rope).

painting (n) umfanekiso opendiweyo; ukupenda.

pair (n) ombhangqwana, amaphahla (twins); okubili, ipheya. (v) bha-ngqanisa ngokubili; phahlana; hlangana (mate).

pal (n) untanga; umngane. (v) -bangabangane.

palace (n) umuzi wenkosi; indlu enkulu yobukhosi; isigodlo.

palatable (a) -mnandi; -hlwabusayo.

palate (n) ulwanga (hard p.); amalaka (soft p.).

palatial (a) -njengendlu yobukhosi; -khulukazi.

palaver (n) indaba; ukukhuluma ebandla.

pale (n) isibonda sothango (stake); indawo ebiyelwe (enclosure). (v) ncipha; -bamhloshana; phofiswa. (a) -phaphathekile; -mhloshana.

palette (n) isiceshana esiphathwa umpendi wemifanekiso axubele kuso opende bakhe.

palfrey (n) ihashi elincane lokugitshe-lwa.

paling (n) uthango lwezintingo.

palisade (n) uthango lwezingodo ikakhulu enqabeni.

pall (n) umgubuzelo (covering); indwangu evama ukubamnyama yokumboza ibhokisi lesidumbu (on bier); inkungu yentuthu (p. of smoke). (v) phelelwa yisineke (lose interest).

pallbearer (n) othwala ibhokisi lesidu-mbu emngcwabeni.

pallet (n) umbhede; umbhede owe-ndlalwe ngotshani.

palliative (n) okuthambisayo; okunci-phisayo; intambiso.

pallid (a) -phaphathekile; -mhloshana.

pallor (n) ubumhlophe; ukuphapha-theka.

palm (n) intende yesandla, impama (p. of the hand); ilala (fan p.); isundu (date p.); uphawu lokunqoba (p. of triumph); ubusulu (p. wine). (v) sisela, funza esihlathini (p. off).

palmistry (n) ukubhula ngokufunda okuzayo entendeni yesandla.

palpable (a) -sobala; -zwakalayo; -ngaphatheka ngesandla.

palpate (v) botoza; hlola isifuba sesiguli.

palpitate (v) bhakuzela; gquma.

palpitation (n) ubhakubhaku; ukugqu-ma; isicanucanu.

palsied (a) -nedumbe.

palsy (n) idumbe.

paltry (a) -yize; -ngenamkhuba.

pamper (v) tengeza; jwayeza okumna-ndi.

pamphlet (n) incwajana.

pan (n) ipani; indishi; ichitshana (a small pond). (v) geza isihlabathi ukuze kuzike kuphume igolide kuso (p. for gold); phumelela (p. out).

panacea (n) ikhambi; umuthi wokwe-lapha zonke izifo (p. for all ills).

pancreas (n) amanyikwe; inyaka.

pandemonium (n) isiphithiphithi; isi-yaluyalu; isixongololo.

pander (v) vumela kukho konke; funela abanye izinto ezilihlazo.

pane (n) ingilazi yefasitele; iwindi.

panel (n) uhlu lwamagama; ipulangwe elifakwayo nxa kwenziwa umnyango noma enye into ebazwa ngamapu-langwe (p. in furniture etc.).

pang (n̄) umnjunju; ukuzwela umhawu wokuzisola (p. of remorse).

panic (n) ingebhe; ukuphaphazela. (v) phaphazela; ngenwa ukwesaba.

panic-stricken (a) -nengebhe; -sabayo; -phaphazelayo.

pannier (n) ubhasikidi othwalwa nxazombili yimbongolo noma yihashi.

panorama (n) izwe lonke elibonakalayo sikhathi sinye.

pant (n) ukuphefuzela. (v) phefuzela; biloza; bhakuzela.

pantaloon (n) ibhulukwe elibanzi emilenzeni.

pantechnicon (n) imoto enkulu evalekile yokuthutha impahla yendlu.

panther (n) uhlobo lwehlosi; uhlobo lwengwe.

pantomime (n) umdlalo owenziwa ngabadlali abangakhulumi.

pantry (n) iphandolo; ithala.

papacy (n) ubuphapha.

papal (a) -obuphapha.

papaw, pawpaw (n) upopo; isithelo esidliwayo.

paper (n) iphepha; iphepha lokubhala (writing p.); inwebu (tissue p.); isisindabiso (toilet p.); iphepha lokukhuhla (sand p.); iphepha lokukhuhla izinsimbi (emery p.); iphepha elimunca uyinki (blotting p.); iphepha lokusonga (wrapping p.); iphepha eliqatha (cartridge p.); incwadi (document, letter); iphepha lemibuzo (examination p.); izincwadi ezifakazela okusemkhunjini (a ship's papers); iphephandaba (journal, newspaper); iphepha lokunamathisela odongeni (wall-p.). (v) faka iphepha; namathisela iphepha. (a) -ephepha; -yiphepha.

papier-mache (n) amaphepha axovwe namanzi ukuze kubunjwe ngenhlama yawo.

papoose (n) umntwana wabomdabu baseMelika.

papyrus (n) uhlobo lotshani obabusetshenziswa ekwenziweni kwephepha.

par (n) ukulingana; -shintshiwe ngaphandle kokutheliswa (changed at p.); lingene na- (on a p. with).

parable (n) indaba enesifundo; umfanekiso onesifundo.

parachute (n) ipharashuthi; into evuleka njengesambulela yehlise umuntu ebhanoyini esemoyeni. (v) ehlika ngepharashuthi.

parade (n) ukubukisa; umbukiso; ukuvivwa kwamabutho (military p.);

ekuviveni (on p.). (v) bukisa; viva; veza ubungcweti ngokuqhosha (p. one's ability).

paradise (n) lapho abangcwele abafileyo bafinyelela khona; ipharadisi.

paradox (n) indida; uteku; inkulumo engathi iyaziphikisa.

paradoxical (a) -okuziphikisa.

paraffin (n) uphalafini.

paragon (n) isimo esihle; onesimo esihle impela (a p. of virtue).

paragraph (n) isigaba; isiqephu; indatshana. (v) ahlukanisa ngezigaba.

parakeet (n) isikhwenene; uhlobo lukapholi omncane.

parallel (n) umugqa ohambisana nomunye; umugqa olinganisene nomunye (p. lines); amacala ahambisanayo (p. sides); ukulinganisa (conformity). (v) fanisa (match). (a) -linganisene; -hambisene; izinsika ezilinganisene (p. supports).

parallelogram (n) isilinganiso esinamacala amane kuthi amacala amabili abhekene ahambisane alingane ngobude.

paralyse (v) thwebula; qeda amandla; omisa.

paralysis (n) umthwebulo; ukoma.

paralytic (n) umuntu othwebulekileyo (a) -omile; -thwebuliwe.

paramount (a) -khulu kunakho konke, -semqoka (of p. importance); inkosi enkulu, ingonyama (p. chief).

paramour (n) ishende; isixebe.

paranoia (n) ubuhlanya; ukusangana okuvama ukubanga ukuthi umuntu azibone eyisikhulu.

parapet (n) uthango; uthango lokuvikela.

paraphernalia (n) impahla yonke.

paraphrase (n) okokuhlanjululwa. (v) hlambulula; -sho ingqikithi yenkulumo ngamanye amazwi.

parasite (n) into ephila ngokudla ekuncela emzimbeni wenye into ephilayo; umahlalecela (sponger).

parasol (n) isambulela selanga sowesifazane.

paratroops (n) amasosha ahamba ngebhanoyi atheleke empini ngamapharashuthi.

parcel (n) inxenye (portion); isiqinti (p. of land); iphasela, iphakethe, isithungo (package); umshuqulu (collection). (v) ahlukanisela, abela, nqumela (p. out); songa kube yiphasela (make into a p.). (a) -amaphasela; ngeposi lamaphasela (by p. post); isithikithana sempahla (p. slip).

parch (v) omisa; hangula; gagada; gazinga (p. corn); utshwele (parched corn); izwe elihangukile (parched land).

parchment (n) iphepha lesikhumba okulotshwa kulo.

pardon (n) intethelelo; uxolo. (v) thethelela; xolela; nxephe! (p.!); nxese, uxolo (p. me).

pare (v) cwecwa; phala; xhoza; baza (whittle).

parent (n) umzali; umondli, umtholi (foster p.); umthombo (source).

parentage (n) ubuzali; ukubanabazali; umuva.

parental (a) -omzali; -abazali.

parenthesis (n) okugaxekile; ogaxekile; imikaka (p. marks).

pariah (n) umkhenkethe (p. dog); umlahlelwangaphandle.

paring (n) ucwecwe; ibazelo; amahlube.

parish (n) isifunda somfundisi.

parishioner (n) owesifunda somfundisi.

parity (n) ukulingana.

park (n) indawo evulekile etshalwe imithi; ipaki; inkundla yokumisa izimoto (motor p.). (v) misa imoto, paka imoto (p. a car).

parka (n) ijazi lesikhumba elikanye nokokwemboza intamo nekhanda.

parlance (n) isimo senkulumo.

parley (n) ukunqakulisana, ukuqagulisana. (v) nqakulisana ngamazwi nesitha (p. with a enemy).

parliament (n) iphalamende.

parliamentarian (n) ilunga lephalamende.

parliamentary (a) -ephalamende.

parlour (n) ikamelo lokuhlala.

parlous (a) -nengozi; -nobucayi.

parochial .(a) -esifunda somfundisi; -esifundana esincane; -nengqonjwana (small, petty).

parody (n) inkulumo yokulingisa ngokubhuqa. (v) lingisa ngokubhuqa.

parole (n) isithembiso sokungabaleki.

paroxysm (n) isihluthula; ifundululu; isihluthula sokuthukuthela (a p. of rage).

parquet (n) isinqanyana sepulangwe;

ukumboza phansi ngezinqanyana zamapulangwe (lay p. flooring).

parricide (n) ukubulala uyise; umuntu obulala uyise.

parrot (n) inyoni yohlobo lwesikhwenene; upholi.

parry (n) umviko. (v) vika; goqa; zola.

parse (v) ncozulula.

parsimonious (a) -ncishanayo.

parsimony (n) ukuncishana.

parsley (n) uphasli; isithonjana okunongwa ngaso ukudla.

parson (n) umfundisi wenkolo.

parsonage (n) indlu yomfundisi.

part (n) inxa; ingxenye; isiqephu, isinqamu (portion); imvama (the greater p.); ingqikithi (the essential p.); ucezu lenkulumo (p. of speech); indoda eneziphiwo (a man of parts); isigaba, indima (share, duty); mina ngokwami (I for my p.); hlanganyela (take p. in); kulezizindawo (in these parts); umphambili (private parts); -ngathukutheli (take in good p.). (v) ahlukanisa; hlazula; qembula; ahlukana; hlazuka; ahlukana na- (p. from, p. with); lamula (pacify).

partake (v) thola, dla, thatha (p. of).

partial (a) -vunayo; -khethayo, -bandlululayo (be biased); -thandayo (p. to); -engxenye, -angokunye (of part).

partiality (n) ubandlululo; inhlengo; umvuno; ukuthanda.

participant (n) umhlanganyeli; onesihlandla emsebenzini.

participate (v) hlanganyela; hlanganyela ku- (p. in).

participation (n) ukuhlanganyela.

participial (a) -esenzosiphawulo; indlela yesimo (p. mood).

participle (n) isenzosiphawulo.

particle (n) intwanyana; isilongotsha; uhlamvana; amahlayihlayi (particles); isigabazwana (gram.).

particular (n) inhlamvu, umniningo (dctail); ikakhulu (in p.); imininingwane yonke (all particulars). (v) -khethiweyo (specific); -coyizayo, -tetemayo, -nobunono (fastidious).

particularize (v) cubungula; khetha; khomba; ningiliza.

particularly (adv.) kakhulu.

parting (n) ukwahlukana; isahlukaniso; umahlukanandlela (the p. of the

ways); iklezelo (p. in the hair).
(a) -okuvalelisa; -ahlukanisayo.
partisan (n) umlwelizwe. (a) -thanda
okwakubo.
partition (n) ukwahlukaniswa; ukwa-
belwa; isahlukaniso; uthango lokwa-
hlukanisa, isisitho (dividing p.). (v)
ahlukanisa; akhela isisitho (p. off).
partly (adv.) nganhlanye; ngokunye.
partner (n) ophathisene na-; okanye
na-; umhlanganyeli; oganene na-
(p. in marriage); odlala naye,
umdlalisani (p. in games). (v)
bhangqana na-.
partridge (n) ithendele; inswempe.
parturition (n) ukubeletha; ukuzala.
party (n) isiqephu, idlanzi, inhlangano,
ibandla (group); iviyo (p. of sol-
diers, dancers); isibhalo, isikwata
(p. of labourers); umunxa, iqembu
(political p.); inqina (hunting p.);
udwendwe (bridal p.); umthimba
(bride's p.); ikhetho (bridegroom's
p.); idili (feasting p.); umsino,
umdanso (dancing p.); amatshwala
(beer p.); umhlanganyeli (one in-
volved). (a) -amaqembuqembu;
ubupolitiki bamaqembu (p. politics).
pass (n) isikhala; insungubezi;
umcingo; intuba; impumelelo, uku-
phasa (in an examination); izinto
zinesimo esisolekayo (things have
come to a sorry p.); ipasi (permit);
ukuphasa, nikezelana (in games).
(v) dlula, qhubeka (proceed); dlu-
lela, guquka (change); shintshaniswa
(be exchanged); hamba, dlula
(elapse); vumeka, phumelela, phasa
(succeed); enzeka (occur); dlula,
gudla (p. along); fa, nyamalala (p.
away); faniswa (p. for); dlula, phela
(p. off); dlulela (p. on); wela, eqa
(p. over); zungeza, gwegweza,
nikeza (p. round); dabula, sungu-
bala, bhoboza (p. through); yeka
(let p.); enzeka, vela (come to p.);
chitha isikhathi (p. the time); misa
umthetho (p. a law); phasa ibhola
(p. the ball); nikeza ukudla (p. the
food); phumisa, khipha (void); sho-
binga, chama (p. water); bhosha (p.
excreta); ntelemba (p. rude re-
marks); ahlulela (p. judgement on);
beka umqondo (p. an opinion);
dlulisela, nikezela (p. on); bingelela
(greet, p. the time of day).
passable (a) -nokuhanjwa; -noku-

dluleka; nokubekezelwa (tolerable).
passage (n) ukudlula; ukuhamba;
indlela (way); uhambo (voyage, ex-
pedition); ukumiswa komthetho (p.
of a law); iphaseji, umhubhe,
umcingo (corridor); isahlukwana
indima (portion of a book); uku-
phathwa kabi (a rough p.).
passenger (n) othwelweyo; okhwelayo;
ohamba nga-.
passing (n) ukudlula; ukunyamalala
(disappearance). (a) -dlulayo. (adv.)
kakhulu.
passion (n) ukufutheka kwenhliziyo;
ulaka; intukuthelo; vukelwe ulaka
(be in a p.); khanukela (have a p.
for); isihe; iminjunju (suffering).
passionate (a) -maganga; -vuthayo;
-omelelayo; -khanukayo (sexually);
isibhova, isishiseki (a p. person).
passive (n) impambosi yokwenziwa
(gram.). (a) -thulile; -vumayo;
-bekezelayo.
passport (n) ipasi lokuhamba; ipasi
lokuphuma ezweni lakini uye kwe-
linye.
past (n) isikhathi esidlulileyo; inkathi
edlule (p. tense). (prep.) phambi
kwa-; akasathembisi ubungcono (he
is p. all hope). (adv.) phambili;
dlula (go p.). (a) -dlulile; -dlule;
-phelile; -kwakuqala (in p. times).
paste (n) inhlama; umchapho; inducu-
nducu. (v) namathelisa; bheca;
namathisela.
pasteurize (v) ukubulawa kwembewu
yokufa ngendlela kaPasteur.
pastime (n) okokuzilibazisa; umdlalo.
pastor (n) umfundisi wenkolo.
pastoral (n) inkondlo ephathelene na-
semaphandleni emadlelweni; incwadi
ephuma kumfundisi (p. letter). (a)
-obulusi; -okwemfuyo (p. products);
-obufundisi.
pastry (n) ukudla okwenziwa nge-
nhlama kafulawa bese kubhakwa.
pasturage (n) idlelo.
pasture (n) idlelo; uhlaza oludliwa
yimfuyo.
pasty (n) uphayi onenyama phakathi.
(a) -nenhlama; -njengenhlama.
pat (n) ukuthi phatha; umbhambatho;
isigaxana (small amount). (v)
bhambatha; amula; wota; phathaza.
(adv.) ngokufanele (aptly).
patch (n) isichibi; isiziba (piece
attached); ibala, umkhangu (blotch);

indima, isiqinti (p. of land). (v) bekela, chibela, ciciyela, cacamezela (p. up); xolisana (p. up a quarrel).

patchwork (n) ingciciyela; injobelela.

pate (n) inhloko; ikhanda; impandla (bald p.).

patella (n) ivi.

patent (n) imvume engomthetho. (v) vikela ngomthetho, thola ilungelo ngokomthetho (secure by p.). (a) -sobala, -bonakele (open); izincwadi zemvume ngokomthetho (letters p.); imithi enezincwadi zemvume (p. medicines).

paterfamilias (n) ikhanda lomuzi.

paternal (a) -kayise; -njengoyise; ubabekazi, uyihlokazi, uyisekazi (p. aunt).

paternity (n) ubuyise.

path (n) indlela; inyathelo; ukhondo; umendo; umcangatho, umbhudu (animal p.); umkhondo wesiphepho (the p. of the storm).

pathetic (a) -lethela umunyu; -thintayo inhliziyo; -nomhawu.

pathos (n) usizi; umhawu; umunyu.

patience (n) isineke; ukubekezela; umnyamezelo; thukuthela (lose p.); umdlalo wamakhadi odlalwa umuntu oyedwa (game of p., cards).

patient (n) isiguli. (a) -bekile; bekezelayo; -nyamezelayo.

patois (n) ukukhuluma okungeyikho kahle; ukukhuluma okwehlukile olimini olujwayelekile nolubhalwayo.

patriarch (n) umuntu omdala ohloniphekayo; inzalamizi.

patrimony (n) ifa.

patriot (n) oyisishisekeli sezwe lakubo.

patrol (n) umqaphi; ukugada; umgadi; umantshingelana (person); iqembu lamasosha noma lamaphoyisa. (v) gada; phoyisa, qapha.

patron (n) osekelayo; owengamelayo; ofaka ekhwapheni.

patronage (n) ukwengamela; ekhwapheni lesikhulu (under distinguished p.).

patronize (v) sekela; thola; engamela; bukela phansi (look down upon).

patronymic (n) isithakazelo esivela esibongweni sikayise.

patter (n) ukuthi bhudubhudu; ukugigizela; ubudididi. (v) -thi bhudubhudu, gigizela, gqigqizela (of footsteps); qaphaza, qabaza (of rain).

pattern (n) isilinganiso; umsiko; iphathini (dressmaker's p.); isifanekiso (model). (v) linganisa; enza ngephathini; fanekisa.

paucity (n) ubuncane; ingcosana; ukuntuleka.

paunch (n) umkhaba; isisu; umswani, usu (of cattle).

pauper (n) uphanqu; umfokazana; isishoni.

pause (n) ukuyeka kancane; umkhathi; isikhawu; ikhefu. (v) yeka kancane; thula kancane; enza isikhawu; hlaba ikhefu.

pave (v) gandaya ngamatshe; lungisela (p. the way).

pavement (n) isitubhe; indlela egandaywe ngamatshe.

pavilion (n) itende elikhulu; indawo yokuhlala izibukeli emidlalweni.

paw (n) isidladla; unyawo lwesilwane olunamazipho. (v) phanda ngezidladla.

pawn (n) isibambiso (pledge). (v) beka isibambiso.

pawnshop (n) lapho kubolekwa khona imali kuthathwe izibambiso ngayo.

pay (n) iholo; inkokhelo; umvuzo. (v) holela; khokha; hlawula (p. a fine); -zikhokhela (p. one's way); thela (p. tax); ethula (p. tribute); nika (give); vakashela (p. a visit); khonza, khulekela (p. respect to); beka indlebe, qaphela (p. attention); siza (be helpful to); enana, phindisela (p. back); thenga, hlawula (p. for); jezisa, lungisa (punish); sombulula (p. out a rope).

payable (a) -nokukhokhwa; -khipheka; -khokhwayo.

payee (n) oholelwayo; okhokhelwayo.

payment (n) inkokhelo; ukukhipha imali.

pea (n) uphizi; inhlamvu kaphizi; imbumba (cow-peas); indumba (p. pod).

peace (n) ukuthula; uxolo; isithangami; xolisa, lamula, buyisana (make p.); gcina ukuthula (keep the p.); thula (be at p.).

peaceable (a) -nokuthula.

peaceful (a) -thulile; -xolile; -thule; -cwebile.

peacemaker (n) umlamuli; umthulisazwe.

peach (n) ipetshisi (fruit); umpetshisi (p. tree).

peacock (n) ipigogo; uhlobo lwenyoni enkulu efuywayo enesisila esibukekayo.

peak (n) isihloko (pointed top); isiqongo (top of mountain). (a) -okujingana; -okuphithiza; isikhathi sokujingana nokuphithiza (p. period of traffic).

peal (n) ukunqenqeza kwezinsimbi (p. of bells); ukuqeqebula kwezulu (p. of thunder). (v) klaklabula; nqenqezisa insimbi.

peanut (n) udlubu.

pear (n) ipheya; isithelo esidliwayo.

pearl (n) ipharele; ubuhlalu obuligugu.

peasant (n) umlimi; umnini wepulazi elincane.

peasantry (n) abahlala besebenza emapulazini.

peat (n) isoyi elimbiwa emabhukwini elithi lingoma libaswe eziko.

pebble (n) itshana eliyimbulungana.

peccadilo (n) isono esingelutho kakhulu; isonwana.

peck (n) isilinganiso sobuningi (measure); ukuthi ngqofo (of pecking). (v) cosha (pick up); ngcofa, ngqofoza, nqawuza (strike with beak); qopha (p. holes in); ngophoza (pick up with beak).

peckish (a) -lambalambile.

pectoral (a) -esifuba.

peculation (n) ukuntshontsha; ukweba.

peculiar (a) -ngajwayelekile; -yinqaba; -mangalisayo; -nesici; -dwa, -kuyena yedwa (individual).

peculiarity (n) isici; okukuleyonto yodwa; ukhondolo.

pecuniary (a) -emali; -phathelene nemali.

pedagogue (n) umfundisi wabantwana; uthishela (izwi elijivazayo ngokwemvama).

pedal (n) isinyathelo; isishovo; iphedali. (v) shova ngesinyathelo.

pedant (n) othandayo ukuziqhenya ngemfundo yakhe.

pedantic (a) -thandayo ukuziqhenya ngemfundo yakhe.

peddle (v) thilaza; hamba ngokuthengisa.

pedestal (n) incwelana; isisekelo sensika (base of pillar).

pedestrian (n) ohamba ngezinyawo; umhambiphansi. (a) -hambayo phansi.

pedigree (n) uhlanga lokuzalwa; uhlobo; uhlobo olubhaliwe. (a) -ohlobo; -bhaliwe.

pedlar (n) othilazayo; umhambi ethengisa.

peek (v) fifiyelela; eba.

peel (n) ikhasi; inwebu; ihlube; ihlube lesithelo (fruit p.). (v) ebula; cwecwa; hluba; xephula; ebuka; hlubuka; xathuka.

peelings (n) amakhasi; amahlube.

peep (n) ukuthi tshiyo; ukuthi memfu. (v) lunguza; popola; khesheza; memfuka (p. out); tshiyoza (cheep).

peer (n) isikhulu; olingana nomunye ngesikhundla (an equal). (v) lunguza; bheka; singa; thalaza; galaza.

peerage (n) isikhundla sesikhulu kwelaseNgilandi.

peerless (a) -ngenokulingene na-.

peevish (a) -tetemayo; -yincengancengane.

peg (n) isikhonkwane; ikhwenco; isigaxo, isiphanyeko (as hat p.); isiphanyeko sezingubo (clothes-p.); isikeyi (yoke p.); isinyathelo (step). (v) bethela ngesikhonkwane; -zikhethela isiqinti ngokumisa izikhonkwane (p. a claim); gqugquza (p. away at).

pelican (n) ifuba; ivuba.

pellet (n) imbulungana; inqakavane; uhlwayi (p. of gun); ingqatha (p. of dung).

pell-mell (adv.) hlanguhlangu; khalakatha.

pellucid (a) -cwebileyo.

pelt (n) isikhumba sesilwane esinoboya. (v) khanda; jukujela; phonsela; na kakhulu (p. with rain).

pelvic (a) -phathelene nonkimfi.

pelvis (n) ithambo likankimfi; unkimfi.

pen (n) usiba; ipeni; isibayana (enclosure). (v) loba, bhala (write); valela, nyinya (coop up).

penal (a) -phathelene necala; -necala; -phathelene nokujeziswa.

penalize (v) beka icala; shaya; jezisa; hlawulisa.

penalty (n) ihlawulo; inhlawulo; isijeziso; ukushaywa; isijeziso (p. in sport).

penance (n) ukuzihlawulisa.

pence (n) izindibilishi.

penchant (n) uthando; isijwayezi.

pencil (n) ipensele; ipenseli lomsizi (lead p.). (v) dweba ngepensele (sketch in p.).

pendant (n) okulengayo; okungumhlobiso ckulengayo.

pending (a) -salindile; -salindwa. (prep.) -salindelwc; isivumelwano sisalindelwe (p. settlement).

pendulous (a) -jikizayo; -the wancu.

pendulum (n) isigaxa esilengayo esinokutengezela; iphendulumu.

penetrate (v) ngena; bhoboza; chushuza; shikishcla.

penetration (n) ukubhuja; ukushikishela; ubukhali bokubona (discernment).

penguin (n) uhlobo lwenyoni yasolwandle engakwazi ukundiza kodwa ekwazi ukuhlamba emanzini; iphengwini.

penicillin (n) umuthi obulala imbewu yokufa; iphenisilini.

peninsula (n) inhlonhlo; ingasiqhingi.

penis (n) umthondo; umphambili.

penitance (n) ukudabukela ukona; ukuzisola.

penitent (n) odabukile ngokona. (a) -dabukile ngokona; -zisolayo.

penitentiary (n) itilongo lapho kuzanywa khona ukuguqula zibengcono izimo zaboniIeyo.

penknife (n) igotshwa; ummese omncane.

pennant (n) idukwana; ifulegana.

penniless (a) -mpofu; -ngenandibilishi; -yisichaka.

penny (n) indibilishi; imali eningi (a pretty p.).

penology (n) isifundo esiphathelene nokujeziswa kwabonileyo.

pension (n) impesheni; umhlalaphansi. (v) holisa impesheni.

pensionable (a) -fanele impesheni; -balwayo empeshenini.

pensioner (n) umuntu othola impesheni.

pensive (a) -cabangayo; -nosizi; -dlayo umunyu.

pentagonal (a) -nezinhlangothi ezinhlanu.

penultimate (a) -andulela elokugcina; -landelwa elokugcina.

penurious (a) -mpofu; -ngenamali.

penury (n) ubumpofu; ubuswezi.

people (n) abantu; isizwe; abantu bakubo (his own p.). (v) gcwalisa ngabantu; akhisa abantu.

pepper (n) upelepele. (v) thela upelepele; jikijela (pelt).

peppery (a) -nopelepele; -sheshayo

ukuthukuthela (p. disposition).

pepsin (n) imbiliso esesiswini eqhubekisa ukugaywa kokudla.

peptic (a) -phathelene nezitho zomzimba eziqondene nokugayeka kokudla.

peradventure (conj.) mhlawumbe; ingabe; kungaba.

perambulate (v) hambahamba; zulazula.

perambulator (n) ikalishana lengane; ohambahambayo.

perceive (v) zwa; bona; qonda; qabuka; eshwama, mangala (p. for first time).

per cent (a) -phesenti; -ngekhulu; isine ekhulwini (4%).

percentage (n) okwekhulu; inzuzo ngekhulu.

perceptible (a) -zwakele; -bonakele.

perception (n) ukuzwa; ukubona; ukuqonda.

perchance (adv.) mhlawumbe; mhlayimbe; khathisimbe.

percolate (v) chinineka.

perdition (n) ukubhubha; ukufa; ukufa okungapheliyo.

peremptory (a) -khahlamezayo.

perennial (n) unyakanyaka; isithombo esikhula iminyakanyaka (p. plant). (a) -eminyakanyaka; -ngafiyo; -ngapheli.

perfect (v) gweda; hlaba; phelelisa; qeda. (a) -phelele du; -qatha; -yolile; -yihlabahlosi; -the ngqa (complete); inkathi yokwenziwa (p. tense).

perfection (n) ubuhle du; ukuphelela du; ukuthi hlabahlosi; into ephelele du.

perfectly (adv.) du; qho; impela; kakhulu; kahle.

perfidious (a) -mbuluzayo; -khohlisayo; -namanga.

perfidy (n) ukumbuluza; insizakubulala.

perforate (v) chambusa; bhoboza; qhumbusa.

perforated (a) okusasisefo; -mahele; -mbobombobo.

perforation (n) imbobo; ukuchanjuswa.

perforce (adv.) ngokucindezelwa.

perform (v) enza; gcina; qeda; gila imikhuba (p. tricks); enza imilingo (p. magic); gubha umkhosi (p. ceremony); gila, gilinga, dlala (act).

performance (n) ukwenza; ukwenziwa; umsebenzi; isenzo, ilumbo, umkhuba, isiga (unusual p.).

perfume (n) amakha; iphunga elimnandi; uthungo. (v) qhola ngamakha.

perfunctory (a) -nobugqwabagqwaba; -okushampuza.

pergola (n) izingongolo ezakhelwa phezu kwendlela zenze umpheme onezintandela.

perhaps (adv.) mhlawumbe; khathisimbe; kumbe; kungaba; yingaba.

pericardium (n) ulwambesi olwemboze inhliziyo.

peril (n) ingozi; ukubasengozini. (v) ngenisa engozini.

perilous (a) -nengozi enkulu.

perimeter (n) umjikelezo; ubude bomncele wonke.

period (n) inkathi; isikhathi; umzuzu (short p.); umkhawulo (limit); ungqi (fullstop).

periodic (a) -nezikhathi; -velayo ngezikhathi.

periodical (n) incwajana ephuma ngezikhathi ezithile; imagazini. (a) -velayo ngezikhathi; -phumayo ngezikhathi ezithile (p. publication).

periphery (n) umncele; umjikelezo.

periscope (n) isibuko esihlonywa embhobheni omude kuthi ngisho kukhona okusithibezayo umbhobho uphakanyiswe kubonakale ngale kwento esithile.

perish (v) bhubha; fa; chitheka, shabalala.

perishable (a) -bolayo; -nokubola; -nokuchitheka.

peristalsis (n) ukufoconga kwesisu ukuze ukudla kudluliselwe phambili.

peritoneum (n) inwebu lwesikhumba okusongwe ngalo zonke izitho zesisu.

perjure (v) fungela amanga; aphula isifungo.

perjury (n) ukufungela amanga; icala lokwaphula isifungo sokukhuluma iqiniso.

permanence (n) ukuhlala njalo; ukuqina; ukungaguqulwa.

permanent (a) -hlalayo njalo; -yisimakade; -ngenakuguqulwa; okuyisimanjalo; isipolo sesitimela (p. way); izinyo lobudala (p. tooth).

permanganate (n) udabulibhayi, umanyazini (p. of potassium).

permeate (v) ngena kukho konke; ngena endaweni yonke.

permissible (a) -vunyelwe; -vulelekile.

permission (n) imvume; inkululo; vulela, vumela (give p.).

permissive (a) -vulelayo; -vumelayo.

permit (n) imvume; incwadi yokuvumela, iphomede (p. to remove stock). (v) vuma; vumela; vulela.

pernicious (a) -onayo; -limazayo; -chithayo; -bi kakhulu.

peroration (n) isiphetho senkulumo esihlaziya indaba yonke.

perpendicular (n) ukuthi mpo; ukuma thwi. (a) -the nqo; -the mpo; -mi thwi; imisebe yelanga ehlaba ukhakhayi (p. rays of sun).

perpetrate (v) elelesa; hilikiqa; enza.

perpetrator (n) iselelesi; owenzile.

perpetual (a) -ngapheliyo; -nganqamukiyo.

perpetuate (v) enza kume njalo; hlala ngokumkhumbula njalo (p. his memory).

perpetuity (n) isikhathi saphakade; naphakade (in p.).

perplex (v) khohla; dida; wilizisa.

perplexity (n) ukudideka; ukukhohlwa; inkinga; isindiyandiya.

perquisite (n) okuwusizo okunezelelwa eholweni.

persecute (v) cindezela; hlupha; hlupha ngokholo; shushisa.

persecution (n) ukuhlushwa; inhlupho; umshushiso.

perseverance (n) ukuqinisela; isineke; impikelelo; inkuthalo; ukucophelela.

persevere (v) khuthazela; qinisela; phikelela; cophelela.

persiflage (n) ukulawula; ukuntela; ukubhlinqa.

persist (v) phikelela; qinisela; khuthazela; cophelela; nakelela.

persistent (a) -phikelelayo; -belesile; -bambelele; -nganqamukiyo; -daza inkani (insolently p.); -miyo.

person (n) umuntu; umuntu uqobo lwakhe (the p. himself); ukuza mathupha (to come in p.); okhulumayo (first p.); okhulunyiswayo (second p.); okukhulunywa ngaye (third p.).

personable (a) -bukekayo.

personage (n) umuntu onesithunzi; isikhulu; isiphakanyiswa.

personal (a) -komuntu uqobo lwakhe; inkulumo ecakafulayo eqondene nomuntu (p. belittling remarks); -phathelene nabantu; ibizomuntu (p. noun); isabizwana soqobo (p. pronoun).

personality (n) ubuntu; isisindo; isithunzi; umuntu onesizotha (person with a strong p.).

personally (adv.) mina; yena; bona; ngokwami; ngokwakhe; kuyena; kubona; ngaye yena; ngayo yona; ngoqobo.

personification (n) ukwenzasamuntu.

personify (v) enzasamuntu; lingisa (copy, impersonate).

personnel (n) iqembu labantu emsebenzini othile.

perspective (n) ukubona izinto ngokuma kwazo mayelana nezinye.

perspiration (n) umjuluko; izithukuthuku.

perspire (v) juluka; mfoma; mfininika.

persuade (v) congobezela; vumisa; kholisa; bonisa; ahlula.

persuasion (n) intembiso; ukukholwa; ukuboniswa.

persuasive (a) -namandla okukholisa; -kholisayo; -namandla okuvumisa.

pert (a) -gangile; -lithatha; -liqhalaqhala.

pertain (v) qondana na-; hlangana na-; -ba kanye na-.

pertinent (a) -qondene na-; -hlangene na-; -fanele.

perturb (v) ethusa; shayisa uvalo; dunga; yaluzisa.

perturbation (n) uvalo; ukuyaluza.

perturbed (a) -yaluzile; -dungekile; -ethukile.

perusal (n) ukufundisisa.

peruse (v) fundisisa; bhekisisa.

pervade (v) gcwala yonke indawo.

perverse (a) -nenkani; -tetemayo; -lihlongandlebe.

perversion (n) impendukezela.

pervert (n) odukileyo; osonakele. (v) phendukezela; guqukezela; dukisa; onakalisa; phambukisa.

pessimism (n) ukungathembi ukuthi kuzoke kubengcono; ububonambi.

pessimistic (a) -themba ifu elimnyama kuphela.

pest (n) inkathazo; okukhathazayo; izilokazane ezikhathazayo; isifo esibulalayo.

pestilence (n) isifo esibulala abantu abaningi; umqedazwe wesifo.

pestle (n) isigxisho; uthi lwesigqulo.

pet (n) isilwane esifuywayo esithandekayo; ukuthokazi (animal); incelebana (person). (v) bhongoza; totosa; wota. (a) -thandiwe.

petal (n) igcebe lembali.

petiole (n) ingono yeqabunga.

petition (n) isicelo; isikhalo. (v) cela; nxusa; khala; dlulisa isicelo ku-.

petrify (v) guqula kube yitshe; omisa, esabisa (frighten).

petrol (n) uphetroli.

petroleum (n) uphetroli ongakahlanjululwa.

petticoat (n) ipitikoti; indilokwe; ingubo yangaphansi yowesifazane.

pettifogging (a) -khohlisayo; -phikisanayo ngezintwana ezingasho lutho.

petty (a) -ncinyane; -yize; -nengqonjwana (small-minded); ubuchwabalalana bezindleko (p. cash).

petulant (a) -hlifithekile; -thentesayo.

pew (n) isihlalo sasesontweni; ibhentshi.

pewter (n) insimbi engacwazimuliyo kakhulu okwenziwa ngayo izitsha.

phagocyte (n) inhlayiyana emhlophe esegazini enamandla okubulala imbewu yokufa.

phallus (n) umphambili; isithombe somphambili esasidunyiswa ngezinye izizwe zabantu.

phantasy (n) ukubona izinto ezingekho; ukubona kwenhliziyo okudukileyo.

phantom (n) into engekho eqinisweni ephushwa yinhliziyo kuphela.

Pharoah (n) isibongo samakhosi asendulo aseGibhithe.

pharisaical (a) -njengomzenzisi; -ngumzenzisi.

pharmaceutical (a) -phathelene nokuthakwa kwemithi.

pharmacist (n) umkhemisi; umthaki wemithi.

pharmacology (n) isayensi yokuthakwa kwemithi.

pharynx (n) umphimbo.

phase (n) isimo; ukuma; ukubonakala; izimo ezibonakalayo zenyanga (the phases of the moon).

pheasant (n) inkwali.

phenomenal (a) -mangalisayo; -ngavamile; -phathelene nezimanga ezenzekayo.

phenomenon (n) isenzeko; isimanga esivelayo; izimanga ezivelayo (phenomena).

phial (n) igajana, ibhodlelana.
philander (v) eshela kungaqondwe mgcagco.
philanthropic (a) -nomusa; -phanayo; -nomhawu.
philanthropist (n) umthandabantu; ophanayo; onomusa nesihawu.
philanthrophy (n) imisebenzi yomusa nesihawu; ukuphana.
philology (n) ulwazi ngezilimi.
philosopher (n) othanda inhlakanipho ejulile; umuntu onokuzibamba ngomoya ophansi; isazi sefilosofi.
philosophical (a) -phathelene nefilosofi; -nokuzibamba ngomoya ophansi.
philosophy (n) ifilosofi; ukuzibamba ngomoya ophansi; ukwaziisa inhlakanipho ikakhulu mayelana nokudabuka kwezinto.
philtre (n) ubulawu; isibethelelo.
phlebitis (n) isifo sokushisa komthambo wegazi.
phlegm (n) isikhwehlela; isikhohlela.
phlegmatic (a) -dondayo.
phobia (n) ukwesaba; isabhongo.
phonetic (a) -phathelene nempimiso yamazwi; ukubhalwa kwamazwi ngokulandela ukuphinyiswa kwawo (p. orthography).
phonogram (n) ucingo olushaywa ngokutshela abocingo ngothelefoni amazwi ozowathumela.
phonograph (n) igilamafoni.
phosphorescence (n) ukukhanya ebumnyameni njengefosforasi.
phosphorus (n) ifosforasi; umuthi ompofu okhanyayo ebumnyameni.
photograph (n) ifotho; isithombe; umfanekiso. (v) thatha isithombe; thwebula ifotho.
photography (n) umsebenzi wokuthatha izithombe.
phrase (n) ibinzana; umusho ongaqedi. (v) -sho ngamazwi; -sho ngamabinzana.
phraseology (n) isimo sokusho.
phthisis (n) isifo esidla amaphaphu; ithayisisi; ufuba lwabasebenza ezintulini.
physic (n) umuthi wokwelapha.
physical (a) -kwemvelo (in nature); -phathelene nesimo somhlaba (p. geography); -omzimba (of the body); amasu okuqinisa umzimba (p. culture).
physics (n) ifiziki; isayensi yezinto zemvelo.

physician (n) inyanga yokwelapha; udokotela.
physicist (n) isazi sesayensi yezinto zemvelo.
physiognomy (n) ubuso; isimo sento.
physiology (n) isayensi yokusebenza kwezitho zomzimba; ifiziyoloji.
physique (n) umzimba; isimo somzimba.
pianist (n) umshayi wopiyane.
piano, pianoforte (n) upiyane.
piccanin, piccaninny (n) umntwanyana; upikinini.
pick (n) ipiki; uthi lokuvungula (tooth-p.); okuvuniweyo, okukhiweyo (crop picked); ikhethelo, ukloko (choice). (v) mba ngepiki; vungula (p. the teeth); kha (p. fruit, flowers); khetha (select); congobezela (p. one's way); bhozomela (p. a quarrel); kb ihuza (p. a pocket); ngophoza (p. at); susa, kha, hlutha (p. off); khetna, khuphulula, khomba (p. out); cosha, phakamisa, fukula (p. up); nonophala, lulama (p. up in health).
pickaxe (n) ipiki; ugejazembe.
picked (a) -khiweyo; -khethiweyo.
picket (n) isikhonkwane (stake); umvimbeli, umgadi (guard). (v) gada, vimbela, qapha, beka abavimbi.
picking (n) ukukha; ukuvuna; intola, ingcosho (portion).
pickle (n) amanzi okugqumisa okudliwayo; okokunonga ukudla; utaku (predicament); otakwini (in a p.); (v) gqumisa.
pickpocket (n) umkhuthuzi. (v) khuthuza.
picnic (n) ipikiniki; idili elidlelwa endle. (v) phuma ipikiniki.
pictorial (a) -nemifanekiso; -hlotshisiwe ngemifanekiso; imfundiso ngemifanekiso (p. education).
picture (n) umfanekiso; isithombe; into ebukekayo. (v) fanekisa; dweba; cabanga (imagine).
picturesque (a) -bukekayo; -khangayo kakhulu.
pie (n) ukudla okwembozwa ngenhlama kafulawa andukuba kubhakwe; uphayi.
piebald (a) -nezibhadu; -mbalambili.
piece (n) isiqephu; isijuqu; isihlephu; isichibi (p. of cloth); ucezu (p. broken off); isiqinti (p. of land); udengezi (shard); iqatha (p. of

meat); **ipheshana** (p. of paper); **uhlamvu lwemali** (p. of money); **indatshana** (p. of news); **igamu** (p. of music); **isibhamu** (firearm); **-hlakazekile, -yimvithimvithi** (in pieces); **-fanayo** (of a p.); **hlakaza, vithiza** (break to pieces). (v) **hlanganisa, xhumelela** (p. together).

piecemeal (adv.) **kancane kancane**.

pier (n) **insika yamatshe** (pillar); **impola** (breakwater).

pierce (v) **bhoboza; hlaba; chambuza; klakla, klekla** (p. the ear lobe); **ngena** (penetrate)

piety (n) **ubumnene; ukukhonza uNkulunkulu ngezenzo; ukuhlonipha umzali**.

pig (n) **ingulube; ukotshi; inkothotho; minza njengengulube** (make a p. of oneself); **inuku** (filthy person). (v) **minyana njengezingulube** (p. it).

pigeon (n) **ijuba; ivukuthu; ingaga** (pouter p.).

piggery, pigsty (n) **isibaya sezingulube, igoqo**.

pig-headed (a) **-nenkani; -phasalazayo**.

pigment (n) **ibala lemvelo; upende; okuveza umbala**.

pigtail (n) **izinwele ezinde ezelukiweyo zalengela emhlane**.

pike (n) **uhlobo lomkhonto omude oqinile; uhlobo lwenhlanzi**.

pilchard (n) **izinhlanzana zasolwandle ezifana nezinsunswane**.

pile (n) **inqwaba, isivivi** (heap); **ubuntofontofo** (nap); **umqongo wezincwadi** (p. of books); **imfumba** (p. of goods); **insika** (pillar); **akha phezu kwezinsika** (build on piles); **imizoko** (haemorrhoids); **-ziqongelela imali eningi** (make one's p.). (v) **bhanda; bekelela; didiyela; nqwabela; qongelela; futhuzela** (p. up as clouds).

piles (n) **imizoko; amathunjana emdidini**.

pilfer (v) **eba; ntshontsha**.

pilgrim (n) **isihambi esihambela izindawo ezingcwele**.

pilgrimage (n) **uhambo oluya endaweni engcwele**.

piliferous (a) **-neziboya; -noboya**.

pill (n) **iphilisi; imbulungana yomuthi**.

pillage (n) **ukuthunjwa; ukuphangwa**. (v) **thumba; phanga; gcugca**.

pillar (n) **insika; isisekelo; isiqombothi** (p. of smoke); **isigxobo seposi**

esisesitaladini (p.-box).

pillion (n) **isihlalo esisemuva komgibeli**.

pillory (n) **ipulangwe elalinezimbobo zekhanda nezezingalo ayefakwa kulo umuntu owonile ukuba achakafulwe ngabantu**. (v) **faka epulangweni lokuchakafula; chakafula** (scorn, deride).

pillow (n) **umcamelo; isicamelo; isigqiki** (wooden headrest).

pilot (n) **umqhubi; umshayeli; umkhaphi; iphayilothi**. (v) **qhuba; khapha; phatha; shayela**.

pimp (n) **ofunela abanye izifebe**. (v) **funela abanye izifebe**.

pimple (n) **insunsumba; ishashaza; induna; iqhuqhumba**.

pin (n) **ukhanjana; isipeleti; isipenetu; isiqhamo, isiqhobosho** (safety-p.); **iphinimakhanda** (drawing-p.); **iphini lokugandaya ukudla** (rolling-p.); **inkwantshu** (pins and needles). (v) **fasa ngesiqhobosho; qhana** (p. together); **chosha** (p. on); **xozomela** (p. down, bully).

pinafore (n) **iphinifo; ifasikoti**.

pince-nez (n) **izibuko ezithi khaxa embonjeni kube kuphela**.

pincers (n) **impintshisi; udlawu**.

pinch (n) **ukuncinza; ukuncweba; umjwaphuno; umshwaphuluzo; uthupha** (small quantity); **umncwebo kagwayi** (a p. of snuff); **ukudingeka impela** (emergency). (v) **ncinza; ncweba; shwaphuluza; yosula** (p. off); **qupha** (p. together); **ncikida** (p. sharply); **isicathulo siyangincinza** (the boot pinches me); **hlupha** (afflict); **ncishana** (be parsimonious, stingy).

pine (n) **iphayini; umuthi owenza amapulangwe amahle impela**. (v) **fela phakathi; dangala; buna; cotshwa ukufisa** (p. for); **laza** (p. away).

pineapple (n) **uphayinaphu**.

pinion (n) **iphiko** (wing); **isondo elinamazinyo** (cog wheel). (v) **bopha**.

pink (n) **ubuhle impela** (the p. of condition); **umbala wesiphofu** (colour). (v) **hlaba** (as with sharp instrument); **hlobisa ngokubhoboza** (p. cloth). (a) **-yisiphofu; -bomvana**.

pinnace (v) **uhlobo lomkhunjana omncane**.

pinnacle (n) **isiqongo; isicoco; undi;**

isikhathi sodumo lwakhe olukhulu
(the p. of his fame).

pint (n) iphayinti; isilinganiso so-
mthamo.

pioneer (n) umcabi; ichabanswani. (v)
vulindlela.

pious (a) -mnene; -hlonipha umzali;
-khonza uNkulunkulu.

pip (n) imbumbulu; uhlamvu; inhla-
mvu (fruit); indumbuluzi; impunzi,
uphuzi (pumpkin p.).

pipe (n) igekle, igemfe, umtshingo
(musical); imitshingo ycziKoshi
(bagpipes); umbhobho, ithumbu,
ipayipi (tube); ushimula (chimney-
p.); ithumbu lokunisela (hose-p.);
isifutho (blow-p.); ubhongwana
(wind-p.); ipipi (p. for smoking);
igudu (p. for hemp). (v) betha
umtshingo (musical); donsa amanzi
ngepayipi (p. water).

pipette (n) utshumo lwengilazi.

piping (n) amapayipi; amathumbu;
umhlobiso emiphethweni yengubo
(p. on cloth). (a) -tswinizayo
(shrill). (adv.) ngokushisa impela
(p. hot).

piquant (a) -hlwabusayo.

pique (n) ukuhlabeka kwenhliziyo;
ukuzwela. (v) hlaba inhliziyo;
thunaza.

piracy (n) ubuphangi basolwandle.

pirate (n) umphangi wasolwandle.

piratical (a) -obuphangi basolwandle.

piscatorial (a) -phathelene nezinhlanzi.

pistil (n) ingxenye yembali enesizalo;
isizalo sembali nezinti zaso.

pistol (n) ivolovolo.

piston (n) ipistoni; insimbi embhojeni
ekhuphukayo ibuyele phansi ngoku-
shesha ngaleyondlela iveze amandla
okuphendula izinsimbi zomshini.

pit (n) umgodi; isikhoxe; ipitsi (well);
igebe, ifolo (game-p.); umlindashoba
(bottomless p.). (v) focoza; xho-
kova (indent); qhatha na- (p.
against).

pitch (n) itiyela (bitumen); ukuphosa,
umjikijelo (throwing); ukuphonseka
(of vessel at sea); ukuphakama
(height); ukukhwela kwephimbo (p.
of voice); ukugcizelela iphimbo (p.
accent); -lungiselelwe du (up to
concert p.); ukuthambeka kophahla
(p. of the roof); inkundla yokujiki-
jela ibhola ekrikithini (cricket p.).
(v) gcoba ngetiyela; misa, gxumeka

(erect); phosa, jikijela (throw);
hlukuhlukuza (p. about); thalakahla
(p. down); ntshinga (p. out); hlala,
fika (settle); thelekela (p. up at);
phonseka (plunge); phulukundlela
(p. forward); hlukuhlukuzeka (p. as
a boat); gexezela (p. about). (adv.)
khace; swahla; mnyama khace (p.
black).

pitcher (n) isitsha samanzi; umphonsi
(thrower).

pitchfork (n) imfologo yotshani. (v)
phonsela phakathi (p. into).

piteous (a) -dabukisayo; -nomunyu;
-nesihawu.

pitfall (n) igebe, ifolo (game p.);
izikhubazo (difficulties).

pith (n) umongo; umnyombo.

pithy (a) -qatha; -bukhali; -namandla.

pitiable (a) -dabukisayo; -nomunyu.

pitiful (a) -nomunyu; -dabukisayo.

pitiless (a) -ngenasihawu; -ngenamu-
nyu; -nonya.

pittance (n) ingcosana eyabelweyo.

pity (n) umhawu; isihawu; isihe;
umunyu; hawukela (have p. on);
okudabukisayo (matter causing
regret). (v) dabukela; hawukela;
hlembelezela.

pivot (n) isihloko okuzungelezela kuso
okuthile; inhlangano yamathambo
esehlulampisi (p. joint). (v) zunge-
leza.

placard (n) isaziso esisephepheni
elikhulu. (v) beka isaziso obala.

placate (v) thobeza; thoba; cubuza ku-.

place (n) indawo; isikhundla; igceke,
ibala (open· p.); isese (hiding p.);
inqaba (p. of refuge); umqoka (chief
p.); umkhandlu (p. of assembly);
inkelekethe (steep p.); imakethe
(market p.); isitho esinobuhlu
(sore p.); indawo yebhizinisi (p.' of
business); enzeka (take p.); bambela,
phathela (take one's p.); ngena
esikhundleni sa- (take the p. of);
-ngalungile, -ngekho endaweni efa-
nele (out of p.); ngokokuqala (in
the first p.); uyayazi indawo emfa-
nele (he knows his p.); akungifanele
uku- (it is not my p. to). (v) beka;
hlalisa; faka; misa; gaxa, nqumisa
(p. across); encikisa (p. against);
ethula ku- (p. before); eleka (p. on
top); qhathanisa, qhinkqa (p. side
by side); thembela ku- (p. reliance
on); lungisa (p. in order); xaba.

bhijeza (p. in difficulties); misa esikhundleni (p. in office).

placenta (n) umlizanyana (human); umhlapho (animal).

placid (a) -thulile; -bekile.

plagiarize (v) sebenzisa umqondo amasu noma imibhalo yomunye.

plagiarism (n) ukusebenzisa umqondo womunye.

plague (n) ubhubhane; imbo; umqedazwe; isishayo (biblical p.); inkathazo (worry). (v) hlupha; khathaza; fundekela.

plain (n) ithafa; idobo. (a) -hlelenjiwe (flat); -sobala, -bonakele, -chachile, -qhamile, -khanyile, -gqavile (clear); kusobala kimi (it is p. to me); -ngafekethisiwe, -ngaqhamisiyo (simple, undecorated); -ngazenzisi (without pretence); -ngakhangiyo (without attraction); owesifazane ongabukekiyo (a p. woman); umbala munye (a p. colour).

plaintiff (n) ummangali; ummangaleli.

plaintive (a) -kokukhala; -nokukhala; -nosizi.

plait (n) iqakathi; umqhino; umnqakido. (v) aluka; photha; phitha; thanda; nqakida, qakatha, qhina (p. the hair).

plan (n) ipulani, umklamo (diagram); isu, icebo, iqhinga (scheme); umlinganiso wesakhiwo (p. of building); isongozo (secret p.); amalungiselelo (preparations). (v) ceba, songoza (scheme); klama; linganisa; lungiselela.

plane (n) isiphalo, ipuleni (tool); indizamshini (aeroplane); ukulingana ngokuhlelenjwa (p. surface); ahla sokuhlobisa (a p. tree). (v) phala; baza; phucula.

planet (n) inkanyezi ezungeza ilanga; unozungezilanga.

plank (n) ipulangwe; ingqikithi, umgomo (p. in campaign, politics).

plankton (n) izilwanakazane ezincane impela eziphila olwandle emanzini eziwukudla kwezinye izilwane zakhona.

plant (n) isithombo; isitshalo; isihlahla; umuthi; ikhikhizela (self-sown p.); iklume, ihlumela (young p.); imishini (industrial p.). (v) tshala; gaba; hlwanyela; lima ingadi (p. a garden); gxumeka, misa, hloma (set in the ground).

plantain (n) ukhova.

plantation (n) ihlathi lokutshalwa; isibhanana, isikhova (p. of bananas); isigwayi (p. of tobacco); isimoba (p. of sugar-cane).

planter (n) umlimi; umtshali; umshini wokutshala.

plaque (n) into eyisicaba yokuhlobisa elengiswa odongeni; ipulaki.

plasma (n) uketsheza olungenambala olusegazini okukhona kulo izinhlayiyana ezibomvu nezinye ezisebenza egazini.

plaster (n) umuthi onamatheliswayo (medicinal p.); udaka lokuphahleka, udaka lokunameka (builder's p.); impuphu emhlophe ephenduka sasemende uma isixutshwe namanzi (p. of Paris). (v) nameka; bhaceka; khatha; gudula; plastela. (a) -ebumba; -odaka.

plastic (a) -nokubunjwa; ubungcweti bokubumba (p. arts); ukwakha isitho sesiguli ngokusibumba, ukuhlinza umuntu olimeleyo uhlumelele izinyama zakhe (p. surgery).

plastics (n) okufana nenhlaka okungabunjwa kube yisimo esifunekayo; iplastiki.

plasticine (n) okufana nebumba kusetshenziswa ekufundiseni izingane ukubumba.

platana (n) isinana.

plate (n) ucwecwe (flat sheet); izinsimbi zokuvikela umkhumbi (armour plating on ships); isifanekiso encwadini (illustration in book); inegethivu yefotho (photographic p.); izitsha zegolide noma zesiliva (table p.); isitsha, ipuleti (shallow vessel); isitsha somnikelo (collection p.); ingilazi enohlonze (p. glass). (v) mboza ngegolide noma ngesiliva noma ngenye insimbi (p. with gold or silver etc.).

plateau (n) inkangala ephakemeyo; umqengqe.

platform (n) ipulatifomu; umganga; ithala (in hut); indawo okukhwelelwa isitimela kuyo (railway p.); ukumemezela imigomo (statement of principles).

plating (n) ukumboza ngensimbi; insimbi yokumboza.

platitude (n) inkulumo engaqukethe lutho olusha.

platonic (a) -thandayo njengomngane

nje kungedluli lapho; -mayelana noPlato.

platter (n) umcengezi; isitsha; uqwembe (meat p.).

plaudit (n) isinanezelo; ihlombe.

plausible (a) -ngathi kuhle; -ngathi yikho; -phecezile.

play (n) umdlalo; ukudlala; emdla-lweni (at p.); ukuthembeka (fair p.); ukufonka, ukubulala (foul p.); uku-xega elungwini (p. in a joint). (v) dlala; dlalisa; khala, khalisa (of music); ganga, qiliza (p. tricks); khohlisa, phamba (p. tricks on); shaya, betha (p. a rhythm, beat time); lingisa, dlala (act).

player (n) umdlali; umbethi.

playful (a) -tekulayo; -fekethayo; -namahlaya.

playground (n) inkundla yokudlala.

playwright (n) umlobi wemidlalo.

plea (n) isicelo; izwi lokuziphendulela.

plead (v) phendulela ecaleni (at law); khulumela inhloso (p. a cause); -ngavumi icala (p. not guilty); vuma icala (p. guilty); khalela umhawu, -zincengela (p. for mercy); -zilandu-lela (p. inability).

pleading (n) ukukhulumela; isikhalo.

pleasant (a) -hle; -mtoti; -mnandi; -klasile; -jabulisayo; -hlwabusile.

pleasantry (n) ukuhlekisana; uku-jabulisana.

please (v) jabulisa; kholisa; enamisa; ethabisa; -zibonela (p. oneself); thanda, bona (wish, choose). (adv.) ake; siza.

pleasing (a) -amukelekile; -jabulisayo; -bukekayo (p. appearance); -mnandi (p. to taste); -nogazi.

pleasurable (a) -jabulisayo; -mnandi.

pleasure (n) injabulo; ngothando (with p.); jabulela (take p. in); ukuthanda (wish).

pleat (n) umfingcizo; umpheco; ipiliti. (v) enza ipiliti; fingciza.

plebian (n) abantu nje; ongoqo. (a) -abantu nje.

plebiscite (n) ukuthola umqondo wabo bonke abantu abanevoti.

pledge (n) isibambiso; isithembiso; enza isithembiso sokungaphuzi oku-dakisayo (sign the p.). (v) bambisa nga-; thembisa.

plenteous (a) -ningi; -yinala; -yinsada, -vamile.

plentiful (a) -ningi; -yinala; -yinsada;

-vamile; -xhaphakayo.

plenty (n) okuningi; inala, insada.

plethora (n) ubuningi; ukweqisa.

pleura (n) ulwebu lwesikhala esihlala iphaphu.

pleurisy (n) amangwe; iplurasi; isi-bhobo.

pliable (a) -petekayo; -bhengcezayo; -thambile; -vumela phezulu (readily agrees).

pliant (a) -lunama; -lusica; -thambile; -phecezayo.

pliers (n) impintshisi; udlawu, ikene-btange.

plight (n) ubucayi; isimo. (v) nika isibambiso; thembisa ukugana (p. one's troth).

plod (n) ukudivaza; ukudavuza. (v) divaza; gandavula; davuza.

plop (n) ukuthi xumbu. (v) xumbuka. (adv.) xumbu; dalakaxa; dinsi.

plot (n) icebo; isigungu; ugobe; isice-celegwana; umgomo (p. of a story); isiqinti, isiza, indima (p. of ground). (v) dweba (draw); lungisela (p. out); ceba; enza isigungu; akhela ugobe (p. against).

plough (n) igeja; umpendu; unguqu; umagejageja (many disced p.). (v) lima; phendula; kleklebula; qatha (p. up new soil).

plover (n) ititihoye.

pluck (n) isibindi (courage); izibilini (heart, lungs etc. of beast as meat). (v) kha, qunta (pick); hlwitha, donsa (pull); ncodula (pull out); ncothula, nqampuna, nqunta (p. off); vusa isibindi, qunga isibindi (p. up courage); ntwanguza (twang); hlutha, qutha, chutha (p. feathers).

plucky (a) -nesibindi; -ngenaluvalo.

plug (n) isivimbo, isiqhaza (stopper); ipulagi (sparking p.); isigaxana sogwayi (p. of togacco). (v) vimba; cina; phikelela kukho (keep plug-ging at it).

plum (n) iplamu; ithungulu (Natal p.); ithunduluka (wild p.).

plumage (n) izimpaphe.

plumb (n) intambo enesigaxa sensimbi esilengayo yokubonisa ukuqonda nqo (p. line). (v) linganisa ukujula (ascertain depth). (a) -the nqo; -the thwi. (adv.) ngokuthi nqo.

plumber (n) umuntu osebenza ngo-mthofu namapayipi okudonsa ama-nzi; upulamba.

plume (n) igubhela; igojela; isiluba; isidlodlo (head-dress of feathers); isikhatha sesisi (p. of smoke). (v) -zithwalisa iqholo, -zicola (p. oneself).

plump (v) -thi dinsi phansi (p. down); khetha (p. for). (a) -khuluphele; isibukuthu, isibhaxa (a p. baby). (adv.) dekle; xumbu; dinsi.

plumule (n) umnyombo; umnyombo ohlamvini lwesithelo.

plunder (n) ukugcweleza; ukuphanga; impango. (v) phanga; gcweleza; thumba.

plunge (n) umbhukudo; ukuthi cwili. (v) hlomeka; gxambuza; bhokoda (p. in, as spear); hloma isizwe empini (p. a nation into war); phukuthela (p. into); bhekuza (p. as a horse).

plural (n) ubuningi. (a) -obuningi.

plurality (n) ubuningi; isithembu (p. of wives).

plus (a) -hlanganiswe na-; uphawu lokuhlanganisa (p. sign). (prep.) isikwenetu kwelekwe inzalo (the debt p. interest).

plutocracy (n) umbuso wezicebi.

ply (v) sebenza ngesineke; buzisisa, celisisa (p. with questions); hamba phakathi kwa- (go back and forth).

pneumatic (a) -phathelene nomoya; ithaya elifuthwayo (a p. tyre).

pneumonia (n) inyumoniya; izibhobo; ufuba; uhlabo.

poach (v) zingela izinyamazane ngokungemthetho (p. game); khipha amaqanda emagobolondweni ubuse uwapheka ngamanzi (p. eggs); ngena ngaphandle kokuvunyelwa (trespass).

pocket (n) isikhwama; iphakethe; ikhukhu; ikhikhi; isaka; usakazana (sugar p.); imali yasekhukhwini (p. money). (v) faka ekhukhwini.

pocket-knife (n) igotshwa.

pock-mark (n) imfoloko.

pod (n) umdumba; iqobolondo.

poem (n) inkondlo; isosha.

poet (n) ingcweti yezinkondlo; umqambi wezosha; imbongi.

poetical (a) -ezimbongi; -ezinkondlo; -phathelene nezosha.

poetry (n) izinkondlo; ubumbongi; izosha.

poignant (a) -hlabayo; -bukhali.

point (n) isihloko; inhlonhlo (p. of land); icashazi (dot); izici ezimbi zesimilo (bad points in character); fika emnyombeni wendaba (come to the p.); phaphalaza (miss the p.); umongo, umniningo (the p. of the matter); amagumbi omhlaba (cardinal points). (v) phawula; cija (sharpen); khomba, tshengisa (p. out); bhekisa, qondisa ku- (p. to).

pointed (a) -cijile; -bukhali; -khaliphile, -khaliphayo.

pointer (n) into yokukhombisa; inkomba; uhlobo lwenja yokuzingela izinyoni (p. dog).

pointless (a) -ngenanhloko; -ngenasizathu; -ngasho lutho, -ngasizi lutho.

poise (n) ukuma okuhle komzimba. (v) misa ukuze kulingane.

poison (n) ubuthi; isihlungu; isidliso; ushevu; indlala yesihlungu (p. gland). (v) dlisa ubuthi; ngenwa ubuthi.

poisonous (a) -bulalayo; -nobuthi; inyoka enesihlungu (p. snake).

poke (n) isakana; isikhwanyana. (v) chokoloza; qhubusha; shumeka (p. in); hlokoza umlilo (p. the fire); -zigaxela ku- (p. one's nose into); ntela (p. fun); phuthaza (p. about); hlokoza (p. into).

poker (n) insimbi yokuhlokoza umlilo; umdlalo wamakhadi (p., game of cards).

polar (a) -phathelene nendawo enamakhaza eqileyo; isifunda sasepholi (p. region).

pole (n) ipholi; indawo yasekugcineni komhlaba ngasenyakatho nangaseningizimu (North and South poles); uthi olude. (v) gwedla ngothi olude.

polecat (n) iqaqa; ingangakazana.

police (n) amaphoyisa; onongqayi (mounted p.). (v) phoyisa; gada ngamaphoyisa.

policy (n) umgomo; impatho; ipholisi yentshuwalense (insurance p.); inhlakanipho (wisdom).

poliomyelitis (n) ipholiyo; isifo esivama uthwebulo wezitho ezinganeni.

polish (n) upholishi; umuthi wokucwebezelisa; ukuphucuka (refinement); ukukhanya; ukucwebezela. (v) pholisha; khazimulisa; gudla; phucula, lungisa.

polished (a) -khanyayo; -pholishiwe; -phucukile.

polite (a) -nesizotha; -nezicolo; -thobekile.

politic (a) -epolitiki; -nokuhlakanipha.

political (a) -omsebenzi nomthetho wokuphathwa kwezwe; -ezombuso; iqembu labepolitiki (p. party).

politician (n) owepolitiki; osebenza ubupolitiki.

poll (n) ikhanda; indawo yokuvota (booth for polling); vota (go to the p.). (v) nqunda (cut off); vota; thola amavoti (gain votes).

pollen (n) impova.

pollinate (v) qhola; thuthela impova.

pollination (n) ukuqholwa, ukuthuthelwa kwempova.

poll-tax (n) ukhandampondwe; imali yekhanda.

pollute (v) ngcolisa; onakalisa; dunga.

pollution (n) ukungcolisa; ukungcoliswa.

poltroon (n) igwala; iyivayiva.

polyandry (n) ukugana kowesifazane oyedwa amadoda amaningi ngasikhathi sinye.

polygamous (a) -esithembu; -nesithembu.

polygamy (n) ukuthatha isithembu; isithembu.

polyglot (a) -nezilimi eziningi.

polysyllabic (n) -malungalunga; -nhlamvuningi.

pomade (n) amafutha anamakha.

pomp (n) ubukhosi; ubukhwangukhwangu.

pompous (a) -zivokomalisayo; -zikhukhumezayo.

pond (n) ichibi; isiziba.

ponder (v) cabanga; dlinza; zindla; balisa.

ponderous (a) -nzima; -yisikhulukuthu.

poniard (n) ummese wokugwaza.

pontiff (n) uPhapha; umBhishobhi omkhulu waseRoma.

pontifical (a) -phathelene nobuPhapha.

pontoon (n) isikebhe sokuweza abantu ezibukweni; ibhuloho elakhelwe phezu kwezikebhe (p. bridge).

pony (n) ihashi elincane.

poodle (n) uhlobo lwenja encane.

pool (n) isiziba; ibhaka; isichibi (p. of water); icancala legazi (p. of blood); imali yonke ebekelwayo (total stakes, bets). (v) hlanganisa; hlanganyela.

poor (n) abampofu; abahluphekile. (a) -mpofu; -buswezi; -nswempu; -hlu-

phekile; -bana (inferior); indwangu embana (a p. piece of cloth).

poorly (a) -ngemnandi empilweni; -ngaphilile kahle.

pop (n) ukuqhuma; ukuthi qhu. (v) qhuma; thi qhu; qhamuka (p. up); qhumisa.

Pope (n) u-Phapha.

popish (a) -phathelene noPhapha; -phathelene nenkolo yamaRoma.

poplar (n) uhlobo lwesihlahla; ubhabhulini.

poppy (n) uhlobo lwembali okwenziwa ngayo iophiyamu.

populace (n) abantu; izwe; lonke untukazana.

popular (a) -thandwa ngabantu; -azekile; -thandekile; -batshazwayo; -lotshelwe abantu nje.

popularity (n) ukuthandeka kubantu; isasasa; ukuba nogazi; ukwaziwa.

popularize (v) enza kuthandeke kubantu; aziswa.

populate (v) akhisa abantu ku-; gcwalisa ngabantu.

population (n) inani labantu bonke ezweni; abantu abakhileyo.

populous (a) -nabantu abaningi; -akhiwe ngabantu abaningi.

porcelain (n) izitsha zebumba elincwamanzi elilula; iphosilini.

porch (n) igosi lasendlini; iphoshi.

porcupine (n) ingungumbane; inungu (p. quill).

pore (n) imbotshana; imbotshana yomjuluko. (v) bhekisisa; fundisisa.

pork (n) inyama yengulube.

porker (n) ingulube efuyelwa inyama yayo.

pornographic (a) -phathelene nemikhuba yobufebe nobunja.

pornography (n) okuqukethe izinto eziphathelene nobufebe nobunja.

porous (a) -mfomayo; -nezimbotshanyana; inhlabathi ezikamanzi (p soil).

porpoise (n) ihlengethwa.

porridge (n) iphalishi; iyambazi; uphuthu, isibhaqanga (thick p.); idokwe, incwancwa (fermented p.).

port (n) itheku; lapho kungena khona imikhumbi; uhlobo lwewayini.

portage (n) ukuthwalwa; ukuthuthwa.

portal (n) umnyango; isango.

portend (v) bikezela.

portent (n) isigameko; umhlola; isibikezelo.

porter (n) umthwaleli; udibi (carrier for warrior); umlindisango (door-keeper).

portfolio (n) isikhundla sobungqo-ngqoshe kuhulumeni (ministerial position); isikhwama samaphepha (container for documents).

portion (n) ibinza; inxenye; isinqamu; isabelo; isigaba; isigamu; isinqume-lo (fate); ifa (inheritance); ifa elinikezwa indodakazi uma ishada (dowry). (v) aba; abela.

portly (a) -khluphele; -zimukile.

portmanteau (n) ipotimende; uhlobo lwebhokisi lokukhweza nokuthwala izingubo.

portrait (n) umfanekiso womuntu; isithombe; ifotho yobuso bomuntu.

portray (v) fanekisa; bonisa; chasisa; chasisa ngamazwi (p. in words).

Portuguese (n) iPutukezi; isiPutukezi (language). (a) -phathelene nama-Putukezi.

pose (n) ukumiswa komzimba. (v) buza (p. a question); misa umzimba (assume a p.); -zifanisa na- (p. as).

poser (n) umbuzo oyinkinga; imfumbe.

position (n) indawo; isikhundla; ukuma; isimo. (v) misa.

positive (n) okuyikho. (a) -gamele; -vu-mayo; -ngaqhamile (not outstand-ing).

posse (n) umshungu; iqembu.

possess (v) -ba- na-; -banolwazi (p. knowledge); fuya; zuza; thola (p. oneself of).

possession (n) ukuba na-; ukufuya; into anayo umuntu; impahla; imfuyo; umcebo; ukuzibamba (self-p.); thatha (take p. of); ubu-mnini.

possessive (n) isiphano. (a) -funayo ukuba kubenguye yedwa ongumnini.

possibility (n) ukwenzeka; into eno-kwenzeka.

possible (a) -nokwenzeka; -enzekayo.

possibly (adv.) mhlawumbe; khathisi-mbe, ingabe.

post (n) isikhundla, indawo, umsebe-nzi (situation); isibonda, isigxobo (fence-p.); insika (pillar); isigxobo sokukhanyisa (lamp p.); inkondlo yokugcina (last p.); iposi (mail). (v) misa; phaka; posa (mail); azisa ngokunamathelisa izaziso (placard); hamba ngokushesha.

postage (n) imali yeposi.

postal (a) -phathelene neposi; -eposi; iposoda (p. order).

postdate (v) qhubekisa phambili usuku lokubhalwa olusencwadini.

poster (n) iphepha lezaziso.

poste restante (n) ihovisi eposini lapho izincwadi zibekwa khona zilindele abaninizo.

posterior (n) izinqe. (a) -sesikhathi esilandelayo.

posterity (n) izizukulwane ezizayo.

postgraduate (n) onesiqu semfundo ephakeme. (a) -phathelene nonesiqu.

posthumous (a) -semuva kokufa.

postilion (n) ogibela elinye lamahashi aboshelwe ekalishini.

postmark (n) isinyathelo saseposini.

postmaster (n) umphathi-posihovisi; umaposi.

post meridiem (adv.) ntambama; nge-muva kwesikhathi sasemini; p.m.

post-mortem (n) ukuhlinzwa okwenzi-wa umuntu esefile (p. examination). (a) -enziwayo umuntu esefile.

postpone (v) hlehlisa; lazisa.

postscript (n) amazwana axhunyele-lweyo.

postulant (n) ozimisela ukungenela ubupristi noma ubusistela.

postulate (v) beka njengeqiniso.

posture (n) ukuma; indlela yokumisa umzimba; ukumiswa komzimba. (v) misa umzimba ngendlela ethile.

posy (n) isithungwana sezimbali.

pot (n) ibhodwe; ukhamba, imbiza (vessel); umphanda (large p.); umca-kulo (small p.); udiyo (drinking vessel); isangungu (beer p.); uma-ncishane (small beer p.); isikigi (chamber p.). (v) tshala izithombo ezimbizeni (p. plants).

potable (a) -nokuphuzwa.

potato (n) izambane; idata (Zulu p.); ubhatata (sweet p.); umbhondwe (wild p.).

potent (a) -namandla; -qatha.

potentate (n) inkosi enamandla.

potential (n) okungenzeka. (a) -no-kwenzeka; -ngabanamandla; indlela yamandla (p. mood, gram.).

potion (n) okokuphuzwa; isiphuzo.

potter (n) umbumbi. (v) tikatika; sha-lushaluza (p. about).

pottery (n) okwebumba; izitsha zebumba.

pouch (n) isikhwama; ikhukhu; impo-ntshi. (v) faka ekhukhwini.

poulterer (n) othengisa ngezinkuku.
poultice (n) isithobo. (v) thoba.
poultry (n) izimbuzimaphiko; izinkuku nezinye izinyoni ezifuywa ekhaya.
pounce (n) ukubhabhama, ukugxumela. (v) bhadama; gxuma; gxumela; bhulukuqa; bhabhamela (p. upon).
pound (n) isilinganiso sesisindo, iphawundi (weight); umpondwe, upondo (money); isikidi (enclosure, in p.). (v) gxoba, gqula, ganda (pulverize); gqusha, khanda, ngcangcaza (grind, crush); -zikhanda; bhaklazela (p. upon).
poundage (n) imali ekhishwayo ngephawundi; imali engena esikhwameni sikahulumeni uma umuntu ethenga iposoda (charge for postal order).
pour (v) thela; walakahla (p. down); cwenga (p. off); thulula (p. out, as grain); qulela (p. over); -na kakhulu, xhaza (p. down, as rain); qhinsika (p. forth); wululeka (p. in).
pout (v) phukula umlomo; cutha umlomo.
poverty (n) ubumpofu; ubuswezi; ubunswempu; ukuntula; ukuntuleka.
powder (n) okusampuphu; imvumvu; impuqusi; uphawuda (face p.); umsizi (gun-p.). (v) gayisisa, qotha (reduce to p.); phuquka (crumble).
power (n) isikhwepha; amandla; isidladla; ingalo; ukubusa (control); isithunzi (influence); igunya lokwenzela (p. of attorney).
powerful (a) -mandla; -namandla; -bukhali.
powerless (a) -ngenamandla; -dondobele; -buthuntu.
pox (n) ingxibongo, upokisi (smallpox); inqubulunjwana (chicken p.).
practicable (a) -nokwenzeka.
practical (a) -enzekayo; -sebenzekayo; -nekhono lokwenza.
practice (n) ukwenza; umkhuba; ukujwayela; ukuzijwayeza; ukusebenza, umsebenzi (vocation).
practise (v) enza (do); elapha, nyanga (p. medicine); bhulela, thakatha (p. witchcraft); -zijwayeza (drill).
practitioner (n) umenzi womsebenzi othile; udokotela (medical p.); ummeli (legal p.).
prairie (n) inkangala yaseMelika; amaprezeri.
praise (n) indumiso; isithakazelo;

ukubonga; ukutusa. (v) babaza; tusa; dumisa; bonga; ncoma; thopheza.
praise-name (n) isithakazelo; isithopho.
praiseworthy (a) -bongekayo; -tusekayo; -bukekayo; -ncomekayo.
prance (v) gabadela; gabavula; ngqesheza.
prank (n) umgilo; umgilingwane.
prate (v) mpompoza; fitheza.
prattle (v) pitiliza; qeketha.
prawn (n) umdambi; isilokazane sasolwandle esidliwayo.
pray (v) nxusa; cela; khuleka; thandaza; bonga.
prayer (n) umthandazi; umkhuleki; ukuthandaza; ukukhuleka; umthandazo; umkhuleko; isicelo.
preach (v) shumayela; fundisa.
preacher (n) umshumayeli; umfundisi; umvangeli.
preamble (n) isingeniso; amazwi aqalisa ingxoxo.
prearrange (v) lungisela ngaphambili.
precarious (a) -yingozi; -sebucayini.
precaution (n) ukuqaphela; okokuvimbela okwenziwa ngaphambili.
precede (v) andulela; hamba ngaphambili; enzeka kuqala.
precedence (n) ukwandulela; qhubekisa phambili (give p. to).
precedent (n) isandulelo; into eyake yenzeka kuqala esekuthathelwa kuyo.
preceding (a) -ngaphambili; -akuqala.
precept (n) umyalo; umthetho ofundiswayo.
precious (a) -ligugu; -nemali eningi (costly); -thandwa kakhulu.
precipice (n) isiwa; iwa; inkelekethe.
precipitate (n) okuphumayo njengenzika embhubhudlweni. (v) phulukundlelisa (throw down); enza ngamaphuthu, sheshisa kungakabi yisikhathi (hurry, expedite); khipha ngokuzikisa encibilikisweni (p. from solution).
precipitous (a) -mangelengele; -yisiwa; -yisikhelekehle.
precis (n) umongo; ingqikithi; ukufingqisa indaba.
precise (a) -yikho du; -nesinwe; -chachile.
precisely (adv.) impela du; nesinwe; ngakho du.
precision (n) isinwe; ukuchachisa; ukucoyiya; ukwenza kahlehle.

preclude (v) vimbela; valela.
precocious (a) -nobuqha; -nobungqongqo; -sheshisayo kungakabi isikhathi esifanele.
preconceive (v) cabanga ngaphambili; nquma indaba yonke ingakakhulunywa (preconceived ruling).
precursor (n) umanduleli; isigijimi esithunywa ngaphambili.
predatory (a) -phathelene nokuphanga; isilwane esiphila ngokudla ezinye (p. animal).
predecease (v) -fa ngaphambi kwa-.
predecessor (n) owayekhona esikhundleni ngaphambili.
predestination (n) inkolo yokuthi umuntu uphumelela kuphela kulokho anqunyelwe noma amiselwe ukuphumelela kukho.
predestine (v) nqumela ngaphambili; misa ngaphambili.
predetermine (v) nqumela ngaphambili.
predicament (n) isiwanga; ingxaki; ubucayi; utaku.
predicate (n) isilandiso; umlandi.
predict (v) bikezela; -sho ngaphambili; ncinga; bika manqangi.
predictable (a) -nokubikezelwa; -nokubikwa manqangi.
predikant (n) umfundisi wesonto lamaBhunu.
predilection (n) ukuthandiswa; ukuthanda ngaphambili.
predispose (v) jwayeza ngaphambili; vumisa ngaphambili.
predominant (a) -namandla; -dlulayo; -eqileyo.
pre-eminent (a) -dlulayo ngobukhulu; -dlulayo ngesisindo.
preen (v) cwala; cwala izimpaphe (p. the feathers).
preface (n) isanduleliso; isishayelelo; ibika. (v) qalisa; -sho kuqala.
prefect (n) umntwana wasesikoleni obekwa abeyinduna yabanye; induna enkulu eRoma endulo (p. of ancient Rome).
prefer (v) beka (put forward); mangalela (p. a charge); faka isibizo (p. a claim); thanda, khetha, qoma, ncama (like better).
preferable (a) -nokukhethwa; -ngcono.
preference (n) umenyulo; ukuthanda; ukukhetha; into ethandekile.
preferment (n) ukuphakanyiswa esikhundleni; ukukhethwa.
prefix (n) isiqalo. (v) qalisa; faka

ngaphambili.
pregnancy (n) ukukhulelwa; isisu; ukumitha.
pregnant (a) -khulelwe; -nesisu; -mithi; -qukethe okukhulu (meaningful).
prehensile (a) -nokubamba ngokuthandela.
prehistoric (a) -phathelene nendulondulo imilando ingakabhalwa.
prejudge (v) nquma indaba ingakaphenywa.
prejudice (n) ukulimaza; ukulimala; ngaphandle kokubopha (without p.); inhlengo, ubandlululo (preconceived judgement). (v) limaza; thela umswazi.
prejudicial (a) -limazayo; -onayo; -thelayo umswazi.
prelate (n) oncsikhundla esiphakemeyo esontweni.
preliminary (n) okokwandulelisa; isisusa. (a) -angaphambili; okulungisela; -okungenisa.
prelude (n) isisusa; imvunge-singeniso.
premature (a) -enzekayo kungakabi yisikhathi esifanele; ingane ezalwa izinyanga zingakapheleli (a p. baby).
premeditated (a) -qondwe ngaphambili; hloswe ngaphambili.
premier (n) ungqongqoshe wabaphethe umbuso, umphathi-mbuso. (a) -okuqala; -semqoka.
premise (n) ukusho (proposition). (v) beka ngokuchasisela.
premises (n) indlu; umuzi; izakhiwo.
premium (n) umvuzo (reward); imali ekhokhwa kuntshuwarensi (insurance p.).
prenatal (a) -ngaphambi kokuzalwa; -ngaphambi kokubeletha; ukondlisisa unina ingane ingakabelethwa (p. care).
premonition (n) ivuso; ukubikezelwa.
preoccupation (n) ukuxakeka; ukubambeka; ukulibaziseka.
preoccupy (v) bambekisa; xakekisa.
prepaid (a) -khishelwe imali ngaphambili.
preparation (n) ukulungisela; amalungiselelo.
preparatory (a) -okulungisela; isikole sabaqalayo (p. school); ukuphenywa kwecala (p. examination).
prepare (v) lungiselela; lungisa; hlela; hlomela (p. for).
preponderant (a) -vamileyo; -obuningi.

prepossessing (a) -bukekayo; -khangayo.

preposterous (a) -nobuthutha; -nobulima obumangalisayo; -ngahambi ngohlelo.

prepuce (n) ijwabu; inhlonze; umncwado (p. cover).

prerequisite (n) okudingekayo ngaphambili. (v) -dingekayo ngaphambili.

prerogative (n) igunya; amandla.

presage (n) ibika; izwandaba; isigameko. (v) bikezela.

prescribe (v) misa; nquma; layeza; beka.

prescription (n) umuthi onqunyelwe udokotela; isithako sikadokotela (medical p.).

presence (n) ukuba khona; isimo esinesithunzi (bearing); umqondo osheshayo (p. of mind).

present (n) isikhathi samanje (time); manje (at p.); okwamanje (for the p.); isipho, isiphiwo (gift); inkathi yamanje (p. tense). (v) bonakalisa, veza, bika (introduce); nika, pha, khangeza, nyomulisa (give); xoshisa (p. with). (a) -khona (at hand); -amanje (of p. time).

presentable (a) -nokubekwa; -nokwethulwa; -nokuphiwa.

presentation (n) ukuphiwa; ukubekelwa; isiphiwo.

presentiment (n) ukubikelwa; inqe (p. of evil).

presently (adv.) emuva kwesikhashana; masinyane; kudebuduze.

preservation (n) ukulondolozwa; ukulondoloza; ubulondolozi.

preservative (n) umuthi wokuvimbela ukuvunda. (a) -londolozayo.

preserve (n) ujamu (jam); izithelo ezilondolozwe ezitsheni ngoshukela (preserved fruit); isiqiwu sezilwane (game reserve). (v) londoloza; gcina; vikela; sindisa; londa; hlalisa kungonakali; izithelo ezilondoloziweyo (preserved fruit).

preside (v) -ba umphathisihlalo; engamela; phatha (p. over).

president (n) umongameli; umbusi wezwe okhethiweyo.

press (n) ukuminyana kwabantu (throng); ukubambeka (urgent demands); umshini wokucindezela izincwadi (printing p.); amaphephandaba (the p.); ikhabethe lezi-

ngubo (clothes p.). (v) cindezela, fica, khama (squeeze); toboza (p. a soft object); gxisha, ficiza, potoza, faxaza (p. in); phinqila, putshuza (p. out); qhabeza (p. over); fica, nyinya (p. together); bhamzisa (p. under water); belesela, ncengisisa (p. for, urge); xina (p. for payment); phoqa, xina (compel); gcizelela (p. one's point); shisa, ayina izingubo (p. clothes).

pressing (a) -cindezelayo; -xinayo.

pressure (n) ukucindezela; isicindezelo; enza ngokuphoqwa (act under p.); sebenza ngokushikisheka (work under p.); isitofu somfutho wesisi (p. cooker); umfutho wegazi (blood p.).

presumably (adv.) mhlawumbe; kungathi.

presume (v) xhomondela; qaziyela; ngabaza; -zicabangela.

presumption (n) ukucabanga; ukungabaza; ukungatheka; umngabazane; umqaziyelo; ukuchachaza, ukuxhomondela (impertinence).

presumptuous (a) -gabadelayo; -xhomondelayo; -ngabazayo.

presuppose (v) cabanga ngaphambili; qikelela.

pretence (n) ukuzenzisa; ukufanisa; izaba; ubumbulu; volozela (make p.); ngokukhohlisa (under false p.).

pretend (v) -zenzisa; fanisa; gabadela (venture); banga, -zenza (claim); zenza isazi (p. to knowledge); -zenzisa, ziba, mbuluza (feign).

pretender (n) umzenzisi.

pretension (n) ukuzishaya; ukubanga (claim); ukuzikhukhumeza (self-praise).

pretentious (a) -zikhukhumezayo; -zazisayo.

pretext (n) izaba; icebo; ibhaxa.

pretty (a) -hle; -bukekayo. (adv.) kakhudlwana; -hlana (p. good).

prevail (v) ahlula; dlula; vama; phakama; enzisa, phoqa (p. upon).

prevailing (a) -vamile; -phakeme; -namandla; umoya ovamisile (p. wind).

prevaricate (n) khwixiza; phixiza; mbandaza; mbangcaza.

prevarication (n) ubuxoki; ubukhwixikhwixi; amanga.

prevent (v) vimbela; nqanda; thiya; eqela; enqabela.

prevention (n) ukuvimbela; iseqelo.
preventive (n) okokuvimbela. (a) -vimbelayo; ukuvimbela izifo zingakaveli (p. medicine).
preview (n) ukubona into ingakabonwa uwonkewonke; ukubona into ingakavezwa kwabanye.
previous (a) -kwangaphambili; -kwakuqala.
prey (n) okubanjelwa ukudliwa; inyamazane edliwayo; isilwane esiphila ngokudla ezinye (a beast of p.). (v) zingela (hunt); phanga (despoil).
price (n) intengo; imali yentengo; inani. (v) linganisa imali yentengo; biza inani; buza imali; incwadi yamanani entengo (p. list).
priceless (a) -ngenakulinganiswa namali; -ngenantengo eyaneleyo; -ligugu.
prick (n) ukuthi nti; okuhlabayo, ameva (pricks). (v) hlaba; ntinyela; cumbuza; nyazimula (of conscience); misa izindlebe (p. up the ears).
prickle (n) iva; ivana. (v) hlabahlaba; lumaluma.
prickly-pear (n) isihlehle.
pride (n) ukuzazisa; ukuzidla; ukuziqhenya; iviyo lamabhubesi (a p. of lions). (v) -zigqaja nga-; gaba nga-; -ziqhenya nga- (take p. in, p. oneself on).
priest (n) umpristi.
priestess (n) umpristi wesifazane.
prig (n) umzenzisi; imbongolwana; oqhoshayo.
prim (a) -yinono; -ligeza.
prima facie (a., adv.) ngokubonakala.
primary (n) ukhetho lokuqala (voting); iphiko labaqalayo (junior department). (a) -qalisayo; isikole sabaqalayo (p. school); -khulu, -semqoka (of p. importance).
primate (n) ihlelo eliphakeme lezilwane elididiyela abantu nezimfene.
prime (n) ukuphelela; uhlaza (the p. of life). (v) lungisa; hlohla isibhamu (p. a gun); faka amazwi emlonyeni kafakazi (p. a witness). (a) -qalisayo (first); -khulu, -semqoka (important); umphathimbuso omkhulu, ungqongqoshe ophetheyo (Prime Minister); -hle kakhulu (excellent); -ngenakuhlukaniswa; isibalo esingenakuhlukaniswa izibalo eziphelele (p.

number).
primer (n) incwadi yokuqala; upende ofakwa kuqala (p. paint).
primeval (a) -asendulo; -asendulondulo.
primitive (a) -asendulo; abantu basendulo (p. people); isiko lomdabu (p. custom).
primogeniture (n) ilungelo lezibulo lokuthatha ifa.
primordial (a) -okudabuka; -asendulondulo.
primus (n) isitofu esifuthwayo; iphrayimasi.
prince (n) umntwana; inkosana yohlanga; umntanenkosi.
princely (a) -njengenkosi; -obukhosi; -omntanenkosi.
princess (n) inkosazana yenkosi; umkamntanenkosi.
principal (n) inhloko; omkhulu; umqashi-zisebenzi (employer); unozala (capital sum); umphathisikole (p. of a school); umshayo omkhulu wophahla (p. of roof timbers). (a) -khulu; -yinhloko; -namandla.
principally (adv.) kakhulu; ngokukhulu; imvama.
principle (n) umgomo; umthetho; isimiso.
print (n) okucindezelweyo; iprinti; isijalimani, uhlobo lwendwangu (cloth). (v) cindezela; bhala; printa.
printer (n) umcindezeli wezincwadi; umprinti.
printing (n) ukucindezela; okucindezelwayo; ukuprinta; umshini wokucindezela izincwadi (p. press).
prior (n) inhloko ephethe indlu yabapristi. (a) -phambili; ngaphambili; -andulele.
priory (n) indlu yabapristi.
prison (n) ijele; itilongo.
prisoner (n) isiboshwa; umthunjwa (p. of war); bamba, thumba, bopha (take p.).
pristine (a) -omdabu; -asendulo.
privacy (n) ukubayedwa; ukungangenwa muntu.
private (n) isosha nje; umphambili (privates, male); isibunu (privates, female). (a) -akhe yedwa (individual); -asekhaya; -omzimba, -enhliziyo (personal); ifa lomuntu (p. property); -fihliwe, -asekusithekeni, -asesifubeni (secret); gcina esifubeni (keep secret); -esifuba (p. affairs);

-sithekile, -ngabonakali (not public); isikole esingalekelelwa ngemali kahulumeni (p. school).

privation (n) ukwaphuca; ukuntula; ukuswela.

privilege (n) ilungelo. (v) busisa.

privy (n) ibhoshi; indlu yangasese. (a) -sithekile; isigungu esalulekayo (p. council); -azi isifuba (secretly knowing).

prize (n) umvuzo; umklomelo; okuthunjiweyo elwandle (p. at sea). (v) thanda kakhulu; azisa; enza igugu xazula, gwadula (p. open); gqunsula (p. apart); qebekula (p. up). (a) -omklomelo; -vuziweyo; umshayi wenqindi olwela umvuzo (p. fighter).

pros and cons (n) izizathu ezimelayo neziphikisayo.

probability (n) into ethembekayo ukuthi ingenzeka.

probably (adv.) hlasimbe; mhlawumbe; kungathithi.

probate (n) ubufakazi bokuthi incwadi yefa ingokomthetho.

probation (n) isikhathi sokulingwa; isikhathi sokuvivinywa.

probationary (a) -okulingwa; -okuvivinywa.

probationer (n) osekuvivinyweni; osalingwa; osazanywa.

probe (n) into yokutitinya; usungulo lokutitinya inxeba. (v) titinya; hlolisisa.

probity (n) ubuqotho; ukuthembeka.

problem (n) inkinga; inkanankana; inkilikiqi; isibalo esiyinkinga (arithmetical p.).

problematical (a) -yinkinga; -ngaqondakali.

proboscis (n) umboko; umlomo omude wesilokazane (of insect).

procedure (n) indlela yenqubo; indlela yokwenza.

proceed (v) qhubeka; ya phambili; mangalela (p. against at law); vela, phuma (p. from).

proceeding (n) ukwenza; isenzo; ukuhamba; ukumangala (legal proceedings).

proceeds (n) imali yonke etholakele; inzuzo.

process (n) ukuqhubeka; -sakhiwayo (in p. of construction); inqubo; ukwenza; ukumangalela (legal). (v) enza ngendlela ethile.

procession (n) udwendwe; inhlabalu-hide.

proclaim (v) memezela; azisa.

proclamation (n) isimemezelo; isaziso; umlayezo.

proclivity (n) ukunaka kwenhliziyo.

procrastinate (v) hlehlisa; libala; buyisela emuva.

procreate (v) zala.

procurable (a) -tholakalayo; -nokutholwa.

procure (v) thola; tholisa; zuza; enzisa (effect); funela izifebe, bambela (for prostitution).

prod (n) umgqulo; umqhubukusho (goad). (v) gqula; chukumeza; dlokodla; hlokoloza.

prodigal (n) ihuzu. (a) -hlaphazayo; -saphazayo.

prodigious (a) -khulukazi; -mangalisayo.

prodigy (n) ummangaliso; ilumbo; umhlola; umuntu onesiphiwo esimangalisayo semfundo (a p. of learning).

produce (n) izilimo. (v) veza, bonakalisa (exhibit); zala, thela, khipha (bring forth); nyelezela (p. a litter); banga (cause); enza (make); dephisa (lengthen).

producer (n) umenzi; umlimi (of farm produce); umvezimdlalo (p. of play).

product (n) isithelo; okuvezwayo; umphumela wokuphindaphinda (mathematics).

production (n) ukwenziwa; ukuvezwa; into eyenziweyo.

productive (a) -vezayo; -thelisayo; -vundileyo (of soil).

profane (v) phatha ngokubhina; thuka; phofisa. (a) -komhlaba (secular); -okubhina, -ngcolile (irreverent).

profanity (n) umbhino; isithuko.

profess (v) vuma; -zisho; -zenza; fundisa.

professedly (adv.) ngomlomo; ngokuzisho.

profession (n) ukusho; ukuzisho; ukuvuma (avowal); umsebenzi (occupation); ubungcweti (skilled professionally); ubunyanga, ubudokotela (medical p.); ubufundisi, ubuthishela (teaching p.).

professional (a) ohola imali ngomsebenzi wokudlala (in games); osebenza umsebenzi ofundelwe. (a) -obungcweti; -esikhundla; -komsebenzi.

professor (n) umfundisi wemfundo ephakeme; uProfesa; ozishoyo; ovumayo.

proffer (v) nikeza; lethela.

proficient (a) -yingcwepheshi; -phumelele.

profile (n) umdwebo wohlangothi lobuso; uhlangothi olulodwa lobuso.

profit (n) inzuzo; inzalo; isandiso. (v) zuza; thola; sizakala; siza; zuzisa.

profitable (a) -zuzisayo; -sizayo; -nenzuzo.

profiteer (n) othola inzuzo eyeqile. (v) funa inzuzo enkulu ngokweqile.

profligate (n) othembuzayo. (a) -thembuzayo; -zinikele emikhutsheni emibi.

profound (a) -thathelayo phansi; -khulu kakhulu; isazi esinengqondo ejulileyo (a p. scholar).

profuse (a) -ninginingi; -okuhlaphaza.

progenitor (n) ukhokho.

progeny (n) usapho; inzalo; uzalo.

prognosis (n) ukubikezela kukadokotela ngokuhamba kwesifo.

prognosticate (v) bikezela; bona ngaphambili.

programme (n) uhlelo lokuzokwenziwa; indlela okuzoqhutshwa ngayo; iphepha okubhalwe kulo okuzokwenziwa. (v) hlela ngendlela okuzohanjwa ngayo.

progress (n) inqubekela-phambili; ukuqhubeka; inqubo; inqubeko; ukubangcono (p. in illness etc.); -saqhubeka (in p.). (v) hamba; qhubekela phambili; qhubeka; thuthuka; -bangcono.

progressively (adv.) ngokuqhubeka njalo.

prohibit (v) nqabela; alela; nqumela; vimbela.

prohibition (a) isenqabelo; isivimbelo; ukunqabela; ukwalela; umgoqo.

prohibitive (a) -nqabelayo; -bizayo ngokwedlulele (p. price).

project (n) inhloso; umklamo; isu; icebo; isongozo. (v) phumela ngaphandle kwento; phongoza; khokha; phensuka (p. at back); phumisa, khipha (propel); songoza (plan).

projectile (n) into edutshulwayo; into ephonswayo.

projection (n) ukuthi phoko; into ethe phoko; ukuphumela ngaphandle; ukufanekisa umumo womhlaba

(earth's p.); ukubonisa izithombe ebhayisikobho (p. of films).

projector (n) osongozayo; umshini wokukhulisa nokubonakalisa imifanekiso (film, slide p.).

prolific (a) -thelayo kakhulu; -zalayo kakhulu.

prologue (n) isisusa; isandulela.

prolong (v) enza kube kude; anula; dephisa; elula; qhubekisa isikhathi sempilo (p. life).

promenade (n) ukuhambahamba; indawo yokuhambahamba. (v) hambahamba; vakasha; chanasa.

prominent (a) -the phoko; -qhamile; -sobala; -dumileyo, -chumile (eminent).

promiscuous (a) -xubaxubene; -yinhlanganisela; -ngakhethi abesifazane athandana nabo, -ngakhethi amadoda athandana nabo (sexual relations).

promise (n) isithembiso; thembisa (make a p.); gcina isithembiso (keep a p.).

promising (a) -thembisayo.

promissory (a) -okuthembisa; incwadi okubhalwe kuyo isithembiso sokukhokha imali ethile ngesikhathi esinqunyiweyo (p. note).

promontory (n) inhlonhlo yezwe ephokophele elwandle.

promote (v) qhubekisa; siza; khuphula; phakamisa; enyusa.

promoter (n) oqhubela phambili; umqambi; umqambizinkampane (p. of companies).

prompt (v) funzelela; tshelezela. (a) -sheshayo; -ngesikhathi esifanele.

promptly (adv.) ngokushesha; masisha; masinyane; ngesikhathi esifanele.

promulgate (v) memezela; azisa uwonkewonke.

prone (a) -thanda uku-; -the jabalala.

prong (n) ibhaxa.

pronoun (n) isabizwana; isabizwana soqobo (absolute p.); isabiz. sokukhomba (demonstrative p.); isabiz. senani (quantitative p.); isabiz. sokuchasisa (qualificative p.); isabiz. sesimelane (relative p.); isabiz. sobuntu (personal p.); isabiz. esingaqophi (indefinite p.).

pronounce (v) phimisa; phumisela; -sho; nquma; gweba (p. judgment).

pronunciation (n) ukuphinyiswa kwamagama; ukuphumisela.

proof (n) ubufakazi; okuqinisayo; linga, hlola (put to proof); okucindezelwe kuqala ukuze kulungiswe amaphutha incwadi yoqobo ingakakhishwa (printer's p.); isilinganiso sealkhoholi ekugologo (amount of alcohol in spirits). (a) -ngenakwahlulwa (p. against); ialkhoholi esetshwaleni ngokomthetho (standard p.).

prop (n) isisekelo; uzime; insika. (v) sekela; phasa; chiya; qhwaka; impande ephasayo (p. root).

propaganda (n) ukusakaza izindaba ezikhethiwe ezisekela uhlangothi oluthile lodaba kuphela.

propagate (v) andisa; zalanisa; fundisa; anda; zalana.

propagation (n) ukwandisa; ukwandiswa; ukuzalanisa.

propel (v) qhuba; hambisa.

propellent (n) okuyikhona okuqhubayo; umsizi ngokuqhuma uqhuba inhlamvu (gunpowder by exploding is the p. of a bullet).

propeller (n) into ephephezelayo iqhube indiza; uphephela.

propensity (n) ukuthanda; ukunaka.

proper (a) -fanele; -lungile; -yisinwe; -qatha; ibizoqho (p. noun).

properly (adv.) ngokufaneleyo; ngokuyikho; ngesinwe; ngakho; ngakhona.

property (n) ifa; impahla; imfuyo; ingcebo; okuvezwa ku- (attribute of); okuvezwa yigolide (properties of gold).

prophecy (n) isibikezelo; inhlaziyo; umqaziyelo; isiprofetho.

prophesy (v) profetha; bikezela; hlaziya; qaziyela; ngcinga (p. ill).

prophet (n) umprofethi; umbikezeli.

prophetic (a) -okubikezela; -obuprofethi.

prophylatic (a) -vikelayo izifo; -sebenzayo ukuvikela izifo.

propinquity (n) ubuduze.

propitiate (v) phozisa; hlawulela; chachambisa.

propitiation (n) isihlawulo; umchachambiso; isiphoziso.

propitious (a) -vumelayo; -sizayo; -nethemba lokuhle.

proportion (n) ukwelamalamana; ukulinganisana; isimo, ubukhulu (size); nesimo esikhulu (of large proportions).

proportional (a) -nokwelamalamana;

-linganiselwe; -linganisene.

proposal (n) isiphakamiso; umcabango; isongozo; ukucela umshado (p. of marriage).

propose (v) phakamisa; -sho; -songoza; hlosa; ceba (scheme); cela umshado (p. marriage).

proposition (n) isongozo; isiphakamiso.

proprietary (a) -ngegunya lobunikazi.

proprietor (n) umnikazi; umnini.

propriety (n) imfanelo; ukulunga; ubuhle; okufaneleyo (the proprieties).

prorogue (v) vala; vala iphalamende (p. parliament).

prosaic (a) -duma; -ngafekethisiwe; amazwi nje angezwakali njengenkondlo.

proscribe (v) nqabela; bandlulula.

prose (n) indaba esencwadini engabhalwanga ifane nenkondlo; iphrozi.

prosecute (v) qhuba, enza (carry on); qhuba icebo (p. a scheme); beka icala, mangalela (p. at law).

prosecution (n) ukuqhutshwa; ukumangalelwa; abamangaleli.

prosecutor (n) umshushisi; umbikimacala.

proselyte (n) okhwebukile enkolweni ethile wamkela enye.

prosody (n) imithetho ephathelene nezinkondlo nezosha.

prospect (n) okubukwa ngamehlo, isibonakalo (scene); ithemba, okubhekiweyo (expectation). (v) hlwaya phansi; funa igolide noma yini enjalo yemvelo (p. for gold etc).

prospective (a) -zayo; -bhekiweyo.

prospectus (n) incwadi yokuchachisela okuthile.

prosper (v) -ba nenhlanhla; phumelela; chuma; thuthuka; busisa; hlahlamelisa.

prosperous (a) -ncwaba; -busisiwe; -nenhlanhla; -chumile; -nothile; -cebile.

prostitute (n) isifebe; unondindwa. (a) dlala nga-; onisa.

prostitution (n) ubufebe; ubundindwa; ukonisa.

prostrate (v) lalisa phansi; -thi jabalala; ahlula; danisa; -zijabalalisa (p. oneself). (a) -the jabalala; -ngenamandla. (adv.) ngokuthi jabalala; bulala.

protagonist (n) umlweli; ummeleli; umshoshozeli.

protect (v) vikela; londa; londoloza; vimbela; biyela; ondla; qinisa; gubuzela.

protection (n) ukuvikeleleka; ukuvikelwa; umgubuzelo; okokulondoloza; okokuvimbela.

protector (n) umlondolozi; umvikeli; umondli.

protectorate (n) izwe elisekhwapheni; izwe eliphcthwe livikelwe omunye umbuso.

protege (n) umondliwa; umuntu onomunye amsekelayo amvikele.

protein (n) iprotheni; isithako semvelo esiqukethe inayitrojini esisemqoka ekudleni kwabantu nezilwane.

protest (n) isikhalo; izwi lokusola; izwi lokunqaba. (v) khala; nqaba; sola.

protestant (n) iprothesthanti; owenkolo yobuKrestu engahambisani neyama-Roma. (a) phathelene nobuprothesthani.

protestation (n) ukusho nokusho; isihlanguzo (p. of innocence).

protoplasm (n) iprotoplazimu; okuyisona siqalo sakho konke okuphilayo.

protract (v) dendisa; dephisa; ephuzisa ukuphela; hlehlisa.

protractor (n) iprotrakta; into yokulinganisa neyokuklama ama-angele.

protrude (v) phumela ngaphandle kwento; -thi phoko; phongoza; pensuka; phinqika; phokoza; pensukisa; xhukula.

protruberance (n) iqhaza; iqhubu; iphuzu; iphundu; incegela (occipital p.).

proud (a) -zidlayo; -ziqhayisayo; -zazisayo; -chiphathekile; -qhoshile; -zigqaja nga- (be p. of).

proudly (adv.) ngokuqhosha; ngokuzazi; ngokuzidla.

prove (v) linga, vivinya (test); bonakalisa, fakazela, qinisa (demonstrate); fakaza ukuthi incwadi yefa yiyona ngokomthetho (p. a will); funyaniswa (proved).

proverb (n) isaga.

proverbial (a) -ezaga; -aziwa kakhulu.

provide (v) nika; bekela; pha; qandisela, hlangabeza, hlandlelela (p. against); hlinzeka, lungisela (p. for).

provided (conj.) uma (p. that).

providence (n) uNkulunkulu; umLondolozi wakho konke; ukuhlinzekela; ukulungisela.

provident (a) -bekelayo; -bhekayo phambili; -hlinzekelayo.

providential (a) -yinhlanhla; -ngomusa kaNkulunkulu.

province (n) iphrovinsi; isiqhephu sezwe; iPhrovinsi laseNatali (the P. of Natal); umnyango (department, function).

provincial (n) ohlala emaphandleni; ohlala emaphrovinsi. (a) -ephrovinsi.

provision (n) ukulungisela; ukuqandisela; umphako, umhlinzeko (provisions); umbandela (stipulation). (v) nika ukudla; hlinzeka; faka ukudla emkhunjini (p. the ship).

provisional (a) -okubambela kulesisikhashana; -amanje; isijubo esisaguqile (p. instructions).

proviso (n) umbandela.

provocation (n) isiqakalo; into ecunulayo; ukududa.

provocative (a) -qalayo; -cunulayo; -dudayo.

provoke (v) banga; banga impikiswano (p. an argument); qala, cunula, qhatha, okha, phehla (irritate, p. a quarrel).

prow (n) idlevu lomkhumbi; iphambili lomkhumbi.

prowess (n) ubuqhawe; isibindi.

prowl (v) zilazila; zulumba; zingela.

proximity (n) ubuduze; ukusondelana.

proxy (n) amandla okubambela (authority); umbambeli; omelayo.

prude (n) umuntu oyisihloniphi esikhulu odlulisayo kulokho okujwayelekile.

prudent (a) -hlakaniphile; -xwayile; -congobezelayo (provident).

prudery (n) ukuhlonipha ngokweqileyo.

prune (n) ipruni; uhlobo lwepulamu olomiswayo. (v) thena; nquma.

prurient (a) -khanukayo; -nenkanuko.

pry (v) bheka ngokuntshontsha; lunguza; funa ukwazi ngasese; thungatha ezimfihlwent zabanye (p. into secrets of others).

psalm (n) isihlabelelo; ihubo.

psalmist (n) umqambi wezihlabelelo.

pseudonym (n) igama-mbumbulu; igama umuntu azifihla ngalo.

psychiatrist (n) isazi sezifo zengqondo.

psychic (a) -phathelene nengqondo nezinto ezingaphatheki ngesandla.

psychological (a) -phathelene nesayikholoji; -phathelene nokuthintana nengqondo.

psychology (n) isayikholoji; isayensi ephathelene nakho konke okuthintana nengqondo.

psychosis (n) isifo sengqondo.

ptomaine (n) ubuthi obusekudleni okuvundile.

puberty (n) isikhathi sokuthomba.

pubic (a) -esibumbu; -ezinza; izinza (p. hair).

public (n) uwonkewonke; abantu bonke bezwe; phambi kwabantu (in p.). (a) -kwabantu bonke; -aziwa ngabantu bonke; vezela obala (make p.); imisebenzi yezwe (p. works); impilo kawonkewonke (p. health); umgwaqo womphakathi (p. road).

publican (n) umnikazi wenkantini.

publication (n) ukumemezela; ukukhishwa kwencwadi (p. of book); incwadi ekhishwa ukuba ithengiswe.

publicity (n) ukwaziswa kwabantu bonke.

publish (v) azisa; memezela; sakaza; khipha incwadi ukuba ithengise (p. a book for sale).

publisher (n) okhipha izincwadi zokuthengisa.

pudding (n) uphuthini.

puddle (n) isichibi; ibhaka. (v) bhoxa; xova amanzi nodaka.

puerile (a) -kobungane.

puerperal (a) -kokubeletha.

puff (n) ukuthi fu; ukuphafuka; isishomo sentuthu (p. of smoke) umhabulo (p. of a pipe); into yokuphaqula (powder p.). (v) phafuka, fufuza (blow); biloza, phefuzela (breathe hard); khukhumeza (p. up); vokomala, khukhumala (be puffed up); phafuza (p. out).

pugilist (n) umshayi-nqindi.

pugnacious (a) -thanda ukulwa; -nodweshu.

pugnacity (n) ukuthanda ukulwa.

pull (n) ukudonsa; ukuthi hluthu. (v) donsa; hola; hudula; dluthuza; qhoboya (p. a face); hlibitha (p. a wry face); nqothula izinyo (p. a tooth); dlikiza, nyikiza (p. about); hudula (p. along); nonsula (p. apart); dluzula (p. away); diliza, wohloza, qhaqha (p. down); hlubula, xephula, yobula (p. off); khipha, bhoncula, hluthula, hosha, moncula, siphula (p. out); enyula

(p. out of water); zimbulula, siphula (p. up); hlehlela emuva (p. back); phuluka, sinda, phumelela (p. through).

pullet (n) isikhukhukazana.

pulley (n) isondo lokugijimisa intambo noma iketanga.

pulmonary (a) -phathelene nokuphefumula; -phathelene namaphaphu; isifuba (p. complaint).

pulp (n) inkafunkafu; indaphundaphu. (v) gxoba; enza kube indaphundaphu.

pulpit (n) ibhokisi lokushumayela; umganga.

pulsate (v) gquma; fuquza; dikiza; ukushaya kwegazi (pulsation of blood).

pulse (n) ukushaya kwegazi; ukugquma komthambo; -zwa ukushaya kwegazi (take the p.).

pulverize (v) bhukuca; qotha; phuquza; cola.

pumice-stone (n) ilula.

pummel (v) ndondonya; ngcangcaza; dukla.

pump (n) isifutho; iphampu; isicathulo esilula somdanso (dancing p.). (v) futha; mpompa.

pumpkin (n) ithanga; iphuzi; usolozi; uphuzi, uthanga (p. plant or pip).

punch (n) isibhakela; udlawu lokubhoboza (tool); uhlobo lophuzo (a beverage). (v) bhakela; donya; ngqubuza ngenqindi; bhoboza (p. holes).

punctilious (a) -coyiyayo; -tengezayo.

punctual (a) -fikayo ngesikhathi esinqunyiweyo; -ngephuzi; -ngalibali; -gcinayo isikhathi.

punctuality (n) ukufika ngesikhathi; ukugcina isikhathi.

punctuate (v) beka izimpawu zamakhefu; gamfula.

punctuation (n) iziphumuzi, okhefu (p. marks); ukwahlukanisa amagama ngezimpawu zamakhefu.

puncture (n) imbobo; iphantshi. (v) mpantshisa; bhoboza; chambusa; bhoboka, mpantsha (be punctured).

pungent (a) -babayo; -khakhayo; -shwaqayo.

punish (v) shaya; jezisa; hlawulisa.

punishment (n) inhlawulo; isijeziso; isishayo.

punitive (a) -jezisayo; -hlawulisayo.

punt (n) isikebhe esiyisicaba ngaphansi. (v) gwedla ngokufuqa ngothi olude oluthinta phansi.

punter (n) umuntu obheja ngemali emjahweni; iphanta.

pup (n) umwundlu; umwundlwane. (v) nyelezela.

pupa (n) isiphungumangathi.

pupate (v) phenduka isiphungumangathi.

pupil (n) umfundi; isifundi; inhlamvu yeso (p. of eye).

purchase (n) ukuthenga; okuthengiweyo; inani lentengo (p. price). (v) thenga.

pure (a) -ngaxubene nalutho; -yikho kodwa; -cwebile, -ngcwele, -msulwa (clean, holy).

purgative (n) umuthi wokuhlambulula isisu. (a) -hudisayo; -hambisayo.

purgatory (n) kuthiwa yindawo lapho abafileyo ngomusa kaNkulunkulu bangahlanzwa ezonweni zabo anduba bakhuphukele ezulwini; isihlanzo.

purge (n) ukuhlambulula; umhudiso; isihlanzo. (v) hlanza; hlambulula; hudisa; bhudluza (of the bowel).

purification (n) ukuhlanza; umhlanzo; ukungcwelisa (spiritually).

purify (v) hlanza; cwenga; hlambulula; geza; cwebisa; ngcwelisa.

puritan (n) ofuna ukuzihlambulula; obambelela ekukholweni kwakhe ngokungandile; iqembu lamaphrothestani aseNgilandi.

purity (n) ubumsulwa; ukucweba; ukuhlanzeka; ukungabinacala; ukungaxutshaniswa nalutho.

purloin (v) ntshontsha; eba; khukhusa.

purple (n) ubunsomi; ubukhosi obukhulu (imperial rank). (a) -nsomi (colour).

purport (n) ingqondo; okuqondiweyo. (v) qondisa; -sho; -zenza.

purpose (n) injongo; umcimbi; umgomo; ingqondo; umklamo; umsungulo; ngamabomu (on p.); ngomcabango wa- (with the p. of); lokotha (endeavour). (v) qonda; hlosa; lokotha; ceba.

purposely (adv.) ngamabomu.

purr (n) umndondo. (v) ndonda.

purse (n) isikhwama semali; umxhaka; isikhwama sesizwe (public p.). (v) cutha umlomo (p. the lips).

purser (n) umphathi-sikhwama wasemkhunjini.

pursue (v) landa; xosha; landelisa; zingela; namatha; hamba ngehlelo elisha (p. a different plan); qhubeka; qhubekela phambili; sebenza.

pursuer (n) umzingeli; umxoshi; umlandeli.

pursuit (n) ukuxosha; ukulandelisa; umnamatho; ukwenza; ngokwenza, ngokulandela (in p. of).

purulent (a) -phuma ubovu.

purvey (v) thengisela; lethela.

purveyor (n) umthengisi; umletheli.

pus (n) ubovu.

push (n) ukucindezela; ukuqhuba; isineke, ukuzokozela (energy). (v) qhuba; sunduza; hlohla; qhubusha; hlukuluza; hlehleleza (p. along); gudlumeza (p. aside); chiliza (p. away); qhelisa (p. back, p. aside); shiqela, gxisha (p. down); qhubekisa, hlokoloza (p. forward); dlumeka (p. in); khaphezela (p. into); nyundula (p. out); pewula (p. over); shumeka, shutheka (p. under); cindezela, sunduza (p. against); phokophela (p. ahead); qhubekela phambili (p. forward).

pusillanimous (a) -phethwe wubuvaka; -yigwala.

pustule (n) intumba.

put (v) beka, faka (place); gaxa, nqumisa (p. across); qengelela (p. aside); godla, londoloza, (p. away); buyisa (p. back); bekela, khweza (p. by); beka phansi, ethula (p. down); khipha (p. forth); hluma, khahlela (grow, flower); ahlula, thulisa (suppress); phakamisa, qhubela phambili (p. forward); faka, ngenisa (p. in); hlehlisa, vala, libazisa, khumula, yekisa (p. off); faka, gqoka, gibekela (p. on); bheja (bet); fulela (p. on roof); nonophala (p. on weight); qhobonyeka (p. on airs); phumisa, khokha, khiphela ngaphandle (p. out); cima, cisha (extinguish); bhenyeza, enyelisa (dislocate); cunula (annoy); hluma (p. out new growth); phumelelisa, qeda (p. through); hlanganisa, buthanisa (p. together); gwadla, ngenisa (p. up); phakamisa, khuphula (raise); akha (erect); lalisa (p. to sleep); phathisa (p. in charge); hlela, lungisa (p. in order); hlinikeza, sulela (p. blame on); azisa (p. wise); bulala (p. to death); phenduka (p. about); buya

(p. back); bekezelela (p. up with).

putrify (v) bola; vunda; bolisa.

putrid (a) -bolile; -vundile; -bhucukile.

puttees (n) amaphathanisi.

putty (n) uphathi. (v) nameka ngophathi.

puzzle (n) inkinga; indida; inkilikiqi; impicabadala. (v) dida; khohlisa; gwaqazisa; dideka; gwaqaza, phica.

pygmy (n) isichwe. (a) -bhashile.

pyjamas (n) izingubo zokulala; iphijama.

pylon (n) isigxobo esikhulu esithwala izincingo.

pylorus (n) inanzi.

pyorrhoea (n) isifo sezinsini.

pyramid (n) isikhumbuzo esikhulu esakhiwa abaseGibhithe endulo ukufihlela kuso inkosi.

pyre (n) inqwaba yezinkuni ezokhelwayo okushiselwa kuyo isidumbu.

python (n) inhlwathi; imfundamo; umonya.

Q

quack (n) ukukhala njengedada; uwaka ozishaya udokotela. (v) khala njengedada; gwegweza. (a) ubuwaka bobudokotela.

quadrangle (n) ibala elingunxande elikakwe izakhiwo; unxande.

quadrant (n) into yokulinganisa izingoni; ingxenye eyodwa yesine yendilinga edwetshiweyo.

quadrilateral (n) into edwetshiweyo engunxande. (a) -nezinhlangothi ezine.

quadruped (n) isilwane esinemilenze emine.

quadruple (a) -ezikhathi ezine; -enziwe izikhathi ezine.

quadruplets (n) izingane ezine ezizalwe sikhathi sinye.

quaff (v) phuza; phuza ngomhaha.

quagga (n) isilwane esasifana nedube esesaphela emhlabeni.

quagmire (n) ubishi; ubhuku.

quail (n) isigwaca. (v) phelelwa amandla ngukwesaba.

quaint (a) -yinqaba; -nomkhutshana ongajwayelekile.

quake (v) zamazama; thuthumela.

qualification (n) amazwi okuqondisa; ukunciphisa; ukufanela; okufaneli-

sayo; ilungelo; ubufakazi belungelo.

qualify (v) nciphisa, qondisa (limit); beka umbandela; fanelisa; nika amandla; qondisa ngokuchachisa (gram.); phasela; phasela ubuthisha (q. as a teacher); -ziphumelelisa.

qualitative (a) -phathelene nesimo.

quality (n) ubunjani; uhlobo; isimo; ubuhle; izikhulu, iziphakanyiswa (persons of q.).

qualm (n) ukucanuzela (nausea); ukwenqena; ivuso.

quandary (n) inkiyankiya; ebucayini; -xakekile (be in a q.).

quantitative (a) -okubala; isabizwana sokubala (q. pronoun).

quantity (n) ubuningi; ubukhulu; okuthile; ingcosana, umjwaphuno (small q.); okuningi, indakandaka, indimbane (large q.).

quarantine (n) ukuvalelwa ngenxa yesifo. (v) valela ngenxa yesifo esithathelwanayo.

quarrel (n) ukuxabana; ingxabano; umbango. (v) xabana; khulumisana; banga.

quarrelsome (a) -nochuku; -ngumbhoxi; -xabanayo.

quarry (n) into ezingelwayo (of chase); enkwalini lapho kumbiwa khona amatshe (stone q.). (v) mba amatshe enkwalini.

quart (n) ikwati; amaphayinti amabili.

quarter (n) ingxenye yinye yesine (¼); izinyanga ezintathu; ikwata (school term); inyanga isilucezu (first q. of moon); inyanga isihlephukile (last q. of moon) umlenze (leg); umlenze wangasemuva (hind-q.); isifunda esihlala amaNdiya (the Indian q.); indawo yokuhlala (quarters); mathupha, ngesifuba (at close quarters); -ngacoboshisi (give q. to); ngokushaya bhuqe (give no q.). (v) ahlukanisa ngokune; hlalisa amasosha (q. soldiers). (a) -phathelene nekwata.

quarter-evil (n) unqasha; isifo sezinkomo.

quarterly (n) incwadi ekhishwa kane ngonyaka. (a) -enziwe kane ngonyaka. (adv.) izikhathi ezine ngonyaka.

quartz (n) igcaki.

quash (v) cubuza; nqoba; ahlula; enza kubeyize; chitha.

quaver (n) ukubikizela kwezwi; ukucula ngokuvevezelisa iphimbo; inothi elisheshayo. (v) vevezela; bikizela.

quay (n) ibophclamkhumbi; ikhumulomkhumbi.

queen (n) indlovukazi; inkosikazi; ukhwini; uqumbu, unomthebe (q. termite).

queenly (a) -njengendlovukazi; -njengokhwini.

queer (v) ona; limaza. (a) -yinqaba; -ethukwayo; -cabangisayo; -obishini, -ebucayini (in q. street).

quell (v) ahlula; nqoba; thulisa; phelisa; qeda.

quench (v) cima; cisha; dambisa; qeda.

querulous (a) -khonondayo; -tetemayo; -thentesayo.

query (n) umbuzo; ukukhononda; uphawu olukhombisa umbuzo. (v) buza; khononda.

quest (n) ukucinga; ukufuna; ukuhlwaya.

question (n) ukubuza; umbuzo; indaba yile (this is the q.). (v) buza; buzisisa; ngabaza; khononda (doubt); phikisa (dispute).

questionable (a) -ngakholisi; -solekayo; -ngabazisayo.

questionnaire (n) iphepha elinamahlelo emibuzo.

queue (n) ihele; ihele labakhweli bebhasi (bus q.); umugqa. (v) hlaba ihele.

quibble (n) amamenemene; isibando. (v) meneza; banda; mbangcaza.

quick (n) isitho esiphilayo; abaphilayo; abaphilayo nabafileyo (the q. and the dead). (a) -qephuzile, -bukhali, -sile (alert); -sheshayo (speedy); uhlobo lotshani bebala (q. grass); ngokuphazima (q. time); sheshisa, phangisa (be q.). (adv.) ngokushesha.

quicken (v) hlumelisa, philisa (make alive); sheshisa, shesha, khawuleza (hurry).

quickly (adv.) masinya; ngokushesha; ngamandla.

quid pro quo (n) ukugezana izandla; ukubuyisela ngokufanayo.

quiescent (a) -thulile; -nganyakazi.

quiet (n) ukuthula; uxolo. (v) thulisa; thula; thamba. (a) -thulile; -ngenamsindo; -thule; thula (be q.); -bekile, -zothile, -xolile (not active).

quieten (v) thulisa; xolisa; duduzela;

lalisa; thoba.

quietus (n) ukuthuliswa; ukumbulala (to give him his q.).

quill (n) usiba; inungu (porcupine q.).

quince (n) ukwipili; isithelo esidliwayo.

quinine (n) ukhwinini; umjela (tree).

quinsy (n) isishiso samalaka.

quintessence (n) isimo uqobo lwaso.

quintette (n) undlelanhlanu; iculo elihlatshelelwa ngabantu abahlanu.

quip (n) ukusho okuhlakaniphile.

quire (n) umqulu wamaphepha okubhala angu-24.

quisling (n) umuntu ozihlanganisa nesitha esesiphethe izwe lakubo.

quit (v) khokha (requite); -ziphatha (conduct); yeka, shiya, dela (forsake); muka, yeka (go away, cease).

quite (adv.) impela; ngempela; nya; du.

quittance (n) ukukhululwa; ufakazi wokuthi isikwenetu sikhokhiwe.

quiver (n) ingxiwa; umgodlo; ukuvevezela, ukudikizela (shake). (v) vevezela; thuthumela; dikiza.

quorum (n) isabelo sabantu abafanele ukubakhona umsebenzi ungakaqalwa; ikhoramu.

quota (n) isabelo; inani elinqunyiweyo.

quotation (n) okucashuniwe; amazwi akhishwe kwenye incwadi noma kwenye inkulumo; izimpawu ezikhombisa okucashuniwe (q. marks); imali ebizwayo (q. for work to be done).

quote (v) caphuna; phinda amazwi; thapha; imali ezobizwa ngomsebenzi.

quoth (v) kwasho.

quotient (n) umphumela wokuhlukanisa.

R

rabbi (n) uRabi; umfundisi wamaJuda.

rabbit (n) uhlobo lukanogwaja; imbila (rock r.).

rabble (n) uquqaba lwabantukazana; uwangala.

rabid (a) -obuhlanya; inja ephethwe yisifo sobuhlanya (a r. dog).

rabies (n) isifo esihlanyisa inja; irebisi.

race (n) umjaho; impikisano yejubane; isifufula esihambisa isondo lomshini wokugaya (mill r.); isizwe, uhlobo

(of people). (v) phikisana nge-
jubane; sheshisa ngamandla; jaha;
sheshisa.

racial (a) -obuzwe; -phathelene
nohlobo lwesizwe; -phathelene no-
hlanga.

racket (n) umsindo (noise); iphini
lokushaya ithenisi (tennis r.). (v)
banga umsindo (make a r.).

radar (n) umshini okwazi ukukho-
mbisa izinto ezisithekile nezizayo
zisekude zingakabonakali ngamehlo.

radial (a) -phathelene nemisebe; -pha-
thelene namaradiyusi; umthambo
othumelayo ongaphandle kagalo
wengalo (r. artery).

radiant (a) -khiphayo imisebe;
momothekayo; ukushisa okuphuma
imisebe (r. heat).

radiate (v) enaba, suka ndawonye
(issue from); khipha imisebe (emit
rays); khipha imisebe yokushisa
(emit heat rays).

radiator (n) into ethelelwa amanzi
okupholisa imoto (car r.); umshini
ofudumalisayo (heater).

radical (n) isiqu. (a) -empela; ubu-
ngcono uqobo (r. improvement);
-empande, -thathelayo emsukeni
wempande (botany).

radically (adv.) impela.

radicle (n) umsuka wempande.

radio (n) irediyo; iwayalense.

radiologist (n) isazi samaeksireyi
nokusebenza ngawo; isazi soku-
funda izithombe ezithathwe nga-
maeksireyi.

radiology (n) isayensi ephathelene
nokusetshenziswa kwemisebe yeradi-
yamu.

radium (n) iradiyamu; isansimbi
esimbiwa phansi esikhipha imisebe
enamandla amakhulu.

radius (n) iradiyusi; umudwa osuka
endeni yendingilizi ugcine emjike-
lezweni wayo; ithanjana elinga-
phandle likagalo wengalo (anato-
mical).

raffia (n) okokuluka okuvezwa
isithombo esithi asifane nelala;
irafiya.

raffle (n) inkatho; abantu bathenga
amathikithi bese kubakhona inkatho
kuthi odliwe yinkatho azithathele
lokho okuqondwe ngethikithi lakhe.

raft (n) isihlenga; isihlenga sama-
pulangwe. (v) hamba emanzini

ngesihlenga.

rafter (n) umshayo; umjibe; umjanja-
tho (main r. in hut).

rag (n) isidwedwe; amanikiniki (rags).
(v) eyisa, qala (tease). (a) -amani-
kiniki.

ragamuffin (n) inikinikana.

rage (n) ulaka; isibhongo; futheka
(be in a r.); okuthandwa yiningi
(fashion). (v) bheva ngolaka;
bhavumula; dlanga.

ragged (a) -manikiniki; -mahlimbi-
hlimbi.

raid (n) ukuhlasela; umbhuduzeko;
umbhuduzeko wezindiza (air r.).
(v) hlasela; phanga.

rail (n) umshayo wensimbi (metal r.);
umshayo wokubambelela (hand r.);
ujantshi, isipolo (railway line);
phambuka endleleni (go off the
rails); hamba ngesitimela (travel by
r.). (v) thumela ngesitimela (send
by r.); tshakafula (scoff at); khaca,
thuka (r. at).

raillery (n) uteku; ukuhleka.

railway (n) umgwaqo wesitimela;
ujantshi, isipolo (r. line); umsaho
(r. cutting); uloliwe (r. workshops);
isayidi (r. siding); isiteshi (r. sta-
tion); itilogo (r. truck).

raiment (n) ingubo; isivatho; izingubo;
okokugqoka.

rain (n) imvula; umkhemezelo;
umkhizo (fine r., drizzle); isibhicika,
isiphihli semvula (heavy r.); isangci,
umvimbi (continuous r.); isilinganiso
semvula (r. gauge). (v) na;
phihlika (r. heavily); khiza, kheme-
zela (drizzle); wisa; vuthulula (r.
down as dry leaves).

rainbow (n) uthingo lwenkosazana;
uthingo lwenkosikazi.

raise (v) vusa (arouse); vusa ekufeni
(r. the dead); enza, susa, banga
(produce); fuya izinkomo (r. cattle);
milisa, lima (r. crops); thola imali
(r. money); thuquza (r. dust); butha
impi (r. an army); phikisa (r. an
objection); phakamisa, fuqula,
qukula, khuphula (lift up); ethula
isigqoko (r. one's hat); khulisa,
qongisa (increase); khuphula inani
(r. the price); phakamisa izwi (r.
the voice); ethembisa (r. hopes);
misa (erect); qeda ukuvinjezelwa (r.
the siege); klabalasa, susa uthuli (r.
the roof, dust); faka indaba (r. the

question); hlaba umkhosi (r. the alarm); khukhumalisa isinkwa (r. the bread); zakaza (r. difficulties).

raisin (n) uhlobo lwamagilebhisi awomisiweyo.

raison d'etre (n) isizathu sokubakhona.

rajah (n) inkosi enkulu yaseNdiya.

rake (n) ihala; isikhukhulo; ibholwane (dissolute person); ukutsheka (slope, as of mast) (v) hlelemba ngehala; hala; khukhula (r. away); gwabiyela phandle (r. out); vusa, vundlulula (r. up the past); thela ngethala lezinhlamvu (r. with shot).

rakish (a) -cuthile.

rally (n) ukubuthana; ukuhlangana. (v) hlanganisa; butha; buyisa; buthana; thola amandla, vusa (r. as in strength); lulama (r. as from illness).

ram (n) inyamazane yenduna (male buck); inqama (male sheep); impongo (male goat); unkonka (bush-buck r.); umshini wokudonsa amanzi (hydraulic r.). (v) ngqubuza (ship, motor car etc.); nqubuza, phiqela, gqonqa, gxisha (r. down); gxusha, hlokohla, shiqela (r. in).

ramble (n) ukuzulazula. (v) zulazula; pamuza, shafuza (r. in speech).

rambler (n) ozulazulayo; ondindayo; opamuzayo (in speech); isithombo esenaba yonke indawo (r. plant).

rambling (a) -pamuzayo, -shafuzayo (in speech); -enabayo (plant); -zulazulayo.

ramifications (n) izinkimbinkimbi; izimbaxambaxa.

ramify (v) ahlukana ngezimbaxambaxa; enaba yonke indawo.

ramp (n) ummango (steep slope); isakhiwo sokukhuphuka ngezinyawo (builder's r.); ukukhohlisa (deceit); ukubhabhama (threaten, take by surprise). (v) bhabhama.

rampage (n) ukudlubulunda. (v) dlubulunda.

rampant (a) -dlangile; -mayo ngokwethusa; -dlovungayo (raging); isifo sithe bhidli (a r. disease).

rampart (n) igoqo; okokuvikela inqaba.

ramshackle (a) -gexezelayo; -khehlezelayo.

ran (v) gijimile; khenkile; subathile; gobhozile, ncibilikile (of liquids).

ranch (n) ipulazi elikhulu lokufuya izinkomo; idlelo. (v) fuya izinkomo.

ranching (n) ukufuya izinkomo.

rancid (a) -bolile; -onakele; -nukayo; ibhotela elonakele (r. butter).

rancour (n) inzondo; amagqubu.

rand (n) irandi; amasenti alikhulu.

random (a) -ngaphandle kokucabanga (at r.).

rang (v) khalisile; ncencezile.

range (n) uhlu (line); undi, ukhahlamba (r. of mountain); ububanzi (extent); isitofu esikhulu (large stove); izihloko zezindaba (r. of topics); isiju sokudubula (firing distance); inkundla yokudubula (firing r.); ibanga lephimbo (r. of voice). (v) hlela (place in order); hlela ngezinhlu (place in lines); zulazula (rove); enaba (extend).

ranger (n) umqaphi esiqiwini sezinyamazane (game r.); umqapheli wamahlathi (forestry r.).

rank (n) uhlu; iviyo; ukuma, ibutho, isigaba (social class); isikhulu, isiphakanyiswa (a person of r.); isikhundla sobujenene (the r. of general); isikhundla, uhlobo (grade). (v) misa; linganisa; ma; lingana na- (r. with). (a) -vundile, -enile, -nothile (luxuriant); -bolile, -vundile, -nukayo (bad, rotten); impela (extreme); ukungathembeki impela (r. dishonesty).

rankle (v) mila enhliziyweni; -ba -yisilalo.

ransack (v) funisisa; phendukezela; phanga.

ransom (n) isihlengo; inhlengo. (v) hlenga.

rant (n) inkulumo yokuqholosha. (v) klabalasa; mpompa.

rap (n) ukuthi gqo (knock); intwana (trifle). (v) gqogqoza; cangcatha; ngqwabaza (r. knuckles); ngqongqotha (r. on door).

rapacious (a) -hubezayo.

rape (n) ukudlwengula; ukuphanga. (v) dlwengula; phanga.

rapid (n) ukuhlokoma komfula ekwehleleni (rapids). (a) -sheshayo; -sheshisayo; -nejubane.

rapidity (n) ukushesha; ijubane.

rapidly (adv.) ngokusheshayo; ngokushesha.

rapier (n) insabule; inkemba ecijile.

rapine (n) ukuphanga; ukugcweleza.

rapture (n) umhungeko; ukwethaba; ukwenama; ukuthathwa.

rapturous (a) -nokuhunga; -enamisayo; -ethabisayo.

rare (a) -livelakancane; -ngavamile; -nqabile; -hlambulukile (thin); umoya ohlambulukile (r. atmosphere); inyama echochobisiwe esebomvu (r. meat).

rarity (n) ukuba ivelakancane (state); ivelakancane; into engavamile.

rascal (n) ishinga; ihathahatha; ihilikiqi.

rash (n) umqubuko; umvumbulukane; bhadluka (come out in a r.). (a) -gagamelayo; -qhawuzelayo; isiphoxo (a r. person).

rasher (n) ucwecwana lukabhekeni (a r. of bacon).

rasp (n) isigudlo. (v) gudluza; gudla; haya; izwi eliheqezayo (a rasping voice).

raspberry (n) isithelo esidliwayo esifana nejingijolo.

rat (n) igundane; impuku; ibuzi (field r.); ivondwe (cane r.); ingola (mole r.); idwele (water r.); solasola (smell a r.).

ratchet (n) insimbi enamaqopha nesondo elinamazinyo angenayo emaqosheni ukuze lokho okuphendulwayo kungabuyeli emuva.

rate (n) isilinganiso (measure); isilinganiso senzalo (r. of interest); imali ethelwayo (tax rates); imali ekhokhelwa esitimeleni (railway rates); imali ekhokhelwa abedolobha eyintela (rates and taxes); uhlobo, ubungako (class, rank); isibalo sabazalwayo (birth r.); ukuhamba kwenqubekelaphambili (r. of progress). (v) khankatha; nyakafula; thethisa; linganisela (appraise); linganisa.

rather (adv.) kodwa; kakhudlwana (somewhat larger); kudana (r. far); kunokuba, kunokuthi (r. than).

ratify (v) qinisa; vumela.

rating (n) ukulinganiselwa, uhlobo (class); amatilosi (naval ratings); ukukhankatha, ukunyakafula (chiding).

ratio (n) ukwelamalamana; ubukhulu bokulinganiselwa.

ration (n) umkhangezo; isabelo; isamukeliso. (v) amukelisa; abela.

rational (a) -nengqondo; -zwakalayo.

ratoon (n) ihlumela elivela esidekwini somoba.

rattle (n) ukugenqeza; isikhehlekhehle; ikhenqekhenqe (child's r.). (v) khenqeza; khehleza; goqoza; wahlazela (r. about); gedlezisa; landa ngokusheshisa (r. off); sanganisa (disconcert).

rattlesnake (n) uhlobo lwenyoka enamathambo akhehlezelayo emsileni futhi enesihlungu esibi.

raucous (a) -hoshozayo; -khocozayo.

ravage (n) ukuchithakala; ukonakala. (v) chitha; phanga; onakalisa.

rave (v) bheva; mpompa; hayiza; hlanya; ncoma nga- (r. about).

raven (n) igwababa; ihlungulu. (a) -mnyama khace.

ravenous (a) -gamundelayo; -hahayo; -lambayo.

ravine (n) isihosha; ingoxe; isikhelekchle.

ravish (v) ona; dlwengula; phanga; ethabisa (charm).

ravishing (a) -ethabisayo kakhulu.

raw (n) indawo engavuthiwe, okungavuthiwe. (a) -ngavuthiwe; -luhlaza; izithako zemvelo (r. materials); -ngalungisiwe (unprepared, crude).

ray (n) umsebe; umkhwazana (r. of light); amaeksireyi (x-rays); inhlanzi enkulu eyisicaba ngomzimba (fish).

rayon (n) irayoni; usilika mbumbulu.

raze (v) diliza; chitha; hlikihla.

razor (n) impuco; insingo.

reach (n) indawo; izindawo ezisenhla nomfula (the upper reaches of the river); ukufinyelela; ngokufinyelela (within r.). (v) finyelela; thinta (touch); bhekisa, hlaba, phethela (extend to); fika (arrive at); zwana (r. an understanding); fikelela; elula isandla (r. out your hand).

react (v) buyisa; -buye kubuyise; lumbana na- (r. in chemical or biological sense).

reaction (n) ukuphatheka; indlela okuphendulwa ngayo; ukulumbana kwezithako (chemical r.).

read (v) funda; funda buthule (r. silently); qonda (discern). (a) -fundile; indoda efundile kabanzi (well-r. man).

readable (a) -nokufundwa; -fundekayo; -hle ekufundweni.

reader (n) umfundi; ofundayo; incwadi yokufunda (book).

readily (adv.) ngentando; ngesihle; ngokushesha.

readiness (n) ukulungela; ukulungiselwa.

reading (n) ukufunda; okokufundwa (r. material); ukuqonda (understanding); indlu yokufundela (r. room).

readjust (v) lungisa futhi; phinda ulungise.

readmit (v) ngenisa futhi; bhala futhi (r. to school).

ready (a) -lungile; -lungiselwa (prepared); -qhudile (r. to attack); hlomela (get r. for); -vumayo (willing); imali ekhululekile (r. money); uteku oluvela masinya (r. wit).

reaffirm (v) qinisa futhi.

reagent (n) isithako abahlola ngaso ukuthi kukhona zithako zini kokuthile okuhlolwayo.

real (n) uhlamvana lwemali yase-Speyini. (a) uqobo lwa-; -yikhona impela; -liqiniso; ingcebo eyizakhiwo noma umhlabathi (r. estate).

reality (n) into ekhona impela; isibili; ngempela (in r.).

realize (v) thola, enza (accomplish); finyelela emphokophelweni (r. an ambition); bona, qonda (apprehend); -zibonela ingozi (r. the danger); guqula kubeyimali (convert to ready money).

really (adv.) bala; isibili; impela; ngempela; uqobo.

realm (n) umbuso; ubukhosi; amandla, inkundla (sphere, province).

ream (n) umthango wamaphepha angu-480.

reap (v) vuna, hula; zuza (obtain); thola usizo (r. the benefit).

reappear (v) vela futhi; bonakala futhi.

reappearance (n) ukubonakala futhi.

reappoint (v) buyisela esikhundleni; ngenisa esikhundleni futhi.

reappointment (n) ukubuyisela esikhundleni.

rear (n) umuva; indawo yasemuva; abantu abasemuva; emuva (in the r.). (v) misa, akha, phakamisa (erect); khulisa, ondla (bring up, support); fuya (breed); bhekuza, qethuka (r. as horse). (a) -asemuva.

rearrangement (n) okuphindwe kwahlelwa; ukulungisa ngolunye uhlelo.

reason (n) imbangi isizathu; isisusa; izwi lokuchasisela (motive, explana-

tion); ingqondo, ukuqonda (intellect); nga-, ngoba, -enziwa (by r. of); ngasiphi isizathu?, ngani na? (for what r.); lalela ukwelulekwa (listen to advice); lahlckelwa ingqondo (lose one's r.). (v) zindla; cabanga; qondisa, qondisana na- (r. with).

reasonable (a) -qondekayo; -qondakalayo; -fanelayo.

reasoning (n) ingqondo; ukuphikisana.

reassemble (v) buthana futhi; buthisa futhi; hlanganisa futhi.

rebate (n) okuhleshuliwe emalini. (v) hlephula emalini.

rebel (n) imbuka; ihlubuka. (v) hlubuka; ambuka; shokobeza; vukela amakhosi aphetheyo.

rebellion (n) ukwambuka; ukuhlubuka.

rebellious (a) -ambukayo; -hlubukayo; -vukelayo umbuso

rebirth (n) ukuzalwa kabusha.

rebound (n) umgwabuko. (v) gwabuka; khwebuka; buyela.

rebuff (n) ukujabhiswa; ukugqulwa. (v) gqula; qundubeza; qikila.

rebuild (v) akha futhi; vuselela.

rebuke (n) ukuthethiswa; ukusola; insolo. (v) thethisa; sola; khuza.

rebut (v) phika; vimbela.

recalcitrant (a) -phikisayo; -zilwelayo.

recall (n) ukubuyiswa. (v) buyisa; khumbula (recollect).

recant (v) hoxa; hoxisa; hoxisa okushilo (r. your statement).

recapitulate (v) phinda izihloko.

recapture (n) ukubanjwa futhi; ukuthunjwa futhi. (v) bamba futhi; thumba futhi.

recede (v) hlehla; nyiba.

receipt (n) irisidi; ukwamukelwa (reception); ngokwamukela (on r. of); -amukele (in r. of); imali engenileyo (receipts). (v) enza irisidi.

receive (v) amukela; thatha; nyomula; phiwa; yalezelwe (r. orders); thola izindaba (r. news); thola usizo (r. help); ngenisa isihambi (r. visitor).

receiver (n) umamukeli; umamukeli wentela (r. of revenue); into yokulalela (instrument for hearing); okokulalela kuthelefoni (r. of telephone); othenga impahla eyebiweyo (r. of stolen goods).

recent (a) -sanda ukuvela; -sanda ukwenzeka.

receptacle (n) isitsha; isikhongozelo;

isidlelo (r. to eat from).
reception (n) isamukelo; ukwamukelwa; umhlinzeko (r. with eatables); umkhosi, umgidi (ceremony).
receptive (a) -nesineke sokulalela nokuqonda.
recess (n) isikhawu, urisese (recreation time); savaliwe (in r.); igosi, ingoni (niche).
recharge (v) gcwalisa futhi; beka icala futhi.
recipe (n) isu lokupheka ukudla; indlela okuyiyona yokuthaka umuthi.
recipient (n) umamukeli; umphiwa.
reciprocal (n) impambosi yokwenzana. (a) -okwenzana; -okusizana.
reciprocate (v) nikana; enaniselana; buyisa; gezana izandla.
reciprocity (n) ukubuyiselana; isenaniselo.
recital (n) ukulanda; ukucula nokushaywa kwezimfijoli.
recitation (n) isilandelo.
recite (v) landa; -shono ngekhanda.
reckless (a) -ngakhathali; -ngacabangi; -gcagcazayo.
recklessness (n) ukungakhathali; ukugcagcaza.
reckon (v) bala; linganisa; cabanga; themba (r. on).
reckoning (n) ukubala; ukwahlulelwa; imali ebizwayo (charge, account).
reclaim (v) biza futhi; buyisa; omisa umhlabathi, vala izindonga (r. land).
recline (v) cambalala; eyama; encika.
recluse (n) isigoya; uswempe.
recognition (n) ukubonwa; ukukhumbula; ukwaziswa; ukubongwa.
recognise (v) vuma; bona; azisa; khumbula; qonda; bonga (appreciate); amabandla avunywe ngomthetho (recognised churches).
recoil (n) inkwentu; umkhabo (of gun). (v) hlehlela muva ngokwethuka; qwenguka; khwebuka; vetula (as gun).
recollect (v) khumbula.
recollection (n) inkumbulo; ukukhumbula.
recommend (v) phakamisa; ncoma; tusa; khulumela; qondisa (advise); nikeza.
recommendation (n) ukuncoma; ukukhulumela.
recompense (n) ukubuyiselwa; into

yokubuyisela. (v) buyisela; hlawula; khokhela.
reconcile (v) hlanganisa; lamula; thulisa; vumisa; -zidela ku- (r. oneself to).
recondite (a) -fihliwe (obscure); -julileyo (profound).
recondition (v) lungisa futhi; buyisela esimeni sakuqala.
reconnaissance (n) ukuhlola; ukuhlola mayelana nempi (military r.).
reconnoitre (v) hlola; hlola mayelana nempi.
reconquer (v) nqoba futhi.
reconsider (v) cabanga futhi; bheka futhi.
record (n) okubhaliwe; okubhalwe encwadini; irekhodi (gramophone r.); imilando yemisebenzi eyenziwe (r. of work done). (v) bhala; loba; enza irekhodi. (a) -eqileyo; ijubane eleqa amanye (r. speed).
recording (n) ukubhalwa; ukulotshwa; thatha irekhodi (make a r.).
recount (n) ukubala futhi. (v) bala futhi; landa; zeka.
recoup (v) buyisela; buyisela imali echithekile, buyisela okuchithekile (r. losses).
recourse (n) ukubalekela ku-; balekela ku- (have r. to).
recover (v) thola; fumana; buyisela; khefula (r. one's breath); hlambuluka, sinda, lulama (r. one's health); mboza futhi (cover again).
recovery (n) ukuthola futhi; ukutholwa futhi; ukusinda, ukululama (r. of health).
recreate (v) dala kabusha; enza futhi.
recreation (n) ukuphumula; ukuziphumuza; ukuzilibazisa.
recruit (n) isosha elisanda ukubuthwa. (v) butha (military); gcwalisa; buyisa.
rectal (a) -omdidi; -engqedamabele.
rectangle (n) unxande; okunezinhlangothi ezine namaengele onke engamaengele esikwele.
rectangular (a) umdwebo ongunxande; -nezinhlangothi ezine namaengele onke engamaengele esikwele.
rectify (v) lungisa; qondisa.
rectitude (n) ukulunga; ubuqotho.
rectum (n) umtshazo; umdidi; ingqedamabele.
recumbent (a) -lele phansi; -cambalele.
recuperate (v) lulama; nonophala.

recur (v) enzeka futhi; phinda.

recurrence (n) ukuphinda.

recurrent (a) -phindayo; -enzekayo futhifuthi.

recuse (v) hoxisa; ala; -zihoxisa (r. oneself).

red (n) ububomvu; vuka ulaka (see r.); (a) -bomvu; -bhejile; -the klebhu; bheja, tebhuka (become r.); isibomvu (r. soil); inhlayiya ebomvu yegazi (r. blood corpuscle).

redeem (v) hlenga; sindisa; buyisa; khulula.

redeemer (n) umkhululi; umsindisi; umhlengi.

redemption (n) insindiso; ukuhlengwa; inhlengo; inkululeko.

red-handed (adv.) oqotsheni.

redirect (v) khela futhi; qondisa futhi.

redolent (a) -nephunga; -nukayo.

redouble (v) phinda; khulisa.

redoubtable (a) -qinileyo; -namandla; -hloniphekayo.

redound (v) buyela; lethela udumo (r. to one's credit).

redress (n) ukulungiselwa; ukubuyiselwa. (v) lungisa; buyisela; gqokisa futhi.

reduce (v) hlcla (arrange); enza kube (effect); qotha, colisa (r. to powder); khalisa izinyembezi (r. to tears); phofisa, swezisa (r. to poverty); nciphisa, phungula, hluza, finyeza (decrease); chiliza (r. in rank); thibelela amandla (r. strength); gcugca (r. size); qunda (r. effectiveness); ahlula, nqoba (subdue); husheka, -zihusha (make thin).

reduction (n) ukuncipha; umphungulo.

redundant (a) -ngasasweleki; -eqile; -ningi ngaphezu kokudingeka.

reduplicate (v) phindaphinda.

reduplication (a) ukuphindaphinda; impindasiqu (gram.).

re-echo (v) enanela; nkeneza.

reed (n) umhlanga; uhlanga; inhlanga (thicket of reeds); imfe (sweet r.); umtshingo, igemfe (musical instrument).

reed-buck (n) inhlangu; umziki.

reef (n) unqenqema lwamatshe. (v) finyeza oseyili emkhunjini (reduce sail).

reek (n) ukunuka; ukuthi thaphu. (v) thaphuka; nuka; thunqa (of smoke).

reel (n) umdanso; isondo lokudoba (fishing r.); isipolo (cotton r.). (v)

buyisa intambo ngesondo (r. in); landa (r. off, speak); phamazela, bhadazela (r. drunkenly).

re-examine (v) hlola futhi; phinda ukuhlolwa.

refectory (n) indlu yokudlela.

refer (v) nikela; dlulisela; phatha; bhekisa; khomba.

referee (n) unompempe; urefiri; unqamulajuqu.

reference (n) ukudlulisela; ukuphathelana na-; maqondana na- (with r. to); umazisi (r. book); ireferensi, incwadi yokufakazela (testimonial).

referendum (n) ukuphindela emphakathini; ukuthola umqondo wabo bonke abantu mayelana nodaba oluthile.

refill (n) okokugcwalisa phakathi. (v) gcwalisa futhi.

refine (v) hlanza; cwebisa; cwenga; phucukisa; khanyisa; colisisa.

refined (a) -phucukile; -khanyisiwe; -hlanjululiwe; -colisisiwe.

refinement (n) ukuphucuka; ukukhanya.

reflect (v) buyisela, buyisa, bukisa, bonisa, buyisa ukukhanya (r. light); lethela udumo (r. credit); cabanga, zindla (r. upon).

reflection (n) ukubuyiseleka; ukubuyiswa; insolo (imputation); ukucabanga, umcabango (consideration).

reflector (n) into ebuyisa ukukhanya.

reflex (n) okuzenzekalelayo (r. action). (a) isenzo esenzekayo ngaphandle kokucabanga (r. action).

reform (n) inguqulela-buhleni; inguquko; ukuguquka. (v) guqulela ebuhleni; lungisa.

reformation (n) inkathi yenguquko; inguquko; ukulungisa.

reformatory (n) isikole sokufundisa nokulungisa izingane ezigangile.

reformer (n) umguquleli-buhleni; umlungisi; umholi wezinguquko.

refractory (a) -nenkani; -ngqongqayo.

refrain (n) okuphindwayo; isiphindo. (v) -zibamba; zila; yeka; godla.

refresh (v) phumuza; qabula; -zikhumbuza (r. memory); qabula umzimba (r. oneself).

refreshment (n) ukuqabula; ukudla; ukudla kokuqabula.

refrigerate (v) qandisisa; gcina emakhazeni.

refrigeration (n) ukuqandisisa; ukugcina emakhazeni.

refrigerator (n) isiqandisisi; ifriji.

refuge (n) isiphephelo; ikhoselo; inqaba.

refugee (n) impabanga; obalekelayo ukusinda.

refund (n) imali ebuyiselwayo. (v) buyisela.

refusal (n) ukunqaba; ukwala; ukulandula.

refuse (n) izibi; imfucumfucu; amahlunge; izingwabi (flood r.). (v) ala; enqaba; zabalaza; dikila ukudla (r. food); landula (r. to give).

refute (v) phikisa; bonisa ukuthi ngamanga.

regain (v) thola futhi; swanguluka (r. consciousness).

regal (a) -obukhosi; -phathelene nobukhosi.

regale (v) tika; qabula; libazisa.

regalia (n) izinto njengezivatho eziphathelene nesikhundla; umqhele nezivatho zobukhosi (regal r.).

regard (n) ukunaka, ukukhathalela, uthando (respect); ukucabangela abanye, ukwazisa (r. for others); indaba (reference); ngendaba ya-, qondana na- (with reference to); umkhonzo (regards); ngikhonzele ku- (give my regards to). (v) buka, bheka (view); cabanga, naka, khathala nga- (consider); thanda, bonga (esteem); phathelene na-, maqondana na- (in r. to).

regarding (prep.) maqondana na-; ngendaba ya-.

regatta (n) umjaho wezikebhe.

regency (n) ubuphathelinkosi; ububambeli.

regent (n) umphathelinkosi; umbambeli.

regicide (n) ukubulala inkosi; umbulali wenkosi (person).

regime (n) ukuphatha; ukubusa; isikhathi sokuphatha.

regiment (n) iqembu lamasosha (European); ibutho, impi (Zulu).

regimental (a) -ebutho; mayelana neqembu lamasosha.

region (n) isifunda; izwe; eduze na-, -buqamama na- (in the r. of).

register (n) irejista; incwadi okubhalwa kuyo izinhla zamagama; isimo sephimbo (r. of voice). (v) bhala, loba (record); bonisa (show); rejista incwadi (r. a letter); bhala igama,

rejista (enter name).

registrar (n) umbhali; umbhali wabazalwayo nabashonayo (r. of births and deaths).

registry (n) ihovisi lokuhlela nokulondoloza okubhaliwe.

regret (n) ukudabukela; -sho izwi lokunxepheza (express regrets). (v) dabukela; nxephezela; -zisola.

regrettable (a) -nokudabukelwa; -dabukisayo.

regular (a) -enzayo ngesikhathi esifanele; -enzayo ngokomthetho; -hambayo ngesu; -qondile; isenzo esihamba ngomthetho (r. verb); impi ehlala ibuthiwe (r. army); ngemigamu elingeneyo (at r. intervals); izejwayezi zanjalo (r. habits).

regulate (v) lungisa; hambisa ngomthetho; hlela ngesu; hambisa ngohlelo; linganisela.

regulation (n) isimiselo; umthetho; ukulungiswa.

regurgitate (v) buyisa emlonyeni ukudla osekugwinyiwe.

rehabilitation (n) ukubuyiselwa emalungelweni; ukuhlenga.

rehearsal (n) umlungiselo; umhayo.

rehearse (v) funda; haya; phinda; lungisela; landisa, balisa (recount).

reign (n) ukubusa; isikhathi sokubusa. (v) busa; -bayinkosi; phatha izwe.

reimburse (v) buyisela; hlawula.

reimpose (v) beka futhi; thwesa futhi.

rein (n) itomu; intambo yetomu. (v) bamba, qinisa, misa, donsa itomu (r. in).

reincarnate (v) dala futhi; zala futhi.

reinforce (v) qinisa; elekelela; qinisa ukhonkolo ngezinsimbi (r. concrete).

reinforcement (n) ukuqinisa; okokuqinisa; umthelela (assistance).

reinstate (v) buyisela esikhundleni.

reiterate (v) phinda; gcizelela; ngcingca; -sho futhi.

reject (n) into elahliweyo; okwaliwayo. (v) lahla; enqaba; dikila; ala.

rejoice (v) thokoza; thokozisa; jabulisa; jabula; enama; enanela.

rejoin (v) hlanganisa futhi; ngena futhi; hlangana futhi.

rejoinder (n) amazwi aphenduliwe.

rejuvenate (v) buyisa esimeni sobusha; candulekisa.

relapse (n) ukubuya kokugula; ukubuya kwesifo. (v) vukelwa futhi;

phindela emuva.

relate (v) landa; zeka; balisa; hlanganisa (connect); qondana na- (r. to).

related (a) -hambelanayo; -zalanayo; -yisihlobo sa-.

relation (n) ukulandisa, ukubalisa, isilandelo (recital); ukuhlangana, ukuma (connection); isihlobo, umzalwane (relative); imindeni (close relatives, household); ubudlelwane (friendly relations).

relative (n) isihlobo; owakubo (kinsman); isibaluli (gram.). (a) -qondene, -okulinganisana (corresponding); nga- (r. to); -khudlwana (comparative).

relax (v) phumula; thambisa; hlambulukisa; thambisa impatho (r. discipline); thamba; vovoneka.

relaxation (n) ukuxeketha; ukuziphumuza; ukuzilibazisa.

relay (n) ukudluliselwa kwelinye iwayelense (r. in radio); isenezezelo (extra); umncintiswano wokunikezelana (r. race). (v) beka futhi; gandaya futhi (r. a floor); dlulisela kwelinye iwayelense (wireless). (a) -okudedelana; -okunikezelana.

release (n) ukukhulula; inkululeko, ukusakazwa kwezindaba (r. of news). (v) khulula; yeka; khumula; thukulula.

relegate (v) buyisela emuva; dengisa; abela, ahlukanisela (allot).

relent (v) thamba enhliziyweni; thoba.

relentless (a) -nonya; -nqabayo nqi.

relevant (a) -phathelene na-; -hlangene na-; -mayelana na-; -qondene na-.

reliable (a) -thembekile; -qotho; -qinile; -kholakele.

reliance (n) ithemba; ukukholwa.

relic (n) okuseleyo; izinto ezingcwele ezasalayo.

relict (n) umfelwa; umfelwakazi.

relief (n) usizo, insizakalo, ukusiza (help); impumuzo, ukukhululwa, ukubangcono (lessening, improvement); imifanekiso eqoshwe yaqhama (figures cut in r.); imephu edwetshwe yabonakalisa izintaba nezigodi (a. r. map).

relieve (v) phumuza; phungula (mitigate); siza, enyula (help); khulula (release); dedelana nengqapheli (r. a sentry); dambisa umzwelo (r. one's feelings); ya ngaphandle (r. oneself).

religion (n) inkolo; ukholo; izindlela nemithetho yokukhonza uNkulunkulu.

religious (a) -kholiwe; -kholwayo; ibandla labakholwayo (a r. society); -bhekisisayo (scrupulous).

relinquish (v) yeka; dela; lahla.

relish (n) ukuthanda; ukufisa; ukufisa ukwenza amagangangozi (a r. for adventure); isithokelo (seasoning). (v) thanda; jabulela; nambitha.

reluctant (a) -dondayo; -lunkonono; -enqenayo; -dolonzima.

rely (v) ethemba, enqika, kholwa, bheka (r. on).

remain (v) sala; sala emuva; hlala.

remains (n) isidumbu (dead body); isidikadika (of dead animal); okuseleyo; imvuthu; ingqobe.

remainder (n) okuseleyo; insalela; isicethe; insalela esibalweni (r. in Arith.).

remand (n) ukuhlehliswa kwecala (r. of court case). (v) hlehlisa icala; buyisela emuva; hlehlisa icala ummangalelwa esaboshiwe (r. in custody).

remark (n) izwana; ukuphawula; imbabazane (caustic r.). (v) -thi, -sho (say); bona, phawula (notice).

remark (v) hlola futhi.

remarkable (a) -yisimanga; -mangalisayo; -tusekayo.

remedial (a) -okuphilisa; -okwelapha; -okulungisa.

remedy (n) iselapho; umuthi; ikhambi; into yokulungisa.

remember (v) khumbula; khonzela (greet).

remembrance (n) inkumbulo; isikhumbuzo; umkhonzo (keepsake).

remind (v) khumbuza; vuselela.

reminder (n) isikhumbuzo; imvuselelo.

reminiscence (n) inkumbulo; okwake kwenzeka engisakukhumbula (my reminiscences).

reminiscent (a) -khumbuzayo.

remiss (a) -nokudebesela; -yekelelayo.

remission (n) ukuyekelwa; ukuncipha; ukuthethelelwa; ukuncishiswa kwesigwebo (r. of sentence).

remit (v) thethelela, yekela (forgive); buyisela (submit for decision); nciphisela (decrease); thumela (send).

remittance (n) imali ethunyelwayo; indoda elokhu ithunyelwa imali ngabakubo (r. man).

remnant (n) insalela; okuseleyo; isikhoce; isiqeshana esiseleyo (r. of cloth); umkhwanyo (r. after reaping); imvuthu, amaphelo (remnants).

remonstrance (n) ukuyala; izwi lokusola.

remonstrate (v) sola; khuza; khankatha.

remorse (n) ukuzisola; ukudabuka.

remorseless (a) -ngazisoli; -nonya; -ngenasihawu.

remote (a) -kude; -semajukujukwini; ukufanana okuncane (a r. resemblance).

remount (n) ihashi elisha lokugitshelwa elingena esikhundeni selinye. (v) khwela futhi; gibela futhi.

removable (a) -nokususwa; -nokuthuthwa.

removal (n) ukususwa; ukususa; ukuthutha; ukusuka; ukugudluzwa.

remove (v) susa; sunduza; gudlula; ebula (r. skin, bark); ambula (r. covering); phuca (r. hair); sibukula (r. lid); fucuza, khucula (r. rubbish); khucuza (r. dirt); thutha(r. belongings); suka (r. oneself).

remunerate (v) khokhela; holela; vuza.

remuneration (n) inkokhelo; iholo; umvuzo.

renaissance (n) ukuvela kabusha; inkathi yokuvela kabusha kwemfundo yempucuko.

renal (a) -ezinso; -phathelene nezinso.

rend (v) ntwengula; dluzula; dabula; dwengula.

render (v) enza; banga; guqula; nika (give); bonga (r. thanks); siza, elekelela (r. help); khonza, khuleka (r. homage); ncibilikisa (r. down, melt).

rendezvous (n) indawo enqunyiweyo yokuhlangana.

renegade (n) imbuka; igela.

renew (v) vusa; vuselela; hlumelela; qalisa futhi (begin again); phinda (repeat).

renounce (v) lahla; dela; ala; phika.

renovate (v) lungisa; vusa; hlumelela.

renovation (n) ukuhlumelela; imvuselelo.

renown (n) udumo; isithunzi.

renowned (a) -dumile; -nesithunzi.

rent (n) irenti; imali yokuqasha indlu noma isiza; ukuklebhuka, ukuda-

buka (tear). (v) qasha; renta; thelela; kleklebula; dabula.

rental (n) imali yokuqasha.

renunciation (n) ukudela; ukulahla.

reopen (v) vuleka futhi; vula futhi; vusa futhi.

reorganise (v) lungisa futhi; hlela busha; lungisa ngokunye.

repair (n) ukukhanda; ukulungiswa; imvuselelo; isimo (condition). (v) banga, ya (r. to); lungisa; vuselela; khanda; ciciyela.

repartee (n) ukunqakalaza ngobuciko.

repast (n) ukudla; idili.

repatriate (v) buyisela ezweni lakubo.

repay (v) buyisela; khokha; vuza.

repayment (n) imbuyiselo; inkokhelo; umvuzo.

repeal (n) ukuchithwa; ukupheliswa. (v) buyisa; chitha; phelisa; chitha umthetho (r. a law).

repeat (n) ukuphinda. (v) phinda; -sho futhi; landela; bukeza. (a) -okuphinda.

repeatedly (adv.) futhifuthi; kaningi; -damane (do r.).

repel (v) xosha; vimbela; casula, cunula (disgust, vex).

repellent (n) okuxoshayo; into exoshayo; into ecunulayo.

repent (v) phenduka; -zisola; dabuka.

repentance (n) ukuphenduka; ukudabuka.

repercussion (n) ukubuyela emuva; enza ukuthinta kude (cause r.).

repertoire (n) isamba sezingoma ezifundiwe; amaculo nezinkondlo umuntu angakuhaya.

repetition (n) ukuphinda; impinda; isigcizelelo.

replace (v) buyisa; vusa; thatha isikhundla sa- (take place of); fakelela, enana (restore).

replacement (n) umenano; okufakelelwe; ukubuyisela; ukufakelela.

replant (v) tshala futhi; fakelela, khubula.

replenish (v) gcwalisa futhi; thelela futhi.

replete (a) -suthi; -gcwele; -nokuningi.

replica (n) umlinganiso ofana du nento uqobo lwayo.

reply (n) impendulo. (v) phendula; sabela; phindisela (return).

report (n) umbiko; incwadi elandisayo; isilandelo, umlando (account). (v) landa; bika; ncoma (r. favourably);

ceba, otha, hleba (r. unfavourably); -zibika (r. oneself).

repose (n) ubuthongo; ukulala; ukuthula. (v) beka; themba (r. trust in); -zithulisa, -zilalisa (r. oneself); lala, cambalala, phumula (rest).

reprehensible (a) -solekayo; -nokusolwa.

represent (v) fanekisa; bonisa; khomba; mela; melela; khulumela, sebenzela (act for).

representation (n) isifanekiso; isiboniso; ukumelwa; ukukhulunyelwa; yisa isikhalo (make representations).

representative (n) umkhulumeli; ummeli; umphatheli; umbhekeli; isiboniso (example). (a) -fanekisayo; -melayo; -khulumelayo; uhulumeni omela abantu bonke (r. government).

repress (v) vimbela; nqabela; godla; ahlula, nqoba, thulisa, qeda (quell).

reprieve (n) ukukhulula ekubulaweni. (v) khulula umuntu ekubulaweni onqunyelwe ukufa.

reprimand (n) isijeziso; ukuthethiswa. (v) jezisa; thethisa.

reprint (v) cindezela futhi.

reprisal (n) ukuphindisela; okokuphindisela; phindisela (take reprisals).

reproach (n) ukujakaja; okusolekayo; into edumazayo; isihlamba. (v) jakaja; sola; thethisa; hlaza.

reprobate (n) onolunya; umuntu oyisoni. (a) -nolunya; -lahlelwe ezonweni.

reproduce (v) veza futhi; fanekisa (make copy); zala (beget).

reproduction (n) ukuzala; impinda; imfanekiso (likeness).

reproof (n) ukuthethisa; ukukhuza; ukujezisa; insolo.

reprove (v) khuza; sola; thethisa; jezisa.

reptile (n) isilwane esihuquzelayo; isilwane esisohlelweni lwezinyoka nezingwenya nezibankwa nezimfudu.

republic (n) iriphabhliki, izwe elibuswa nguhulumeni ode ekhethwa yizakhamizi zalelozwe.

republican (n) umuntu okhetha uburiphabhliki. (a) -phathelene noburiphabhliki.

repudiate (v) nqaba; ala; phika; landula.

repugnance (n) ukwenyanya; ukwe-

nqena; ukucasuka.

repugnant (a) -enyanyekayo; -casulayo.

repulse (n) ukuxosha; ukuxoshwa. (v) xosha; nqoba; buyisela emuva.

repulsive (a) -enyanyekayo; -casulayo; -xoshayo.

reputable (a) -nesithunzi; -negama; -qotho.

reputation (n) idumela; udumo; igama; umkhokha (good r.); isithuko (bad r.).

repute (n) udumo; isithunzi. (v) buka; cabanga; -sho.

request (n) isicelo; isikhalo. (v) cela; ncenga; khuleka; biza; khala.

require (v) swela, dinga, ntula, funa (need); -thi, biza (demand).

requisite (n) okuntulekayo; okufunekayo.

requisition (n) ukufuna; incwadi yokubiza; incwadi yokufuna. (v) biza; thatha ngempoqo.

rescind (v) chitha; phelisa; buyisa.

rescue (n) insindiso; ukuphepha; ukuhlenga; ulamulelo. (v) sindisa; phephisa; hlenga; lamulela; khulula.

research (n) ukucwaninga; ukuhlola. (v) cwaninga; hlola.

resemblance (n) ukufanana; ufuzo; umfanekiso.

resemble (v) fana; fuza; fanekisa.

resent (v) casulwa; enyanya; -ngathandi.

resentment (n) isibhongo; umhawu.

reservation (n) ukugodla; into egodliweyo; ukukhulumela (off accommodation); isabelo, irizevu (land set aside, reserve).

reserve (n) okugodliweyo (stores in r.); umuva (military r.); obekwa ecaleni (r. in sport); imali ebekiweyo (financial r.); isabelo (Native r.); isiqiwu (game r.); amahlathi abekiweyo (forestry r.); ngaphandle kokugodla (without r.); ukuxwaya, ukuthula, ukuzibamba (self-control). (v) godla; bamba; thukusela; -zibambela igunya (r. a right).

reservoir (n) itange elikhulu; idamu.

reside (v) hlala; akha.

residence (n) ukuhlala; indlu, umuzi, ikhaya (place of r.); ihlalankosi (chief's r.); isikhathi sokuhlala (time of r.)

residency (n) indlu yemantshi; ikhaya lemantshi.

resident (n) ohlezi; owakhile. (a)
-hlalayo khona; -akhile.

residential (a) -phathelene nendawo
yokuhlala; indawo yokwakha
izindlu zokuhlala (r. area).

residual (a) -phathelene nokusalayo.

residue (n) okuseleyo; insalelo.

resign (v) yeka; shiya; -ziyekelela
ku- (r. oneself to); dela; phuma;
duba.

resignation (n) ukuyeka; ukushiya;
ukudela; ukuphuma esikhundleni;
ukuxola; ukuduba.

resin (n) inhlaka.

resist (v) vimbela; nqaba; zabalaza;
phika.

resistance (n) ukumelana; ukuzabalaza;
ukuvimbela; -ngazabalazi (make
no r.).

resolute (a) -cophelele; -nesibindi;
-okuqinisa.

resolution (n) ukuzimisela; isiphakami-
so esamukelwe ngumhlangano,
isinqumo somhlangano (decision
of meeting); ukulungiswa (solu-
tion).

resolve (n) isinqumo; into eqondwayo.
(v) cubungula (analyse); qaqa, ahlu-
kanisa (solve); khamelela; qinisa,
nquma (determine, r. on).

resort (n) isu (recourse); umbandela;
impethelo (last r.); sebenzisa,
phatha (have r. to); ukuvakashela
(visit); indawo evakashelwa njalo
(popular r.). (v) ya; jwayela ukuya;
phatha, sebenzisa (r. to); sebenzisa
indluzula (r. to force).

resource (n) isu, icebo (expedient);
ingcebo (resources); amandla, indle-
la (ability).

resourceful (a) -namasu.

respect (n) ukuqondana na- (re-
ference); ngendaba ya- (with
reference to); isimo; ngezinye
izimo (in some respects); inhloni-
pho, ugazi (regard); azisa; hlonipha
(show r. to); esaba (have r. for);
ukuzihlonipha (self-r.); khonzela
ku- (give respects to). (v) esaba;
hlonipha; azisa; naka; qondana
na-.

respectability (n) isimo esinesithunzi.

respectable (a) -nesithunzi; -qotho;
-negama; khudlwana (fair); inyoni
enkudlwana (a fair-sized bird).

respectful (a) -hloniphayo; -thobile;
-nokwesaba.

respectively (adv.) ngokulandelana.

respiration (n) ukuphefumula; uku-
ngena kweoksijini nokuphuma
kwekhabhondayoksayidi ezintweni
eziphilayo.

respirator (n) into yokwelekelela uku-
phefumula; into yokuphefumulisa.

respire (v) phefumula.

respite (n) ithuba; ikhefu.

resplendent (a) -cwazimulayo; -bucwa-
zicwazi.

respond (v) phendula; sabela; vuma;
elapheka (r. to treatment).

respondent (n) obekwe icala; oziphe-
ndulelayo.

response (n) impendulo; izwi loku-
phendula.

responsibility (n) isibopho; icala;
igunya.

responsible (a) -nesibopho; -necala;
beka icala ku- (hold r. for); uzibuse
(r. government); umuntu onegunya
(a r. person).

responsive (a) -vumelayo; -sabelayo.

rest (n) ukuphumula; ukucambalala;
isikhawu (repose); ikhefu (short r.);
ukuthula (peace of mind); ukufa
(death); ngcwatshwa (laid to r.);
iseyamo (back r.); isigqiki (head
r.); okuseleyo, abanye (the r.). (v)
phumula; lala; cambalala; thula
(cease); hlala ngokwaneliswa (r.
satisfied); kungawe (it rests with
you); phumuza; lalisa; thulisa; eya-
misa (lean on); hlalisa, misa (base);
camela, qamela (r. on).

restaurant (n) indlu yokudlela ukudla
okuthengwa khona.

restful (a) -thulile; -zothile.

restitution (n) imbuyiselo; okokuhla-
wula; khokhela (make r.); ukubu-
yelana endlini (r. of conjugal
rights).

restive (a) -shukuzayo; -nenkani.

restless (a) -yaluzayo; -shukuzayo;
-shobashobayo; -xhumaxhumayo;
-nosikisiki; ubusuku bokuyilayileka
(a r. night).

restoration (n) ukubuyisa; ukuhlawu-
la; into ebuye yalungiswa.

restorative (n) umuthi wokwenza ku-
bengcono; umuthi wokuvuselela.
(a) -vuselelayo; -buyisayo; -qini-
sayo.

restore (v) buyisa; khokha; hlawula;
buyisela, vusa (bring back); philisa,
sindisa (r. to health); fukutha (r.

vigour); letha ubudlelwane (r. harmony).

restrain (v) vimbela; bamba; khuza; nqabela; thiba; -zithibe, -zibambe, -zikhuze (r. oneself).

restraint (n) ukubamba; ukuzibamba (self-r.); -boshiwe (under r.); vimbela, bamba (hold in r.).

restrict (v) khawulisa; thibela; vimbela; bamba.

restriction (n) ukukhawulisa; ukuvimbela; imithetho yokuthibela (restrictions).

result (n) umphumela; impetho; unomphela; -ngenampetho, -ngenasiphetho (without r.) (v) gcina; landela; suka, phuma (r. from); banga (r. in).

resultant (a) -landelayo; -sukayo.

resume (v) qhuba futhi; phindela; thathela phansi futhi.

resume (n) isibukezo; isifinyezo.

resumption (n) ukuthathela phansi futhi; ukuqalela phansi futhi.

resurrect (v) vusa; vusa ofileyo.

resurrection (n) uvuko; ukuvusa; ukuvuswa.

resuscitate (v) vusa; vusa oqulekile; hlumelela.

retail (n) ukulawuzela; thengisela ngakunye (sell by r.). (v) thengisa ngakunye; landisa; landa futhi. (a) -thengiselayo ngakunye; umhwebi othengiselayo ngakunye (r. merchant).

retain (v) bamba; gcina; godla.

retainer (n) isisebenzi; imali enika igunya lokusebenzisa umamukeli wayo (r. fee).

retaliate (v) buyisela; phindisa; khokhela.

retard (v) vimbela; libazisa.

retardation (n) ukulitshaziswa; okokuvimbela; ukulibaziseka; ukuya ngokunensa (music).

retch (v) gonyuluka.

retention (n) ukubamba; ukubanjwa; ukugcina.

retentive (a) -namandla okukhumbula; ingqondo enamandla okukhumbula (a r. memory).

reticent (a) -bindelayo; -nyubile; isithuli (a r. person).

retina (n) isitho ngasemuva kweso esikwazi ukwamukela imifanekiso yezinto eziqondene nenhlamvu yeso, irethina.

retinue (n) abaphelekezeli.

retire (v) hlehlisa; phumisa; khipha; muka, holekela, nyiba (retreat); yolala (r. to bed); gogobala, gonqa, hoba (r. from active life).

retirement (n) ukugogobala; ukuhlehla; ukuzihlehlisa.

retort (n) izwi lokunqakulisa; ukushwila; impendulo; isitsha sokufudumeza izithako (r. vessel). (v) buyisa; phendula; nqakalaza; shwila.

retrace (v) phindela; buyela emuva; phinda umkhondo.

retract (v) buyisa; hoxisa.

retread (n) isinyathelo esisha ethayeni. (v) nyathela futhi; fakela isinyathelo esisha ethayeni.

retreat (n) ukuhlehlela emuva; ukubaleka (run away); inqaba, ikhosela (refuge, fort). (v) hlehlela emuva; baleka; nyiba; holekela.

retrench (v) finyeza; phungula; nciphisa; phungula izisebenzi (r. workmen).

retribution (n) ukujeziswa; ukushaywa; okokubuyisela.

retrieve (v) thola futhi, buyisa, vusa (regain); letha kumninizo izinyoni ezidutshuliwe (r. birds in hunting).

retrograde (a) -buyelayo emuva; buyiselayo emuva.

retrogression (n) ukubuyela emuva.

retrospect (n) ukubheka emuva; ukubuka okusekwenzekile; ngokubheka emuva (in r.).

retrospective (a) -phindela ekuqaleni; -khumbula okwakuqala.

return (n) ukubuya; ukubuyela; imbuyiselo; inzuzo (profit); incwadi yokutshengisa (sta ment). (v) buya; phinda; buyela u- (r. to); buya ku- (r. from); buyela ekhaya (r. home); buyisa (bring back); pha, ngenisa, letha (render); bonga (r. thanks).

reunion (n) ukuhlangana futhi.

reunite (v) hlangana futhi; hlanganisa futhi.

reveal (v) bonisa; bonakalisa; veza; hlalukisa; mbulula (r. a secret).

reveille (n) ukukhala kwecilongo lokuvuka ekuseni.

revel (n) ukuzitika. (v) -zitika; dakaz; nga-; thanda kakhulu.

revelation (n) ukuveza; ukwazisa; isibonakaliso; imvunduluko; isambulo.

revenge (n) impindisa; impindisela.
(v) phindisela; phinda inya; -ziphindisela ku- (r. oneself upon).

revenue (n) izimali ezingenayo; umnyango wezimali eziqoqwayo (R. department).

reverberate (v) nkeneza; duma; qaqabula; chwaza; ngqongqa.

revere (v) hlonipha; khuleka ku-; esaba; dumisa.

reverence (n) inhlonipho; ukwesaba; ukukhuleka. (v) hlonipha; khothamela.

reverend (a) -hloniphekayo; umfundisi (the r. gentleman).

reverent (a) -hloniphayo; -thobile; -nokwesaba.

reverie (n) amawongowongo; inkohliso.

reversal (n) ukuphendulwa; ukuguqulwa; ukuguqulwa komgomo (r. of policy).

reverse (n) uhlangothi olunye; okuphambene nakho; ukwahlulwa, ukushona (defeat); igiya ehlehlisa emuva (r. gear). (v) phendula; hlanekezela; phengula; chitha (annul); hlehlela emuva (go backwards). (a) -kolunye uhlangothi.

revert (v) buyela emuva; phindela emuva.

review (n) ukubukezwa (revision); ukubukeza (study); umkhosi (r. of troops); uhlobo lwephephandaba (journal). (v) hlola; bukeza; buyekeza.

revile (v) thuka; chakafula; jakaja; chapha.

revise (v) bukeza; lungisa iziphosiso; ningiliza (in learning).

revision (n) ukubukeza; ukuningiliza; ukulungiswa.

revive (v) vuka busha; sanguluka; vusa busha; buyisela amandla; hlumelela.

revoke (v) buyisa; chitha; hoxisa; shaya ikhadi okungelona (r. in cards).

revolt (n) uvuko; ukuhlubuka; ukwambuka. (v) canula; casula; ambuka, hlubuka (r. against); vukela; ambukela.

revolution (n) ukuvukela umbuso (political); ukuzungeza, isiyingelezi (a turning); ukuphenduka (change).

revolutionary (n) isiphekulazikhuni; umhlubuki. (a) -hlose ukuguqula

umbuso.

revolve (v) zungeza; yingiliza; phenduka; mpininiza; ginqika; dingiliza; balisa nga- (think of).

revolver (n) ivolovolo.

revulsion (n) ukucasuka; ukuthi gubhu.

reward (n) umklomelo; umvuzo; umxoshiso; imbuyiselo. (v) klomela; vusa; buyisela.

rhetoric (n) ubugagu bokukhuluma; ubuciko bokukhuluma.

rhetorical (a) -nobugagu; -nobuciko.

rheumatic (a) -ofehlane; -erumathizimu.

rheumatism (n) irumathizimu; ikhunkulo; ufehlane.

rhinoceros (n) ubhejane (black); umkhombe (white).

rhubarb (n) irubhabhu; isithombo esineziqu zamaqabunga ezidliwayo.

rhyme (n) uvumelwano-sigcino; inkondlo (poetry); isidunduzela (nursery r.). (v) vumelana; ukuvumelana kwamaphimbo ekugcineni kwemigqa; qamba isosha esinamaphimbo avumelanayo ekugcineni kwemigqa;

rhythm (n) isigqi; imidlalo enezigqi (rhythmical games).

rib (n) ubambo; umpethwane (floating r.); umthambo (r. of a leaf); umhlubulo (ribs of meat).

ribald (a) -nenhlamba; -nokubhina.

ribbon (n) iribhini; umdweshu.

rice (n) irayisi.

rich (n) abacebile; abanothile. (a) -cebile; -nothile; -fuyile; isicebi (a r. person); -entengo ephakeme (costly); izibiliboco (r. food); umhlabathi ovundileyo (r. soil); isivuno senala (r. harvest).

riches (n) ingcebo; umcebo; umnotho; imfuyo.

richly (adv.) ngokucebile; ngokunothile; kakhulu.

rickets (n) isifo esivama ezinganeni esithambisa amathambo ikakhulu emilenze.

rid (v) susa; xosha; vuthuza; hlanguza (r. oneself of).

riddance (n) ukuvuthuza; into ekhathazayo evuthuzwayo.

ridden (a) -gitshelwe; -gogobaliswa wukugula (bed-r.); -phethwe ngokudlulisile ngabapristi (priest-r.).

riddle (n) ukuphicana; indida; isiphico; umqandiselo; impicabadala; qandisela (propound a r.). (v) foloza; bhoboza.

ride (n) ukugibela. (v) gibela; khwela; ntanta (as a ship); khwexela, beba (r. on back).

rider (n) umgibeli; inkweli; umbandela (amendment); faka isijobelelo (add a r.); ingibeli (expert horseman/rider).

ridge (n) ukhalo; unqenqema, umqengqe, ubombo (r. of hills); ugoma (steep r.); umhlandla, umdlandlathi (narrow r.); ithundu (r. above the eye).

ridicule (n) ukuhleka; ukugcona; insini. (v) hleka usulu; gcona; jivaza.

ridiculous (a) -hlekisayo; -nensini; -ligidigidi; -yisigcono.

riem (n) umchilo; uqhotho; intambo yesikhumba.

rife (a) -vamile; -ningi; -dlangile.

rifle (n) isibhamu; umagazini. (v) phanga; phundla; thuthumba na-.

rift (n) ufa; umfantu; ukwahlukana; umcwazi (r. in clouds).

right (n) okulungileyo; ukulunga; ilungelo, igunya (just claim); ngomthetho (by rights); ubunene (r. side). (v) lungisa; phendula kulunge. (a) -qondile, -the thwi (straight); iengele lesikwele, iengele elingu- 90° (r. angle); fanele (suitable); -lungele, -yiyo, -qatha (correct); -hlahlile (in order); -lungile, -fanele, -qotho (just, moral); -esokunene, -esokudla, -esokuphosa (r. hand side); uhlangothi lwasokunene (r. side); isandla sokuphosa, isandla sokudla (r. hand). (adv.) khona lapha (r. here); ngokulungileyo, ngokuyikho (correctly).

righteous (a) -lungile; -qotho; -mnene.

rightful (a) -komthetho; -lungile.

rightly (adv.) ngokulungileyo; ngokomthetho; ngokufanele.

rigid (a) -lukhuni; -lugongolo.

rigmarole (n) uhidane; umbelebele.

rigorous (a) -lukhuni; -nzima; -bukhali.

rigour (n) ukubalukhuni; ubunzima; ukuqina.

rim (n) undi. (v) faka undi.

rime (n) isithwathwa. (v) lala isithwathwa.

rind (n) ikhasi; amaxolo; uqweqwe lukashizi (r. of cheese).

rinderpest (n) ulandapense; umaqimulana.

ring (n) ukuncenceza; ukunqenqetha; ukukhala kwensimbi (a r. of the bell); ukuzwakala kweqiniso (a. r. of sincerity); indandatho, isiyingelezi, isongo (circular hoop); isicoco (head-r.); indandatho yomshado (wedding r.); izenga (ring on a horn); imikhakha (annual rings in wood); inkundla (arena); umkhumbi (a r. of people); isixexelegu (combine of people). (v) shaya; khalisa; ncenceza; shaya ucingo, fona (telephone); zungelezela (encircle); faka isongo enyonini (r. a bird); xebula ixolo ngokundingilizela (r. a tree); nqenqetha, khala (sound); shaya insimbi (r. a bell).

ringlet (n) ishongololo; igeqele.

rink (n) inkundla yomdlalo.

rinse (v) hlambulula; gxubhuza; xubha (r. the mouth).

riot (n) isidumo; isibhelu; isiphithiphithi. (v) susa isidumo.

rip (n) ukuklebhuka. (v) dabula; klebhula; gqabula; nqamula; juqula (r. off); qhaqha, qaqabula, qeqebula (r. open); hebhuka.

ripe (a) -vuthiwe; -mthokwe; -thophele; -lungele (ready).

ripple (n) uqimbana; uhlu. (v) geleza; qhilizela.

rise (n) ukukhula; ukukhushulwa; ukwenyuka; ukukhuphuka kwamaholo (r. in wages); ukukhuphuka kwamanani (r. in prices); ukudlondlobala (r. to power); iduma, ummangwana (a gentle r.); isiqalo, isisusa (origin); veza (give r. to). (v) khuphuka, enyuka (go up); sukuma (r. from sitting); vuka (r. from reclining); phuma, vela (emerge); thuquka (r. as smoke); khukhumala (r. as bread); qubuka (rise to surface); fukuka, qonga, phakama (r. up); phuquka (r. as cloud); gubhuka (r. suddenly); vukela (r. up against); khula, anda (increase); gcwala, ngenisa (r. as river); hlubuka, ambuka (rebel).

risk (n) ingozi. (v) hlahlanyelwa yingozi; -zidela, -zifaka engozini (take a r.).

risky (a) -nengozi.

rissole (n) isigaxana esenziwa ngenyama egayiweyo.

rite (n) isiko; umkhuba.

ritual (n) inkambiso; isimo senkonzo

(a) -phathelene nenkambiso'.

rival (n) imbangi; ophikisanayo nomunye. (v) phikisana na-; banga. (a) -phikisanayo; -bangayo.

rivalry (n) ukubangisana; impikisano.

river (n) umfula; umngenela (tributary).

rivet (n) irivithi; isikhonkwanyana sensimbi esishaywa ngesando nxazombili. (v) bethela ngamarivithi; qinisa.

rivulet (n) umfudlana, umchachazo.

road (n) umgwaqo; indlela; umhlanhlatho (unbeaten r.); sitha, vimbela (get in the r.); ukuphepha emgwaqweni (r. safety).

roam (v) zula; zululeka; ndinda, bhayiza (r. about).

roar (n) ukubhodla; inhlokomo yokwenanela (a r. of applause). (v) bhodla, bhonga, bhovumula (r. as an animal); duma, hlokoma (r. as sea, river).

roast (n) inyama eyosiweyo. (v) osa; chochobalisa; hangula; gazinga (r. as shelled mealies); thoseka; hanguka. (a) -osiweyo.

rob (v) eba; phanga; nyonka; khuthuza.

robbery (n) ukweba; ukuphanga; ubusela.

robe (n) ingubo eshaya phansi; imvunulo yesikhundla (robes of office). (v) embatha; gqoka; embesa; gqokisa.

robot (n) irobhothi;umshini onamalambu okuhlela ukuhamba kwezinto emigwaqweni (r. for traffic control); osebenzisa okomshini (unthinking worker).

robust (a) -qinile; -jahile; -namandla.

rock (n) itshekazi; idwala. (v) yendezela; yacazela; tengemula; zamazisa; yendeza; dunduzela umntwana ukuba alale (r. baby to sleep).

rocket (n)irokhethi; umshuqulu othi uma uvuthelwa uthi shwi phezulu. (v) -thi shwi phezulu; khuphuka ngokushesha.

rocky (a) -namatshe; -namadwala; -yisixhobo.

rod (n) uthi; uswazi; induku; induku yokulinganisa (measuring r.); uthi lokudoba (fishing r.).

rodent (n) isilwane esiququdayo. (a) -ququdayo; -lumayo.

rodeo (a) umdlalo wokugibela.

roe (n) uhlobo lwenyamazane yaphesheya enezimpondo ezimbaxambaxa; amaqanda enhlanzi.

rogue (n) ishinga; ihilikiqi; isichwensi; umhuqa (r. bull).

role (n) indima; umsebenzi obhekene naye.

roll (n) ukugingqika; ukusongeka; iphepha elisongekayo (scroll); uhlu lwamagama (register); ohlwini lwabavotayo (on voter's r.); sula ohlwini lwamagama (strike off the roll); isinkwana esisongene (bread r.); umgoqonga, umbulunga (anything rolled up); umqulu (r. of cloth, paper); isitokwe (r. of tobacco); ukuduma, ukukleklebula (r. of thunder); ukungqongqa (reverberation); ukudumuza kwezigubhu (r. of drums). (v) gingqa, gunquzisa (revolve); thenda (r. along); ngqengqisa (r. over); khwenqeza (r. the eyes); ela (r. a hoop); dilinga (make cylindrical); bhulunga (r. into a ball); phothanisa (r. together); goqa, songa, andlula (r. up);fingqa imikhono (r. up sleeves); phumi (r. out); bhomboda (r. out dough); diringa (r. one's r's.); thendeleza (rotate); gungquza (r. about); gelekeqa (r. away, down); bhuquza (r. in dust); gingqika (r. over); gingqilika (r. off); goqeka, songeleka, phothana (r. up, together); hamba ngamasondo (r. as car, cart); yenda, bakazela (rock); gexezela (r. as in walking); duma, kleklebula (r. as thunder).

roller (n) isonjwana (small wheel); ugandaganda (steam-r.); igagasi elikhulu (large wave); isenabiso (r. for dough); uhlobo lwejuba (r. pigeon); uhlobo lwomzwilili (r. canary).

Roman (n) owaseRoma. (a) -aseRoma; iRoma, umKatholika, umuntu webandla laseRoma (R. Catholic).

romance (n) inganekwane (tale); isehlakalo (experience); indaba ephathelene nothando; ulimi olwavela esiLatinini (R. language). (v) qamba nje; mpompa nje.

romantic (a) -njengenganekwane; -mangalisayo; -nezindaba zothando; -qanjiwe nje.

romp (n) ukutshekula; ukugingqana. (v) tshekula; gingqana.

romper (n) ingubo-bhulukwe yengane encane.

roof (n) uphahla; indawo yangaphezulu; ulwanga (r. of mouth). (v) fulela; misa uphahla.

rook (n) inyoni emnyama efana negwababa. (v) khohlisa.

room (n) ikamelo; ikamelo lokulala (bedroom); ilawu (young men's or women's r.); ikamelo lokudlela (dining r.); ikamelo lokufundela (classroom); indawo (space); dedela (make r. for).

roost (n) uthi lokuqhwakela inyoni. (v) qhwakela othini njengenyoni.

rooster (n) iqhude; ingqoza.

root (n) impande; ingxabo; isideku; umsuka, isiqu, isisuso (r. of the matter); umsuka (r. of tooth); gxila, mila (take r.); umsuka wempande (radicle). (v) vukuza; mba; gebhuza; siphula (r. up).

rope (n) indophi; intambo enohlonze; isibopho; umgongqolozi (thick r.); ingqathu, ingqwashi (skipping r.); umgingqo (r. of beads); ukuphanyekwa (death by the r., by hanging); mnike ithuba lokuziqedela (give him sufficient r. to ruin himself). (v) bopha ngentambo; kanisa ngezindophi (r. off); bophezela (r. in).

rosary (n) irozari (of beads); ingadi yamarozi (of roses).

rose (n) irozi; uhlobo lwembali; umbala obomvana (colour); isifafazo (nozzle for sprinkling).

rosette (n) indingilizana eyenziwa ngosilika egqokwa njengesiphandla.

roster (n) uhlu lwamagama.

rostrum (n) indawo ephakeme yokukhulumela.

rosy (a) -bomvu; -bukekayo; -jabulisayo; isikhathi esizayo sithembisa okuhle (the future is r.).

rot (n) ukubola; ukubhucuka; umkhuntela (dry r.). (v) bola; bhucuka; vunda; buthukala; bolisa; bhucukalisa.

rotten (a) -bolile; -bhucukile; isibhucu, imbucumbucu (r. flesh); izibozi (r. mealies, fruit etc).

rotund (a) -yimbulunga; -yimbudluba.

roue (n) ozitikayo ngemikhutshana emibi.

rouge (n) isibhuda sasebusweni.

rough (n) isichwensi; umuntu oseluhlaza. (v) hlala ngokungazothile;

phila ngaphandle kwentokomalo. (a) -magudlugudlu, -maholo, -makhelekethe, izingelengele (r. country); iqokolo (r. hand); ubuhudluhudlu (r. surface); -hlofayo, -dlovulayo (uncontrolled); izulu elinokhahlo, izulu elibi (r. weather); umdlalo wendluzula (r. game); isasa (r. voice); ulwandle olugubhayo (r. sea); uhambo olunokhahlo (r. passage); -ngakalungiswa (crude, unprepared); isilinganiso sokuqagela (r. estimate); -ngumcacamezelo (r. and ready). (adv.) ngokukhahla; thukuthela ngokhahlo (cut up r.).

roughage (n) umhadlahadliso.

roughshod (adv.) ngendlovula; ngendlovuyangena; ngokuphulukundlela.

round (n) ukuthi phendu; indilinga; ihlombe elizwakalayo (a. r. of applause); uhambo lomuntu weposi (a postman's r.); umzuliswano wesibili wokulwa ngenqindi (second r. in boxing); dubula kabili (fire two rounds). (v) dingiliza (make r.); cilikisha, diya (r. off); butha, gunga, buyisa (r. up); zungeleza inhlonzo (r. the cape); dingilizeka (grow r.); phendukela ngolaka (r. upon). (a) -yindilinga, -dilingene (spherical, circular); izibalo eziphelele (r. numbers); uhambo oluzungezelayo (a r. trip); incwadi yezikhalo esayinwe ngabantu abaningi amagama abo akhe isiyingelezi ukuze kungaqondakali ongumqambi wayo (r. robin); ngamazwi akhanyayo (in r. terms). (adv.) ngokuzungeza (in a circle); ngokuzunguzungeza (r. and r.); zungeza, vundla (go r.); shwiliza (spin r.); ngokuzungeleza (about); ndawo zonke, nxa zonke (all r.); za, hambela (visit); phaphama, swanguluka (come round, regain consciousness); bungaza (gather r.); buka, jeqeza (look r.); phendula, phenduka (turn r.); thandela (wind r.).

roundly (adv.) ngamandla; ngokungancengi; thethisa ngokhahlo (scold r.).

rouse (v) vusa; vuka; sangulula; phaphamisa; thusa, gwaqamisa (startle); xhokoloza, okha, thukuthelisa (r. to anger).

rout (n) isixibhilili; isiphithiphithi.

(v) fundulula (r. about); khipha, xosha, phekula, ngquzula (put to r.).

route (n) indlela; umgwaqo.

routine (n) imidati yomsebenzi ngokulandelana kwayo; impikelelwana.

rove (v) zulazula; bhuza; ndinda; khenketha.

row (n) umsindo; ingxokongxoko; isidumo; banga umsindo (make a r.).

row (n) ukugwedla (r. a boat); umdenda, ihele, uhlu, umugqa (line); udwendwe (r. of moving people). (v) gwedla.

rowdy (n) ishinga. (a) -lichwensa; -lidlayiya.

rowlock (n) insimbi esikebheni ebamba isigwedlo.

royal (a) -obukhosi; -enkosi; -asendlunkulu.

royalist (n) umsekeli-nkosi.

royalty (n) abomuzi wenkosi; ikomkhulu; uselwa; imali etholwa umbhali webhuku (payment to author according to number of copies sold).

rub (n) ukusula; ukuhlikihla; ukugudla. (v) hlikihla; shikisha; gudla; phucuza; phothula; phucula (r. away); khuhla (r. in); qothula, shikisha (r. off); bheca, chapha, gcoba (r. on); hlikihla (r. out); shuka, phuhluza (r. together); phaqula, shukula (r. clean); cikica, nwaya (r. itching place); tilikisha, qothula (r. smooth); hadlaza (r. roughly); phulula, shukula (r. gently); gudlana na-, gudla (r. up against).

rubber (n) irabha; injoloba; intwentshe; irabha (eraser). (a) -entwentshe; -erabha.

rubbish (n) izibi; imfucumfucu; amabibi.

rubble (n) imvithimvithi; umbhidlika.

ruby (n) uhlobo lwetshana elibomvu eliyigugu. (a) -bomvu klebhu (colour).

rudder (n) into ephendulwa emanzini ukuqondisa umkhumbi.

ruddy (a) -bomvana.

rude (a) -bi (offensive); ukwethuka okushaqisayo (a r. shock); -ngafundile, -luhlaza (unrefined) -ngahloniphi, -chwensayo, -delelayo (impolite, coarse).

rudiment (n) into eqalisayo phansi.

rue (v) -zisola; -zikhalela; -dabukela.

ruffian (n) isidlwangudlwangu; isichwensi; ishinga; isixhwanguxhwangu.

rug (n) ingubo; umbhalo; iragi, umata (floor r.).

rugged (a) -mangelengele, -migoxigoxi (r. country); -ngenakuthamba.

ruin (n) incithakalo; ukonakala; umbhidlika, okudilikileyo (ruined buildings); imvithi (heap of ruins). (v) chitha; diliza; ona; shabalalisa; dixa.

ruinous (a) -onakalisayo; -chithayo.

rule (n) umthetho; umgomo; isimiselo; umdati; njengokujwayelekileyo (as a r.); ukubusa, umbuso (government); irula (ruler, measuring). (v) busa; phatha (control); dweba imigqa (r. lines); nquma (decide); jwayela, vama (be general, be the r.); busa, phatha (r. over).

ruler (n) inkosi; umbusi; umphathi (controller); irula (rule).

rum (n) ulwamu, iramu, utshwala obenziwa ngomoba. (a) -mangalisayo; -nensini; -ngajwayelekile.

rumble (n) ukugodlozela; ukuduma; isihlalo esingasemuva kwekalishi (r. seat). (v) godlozela; gungquza; duma; kleklebula.

ruminant (n) isilwane esetshisayo

ruminate (v) etshisa; hlwabula; zindla, cabanga (meditate).

rumour (n) inzwabethi; ihemuhemu; onondwezane (rumour-mongers). (v) hemuza.

rump (n) isinqe; iqolo; insweba.

run (n) ukugijima; ukulandelana (continuation); ukulandelana kwenhlanhla (a r. of luck); ukukhishwa kwemali ebhange ngabantu abaningi (a r. on the bank); ibanga (distance moved); isikhathi sokuqhubeka (time lasted); irani (in games); igceke (space); igceke lamachwane (chicken r.); ilungelo (freedom); ilungelo endlini (the r. of the house); isimo (type); isimo esivamileyo (the ordinary r.). (v) gijima, khenka, ntininiza, subatha, qobola (r. fast); hamba (of transport); isitimela sihamba kusasa (the train runs tomorrow); duma, hamba (of machines); gobhoza, heleleza (of liquids); bhicika (exude); kubhicika amehlo (with running eyes); qhubeka (extend, continue); umdlalo usaqhubeka (the play is still running); labatheka, gcwaneka (r. amok); hlantula (r. wild); oma (r. dry); baleka (r. away); dixika (r. down); qhubekela phambili (r. on); gijimela phandle, putshuka (r. out); chichima (r. over); nqwamana (r. totogether); xosha, hubha (r. after); ngqilana na- (r. against); ngena ezikwenetini (r. into debt); nyathela (r. over as a car); phatha isikole (r. a school); bhokoda ngenkemba (r. through with sword); -zifaka engozini (r. into danger); bamba, bopha (r. in, arrest).

rung (n) ibhaxa; isenyukelo, izinga, iqophelo. (v) shayile; khalile; insimbi isikhalile (the bell has r.).

runner (n) isigijimi; umgijimi; ukhuni okuhamba ngalo isihlibhi (r. of sled); umlibo (r. of plant); ubhontshisi othandelayo (r. bean); umdweshu wetafula (r. of cloth); umata wasephaseji (passage r.).

running (n) ukugijima; ukuhamba; ukuphathwa komuzi (the r. of the kraal). (a) -gijimayo; -gxazayo (exuding); isilonda esigxazayo (r. sore); -qhubekayo (continuous); ukuchaza ngento isaqhubeka (a r. commentary); -landelanayo (successive); izinsuku ezimbili ezilandelanayo (on two days r.).

runway (n) umsele wamanzi (channel); inkundla okugijima kuyo indizamshini (r. of aerodrome).

rupture (n) isaphulo; ukwaphuka; ukugqobhoka; isibhono, umbhumu (hernia); umahlukano (r. of relationships). (v) gqobhoka; gqabuka; gqobhoza; aphula.

rural (a) -asemaphandleni; isifunda sasemaphandleni (r. area).

ruse (n) icebo; impamba.

rush (n) incema, ikhwane, ibhuma, igceba (plant); ukuphulukundlela; ukudumela; fika ngesigubhugubhu (come in a r.); ubhcmcme (confused r.); ingulukudela (headlong r.); isikhukhula (r. of water); isivunguzane (r. of wind). (v) sheshisa; phangisa; hamba ngamandla; -thi phulukundlu; bhangquza (r. about); dumela, gagasa (r. at); phaphatheka (r. away); thuluka (r. down); phulukundlela (r. into); gulukudela

(r. off); phangquza (r. out); khakhamela (r. upon).

Russian (n) umRashiya; isiRashiya (language). (a) -eRashiya.

rust (n) ukuthomba, ukugqwala (on metals); isiwumba (on plants); okunsundu ngokubomvu (colour). (v) thomba; gqwala; -banesiwumba; thombisa; gqwalisa.

rustic (a) -semaphandleni.

rusticate (v) hlala emaphandleni; jezisa ngokuhlalisa emaphandleni.

rustle (n) umhushuzo. (v) hashaza; hwaza; shweza; hwazisa; shwezisa.

rustler (n) oweba impahla; oweba izinkomo.

rusty (a) -thombile; -nokugqwala; -gqwalile.

rut (n) isisele, ingoxi, isikhoxe (groove); isimo sokwenza esijwayelekile (regular course); inkanuko (sexual desire, animals).

rye (n) uhlobo lukakolo; irayi.

S

sabbath (n) iSabatha; usuku lokuphumula IwamaJuda olungoMgqibelo.

sable (n) uhlobo lwesilwane esincane esinoboya obuligugu (small animal); inkongolwane (S. antelope); umbala omnyama khace (colour). (a) -mnyama.

sabot (n) isicathulo sokhuni.

sabotage (n) ukubhidliza ngamabomu; ukonela phansi. (v) onela phansi imisebenzi eqondene nokuthile.

sabre (n) inkemba; insabule.

sac (n) igobosi; ingqalathi.

sack (n) isaka; isimolo, usakazana (sugar pocket); ujosaka (knap-s.); umtsholwane (small pocket for potatoes, oranges, etc); ukuxoshwa (dismissal); uhlobo lwewayini (type of wine). (v) xosha; phanga; faka esakeni.

sacking (n) ukuphanga (plunder); amasaka; okungamasaka.

sacrament (n) isakramente.

sacramental (a) -phathelene nesakramente.

sacred (a) -yingcwele; -ngathintwayo.

sacrifice (n) umnikelo; umhlabelo; into edeliweyo (loss). (v) hlabela;

nikela; dela (give up); -zidela (s. oneself); thengisa ngokulahlekelwa (sell at a loss).

sacrificial (a) -phathelene nemihlatshelo; -zidelayo.

sacrilege (n) ukona noma ukungcolisa okungcwele.

sacrilegious (a) -onayo okungcwele.

sacrosanct (a) -ngcwele.

sacrum (n) ihoho.

sad (a) -dabukile; -lusizi; -nyinyiphele; -dabukisayo (causing sadness).

saddle (n) isihlalo sehashi; isihlalo sebhayisikili; ukhalo lwegquma (s. of hill). (v) faka isihlalo, bophela (put on s.); thwalisa (load, s. with).

sadism (n) ukuthanda ukuzwisa abanye ubuhlungu; ubudlova.

sadist (n) isidlova esithanda ukuzwisa abanye ubuhlungu.

safari (n) isafari; uhambo lokuzingela.

safe (n) isisevo; isisevo sensimbi sezinto eziligugu. (a) -ngenangozi; -ngenacala; -londekile; -gcinile.

safely (adv.) ngokulondeka; ngokungenacala; kahle.

safety (n) ukulondeka; ukusinda; ukuvikelwa; ukuqikelela ingozi (s. first); isiqhano, isiqhobosho (s. pin); insingo evikelwe (s. razor); imbobo ekubhayela okuthi nxa umfutho wesitimu usumkhulu ivuleke ukuze siphume kancane isitimu (s. valve).

sag (n) ukuthi nyeke. (v) ehla; nyekeza; yikaza.

saga (n) umlando wezikbathi zasendulo.

sagacious (a) -hlakaniphile; -qinile.

sage (n) isazi; umuntu ohlakaniphile; uhlobo lwesithonjana sokunonga (herb for flavouring).

sahib (n) umnumzane; igama lenhlonipho elisetshenziswa ngabaseNdiya.

said (v) -shilo. (a) -shiwo; kulezozimo (the s. circumstances).

sail (n) useyili; imikhumbi emine (four s.; four ships); uhambo ngomkhumbi. (v) hamba ngomkhumbi; ntweza, ntaza (glide along); hambisa phezu kwamanzi, ntantisa (float).

sailor (n) itilosi.

saint (n) umuntu ongcwele (saintly person); uSanti, ongcwele (cannonised person).

saintly (a) -ngcwele; -lungileyo.

saith (v) izwi elidala lokuthi kusho;

kusho yena (s. he).

sake (n) nga- (for the s. of); ngikhulumele (speak for my s.); ngathi sonke (for all our sakes).

sake (n) utshwala bamaJaphane obenziwa ngerayisi.

salaam (n) izwi lokubingelela lamazwe aseMpumalanga.

salacious (a) -khanukayo; -nobufebe.

salad (n) isaladi; imifino edliwa iluhlaza; isaladi lezithelo (fruit s.); okokunongisa isaladi (s. dressing).

salary (n) iholo; inkokhelo; imali eholwayo.

sale (n) indali, indayiso (auction s.); ukuthengisa; ukuthengiswa; -thengekayo, -thengisayo (for s.); funisa nga- (offer for s.).

saleable (a) -nokuthengiswa.

salesman (n) umthengisi; umthengeli.

salient (n) inqubu ohlwini lwenqaba yamasosha. (a) -nzima; -bonakele; amaqiniso abonakalayo (the s. facts).

saline (a) -nosawoti; -phathelene nosawoti.

saliva (n) amathe.

salivary (a) -khiphayo amathe; -phathelene namathe; indlala yamathe (s. gland).

sally (n) ukuthi phulukundlu (sortie); ukusho kobuciko (witty saying). (v) phuma; phulukundla (s. forth).

salmon (n) uhlobo lwenhlanzi; usayimoni; imbothwane (Cape s.); umbala obomvana (colour). (a) -bomvana.

saloon (n) inkantini (bar); ikamelo elikhulu; ikamelo lokudlela esitimeleni (dining s. on train); imoto evalekile phezulu (closed car).

salt (n) usawoti; iswayi; uvoyizane (native s.); usota (epsom salts); itilosi eligugile (old sailor); ukungakholisiswa (take it with a grain of s.). (v) thela iswayi; gqumisa ngosawoti; khohlisa abantu ukuthi umgodi ucebile ngokufaka kuwo umthapho omuhle (s. a mine). (a) -nosawoti; -neswayi; -gqunyiswe ngosawoti.

salutary (a) -philisayo; -lungisayo.

salutation (n) isibingelelo; umbuliso; Bayede (s. to royalty).

salute (n) isibingelelo; umbuliso. (v) bingelela; khulekela; khonza; saluta (military).

salvage (n) okwenyuliweyo. (v)

sindisa; enyula; khipha.

salvation (n) usindiso; ukusindisa; ukusindiswa; isiphephelo.

salve (n) imbeco. (v) sindisa; enyula; gcoba, thambisa (soothe, anoint).

salver (n) isitsha; isitsha sesiliva (a silver s.)

same (a) -fanayo; -njalo; -nye; -mkhuba munye, -mthango munye (of one and the s. kind).

samp (n) isitambu.

sampan (n) uhlobo lwesikebhe sase-Shayina.

sample (n) imbonakaliso; isifanekiso; inhlobo; isampula. (v) hlola; linganisa; fanisa.

sanatorium (n) isibhedlela; indlu yoku-phola yeziguli.

sanctify (v) ahlukanisela; cwebisa; ngcwelisa.

sanction (n) imvume; isinkinyabezo (penalty); fakela izibopho (apply sanctions). (v) vumela; nika ama-ndla.

sanctity (n) ubungcwele; ukucweba.

sanctuary (n) indawo engcwele; isiphe-phelo (refuge).

sand (n) isihlabathi; inhlabathi (soil). (v) vuvuzela ngesihlabathi.

sandal (n) ingxabulela; imbadada (s. made from motor tyres); uhlobo lwesicathulo esivulekile ngaphezulu.

sandstone (n) ichoba.

sandwich (n) izincezu ezimbili zesi-nkwa ezinesinandiso phakathi kwazo, isementshi. (v) faka pha-kathi kwezinto ezimbili.

sane (a) -sile; -phelele ekhanda; izelu-leko ezisile (s. counsels).

sang (v) culile; hlabelelile; khalile.

sanguinary (a) -chitha igazi; -thanda igazi; -egazi.

sanguine (a) -nethemba.

sanitary (a) -philisayo; -phathelene nemithetho yempilo.

sanitation (n) amasu okuthutha uku-ngcola; indlela okuphiliswa ngayo idolobha.

sanity (n) ukuphelela ekhanda; ukuhla-kanipha; ukubanengqondo.

Santa Claus (n) opha izingane iziphi-wo ngoKhisimuzi; uFatakhisimuzi.

sap (n) inkovu; amanzi omuthi; amasi omuthi (milky s.). (v) qeda; hluza; thena; thena amandla (s. the strength).

sapling (n) iklume; ihlumela.

sapphire (n) uhlobo lwetshana eliyi-gugu elinombala ozulucwathile.

sarcasm (n) umbhinqo; umbhuqo.

sarcastic (a) -bhinqayo; -bhuqayo.

sarcophagus (n) ibhokisi elibazwe ngetshe lokungcwaba umuntu.

sardine (n) insunswane; usadinsi; uhlobo lwenhlanzi encane.

sardonic (a) -bhuqayo; -hlekayo usulu; ukuhleka ngokubhuqa (s. laughter).

sari (n) ingubo ethandelwayo emzi-mbeni egqokwa owesifazane we-Ndiya.

sash (n) ibhande lendwangu; iseshi; ifulemu lefasitela (window s.).

sat (v) hlalile.

Satan (n) uSathane.

satanic (a) -kaSathane; -bi ngokwesa-bekayo.

satchel (n) ujosaka; isikhwama.

sate (v) suthisa; gcingca.

satiate (v) suthisa ngokudlulisa.

satin (n) uhlobo lwendwangu kasilika; isatini.

satire (n) umbhinqo.

satiric (a) -bhinqayo.

satisfaction (n) ukwanelisa; isaneliso; ukudela; umxhwele.

satisfactory (a) -delisayo; -kholakele; -anelisayo.

satisfy (v) anelisa; gculisa; delisa; kholisa.

saturate (v) jonqisa; cwilisa; gcwalisa.

saturation (n) ukujonqa; ukucwiliswa.

Saturday (n) uMgqibelo; ngoMgqibelo (on S.).

saturnine (a) -nyinyiphele; -kho-nkobele.

satyr (n) umuntu ezinganekwaneni onezinselo nezimpondo zempongo; owesilisa oganukayo.

sauce (n) usoso; isinongo.

saucer (n) isitshana sokubeka inko-mishi; isosa.

saucy (a) -bhensile; -galazayo; -gangile.

saunter (v) zululeka; hleleleka.

savage (n) -onobulwane; isidlwangu-dlwangu; ongaphucukile. (a) -no-nya; -nobulwane; ubhewula (a s. person); isilwane esinolaka (a s. beast).

save (v) sindisa; hlenga; ophula (rescue); beka, onga, londoloza (store up); qongelela imali (s. up money). (prep. & conj.) nga-phandle kwa-.

saving (a) sindisayo; -ongayo; isigaba

esiwumbandela (a s. clause).

savings (n) okongiweyo; ibhange lokonga (s. bank).

saviour (n) umsindisi; umhlengi.

savour (n) iphunga; ukuzwakala; isantungwana. (v) nambitha.

savoury (n) ulovela; isibiliboco. (a) -mnandi; -klwabusile.

saw (v) bonile.

saw (n) isaha; isaga (common saying). (v) saha.

sawdust (n) imvithi yesaha; imvuthu yesaha.

say (v) -thi; -sho; khuluma; valelisa (s. farewell); khulekela ukudla (s. grace); thandaza (s. prayers).

saying (n) izwi; ukusho; isaga.

scab (n) ukhokho; utwayi (skin disease); ukhwekhwe (s. in sheep); imbuzibeyishuka.

scabbard (n) umgodla.

scabies (n) inzenzani, ingqwayimani, utwayi (skin disease, itch).

scaffold (n) uhlaka lokuphanyeka umuntu onqunyelwe ukufa.

scaffolding (n) isibhaxa abakhwelela kuso abakhi bezindlu.

scald (n) isibhashu sokushisayo okumanzi. (v) shisa ngamanzi; lovula; yobula.

scale (n) isikalo, isilinganiso (for weighing); ukuqhubeka ngesu elilinganisiweyo, uhlu lwamadigrizi (s. of measurement); isilinganiso sobukhulu bemidwebo emephini (s. of map); uhide lomnyuziki olulinganisiweyo (s. of music); ucwecwe, ukhwekhwe (flake); isentela, izegece (fish s.); ukhwekhwe olubulala izithombo (insect s. on plants); amaqabunga angamasentela (s. leaves). (v) hluba, obula (peel); khwela (climb); nciphisa (s. down).

scalp (n) isikhumba sekhanda esinezinwele.

scalpel (n) ummese omncane wokuhlinza.

scamp (n) ichwensa; ishingana.

scamper (v) vequza; tshakada; tshakadula.

scan (v) gqaya; hlola; bukisisa; cinga.

scandal (n) ihlazo; isihlamba; ukuhlebana; ukugavuza. (v) gava; thutha; hleba.

scandal-monger (n) igavuzana; isidumuka.

scandalous (a) -lihlazo; -namahloni;

-hlazisayo.

scant (a) -ncane; -fushane.

scanty (a) -nciphile; -ntulekile; -zwilizile; -fushane.

scapegoat (n) isisulelo; umdutshwa.

scapula (n) isiphanga.

scapular (a) -esiphanga; -ehlombe.

scar (n) isibazi; isibanda; umyocu; inkambabeyibuza; inkaba yembewu (seed s.). (v) enza isibazi; yocuka.

scarce (a) -yingcosana; -ntulekile; -ncane; -yindlala.

scarcely (adv.) kancane; kalukhuni.

scare (n) ukwethuka; ivuso; uvalo. (v) ethusa; esabisa; shayisa uvalo; hebeza (s. off).

scarecrow (n) umlindansimu; isithuso; isinikiniki.

scarf (n) isikhafu.

scarlet (a) bomvu tebhu.

scarlet fever (n) ingqubukane ebomvu.

scarify (v) zawula; gcaba.

scathing (a) -limazayo; -hlabayo; inkulumo ehlabayo (a s. remark).

scatter (v) hlakazeka; chitheka; chitha; sakaza; sabalalisa; gqagqaza; fafaza (sprinkle); hlwayela, hlwanyela (s. seed).

scavenger (n) umthuthambi; umshanyelimigwaqo.

scene (n) igcaki; inkundla ethiyetha (stage); isenzeko (episode); isigaba somdlalo (s. of play); susa umsindo (create a s.).

scenery (n) izwe njengoba libonwa ngamehlo (landscape); imifanekiso nokunye okuhaqa abadlali ethiyetha (theatre s.).

scenic (a) -obuhle bokubukwa; -obuhle bokubonwa.

scent (n) iphunga, usi (smell); amakha, usende (perfume); umkhondo (spoor). (v) qhola; zwa; nuka; zwa ngephunga.

sceptic (n) ongakholwayo.

sceptical (a) -ngakholwisisi.

sceptre (n) intonga yobukhosi; ugando.

schedule (n) ihlelo; ipulani.

scheme (n) uhlelo; umsungulo; icebo; ihlelo lomsebenzi. (v) hlela; enza amasu; songoza.

schism (n) ukwahlukana kwebandla.

scholar (n) umfundi, ofundayo (pupil); isazi, ofunde ngokujulile (a learned person).

scholastic (a) -phathelene nezikole; -phathelene nemfundo ephakeme.

school (n) isikole; ikholiji; ibandla, ihlelo (sect); ibhodi yezikole (s. board).

schoolmaster (n) uthisha; umfundisi.

schoolmistress (n) uthishelakazi; umfundisikazi.

schooner (n) umkhumbi onamaphizela oseyili.

sciatica (n) umnyuka wasezithweni.

science (n) isayensi; isifundo sezinto zendabuko (natural s.).

scientific (a) -esayensi; -ngamasu esayensi.

scintillate (v) fiyoza; cwazimula.

scientist (n) ingcweti yesayensi; isazi sesayensi.

scion (n) ihlumela, iklumu (shoot of plant); umzukulwana (descendant).

scissors (n) isikele.

scoff (v) kloloda; filisa, eyisa (s. at).

scold (n) umshoboli; owesifazane oshobolayo. (v) shobola; thetha; thethisa; sola; khankatha; khaca.

scone (n) isikoni; iqebelengwana.

scoop (n) isixwembe; indebe; ukukhuthula (make a s.). (v) caphuna; hwaphuluza; kha; gwebeda, kipilita (s. out).

scope (n) indawo yokwenza; ilungelo lokwenza.

scorch (v) shisa; bhashula; hangula; lovula; hanguka (get scorched).

scorching (a) -shisayo; -lovuzayo; -chochobisayo; -yisihanguhangu.

score (n) okuzuziweyo; okutholiwcyo; isizathu (motive); umyocu (mark); okubhaliweyo ngomnyuziki (music); amashumi amabili (twenty); isiko (the s. in games). (v) yocula, dweba (mark); bhala isiko (keep the s.); thola iqhuzu (s. a point); bhala imnyuziki (s. music).

scorn (n) usulu; ukweyisa; ukuklolodela. (v) klolodela; eyisa; hleka usulu.

scorpion (n) ufezela.

scotch-cart (n) ingqukuvane; ingqukumbane; isikoshikali.

Scotchman (n) isiKoshi.

Scotland (n) isiKotilandi.

scoundrel (n) ihathanga; isichwensi; ihilikiqi.

scour (v) khuhla; kolobha; phucuza; bengula izwe (s. the country).

scourge (n) isiswebhu; uhlupho (affliction). (v) shaya ngesiswebhu; thwaxabula; hlupha.

scout (n) inhloli; umkopoli; isikawoti, ivulandlela (boy-s.). (v) hlola (reconnoitre); hleka, eyisa (scoff).

scowl (n) ukuhwaqabala. (v) hwaqabala; ficiza; khwaca; nyonkoloza.

scramble (n) ukuphangelana; ububhuqubhuqu. (v) gaqagaqa (on hands and knees); phangelana (struggle together); shikashika; amaqanda abondiwe (scrambled eggs).

scrap (n) isicucu; ingqobe; intwanyana; izigeqe (scraps). (v) lahla (discard); yeka (discontinue).

scrape (n) ukugudla; ingxaki (predicament); ngena ezingxakini (get into scrapes). (v) gudla, phala, phothula, huzula, khuhluza, khekhebula, khuculuza (s. off); phucula ingalo (s. one's arm); khukhuza (s. off top); geqa, khucuza (s. clean); chopha (s. feet); phala isikhumba (s. hide); centa (s. off grass and weeds); phanda (s. in soil).

scratch (n) umyocu, umphuthuluzo (s. on body); phumelela ngesimo esivunywayo (come up to s.). (v) klwebha; kleklebula; klwiklwiza; phequla (s. over); hwaya, phanda (s. up soil); enwaya (s. an itchy place); khipha, esula (cancel); phequza, qhwanda (s. in dust); qhwaya (s. about). (a) -xubene (haphazard).

scrawl (n) amanxadinxadi; ukuloba kabi. (v) bhala ngokunxadisa; loba kabi.

scrawny (a) -zacile; -mathambothambo.

scream (n) ukuklabalasa; ukukhala. (v) klabalasa; dazuluka; kleklebuka.

screech (n) isiwekeweke. (v) wekezela; kliklliza.

screed (n) incwadi ende.

screen (n) umpheme; isihenqo; isisitho; isihonqa (wind s.); isihenqo sebhayisikobho (cinema s.); umkhanya (sun s.); isisefo (sieve). (v) sitha; sithibeza; honqela; ela, sefa (sieve).

screw (n) isikulufo. (v) kulufa; sonta; bethela ngesikulufo; fithiza (s. up eyes).

scribble (n) ukubhala okungubucikiciki. (v) bhala ngokushesha nokunganaki; cikiza.

scribe (n) umbhali; umlobi.

script (n) umbhalo; isimo sokuloba

amazwi.

scriptural (a) -phathelene namazwi aseBhayibhelini.

scripture (n) imibhalo engcwele; iBhayibheli.

scrofula (n) umchoboko; umzimbomubi.

scroll (n) umbhalo ogoqwayo; iphepha eligoqwayo.

scrub (n) uhlaza olubhashile; izimila ezibhashile; usaba. (v) kolobha; khuhla. (a) -bhashile; inqushumbana (s. cattle).

scruff (n) isijingo (s. of neck).

scruple (n) iphuzu; amathizethize. (v) tengetengeza; thiziyeka.

scrupulous (a) -cophelelayo; -cubungulayo; -namathizethize.

scrutinize (v) hlolisisa; cwaningisisa; bhekisisa; londonya.

scrutiny (n) ukulondonya; ukubhekisisa; ukuhlolisisa.

scuffle (n) udweshu. (v) sheshezela; centa (s. the soil).

scull (n) isigwedlo; iphini. (v) gwedla.

scullery (n) indlu yokugezela izitsha.

sculptor (n) umqophi wemifanekiso; ingwedi yezithombe.

sculpture (n) ukuqopha amatshe; ukugweda; okuqoshiweyo. (v) qopha amatshe; gweda.

scum (n) ikhovothi; amagwebu; umengulo; amakhoba.

scurf (n) inkwethu; intuva.

scurrilous (a) -nenhlamba; -thukayo; -bhinqayo ngenhlamba.

scurry (n) ukukhwishiza. (v) khwishiza; baleka (s. away).

scurvy (n) isikevi.
(a) -hlazayo; -bi; isenzo esiyihlazo (a s. trick).

scuttle (n) ibhakede lamalahle (coal s.). (v) baleka; cwilisa umkhumbi ngokuwubhoboza (s. a ship).

scythe (n) isikela elikhulu.

sea (n) ulwandle; ulwandlekazi (ocean); inkwindi (s.-shell); ugu lolwandle (s.-shore); unyele lwasolwandle (s.-breeze).

seafarer (n) itilosi; ohamba ngemikhumbi olwandle.

seal (n) imvu yamanzi; isisicilelo (s. on document). (v) nameka isisicilelo, sicilela (close with a s.); qinisa isethembiso (s. a promise).

sea-level (n) ukuphakama kogu lolwandle.

sealing wax (n) umovu.

seam (n) umphetho; umthungo.

seaman (n) itilosi.

seamanship (n) ulwazi lokuphatha imikhumbi.

seamstress (n) umthungikazi.

seance (n) umhlangano wokubhula ngemimoya.

seaplane (n) indiza yasolwandle; indizamkhumbi.

seaport (n) ikhumulo lemikhumbi; itheku.

sear (v) shisa; bhashula. (a) -shaziwe (withered).

search (n) ukucinga; ukufuna; ukuhlwaya. (v) cinga; hlwaya; funa; khwathaza; phulaza; ntwayiza; cubungula; cwaninga; singa.

season (n) isikhathi somnyaka; ukwethwasa kwehlobo (spring); ihlobo (summer); ukwindla (autumn); ubusika (winter); ithikithi lokuhamba isikhathi esinqunyiweyo (s. ticket). (v) jwayeza; jwayela; nonga; vuthwa.

seasonal (a) -ngezikhathi zomnyaka.

seat (n) isihlalo; isiqhwakelo; isinqe (buttock); indawo (place); ikomkhulu (s. of authority); isikhundla ephalamende (parliamentary s.).

seaweed (n) ulele lwasolwandle.

seaworthy (a) -lungele ukuhamba olwandle.

secede (v) ambuka; ahlukana na-; phuma.

secession (n) uphumo; uqhekeko; ukwambuka.

seclude (v) fihla; gonqa; sitheza.

seclusion (n) umkutu; isitha; kwamkutu (in s.).

second (n) owesibili; umsizi (assistant); isekendi (time). (v) sekela; vumela. (a) -obubili; -esibili; -kwesibili.

second (v) ngenisa umuntu ukuba ayophatha omunye umsebenzi isikhashana.

secondary (a) -elekayo; vela kamuva; -nesisindo esingesikhulu (of s. importance).

second-rate (a) -bana; -nesimo esincane.

secrecy (n) ukufihla; ukufihleka; ukwenza ngasese.

secret (n) imfihlo; isifuba; bungazela (keep s.); gcina isifuba (keep a s.). (a) -fihliweyo; -yimfihlo; -ngasese; inhlangano engumshoshaphansi (a

s. society).

secretary (n) unobhala; umbhali; umabhalana.

secrete (v) fihla, godla, cashisa (hide); phumisa, khipha (emit).

secretion (n) ukuphumisa; okukhishwayo, okuphumayo (matter secreted).

secretive (a) -fihlayo; -finizayo; -nesifuba.

secretly (adv.) esitha; ngasesitha; ngasese; ngokufihla.

sect (n) iqembu lenkolo; ibandla loqhekeko; ihlelo.

sectarian (a) -phathelene nehlelo lenkolo.

section (n) isigaba; isinqamu; isijuqu; amangcozu (sections); ukusika, ukunquma (cutting).

sector (n) isinqamu sesiyingi esisuka endeni siyogcina ephethelweni; indawo eklanyiweyo.

secular (a) -komhlaba; -phathelene nokomhlaba; izindaba ezingaphathelene namabandla (s. affairs).

secure (v) londoloza; gcina; bopha, bamba, valela, khuleka, qinisa (make safe, tie up, shut in); thola (acquire). (a) -londolozekile; -londekile; -gcinile.

security (n) ukulondeka; isibambiso (pledge); izitifiketi zobunikazi (securities).

sedan (n) imoto evalekile ndawo zonke; isidani; isihlalo esithwalwa ngabantu (s. chair).

sedate (v) phuzisa umuthi odambisayo. (a) -thulile; -pholile; -zibambayo.

sedative (n) umuthi olalisayo; umuthi odambisa izinhlungu. (a) -thulisayo; -dambisayo; -pholisayo.

sedentary (a) -okuhlala phansi; -hlalayo ndawonye.

sediment (n) inzika; izibhidi; inhlabathi ezike phansi (soil).

sedimentary (a) -ezicucu; -vezwe izibhidi; inhlabathi ezike phansi (s. soil).

sedition (n) ukuvukela umbuso.

seditious (a) -vukelayo umbuso.

seduce (v) yengela ekoneni; bhungula; hungula; ona (s. a girl).

seduction (n) ukuyenga; ukona; isibhungulo; ummekezo (s. of woman).

see (n) isifunda sombhishobhi. (v) bona, bheka (behold); qabuka (see

for first time); bingelela (greet); phelekezela, khapha (s. on one's way); qonda (understand); bonana nomfana (s. a boy); cabanga (consider); cubungula (s. into); enza (s. to).

seed (n) imbewu; inhlwanyelo; inhlamvu; impunzi (s. of pumpkin); inzala (s. of grass); inzalo (progeny); isihlumisela sembewu (s.-bed); impephelezi (s.-coat); ukuhlwanyeleka kwembewu (s. despersal).

seedling (n) isithonjana.

seedy (a) -gulayo; -nyephile.

seek (v) funa; cinga; khwathaza; qaza; ncekuza (s. a favour); zama (attempt).

seem (v) bonakala; bukeka.

seemly (a) -faneleyo; -hloniphayo.

seen (v) bonile; bhekile; qabukile.

seep (v) chinineka; mfoma; vuza (leak).

seer (n) umprofethi; umboni wczibonakalo zokuzayo.

seethe (v) gxabha; xhuxhuza; xhwatha; yaluza.

segment (n) izenge; isinqamu sesiyingi esenziwa ngokudabula ngomudwa osuka ephethelweni ufike emjikelezweni futhi; isinqamu sento.

segregate (v) ahlukanisa; khetha.

seismic (a) -phathelene nokuzamazama komhlaba.

seize (v) bamba; qhwaga; gunyaza; bambeka.

seizure (n) ukubanjwa; umbhubuzo; ukugula okubangwa ukuvaleka kwemithambo yegazi (illness, as stroke).

seldom (adv.) ngokungavamile; kancane.

select (v) khetha; qoma; dumba. (a) -khethiweyo; abekhethelo (a s. company).

selection (n) ukuhlunga; ukukhetha; ukuqoma.

self (n) isibili (personality); uqobo lwa- (individuality); zi (reflexive); ukuzibulala (to kill oneself); ukuzidla (s.-conceit); ukuzithemba (s. confidence); zinyezayo (s. conscious); ukuzithiba, ukuzibamba (s.-control); ukuzilwela, ukuzivikela (s.-defence); ukuzincisha (s.-denial); ukuzazi (s.-esteem); -sobala (s.-evident); ukuzibusa (s.-government); ukuzizwa (s.-importance); ukuzitika (s.-indulgence); ubugovu (s.-interest); ukuzinikela (s.-sacrifice); ukuzihlonipha (s.-respect).

selfishness (n) ubugovu.

selfless (a) -zidelayo; -ngazicabangeli.

sell (v) thengisa; dayisa (s. by auction).

seller (n) umthengisi; othengisayo.

semantics (n) phathelene nezichasiselo zamazwi.

semblance (n) ukufana; ufuzo.

semen (n) amalotha; isidoda.

semester (n) inkathi yezinyanga eziyisithupha.

semicircle (n) isiyingi esinqanyulwe kabili; umkhumbi, isicheme (of people).

seminary (n) ikholiji.

senate (n) umkhandlu wezigele; isigele.

senator (n) uSigele; ilunga lesigele.

send (v) thuma; sa; hambisa; layeza (s. word); khonza (s. compliments); godusa, xosha, mukisa (s. away); phindisa, buyisa (s. back); ehlisa (s. down); susa, veza (s. forth); ngenisa (s. in); dlulisa (s. on); phumisa, sakaza (s. out); enyusa (s. up); landelisa (s. after).

senile (a) -gugile.

senility (n) ukuxhwala kwabagugile; ukuguga.

senior (n) omdala; ophezu kwa-. (a) -dala; -khulu.

seniority (n) ubudala; ubukhulu.

sensation (n) ukuzwa; ukuzwakala; ivuso.

sensational (a) -livuso; -ethusayo.

sense (n) ingqondo (meaning); ukuzwa (mind); insimbi ayizwa (metal has no s.); ukwazi, umqondo (discernment); amahloni (s. of shame); khuluma okuhlakaniphile (talk s.); umqondo ohluzekile (good s.); izinzwa (senses); isitho senzwa (s. organ). (v) zwa.

senseless (a) -ngenangqondo (stupid); -ngasezwa, qulekile (unconscious).

sensible (a) -zwakalayo (noticeable); -nozwela; -zwela umusa (s. to kindness); -hlakaniphile, -azi, -nengqondo (wise).

sensitive (a) -nozwela; -thunukele; -zwelayo; unozwela (he is s.); -thunukwa wukubalela (s. to heat).

sensory (a) -phathelene nemizwa.

sensual (a) -kwenyama, -komzimba (worldly); -anelisa inkanuko, -thokozisa umzimba (voluptuous).

sent (v) thumile; hambisile.

sentence (n) ukunquma, isinqumo, isigwebo, isahlulelo (judgement, s. of court); umusho (gram.). (v) gweba; ahlulela; nqumela; jezisa.

sentient (a) -zwayo; -zwelayo.

sentiment (n) isihawu, ukuzwa enhliziyweni (feeling); umcabango (opinion).

sentimental (a) -vusa isihawu; -nenhliziyo ezwelayo.

sentinel (n) umlindi; imbonisi; umgadi. ugqayinyanga.

sepal (n) idlebe lembali; isephali.

separate (v) ahlukanisa; hlungula; hlazulula; hlunga; cwenga; ahlukana. (a) -ahlukene; -ngafani.

separation (n) isahlukaniso; ukwahlukaniswa.

separator (n) umshini wokucwenga ubisi; umshini wokugaya ubisi.

sepoy (n) isosha laseNdiya.

sepsis (n) isihlungu esingena egazini; ukuvunda kwesilonda.

September (n) uSeptemba; uMfumfu.

septic (a) -bolayo; -vundayo; -phathelene nokuvunda; ithangi lokubolisela indle (s. tank).

septicaemia (n) isifo sesihlungu sokuvunda egazini.

sepulchral (a) -phathelene neliba.

sepulchre (n) iliba; ithuna; idlinza; igodi; ingcwaba.

sequel (n) okulandelayo; impumelelo.

sequence (n) ukulandelana; ukulandelana kwezehlakalo (s. of events).

sequestrate (v) amuka isikhashana; amuka impahla isikhashana (s. property).

seraglio (n) isigodlo senkosi; isithembu.

serenade (n) imvunge yokujabulisa owesifazane; iserenedi. (v) shayela owesifazane umnyuziki.

serene (a) -thulile; -ngakhathazekile.

serf (n) isisebenzi; isigqila.

sergeant (n) usayitsheni.

serial (n) uhume. (a) -landelanayo.

seriatim (adv.) ngokulandelana.

series (n) okulandelanayo; uhume (story); uhide (of objects).

serious (a) -ngxamile; -nofudu lobudoda (solemn); -qinisile (genuine); -nzima (important).

seriously (adv.) kabi; ngokuqinisile; ngokunxamile.

sermon (n) intshumayelo.

sermonize (v) shumayela.

serpent (n) inyoka.

serpentine (a) -njengenyoka; -zombelezayo.

seirate (a) -njengamazinyo esaha; -sinazile.

serried (a) -minyene; izinhlu eziminyene (s. ranks).

serum (n) umantshu; uhluzi; umjovo othakwa ngohluzi lwezilwane ezithile (s. injection).

servant (n) isisebenzi; inceku; isigqila; isibhalo (slave).

serve (v) sebenzela; amukelisa, nikeza (give to); thengela (s. customers); phakela (s. up food); caphunela (s. out to); phaka (s. food); thunga (s. drink); khonza (perform duties); nikeza isaziso, nothisa (s. notice); zeka, bhebha (of animals).

service (n) ukusebenzela; ukukhonza; umsebenzi; inkonzo; usizo (benefit); isonto, inkonzo (religious s.); ukuseva (s. in tennis).

serviceable (a) -nokusebenza; -nokusiza; -nokuphatha.

serviette (n) indwangu yokwesula izandla etafuleni; iseviyethe.

servile (a) -kwezisebenzi; -cebediselayo.

servitude (n) ubugqila; umsebenzi onzima ejele (penal s.); igunya lokusebenzisa umhlaba womuntu ngesivumelwano (s. on property).

session (n) ukuhlangana komhlangano.

set (n) ibandla (group); isimo (form); isethi (s. in tennis). (v) beka (place); lungisela, qinisa, misa (fix in position); cupha, thiya (set a trap); phakamisa oseyili besikebhe (s. sails of ship); okhela, thungela (s. fire to); deka itafula (s. the table); hlela, lungisa (s. in order); hambisa (s. in motion); khulula (s. at liberty); qondisa (s. straight); qalisa (initiate); gidlabeza (s. a task); fukamelisa amaqanda (s. eggs); -bayisibonelo (s. an example); qhudelanisa (s. one against another); ahlukanisa (s. apart); buyisela emuva (s. back); bekelela (s. by); gxumeka, misa (s. up); shona, gqwambiza (go down); shuba, jiya, gxila (harden); sukela (s. upon); suka, thathela (s. off). (a) -mi; -misiweyo, -qinile (fixed); -zimisele (determined).

setback (n) ishwa; imbuyiselamuva.

settee (n) usofa.

setter (n) uhlobo lwenja olukhomba inyoni ezingelwayo.

setting (n) ukubeka; ukuhlelwa; ukushona; amaqanda okufukanyelwa (a s.of eggs).

settle (v) misa, akha, akhisa, hlalisa, (establish); nquma, thulisa, lungisa (decide); lamula (s. a quarrel); shona, gxila, zika (sink down).

settlement (n) ukwakha; ukunquma; ukuvumelana; indawo eyakhiweyo; imali eyisipho (sum given); ukuzika (sinking).

settler (n) isakhi; owakhe kwelinye izwe.

seven (a) -yisikhombisa; -wumkhothi.

seventh (a) -esikhombisa.

seventy (a) -ngamashumi ayisikhombisa.

sever (v) ahlukanisa; nquma; juqula.

several (a) -nye, -ahlukeneyo (individual); mbalwa, -ningana (sundry, a number of).

severe (a) -nzima; -namandla; -khulu; -nonya (harsh).

severity (n) ubunzima; amandla; unya.

sew (v) thunga; hida; hubha; chibiyela (s. on patch).

sewage (n) inkucunkucu; amanyala ahamba ngamaphayiphi okuchitha.

sewer (n) iphayiphi lokuchitha amanyala (sewage pipe); umthungi (one who sews).

sewing (n) ukuthunga; umthungo; umshini wokuthunga (s. machine).

sewn (v) thungile; thungiwe.

sex (n) ubulili; ubulili besilisa (male s.); ubulili besifazane (female s.).

sextet (n) undlelaziyisithupha; iqembu labadlali abayisithupha.

sexton (n) umbheki wendlu yesonto.

sexual (a) -phathelene nobulili; izitho zokuzala (s. organs); ukuganuka (lust for).

shabby (a) -gqoke esezigugile; -bukeka kabi.

shackle (n) iketango. (v) bopha ngamaketango.

shad (n) ishadi; uhlobo lwenhlanzi yasolwandle edliwayo.

shade (n) umthunzi; umukhwe; umkhanya; umpheme (screen); isithunzi (ghost); umbadlana (small difference); imibalabala (shades). (v) sitha; fiphaza (s. in drawing).

shadow (n) ithunzi; isithunzi. (v) sitha; fiphaza (darken); landela ngasese (follow secretly).

shady (a) -nomthunzi; -mathunzi; -sithele; inkohliso (a s. affair).

shaft (n) umphini; umsebe (s. of light); umgodi (s. of mine).

shaggy (a) -mahlikihliki; -noboya obude.

shake (n) ukunyakaza. (v) nyakazisa; zamazisa; xukuza; hlukumeza; hlukuza; thuntutha (s. dust from); thintitha (s. crumbs from); wohloza (s. down); vuthuza (s. off); nikina, nqathuza (s. the head); xhawulisana (s. hands); zamazama, nyakaza, nqathuza, xegezela (s. about).

shaky (a) -xegayo; -zamazamayo; -tengezelayo.

shale (n) ukhethe; umkhumenge.

shall (v. aux.) ngiyoku-; -siyoku-; -ngizo; -sizo; siyokuhamba (we s. go).

shallot (n) ishaladi.

shallow (n) indawo enamanzi angajulile. (a) -ngashonile; -ngajulile.

sham (n) ukuzenzisa; okokukhohlisa; amacebo. (v) zenzisa; mbuluza; fanisa. (a) -mbumbulu; -okufanisa; -okukhohlisa.

shambles (n) indawo elele izidumbu ucaca; indawo lapho izimpahla zithe saka phansi zingamiswanga ngohlelo.

shame (n) amahloni; ihlazo; isanya. (v) hlaza; jabhisa; dumaza; bangela amahloni (cause s.).

shamefaced (a) -namahloni; -yangazile; -nyobozile.

shameful (a) -namahloni; -nyobozile; -yangazile, -dumazayo.

shampoo (n) uhlobo lwensipho yokugeza izinwele. (v) geza izinwele ngamagwebu ensipho.

shank (n) isitho (of leg); umsuka (of instrument).

shanty (n) idokodo; ikhobolo; indlwana.

shape (n) isimo; umumo; isimo seqabunga (s. of leaf). (v) baza; fanisa; qhuba.

shapely (a) -nesimo esihle.

shard (n) udengezi (of pottery).

share (n) isabelo; umahlulelo; umkhangezo; ukudla kwegeja (plough s.); amashezi (shares in a company). (v) abelana; cazelana; abela;

nqamulela.

shark (n) ushaka; imfingo.

sharp (n) inothi elikhuphukile (music). (a) -bukhali, -sikayo (cutting); unqenqema olusikayo (s. edge); -cijile (pointed); amehlo abukhali (s. eyes); khaliphile, hlakaniphile (shrewd); -qhamile (distinct); -hlabayo (keenly felt); ubuhlungu obuhlabayo (s. pain); ulimi oluhlabayo (s. tongue); -sheshayo (quick).

sharpen (v) cija; lola.

shatter (v) phohloza; vithiza; phohloka; chitheka.

shave (n) ukuphuca; umphuthuluzo. (v) phuca; phucula; singa; sheva; cwecwa (s. off slices).

shaving (n) ibazelo; ucwecwe; impuco.

shawl (n) itshali.

she (pron.) yena; yona (owesifazane).

sheaf (n) isithungu.

shear (v) gunda; phuca.

shears (n) isikele sokugunda.

sheath (n) umgodlo; ingxiwa.

sheathe (v) faka engxiweni.

shed (n) ishede; indlwana. (v) vuthuza; khumula (take off); hluba, ebula (s. skin); wohloza amaqabunga (s. leaves); chiphiza, hlengezela (s. tears); opha, ophisa (s. blood).

sheen (n) incwazimulo; inkazimulo.

sheep (n) imvu; isiklabhu (merino s.); intondolo (castrated s.); umuntu owonakele womkhaya (black s. of family).

sheepfold (n) isibaya sezimvu.

sheer (v) yemeza (s. off); -thi ceze. (a) uqobo; ubulima uqobo lwabo (s. nonsense); -the ju (upright).

sheet (n) ungcwecwe, iqeqeba, isixwexwe (thin flat piece); isicwecwe, ikhasi (s. of paper, material); umthantala, ichweba (s. of water); ishidi, ingubo yokulala (bedding); ukukhukhuleka ngomoya (s. erosion).

sheik (n) isikhulu somArabhu.

shelf (n) ishalofu; ithala.

shell (n) igobolondo (hard covering); igobongo (egg s.); iqobolondo (s. of nut); uqweqwe lofudu (tortoise s.); inkwindi (sea-s.); ugobhozi, iqobodo (empty s.); inkumba (snail s.); imbumbulu (s. of heavy gun). (v) qobolonda (remove s.); hluba (s. peas etc.); xhoza, gumuza (s. mealies); dubula ngezimbumbulu

(s. by artillery).

shelter (n) ukusitheka; ukubhaca; umpheme wokukhosela, ikhosela, isiphephelo, isihonqo (protection). (v) sithisa; bhacisa; vikela; phephisa; sitha; khosela.

sheltered (a) -sithekile; isicelu (s. place).

shelve (v) ehlela (slope); faka amashalofu (put in shelves); hlehlisa (postpone).

shepherd (n) umalusi wezimvu. (v) alusa.

sheriff (n) iphoyisa eliphatha isifunda.

shew (v) bonisa; tshengisa.

shield (n) ihawu; igcokwa (small s.); isihlangu (large s.); okokuvikela (protection). (v) vikela; sithisa; honqela; londoloza.

shift (n) ukunyakaza; ingubo yowesifazane esayembe (woman's garment); ishifu, ukudedelana emsebenzini (s. at work); unsukwini (night s.). (v) sunduza; gudlula; hlehlisa; gudluka; -zenzela (s. for oneself).

shiftless (a) -vilaphayo; -ngenakhono.

shilling (n) usheleni.

shimmer (v) bengezela; bazimula.

shin (n) ugalo womlenze; umbala (s. bone). (v) khwela ngol:ukopela.

shine (n) ukukhanya; incwazimulo; ikloba (as flame in darkness). (v) khanya; cwebezela; cwazimula; manyazela; khazimula; khanyisa; cwazimulisa; sula izicathulo (s. shoes).

shingle (n) amatshana (on beach); ucwecwe lokhuni lokufulela (roofing s.); indlela yokugunda izinwele (hair style). (v) fulela ngezingcwecwe zokhuni (roofing); gunda izinwele ngendlela ethile (s., cut hair).

shingles (n) isifo esibanga ukuqubuka kwesikhumba ikakhulu ngasesiswini naseqolo.

shiny (a) -khanyayo; -cwazimulayo; -sulekile.

ship (n) umkhumbi; isikebhe; umkhumbi obaselwayo (steam-s.); umkhumbi woseyili (sailing-s.). (v) thuma ngomkhumbi (send by s.).

shipment (n) ukuthwala ngomkhumbi; okuthwalwa ngomkhumbi.

shipping (n) imikhumbi; izikebhe. (a) -kwasemikhunjini.

shipwreck (n) ukuphihlizeka komkhumbi; umkhumbi ophihlizekileyo.

shipyard (n) indawo lapho kwakhiwa khona noma kulungiswa khona imikhumbi.

shirk (v) xwaya; yeka; debesela.

shirt (n) iyembe; ihembe.

shiver (n) ukuqhuqha; ukuthuthumela; okufokloziwe (fragment). (v) qhuqha; qhaqhazela; thuthumela; fokloka (splinter).

shoal (n) indawo enamanzi angajulile; umhlambi wezinhlanzi (s. of fish).

shock (n) ukwethuka; ingebhe; isiqhova (s. of hair); ukushokwa yielektriki (s. of electricity). (v) ethusa; jabhisa; hlasimulisa.

shocking (a) -namahloni; -esabekayo; -casulayo; -cunulayo.

shod (a) -gqoke izicathulo; -bethelwe izipolo (horse).

shoddy (a) -bi; umsebenzi ongenziwe kahle (s. work).

shoe (n) isicathulo; isipolo sehashi (horse s.). (v) bethela izipolo ehashini.

shoemaker (n) umthungi wezicathulo; umkhandi wezicathulo.

shone (v) khanyile; cwazimulile; manyazile.

shook (v) nyakazisile; zamazisile.

shoot (n) ukudubula; ukuzingela (hunt); ihlumela, umxhantela, umlibo, iklumu (new growth). (v) dubula (s. a bullet); cibishela (s. an arrow); mpeza, phiqika (dart); hluma (sprout); thatha ifotho (photo.); veza, phumisa, khipha (send forth).

shooting (n) ukudubula; ukuzingela (hunting). (a) -thi tshu; inkanyezi ecibayo (s. star); iminjunju (s. pains).

shop (n) isitolo; ishabhu (workshop); umninisitolo (shopkeeper); xoxa ngomsebenzi (talk s.). (v) ya kuthenga ezitolo (go shopping).

shore (n) usebe; ugu; isisekelo (prop). (v) sekela (s. up).

shorn (v) gundiwe.

short (n) okufushane; kafushane, ngokufingqa (in short). (a) -fuphi, -fushane, -bhashile (of small extent); ibangana (a s distance); impendulo ethe juqu (a s. answer); isisindo esingaphelele (s. weight); -salelwe, -silele, -phelelwe (insufficient). (adv.) kafushane; khinda (cut s.); ngqamba, silela (fall s. of); phelelwa (run s. of).

shortage (n) ukuphelelwa; ukuntula.

shorten (v) khinda; finyeza; nquma.

shorthand (n) uhlobo lokubhala olusheshisayo.

shortly (adv.) masinyane; kafushane; emuva kwesikhashana.

shorts (n) isikhindi.

shot (n) ukudubula; okudutshulwayo, inhlamvu (missile); uhlwayi (shotgun s.); inkombi, umnembi (marksman). (v) dubulile. (a) usilika ohintshashintsha umbala (s. silk).

shotgun (n) ingebe.

shoulder (n) ihlombe; igxalaba; umkhono wemvu (a s. of mutton). (v) fuqula; etshatha; faka ehlombe.

shoulder blade (n) isiphanga.

shout (n) isimema; isenanelo (s. of joy); isenanezelo (s. of triumph). (v) memeza; bangalasa; nqonqoloza; khuza (s. at); enanela (s. for joy).

shove (n) ukusunduzwa. (v) sunduza; qhuba; chiliza (s. aside); khapheza (s. violently).

shovel (n) ifosholo; ihalavu. (v) wola ngefosholo; susa ngehalavu.

show (n) umbukiso; okubukiswayo; izaba, ukulinganisa (pretence). (v) bonisa; bonakalisa; veza; khombisa; azisa; ngenisa (s. in); enzela umusa (s. a favour); ncwina (s. discontent); enanela (s. delight); nconcoza (s. enthusiasm); ngqongqa (s. dislike).

shower (n) umfafazo, isihlanjana (s. of rain); ithala (s. of missiles). (v) phihliza, wohloza (s. down); na isihlambi (s. of rain); khithika; wohloka (fall down, as snow or dry leaves).

shrapnel (n) imbumbulu kambayimbayi eqhuma ibe amazube.

shred (n) umucu; umsweswe; umchayo; umdweshu (s. of cloth).

shrew (n) ishobolo (scolding woman); ungoso (s. mouse).

shrewd (a) -hlakaniphile; -nobuqili.

shriek (n) ukukleklebuka. (v) kleklebuka; klangalasa; kliwula.

shrill (a) -nswininizayo; -ntontolozayo.

shrine (n) indawo engcwele; isikhumbuzo esingcwele.

shrink (v) shwabana; goqana; godongana; shwaqa; shwabanisa.

shrivel (v) buna; goqobala; hoqobala; shwabana; shwabanisa.

shroud (n) indwangu yokusonga

isidumbu (winding sheet); izindophi zephizela lomkhumbi (mast ropes). (v) mboza.

shrub (n) isihlahlana; umshana.

shrug (n) ukuqhikiza. (v) qhikiza.

shrunken (a) -shwabene; -goqobele.

shudder (n) umqhakanyeko. (v) qhakanyeka; thuthumela; hlasimula.

shuffle (v) shudula izinyawo (s. the feet); shova amakhadi (s. the cards); khushuza.

shun (v) xwaya; gwemela; balekela.

shunt (v) shendelisa; shendela.

shut (v) vala; sibekela; cimeza (s. the eyes); pheca ummese (s. a pocket knife); valela, vimbezela (s. in); vimbela (s. out); valeka. (a) -valiweyo.

shutter (n) isivalo sefasitele (s. of window); isivalo seso lekhamera (s. of camera).

shy (n) ukuphonsa (throw). (v) phonsa, jikijela (throw); ethuka; dlubulunda. (a) -namahloni; -esabayo; -xwayile.

sib (n) ozalana na-.

sibilant (n) imvunge yenkulumo engumfuthwa ngokuhahaza. (a) -futhwayo ngokuhahaza.

sick (n) iziguli; abagulayo. (a) -gulayo; xhwala (be very s.); khwantabala (be s. at heart); -danile, -casuliwe (s. of); -hlanzayo (vomiting).

sicken (v) gula; qala ukugula; gulisa; casula, dina (annoy).

sickle (n) isikela.

sickly (a) -xhwalile; -gulayo; ichoboka (s. person).

sickness (n) ukugula; isifo; ukufa.

side (n) icala, ugu, usebe (margin, edge); uhlangothi lwendlu (s. of house); icala (surface); icala elilodwa lephepha (one s. of paper); umhlubulo wenkomo (s. of beast); isandla sokunene (right-hand s.); isinxele, ekhohlo (on the left s.); ecaleni kwa- (by the s. of); ngaphesheya kwa- (on the other s. of); nganeno (on this s.); nxazonke (on all sides); vuna (take sides with); -ziqhenya (put on s.). (v) vuna; vumela (s. with).

sidelong (a) -asecaleni.

sideways (adv.) lukeke; lucezu; nganhlanye.

siding (n) isayidi; ikolosi.

sidle (v) -zisondezela ku- (s. up to).

siege (n) ukuvinjezelwa; umvimbezelo.

siesta (n) isithongwana emini.

sieve (n) isisefo; isihlungo. (v) sefa; hlunga.

sift (v) sefa; hlunga; cwaninga (s. details).

sigh (n) umbubulo. (v) bubula.

sight (n) ukubona; ukubuka; into ebonwayo, okubonakalayo (view); azi umuntu ngokumbona (know a person by s.); qabuka, gagamela (catch s. of); lahlekela (lose s. of); vela (come into s.); -bonakele (in s.); nyamalala (go out of s.); -ngabonakali, -sithiwe (out of s.); thukusa (put out of s.); phenduka impumputhe (lose one's s.). (v) bona; qabuka; gagamela; nemba ngesibhamu (s. a gun).

sightless (a) -ngaboni; -ngenamehlo.

sign (n) uphawu, isici (mark); izibonakaliso (signs); isibonakaliso (indication); ipulangwe lezaziso (s.-board); isikhombandlela (s.-post). (v) sayina; bhala igama; joyina (s. on); yekisa isisebenzi (s. off worker); qhweba (s. to).

signal (n) inkombisa; isiboniso; inhlabamkhosi (warning s.); isigneli (railway s.). (v) qhweba; shintsha isigneli (change the s.). (a) -khulu; -qhamile; -mangalisayo (noteworthy).

signatory (n) umsayini; osayinayo.

signature (n) isayini; ukusayina; igama lomuntu elibhalwe nguye.

significance (n) ingqondo; ukubaluleka; ubukhulu.

significant (n) -khulu; -nzima; -qhamisayo; -balulekile.

signify (v) khombisa; bonakalisa; qondisa; baluleka; akunandaba (it does not s.).

silage (n) isayileji; imfulo elondolozwe emgodini noma esakhiweni.

silence (n) ukuthula; ukhwathalala; thula (keep s.); ngokuthula (in s.). (v) thulisa.

silent (a) -thulile; -thule; -ngenamsindo; ukufunda buthule (s. reading).

silhouette (n) umfanekiso oyisithunzi.

silicosis (n) isifo samaphaphu esibangwa ukuphefumula izintuli; isilikhosisi.

silk (n) usilika; icimbi elakha umfece walo ngosilika, icimbi likasilika (silkworm).

silky (a) -kasilika; -cwebezelayo.

sill (n) unqenqema; unqenqema lwefasitele (window-s.).

silly (n) isithutha; isiphukuphuku. (a) -yisithutha; -nobuthutha.

silo (n) isakhiwo sokulondoloza ukudla okuluhlaza kwemfuyo; isayilo.

silt (n) inzika yenhlabathi; udaka olugcwala edamini. (v) gcwala inzika yodaka; gcwalisa ngodaka.

silver (n) isiliva (metal); uhlamvu lwesiliva (s. coin); izinto zesiliva (articles made of s.); umbala wesiliva (s. colour). (v) mboza ngesiliva (plate with s.); penda ngesiliva. (a) -esiliva.

simian (n) ihlelo lezilwane elihlanganisa zonke ezinjengezinkawu nezimfene. (a) -phathelene nezinkawu.

similar (a) -fanayo; -njenga; -fana na-.

similarly (adv.) ngokufanayo; kanjalo.

simile (n) isifaniso; amazwi okuqhathanisa.

simmer (v) bila kancane; zoyiza; zwayiza.

simper (n) ukumonyozela. (v) monyozela.

simple (n) ikhubalo. (a) -ngaxutshaniswe nalutho (not compound); inzalo eqondile (s. interest); -lula, -sobala, -qondile (not difficult); -ngahlotshisiwe (unadorned); -ngazithwele (humble); -ngahlakaniphile (foolish); -nje (mere); iqiniso nje (the s. truth); umusho nje (a s. sentence).

simpleton (n) isiphukuphukwana; umnguphane.

simplicity (n) ubulula; ubungane.

simplify (v) colisa; enza kubelula; enza kubesobala.

simply (adv.) kalula; kuphela; qhwaba.

simulate (v) lingisa; linganisa; -zenzisa; mbuluza.

simultaneous (a) -enziwe kanyekanye; -enziwe ngasikhathi sinye.

sin (n) ukona; isono; isiphosiso. (v) ona; phosisa; eqa umthetho.

since (adv.) kamuva; ukusukela kuloko (ever s. that), kade (long s.). (prep.) emva kwa-. (conj.) selokhu.

sincere (a) -qotho; -qinisile; -liqiniso.

sinecure (n) isikhundla esinomsebenzi olula.

sinew (n) umsipha ohlanganisa isicubu nethambo.

sinful (a) -nesono; -onayo; -okona.

sing (v) cula; huba; haya; hlabelela; khala (as bird); bonga (s. praises); bhimba (s. out of tune).

singe (n) ukuhangulwa. (f) hangula; yovula.

singer (n) umhlabeleli; umhubi; inhlabeleli.

single (n) into eyodwa; dlala amasingili (play singles). (v) khetha; quphula. (a) -nye; -dwa; -omuntu oyedwa; -ngaganile, -ngaganiwe (unmarried); -ngaphindiwe, -dwa (not double).

single-handed (a) eyedwa; ngingedwa.

singly (adv.) ngabanye; ngazinye.

singular (n) ubunye (gram.). (a) -obunye; ubunye (s. number); -yinqaba, -mangalisayo (unique).

sinister (a) -bi; -bikezela ububi; -esabekayo; izimfundiso ezimbi (s. influences).

sink (n) indawo yokuchithela amanzi; usinki. (v) shona; cwila; ehla; bohla (go down, reduce in size); zika; jula; gqambuza (s. down); bisha, khelekehlela (s. into); bocokala (become hollow); shonisa, cwilisa, zikisa, ehlisa, bohlisa (cause to s.); mba ipitsi (s. a well); gxumeka isigxobo (s. a post).

sinker (n) isizikiso.

sinking (n) umbohlo; ukucwila. (a) -shonayo; ukudangala (a s. feeling).

sinner (n) isoni.

sinuous (a) gwegwezayo.

sinus (n) imbobo esithweni somzimba; imbobo engenhla kwezihlathi ngasembonjeni womuntu.

sip (n) umhabulo. (v) habula; hwibila; phunga.

siphon (n) umbhobho wokumunca amanzi; igabha elinamanzi anosoda (soda s.). (v) munca amanzi ngombhobho.

sir (n) inkosi; umnumzana; yebo mnumzana (yes s.); Mnumzana othandekayo (Dear S.).

sire (n) inkosi; uyise (father). (v) zala.

siren (n) owesifazane wasolwandle ezinganekwaneni zamaGriki; impempe, inhlabamkhosi (hooter).

sirloin (n) isitho senyama yenkomo esisikwa kanye nethambo lomhlandla.

sister (n) udade; udadewethu (my, our s.); udadewenu (your s.); udadewabo (his, her, their s.); udade wakwenye indlu (half s.); isisitela (s. of an order, nursing s.).

sisterhood (n) ubusisitela.

sister-in-law (n) umlamu (wesifazane).

sit (v) hlala; qoshama (s. on haunches); bhalakaxeka (s. carelessly); dangalaza (s. with legs astride); dalasa, bhenyuka (s. indecently, women); choshoza (s. on top); qhiyama (s. leaning back); zinza, hlala phansi (s. down); fukamela (s. on eggs, as hen); iphalamende ihlangene, inkantolo ihlangene (parliament, court is sitting); gibela ihashi (s. a horse).

site (n) isiza; indawo yokwakha; umklamo.

sitting (n) ukuhlala; umhlangano (session); amaqanda okufukanyelwa (s. of eggs).

situated (a) -akhiwe; -bekiwe; -misiwe.

situation (n) isikhundla; indawo; ukumiswa, ukuma (condition); umsebenzi (employment).

six (n) isithupha. (a) -yisithupha.

sixteen (a) -yishumi nesithupha.

sixth (n) inxenye eyodwa yesithupha (1/6). (a) -esithupha.

sixty (a) -ngamashumi ayisithupha.

sixty one (a) -ngamashumi ayisithupha nanye.

sizable (a) -khudlwana.

size (n) ubukhulu, ubungako (largeness); isayizi; ubuncane, ubuncu (small s.); uhlobo lwenhlaka (glue). (v) linganisa (s. up).

sizzle (v) hlihla; hlihliza.

sjambok (n) imvubu; isibhaxu. (v) thwaxabula ngemvubu.

skate (n) inhlanzi eyisicaba ngomzimba (fish); isikeyiti (metal runner). (v) sheleleza bume; sheleleza ngezikeyiti.

skein (n) isixha; isilinganiso semicu yosilika.

skeletal (a) phathelene nohlclo lwamathambo ohlaka lomzimba.

skeleton (n) ugebhezi lwamathambo omzimba; uhlaka lwamathambo omzimba; imfihlo yomkhaya eyichilo (a s. in the cupboard); isikhehle, amathambo (emaciated animal); uhlaka (framework).

sketch (n) umdwebo; okudwetshiwe ngokushesha; indaba emfushane (short story). (v) dweba ngokushesha.

skewer (n) isisimeko; uhlomo; ubhiqo. (v) simeka.

ski (n) ipulangwe eliboshelwa onyaweni lokusheleleza eqhweni. (v) sheleleza eqhweni ngamapulangwe ezinyaweni.

skid (n) ugodo olubekwa phansi kwesondo olubamba inqola emehlelweni. (v) shelela; shelela emgwaqweni onodaka (s. on muddy road).

skiff (n) uhlobo lwesikejana.

skilful (a) -hlakaniphile; -nesandla; -nengalo; -nekhono; -bukhali.

skill (n) ikhono; ubungcwepheshi; ingalo; ubukhali.

skilled (a) -nesandla; -hlakaniphile; -nogalo.

skim (v) engula; cwenga; cwenga amafutha (s. off fat); ntaza (glide over); funda ngokushesha (read hastily); ntweza (s. along); ubisi olwengulwe ulaza (skimmed milk).

skimmer (n) isikhetho.

skimp (v) enza ngokuncisha; enza kancane.

skin (n) isikhumba (of animal); ijwabu (loose s.); ulwabuzo, umebuzo (shed s.); umutsha (loin s.); isinene (s. worn in front); ibheshu (s. worn at back); isidwaba (woman's s. skirt); isiphuku (kaross); umhlanti (s. container); ikhasi (peel); phucula, obula (take the s. off); sinda ngokulambisa (escape by the s. of one's teeth). (v) hlinza (animal); hluba (fruit).

skip (n) ukutshekuka; ukungqabashiya. (v) ngqabashiya; tshekula; tshakadula; eqa (s. over); shaya ingqathu (s. with skipping rope); eqa ikhasi (s. a page).

skirmish (n) isiwombana; umzakuzakwana. (v) phuma impana; lwa impana.

skirt (n) isikhethi; ilokwe; ichopho (border). (v) encika; gudla; vundla.

skirting-board (n) ipulangwe elizungeleza odongeni phansi ekamelweni.

skittish (a) -tshekulayo.

skulk (v) nyonyobela okubi; cashela umsebenzi.

skull (n) ugebhezi lwekhanda; ugebhezi; ithambo lonke lekhanda.

skunk (n) iqaqa.

sky (n) isibhakabhaka; izulu; umphezulu. (v) shaya ibhola liye phezulu (s. the ball).

skylight (n) ifasitele phezulu ophahleni.

skyscraper (n) ibhilidi elinezitezi eziningi; isitezitezi.

slack (n) ukulenga (of rope). (v) lova. (a) -xhekethile; -hululukile (lax); -dambele, -yekezele (inattentive); indophi engadonsiwe yaqina (s. rope).

slacken (v) xhekethisa; yekethisa; nciphisa; dambela.

slacker (n) ulova.

slag (n) amanyela.

slake (v) qeda ukoma (s. thirst); xuba umcako namanzi (s. lime); nciphisa.

slam (v) khahla; vala ngamandla; valeka ngomsindo.

slander (n) isithuko; inhlamba; isibhaceko. (v) nyundela; bheca; cekefula; hlambalaza; nukubeza.

slanderous (a) -nyundelayo; -hlambalazayo.

slang (n) isidolobha; isihumusha; ulimi olungakhulunywa ngabantu abaphucukile.

slant (n) okutshekile; utsheku. (v) tsheka; thambeka.

slap (n) impama; ukuthi mpaba. (v) mukula; mpamuza; muhluza; wula; bhambatha (s. on the back).

slash (n) ukugenca; umhwaphuluzo. (v) bengula; genca; hwaphuna; dikadika (s. about).

slate (n) ukhethe (rock); isiledi (s. for writing); ungcwecwe wophahla (s. for roofing). (v) fulela ngongcwecwe (roof with slates); thethisa (scold). (a) -kholo (colour); -okhethe; ipensele lesiledi.

slattern (n) umnukuba; ivaka.

slaughter (n) ubhincabhincane; ukubulala. (v) bulala; cekaceka; gwaza.

slaughter-house (n) isilaha.

slave (n) isigqila; ikhoboka; isikhuza. (v) sebenza njengesikhuza.

slaver (n) umkhumbi wokuthwala izigqila (s. ship); umthengizigqila (s. trader).

slaver (v) gxaza amathe.

slavery (n) ubugqila; ukuba yisikhuza.

slavishly (adv.) ngobugqila; ngokubophezeleka.

slay (v) bulala; hlaba; gwaza; ceka.

sledge (n) isihlibhi. (v) hamba ngesihlibhi.

sleek (a) -nonile; -khuluphele; -cebile;

sleep (n) ubuthongo; isihlwathi; isihlambi, isithongwana (short s.); yolala (go to s.); lalisa (put to s.). (v) lala ubuthongo; lala.

sleeper (n) olele ubuthongo; ihlibhisi (railway s.).

sleeplessness (n) ukuqwasha.

sleepy (a) -nobuthongo; -ozele.

sleepysickness (n) isifo sokulala; indlu yobuthongo.

sleet (n) ingele.

sleeve (n) umkhono wengubo; godlela ekhwapheni (have up one's s.).

sleigh (n) isihlibhi.

sleight (n) ubuqili; ubuqili besandla (s. of hand).

slender (a) -cuthene; -luswabuswabu.

slept (v) lalile; lele.

sleuth (n) umseshi (detective); inja ethungathayo (s.-hound).

slew (v) bulele; bulalile.

slice (n) ucezu; ucwecwe; ijuphu, intshontsho, iqatha (s. of meat). (v) chaya, klaya (s. into strips); cezula; cwecwa; benga; jwaphuluza.

slide (n) ukushelela; indawo ebushelelezi (a slippery place); ingilazi enomfanekiso (s. for projector). (v) shelela; sheleleza; shishiliza.

slight (n) ukudikila; ukweyisa. (v) dikila; -nganaki ngokweyisa. (a) -ngengakanani; -ncane; -nesimo esincane (of s. build).

slim (v) -zondisa. (a) -nomzimba omncane; -luswabuswabu; -ncinyane.

slime (n) incikinciki; injembuluka; umasheleshele.

slimy (a) -yincikinciki; -mincikayo.

sling (n) isilengiso (support); indwayimana (s. for throwing); isilingi. (v) phonsa; jikijela; phonsa ngendwayimana.

slink (v) hulukushela; nyelela; nyenya (s. off).

slip (n) ukugidlika; isisambatheko (fault); ukuphunyuka kolimi (s. of the tongue); ihlumela, uthi lokutshalwa (plant cutting); ipitikoti (woman's garment). (v) shelela; shushuluza; phunyula, phunyuka (let s.); sheleleza (s. along); hulukushela (s. away); moncuka, hoshuluka (s. out); shumeka, shutheka (s. under); enza iphutha (make a s.) dedela inja (s. a dog); eqa, shiya (omit).

slipknot (n) isihibe.

slipper (n) ihlibhisi.

slippery (a) -bushelelezi; -mincikile.

slit (n) umqhewu; umpheqe. (v) chaya; klabela; qaqa; zawula; habhuza.

slither (v) minciza; phixiza.

sliver (n) ucezwana; izwibela.

slobber (v) bhibhizela; gxaza amathe.

slogan (n) isikhuzelo; isaga.

slop (v) chitheka; kapaka; chitha; umqombothi (slops).

slope (n) iqele; umthambeka; indawo eyehlelayo. (v) thambeka; thambekela; tsheka; ehlela (s. down); khuphukela (s. up).

sloppy (a) -yimbaxambaxa (wet); -nganakekeli (careless).

slot (n) imbotshana yokufaka into.

sloth (n) ukuvilapha; intandabuzo; uhlobo lwebheja oluhlala emithini.

slouch (v) yabazela; hwathuzela (s. along).

slough (n) ulwabuzo, umebuzo (cast skin); umnyoluka (suppuration); ubishi, ubhuku (swamp). (v) obula; obuza.

slovenly (a) -hwathuzele; -vabazele.

slow (v) libazisa; thendemuza; nciphisa ijubane. (a) -dondayo; -ephuzile; -lusilili; -tetemayo; libala, nwabuzela (be s.).

slowly (adv.) kahle; kancane; ngokungasheshi.

sluggard (n) ivila; isenqeni; inyamfunyamfu.

sluggish (a) -vilaphayo; -thandabuzayo.

sluice (n) isango lokuvulela amanzi; umsele wamanzi. (v) thela ngamanzi.

slum (n) indawo enezindlu eziminyene ehlala abantu abaningi abampofu.

slumber (n) ubuthongo. (v) lala ubuthongo.

slump (n) ukuncipha kwamanani (s. in prices). (v) wa; shona; ncipha.

slur (n) umbhaceko (slander); umbhandeka (s. on character). (v) mungunya (s. over); bhaceka (disparage); sithekisa (obscure); mungunya amazwi (s. words).

slush (n) imbaxambaxa; udaka.

slut (n) umnukuba; ivaka.

sly (a) -liqili; -nobuqili.

smack (n) isikejana esinoseyili; ukuthwaxula; mpamuza. (v) -zenza (s. of); thwaxula; shaya; namuza; ncamuza (s. the lips).

small (n) iqolo, inyonga (s. of the back. (a) -ncane; -ncinyane; nciphisa (make s.); ingcosana (s. portion); ibinza (s. quantity, s. number of people).

smallpox (n) ingxibongo; imfoloko (s. scars).

smart (n) ukushoshozela. (v) shoshozela; hlohlozela. (a) -sheshisayo (quick); -hlakaniphile, -bukhali, -qinile (shrewd, sharp); izevatho ezibukekayo (s. clothes).

smash (n) ukuthi mahla. (v) phahlaza; aphula; fahlaza; qhoboza; bhocoza; fohloza; sakaza, phihliza (s. to pieces); phihlika; choboka; phahlazeka.

smattering (n) ulwazi oluncane.

smear (n) isinindo; isisihla. (v) bhaxeka; gcoba; ninda; bheca; bhixa; sinda (s. the floor).

smell (n) ukuzwa ngamakhala; iphunga; usi; uthingo (sweet s.); umnukela, isicanucanu (bad s.). (v) nuka; -zwa ngamakhala; hogela; -ba nephunga, fucuka (s. badly); thungatha (follow scent).

smelt (v) ncibilikisa (insimbi); isithando somlilo (smelting furnace).

smile (n) ukumamatheka. (v) momotheka; moyizela; monyozela; mamatheka.

smirk (n) ukusineka. (v) sineka.

smite (v) shaya (strike); hlupha (afflict).

smith (n) umkhandi wensimbi (blacks.); umkhandi wesiliva (silver-s.).

smithereens (n) amancozuncozu; phihlizisisa (smash to s.).

smithy (n) umkhando; isithando.

smoke (n) intuthu; isisi; ukubhema, bhema (have a s.). (v) thunqa, shunqa (emit s.); bhema (s. a pipe etc.); fusa; thunqisa; fusa inyama (s. meat); thunqisela izinyosi (s. out bees); ntshola (s. insangu).

smoker (n) obhema ipipi; obhema usikilidi; obhema insangu; ikalishi lokubhemela (smoking compartment).

smokestack (n) ushimula.

smoky (a) -nentuthu; -thunqa intuthu.

smooth (v) hlelemba; lolonga; gudla; phulula; cabaza. (a) -bushelelezi; -sulekile; -hlelenjiwe; -phucukile.

smother (v) futhanisa; futhelana; gqiba.

smoulder (v) lotha; nyamuzela; nyanyatheka.

smudge (n) isishishilizi; umshishilizo. (v) shishiliza; ninda.

smuggle (v) nyenyisela impahla; gunyatha.

smut (n) igciwane lomule (soot); isiwumba (fungus); inhlamba (obscenity).

snack (n) ukudla okuncane.

snag (n) into eyingozi efihlekileyo; isikhubekiso.

snail (n) umnenke; inkumba (s. shell).

snake (n) inyoka; inxeba lenyoka (s. bite); isihlungu senyoka (s. poison).

snap (n) ukugqashuka (break); ukungqavuza (bite); ukuthi nqathu ngeminwe (s. the fingers). (v) thatha ifoto (take a s. of); qhunsula, dluthula, qephula (break); nqamula, juqula (s. off); mekleza, phequla (s. through); nqaphaza (s. the fingers); thwebula (s. a photo); qhunsuka, dluzuka, phoqoka (break); luma, nqaka (bite); nqadula (s. at). (a) -sheshisiwe (hasty).

snare (n) isicupho; ugibe; isithiyo. (v) cupha; thiya.

snarl (n) ukugqavula; ukusinaza. (v) gwavuma; gqavula; hahama; vungamela; hahamela.

snatch (n) umhlwaphuluzo; umhlwitho; isiqeshana sengoma (a s. of song). (v) hlwitha; hwaphuna; aphuca (s. away); bhulukuqa (s. up); nqaka, khamfuna (s. at).

sneak (n) umsheshelengwana; ihambaphansi (v) nyenya; ceba; nyiba; mpulukushela; nyonka.

sneer (n) usini. (v) jokola; zokoca (s. at).

sneeze (n) ukuthimula. (v) thimula.

sniff (v) sezela; thungatha (s. at); bukela phansi (disdain); hogela (s. in); hela (s. snuff).

snigger (n) umgigitheko. (v) gigitheka; nyewuka (s. at).

snip (n) ukusika; umsiko; into esikiweyo (cut piece). (v) sika.

snipe (n) uhlobo lwenyoni ehlala eduze namanzi. (v) thwahlaza; dubula ngesibhamu.

snippet (n) ucezwana.

snivel (v) donsa amafinyila; tetema.

snore (n) ukuhona. (v) hona.

snort (n) isithimuka. (v) thimula.

snout (n) impumulo; ikhala elide.

snow (n) iqhwa. (v) khithika.

snowdrift (n) inqwaba yeqhwa.

snub (n) uguba; ukwenzela isishi. (v) -nganaki ngokweyisa; nika uguba. (a) -bheke phezulu; impumulo ebheke phezulu (s. nose).

snuff (n) ugwayi; umakhalisa; bhema ugwayi (take s.); ncinza (take a pinch of s.); shiyela (give a pinch of s.). (v) bhema; sezela (sniff); cima (extinguish); cima ikhandlela (s. out the candle).

snug (a) thokomele; thokomalisayo.

snuggle (v) kotoza; kotozela ku- (s. up to); lala ingoqane (s. down in bed).

so (adv.) ngokulingene (equally); -ngaka, -nganga (s. large, s. great, s. much, s. many); njengoba, ngisho (s. much as); njengokwazi kwami (s. far as I know); uma (conj.) (so long as); bo (emphatic); waze wabamuhle bo (you are s. good looking); kangaka, kangangoba (such that); kuncane kangangoba awunakukubona (it is s. small that you cannot see it); kuze kube manje (s. far); silungile kuze kube manje (s. far we are alright); njalo, kanjalo, kanje (in this manner); akufanele ukuba aphathwe kanjalo (it is not right that he is s. treated); njalonjalo (and s. on); njalo (in accordance with that); kunjalo (it is s.); ukuba, ukuze, khona, ukuthi, yilapho (conj.) (s. that); kwenzekile ukuba abekhona (it s. happened that he was there); qala masinya ukuze uqede (commence soon s. as to finish); uma kunjalo (if s.); ngani? (why s.); ngakhoke (therefore); ngakhoke ngase ngilala (s. I slept); pho, konje, kanti (s. then); pho usudlile (s. you have eaten).

soak (v) cwilisa; gxambuza; dica; khotha (s. up); khotheka; cwiliswa.

soap (n) insipho; umgoqo wensipho (bar of s.); amagwebu ensipho (s. suds). (v) gcoba ngensipho.

soapstone (n) umgudlo; umkhumenge.

soar (v) phaphalaza; jubalaza; zula; khuphuka.

sob (n) isilikozi, isilingozi. (v) likoza; lingoza; yiyiza; khiciza.

sober (v) sangulula; thambisa. (a) -zothile; -ngadakiwe; -thulile.

sobriety (n) ukungadakwa; ukuzibamba.

soccer (n) ibhola elikhahlelwayo; unobhutshuzwayo.

sociable (a) -yisidlelani; -nobudlelwane.

social (a) -kokuhlalisana kwabantu; -kwasemakhaya; inhlalakahle (s. welfare); inhlalo yabantu (s. life); ubunjalo benhlalo yabantu (s. environment).

socialism (n) ubusoshelizimu; umqondo wokuthi yonke ingcebo mayibe ngekahulumeni iphathelwe uwonkewonke.

society (n) ubudlelwane (companionship); ibandla, inhlangano (association of persons); inhlangano yezazi zamasayensi (scientific s.); umphakathi.

sociology (n) isayensi ephathelene nokuhlalisana kwabantu.

sock (n) isokisi.

socket (n) inkotho; isikhoxe; ulontane (eye-s.).

sod (n) isoyi; igade; isidindi (s. of grass).

soda (n) usoda; usoda wokupheka (cooking s.); usoda wokuhlanza izingubo (washing s.); amanzi anosoda (s.-water).

sodden (a) -nethile; -thithibele; -tobokele.

sodomy (n) inkoshana.

sofa (n) usofa; okusambhede okuphakeme kwelinye icala nasemuva.

soft (a) -thambile; -tobokile, -potokayo, -ntofontofo, -nsobonsobo (not hard); idudusi (s. ground); -lula, -nofozele (smooth); -thulile, -hawukelayo (gentle); izwi eliphansi (s. voice); ukukhanya okungaxhophi (s. light); -yisibhumbe (weak); -tetemisayo (be s. with); amanzi ashesha ukuveza igwebu nensipho (s. water); iziphuzo ezingadakisiyo (s. drinks). (adv.) kancane (softly).

soften (v) thambisa; toboza; nova; xova (s. clay).

soggy (a) -manzi; -nethile; -madaxadaxa.

soil (n) umhlabathi; inhlabathi; ifenya (alluvial s.); ugadenzima (heavy dark s.); ugedla, uhlalwane (gravel s.); isigagadu (hard s.); ibhuqusi (loose s.); isibomvu (red s.); isihlabathi (sandy s.); imbubumbubu (soft s.); uthuvi, indle (night s.); ukuguguleka kwenhlabathi (s. erosion); ukondleka kwenhlabathi (s. conservation). (v) ngcolisa; nukubeza; ona; nindeka; nukubala.

sojourn (n) ukuhlalahlala. (v) ngenisa; hlala.

solace (n) induduzo. (v) duduzela; phephisa; thokozisa.

solar (a) -elanga; -phathelene nelanga; ucabango, uvalo (s. plexus).

solarium (n) indawo yokuthamela ilanga.

solder (n) umthofu wokunamathisela. (v) namathisela ngomthofu.

soldier (n) isosha (European trained); ibutho (Zulu warrior).

sole (n) uhlobo lwenhlanzi eyisicaba edliwayo (fish); intende (s. of foot); isoli (s. of shoe). (v) faka isoli. (a) -dwa; -nye; kuphela.

solecism (n) ukuphunyuka kolimi; iphutha olimini.

solemn (a) -zima; -nesizotha; -nyakeme.

solemnity (n) ubuzima; isizotha.

solemnize (v) gubha; enza umkhosi; ngcwelisa.

solicit (v) ncenga; nxusa; cela; -zicelela.

solicitor (n) ummeli; igqwetha.

solicitous (a) -nakekele; -phisekele; -nesineke.

solicitude (n) ukuphisekela; isineke.

solid (n) into esasigaxa. (a) -litshe, -qinile (not liquid); -hlangene phakathi (not hollow); -thembekile (reliable); -qatha (entire).

soliloquy (n) ukukhulumayedwa.

solitary (a) -nesizungu; -phanquzayo; -hlezi kodwa; -ngenaso nesisodwa isikhalo (without a s. complaint); umahlalayedwana (s. person).

solitude (n) isizungu; ukuhlala yedwana; ukuhlala kodwa.

solo (n) undlelanye; isolo; ukuhlabelela komuntu oyedwa. (a) -dwa; zwi.

soloist (n) undlelanye; umshayi wesolo.

solstice (n) impenduka-langa; izikhathi ezimbili ngonyaka okuphenduka ngazo ilanga.

soluble (a) -nokuncibilika; -ncibilikayo.

solution (n) umbhubhudlo; incibilikiselo (liquid solvent); ukuncibilikiswa (of dissolving); incazelo, ukuxazululwa (explanation); umxazulo; umphumela (s. of a problem).

solve (v) xazulula; chasisa; qaqa; hlakahla.

solvent (n) uketshezi oluncibilikisayo; into engancibilikisa. (a) -nokuncibilikisa; -nemali yokukhokha zonke izikweletu (person or company).

sombre (a) -mnyama; -fiphele.

some (pron.) abanye; ezinye; abathile. (a) -yingcosana; -nye; ezinye izinkuni (s. other wood); -thile, -thize (a certain number or quantity); sukulumbe (s. day); kade (s. time ago); into enjalo (s. such thing). (adv.) njenga (approximately); abantu engingathi bathathu (s. three people).

somebody (n) ubani; omunye; othile.

somehow (adv.) ngenye indlela; noma kanjani.

someone (n) omunye othile; umuntu othile.

somersault (n) ingumbuqu; amangongo; ingqimphothwe; ugobolophonjwana. (v) gomonqa; golokoqa.

something (n) utho; okunye. (adv.) kancane; ngokunye.

sometimes (adv.) ngezinye izikhathi.

somewhere (adv.) kwenye indawo; ekuthinithini.

somnambulism (n) ukuhamba ebuthongweni.

somnambulist (n) umuntu ohamba ebuthongweni.

somnolent (a) -nobuthongo; -ozelayo.

son (n) indodana; umufo ka-; Indodana yeSintu (S. of Man).

song (n) iculo; ihubo; igama; isihlabelelo; inkondlo; ihubo lesizwe (national s.); ihubo elingcwele (sacred s.); isibhibhizelo (nursery s.); umgubho (dancing s.).

songster (n) isiculi; umhlabeleli.

sonnet (n) isosha esinemigqa eyishumi nane.

sonorous (a) -nomsindo; -dumayo.

soon (adv.) masinyane; masisha; ngesikhashana; ngokushesha; qede (as s. as).

soot (n) umule; intshede.

soothe (v) ncencezela; duduza; shweleza; thoba; thulisa; thambisa; dambisa.

soothing (n) isincencezelo. (a) -thulisayo; -thambisayo; -duduzayo.

soothsayer (n) isangoma; inyanga

ebhulayo.

sop (n) isithuliso; ukudla okucwilisiwe (soaked food). (v) cwilisa; manzisa; munca (s. up).

sophism (n) inkulumo yokuphikisa enobuqili.

sophisticated (a) -nolwazi ngenkambiso yomhlaba.

sophistication (n) ukuba nolwazi ngemikhuba yomhlaba.

soporific (n) umuthi wokuletha ubuthongo. (a) -lethayo ubuthongo; -lalisayo.

sorcerer (n) umthakathi.

sordid (a) -nukubele; -ngcolile; -kobunja.

sore (n) isilonda; isibhadlu; isigqobholozi (spreading s.); isimilimongo (running s.); amatele (s. between toes); ibibane (s. between fingers and toes); intelo (s. eyes). (a) -buhlungu; -phatheka kabi, -thunukala (feel s.). (adv.) kabuhlungu.

sorghum (n) amabele; ujiba (dark variety); imfithi (poor quality).

sorrow (n) ukudabuka; usizi. (v) dabuka; khedamisa.

sorrowful (a) -lusizi; -dabukile; -khedamisile; -nosizi.

sorry (a) -dabukile (sad); hawukela, khalela (be s. for); -zisola nga- (be s. about). (interj.) ncephe; ngxephe; nxese.

sort (n) uhlobo; izinhlobonhlobo zezinto (all sorts of things); akunjalo nempela (nothing of the s.); -dangele (out of sorts). (v) ahlukanisa ngezinhlobo; beka ngononina.

sortie (n) ukuhlasela; ukuphuma ukuyohlasela.

s.o.s. (n) izwi elisakazwa ngewayalense elithi "yelekelelani bo".

sou (n) uhlamvana lwemali yase-Fulansi.

sough (n) ukuhusha komoya. (v) husha; hushuza; vunguza.

sought (v) funile; singile; qazile.

soul (n) umphefumulo; umoya; umuntu (person).

sound (n) umsindo; imvunge; ukukhala; izwi; inhlokomo (loud s.); isimehle (crashing s.); umklazo (shrill s.); izigqi (s. of footsteps); isimo (import); isikhala solwandle (strait). (v) zwa (fathom); khalisa (make s.); khala, zwakala (give out

s.); cwila (sink in water); bonakala, zwakala (appear); lokho kubonakala kungamanga (that sounds false). (a) -phelele; -zwayo; -qatha; -philile; -qinile; ugodo oluqatha (a s. log); isifundiso esiqotho (s. teaching); isizathu esiqinile (s. reason); umzimba ophilile (s. body). (adv.) nya; -ju; lele nya (s. asleep).

soundly (adv.) ngamandla; impela; ngokuthi du.

soup (n) isobho; umhluzi.

sour (v) shibilika; munyisa. (a) -munyu; -muncu; -hlohlozele; idlelo lengongoni (s. veld); amasi (s. milk).

source (n) isisuso; umthombo; umdabuko.

south (n) iningizimu. (a) -aseningizimu. (adv.) eningizimu.

southerly (a) -bheka eningizimu; -vela eningizimu.

southern (a) -kwaseningizimu; -phuma eningizimu; umzansi neAfrika (S. Afrika).

southward (a) -qonde eningizimu.

souvenir (n) isikhumbuzo; isikhumbuziso.

sovereign (n) inkosi enkulu (ruler); uhlamvu lukampondo (coin). (a) -kobukhosi; -enkosi; uzibuse (s. state).

sovereignty (n) ubukhosi; ukuzibusa.

sow (n) ingulube yensikazi.

sow (v) hlwanyela; hlwayela; tshala; dala ukungezwani (s. discord).

sown (v) hlwanyelile; tshalile; insimu ehlwanyelwe (a s. field).

space (n) indawo; ibanga; isikhala; isikhawu; ibala, isigcawu, igceke (cleared s.); umkhathi, umkhakha (intervening s.); itshako (s. between front teeth); umdukuduku (s. of time). (v) qhelclanisa; ahlukanisa ngamabanga.

spacious (a) -banzi; -nendawo enkulu; -khulu.

spade (n) isipedi; ifosholo; ihalavu; igeja (of playing cards); hluba indlubu ekhasini (call a s. a s.).

spaghetti (n) isipagethi; ukudla okuyizintambo okwenziwa ngofulawa.

span (n) ibanga eliqedwayo(distance covered); ukugxamalaza kwebhuloho (s. of bridge); ubude bempilo (s. of life); isilinganiso sokwahlukana kukacikicane nesithupha (s. of hand); isipani sezinkabi (s. of oxen).

(v) gxamalaza; bophela (inspan); khumula (outspan).

Spaniard (n) umSpeyini.

spank (v) ukuthansula; ukushaya. (v) thansula; shaya.

spanking (n) ukuthansulwa; ukushaywa. (a) -qhawuzelayo; ihashi eliqhawuzelayo.

spanner (n) isipanela.

spar (n) iphizela lomkhumbi; ugodo olunqamula ephizeleni lomkhumbi. (v) ngcwekisana ngesibhakela.

spare (n) isipele (as s. wheel); ugweje (s., odd one). (v) yeka, onga (do not use); nciphisa izindleko (s. expenses); khipha, yeka (give up); hawukela, phephisa (show mercy); sindisa (s. life). (a) -ncane (scanty); -ondile, -zacile (thin); -seleyo, -lugweje, -yisipele (in reserve, left over); isondo eliyisipele (s. wheel).

sparing (a) -ongayo; -gubayo.

spark (n) inhlansi; ijubela. (v) gqamuza.

sparkle (n) inkazimulo. (v) cwebezela; khazimula; benyezela.

sparrow (n) uhlobo lwenyoni encane evama ukuhlala emadolobheni nasezindlini.

sparse (a) -ngacinene; -yingcosana; -ngengakanani.

spasm (n) ukugongobala; inkwantshu; umqhakanyeko.

spasmodic (a) -the gwabhugwabhu; ubugqwabagqwaba (s. action).

spat (v) phimisile; khafuliwe.

spate (n) ukudla izindwani; ukungenisa komfula.

spatter (v) ukubhaceka; ukudoyiza. (v) bhaceka; doyiza.

spawn (n) amaqanjana; ujunguju (frog s.). (v) zalela (izinhlanzi); zalela ujunguju (frogs).

spay (v) thena; thena izizalo zensikazi.

speak (v) khuluma; xoxa; khulumela (s. for); -zikhulumela (s. for oneself); khulumela phezulu (s. up); enyela, cekefula, gxeka (s. ill of); ncoma (s. well of); jivaza (s. contemptuously of); khendlezela (s. deceitfully); shadaza (s. evasively); habaza (s. falsely); qephuza (s. fluently); kwitiza (s. as a foreigner); leleza (s. kindly); bhodlozela (s. gruffly); ngingiza (s. hesitantly); bofuza (s. huskily); gagamela (s. rudely); mungunya (s. indistinctly);

bhinqa (s. ironically); lawula (s. jokingly); vungazela (s. in low tone); nkankaza (s. through the nose); lalaza (s. provocatively); khahla (s. scoldingly); qamunda (s. at length); khuluma isiZulu (s. Zulu).

speaker (n) okhulumayo; isikhulumi; umkhulumi; umongameli wephalamende. (s. of parliament).

speaking (n) ukukhuluma. (a) -khulumayo.

spear (n) umkhonto; igaqa; isihelehele (stabbing s.); ingwadla (throwing s.); inhlendla (barbed s.); iklwa (largebladed s.). (v) gwaza ngomkhonto.

special (a) -khethiwe; -ngavamile; -ahlukanisayo; -qhamilcyo; nakckela kakhulu (take s. care).

specialist (n) ofundisisa isifundo esithile; udokotela ofundisise ukuphathwa kwezifo ezithile (s. doctor).

speciality (n) ulwazi olukhethiweyo; into ekhethiweyo.

specialize (v) nakelela ulwazi lwesifundo esithile esikhethiweyo.

species (n) uhlobo; inhlobo.

specific (n) umuthi wokwelapha. (a) -khonjwayo; -qondene ngqo.

specifically (adv.) uqobo; impela.

specification (n) iminingilizo eyincasiselo.

specify (v) chachisa; shono; khomba; qondisa.

specimen (n) isiboniselo; okokubonisa; isifanekiso.

speck (n) isilongotshana; icashazi.

speckled (a) -vakazile; -makhwifikhwifi (a s. hen); -ncokazi (s. red and white).

spectacle (n) umbukiso; into ebukwayo; izibuko zamehlo (spectacles).

spectacular (a) -bukekayo; -mangalisayo.

spectator (n) isibukeli; obukayo.

spectre (n) umungcwi; isipoki.

spectrum (n) imisebe yokukhanya yehlukaniswe ingilazi enezinhlango thi ezintathu kwavela amabala ayo imisebe leyo.

speculate (v) cabanga (s. upon); zalanisa imali; faka imali emsebenzini.

speculation (n) ukucabanga; ukufaka imali emisebenzini kungaziwa ukuthi izobanembuyiselo.

speech (n) inkulumo, intshumayelo (address, sermon); ukukhuluma amazwi (faculty of s.).

speechless (a) -ngenakukhuluma; -bindelwe; -ngenamlomo.

speed (n) ijubane; ukushesha; isivinini. (v) phuthuma; gijima ngejubane; qabatheka; sheshisa; subatha.

speedometer (n) into ebonisa ijubane nelinganisa ibanga elihanjiwe.

speedy (a) -sheshayo; -sheshisayo; -sheshisiwe.

spell (n) ukuthatheka; isibekelo (magic s.); isikhathi sokwenza umsebenzi (s. at work); isikhashana (short period). (v) pela; bhala; libhalwa kanjani leligama? (how is this word written?); bikezela (signify); lokhu kubikezela ishwa (this spells ill fortune).

spelling (n) ukupela; ukupelwa.

spend (v) chitha; sebenzisa; chitha imali (s. money); sebenzisa amandla (s. energy); chitha isikhathi (s. time).

spendthrift (n) umuntu ochitha imali.

sperm (n) isidoda; amafutha ohlobo oluthile lomkhomo (s. oil); uhlobo lomkhomo oluveza amafutha amaningi (s. whale).

spew (v) hlanza; yokoza; khipha.

sphere (n) imbulunga; into eyindilinga; isikhundla (position); isikhundla sami leso (that is my s.).

spherical (a) -yimbulunga; -dilingene.

sphinx (n) isifinksi; into ezinganekwaneni enomzimba webhubesi amaphiko okhozi nekhanda lomuntu wesifazane; isifanekiso setshe saseGibhithe esinjalo.

spice (n) isinandiso; isinongo; okunika umdlandla (that which gives zest). (v) nonga; nandisa.

spicy (a) -nongiwe; -namakha (scented); -nikayo umdlandla.

spider (n) ulwembu; isicabu; isicabucabu; imvumbukane (trap-door s.); ubulwembu (s.-web).

spike (n) isikhonkwane sensimbi; iva. (v) vimba imbobo (plug); vimba lapho kuhlohlwa khona imbumbulu kambayimbayi (s. the guns).

spill (n) insongwana yephepha (s. of paper); ukuwa. (v) chitha; saphaza; chaphaza; ophisa (s. blood); chitheka; kapaka.

spin (v) photha; andisa, elula (prolong); elula indaba (s. out a story); mpimpiliza (s. as a top); pininiza uhlamvu lwemali (s. a coin).

spinach (n) imifino; isipinashi.

spinal (a) -omhlandla; umfunkulu (s. cord); umgogodlo, umhlandla (s. column); ubufumbu, ukugoba komhlandla (s. curvature).

spine (n) umhlandla (of person); isixhanti (of animal); iva (pointed thing as thorn).

spineless (a) -ngenasibindi; -ngenamhlandla; -ngenameva (without thorns); isihlehle esingenameva (s. cactus).

spinney (n) ihlozi.

spinning (n) ukuphotha. (a) -phothayo; umshini wokuphotha (s. machine); isondo lokuphotha (s. wheel).

spinster (n) owesifazane ongaganile; umjendevu, igxikiva (aged s.).

spiracle (n) imbotshana yokuphefumula.

spiral (n) into ethandelayo. (a) -thandelayo; -mazenga.

spire (n) umbhoshongo ocije phezulu; umbhoshongo wendlu yesonto (church s.).

spirit (n) umphefumulo, umoya (life principle); ithongo, idlozi (ancestral s.); uMoya oNgcwele (Holy S.); idimoni (evil s.); abaphaphi (unknown spirits); isishisekeli (person of s.); isibindi (courage); -enamile (in good spirits); -dangele (in low spirits); ukhahla (domineering s.); umongo womthetho (the s. of the law); ugologo (alcoholic s.); isipiriti (methylated s.). (v) thwebula (s. away).

spirited (a) -thukuthele; -namandla; ibhabha (s. young man); isigqwayigqwayi (s. person).

spiritless (a) -dangele.

spiritual (a) -komoya; -kwenhliziyo; umuntu onenkolo egxilileyo (a s. person).

spiritualism (n) inkolo yokuthi abathwasile kuleyonkolo bayakhuluma nabashonile.

spirituous (a) -phathelene nogologo.

spit (n) isisimeko, uhlonhlo (s. for roasting); isiqinti somhlaba (of land); amathe (spittle); izikhohlela (phlegm). (v) joja (impale); fela, phimisa, khafula (eject from mouth); tshaka (s. as snake); khwifela, khwifa (s. at, s. on).

spite (n) ukuphindisela; unya; amagqubu. (v) phindisela; khiphela unya ku-.

spiteful (a) -namagqubu.

spittle (n) amathe; isilokazane esiveza amagwebu amathe (s. insect).

spittoon (n) isitsha sokukhafulela.

splash (n) ichaphazelo; amachapha-chapha; gquza (make a s.). (v) saphazela; chaphaza; hlaphaza; dixa; dlwambiza (s. about); klubhuza (s. through water).

splay (v) enabisa. (a) -enabile; ama-batha (s. feet).

spleen (n) ubende; ulaka (anger).

splendid (a) -hle kakhulu; -qhamile; -bucwazicwazi; umzamo otusekayo (a s. effort).

splendour (n) ubuhle obukhulu; inka-zimulo; ubucwazicwazi.

splice (n) iqhaza. (v) bhanqa; qhaza; xhuma; jobelela (s. on to).

splint (n) uhlaka lokubopha; ucezu lokhuni lokubopha isitho esaphuki-leyo.

splinter (n) izwibela; ucezu lokhuni; uvave; izincezwana (splinters).

split (n) uvava; ufa; ukwahlukana. (v) canda; vava; cezula; qanda; ahlu-kanisa; nqamula (s. apart); caza; dabula (s. down); caca, qhekeza (s. open) cacamba; vaveka; cezuka; qhekezeka; ahlukana. (a) -ahlukene.

splutter (n) ukusaphazeka. (v) hlihli-za; saphaza amathe.

spoil (n) isizi; impango. (v) phanga (plunder); ona, nekefula (impair); bongoza, tetemisa (s. a child); onakala, bola, vunda (decay).

spoke (n) isipoki sesondo (s. of wheel). (v) khulumile.

spokesman (n) umkhulumeli; umlomo.

sponge (n) ilula; isibokoboko; thela (throw in the s.); isiphanzi (begging person). (v) geza ngelula; hlikihla, sula (efface); phanza, nqiba (s. on).

spongy (a) -buklumuklumu; -lihubhu-hubhu.

sponsor (n) umkhuthazi; umgqigqizc-lisi. (v) khuthaza; engamela.

spontaneity (n) ukuzivelela; ukuzenze-kela.

spontaneous (a) -zivelelayo; -zenzeke-layo; ukuzokheleka (s. combustion).

spool (n) isonjwana; isipuli.

spoon (n) isipunu; ukhezo; intshengula (snuff s.). (v) -kha ngokhezo.

spoor (n) umkhondo; isondo. (v)

landela umkhondo.

sporadic (a) -the gqwabagqwaba.

spore (n) uhlamvu oluncinyane oluvezwa izithombo ezingaqhakazi izimbali.

sport (n) umdlalo; ukudlala; uteku (derision); tekulela (make s. of). (v) veza (exhibit); dlala (play); ntela (jest).

sportive (a) -thanda ukudlala; -mahla-ya.

sportsman (n) othanda ukudlala; umdlali.

spot (n) ibala; ichashazi; ichaphazi; ibhadu; indawo (place). (v) bha-dula; gqabhaza; khwifiza; vanga-zeka.

spotless (a) -ngenabala; -ngenacala; -cwebile; -msulwa.

spotted (a) -mabalabala; -makhwifi-khwifi; -zibhadu.

spouse (n) oshadene na-; oganene na-.

spout (n) ukutshuza (of water); umlomo (s. of can). (v) chinsa (of liquid).

sprain (n) isenyelo. (v) enyelisa; bhi-nyila.

sprang (v) eqile; xhumile.

sprawl (v) -thi bhabhalala; vundlazeka.

spray (n) umfafazo (of liquid); isichelo (instrument); ihlamvu lezimbali (s. of flowers). (v) fafaza; chela; chi-nsa.

spread (n) ukwanda; ukusakaza (diffu-sion); ububanzi (width); indwangu yokumboza (cloth); isidlo (feast). (v) hlwanyela; hlakaza, sakaza (scatter); nkemfuza (s. rumours); wusha (s. scandal); eneka, endlala (lay out); bheca (s. on); qhubeka, sakazeka, hlakazeka, anda, banga-lala (s. as epidemic); bhibha (s. as a sore); enaba, sabalala, gqayingana (s. out); ahlukana (s. apart).

spree (n) ukuzitika; ukudlala.

sprig (n) ihlamvana, ihlumela (twig); isipikili esingenanhloko.

sprightly (a) -yisigqwayigqwayi.

spring (n) ukweqa; ukuxhuma; intwa-sahlobo (season); umthombo (foun-tain); isiphethu esishushu (hot s.); isipringi (metal s.). (v) eqa, xhuma (leap); khwebuka, phekuka (s. back); ngqibitha (s. down); vumbuka (s. open); phulukundlela (s. out); eqa (s. over); ngquzuka, vumbuka (s. up); bhabhamela, dumela (s.

upon); vela, phuma (issue); zimbuluka (of growth); veza; qabukisa (show).

springbok (n) insephe.

sprinkle (v) nyenyeza; nyakambisa; fafaza; chela; khifiza (of rain).

sprinkler (n) isinyenyezo; isifafazo.

sprint (n) ukujubalala. (v) jubalala.

sprout (n) iklume; ihlumela; umxhantela. (v) mila; hluma; qhuma; hloba; xhanta.

spruit (n) umfudlana.

spume (n) ingwebu; amagwebu.

spur (n) isipolo (goad); umzwezwe (s. of cock); inhlonhlo (s. of hills). (v) faka izipolo; qhubezela (s. on).

spurious (a) -ngamanga; -mbumbulu.

spurn (v) dikila; delela; enyanya.

spurt (n) ukukhifa; zama ngokusheshisa (make a s.). (v) tshaza; khwifa; tsaka; chinsa (s. out); khwishiza (work quickly).

sputum (n) amathe; izikhohlela.

spy (n) inhloli; inzwebeli. (v) bona; buka; qabuka; hlola; zwebela; hlozinga (s. on).

squabble (n) ingxabano; ukuhilizisana. (v) xabana; hilizisana.

squad (n) isikwata; iqembu.

squadron (n) isigaba; iviyo.

squalid (a) -ngcolile; -nobunuku.

squall (n) isivunguzane; ukuklabalasa (cry). (v) klabalasa.

squander (v) chitha; saphaza; hlaphaza; xhaphaza.

square (n) isikwele (figure); igceke (open space); isikwele (instrument); ukuziphinda (maths.); -ngaqondile (out of s.). (v) enza isikwele (make a s.); qinisa amahlombe (s. one's shoulders). (a) -linganayo macala omane namaengele onke angu—90°, -yisikwele (equal on all four sides); ifidi-sikwele (s. foot); ukwenza ngobuqotho (s. dealing); kulingene (all s.).

squash (n) ugalonci; usolozi. (v) bhucuza; chifiza; cubuza; pitshiza; fihliza; chifika; phicika.

squat (v) qoshama; voshozela; zinza; -zihlalisa ezweni (settle on land). (a) -yisidaklaza; -yisibhadazi.

squatter (n) ozihlalisa ezweni.

squaw (n) owesifazane wabantu bomdabu baseMelika.

squeak (n) ukunswininiza. (v) nswininiza; klwiklwiza.

squeal (n) ukutshwininiza; ukukhala. (v) tshwininiza; khala.

squeamish (a) -nenkayo; -canukayo.

squeeze (n) ukukhama; ukucindezela. (v) chimiza; cindezela; binyiza; khama; shiqela (s. in); bhiciza (s. out); mbungcanisa (s. together); chusha (s. in under).

squelch (v) pitshiza; xathuza.

squint (n) ubunxemu; inxemu (person). (v) nxwema; phambanisa amehlo. (a) -nxemu.

squirm (v) yobayoba.

squirrel (n) ingwejeje; intshindane.

squirt (n) ukuchinsa. (v) chinsa; mfininiza; tshaza; tsaka.

stab (n) ukugwaza; ukuthi bhuje. (v) gwaza; hlaba; bhudla; bhokoda; nyazimula (of pain).

stability (n) ukuqina; ukusimama.

stabilize (v) qinisa; misa.

stable (n) isitebele; indlu yemfuyo. (v) ngenisa esitebeleni. (a) -qinile; -ngaguquki; -gxilile.

stabling (n) indawo esitebeleni; izitebele.

staccato (a) -juqujuqukayo; -ngamanzonzwana.

stack (n) inqwaba; umqhinqo; ushimula ophakemeyo (smoke s.). (v) nqwabela; bekelela; qhinqa.

stadium (n) inkundla yokubukela imidlalo.

staff (n) ubhoko; udondolo; umzaca; intonga; uzime; intonga yesikhundla (s. of office); uthi lweduku (flag-s.); izinduna zamabutho ezicebisa ujenene (military s.); izisebenzi (s. of workers); emdibini wezisebenzi (on the s.). (v) tholela izisebenzi.

stag (n) iduna lenyamazane enezimpondo ezimbaxambaxa.

stage (n) isigcawu; isiteji; dlalela ethiyetha (act on the s.); ibanga (distance); ibanga lokukhula (s. of growth). (v) enza umdlalo; bonakalisa, bonisa (exhibit).

stagecoach (n) ikalishi eliboshelwa amahashi aphumuzanayo.

stagger (n) ukubhadazela. (v) bhadazela; ntantatheka; yenda; shaqa (surprise, frighten).

stagnate (v) ma ndawonye; mfinina; amanzi angagobhozi (s. water).

staid (a) -nofudu lobudoda.

stain (n) isinindo; isibhashu; ibala; isici esimilweni (a s. on the character). (v) ninda, faka umbala (tarnish, colour); nindeka; ingilazi embalabala (stained glass).

stairs (n) isikhwelo; isitebhisi sesitezi; izitezi.

stake (n) isikhonkwane; isigxobo; isigxa, umgxala (for digging); ukubekela, ukubheja (bet, wager). (v) gxumeka izikhonkwane (set out); sekela ngesigxobo (support with s.); bekela, bheja (wager).

stale (v) tshoda; laza. (a) -dala; -lazile; -phuphile; -duvile.

stalemate (n) ukungahlulani.

stalk (n) ugaba, uhlanga, udwani, isiqu (of plants); ukuqholosha (haughty step). (v) nyonyoba; khokhoba; cathamela; qholosha (walk haughtily); nyonyobela.

stalk-borer (n) isihlava; isangcokolo.

stall (n) indawo yesilwane sinye esitebeleni; indawo yokuthengisela okuthile (s. in a store); isihlalo esontweni (church s.); izihlalo eziphambili ethiyetha (theatre stalls); isivikelo somunwe (finger s.). (v) misa; injini yema (the engine stalled).

stallion (n) inkunzi yehashi.

stalwart (n) isigadlaba. (a) -yisigadlaba.

stamen (n) isitemeni; indukwana embalini ephethe impova.

stamina (n) ukuqina; amandla.

stammer (n) ukungingiza. (v) ngingiza; -ba namalimi.

stamp (n) isitembu (postage s.); ukucindezela; ukugquma; isigqulo (instrument); isisicilelo (impression); umuntu walolohlobo (a man of that s.). (v) gquma, dofoza (crush); gqula ummbila (s. mealies); cisha umlilo ngokuwunyathela (s. out the fire); qeda isifo (s. out a disease); sicilela (s. a document); gqoqgoza; gqigqa, nyathela.

stampede (n) ubhememe; ingulukudela. (v) ngquzuka; gulukudela; ngquzula.

stand (n) ukuma; indawo yezihlalo ezibekwe ngezinhla (. in rows); isiqinti somhlaba (plot of ground); udlame lwezigqoko (hat s.); umzabalazo (resistance). (v) -ma; sinaba, venuka (s. on end); cokama (s. on toes); gxamalaza (s. astride); khubeza, vimbela (s. in way); klela

(s. in line); gxila (s. firm); qhinqana (s. close together); phuhla (s. still); sukuma, phakama (s. up); hlala, simama (last, be located); mela ukukhethwa (s. as a candidate); gwema (s. aside); qhela, mela emuva (s. back); mela kude (s. off); qhama, vela (s. out); khulumela, lwela (s. up for); bhekana na- (s. up to); misa, bcka, vuma (sct, agrce to); mela ukuthethwa kwecala (s. trial).

standard (n) umgomo; ibanga (s. at school); isibonda (support). (a) -lunge nomthetho.

standardize (v) vumelanisa; vamisa.

standing (n) ukuma; isithunzi (repute). (a) -miyo; impi elokhu ibuthiwe (s. army); indawo yokuma (s. room).

stanza (n) indima yenkondlo; isigaba senkondlo.

staple (n) isipikili esiyingungu. (v) bethela ngesipikili esiyingungu. (a) -vamile; -jwayelekile; ukudla okusemqoka (s. diet).

star (n) inkanyezi; ikhwezi (morning s.); isicelankobe (evening s.); ichashazi (asterisk); umcombo (white s. on animal's face); ingcweti yomdlali (s. player). (v) qhama.

starboard (n) uhlangothi lomkhumbi lwesandla sokudla uma umi ubheke ngalapho umkhumbi uya ngakhona.

starch (n) isitashi. (v) faka isitashi.

stare (n) ukugqoloza. (v) gqoloza; joloza; golozela.

stark (a) -empela; -omile; -nje; -nqunu, -nqunile (s. naked).

start (n) ukwethuka (surprise); ngokujwaphuluza (by fits and starts); ukuqala, ukusuka (beginning). (v) nqazula (move suddenly); qikileka (s. back); gubhuka (s. up); qala, suka (commence); thathela (s. off); sungula, susa (initiate); qala (s. a quarrel); vusa (rouse); susa injini, qalisa injini (s. the motor).

startle (v) ethusa; nqazula.

startling (a) -ethusayo; -sabisayo.

starvation (n) indlala; ukulamba.

starve (v) lamba; lambisa.

starveling (a) -ondiswa wukulamba; -zacile.

state (n) izwe (country); uhulumeni, ubukhosi (government); umumo, ubuhjani (condition); amahlaphahlapha (disorderly s.); isimo sempilo

(s. of health); ubukhwangukhwangu (pomp). (v) -sho; -thi; landa. (a) -obukhosi.

statecraft (n) ulwazi lokubusa.

stately (a) -nobukhosi; -nesithunzi.

statement (n) isitetimente; isitetimente esifungelwe (sworn statement); izwi; ukusho; ukulanda; ihaba (false s.).

statesman (n) isazi sokuphathwa kwezwe; isazi semithetho ephathelene nokubusa.

station (n) isiteshi (railway s.); isikhundla, indawo (place); emaphoyiseni, ipolisiteshi (police s.); imishani (mission s.); umsebenzi, isikhundla (place; post). (v) misa; ngenisa; faka.

stationary (a) -ngahambiyo; -nganyakaziyo; -mi.

stationer (n) umthengisi wezincwadi nezinto zokubhala.

stationery (n) okokubhala; izincwadi nezinto zokuloba.

station-master (n) umphathi wesiteshi.

statistics (n) izibalo zokubonisa ukuma kwendaba; isitathistiksi.

statue (n) isithombe esibazwe ngetshe; isifanekiso.

statuesque (a) -njengesithombe setshe; -njengesithombe esibaziweyo.

stature (n) ummomo; ubude.

status (n) isikhundla; ukuma.

status quo (n) isimo esikhona; isimo esingaguqukile.

statute (n) umthetho; isimiso.

staunch (v) nqamula; khawuka; nqamula ukopha (s. flow of blood). (a) -neqiniso; -thembekile.

stave (n) udondolo, intonga (staff); umshayo (cross-bar). (v) bhodloza (s. in); vimbela (s. off).

stay (n) insika (support); ukuhlala (s. at); hlala isikhashana (make a short s.); indophi yokusekela (guy rope, as of tent). (v) sekela, phasa (support); bamba (check); -zithiba (s. one's hand); hlehlisa ukukhipha isigwebo (s. judgement); phikelela kuze kubesekugcineni (s. to the end); hlala, libala, sala (s. behind).

staying (a) -hlalayo; -phikelelayo; amandla okuphikelela (s. power).

stead (n) indawo; isikhundla; esikhundleni sa- (in s. of).

steadfast (a) -qinile; -thulile; -bekile; -khuthazele; -thembekile; -bambelele.

steady (v) enza kungaxegi. (a) -qinile; -khuthazele; -bekile.

steak (n) isiteki; inyama esikwa esinqeni senkomo.

steal (v) eba, ntshontsha (thieve); hamba ngokunyonyoba (s. one's way); nyenyela (s. a march on); nyonyoba (move furtively).

stealth (n) isinyenyela; ukunyonyoba.

stealthy (a) -nyonyobayo; -shoshayo; -nyenyayo.

steam (n) isisi; umusi. (v) thuthuza; thunqa umusi; thunqisa umusi; pheka ngomusi (cook by s.).

steamer (n) isitimela samanzi; umkhumbi; into yokuthunqisa ngomusi.

steed (n) ihashi; ihashi lokugibela.

steel (n) isitili; into yokulola ummese (for sharpening). (v) qinisa inhliziyo (s. the heart).

steep (v) cwilisa, manzisa. (a) -ehlela kakhulu; -nommango; indawo ewummango, indawo edonsayo (s. place).

steeple (n) umbhoshongo.

steeplechase (n) umjaho wamahashi onemigoqo.

steer (n) ijongosi; ikhwangi. (v) qondisa; bhekisa; -ziqondisa; gwemela (s. clear of).

steerage (n) indawo emkhunjini ehlala abantu abakhokhe imali encane.

stem (n) uhlanga, uthi (stalk); ingono, ingono yembali (flower s.); isitukulu (s. of pipe); isiqu (gram.). (v) vimbela; nqamula.

stench (n) ufuthu; isibhoshi; iququ; iphunga elibi.

stencil (n) isitensela; ucwecwe olubhotshozwa amagama azopendwa ngoyinki. (v) bhala ngesitensela.

step (n) isinyathelo, ukunyathela (pace); isitebhisi emnyango (doors-s.); izitebhisi zesikhwelo (steps of a ladder); isitebhisi, isikhwelo (s.-ladder); isigqi (footfall); thatha izinyathelo (take steps).

step-child (n) umntwana wokutholwa; umntwana wokufika.

step-parent (n) umzali omusha; umzali othatha isikhundla songasekho.

sterile (a) -ngazali; -yinyumba; -ngenambewu yokufa (free of germs).

sterilization (n) ukuhlanzisiswa okuqeda imbewu yokufa (free of germs); ukuthenwa (castration).

sterling (n) istelingi. (a) upondo waseNgilandi (a pound s.); -qatha, -qotho (genuine).

stern (n) indawo engemuva; umuva. (a) -lukhuni; -nolunya; -nyakamisile; ukugolozela (s. look).

sternum (n) iphe; ithambo eliphakathi nesifuba.

stethoscope (n) isipopolo, into yokupopola isiguli; into yokuxilonga isiguli.

stevedore (n) umlayishimkhumbi; unyathi.

stew (n) isitshulu. (v) pheka ngamanzana; pheka emanzini.

steward (n) inceku; igosa; isitshuwadi.

stick (n) induku, intonga (rod, staff); uthi (piece of wood); isimbo (digging s.); ubhoko, isiqwalo, isikhwili, umzaca (fighting s.); isagila, iwisa (knob-s.); isigovuzo, iphini (stirring s.); udondolo, ubhoko (walking s.). (v) hlaba, gwaza, hlokoza, bhokoda (pierce); namathelisa (s. on); gxumeka (s. in); nyundula (s. out); namatha, bambeka (adhere); binda (s. in the throat); phikelela (persist); vela, ma, phakama (s. up).

stickler (n) olwela into ethile ngokuzinikela; ozabalazayo ukuba izinto zenziwe ngendlela ethize.

sticky (a) -namathelayo; -namfukayo.

stiff (a) -gongobele; -jiyile; -lukhuni; umoya ovunguzayo (a s. breeze).

stiffen (v) qinisa; shubisa; gunyaza; qina; gungubala; shuqa.

stifle (v) futhanisa; vimbela; futhelana; vimbela insolo (s. criticism).

stigma (n) isitigma; uthi lwesizalo sembali; isisila, isihlamba (stain on character).

stigmatize (v) nembekezela.

stile (n) isikhwelo sokweqa uthango.

stiletto (n) ummese ocijile; inhlabela yensimbi.

still (n) umshini wokuthonsisa ugologo. (v) thulisa; dambisa; duduzela; thonsisa (distil). (a) -khwathalele, -mi (motionless); phuhla (stand s.); izinto ezinganyakaziyo (s. life); -thulile, -zolile (silent). (adv.) -sa-, -se-; uselapha (he is s. here); kakhulu; lokho kungcono kakhulu (that is s. better).

stillborn (a) -zalwa efile; -zalwe engezwa.

stilts (n) unonteshe, unoxhongo.

stilted (a) -qholoshayo; -ziphakamisayo.

stimulant (n) isihlumelelisi; okokuvuselela amandla.

stimulate (v) vusa; vuselela amandla; qhubezela; khaliphisa.

stimulus (n) imbangela; okokuvusa umuntu; isisusa.

sting (n) udosi; ukusuzela; ukuntinyela. (v) suzela; ntinyela; tshutshumba (ache, s.).

stinging-nettle (n) imbabazane.

stingy (a) -yisincishani; -ngoqo; -gubayo.

stink (n) iququ; isibhoshi; iphunga elibi. (v) nuka kabi; nukisa.

stint (n) ukuguba. (v) ncisha; guba; gubaza.

stipend (n) iholo; inkokhelo.

stipulate (v) phawula; shono; khomba; layezela.

stir (n) ukugovuza; ukuxokozela. (v) govuza; nyakazisa; bonda; shukuma; phehla; dunga (s. up mud); duda (s. up strife); goqoza itiye (s. tea); nyakaza; qhikiza.

stirrup (n) isitibili; isifutho esinyathelwa ngonyawo (s. pump).

stitch (n) umthungo, isitishi, iqhaza, umtshutshuzo (sewing); umqhubukusho (pain in side). (v) thunga; hida; tshutshuza; phica (knitting).

stock (n) umphini wesibhamu (s. of gun); isiqu (main stem); usendo, imbewu (lineage); isihlalo ayeboshelwa kuso umuntu owonile endulo (stocks); inhlekiso (laughing s.); impahla, izimpahla (store of goods); bala izimpahla (take s.); qongelela impahla (lay in s.); imfuyo, okufuyiweyo (domestic animals); inyama namathambo aphekwayo ukuba kwenziwe isobho (s. for soup). (v) faka; gcwalisa; thengisa nga-, fuya.

stockade (n) isibiyelo; uthango lwezingodo.

stockbroker (n) umthengisi wamashezi.

stocking (n) isokisi elide.

stodgy (a) -jiyile; -namfunamfu.

stoic (n) umuntu onesibindi nozibambayo; umuntu ongakhathaleli ubuhlungu.

stoke (v) khwezela; hlokoza umlilo.

stoker (n) umbaseli.

stole (n) imvunulo yombhishobhi;

ibhantshana lowesifazane (woman's s.). (v) ebile.

stolid (a) -libhumumu; -zibambayo.

stoma (n) intunjana ye abunga.

stomach (n) isisu; isandlu (of animal); ufu, isandlwana, inanzi (first, second and third s. of herbiferous animal). (v) bekezelela; anginakukubekezelela (I cannot s. it).

stone (n) itshe; idwala; itshe lesikhumbuzo (grave-s.); imbokodwe (round upper grinding s.); isisekelo (lower grinding s.); iseko (hearth s.); umlalazi (honing s.); ukhethe (shale s.); igugu (precious s.); ilula (pumice s.); igcaki (quartz s.); umkhumenge, umgudlo (soap s.); uhlamvu, indumbuluza (fruit s.); isilinganiso sesisindo 14 phawundi (weight); itshe lasesinyeni, ingada (gall-s.). (v) phonsa ngamatshe; gxoba ngamatshe; ganda ngamatshe; khipha izinhlamvu (s. fruit). (a) -etshe; -litshe; -yisithulu uqobo (s. deaf).

stony (a) -namatshe amaningi; -yisigedle.

stood (v) mile; mele.

stool (n) isitulo; isigqiki; uthuvi (faeces).

stop (n) ukuma; isikhawu; khawulisa (bring to a stop); isivimbo somoya (organ s.); ungqi (full s.). (v) vimbela; vimba; vala izindlebe (s. one's ears); cina (s. up); misa (cease motion); nqikiza (hinder); qeda, nqamula, phezisa (discontinue); yeka umsebenzi, shiya umsebenzi (s. work); hlala (stay).

stopper (n) isivimbo; isivalo.

storage (n) ukukhweza; ukubeka; indawo yokukhweza (s. space).

store (n) ukuqongelela; okukhweziweyo; ingxoko (grain s.); isinini (maize s.); isilindo (warehouse); isitolo (shop). (v) beka; qongelela; bekelela; khweza.

storekeeper (n) umninisitolo.

storey (n) onke amakamelo alinganayo ngokuphakama endlini eyisitezi.

stork (n) unogolantethe.

storm (n) isiphepho; isivunguvungu; ukuduma kwezulu (thunder s.); isiphepho sothuli (dust s.); isiphepho sesichotho (hail s.). (v) futheka (with anger); hlasela (attack).

stormy (a) -nezivunguvungu; -nomsi-

ndo (noisy).

story (n) indaba; umlando (account); inganekwane, insumansumane (fairy s.); amanga (untruth).

stout (n) uhlobo lotshwala; isitawoti. (a) -qatha; -namandla (bold); -khuluphele; -zimukile; -dilikile.

stout-hearted (a) -nesibindi.

stove (n) isitofu.

stow (v) faka; gxisha; layisha; gquma; casha (s. away).

straddle (v) gxamalaza; ntangasa.

straggle (v) sabalala; hlakazeka.

straight (n) indawo yomjaho eqondileyo. (a) -qondile; -qotho (honest). (adv.) ngokuqonda ngqo (s.-forward); masinyane (s. away).

straightforward (a). -qondile; -qotho; -ngenamacebo.

strain (n) uhlobo (breed); umzamo, ubunzima, iqanulo, ukuqhunsuka (effort); ukwenyela (sprain). (v) qhunsula, nsala, donsa (pull taut); khanula (s. oneself); qhunsula amehlo (s. the eyes); qanula, zama (exert); enyela, bhinyila (sprain); hluza, cwenga, vova (filter).

strainer (n) ivovo; isisefo; ihluzo; isikhetho.

strait (n) isikhala solwandle (of sea); insungubezi; uxukineka (straits, perplexity). (a) -qinile; -nyinyekile.

strand (n) unwele (of hair); umucu (of string); ugu lolwandle (shore of sea). (v) shiya; lahla; dukisa.

strange (a) -ngajwayele; -ethukwayo; -yisimanga.

stranger (n) umfokazi; ivundlandlela.

strangle (v) klinya; hila; klikliza.

strangulate (v) klinya; klikliza; ukunyinya isitho egazi lingafinyeleli kusona (prevent circulation).

strangulation (n) ukuklinywa; ukuvimbela ukuzungeleza kwegazi emzimbeni (s. of blood circulation).

strap (n) ibhande. (v) bophela ngebhande; shaya ngebhande.

stratagem (n) icebo; isu.

strategic (a) -necebo; -nesu.

strategy (n) amasu namacebo okuphamba.

stratum (n) umbekelelo; umkhakha.

straw (n) udwani; umucu welala; utshani obomileyo. (a) -elala; isigqoko selala (s. hat).

stray (n) umhambuma; uzulane. (v) eduka; hlenhletheka; phambuka;

zula; ndinda. (a) -dukile; -phambukile; -ethukwa kuvela.

streak (n) umushwe; umudwa; umkhwazi (red s.). (v) dweba umushwa; tshuza (s. away).

stream (n) umfudlana; isihlanjana; inkasa (for irrigation); isikhukhula (s. in spate); umqhumo wabantu (s. of people). (v) gobhoza; minineka; wolekela; thutheleka (s. along); thuluka (s. down).

streamer (n) iphepha eliwumucu elilaza emoyeni.

street (n) isitaladi; umgwaqo edolobheni.

strelitzia (n) isigude; isigceba.

strength (n) amandla; izikhwepha; ukuqina; isidladla (muscular s.).

strengthen (v) qinisa; nika amandla.

strenuous (a) -khathazayo; -fukuzele; isikhwishisi, -khuthele emsebenzini (a s. worker).

stress (n) isigcizelelo (phonetic); amandla; izikhathi zokuxineka (times of s.). (v) gcizelela; qinisa.

stretch (n) ukunweba; ukuzama (effort); udwalimela (space); udwalimela lomfula (a s. of river). (v) nweba; elula; nsala; hlelemba (extend); -zelula (s. oneself); eluleka; nwebeka; jobuluka, nwebuluka (s. as elastic).

stretcher (n) okwelulayo; uhlaka (for carrying injured).

strew (v) sakaza; chitha.

stricken (n) abalimele; abahluphekile (troubled). (a) -shayiwe; -hluphekile; -phethwe isifo (s. with illness).

strict (a) -hambisa ngomthetho; -nemithetho eqinile; ukuphathwa ngokuqinile (s. discipline).

stricture (n) insolo; isijeziso; ukuvimbana (obstruction).

stride (n) igxathu. (v) dwayizela; ntwayizela; gxadaza (s. along).

strident (a) -klabalasayo.

strife (n) ingxabano; umbango; ukuphikisana.

strike (n) ukushaya; ukugadla; umduvo, isitrayiki (refusal to work). (v) shaya, betha, qongqotha, vuthuza, phubuza, zacula (hit); sakaza, bhonya (s. hard); mahlaza, vithiza, zuthula (s. brutally); hwaphuluza (s. a glancing blow); bhaxula, bhaxabula, thwaxula (s. with whip); gxusha, bhakela (s. with

fist); shaya ngenhlanekezela (s. with back of hand); gadla (s. a blow); ngqubuza (s. against); ethusa, shaqisa (s. with awe); thola (find); sula, khipha, susa, hlikihla (s. off, s. out); songa amatende (s. the tents); enza isimungulu (s. dumb); ehlisa iduku (s. the flag); gxoba imendlela (s. a medal); okhela (s. a light); mila, bambelela ngezimpande (s. root); duba umsebenzi, duva (s. at work); lwela (s. for).

striker (n) umgadli; umshayi; umuntu oduvile emsebenzini (one who refuses to work).

string (n) intambo; isisinga; isibopho; umhumo, uhide (objects in a line); ucu lobuhlalu (s. of beads); usinga (violin s.); inqalathi (navel s.); umthambo (s. as in beans). (v) shusha, hloma (thread); yoca ubhontshisi (remove strings from beans).

stringent (a) -qinile kakhulu; -bophayo kanzima.

stringy (a) -nemithambo.

strip (n) umklayo; umdweshu (s. of cloth); umsweswe, umbengo (s. of meat); ngemicu (in strips). (v) hluba, hlubula, ebula, khumula, ambula (remove, s. off); khumula izingubo (remove clothes, s.).

stripe (n) umthende; umdende; umugqa; umvimbo (from blow). (v) dweba imithende; bhanqula.

striped (a) -nemithende; -nemishwa; -libhanqule.

stripling (n) umfana.

strive (v) lwa; zama; linga; khuthazela; lwela (s. for); banga (s. over); ncintisana na- (s. with).

strode (v) dwayizile.

stroke (n) ukushaya; umgadlo; umvimbo; isifo sokuthwebuleka komzimba (paralysis); umudwa (mark); inhlanhla (s. of luck). (v) phulula.

stroll (n) ukuhambahamba. (v) hambahamba.

strong (a) -namandla; -nezikhwepha; -qinile; -lukhuni; -qatha; -nzima; umuntu onobuqotho (a s. character); amazwi ahlabayo (s. language).

stronghold (n) inqaba; isiphephelo.

strop (n) ibhande lokulola insingo (s. for razor); isitilobho (for oxen). (v) lola ngebhande.

structure (n) ukwakhiwa; isimo (form); ukwakheka komzimba (s. of body); isakhiwo (building).

struggle (n) umzamo; umzukuzuku. (v) lwa; shikashika; tikitana na- (s. with).

strum (v) ngambuza.

strumpet (n) isifebekazi.

strung (v) hlomile; humile. (a) -zwelayo kakhulu (highly s.).

strut (n) ukuziqhenya; uzime (prop). (v) condoza; chanasa; zwathiza.

strychnine (n) isitrikanini; umuthi ongubuthi obubulalayo.

stub (n) isiphinzi; isijuqu sepensela (s. of pencil); isinqamu sikasikilidi (s. of cigarette). (v) qhuzuka (s. the toe).

stubble (n) izinhlanga; izindwani.

stubborn (a) -ngqongqayo; -nenkani.

stud (n) iqhosha (for collar); ihashi elifuyelwa ukuzala (a s. horse). (v) chaphaza; gqwabisa.

student (n) umfundi; ofundayo.

studio (n) indawo esebenzela ingcweti yokudweba imifanekiso.

studious (a) -khuthele ekufundeni; -nakekele izifundo.

study (n) ukufunda; ukucabanga (meditation); okufundwayo (branch of learning); ikamelo lokufundela (room). (v) funda; cabanga; fundela; bhekisisa (look carefully); nakekela impilo yakhe (s. his health).

stuff (n) impahla (goods); indwangu (cloth); izinto (things). (v) gxusha; hlokobla; minza.

stuffy (a) -futhelene; -khuntelene; -nokhuthu (sulky).

stultify (v) enza kube yize.

stumble (v) khubeka; qhuzuka; elamela (s. upon).

stump (n) isibhuku; isigamu; indiki (s. of arm); ingini (s. of limb); isipikiza (s. of tail); isiphunzi, isiqu (s. of tree); isikhunku (s. of tooth). (v) nquma (lop); thikameza (foil); bhishizela (s. along).

stun (v) ndiyazisa; lalisa isihlwathi.

stung (v) suzele; ntinyelile.

stunted (a) -bhashile; imbashelana (s. person).

stupefy (v) wulaza; daka; lalisa isihlwathi.

stupendous (a) -khulu kakhulu; -yisimanga.

stupid (n) isiphukuphuku; isithutha. (a) -nobuthutha; -yisithutha.

stupidity (n) ubuthutha; ubuwula.

sturdy (a) -qinile; -namandla; isigadlaba (s. person).

stutter (v) ngingiza; nkwankwaza.

stuttering (n) amalimi. (a) -namalimi; -yisingingingi.

sty (n) isibaya sezingulube; inkohlisa (s. on eye).

style (n) indlela, inhlobo, umkhuba (mode); isimo sokubhala (s. of writing); uthi lwesizalo sembali (s. of flower); insimbi yokubhala (s. for writing). (v) biza.

subdivide (v) ahlukanisa futhi; nconzulula.

subdue (v) ahlula; nqoba; thelisa.

subject (n) isikhonzi, ophansi komthetho (one ruled); indaba (topic); indikimba, umenzi (gram.). (v) thelisa; ahlula; nqoba. (a) -nqotshiwe, -hluliwe (conquered); isizwe esibuswayo (s. race); -vame (liable).

subjugate (v) nqoba; ahlula; thelisa.

subjunctive (n) indlela encikayo (s. mood, gram.). (a) -encikayo.

sublimate (v) cwebisa; phakamisa.

sublime (v) ukuguquka kwezinselekehle zibe igesi. (a) -phakeme kakhulu; -nobukhosi; -cwebileyo.

submarine (n) umkhumbi ohamba ngaphansi kwamanzi. (a) -aphansi kwamanzi.

submerge (v) cwilisa; cwila.

submission (n) ukuthobela; ukuvumela; isiphakamiso; umqondo obekiweyo (idea submitted).

submit (v) yisa; -zisa; beka isicelo (s. a request); vuma; thela; -zithobisa.

subordinate (n) ongaphansi. (v) beka ngaphansi kwa-; thobisa; thelisa. (a) -phansi kwa-; -ncane kuna-.

subpoena (n) isamaniso lokubizelwa enkantolo.

subscribe (v) nikela imali (donate); bhala igama ngaphansi (sign below); vuma.

subscription (n) imali ekhishiweyo.

subsequent (a) -landelayo; -enzeka kamuva.

subservient (a) -thobelayo; -khonzayo; isikhonzi (a s. person).

subside (v) bhidlika; bohla; lotha; ehla; zika (sink); ncipha (lessen).

subsidiary (a) -sizayo; -phansi kwa-.

subsidize (v) elekelela ngemali.

subsidy (n) imali yokwelekelela.

subsistance (n) okwendlela; okoku-khokhela izindleko.

subsoil (n) inhlabathi engaphansi.

substance (n) utho; into; isibili; ingqikithi (essence); indikimba, ingqondo (subject matter); impahla (possessions).

substantial (a) -qatha; -zwakalayo; -bonakalayo; -khulu.

substantiate (v) qinisa; fakaza; vezela ubufakazi.

substitute (n) umbambeli; okubekwe esikhundleni sokunye. (v) beka esikhundleni sokunye; bambela; mela; guqulela.

subterfuge (n) icebo; amamenemene.

subtle (a) -nobuqili; -nobuhlakani.

subtlety (n) ubuqili; ubuhlakani.

subtract (v) susa; khipha; phungula.

subtraction (n) ukususwa; ukuphungu-lwa.

suburb (n) iphethelo ledolobha okwa-khelwe kulo.

subversion (n) umphendukezelo, inhla-nekezelo.

subversive (a) -phendukezelayo; -onayo.

subvert (v) phendukezela, hlanekezela, ona.

subway (n) umgwaqo oguduza nga-phansi.

succeed (v) landelana na-; ngena esikhundleni sa-; ngena esikhundleni (follow in office); phumelela, chuma (prosper).

success (n) impumelelo; isasasa; phumelelisa (make a s. of).

successful (a) -phumelelayo; -phume-lele; -chumile.

succession (n) ukulandelana; okula-ndelene; ukwelama; uthunge.

successive (a) -landelanayo; -elama-nayo.

successor (n) olandelayo esikhundleni.

succour (n) usizo; umephulo. (v) elekelela; siza; ephula; hlenga.

succulent (a) -nsobonsobo.

succumb (v) ahlulwa; qedwa; fa.

such (a) -nje; -njalo; -njcya; -njenga (s. as); kangangoba (s. that); kanje (as s.); -thile (s. and s.).

suck (n) ukuncela; ukumunca. (v) mu-nca; munya; ncela; mfimfitha (s. at).

sucker (n) oncelayo; ixhantela, umhlumelelo wezimpande (plant s.).

suckle (v) ncelisa.

suckling (n) umntwana osancela; ingu-lube esancela (s. pig).

suction (n) ukudonswa; ukuholwa; ukumuncwa.

sudden (n) ukuphazima; ngoku-phazima (all of a s.). (a) -zumayo; -ngabhekwanga.

suddenly (adv.) ngokuzuma; ngo-kungazelele; ngokuphazima.

suds (n) amagwebu ensipho (soap-suds).

sue (v) mangalela; biza; ncenga uxolo (s. for peace); mangalela ukuhla-wulwa (s. for damages).

suede (n) isikhumba esingashukwanga sababushelelezi.

suet (n) umhlwehlwe.

suffer (v) vuma; vumela; zwa ubu-hlungu (s. pain); lahlekelwa (s. loss); vuma ukuba ahambe (s. him to go); phathwa (s. from); hlupheka.

sufferance (n) ukubekezelelwa.

sufferer (n) ozwayo ubuhlungu; isihlupheki.

suffice (v) anela; anelisa; lingana.

sufficiency (n) ukulingana; ukwanela; okulingeneyo.

sufficient (a) -anele; -ningi; -lingeneyo.

suffix (n) isijobelelo. (v) jobelela; xhumelela.

suffocate (v) futhanisa; cinanisa.

suffocation (n) ukufuthelana.

suffrage (n) ilungelo lokuvota.

suffragette (n) owesifazane omela ilu-ngelo lokuvota kwabesifazane.

sugar (n) ushukela; umoba (s.-cane); isimoba (field of s.-cane). (v) thela ushukela.

suggest (v) shono; phakamisa; bonisa; khomba.

suggestion (n) isiphakamiso; umbono; icebo.

suggestive (a) -cabangisayo; -khombisa inhlamba (indecently s.).

suicide (n) ukuzibulala; ozibulele (person).

suit (n) isicelo (entreaty); ukucela intombi (s. for marriage); -zibika (press one's s.); icala (s. at law); mangalela (bring a s. against); amakhadi aluhlobo lunye (s. in cards); isudi (s. of clothes); enza ngokufanayo (follow s.). (v) fanela; lingana.

suitable (a) -fanele; -faneleyo; -lingene.

suit-case (n) isuthikhesi; ipotimende.

suite (n) iqembu lezikhonzi (retinue);

amakamelo (s. of rooms); ifenisha yekamelo elithile (s. of furniture).

suitor (n) isesheli.

sulk (v) khunsa; bhongola; xhukula.

sulky (a) -xhukule; -nengqushumbana; -hwaqile.

sullen (a) -hwaqile; -nyakeme; -nyuku-bele.

sully (v) ona; ngcolisa; bhaceka.

sulphur (n) isibabule; isalfa.

sultan (n) inkosi yezwe lamaSulumane.

sultry (a) -fudumele; -khudumele; -nesifudumezi.

sum (n) ukuhlanganiswa; isiqingatha, isamba (s. total); isibalo (arithmetic). (v) hlanganisa.

summarise (v) loba umongo wendaba; qoqa izinhlamvu zonke.

summary (n) iqoqo lokubalulekile; isiqoqo. (a) -nqunywe kanye; uku-thethwa khona manjalo (a s. trial).

summer (n) ihlobo.

summing-up (n) ukubukeza; imbuyisa-mazwi.

summit (n) isiqongo; idundu.

summon (v) mema; biza; vusa isibindi (s. up courage).

summons (n) isamaniso (legal); isimemo.

sump (n) okokuphatha amafutha enjinini.

sumptuous (a) -lidili; -hlwabusayo.

sun (n) ilanga; isigagadu (bright s.-shine); umsebe welanga (sunbeam); ukuwiswa isango selangà (sun stroke). (v) thamela ilanga (s. one-self).

Sunday (n) iSonto.

sunder (v) qhekeza; nqamula; nquma.

sundial (n) okokukhombisa isikhathi ngethunzi lelanga.

sundry (a) -nhlobonhlobo; -thile.

sunflower (n) ujikanelanga, ubheki-langa.

sung (v) culile.

sunken (a) -cwilile, -shonile (beneath water); -mbelekile, -gqibile (beneath earth); -bòcokele, -yisigobhe (hol-lowed out).

sunlight (n) ukukhanya kwelanga.

sunny (a) -sesicelwini; -balele.

sunrise (n) ukuphuma kwelanga; impumalanga.

sunset (n) ukushona kwelanga; intshonalanga.

sup (v) dla; dla kusihlwa.

super-abundant (a) -ningi kakhulu;

-ninginingi.

superannuated (a) -phunyuziwe emse-benzini ngenxa yobudala.

superb (a) -hlehle; -hle kakhulu.

supercilious (a) -qholoshayo.

superficial (a) -the hwaphu; -kwanga-phandle nje; -engulayo phezulu; -thintayo nje.

superfluous (a) -ngadingeki; -nga-funeki; -ngasafunwa; -eqileyo.

superimpose (v) beka phezulu; eleka.

superintendent (n) umphathi; umonga-meli; umbheki; insumpa.

superior (n) omkhulu; isikhulu. (a) -mkhulu; -ngaphezulu; -ngapha-mbili.

superlative (n) indlulakonke (gram.). (a) -hle kakhulu; -mangalisayo; -dlula konke.

supernatural (a) -ngesikho okwase-mhlabeni.

superscription (n) amazwi abhalwe ekuqaleni.

supersede (v) khipha esikhundleni; ngena esikhundleni somunye.

superstition (n) ukuluthwa imilingo; ukukholwa okuphambene nengqo-ndo; ukukholwa izinto eziyize; ilutha.

superstitious (a) -thembe okuphambene nengqondo; -kholelwa emalutheni.

supervene (v) landela; enzeka kamuva.

supervise (v) phatha; alusa; bheka.

supervision (n) ukwalusa; ukuphatha.

supervisor (n) umphathi; umhloli.

supper (n) ukudla kwakusihlwa; indlakusihlwa.

supplant (v) ngena esikhundleni; khipha esikhundleni ngamacebo.

supple (v) thambisa, shuka (make s.). (a) -lunama; -luzica; -thambile; -thobezekayo; -vumayo.

supplement (n) iselekelo; okokwenge-zela. (v) engezela; enezela; eleka; gcwalisa.

supplementary (a) -enezelayo.

supplicant (n) oncengayo; ocelayo. (a) -ncengayo; -nxusayo.

supplicate (v) ncenga; nxusa; khulekela.

supplication (n) isicelo; umthandazo; umkhuleko.

supply (n) ukunikwa; izimpahla ezikhona; okukhona. (v) nika, pha, letha, funela (provide); veza (pro-duce); bambela, gcwalisa isikhala (fill temporarily).

supplier (n) umthengisi - mpahla; umthumeli-mpahla; umondli.

supplies (n) izimpahla; izimpahla ezidingekayo.

support (n) ukuphasa; ukumela; ukusiza; ukondla; ukusekela; insika, isisekelo, uzime (s. of a building etc.); umsizi, umsingathi, umondli (supporter, person). (v) thwala, phasa, sekela (bear weight); bekezelela (endure); singatha, ondla (maintain, provide for); siza, elekelela (help).

supporter (n) isekela; umondli; uzime; omi na- (helper).

suppose (v) cabanga; linganisa (conjecture); cabangela (assume).

supposedly (adv.) ngokucatshangwa.

supposition (n) into ecatshangwayo.

suppress (v) gqiba; thulisa; vimbela; godla; ahlula udweshu lokuhlubuka (s. a rebellion).

suppression (n) ukuchitha; ukugogobeza; ukugodla; ukuthuliswa.

suppurate (v) xhixha; vunda; bola; -banobovu; intelo yamehlo (suppuration of eyes).

supremacy (n) ubukhosi; ubukhulu.

supreme (a) -nobukhosi; -nobukhulu; -phezulu; emajajini (s. court); uNkulunkulu (the S. Being).

surcharge (n) inhlawulo eyelekiweyo. (v) hlawulisa ngaphezulu.

sure (a) -aziwa kahle, -qinisekile (certain); -qinisile, ngeqiniso (for s.). (adv.) impela.

surely (adv.) impela; bala; ngeqiniso.

surety (n) isibambiso; ukwazi kahle; mela (go s. for).

surf (n) amadlambi ogwini lolwandle. (v) hlamba emadlambini olwandle.

surface (n) indawo yangaphezulu; ubuso; ingaphezulu; ngaphezulu, ngaphandle, obala (on the s.).

surfeit (n) ubuningi obeqileyo. (v) suthisa; dina; canula.

surgeon (n) udokotela ohlinzayo.

surgery (n) umsebenzi wobudokotela bokuhlinza; indlu udokotela apopolela kuyo (room).

surly (a) -nyakeme; -xhukulile; -nyukubele, hluneme.

surmise (n) ukuqandela. (v) cabanga; qandela; zindla; ngabaza.

surmount (v) ahlula; khwela.

surname (n) isibongo.

surpass (v) dlula; eqa; ahlula; shiya.

surplus (n) insada; insalela.

surprise (n) isimangaliso (wonder); mangala (be surprised); zuma (take by s.). (v) mangalisa, ethusa (cause wonder); zuma, bhadama, juma (attack suddenly). (a) -ngabhekiwe; -ngalindelwe.

surrender (n) ukuthela; inani lemali yokudela (s. value). (v) thela; dela; yeka; -zinikela.

surreptitious (a) -csinyelela; -fihliwe.

surround (v) hanqa; zungelezela; bunganyela; kaka; phahla; zungeza.

surroundings (n) ibudebuduze; amaphethelo; izinto umuntu ahlezi phakathi kwazo.

surveillance (n) ukubhekwa.

survey (n) umklamo; ukuhlolwa. (v) hlola; bheka (inspect); klama, dabula (by surveyor).

surveyor (n) umdabuli; umklami.

survival (n) ukusinda; ukusala; okwasalayo.

survive (v) sinda; phila; sala.

susceptibility (n) ukuthambekela; ukuzwela.

susceptible (a) -thambile; -nozwela; -nokuguqulwa (s. of change).

suspect (n) osolwayo; osolekayo; ocabangelwayo. (v) cabangela; dlinzekela (surmise); nuka, ngabazela (imagine guilty); sola (doubt). (a) -solekayo.

suspend (v) misa, lalisa, libazisa (delay); phanyeka, lengisa, gaxa (hang); hlehlisa isigwebo (s. judgement).

suspender (n) into yokubamba isokisi; isasipenda.

suspense (n) ukungabaza; ukuhlalela ovalweni.

suspension (n) umphanyeko, umjiko (hanging); ukumiswa (stoppage); ukungakancibiliki (undissolved state); utebetebe (s. bridge).

suspicion (n) ukucabangela; umzindlekelo; okuncinyane (small amount).

suspicious (a) -solayo; -khonondayo; -cabangelayo; -solisayo; sola, khonona (be s.).

sustain (v) sekela, qinisa (support); hlalisa, ondla (maintain); thola, velelwa (suffer).

sustenance (n) ukudla; okokuphila.

suture (n) okokuthunga inxeba; ukuthungwa kwenxeba. (v) hlanganisa inxeba ngokulithunga.

swab (n) indwangu yokugeza izitsha; imfaduko (dishcloth); uvolo wokumunca (surgical). (v) munca ngendwangu.

swaddle (v) songela ngezingubo.

swagger (n) ukukhunsela; ukuchachaza. (v) khunsela; chachaza.

swain (n) insizwa eqomisayo.

swallow (n) inkonjane (bird); ukugwinya. (v) gwinya; gila; tshobotshela; minza (s. greedily); vuma (accept); hoxisa amazwi (s. one's words).

swam (v) hlambile; bhukudile.

swamp (n) ixhaphozi; ubhuku; ubishi. (v) gcwalisa ngamanzi; fumba nga-; fumba ngezincwadi (s. with correspondence).

swampy (a) -lubhuku; -namaxhaphozi.

swan (n) inyoni yaphesheya ethi ayifane nedada elikhulu.

swarm (n) iqulo; uswebezane. (v) phithiza; swabaza; bhuza; phethuzela (s. about).

swarthy (a) -mnyamana.

swat (v) shaya ngento ngokumpansa.

swathe (v) thandela; songela.

sway (n) ukutengatenga; umbuso, ubukhosi (rule). (v) tengisa (swing); thonya (influence); tengatenga, yakazela (as plumes); yendezela.

swear (v) funga, nyanisa, goma (declare); bhina, qalekisa, thuka (curse); fungisa; fungisa ufakazi (s. a witness).

sweat (n) umjuluko; izithukuthuku. (v) juluka; -zikhahla (strain oneself); julukisa, mfononekisa (cause to exude); sebenzisa ngokugqilaza (sweated labour); bumbanisa ngokushisa (join together by heating).

sweated (a) -gqilazwayo; -bumbana ngokushisa.

sweater (n) ijezi.

Swedish (n) isiSwidi (language). (a) -eSwidi; -aseSwidi.

sweep (n) ukushanela; ukushwiba (motion); ijika, ingungu (curve); ishayakhothe (a clean s.); umgeqi kashimula (chimney s.). (v) bhebhetheka (s. along); dlula (s. by); huhuluza (s. down); huhuluza, khukhula (s. over, s. through); shanela (brush); shanyela, hwaya (s. as with broom); khucula, wungula (s. away); hlwitha, khuquluza (s. off); qoqa (s. up); phonsa amehlo (s. with eyes).

sweet (n) uswidi; izibiliboco (sweets); isithandwa (sweetheart). (a) -noshukela; -mtoti; -mnandi; -mnene, -pholile (pleasant); -sha (fresh); idlelo lensinde (s. veld); ubhatata (s. potatoes).

sweetbread (n) amanyikwe.

sweet corn (n) uhlobo lommbila omncane.

sweeten (v) nandisa; thela ushukela.

sweetheart (n) isithandwa; intombi (female); isoka (male).

sweetly (adv.) kamnandi; kamtoti.

sweet-tooth (n) umthandi-zibiliboco.

swell (n) ukufukuka kolwandle (s. of sea); ukuqubuka (s. of music); isigwili (fop); ukuphakama, ukukhula (increase). (v) khukhumala, vokomala, khula (s. up); vuvuka, dumba (s. as a bruise); gcwala (s. as a river); qubuka (s. as sound); fukuka (s. as the sea); qumba (s. out); vokomala, vuvukala (s. up); khukhumeza, vuvukisa (cause to s.); khulisa isibalo (s. the numbers).

swelling (n) ukudumba; ukuvuvukala; umqhubukusho (swollen part); uduma, iphuphusi (s. from bruise); imbilapho, ibokoboko (glandular s.).

swelter (n) isikhudumezi. (v) juluka; julukisa.

swept (v) shanyeliwe.

swerve (n) ukuphambukisa. (v) phambuka; ceza; deda; phambukisa; phelukisa.

swift (n) ihlolamvula. (a) -nejubane; -sheshisayo.

swill (n) ukudla kwezingulube. (v) tshekeza (s. out); minza (eat greedily).

swim (n) ukuhlamba; ukubhukuda. (v) hlamba, bhukuda, hlambisa (in water); zululeka (be dizzy).

swindle (n) inkohliso; ubuwaka; umkhohlisi, uwaka (person). (v) khohlisa; waka.

swine (n) ingulube; izingulube.

swing (n) ukushwiba; umjikeni (apparatus). (v) shwiba; jika; tengezela; vuleka ngomshwibo (s. open); tengisa; shwiba; swaya (s. round); shwilizisa induku (s. a stick).

swirl (n) ukuyaluza. (v) yaluza; yaluzisa.

switch (n) uswazi (small stick); ishoba (fly s.); isiqhebeza (electric s.). (v) shaya ngoswazi; thwishila; vula, qhebeza (s. on); vala, cima (s. off); guqula (change).

swivel (n) into ephenduphendukayo. (v) phenduphendula; phenduphenduka.

swollen (a) -vuvukele; -vokomele; -dumbile; -khukhumele.

swoon (n) isihlwathi; ukuquleka; isinxi. (v) quleka; qaleka; hlwathiza.

swoop (n) isihlwithi. (v) hlwitha; gwinja; huhuluza (s. down); hesha (s. upon).

sword (n) inkemba; insabule; hosha insabule (draw a s.).

swore (v) thukile; qalekisile; fungile (took oath).

sworn (a) -fungisiwe; -fungiwe; isitetimenti esifungelwe (a s. statement).

syllable (n) uhlamvu lwezwi; ilunga lezwi.

syllabus (n) ihlelo lezifundo ezimisiweyo; isilabhasi.

symbol (n) uphawu; isifanekiselo.

symbolical (a) -khombisayo; -luphawu.

symmetrical (a) -fanana nxazombili.

symmetry (n) ukufanana nxazombili.

sympathetic (a) -zwelayo; -nozwela lwa-; umboneleli (a s. person).

sympathize (v) nxepheza; cabangela; zwela.

sympathy (n) isihawu; uzwela; isinxephezelo.

symphony (n) isimfoni; ukuvumelana kwamaphimbo ekuculeni.

symposium (n) inhlanganisela yolwazi lwabantu abambalwa ngodaba oluthile.

symptom (n) isibonakaliso; uphawu; okukhombisayo.

synagogue (n) indlu yesonto yamaJuda.

synchronize (v) vumelanisa; vumelana.

syncopation (n) ukugcizelelwa komgqumo olula.

syndicate (n) isigungu sebhizinisi.

synod (n) ibandla labafundisi; isinodi.

synonym (n) izwi elisho okufanayo; izwi elivumelana nelinye ngencasiselo.

synopsis (n) isifinyezo; ukubukezwa kwamazwi odaba.

syntax (n) isimiso sokuhlelwa kwamazwi; uhlelomisho.

synthesis (n) ukuhlanganisa; ukuhlelwa kwemiqondo.

synthetic (a) -hlanganisiwe; -thakiwe; -okokwenziwa.

syphilis (n) ugcunsula.

syringe (n) isichinso; isipotsho; isirinji.

syrup (n) uyikiza lukashukela, isiraphu.

system (n) ihlelo; isimo; uhlelo, umthetho (scheme); umzimba (body).

systematic (a) -ngomthetho; -nesu; -ngohlelo.

systematically (adv.) ngohlelo; ngomthetho; ngesu.

T

tab (n) isiqeshana sendwangu noma sencwadi; isithikithana.

tabernacle (n) ithabanakheli; idokodo.

table (n) itafula; deka itafula (set the t.); susa izitsha etafuleni (clear the t.); uhlu, ithebula (tabulation); ihlelo lezikhathi (time-t.); amathebula (arith. tables). (v) beka etafuleni; beka isiphakamiso (t. a proposal).

tableau (n) ukufanekisa indaba ethile ngokumisa abantu ngendlela ethize.

tablet (n) into yokulobela (t. for writing); iphilisi (medicine).

taboo (n) ukuzila; ukunqabela. (v) vimbela; nqabela.

tabular (a) -phathelene nezinhla; -ngezinhla; -phathelene namathebula.

tabulate (v) beka ngohla; bhala yonke imininingwane yendaba ngezinhla.

tacit (a) -vumile; -shiwo ngokungaphiki; -ngaphandle kwezwi lomlomo.

taciturn (a) -ngunyube; -thulile.

tack (n) isipikilana; umkhondo (direction). (v) bethela ngezipikilana (t. down); hubhela, hida (sewing); jobelela (add on to); gwija (of sailing vessel).

tacking (n) umtshutshuzo, umhido, umhubhelo (sewing); ukugwija (of sailing vessel).

tackle (n) impahla yezintambo namasondo (ropes and pulleys); izinto zokudoba (fishing t.). (v) bamba, sukela (seize); linga (attempt).

tact (n) ukuhambisa izinto ngokuthula; ukuhambisa izinto ngendlela engacunuli, ikhono lokuhambisa izinto kahle.

tactics (n) amasu okuhambisa.

tadpole (n) ushobishobi; unoshobishobi.

tag (n) isilengiso; isithikithana. (v) bophela isithikithana.

tail (n) umsila (animal); isisila (bird); isibhelu (of buck; goat); ishoba, umshoba (bushy t.); isiphelo, isiphetho (t. end); phenduka ngokubaleka (turn t.).

tailor (n) umsiki nomthungi wezingubo, uthela.

taint (n) ukonakala; ukunuka. (v) ona; onakalisa; nukisa.

take (n) okutholwayo; okuthathwayo. (v) bamba (seize with hand); thatha, zuza (come to possess); ntshontsha (t. without leave); thumba (capture); yisa, thwala, sa (conduct, remove); thabatha, amukela (receive); dla ukudla (t. food); phuza umuthi (t. medicine); hlala esihlalweni (t. a seat); hlaba ikhefu (t. a rest); thatha ifoto, thwebula ifoto (t. a photo); thatha, dla (consume); shaqisa, ethusa (t. aback); weza (t across); susa, phuca (t. away); amuka (t. away from); buyisa (t. back); ehlisa, ethula (t. down); loba, bhala (write, t. down); ngenisa (t. in); khohlisa (deceive); ephula (t. off from fire); khumula (t. off as clothes); ambula (t. off covering); cothula (t. off feathers); ebula (t. off skin); sibukula (t. off lid); ethula isigqoko (t. off hat); lingisa (parody); qasha (t. on, employ); khipha, thapha (t. out); elukisa (t. out to graze); ngqothula izinyo (t. out tooth); thatha ilayisense (t. out license); sombulula (t. undone); amukela inselele (t. up challenge); hloma (t. up arms); phanga, qhwaga (t. by force); zuma, bhabhama (t. by surprise); bopha (t. into custody); amukela iseluleko (t. advice); nemba (t. aim); bheka, gcina, londoloza (t. care of); xwaya (t. heed); valelisa (t. leave of); funga, goma (t. oath); enzeka (t. place); khosela (t. refuge); bhaca (t. shelter); fuza (t. after, resemble); guliswa (taken ill).

taking (n) ukuthathwa; imali etholiweyo. (a) -thandekayo; -bukekayo.

tale (n) indaba (story); insumo, inganekwane (folk t.); amanga (false t.); hleba, qamba amanga (tell tales).

talent (n) isiphiwo; ukulinganiswa kwesisindo endulo; italente.

talented (a) -khaliphile; -nesiphiwo.

talisman (n) into ethiwa iletha inhlanhla.

talk (n) ukukhuluma; xoxa udaba na- (have a t. with); indaba esematheni (common t.); iwawa (boastful t.); imbude, umbhedo (foolish t.); amahemuhemu (idle t., rumour); ugedegede (loud t.); indelelo (disrespectful t.); izicagogwana (slanderous t.). (v) khuluma; xoxa; bheda, mpompa (t. nonsense); gavuza (t. scandal); khuluma na-, shumayela (t. to); qaphuza (t. fluently); ngingiza (t. hesitantly); davuza (t. irrelevantly); tekula (t. jokingly); mpompoloza (t. loudly); khahla (t. roughly); denda (t. slowly); nyenyeza (t. softly).

talkative (a) -ligavugavu; -ligevugevu; -velezayo; isibhavubhavu (t. person).

talking (n) ukukhuluma; amazwi; umlomo.

tall (a) -de; -nethambo; ubhabhadlolo (a t. person).

tallow (n) isinqumela; unwali.

tally (n) isibalo esibaliwe. (v) vumelana; linganisana.

talon (n) izipho; izipho lenyoni.

tame (v) thambisa; jwayeza; fuya. (a) -thambile; -fuyiwe; -ngajabulisi (not entertaining).

tampan (n) ubukhuphe; isilokazane esiphilela ezinkukhwini.

tamper (v) thinta; ganga na- (t. with).

tan (n) umbala onsundu. (v) shuka (hides); phofisa (colour). (a) -nsundu; -mpofu.

tandem (n) amahashi amabili aboshelwe ngokulandelana; ibhayisikili labagibeli ababili (t. bicycle).

tangible (a) -zwakalayo; -bambekayo.

tangle (n) ukuhilelana. (v) hibanisa; phambanisa; hilela; sontana.

tank (n) itangi; umthili (underground t.); idiphu (dipping t.).

tankard (n) inkomishi yokuphuza utshwala.

tanker (n) umkhumbi othutha uoyili.

tanner (n) umshuki wezikhumba.

tannery (n) lapho kushukwa khona izikhumba.

tantalize (v) gabisela; cogisa; yenga.

tantamount (a) -lingana na-; -kanye na-; -fana na-.

tantrum (n) ukuthukuthela kwengane.

tap (n) ukuthi qhwaba (rap); umpompi (water t. etc). (v) qhwabaza, cangcatha (rap, knock); vula, khama (t. a barrel); lalela ngasese ocingweni (t. a telephone).

tape (n) ithephu.

taper (n) ubhaqana. (v) cija; cijisa.

tapestry (n) uhlobo lwendwangu eyelukwe kwavela imifanekiso kuyo.

tapeworm (n) ingcili; isilo esimhlophe.

taproot (n) impande enkulu egxumekeke phansi.

tar (n) itiyela (bitumen); itilosi (seaman). (v) faka itiyela; penda ngetiyela.

tarantula (n) uhlobo lolwembu olukhulu olunesihlungu.

tardy (a) -ephuzile; -dondayo; -libele.

target (n) isihlangu, ihawu (shield); ipulangwe lokunembela, isigcibisholo (butt).

tariff (n) ihlelo lemali yokutheliswa kwempahla.

tarnish (n) ukugqwala. (v) gqwala; ngcola; ngcolisa; bhaceka.

tarpaulin (n) useyili; utapolo.

tarry (v) libala; hlala; sala. (a) -netiyela.

tart (n) ukudla okuluqweqwe olwenziwa ngofulawa lube nojamu phakathi. (a) -muncu; -babayo.

tartan (n) indwangu emahaqahaqa yeziKoshi.

tartar (n) uqweqwe oluvela emazinyweni (t. on teeth); isiphakuphaku (violent person).

task (n) umsebenzi onqunyiweyo; sola, thethisa (take to t.). (v) sinda; kuyangisinda (it tasks my strength).

tassel (n) umleceza oyisiyephana.

taste (n) ukunambitha; ukuzwa; zwisa, habulisa (give a t. to); uthando (liking); ngokuthanda kwami (to my t.); ubunono bokwenza, ubuciko (style). (v) nambitha; zwa; namuza; nambitheka; hlwabusa (t. nice).

tasteful (a) -nambithekayo; -khangayo.

tasteless (a) -ndikindiki; -duma.

taster (n) inceku eqala izwe ukudla kubonakale uma kunobuthi.

tasty (a) -mnandi; -klasayo.

tatters (n) amanikiniki; izicucu.

tattle (n) ukumfemfeza. (v) mfemfeza; ncetheza.

tattler (n) umncethezi; imfemfana.

tattoo (n) ukukhala kwamacilongo (bugle call); umklaklo (tattooing). (v) benga; klekla.

taught (v) fundile; fundisiwe; fundisile.

taunt (n) ukujakaja; ukuchokoloza. (v) chokoloza; fundekela; jakaja.

taut (a) -qhunsukile; -nsalekile; nsala, qhunsula (draw t.).

tautology (n) ukuphindaphinda umqondo owodwa ngamazwi amaningi.

tavern (n) ihotela.

tawdry (a) -makhwangukhwangu eze.

tax (n) intela; imali ethelwayo; thela (pay t.). (v) thelisa; sinda, khandla (burden); beka icala, thwesa icala (accuse, t. with).

taxable (a) -nokuthelelwa.

taxi (n) imoto eqashwayo; ithekisi. (v) gijima phansi (of aeroplane).

taxidermy (n) umsebenzi wokuhlinza izilwane nezinyoni nokuzimisa futhi kubengathi ziyezwa.

tea (n) itiye.

teach (v) fundisa; jwayeza; thwesa.

teachable (a) -nokufundiswa.

teacher (n) uthishela; umfundisi; uthishelakazi (female t.).

teaching (n) ukufundisa; imfundiso (that which is taught).

teak (n) uhlobo lomuthi olukhuni nobazeka kahle; ithiki.

team (n) isipani; ithimu (of players).

tear (n) izinyembezi (tears); unyembezi (t. drop); ukudabuka (t. in cloth). (v) dabula; klebhula; kleklebula; xebula, nonsula (t. off); qaqabula (t. open); hluthula (t. out); dabuka, nephuka (get torn).

tearful (a) -yengezelayo; -nezinyembezi.

tease (n) umchokolozi. (v) cuphuluza; xhokoloza; fundekela (pester).

teat (n) umbele; ingono.

technical (a) -kolwazi oluthile; -kwemisebenzi ethile.

technicality (n) into ewulwazi lomsebenzi othile; okuphathelene nokuhanjiswa kwemisebenzi ethile.

technique (n) isu lokwenza umsebenzi othile.

technology (n) isayensi ephathelene nokwenziwa kwemisebenzi ethile.

tedious (a) -nesidina.

tedium (n) ukudina; isidina.

teem (v) gcwala; swebezela; -thi bhidli.

teeth (n) amazinyo; amazinyo enja (canines).

teethe (v) mila amazinyo; mila abathakathi (of infants).

teetotal (a) -ngaphuzi utshwala; -zilayo

utshwala.

telegram (n) ucingo; shaya ucingo (send a t.).

telegraph (n) umshini wokushaya ucingo. (v) shaya ucingo. (a) -ocingo; izigxobo zocingo (t. poles).

telegraphic (a) -ocingo; -lucingo.

telegraphy (n) ukushaya ucingo.

telepathy (n) amandla okudlulisela komunye imicabango yakho ungamqhwebanga ungamkhulumisanga.

telephone (n) ucingo lokukhuluma; uthelefoni; umshini kathelefoni. (v) khuluma ngocingo; shaya uthelefoni.

telescope (n) isibonakude; isibuko sokubona kude. (v) bubana; bubanisa; faxaza.

telescopic (a) -phathelene nesibonakude; -nokububana.

television (n) iredio-mbono; iwayalense ozwa ngayo okukhulunywayo umbone ngamehlo umkhulumi.

tell (v) bala (enumerate); tshela, xoxa, landa (relate); ncetheza (t. tales); khuluma iqiniso (t. the truth); khuluma amanga, hemuza (t. lies); -sho, -thi (express); azisa, bika (inform); yala, tshela (instruct); azi, qonda (find out); thethisa (t. off); phatha kabi, ceba (report, t. on).

teller (n) umamukeli nombali wemali ebhange; umtsheli.

telltale (n) umncethezi; umsheshelengwana.

temerity (n) isibindi; ubuphoxo.

temper (n) inhliziyo enhle (sweet t.); ushaba, ubudlwangudlwangu (bad t.); thukuthela (lose one's t.); ulaka (anger); dloba (be in a t.); isimo sokuqina kwensimbi (state of hardness of metal). (v) thambisa, yalaza (soften); qinisa, qinisa insimbi (t. metal, harden metal).

temperament (n) inhliziyo; isimo senhliziyo; isigubo.

temperance (n) ukuzithiba; ukuzibamba; inhlangano yabazila utshwala (t. society).

temperate (a) zithibayo; -zibambayo; -lingeneyo; iklayimethi eyisivivi (t. climate).

temperature (n) izinga lokushisa; hlola ukushisa komzimba (take one's t.).

tempest (n) isiphepho.

tempestuous (a) -yisiphepho; -yisivunguvungu; -nomsindo.

temple (n) ithempeli; isonto elikhulu; inhlafuno (anatomical).

temporal (a) -phathelene nesikhathi (of time); -omhlaba (not of the church); -phathelene nenhlafuno (anatomical); -esikhathi (gram.).

temporary (a) -kwesikhashana; -kwalesisikhathi.

temporize (v) vumelana kwalesisikhathi nomcabango weningi.

tempt (v) yenga; linga.

temptation (n) isiyengo; isilingo; isigabiselo.

tempter (n) umyengi.

temptress (n) umyengikazi.

ten (n. and a.) ishumi; -lishumi; kashumi (t. times).

tenable (a) -nokukholwa; -nokuhlala.

tenacious (a) -lunama; -namathelayo; -nenhlaka; -bambelelayo.

tenacity (n) ukunamathela ngamandla; impikelelo.

tenant (n) umqashi; ohlezi ngokukhokha imali.

tend (v) bheka; linda; hlala na-; alusa izinkomo (t. cattle); khonza (t. upon); thanda, encikela (t.towards).

tendency (n) isijwayezi; ukuthambekela; ukuthanda; ukuncikela.

tender (n) umbheki, umkhonzi (one who tends); umkhumbi wokuthutha (boat); itilogo lenjini yesitimela (t. of engine); isilinganiso sesibizo sokwenza umsebenzi othile (t. for contract); imali enelungelo lokusetshenziswa (legal t.). (v) beka, nika (offer); linganisa isibizo (quote). (a) -nsobonsobo, -ntonto (not tough); -thambile (soft); -nesisa, -nomusa (compassionate); -thunukayo (causing pain).

tendon (n) umsipha ohlanganisa isicubu nethambo; usinga.

tendril (n) isibambelelo; umlibo oyisibambelelo.

tenement (n) indlu eyahlukaniselwe ukuqashisa (t. house).

tenet (n) umgomo wemfundiso.

tennis (n) ithenisi; inkundla yokudlalela ithenisi (t. court).

tenor (n) indikimba (purport); indikimba yenkulumo (the t. of a speech); itena (music). (a) -nephimbo letena.

tense (n) inkathi; inkathi yamanje (present t.); inkathi ezayo (future t.); inkathi edlule (past t.). (a)

-cuthile.

tension (n) ukuqinisa (strain); ubupha-kuphaku, ukushaqeka (excitement).

tent (n) itende; useyili (of wagon).

tentacle (n) ingalo yesilwane esinjengengwane sona sinezingalo eziyisishiyagalombili.

tentative (a) -okulinga; -okuhlola.

tenterhooks (n) -soluvalweni (on t.).

tenth (n) okweshumi; ingxenye yeshumi.

tenure (n) isikhathi sokuba na-; ilungelo lokuhlala endaweni.

tepid (a) -yisivivi.

term (n) umkhawulo, ukuphela (limit); isikhathi, inkathi (period); ithemu, isikhathi sokungena kwesikole (school t.); izwi, uhlamvu (expression); isivumelwano (relationship); -banokuzwana (be on good terms); vumelana (come to terms). (v) nika igama; tha.

terminal (n) umkhawulo; ukuphela. (a) -phathelene nokuphela.

terminate (v) khawula; gcinisa; phelisa; gcina.

termination (n) umkhawulo; ukuphela; umgqibelo.

terminology (n) ihlelo lamagama asetshenziswa endabeni; isayensi yokusebenzisa amagama ngokuyikho.

terminus (n) umkhawulo; indawo lapho kugcina khona.

termite (n) umuhlwa; inhlwabusi. (flying t.); uqumbu (queen t.).

terrace (n) ithala. (v) enza amathala.

terrain (n) isimo sezwe.

terrestrial (a) -komhlaba; -asemhlabeni; -phathelene nomhlaba.

terrible (a) -esabekayo; -esabisayo.

terribly (adv.) ngokwesabekayo; kabi.

terrier (n) isimaku; uhlobo lwenja.

terrific (a) -khulu; -namandla asabekayo.

terrify (v) ethusa; esabisa; faka ingebhe.

territorial (a) -phathelene nezwe; uMgwamanda weziFunda (T. authority).

territory (n) izwe; umhlaba; isifunda.

terror (n) uvalo; ingebhe.

terrorist (n) umphoqi-ngenkani; umthothongi; iphekulazikhuni.

terrorize (v) shayisa uvalo njalo; thothonga.

terse (n) -namazwi ambalwa acha-

chile; uphendule ngamazwi amafuphi (he replied tersely).

tertiary (a) -esithathu; -phathelene nokuma kwesithathu.

test (n) isivivinyo; umvivinyo; ukuhlola; okokuhlola. (v) vivinya; hlola; linga.

testa (n) uphephelezi.

testament (n) isivumelwano; iTestamente.

testate (a) -enzile incwadi yewili.

testicle (n) isende.

testify (v) fakaza; qinisa; fakazela.

testimonial (n) isifakazelo; incwadi yokufakaza nga-.

testimony (n) ubufakazi; okokufakaza nga-.

tetanus (n) umhlathi-ngqi; isifo sokubopheka kwemisipha ikakhulu eyemihlathi nomhlane.

tete-a-tete (n) ukuxoxisana.

tether (n) intambo yokukhungela; fika ekugcineni kwamandla (be at the end of one's t.) (v) khunga; thendeleza.

text (n) amagama alotshiwe; amazwi athathwe eBhayibhelini (t. from Bible.). indikimba yebhuku (main matter of book).

textbook (n) ibhuku eliphethe indaba yesifundo.

textile (a) -phathelene nokwalukiweyo; -thungiweyo.

texture (n) ukwakheka; indlela yokwalukwa; isimo.

than (adv. and conj.) kuna-; kunoba; kunokuthi.

thank (v) bonga.

thankful (a) -bongayo; -nokubonga; thokoza (be t.)

thankless (a) -ngabongi; -ngenambongo; -ngenakubonga; umzamo ongenambuyiselo (a t. task).

thanksgiving (n) ukubonga; okokubonga.

that (pron.) lokho. (a) lowo; leyo; leso etc. (conj.) ukuba; ukuthi; ukuze (adv.) kanjalo.

thatch (n) uphahla lotshani. (v) fulela.

thatching (n) ukufulela; utshani bokufulela, isiqunga (t. grass).

thaw (n) ukuncibilika. (v) ncibilika; ncibilikisa.

the (def. article) ngiyababona abantu (I see .the people).

theatre (n) ithiyetha; ikamelo lokuhlinzela (operating t.); inkundla, indawo (sphere).

theatrical (a) -phathelene nethiyetha.

thee (pron.) wena.

theft (n) ukweba.

their (a) -abo; -ayo; -azo etc.

theirs (pron.) awabo; ezayo etc.

them (pron.) bona; yona; zona etc.

theme (n) indikimba yendaba; indaba ephathwayo.

themselves (pron.) bona uqobo lwabo; zona uqobo lwazo etc.

then (n) lesosikhathi. (a) -akulesosikhathi; -kwalapho. (adv.) khona; kulesosikhathi; kaduba; manjalo; khona manjalo (right t.). (conj.) ngalokho; kanti; phela; kambe.

thence (adv.) lapho; kuleyondawo.

thenceforward (adv.) ukusukela kulesosikhathi.

theodolite (n) into okuklanywa ngayo izwe.

theologian (n) isazi sesayensi yezindaba ezingcwele neBhayibheli.

theology (n) isayensi yezindaba zenkolo noNkulunkulu; ithiyoloji.

theoretic (a) -esichasiselo esitholwa ngokucabanga kungekho qiniso lokuthi leyonto yenzekile; umsebenzi womhlahlandlela.

theory (n) ithiyori; umhlahlandlela; isichasiselo esibonwa ngokucabanga nje.

therapeutic (a) -elaphayo; -phathelene nokwelapha.

therapy (n) ukwelapha.

there (adv.) khona; lapho; laphaya (over t.); kukhona (t. was); kwakukhona (t. were).

thereafter (adv.) emuva kwalokho.

therefore (adv.) ngakho; ngakhoke; ngalokho.

thermal (a) -phathelene nokushisa.

thermometer (n) ithemometha; into yokulinganisa izinga lokushisa.

thermos (n) igabha eligcina ukufudumala kokuthelwe kulo isikhathi eside.

these (pron.) lezi; lokhu.

thesis (n) okulotshiweyo ngesifundo esithile; umqondo.

thews (n) izinyama.

they (pron.) bona; wona; zona etc.

thick (n) ukujiya; ukushuba. (a) -luhlonzi; -dumbile; -hlangene; -hlonzile; -jiyile; -enile, -minyene (dense); -dungekile (not clear).

thicken (v) jiyisa; shubisa; enza

kubenohlonze; jiya; shuqa; shuba.

thicket (n) ihlozi; ifuku; ihlashana; inhlanga (t. of reeds).

thickness (n) uhlonze; ukujiya; ukudumba; ukuminyana (closely packed).

thief (n) isela; isebi; umphangi; iqhubankomo (cattle t.).

thieve (v) eba; ntshontsha.

thigh (n) ithanga; inyonga (t. bone); amanyonga (t. joint).

thimble (n) imfimbolo; into yokuvikela umunwe womthungi enalithini.

thin (v) hlambulula; nciphisa uhlonze; hlembeza (t. out). (a) -ondile; -zacile; -mathambo; -lula; -hlambulukile (liquid); ihlathi eliqalingene (t. bush).

thine (pron.) eyakho etc.; ngeyakho etc.

thing (n) into; utho; impahla; uvobo (worthless); isimangaliso (surprising t.); isinqalanqala (difficult t.).

think (v) cabanga; khumbula; -sho; mungunya (t. about); songoza (t. out); zindla (t. over); azisa (t. highly of).

third (n) ingxenye eyodwa yesithathu; ubuthathu. (a) -esithathu; owesithathu (t. party); umuntu okukhulunywa ngaye (t. person).

thirst (n) ukoma; ukuqabatheka (craving). (v) oma; omela; qabatheka, hahela (crave).

thirsty (a) -omile; -qabathekile.

thirteen (a) -lishumi nantathu.

thirty (n) amashumi amathathu. (a) -ngamashumi amathathu.

this (pron.) lo; leli; lokhu; nganeno (on t. side); nonyaka (t. year).

thistle (n) ikhakhasi.

thither (adv.) kuleyondawo; lapho.

thong (n) umchilo; uqhotho.

thorax (n) isifuba; ugaga.

thoracic (a) -esifuba.

thorn (n) iva; umunga (t. tree).

thorny (a) -nameva; indaba eyinkinga (a t. problem).

thorough (a) ngempela; -nesineke; -cophelelayo.

thoroughbred (n) okohlobo. (a) -ohlobo.

thoroughfare (n) indlela yabo bonke abantu; akukho ndlela lapha (no t.).

those (pron.) labo; lezo; lawo etc.

thou (pron.) wena; u-.

though (conj.) nakuba; nokho; khona; noma.

thought (n) umcabango; umzindlo. (v) cabangile; khumbulile.

thoughtful (a) -cabangayo; -khumbulayo; -nakayo.

thoughtless (a) -ngacabangi; -nganaki.

thousand (n) inkulungwane. (a) -yinkulungwane.

thrall (n) isigqila; ubugqila.

thrash (v) shaya; dinda; khwixila.

thread (n) umcwana, intanjana (of fibre); uhala, ukotini (cotton t.); insonto (wollen t.); amazinyo esikulufu (t. of screw); ukuhamba kwengxoxo (t. of conversation).

threadbare (a) -gugile; -dlavuzekile.

threadworm (n) umpethwana; uhlavane.

threat (n) usongo; ukusonga.

threaten (v) songela; cifela; sikaza, khokhela (as with club); thanda ukwenzeka; thanda ukuphenduka, -buyisa (as of weather).

three (a) -thathu; kathathu (t. times).

thresh (v) bhula; bhula amabele (t. corn).

threshold (n) umbundu; umnyango.

threw (v) phonsile; jubile.

thrice (adv.) kathathu.

thrift (n) isineke sokonga; ukonga.

thrifty (a) -ongayo; -nesineke sokonga; -condobezelayo.

thrill (n) usikisiki lonwele; ugqozi, ukuvevezela. (v) vusa amadlingozi; vevezelisa.

thriller (n) indaba evusa usikisiki.

thrive (v) vuma; khula; hluma.

throat (n) umphimbo; umminzo; ingila.

throb (n) ukufutha; ukuqaqamba. (v) gquma; qaqamba; futha; nkenketha.

thrombosis (n) isifo esibangwa ihlule elicinanisa umthambo.

throne (n) isihlalo sobukhosi; isiqhwagelo; ngena ubukhosi (come to the t.). (v) misa esihlalweni sobukhosi.

throng (n) uquqaba. (v) bungaza; minyanisa; bunga; shuqungana.

throttle (n) isivulelo sikaphethroli oya enjinini. (v) klinya; nkinya emphinjeni.

through (prep.) phakathi kwa-; qeda (be t.); nga-, ngoba- (by means of); ngokunganakekeli (t. carelessness); phumelela ngenxa yomsebenzi (suc-

ceed t. work). (a) -dlulela phambili; isitimela esihamba indlela yonke (a t. train). (adv.) ngokuphuma phakathi; dlulela phakathi (go t.); velela phandle (protrude); du, nya, ngempela (t. and t.).

throughout (prep.) indawo yonke; isikhathi sonke; bonke ubusika (t. the winter). (adv.) kuyo yonke indawo; kuso sonke isikhathi.

throw (n) umjikijelo; umphonso; umcibo. (v) phonsa; jikijela; sakaza (t. about); lahlela eceleni (t. aside); jukujela (t. at); lahla, ntshinga (t. away); qikila (t. back); lahla phansi, bhidliza (t. down); fuhluza (t. in disorder); dacaza (t. down as wet object); bhukluza (t. violently); cela inselele (t. down the gauntlet); thela, dela (t. in one's hand); chitha (t. out); hluma (t. out new shoots); genula (t. over); didiyela (t. together); hlanza (t. up, vomit); jijimeza (t. far); esulela (t. blame on); dambisa intshisekelo, fela amathe (t. cold water on); fuza (be like, t. back).

thrush (n) ugaga, umunswi (bird); amalovula (disease).

thrust (n) ukuthi hlokolozi. (v) bhokoda; hlaba; hlokoloza; hlohla; qhuba (t. along); gudlumeza, khapheza (t. aside); hloma, ngenisa, bhoja, joja (t. into); fohla, fohloza (t. through); shumeka; thukusa (t. under); funza, phoqa nga- (t. upon).

thug (n) isigebengu; isiqhwaga.

thumb (n) isithupha; ugquza.

thump (n) umngqubuzo. (v) duma; duma liqaqambe (loud t.); vungama.

Thursday (n) uLwesine; ngoLwesine (on T.).

thus (adv.) njalo; kanjalo; nje; kanje; njeya; kanjeya; kangaka.

thwart (v) thiya; nqanda; vimbela. (adv.) ngokunqanda.

thy (pron.) -akho.

thyroid (n) indlala yegilo.

thyself (pron.) wena uqobo lwakho.

tiara (n) umqhele wamatshe egugu afakwa ngowesifazane.

tibia (n) ithambo lombala; imbilathi; itibia.

tick (n) ikhizane, umkhaza (insect); ukuncenceza (sound); uphawu (mark). (v) ncenceza; bhala uphawu (t. off).

tick-bird (n) ihlalanyathi.

ticket (n) ithikithi. (v) thikitha; faka ithikithi.

tickle (v) kitaza; hlekisa (amuse).

ticklish (a) -kitazwa yize (sensitive); -bucayi (difficult).

tidal (a) -phathelene nokungenisa nokubohla kolwandle; indobela (t. waters).

tide (n) ibuya; ukungenisa nokuhlehla kolwandle. (v) siza (t. over).

tidiness (n) ubunono; ukuzicola.

tidings (n) izindaba; izindaba ezitholwayo.

tidy (a) -nobunono; -linono; -zicolile.

tie (n) iqondo; ifindo; uthayi (necktie); ukulingana (equality). (v) thekeleza; bopha; bopha ifindo (t. a knot); ndondela (t. a bundle); bophelela, nqala (t. firmly); hilela (t. with a slip-knot); nsala (t. tightly); khungela (t. to); bhanqa (t. together); khunga, khuleka (t. up); lingana (be equal).

tier (n) uhla oluphezu kolunye; uqimba.

tiger (n) isilwane esinemithende esifana nengwe enkulu.

tight (adv.) ngokuqinisa. (a) -qinile (firm); -nyinyayo, -bambayo (closefitting); -nsalekile (taut); -ntulekile (scarce); imali iyindlala (money is t.).

tighten (v) nsinya; nsala; qinisa; cinanisa; nsaleka.

tile (n) isitini sokufulela; isitini sokugandaya phansi. (v) fulela ngezitini; gandaya ngezitini.

till (n) ikhisi lemali. (v) lima; colisa. (prep.) kuze kube.

tiller (n) umlimi; isibambo sesiqondiso somkhumbi (t. of a boat).

tilt (v) ketuka; ketula.

timber (n) amapulangwe; izingodo; imithi.

timbre (n) isimo sokuzwakala kwephimbo.

time (n) isikhathi, umzuzu (duration); -zilibazisa (pass the t.); umzuzwana, isikhashana (a short t.); sekuyisikhathi sini? (what is the t.?); endulo (in olden times); okokuqala (the first t.); okokugcina (the last t.); okwamanje (for the t. being); kwesukela (once upon a t.); ukuphinda (multiplication); busa, jabula (have a good t.). (v) linganisa;

bheka isikhathi.

timeless (a) -nganqunyelwe isikhathi.

timely (a) -enzeka ngesikhathi.

timeously (a) -enzeka ngesikhathi.

timid (a) -novalo; -ethukayo; -khophozayo.

timorous (a) -novalo; -chobonyekayo; -nciyanciyayo.

tin (n) ithini (metal); ikani, ishumbu (container); igogogo (large t.). (v) gcina ethinini (can); mboza ngethini (cover with t.). (a) -ethini; ikopi (t. mug); uqweqwe lwethini (t. foil).

tincture (n) isithako (medicine); isithako seayodini (t. of iodine).

tinder (n) inofunofu yokokhela; izinswani zokokhela.

tinge (n) umbadlana. (v) -thi kancane ngombala.

tingle (v) ncencetha (sound); nwayizela (of feeling).

tinker (n) umkhandi wezinto zensimbi. (v) khanda izinto zensimbi; dlala nga- (meddle).

tinned (a) -gcinwe ethinini; inyama yethini (t. meat); ubisi lwethini (t. milk).

tinsel (n) okucwebezelayo.

tint (n) umbadlana. (v) enza kube nombadlana.

tiny (a) -nci; -ncinci; -ncinyane.

tip (n) isihloko (point); uthupha (t. of finger); inkotha (t. of tongue); ukunyenyezela (secret information); umbhanselo (gratuity). (v) faka isihloko (point); ketula (make slant); qethula (t. over); chitha (t. out); ketuka; genuka; qethuka.

tipple (n) okokuphuzwa. (v) qhafa (drink); qethuka; qethula (t. over).

tipsy (a) -qhafile; -dakiwe; -phuzile.

tiptoe (n) amazwayiba; hamba ngamazwayiba (walk on t.); -cokeme (on t.).

tirade (n) inkulumo yokufutheka.

tire (v) khathala; dinwa; khathaza; dina; coba, khandla (t. out).

tired (a) -khathele; -diniwe; -cobekile.

tiresome (a) -nenkathazo; -khathazayo; -nesidina.

tissue (n) okulukiweyo (fabric); inyama, izinyama; izixwexwe (tissues of flesh); uhide lwamanga (t. of lies).

titbit (n) icwiyo; intwana emnandi.

tithe (n) okweshumi. (v) aba ngokweshumi.

titivate (v) -ziphaquphaqula.

title (n) igama; ibizo; isithakazo (praise); ilungelo (the right to); itayiteli elikhomba ubunikazi (indicating ownership of).

titled (a) -negama; -nesithakazo; -nesifeqo.

titter (n) ukuthi gigigi; ukugigitheka. (v) cwicwitheka; gigitheka.

toad (n) isele; iselesele; igcogcoma; isinana (platana).

toady (n) isicelankobe. (v) cebedisa; -zicebedisela (t. to).

toast (n) uthosi; phuzela ithosi (drink a t.). (v) osa; thosa; gazinga; chochobalisa; chochobala.

tobacco (n) ugwayi; bhema ugwayi (smoke t.).

tobacconist (n) othengisa ngogwayi.

today (n) namuhla; namhlanje.

toddle (v) cathula.

toddler (n) ingane ecathulayo.

toe (n) uzwani; uqukula (big t.); uzipho (t. nail); ikhala lesicathulo (t. of shoe). (v) fola, ma ngokulinganisana (t. the line).

toffee (n) uthofi; uhlobo lukaswidi.

together (adv.) ndawonye; kanyekanye; hlanganisa amakhanda (consult t.); xubanisa (mix t.).

toil (n) ukusebenza. (v) sebenza; shikashika.

toilet (n) ukuzilungisa; isimo sokugqoka nokuzilungisa; ilavathi, ibhoshi lamanzi (lavatory).

token (n) okubonisayo; uphawu.

told (v) tshelile; khulumile; bebonke, zizonke (all t.).

tolerable (a) -lingene, -vumekayo (supportable); -khudlwana (moderate).

tolerate (v) vumela; bekezela.

toleration (n) ukuvumela; ukuvunyelwa; ukubekezela.

toll (n) ukuthi nqo (of a bell); okuthelwayo (tax); bhuqa (take t. of).

tollgate (n) isango okuthelwa kulo.

tomahawk (n) isizenze sabomdabu baseMelika.

tomato (n) utamatisi.

tomb (n) ingcwaba; iliba; ithuna.

tome (n) ibhuku elikhulu.

tomorrow (adv.) kusasa; ngomuso; ngomhlomunye (the day after t.).

tom-tom (n) isigubhu saseMelika.

ton (n) itani; isilinganiso sesisindo.

tonal (a) -phathelene nethoni; -phathelene nephimbo.

tone (n) izwi; ithoni; iphimbo; isimo (character); isimo sephimbo (t. of voice); isimo sombala (colour quality). (v) enza ifoto liqhame (in photography); nciphisa, thambisa, dambisa (t. down).

tongs (n) into yokubamba ilahle.

tongue (n) ulimi (anat.); inkotha (tip of t.); inhlonhlo (t. of land); uthi lweshasipele (t. of buckle); ulimi (language).

tonic (n) umuthi wokuqinisa umzimba. (a) -phathelene nethoni; -okokuqinisa umzimba (medicine).

tonight (adv.) ebusuku namuhla; namuhla kusihlwa.

tonsils (n) amathonsela; amalaka.

too (adv.) futhi, na- (also); ngokudlulisa, ngokweqile (in excess).

took (v) thathile; ntshontshile (stole).

tool (n) isikhali; into yokusebenza.

tooth (n) izinyo; izinyo lenja (canine t.); qhuma izinyo (cut a t.); khumula izinyo (draw a t.); izinyo lomhlathi (molar); ibamba (wisdom t.); gedla amazinyo (grind one's teeth); isixubho (t. brush); amazinyo okufakwa (false teeth).

toothache (n) ubuhlungu bezinyo.

toothsome (a) -mnandi.

top (n) isipininizane, ithophi (toy); dingiliza isipininizane (spin a t.); isiqongo; idundu; indawo yangaphezulu (summit); ukhakhayi (t. of head); ngaphezulu kwa-, enhla na- (on t. of). (v) dlula bonke; dundubala (t. the rise). (a) -ngaphezulu; -phakeme.

topic (n) isihloko; ingxoxo; indaba; amaphatho.

topical (a) -semantheni; -phathelene nodaba.

topography (n) incasiselo yesimo sendawo.

topple (v) ketuka; khalakathela; dilika; ketula; wisa.

torch (n) ubhaqa; isikhanyiso; isihlonti (of grass); ithoshi (electric t.).

tore (v) klebhulile.

toreador (n) umuntu olwa nenkunzi phambi kwezibukeli.

torment (n) umnjunju; uhlupho. (v) hlupha; fundekela; shoshozelisa.

tormentor (n) umhluphi; ohluphayo.

tornado (n) isivunguvungu; isiphepho.

torpedo (n) ithophido, imbumbulu enkulu etshuziswa emanzini.

torrent (n) isikhukhula; ithala lenhlamba (a t. of abuse).

torrid (a) -shisa kakhulu; isifunda somhlaba esishisa kakhulu (t. zone).

torso (n) umzimba ngaphandle kwekhanda nemilenze nezingalo.

tortoise (n) ufudu.

tortoise-shell (n) igobolondo lofudu. (a) -ogobozi lofudu.

tortuous (a) -zungelezayo; -gwegwesayo; -khohlisayo (deceitful).

torture (n) amasu okuzwisa ubuhlungu. (v) nqamuleza; izwisa ubuhlungu.

toss (n) ithosi; phumelela ekuqageleni ethosini (win the t.). (v) phosa; jikijela; thosa; nqekuza (t. the head); shukuzisa, hlukuza (t. about); bhengula (t. upwards); jujubeza (t. up and down); -zibinya (t. oneself about).

tot (n) umntwanyana (small child); ithothi, isilinganiso sikagologo (measure of drink). (v) hlanganisa ekubaleni (t. up).

total (n) isamba; umbumbatha; isamba sababhaliwe (t. enrolment). (v) hlanganisa. (a) -nke; ukuphela kwa-.

totalizator (n) umshini wokubala imali yokubheja emjaheni.

totem (n) uphawu lwesizwe olwaziswayo ngabo bonke balesosizwe.

totter (v) tekezela; yendezela; dengezela; totoba.

touch (n) ukuphatha; ukuthinta; ukuthintwa; -phathelene na (in t. with); ukuzwela (sensation); okuncane (small quantity); isandla, ikhono (skill); ibhola liphumele emaceleni (the ball is in t.). (v) thinta, phatha (make contact with); fika, finyelela (reach); cubungula, dlala na- (meddle); thinta inhliziyo, vusa umunyu (affect); lungisa (t. up); thintana (be in t. with).

touching (a) -thinta inhliziyo; -nomhawu. (adv.) maqondana na-.

touchy (a) -zwelayo; -nozwela; -tetemayo.

tough (n) isiqhwaga. (a) -luzica; -gungubele; -lukhuni.

tour (n) ukuhamba; uhambo. (v) hamba.

tourist (n) umuntu ohamba ebuka amazwe.

tournament (n) umncintiswano emdla-lweni.

tourniquet (n) isicindezelamthambo; intambo ensinyayo ukuvimbela ukopha.

tousle (v) hlikiza; izinwele ezimahlikihliki (tousled hair).

tout (n) umuntu ohamba efuna abathengi. (v) -zicelela abathengi.

tow (n) ukudonsa (towing); donsa (take in t.); okokwenza indophi (hemp). (v) donsa; hola.

towards (prep.) nga-; ngasemini (t. noon).

towel (n) ithawula; imfaduko (kitchen t.); indwangu yokomisa. (v) -zomise ngethawula.

tower (n) umbhoshongo. (v) phakama; qonga (t. up).

town (n) idolobha; umuzi wesilungu; umkhandlu wedolobha (t. council).

township (n) idolobhana; indawo yedolobha.

toxic (a) -phathelene nesihlungu; -phathelene nembewu yokufa.

toy (n) okokudlalisa ingane; isilibaziso sengane. (v) wothawotha; dlala nga- (t. with).

trace (n) umkhondo (track); okunci; umkhwazana (small quantity); ihanisi, okokubophela (harness). (v) dweba (sketch); khiphela, linganisa, fanisa (copy); landela umkhondo (track).

trachea (n) uqhoqhoqho.

trachoma (n) isifo samehlo.

track (n) umunqa (impression); unyawo (t. of foot); umopho (t. of blood); umcimbi (of tears.); indlela, umkhondo (path); umdukuzo (cross-country t.); umgwaqo, umgudu (well beaten t.); umvundlo (side t.); emkhondweni wa- (on the t. of); isipolo (railway t.). (v) landela ngomkhondo.

tract (n) incwajana (small booklet); umhlabathi obanzi (wide t. of land); umgudu wokudla (digestive t.).

tractable (a) -vumayo kahle; -ezwayo.

tractor (n) umshini wokudonsa; itrekta; ugandaganda.

trade (n) uhwebo; ibhizinisi; ukuthengelana. (v) hweba; thengisa; thengelana.

trader (n) umhwebi; umthengisi.

tradition (n) indaba ethathwe kokhokho; imvelo; okwezizukulwane.

traditional (a) -phathelene namasiko

emvelo.

traffic (n) ukuhwebelana (business); izinqola ezihamba emgwaqweni, itrafiki, ukuminyana kwezinto ezihambayo emigwaqweni (heavy t.); isitobhu samalambu (t. lights). (v) thengelana na- (t. in).

tragedy (n) imbangalusizi; isigemegeme.

tragic (a) -nosizi; -sabekayo.

trail (n) umhudulo, umkhondo (track); indlela, umdukuzo (footpath). (v) hudula, donsa (drag); landelisa (track down); hushuza; huduleka; landela (t. after).

trailer (n) inqola edonswa ngemuva kwemoto; umlandelimkhondo (tracker).

train (n) udwendwe, uhide (procession); ukulandelana kwezehlakalo (t. of events); isitimela (railway t.). (v) fundisa, qeqesha, jwayeza (teach); culisa (t. to sing); bhekisa (direct); -zifundisa, -zijwayeza (t. oneself).

trainer (n) ofundisayo; umfundisi.

training (n) ukufundisa; ukufundiswa.

trait (n) uphawana; isici; ukhondolo.

traitor (n) imbuka.

trajectory (n) indlela ehanjwa inhlamvu yesibhamu.

tram (n) ithilamu.

tramp (n) ukuhamba; ukhwahla; umalalepayipini (vagrant). (v) nyathela; bhuduzela (t. down); davuza; hamba phansi; hamba ngezinyawo.

trample (v) nyathela; dova; gxoba; dlovoza.

trance (n) ukwemuka ingqondo; ukuquleka.

tranquil (a) -thulile; -the cosololo.

tranquillisor (n) umuthi othulisayo; umuthi oqeda ukwenqena.

transact (v) enza; sebenza; phatha.

transaction (n) ukwenza; umgidi; umsebenzi wokuvumelana; ukuthengiselana.

transcend (v) eqa, dlula; thonya.

transcribe (v) thathela; bhala ngokuthathela kwenye incwadi.

transcript (n) okubhaliweyo kwathathwa kokunye.

transcription (n) ukubhalwa ngokuthathelwa kokunye.

transfer (n) ukugudluzela; ukuthutheka; ukuphuma esikhundleni uye kwesinye; umfanekiso onanyatheli-

siwe (picture t.). (v) khiphela; gudluzela; dlulisela; thutha; ambukela (t. allegiance); -ziguqulela; thutheka.

transfiguration (n) ukuguquka kwesimo.

transfix (v) gwaza; bhokoda, joja.

transgress (v) ona; eqa umthetho; phosisa.

tranship (v) shintshela komunye umkhumbi.

transient (a) -dlulayo; -okwesikhashana.

transit (n) ukubasendleleni; izimpahla ezisendleleni (goods in transit).

transition (n) ukuguquka; ukuguqukela kwesinye isimo.

transitive (a) -dingayo umenziwa; isenzo esinomenziwa (a t. verb).

transitory (a) -dlulayo; -okwesikhashana; -okuguquka.

translate (v) humusha; humushela nga-; shintsha; guqula.

translation (n) ukuhunyushwa; ukuguqulwa; okuhunyushiwe.

transmit (v) thumela; thuma; yisa.

transmitter (n) umshini wokusakaza ngowayalense (radio t.).

transmute (v) guqula isimo.

transparent (a) -bonisayo; -chachayo; -khanyayo.

transpiration (n) ukumfoma kwesisi; ukumfoma isisi esiphuma ngezimbotshana esikhunjeni.

transpire (v) mfoma isisi; enzeka.

transplant (v) tshala ngokususela esimiliselweni; mbela.

transport (n) ukuthutha amafulaha; umkhumbi othutha amasosha (troop t.); amadlingozi enjabulo (transports of delight). (v) thutha; yisa; vusa amadlingozi (delight).

transportation (n) ukuthuthwa; ukuthwalwa.

transpose (v) shintshanisa; guqulela kwelinye ikhiye (music).

transverse (a) -nqumayo; -nqumile; -nqumayo kabili.

trap (n) isithiyo, isicupho, (snare); unoxhaka (spring t.); isife (stone t.); ugibe, umgoga (noose t.); iveku (game pit t.); cupha (set a trap); umcuphi, impimpi (police t.); ikalishi (carriage). (v) thiya, cupha, hila, gola, bhabha (entrap).

trapeze (n) isishwibo esilengiswa ngezintambo ezimbili.

trapper (n) umcuphi wezilwane ezinoboya.

trappings (n) izinto zokuhlobisa; ubuyephuyephu.

trash (n) imfungumfungu; okuyize (worthless); amakhasi asomile omoba (cane t.). (v) xebula amakhasi amadala (t. as cane).

travail (n) inimba; ukusikwa. (v) phathwa inimba; sikwa.

travel (n) ukuhamba; uhambo; ukuhamba izwe. (v) hamba, hamba izwe.

traveller (n) umhambi; isihambi; ohambayo amazwe.

traverse (n) indlela yokuwela. (v) hamba; dabula phakathi kwa-.

travesty (n) umfanekiso wokuhlekisa; inhlekisa; inhlekisa ngomthetho (a t. of the law).

trawl (n) inetha lokudoba. (v) doba ngenetha; doba ngokudonsa isiyengiso sitshuze emanzini.

trawler (n) isikejana sokudoba.

tray (n) ithireyi; uqwembe; ugqoko.

treacherous (a) -heshayo; -vukelayo; -nengozi; izibuko elinengozi (a t. ford).

treachery (n) uzungu; ukuhesha; ukuvukela umbuso.

treacle (n) utiligi.

tread (n) ukunyathela, isinyathelo, isigi (step); isinyathelo senjoloba sethaya (t. on tyre); okokunyathela (place for treading). (v) nyathela, dlovoza, cibiza (t. upon); dova, xova (t. mud); gxoba, dovoza (t. down).

treason (n) ukuvukela umbuso; ukwambuka.

treasonable (a) -nokwambuka; -okwambuka; -nenhlola.

treasure (n) igugu; ukunotha. (v) enza igugu; londoloza.

treasurer (n) umgcinisikhwama; umphathi wezimali.

treasury (n) umnyango wezimali zezwe; indawo yokukhweza ingcebo.

treat (n) idili, injabulo (entertainment). (v) phatha (handle); phatha kabi (t. badly); congelezela (t. carefully); bonelela; hlengezela (t. considerately); eyisa (t. contemptuously); phatha ngonya (t. cruelly); wota, phatha kahle (t. kindly); dlova, khuhlumeza (t. roughly); elapha (t. medicinally); pha, jabulisa (give a t. to); phatha, khuluma nga- (t. of); xoxisa, khuluma na- (negotiate).

treatise (n) indaba eqondene nokuthile ebhaliweyo.

treatment (n) impatho; ukwelapha (medical t.).

treaty (n) isivumelwano; imvumelwano.

treble (n) iphimbo eliphakemeyo. (v) phinda kathathu; phindwe kathathu. (a) -phindiwe kathathu.

tree (n) isihlahla; umuthi; iklume (young t.); isiqongo sesihlahla (t. top); isikhomakhoma (t. fern).

trek (n) uhambo; ufuduko. (v) hamba; hamba ngenqola; fuduka (t. away).

trellis (n) izinti zokuphasa isithombo.

tremble (n) ukuqhaqhazela; ukuqakanyeka. (v) qhaqhazela; vevezela; zamazama; gedezela (of voice); thuthumela (t. from cold).

tremendous (a) -khulu kakhulu; -khulukazi.

tremor (n) ukuhlasimula; ukuqakanyeka; amathezane (nervous t.); ukudikizela komhlaba (earth t.).

tremulous (a) -vevezelayo; -tengezelayo.

trench (n) umsele; umhlenhlebulo; inkasa (irrigation t.); isikaniso esimbiwe phansi (t. for soldiers).

trenchant (a) -hlabayo; -bukhali.

trencher (n) isitsha esibazwe ngokhuni.

trend (n) isimo; inkambiso. (v) qonda ku-; -thambela nga-; -thambekela ku- (t. towards).

trepidation (n) itwetwe; amathezane; ingede.

trespass (n) icala lokufohla; ukweqa umthetho; isono. (v) fohla; eqa umthetho; onela.

trestle (n) imilenze yokusekela amapulangwe azokwenza itafula.

trial (n) ukuthethwa kwecala (legal); umzamo (an attempt); ukuhlupheka (an infliction); ukulinga (a testing).

triangle (n) unxantathu; okuzingoni zintathu.

tribal (a) -esizwe.

tribe (n) isizwe; uhlobo.

tribesman (n) indoda yesizwe.

tribulation (n) usizi; ukuhlupheka.

tribunal (n) ibandla lokuthetha icala.

tributary (n) umngenela (river); umbusi othela komunye umbusi. (a) -thelayo; -khonzayo; -ngenayo (of river).

tribute (n) ukuthela; isethulo; thela (pay tax); amazwi okubonga (praise).

trice (n) umuzuzwana; isikhashana.

trick (n) icebo; impamba; ubuqili; umkhuba; umgilingwane; khohlisa (play t. on). (v) khohlisa; phamba; qiliza; phica.

trickle (n) ukuchicha; iconsi. (v) chicha; finineka; consa.

tricky (a) -phicayo; -phambayo; -qilizayo.

tricycle (n) ibhayisikili elinamasondo amathathu.

trident (n) umkhonto ombaxantathu.

tried (v) zamile; lingile, -hloliwe.

trifle (n) okuyize; intwanyana; ukudla okungamakhekhe okuthelwe newayini (dessert). (v) manaza; dlala nga-.

trigger (n) ingcipho yesibhamu. (v) ukususa isibhelu (t. off action).

trill (n) ukubikizela. (v) bikizela; vevezelisa iphimbo.

trim (v) nquma; lungisa; fekethisa. diya. (a) -nqunyiwe; -lungisiwe; -yinono.

trimming (n) umfekethiso.

trinity (n) ubuthathu; okuthathu okuhlangene.

trinket (n) igugwana.

trio (n) umhaya-ngabathathu (music); abathathu.

trip (n) uhambo (journey); ukukhubeka (stumble); ukuphazama (error); ukuthi gcoka (light step). (v) gcokama (run lightly); khubeka (stumble); khuba, khubekisa (t. up).

tripe (n) itwani; ingobo; isandlu.

triple (v) hlanganisa kathathu. (a) -okuthathu kuhlangene.

triplets (n) abantwana abathathu abazalwa muntu munye ngasikhathi sinye.

triplicate (n) okuphindwe kathathu. (a) -phindwe kathathu.

tripod (n) isisekelo esinemilenze emithathu.

tripple (v) telebhela; gegezela.

trisect (v) nquma kubezingxenye ezilinganayo ezintathu.

trite (a) -vamileyo; -jwayelekile.

triumph (n) ukunqoba; ukwahlula. (v) nqoba; ahlula; esasa (exult).

triumphal (a) -phathelene nokunqoba; -phathelene nokwesasa.

triumphant (a) -nqobile; -esasayo.

trivial (a) -ngenamkhuba; -yize.

trod (v) nyathelile; nyathele.

troll (n) umantindane. (v) -zihayela; doba ngokutshuzisa isiyengo ema-nzini (fishing).

trolley (n) ingolovane; inqodlana.

trollop (n) inuku; isifebe.

trombone (n) icilongo elinesishelelo; itrombone.

troop (n) isigaba; iviyo; ibutho (of soldiers, warriors); umhlambi (of animals, fishes). (v) viva; phonseka phakathi (t. in).

trooper (n) isosha; ibutho; isosha eligibele (mounted).

trophy (n) ubhedu; isimula.

tropic (n) itropiki; injiko; amazwe anokushisa okukhulu (the tropics).

tropical (a) -phathelene nezifunda ezinokushisa okukhulu.

trot (n) umqhuqho. (v) qhuqha; dledla; qhuqhisa; dledlisa; dalula (t. out).

troth (n) ukuthembeka; iqiniso; fungela ukwethembeka ekugananeni (plight one's t.).

trotter (n) ihashi eliqhuqhayo; inqondo lesilwane.

trouble (n) uchuku; inhlupheko; inkathazo; ukunaka; xineka, hlupheka (be in t.); kholiseka (get into t.); kholisa (give t. to); naka, khathalela (take t. over). (v) khathaza; hlupha; fundekela; naka; khathala; khathaleia.

trough (n) umkhombe; isihohoba; umkhoba.

trounce (v) ahlula; shaya kakhulu.

troupe (n) iqembu labadlali.

trousers (n) ibhulukwe.

trousseau (n) imvunulo nempahla kamakoti.

trout (n) uhlobo lwenhlanzi edliwayo.

trowel (n) ihalavana; ihalavana lokukha udaka uma kwakhiwa.

truant (n) umbalekeli-sikole; balekela isikole (play t.).

truce (n) uxolo lwesikhashana; maluju.

truck (n) itilogo (railway t.); ingolvane (small type t.); imoto yokuthutha izimpahla (motor t.); ukusebenzela (dealing). (v) layisha etilogweni; thutha ngemoto yezimpahla.

truculent (a) -nochuku; -nolaka.

trudge (n) ukudavuza. (v) davuza; dafaza.

true (a) -liqiniso; -qinisile; -qotho; -qondile; -thembekile (trustworthy). (adv.) ngokukholeka.

truly (adv.) iqiniso; isibili; isiminya; impela.

trumpery (a) -yize; -ngenamkhuba.

trumpet (n) icilongo; ixilongo. (v) khonya (of animal); -zibonga (blow one's own t.).

trumpeter (n) umshayi wecilongo.

truncheon (n) isiqwayi.

trundle (v) fuqa into ehamba ngamasondo.

trunk (n) ugodo, umzimba (t. of body); umboko (t. of elephant); isiqu, isigodo (t. of tree); ikisi (large box). (a) -esiqu; umgwaqo omkhulu (t. road); ukukhuluma ngothelefoni ibanga elide (t. call).

truss (n) isixha (bundle); into yokuvikela indawo emzimbeni ethanda ukubhoboka (surgical t.). (v) bopha ngokugoqa; enza izinkatha zotshani (t. hay); goqanisa inkuku ukuba iphekwe (t. a fowl); sekela ngento endaweni ebhobokayo (surgical t.).

trust (n) ithemba; ukukholwa; inkampani enezimali ezisisiwe (business t.). (v) ethemba; kholwa; bheka. (a) -sisiweyo; izimali ezisisiweyo (t. funds).

trustee (n) umphathi obekiweyo.

trustworthy (a) -thembekile; -kholekile; -nokuthenjwa.

truth (n) iqiniso; isiminya; inyaniso.

truthful (a) -liqiniso; -neqiniso; -qinisile.

try (n) ukulinga; ukuzama. (v) zama; linga; khathaza, hlupha (affect, worry); thetha, qula (t. a case at law); lokotha (endeavour).

tryst (n) ukuvumelana ukuhlangana; indawo enqunyiweyo yokuhlangana.

tsetse (n) itsetse; impukuvane.

tub (n) umgqomo; umphongolo.

tube (n) umbhobho; ithumbu; isitimela esihamba ngaphansi kwedolobha (railway t.).

tuber (n) umphonsi; igoni.

tuberculosis (n) isifuba sexhwala; iT.B.

tubercular (a) -exhwala.

tubular (a) -lithumbu; -ngumbhobho.

tuck (n) itaki; umfingcizo. (v) songa; fingqa; khuphula (t. up); khwica, khwaxa (t. in, under).

Tuesday (n) uLwesibili; ngoLwesibili (on T.).

tuft (n) isiqhova; isicholo; isihlonti (t. of hair); isiluba (t. of feathers); isidindi (t. of grass).

tug (n) ingalawana (boat); ukuthi

dluthu. (v) donsa; dluthula; dluzula.

tuition (n) ukufundisa; ukufundiswa.

tumble (n) ukuthi gumbuqu; ukuwa; ukukhubeka. (v) ginqika; wa; khubeka; ketuka; khalakathela; wisa, ketula.

tumbler (n) ingilazi yokuphuza.

tumbrel (n) uhlobo lwenqodlana enamasondo amabili.

tumour (n) ithumba; isimila; ixhwala; indlalathi.

tumult (n) isiyaluyalu; isidumo; isiphithiphithi.

tumultuous (a) -nesiyaluyalu; -nesidumo; -nesiphithiphithi.

tune (n) indlela; isivumo; ishuni (melody); ukuvumelana (harmony). (v) shuna.

tuneful (a) -zwakalayo; -zwakalayo kamnandi.

tuning fork (n) insinjana yokuthola ukhiye womculo.

tunnel (n) ithanela; intunja; imbobo. (v) mba ithanela; vukuza.

turban (n) umshuqulo.

turbid (a) -dungekile.

turbulent (a) -yaluzayo; -xokozelayo.

tureen (n) isitsha esikhulu sesobho.

turf (n) isoyi; isidindi; inkundla yomjaho wamahashi (race course). (v) tshala ngotshani; beka amasoyi.

Turk (n) iTheki.

turkey (n) ikalikuni; igalikuni.

Turkish (n) isiTheki (language). (a) -phathelene naseTheki; ukubhava ngesisi esishisayo (T. bath).

turmoil (n) isiyaluyalu; inxakanxaka.

turn (n) ukuphenduka (rotation); impendu (change of direction); insonge yomgwaqo (a t. of road); ngesikhathi sokuphenduka kwebuya (at the t. of the tide); jika, phenduka (make a t.); ithuba (sequence); yithuba lethu (it is our t.); ngokulandelana (in t.); dedelana (take turns); enzela umusa (do a good t. to). (v) phendula (cause to t.); casuzelisa (t. one's stomach); guqula, phendula (change); vundisa, bola (t. bad); cezula (t. aside); nqanda, xosha (t. away); buyisela emuva (t. back); khalima, eqela (t. back an animal); pheca (t. up a hem); -ngavumi (t. down, reject); phenqula, phendukezela (t. inside out); vala (t. off as tap); khipha (t.

out); guqula (t. over); phenya (t. over as a page); vubukula, fukuza (t. soil); pheshula, phequla (t. up); kweqa (t. eyes); shingila (t. the back); shikilela; fulathela (t. the back on); -ngalaleli (t. a deaf ear); khulula (t. loose); fulathela (t. tail); phenduka (t. around); guquka (change); shintsha umbala (t. colour); ambuka (t. traitor); phambuka (t. aside); vukela, sukela (t. upon); fika, qhamuka (t. up, arrive); phendukela (t. against).

turning (n) impendu; izinkimbinkimbi (twinings and turnings).

turnip (n) utheniphu; uhlobo lwempande edliwayo.

turret (n) umbhoshongo; umbhoxongo wawombayimbayi (gun t.).

turtle (n) ufudu lwasolwandle; ihobhe, ijuba lasendle (t. dove); -thi gumbeqe (turn t.).

tusk (n) izinyo lendlovu; inzavula, izinyo elikhulu (large tooth).

tusker (n) indlovu enamazinyo; ingulube enezinzavula.

tussle (n) umzukuzuku; ukuhwilizana. (v) bambana, zukuzisana.

tutelage (n) ubuphatheli; ukulondolozwa.

tutor (n) umfundisi; umphatheli; umfundisi ikakhulu onabafundi abambalwa. (v) fundisa; phatha.

twain (n) kokubili; bobabili etc.

tweak (v) ncweba; -thi hlasi.

tweed (n) uhlobo lwendwangu.

tweezers (n) isibambo; ugxawana.

twelfth (a) -eshumi nambili.

twelve (n) ishumi nambili. (a) yishumi nambili.

twenty (n) amashumi amabili. (a) -ngamashumi amabili.

twice (adv.) kabili.

twig (n) ihlamvana; igatshana; usaba, inswazi (dry t.).

twilight (n) uvivi; ukuhwalala.

twin (n) iwele; iphahla; umbhangqwana. (a) -liwele; -ngamawele.

twine (n) intanjana. (v) thandela; zongoloza; photha; khwixa; phica.

twinge (n) ukuthi shwaphuluzi; bikinyeka (nervous t.).

twinkle (n) ukuthi benye. (v) benyezela; lokoza.

twinkling (n) ukuphazima; ukuthi benye

twist (n) ukuthi sonti; insonte; ingo-

qela (coil); ukuguqukezela. (v) sonteka; thandela; goqela; bhinyika; gwincigwinciza (t. about); sonta; photha.

twitch (n) ukuthi hlasimuli; ukudikiza; amathezane (nervous twitches); insontane (t. for holding animals). (v) hlasimula; dikiza.

twitter (v) swebeza; tshiloza.

two (n) isibili; ngababili (in twos); kabili (in t.) (a) -bili.

two-faced (a) -mbalambili; -busobubili.

tympanum (n) isigubhu esiphakathi endlebeni.

type (n) uhlobo; isibonelo (example); ithayiphi (printer's t.). (v) thayipha; bhala ngomshini.

typewriter (n) umshini wokuloba ngokuqhafaza ngeminwe.

typhoid (n) interika; isifo samathumbu.

typhoon (n) isivunguvungu sasolwandle; ithayifuni.

typhus (n) isifo sezintwala; ithayifasi.

typical (a) -ohlobo; -oqobo.

typist (n) umuntu oloba ngomshini.

tyrannical (a) -nonya; -phatha ngonya.

tyranIze (v) phatha ngonya.

tyranny (n) ubudlova; ukuphatha ngonya.

tyrant (n) isidlova; ophatha ngonya; inkosi ephatha ngonya.

tyre (n) ithaya.

Tzar (n) inkosi enkulu yaseRashiya.

U

ubiquitous (a) -khona zonke izindawo; -velayo zonke izindawo.

u-boat (n) umkhumbi wempi yamaJalimane ohamba phansi kwamanzi.

udder (n) umbele.

ugliness (n) ububi ebusweni; isimo esibi.

ugly (a) -bi emehlweni; -maqhafuqhafu; -maqhafukana.

ukulele (n) uhlobo lokatali.

ulcer (n) uzokozela; uzozo.

ulcerate (n) khevuzeka; vunda; banga isilonda.

ulceration (n) ukukhevuzeka.

ulna (n) ithambo elingaphakathi likagalo wengalo; iulna.

ulterior (a) isizathu esisithekeliyo (u. motive).

ultimate (a) -kokugcina; -sekugcineni.

ultimately (adv.) ukugcina; ekugcineni.

ultimatum (n) ugcinazithathe.

ultra vires (adv.) ngaphandle kwegunya lomthetho.

ululate (v) kikiza.

umbilical (a) -phathelene nenkaba; inkaba (u. cord); umbhumu (u. hernia).

umbilicus (n) inkaba.

umbrage (n) ukuduba; casukela (take u. at).

umbrella (n) isambulela.

umpire (n) unompempe; umlamuli; unqamulajuqu. (v) phatha umdlalo.

unable (a) -ngabinamandla; -ngazi.

unabridged (a) -ngathothanisiwe; -ngafinqiwe.

unacceptable (a) -ngavumeki; -ngathandeki.

unaccompanied (a) -ngenabaphelekezeli; -ngaphandle kwabashaya izimfijoli (in music).

unaccomplished (a) -ngaqediwe; -ngafeziwe; -ngesiyo ingcweti (unskilful.)

unaccountable (a) -ngenakuqondwa; -ngenakuxoxwa; -mangalisayo.

unaccustomed (a) -ngajwayele; -ngajwayelekile.

unacquainted (a) -ngazisanga; -ngatshelwanga; -ngazani na-.

unadvertised (a) -ngazisiwe; -ngamemezeliwe.

unaffected (a) -ngathintekile.

unafraid (a) -ngesabi; -ngethuki.

unaltered (a) -ngaguquliwe; -ngashintshiwe.

unanimity (n) ukuvumelana kwabo bonke; ubunye.

unanimous (a) -abo bonke; kanye; bavumelana bonke (they were u.)

unanswerable (a) ngenakuphendulwa.

unanswered (a) -ngaphendulwanga.

unapproachable (a) -ngenakusondelwa.

unarmed (a) -ngaphethe zikhali; -vathazele.

unasked (a) -ngacelwanga; -ngabuzwanga.

unashamed (a) -ngajabhile; -ngenazinhloni.

unassisted (a) -ngasizwa muntu; -ngasizwa lutho.

unassuming (a) -zithobayo; -hloniphayo.

unattached (a) -ngahlanganiswe nalutho; -ngenasithandwa.

unattainable (a) -ngenakufinyelelwa.

unattended (a) -hambayo yedwa; -ngenamphelekezeli.

unauthorised (a) -ngathunywanga; -ngaphandle kwemvume; -ngaphandle komthetho.

unavailable (a) -ngatholakali; -ngenamsebenzi.

unavailing (a) -ngenakusiza.

unavoidable (a) -ngenakuvinjelwa; -ngenakuxwaywa.

unaware (a) -ngazi; -ngaqondi.

unawares (adv.) ngokungabhekile; ngokungazelele; zuma (take u.).

unbaked (a) -ngavuthiwe; -ngabhakiwe.

unbalanced (a) -gcwanekile; -ngalingene.

unbaptised (a) -ngabhabhathizwanga; -ngaphehleleliwe.

unbarred (a) -vuliwe; -ngavaliwe; -ngenamgoqo.

unbearable (a) -ngenakubekezelelwa.

unbeaten (a) -nganqotshwanga; -ngahlulwanga.

unbecoming (a) -ngafanele; -thunayo; -thunekile; ukuchwensa (u. manner).

unbeknown (a) -ngazi; -ngaziwa.

unbelief (n) ukungakholwa.

unbelievable (a) -ngenakukholwa muntu; -yisimanga.

unbeliever (n) ongakholiwe.

unbend (v) khwebula; ngeneka, thamba (become agreeable).

unbending (a) -ngathambi; -ngagobiyo.

unbiased (a) -ngenalubandlululo; -ngakhethi.

unbidden (a) -ngamenyiwe; -ngabizwanga.

unbind (v) thukulula; khulula.

unblemished (a) -ngenasici; -ngangcoliswanga.

unbolt (v) vula umshudo (u., as door); khumula ibhawoti.

unborn (a) -ngakazalwa.

unbound (a) -ngaboshiwe.

unbounded (a) -ngenamkhawulo; -ngapheliyo.

unbreakable (a) -ngenakwephuka; -ngenakwephulwa.

unbridled (a) -ngazithibiyo; -ngabambeki; -ngazibambi.

unbroken (a) -ngaphukanga; -nganqamuki.

unbuckle (v) khumula ishasipele.

unburden (v) ethula; veza okusenhliziyweni (u. one's heart).

unburned (a) -ngashile; -ngashisiwe.

unbutton (v) khumula izinkinobho.
uncalled for (a) -ngafuneki; ngaswele-kile.
uncanny (a) -mangalisayo; -yinkinga; -ngumhlola.
unceremonious (a) -nendluzula; -noku-hlofuza.
uncertain (a) -ngaqondi; -ngaqondwa; ngabaza (be u.).
uncertainty (n) ukungaqondi; into engaziwa.
unchallenged (a) -ngaphikisiwe; -nga-buzwa muntu.
unchanged (a) -ngaguqukanga; -nga-guqulwanga.
uncharitable (a) -ngenamhawu.
uncharted (a) -ngabhalwanga eme-phini.
unchecked (a) -ngahlolisiswanga; -ngavinjelwe; -ngenakuhluzwa.
unchristian (a) -phambene nenkolo yobuKrestu.
uncircumsised (a) -ngasokile.
uncivil (a) -ngenanhlonipho; -ngena-ntobeko.
uncivilised (a) -ngakhanyisiwe; -nga-phucuzekile; -seluhlaza.
uncle (n) ubaba (my); uyihlo (your); uyise (his, her); umfowabo kababa (paternal u.); umalume, unyoko-lume, uninalume (maternal u.).
unclad (a) -ngembethe; -nqunile; -ze.
unclean (a) -ngcolile; -nukubele; -zilwayo (prohibited by custom).
unclothed (a) -ngembethe; -nqunile; -ze.
uncoil (v) sombulula; sombuluka.
uncomfortable (a) -hlalisa kabi; -kha-thazayo.
uncommon (a) -ngavamile; -ngajwa-yelekile.
uncomplimentary (a) -ngabongiyo; -ngatusiyo.
unconcealed (a) -ngafihliwe; -sobala.
unconcerned (a) -ngakhathali; -ngana-kile.
unconditional (a) -ngabeke mbandela; -pheleleyo.
unconfirmed (a) -ngaqinisekile.
unconnected (a) -ngahlangene; -ngena-buhlobo.
unconquerable (a) -ngenakwahlulwa; -ngenakunqotshwa.
unconscious (a) -qulekile; -qalekile; quleka, mukiswa ingqondo (go u.); -ngazi, -ngaboni (not realising); isi-hlwathi (u. state).
unconsciously (adv.) ngokungazi; ngo-

kwamuleka.
unconsidered (a) -ngacatshangiwe.
unconstitutional (a) -phambene no-mthetho wombuso; -ngekho emthe-thweni.
uncontrollable (a) -ngenakuphathwa; -ngenakubanjwa.
uncontrolled (a) -ngaphethwe; -ngaba-njiwe; -chwensile; -mathayi.
unconventional (a) -ngekho esikweni.
unconvinced (a) -ngakholiwe; -ngade-lile.
uncooked (a) -ngaphekiwe; -luhlaza.
uncorrected (a) -ngahlolwanga; -nga-qondiswanga; -ngalungisiwe.
uncorroborated (a) -ngafakazelwanga.
uncouth (a) -nobubhimbi; -qhafile; -luhlaza.
uncover (v) ambula; gubukula; phenya; vumbulula; ethula isigqoko (u. the head).
uncovered (a) -sibukuliwe; -ambuliwe; -phenyiwe; -ngembethe.
uncritical (a) -ngasoli.
uncrowned (a) -ngagcotshelwe ubu-khosi; -ngathweswanga umqhele wobukhosi.
uncultivated (a) -ngalinyiwe.
uncultured (a) -ngaphucuzekile; -lu-hlaza; -ngafundisiwe.
uncut (a) -ngasikiwe; -ngagundiwe (of hair, wool).
undamaged (a) -ngalimalanga; -saphe-lele.
undated (a) -ngalotshiwe usuku.
undaunted (a) -nesibindi; -ngasabiswa-nga.
undecided (a) -ngakaqondi kahle; -ngabazayo; -nhliziyombili.
undefended (a) -ngakhulunyelwa mu-ntu; -ngavikelwe; -ngamelelwe.
undefiled (a) -msulwa; -cwebileyo; -ngangcoliswanga.
undefined (a) -ngachasisiwe; -ngena-mkhawulo.
undeniable (a) -ngenakuphikwa.
undenominational (a) -ngakhethibandla.
under (prep.) phansi kwa-, -ngaphansi kwa- (below, less than); phansi kwa-, -phethwe ngu- (subject to). (adv.) phansi, shona, shuma (go u.).
undercharge (v) ehlisa inkokhelo; khokhisa ngokwehlile kokujwayele-kile.
underclad (a) -ngagqokile ngokwanele.
underclothing (n) izingubo zanga-phansi.

undercurrent (n) umsinga wangaphansi kwamanzi; isimo somqondo esifihliwe.

undercut (n) inyama engaphansi esinqeni senkomo (of beef). (v) sika ngaphansi; nciphisa; nciphisa inani.

underdone (a) -ngaphekisiswanga; -ngavuthisiswanga.

underestimate (v) linganisa ngaphansi; shaya ngaphansi; delela (of a person).

underfed (a) -ngasuthiswanga; -lanjiswayo.

underfeed (v) ngasuthisi; lambisa.

underfoot (adv.) ngaphansi kwezinyawo; phansi.

undergo (v) enzelwa; enza; bekezela; ukuhlinzwa (u. an operation).

undergraduate (n) umfundi ongakazitholi iziqu.

underground (a) -aphansi; -aphansi kwenhlabathi; -shoshayo phansi (secret); isiqu esingaphansi kwenhlabathi (u. stem). (adv.) phansi komhlaba.

undergrowth (n) isiningolo; izihlahlana ezimila phansi kwezinye.

underhand (a) -amacebo (deceitful); jikijela isandla esiphosayo sibephansi kwehlombe (of throwing). (adv.) ngasese; ngokucashisa.

underline (v) dwebela umudwa ngaphansi; gcizelela (emphasize).

underling (n) isisebenzi; isigqila.

underlying (a) -aphansi; -yisisekelo.

undermine (v) mbela ngaphansi; sebenzela ukuchitha, hesha (subvert); limaza impilo (u. the health).

underneath (adv., prep.) ngaphansi kwa-; phansi.

undernourishment (n) ukungondleki.

underrate (v) delela; eyisa; bukela phansi.

understand (v) -zwa; bona; qonda; azi.

understanding (n) ukwazi; ulwazi; ingqondo (discernment); ukuzwana (agreement). (a) -zwayo; -aziyo.

understate (v) nciphisa; -ngababazi; ehlisa.

understood (v) zwile; bonile; azi.

understudy (n) umbambeli. (v) bambela; ngena esikhundleni.

undertake (v) enza; bamba; -zithwalisa; vuma.

undertaker (n) umngcwabi.

undertaking (n) umgidingo; umsebenzi umuntu azethwesa wona; isithembiso (promise).

underwear (n) izingubo zangaphansi.

underwent (v) enzelwe; enzile; hlinzwa (u. surgery).

underwrite (v) bhala ngaphansi kwa-; -zimisela ukukhokha inani elinqunyiwe (guarantee).

undeserved (a) -ngafanele; -ngasetshenzelwanga.

undesirable (a) -ngathandeki; -ngafuneki.

undetected (a) -ngabonwanga; -ngaziwanga.

undeterred (a) -ngayekiswanga; -ngavinjelwanga; -ngathiywanga.

undigested (a) -ngagayekanga esiswini.

undignified (a) -ngenasizotha; -ngenanhlonipho; -ngenasithunzi.

undiminished (a) -ngancishiswanga; -ngaphungukile.

undisciplined (a) -ngenamfundiso yokulalela; -ngenampatho eqinile.

undisclosed (a) -ngavezwanga.

undisguised (a) -ngafihliwe; -sobala.

undivulged (a) -fihliwe; -ngaveziwe.

undo (v) guqula (reverse); thukulula, sombulula, qaqulula, khumula (untie, open out); qothula, chitha, shonisa (ruin).

undoing (n) ukukhulula; ukusombuluka; incithakalo.

undone (a) thunguluka; thukulula (take u.).

undoubted (a) -sobala; -aziwa kahle; -ngenakuthandabuza.

undoubtedly (adv.) kusobala; kamhlophe.

undress (n) izingubo ezingesizo zesikhundla. (v) khumula izingubo.

undressed (a) -ngagqokile; -ngalungiselwe ukuphekwa (u. poultry).

undue (a) -ngafanele; -diulisile.

undulate (v) bakazela; gobozela; yaphaceka; -zinkimbinkimbi (of country).

unduly (adv.) ngokudiulisile; ngokungafanele.

unearned (a) -ngasetshenzelwanga.

unearth (v) mbulula; vumbulula.

unearthly (a) -ethusayo; -ngumlingo; isikhathi esingafanele impela (an u. hour).

uneasiness (n) ivuso; uvalo; ukuyaluza.

uneasy (a) -novalo; -nevuso; -yaluzayo.

uneconomic (a) -ngacongobezeliyo; -ngongiyo; -ngahambi gohlelo oluzobanembuyiselo.

uneducated (a) -ngafundile; -ngafundisiwe.

unemployed (a) -ngasebenzi; -ngaqashwanga.

unemployment (n) ukungasebenzi; ukungaqashwa.

unencumbered (a) -ngenazikhubazo; -ngabophekile.

unenlightened (a) -ngakhanyisiwe; -ngafundisiwe.

unenviable (a) -ngenakufiswa.

unequal (a) -ngalingene; -dlulana na-.

unequivocal (a) -khanyayo; -sobala; -ngambandaziyo.

unerring (a) -ngaphuthi; -ngaduki; -ngageji.

uneven (a) -ngalingene; -magebhugebhu; -maqokolo.

uneventful (a) -ngenazindaba; -ngenazigigaba.

unexpected (a) -ngabhekiwe; -zumayo.

unexpired (a) -ngaphelile.

unfailing (a) -ngapheli; -ngaphuthi.

unfair (a) -ngafanele; -khethayo; -ngalungile.

unfaithful (a) -ngathembekile; -ngenalo iqiniso.

unfamiliar (a) -ngajwayele; -ngajwayelekile; -ngajwayelwe; -ngaziwa.

unfasten (v) thukulula; khumula; vula.

unfathomable (a) -julile kakhulu; -yinkinga; -ngenakulinganiswa.

unfavourable (a) -ngenhle; -ngavumeli kahle; -ngezwani kahle.

unfeigned (a) -ngazenzisi; -qinisile.

unfenced (a) -ngabiyelwe.

unfermented (a) -ngakabili; -ngakavuthwa.

unfertilised (a) -ngenamanyolo, -ngenamvundo, -ngenamquba (not manured); ngenambewu yenzalo.

unfettered (a) -ngabophekile; -ngaboshwanga.

unfit (v) enza kungafaneli. (a) -ngalungile; -ngafanele; -ngaphilile.

unflagging (a) -phikelelayo; -ngakhathaliyo.

unfold (v) nyombulula; sombulula; ambula; nyombuluka.

unforseen (a) -ngabhekiwe; -zumayo.

unforgettable (a) -ngenakukhohlakala.

unformed (a) -ngabunjiwe; -ngakhekile kahle.

unfortunate (n) umuntu onomswazi. (a) -nomswazi; -neshwa.

unfounded (a) -ngenalo iqiniso; -ngenasizinda.

unfrequented (a) -ngajwayelwe; -ngahanjwa njalo.

unfriendly (a) -ngenazicolo; -ngenamusa; -ngenabungane. (adv.) ngenhliziyo embi; nempi (in an u. way).

unfrock (v) khipha esikhundleni sobupristi.

unfruitful (a) -ngatheli; -ngaphumeleli (unsuccessful).

unfurnished (a) -ngenayo impahla; -ngenayo ifenisha; -nganikwanga.

ungainly (a) -ngenasizotha; -ngafanelekile; -yinqaba.

ungodly (a) -ngathobeli uNkulunkulu; -khohlakele.

ungovernable (a) -ngakhuzeki; -ngabambeki; -ngenakuzithiya.

ungracious (a) -ngenanhlonipho; -luhlaza; -ngaphucukile; -ngenamusa.

ungrammatical (a) -ngavumelani nohlelo lolimi.

ungrateful (a) -ngabongi; -ngenanhliziyo yokubonga.

unguarded (a) -ngaxwayile; -ngalindiwe; -ngaqapheli; -ngavikelwe; -ngabhekiwe.

unhallowed (a) -ngangcwelisiwe; -ngadunyisiwe.

unhappily (adv.) ngosizi; ngokudabuka.

unhappy (a) -ngenamile; -nosizi; -ngajabuli; -hluneme.

unharmed (a) -ngalimele; -sindile; -phephile.

unhealthy (a) -ngaphilile; -gulisayo; isixhwala (u. person); imiqondo emibi (u. ideas).

unheard (a) -ngezwakali; -ngezwakalanga.

unheeding (a) -nganaki; -ngakhathali.

unholy (a) -ngengcwele.

unhorse (v) ehlisa ehashini; wisa ehashini.

unhygienic (a) -ngenampilo; -ngenanhlanzeko; -gulisayo.

unicellular (a) -neseli elilodwa.

unicorn (n) ihashi lenganekwane elimise uphondo olulodwa.

unidentified (a) -ngakhonjiwe uhlobo lwalo; -ngaziwa.

uniform (n) izingubo zesikhundla; iyunifomu. (a) -fanisene; -mkhubamunye; -fanayo.

uniformity (n) umfaniswana; imfanano; ukufanana.

unify (v) enza kufanane; enza kubekunye; hlanganisa.

unimpeachable (a) -ngenasici; -ngena-kuphikiswa.

unimpeded (a) -ngavimbelekile; -ngali-balisile.

uninhabited (a) -ngenabantu; -yihlane; -ngahlali muntu.

uninitiated (a) -ngafundiswanga; -nga-ngeniswanga; -ngathwaswanga.

uninjured (a) sindile; -ngalimalanga.

unintelligible (a) -ngezwakali; -ngena-ngqondo.

unintentionally (adv.) ngengozi; ku-ngaqondwanga.

uninterrupted (a) -nganqamuki; -nge-nampazamo.

uninvited (a) -ngamenywanga.

union (n) ukuhlangana, ukuhlangani-swa (state); inhlangano (of persons).

Union Jack (n) iduku lamaNgisi.

unique (a) -ngafani nalutho; ingqalizi-vele. (an u. event).

unisexual (a) -bulili bunye.

unison (n) ngandlelanye (in u.); uku-zwana; ukuvumelana; cula ngandle-lanye (sing in u.).

unit (n) umuvo; uhlamvu; okukodwa; isilinganiso (u. of measurement); phindela ebuthweni lakhe (rejoin his u.).

unite (v) hlanganisa; bandakanya; shadisa (u. in matrimony); bambi-sana, hlanganyela (u. against).

unity (n) ubunye; inhlangano.

universal (a) -semhlabeni wonke; -ku-wonkewonke; -ndawozonke; umthe-tho jikelele (u. rule).

universally (adv.) emhlabeni wonke; kubantu bonke.

universe (n) umhlaba wonke kanye nezulu nokukulo.

university (n) iyunivesithi; lapho ku-tholakala khona imfundo ephakeme.

unjust (a) -ngalungile; -ngesiwo umthe-tho; -ngahlelwa ngokomthetho oqo-tho.

unjustified (a) -ngaphandle komthetho; -ngenamthetho; -ngahlelwe ngoko-mthetho.

unkempt (a) -mahlakahlaka; -thephu-zele.

unkind (a) -ngenamusa; -ngenazicolo; -nonya.

unknown (a) -ngaziwa; -ngaqondwa.

unlace (v) qaqa imichilo.

unladen (a) -ethulwe konke; -ngaphe-the lutho.

unladylike (a) -ngazihloniphi; -ngena-sizotha.

unlawful (a) -ngavunyelwe wumthetho; -ngaphandle komthetho.

unlearn (v) guqula okufundiwe; kho-hlwa okufundiwe.

unlearned (a) -ngafundiwe; -ngafundi-le; -ngenalwazi; -ngahlakaniphile.

unleash (v) dedela; khumula.

unless (conj.) ngaphandle kwa-; nga-phandle kokuba.

unlettered (a) -ngafundile emabhu-kwini.

unlicensed (a) -ngenalayisense.

unlike (a) -ngafani; -ngenjenga-.

unlikely (a) -ngathembeki; -ngabaze-kayo.

unlimited (a) -ngenamnqamulo; -nga-pheli; -ngokuthanda.

unload (v) ethula; khipha inhlamvu esibhamini (u. a gun); ehlisa impa-hla enqoleni.

unlock (v) vula isihluthulelo.

unloose (v) khulula; thukulula; khu-mula.

unluckily (adv.) ngelishwa; ngesinya-ma.

unlucky (a) -nomswazi; -nesisila; -nesinyama; -nelishwa.

unmanageable (a) -ngaphatheki; -nga-khuzeki.

unmanly (a) -ngenabudoda; -njengo-mfazi.

unmarked (a) -ngenasici; -ngenalupha-wu.

unmarried (a) -ngaganiwe; -ngashadile; -ngaganile.

unmask (v) veza obala; khumula isivuvu.

unmentionable (a) -ngenakushiwo; -ngenakuphathwa.

unmerciful (a) -nonya; -ngenamhawu.

unmercifully (adv.) ngonya.

unmerited (a) -ngafanele; umklomelo ongasetshenzelwanga (an u. reward).

unmistakeable (a) -sobala; -khanyayo; -gqavile.

unmitigated (a) -phelele du; -kunga-thanjisiwe nakancane.

unmolested (a) -ngafundekelwa muntu; -ngahlushwa muntu.

unmounted (a) -ngagibele.

unmoved (a) -ngezwa lutho; -nganya-kaziswanga.

unnamed (a) -ngenagama; -ngenabizo; -ngashiwongo.

unnatural (a) -phambene nemvelo.

unnecessary (a) -ngasweleki; -ngaswelekile; -ngafuneki.

unnerve (v) ethusa; shaqekisa.

unnoticed (a) -ngabonwanga; -nganakwanga.

unnumbered (a) -ngabaliwe; -ngabhaliwe izinombolo.

unobserved (a) -ngabonwanga.

unobstructed (a) -ngavinjelwe lutho; -ngavalwe lutho.

unobtainable (a) -ngatholakali.

unoccupied (a) -ngahlali muntu; -ngenamsebenzi; -bhuquzekile.

unofficial (a) -ngenagunya lesikhundla; -ngenagunya ngokomthetho.

unorthodox (a) -ngekho emthethweni; -ngekho ohlelweni; -ngajwayelekile.

unpack (v) sombulula; khipha impahla.

unpaid (a) -ngaholi lutho; -ngaholelwa lutho; -ngakhokhelwanga.

unparalleled (a) -ngenakulinganiswa; -ngenakufaniswa.

unpardonable (a) -ngenakuthethelelwa.

unparliamentary (a) -ngaphandle kwesimo sephalamende; -ngavumelani nokujwayelekile ephalamende.

unperturbed (a) -ngethuki; -ngesabi.

unpierced (a) -ngachambusiwe; -ngabhotshoziwe.

unpick (v) qaqa; thukulula.

unplaced (a) -semdibini; -ngaphumelelanga.

unpleasant (a) -ngemnandi; -ngathandeki; -duma; -bi.

unpleasantness (n) ukungathandeki; okungemnandi; ukungezwani.

unpolluted (a) -ngadungiwe; -cwebile.

unpopular (a) -nesimunyu; -ngathandeki kubantu.

unprecedented (a) -ngazange kwabakhona ngaphambili.

unprejudiced (a) -ngakhethi; -ngabandlululi.

unpremeditated (a) -ngahloswanga; -ngacatshangwanga ngaphambili.

unprepared (a) -ngalungisile; -ngalungisiwe; -ngabhekile.

unpretentious (a) -ngaqholoshiyo.

unprincipled (a) -ngenamthetho; -ngakhathalelimthetho.

unproductive (a) -ngabuyiseli lutho; -ngatheli.

unprofessional (a) -phambene nempatho yesikhundla; ukunukubeza isikhundla (u. conduct).

unprotected (a) -ngaqinisiwe; -ngavikelwe.

unproved (a) -ngenabufakazi; -ngaqi-

nisekanga.

unprovoked (a) -zisukelayo; -ngaqalwanga lutho.

unpublished (a) -ngacindezelwanga; -ngasakaziwe.

unpunctual (a) -ngagcinisikhathi.

unqualified (a) -ngenalwazi; -ngenaziqu; -ngalingene.

unquestionable (a) -ngenakuphikiswa; -sobala.

unravel (v) cazulula; qaqa; sombulula; thukulula; cazuluka; sombuluka.

unreadable (a) -ngafundeki.

unreal (a) -qanjiweyo; -ngelona iqiniso.

unreasonable (a) -ngenangqondo; -ngaboneleliyo; -eqa okufaneleyo.

unrecognised (a) -ngabonwa; -ngabongwa; -ngavunywa.

unrecorded (a) -ngabhalwanga.

unrefined (a) -ngahlanjululiwe; -ngacolisisekile; -luhlaza, -ngaphucuzekile (of people).

unrelated (a) -ngazalani; -ngahambelani.

unrelenting (a) -ngavumi; -nonya.

unreliable (a) -ngenakuthenjwa; -ngathembekile; -nhliziyombili.

unrequited (a) -ngabuyiselanga; -ngakhokhelanga.

unrest (n) ukungathuli; ukuyaluza; uthuthuva.

unrestricted (a) -nganqunyelwe-mthetho.

unrighteousness (n) ukwenza okungafanele; ukona.

unripe (a) -ngavuthiwe; -luhlaza.

unroll (v) sombulula; sombuluka.

unruffled (a) -thulile; -ngathi diki.

unruly (a) -dlokovulayo; -xhomondele.

unsaddle (v) susa isihlalo; wisa ehashini (unhorse).

unsafe (a) -nengozi; -ngalondekile

unsaleable (a) -ngathengiseki.

unsatisfactory (a) -solekayo; -ngadelisi; -ngakholisi; -solisayo.

unsatisfied (a) -ngadelile; -ngakholisiwe; -solayo.

unsavoury (a) -ngemnandi; -ngahlwabusi.

unscathed (a) -ngalimalanga; -ngenacala; ngenamyocu.

unscientific (a) -ngahambi ngohlelo lwesayensi.

unscrew (v) khumula isikulufu.

unscrupulous (a) -ngenamahloni; -ngazisoli.

unsealed (a) -ngasicilelwanga; -vuliwe;

-qaqululiwe.

unseasonable (a) -ngavumelani nesikhathi sonyaka.

unseasoned (a) -nganongwanga; -ngavuthiwe; ugodo olungavuthiwe (an u. log).

unseaworthy (a) -ngalungele ukuhamba olwandle.

unseemly (a) -thunayo; -ngafanele; -ngenanhlonipho.

unseen (a) -ngabonwanga; -ngafundwanga.

unselfish (a) -bonelelayo abanye; umuntu ophanayo (an u. person); -ngazicabangeli.

unselfishness (n) ubunhliziyo-nkulu; ukungazicabangeli; ukuphana.

unsettle (v) yaluzisa; ethusa; dunga.

unshod (a) -ngafake zicathulo; -ngafakwe izinsimbi emasondweni (of a horse).

unshorn (a) -ngagundiwe.

unsightly (a) -ngabukeki.

unsigned (a) -ngasayiniwe; -ngalotshwe igama.

unskilled (a) -ngenalwazi; umsebenzi ongadingi ulwazi (u. labour).

unsociable (a) -khwishizayo; -shalazayo; unyube (u. person).

unsolicited (a) -ngacelwanga; -ngancengiwe.

unsolved (a) -ngaqondwanga; -ngaxazululwanga.

unsophisticated (a) -ngenalwazi lwemikhuba yomhlaba.

unsound (a) -ngaphelele; -ngalungile; -ngaphilile; -sangene (of u. mind).

unsparing (a) -ngazongi; -zikhandlayo; -phanayo; -ngancengi.

unspeakable (a) -ngenakukhulunywa; -mangalisayo.

unspecified (a) -ngakhonjwanga; -ngashiwongo.

unspoken (a) -ngashiwongo; -ngakhulunywanga.

unstable (a) -ngaqinile; -xegayo; -guqukayo; isithako esiguqukayo (an u. compound).

unsteady (a) -phekukayo; -xegayo; -thantathekayo (mentally u.).

unstinted (a) -ngagodliwe; -chichimayo; -phelele.

unsuccessful (a) -ahlulekile; -ngaphumelelanga.

unsuitable (a) -ngafanele; -thunile.

unsure (a) -ngenaqiniso; -ngazi kahle.

unsuspected (a) -ngacatshangelwa;

-ngabhekwanga; -ngasolwa.

unsweetened (a) -ngathelwe-shukela.

unsympathetic (a) -ngenaluzwela lwa-; -ngazweli.

unsystematic (a) -ngenzi ngohlelo.

untamed (a) -ngathanjisiwe; -ngajwayele.

untangle (v) thukulula; qaqa.

untasted (a) -nganambithwanga.

untaught (a) -ngafundisiwe.

untenanted (a) -ngahlali muntu; -ngaqashiwe.

unthinkable (a) -ngacabangeki.

unthinking (a) -ngacabangiyo.

untidy (v) nyomfoza. (a) -mahlakahlaka; -mafukufuku.

untie (v) thukulula; khumula; khulula.

until (prep.) kwaze kwa-; kuze ku- (conj.) -ze; ngilinde ngize ngifike (wait u. I come).

untilled (a) -ngalinyiwe.

untimely (a) -sheshisile; -ngakabiyisikhathi.

untold (a) -ngashiwongo; -ngenakushiwo; ingcebo engenakubalwa (u. wealth).

untouched (a) -ngathintwanga.

untoward (a) -phikisene; -hluphayo.

untried (a) -ngalingwanga; -ngahloliwe.

untrue (a) -ngamanga; -ngenaqiniso; -kokukhohlisa.

untruth (n) amanga; inkohliso.

untutored (a) -ngafundisiwe.

unused (a) -ngasetshenziswanga; -ngakaphathwa; -ngajwayele (u. to).

unusual (a) -ngavamile; -mangalisayo.

unutterable (a) -ngaphimiseki.

unveil (v) ambula; veza; khumula iveyili.

unwanted (a) -ngafunwa.

unwarranted (a) -ngafanele; -ngabizwanga.

unwary (a) -ngaxwayile; -ngabhekile.

unwashed (a) -ngageziwe; -ngahlanjiwe.

unwelcome (a) -ngathandeki; -ngafuneki.

unwell (a) -gulayo; -buhlungu; -ngemnandi.

unwieldly (a) -ngaphatheki kahle; -nzima.

unwilling (a) -enqenayo; -dondayo; -ngavumi.

unwind (v) nyobulula; thandulula; nyobuluka; thanduluka.

unwise (a) -ngahlakaniphile; -ngenakwazi.

unwitting (a) -ngaqondiwe; -ngazelele.
unworthy (a) -ngafanele.
unwrap (v) sombulula; ambula; vula.
unwritten (a) -ngalotshiwe; -ngabhalwanga.
up (n) impumelelo nokungaphumeleli (ups and downs). (adv.) phezulu, enhla (above); khuphuka, khwela (go u.); phakamisa, fukula (lift up); siphula (pull u. as plant); enyusa (take u.); misa (set u.); vuka (get u.); shanyela (sweep u.); mboza (cover u.); shisa (burn u.); bopha, bophela (tie u.); qedela (finish u.); hluthulela (lock u.); fica (catch u. to); kuze kubemanje (u. till now); ondla (bring u., rear); qongelela (save u.).
upbraid (v) thethisa; khankatha; khaca.
upheaval (n) umbheduka; ubuyaluyalu.
uphold (v) sekela; vumela; qinisa.
upholstery (n) okokumboza ifenisha.
upkeep (n) ukulondoloza; imali yokondla.
upland (n) izwe eliphakeme; inkangala; umunhla.
uplift (n) ukuqhubekela phambili; inqubekelaphambili. (v) fukula; phakamisa; khuphula.
upon (prep.) phezu kwa-.
upper (n) isingenhla sesicathulo. (a) -aphezulu; -kwangaphezulu.
uppermost (a) -aphezulu; into ashisekayo ngayo (the thing u. in his mind).
uppish (a) -qholoshayo.
upright (n) insika; isibonda. (a) -qhiyama; -phuhlile; -the nqo (erect); -lungile, -qotho (righteous).
uprising (n) ukuvukela; uvuko.
uproar (n) isidumo; umsindo; ingongomela.
uproot (v) siphula; simbula; bhonxula; ngqazulula.
upset (n) amabheketwane. (v) wisa; chitha; ketula; gumbuza; enyelisa; xunga (disconcert); xhaphazelisa isisu (u. the stomach). (a) -ketukile; -wile; -chithekile; -enyele; -gulayo.
upshot (n) ukugcina; umphumela.
upstairs (a) -nesitezi; -esitezi. (adv.) esitezi.
upstart (n) ivukana.
upward (a) -asenhla. (adv.) enhla; ngaphezulu; ngaphezulu kwa- (u. of).

uraemia (n) isifo sokonakala kwegazi ngoba umchamo ungaphumi kahle ezinsweni.
uranium (n) okusansimbi kwemvelo okusindayo kunazothzonke ezinye izithako. Ibhomu yeathomu yaqanjwa ngaso lesisithako.
urban (a) -asedolobheni; -phathelene nedolobha.
urbane (a) -thobekileyo; -hloniphayo; -nesizotha.
urchin (n) ithathana; isithohlongwana.
ureter (n) ithunjana elikhipha umchamo ezinsweni liwuse esinyeni.
urge (n) impisekelo. (v) celisisa; ncenga; qhuba, chokoloza (u. on); qhatha, qhudelisa (u. on to fight).
urgency (n) ukucindezela; ukuphuthuma.
urgent (a) -phuthumayo; -cindezelayo.
urinal (n) indawo yokushobingela.
urinary (a) -phathelene nezitho zomzimba ezikhipha umchamo.
urinate (v) shobinga; chama.
urine (n) umshobingo; umchamo.
urn (n) isitsha; umgqomo; ishungu.
us (pron.) thina; si-.
usage (n) ukusetshenziswa; umkhuba, imvelo (customary u.).
use (n) umsebenzi, usizo (utility); siza, sebenza (be of u.); sebenza nga-, -zisiza nga- (make u. of); ukusebenzisa, ukusetshenziswa (act of using); -sasetshenziswa (still in u.); -vunyelwe wumkhuba (allowed by usage). (v) sebenzisa, -zisiza nga- (employ); phatha (treat); phatha ngonya (u. cruelly); qeda (u. up).
useful (a) -sizayo; -nosizo; -nomsebenzi.
useless (a) -ngenamsebenzi; -ngasizi lutho; -phumbile.
usher (n) umngenisi. (v) ngenisa (u. in).
usual (a) -vamile; -jwayelwe; enziwayo njalo; ngokuvamile (as u.).
usually (adv.) ngokuvamileyo.
usufruct (n) ilungelo lokusebenzisa inzalo etholakala efeni kuphela.
usurer (n) umbolekisi ngemali obiza inzalo eyeqile.
usurp (v) -zithathela; gabadela (u. authority); gabadela isikhundla (u. the position).
usurper (n) umgabadeli.
usury (n) ukubiza inzalo enkulu ngemali ebolekisiweyo.

utensil (n) isitsha; okokuphatha.
uterine (a) -phathelene nesizalo; -zelwe ngunina munye (of same mother).
uterus (n) isizalo; isisu.
utilitarian (a) -sebenzisekayo; -sebenzayo; -nosizo.
utility (n) into esizayo; ukusiza; inzuzo.
utilize (v) sebenzisa; sebenza nga-.
utmost (a) -khulu kakhulu; -namandla kakhulu.
Utopia (n) izwe lomcabango elibuswa ngokulungileyo kuphela.
utter (v) sakaza, khipha (circulate); -sho, phimisa, khuluma (pronounce); bonga, thopha (u. the praises of). (a) -empela; uqobo lwa-; -phelele.
utterance (n) ukusho; ukukhuluma; izwi.
uttermost (n) ekugcineni du (to the u.) (a) -sekugcineni.
uvula (n) ugovana; ugovane.

V

vacancy (n) ukubaze (emptiness); isikhala; umkhathi (vacant space); isikhundla (post, position).
vacant (a) -ze (empty); -ngenamuntu; -ngenanto (unoccupied); -ndwazile (inane).
vacate (v) phuma; shiya; thutha endlini (v. a house).
vacation (n) ukushiya; ukuphuma ku-; isikhathi sokuphuma, iholide (holiday).
vaccinate (v) gcaba.
vaccine (n) umuthi wokugcaba; umgcabo.
vaccilate (v) guquguquka; tengatenga.
vaccilation (n) ukuguquguquka; ubugciwane.
vacuous (a) -the ndwaza; -ndwazile (stupid).
vacuum (n) umkhathi ongenalutho; okungenalutho ngisho negesi; ithemosi (v. flask).
vagabond (n) indlavini; indinda. (a) -ndindayo.
vagrancy (n) ubundlavini; ubundinda.
vagrant (n) umhambuma; uzulane; isiyabhuza. (a) -ndindayo.
vague (a) ngezwakali kahle; ngabonakali kahle; fiphele.
vain (a) -yize (worthless); -ngaphume-

leli (fruitless); -ziqhenya, -zidlayo (conceited).
vale (n) isigodi; idobo.
valediction (n) umvaleliso.
valet (n) inceku; insila. (v) enza umsebenzi wenceku.
valiant (a) -liqhawe; -nesibindi.
valid (a) -neqiniso; -nomthetho; -qinisile.
validity (n) ukubaneqiniso; ukubanamandla emthethweni.
valise (n) ipotimende; isikhwama sokuphatha izingubo.
valley (n) isigodi; idobo; isigoxi; isihosha (steep v.); isikhophoca (wide v.).
valour (n) ubuqhawe; isibindi.
valuable (a) biza imali eningi; -nemali eningi; -ligugu; -aziswa kakhulu.
valuation (n) imali yentengo; intengo elinganisiwe ngento ethile.
value (n) ubungakho bentengo; inani; imali; liyini inani lakho (what is the v.); (v) linganisa imali ya-; thanda, azisa (esteem).
valueless (a) -yize; -ngenamali; -ngenamkhuba.
valve (n) ivalvu; into evalayo.
valvular (a) -phathelene namavalvana asenhliziyweni.
vampire (n) ilulwane okuthiwa liphila ngokumunca igazi labantu.
van (n) iveni; ikalishi lesitimela elithwala impahla (luggage v.); inhloko, okuphambili (front, leading part).
vandal (n) umuntu oyisichwensi owephula izinto ngobudlova nje.
vandalism (n) ukwephula izinto ngobudlova nje.
vane (n) isikhombamoya.
vanish (v) nyamalala; phela.
vanity (n) ukuziqhenya (pride); into eyize (valueless).
vanquish (v) nqoba; ehlula; thelisa.
vaporize (v) hwamuka.
vapour (n) isisi; umhwamuko; umusi.
variable (a) -guquguqukayo; -phenduphendukayo.
variance (n) impambano; ukungezwani; ukungafanani.
variant (n) isimo esahlukaneyo sento. (a) -ahlukene.
variation (n) ukwahlukana; ukuguqulwa; ukuphenduka.
varicose (a) -dumbile; -qhansile; imithambo eyimiqhansa (v. veins).
variety (n) ukwahlukahlukana; izinhlo-

bonhlobo; uhlobo (a v.); umdlalo oyingxubevange (a v. show).

various (a) -nhlobonhlobo; -ngafani; ngezizathu ezithize (for v. reasons).

varnish (n) ivanishi. (v) vanisha; penda ngovanishi.

vary (v) shintshashintsha; guqula; enza kungafani; guquka.

vascular (a) phathelene nemithambo yegazi (animal); phathelene nemithambo (plant).

vase (n) ivazi; isitsha sokufaka izimbali ezihlobisayo.

vaseline (n) uvaselina; umbheco.

vassal (n) isikhonzi; isigqila; isizwe esikhonzayo (a v. state).

vast (a) -khulu kakhulu; -ningi kakhulu; -de kakhulu.

vat (n) umphongolo.

Vatican (n) iVathikani; umbuso ka-Phapha.

vaudeville (n) ingxubevange yemidlalo.

vault (n) ingungu (arch); ingungu yesibhakabhaka (the v. of heaven); indlwana eyakhelwe emgodini phansi kwebhilidi (cellar); umeqo (leap). (v) eqa.

vaunt (n) iwawa. (v) khuluma iwawa; -zibabaza; -zidumisa nga-.

veal (n) inyama yenkonyane.

veer (n) -ti ceze nganhlanye; thinta.

vegetable (n) uhlaza; imifino; isilimo. (a) -phathelene nezithombo ezimilayo.

vegetarian (n) ongayidli inyama; ophila ngokusamfino kuphela.

vegetation (n) okumilayo; izimila.

vehicle (n) ikalishi; inqola; imoto; into ethwalayo.

veil (n) iveyili; imvakazi; umgubuzelo; ngenela ubusisitela (take the v.). (v) gubuzela; mboza; sitheza.

vein (n) umthambo obuyisayo (anat.); indumba; umqhansa (varicose v.); umushwe, umudwa (streak, mark); umudwa wegolide edwaleni (v. of gold in rock).

veld (n) isikhotha; indle; umlilo wequbula (v. fire).

vellum (n) iphepha lesikhumba.

velocity (n) ijubane; ukushesha.

velvet (n) ivelivethi; uhlobo lwendwangu. (a) -evelivethe.

venal (a) -tholakala ngemali; -thengwayo ngemali.

venation (n) ukumiswa kwemithambo eqabungeni.

vendetta (n) udweshu olususwa elinye iqembu elifuna ukuphindisela kwelinye.

vendor (n) umthengisi.

venerable (a) -hloniphekile; -dala.

venerate (v) hlonipha; esaba; thobela.

venereal (a) -kokuhlangana kwabesifazane nabesilisa; isifo sebuba, isifo sogcunsula (v. disease).

vengeance (n) impindisela; unya lokuphindisela.

venial (a) -nokuthethelelwa; isono esingesibi kakhulu (a v. sin).

venison (n) inyama yenyamazane.

venom (n) isihlungu; isihlungu senyoka (snake v.); ububi benhliziyo (malice).

venomous (a) -nesihlungu; -kwenhliziyo embi.

venous (a) -phathelene nemithambo ebuyisayo; igazi elingasaphethe ioksijini (v. blood).

vent (n) imbobo, isikhala (aperture); ukubonisa (expression); veza obala (show); ukuthukuthela (give v. to wrath). (v) veza; veza isikhalo (v. a grievance).

ventilate (v) ngenisa umoya; veza obala, eneka (make public).

ventilation (n) ukungeniswa komoya; ukwenekwa kwendaba (publication).

ventral (a) -ngasesiswini; izinga elingaphansi ngasesiswini (a v. scale).

ventricle (n) igosi lenhliziyo elingaphansi.

ventriloquist (n) umuntu okwazi ukuphonsa izwi lakhe lizwakale esengathi livela kwenye indawo.

venture (n) umsebenzi obangwayo.

venturesome (a) -nesibindi; -nganaki ingozi.

venue (n) inkundla yomdlalo; indawo yokuhlanganela; inkundla.

veracity (n) iqiniso; ukukhuluma iqiniso.

verandah (n) uvulandi; isitubhu; umpheme.

verb (n) isenzo; insizasenzo (aux. v.).

verbal (a) -phathelene namazwi; umyalezo ngomlomo (a v. message); -phathelene nesenzo (gram.); impambosi yesenzo (v. derivative).

verbatim (adv.) ngamazwi ayiwonawona.

verbose (a) ngamazwi amaningi; -shovuzayo.

verdant (a) -ncwaba; -luhlaza; -enile.

verdict (n) isinqumo; ukuqula (give a v.).

verge (n) umkhawulo; unqenqema; cishe (be on v. of). (v) -baseduze; -baseduze kokukhala (on v. of crying).

verify (v) fakazela; qinisa.

veritable (a) -luqobo; -qinisile.

verity (n) iqiniso; amaqiniso.

vermin (n) izilwanyakazana eziyinkathazo; izilwane ezikhathazayo.

vernacular (n) ulimi lwabantu bezwe elithile. (a) -olimi lwabantu bezwe elithile.

versatile (a) -nolwazi ngemisebenzi eminingi.

verse (n) inkondlo, isosha (poetry); ivesi, isahlukwana (stanza).

version (n) ukulandisa; ukuhumushela.

vertebra (n) izongwe lomhlandla; isixhanti somhlandla; (pl. vertebrae).

vertebrate (n) isilwane esinomhlandla. (a) -nomhlandla.

vertical (n) umugqa ngqo; umudwa omile thwi. (a) -mile ngqo; -mile thwi.

very (a) uqobo (identical); yona uqobo (the v. same); eyami ngempela (my v. own). (adv.) kakhulu; impela; kaninginingi (v. often).

vessel (n) umkhumbi (ship); isitsha (receptacle); umthambo (anat.).

vest (n) ivesti; intolibhantshi (waistcoat).

vested (a) -negunya; -gunyaziwe; amalungelo agunyaziwe (v. interests).

vestige (n) umkhonjwana; umkhwazana.

veteran (n) isosha elidala; ukadebona. (a) -bamdala emsebenzini.

veterinary (a) -phathelene nokwelapha izilwane; udokotela wezilwane (v. surgeon).

veto (n) ilungelo lokwenqaba. (v) nqabela; ala; sebenzisa ilungelo lokwenqaba.

vex (v) cunula; thukuthelisa.

vexation (n) inkathazo; ukucunulwa; imbandezeko.

vibrate (v) vevezela; zamazama; dlidliza; zamazamisa; dlidlizisa.

vicar (n) umpristi ophethe isonto.

vicarage (n) indlu ehlala umpristi wesonto.

vice (n) isono; umkhuba omubi; isibambo (tool); iphini (deputy); iphini

likasihlalo (v. chairman).

viceroy (n) umphatheli wenkosi.

vice versa (adv.) ngokuguquka.

vicious (a) -bi, -khohlakele (wicked); imikhuba emibi (v. ways); -nolaka (fierce).

vicissitude (n) inguqunguqu; amalinganiso.

victim (n) umhlatshelo; umuntu ohlushwayo; into ehlushwayo; umuntu olinyaziweyo.

victimize (v) hlupha; khohlisa; dlala nga-; limaza.

victor (n) umnqobi; owahlule omunye.

victorian (n) owesikhathi sikaKhwini Victoria. (a) -esikhathi sikaKhwini Victoria.

victorious (a) -ahlulile; -nqobile.

victory (n) ukunqoba; ukwahlula.

victual (n) ukudla (victuals). (v) faka ukudla; faka ukudla emkhunjini (v. the ship).

vie (v) ncintisana; phikisana; dlelezela (v. against).

view (n) ukubona; ukubuka; bekelwa ukubukwa (place on view); umbukiso, umboniso (show); umbukwane (a pleasing v.); khumbula (keep in v.); emehlweni a- (in full v. of); umqondo (opinion); inhloso (purpose); ngokuhlosa ukulwa (with a v. to fight); njengoba (in v. of). (v) buka; khangela; bheka.

viewpoint (a) imboniso; umqondo.

vigil (n) umlindelo.

vigilance (n) ukuqaphela; ukuxwaya; ukubheka.

vigilant (a) -qaphelayo; -xwayayo; -lindile.

vigilante (n) omunye weqembu labaphoyisayo.

vigour (n) isidlakadla; amandla; ukukhuthala; vusa amandla, fukutha (invigorate).

viking (n) ibutho lasolwandle elalivela emazweni asenyakatho endulo.

vile (a) -bi kakhulu; enyanyekayo.

vilify (v) bhaceka; dumaza; nyundela.

villa (n) indlu yasemaphandleni; indlu ezimele yodwa edolobheni.

village (n) idolobhana; umuzi.

villain (n) ihathanga; isigelekeqe.

villainous (a) -yihathanga; -bi kakhulu; -yisigelekeqe.

vindicate (v) phikela; phendulela; qinisela.

vindictive (a) -phindisayo; -okuphinda

unya.

vine (n) umvini (grape v.); isinwazi (wild v.); isithombo esithandelayo (creeper).

vinegar (n) uvinika; uketshezi olutholakala ewayinini uma liyekelwa lonakale libile.

vineyard (n) isivini; isivina.

violate (v) phatha ngendluzula (treat harshly); ona (desecrate); eqa, aphula (break); dlwengula (ravish).

violence (n) isidlakadla; indluzula; isankahlu (vehemence); umkhahlamezo (rough treatment).

violent (a) -namandla; -ngamandla; -dlovayo; inkulumo eshisayo (a v. speech).

violet (n) uhlobo lwembali; ivayolethe; umbala wevayolethe (colour).

violin (n) ivayolini.

viper (n) inyoka; uhlobo lwenyoka.

virago (n) owesifazane onolaka oluvuthayo.

virgin (n) intombi emsulwa. (a) -emsulwa; -ngakathintwa; umhlabathi ongakalinywa (v. soil).

virginity (n) ubuntombi obumsulwa.

virile (a) -nobudoda; -namandla; qinile.

virtue (n) ukulunga; ubumsulwa; igunya, amandla (ability); ngegunya lesikhundla (by v. of office).

virtuous (a) -nokulunga; -lungile.

virulent (a) -namandla; -nobubi; -bhahile; isifo esibhebhethekayo (a v. disease).

virus (n) ivirusi; imbewu yokufa; umjovo (for inoculation).

visa (n) imvume yokungena ezweni.

viscera (n) amathumbu; izibilini.

viscous (a) -nafunafu; -namfukile.

visible (a) -bonakele; -bonakalayo; -qhamile; -gqavile; -sobala.

vision (n) umbono (thing seen); ukubona (sense of sight); isibonakalo (mental v.).

visionary (n) umuntu wemibono; umuntu ophuphayo (dreamer). (a) -ezibonakalo; -phuphayo.

visit (n) ukuhambela; ukuvakashela. (v) hambela; gqigqa (v. repeatedly).

visitor (n) isihambi; umhambeli; isivakashi.

visual (a) -bonwayo; -amehlo; izinto zokulekelela ukubona (v. aids).

visualize (v) fanekisa; cabanga.

vital (a) -phathelene nempilo; inxeba

elingabulala (v. wound); -balulekile, -semqoka (fundamental); umgomo osemqoka (v. principle).

vitally (adv.) nempela; ngokudingeka impela; endaweni ebulalayo.

vitamines (n) amavithamini; izithako zemvelo ezibanga impilo enhle.

vitiate (v) onakalisa; dunga.

vituperation (n) ukuthuka; ukuqalekisa.

vivacious (a) -khaliphile; -qinile; -yisigqwayigqwayi.

viva voce (adv.) ngokukhuluma ngomlomo.

vivid (a) -khanyayo; -qhamile.

vivisection (n) ukuhlinza okusaphila ukufundisa ngokusebenza kwezitho zomzimba.

vixen (n) impungushe yensikazi.

vlei (n) ubhuku; ixhaphozi.

vocabulary (n) amagama olimi; amagama asetshenziswayo ekukhulumeni.

vocal (a) -komlomo; -kwephimbo; izintambo zephimbo (v. cords).

vocalist (n) umhlabeleli.

vocation (n) umsebenzi; ibizelo.

vociferous (a) -klabalasayo; -memezisayo.

voice (n) izwi; iphimbo; ukukhuluma; imbodlongo; (gruff v.); ukunswininiza (shrill v.); izwi, ilungelo (vote, choice); -ngabinazwi odabeni (have no v. in the matter); umyalezo wokwenza (active v.); umyalezo wokwenziwa (passive v.). (v) zwakalisa, -sho (express); khala (v. a grievance).

voiceless (a) -ngenazwi; -ngenakuzwakalisa.

void (n) ubuze. (v) khipha; nya, huda (v. excrement); chama; shobinga (v. urine). (a) -yize; -ngenalutho; -ngenalusizo (useless).

volatile (a) -shintshayo isimo; -hwamukayo; isimo esiguquguqukayo (a v. disposition).

volcanic (a) -phathelene nentaba yomlilo; ukuqhuma kwentaba yomlilo (v. eruption).

volcano (n) intabamlilo.

volition (n) amandla okuzikhethela; ukuzikhethela.

volley (n) ithala, isangqumo (of missiles); ukushaya ibhola lingakathinti phansi. (v) shaya ibhola lingakathinti phansi.

voluble (a) -qaphuzayo; -qhebezayo.

volume (n) umthamo (cubic space); ubuningi, ingqikithi (mass); incwadi, ibhuku (book).

voluminous (a) -khulu kakhulu; -qede izincwadi eziningi.

voluntarily (adv.) ngokuvuma; ngokuzenzela; ngentando.

volunteer (n) umuntu ozinikelayo; ozenzelayo; ovuma ngokwakhe.

oluptuous (a) -khanukayo; impilo yenkanuko (a v. life).

vomit (n) ukuhlanza; ubuhlanzo. (v) hlanza; yokoza; buyisa; tshokoza; phalaza.

voortrekker (n) ifuthreka; umfuduki.

voracious (a) -huqazayo; -hulazayo; isihula, isiminzi (a v. eater).

vote (n) ukuvota; ivoti; ivoti leningi (a majority v.). (v) vota; votela; khetha.

vouch (v) fakazela; qinisa; mela.

voucher (n) incwadi yokufakaza.

vouchsafe (v) vumela; qinisa.

vow (n) isithembiso; isifungo. (v) thembisa; funga; gomela.

vowel (n) unkamisa.

voyage (n) uhambo; uhambo ngomkhumbi. (v) hamba ngomkhumbi.

vulcanize (v) hlanganisa ngokushisisa irabha; qinisa ngesibabule nangokushisisa irabha.

vulgar (a) -ngenanhlonipho; -nobunja; -ngenasithunzi; inhlamba (v. language); iqhezungqo (v. fraction).

vulgarity (n) ubunja; okungenanhlonipho; inhlamba.

vulnerable (a) -nokulimazeka; -nokulimala.

vulture (n) inqe.

W

wad (n) okokuvimba; isiswenya sokokuvimba; isiswenya.

wadding (n) imbunga kagampokwe; uvolo.

waddle (n) ukukhunsaza. (v) khunsaza; pensula; bathaza.

wade (v) bhoxoza; klubhuza.

wafer (n) ucwecwana.

waft (n) ihelehele; ukuncaya. (v) shwezisa; heleza; ncaya; ntanta.

wag (n) ukunqathuza. (v) tshikiza; nqathuzisa; paquza; nqathuza.

wage (n) inkokhelo; iholo. (v) enza; hlasela (w. war).

wager (n) okokubheja; okubekiweyo. (v) beka; bekelana; bheja.

waggle (v) bhanquza; mpikiza.

waggon (n) inqola.

waif (n) uzulane; indinda; umbhulukuqu.

wail (v) bangalaza; lila; khala; mbongoza.

waist (n) uthumbu; uginxi; umzimba maqondana nokhalo.

waistcoat (n) intolibhantshi.

wait (n) ukuhlala; cathamela (lie in w.). (v) linda; hlala; hlalela; bheka; mela; lindela; weta (w. at table).

waiter (n) uweta; inqodlana yokuthwala izitsha nokudla okuya etafuleni (dumb w.).

waive (v) dela; yeka; yekela.

wake (n) ukulinda isidumbu (a w. for the dead); umshoshonono wesikebhe (w. of a ship). (v) phaphama, vuka, vusa, phaphamisa (w. up).

wakeful (a) -phaphamayo; -ngalali ubuthongo; -qwashile.

waken (v) phaphama; vuka; phaphamisa; vusa.

wale (n) umvimbo.

walk (n) ukuhamba; ukuvakasha; isimo sokuhamba (gait); kuyo yonke indima yempilo (in every w. of life); indlela (path). (v) hamba; hamba phansi; bhaduza (w. about); dungazela, hlwathiza (w. blindly); zwathiza (w. briskly); condoza (w. carefully); bhadazela, qhuba imbuzi (w. drunkenly); xhuga (w. lamely); nwabuzela (w. slowly, lazily); bhushuzela (w. naked); totoba (w. carefully); cathama (w. softly); khokhoba, nyonyoba (w. stealthily); dlwayiza (stride away); vathazela (w. unarmed); khunsaza (waddle); gcokama (w. on tip-toe); dofoza (w. through long grass); bhaxazela (w. through mud); bhadaza (w. with flat feet); chwabaza (w. with high heels); cokama (w. with springing step); dondolozela (w. using a stick); cathula (begin to w.); dwayiza sleep-w.); duba umsebenzi (w. out, strike); zulazula (w. aimlessly); hambisa, qhawuzisa (cause to w.).

walker (n) ohamba phansi; isihambi.

walking-stick (n) udondolo; ubhoko;

uzime; induku.

wall (n) udonga; ugange; ubonda; umthangala (stone w.); uthango (w. round property). (v) valela ngokwakha udonga (w. in).

wallet (n) isikhwanyana; iwalethi.

wallow (n) ukuhuquza; umbhuquzo. (v) -zihuquza; bhuquza; huquza odakeni (walk in mud).

walrus (n) isilwane sasolwandle esifana nemvu yolwandle kodwa sona sinezinqavula ezimbili ezibheke phansi.

wan (a) -fiphele; -equnqile.

wand (n) uthi; indukwana; uthi lomlingo (magician's w.).

wander (v) zula; ndinda; khenketha; shaluza; davuza; mpompa (w. in speech).

wanderer (n) uzulane; umhambuma; indinda.

wane (v) ncipha; phunguka; inyanga isiyafa (the moon on the w.).

want (n) ubuswezi; ubuswempu; ubumpofu; -ntulayo (in w.); ukuntula. (v) ntula; funa; swela; dinga (require).

wanting (a) -funekayo; -lambathile; -silele.

wanton (n) isifebe; isibheva; ihathanga. (a) -ihathanga; -ngazibambiyo; -dalazele.

war (n) impi; ukulwa; hlasela (wage w.). (v) lwa impi.

warble (n) iphimbo elibikizelayo. (v) tshiyoza; cula ngokubikizela (trill).

war-cry (n) isaga; isigiyo.

ward (n) ukondla (guardianship); ijele (prison); umondliwa (minor under ardianship); isifunda sedolobha of a town); iwodi, ikamelo leziguli (w. in hospital).

warden (n) umlindi; ilunga lesonto (church w.); umphathi ekoliji (college w.); umondli.

warder (n) ujele; umlindi wejele.

wardrobe (n) ikhabethe lezingubo; izingubo zomuntu (a person's w.).

warehouse (n) indlu yokubekela impahla.

wares (n) impahla yokuthengisa.

warfare (n) ukulwa; impi; ukuhlasela.

warlike (a) -nochuku; -thanda ukulwa; -fana nempi.

warm (v) fudumeza; otha (w. oneself at fire); fudumala. (a) -fudumele; -shisayo; -khuthumele; amanzi antukuntuku (w. water); -fudumalisayo,

-thokomalisayo (providing warmth); ukwamukelwa ngenhliziyo emhlophe (given a w. welcome).

warmth (n) ukufudumala; ukuthokomala.

warn (v) xwayisa; azisa; yala; vusa; qaphisa.

warning (n) isixwayiso; ivuso. (a) -qaphelisayo; -xwayisayo.

warp (n) izintambo ezinqumileyo zendwangu. (v) sonteka; goqana; sontanisa (twist); donsa umkhumbi (pull a ship).

warrant (n) incwadi yemvume; iwaranti yokusesha (search w.); iwaranti yemali (money w.); iwaranti yokuhamba ngesitimela (rail w.). (v) nika amandla; thembisa; fanela (justify).

warren (n) isikhungo; imigodigodi yawonogwaja (rabbit w.).

warrior (n) ibutho; iqhawe (hero).

wart (n) insumpa.

wary (a) -xwayile; -qaphele.

was (v) bengikhona (I w. there); wayeyiphisi (he w. a hunter).

wash (n) ukugeza; ukuhlamba; ukuhlanza; ukugezwa; ukuwasha (washing); umuthi wokuxubha (mouth w.). (v) geza, hlanza, washa (cleanse as clothes); hlamba, geza (w. body); xubha (w. out mouth); gxubhuza izingubo (soak, wash out clothes); gobhozela (w. over on); khukhula (w. away); gumba, hebhula (w. out); gezeka, washeka (be washed); guguleka (be eroded).

washer (n) umwashi; umgezi; iwashela (metal ring etc.); umshini wokugeza (washing machine).

washing (n) ukugeza; ukugezwa; umwasho, izingubo zokugezwa (clothes for w.).

wasp (n) umuvi; umnyovu.

wastage (n) ukuhlaphaza; ukuchitha; ukumosa.

waste (n) izibi, okulahliweyo (refuse); uqwathule, ugwadule (desert); incithakalo (wastage); ugampokwe wokwesula izinto (cotton w.). (v) saphazeka; chitha; hlaphaza; buna, hushuka (w. away). (a) -lugwadule (desert); -ngenamsebenzi (useless).

wasteful (a) -lichithichithi; -chithayo; -lihlaphahlapha; hlaphaza (be w.).

wastrel (n) ihathayiya; umchithi.

watch (n) iwashi (time piece); isikhathi sokulinda ,(keep a w. over); umbheki (one who watches); ugqayinyanga, umantshingelana (watchman). (v) xwaya (keep w.); alusa (w. over); qapha (w. intently); hlalela (wait for); bheka, hlola (observe).

watchdog (n) inja yokulinda umuzi.

watchful (a) -bhekile; -xwayile; -qaphele.

watchmaker (n) umkhandi wamawashi.

watch-night (n) ubusuku bokugcina onyakeni.

watchword (n) igama abezwa ngalo ukuthi ngowakubo okhulumayo; isaga.

water (n) amanzi; ithantala (large expanse of w.); iconsi, ithonsi (drop of w.); umtata (lagoon); lapho amanzi olwandle afikela khona ekungeneni kwawo (high w.); lapho amanzi olwandle abuyela agcine khona ekubohleni kwawo (low w.). (v) chelela; nisela; thelela ngamanzi; donsela amanzi ngenkasa (irrigate); phuzisa amanzi (give w.); xuba namanzi, thelela amanzi (w. down); chichiza (watering of eyes); shobinga, chama (make w.).

waterbuck (n) iphiva.

waterfall (n) impophoma.

water-melon (n) ikhabe; ibhece.

watershed (n) umdlandlathi.

watertight (a) -ngangeni manzi; -ngaphumi manzi.

wattle (n) uwatela, umtholo (acacia); uthingo (thin stick); umlece (w. of fowl, turkey).

wave (n) idlambi, igagasi (of sea); ingqimba, inkimbi (undulation); ucwazi (heat w.); amaza omsindo (sound w.); amaza okukhanya (light w.); ingqimba yezinwele (w. in hair) ubhememe lozwelo (a w. of feeling). (v) dengezela, tenga (w. in the wind); bokozela, tshokozela (w. up and down); phephezela, yacazela (w. about); nqathuza, phephezelisa (display); phephezelisa iduku (w. a flag); ngqimba izinwele (w. the hair); vayela ngesandla (w. the hand).

waver (v) tengezela; xega; ngabaza (vascillate).

wavy (a) -yinkimbinkimbi.

wax (n) ingcino; isibumbatha; umovu (beeswax); isigonogono (w. from

the ear). (v) khula, anda (increase); tilikisha (w. a thread); vala ngesibumbatha (seal with w.).

way (n) indlela (path); ibanga (distance); ibanga elide (a long distance); uhambo (journey); umkhuba (manner); zenzela ngentando (have one's own w.); unemikhuba eyinqaba (he has peculiar ways); duka; (lose one's w.) qhela, suduka (get out of w.); vuma, dedela (make w. for); izindlela namasu (ways and means).

waylay (v) lalela; qamekela.

wayward (a) -phiyazayo; -yinguqunguqu.

we (pron.) thina; si-.

weak (a) -buthakathaka; -ngenamandla; -dondobele; -lunama; itengetenge (a w. person).

weakling (n) ivikithi; umuntu obuthakathaka; ongenamandla.

weakness (n) ubuthakathaka; ukungabinamandla; imfamadolo (w. in the knees).

wealth (n) ingcebo; umnotho; imfuyo; ubucebi.

wean (v) lumula; phusisa.

weapon (n) isikhali; igala; isibhukudu.

wear (n) ukudleka (damage, w. away); bonisa ukudleka (show signs of w.); okokugqoka, isivatho (clothes); okokugqoka kwangaphansi (under w.). (v) gqoka; mbatha; faka izingubo (w. clothes) vunula, hloba (w. finery); bhinca (w. round loins); dlevuza, ona (damage by w.); dlevuza, gugisa (w. out); hlikihla (rub); gudla (w. away); phucula (w. down); khathaza (w. out, tire); dla (w. into); guga, nwebuka (w. out); bhuduka (w. smooth).

weariness (n) ukukhathala; ukudinwa.

weasel (n) uchakide; ubhoshobana; ububhibhi (meerkat).

weather (n) isimo sezulu; izulu; amakhaza (cold w.) isigagadu (scorching hot w.); isikhudumezi (sultry w.). (v) dla; dleka (become weathered).

weave (v) phica; aluka; phitha; fakaza (w. in colour).

weaver (n) umaluki; ihlokohloko (w. bird).

web (n) ulembu; ubulembu (spider's w.).

webbed (a) -hlangeneyo; amazwani ahlangeneyo (w. toes).

webbing (n) umucu wendwangu elukhuni.

wed (v) gana; ganwa; shada; thatha; shadisa (perform wedding ceremony).

wedding (n) umgcagco; icece; umsindo; umshado (w. by christian rites). (a) -omgcagco; -omshado; icece, umsindo (a. w. dance).

wedge (n) ucezu olucije nganhlanye. (v) shayela ucezu (hammer in a w.); minyanisa (w. in).

wedlock (n) umendo; ukushada.

Wednesday (n) uLwesithathu; -ngo-Lwesithathu (on W.).

weed (n) ukhula; izivatho zomfelokazi (widow's weeds). (v) hlakula; siphula ukhula; centa (hoe out grass).

week (n) iviki; isonto; izinsuku eziyisikhombisa; isonto elizayo (next w.).

weekly (n) iphephandaba eliphuma kanye ngesonto. (a) -esonto; -eviki; -phathelene nesonto; -kwamasonto onke. (adv.) ngamasonto; ngamasonto onke; ngesonto.

weep (n) ukukhala; isililo. (v) lila; khihla isililo; chiphiza izinyembezi; khala.

weevil (n) isandundundu; imbovane; impehlwa.

weigh (v) kala; linganisa esikaleni; cabanga, zindla (consider); cwenga amazwi (w. one's words); khuhlaza (w. down, burden); khuphula ihange (w. anchor); sinda, banesisindo (be heavy); basemqoka (be important); sinda emqondweni (w. on the mind).

weight (n) ukusinda; isisindo; ubunzima; isicindezelo; igqinsi (heavy w.); isithunzi, isithonga (importance); umuntu onesithunzi (a person of w.), isilinganiso (w. for scale). (v) sindisa (make heavy).

weighty (a) -nzima; -sindayo; -nethonya (of influence).

weir (n) udonga lwedamu; udonga olunqamula umfula.

weird (a) -ethusayo; -shaqisayo; -mangalisayo.

welcome (n) umhlangabezo; ukuthakazelwa. (v) thakazela; hlangabeza; ngenisa ngokujabula. (a) -nokuthakazelwa; -thandekayo.

weld (v) shisisa izinsimbi ukuzihlanganisa.

well (n) umthombo (spring); ipitsi (w. for water); isitsha sikayinki (ink-

well); isikhala esiphakathi kwebhilidi elide (w. of a building). (v) phethuka; phethuza (w. up). (a) -hle; -lungile (fortunate); -philile, -sindile (healthy); sinda, lulama, phola (get w.). (adv.) kahle, kamnandi, ngokuyikho ((satisfactory); enzisisa, chuma, enza kahle (do w.); notha, ceba (be w. off); kakhulu (thoroughly); phambili kakhulu (w. in advance); eduze na- (w. nigh); futhi (as w.); kanye na- (as w. as).

well-bred (a) -kohlobo; -khulisiwe kahle.

wench (n) intombazana; isisebenzi sentombazana. (v) eshela (igama elijivazayo).

wend (v) hamba; ya ku- (w. one's way).

went (v) hambile.

wept (v) khalile; lilile.

were (v) bebekhona (they w. there); ukuba benginguwe (if I w. you).

west (n) intshonalanga. (a) -asentshonalanga. (adv.) entshonalanga.

western (a) -kwasentshonalanga; -bheka ngasentshonalanga; -phuma ngasentshonalanga.

wet (n) imvula; indawo enamanzi. (v) thela amanzi; manzisa, dica (cause to be w.); zichamela (w. oneself). (a) -manzi; -namanzi; -nethile; -madaxadaxa (sopping w.); netha (get w.); isikhathi semvula (w. season).

wether (n) intondolo.

whale (n) umkhomo; umkhomokazi (cow w.).

whaler (n) isikebhe sokuzingela umkhomo.

wharf (n) isibophelo semikhumbi.

what (pron. a.) -ni; kuyini lokho? (w. is that); kubiza malini? (w. does it cost); uthini? (w. do you say); yini futhi? (w. else); ngantoni? (w. with); phi, yiphi incwadi? (w. book); kunaluphi usizo? (of w. use is it).

whatever (pron.) konke; nani; noma kuyini.

wheat (n) ukolo; ukolweni.

wheedle (v) ncenga; ncengancenga; nxusa.

wheel (n) isondo; siza emsebenzini (put one's shoulder to the w.). (v) hambisa ngamasondo; gingqa; phenduka; phendukela kwesokudla (right w.).

wheelbarrow (n) ibhala.

wheelwright (n) umkhandi wamasondo enqola.

wheeze (n) umbefu. (v) befuza; ndonda.

whelp (n) iwundlu; izinyane. (v) zala; nyelezela (produce a litter.).

when (adv.) nini? manini? ngasiphi isikhathi? nxa; nxashana; manxa; mhla (at which time?).

where (adv., conj.) phi? ngaphi? angazi lapho uya khona (I do not know w. you go); kulapho siphosisa khona (It is w. we are mistaken).

wherever (adv.) naphi; nakuphi.

whet (v) lola; haqaza.

whether (conj.) noma; nokuba; noba; ingabe.

whey (n) umlaza (of sour milk); umbhobe (of buttermilk).

which (pron. a) phi? imuphi kini? (w. of you); yikuphi okungcono? (w. is better).

while (n) isikhathi; isikhashana (a short w.); kanye ngankathi (once in a w.). (v) chitha isikhathi, -zilibazisa (w. away time). (conj.) ngesikhathi soku-; uma-; -sa-; (of time); ufike ngisaphumile (you came w. I was away); kanti, ingani (whereas); udlile kanti mina angidlanga (he ate w. I did not.).

whim (n) umcabango ozifikelayo nje.

whimper (n) ukubibitheka. (v) bibitheka; nswininiza.

whimsical (a) -hlekisayo; -nensini.

whine (n) ukunswininiza. (v) nswininiza; ncwina; tetema.

whinny (n) ukuyiyiza. (v) yiyiza.

whip (n) isiswebhu; isibhaxu. (v) khwixa; thwaxula; thwishila; phehla, hlanganisa, govuza (w. up); khipha ummese (w. out a knife).

whip-hand (n) amandla okuphoqa.

whirl (n) isizululwane; isiyaluyalu. (v) shwila, zwibisa, hwitha (w. away); shwiliza umzaca (w. a stick); bhenguka, vunguza (w. about); yingiliza (w. round); zwiba, shwiba (w. through the air).

whirl-pool (n) isishingishane samanzi; umsinga.

whirlwind (n) isikhwishikazana; isishingishane somoya.

whirr (n) ukudwiza, ukubhibha. (v) dwiza; bhibha.

whisk (n) umshanelwana (broom); into yokuphunga izimpukane; into yoku-

phehla (for beating, as a mixture). (v) phubuza; hlwitha (w. away); phunga izimpukane (w. flies); phehla (beat together); -thi hlwi (w. out); -thi phendu (w. round).

whiskers (n) amadevu; ubuhwanqa; isidlubha (side w.); izindevu (feline).

whisky (n) uwiski; ugologo.

whisper (n) ukunyenyeza; ukuhleba. (v) hleba; hlebeza; nyenyeza.

whistle (n) ikhwelo; umlozi; impempe (instrument); shaya impempe (blow a w.); imfengwane (police type w.). (v) hlaba ikhwelo; shaya umlozi; viyoza.

white (n) okumhlophe; umhlophe (w. of eye); ubunwebu (w. of egg); umlungu (person with a w. skin, European). (a) -mhlophe; -the qwa; izimvu (w. hair, grey hair); -mhloshana (light coloured); umlungu (w. person).

white-ant (n) umuhlwa; inhlwa (flying w.).

white feather (n) uphawu lobugwala.

white flag (n) iduku elimhlophe lokucela uxolo.

white slave (n) owesifazane ophangiwe ukuba yisifebe.

whitewash (n) umcako. (v) caka; ziba iphutha (gloss over).

whitlow (n) isifesane.

whittle (v) baza ngommese; phungula, nciphisa (w. down).

who (pron.) ubani? umuntu ofikile (the man w. has come).

whole (n) indikimba; konke; konkana; isiqingatha. (a) philile (sound); phelele, -nke (entire).

wholesale (n) ukuthengisa okuningi kanyekanye. (a) -thatha kube kuningi kanyekanye (trade). (adv.) bhuqa nya (destroy w.).

wholesome (a) -philisayo; -hle; -nempilo.

wholly (adv.) ngokuphelele; nya.

whom (pron.) ubani?; ngubani? (by w.); umuntu esikhulume naye (the person to w. we spoke); uhambe nobani? (w. did you go with?).

whooping-cough (n) ugonqogonqo; amankonkonko; ukhohlokhohlo.

whore (n) isifebe.

whose (pron.) -kabani?; umfundi esibone umsebenzi wakhe (the pupil w. work we saw).

why (adv.) yini? ngani? ukwenzeleni

lokho? (w. did you do that?).

wick (n) intambo yelambu; intambo yekhandlela.

wicked (a) -khohlakele; -bi; -onayo.

wicker (n) okuphiciwe; uphico; okuphicwe ngezintingo (w. work). (a) -phiciwe; -luphico.

wicket (n) isangwana (gate); iwikethi (cricket).

wide (a) -banzi (broad); -kude, -qalingene (distant, separated). (adv.) kabanzi; kude; enabisa (spread w.); khamisile (w. open); ngokuphambuka (astray).

widow (n) umfelokazi; umfelwakazi.

widower (n) umfelwa.

width (n) ububanzi.

wield (v) phatha; sebenzisa; gadla nga-.

wife (n) umfazi; umka-; umkami (my w.); umlobokazi (young w.); inkosikazi (chief w).

wig (n) izinwele zokufakwa.

wigwam (n) indlwana yabomdabu baseMelika.

wild (a) -asendle (not domesticated); izilwane zasendle (w. animals); -zimilele (self-sown); -yisidlangudlangu, -chwensayo, -dlovulayo (uncontrolled). ulwandle olunamadlambi amakhulu, ulwandle olugubhayo (a w. sea); ukumpompa (w. talk).

wild-cat (n) imbodla; impaka.

wildebeest (n) inkonkoni; imbuzimeshe.

wilderness (n) ihlane; indle; izwe elingahlalibantu.

wile (n) icebo; ubuqili. (v) yenga; wonga.

wilful (a) -ngamabomu; -kwenkani; isenzo samabomu (a w. act).

wilfulness (n) ibomu; inkani.

will (n) intando, isifiso (desire); ngokuzithandela, ngokuziqomela (of one's own free w.); incwadi yefa (testament); sebenza ngokuzimisela (work with a w.). (v) abela okwefa (bequeathe); nquma (decide). (aux. v.) -yoku; -yo; -zoku; -zo; uyokwenza kusasa (he w. do it tomorrow); ngeke (of refusal); ngeke uhambe (you w. not go).

willing (a) -vumayo; umsizi ovumayo (a w. helper); ukuzinikela ngenhliziyo (to take part willingly).

wilt (v) buna; fehla; fehleka.

wily (a) -qinile; -nobuqili.

win (n) ukunqoba; ukuwina; ukuphumelela. (v) ahlula; nqoba; wina; zuza; phumelela emjahweni (w. a race); dala ubuhlobo na- (w. over).

wince (n) ukuthi thika. (v) yayatheka; thithika.

wind (n) umoya; isifudumezi (hot w.); isivunguvungu (gale); ugwele (cold w.); ishisandlu (northerly w.); umzansi (southerly w.); hogela, hosha (get w. off); inkulumo engumbhedo (talk that is all w.); ukuqumbelana (flatulence); suza; shipha (pass w.); gijimela phambili (take the w. out of one's sails); phefumula kahle (get one's w. back); dakwa (be three sheets in the w.).

wind (n) igwinci (a bend in the road); (v) shwila, songa, zombeleza (coil); thandela; (w. round); wayinda (w. a watch); chusha (w. one's way through); gcina, phetha, qedela (finish, w. up); futha (blow); futha uphondo (w. a horn); zungelezela, gwinciza (w. about).

windlass (n) umshini wokuphakamisa nokwehlisa izinto ezisindayo.

windmill (n) umshini ohanjiswa ngumoya.

window (n) ifastela; iwindi.

windpipe (n) uqhoqhoqho.

wind-screen (n) isiphephelo somoya.

wine (n) iwayini; ubusulu (palm w.).

wing (n) iphiko; uhlangothi (w. of a building); uphondo (w. of an army); ndiza (take w.); -ndizayo (on the w.); ekhwapheni la- (under the w. of); thena amandla (clip the wings of). (v) limaza iphiko (wound in w.); ndiza.

wink (n) ukuphazima; ukuqhweba ngeso. (f) cifa; cwayiza iso; qhweba ngeso; -nganaki (overlook).

winner (n) umuntu obahlulile abanye; owinileyo.

winnow (f) ela; hlunga; hlungula.

winsome (a) -thandisayo; -khangayo; ukumomotheka okukhangayo (a w. smile).

winter (n) ubusika. (v) hlala ubusika.

wintry (a) -kobusika; -bandayo, -qandayo (cold).

wipe (v) sula; esula; phaqula; hlangula; khothula (w. off); hlikihla (w. out); khucula (w. away); finya (w. the nose); bhuqa, bhubhisa, qothula (w. out).

wire (n) ucingo; ucingo (telegram, telephone); shaya ucingo (send a telegram, phone). (v) shaya ucingo (telegraph, phone); biyela ngocingo (w. in).

wireless (n) iwayilense; isaziso ngewawilense (w. message). (v) thumela umlayezo ngowayalense; sakaza ngewayilense. (a) -ngenazincingo.

wisdom (n) ubuhlakani; inhlakanipho.

wise (n) indlela (manner); nangayiphi indlela (in any w.); nakanjani (in no w.). (a) -hlakaniphile; -nokwazi; -nolwazi; isazi (a w. man); ngiyakwazi lokho (I am w. to that).

wish (n) isifiso; ukuthanda; izifiselo (good wishes). (v) fisa; funa; thanda; langazela; sengathi ngabe ngangazi (I w. I knew); -zifisela (w. for oneself); bingelela (w. good day).

wistful (a) -langazelayo; -dlinzayo.

wit (n) ukuhlakanipha; qaphela (keep your wits about you); sangana (lose one's wits); phila ngobuqili (live by one's wits); ukutekula (speak with w.); isinteli (witty speaker).

witch (n) umthakathi wesifazane; umkhunkuli wesifazane.

witchcraft (n) ubuthakathi; imikhuba yobuthakathi.

witchweed (n) isona.

with (prep.) na-; kanye na-; (association); woza nami (come w. me); itiye elinoshukela (tea w. sugar); na- (opposition); lwa na- (fight w.); ku-; phakathi kwa- (among); shiya lokho kimi (leave that w. me); nga- (cause); sika ngommese (cut w. a knife); nga- (manner); bhala ngokunakekela (write w. care); phatha; sebenzelana na- (deal w.); ahlukana na- (part w.); aneliswa yi- (be satisfied w.) malungana na- (w. reference to).

withdraw (v) khipha; khumula; monyula; hoxisa; hlehla; hoxa; khoba; suka.

wither (v) buna; oma; yendla; bunisa; yendlisa; omisa.

withhold (v) godla; bamba; ala.

within (prep.) phakathi kwa- (inside); phanṣi (below) -nokufinyelelwa (w. reach). (adv.) phakathi; ngaphakathi.

without (prep.) phandle kwa-; ngokungaphumeleli (w. success); dinga,

ntula (be w.). (adv.) phandle; ngaphandle; ntula, swela (go w.).

withstand (v) melana na-; vimbela.

witless (a) -ngenakuhlakanipha; -ngahlakaniphile.

witness (n) ufakazi; ubufakazi; fakaza (bear w.). (v) bona (observe); fakaza (testify).

witticism (n) amazwi oteku; amazwi obuciko.

wizard (n) umthakathi; umlumbi (magician). (a) -okuthakatha; -obulumbi.

wizened (a) -hlinile; -khonkobele; -lukhohlo.

woe (n) usizi.

wolf (n) isilwane saphesheya esithi asifane nenja enkulu; xwayisa kungekho ngozi (cry w. w.); lwa nendlala (keep the w. from the door).

woman (n) umfazi; inina; owesifazane osekhulile; umfazi (married w.); intombi, intombazane (young unmarried w.); inkehli, ingoduso (betrothed w.); idikazi (divorced w.); isalukazi (old w.).

womanish (a) -njengesifazane.

womanly (a) -njengomfazi; -njengesifazane.

womb (n) isizalo; inimba.

women (n) abafazi; isifazane, isimame (w. folk).

wonder (n) isimangaliso; ummangaliso; ukumangala; lumba, mangalisa (perform wonders). (v) mangala; babaza.

wonderful (a) -mangalisayo; -yisimangaliso; -babazekayo.

wont (n) umkhuba. (a) -jwayele; -vame.

woo (v) qomisa, eshela (court); funisisa (seek).

wood (n) ukhuni, ipulangwe, umuthi (material); ihlathi (forest); ihlozi (thicket); izinsaba, izinswani (kindling w.); izinkuni (fire w.) ugongolo, ugodo (log of w.); isibhuku (stump of w.).

woodland (n) izwe lamahlashana.

woodwork (n) okwamapulangwe; umsebenzi owenziwa ngamapulangwe; umsebenzi ophathelene noku-

wool (n) uvolo; iwuli; uboya bemvu; insonte; uvolo (cotton w.); ukumkhohlisa (to pull w. over his eyes, deceive).

woolgathering (n) ukuphupha.

woollen (n) izinto ezelukwe ngoboya bemvu. (a) -kavolo.

word (n) izwi; igama; uhlamvu; inkulumo; ukusho (statement); isithembiso (promise); thembisa (give one's w.); feza isithembiso (keep one's w.); ngomlomo (by w. of mouth); khulumisana (have w. with); amazwi ngamazwi (w. for w.); laycza, khipha izwi (send w.); hoxisa amazwi (eat one's words). (v) -sho; bhala.

work (n) umsebenzi; qala umsebenzi, qalisa ukusebenza (set to w.); -ngenamsebenzi (out of w.); isenzo (his w., doing); imibhalo (works, writings); izinsimbi - ezihambisayo (mechanism, works); ishabhu (workshop); ishabhu lakwaloliwe (railway workshop); ezitinini (brick works). (v) sebenza; sebenzela (w. for); sebenzisisa (w. hard); hamba, sebenza (function); umshini usasebenza (the machine still works); xegisa (w. loose); thonya (influence, w. on). enza (do, fashion); feza (accomplish); hambisa (operate); sebenzisa (use, cause to w.); sebenzela (w. for); cazulula inkinga (w. out a problem); vusa amadlingozi, phehla, xova (w. up, arouse).

workable (a) -nokwenzeka; -nokuhamba kahle; nokusebenza kahle.

worker (n) isisebenzi; isikhuthali.

workmanlike (a) -obungcweti.

world (n) umhlaba wonke jikelele; izwe elalaziwa endulo (the-old w.); amazwe aseMelika (the new w.); okulandela ukufa (the next w); uhlelo lwezilwane (the animal w); uhlelo lwezinambuzane (the insect w.).

worldly (a) -phathelene nokomhlaba; impahla (w. goods); -thandayo okomhlaba.

worm (n) impethu (maggot); ithuku (grub); isicwangubane (army w.); inyoka yabafazi (blind w.); umswenya (cut w.); umsundu (earth w); ukhanyikhanyi (glow w.); isilo, umtshumane (intestinal w.); ingcili (tape w.); isibungu (mite); insonge (thread on screw); (v) chusha (w. one's way through); gubha (w. out).

worn (v) gqokile. (a) -dangele, -kha-

thele (w. out, tired); dlekile, -gugile (w. out, as garment).

worried (a) -xobisekile; -diniwe; -nqenile; -khathazekile.

worry (n) inkathazo; inhlupheko. (v) khathaza; belesela; fundekela; enqenisa; enqena; nakekela.

worsen (v) -bakubi kakhulu; enza kube kubi kakhulu.

worship (n) inkonzo; indumiso; uMhlekazi (his W.). (v) khonza; khothamela; sonta; dumisa; khuleka; bonga.

worst (n) okubi kakhulu. (v) ahlula; nqoba. (a) -bi kakhulu.

worth (n) imali; inani; ubukhulu. (a) -nemali; -bizayo; -ligugu; -lingene na-; akusizi ngalutho, akunamkhuba (it is not w. anything).

worthless (a) -ngenamkhuba; -ngenamsebenzi; -ngenanani.

worthy (n) umuntu onesithunzi. (a) -nokusiza; -fanele (w. of).

wound (n) inxeba; iduma; ingozi; isilonda; ukulimala; ubuhlungu. (v) limaza; hlaba; gwaza; mehleza (w. on head).

wrangle (n) ukuphikisana; ingxabano. (v) xabana; hilizisana; phikisana.

wrap (n) isembatho sowesifazane. (v) songa; songoloza (w. round); khwintsha (w. round loins); songa, shuqula (w. up).

wrapper (n) iphepha lokubopha; indwangu yokusonga.

wrath (n) ukuthukuthela; ulaka.

wreath (n) isixha sezimbali; igoda lezimbali.

wreathe (v) thandela; gaxela; qhelisa.

wreck (n) ukubhidlika; ukuvithizeka; umkhumbi osubhidlikile (w. of a ship). (v) vithiza; sakaza; cwilisa umkhumbi (w. a ship).

wreckage (n) imvithimvithi.

wrench (n) ukuthi bhonyu; udlawu lwepayipi. (v) bhonyula; dluzula; shumpula; khuthula (w. off); xazulula (w. apart).

wrest (v) hlwitha (pull away); sonta, hlanezela (distort, twist).

wrestle (n) ukubambana; ukugonyoza. (v) bambana; gonyoza.

wretched (a) -nosizi; -lusizi; -hluphekile; -ngemnandi.

wriggle (v) -zibinya; khwixiza; phinqilika; tshikiza.

wring (v) khama; shuphula; foca;

sonta.

wrinkle (n) ukushwabana; umfingcizo; amaqimba (wrinkles). (v) shwabanisa; fingciza; fingqana; shwabana.

wrist (n) isihlakala.

wristlet (n) isigqizo; iwashi lesihlakala (w. watch).

write (v) bhala; loba; bhalela, lobela (w. to, for).

writer (n) umbhali; obhalayo; umlobi.

writing (n) ubhalo; umbhalo; okubhaliweyo; ukubhala; ukuloba; isandla; imibhalo (writings).

wrong (n) icala; isono; ububi; isiphosiso. (a) -ngalungile; -phambukile; -phosisile. (adv.) kabi; ngokungeyikho; ngokungalungile.

wrongful (a) -ngalungile; -ngeyikho; -ngaphandle kwesizathu (without cause).

wrote (v) bhalile; lobile.

wroth (a) -thukuthele; -nolaka.

wrought (a) -setshenziwe; -bunjiwe; insimbi ekhandiwe (w. iron).

wry (a) -hlibithisile; -hlinile.

X

xerophyte (n) isithombo esimila lapho imvula iyindlala khona; isithombo esinokonga amanzi.

xerophytic (a) -lungele ukumila ezindaweni ezintula amanzi; -fanele izindawo ezilugwadule.

Xhosa (n) iXhosa; iXhoza; isiXhosa (language). (a) -eXhoza; -amaXhoza; -esiXhoza.

Xmas (n) bheka Christmas.

X-rays (n) iX-reyi; ieksireyi. (v) thatha isithombe se-eksireyi.

xylophone (n) izilofoni; into esalupiyane umdlali wayo ushaya izincezwana zokhuni ngesando esincane ziveze umnyuziki.

Y

yacht (n) isikejana sawoseyili. (v) hamba ngesikebhe sawoseyili.

Yankee (n) umMelika. (a) -obuMelika.

yard (n) isilinganiso sobude; iyadi

(measure of length); ugongolo lwesikebhe oluphatha useyili (sail pole, yard arm); igceke; ibala; ijalidi (enclosure).

yawn (n) ukuzamula. (v) zamula; khevuzeka (y. open).

year (n) unyaka; umnyaka; nonyaka (this y.); nyakenye (last y., next y.); ngonyaka ozayo (next y.); ngonyaka odlule (last y.); nyakomunye (y. after next, y. before last); minyaka yonke (every y.); unyakande (leap y.).

yearling (n) ithole elinomnyaka owodwa lizelwe.

yearly (a) -omnyaka. (adv.) iminyaka yonke; ngeminyaka.

yearn (v) langazela; qabatheka; hawukela (y. for).

yeast (n) imbiliso; imvubelo.

yell (n) isikhalo; ukuklabalasa. (v) zamuluka; bangalasa; klabalasa.

yellow (n) umbala wephuzi. (a) -liphuzi; -ncombo; imfiva encombo (y. fever).

yelp (n) ukuklewuza; ukuklewula. (v) klewuza; klewula.

yes (adv.) yebo.

yesterday (n) izolo; kuthangi (the day before yesterday).

yet (conj.) nokho; kanti; kepha; ingani; kepha usehambile (y. he has gone). (adv.) manje (up to this time); futhi (in addition); kuze kube manje (as y.).

yield (n) okuthelwayo; ukuthela; inzalo; isibhidli (large y.). (v) thela; veza; yeka (relinquish); vuma, vumela (concede); qhinsila (produce); thela, dela (surrender).

yoke (n) ijoka (for oxen); isifuba sengubo (of garment). (v) bophela; faka ijoka; bhangqa (y. together).

yokel (n) umuntu wasemaphandleni; umuntu ongajwayelanga edolobheni.

yolk (n) isikhupha; umthubi.

yonder (a) lowaya; labaya; leya etc. (adv.) laphaya; ngaphaya etc.

you (pron.) wena; u-; nina; ni-.

young (n) abasha; izingane; izinyane (y. of animal); ichwane, iphuphu (y. of bird); inkonyane (y. of cow etc.); umdlwane, iwundlu (y. of carnivore); ubomi (y. of insect); zala (bear y.); ncelisa (suckle y.); mitha (be with y.).

youngster (n) umuntu osemusha;

ingane.

your (a) -kho; wakho; zakho etc.; enu; wenu; zenu etc.; kini (y. home); abakini (y. people).

yourself (pron.) wena uqobo lwakho; nina uqobo lwenu.

youth (n) ubusha; umfana; insizwa (young man); intsha (young people).

youthful (a) -kobusha; -kobungane.

yuletide (n) isikhathi somkhosi ka-Khisimusi.

Z

zeal (n) intshisekelo; ukushisekela; inkuthalo.

zealot (n) isishisekeli.

zebra (n) idube.

zenith (n) umphezulu; isiqongo.

zephyr (n) umnyelele.

zero (n) ize; isikhathi samanqamu (z. hour); unothi.

zest (n) inkuthalo.

zigzag (n) igwingcigwingci. (v) zombeza; gwingciza; khwixiza. (a) -magwingci; -mazombe; -gwegwayo. (adv.) ngokuthi gwingci.

zinc (n) uzinki; ukhethe, uthayela (corrugated iron).

Zion (n) iZiyoni; intaba eseJerusalema.

zip (n) iziphu. (v) hlanganisa ngeziphu.

zone (n) ibhande; umkhakha womhlaba; isifunda somhlaba; indawo (arca); indawo yomselekazi wamanzi (canal z.); indawo eyenganyelwe yisithunzi sakhe (z. of his influence). (v) zungeleza; nquma izindawo.

zoo (n) lapho kufuywa khona izilwane zokubukisa; izu.

zoology (n) isayensi ephathelene nempilo yezilwane izinyoni izinhlanzi nezinambuzane.

Zulu (n) umZulu; umuntu wakwaZulu; isiZulu (language). (a) -esiZulu; -abakwaZulu; uZulu (the Zulu people).

Zululand (n) izwe lakwaZulu; kwaZulu.

zygoma (n) inhlafuno.

zygote (n) iqanda eselivundisiwe.

SCHOLAR'S ZULU DICTIONARY

English–Zulu
Zulu–English

Compiled by
G. R. DENT
and
C. L. S. NYEMBEZI

PIETERMARITZBURG
SHUTER & SHOOTER

Zulu— English

A

-aba (v) distribute; divide; apportion; give presents to in-laws by bride.

-aba (iz-) (n) final attempt; last effort; desperate excuses.

ukwenza izaba—to make excuses; to give first aid to alleviate suffering; to make a final effort; to make an attempt.

izaba zomlomo—pretext; a small quantity.

-abela (v) distribute amongst; apportion.

-abelo (is- iz-) (n) portion; share, part which one gets as a free gift; Bantu reserve.

-abi (um- ab-) (n) one who portions out.

-abizwana (is- iz-) (n) pronoun.

-abo (um-) (n) gifts brought by bride for her in-laws.

-abula (-ebula) (v) remove bark of stem; beat severely.

-abulo (ulw-) (n) outer skin.

-abute (iz-) (n) small shrub bearing edible fruit almost size of marble.

-abuza (-ebuza) (v) cast the skin.

-abuzo (ulw-) (n) cast skin.

-achuse (is- iz-) (n) child still unable to help himself in anyway.

-achuthe (is- iz-) (n) one whose ears are not pierced.

-aga (is- iz-) (n) proverb; common saying; clever saying.

-agila (-agile) (is- iz-) (n) knobkerrie.

-agude (is- iz-) (n) wild banana.

-ahluka (v) part from; differ from (or with); deviate.

-ahlukana (v) part from one another; sever connection with.

-ahlukanandlela (em-) (adv) at the parting of the ways; cross-roads.

-ahlukanisa (v) separate; grant a divorce.

-ahlukaniso (is- iz-) (n) divorce.

-ahluko (is- iz-) (n) chapter; portion

-ahluko (um-) (n) difference.

-ahlula (v) get the better of; overcome; defeat.

ahlula ukwenza—beyond description; be beyond comprehension; beyond measure.

-ahluleka (v) fail; be overcome; be defeated.

-ahlulela (v) pass judgment upon.

-ahluleli (um- aba-) (n) adjudicator; arbitrator; judge.

-ahlulelo (is- iz-) (n) verdict; judgment.

-aho (is- iz-) (n) loud noise.

-aja (is-) (n) water from hemp smoking horn.

-ajenda (i- ama-) (n) agenda.

-akha (v) build; construct.

ukwakha umkhanya—to watch at a distance shading one's eyes.

ukwakha uzungu—to plot against someone.

ukwakha ugobe—to plot against someone.

ukwakha umuzi—to take a wife.

-akhamuzi (is- iz-) (n) citizen.

-akhela (v) build for; build in site of.

ukwakhela ugobe (uzungu)—to plot against.

-akhelana (v) be neighbours; live as neighbours; build for one another.

-akhelani (is- iz-) (n) neighbour.

-akhelwane (um- om- ab-) (n) neighbour.

-akhi (um- ab-) (n) builder.

-akhisa (v) give one a building site.

-akhiwo (is- iz-) (n) building.

-ala (v) refuse; deny; reject (a lover) start cultivating with hoe; mark out portion to be ploughed.

ukwala ukhasha—to be fiery tempered; to be vicious; to attack or accost on sight.

ukwala amehlo ukuhlangana—to be in constant fear; to be enemies.

ukwala uphethe—to refuse outright.

-ala (am-) (n) dome of the sky.

-ala (utshw-) (n) beer; alcoholic drink.

-ala (amatshwala) (n) beer parties.

-alakutshelwa (is- iz-) (n) obstinate person; one who disregards advice.

-alana (v) hate each other; be incompatible.

-alela (v) forbid; with-hold permission; mark out for someone portion to be cultivated.

-ali (um- ab-) (n) one who marks out portion to be ploughed or cultivated.

-aliswa (v) be in a condition which makes a woman not take food (or other things) which she usually likes (used mainly of pregnant women).

-aliwa (v) be rejected; be unacceptable

to opposite sex.

ukwaliwa amabele—one who likes to fight when drunk.

ukwaliwa ukudla—one who likes to fight when drunk.

ukwaliwa ngumendo—young bride who does not look as well physically as she was before marriage; to experience hardship in marriage.

ukwaliwa unyaka—to be in indifferent health; not to prosper.

ukwaliwa yinto—to be affected adversely by a thing (such as food, climate etc.).

-aliwa (is- iz-) (n) one rejected by opposite sex.

-aliwakazi (is- iz-) (n) wife in polygamous kraal not liked by husband.

-aluka (-eluka) (v) go out to graze; plait; weave.

-alukazi (is- iz-) (n) old woman.

-aluki (um- abe-) (n) weaver; basket maker.

-alusa (v) watch; look after; look after while grazing.

-alusi (um- ab- abe-) (n) herdsman; guard; shepherd.

-amba (is-) (n) large quantity.

-ambane (is- iz-) (n) ant-bear.

ukwenza amandla esambane—futile labour.

-ambatha (embatha) (v) dress; put on clothes; cover oneself with blanket.

ukwembatha ukhalo (intaba)—to fill the veld (or mountain) (as animals grazing))

-ambatho (is- iz-) (n) clothes; covering for the body.

-ambathwangaphi (is- iz-) (n) pretty blanket with different colours on either side.

-ambesa (v) clothe or cover another with cloak, etc.

-ambombo (is-) (n) heavy rain; downpour.

-ambuka (v) desert; turn traitor.

-ambula (v) uncover; unveil; reveal.

ukwambula itshe—unveil a tombstone.

ukwambula imfihlo—reveal a secret.

-ambuleka (v) become exposed; be revealed.

ukwambuleka ingubo — to be exposed to difficulty.

-ambulela (v) reveal to; make clear;

present with old clothing; uncover buttocks for one to see.

-ambulela (is- iz-) (n) umbrella.

-ambulensi (i- ama-) (n) ambulance.

-ambulo (is- iz-) (n) revelation.

-amfemfe (iz-) (n) thick curdled milk.

-ampompo (is- iz-) (n) spoon container made of grass.

-ampontshe (is- iz-) (n) spoon container made of grass.

-ampothwe (is- iz-) (n) kind of small axe.

-amuka (-emuka) (v) deprive; take away from.

-amukela (-emukela) (v) receive; accept; receive ration; receive Holy Communion.

-amukelisa (-emukelisa) (v) give out rations; administer Holy Communion.

-amukeliso (is-) (n) ration.

-amuku (is- iz-) (n) have mouth forcibly closed.

-ancaphe (is- iz-) (n) field which is planted last; second crop of mealies.

-ancinza (is- iz-) (n) concubine of chief.

-anda (v) increase; multiply; be enlarged.

ukwanda ngomlomo — too much talk but no action.

-ande (conj.) and then; and thereafter.

-andi (is- iz-) (n) thud; din.

-andisa (v) increase; enlarge.

ukwandisa indaba — to exaggerate.

-andla (ama-) (n) strength; power.

amandla esambane — futile labour.

-andla (is- iz-) (n) hand; handwriting; assistant.

ukuba nesandla—to have beautiful handwriting; to be an expert in doing something; to be neat; to be liberal (especially with food); to have a delicate touch.

ukuba nesandla esilula—to be quick to hit others.

ukuba yisandla — to be a helper; assistant.

ukubeka isandla—too beat someone.

ukubeka izandla — to assist; to confer blessing.

ukubuya ngezandla — to return empty handed.

ukweqa isandla — more than five.

ukufaka isandla — to assist.

ukubamba isandla—to shake hands.

isandla somuntu — way of doing

things; handwriting.
isandla semfene — left hand.
ezandleni — clap hands ;
-andle (ulw- izilw-) (n) sea; ocean.
-andlula (-endlula) (v) fold and put away sleeping mats and blankets; make bed; steal everything.
-ando (is- iz-) (n) hammer; mallet.
andukuba (conj.) and then; before.
-andulela (v) precede; anticipate.
-andulela (is- iz-) (n) forerunner; that which precedes; bright star which appears in winter.
-anduleli (um- ab-) (n) precursor; forerunner.
-andulelisa (v) plant first field; plant a small field for green mealies.
-andulelo (is-) (n) introduction (as in book).
-andundundu (is- iz-) (n) weevil.
-anela (v) be enough.
-anelisa (v) satisfy.
-anelwa (v) be suited for.
ukwanelwa ukufa — to die.
ukwanelwa yinto—to be enough; to be satisfied.
ukwanelwa usizi—to be overwhelmed by sorrow or difficulties.
-anezezela (-enezezela) (v) add on to.
-anga (v) hug; kiss.
-anga (am-) (n) lie; deceit.
-anga (ulw- izilw-) (n) palate.
-angci (is-) (n) continuous rain; heavy downpour; species of mongoose; species of wild dog.
-angcobe (is-) (n) mealies stored in a grain pit; porridge made of mealies stored in grain pit.
-angcokolo (is- iz-) (n) place eaten by mealie-grub; stalk-borer.
-ango (is-) (n) strong blast of heat.
-angoma (is- iz-) (n) witch-doctor; diviner.
-angqondo (iz-) (n) thick curdled milk.
-angquma (is-) (n) hail.
ukuwisa isangquma—rain with hail.
-anhlukano (iy-) (n) parting of the ways; quarrel.
-ankahlu (is-) (n) wrath; violence; fury.
-anqulu (is- iz-) (n) large beer pot.
-anuse (is- iz-) (n) diviner; witch-doctor.
-anusi (is- iz-) (n) diviner; witch-doctor.
-antshu (um-) (n) poisoned blood; blood turned watery.
-anxi (-inxi) (is-) (n) dizziness.

-anya (iz-) (n) uneasy feeling.
ukwethuka izanya — to be apprehensive; to be jittery.
-anyanisi (u- o-) (n) onion.
-anyisa (v) suckle; suckling of calves when they should not do so.
-apholo (iz-) (n) large teats with big opening; large draw of milk from big teat.
-aphuca (-phuca) (v) deprive; take away.
-aphuka (-ephuka) (v) break; be broken.
ukwaphuka umoya—be in sorrow.
ukwaphuka kokhezo — suckling of calves at the wrong time.
ukwaphuka kwekati—giving birth of a cat.
-aphula (-ephula) (v) break; remove pot from fire when food is cooked.
ukwaphula umoya—to break one's heart; to cause sorrow.
ukwaphula inhliziyo—to break one's heart.
ukwaphula uhleko—to laugh heartily.
ukwaphula osizini—to help one out of difficulty.
ukwaphula emlilweni—to help one out of difficulty.
ukwaphula ebhodweni—to help one out of difficulty.
ukwaphula embizeni—to help one out of difficulty.
-aphula (-aphulo) (is- iz-) small shield carried when courting, small dancing shield.
-aphulela (v) give a discount; remove pot for; break for.
aphulela ngezinsimbi—handcuff.
-aphulelo (is-) (n) discount.
-aphusa (v) cease suckling; go dry.
-aphula (i- ama-) (n) apple.
-aqheqhe (iz-) (n) thick curdled milk.
-aqu (is- iz-) (n) hunting song; song sung at graves of kings during first fruits ceremony.
ashila interjection of triumph; serves you right.
ashula see *ashila*.
-atha (v) start flaying beast.
-awa (i- ama-) (n) hour.
-awunsi (i- ama-) (n) ounce.
-azana (v) know each other; be acquainted.
-azela (v) be in possession of secret information about someone.

-azela (is-) (n) guilty conscience.
-azelo (is-) (n) guilty conscience.
-azi (v) know.
 ukwazi abantu — to treat people
 well.
 ukungazi nanyaka—not to care.
-azi (is- iz-) (n) expert; knowledgeable
 person.
-azi (ulw- ukw-) (n) knowledge.
-azisa (v) notify; honour; esteem.
-azisa (ukuzi-) (v) to be proud.
-aziso (is- iz-) (n) notice; advertise-
 ment.

B

-baba (v) be bitter; acrid; pungent; be
 hot tempered.
baba! (interjective) used as greeting or
 answering older man.
-baba (u- o-) (n) my/our father; also
 used of father's brothers.
-babala (def. v) since; eversince.
-babala (v) pounce upon someone; go
 to person uninvited.
-babala (im- izim-) (n) bushbuck.
-babane (isi- izi-) (n) something very
 bitter or acrid, or pungent.
-babamkhulu (u- o-) (n) my/our
 grandfather.
-babangibone (u- o-) (n) something
 surprisingly big.
-babaza (v) praise; exclaim; acclaim.
-babazeka (v) something noteworthy.
-babavana (u- izim-) (n) tall and
 slender person.
-babe (u-) (n) buffalo grass.
-babekazi (u- o-) (n) paternal aunt.
-babela (v) purposely set fire to veld
 grass; have a set purpose; go to;
 yearn for.
-babezala (u- o-) (n) said by bride
 to father-in-law.
-bafazini (u- o-) (n) boy brought up
 like an egg; man who likes company
 of women.
-bafazibewela (rel) red or black horse
 with white legs.
-bakabaka (i- ama-) (n) pretty woman.
-bakabaka (isi- izi-) (n) pretty woman.
-bakabaka (um- imi-) (n) pretty
 woman.
-bakaza (v) have shifty eyes; look
 bashful.
-bala (v) count.

 ukubala ngamehlo—to count silent-
 ly.
bala (adv.) really; indeed.
-bala (i- ama-) (n) spot; mark; open
 space or ground; open ground round
 homestead; light complexion.
 ukukhetha amabala — to walk gin-
 gerly; walk with great care.
 ukudla ngamabala — to ingratiate
 oneself by one's acts.
-bala (u-) (n) nothing; something of no
 account.
-bala (o-) (adv.) open space; where
 everyone can see.
-bala (um- imi-) (n) shin bone; colour;
 markings.
-baleka (v) run away; desert; elope.
-balekela (v) run away from; run away
 to; girl marrying a man who has
 not courted her or who has not
 made approaches to her people for
 her hand in marriage (khonga).
 ukubalekela ukufa nokuphila — to
 run for dear life.
-balela (v) be clear weather without
 clouds; be without rain; be hot (of
 sun).
 ukubalela nasebukhweni bezinja —
 clear without a cloud in the sky.
 ukubalela elezimpisi — at sunset
 when the sun shines only on hill
 tops.
-balela (im-) (n) drought.
-balisa (v) help to count; recount;
 ponder over one's misfortune; brood
 over misfortune.
-balo (isi- izi-) (n) figure; sum.
-baluleka (v) be prominent; be well
 known.
-bamba (v) catch; grasp; hold; over-
 take; hold calf so that it no longer
 suckles; take on (as seedling); delay;
 surprise one doing mischief.
 ukubamba amagqubu — to nurse a
 grievance.
 ukubamba igama — not to forget
 what has been said.
 ukubamba ngengqondo — to grasp
 what is spoken; to deceive; to
 outwit.
 ukubamba kwesithombo — growth
 of transplanted seedling.
 ukubamba utalagu — a futile effort.
 ukubamba indlela — to commence a
 journey.
 ukubamba isitimela — to board a
 train.

ukubamba umzimba — to become fat.

ukubamba isisu — to become pregnant.

ukubamba ithambo—to shake hands.

ukubamba impi — to fight in battle.

ukubamba kwempi—coming to grips in battle.

ukubamba imali — to owe someone money; to hold back part of someone's pay; to earn a lot of money.

ukubamba oyaziyo — to go one's way; to do as one pleases.

ukubamba eshobeni—not to remain behind; to seek line of least resistance.

ukubamba umjaho — to win a race (horse race).

ukubamba itoho — to do a piece job.

ukubamba ngobhongwane — to grab one by the throat; to choke someone.

ukubamba okhambeni — to drink beer.

ukubamba ongaphansi — to be disappointed; to be amazed.

ukubamba ongezansi — to be disappointed; to be amazed.

ukubamba umoya — to be startled; to eat a little.

ukubamba usiba — to write; to have beautiful handwriting.

ukubamba amazinyo — to be on tenterhooks; to be in suspense.

ukubamba ngoswazi — to belabour with a stick.

ukubamba ngenduku — to belabour with a stick.

ukubamba oqotsheni — to catch one in the act.

ukubamba ngamazinyo—to go through great difficulty (e.g. widow bringing up her children with great difficulty.)

ukubamba udonga — to be outwitted; to be deceived.

ukubamba uyeka — be at a loss what to do.

ukubamba umlomo — to keep quiet.

ukubamba igudu — to smoke hemphorn.

ukubamba izinkanyezi — to be high minded; to ride a high horse.

ukubamba izulu—to long for something beyond one's reach.

ukubamba elentulo — to act on information received first.

ukubamba ngesidlozana — to handle one roughly.

ukubamba isamuku—to close someone's mouth and nose.

ukubamba amahlanze — to stab.

ukubamba isisila sehobhe — to place reliance on something worthless.

ukubamba owesifazane — to assault a woman criminally.

ukubamba umkhonto ngasekudleni — to do a foolish thing.

ukubamba ubuthongo ngezinkophe — to be very sleepy (drowsy).

ukubamba izinyembezi ngezinkophe — to be on the point of crying.

ukuzibamba — to check oneself; to limit oneself.

ukubamba umuntu lapho emncane khona — take advantage of one's weakness.

-bamba (i- ama-) (n) molar; one substituting for another.

-bambana (v) hold each other or one another.

ukubambana ngezandla — to fight with bare hands; to help one another; to co-operate.

ukubambana ngezihluthu — to come to grips; to be at loggerheads.

ukubambana ngenkulumo — to engage in argument; to catch out one another.

-bambeka (v) be delayed; be busy; be very ill; something which can be held; get caught.

-bambela (v) hold for; act in place of someone.

ukuzibambela mathupha — to do for oneself; to do personally.

-bambelela (v) hold fast onto; support oneself by means of something.

ukubambelela obala — to make a vain effort; to put up a futile struggle.

-bambeli (um- aba-) (n) substitute.

-bambezela (v) delay someone.

-bambezela (im-) (n) time waster.

-bambezeleka (v) get delayed.

-bambisa (v) cause to hold; assist; pawn; give as security.

ukubambisa udonga — to outwit; to deceive.

ukubambisa umnyama ungenafu — to deceive.

-**bambisana** (v) co-operate.
-**bambiso** (isi- izi-) (n) security; pledge.
-**bambiswano** (u-) (n) co-operation.
-**bambo** (isi- izi-) (n) handle.
-**bambo** (u- izim-) (n) rib; scraper (for perspiration and mucus) made of rib.
-**banda** (v) be cold; hide; lean against; chop; be dead.
 ukubanda esiswini — to be terrified; to receive frightening shock.
 ukubanda emathunjini — to be terrified; to receive frightening shock.
 ukubanda kwamancane — to be terrified; to receive frightening shock.
 ukubanda ngomunwe—to make lame excuses.
-**banda** (isi- izi-) (n) species of lizard; very clever person.
-**bandakanya** (v) pile together; put together; couple.
-**bandama** (um-) (n) ringworm.
-**bandamu** (um-) (n) ringworm.
-**bande** (u-) (n) Zulu scent from 'umthombothi' tree; beads of umthombothi wood.
-**bandela** (um- imi-) (n) excuse; mitigating factor; amendment; rider.
-**bandeza** (v) place in difficulty; worry.
-**bandla** (i- ama-) (n) group of men; assembly; religious denomination.
-**bandlulula** (v) discriminate against.
-**bandlululo** (u-) (n) discrimination.
-**bandula** (v) 'whet' grinding stone by roughening surface.
bane (ideo) of sudden flash (as lightning); sudden sharp pain.
-**bane** (isi- izi-) (n) lamp; source of light.
-**bane** (um- imi-) (n) lightning.
-**bane** (u-) (n) lightning; blue agapanthus lily.
-**baneka** (v) light up (as by flash of lightning).
-**banga** (v) cause; dispute a claim; aggravate; journey towards.
 ukubanga umunyu — to cause sadness.
 ukubanga umsindo — to make noise.
-**banga** (i- ama-) (n) distance between; long way off; age; school standard.
-**banga** (isi- izi-) distance.
-**bangalasa** (v) shout; make loud noise.
-**bangandlala** (um- imi-) (n) species of tree with poor wood for fuel.

-**bangela** (v) cause.
 ukubangela amehlo abantu—to cover with shame.
-**bangela** (im-) (n) cause.
-**bangi** (im- izim-) (n) rival.
-**bangisana** (v) compete; be engaged in dispute.
-**bango** (um- imi-) (n) rivalry; dispute over property etc. feud.
-**bangula** (v) open skin to remove thorn; question closely.
-**bangwa** (v) be disputed.
 ukubangwa nezibi — to be critically ill.
bani (ideo) of sudden flash (as lightning); sudden sharp pain.
-**bani** (isi- izi-) (n) lamp.
-**bani** (u-) (n) blue agapanthus lily; lightning.
-**bani** (u- o-) (n) who?
-**bani** (um- imi-) (n) lightning.
-**banjelwa** (v) be relieved by; be acted for.
 ukungabanjelwa zwi — to be unreliable.
-**bankwa** (isi- izi-) (n) lizard; marrow in jaw of beast.
-**bankwa** (um-) (n) marrow in jaw of beast; lizard.
-**bantubahle** (adv.) late afternoon.
-**bantwanyana** (u- o-) (n) species of bird.
-**banzi** (rel) wide; broad.
-**banzi** (ubu-) (n) width; breadth.
baqa (ideo) of being pressed in; of being squashed; of crushing.
-**baqa** (um- imi-) (n) person with cheecks fallen in; flattened object.
-**baqaka** (v) become flattened (as tin); become emaciated; be squashed.
-**baqaza** (v) flatten out; squash.
-**basa** (v) make fire; light a fire; hit.
 ukubasa ngesagile etc. to strike with a knobkerrie, etc.
-**basela** (v) make fire for; stoke; strike hard; make persistent demands; beg.
-**bashaza** (v) walk with flat feet; walk with sandals or slippers.
-**batha** (i- ama-) (n) flat foot; one who cannot stand or walk with his feet parallel; one with feet pointing outwards.
-**bavula** (v) remove thorn from flesh.
-**bawu** (isi- izi-) (n) gadfly; tsetse fly; person with fiery temper.
-**baxa** (im- izim-) (n) tributary.
-**baya** (isi- izi-) (n) cattle kraal.

bayede (interj.) respectful greeting for members of Zulu royal house.
-baza (v) carve in wood; plane.
-bazelo (i- ama-) (n) splinter; chip; wood shaving.
-bazi (isi- izi-) (n) scar of old sore; blotch on skin.
-bazi (um- aba-) (n) carpenter; wood carver.
-bazimula (v) shine; shimmer.
-bazo (im- izim-) (n) axe.
be (ideo) of bleating of lamb.
-beba (v) carry on back.
-beba (isi- izi-) (n) flap.
-bebebe (u- o-) (n) lip of cattle.
-bebebe (im- izim-) (n) person with big mouth).
befu (ideo) of laboured breathing.
-befu (u-) (n) asthma; laboured breathing.
-befu (um-) (n) asthmatical breathing; asthma.
-befunga (isi- izi-) (n) stout person.
-befuzela (v) breathe with difficulty; pant.
-beka (v) put; place; select pup.
ukubeka indlebe — to listen.
ukubeka isandla — to hit someone; to attach signature.
ukubeka izandla — to bless; to cure by laying hands on someone.
ukubeka izwi — to speak.
ukubeka icala — to lay a charge against someone.
ukubeka itshe — to erect a memorial stone.
ukubeka inja — to reserve a pup.
ukubeka inkunzi — to earmark a bull; to reserve a bull.
ukubeka isici — to criticise; to besmirch.
ukubeka amabala — to criticise.
ukubeka umkhusu — to nurse a grudge against someone; to put off for another day.
ukubeka phansi — to miss the mark; to throw down; to bring down.
ukubeka kancane — to walk slowly; to walk gingerly.
ukubeka ezithendeni — to follow behind.
ukubeka emjahweni — to lay a bet at a race meeting.
ukubeka induku — to beat; to surpass.
ukubeka ingqotha — to beat; to surpass.

ukubeka uhlangothi — to lie down.
ukubeka iso — to watch.
ukubeka iqanda — to lay an egg.
ukubeka ulimi — to speak eloquently in favour of.
ukuzibeka phansi — to be humble; to lie down.
ukungazibeki — to be stubborn.
bekebeke (ideo) of glittering; of shining.
-bekela (v) patch (as clothes); lay eggs; keep for.
-bekelela (v) store up; pile one on top of another.
-bekezela (v) be patient.
-bekisa (v) make sign to remind oneself; reserve; reserve pup.
-bele (i- ama-) (n) female breast; udder; kaffir corn; sorghum; (pl) kaffir beer.
ukuhlulwa amabele — to get drunk easily; to be rowdy after drinking.
-bele (isi- izi-) (n) nipple of male; breast muscle of male.
-bele (ubu-) (n) compassion.
-bele (um- imi-) (n) teat of female animal; nipple of animal.
-belebele (um-) (n) constant bother; never ending affair.
-beleko (im- izim-) (n) skin used by women to carry children on their backs.
-belesela (v) pester; nag; bother.
-beletha (v) give birth (human); carry on the back.
ukubeletha izithende — to run very fast.
ukubeletha izinyawo — to run very fast.
ukubeletha umntwana ongehliyo — to be a hunch-back.
-belethisa (v) help to carry on back; help to deliver baby.
-belethisi (um- aba-) (n) midwife.
-beletho (isi- izi-) (n) womb.
belu (adv.) of course; mind you; you know.
-bemba (u- izim-) (n) flat, sharp object (e.g. rib of animal); strong teeth of animal (e.g. tiger, lion).
-bende (u-) (n) spleen.
-bende (ubu-) (n) brawn made from fresh blood and chopped pieces of tripe; a red beast.
-bendle (u- o-) (n) guts; girdle of leaves.

-benga (v) cut meat into strips for grilling; tattoo.
benge (ideo) of glittering.
-benge (im- izim-) (n) small basket of woven grass.
bengebenge (ideo) of glittering.
-bengebenge (ubu-) glitter.
-bengezela (v) glitter, shine.
-bengo (um- imi-) (n) meat cut into strips for grilling; grilled meat cut in strips.
-bengu (u- izim-) sharp instrument; outer sheath of corn stalk or grass.
benqe (ideo) of slashing off.
-benqeza (v) slash; cut.
benye (ideo) of flashing.
-benyebenye (ubu-) (n) glaring; flashing.
-benyezela (v) glint; flash.
-betha (v) hit; strike with open hand; blow (as a breeze).
ukubetha izandla — to clap.
ukubetha ihlombe — to clap.
-bethe (um- ama-) (n) dew.
-bethela (v) drive in, hammer; crucify; protect home against lightning.
ukuzibethela — to drink a lot of beer.
bha (ideo) clear.
khanya bha — clear light.
-bha (kwa-) (adv.) in the open; barren place.
-bha (ubu-) (n) poverty.
bhaba (ideo) hit (as bird).
-bhaba (imbaba izimbaba) (n) sunburnt pumpkin (singular only); saying something obscene.
-bhabaza (v) strike (as a bird).
-bhabha (v) catch; entrap; surprise someone doing wrong.
bhabha (ideo) of flapping wings.
-bhabhadisa (-za) (v) baptise.
-bhabhadlolo (u- izim-) (n) tall and hefty person; something long and thick.
bhabhalala (ideo) of collapsing (as emaciated animal).
-bhabhalala (v) lie prone unable to rise (used mainly of thin animals); collapse.
-bhabhalazi (i-) (n) after effects of too much drink; hangover; craving for beer following drinking spree the day before.
-bhabhama (v) be in a temper; spring upon.
-bhabhlini (u- o-) (n) poplar.

-bhabhathiza (v) baptise.
-bhabhathizo (u-) (n) baptism.
-bhabhathizo (um-) (n) baptism.
-bhabhathizi (um- aba-) (n) one who baptises; baptist.
bhaca (ideo) of dropping and flattening out (like mud); of splashing; of passing liquid stools.
-bhaca (v) crouch; hide; take shelter.
ukubhaca obala — to make lame excuses.
-bhaca (i- ama-) (n) a member of the Bhaca tribe.
-bhaca (isi-) (n) language and way of life of the Bhaca; way of dressing hair.
-bhaca (u- izimbaca) (n) invalid; weak and helpless person.
-bhacaza (v) pass liquid stools (used mainly of young children).
-bhaceka (v) stick on; plaster with mud; accuse unfairly; begin to show cobs (of maize).
-bhacisa (v) use as pretext.
bhada (ideo) of walking unsteadily; of walking like a duck.
-bhada (v) reach.
ukubhada unyawo — to touch with one's feet i.e. to get to a place.
bhadabhada (ideo) of walking unsteadily; of walking like a duck.
-bhadada (imbadada izimbadada) (n) Zulu sandal.
-bhadakazi (kwa- kwesika-) (adv.) at night.
bhadalala (ideo) of collapsing.
-bhadalala (v) fall down from exhaustion.
-bhadalala (isi-) (n) epidemic.
-bhadama (v) take by surprise.
-bhadazela (v) walk clumsily (like a duck).
bhade (ideo) of spotting; of placing meat on coals to grill; of sticking on something in untidy fashion.
-bhadeka (v) stick something on; place meat on coals to grill.
ukubhadeka ngecala—to accuse falsely.
-bhadi (i- ama-) (n) bad luck; misfortune.
bhadla (ideo) of using obscene language; of saying without finesse (e.g. informing person of tragedy which has befallen); speaking without tact.
-bhadla (v) bubble and seethe; receive

severe burn.

ukubhadla ejele — to be detained in jail; to be imprisoned.

bhadlu (ideo) of scalding.

-bhadlu (isi- izi-) (n) large blot; large spreading sore.

-bhadluka (v) get scalded badly.

bhadu (ideo) of dotting; spotting.

-bhadu (isi- izi-) (n) prominent spot or mark).

-bhadubhadu (ama-) (n) large spots all over; pattern of large spots.

-bhaduka (v) have large spots.

-bhadula (v) tramp along; bar a door with Zulu bolt.

-bhaduza (v) be spotted; tramp aimlessly.

-bhaha (isi- izi-) (n) something very bitter; fever tree; fiery tempered person.

-bhahu (i- ama-) (n) new loin skin for women; treated skin ready for cutting new loin skin.

bhaja (ideo) of uneasiness.

-bhajaza (v) be shifty eyed; feel self conscious; feel uneasy.

-bhajwa (v) be caught in trap; be caught doing wrong; be infected with venereal disease.

-bhaka (v) bake.

-bhaka (i- ama-) (n) small pool of water.

-bhakabhaka (isi-) (n) sky.

-bhakabhu (isi- izi-) (n) large gaping wound.

-bhakede (i- ama-) (n) bucket.

-bhakela (v) hit with fist; kick.

-bhakela (isi- izi-) (n) fist; boxing.

bhakela (ideo) of striking or kicking hard especially on body; of flinging down.

-bhakeni (u-) (n) bacon.

-bhaklabhakla (isi-) (n) striking repeatedly with stick.

-bhaklabhakla (ubu-) (n) repeatedly striking with stick.

-bhaklaza (v) strike or hit hard; throw down violently.

-bhako (um- imi-) (n) home made bread (of flour).

-bhakondi (i- ama-) (n) oven.

bhaku (ideo) of flapping; fluttering.

-bhakubha (i- ama-) (n) lung.

-bhakubhaku (ubu-) (n) continuous flapping; fluttering.

-bhakuza (v) flutter; flap.

-bhala (v) write; write an examination.

-bhala (i- ama-) (n) wheel-barrow.

bhalakaca (ideo) of falling prone on mud or water.

-bhalakaca (v) fling down wet object; fling down on something wet.

bhalakaxa (ideo) of falling on mud or water.

-bhalakaxa (v) fling down wet object; fling down on something wet such as mud.

-bhalala (isi- izi-) (n) warm blanket.

-bhalasa (v) bloom.

-bhalasi (imbalasi izimbalasi) (n) flower.

-bhalekisi (i- ama-) (n) barracks.

-bhalela (v) write for; write to.

-bhali (um- aba-) (n) writer; author.

-bhalisa (v) put name on waiting list.

-bhalo (isi- izi-) (n) Scripture.

-bhalo (um- imi-) (n) Scriptures; document; writing; blanket.

-bhaloni (i- ama-) (n) balloon; aeroplane.

-bhalu (u- izim-) (n) cave.

-bhaluko (i- ama-) (n) rafter.

bhamabhama (ideo) of staggering.

-bhamazela (v) stagger; act foolishly; walk as though blind.

-bhamba (v) flog.

-bhamba (isi- izi-) (n) belt made of fibre worn by women.

-bhambabula (v) flog mercilessly.

-bhambada (v) pat; slap on the back; press down hair.

-bhambalala (u- izimbambalala) (n) long and thick (e.g. big snake).

-bhambatha (v) pat; slap on the back; press down hair.

-bhamisa (v) wind up treatment (of amandiki, amandawe) by slaughtering goat and putting on goat skin armlet.

-bhampa (v) bounce.

bhamu (ideo) of exploding; bursting (as flames).

-bhamu (isi- izi-) (n) gun; rifle; beautiful woman.

-bhamuka (v) explode.

-bhamuza (i- ama- (n) something inflated or which looks inflated; bubble; balloon; blister, etc.

-bhanana (u- o-) (n) banana plant or fruit.

-bhanana (isi- izi-) (n) banana plantation.

-bhanda (v) plaster hut with mud.

-bhande (i- ama-) (n) belt; strap; strip

of land.
-bhandesha (v) put on bandage.
-bhandeshi (i- ama-) (n) bandage.
-bhangazela (v) be in state of excitement; grow quickly.
bhangcu (ideo) of being naked; of being poor.
-bhangcuza (v) lack for clothing; be in want; be poor.
-bhangcuzela (v) lack for clothing; be in want; be poor.
-bhange (i- ama-) (n) bank (commercial); bench; strip of untilled land in cultivated field.
-bhangqa (v) tie together; pair.
-bhangqo (i- ama-) (n) wide mouthed calabash for beer.
-bhangqana (v) be tied together; be attached to each other.
bhangqu (ideo) of being striped.
-bhangqula (v) mark with stripes; have stripes.
-bhangqule (rel) black or red beast with white stripe over the sides to the stomach.
-bhanoyi (i- ama-) (n) aeroplane.
-bhanqa (v) tie together; pair.
-bhanqa (i- ama-) (n) wide mouthed calabash for beer.
-bhanqana (v) be tied together; be attached to each other.
bhanqu (ideo) of being striped.
-bhanqula (v) mark with stripes; have stripes.
-bhanqule (rel) black or red beast with white stripes over the sides to the stomach.
-bhansa (v) slap on back; be additional.
inyanga ebhansayo — month with 31 days.
-bhansela (v) tip; give a small present.
-bhansi (i- ama-) (n) hunting dog.
bhansu (ideo) of slapping; of striking with whip.
-bhansula (v) slap; strike with whip.
-bhansuza (v) slap; strike with whip.
-bhantshi (i- ama-) (n) coat; jacket; poor sportsman.
-bhantshi (u- o-) (n) night soil remover.
-bhantshi (kwa-) (adv.) place for night soil disposal.
-bhantshi (um- imi-) (n) fermented drink mixed with crushed cooked mealies; stiff porridge mixed with fermented thickened maize porridge; crushed cooked mealies mix-

ed with corn.
bhanya (ideo) of opening eyes coyly; of flashing.
-bhanyaza (v) give a coy look; flash.
-bhanyaza (i- ama-) (n) blister.
-bhaqa (u- izimbaqa) (n) torch; flare; grass used by Zulu for giving light.
-bhaqanga (um- imi-) (n) mealie meal bread; cooked beans mixed with mealie meal.
-bhaqo (nge-) (adv.) by coincidence; fortuitously.
-bhasha (v) be stunted; roast dry mealies.
-bhasha (imbasha) (n) dry mealies roasted.
-bhashelana (imbashelana izimbashelana) (n) stunted person or animal; undernourished person or animal (especially of young).
bhashu (ideo) of burning in patches.
-bhashu (isi- izi-) (n) burnt patch.
-bhashula (v) burn a patch; make burn mark.
-bhashwa (v) be roasted.
ukubhashwa yilanga—to be exposed to the sun.
-bhasi (i- ama-) (n) bus.
-bhasikidi (u- o-) (n) basket.
-bhasitela (v) cross breeds.
-bhasitela (i- ama-) (n) cross breed; bastard; Half-Caste.
-bhatata (isi- izi-) (n) sweet potato field.
-bhatata (u- o-) (n) sweet potato.
-bhava (v) take a bath.
-bhava (imbava, izimbava) (n) stolen property which is being sold.
bhavu (interj.) said by men accosting girls.
-bhavu (u- o-) (n) bath.
-bhavumula (v) roar; growl.
-bhawodi (-ti) (i- ama-) (n) bolt.
bhaxa (ideo) of walking in mud; of falling in mud).
-bhaxa (i- ama-) (n) fork of tree; junction; a confluence; pretext.
-bhaxa (imbaxa izimbaxa) (n) fork of road or tree; tributary.
-bhaxa (isi- izi-) (n) plump baby.
-bhaxabhaxa (ubu-) (n) walking in mud; of falling in mud.
-bhaxabula (v) flog.
-bhaxelo (isi- izi-) (n) apron.
-bhaxisa (v) make lame excuses; use as pretext.
bhaxu (ideo) of whipping.
-bhaxu (isi- izi-) (n) whip; sjambok.

-**bhaxula** (v) whip.
-**bhayela** (u- o-) (n) boiler.
-**bhayi** (i- ama-) (n) piece of cloth for covering shoulders worn by women; Zulu woman who still wears traditional attire.
-**bhayibheli** (i- ama-) (n) Bible.
-**bhayisikili** (i- ama-) (n) bicycle.
-**bhayisikobho** (i- ama-) (n) bioscope; film.
-**bhayinede** (i- ama-) (n) bayonet.
-**bhayiza** (v) act in a confused manner; get lost; roam about.
-**bhazabhaza** (u- o-) (n) something very large.
bhazalala (ideo) of sitting lazily; of lying down in lazy fashion.
-**bhazalala** (v) sit lazily; lie down.
-**bhazo** (i- ama-) (n) sharpened piece for chopping; hatchet.
-**bhazo** (imbazo izimbazo) (n) axe; very big teeth.
bhe (ideo) of raging (e.g. fire, heat of sun).
bhebe (ideo) of striking with back of hand.
-**bhebhe** (isi- izi-) (n) thin porridge of mealie meal with malt.
-**bhebeza** (v) strike on mouth with back of hand.
-**bhebha** (v) cover female (of small animals).
-**bhebhe** (isi- izi-) (n) broad flat object.
-**bhebhenene** (u- o-) (n) person with bushy beard; long bushy beard.
-**bhebhetheka** (v) flare up; rage fiercely as fire.
-**bhebhezela** (v) incite; add fat into the fire.
-**bheca** (v) smear; slander.
  ukubheca ngobende — to deceive; to blame falsely.
  ukubheca ngehlazo — to slander; to accuse falsely.
-**bhece** (i- ama-; u- o-) (n) pig melon fruit; person who falls down easily; one physically weak.
-**bheda** (v) speak foolishly.
-**bhede** (um- imi-) (n) bed.
-**bhedezane** (u-) (n) kind of pattern woven with grass.
-**bhedi** (isi- izi-) (n) one in the habit of talking nonsense.
-**bhedla** (v) pester; keep on returning to the same point; harp on.
-**bhedlela** (isi- izi-) (n) hospital.
-**bhedi** (isi- izi-) (n) foolish talker.

-**bhedo** (um- imi-) (n) foolish talk; nonsense.
bhedu (ideo) of sudden appearance in large numbers (e.g. weeds); of running away in numbers.
-**bhedu** (u- izim-) (n) brass neck ornament; meat eaten by bravest boy among herdboys.
-**bheduka** (v) appear suddenly in numbers; rise as dust; flee.
-**bhedula** (v) chase away; turn inside out; search.
-**bhedula** (imbedula izimbedula) (n) beast with wide horns which may also be twisted.
-**bhedulula** (v) search thoroughly.
-**bhedumehlwana** (imbedumehlwana) (n) an astonishing event; turning eyelid inside out.
-**bheja** (v) become red; bet; give gifts to curry favour (especially with opposite sex).
-**bhejane** (u- o-) (n) rhino.
-**bhejazana** (um- imi-) (n) one possessing fiery temper.
-**bheji** (i- ama-) (n) badge.
-**bheka** (v) look; observe; go towards.
  ukubheka phansi — to be humble; shy.
  ukubheka ngawayizolo—to be awake the whole night.
  ukubheka ngamehlo amnyama/ abomvu — to await eagerly.
  ukubheka abantu — to supervise people.
-**bheka** (imbeka izimbeka) (n) beast slaughtered on instruction of herbalist; much of this meat is taken away by him.
-**bheka** (i- ama-) (n) lobola cattle.
-**bhekana** (v) eye one another.
  ukubhekana ngeziqu zamehlo — to regard one another with hostility.
-**bhekaphansi** (i- ama-) (n) bat (animal).
-**bhekedu** (ama-) (n) something badly spoiled; catastrophe.
-**bhekedwane** (ama-) (n) something badly spoilt; catastrophe.
-**bhekezansi** (i- ama-) (n) water monitor.
-**bheki** (um- aba-) (n) watchman; caretaker.
-**bhekilanga** (u-) (n) sunflower.
bheku (ideo) of strong movement; of strong flapping (e.g. canvass blown by wind).
-**bhekuza** (v) violent flapping; angry

gesticulation.

-bhekwa (v) be watched.
ukubhekwa yisambane — to meet with misfortune.

-bhele (i- ama-) (n) bear; bale (e.g. grass fodder).

-bhelebhele (i- ama-) (n) edible fruit of 'ingotsha' shrub.

-bhelenja (um- imi-) (n) loin skin worn by girls.

-bhelihodi (i- ama-) (n) saddle belt which goes under stomach of horse.

-bhelu (isi- izi-) (n) tail of rabbit; commotion; riot.

-bhelu (u-) (n) Afrikander beast.

-bhema (v) smoke; take snuff.
ukubhema ukholwe — to have enough of situation.

-bhembuluka (v) flee.

-bhememe (u-) (n) famine; commotion.

-bhemisa (v) give snuff; tobacco.

-bhembetheka (v) drink thirstily; pierce.

-bhena (v) curve in (of the back).

-bhendi (i- ama-) (n) band (instrumental).

bhengce (ideo) of evasiveness.

-bhengceza (v) be evasive; prevaricate.

-bhengele (i- ama-) (n) armlet; bangle.

-bhengeza (v) spread a story.

bhengu (ideo) of whirling (e.g. wind); of commotion.

-bhengu (isi- izi-) (n) whirlwind; commotion.

-bhengubhengu (isi- izi-) (n) strong wind; hurricane; commotion.

-bhengubhengu (ubu-) (n) of being blown away by strong wind; commotion.

-bhenguza (v) blow violently (of wind); get into a temper.

-bhensa (v) have bent back; be insolent; be wasteful.

-bhentshi (i- ama-) (n) bench.

-bhense (isi- izi-) (n) person with curved in back.

-bhenzini (i-) (n) benzine.

-bheqeza (i- ama-) (n) large flap; broad collar or cap.

-bherethi (i- ama-) (n) beret.

-bheseni (u- o-) (n) basin.

-bheshu (i- ama-) (n) skin buttock-covering worn by men; men who still wear Zulu traditional dress.

-bheshwana (u- o-) (n) small flaps of beads worn by boys and girls over buttocks, at sides and in front.

-bhesi (i-) (n) bass; bass voice.

-bhetri (i- ama-) (n) battery.

-bheva (isi- izi-) (n) fiery tempered person.

-bheyila (v) bail out; pay bail; come out on bail.

-bheyili (i-) (n) bail.

-bhibha (v) spread as festering wound; fly (as flag).
ukubhibha kohlanga — winter time.

-bhibhi (ubu-) (n) meerkat.

-bhibhidla (v) learn to do a thing; bubble.

bhibi (ideo) of striking with back of hand on mouth.

-bhibiza (v) hit on the mouth with back of hand.

bhici (ideo) of something soft spreading out because of pressure (as stepping on a tomato); of oozing.

-bhici (isi- izi-) (n) something overripe (as fruit); rotten stuff.

-bhici (u- izim-) (n) discharge from eyes.

-bhicika (v) become squashed; ooze.

-bhicongo (isi- izi-) (n) disaster; devastation.

-bhida (v) bid (as at a sale).

-bhidana (v) get confused.

-bhidakala (v) get spoilt; quarrel.

-bhidi (i- ama-) (n) object with many colours; variegated.

-bhidi (um- aba-) (n) leader of marriage dancing group; conductor.

-bhidi (izi-) (n) sediment.

-bhidilisha (v) act in an uncertain manner; act as a learner.

-bhidisi (um- aba-) (n) conductor.

-bhidiliza (v) act in an uncertain manner; act as learner.

-bhidisa (v) conduct a choir.

-bhidla (v) rain heavily.

bhidli (ideo) of falling apart); of collapsing (as house); of appearing in large numbers (e.g. sores on body).

-bhidli (isi- izi-) (n) something in abundance; be large (e.g. a town with numerous houses).

-bhidlika (v) fall down; collapse (as a building); come out in large numbers (as sores).

-bhidlibhidli (imbidlimbidli izim-) (n) clumsy stout person.

-bhidliza (v) demolish.

-bhido (um-) (n) edible wild herbs.

-bhija (v) sway the body; twist arm; catch red-handed.

-bhijana (v) walk with swaying gait.

bhije (ideo) of piercing object (soft).

-bhijeka (v) stab soft object (e.g. spear penetrating body).

-bhijelezela (v) drink everything.

-bhijo (um- imi-) (n) ornament of beads worn round neck and waist.

-bhikawozi (i- ama-) (n) bakery.

-bhikili (i- ama-) (n) small tin container; billy can.

-bhila (v) protect with magico-medicinal preparation.

-bhilida (v) bolt; become wild; offer resistance.

-bhilidi (i- ama-) (n) large building; fine building.

-bhilidokwe (i- ama-) (n) bull-dog; bull mastiff.

-bhilijisi (imbilijisi- izim-) (n) riding breeches.

-bhilikosi (i- ama-) (n) apricot.

-bhimba (v) sing out of tune; act discordantly; speak ineffectively.

-bhimbi (i- ama-) (n) one who sings out of tune; acts discordantly; a poor speaker.

-bhina (v) use vulgar language; sing lewd songs.

-bhinca (v) put on; wear; put on cloth tied round waist; follow close behind; overtake.
ukubhincela nxanye — to be in awkward circumstances.
ukubhinca uhamba — to act quickly.

-bhinca (i- ama-) (n) one who wears traditional Bantu dress.

-bhinqa (v) be sarcastic.

-bhinqo (isi-) (n) irony.

-bhinqo (um-) (n) sarcasm; irony.

bhinyi (ideo) of twisting; of being dislocated.

-bhinyika (v) become twisted; get sprained; be dislocated.

-bhinyila (v) twist; dislocate; sprain.

-bhinyilika (v) be dislocated.

-bhishimbishi (imbishimbishi izim-) (n) very stout person; one who walks with heavy gait.

-bhishobhi (um- aba-) (n) bishop.

-bhisi (u- o-) (n) large herd of cattle.

-bhisikidi (i- ama-) (n) biscuit.

-bhixa (v) smear with mud, grease etc. besmirch one's character; apply liberally (as oil, butter).

bhixi (ideo) of smearing.

-bhiya (u- o-) (n) beer.

-bhiyoza (v) dance by swaying body.

-bhiyozo (um- imi-) (n) dancing involving expert swaying of body.

-bhiza (v) fly off with whining sound.

-bhiza (imbiza- izim-) (n) large earthenware pot; cooking pot.

-bhizelo (i- ama-) (n) splinter; chip.

-bhizimbelwe (imbizimbelwe izim-) (n) deep pool or hole.

-bhizinisi (i- ama-) (n) business; trade.

bho (ideo) of telling lies unashamed.

-bhobe (um-) (n) buttermilk.

-bhobe (i- ama-) (n) deep hole in ground (as sunken ground).

-bhobho (um- imi-) (n) hollow; tubular object.

-bhobhodlana (i- ama-) (n) youth.

-bhobhoni (i- ama-) (n) species of bird.

bhobo (ideo) of piercing; perforating; of being pierced; of being perforated.

-bhobo (imbobo, izim-) (n) hole; tunnel.

-bhobo (isi- izi-) (n) sharp pain in the chest.

-bhobobo (isi- izi-) (n) species of bird.

-bhoboka (v) become pierced; break through barrier; regain voice.
ukubhoboka kwethumba—the bursting open of a boil; a secret affair coming into the open.
ukubhoboka kwezulu — rain after spell of drought.
ukubhoboka kwendaba — an affair coming into the open.
ukubhoboka kwesifo — outbreak of epidemic.
ukubhoboka kwamanzi—water breaking through barrier.
ukubhoboka kwezwi—return of voice which has been hoarse.
ukubhoboka kwempi — commencement of hostilities.
ukubhoboka komuntu — when person who has been quiet starts to speak.

-bhobosa (-bhoboza) (v) pierce; make a hole through.

-bhoboza (-bhobosa) (v) pierce; make a hole through.

-bhocobala (v) be weak; be lethargic.

-bhocobelana (imbocobelana izim-) (n) weak lethargic person.

-bhodi (i- ama-) (n) board; school board.

-bhodiya (um- imi-) (isi- izi-) (n) skin covering for breasts.

-bhodla (v) belch; roar; behave in insolent manner; be appeased.

-bhodla (imbodla izim-) (n) wild cat.

-bhodlela (v) be insolent towards; belch for.

ukubhodlela phezulu — to have had enough food and drink.

ukubhodlela emswaneni—to cry over spilt milk.

-bhodlela (i- ama-) (n) bottle.

bhodlo (ideo) of collapsing; of breaking through.

-bhodloka (v) become smashed through.

-bhodlololo (imbodlololo izim-) (n) tall person; one who looks too big for his age.

-bhodlongo (imbodlongo- izim-) (n) mealie stalks left standing in the field but not dry.

-bhodloza (v) smash through.

-bhodongo (isi- izi-) (n) tough tussle.

-bhodwe (i- ama-) (n) pot.

-bhodwe (e-) (adv.) Natal.

-bhojongwana (i- ama-) (n) mischievous person; boy entering adolescent stage.

-bhoka (v) bolt; be rampant.

-bhokide (u- o-) (n) yellow mealie meal.

-bhokisi (i- ama-) (n) box; coffin.

-bhoklabhokla (v) break up; crunch.

bhoklo (ideo) of smashing; of breaking into pieces.

-bhokloza (v) smash; break in pieces.

-bhoko (u- izimboko) (n) walking staff; stick for parrying blows; staff carrying shield; file.

ubhoko lwabantu — a row of people.

-bhokoda (v) stab.

-bhokodo (imbokodo izim-) (n) upper grinding stone.

-bhokodwa (v be stabbed.

ukubhokodwa ngamadlozi — to have sharp pain in the chest.

-bhokodwe (imbokodwe- izim-) (n) upper grindingg stone.

-bhokuva (i- ama-) (n) large waggon.

-bhola (v) make a hole; bore.

-bhola (i- ama-) (n) ball; game of football; drill (tool); auger bit.

-bholokoqa (v) vomit blood or thick mass; pour out in quantities.

-bholomane (i- ama-) (n) coloured person (term of disrespect).

bholo (ideo) of speaking untruths; of being a talkative.

-bholoza (v) speak lies; be a talkative.

-bhoma (imboma izim-) (n) python; hippopotamus.

-bhoma (isi- izi-) (n) beast slaughtered for women at a wedding.

-bhomba (v) bomb.

-bhombu (i- ama-) (n) bomb.

-bhomothi (imbomothi izim-) (n) big mouth; person with big mouth.

bhoncu (ideo) of slipping out; of extracting.

-bhoncuka (v) slip out; be extracted.

-bhoncula (v) extract; pull out.

-bhondwe (i- ama-) (n) black or red beast with white spots.

-bhonga (v) roar.

ukubhonga emswaneni — to cry over spilled milk.

-bhongo (i- ama-) (n) young bull.

-bhongo (isi- izi-) (n) grudge; malice.

-bhongolo (imbongolo izim-) (n) donkey.

-bhongoza (u- o-) (n) ring-leader.

-bhongozela (v) grow rapidly.

-bhongwane (u- o-) (n) windpipe.

-bhono (isi- izi-) (n) umbilical hernia.

-bhonqa (ukuzi-) (v) writhe.

-bhonsa (v) low (of cow).

-bhonsi (i- ama-) (n) species of wild plant with edible root.

-bhontshisi (u- o-) (n) beans.

bhonxu (ideo) of becoming extracted or uprooted.

-bhonxuka (v) be pulled out.

-bhonxula (v) pull out; uproot.

-bhonya (v) flog; beat on the body.

-bhonya (u- izimbonya) (n) barren beast.

bhonyu (ideo) of pulling out; of wrenching (as cob from stalk); of uprooting.

-bhonyuka (v) be pulled out; be wrenched off; be uprooted.

-bhonyula (v) pull out; wrench off; uproot.

-bhosha (v) pass excrement.

-bhoshi (i- ama-) (n) lavatory; (pl. only) excrement.

-bhosho (i- ama-) (n) cartridge; cartridge-case.

-bhoshobane (u- o-) (n) weasel.

-bhoshongo (um- imi-) (n) tower.

-bhotela (i-) (n) butter.

-bhotshozelwa (um- imi-) (n) hole beneath calabash to let out whey.

-bhova (u- o-) (n) bull dog.

-bhovane (imbovane izim-) (n) weevil;

weevils.

-bhovu (ama-) (n) whiskers.

-bhoxa (v) walk in mud.

bhoxo (ideo) of trudging in mud.

-bhoxo (imboxo izimboxo) (n) young ox.

-bhoxongwane (i- ama-) (n) irresponsible person; person who acts in thoughtless manner.

-bhoxoza (v) trudge in mud.

-bhoyi (i- ama-) (n) species of bird.

-bhozo (u- o-) (n) weasel.

-bhozomela (v) pounce upon; accuse falsely.

bhu (ideo) of beating; of swarming; of throwing covering upon someone or something.

-bhu (i- ama-) (n) clothes moth; small flies on rotting stuff.

-bhu (u-) (n) very stiff porridge; swarm.

-bhube (imbube izim-) (n) lion.

-bhubesi (i- ama-) (n) lion.

-bhubha (v) perish.

-bhubhane (u-) (n) plague.

-bhubhisa (v) destroy; annihilate.

-bhubhiso (imbubiso) (n) destruction; annihilation.

bhubhubhu (ideo) of flapping of wings (as dying bird).

-bhubhubhu (isi-) (n) quick action.

-bhubhudla (v) add sugar to cold water.

-bhubhudlo (um-) (n) cold water mixed with sugar.

-bhubhunyeka (isi- izi-) (n) foolish person.

-bhubhuza (v) flap wings (as dying bird).

bhubu (ideo) of striking (e.g. bird); of killing; of snatching (as eagle or hawk).

-bhubuza (v) strike (as bird with stone or stick); kill; snatch (as eagle or hawk).

-bhuca (v) mix meal (or powder) with liquid.

bhucu (ideo) of rotting.

-bhucu (isi- izi-) (n) rotten matter.

-bhucuka (v) rot.

-bhucunga (v) rub off dirt.

-bhuda (v) talk nonsense; dress woman's top knot with new ochre.

-bhuda (isi-) (n) red haematite for making red ochre; Zulu woman who wears top knot.

-bhudane (imbudane) (n) nonsense;

foolish talk.

-bhude (imbude) (n) foolish talk.

bhudle (ideo) of piercing.

-bhudle (i- ama-) (n) dry inflorescence of aloe.

-bhudle (imbudle izimbudle) (n) fighting stick sharpened at one end.

-bhudleka (v) stab.

-bhudlubana (imbudlubana izimbudlubana) (n) person with protruding stomach.

bhudu (ideo) of scurrying in numbers; of getting worn-out (as grass).

-bhudu (um- imi-) (n) worn out patch of grass; worn track.

-bhudubhudu (ubu-) (n) rush.

-bhududu (u- imi-) (n) crowd of small children.

-bhuduka (v) get worn out (as grass).

-bhudukeza (v) pounce upon.

-bhudula (v) wear off; search thoroughly.

-bhudulo (um- im-) (n) worn out patch of grass; marks of tussle on ground.

-bhuduzeka (v) become worn off (of grass).

-bhuduzcla (v) be in great haste; run away in numbers.

bhuklu (ideo) of hitting a blow; of falling down.

-bhukluza (v) strike a blow.

-bhuku (i- ama-) (n) book.

-bhuku (isi- izi-) (n) stump; short log.

-bhuku (u- izimbuku) (n) quagmire; muddy place.

-bhuku (um- imi-) (n) wooden head rest.

-bhukuda (v) swim.

-bhukula (v) tie waist; raise dress and tie waist; do with determination.

-bhukusha (v) swim.

-bhukuza (isi- izi-) (n) stump (e.g. of tail).

-bhukwane (um- imi-) (n) species of bird.

-bhula (v) thresh corn; beat to remove dust; divine (witch-doctor); beat out.
 ukubhula ihawu — to frighten with harmless object.
 ukubhula umlilo — to beat out fire; to pacify angry person.
 ukubhula amazolo — to go away at early dawn.
 ukubhula umhlahlo — to divine.

-bhulakufesi (i- ama-) (n) breakfast.

-bhulashi (i- ama-) (n) brush.

-bhuleki (i- ama-) (n) brake.

-bhulelo (um- imi-) (n) evil spell; evil charm.

-bhulo (isi- izi-) (n) flail.

-bhuloho (i- ama-) (n) bridge.

-bhulomu (u- o-) (n) washing blue.
ukuzikhipha ubhulomu — to lose favour.

-bhulukhasi (u- o-) (n) gangster; criminal; card sharp.

-bhulube (u- o-) (n) brownish-yellow snake.

-bhulukela (v) wear trousers.

-bhulukwe (i- ama-) (n) trousers.

-bhulunga (v) make into a ball; shape like a ball.

-bhulunga (imbulunga izim-) (n) object with shape of a ball; spherical object.

-bhulungana (v) assume shape of a ball.

-bhuma (i- ama-) (n) kind of coarse grass; flag.

-bhumbe (isi- izi-) (n) insipid; without savour; simpleton.

-bhumbela (v) pour in large quantities.

-bhumbulu (imbumbulu izim-) (n) stone (of fruit).

-bhumbuluzo (um- imi-) (n) war shield.

-bhumbuthela (v) pour out everything; be wasteful; pour out more than necessary.

-bhumu (isi- izi-) (n) umbilical hernia.

bhunca (ideo) of shrivelling up; of closing up.

-bhuncana (v) shrivel up; be knock-kneed; be ill at ease.

-bhuncaza (v) walk with knees together.

-bhuncazela (v) walk with knees together.

-bhunga (v) confer; discuss secret matter.

-bhunga (imbunga) (n) downy hair.

-bhungane (i- ama-) (n) beetle.
ukuba nebhungane ekhanda — to behave like a mad person.
ukukhala kwebhungane —to be deserted.

bhungca (ideo) of shrivelling up; of closing up.

-bhungcana (v) shrivel up; be knock-kneed; be ill at ease.

-bhungcaza (v) walk with knees together.

-bhungcazela (v) walk with knees together.

-bhungezi (i- ama-) (n) beetle.

-bhungu (i- ama-) (n) lad of late teens.

-bhunguka (v) abandon one's home.

-bhunguka (i- ama-) (n) one who has abandoned one's home.

-bhungula (v) cause one to abandon one's home.

-bhungulu (imbungulu izimbungulu) (n) bug.

-bhungwa (um-) (n) pumpkin pips roasted and ground into powder.

bhunsu (ideo) of falling in a heap.

-bhunsula (v) hurl down.

-bhunsuleka (v) fall down in a heap.

-bhunsuza (v) hurl down.

-bhuntsha (v) lose flavour; lose attraction; miscarrying (of plan); fizzle out; come to naught.

-Bhunu (i- ama-) (n) Afrikaner; boer.

-Bhunu (isi-), (n) Afrikaans language; Afrikaans culture; Afrikander beast.

-bhunu (um- imi-) (n) Afrikaner cow.

-bhunyela (v) pour in large quantity.

-bhuqa (v) mock; make sport of; destroy utterly; break down sods; harrow.

-bhuqa (imbuqa izi-) (n) useless person (as one demoralised by drink); a won't work.

bhuqe (ideo) of darkness; of blackness.

-bhuqe (i-) (n) complete destruction.
ukushaya ibhuqe — to annihilate.

-bhuqo (isi- izi-) (n) harrow.

-bhuqu (i-) (n) ground with loose soil; dusty place.

bhuqu (ideo) of rolling in dust.

-bhuqu (u-) (n) dust.

-bhuqukudla (u- o-) (n) glutton.

-bhuquza (v) play with soil; raise dust; roll in dust; be without work.

-bhusha (i- ama-) (n) butchery.

-bhusha (u- o-) (n) butcher; butcher's knife; carving knife.

bhushu (ideo) of being naked.

-bhushuza (v) walk about naked.

-bhuthi (i- ama-) (n) boot of motor car.

-bhuthuma (imbuthlma izimb-) (n) big glowing fire of logs.

bhuxe (ideo) of piercing; of becoming firmly fixed.

-bhuxeka (v) pierce; drive in firmly.

bhuxu (ideo) of washing body; of stirring up froth.

-bhuxunga (v) wash body; wash someone else.

-bhuza (v) buzz; be in abundance (e.g.

fowls); roam about.

-bhuzane (u-) (n) swarm in flight; wanderer.

-bhuzazana (isi- izi-) (n) young female goat which has not had kids before.

-bhuzi (izimbuzi) (n) whitish spots on fingernails.

-bhuzi (imbuzi izim-) (n) goat.

ukuqhuba imbuzi—to stagger of drunk person.

ukuba yimbuzi — to be a fool.

ukuba yimbuzi yeNdiya — to stay at home all the time.

-bhuzikazi (imbuzikazi- izi-) (n) female goat.

-bhuzikazi (isi- izi-) (n) young female goat which has not had kids.

bi (ideo) of pouring large quantity.

-bi (adj.) ugly; bad; evil.

-bi (isi- izi-) (n) piece of straw (rubbish).

izibi zomuzi—matter concerning only members of the family.

ukuba sezibini — a woman who has not finished ten days after giving birth.

-bi (ubu-) (n) evil; ugliness.

-biba (isi- izi-) (n) permanganate of potash; antidote.

-bibane (i- ama-) (n) chapping under or between toes.

-bibi (i- ama-) (n) heap of rubbish; debris carried by flooded river; big and clumsy person; wife with no status in polygamous kraal.

-bibitheka (v) sob.

-bibithwane (isi-) (n) sobbing.

-bibiyela (v) make excuses.

-bihla (v) cry; break into facial contortion on point of crying.

bihli (ideo) of falling apart (of something soft); of crying.

-bihlika (v) fall apart; cry.

-bika (v) report; portend.

ukubika imbiba ubike ibuzi — not to stick to one story.

-bika (i- ama-) (n) omen.

-bikela (v) report to.

-bikelwa (v) be told; be apprehensive.

-bikezela (v) predict; foretell.

-bikezelo (isi- izi-) (n) prophecy; forecast.

-biki (um- aba-) (n) one who makes a report.

bikibiki (ideo) of quivering like jelly.

-bikibiki (u-) (n) jelly-like mass; goat paid for cleansing girls (as when one

of them becomes pregnant); beast given by groom to mother-in-law when paying lobola.

-bikiza (u-) (n) jelly-like substance; pulp.

-bikizela (v) quiver like jelly.

-biko (um- imi-) (n) report; message.

-bila (v) boil; ferment.

-bili (adj) two.

-bili (isi- izi-) (n) (sg) second time; body; reality; main substance.

-biliboco (izi-) (n) delicacies; nice food.

-bilini (um- imi-) (n) bowels; compassion.

-bilini (izi) (n) entrails; vital organs.

-bilisa (v) bring to boil.

-biliso (im- izi-) (n) yeast; ferment.

-biliso (isi- izi-) (n) yeast; ferment.

-bilo (i- ama-) (n) dewlap.

-biloza (v) pant; gasp.

-bimbi (um- imi-) (n) wrinkles; wrinkled person.

-binciliza (v) swallow oily fluid.

bincilizi (ideo) of swallowing oily substance.

-binda (v) choke by something in the throat; silence.

-bindela (v) keep silence.

-bindi (isi- izi-) (n) liver; courage; embryo of grain.

-bindibindi (u-) (n) semi-solid substance; jelly like texture.

-bindwa (v) be choked.

ukubindwa yisidwa — to be speechless; to be silenced in argument.

ukubindwa yindaba — to be overwhelmed.

-bingelela (v) greet.

-bingelelo (isi- izi-) (n) greetings; welcome.

-binya (ukuzi-) (v) writhe; twist about.

binyi (ideo) of writhing; of treading on soft object.

-binza (i- ama-) (n) small quantity.

-bipha (v) break into facial contortions on verge of crying; appear dejected.

-bisha (v) sink into mud (soft sand etc.); get bogged.

bishi (ideo) of sinking into mud, sand, etc.

-bishi (u-) (n) bog.

-bisi (u) (n) milk.

-bitoza (v) gasp; pant.

-biya (v) build a fence round.

-biyela (v) enclose by means of a fence; protect.

-biza (v) call; be expensive; price; be

luring.
ukubiza umkhokha—to woo dis-
aster.
-bizela (v) call for; dictate e.g. spelling.
-bizelo (i- ama-) (n) call; summons.
-bizo (i- ama-) (n) name.
-bizo (im- izim-) (n) gathering of per-
sons summoned (as by chief).
-bizo (isi- izi-) (n) articles which are
part of lobolo.
-bizo (u-) (n) calling to important ser-
vice e.g. ministry.
-bizo (u- o-) (n) namesake.
-bizwa (v) be called.
ukubizwa phakathi — to enter.
ukubizwa endaweni—to go to a
place.
-bobo (um-) (n) sour wind from
stomach.
-bobo (isi- izi-) (n) pretty woman;
goitre.
boco (ideo) of denting in.
-bocoka (v) become dented.
-bocoza (v) dent in.
bodwa (pron) they alone.
-bofu (isi- izi-) (n) weak voice due to
illness;
ukungabi nasibofu — to be very ill.
-bohla (v) subside.
bohlo (ideo) of collapsing; of subsid-
ing.
-bohlohlwana (isi- izi-) (n) young male
goat.
bohlololo (ideo) of subsiding.
boko (ideo) of be'ng soft to the touch.
-boko (um- imi-) (n) trunk of elephant.
-bokozela (v) be soft to the touch.
-bokwane (um- imi-) (n) mud eel.
-bola (v) rot; putrify.
ukubola amathumbu—to have a
worthless child.
ukubola kukagwayi—the matter
has been spoiled.
ukubola kukagwayi uboshiwe—to
speak nonsense.
-bola (um- imi-) (n) smell of rotten
stuff; stench.
-boleka (v) borrow; lend.
-bolekisa (v) lend.
-bombo (ama-) (n) face; direction.
ukubhekisa amabombo — to go in
the direction of.
-bombo (u-) (n) range of mountains.
-bombo (um- imi-) (n) bridge of nose.
-bomi (u-) (n) maggots in rotting meat.
-bomu (i- ama-) (n) deliberate inten-
tion

-bomu (isi-) (n) deliberate intention.
-bomvu (rel) red.
-bomvu (i-) (n) red ochre.
-bomvu (isi- izi-) (n) red soil; red
ochre.
-bomvu (um-) (n) beast with red
colour; member of Bomvu clan.
bona (pron) they; them; it.
-bona (v) see; understand; give regards.
ukubona ngokusa — to be critically
ill.
ukubona ngomopho — to learn by
bitter experience.
ukubona into isemanzini—to re-
gard a thing as unattainable.
ukubona ngawayizolo—to spend
sleepless night.
ukubona into yamehlo—to see
something attractive; to see some-
thing outstanding.
ukungaboni abanye—to despise
other people.
-bonakala (v) appear; be visible.
-bonakaliso (isi- izi) (n) proof; sign;
revelation.
-bonange (-bonaze) (def v) never.
-bonaze (def v) never.
-bonda (v) stir as porridge in pot; send
gift of food to intended bride-
groom's home.
-bonda (isi- izi-) (n) pole; post; head-
man.
-bonda (u- izim-) (n) wall of building.
-bondlo (izi-) (n) tasty food; delicacies;
gifts to curry favour.
-bondloza (v) ingratiate oneself; make
oneself popular; give gifts to make
oneself acceptable.
-bondo (um- imi-) (n) beer, pumpkins
etc. in appreciation of lobolo cattle;
gifts of food to strengthen bonds of
friendship.
-bonela (v) see for someone else; con-
vey greetings; imitate someone else.
ukubonela empunzini—to run
away.
-bonelela (v) treat with consideration.
-bonelo (isi- izi-) (n) example.
-bonga (v) give thanks; praise; say
grace.
-bongela (v) recite praises.
-bongi (im- izim-) (n) composer of
verse; composer of praises; one who
recites praises.
-bongile (i- ama-) (n) beast slaughtered
for spirits.
-bongo (isi- izi-) (n) clan name; sur-

name; gratitude.

-bongo (um- imi-) (n) gratitude; thanks; ostrich plumes worn on forehead.

-boni (i- ama-) (n) species of grasshopper.

-bonisa (v) show; explain; inform.

-boniso (isi- izi-) (n) sign; signal; signpost; illustration.

-bonisweni (em-) (adv) elevated place; in the open; place where all can see.

bonke (pron) all; all of them.

-bonkolo (isi- izi-) (n) type of ant which builds nest in trees and is very fierce.

-bono (um- imi-) (n) vision; very attractive sight.

-bopha (v) tie; bind; arrest; apply the brake.
  ukubopha inja nomthakathi — descriptive of a difficult situation.
  ukubopha inja nezinkuni — to be tight fisted.
  ukubopha umthwalo — to go away from a place.
  ukubopha inkulumo — to come to an agreement.

-bophela (v) inspan; harness; saddle up.
  ukubophela amanqina enyathi — to hide intention of harming a person.
  ukubophela ifindo — to trap someone.
  ukubophela ngaphandle — give suspended sentence.

-bophezela (v) force; compel; tie.

-bopho (isi- izi-) (n) rope; bond; obligation.

boqo (ideo) of being pressed in; of being squashed; of crushing.

-boqo (um- imi-) (n) person with cheeks fallen in; flattened object.

-boqoka (v) become flattened as tin; become emaciated; be squashed.

-boqoza (v) flatten out; squash.

-boshwa (isi- izi-) (n) prisoner.

botho (ideo) of walking with weak or sore feet.

-botho (isi- izi-) (n) person with weak feet; young of locust.

boto (ideo) of giving under pressure.

-botoka (v) give under pressure; be soft.

-botoza (v) feel soft object with fingers; press in.

-botozela (v) give under pressure; be soft.

bovu (ideo) of goring.

-bovu (rel) red.

-bovu (u-) (n) pus.

-bovu (i-) (n) red ochre; red soil.

-bovula (v) gore; stab.

-boya (u-) (n) animal hair; wool; body hair.

-bozi (isi- izi-) (n) something rotten.

-bozisa (v) cause to rot; flowering of pumpkin.

-bubane (um- imi-) (n) something with sides flattened.

-bubende (rel) blood red.

-bubula (v) moan; groan.

-bubulundu (isi- izi-) (n) fat child of royal kraal.

-bubulungu (isi- izi-) (n) long range terminating at Bluff.

-bucayi (rel) weak; awkward; delicate situation; dangerous.

bucu (ideo) of softness.

-bucuka (v) become too soft.

budebuduze (adv) in the vicinity; not very far off; nearby.

buhlu (ideo) of decaying; crumbling.

-buhluka (v) rot; decay; crumble.

-buhluza (v) cause to rot; crumble.

-buhlungu (rel) painful.

-buka (v) look at; watch; admire.
  ukubuka ngeziqu zamehlo — to eye balefully.
  ukubuka ngelokuhlola insimu — to glance at.
  ukuzibuka amanxa — to be conceited.
  ukuzibuka ngabantu — to show off.

-bukeka (v) be attractive; seem.

-bukela (v) be an onlooker.
  ukubukela phansi — despise.
  ukubukela emanzini — be pessimistic.
  ukubukela kude — not to take part.

-bukeli (isi- izi-) (n) spectator; onlooker.

-bukeza (v) look over again; revise; grind again to make fine.

-bukhali (rel) sharp; smart; greedy.

-bukhoma (adv) at close quarters.

-bukisa (v) exhibit; display; show off.

-bukiso (um- imi-) (n) exhibition; show.

-buko (isi- izi-) (n) looking glass; window pane; (pl) spectacles.

buku (ideo) of giving under pressure; of being flabby; of movement of fat person

-buku (ama-) (n) neck of bull.
-bukubuku (isi- izi-) (n) stout person; stout animal.
-bukubuku (um-) (n) species of grass.
-bukuthu (isi- izi-) (n) plump child.
-bukuza (v) press out of container (e.g. snuff.)
-bukuzela (v) walk as fat person.
-bukwane (um- imi-) (n) something attractive.
bulala (adv) in a sleeping position.
-bulala (v) kill; hurt.
 ukubulala ngehlaya—to kill with laughter.
 ukubulala ngensini—to kill with laughter.
 ukubulala ngecala—to impose severe punishment.
 ukubulala ngephunga—to have offensive smell.
 ukubulala ngendlala — to kill with hunger.
 ukubulala inhliziyo — to annoy; to destroy interest.
 ukuzibulala — suicide.
bulanzi (adv) destitution; separately.
-bulawo (i- ama-) (n) bodily weakness as a result of witch-craft.
-bulezi (i- ama-) (n) cape worn over shoulder and decorated with beads.
-bulisa (v) greet.
-bulukundlu (um- imi-) (n) lazy, lethargic person.
-bululu (i- ama-) puff-adder.
-bulunga (v) roll into round or sausage shape.
-bulunga (im- izim-) (n) round object; sausage shaped object.
-bulungana (v) become round shaped; become sausage shaped.
-bumba (v) mould from material such as clay.
 ukubumba amanga — speak falsehood.
 ukubumba umlomo — to pout.
-bumba (i- ama-) (n) clay.
-bumbana (v) unite; come together; hold together.
-bumbu (isi- izi-) (n) female pubic region (human).
bume (adv) in a standing position.
-buna (v) wilt; droop; become emaciated.
-bundu (um- imi-) (n) raised portion of floor round fireplace; upper hem of skin skirt.
-bunga (v) swarm over; gather around.

-bunganyela (v) flock around; make concerted attack.
-bungaza (v) entertain; fawn upon.
-bungazo (um- imi-) (n) entertainment; thanksgiving party.
-bunge (isi- izi-) (n) good luck; popularity; medicine to make one popular.
-bungu (isi- izi-) (n) maggot.
-bungu (um- imi-) (n) foetus; embryo; delicate young (person or animal); beast completely white in colour including horns.
-bunu (isi- izi-) (n) vagina feminae.
bunyalala (ideo) of lying down in a lazy fashion.
-bunyalala (v) evaporate; disperse (as mist).
-bunzi (i- ama-) (n) forehead; striped field rat.
buqamama (adv) a fair distance away.
-busa (v) govern; reign; enjoy life; drink beer.
-bushelelezi (adv) slippery; smooth.
-busi (um- aba-) (n) ruler; governor.
busilili (adv) reluctantly; unpleasant manner
-busisa (v) bless; make prosperous; entertain lavishly.
-busiso (isi- izi-) (n) blessing; benediction.
-buso (um- imi-) (n) kingdom; government; enjoyment of life.
-butha (v) gather together (as rubbish); recruit; cause to enter a regiment; lie down.
 ukubutha izinhlonzi — to frown.
 ukubutha intshwaqa — start having wrinkles of old age on forehead.
 ukubutha amabatha—to exercise care; to mend one's ways.
 ukuzibutha — to stay at home and not loiter.
-buthaka (rel) sickly; feeble.
-buthakathaka (rel) sickly; feeble.
-buthana (v) assemble; gather together.
-buthano (um- imi-) (n) gathering; assembly.
-buthezela (v) pile together; bring earth round plant (as potatoes).
-buthisa (v) crouch as wild enimal; put up for the night (as regiment); coil up (as snake); help gather.
-butho (i- ama-) (n) member of regiment; regiment; age set.
-butho (um- imi-) (n) gathering.
buthu (ideo) of disintegrating of

crumbling.

-buthu (izi-) (n) crouching (as animal stalking prey).

-buthuka (v) crumble; die in numbers.

buthula (adv) quietly.

-buthuma (imbuthuma) (n) big fire of logs.

-buthuntu (rel) blunt.

-buthuza (v) kill off; crush.

-buya (v) return; go back; turn inwards.

ukubuya inhlazane — milking time in the morning.

ukubuya ngaphansi nangaphezulu — aperient which also causes vomiting.

ukubuya ngebuya—to be determined to succeed.

ukubuya ulambatha — to fail.

ukubuya ngezandla—to return empty handed.

ukubuya ngenduku yombangandlala — to fail.

ukubuya nequbu likanogwaja — to fail.

ukubuya kwabathakathi—early dawn.

-buya (i- ama-) (n) tide; backwash of wave; attack again.

-buya (isi- izi-) (n) enclosure where grain baskets are stored.

-buye (def v) again.

-buyela (v) return to.

ukubuyela kunina — setting of the sun.

-buyelana (v) forgive one another; bury hatchet; be reunited.

-buyelela (v) go and return on same day; go repeatedly.

-buyisa (v) cause to return; restore; vomit; call back spirit of deceased.

ukubuyisa umoya—to rest; to recover from anger.

ukubuyisa umqondo—to think deeply.

ukubuyisa izinduku—to take revenge.

ukubuyisa izinhlonze — to frown.

ukubuyisa izinkophe—to have a nap.

ukubuyisa umnyango—half close a door.

-buyisana (v) return together with or at the same time as; become reunited or reconciled.

-buyisela (v) restore to; return to; retaliate.

-buyiselo (im-) (n) reward.

-buza (v) ask question; inquire.

ukubuza etsheni — to ask someone not able to give answer.

ukubuza izwi — to query something worth querying.

ukubuza uziphendule—to get no reply to one's questions.

-buzi (i- ama-) (n) brown field rat.

-buzo (um- imi-) (n) question; inquiry.

C

caba (ideo) of landing gently; of dishing out a small quantity of food; of sitting squat.

-caba (v) cut down trees to clear; destroy completely; gnaw a bone.

-caba (i- ama-) (n) soft bone.

-caba (isi- izi-) (n) flat object; sheetlike object.

-caba (um-) (n) crushed boiled corn; crushed boiled mealies; sickly person.

cababa (ideo) of gentle landing.

cabacaba (ideo) of falling as raindrops.

-cabanga (v) think; consider; suppose.

ukucabanga ungaqedi — to be confused.

ukuzicabanga kakhulu — have high opinion of oneself.

-cabangela (v) suspect.

-cabango (u-) (n) solar plexus; cartilage at end of breast bone.

-cabango (um- imi-) (n) thought; reflection.

-cabanswani (i- ama-) (n) pioneer.

-cabaya (v) mould cow dung into cakes for fuel.

-cabaza (v) fall as drops when it starts to rain.

-cabazi (i- ama-) (n) flat land; low lying land.

cabe (ideo) of dishing out; put a little.

-cabeka (v) give a little food; wear.

-cabha (isi- izi-) (n) door; door of hut.

-cabo (um- imi-) (n) land which is being cleared of trees.

cabu (ideo) of movement of caterpillar.

-cabucabu (isi- izi-) (n) hairy caterpillar.

-caca (v) climb up steep; be clear.

-caca (ing-) (n) something obvious; *ukukhuluma ingcaca* — to speak out painful truths without fear.

-caca (u-) (n) many things scattered about.

-cacamezela (v) act with patience; try to make do with inadequate means.

-cacamezela (ing-) (n) patch-up work; makeshift.

-cadolo (u- o-) (n) black jack.

-cagogwana (isi- izi-) (n) small quantity of food.

-caka (v) whitewash; be lean.

-cakabezi (i-) (n) cooked food which has become cold.

-cakaca (v) whitewash.

-cakaco (um-) (n) lime; colour wash.

-cakafu (isi- izi-) (n) broad squat object.

-cakalala (ubu-) (n) scattered mass.

-cakathisa (v) hold loosely; effect temporary repairs.

-cakaza (v) scatter about.

-cako (um- imi-) (n) whitewash; lime.

caku (ideo) of scooping up liquid.

-cakula (v) dish out by scooping up.

-cakulo (isi- izi-) (n) ladle.

-cakulo (um- imi-) (n) earthen pot for eating.

-cala (i- ama-) (n) offence; fault; charge; side; edge.
akunacala — it doesn't matter.
ukuqula icala — to try a case.
ukuthetha icala — to try a case.
ukuthethwa yicala — to win a case.
ukulahlwa yicala — to lose a case.
ukubekwa icala — to be charged.
ukuthwala icala — to carry the blame.

-calambisa (v) hold loosely; effect temporary repairs.

-cambalala (v) lie down.

-camela (v) rest head on (as a pillow).

-camelo (isi- izi-) (n) head rest.

-camelo (um- imi-) (n) pillow.

-cana (v) join haft and blade of spear with skin.

-canasa (v) swagger.

-canda (v) chop wood; chop into pieces.

-cangcatha (v) beat down; flatten out by hammering (as iron).

-cansi (i- ama-) (n) rush mat.

-cansi (u- ama-) (n) rush mat.

canu (ideo) of nausea; of becoming annoyed.

-canucanu (isi-) (n) feeling of nausea.

-canuka (v) be disgusted; be annoyed.

-canukela (v) take offence at.

-canula (v) annoy; nauseate.

-canulo (isi- izi-) (n) cause of disgust; annoyance.

-canuzela (v) have feeling of nausea.

caphu (ideo) of scooping out.

-caphuna (v) scoop up.

-casa (v) scoop a lilttle.

-casha (v) hide; conceal oneself.
ukucasha ngehlamvu/ngesithupha/ ngomunwe / ngesidindi — to believe that one's evil deeds are not seen by others.
ukucasha ngomuntu — to push blame onto someone else.

-cashazi (i- ama-) (n) spot; mark; dot.

casu (ideo) of feeling of annoyance; of feeling of nausea.

-casucasu (isi-) (n) feeling of nausea.

-casuka (v) become annoyed; be disgusted; nauseated.

-casukela (v) have dislike for.

-casula (v) annoy; nauseate.

-casulo (isi- izi-) (n) cause of disgust.

-casuzela (v) have feeling of nausea.

-cathama (v) walk stealthily; tip-toe.

-cathami (isi- izi-) (n) backbiter.

cathu (ideo) of walking of toddler; of walking slowly.

-cathu (um-) (n) gingerly walk.

-cathula (v) toddle; learn to walk.

-cathulisa (v) nurse; lead by stages.

-cathulo (isi- izi-) (n) shoe; boot; type of dance; small beer pot.

-cayi (ubu-) (n) something requiring great care; dangerous situation.

-caza (v) separate out; portion out.

-cazela (v) portion out for; hand out shares.

-cazulula (v) unravel.

-ceba (v) report someone; invent; plot against; be rich.

-cebelele (kwa-) (adv.) open veld.

-cebengela (v) patch up; be apologetic.

-cebi (isi- izi-) (n) rich person.

-cebi (ubu-) (n) wealth.

-cebisa (v) advise; warn; enrich.

-cebisana (v) confer.

-cebo (i- ama-) (n) plan; scheme; falsehood.

-cebo (um- imi-) (n) riches; wealth.

-cebo (ing-) (n) wealth.

-cece (i- ama-) (n) tribal dance of young men and women.

-cecevana (u- izing-) (n) thin wiry person; thin sheet.

-cefe (isi- izi-) (n) something causing irritation; food that is too rich.

-ceka (v) fell trees; cut down; destroy.

ceke (ideo) of newness.

-ceke (isi- izi-) (n) something not full; dregs of drink.

-cela (v) request; negotiate for a wife; be almost (e.g. cela eshumini — be nearly 10 in number).

ukucela amehlo—to attract attention.

ukucela empunzini — to run away.

ukucela inselele—to challenge someone to a fight.

ukucela onyaweni — to run away.

ukucela isihlobo esihle — to open negotiations for a wife.

-celankobe (isi-) (n) evening star.

-cele (i- ama-) (n) edge; side.

-cele (um- imi-) (n) species of wild shrub bearing edible fruit.

-celemba (u- o-) (n) cane-knife.

-celo (isi- izi-) (n) request; petition.

-celu (isi- izi-) (n) sheltered spot for basking in the sun.

-cembe (i- ama-) (n) blade of leaf.

-cena (i- ama-) (n) species of aloe.

-cengece (u- izing-) (n) raised flat land.

-cengeza (isi- izi-) (n) beast with horns spread wide apart.

-cengezi (um- imi-) (n) open broad shallow dish or pot.

-cengula (um- imi-) (n) open broad shallow dish or pot.

-centa (v) hoe to remove grass or weeds from yard.

-centela (v) prepare ground for.

-cephu (isi- izi-) (n) small sitting grass mat.

-cethe (isi- izi-) (n) dregs.

-cetheza (v) gossip.

cethu (ideo) of being clear of sky.

-cethula (v) be cloudless; be clear (of sky).

cevu (ideo) of gossiping.

-cevucevu (i- ama-) (n) one given to gossip; slanderer.

-cevuza (v) talk too much; gossip; spread falsehood.

-ceza (v) take a by path; skirt; split into pieces.

ceze (ideo) of missing by a narrow margin; of going off at a tangent; of missing the path.

cezu (ideo) of chipping off.

-cezu (u- izing-) (n) slice; fragment; chip.

-cezula (v) split; chip off.

cha! (interj.) no.

chabo! (interj.) no.

-chacha (v) be clear; be evident; be sleek.

-chachamba (v) have cracks all over; be sleek.

-chachaza (v) do as one pleases; act in an insolent manner.

-chachazo (um- imi-) (n) small stream; brook.

-chachisa (v) clarify; explain.

-chaka (v) vilify; betray.

-chaka (isi- izi-) (n) a poor white; one who has neither stock nor money; a servant.

-chakambisa (v) bring to light; have 'airs' about something.

-chakide (u- o-) (n) mongoose.

-chakijane (u- o-) (n) mongoose; cunning fellow.

-chalaha (i- ama-) (n) big male dog.

-chama (v) urinate.

chambu (ideo) of piercing a hole.

-chambuka (v) become pierced.

-chambusa (v) make a hole in; cut open.

-chamo (um-) (n) urine.

-chamusela (v) hatch.

-chamuselisa (v) breed fowls.

-chanasa (v) walk in an insolent manner; strut about.

-changcala (ama-) (n) abundance (as of beer).

-changuza (v) marry.

-changuzo (um- imi-) (n) wedding.

chapha (ideo) of splashing.

-chapha (v) abuse; annoint; rub (as skin when making skin skirts).

-chaphachapha (ama-) (n) spots.

chaphasha (ideo) of emerging (as rising sun); of reaching the other bank of a river.

-chaphaza (v) splash; stain with marks.

-chaphazelo (i- ama-) (n) blot; splash; splinter that hits one unintentionally.

-chasisa (v) explain.

-chasisela (v) explain to someone.

-chasiselo (incasiselo; izinc-) (n) explanation.

-chasiso (isi- izi-) (n) qualification.

chatha (ideo) of pouring out small quantity.

-chatha (v) administer an enema.

-chathaza (v) pour out a small quantity.

ukuchathazela udaba — to tell someone a secret.

ukuchathazela kwelengane — to tell unusual stories.

-**chatheka** (v) pour out.

-**chatho** (u- izincatho) (n) horn for giving enema.

-**chaya** (v) spread out flat; spread out on the ground.

-**chaya** (u- o-) (n) one who peddles tribal medicine and roots.

-**chayisa** (v) let down; expose to ridicule.

-**chayiya** (v) be excited.

-**chayiyeka** (v) be excited.

-**chaza** (v) explain; define; make incisions.

-**chazelo** (incazelo izin-) (n) explanation.

-**chazimazwi** (isi- izi-) (n) dictionary.

chefe (ideo) of softness; tenderness.

-**chefeza** (i- ama-) (n) young soft mealies.

-**chela** (v) sprinkle water (as plants).

-**cheleka** (v) commencement of hostilities.

-**chelela** (v) water (plants).

cheme (ideo) of being in array.

-**cheme** (isi- izi-) (n) of group of people standing or walking abreast or sitting in wide semi-circle; collection of clay pots; muzzle for calf not to suckle.

-**chenene** (isi-) (n) bilharzia; involuntary wetting.

chezu (ideo) of branching off.

-**chezuka** (v) branch off; deviate.

chi (ideo) of fulness; of scattering.

-**chibela** (v) put on a patch.

-**chibi** (i- ama-) (n) pond; lake.

-**chibi** (isi- izi-) (n) small pool of water; patch on garment.

-**chibidolo** (u-) (n) an immense herd.

-**chicha** (v) ooze; discharge (as sore).

-**chichima** (v) overflow (as from a container).

-**chide** (i- ama-) (n) one eyed person.

chifi (ideo) of squashing; crushing.

-**chifika** (v) get squashed; crushed.

-**chifiza** (v) squash; crush.

chili (ideo) of pushing aside.

-**chiliza** (v) push aside.

-**chilo** (i- ama-) (n) reprehensible deed; disgrace.

-**chilo** (um- imi-) (n) riem; thong.

-**chinsa** (v) squirt out; sprinkle lightly.

-**chiphatheka** (v) be happy; act in an insolent manner.

-**chiphatheki** (isi- izi-) (n) insolent person.

chiphi (ideo) of shedding tears.

-**chiphiza** (v) shed tears.

-**chitha** (v) throw away; scatter; spill; waste; be open (as horns); a saying when child sneezes.

ukuchitha iholide—to spend a holiday.

ukuchitha isikhathi — to while away time.

ukuchitha amathambo—to throw bones divining.

ukuchitha impi—to conquer in battle.

ukuchitha umshado — to divorce.

ukuchitha abantu — to dismiss people; to retrench.

ukushaya uchithe — to go away without saying good-bye; to go and not come back.

-**chithakalo** (incithakalo) (n) expense; devastation.

-**chithamuzi** (i-) (n) one who sows discord at home.

-**chithangcubula** (u-) (n) multitude; large number.

-**chitheka** (v) be spilled; be thrown away; be scattered; disperse; move fast.

ukuchitheka inyongo — to be very happy.

ukuchitheka kwezulu — clearing of the sky.

chithi (ideo) of squandering; of scattering.

-**chithichithi** (i- ama-) (n) spendthrift; wasteful person.

chithi saka (ideo) of being scattered all over.

-**chithiza** (v) squander; waste.

-**chitho** (isi- izi-) (n) bone of contention; cause of disruption or estrangement; charm to cause estrangement between lovers.

-**chivolwana** (isi- izi-) (n) one with upturned mouth.

-**chiya** (i- ama-) (n) head-doek.

-**chiza** (v) be naughty; have superior airs.

ukuchiza ukotshi — to be insolent; to have an 'I don't care' attitude.

-**chiza** (isi- izi-) (n) person with superior airs; insolent person; one always wearing a sulky look.

-**chizi** (isi- izi-) (n) see *isichiza*.

-**choba** (v) crush; crush between fingernails.

-choba (i- ama-) (n) sandstone.

-chobanswani (i- ama-) (n) pioneer.

chobo (ideo) of crushing something brittle.

-choboka (v) crack; become broken (as egg); get smashed.

-choboka (i- ama-) (n) frail; delicate person.

-choboko (um-) (n) scrofula.

-chobonyeka (v) be bashful.

-choboza (v) crush; smash.

-chocha (v) be very hot; melt fat from peritoneum of animal.

-chochobala (v) be scorched; be roasted; be exposed to heat of sun or fire.

-chogo (i- ama-) (n) young rooster.

-choko (u-) (n) leprosy.

-chokoloza (v) poke; irritate.

-cholo (i- ama-) (n) top (as of tree).

-cholo (isi- izi-) (n) top-knot of woman; woman with top-knot.

-choma (v) impale; hang up.

-chonco (ama-) (n) remnants of animal fat after being rendered down.

-chonco (isi- izi-) (n) mixture taken in small doses.

-chopha (v) wash feet with water and stone.

-chopho (i- ama-) (n) stone for washing feet; edge of material.

-chopho (ubu-) (n) brain; mental ability.

-chotho (isi-) (n) hail.

-chucha (v) weave through.

chuku (ideo) of irritating; of poking; prodding.

-chuku (u-) (n) disturbance; quarrelsome nature.

-chukuluza (v) irritate; incite; prod.

-chukumeza (v) irritate; incite.

-chukumisa (v) interrupt; disturb.

-chuma (v) prosper; bear abundantly (as crops); multiply (as stock); be meek.

chumbu (ideo) of perforating.

-chumbuka (v) get perforated.

-chumbusa (v) pierce; perforate; puncture.

-chumbuza (v) pierce; perforate; puncture.

-chumisa (v) make abundant; propagate; make popular.

chumisa inkulumo—spread talk; spread rumour.

-chumo (isi- izi-) (n) woven bottle-

shaped beer container.

-chuse (isi- izi-) (n) one whose ears are not pierced; dummy child.

-chusha (v) worm a way through; go through (a fence).

-chusheka (v) puncture; pierce.

-chushela (u- izincushela) (n) long sharp object.

chwa (ideo) of perching on top.

chwaba (ideo) of crackling noise; of starting a fire.

-chwabalalana (ubu-) (n) small coins; petty cash.

-chwabaza (v) start a small fire; crush; crush up into fragments.

chwane(ideo) of placing on raised part to expose to view; of impaling.

-chwane (i- ama-) (n) chicken; young of animal.

chwaneka (v) expose by placing on raised object; impale.

chwasha (ideo) of pricking lightly.

-chwasheka (v) prick lightly.

-chwaya (v) make noise; sing noisily.

-chwayo (um-) (n) kind of dance.

-chwaza (v) make noise by singing or speaking aloud (as children playing).

-chwe (isi- izi-) (n) dwarf; Bushman; pigmy.

-chweba (i- ama-) (n) lake; lagoon.

-chwensa (v) be impudent; be lacking in respect.

-chwensi (isi- izi-) (n) impudent fellow; scoundrel.

-chwephesha (v) point at flaws; criticise.

-chwepheshe (u- o-) (n) expert; adept.

-ci (isi- izi-) (n) defect; peculiarity; cause.

-ciba (v) throw at (as with spear); fly like an arrow.

cibi(ideo) of squashing soft object.

-cibidolo (u- o-) (n) an immense herd.

-cibikeza (v) crush; squash.

-cibisholo (um- imi-) (n) bow and arrow; arrow.

-cibiza (v) crush; squash.

-cici (i- ama-) (n) ear ring; ear ornament.

-cicibala (v) be proud; sit quietly.

-cicibala (isi- izi-) (n) haughty person.

-ciciyela (v) make the best of a bad job; patch up.

ciciyela imbobo — darn a hole.

-ciciyela (ing-) (n) patch up job.

-cifa (v) wink; blink.

-**cija** (v) be pointed; sharpen; carve.

-**cijo** (um- imi-) (n) diamond of cards.

-**cika** (zi-) (v) eat a lot.

-**cika** (v) place leaves on top of water in container to avoid spilling; cause to lose appetite.

-**cikeka** (v) have more than enough of (as food).

ciki (ideo) of fullness.

-**cikica** (v) rub eyes.

-**cikicane** (u- o-) (n) small finger.

-**cikilisha** (v) take one's time; be slow; attend to details.

-**cikilisho** (imi-) (n) matters following certain procedure; time consuming affairs.

-**cikiza** (v) scribble; work with figures.

-**ciko** (i- ama-) (n) gifted speaker or singer; good dancer.

-**ciko** (isi- izi-) (n) lid; top covering to stop spilling over.

-**ciko** (ubu-) (n) skill in speaking, singing, dancing; art.

-**cikoza** (v) do in an attractive manner; do in accomplished manner.

-**cikilisha** (v) take one's time; be slow; attend to minute detail.

-**cilikisho** (imi-) (n) slow work; work requiring attention to details.

-**cilo** (u- o-) (n) species of lark. *ucilo ukuzishaya endukwini* — good luck.

-**cilongo** (i- ama-) (n) trumpet.

-**cima** (v) put out fire; quench. *ukucima umuntu*—to kill a person. *ukucima ilanga* — to quench one's thirst on a hot day. *ukucima inhliziyo* — cause loss of appetite; be too rich to eat. *ukuzicima* — to help oneself to beer. *inyama ukucima umlilo*—lean meat.

-**cimamlilo** (i- ama-) (n) plant used by Zulus for burns.

-**cimbi** (i- ama-) (n) edible green caterpillar.

-**cimbi** (um- imi-) (n) engagement; transaction.

-**cimbithwa** (um- imi-) (n) long edible grasshopper.

cime (ideo) of closing the eyes.

-**cime** (i-) (n) shortage of fuel.

-**cimela** (v) visit of girl to relatives to ask for wedding gifts.

-**cimelisa** (v) give presents to girl who is going to wed.

-**cimeza** (v) close eyes.

-**cimezisa** (v) close eyes of dying person.

cimi (ideo) of sudden going out of light; of dying out of fire.

-**cinana** (v) be crowded; be close (of atmosphere of room); be tight in chest; breathe with difficulty (as asthmatic).

-**cinanisa** (v) pack close together; crowd together; squeeze.

-**cindezela** (v) press upon; press against; print.

-**cindezeleka** (v) be in difficulty; be obliged to do a thing; be oppressed; be seriously ill.

-**cindezi** (ing- izing-) (n) hardship.

-**cinelela** (v) compel; persist.

-**cinga** (v) search for.

-**cingo** (u- izing-) (n) wire; fence; telegram; telephone.

-**cingo** (um- imi-) (n) narrow pass; defile.

-**cisha** (v) put out fire; extinguish light.

cishe (def v) do almost; be on the point of doing.

-**cishe** (i-) (n) shortage of fuel.

cishi (ideo) of sudden going out of light; of dying out of fire.

cisho (def v) do almost; be on the point of doing.

-**cishu** (def v) do almost; be on the point of doing.

co (ideo) of water falling in drops at intervals.

-**coba** (v) cut up into small pieces (as meat); enervate.

-**cobe** (i- ama-) (n) tripe cooked with peritoneum.

-**cobeka** (v) be weary; be enervated.

-**cobela** (v) fill a pipe (for smoking). *cobela umlilo* — set fire.

-**cobela** (i- ama-) (n) tripe cooked with peritoneum.

-**cobelela** (v) give a little tobacco; give or seek advice.

-**cobosha** (v) wipe out.

-**coboshisa** (v) destroy utterly; wipe out.

-**cobhoza** (v) dip.

-**coca** (v) tidy up; make clean.

-**coceka** (v) be tidy; be clean.

-**coco** (isi- izi-) (n) head-ring.

-**cogisa** (v) torture; persecute.

-**cokama** (v) stand on tip-toe.

-**cokaza** (v) walk on tip-toe; walk with springy gait.

-**cola** (v) slaughter a beast for daughter going to marry; slaughter a beast for the groom's party; finish off neatly.

-colisa (v) grind finely; destroy completely.

-colo (izi-) (n) acts which endear a person.

-comba (v) mark with spots.

-combulula (v) unravel; pull to pieces.

-conda (v) stand motionless in wait; stalk.

-condo (um- imi-) (n) thin legs; person with scraggy legs.

-condoza (v) strut.

congco (ideo) of perching on top.

-congobezela (v) act carefully.

conono (ideo) of drops falling quickly.

-cononozela (v) pour out small quantity of liquid; make do with little.

-consa (v) drip.

-consi (i- ama-) (n) drop; drip.

-consisela (v) pour drops on or in; instil.

-conzula (v) nibble at; bite off or break off small pieces.

-conzulela (v) break off small pieces for someone.

-conzulula (v) disentangle; break off small pieces.

-cophelela (v) act with great care.

-cosha (v) pick up.

cosho (ideo) of perching on top.

coshosho (ideo) of perching on top.

cosololo (ideo) of satisfaction; contentment.

cosu (ideo) of nibbling at; of breaking away small pieces.

-cosuka (v) get torn off in small pieces.

cosula (v) tear off in small pieces; tear to shreds.

cotho (ideo) of walking gingerly.

-cothoza (v) walk gingerly; walk proudly.

-cothu (um- imi-) (n) scar; abrasion.

cozu (ideo) of nibbling at; of breaking away small pieces.

-cozuka (v) get broken in small pieces.

-cozula (v) unravel; nibble at.

cu (ideo) of lying down.

-cu (u-) (n) single strand; bead string worn round waist or neck by girls.

-cu (umu- imi-) single strand; emaciated person.

-cuba (v) break up lumps.

cubhu (ideo) of being emaciated; of being tired.

-cubhuka (v) be enervated; feel tired.

cubu (ideo) of breaking up lumps.

-cubu (isi- izi-) (n) lump of meat with no bone.

-cubu (ubu-) (n) kind of bird; warbler.

-cubuluza (v) have diarrhoea; pass liquid stools.

-cubungula (v) go carefully into; analyse carefully; consider minute detail.

-cubuza (v) break up lumps; make gifts to in-laws; ingratiate oneself.

-cucu (isi- izi-) (n) small pieces; shreds.

-cucuza (u- o-) (n) black-jack.

-cukazi (i- ama-) (n) young sheep ewe.

-cuku (um- imi-) (n) porridge of boiled mealies mixed with beer dregs.

-cukuthwane (isi- izi-) (n) important person; high ranking person.

-cula (v) sing.

-culi (um- aba-) (n) singer.

-culisa (v) conduct a choir.

-culisi (um- aba-) (n) conductor.

-culo (i- ama-) (n) hymn; song.

-culo (um-) (n) singing.

-cumbaza (v) toy with; fondle.

-cunuka (v) be offended; disgusted.

-cunula (v) offend.

-cupha (v) set a trap.

-cuphe (ing-) (n) dangerous place near edge; delicate position.

-cuphela (v) be near the edge; be imminent.

-cupho (isi- izi-) (n) trap.

-cuphuluza (v) tease; annoy.

-cusha (v) go through (as through fence).

-cutha (v) draw ears together (as dog); be on alert: pluck feathers.

-cuthana (v) sit with legs together.

-cuthe (isi- izi-) (n) person whose ears are not pierced.

-cuya (v) remove certain parts; cut off small pieces.

cwaka (ideo) of silence; calm.

-cwala (v) dress hair; polish head-ring.

-cwalo (isi- izi-) (n) small sharp stick for dressing hair.

-cwangube (um- imi-) (n) army worm.

-cwaninga (v) consider minute detail.

-cwasa (v) differentiate against; be ill-disposed towards.

-cwatha (v) be cloudless.

-cwatha (u-) (n) bare patch; large river.

-cwaya (v) wear skin to cover breast.

cwayi (ideo) of blinking.

-cwayiza (v) blink.

-cwayo (isi- izi-) (n) skin for covering breast.

-cwazicwazi (ubu-) (n) glitter.

-cwazima (v) flash; blink.
-cwazimula (v) shine brightly.
cwe (ideo) of greenness; blueness; clearness.
-cweba (v) become clear (as liquid); be pure; holy.
  cweba izinyembezi — be filled with tears (eyes).
cwebe (ideo) of sparkling; glittering.
-cwebecwebe (ubu-) (n) glittering; splendour.
-cwebelele (u- o-) (n) vast expanse.
-cwebezela (v) glitter; sparkle.
-cwecwa (v) peel; pare.
-cwecwe (u- izing-) (n) thin piece of anything; piece of thin sheet.
-cwenga (v) strain; filter; separate.
-cwephe (u- izing-) (n) small piece.
cweshe (ideo) of cutting off thin pieces; of trimming.
-cwethula (v) become clear (sky).
-cwibi (ubu-) (n) warbler.
-cwicwicwi (isi- izi-) (n) well to do person; person who lives like a white man.
-cwila (v) sink under.
cwili (ideo) of sinking out of sight.
-cwilisa (v) immerse in water; start preparation of beer.
-cwiya (v) remove certain pieces or parts; cut off small pieces.
-cwiyo (i-) (n) portion of choice meat cut for important men who have been helping with flaying.

D

-daba (in- izin-) (n) affair; topic for discussion; story.
  indaba egudwini — matter much talked of.
  bhedla indaba — be persistent in digging out affair.
  dla indaba — chat; engage in conversation.
-daba (u- izin-) (n) serious affair.
-dabe (i- ama-) (n) bog; stagnant water; insipid food.
-dabu (um-) (n) origin.
dabu (ideo) of cracking; tearing; splitting.
-dabuka (v) become torn; become cracked; be grieved; originate.
-dabukisa (v) give rise to sadness.
-dabuko (in-) (n) traditional custom; origin.

-dabula (v) tear; split; cut across (field or air); survey land; mark off field to be ploughed.
  dabula uvalo — frighten badly.
  dabula izinkalo — go from place to place or country to country.
  dabula umshado — divorce.
  dabula ukusa — get up very early.
  dabula ubusuku — travel by night.
  dabula inhliziyo — make sad.
-dabulelwano (in-) (n) sharing of harvest (usually between land owner and tenant).
-dabuli (um- aba-) (n) surveyor.
-dabulibhayi (u- o-) (n) permanganate of potash.
daca (ideo) of wet substance falling splash.
-dacaza (v) throw down splash.
dace (ideo) of throwing down wet object.
-daceka (v) throw down wet object; accuse falsely.
-dada (i- ama-) (n) duck.
-dada (um- imi-) (n) long loin skin worn by men.
-dadasholo (u- izin-) (n) hefty person.
-dadavu (um- imi-) (n) old and weak (person or animal).
-dade (i- ama-) (n) Zulu potato.
-dade (u- o-) (n) sister.
-dadewabo (u- o-) (n) his/her/their sister.
-dadewenu (u- o-) (n) your sister.
-dadewethu (u- o-) (n) my/our sister.
dadla (ideo) of heavy gait (person).
-dadlaza (v) walk with heavy gait.
-dafazi (isi- izi-) (n) squat person or object.
dafu (ideo) of heavy clumsy walking.
daka (ideo) of spreading out.
-daka (v) intoxicate; make conceited.
-daka (i- ama-) (n) dry cattle dung for fuel; manure in cattle kraal.
-daka (isi- izi-) (n) rich black soil.
-daka (u-) (n) mud; mortar for building.
-daka (um-) (n) rain sodden soil; dark brown object.
-dakada (isi- izi-) (n) large and expansive (e.g. kraal).
-dakadaka (isi- izi-) (n) large expansive (kraal; forest etc.).
-dakaza (v) do carelessly; do on a large scale.
-dakeka (v) have sufficient of.

-dakisa (v) make drunk.
dakla (ideo) of hurling down; of falling down heavily.
-daklaza (v) fling down; bring down with a thud.
-dakwa (v) be drunk; be intoxicated.
dakwa yinsutha/umbuso — act in foolish manner because one is in comfortable circumstances.
dakwa yisikhundla — be haughty because of one's office.
dakwa yilanga — be overcome by heat of sun.
-dakwa (isi- izi-) (n) drunkard.
-dakwa (ubu-) (n) drunkenness.
-dala (v) cause to be; bring into being; create.
-dala (adj) old; aged.
-dala (ubu-) (n) old age.
-dala (isi-) (n) old way of doing things; outmoded fashion.
-daladala (adj) ancient; very old.
dalakaca (ideo) of wet object being thrown down.
-dalakaca (v) throw down wet object.
dalakaxa (ideo) of wet object being thrown down.
-dalakaxa (v) throw down wet object.
-dalakaxa (in- izin-) (n) lazy untidy person; slovenly person.
-dalala (kwa-) (adv) in the open.
-dalawane (ezika-) (pron) police.
-dali (in- izin-) (n) sale; auction sale.
-Dali (um-) (n) The Creator.
-dalimede (u- o-) (n) dynamite.
-dalo (isi-) (n) nature; inborn characteristic.
-dalula (v) expose; betray.
-dalwa (isi- izi-) (n) deformed person; creature.
-damane (def v) act from time to time.
-damba (v) subside; be calmed.
-dambisa (v) cause to subside; allay.
-damene (def v) see *damane*.
damu (ideo) of regaining senses; of clearing; of sudden relief; of subsiding.
-damu (i- ama-) (n) dam; reservoir; swimming by splashing water with hands or feet; dummy.
-damuka (v) subside; be dissipated; clear (as fog).
-dana (v) darn; mend a hole.
-danasa (v) act without feeling of shame.
-danasi (isi- izi-) (n) one who acts contemptuously.

-danda (v) make rows (as when ploughing or planting.
-danda (i- ama-) (n) lumbar portion of spine.
bamba idanda — place hands on small of back.
-danda (isi- izi-) (n) person with low intelligence; sluggish person or animal.
-danda (ubu-) (n) sluggish nature.
-dandalaza (v) come into the open.
-dandatho (in- izin-) (n) ring for finger.
-dane (def v) do from time to time.
-danga (isi- izi-) (n) ornament of skin worn round neck.
-dangala (v) become weary; become dejected.
-dangala (in- izin-) (n) baboon.
-dangalaza (v) stand with legs astride.
dansa (ideo) of walking with weary gait; of walking with heavy gait.
-dansa (v) dance.
-dansaza (v) walk wearily along; walk with heavy gait.
-danso (um- imi-) (n) European dance.
dansu (ideo) of striking with a whip.
-dansula (v) strike with whip.
daphu (ideo) of scooping a handful; of grabbing.
-daphudaphu (ubu-) (n) grabbing from all sides.
-daphuna (v) scoop; take big bite; help oneself lavishly.
-dasida (v) remove dust.
-dati (um- imi-) (n) [usually plural] affairs pertaining to custom; various engagements.
-davathi (i- ama-) (n) anklet of beads.
-davuza (v) walk on foot; trudge across country; wonder carelessly.
-dawane (isi- izi-) (n) animal believed to be used by witches.
-dawudawu (isi- izi-) (n) simpleton.
daxa (ideo) of throwing down wet object (such as clothes); of falling.
-daxadaxa (in- izin-) (n) lazy person; untidy person; clumsy person.
daxu (ideo) of striking with object like whip or sjambok.
-daxula (v) strike with whip or sjambok.
-daya (v) dye.
-dayi (i- u-) (n) dye.
-dayimani (i- ama-) (n) diamond (eDayimani — Kimberley).
-dayisa (v) sell.
-daza (v) be foolhardy; obstinate; per-

sistent.

daza inkani — argue obstinately.

-dazini (i- ama-) (n) dozen.

dazu (ideo) of screaming; of splitting apart.

-dazuka (v) scream; split down.

-dazuluka (v) shout loudly; scream.

-de (def v) do from time to time.

-de (adj) long; tall; high; deep.

-de (ubu-) (n) length; height; distance.

debe (ideo) of gashing; splitting.

-debe (in- izin-) (n) gourd used as ladle; trophy.

-debe (u- izin-) lip.

-debesa (v) act in careless lazy fashion.

-debesela (v) act carelessly; take lightly; act without enthusiasm.

-debeza (v) gash; cut; split.

debeza ubuso — make gashes on face.

debeza ingozi — inflict open wound on head.

-deda (v) move out of the way.

-dedangendlale (u- o-) (n) large field or forest or tract of open country.

kwaDedangendlale — Valley of a Thousand Hills in Natal.

-dedela (v) allow; let go; release.

-dedelana (v) take turns; get out of each other's way.

dedelele (ideo) of disappointment; of subsiding.

-dedengu (adv) carelessly.

-dedesa (v) be a cry baby.

-dedika (v) move out of the way.

-deduka (v) move out of the way.

-deka (v) lay the table.

dekle (ideo) of sitting flat down carelessly.

-deku (isi- izi-) (n) base; main root.

-dela (v) be satisfied; be convinced; give up hope; abandon.

ukuzidela amathambo — to do dangerous thing without worry about consequences; to take a risk.

-dela (ama-) (n) abattoir.

-dela (i- ama-) one who is prepared to take risks; one prepared to suffer pain or loss for his conviction.

-dela (in- izin-) (n) one dedicated to lead religious life; monk; nun.

-delela (v) act contemptuously; despise; be insolent.

-deleleka (v) unimpressive; command no respect.

-delelo (in-) (n) insolence; contempt;

insubordination; disobedience.

-delesi (bu-) (adv) carelessly.

-delifudi (i- ama-) (n) three legged pot-stand for cooking on ground.

-dembesela (v) act in careless manner; act in a lazy manner.

-denda (u- izin-) (n) froth from mouth; slimy saliva.

-denda (um- imi-) (n) row; line; (especially cultivated field).

-dende (isi- izi-) (n) species of tree.

-dendebula (v) plough extensively; cut into strips.

-dendende (in- izin-) (n) endless affair.

-denga (-denge) (isi- izi-) (n) lazy slothful person.

-dengele (u- izin-) (n) potsherd.

-dengezela (v) sway.

-dengezi (u- izin-) (n) potsherd used for medicinal purposes.

dengwa (adv) destitution; desolation.

-depha (v) be high; tall; go deep.

dephu (ideo) of tearing away; of biting off.

-dephuka (v) get torn off.

-dephula (v) tear off; bite off; cut off large pieces.

-dephuna (v) tear off; bite off; cut off large pieces.

-desibhoma (u- o-) (n) wagon shaft.

-devu (u- ama-) (n) moustache.

-devu (i- izin-) (n) whiskers of animal.

-devu (i- ama-) (n) nose of beast.

-deyinde (in- izin-) (n) endless affair.

di (ideo) of collapsing; falling down; dying.

-dibana (v) get mixed together; meet on the way.

-dibanisa (v) mix together.

-dibhi (izi-) (n) dregs; sediment.

-dibi (izi-) (n) sediment; dregs.

-dibi (u- izin-) (n) boy who carries a warrior's belongings.

-dibi (ubu-) (n) mashed food but not mixed with meal.

-dibi (um-) (n) gathering; crowd.

-dibilishi (in- izin-) (n) penny.

dica (ideo) of falling splash.

-dica (v) cut down; destroy.

-dicalala (um- imi-) (n) lethargic person; tired looking person.

-dicila (v) hack down; destroy.

-diciza (v) hack down; destroy.

-dida (v) confuse.

-dida (in- izin-) (n) puzzle; riddle; mystery.

-dideka (v) be puzzled; confused.

-didi (um- imi-) (n) rectum.

-didi (isi- izi-) (n) large number; crowd.

dididi (ideo) of thudding; heavy footfalls.

-dididi (isi- izi-) (n) disturbance; confusion.

-didinga (v) carry.

-didiyela (v) place together in a heap; mix together; arrange regiment.

-didiyela (in- izin-) (n) things piled together; assortment.

-didiyeli (um- aba-) (n) one who piles up, puts together; organiser of hunting party.

-didiza (v) hesitate; be in doubt.

-didizela (v) hesitate; be in doubt; carry heavy load; bustle about.

-didwa (i- ama-) (n) one who sings out of tune or dances out of step.

-dika (v) scoop (as food).

-dikadika (v) wrestle with; throw about; belabour.

-dikadika (isi- izi-) (n) big piece (as of meat); weighty mass.

-dikazi (i- ama-) (n) divorced woman; widow.

diki (ideo) of twitching; quivering.

-dikibala (v) lose interest; be indifferent; annoyed.

-dikila (v) reject with disdain; spurn.

-dikimba (in- izin-) (n) essential part; theme.

-dikiselo (isi- izi-) (n) lid; pot lid.

-dikiza (v) tremble; twitch.

dikli (ideo) of falling hard on one's buttocks.

-dikliza (v) throw down roughly on buttocks.

-dikoni (i- ama-) (n) deacon.

-dikwe (i-) (n) tasteless food or drink; insipid.

dili (ideo) of tumbling down; of falling in a mass.

-dili (i- ama-) (n) feast.

-dilika (v) fall down; fall to pieces.

dilika phezulu — fall from high position.

dilikelwa yijele — serve life imprisonment.

-dilikica (v) throw down wet object.

-dilinga (in- izin-) (n) circle; spherical object.

-dilingana (v) become spherical; revolve.

-diliza (v) cause to fall down; demolish; cause to fall to pieces.

diliza isidleke seminyovu — bring

trouble upon oneself.

diliza esitolo — buy a lot of stuff.

dilizwa emsebenzini — lose one's job; be retrenched.

-dimbane (in- izin-) (n) large collection; abundance.

-dimbela (v) pile together; heap together.

-dimede (def v) do merely; do simply.

-dimoni (i- ama-) (n) demon.

-dina (v) tire; be irksome; annoy.

-dina (i- ama-) (n) dinner; mid-day meal.

-dina (isi-) (n) unpopularity; charm to make one unpopular.

-dinanja (um-) (n) thin porridge.

-dinda (v) thrash; beat severely.

dinda isililo — wail.

dinda amabele — thresh corn.

-dindi (isi- izi-) (n) grass clod; clump of grass; person of low intelligence.

-dindibala (in- izin-) (n) large heap.

-dindiliza (v) lie exposed; lie stretched out (as a dead body).

-dindimana (um- imi-) (n) small clay pot.

-dinga (v) need; require; roam; wander; be without a home.

-dingasithebeni (u- o-) (n) wanderer; waif.

-dingeka (v) be needed; be necessary.

-dingeko (in- izin-) (n) necessity.

-dingi (in- izin-) (n) round object.

-dingida (v) thrash out affair; inquire into.

-dingilizi (in- izin-) (n) circle; rounded object.

-dingilizi (isi izi-) (n) circle; rounded object.

-dingisa (v) banish.

-dingo (isi- izi-) (n) necessity.

dinsi (ideo) of falling with a thud.

-dinsi (isi- izi-) (n) heavy load; big amount (as money).

-dinsila (v) throw down heavy object.

-dinwa (v) get tired; become annoyed; announce that mealies being roasted is finished.

-dipha (v) dip cattle.

-diphi (-diphu) (i- ama-) (n) dipping tank; dipping day.

-diphi (-diphisi) (um- aba-) (n) dipping inspector.

-diphu (-diphi) (i- ama-) (n) dipping tank; dipping day.

-dishaza (v) walk with heavy gait (as

stout person).

-dishazela (v) walk with heavy gait (of stout person).

dishi (ideo) of walking of heavy stout person.

-dishi (in- izin-) (n) basin.

-dishindishi (in- izin-) (n) very stout person.

-disholo (i- ama-) (n) woman with big body and big buttocks.

-diva (in-) (n) worthless object; devoid of merit or value.

    shaya indiva — treat with scant respect.

-divosa (v) divorce.

-divosi (i-) (n) divorce.

-diwo (u- izin-) (n) claypot.

-dixa (v) splash with mud or filth; befoul; besmirch.

-dixa (i- ama-) (n) dirty person; slovenly person.

-diya (v) finish off; round off; trim; decorate.

-diya (isi- izi-) (n) goat skin worn by women over the shoulders to cover breast.

-diye (i- ama-) (n) solitary locust.

-diyo (u- izin-) (n) claypot.

-diyo (um- imi-) (n) edge; manner of rounding off; decorated stick.

-diza (v) make gift to ingratiate oneself.

-dla (v) eat; confiscate; eat into; cost.

    dla indaba — converse; chat.

    dla ingevu — converse; chat.

    dla imihlathi — silent refusal.

    dla ingqondo — think.

    dla amanzi — be without food.

    dla amazwi — withdraw one's words.

    dla amathambo ekhanda — think.

    dla izinkomo — confiscate cattle; custom whereby girl simply goes to home of man she would like to marry.

    dla ingqephu — adorn oneself.

    dla imali — waste money; be a spendthrift.

    dla ngoludala — follow old customs; be conservative.

    dla ubuthongo — sleep.

    dla udaka — be miserable; suffer hardship.

    dla udledle — be constantly on the move.

    dla umbuso — lead a life of ease.

    dla kahle — be in comfortable circumstances.

    dla uKhisimusi — spend Xmas day.

    dla ubhedu — surpass; overcome; be victor.

    dla amazwi omuntu — treat one's views with contempt.

    dla izithende — undermine a person; go behind one's back.

    dla inkani — be stubborn.

    dla ezamahole — bring trouble upon oneself.

    dla imbuya ngothi — lead a life of misery.

    dla impundu — be forgetful.

    dla emngceleni — make indirect approach; avoid coming out openly.

    dla amabele — be alive; drink Native beer.

    dla komkhonto — blade of spear.

    dla inhloko — eat head of beast (by men).

    dla ngengxwembe endala — follow old customs; lead life of ease.

    dla izinkophe — cause poverty.

    dla ngandoda — eat from share of others; get something from what others have worked for.

    dla umuntu nezibi — scold; speak harshly.

    dla luhlaza — scold.

    dla ngalukhezo lunye — be friendly.

    dla umhlanganiso — be first to kill in battle.

    dla ukwindla — eat green mealies and pumpkins.

    dla obothi — spend sleepless night.

    dla imbuthuma — bask in fire.

    dla umuntu indlala — minimise a person's achievements.

    dla ukhafule — speak loudly and harshly; forgive.

    dla inguyazane — eat alone in a secret place.

    dla isikhundla — occupy seat of someone else.

    dla ujeqeza — be on tenterhooks; be frightened; be apprehensive.

    dla uzishiyela — forgive.

    dla itu — be quiet.

-dla (uku-) (n) food; eating.

    isandla sokudla — right hand; right hand side.

-dlabha (i- ama-) (n) careless person; untidy person.

-dlabha (ubu-) (n) carelessness; untidiness.

dlabhu (ideo) of becoming torn; of becoming tattered.

-**dlabhuka** (v) get torn.

-**dladla** (i- ama-) (n) temporary hut; cooking hut.

-**dladla** (u- izin-) (n) elevator (lift).

-**dladla** (isi- izi-) (n) paw of animal, prints of paws of animal.

-**dladlamba** (um- imi-) (n) big load.

-**dlaka** (i- ama-) (n) man's loin dress of skin strips only.

-**dlakadlaka** (i- ama-) (n) careless, untidy person; dilapidated object.

-**dlakatshisa** (v) grab suddenly; hold firmly.

dlakathisi (ideo) of sudden grabbing; of vice-like grip.

-**dlakazela** (v) be dilapidated; have tattered appearance; wear old torn clothes.

-**dlakela** (isi- izi-) (n) powerful muscular man.

-**dlakudla** (in- izin-) (n) beast slaughtered to enable bride to partake of food of her in-laws.

-**dlakudla** (isi- izi-) (n) glutton.

-**dlala** (v) play; dance; frolic.

   dlala ngomlilo — court disaster by playing with dangerous thing.

   dlala kwamadolo — shake with fear.

   dlala ngegeja kuziliwe — behave in a manner which is not in keeping with occasion.

   dlala umjaho — lay a bet at race meeting.

-**dlala** (i- ama-) (n) gland.

-**dlalifa** (in- izin-) (n) heir.

-**dlaligwavuma** (i-) (n) dog.

-**dlalisa** (v) play with, amuse.

-**dlalisela** (v) give a display; show off.

-**dlalo** (um- imi-) (n) play; game.

-**dlambi** (i- ama-) (n) wave; billow.

-**dlambila** (um- imi-) (n) rock cobra.

-**dlame** (u- izin-) (n) framework of hut.

-**dlamluka** (v) break loose; get sudden fright.

-**dlamu** (in-) (n) tribal dance.

-**dlana** (v) eat; eat one another.

   ukudlana imilala — to undermine one another; keen competition.

-**dlanasihambe** (u- o-) (n) policeman.

-**dlandaba** (i- ama-) (n) talkative.

-**dlandla** (um-) (n) enthusiasm; keenness.

-**dlanga** (v) rage with fury; spread wildly; get out of control.

-**dlanga** (i- ama-) (n) vulture.

-**dlangala** (i- ama-) (n) temporary shelter in the veld; cooking hut.

-**dlangala** (isi- izi-) (n) open place.

-**dlangaswana** (um- imi-) (n) one who watches goings on from hiding place.

-**dlanzi** (i- ama-) (n) group.

-**dlathi** (isi- izi-) (n) cheeck.

dlathu (ideo) of walking briskly with long strides.

-**dlathuzela** (v) walk briskly.

-**dlavela** (isi- izi-) (n) houses crowded together.

-**dlavini** (in- izin-) (n) rogue; vagabond.

dlavu (ideo) of tearing.

-**dlavu** (i- ama-) (n) tatters; person wearing tatters.

-**dlavuza** (v) tear to pieces; scold.

-**dlawu** (u- izin-) (n) pliers; tongs.

-**dlazi** (in- izin-) (n) mouse bird.

-**dlebe** (i- ama-) (n) ear of animal; barb of arrow.

-**dlebe** (in- izin-) (n) ear of human being.

-**dlebe** (u-) (n) keen sense of hearing.

-**dlebe** (um- imi-) (n) species of tree.

-**dlebeleka** (v) act like a lunatic, refuse to heed advice.

-**dlebelendlovu** (i-) (n) species of tree.

dlebhu (ideo) of becoming torn; ripped off.

-**dlebhuka** (v) get torn badly.

-**dlebhula** (v) tear off; rip off.

-**dlebhula** (in- izin-) (n) big mouth.

-**dlebhundlebhu** (in- izin-) (n) something badly tattered; big mouth.

-**dledla** (v) trot; run even when tired.

-**dledle** (u-) (n) always on the move.

   ukudla udledle — to be constantly on the move.

dledledle (ideo) of trotting along.

-**dledlemuka** (v) trot; go by horse cart.

-**dledlezela** (v) trot along.

-**dleka** (v) wear off; be eaten away; edible.

-**dleke** (isi- izi-) (n) nest.

-**dlekedle** (um- imi-) (n) worn out object (as old car).

-**dlekezela** (v) be loose jointed; squeak (as waggon or old car).

-**dleko** (in- izin-) (n) expense; loss.

-**dlela** (v) eat for; eat in (if followed by locative adverb).

   dlela ingane — eat a child's food.

   dlela umntwana izinkomo — get lobolo for child; get something from earnings of child.

   dlela ogageni — be in fear or

anxiety.

dlela imbumbe odengezini — do a foolish thing.

dlela amandla — underestimate work of person.

-**dlela** (**in-** **izin-**) (n) path; road; way.

undlela zinuka umswane — tribal medicine man.

indlela emhlophe — go well! safe journey.

gcwala indlela — go away; start on a journey.

buza indlela kwabaphambibi — seek advice.

-**dlela** (**um-** **imi-**) (n) small shield.

-**dlelana** (v) be friendly with one another.

-**dlelanyoni** (**um-** **imi-**) (n) chief's rest kraal.

-**dlelesela** (v) show off against; taunt; despise.

-**dlelezela** (v) show off against; taunt; despise.

-**dlelo** (**i-** **ama-**) (n) pasture; snuff-container.

-**dlelo** (**um-** **imi-**) (n) small shield.

-**dlelwane** (**ubu-**) (n) friendship; fellowship.

-**dlelwano** (**u-**) (n) friendship.

dlengelele (ideo) of sudden fright; of striking with fear.

dlephu (ideo) of tearing off.

-**dlephudlephu** (**ama-**) (n) rags; tatters.

-**dlephuka** (v) get torn off.

-**dlephula** (v) tear off.

-**dlephuza** (v) pull to pieces.

-**dlezane** (**in-** **izin-**) (n) cow that has just calved.

-**dlezane** (**um-** **imi-**) (n) woman with baby.

-**dlibhiza** (v) spoil; throw into disorder.

-**dlidli** (**isi-** **izi-**) (n) houses crowded together without order; close grouping; apex of thatched roof; torrential rain.

dliki (ideo) of ruffling; of shaking with force.

dlikidliki (ideo) of shaking violently.

-**dlikiza** (v) ruffle; pull down; shake violently.

-**dlikizane** (**in-**) (n) lively dance; twist.

-**dlingozi** (**i-** **ama-**) (n) fit of excitement.

-**dlinza** (v) ponder; suspect.

-**dlinza** (**i-** **ama-**) (n) grave.

-**dlinzekela** (v) suspect.

-**dlinzo** (**um-** **imi-**) (n) expectation; secret thoughts; suspicion.

-**dlisa** (v) feed; give poison.

dlisa imbuya ngothi — annoy deliberately.

-**dlisela** (v) show off; attract attention.

-**dliso** (**i-** **ama-**) (n) poisoning.

-**dliso** (**isi-** **izi-**) (n) poison.

-**dliwa** (v) be eaten; have property confiscated or attached.

dliwa ngunembeza — have a guilty conscience.

dliwa yisazelo — have a guilty conscience.

dliwa yicala — lose case.

dliwa zindunduma — desert one's home.

dliwa zintaba — desert one's home.

dliwa yinkatho — have lot fall upon one.

-**dliwa** (**i-** **ama-**) (n) person who sings or acts discordantly.

-**dlo** (**isi-** **izi-**) (n) feast.

isidlo seNkosi — The Lord's Supper; Holy Communion.

-**dloba** (v) be furious with rage.

-**dlobho** (**in-** **izin-**) (n) person with one eye.

-**dlodlo** (**isi-** **izi-**) (n) bunch of feathers worn on head.

-**dlodlombiya** (**ama-**) (n) long untidy hair; dishevelled.

dloko (ideo) of prodding.

-**dlokodla** (v) prod.

-**dlokolo** (**i-** **ama-**) (n) plume of feathers.

-**dlokolo** (**isi-** **izi-**) (n) plume of feathers.

-**dlokovula** (v) gallop wildly; bolt (as horse).

-**dlolo** (**u-** **izin-**) (n) sterile beast.

-**dlondlo** (**in** **izin-**) (n) old mamba; person with vicious temper.

-**dlondlobala** (v) become enraged; make ready to strike.

-**dloti** (**um-**) (n) kind of tobacco; name of river in Natal.

-**dlova** (v) act roughly.

-**dlova** (**isi-** **izi-**) (n) person with savage nature; person who acts in a rough manner.

-**dlova** (**ubu-**) (n) act without regard for feelings of others; act savagely.

-**dlovu** (**in-** **izin-**) (n) elephant.

-**dlovu** (**um-** **imi-**) (n) beast with down curving horns; bicycle with down curving handle bar.

-dlovudawane (in- izin-) (n) warthog.

-dlovukazi (in- izin-) (n) queen.

-dlovuyangena (in- izin-) (n) violence; hooliganism.

-dlozane (isi- izi-) (n) nape of neck.

    bamba ngesidlozane — take by the scruff of the neck.

-dlozi (i- ama-) (n) spirit of departed person; guardian spirit; snake supposed to be spirit of departed.

dlu (ideo) of being immersed; of falling into water.

-dlubha (v) break free (as bird from trap).

-dlubha (isi- izi-) (n) clump of grass; side whiskers; person with side whiskers.

-dlubu (in- izin-) (n) ground beans; jugo beans.

-dlubu (isi- izi-) (n) field of ground beans.

-dlubu (u- izin-) (n) ground bean.

-dlubulunda (v) break free.

-dludludlu (ubu-) (n) noise of boiling food being cooked.

-dludlumisa (v) cook.

-dludluza (v) boil (as food being cooked).

-dludluzisa (v) cook.

dluku (ideo) of shaking violently; jolting.

-dlukula (isi- izi-) (n) bunch of feathers worn on head.

-dlukumeza (v) shake violently.

-dlukuza (v) shake violently; jolt.

-dlula (v) pass by; pass over; die; surpass; be depraved; be beyond redemption.

    dlula ngehubo — devastate; overcome easily.

    dlula amadolo — of matter which has become very serious.

-dlulamithi (in- izin-) (n) giraffe; gum-tree.

-dlula (def v) do moreover; do nevertheless; do inspite of; furthermore.

-dlulela (v) pass on towards.

-dlulisa (v) cause to pass; hand over; subside (as rain); do excessively.

    dlulisa icala — appeal against sentence.

    dlulisa isikhathi — while away time.

    dlulisa isilinganiso — exceed correct measurement or dosage.

    dlulisa ipulani — approve plan (building).

    dlulisa ophuzweni — drink excessively.

    dlulisa uthi lomzimba — pay flying visit; visit for a short while.

    dlulisa umthetho — pass a law.

-dlulu (um- imi-) (n) kind of assegai.

-dluluza (in- izin-) (n) artificial eye.

dlumbu (ideo) of falling into water; of diving; of sinking out of sight.

-dlume (um- imi-) (n) species of snake.

-dlumeka (v) pierce; push into ground.

-dlunga (v) rise in anger; be infuriated.

-dlungandlebe (i- ama-) (n) pig headed person; one who refuses advice.

-dlungundlebe (isi- izi-) (n) pig headed person; one who refuses advice.

-dlunkulu (um- imi-) (n) King's Wife or wives.

dluthu (ideo) of jerking; of tugging; of wrenching.

-dluthudluthu (ubu-) (n) constant jerking; tugging; disharmony.

-dluthula (v) move with a jerk; jerk apart; wrench.

-dluthuza (v) pull; tug; wrench.

-dluzele (in- izin-) (n) hartebeest.

dluzu (ideo) of tugging; wrenching.

-dluzula (v) wrench violently apart.

-dluzula (in-) (n) force; violence.

-dlwabidlwabi (isi- izi-) (n) congested place.

-dlwadlwa (isi- izi-) (n) porridge of gravy and mealie meal.

dlwambi (ideo) of disappearing; of diving into water; of falling into water.

-dlwane (um- imi-) (n) pup.

-dlwangudlwangu (isi- izi-) (n) person with savage nature.

-dlwanguza (v) act in a savage manner.

-dlwanguzela (v) act in a savage manner.

-dlwedlwe (u-) (n) long staff.

-dlwembe (um- imi-) (n) person or animal with wild uncontrollable manner or nature; person who does not like home.

-dlwengula (v) rape; attack savagely (as by wild animal).

-doba (v) fish; lure.

-dobela (i- ama-) (n) tidal water.

-dobi (um- aba-) (n) fisherman.

-dobo (u- ama-) (n) low lying land; valley.

-dobo (u- izin-) (n) fishing rod; fishing hook.

-dobolwane (u- o-) (n) friend.

-doda (v) act like a man; do something worthy of praise.

-doda (in- ama-) (n) man; husband.

-doda (ubu-) (n) manhood; manliness.

-dodakazi (in- ama-) (n) daughter.

-dodana (in- ama-) (n) son.

-dodobala (v) become powerless; lose strength.

-dodovu (um- imi-) (n) aged person; infirm person.

-dofa (v) pulverise; ram.

-dofela (u- o-) (n) sluggish, lazy person.

-dojeyana (in- ama-) (n) man of no account; worthless person.

doklo (ideo) of striking a hard blow.

-dokloza (v) strike a hard blow.

doko (ideo) of speaking inaudibly.

-dokodo (i- ama-) (n) temporary hut.

-dokotela (u- o-) (n) doctor.

-dokoza (v) speak inaudibly.

-dokwe (i-) (n) thin porridge.

-dokwe (um-) (n) sour porridge.

-dolo (i- ama-) (n) knee.
ukuqina/ukuma idolo — to feel encouraged.
ukuxega amadolo — to be apprehensive to be weak.
ukushayana amadolo — to be in fear; to tremble.
ukuqhuba ngamadolo — to deceive.
ukuba madolo nzima — to lack enthusiasm; to do reluctantly.

-dolobha (i- ama-) (n) town.

-dolofiya (i- ama-) (n) jointed cactus.

-dololesalukazi (i-) (n) species of edible herb.

-dololwane (in- izin-) (n) elbow.

-dolonzima (ma-) (rel) reluctant.

-doloqina (u-) (n) custom connected with first fruits ceremony.

-dombolo (i- ama-) (n) dumpling.

domu (ideo) of pulling out; unsheathing.

-domu (isi- izi-) (n) dunce.

-domula (v) pull out; unsheathe; select.

-donca (u-) (n) species of plant yielding grain used as food.

doncu (ideo) of pulling out (as weeds).

-doncuka (v) be pulled out; slip out.

-doncula (v) pull out; unsheathe.

-donda (v) be lazy; be reluctant.

-dondo (in- izin-) (n) brass ornament worn round neck.

-dondobala (v) become powerless; lose strength.

-dondobeza (v) make weak.

-dondolo (u- izin-) (n) long staff used as a walking stick.

-dondolozela (v) use walking staff.

-dondoshiya (um- imi-) (n) tall muscular person.

-donga (u- izin-) (n) donga; washed out waterway; wall of house; wall.

-dongwe (u-) (n) clay.

-doniyamanzi (in-) (n) dark coloured skin (of person).

-donsa (v) pull; drag; be steep; attract.
donsa ngendlebe — give a warning.
donsa ejele — serve a prison sentence.
donsa umlomo — pout lips in anger.
donsa umqansa — go up a steep.

-donsa (in-) (n) planet Jupiter.

-donsakusa (in-) (n) planet Jupiter.

-donsamasuku (in-) (n) large star appearing late at night.

-donsela (v) pull for.
ukuzidonsela amanzi ngomsele — to court trouble; to bring trouble upon oneself.

-donsisa (v) help pull; cause to pull; difficulty in relieving oneself when one has diarrhoea or has taken a purgative.

-donya (v) hit on body with fist; pummel.

-donya (in- izin-) (n) white spot on face of animal; star.

-dosha (i- ama-) (n) snuff-box; box of matches.

-doshaba (i-) (n) deep bass voice.

-dosi (u- izin-) (n) sting; sting of bee.

-dova (v) trample.

-dovadova (v) trample under.

-dovela (isi- izi-) (n) stupid person.

-doye (u- o-) (n) secretary bird.

-dramu (i- ama-) (n) 40 gallon drum.

du (ideo) of quietness; of completeness; of thudding.

-duba (v) break up clods; tire; loose interest in a thing.

-dube (i- ama-) (n) zebra.

-dubu (um- imi-) (n) beast with dusty — brown colour.

-dubuka (v) become crumbled.

-dubukala (v) fall to pieces.

-dubukele (v) said of cooked head of beast.

-dubula (v) shoot.

-dubuza (v) break into fragments.

-duda (v) encourage in wrong doing.

-dudla (um- imi-) (n) powerfully built person; tall and muscular person.

-dudu (isi-) (n) porridge of pumpkin and mealie meal.

-dududla (um- imi-) (n) powerfully built person; tall muscular person.

-dudula (v) push away; repel.

-dudula (isi- izi-) (n) down-pour; avalanche.

-duduma (v) thunder; quake.

-dudumela (in-) (n) trembling; quaking.

-dudusi (i- ama-) (n) loamy soil.

-duduza (v) comfort.

-duduzeka (v) be comforted.

-duduzi (um- aba-) (n) comforter.

-duduzo (in-) (n) comfort.

-duka (v) go astray; be wrong.

-dukada (u- izin-) (n) wide expanse.

-dukathole (u- o-) (n) thick wide forest; wide expanse; densely populated area.

-dukisa (v) lead astray.

duklu (ideo) of blow on body.

-dukluza (v) hit on body.

-duku (i- ama-) (n) flag; handkerchief.

-duku (in- izin-) (n) stick.

-duku (isi- izi-) (n) butt end; blunt end; base.

dukuduku (adv) shortly thereafter.

-dukuza (v) walk about as in dense forest; grope in the dark; act blindly.
    dukuza oswini lwenkomo — act blindly.

-dula (v) be costly.

-duladula (u-) (n) meat supplied to mine workers; meat of bull.

-duli (i- ama-) (n) hillock.

-duli (isi- izi-) (n) ant-heap; (sg. only) rash.
    iziduli zabasali — an abundance of.

-duma (v) thunder; be famous; be well known; be attracted by.
    duma neqalinga — be taken up by something worthless.

-duma (rel) be tasteless; insipid.

-duma (u- izin-) (n) contusion.

-dumala (v) be dejected; be disappointed; lose flavour.

-dumaza (v) cause dejection; disappointment.

-dumazo (in-) (n) disgrace; disappointment.

-dumba (v) swell; be inflamed; choose.

-dumba (u-) (n) bean pod.

-dumba (um- imi-) (n) pod as of legumes; whole of month, year; period.

-dumbe (i- ama-) (n) a type of edible root crop; illness causing limbs to shake; palsy.

-dumbe (isi- izi-) (n) field of amadumbe.

-dumbedumbe (u-) (n) species of amadumbe tubers.

-dumbu (isi- izi-) (n) carcass; corpse.

-dumbu (um- imi-) (n) pod of leguminous plant; full term of period.

-dumbuluzi (in- izin-) (n) stone; pip.

-dumela (v) attack; spring upon; grab.

-dumela (i-) (n) fame; renown; excitement.

-dumezulu (in-) (n) something big and exciting. (indumezulu yomdlalo-big exciting game).

-dumisa (v) praise; worship; speak well of.

-dumo (isi- izi-) (n) riot; brawl.

-dumo (u-) (n) fame; renown.

-dumo (um- imi-) (n) large herd; crowd.

-duna (i- ama-) (n) young male (of animal).

-duna (in- izin-) (n) headman; pimple; male animal.
    induna yabafazi — man without a beard or moustache.

dundu (ideo) of reaching the top (e.g. of hill).

-dundu (i- ama-) (n) rise; hillock.

-dundubala (v) reach the top; go up a steep.

-dunduma (in- izin-) (n) large mound; slag dump (mines).

-dunduza (v) lull to sleep.

-dunduzela (v) lull to sleep.

-dunga (v) stir up mud; cause a liquid to be cloudy.
    dunga umoya — disturb the peace; agitate.

-dungamuzi (i- ama-) (n) species of tree.

-dungula (v) put enemy to flight.

-dunguzela (v) be indisposed (said of a King).

-dunu (in- izin-) (n) coccyx; rectum.

-dunu (isi- izi-) (n) butt end; blunt end.

-dunusa (v) protrude the buttocks.

-dunuselana (ama-) (n) abundance.

-dunyelwa (v) be pounced upon by; be confused.

-dushu (u-) (n) brawl; misunderstanding.

-duva (v) delay; stay a long time.

-duza (v) thatch anew; hedge in with grass.

-dwa (pron.) only; alone; by oneself (ngedwa — I alone etc.).

-dwa (isi-) (n) gladiolus.

-dwa (umu- imi-) (n) line.

-dwaba (isi- izi-) (n) leather skirt worn by married women.

-dwadwa (u-) (n) worthless person or thing; nonsense.

-dwakumba (v) walk with difficulty (of an ill person).

-dwala (v) gaze into space.

-dwala (i- ama-) (n) large rock.

-dwalaza (u- o-) (n) wide expanse.

-dwamba (u- izin-) (n) invalid.

-dwangu (in- izin-) (n) cloth.

-dwanguza (v) walk blindly; act blindly.

-dwani (u- izin-) (n) blade of grass.

-dwashu (isi- izi-) (n) stupid person; worthless thing.

-dweba (v) draw a line; make a drawing.

-dweba (in- izin-) (n) whistle.

-dwedwe (isi- izi-) (n) old piece of cloth; old and much worn garment; worthless person.

dwekle (ideo) of noise of breaking wind.

dwekleza (v) break wind noisily.

-dwendwe (u- izin-) (n) bridal party; row; file of people or animals.

-dwenga (isi- izi-) (n) skin blanket; cover.

dwengu (ideo) of tearing.

-dwenguka (v) get torn.

-dwengula (v) tear up (as cloth).

-dweshu (u-) (n) brawl.

-dweshu (um- imi-) (n) strip of cloth (or land).

-dweshula (v) rip to pieces.

dwi (ideo) of dawning; drawing a line; easing pain; of tearing.

-dwi (i- ama-) (n) kind of frog; R10 bank note.

E

-eba (v) steal.
   eba ngamehlo — steal a glance.

-eboleka (v) ask for loan; borrow.
   ukweboleka empunzini — to run away.

-ebu (ulw-) (n) spider's web; very thin cover.

ebula ulwebu — make one sit up.

-ebuka (v) come off (as skin cover).

-ebula (v) strip off (as bark); belabour.

-ebulo (ulw-) (n) outer skin.

ebusika (adv) in winter.

ebusuku (adv) at night time.

-ebuza (v) cast the skin.

-ebuzo (ulw-) (n) cast skin.

-ebuzo (um-) (n) cast skin.

-ecaleni (adv) at the side.

-eceleni (adv) at the side.

-edelela (v) be insolent.

-edlula (v) (see — dlula).

-edlulisa (v) (see — dlulisa).

-eduka (v) stray.

-edusa (v) mislead.

eduzana (-e) (adv) nearby.

eduze (adv) nearby.

efukama (v) become broody; sit on eggs.

-efunda (v) see — funda).

-efuya (v) rear stock.

-efuza (v) resemble; remove thatch.

ehe (interj) yes.

-ehla (v) descend; befall.
   ehla ngaphezulu — treat person with scant respect; speak ill of.
   ehla ngenhlamba — swear at.
   ehla kwezihlathi — disappointment.
   ehla kwamaphaphu — relief from anxiety; abating of fear.
   ehla kwezibindi — relief from anxiety; abating of fear.
   ehla kwendaba — occurrence of incident.
   ehla kwesiga — happening of unusual incident.
   ehla kwezinkukhu — early dawn.
   ehla ngenduku — belabour.
   ehla kwesibusiso — receiving a blessing.

-ehlakala (v) occur; happen.

-ehlakalo (is- iz-) (n) event; happening.

ehlane (adv) in the wilderness; in uninhabited parts of country.

-ehlela (v) slope.

-ehlelo (um-) (n) place which slopes.

-ehlika (v) get down; climb down.

-ehlisa (v) cause to come down; humiliate; yield much milk.

-ehlo (is- iz-) (n) unexpected event; happening; omen.

-ehlo (um-) (n) incident; happening.

ehlobo (adv) in Summer time.

ehlombe (adv) on the shoulder.

-ehluka (v) differ from.

-ehlukana (v) part from one another.

-ehlukanisa (v) separate.
-ehlukanisela (v) allocate; portion out.
-ehlukaniso (isi- izi-) (n) separation; divorce.
-ehluko (is- iz-) (n) chapter.
-ehluko (um-) (n) difference.
-ehlula (v) defeat; overcome; subdue.
-ehlulela (v) judge.
-ehluleka (v) fail; be overcome; be defeated.
-ehluleki (is- iz-) (n) a failure; one who never succeeds in anything.
-ejaja (v) be jovial; be merry.
-ejayela (v) be accustomed to.
-ejayeza (v) make familiar with; accustom.
-ejwayela (v) be accustomed to.
-ejwayeza (v) make familiar with; accustom.
-ekhama (v) throttle; squeeze; strain.
    ekhama kwezulu — light rain as it begins to clear.
ekhanda (adv) on the head.
-ekhatha (v) smear; daub.
ekhaya (adv) at home.
ekhohlo (adv) on the left side.
ekhuza (v) rebuke; warn.
ekugcineni (adv) finally; at the end.
ekunene (adv) on the right side.
ekupheleni (adv) at the end; at the completion; finally.
ekuqaleni (adv) at the commencement; in the beginning.
ekuseni (adv) in the morning.
ekuthanathaneni (adv) at such and such a place.
ekuthini (adv) at such and such a place.
ekuthinithini (adv) at such and such a place.
ekuthizathizeni (adv) at such and such a place.
ekwindla (adv) in Autumn.
-ela (v) winnow grain; roll (as spear in hand).
-elakanyana (v) be piled up on top of one another.
-elakanyisa (v) pile on top of one another.
-elama (v) follow in order of age or rank.
-elamana (v) follow each other in order of birth.
-elamani (interj) challenge to mock fight.
    elamadoda — I accept the challenge.
    elabafazi — I do not accept the challenge.
-elamani (iz-) (n) children of same mother following on one another.
-elamanisa (v) give birth to child following another.
-elamela (v) see unexpectedly; come upon unexpectedly.
-elapha (v) cure; treat medically.
-elapheka (v) get cured.
-elaphi (um- ab-) (n) one who cures.
-eleka (v) cover; add on to; pass stools with blood.
    eleka ngesithunzi — overshadow.
-elekelela (v) help; assist.
-elekeleli (um- ab-) (n) helper.
-elelesa (v) act with disrespect; commit an offence; striking of lightning.
-elelesi (is- iz-) (n) criminal; delinquent.
elokhu (conj) ever since.
-eluka (v) weave; plait; knit; go out to graze (stock).
-elula (v) stretch out; elongate.
    elula imilenze — go out for a walk.
    elula inkulumo — speak at length.
    elula ingubo — iron or press dress; lengthen dress.
-elulama (v) recover.
-eluleka (v) advise; counsel; become stretched.
-eluleki (um- ab-) (n) counsellor; adviser.
-eluleko (is- iz-) (n) advice.
-elusa (v) herd (stock); take care of (people).
elwandle (adv) at or on the sea.
emandulo (adv) in ancient times.
-embatha (v) wear; cover one's body.
    embatha ukhalo — fill country side (as stock).
-embathisa (v) clothe; cover (as with blanket).
-embatho (is- iz-) (n) clothes.
-embathwangaphi (is- iz-) (n) blanket that is pretty on both sides.
-embesa (v) cover (as with blanket).
-embula (v) remove covering; unveil; reveal.
    embula itshe — unveil a tombstone.
-embuleka (v) become exposed; become uncovered.
-embulela (v) reveal unto someone; give second hand clothing.
emhlane (adv) on the back.
emini (adv) during the day; at midday.
    emini bebade — at midday.

-emitha (v) become pregnant.
-emithisa (v) impregnate.
emnyango (adv) at the door; in the doorway; outside.
empumalanga (adv) in the East.
emsamo (adv) at the back of hut.
-emuka (v) deprive; take away; go away.
   emuka namanzi — drown.
   emuka nomfula — drown.
-emukela (v) receive; receive ration; go a long time; delay; receive Holy Communion.
-emukelisa (v) hand out (e.g. ration); administer Holy Communion.
-emula (v) partake of coming-of-age feast (for girl).
-emulisa (v) make feast for daughter who has reached marriageable state.
emuva (adv) at the back; behind; in the past.
-ena (v) be full of weeds; grow wild unattended; grow tall (of grass).
-enaba (v) sit with legs stretched out; give new shoots (as pumpkin); live at ease.
-enabelo (is- iz-) (n) footstool.
-enama (v) be contented; be happy.
-enana (v) exchange; ask for loan; retaliate.
-enanela (v) rejoice over; applaud.
-enanelo (is- iz-) (n) applause.
-enanezela (v) add on to (in appreciation).
-encika (v) lean against.
-encikana (v) be side by side.
-encikisa (v) make to lean against.
-encikisela (v) insinuate.
-enda (v) marry; die (of a twin).
-endisa (v) marry off; give in marriage.
-endiselana (v) let your children marry one another.
-endlala (v) spread out; prepare sleeping place; lay out flat as making a bed.
-endlaleka (v) be spread out; be flat (as open flat country).
-endlalela (v) prepare for someone to sleep; slaughter beast for son-in-law's people for the first time.
   endlalela inkulumo — make preliminary remarks before main speech; have something preceding talk.
-endlalela (ukuz-) (n) to die in battle having killed a foe; prepare for oneself a place to sleep.

endle (adv) out in the veld.
-endlula (v) roll up sleeping mats and blankets and put them away; take away everything (as thieves).
-endo (um-) (n) marriage; path.
endulo (adv) in olden times; long long ago.
-eneka (v) spread out to dry or air.
   eneka indaba — present an affair.
   eneka isifuba — reveal secret.
-enela (v) be enough; be satisfied; have enough food.
-enelisa (v) satisfy; convince.
-enezela (v) add on to.
-enezezela (v) add on to.
-enezezelo (is-) (n) addition.
-engama (v) overhang; lean over; overshadow.
-engamela (v) overhang; preside over (as meeting).
-engameli (um- ab-) (n) president.
-engeza (v) add on to.
-engezezela (v) add on to.
-engezo (is-) (n) addition; adjunct.
-engula (v) skim off; remove scum.
-engulo (is- iz-) (n) ladle for skimming.
enhla (adv) above; higher up; up country.
-enhlukano (iy-) (n) parting of ways; quarrel.
eningizimu (adv) in the South.
-eno (um-) (n) tangled growth.
-enqaba (v) refuse; decline.
-enqabela (v) refuse to grant permission to.
-enqaka (v) catch.
   enqaka umuntu — interrupt person speaking.
   enqaka amazwi omuntu — reply before person finishes speaking.
-enqakisana (v) argue; quarrel.
enqena (v) be lazy; be anxious; suspect.
-enqika (v) lean against.
-enqikene (v) be adjacent to one another; be side by side.
-enqikisa (v) place against.
entshonalanga (adv) in the West.
-enwaya (v) scratch (as an itchy place).
enyakatho (adv) in the North.
-enyanya (v) dislike; loathe; be nauseated by.
-enyanyeka (v) be loathesome; filthy.
-enyela (v) get sprained; feel hurt; be disappointed; stop boiling before being properly cooked.

-enyelo (is- iz-) (n) sprain; dislocation.

-enyisa (v) suckle when it is not milking time.

-enyuka (v) go upwards; ascend.

-enyukela (v) be steep.

-enyula (v) take out food from pot (as meat) before it is ready; take out from water; help out of trouble.

-enyusa (v) take up to a higher place; promote; increase.

enyusa intaba — go up hill.

-enza (v) do; make.

enza izaba — make despairing effort; attempt helpless task.

enza amabala engwe — speak briefly.

enza umfelandawonye — act together.

enza ngamabomu — do deliberately.

enza ngabomu — do deliberately.

enza amazinyo abushelelezi — act cunningly.

enza ibuya — return to the attack.

enza isilo sengubo — shut one's mouth and nostrils; attack person unawares.

enza kwasa nje — do daily.

enza indaba — commit startling act.

enza into yamehlo — excel; do something which attracts attention of many; do a surprising thing.

enza ngomlomo — words and no action.

enza ukwenza — do merely for the sake of doing.

-enza (ukuzenza) (v) to bring misfortune upon oneself.

enzansi (adv) lower down; at the coast.

-enzeka (v) suffer misfortune.

-enzela (v) do for; on behalf of.

enzela phansi — let down a person; hurt deliberately.

enzela imbedumehlwana — do an astonishing thing.

-enzelela (v) be partial; be biased; be unfair.

-enzi (um- ab-) (n) doer; Creator.

-enzisa (v) cause to do; act; help to do.

ukuzenzisa — to pretend; feign.

-enzo (is- iz-) (n) act; deed; verb (grammar).

-ephana (v) give freely.

ephi? (adv) whereabout.

-ephuca (v) take away; deprive.

-ephuka (v) become broken; get smashed; give birth of a cat.

-ephula (v) break; take pot off the fire.

ephula uhleko — laugh aloud heartily; roar with laughter.

ephula ukhezo — suckling of calf at wrong time.

ephula otakwini — extricate from difficulty.

ephula engozini — help out of danger.

ephula umoya — hurt one's feelings.

ephula intengo — reduce price.

-ephulela (v) give a discount; reduce price.

ephulela ngozankosi — put on handcuffs.

-ephulelo (is- iz-) (n) reduction in price; discount.

-ephusa (v) go dry (of cow); cease suckling; be clever.

-ephuza (v) be slow; delay.

-eqa (v) jump; run away; elope; leave very early in the morning.

eqa izinyawo zeNkosi — act in an insolent manner.

eqa umthetho — trespass; break the law.

eqa isandla — exceed five.

eqa amangqabangqeshe — be jovial.

eqa amagqanqu — be jovial.

eqa ingqathu — play at skipping.

eqa amadolo — be more than one can manage (of an affair).

eqa abanye ezifundweni — surpass others in lessons.

-eqela (v) head off (as cattle); intercept.

-eqhatha (v) cause people to quarrel or fight.

-eqisa (v) do in excess; exceed limit or dosage; exaggerate.

eqisa amehlo — eye casually; glance through (document).

eqisa amanzi — not to wash properly.

-eqiwa (v) be jumped over.

eqiwa ngamanzi — boil for a while and not cook thoroughly.

eqiwa ngumsebenzi — have more work than one can cope with.

-eqo (um-) (n) illness caused by walking across ground treated by a witch.

-esaba (v) fear; be afraid.

-esabeka, (v) be frightening; fearful.

-esabisa (v) frighten.

esabisa ngenyoka efile — scare with

harmless thing.
-esabiso (is-) (n) something used for frightening.
-esasa (v) be happy.
esese (adv) in a secret place.
-eshela (v) woo.
-eshelela (v) be slippery; slip.
eshila (interj) serve you right.
-eshwama (v) perform first fruits ceremony; eat new crop for first time; hear of a thing for first time.
esitha (adv) in a secret place.
-esitha (v) obstruct one's view; protect from heat of sun.
-esithela (v) disappear from view.
-esuka (v) go off; start moving.
  esuka egadeni — be tall.
-esukela (v) give chase; run after.
-esula (v) wipe; erase; hit.
  esula ngetshe — hit with stone.
  esula umlomo — eat a little to stop hunger.
  esula izinyembezi — make gift to someone in distress to pacify him.
-esuleka (v) be polished; sleek.
-esulela (v) throw on to.
  esulela ngecala — pass blame on to someone else.
  esulela ngomthwalo — make someone else carry burden.
  esulela ngokufa — infect with disease.
-esulelo (is- iz-) (n) scapegoat.
-esutha (v) be satisfied with food.
  esutha esentwala — be satisfied.
-eswela (v) be short of; lack.
-etha (v) name; pour through funnel or into vessel with small aperture; administer an enema; narrate.
-ethaba (v) be happy.
-ethamela (v) sit in the sun; bask.
-ethameli (is- iz-) (n) informer; one who curries favour at expense of others.
-ethasisela (v) add on to.
-ethekela (v) ask for loan of food.
-ethekeleza (v) wind round.
-ethekelezela (v) wind round.
-ethekeli (um- ab-) (n) wife; helper.
-ethekeli (is- iz-) (n) beggar.
-ethekelisa (v) give loan of food; make gift of food from fields.
-ethemba (v) trust; hope; rely upon.
  ethemba uboya bentenesha — have faith in useless thing or person.
  ethemba umnyama ongenafu —

have faith in useless person or thing.
  ethemba inqondo elingenantethe — have faith in useless person or thing.
-ethembisa (v) give hope; promise; promise to marry.
-ethembiso (is- iz-) (n) promise.
-ethuka (v) be surprised; be startled; use obscene language.
  ethuka udaba — hear affair for first time.
  ethuka izanya — be jittery.
  ethuka iNkosi — say praises of King.
  ethuka ngomuntu — unexpected arrival.
  ethuka ugelekeqeke — be very frightened.
-ethukela (v) happen on occasion; act in fits and starts.
-ethuko (is- iz-) (n) slander; insulting name or words.
-ethula (v) take down; off-load; introduce; make gift to important person.
  ethula umuntu — introduce person; present person.
  ethula udaba — introduce matter.
-ethulo (is- iz-) (n) gift; present.
-ethusa (v) startle; frighten.
  ethusa iphango — eat a little to allay hunger.
  ethusa ngenyoka efile — frighten with harmless thing.
  ethusa ubuso — wash with cold water when feeling sleepy.
  ethusa umzimba — wash body with cold water.
  ethusa amagwababa — make believe; pretend; effect some improvement in personal appearance or appearance of home.
-ethuso (is- iz-) (n) something to frighten with.
-ethwala (v) carry on head; or shoulders.
  ethwala intombi — carry away girl to marry against her wishes.
  ethwala izandla ekhanda — cry.
  ethwala kwezulu — banking of clouds.
-ethwasa (v) come out anew; become aware of true position.
  ethwasa konyaka — starting of new year.
  ethwasa kwenyanga — appearing of

new moon.
ethwasa kwehlobo — commencement of spring.
ethwasa kwesangoma — be possessed by spirits.
-ethwasisa (v) train apprentice witchdoctor; make wise.
-ethwesa (v) help to carry on head or shoulders; place hat on someone.
etshatha (v) carry on the shoulder.
-etshisa (v) chew the cud.
etshisa udaba — ponder over affair; review affair.
-eva (v) exceed (*eva eshumini* -exceed ten).
-evatha (v) wear.
-evatho (is- iz-) (n) clothing.
-ewuka (v) descend; slope.
-ewukela (v) slope.
-ewusa (v) go down-hill.
-exwaya (v) be apprehensive; be on the alert.
-exwayisa (v) give a warning; put on the alert.
-eya (v) despise; underrate.
-eyama (v) lean against.
-eyamisa (v) place against.
-eyisa (v) be insolent; despise.
ezansana (adv) a little way down.
ezansi (adv) lower down; at the coast.
-ezela (v) feel sleepy; be drowsy.
-ezi (ulu-) (n) month of November.

F

fa (ideo) of drizzling; sprinkling.
-fa (v) die.
fa olwembiza — be completely undone.
fa kokuzenza — self imposed hardship.
fa kwenyanga — end of the month; waning of moon.
fa ngumona — be jealous.
fa uhamba — be useless; worthless person.
fa kwendaba — end of affair.
fa ukuthukuthela — be very angry.
fa komuntu — very handsome person; impressive person.
fa ushunqa — die young; die suddenly.
fa emlonyeni njengendebe — be a talkative.
fa ngumsebenzi — work hard.

fa ngento (*zifela ngento*) — be very fond of a thing.
fa lubhonya — be disappointed.
fa ekhaleni — be fond of snuff.
fa umtholanyama — die in large numbers.
fa kubelethene — die in large numbers.
fa ngomuntu — be sad about him/her (especially one dead).
-fa (i- ama-) (n) estate; inheritance; growth under skin.
-fa (uku-) (n) death; illness.
ukufa kusezizweni — outsiders are responsible for one's plight.
ukufa kusekhaleni — death is at hand.
-fa (ulu- izim-) (n) crack; fissure.
-faba (um- imi-) (n) barren male person; barren stalk of maize.
faca (ideo) of pitting, denting.
-faca (isi- izi-) (n) dimple; dent.
-facaka (v) become dented.
-facamfaca (im- izim-) (n) soft object.
-facaza (v) dent; press in.
-fadalala (v) collapse; fail.
-fadalala (im-) (n) worthless thing or talk.
-faduko (im- izim-) (n) dish cloth.
-fafaza (v) sprinkle.
-fafazo (um- imi-) (n) light shower.
-fagolweni (u- o-) (n) half-crown.
fahla (ideo) of breaking with a crackle; of speaking briefly; of being speckled.
fahlafahla (ideo) of speaking briefly; of being spotted.
-fahlamfahlana (im-) (n) petty cash.
-fahlaka (v) become smashed.
-fahlasi (u- izim-) (n) tall person.
-fahlaza (v) smash; become grey on head.
faka (ideo) of drizzling; of being spotted.
-faka (v) put in; put on; put around; commencement of udder to fill with milk.
faka ejokeni — make person work.
faka isandla — assist.
faka ekhwapheni — protect.
faka enhliziyweni — be fond of a thing.
faka isicathulo — kick.
faka unyawo — kick.
faka umkhonto — stab.
faka emgodini — lead into difficulty.
faka indaba — introduce a matter.

faka umoya — influence against.
faka impama — smack.
faka emsebenzini — find work for someone.
faka umunwe esweni — tease.
faka umunwe ekhaleni — tease.
faka uvalo — frighten.
faka umuthi — take aperient.
faka isibhakela — hit with fist.
faka amabhungezi — have evil influence.
faka imbiza — drink opening medicine.
faka induku — belabour.
faka icala — lay a charge.
faka emjahweni — lay a bet.
faka umlomo — advise.
faka isahlukaniso — divorce.
faka iphusho — pinch.
faka izithupha endlebeni — one who will not heed advice.
faka indlebe — listen secretly.
faka umuntu esikhwameni — be too familiar.
faka esigujini — be in a tight corner.
faka umyezane — adorn insignia of prowess.
faka ikhanda phansi — hide one's true nature.
faka itshe esiswini — summon courage.
faka umuntu amehlo — despise person.
faka umlomo esiqundwini — be quiet.
-fakabili (im- izim-) (n) dead person reinstated by witchcraft.
-fakana (v) put into one another.
fakana imilomo — confer; influence one another.
-fakaza (v) give evidence; bear witness; have indistinct markings; drizzle; decorate.
-fakazi (u- o-) (n) witness; member of Watch Tower Movement; Jehovah's witness.
-fakazi (ubu-) (n) evidence; proof.
-fakazisa (v) provide proof.
-fakela (v) put back in place; supply.
fakela ihashi — lay bet on a horse.
fakela imakethe — send produce to market.
-fakela (um- imi-) (n) addition; reinforcements.
-fakelela (v) take in; add to; incorporate.

falafala (ideo) of being spotted.
-falakahla (v) throw down (as wood).
-falakahlana (im-) (n) petty cash.
-famona (isi- izi-) (n) jealous person.
-fana (v) be like; resemble.
-fana (um- aba-) (n) boy; young person; person that you defeat in a fight; [pl. only] sticks to ward off lightning.
-fana (ubu-) (n) boyhood.
-fanayo (im- izim-) (n) useless person.
-fandolo (i- ama-) (n) iron foundry.
-fane (def v) act simply.
-fanekisa (v) liken.
-fanekiso (um- imi-) (n) picture; likeness.
-fanela (v) suitable; deserve.
-fanele (v) fitting.
-fanelo (im- izim-) (n) proper thing to do; a right; duty.
-faneyifanayo (im-) (n) the same old story; no difference.
-fanisa (v) make to resemble; liken to; compare with; be uncertain about identity of person or thing.
-fanisana (v) dress alike.
-faniswano (um- im-) (n) uniform.
-fantu (um- imi-) (n) crack; crevice.
-fasa (v) fasten button; pin etc.
-fasikoti (i- ama-) (n) pinafore.
-fasimbe (u-) (n) haze.
-fasitele (i- ama-) (n) window.
-faso (isi- izi-) (n) fastner; thong for tying cow when milking.
fathu (ideo) of acting blindly.
-fathuza (v) act blindly.
fatu (ideo) of acting blindly.
-fatuza (v) act blindly.
faxa (ideo) of pitting; indenting; nudging.
-faxa (isi- izi-) (n) dent.
-faxaka (v) become pitted.
-faxaza (v) dent; nudge.
fayi (ideo) of falling in light showers.
-faza (v) broadcast; sprinkle.
-fazana (ne) (isi-) (n) women folk.
umuntu wesifazane — female.
-fazi (ubu-) (n) womanhood.
-fazi (um- aba-) (n) married woman.
-fe (im-) (n) sweet cane; sweet sorghum.
-fe (isi- izi-) (n) bird trap; plot; garden.
-feba (v) carry on prostitution; fornicate.
-febe (isi- izi-) (n) prostitute.
-febe (ubu-) (n) prostitute; fornica-

tion.

fece (ideo) of pressing in; denting.
-feca (um-) (n) species of grass.
-fece (um- imi-) (n) cocoon; pupa.
-fede (isi- izi-) (n) lazy person; dog that cannot run fast.
-fede (ubu-) (n) laziness.
-fefeza (v) lisp.
-fefezi (u-) (n) mesh; wire netting.
-fehla (v) show signs of being unwell (child); be a cry baby.
-fehlane (u-) (n) rhuematism.
fehle (ideo) of breaking.
-fehlefehle (ama-) (n) stout woman; fat meat; attractive thing.
-fehleka (v) break.
-fehlezela (v) be bashful.
-fekela (v) wilt; droop; die off.
-feketha (v) be spotted.
-fekethisa (v) decorate; do fancy sewing or embroidery.
-fektri (i- ama-) (n) factory.
-fela (v) spit; die for, at.
   fela phakathi — suffer in silence; rage inwardly; refrain from disclosing information.
   fela odongeni lwamadoda — die like a man.
   fela phezulu — undertake work when tired.
   fela umona — be envious.
   fela ozisheni njengentwala — die terrible death (as in a crash).
   fela entweni — do one's best to get a thing.
   fela egatsheni okwesinkwe — die in poverty.
   fela umuntu ngamathe — despise person; censure person for evil deeds.
   fela amazwi omuntu ngamathe — make light of; ignore person's views.
-felandawonye (um-) (n) joint 'to death' resistance.
-felaphakathi (v) to keep one's feelings to oneself.
-feleba (u- o-) (n) strongly built person or animal.
-felokazi (um- aba-) (n) widow.
-felwa (v) be bereaved; suffer loss by death.
   felwa yizwe — be in great misery.
   felwa yigama — lose one's good name.
   izwe elingafelwa nkonyane — land of plenty; of milk and honey.

   felwe ngunina — be in abundance.
-felwa (um- aba-) (n) widower.
-felwakazi (um- aba-) (n) widow.
-fene (im- izim-) (n) baboon.
-fengqa (v) use nickname.
-fengqo (isi- izi-) (n) nickname.
-fenisha (i- ama-) (n) furniture.
-fenisi (u- o-) (n) wire netting.
-fenqa (v) use nickname.
-fenqo (isi- izi-) (n) nickname.
-fenya (i- ama-) (n) alluvial soil.
-fenyisa (v) undermine; denounce; be critical of.
-feqa (v) give nickname.
-feqo (isi- izi-) (n) nickname.
-fesa (v) queue in search of work.
-fesane (isi- izi-) (n) whitlow.
-fethefethe (i- ama-) (n) slanderer.
-fetheza (v) speak ill of; slander.
-feyili (i- ama-) (n) file (tool).
-feza (v) finish; accomplish.
-fezela (u- o-) (n) scorpion.
-fezi (im- izim-) (n) ringhals snake.
-fi (umu- aba-) (n) deceased person.
-fibinga (im- izim-) (n) kind of bead with yellowish colour.
-fica (v) overtake; press down.
   fica iso — wink.
-ficaminwemibili (isi-) (n) eight.
-ficamunwemunye (isi-) (n) nine.
-ficezela (v) corner.
fici (ideo) of pressure.
-fidi (i- ama-) (n) foot (measurement).
-fifane (isi- izi-) (n) quick tempered person.
-fifi (u-) (n) blurred; indistinct object.
-fifiyela (v) screw up eyes because of bad vision; give poor light; be indistinct.
-fihla (v) hide; bury; keep milk (as cow).
   fihla inhloko — take shelter.
   fihla inhloko njengentwala — poor attempt at hiding.
   fihla amehlo — be bashful; avoid person.
   fihla induku emqubeni — hide evil intention.
-fihlakala (v) be hidden; mysterious.
-fihlakalo (im- izim-) (n) mystery; secret; something concealed.
fihli (ideo) of smashing; crushing.
-fihlifihli (ama-) (n) disorderly array.
-fihlikeza (v) crush.
fihlilili (ideo) (n) of untidy disorderly array.
-fihliza (v) crush; smash.

-fihlo (im- izim-) (n) secret.
-fika (v) come; arrive; reach.
 fika enkatheni yenkangala — come
 up against difficulty.
 fika kwangqingetshe — come up
 against difficulty.
 fika kwesinengwenya — come up
 against difficulty.
 fika mathupha — do thing for one-
 self.
-fike (def v) do first.
-fikela (v) reach right to.
-fikelela (v) reach right to.
-fikifiki (u-) (n) indistinctness.
-fiki (isi- izi-) (n) newcomer.
-fikifiki (u) (n) indistinctness.
-fikisa (v) bring; welcome new arrival.
-fikisana (v) arrive together; arrive at
 the same time.
-fikisela (ukuzi-) (v) to do to one's
 satisfaction.
fili-fili (ideo) of flicker of light at
 night.
-filiji (im- izim-) (n) mouth organ.
-filimu (i- ama-) (n) film (bioscope);
 photographic film.
-filisa (v) discredit; undermine.
-filiza (v) shine indistinctly; flicker.
-finda (v) tie a knot.
-findo (i- ama-) (n) knot; short steep;
 sign to locate bird's nest.
-findo (u- izim-) (n) back of Zulu hut
 opposite door.
fingci (ideo) of pleating; making
 gathers.
-fingciza (v) gather together with cot-
 ton; pleat.
-fingcizo (um- imi-) (n) pleat; cloth
 gathered together with cotton; ga-
 thers.
-fingo (im- izim-) (n) kind of shark.
-fingqa (v) gather together; shorten;
 abbreviate.
 fingqa imikhono — roll up sleeves.
-fingqana (v) contract; become shorter;
 draw in.
fingqo (ideo) of jerking up and down
 movement (as caterpillar); of coiling
 up.
-fingqoza (v) move as caterpillar.
-finineka (v) ooze.
-fino (um- imi-) (n) greens; vegetables.
-fingo (see fingqo).
-finya (v) blow the nose; begin to form
 fruit.
 finya ngendololwane — eat fat meat.
 finya ngolimi njengenkomo — be

poor.
-finyana (v) overtake; come upon.
-finyanisa (v) overtake; come upon.
finye (ideo) of contracting.
-finyela (v) contract; draw together.
-finyelela (v) reach up to; arrive at.
-finyeza (v) abbreviate; draw together;
 shorten.
-finyezi (im- izim-) (n) fire-fly.
-finyezo (isi- izi-) (n) abridgement.
-finyila (ama-) (n) mucus from nose.
fipha (ideo) of becoming blurred or
 dark; of dizziness.
-fipha (i- ama-) (n) tomb.
-fipha (u- izim-) (n) dark brown beast.
-fiphakazi (u- izim-) (n) dark brown
 cow.
-fiphala (v) become obscure; become
 dull.
-fiphaza (v) darken; make obscure.
-fiphele (v) dark; obscure.
-fisa (v) desire; covert.
-fisha (adj) short.
-fishane (adj) short.
-fishane (ubu-) (n) shortness; brevity.
-fiso (isi- izi-) (n) desire; wish; longing.
fithi (ideo) of sudden temper; of dizzi-
 ness.
-fithi (i- ama-) (n) foot (measurement).
-fithifithi (isi-) (n) rage; attack of dizzi-
 ness.
-fiva (im-) (n) fever.
-fixa (v) press down.
 fixa iso — wink.
fiyo (ideo) of flicker˙ng; blinking;
 whistling.
-fiyo (im- izim-) (n) whistle.
-fiyoza (v) flicker; blink.
-flethi (i- ama- (n) flat (building).
-fo (isi- izi-) (n) disease; sickness.
-fo (um- aba-) (n) man; fellow; stran-
 ger (in compound forms — brother
 — umfowethu, umfowenu, umfo-
 wabo), enemy.
fobe (ideo) of swallowing down by
 mouthful; of gulping down.
-fobela (v) eat large mouthfuls; gulp
 down.
-foca (v) squeeze out.
-fociya (isi- izi-) (n) waist belt worn
 by women.
foco (ideo) of caving in; denting.
-foco (isi- izi-) (n) dent.
-focoka (v) cave in; become dented.
-focoza (v) dent in.
-fofobala (v) stay at home; stay in-
 doors; sit down.

fofololo (ideo) of collapsing; sinking down.

-fohla (v) trespass; break through.

fohlo (ideo) of smashing; of breaking; of crushing to bits.

-fohlofohlo (ubu-) (n) sound of dry brittle grass breaking.

-fohloka (v) get smashed; become broken; break like something brittle.

-fohloza (v) smash; break to pieces.

-fojisa (v) humiliate.

-fokazana (um- aba-) (n) person of no account.

-fokazi (um- aba-) (n) stranger.

-fokisi (u- o-) (n) detective.

foko (ideo) of walking through rank growth.

-fokoza (v) walk through rank growth.

-fokomfoko (im- izim-) (n) soft and springy to the touch.

-fokoqa (v) eat ravenously.

-fokoqela (v) eat ravenously.

-fokothi (u- izim-) (n) navel string on newly born calf; fontanelle on infant's head.

-fola (v) bow; bend over; stand in ranks.

-folishi (-foliji) (i-) (n) forage; hay.

-fologo (im- izim-) (n) fork; smallpox marks.

-foloma (v) mould.
ukufoloma izitini — to make bricks.

-folomane (im- izim-) (n) foreman.

-folosi (i- ama-) (n) leading ox of span.

-fomfo (um- imi-) (n) strawberry shrub.

-fongqa (v) crumple up.

fonyo (ideo) of handling roughly; of crumpling up.

-fonyo (isi- izi-) (n) muzzle (for calf not to suckle or for ox when cultivating).

-fonyoza (v) crumple up; handle roughly.

-fosha (v) dig soil with spade; uproot as pig.

-fosholo (i- ama-) (n) spade; shovel.

-fosi (rel) chestnut colour; spotted in forehead (of horse).

-fosi (i- ama-) (n) small leather thong.

fotho (ideo) of soft springy surface.

-fothomfotho (im- izim-) (n) soft surface (like carpet).

-fothongo (um- imi-) (n) small hollow.

-fothongwana (um- imi-) (n) small hollow.

fothoza (v) tread on soft springy surface.

-fowabo (um- aba-) (n) his, her, their brother.

-fowenu (um- aba-) (n) your brother.

-fowethu (um- aba-) (n) my; our brother.

fu (ideo) of half cooking; of flinging down or on.
fu phansi — hurl down.
fu emehlweni — throw into eyes.

-fu (i- ama-) (n) cloud.

-fu (isi- izi-) (n) bird trap.

-fu (u-) (n) first stomach of beast.

-fuba (isi- izi-) (n) chest; private affair; lung disease.
ukuba nesifuba — ability to keep a secret.
ukungabi nasifuba — inability to keep a secret.
bhoboka kwesifuba — disclosure of secret.

-fuba (u-) (n) asthma.

fucu (ideo) of clearing rubbish; dirt.

-fucumfucu (im-) (n) refuse; odd things piled up in disorder.

-fucuza (v) clean up rubbish.

-fucuza (im-) (n) refuse.

-fudu (u- izim-) (n) tortoise.

-fudumala (v) become warm; become angry.

-fudumeza (v) make warm.

-fudumezela (v) commence preparation for making beer; steep crushed mealies or corn in warm water for beer making.

-fudumezi (isi-) (n) hot wind; sultriness.

-fufununu (isi- izi-) (n) fat person.

-fufunyana (-ne) (u- ama-) (n) hysteria; insanity.

-fufusa (v) swell up; show head (as boil); show signs of developing (as bud, tooth etc.).

fuhle (ideo) of placing in disorderly manner.

-fuhlela (v) pile up in disorder.

fuhlu (ideo) of throwing in disorder.

-fuhlufuhlu (ama-) (n) refuse; things thrown in disorder; odd things piled together.

-fuhlumfuhlu (im- izim-) (n) refuse; things thrown in disorder; odd things piled together.

-fuhlululu (ama-) (n) refuse; things thrown in disorder.

-fuhluza (v) throw in disorder.

-fukama (v) be broody; be confined indoors (as woman who has given birth.)

-fukamela (v) sit on eggs; protect.

fuku (ideo) of movement pushing up e.g. mole pushing up soil; of pulsation.

-fuku (i- ama-) (n) place overgrown by grass and weeds; untidily built home or nest.

-fukufuku (u- izim-) (n) black beast with white spots on neck.

-fukufuku (i- ama-) (n) heap of rubbish (such as grass).

-fukuka (v) swell up; rise; be pushed up.

-fukula (v) lift up.

-fukumfuku (im- izim-) (n) light refuse.

-fukutha (v) eat raw (as meat).

-fukuza (v) burrow beneath surface (as mole); pulsate as fontanelle of baby; be ill-informed.

-fukwe (u- o-) (n) species of bird.

-fula (v) gather crops from fields.

-fula (um- imi-) (n) river.

-fulaha (i- ama-) (n) load (e.g. wagon load).

-fulathela (v) turn back upon; forsake.

-fulathelwa (v) be forsaken.
fulathelwa ngamadlozi — (*ngabakini*) — suffer misfortune.

-fulawa (u- o-) (n) flour.

-fulegi (i- ama-) (n) flag; banner.

-fuleki (i- ama-) (n) flag; banner.

-fulela (v) put on roof; thatch; hide truth.

-fulethi (i- ama-) (n) flat (quarters).

-fulo (im-) (n) food for cattle; fodder.

-fulwa (i- ama-) (n) green coloured snake.

-fuma (v) be somewhat moist (as cloth).

-fuma (um- imi-) (n) fat for anointing; container for such fat.

-fumana (v) find; ascertain; catch up to.

-fumanankundleni (ama-) (n) children born within a short period of one another (i.e. in less time than it normally takes for a birth to follow on another).

-fumanisa (v) overtake.

-fumba (v) throw down; throw at; strike.
fumba phansi — throw down.
fumba ngempama — slap on the face.
fumba ngamanzi — throw water at.

fumba ngenhlabathi emehlweni — throw sand into eyes.
fumba ngezipho — give many gifts.

-fumba (im- izim-) (n) pile of goods; thick batch as of bank notes.

-fumbalala (im- izim-) (n) pile.

-fumbatha (v) enclose in the hand; close fist.
fumbatha isibhakela — close fist.

-fumbathisa (v) give present; bribe.

-fumbe (im- izim-) (n) riddle; puzzle.

-fumbeka (v) fall down in a heap.

-fumbela (v) pour in large amounts.

-fumbesi (um- aba-) (n) one who has taken my wife's sister.

-fumbu (isi- izi-) (n) hump-backed person.

-fumfusa (v) swell up; show head (as a boil); show signs of developing as bud, tooth etc.).

-fumfutha (v) sniff; smell at; search for clue.

-fumuka (i- ama-) (n) unfermented beer.

funa (conj) lest.

-funisa (v) offer for sale.

-funa (v) search; want; desire.

-funda (v) learn; read.
funda iqatha — eat piece of meat.
funda umthamo — eat sour milk (amasi).
funda kwezakho — it is clear for you to see; deduce for yourself.
funda ivaliwe — to see for oneself and not to be told.
funda umuntu nezibi — reprimand.

-funda (im- izim-) (n) meadow land.

-funda (isi- izi-) (n) locality; district.

-fundama (im- izim-) (n) water python.

-fundamakhwelo (im- izim-) (n) beginner; learner.

-fundana (v) size up each other.

-fundekela (v) pester; bother; be insistent.

-fundekelo (im-) (n) persistent bother.

-fundela (v) prepare music and dance for a wedding.

-fundi (um- aba-) (n) learner; reader; disciple.

-fundisa (v) teach.

-fundisi (um- aba- or abe-) (n) minister of religion; teacher.

-fundisi (ubu-) (n) calling to the ministry.

-fundiso (im- izim-) (n) teaching; doctrine.

-fundiswa (isi- izi-) (n) learned person.

-fundo (im-) (n) knowledge; learning.
-fundo (isi- izi-) (n) lesson.
-fundo (im-) (n) knowledge; learning.
-fundo (u- izim-) (n) back of Zulu hut opposite door.
-fundululo (-u) (i- ama-) (n) malice; fit of rage.
-funeka (v) be wanted; be sought after; be desirable.
-funga (v) take an oath.
-fungela (v) be determined to avenge oneself.
-fungisa (v) administer an oath.
-fungo (isi- izi-) (n) oath.
-funisa (v) help in search; offer for sale.
-funisela (v) be uncertain.
-funkulu (um- imi-) (n) spinal cord.
-funyanisa (v) find; overtake.
-funza (v) feed (as infant).
    funza umuntu amazwi — tell a person what to say.
    zifunza esihlathini — cheat oneself.
-funza (um- imi-) (n) bundle; heap.
-fuphi (adj) short.
fuqa (ideo) of throwing down hastily or in anger; of leaving alone.
-fuqa (v) push.
-fuqela (v) place anyhow.
fuqu (ideo) of puffing of smoke.
-fuquka (v) rise up as smoke.
    fuquka ulaka — get angry.
-fuqulu (um- imi-) (n) thick round longish bundle.
-fuquza (v) puff out.
-fusa (v) discolour with smoke; strike a blow.
-fusa (i- ama-) (n) dark brown beast.
-fusha (adj) short.
-fushane (adj) short.
-fusi (i- ama-) (n) fallow land.
-fusi (im- izim) (n) child born next after twins.
-fusini (um-) (n) species of grass.
-futha (v) blow; inflate; spit at (as a spitting snake); speak in an angry manner; throb (pain).
    futha emxhakeni — provide for oneself; pay for oneself.
-futha (ama-) (n) fat; oil.
futhalala (ideo) of alighting (as flock of birds).
-futhanisa (v) stifle; suffocate.
futhatha (ideo) of arriving; alighting.
-futheka (v) get inflated; speak angrily.
-futhelana (v) be stifled, suffocated.
futhi (adv) again; once more; per-

petually.
    umlalela wafuthi — perpetual sleep i.e. death.
futhi (conj) moreover.
futhifuthi (adv) repeatedly.
-futho (-u) (i-) (n) green mealies boiled on cob.
-futho (im- izim-) (n) bellows; skin-bag of herbalist.
-futho (isi- izi-) (n) pump.
-futho (um-) (n) drive; means; hard breathing.
futhu (ideo) of half cooking.
-futhufuthu (isi-) (n) feeling hot.
-futhuza (v) half cook.
-fuya (v) keep animals (as a farmer.)
-fuyo (im-) (n) domesticated animals.
-fuza (v) resemble; take after; strip thatch.
-fuzisa (v) pass on characteristics to progeny.
-fuzo (u-) (n) resemblance; heredity.
fuzu (ideo) of moving by force; of uprooting.
-fuzula (v) move by force; uproot.

G

-ga (isi- izi) (n) unusual occurrence; chant; proverb.
-gaba (v) pride oneself; rely upon; plant in holes (as mealies); decorate shield.
-gaba (in- izin-) (n) branch.
-gaba (isi- izi-) (n) section; group of warriors.
-gaba (u- izin-) (n) upper section of sweet cane or corn stalk which carries flower.
-gabade (i- ama-) (n) clod of earth.
    phosa igabade — pay last respect.
-gabadela (v) do by force of arms; attempt forbidden task; usurp authority.
-gabadeli (um- aba-) (n) Dingane; one who acts by force; usurper.
-gabadi (in- izin-) (n) earth; country.
gabava (-u) (ideo) of galloping.
-gabavula (v) gallop; prance.
-gabaza (v) brag.
gabe (ideo) of gashing; of decorating (as shield).
gabela (v) cut pumpkin into pieces; cut slits; decorate shield.

wafunga wagabela — he swore positively.

-gabelo (i- ama-) (n) decoration of shield.

gabelomunye (i- ama-) (n) small shield.

-gabha (v) take emetic; exceed required amount or number.

-gabha (i- ama-) (n) bottle.

-gabhungabhu (in- izin-) (n) food with too much water.

-gabhuza (in- izin-) (n) watery food.

gabigabi (interj) see what I have!

-gabisa (v) pride oneself about; be conceited about.

-gabisela (v) show off with what you have.

-gaca (v) cultivate with a hoe.

-gada (v) drink deep; gallop.

-gada (in- izin-) (n) poor white.

-gadangane (i- ama-) (n) koekies.

-gadanqunu (u- o-) (n) derisive term applied to Sotho; Bushman.

-gadavula (v) prance; bound along; gallop.

-gade (i- ama-) (n) clod, sod.

-gadi (in- izin-) (n) garden.

-gadi (u- o-) (n) guard (on train).

gadla (ideo) of noise of moving wagon; of noise of wheels of moving train; of hitting against iron.

-gadla (v) strike a blow; affect with love charm; first visit of girl to home of man she is in love with.

-gadla (isi- izi-) (n) delivery bicycle; cane truck; open van.

-gadlaba (isi- izi-) (n) powerfully built person.

-gadlabeza (v) throw things around noisily; drive workers roughly.

-gadlameza (v) see *gadlabeza*.

-gadlaza (v) bump things together noisily; push things around noisily.

-gadlela (i- ama) (n) bed.

-gadlela (v) partake in dance.

-gadlo (um- imi-) (n) first visit of girl to sweetheart's home.

-gadula (v) gallop; run wildly (as a horse).

gaga (ideo) of coming upon all of a sudden; of sudden appearance; of hesitant movement forward.

-gaga (in- izin) (n) person with prominent chest.

-gaga (u- izin-) (n) thorax.

-gagabula (v) demand stiff price.

-gagada (v) harden (as soil).

-gagadu (isi- izi-) (n) sun baked soil; blazing hot sun.

-gagamela (v) act in a reckless manner; attempt something beyond one's ability.

-gagamela (in- izin-) (n) prominent chest; person with prominent chest.

-gagasa (v) act in a hesitant manner.

-gagasi (i- ama-) (n) wave (of sea).

-gagu (i- ama-) (n) expert at music, speaking or dancing.

-gagu (ubu-) (n) expertness in music, speaking or dancing.

-gagula (v) speak disrespectfully; mention words or names which should be avoided.

gaju (ideo) of leaping of long tailed animal.

-gajugaju (u- izin-) (n) long tail (as of monkey).

-gajuza (v) leap as long tailed animal.

gakla (ideo) of throwing down with a bang.

-gakla (um- imi-) (n) koodoo.

-gaklaza (v) fling down with a bang.

-gala (i- ama-) (n) kind of spear; kerrie with ridged head.

-galaja (v) act in a cunning manner; outwit.

-galajana (u- o-) (n) cunning fellow; one who recruits people for labour.

-galaji (i- ama-) (n) garage.

-galani (i- ama-) (n) gallon.

-galaza (u- o-) (n) large pot.

-galela (v) strike a hard blow; pour large quantity (as water).

galela umlilo — make big fire.

-galeleka (v) arrive at.

-galelo (i- ama-) (n) heavy blow.

-galigi (i- ama-) (n) small four-wheeled open truck used by railways.

-galikuni (i- ama-) (n) turkey.

-galo (in- izin-) (n) arm; skill.

-galo (isi- izi-) (n) wrist band.

-galo (u- o-) (n) forearm; lower foreleg.

galo yephuka — run away.

-galofu (i-) (n) golf.

-galonci (u- o-) (n) species of edible gourd.

-gama (i- ama-) (n) name; song; fame.

-ba negama — be famous.

-zenzela igama — be famous because of one's achievements.

phakamisa igama — nominate person.

geza igama — pay for defamation; absolve.

-gama (u- o-) (n) namesake.

-gama (um- imi-) (n) interval (of time or distance).

-gamanxa (v) lean over from middle part; hold in the middle (as stick); depth of water in river judged from person standing in it; be too long (as sleeve).

-gamanxandukwana (i- ama-) (n) clumsy person; inexperienced person.

-gamathandukwana (i- ama-) (n) see — *gamanxandukwana*.

gambalaqa (ideo) of gulping down; of swallowing in big mouthfuls.

-gambalaqa (v) swallow big mouthfuls; gulp down.

gambaqa (ideo) of gulping down; of swallowing in big mouthfuls.

-gambaqela (v) swallow big mouthfuls; gulp down.

-gambu (i- ama-) (n) black beast with white stripe across back.

-gameko (isi- izi-) (n) omen; incident.

gamfu (ideo) of holding in the middle; of having a thin waist (as wasp).

-gamfu (u- izin-) (n) person with small waist; body with narrowed midlle (as wasp).

-gamfula (v) hold in the middle; tie tightly in the middle.

-gampokwe (u- o-) (n) flower of cotton plant; cotton plant; cotton wool.

gampu (ideo) of cutting through.

-gampu (i- ama-) (n) dark brown beast with white at the side going over the back.

-gampula (v) cut through; slash.

-gampuna (v) cut through; slash.

-gamthilini (u- o-) (n) gum-tree.

gamu (ideo) of cutting through.

-gamu (i- ama-) (n) see — igama.

-gamu (isi- izi-) (n) piece cut off.

-gamu (um- imi-) (n) interval (time or distance).

-gamuka (v) get cut off.

-gamula (v) cut through.

-gana (v) marry.

-ganandela (u- o-) (n) granadilla.

-ganda (v) pound; press down; polish floor of native hut.

-gandaganda (u- o-) (n) tractor; steam roller.

-gandavula (v) walk heavily along.

-gandaya (v) stamp down; lay a hard earthen floor.

-gando (um- imi-) (n) ceremony of purification following a death.

-ganga (v) be naughty (of children) do wrong; be fat (of meat).

-ganga (i- ama-) (n) knoll.

-ganga (in- izin-) (n) ants which build antheaps.

-ganga (isi- izi-) (n) open veld; country with round topped hills.

-gangada (v) parch; dry up (as earth).

-gangaleka (v) collapse.

-gangangozi (ama-) (n) attempt what is never done; attempt something beyond one's ability.

-gangatha (v) parch; dry up (as earth).

-gangatheka (v) become thirsty; parched.

-gange (i- ama-) (n) section; following.

-gange (u- izin-) (n) outer fence (usually of poles).

-gangi (isi- izi-) (n) mischievous person.

-ganisa (v) give in marriage.

-ganisela (v) give daughter in marriage.

-ganiselana (v) intermarry.

-ganisi (um- aba-) (n) girl who accompanies bride when she marries.

-gankla (um- imi-) (n) koodoo.

-ganuka (v) lustful desire (cf *khanuka*).

-ganwa (v) take a wife.

-ganxa (i- ama-) (n) clumsy person; inexperienced person.

-gaqa (v) crawl on hands and knees.

-gaqa (ama-) (n) kind of dance.

-gaqa (i- ama-) (n) spear.

-gaqa (isi- izi-) (n) lump.

-gaqazela (v) crawl; drag oneself along.

-garaji (i- ama-) (n) garage.

-gasa (v) stalk.

-gasela (v) attack.

-gatigati (u- o-) (n) cob of maize with red grain.

-gatsha (i- ama-) (n) branch.

-gavini (u- o-) (n) intoxicating drink made of sugar cane.

-gawu (i- ama-) (n) young pumpkin.

-gawu (um- imi-) (n) foetus of animal.

-gawula (v) chop down.

-gawulo (i- ama-) (n) axe.

-gaxa (v) hang on; hang over; tie round.

gaxa imvubu — hit with a sjambok.

gaxa utshwala — drink beer excessively.

-gaxa (isi- izi-) (n) lump; fat baby.

-gaxamabhande (isi- izi-) (n) officer; person in uniform.

-gaxela (v) meddle in affair which does not concern one; get caught in between (as meat between teeth).

-gaxo (um- imi-) (n) necklace.

-gaya (v) crush; grind; make beer.
 gaya izibozi — be very angry.
 gaya impuphu emshinini — exchange mealies for mealie meal at a mill.
 gaya ubusenge — make wire bangles or anklets.

-gaya (in- izin-) (n) branch; bough.

-gayi (in- izin-) (n) branch; bough.

-gazi (i- ama-) (n) blood.

-gazi (izin-) (n) vitals.

-gazi (u-) (n) attractiveness; strong personality.

-gazi (um- imi-) (n) dark red beads.

-gazinga (v) grill; roast (usually with potsherd).

-gazu (um- imi-) (n) melon which does not become soft when cooked.

-gazuka (v) split open; have cracks on feet; dry up of skin because of cold.

-gcaba (v) vaccinate; make incisions in skin.

-gcabhaza (v) pass water.

-gcabo (um- imi-) (n) vaccination.

-gcagca (v) marry.

-gcagcane (i- ama-) (n) square beadwork ornament worn around neck.

-gcagcaza (v) act in an undisciplined manner.

-gcagcisa (v) marry off daughter.

-gcagco (um- imi-) (n) tribal wedding.

-gcakela (v) walk slowly along hillside.

-gcaki (isi- izi-) (n) place to bask in the sun.

-gcaluza (v) keep moving up and down.

-gcanasa (v) act in reckless undisciplined manner.

-gcanasi (isi- izi-) (n) a reckless undisciplined fellow.

-gcavazi (isi- izi-) (n) flat object.

-gcawu (isi- izi-) (n) open air meeting place; scene in a play.

-gceke (i- ama-) (n) open cleared piece of ground; yard of homestead.

-gcema (i- ama-) (n) wooden thatching needle.

gcifi (ideo) of landing heavily upon; of crushing.

-gcifiza (v) crush heavily.

-gcika (v) place leaves or grass in water pot to stop spilling.

-gcina (v) come to an end; take care of.

-gcina (in- izin-) (n) beeswax; glutinous substance.

-gcinalishone (u- o-) (n) person in authority; one whose word is final.

-gcingca (v) stuff full.

-gcinisihlalo (um- aba-) (n) chairman.

-gcinisikhwama (um- aba-) (n) treasurer.

-gcino (ama-) (n) last child born; the end.

-gcino (in- izin-) (n) beeswax; glutinous substance.

-gcino (isi- izi-) (n) end.

-gcishaza (v) walk with heavy gait (of person with big legs).

-gcishi (um- imi-) (n) big legs.

gcivi (ideo) of stamping; of crushing.

-gciviza (v) put stamp mark on; flatten.

-gciwane (i- ama-) (n) small particles floating in the air; ash particles which rise when blowing fire; germs.

-gcizelela (v) emphasise; repeat; accent.

-gcizelelo (isi- izi-) (n) emphasis; accent.

-gcizezela (v) emphasize; repeat; accent.

-gcoba (v) smear with fat or grease; anoint in biblical sense.

-gcobha (v) tread.

gcobho (ideo) of dipping into liquid (as bread in tea or soup).

-gcobhoza (v) dip.

gcogcoma (v) go from place to place; hop about.

-gcokama (v) stand on the toes.

-gcokama (i- ama-) (n) person neat and smart in appearance.

gcomu (ideo) of pulling out.

-gcomula (v) pull out.

-gcona (v) make fun off.

-gcono (isi- izi-) (n) nickname.

-gcosana (in-) (n) small quantity; few.

-gcotshwa (um- aba-) (n) anointed one.

-gcozana (in-) (n) small quantity; few.

-gcozi (isi- izi-) (n) night commode.

-gcugca (v) squander.

-gcugcisa (v) rain endlessly.

-gcula (v) be satisfied; be happy; stand motionless.

-gcula (in- izi-) (n) kind of spear.

-gculisa (v) satisfy.

-gcuma (i- ama-) (n) burr-weed.

-gcunsula (u-) (n) venereal disease;

gonorrhoea.
-**gcusula (u-)** (n) see **ugcunsula.**
-**gcwagcwa (isi-)** unpopularity.
-**gcwala** (v) become full.
  gcwala indlela — go away.
  gcwala amanzi csiswini — be frightened; anxious.
-**gcwalisa** (v) make full; fill up; fulfil.
-**gcwaneka** (v) behave like mad person; be insane.
-**gcwaneki (isi- izl-)** (n) one who behaves like a mad person.
-**gcwelegcwele (isi- izi-)** (n) scoundrel; gangster.
-**gcweleza** (v) plunder; assault; carry on robbery.
gcwi gcwi (ideo) of rising of bubbles (as something fermenting); of croaking of frog.
-**gcwigcwiza** (v) bubble (as something fermenting).
-**geba** (v) bend down.
-**gcbc (i- ama-)** (n) cavern; game-pit.
-**gebe (in- izin-)** (n) shotgun.
-**gebedu (u- izin-)** (n) something that has lost its cover (such as a hut that has lost its thatch).
-**gebekula** (v) uncover; uproot.
-**gebenga** (v) assault; plunder; defraud.
-**gebengu (isi- izi-)** (n) gangster.
-**gebengu (ubu-)** (n) gangsterism.
-**gebhe (in-)** (n) fear; shock.
-**gebhezela** (v) shake with fear.
-**gebhezi (u- izin-)** (n) skull; part of broken pot or gourd; egg with contents drained out.
gebhu (ideo) of cutting thick slices or big pieces; of digging.
-**gebhugebhu (ama-)** (n) ground with dongas; broken country.
-**gebhuka** (v) fall down (as collapsing of earth due to erosion).
-**gebhuka (i- ama-)** (n) donga.
-**gebhula** (v) cut a big slice; turn big sods (when ploughing).
-**gebhulo (um-)** (n) kind of dance
-**gece (isi- izl-)** (n) shortfall; lacking completeness.
-**gecegcce (i- ama-)** (n) one given to speaking falsehoods; talkative person.
-**geceza** (v) speak endlessly; speak untruths.
-**gede in- izin-)** (n) honey guide.
-**gede (isi- izi-)** (n) large object; bulky thing.
  isigede senyama — large piece of meat.
-**gede (um- imi-)** (n) cave.
-**gedegede (i- ama-)** (n) noisy talker.
-**gedegede (ubu-)** (n) noisy talk.
-**gedeza** (v) talk endlessly; talk noisily.
-**gedezela** (v) tremble.
-**gedla** (v) gnash the teeth; gnaw away; slander.
-**gedla (isi- izi-)** (n) ox with horns facing down.
-**gedla (u- izin-)** (n) herbalist; cockscomb; crest.
gedle (ideo) of grating sound (as wheels of moving wagon); of cutting.
-**gedleza** (v) cut down.
-**gedlezela** (v) rattle along.
-**gedugedu (ama-)** (n) broken country; uneven country.
-**gega** (v) by-pass; remove hair.
-**gege (isi- izi-)** (n) loin covering worn by girls.
-**gegetheka** (v) laugh aloud.
-**gego (in- izin-)** (n) razor.
-**geja (i- ama-)** (n) hoe; plough.
-**geja** (v) miss the mark.
-**gejambazo (i- ama-)** (n) pick-axe.
-**gejana (-e) (isi- izi-)** (n) small group of people.
-**geje (in- izin-)** (n) night commode.
-**geji (i- ama-)** (n) gauge.
-**gekle (i- ama-)** (n) reed whistle.
-**gekle (isi- izi-)** (n) wedding dance.
-**gele (isi- izi-)** (n) elder; senator.
-**gelegele (izin-)** (n) heat wave.
-**gelegele (u-)** (n) whirl-wind.
-**gelekeqa** (v) break free of a sudden; stand clear.
-**gelekeqe (isi- izi-)** (n) crook; gangster.
-**gelekeqe (u- izin-)** (n) beast with spreading horns.
-**gelekeqeka** (v) bolt away.
-**gelemane (in- izin-)** (n) pick-axe.
-**geleza** (v) flow.
-**gelo (um- imi-)** (n) string of beads worn round head or hanging down on the face.
-**gema** (v) make as if to strike.
-**gembe (um- imi-)** (n) large object (e.g. ox).
gembeqe (ideo) of being wide open.
-**gemegeme (isi- izi-)** (n) serious occurrence.
-**gemfe (i- ama-)** (n) flute; reed pipe.
-**gemfunga (isi- izi-)** (n) person with big body.
-**genca** (v) cut down; chop down.

-gence (u- o-) (n) bush-knife.
-genda (v) play game of stone tossing.
-genga (v) deceive.
-genge (i- ama-) (n) species of red ant.
-gengeleza (v) be wide open.
gengelezi (ideo) of being wide open.
-gengelezi (in- izin-) (n) bald-headed person.
-gengenene (isi- izi) (n) beast with horns widespread.
-gengi (um- aba-) (n) deceiver.
-genkle (i- ama-) (n) reed pipe.
genqe (ideo) of clanking.
-genqeza (v) rattle; go empty (as empty passenger-carrying or transport vehicle).
genu (ideo) of falling backwards; of toppling over.
-genugenu (ubu-) (n) tumbling over in disorderly fashion; somersaulting.
-genuka (v) somersault; fall backwards.
-genula (v) throw over backwards.
-geqa (v) clean out completely; take purgative to clean out; treat barren woman.
   geqa indlebe — clear out earwax.
   geqa igula — clean inside of calabash.
   geqa isitofu — clean stove thoroughly to remove soot.
geqe (ideo) of hard sound; drying up; drying up hard.
-geqe (isi- izi-) (n) damaged pot no longer in use.
-geqeza (v) rattle.
-gesi (u- o-) (n) electricity.
-geva (v) eat raw (as green mealies).
gevu (ideo) of biting off a piece.
-gevu (i- ama-) (n) young green mealies with grains still forming.
-gevu (in- izin-) (n) chatter; conversation.
-gevugevu (i- ama-) (n) talkative.
-gevula (v) bite out a piece.
-gevuza (v) chatter.
-gewu (um- imi-) (n) unreliable person; waif; person without morals.
-gexegexe (um- imi-) (n) object with loose joints; rickety object.
-gexezela (v) have lose joints; be weak (as ill person); walk unsteadily.
-gexo (um- imi-) (n) necklace.
-geza (v) wash; purify; menstruate.
   geza izandla — give up hope; give meat to those who have helped in burial.
   geza igilo — give complete satisfaction.
   geza inyanga — rain at new moon.
   geza igama — pay damages for defamation.
   geza amazwi — ask for pardon.
-geza (-e) (i- ama-) (n) handsome young man.
-gezisa (v) give gifts to people-in-law by bride when she marries.
-geziso (um- imi-) (n) gifts by bride to people-in-law.
gi (ideo) (usually repeated) of footsteps.
-gi (isi- izi-) (n) footfall; footsteps.
-giba (v) trap.
-gibanisa (v) trip.
-gibe (u- izin-) (n) loop; snare.
-gibe (um- imi-) (n) place in hut where sleeping mats and blankets are hung.
-gibekela (v) put lid on.
-gibekelo (isi- izi-) (n) lid.
-gibela (v) ride (as on a horse; bicycle).
-gibeli (um- aba-) (n) rider.
-gibeli (in- izin-) (n) expert horseman.
-gida (v) dance.
   gida ngomuntu — make fun of person in distress.
   gida ekhanda lomuntu — treat person with scant respect.
   gida ndawonye — make no progress.
gidi (ideo) of feeling of relief from anxiety; of sound of walk of animal such as horse.
   ukuthi gidi isibindi — to feel relieved from fear.
-gidi (in- izin-) (n) sound of footfalls; padlock.
-gidi (isi- izi-) (n) a very large number; million.
-gidi (um- imi-) (n) ceremony (wedding, entertainment etc.).
-gidigidi (i- ama-) (n) laughter; something causing laughter.
-gidigidi (ubu-) (n) noise of many feet; noise of animal feet.
-gidinga (v) be busy with.
-gidingo (um- imi-) (n) ceremony; festivity; exploits.
-gidiza (v) make sound of many feet.
gidla (ideo) of placing heavy load; of giving lavishly.
-gidla (um- imi-) (n) load; burden.
-gidlabeza (v) overload; be lavish.
-gidlela (v) load heavily.
gidli (ideo) of giving lavishly.
-gido (um- imi-) (n) dance.

-**giga** (v) tie securely.
-**gigaba** (isi- izi-) (n) momentous affair.
-**gigigi** (ubu-) (n) pattering of footsteps.
-**gigitheka** (v) giggle.
-**gigiyela** (v) insinuate.
-**gigizela** (v) bustle about.
-**gijima** (v) run; flow.
  gijima uhlanze udenda — run hard.
  gijima uhlanze inyongo — run hard.
-**gijimi** (isi- izi-) (n) messenger; runner.
-**gijimi** (in- izin-) (n) expert runner.
gikli (ideo) of kicking; hitting on chest; bumping.
-**gikliza** (v) kick; hit on the chest; bump.
-**gila** (v) trip; do something unusual.
  gila umhlola — do something unsual deserving of censure.
-**gila** (in- izin-) (n) gizzard.
-**gilamafoni** (i- ama-) (n) gramophone.
-**gilamkhuba** (isi- izi-) (n) one given to doing evil.
-**gilane** (um- imi-) (n) unusual happening.
-**gilazi** (in- izin-) (n) glass pane; glass tumbler.
-**gilebhisi** (i- ama-) (n) grapes.
-**gilimithi** (u-) (n) indentured Indian labour.
-**gilingwane** (um- imi-) (n) tricks; unusual stunts; acrobatics.
-**gilivame** (isi- izi-) (n) token money used on the mines.
-**gilo** (i- ama-) (n) larynx.
-**gilo** (um- imi-) (n) belt worn by women after giving birth.
-**gilonko** (u- o-) (n) species of bird.
gimbilici (idco) of surrounding completely; of gulping down something oily (such as castor oil).
-**gimbiliqela** (v) swallow without chewing.
gimbiliqi (ideo) of swallowing without chewing.
-**ginga** (v) swallow whole.
  ginga ithodlana — drink much beer; be intoxicated.
-**ginga** (i- ama-) (n) something with insatiable appetite.
-**gingci** (isi- izi-) (n) guitar.
-**gingila** (in- izin-) (n) gizzard; crop.
-**gingqa** (v) roll; turn over; hurl down; take finger prints.
  ukugingqa iqanda — to score nought.
-**gingqane** (izi-) (n) something scattered

about; plentiful.
gingqi (ideo) of rolling.
-**gingqi** (izi-) (n) plentiful; abundant; lying scattered in numbers.
-**gingqi** (u- o-) (n) beast slaughtered for selling or barter.
-**gingqigingqi** (ubu-) rolling in numbers; dying in numbers.
-**gingqigongqo** (u- o-) (n) see-saw.
-**gingqika** (v) roll; capsize.
-**gingqiliza** (i-) (um- imi-) (n) slope; steep descent.
-**gingqo** (um- imi-) (n) bead ornament worn round neck and waist.
-**gingqwayo** (u- o-) (n) woman of loose morals.
-**gini** (in- izin-) (n) stump; person who has lost an arm.
-**gininda** (v) cut off; amputate; disable.
-**ginqa** (v) roll; turn over; hurl down; take finger prints.
-**ginqane** (izi-) (n) something scattered about; plentiful.
ginqi (ideo) of rolling.
-**ginqi** (izi-) (n) plentiful; abundant; scattered in numbers.
-**ginqi** (u- o-) (n) beast slaughtered for selling or barter.
-**ginqiginqi** (ubu-) (n) rolling in numbers; dying in numbers.
-**ginqigonqo** (u- o-) (n) see-saw.
-**ginqika** (v) roll; capsize.
-**ginqiliza** (-i) (um- imi-) (n) slope; steep descent.
ginsi (ideo) of swallowing noisily a liquid.
-**ginsiza** (v) swallow noisily a liquid.
-**gintshoza** (v) move in a swaying gait; move head backward and forward (as duck).
-**giya** (v) dance (of males).
-**giyo** (isi- izi-) (n) war-cry.
-**goba** (v) bend; be bent; tame; subdue.
  goba amadolo — kneel down; rest.
  goba amadlangala — erect temporary shelter.
  goba izinkophe — sleep for a short while; have a nap.
  goba isilwane — tame an animal.
-**gobe** (u-) (n) plot; conspiracy.
-**gobe** (isi- izi-) (n) crooked object.
-**gobela** (in- izin-) (n) hooked stick or iron.
-**gobezela** (v) persuade.
-**gobhe** (isi- izi-) (n) deep set eyes; person with deep set eyes.
-**gobhoza** (v) flow.

-gobo (um- imi-) (n) stick of shield.

-gobo (in- izin-) (n) place for storing maize; one of the sections of stomach of beast.

-gobodela (v) bow head; bend over.

-gobodisa (v) sit with bowed head; face down.

-gobolondo (i- ama-) shell; outer hard covering.

-gobolophonjwana (u-) (n) somersault.

-gobongo (i- ama-) (n) water calabash; empty container; object with contents removed (e.g. eggshell with inside drained out); person who is morally weak.

-gobozela (v) walk with springing gait (as tall person).

-goda (i- ama-) (n) stout rope of plaited grass; long hair (of woman).

-godi (i- ama-) (n) open grave; deep hole.

-godi (isi- izi-) (n) district; shallow valley.

-godi (um- imi-) (n) pit; mine shaft.

-godla (v) hide; hold back.
  godla ekhwapheni — protect.

-godla (i- ama-) (n) left handed person; beast with one horn falling downwards.

-godla (um- imi-) (n) woven or leather bag; African doctor's medicine bag.

godlo (ideo) of rumbling noise (such as moving wagon).

-godlo (isi- izi-) (n) girls of the royal household; part of the royal kraal reserved for king's women.

-godlogodlo (ubu-) (n) rumbling noise of moving wagon.

-godloza (v) rumble.

-godo (isi- izi-) (n) pole; tree stump.

-godo (u- izi-) (n) pole; log.

-godo (um- imi-) (n) excreta which is roll shaped.

-godola (v) be cold; feel cold.

-godololo (ama-) (n) kind of dance.

-godosi (in- izin-) (n) betrothed girl.

-godoviya (ama-) (n) bad handwriting; calloused hands.

-godoyi (um- imi-) (n) mongrel.

godu (ideo) of going back home.

-goduka (v) return home; die (of old people); do something with ease and well.

-godusa (v) send home; kill aged person.

-goduso (in- izin-) (n) betrothed girl.

-goga (v) subdue; obstruct.

-goga (isi- izi-) (n) disabled person.

-goga (um- imi-) (n) trap noose for animals.

-gogo (i- ama-) (n) kind of antelope.

-gogo (in- izin-) (n) half-crown; skin bag.

-gogo (u- o-) (n) grandmother.

-gogo (u- izin-) (n) emaciated person or animal; carcass that has dried up; tall lanky person.

-gogo (um- imi-) (n) noose-trap.

-gogobala (v) be incapacitated by illness; crouch away.

-gogobala (isi- izi-) (n) person incapacitated by illness; invalid.

-gogobeza (v) subdue.

-gogoda (v) finish utterly; make clean sweep; master knowledge completely.

-gogodla (um- imi-) (n) backbone.

-gogogo (i- ama-) (n) paraffin tin.

gogololo (ideo) of subsiding; of resting.

-gogoza (v) make noise by banging or stamping; puff away as train.

goje (ideo of gulping down; of swallowing quickly; of disappearing quickly.

-goje (in- izin-) (n) cliff.

-gojela (v) gulp down; swallow at a gulp; finish off quickly.

-gojela (i- ama-) (n) long tail feather of cock or finch.

-gojogojo (u- izin-) (n) long thinnish object (as tail of monkey.)

-gola (v) catch by hand (as locust.)

-gola (i- ama-) (n) wild cat.

-gola (isi- izi-) (n) pumpkin flower; dog which is lazy to hunt.

-golela (v) catch for.
  golela izimpukane emlonyeni — starve.

-goli (i- ama-) (n) goal; goal-post.

-goli (i-) (n) the Reef; Johannesburg.

-golide (i-) (n) gold.

-golo (um-) (n) envy; jealousy.

-gologo (u- o-) (n) spirits; liquor.

-golokoqo (u- izin-) (n) long thick object (like big snake).

-golomba (v) coax; entice.

-goloza (v) stare; resist.

-goloza (isi- izi-) (n) person with staring eyes.

-golweni (u- o-) (n) five shilling coin.

-goma (v) administer preventive medicine; strengthen with medicine; immunise; take an oath.

-goma (u- izin-) (n) mountain range.
-gomazi (i- ama-) (n) leggings.
-gomba (v) cross question; question closely.
-gomba (um- imi-) (n) long tail feather of cock or finch.
-gomboco (in- izin-) (n) gathering of diviners for the purpose of smelling out wizard.
-gombolokoqa (v) capsize; turn upside down.
-gomboqa (v) capsize; turn upside down.
-gomela (v) take an oath; administer preventive medicine.
-gomfa (v) be bent; sit aimlessly.
-gomfane (isi-) (n) kind of highly intoxicating drink.
-gomfela (v) eat up (as cattle in mealie field.)
-gomngane (u-) (n) beads sewn on to square flaps worn round neck.
-gomo (um- imi-) (n) core of matter; aim; standard.
-gomonqa (v) turn upside down.
-gomonqo (i- ama-) (n) bat.
-gomothela (v) grip tightly.
-gomu (u-) (n) fruit which looks like mellow and eaten raw.
-gona (v) hug; embrace.
gonci (ideo) of winding about; of dodging.
-gonciza (v) meander.
-gondo (u- o-) (n) an emaciated beast.
-gongo (ama-) (n) somersault; fall on back.
    shaya amagongo — die.
-gongobala (v) become stiff; contract; be numb with cold.
-gongoda (v) beat with big stick.
-gongolo (u- izin-) (n) long heavy pole.
-gongoni (in-) (n) hard grasses (aristida family).
-gongotho (isi- izi-) (n) short thick stick for bolting door.
-gongqoloza (v) roll into shape of sausage.
-gongqolozi (um- imi-) (n) thick cable; long roll shaped object.
-goni (in- izin-) (n) corner; bend (as of river).
-gono (in- izin-) (n) nipple of breast; stem of pumpkin or other fruit.
-gonogono (isi-) (n) earwax.
-gonondo (i- ama-) (n) lower end of backbone.
-gonothi (u- izin-) (n) species of clim-

ber; tall slender person.
-gonqa (v) be confined; sit in seclusion.
-gonqo (um- imi-) (n) being in confinement or seclusion according to custom (as girl who has come of age.)
-gonqoloza (v) roll into sausage shape.
-gonqolozi (um- imi-) (n) thick cable; long roll shaped object.
-gonqogonqo (u-) (n) whooping cough.
-gonsi (i- ama-) (n) wild edible root.
-gonswane (um- imi-) (n) species of tree.
-gontshiza (v) dodge about; bob up and down.
-gontsholo (i- ama-) (n) left-handed person.
-gonxa (v) drink large quantity.
-gonyagonya (isi- izi-) (n) muscular person.
-gonyololo (isi- izi-) (n) muscular person.
-gonyoza (v) press hard; pummel.
gonyu (ideo) of retching.
-gonyuluka (v) retch.
-goqa (v) roll up (as a mat).
-goqana (v) coil up.
-goqanyawo (kwa-) (adv) place of death; grave.
-goqela (in- izin-) (n) coiled object; spiral object; spiral horns; animal with spiral horns.
goqo (ideo) of stirring; of contracting; of rattling.
-goqo (i- ama-) (n) pig-sty.
-goqo (um- imi-) (n) barrier; log to bar gate.
-goqonga (v) roll up.
-goqoza (v) stir (as sugar in water).
-goqwazane (i- ama-) (n) small cow or heifer with horns twisted back.
-gosa (i- ama-) (n) leader in dance; Church Steward.
-gosi (i- ama-) (n) corner; bend (as river or road).
-gosi (in- izin-) (n) corner; hook; shelter.
-goso (i- ama-) (n) leader in dance.
-gotshwa (i- ama-) (n) pocket knife; folding knife.
-govana (u-) (n) evil disposition.
govu (ideo) of stirring.
-govu (i- ama-) (n) stingy person; large type of dog.
-govu (ubu-) (n) stinginess.
-govu (um- imi-) (n) rogue; criminal.
-govuka (v) be stingy; be selfish.

-goxi (in- izin-) (n) cleft.
-govuza (v) stir.
-goxigoxi (ubu-) (n) ruggedness of country.
-goya (v) be confined; sit facing wall (as bride).
-gozobala (v) rest for a while.
-gozolo (isi- izi-) (n) hanger-on.
gozololo (ideo) of abating; resting.
-gozololo (ama-) (n) resting; squatting.
-gozwana (u- o-) (n) small pot.
-gqa (isi- izi) (n) bow.
-gqa (umu- imi-) (n) line; row.
-gqaba (v) treat with medicinal charm, apply charms for luck.
-gqaba (isi- izi-) (n) ointment applied on eyebrows to inspire awe and appear dignified.
gqabha (ideo) of marking with large spots.
-gqabhagqabha (ama-) large spots.
-gqabho (i-) (n) conceit.
-gqabhozi (isi- izi) (n) large hole in body.
-gqabhuza (v) cut open (as boil).
-gqabi (i- ama-) (n) leaf.
-gqabo (isi- izi-) (n) love charm.
gqabu (ideo) of breaking apart; of snapping through.
-gqabuka (v) snap off; be torn off.
-gqabula (v) tear off; snap off.
  gqabula umkhonto — take spear in right hand in readiness to use it.
-gqagqa (v) place allowing space in between; scatter.
-gqagqa (i- ama-) (n) maize cob with grains not set close together.
-gqaja (zi-) (v) be proud.
gqaka (ideo) of grinding coarsely.
-gqakala (in-) (n) white sides of foot.
  shaya ingqakala — wash sides of feet.
-gqakaza (v) grind coarsely (as mealies).
-gqakazo (um-) (n) coarsely crushed mealies.
-gqala (v) head off.
-gqala (isi- izi-) (n) cow which is a poor milker.
-gqalashu (i- ama-) (n) civet.
-gqalinga (i- ama-) (n) cob with scattered grains.
-gqalingana (v) grow apart; be scattered apart.
-gqaluzana (i- ama-) (n) precocious person.
-gqama (v) be clearly visible; bold; be

in limelight.
-gqame (ubu-) (n) prominence.
gqamu (ideo) of flaring up.
-gqamuka (v) flare up.
-gqanga (ama-) (n) thick-curds of sour milk.
gqanqu (ideo) of bounding along.
-gqanqu (ama-) (n) act of leaping; bounding along.
  eqa amagqanqu — bound along.
-gqanqula (v) bound along.
-gqashiya (v) frolic; jump with joy; dance attractively.
gqashu (ideo) of snapping.
-gqashuka (v) break off;
-gqashula (v) break off.
  gqashula umkhonto — pull out spear.
-gqavula (in- izin-) (n) person with protruding teeth.
-gqawuzela (v) walk briskly; walk boldy; stride along briskly.
-gqayinga (i- ama-) (n) cob with scattered grain.
-gqayinga (u- o-) (n) person with knowledge of stars and times.
-gqayinyanga (u- o-) (n) night sentry.
-gqebe (i- ama-) (n) leaf; thick piece (as lard).
-gqekeza (v) burgle; break into building with intent to steal.
-gqekezi (um- aba-) (n) burglar.
-gqephu (in- izin-) (n) good quality dress or suit.
-gqezeba (isi- izi-) (n) person with good physique.
gqi (ideo) of heavy footfalls; of coming for a while.
  ake uthi gqi — will you come here for a while.
-gqi (isi- izi-) (n) dignity; rhythm.
-gqi (izi-) (n) footfalls.
-gqiba (v) cover up; bury; come to an agreement.
  gqiba indaba — cover up an affair; hush it up.
  gqiba umuntu — persuade person to hide truth.
  gqiba ngemali — bribe person to hide truth.
-gqibela (v) do general cleaning and washing at end of the week.
-gqibela (in-) (n) abundance; thick layer.
-gqibelana (v) be overcrowded; be in a fierce temper.
-gqibelo (um- imi-) (n) Saturday.

-gqibo (i- ama-) (n) kind of loin skin for man.

gqibu (ideo) of snapping through; of dying; of running away.

-gqibuka (v) run away; snap through; die.

-gqibula (v) put to flight; snap.

-gqigqa (v) frequent a place; dance.

-gqigqi (isi- izi-) (n) short thick set person.

-gqigqizela (v) move about working; bustle about.

-gqigqo (um- imi-) (n) kind of dance.

-gqiha (v) breathe with difficulty; breathe heavily; groan.

-gqihana (um- imi-) (n) fat animal (such as goat).

-gqiki (isi- izi-) (n) wooden head rest; wooden stool.

-gqiki (um- imi-) (n) wooden rest.

-gqikolo (i- ama-) (n) object with great thickness; heavily constituted object.

-gqila (i- ama-) (n) skin skirt worn by women.

gqila (-i) (isi- izi-) (n) slave.

-gqilaza (v) oppress; treat with cruelty; enslave; underpay.

-gqili (-a) (isi- izi-) (n) slave.

-gqili (ubu-) (n) slavery.

gqimi (ideo) of striking, hitting.

-gqimiza (v) strike; hit.

-gqimphothwe (u- o-) (n) somersault.

gqimu (ideo) of falling on one's back.

-gqimula (v) throw down in a heap.

-gqinkehli (i- ama-) (n) girl who has had an illegitimate child.

gqinsi (ideo) of falling with heavy thud.

-gqinsi (i- ama-) (n) very heavy object; thick heavy object.

-gqinsi (u-) (n) thickness.

-gqinsila (v) throw down heavy object; throw down heavily.

-gqisha (v) press down; ram down.

-gqishaza (v) walk with firm heavy gait.

-gqishazela (v) walk with firm heavy gait; be indifferent.

-gqiza (v) wear armlets and anklets; have white hair on lower extremity (as horse); dance.

ukungagqizi qakala — not to care a thing.

-gqizaza (v) walk with heavy step.

-gqizazela (v) walk with heavy step.

-gqizile (rel) beast with white colour on limbs.

-gqizisa (v) adorn.

-gqizo (isi- izi-) (n) armlet; bracelet; anklet.

-gqizo (um- imi-) (n) kind of dance.

-gqobe (in- izin-) (n) cob of mealies left over after selection; remains.

-gqobha (v) dig out (as sweet potatoes); dig out information.

-gqobhe (in- izin-) (n) quarry.

-gqobhe (isi- izi-) (n) person with deep set eyes.

-gqobhela (isi- izi-) (n) horn snuff-box.

gqobhi (ideo) of coming out in small quantities (as when milking).

gqobho (ideo) of rupturing; piercing through.

-gqobhoka (v) become ruptured.

-gqobholozi (isi- izi-) (n) big hole.

-gqobhoza (v) rupture; take part of pay before due time.

-gqogqa (v) bustle up.

-gqoka (v) wear; be clothed.

-gqoka (i- ama-) (n) person using European dress.

-gqoko (isi- izi-) (n) hat.

-gqoko (u- izin-) (n) meat tray of wood.

-gqokoma (i- ama-) (n) object heavily built.

-gqoloza (v) stare.

-gqolozela (v) stare at.

-gqoma (v) dig (as with a pick); hit.

-gqomo (um- imi-) (n) drum; barrel; tall heavily built person.

-gqongwe (i- ama-) (n) barrel; drum.

-gqonqa (v) pound; hit repeatedly.

-gqonqo (um- imi-) (n) kind of gun.

-gqoza (v) be infrequent.

-gqozi (u-) (n) inspiration.

gqu (ideo) of butting; thumping.

-gquba (v) drive (as cattle).

-gqubhu (in-) (n) muddy water; water with floating particles; sediment.

-gqubhu (u- izin-) (n) cloud of dust rising.

-gqubu (i- ama-) (n) grudge.

-gqugquza (v) encourage; urge on.

-gqugquzela (v) encourage; urge on.

-gqugquzeli (um- aba-) (n) organiser; one who guides and encourages.

-gqugquzi (um- aba-) (n) organiser.

-gqukumbane (in- izin-) (n) scotch-cart.

-gqukuqa (in- izin-) (n) big round object.

-gqula (v) stamp mealies; prod.

-gqulo (isi- izi-) (n) block for stamping mealies.

-gquma (v) groan; stow away; cover up.

gquma ejele — put into prison.

gquma ubhanana — cover up bananas to ripen.

-gquma (i- ama-) (n) hillock; dune.

-gqumgqumu (u- o-) (n) gooseberry.

-gqumo (um- imi-) (n) groaning.

gqumu (ideo) of noise of crunching.

-gqumusha (i- ama-) (n) bush shrike.

-gqumushela (v) have tribal dance competition.

-gqumuza (v) eat noisily (as grain).

-gqunqa (v) fade; lose colour.

gqunsu (ideo) of snapping (as string).

-gqunsuka (v) snap.

-gqunsu (isi- izi-) (n) short object (as piece or string).

-gqunsula (v) snap.

-gquza (v) prod; hit against.

-gquzana (v) quarrel.

gqwa (ideo) of being sparse; of happening at rare intervals.

-gqwaba (v) work; dig.

-gqwabela (zi-) (v) fend for oneself.

gqwabhi (ideo) come out in small drops (as when milking).

-gqwabhigqwabhi (ubu-) (n) issuing in small drops.

-gqwabhiza (v) come out in small drops.

-gqwagqwa (v) roast imperfectly; roast (as mealies) in fire that is too strong.

-gqwala (v) become discoloured; rust.

gqwambi (ideo) of disappearing (as setting sun).

-gqwashi (isi- izi-) (n) skin (or other material) placed under the saddle on the back of a horse.

-gqwegqwa (v) make a detour; skirt round; walk unsteadily like a drunken person.

-gu (u- izin-) (n) coast; edge of river or sea.

-guba (v) handicap; hinder; hold back (as cow holding back milk for calf).

-gubane (um-) (n) soil comprising mainly of small stones; crushed stone.

gubava (-u) (ideo) of dodging by going down as though falling.

-gubaza (v) disturb; interfere with.

-gubela (i- ama-) (n) long tail feather of cock or finch.

-gubha (v) dig out; hollow out; carve; tremble; celebrate.

gubha umuntu — worm out a secret.

gubha umkhosi — hold a celebration.

-gubhagubha (ubu-) (n) flutter; great excitement.

-gubhazela (v) tremble; shiver.

-gubho (um- imi-) (n) celebration; festival.

gubhu (ideo) of sudden waking up; of changing one's mind of a sudden; of doing unexpectedly.

-gubhu (isi- izi-) (n) drum (musical); calabash used as a container; gourd.

isigubhu esingenabuthumbu — person weak morally.

-gubhu (u- izin-) (n) organ (musical instrument).

-gubhugubhu (isi- izi-) (n) something done in a rush or an impulse; commotion.

-gubhugubhu (ubu-) (n) commotion; a rush.

-gubhuka (v) get up with a start; occur suddenly.

-gubhukane (isi- izi-) (n) something occurring unexpectedly; a sudden change.

-gubhukazane (isi- izi-) (n) commotion which arises unexpectedly.

-gubhuzela (v) boil; tremble.

-gubo (isi- izi-) (n) outside appearance of a person.

-gubuda (v) turn over; turn upside down.

-gubudu (i- ama-) (n) beast with horns curving down and forward.

-gubudu (isi- izi-) (n) beast with horns curving down and forward.

-gubukula (v) remove lid; uncover.

-gubuzela (v) cover.

-guda (v) milk dry; dig out information.

guda ubusuku — go by night.

-gude (isi- izi-) (n) wild banana.

-gudevu (i- ama-) (n) fully grown girl.

-gudla (v) file; rasp; rub floor smooth; rub against; go along side (as edge of river bank).

gudla iguma — evade direct approach.

-gudlana (v) rub against each other; be parallel with.

-gudlisela (v) insinuate.

-gudlo (isi- izi-) (n) rasp.

gudlu (ideo) of shifting; moving about,

or aside.

-gudlugudlu (ubu-) (n) noise of shifting (as moving furniture).

-gudluka (v) move to one side; move out of the way.

-gudlula (v) move aside; kill.

-gudluza (v) shift to one side; kill; rasp.

-gudo (isi- izi-) (n) cow milked without calf.

-gudu (i- ama-) (n) horn pipe for smoking (hemp or dagga).

-gudu (um- imi-) (n) track (as of animals).

-gududu (in- izin-) (n) ground hornbill.

-gudula (v) plaster with mud.

-gudulu (in- izin-) (n) hornless beast.

-gudumezi (isi-) (n) hot sultry weather.

-guduza (v) travel by night; move in darkness; grope about.

-gudwa (isi- izi-) (n) cow milked without calf.

-guga (v) wear out; grow old.

-guga (in- izin-) (n) something strong and lasting.

-guganaboya (in- izin-) (n) something strong and lasting.

-gugisa (v) cause to age; wear out; be unable to keep a thing for long time.

-gugu (i- ama-) (n) prized object; large winged cockroach.

-gugu (um- imi-) (n) strong river current.

-guguba (v) walk sideways; hide.

-gugube (u- izin-) (n) one who walks sideways.

-guguda (v) gnaw.

-gugudeka (v) become eroded; become worn away.

-gugula (v) erode; carry away (as water).

-guguleka (uku-) (n) erosion.

guklu (ideo) of beating on the body with fist or blunt instrument.

-guklu (in- izin-) (n) young pumpkin; swollen belly.

-guklumba (i- ama-) (n) fat cake.

-gukluza (v) hit on the body.

-gula (v) be ill; become ill.

-gula (i- ama-) (n) calabash in which milk is left to turn sour.

-gulelwa (v) have someone at home ill.

-guli (isi- izi-) (n) invalid; sick person.

-guludla (i- ama-) (n) bulge.

-gulugulu (um- imi-) (n) inside tribal hut from entrance to the pillar at the fire-place.

-gulukudela (v) rush off; rush in unceremoniously.

-gulukudu (um- imi-) (n) rogue; outlaw.

-gulula (v) scrape off.

gulula izithukuthuku — scrape off perspiration.

gulula amathumbu — clean intestines of slaughtered animal.

-guluva (u- o-) (n) loafer.

-guma (i- ama-) (n) windscreen at hut entrance; enclosure formed by such windscreen.

-gumba (v) hollow out; dig.

-gumbaxa (isi- izi-) (n) bulging object.

-gumbeqa (v) capsize; turn upside down.

gumbeqe (ideo) of capsizing.

-gumbi (i- ama-) (n) corner of room; hollowed out place in sandbank; side room.

-gumbulukuqa (v) turn upside down; capsize.

-gumbuluqa (v) turn upside down; capsize.

gumbulukuqu (ideo) of capsizing; turning upside down.

-gumbuqa (v) capsize; turn upside down.

gumbuqu (ideo) of capsizing; turning upside down.

-gumbuqu (isi- izi-) (n) sudden commotion; sudden upheaval.

-gume (u-) (n) ground roasted mealies.

-gumgedla (i- ama-) (n) beast with horns facing down and backwards.

-gumgedlela (i- ama-) (n) carbineer; soldier.

gumu (ideo) of coming loose; stopping (as work); of shelling mealies; of chewing something hard (as horse mealies).

-gumugumu (ubu-) (n) sound of shelling mealies; crunching noise.

-gumuka (v) come loose; stop (as work).

-gumula (v) loosen.

gumunqu (ideo) of capsizing.

-gumuza (v) shell mealies.

-guncu (i- ama-) (n) bad egg.

-gunda (v) shear; cut hair.

-gundane (i- ama-) (n) rat; mouse.

-gundatshani (um- imi-) (n) foot soldier; young wingless locust.

-gundi (um- aba-) ( ) barber.

-gundwane (i- ama-) (n) mouse; rat.

-**gunga** (v) surround.

gungqu (ideo) of rolling about; rattling; of being not properly balanced.

-**gungqugungqu** (**ubu-**) (n) of continuous rolling about.

-**gungqulu** (**um- imi-**) (n) bead ornament worn over buttocks by girls.

-**gungquluza** (**um- imi-**) (n) long sausage shaped object.

-**gungquza** (v) rattle; roll about; be unsteady (as settling on uneven floor).

-**gungu** (**in- izin-**) (n) drum; curved object; soccer ball.

-**gungu** (**isi- izi-**) (n) secret meeting of a few people; caucus.

-**gungubala** (v) be puffed up; assume airs.

-**gunguluza** (v) be ineffective; scrape the surface; ricochet.

-**gunqele** (**i- ama-**) (n) mature person (used mainly of women).

gunqu (ideo) of rolling about.

-**gunqugunqu** (**ubu-**) (n) of continuous rolling about.

-**gunya** (v) grow in effectiveness; become worse; kill.

-**gunya** (**i- ama-**) (n) authority; power.

-**gunyatha** (v) trick; steal.

-**gunyathi** (**um- imi-**) (n) underhand methods; stolen stuff.

-**gunyaza** (v) authorise; empower.

-**guqa** (v) kneel down; plead.
ukuguqa ngedolo — to plead.

-**guqa** (**i- ama-**) (n) old male calf which still suckles; calf that is developing horns.

-**guqa** (**isi- izi-**) (n) thickset man.

-**guqana** (**isi- izi-**) (n) trolley.

-**guqisa** (v) knee-halter; postpone (affair).

-**guqo** (**isi- izi-**) (n) prayer; prayer in which many partake at the same time.

-**guqu** (**in- izin-**) (n) large trap used for game.

guqu (ideo) of changing; turning over.

-**guqubala** (v) become overcast; become cloudy.

-**guquka** (v) change; turn round; turn over.

-**guqukezela** (v) turn about; turn upside down; turn inside out.

-**guquko** (**in- izin-**) (n) change of heart; change of character; accepting Christian beliefs.

-**guqula** (v) turn round; turn over;

alter; cause to repent.

-**guqulela** (v) change for; pevert truth.

-**guqunguqu** (**in- izin-**) (n) turncoat.

-**gushede** (**i- ama-**) (n) goods shed.

guxu (ideo) of rubbing a dirty thing.

-**guxunga** (v) wash the body; wash by rubbing.

-**guyazana** (**in-**) (n) eat alone; eat hidden from other people.

-**guza** (**i- ama-**) (n) a secret.

-**guzi** (**i- ama-**) (n) goods train.

-**guzuka** (v) get tripped.

-**guzula** (v) trip up.

-**guzunga** (**u-**) (**in- izin-**) (n) very large object (such as thick rock).

-**gwaba** (**i- ama-**) (n) left-handed person.

-**gwababa** (**i- ama-**) (n) white necked raven; crow.

-**gwabalanda** (v) meet with difficulty; act in vain.

-**gwabha** (v) dig.

-**gwabha** (**i- ama-**) (n) left-handed person.

gwabhu (ideo) of acting hurriedly; of eating in a hurry.

-**gwabhugwabhu** (**ubu-**) (n) hurried action.

-**gwabhuza** (v) act hurriedly; do imperfectly.

-**gwabi** (**izin-**) (n) debris carried by flood waters.

gwabu (ideo) of springing open.

-**gwabuka** (v) spring open.

-**gwabula** (v) cause to spring open; open.

-**gwaca** (v) lie in hiding.

-**gwaca** (**isi- izi-**) (n) quail.

-**gwadi** (**isi- izi-**) (n) man who is rejected by women; who has no sweetheart.

-**gwadla** (**in- izin-**) (n) matter that is difficult to solve.

gwadlu (ideo) of shifting to the side; of shifting by force; of pressing open.

-**gwadlula** (v) lever up; force open.

-**gwadlulo** (**isi- izi-**) (n) instrument for levering up; crow-bar.

-**gwadule** (**u- izin-**) (n) desert; barren country.

-**gwagwa** (**i- ama-**) (n) broad leaf; big ear.

gwaja (ideo) of dodging about.

-**gwajaza** (v) dodge about; be shy; try to evade people.

-**gwala** (v) rust; fade.

-gwala (i- ama-) (n) coward.
-gwala (ubu-) (n) cowardice.
-gwalagwala (i- ama-) (n) lourry.
gwali (ideo) of choking; of suffocating.
-gwaliza (v) choke; suffocate; drown by water.
-gwamanda (um- imi-) (n) assembly.
-gwamba (isi- izi-) (n) thick porridge.
-gwanqa (v) struggle; elicit information from unwilling person.
-gwansa (v) be full of milk (of udder).
-gwanya (v) be tough; half-cooked.
-gwanya (i- ama-) (n) raw or half-cooked stuff.
gwaphu (ideo) of dealing a blow; of goring.
-gwaphuza (v) strike a blow; gore.
gwaqa (ideo) of rattling; of attempting to open.
-gwaqa (in- ama-) (n) beast not quite red and not quite brown.
-gwaqaza (v) rattle; make noise as someone trying to open a door; attempt to solve difficulty.
-gwaqo (um- imi-) (n) road.
-gwava (u- o-) (n) guava.
-gwavuma (v) growl.
-gwavumula (v) growl.
-gwaxaza (i-) (n) free beer at shebeen given to customers only.
-gwayi (u-) (n) tobacco; snuff.
    ugwayi wokugxunyekwa — a new-comer; one not born in the place.
-gwayi (isi- izi-) (n) tobacco plantation.
-gwayigwayi (i- ama-) (n) species of bird.
-gwaza (v) stab; slaughter; bribe.
    gwaza ngomkhonto ongaphakathi — kill by poisoning.
    gwaza phezulu — be high; tall.
    gwaza izulu — reach to the sky.
    zigwaza ngowakho — harm oneself.
-gwazi (in- izin-) (n) warrior who is expert with spear; warrior of renown.
-gweba (v) give a ruling; pass judgment; thrust at; ask difficult questions; take out hot blood in a child.
-gwebedla (isi- izi-) (n) powerfully built person or man.
-gwebi (um- aba-) (n) one who gives judgment; judge.
-gwebo (isi- izi-) (n) judgment.
-gwebu (i- ama-) (n) bubble.
-gwebu (in-) (n) froth.
-gweda (v) hollow out (as wooden

spoon); gouge.
-gwedi (in- izin-) (n) skilful carver.
-gwedla (v) row; paddle a boat.
-gwedlo (isi- izi-) (n) paddle; oar.
gwedlu (ideo) of shifting aside.
-gwedluka (v) move aside.
-gwedlula (v) shift to the side.
-gwedluza (v) shift aside.
-gwedo (isi- izi-) (n) gouge; tool for hollowing out; curved knife for scooping.
-gwegwa (v) be crooked; hook.
-gwegwe (isi- izi-) (n) something crooked; person with bad character; delinquent.
-gwegwe (ama-) (n) bow-legged person; crooked legs.
-gwegwesa (v) avoid; make detour; follow round about route.
-gweje (u-) (n) reddish object; person with 'red' complexion; odd thing.
-gwele (i-) (n) unfermented beer.
-gwema (v) avoid.
-gwembe (um- izin-) (n) wooden meat container; kind of dance by girls.
-gwenya (in- izin-) (n) crocodile; criminal.
-gwenya (um- imi-) (n) species of tree.
-gweva (v) offer resistance.
-gweva (u- o-) (n) trafficker in liquor.
-gwevu (in- izin-) (n) grey haired man.
-gwibisholo (u- izin-) bow (for arrow).
-gwici (in-) (n) hiccup.
-gwigwi (i- ama-) (n) species of bird.
-gwija (v) evade by ducking or dipping down.
-gwija (i- ama-) (n) tribal dancing competition.
-gwijikhwebu (in- izin-) (n) sudden change of mind.
-gwila (v) drown.
gwili (ideo) of bobbing up and down.
-gwili (i- ama-) (n) species of bird.
-gwili (isi- izi-) (n) rich person; prosperous person.
-gwili (ubu-) (n) prosperity.
-gwili (um- imi-) (n) food which does not soften when cooked (as beans); melon which does not get soft when cooked.
-gwilika (v) grow prosperous; change one's mind.
-gwiliza (v) choke; suffocate; drown.
gwinci (ideo) of meandering; zig-zagging.
-gwinciza (v) meander.
-gwingqa (v) swallow.

gwingqa itshe — summon courage.
-gwinsi (i- ama-) (n) species of bird.
-gwinya (v) swallow.
-gwinya (i- ama-) (n) fat-cake.
gwinya amathe — long for something; be satisfied.
gwinya itshe — summon courage.
-gwiqika (v) change one's mind.
gxa (ideo) of striding; dripping.
-gxa (isi- izi-) (n) place of meeting to deploy army or hunting party.
-gxa (ulu- izin-) (n) payment to doctor before he starts work; digging stick.
-gxaba (i- ama-) (n) worn out clothes; person who wears tatters.
-gxabha (v) boil.
gxada (ideo) of striding; of slouching.
-gxadazela (v) stride out; walk slouchingly.
-gxagxaza (v) leak extensively.
-gxala (v) take long strides.
-gxala (um- imi-) (n) crowbar.
-gxalaba (i- ama-) (n) shoulder.
-gxamalaza (v) stand with legs apart; obstruct.
gxambu (ideo) of plunging into a liquid.
-gxambukela (v) fall into water.
gxambukela endabeni — join in affair which does not concern one.
-gxambuza (v) walk through water.
-gxamo (um- imi-) (n) species of tree.
-gxangxa (in- izin-) (n) green-striped frog.
-gxanxa (i- ama-) (n) young male beast with horns not fully developed.
-gxathu (i- ama-) (n) stride.
-gxathu (in- izin-) (n) filthy person.
gxavu (ideo) grab with teeth; hold forcibly.
-gxavu (in- izin-) (n) long protruding front teeth.
-gxavula (v) bite with long teeth; grab.
-gxavula (in- izin-) (n) person with protruding teeth.
-gxavugxavu (in-) (n) badly cooked watery food.
-gxawuza (v) act discordantly.
-gxaza (v) leak extensively.
gxaza amanzi njengengcuba — be poor.
-gxebe (isi- izi) (n) sweetheart.
-gxeka (v) slander; be critical of.
-gxibha (v) slander.
-gxila (v) be firm; take firm root.
-gxisha (v) ram down; press in; wear

many clothes.
-gxishi (u- o-) (n) thick legs.
nyathela ngogxishi — have thick legs.
gxivi (ideo) of stamping; flattening.
-gxiviza (v) crush; flatten; stamp (as postmark); emboss.
-gxiza (v) leak; drip.
-gxoba (v) crush; stamp; trample.
gxoba ipasi — obtain authority by having pass endorsed.
-gxobanyawo (u- o-) (n) skin buttock covering which reaches to the ankles.
-gxobo (isi- izi-) (n) wooden post; date stamp; stamp.
-gxogxoma (v) hop about; move from place to place.
-gxolo (i- ama-) bark.
gxu (ideo) of hopping; running.
gxubhu (ideo) of striking water; of dipping into water.
-gxubhuza (v) put into water to rinse; agitate water.
-gxugxuma (v) be nervous; restless.
-gxuma (v) jump; leap.
gxumbu (ideo) of plunging into water.
-gxumbuza (v) drop heavy object into water.
gxume (ideo) of sticking; planting.
-gxumeka (v) place firmly in the ground.
gxumeka indlu — put up house.
gxumeka ithende — pitch tent.
-gxusha (v) ram in; crush (as when making samp).
-gxusha (um- imi-) (n) thick round object.
-gxusho (isi- izi-) (n) instrument for ramming.
-gxushulo (um-) (n) kind of dance.
-gxwala (v) become an invalid; be weakened by illness.
-gxwalela (v) be in throes of death; gasp as one dying.

H

ha (interj) of surprise; disappointment; sound of rushing water; of raindrops falling on corrugated roof; of being very bitter or pungent.
haba (i-) (n) inclination to speak untruths; exaggeration.
habe (interj) of indignation.

-habhela (u- izink-) (n) slender and tall person.

-habhozi (isi- izi-) (n) large hole.

habhu (ideo) of tearing apart; slitting.

-habhu (u- izi- ama-) (n) harp.

-habhuka (v) become slitted; torn.

-habhula (v) slit; open.

-habhula (i- ama-) (n) apple.

-habhuza (v) slit open; speak falsehoods.

-habiya (i- ama-) (n) hysteria.

habo (interj) of indignation.

habu (ideo) of sipping.

-habula (v) take a sip; draw in snuff; contract illness.

   habula igudu — draw at hemp pipe.

   habula indaba — hear of affair; hear affair for first time.

   habula imimoya — listen to all sorts of talk.

   habula amponjwana — drink beer.

   habula ukufa — become affected with disease.

-habulo (ama-) (n) beer.

-hadaveyisi (um- imi-) (n) Afrikaner.

hadla (ideo) of grating.

-hadlahadla (ama-) (n) rough surface; object with rough surface; coarse.

-hadlaza (v) crush; grind coarsely; grate.

-hadlazela (v) have rough surface; be coarse.

-haduhadu (isi- izi-) (n) something bitter.

-haduluka (v) wander up and down.

-hafa (v) reprimand: scold.

hafu (ideo) of giving out smoke; of speaking a lot.

-hafu (u- o-) (n) half.

-hafudaka (u- o-) (n) house with flat roof.

-hafula (v) reduce by half; divide into half.

-hafuza (v) emit smoke; speak too much; speak lies.

-haha (v) be greedy.

-haha (um-) (n) quick action.

-hahabuza (v) reprimand severely.

-hahadolo (isi- izi-) (n) acrid substance.

-hahama (v) growl.

-hahamuza (v) reprimand severely.

-hahaza (v) gargle.

-hahe (i- ama-) (n) side cattle-kraal used when main kraal is muddy.

haka (ideo) of grinding coarsely.

-haka (v) hook on; hitch on.

-hakana (v) quarrel.

-hakaza (v) grind coarsely.

-hakulula (v) unhitch.

-hala (v) rake; harrow; be greedy.

hala (ideo) of faint scent; of careless action.

-hala (i- ama-) (n) rake; harrow.

-hala (u- o-) (n) cotton thread.

halakasha (ideo) of jumping over.

-halakasha (u- izink-) (n) tall slim person.

-halakashela (v) walk hurriedly; take long strides; walk through grass.

halala (interj) hurrah! of congratulation.

-halalisa (v) applaud.

-halalisela (v) congratulate.

-halamuza (v) scold.

halamuzi (ideo) of scolding; of hearing casually.

-halavu (i- ama-) (n) spade.

-halazelo (i- ama-) (n) unstrained beer.

-halibhoma (u- o-) (n) species of aloe.

-hamba (e-) (rel) beast with equal white and black spots.

-hamba (v) walk; go; travel.

   hamba namanzi — be carried away by river.

   hamba nomoya — be morally weak.

   hamba izinkantolo — be involved in litigation.

   hamba icala — attend court proceedings.

   hamba izwe — go from place to place.

   hamba ngemuva — go behind one's back.

   hamba emathanjeni — be in danger of enemies.

   hamba emeveni — be in danger of enemies.

   hamba amalombo — go and not return; go away a long time.

   hamba amasolokohlo — go and not return; go away a long time.

   hamba imindundu — go away for good.

   hamba okwejuba lika Noah — go away for good.

   hamba ngezamawuba — follow doubtful paths.

   hamba ngamanzonzwane — walk on tip-toe.

   hamba nomuntu — go with bad impression of person.

   hamba emazwini omuntu — do as advised; confirm one's words.

   hamba ubuswana bekati — disappear; go for good.

hamba uzibuka amacala — be apprehensive; be proud.

hamba ngentonga yombangandlala — return empty handed; go on a futile errand.

hamba lugugumbe njengenkalankala — show off.

hamba ngezinqe — lack clothing.

-**hambabeyibuza** (**inkambabeyibuza izink-**) (n) big scar; big wound.

-**hambahamba** (v) practise witchcraft.

-**hambaphansi** (**inkambaphansi izink-**) (n) snake that lives in the earth; blind worm.

-**hambe** (def v) do all along.

-**hambela** (v) visit.

hambela phezulu — be active; be bright.

hambela nxanye njengelanga lobusika — avoid people; follow round about route.

hamba njengenkalankala — avoid people.

-**hambelana** (v) visit one another; be on friendly terms.

-**hambeli** (**isi- izi-**) (n) visitor.

-**hambi** (**isi- izi-**) (n) stranger; traveller; visitor.

-**hambi** (**um- aba-**) (n) traveller.

-**hambisa** (v) send off; drive fast; purge.

-**hambisana** (v) accompany.

-**hambiso** (**inkambiso izink-**) (n) way of life; custom.

-**hambo** (**u- izinkambo**) (n) journey.

-**hambuma** (**um- imihambima**) (n) waif.

hamfu (ideo) of savage attack (as by vicious dog.)

hamu (ideo) of subsiding; abating; drying up.

-**hamuka** (v) dry up.

-**hamula** (**i- ama-**) (n) hammel.

-**hanga** (**um- imi-**) (n) broad brimmed hat; Boer.

hangu (ideo) of scorching; singeing.

-**hanguhangu** (**ubu-**) (n) conflagration; scorching heat.

-**hanguka** (v) be scorched; be singed.

-**hangula** (v) scorch; singe; dry up.

-**hanisi** (**i- ama-**) (n) harness.

-**hanqa** (v) surround; encircle; enclose.

-**hansi** (**i- ama-**) (n) goose.

haphu (ideo) of slashing.

-**haphuna** (v) slash; cut.

haqa (ideo) of sharpening on stone; crawling.

-**haqa** (v) surround; encircle; enclose.

-**haqahaqa** (**i- ama-**) (n) object with many colours.

-**haqaza** (v) whet on stone.

-**haqazela** (v) creep; crawl on hands and knees.

hasha (ideo) of giving a little quantity; of rustling.

-**hasha** (v) repeat person's praises; repeat clan praises.

-**hashanga** (**i- ama-**) (n) Boer.

-**hashaza** (v) rustle; tell lies.

-**hasheka** (v) give a small quantity.

-**hashi** (**i- ama-**) (n) horse.

hayihashi mabongendlini — come and join us in meat eating.

hashila (interj) serves you right.

hashu (ideo) of being scorched.

-**hashu** (**u-**) (n) species of grass.

-**hashuka** (v) be scorched; be intoxicated.

-**hashula** (v) scorch; intoxicate.

-**hatha** (**i- ama-**) (n) unreliable person; person who is easily influenced.

havu (ideo) of gashing; gaping.

-**havuka** (v) get cut open.

-**havula** (v) gash.

-**hawozi** (**i-**) armlets and leg bands of twisted wire.

hawu (interj) of disapproval; of emotion; of surprise.

-**hawu** (**i- ama-**) (n) shield.

-**hawu** (**isi-**) (n) sympathy; compassion.

-**hawu** (**um-**) (n) sympathy; jealousy.

-**hawuka** (v) be sympathetic; be envious.

-**hawukela** (v) sympathise with; be merciful.

-**hawula** (v) arouse sympathy.

-**haya** (v) sing; be coarse; grind coarse.

-**hayi** (**u-**) (n) loin skin of tails.

hayi (interj) of dissent; negation; surprise.

-**hayiza** (v) be hysterical.

-**haza** (v) make noise as river water; travel at great speed; (e.g. car, train etc.)

-**hazane** (**u- izinkazane**) (n) one who walks/runs swiftly; swiftly travelling; run at great speed.

-**hazimane** (**i- ama-**) (n) African who uses Afrikaans as home language.

he (ideo) of sudden fright; of coolness.

he (interj) of ridicule; sarcasm; amazement.

-**he** (**isi-**) (n) sympathy; pity; feeling of concern.

hebe (ideo) of brushing aside; of scaring off; of gashing open.

-hebeza (v) make noise to frighten off; brush aside.

-hebhe (um- imi-) (n) kind of Zulu knife shaped like a spear.

hebhu (ideo) of ripping; of falling (as eroded soil).

-hebhuka (v) get ripped; fall in a mass (as soil eroded).

-hebhula (v) rip; erode.

-hedeni (um- aba-) (n) heathen.

-hefane (u- o-) (n) beard; bearded man.

hefu (ideo) of resting a while.

-hefuza (v) talk unceasingly; speak untruths.

-hefuzela (v) pant; breath in a laboured manner.

-heha (v) entice; lure.

-heheba (i- ama-) (n) long piece of paper; banknote.

-hebezela (v) pant; breathe in a laboured manner.

-hehle (ideo) of crumbling; collapsing.

-hehleka (v) crumble; collapse; disintegrate.

-hehleza (v) cause to crumble.

-hela (v) spread report or news; start a fire; have twinge of pain.
  hela kwamancane — feel remorse; feel for someone.

helane (um- imi-) (n) broad brimmed hat.

hele (ideo) of blowing gently.

-hele (i- ama-) (n) line of people; file; row.

-hele (u-) (n) row; file; line of people.

-hele (u- o-) (n) hawk.

helele (interj) of incitement; of warning.

-helesi (i- ama-) (n) bushveld with scattered shrubs.

-heleyisi (i-) (n) mealie rice.

-heleza (v) blow gently.

-hema (v) speak nonsense; be incoherent.

-hembe (i- ama-) (n) shirt.

hembu (ideo) of ripping off; of separating.

-hembuka (v) get torn off; divide.

-hembula (v) tear off; separate.

hemu (ideo) of easing of pain or pressure; subsiding.

-hemu (i- ama-) (n) beast with white on one side and black on the other side or white on one side and red on the other; white may appear on both sides.

-hemuhemu (ama-) (n) rumours; gossip.

-hemuka (v) subside; ease off.

-hemuza (v) spread rumours; gossiping.

-henge (i- ama-) (n) wide mouthed calabash for keeping beer.

-henqa (v) enclose with a screen; build a fence round.

-henqo (isi- izi-) (n) screen; shelter.

-henyeza (i- ama-) (n) young green mealies.

heqe (v) hack.

heqe (ideo) of sharpening.

-heqeza (v) whet.

-hesha (v) clean weeds with sickle or bush-knife.

-heshe (isi- izi-) (n) bush-knife (cane knife).

-hesheza (inkesheza izink-) (n) small quantity.

heshi (interj) of mockery.

heve (ideo) of gashing.

-heveza (v) hack; gash.

hevu (ideo) of gashing.

-hevu (i- ama-) (n) mealie cob with immature grain.

-hevuza (v) hack; gash.

hewu (ideo) of surprise and disbelief; disillusionment.

hewu (interj) of urging on (as a fight).

-hewu (ama-) (n) thin fermented porridge.

-hewu (isi- izi-) (n) toothless person; gap where tooth has been extracted; object with piece broken off (as clay-pot).

-hewula (v) howl.

heyi (interj) of calling; of shouting at someone; of driving a span.

-hibe (isi- izi-) (n) slip knot; noose; loop.

hibi (ideo) of collapsing (as a house); of coming down in a mass.

hibibi (ideo) of collapsing (as a house).

-hibika (v) collapse; come down tumbling.

-hibiza (v) break down.

-hida (v) tack; sew loosely.

-hidane (u-) (n) lengthy thing; (apparently never ending).

-hide (u-) (n) lengthy thing; long row; long string.

-hido (um- imi-) (n) loose sewing.

hihli (ideo) of collapsing; of breaking down.

-hihlika (v) fall down; collapse.

-hihliza (v) cause collapse; break
down.
-hila (v) catch with noose; trip by
means of a rope; choke; trip up in
speech.
-hilana (v) quarrel; engage in hot
argument.
hile (ideo) of catching (as by a noose)
-hilela (v) catch with a noose, hook.
-Hiligwa (i- ama-) (n) Griqua.
-hilikiqa (v) deceive; act in a treacher-
ous manner.
-hilikiqi (i- ama-) (n) scoundrel.
-hilikiqi (ubu-) (n) deception; villainy.
-hilizisana (v) wrangle.
-hina (v) cut short.
-hini (um- imi-) (n) person or animal
with ears cut; something cut short.
-hinikazi (i- ama-) (n) cow which
yields much milk.
hintshe (ideo) of catching with noose;
of entangling.
-hintshela (v) entangle; become
entangled.
-hintsho (inkintsho izin-) (n) small
handle or loop for holding.
hiqi (ideo) of hesitation; faltering;
jerky; coming to a standstill.
-hiqihiqi (i- ama-) (n) one who speaks
haltingly.
-hiqiza (v) be confused; speak halting-
ly; breathe with difficulty; move
jerkily.
hiya (interj) nonetheless; it matters not
what you say.
-hiya (isi- (n) pumpkin or sweet-potato
cooked with corn meal.
-hiza (v) put on finery.
-hizo (um- imi-) (n) robe.
-hla (u- izin-) (n) row; column of
figures etc.
-hla (um- imi-) (n) day.
-hlaba (v) stab; slaughter; prick;
criticise; steal.
  hlaba ingoma — start a song; strike
  up tune.
  hlaba uhele — go in single file.
  hlaba udwendwe — go in single file.
  hlaba ujenge — go in single file.
  hlaba enonini — get what one
  wants.
  hlaba ibhece — overcome easily.
  hlaba ikhefu — rest.
  hlaba ngogalo — run, run away.
  hlaba bukhoma — stab at close
  quarters.
  hlaba mahlanze — stab at close

quarters.
  hlaba ulimi — interrupt person
  speaking.
  hlaba ikhwelo — whistle.
  hlaba inhlanhla — be fortunate.
  hlaba inseme — play game of
  piercing gourd.
  hlaba uhlanga — make incision on
  body.
  hlaba into — steal.
  hlaba endaweni — reach that point.
  hlaba umuntu inhlanhla — bring
  luck to someone.
  hlaba kwedaka ezulwini — have
  many cattle.
  hlaba emhlolweni — strike nail on
  the head.
  hlaba ubuhlobo — strike friendship.
  hlaba isikhozi — strike friendship.
  hlaba umxhwele — give complete
  satisfaction.
  hlaba inhliziyo — touch one's feel-
  ings; hurt one's feelings.
  hlaba ngamehlo — rebuke with
  eyes; communicate with eyes.
  hlaba ngendololwane — nudge with
  elbow.
  hlaba phansi ngekhanda — fall
  down on one's head.
  hlaba kwamazwi — be affected by
  talk.
  hlaba amasoyi — cut sods.
  hlaba inçwadi — write a letter.
  hlaba zihlangana — strike first
  time.
  hlaba umkhulungwane — howl as a
  dog.
  hlaba umlomo inhlali — keep quiet.
  hlaba umsebenzi — get good em-
  ployment.
  hlaba usentu — paw earth like a
  bull.
  hlaba inkulumo — criticise talk.
  hlaba ngozipho — give a warning;
  steal.
  hlaba umkhosi — give alarm.
  hlaba ngamkhonto munye — give
  one helping.
-hlaba (i- ama-) (n) sharp pain in the
chest.
-hlaba (in- izin-) (n) small aloe; leaves
of aloe.
-hlaba (um- imi-) (n) earth; country;
large aloe.
hlabahlosi (ideo) of complete satisfac-
tion.
-hlabamkhosi (in- izin-) (n) one who

sounds an alarm; warning; signal.

-hlabamvula (i- ama-) (n) young ox with horns not fully developed.

-hlabana (v) stab one another; kill in battle; receive reward of valour.

-hlabangubo (um- imi-) (n) black-jack.

-hlabankomo (um- ubu-) (n) spot where beast is stabbed when slaughtered.

-hlabathi (in- izin-) (n) soil.

bangwa nenhlabathi — be critically ill.

-hlabathi (isi- izi-) (n) sand; sandy soil.

-hlabathi (um- imi-) (n) ground; soil; land.

-hlabazulu (i-) (n) young bullock (about 2 years).

-hlabeka (v) get pierced; feel ill; have feelings touched.

-hlabela (v) make incisions; make sacrifice to; slaughter for.

-hlabelela (v) sing; add water to porridge in making beer. (umncindo)

-hlabeleli (um- aba-) (n) singer.

-hlabelelisa (v) conduct a choir.

-hlabelelisi (um- aba-) (n) conductor.

-hlabelelo (isi- izi-) (n) song; psalm.

-hlabelo (um- imi-) (n) sacrifice; medicine for rubbing into incision.

-hlabisa (v) entertain person by slaughtering beast for him.

hlafa (ideo) of crushing brittle object; smash into pieces.

-hlafaka (v) get smashed; be broken into pieces.

-hlafaza (v) smash; break into pieces.

-hlafuna (v) chew.

hlafuna imihlathi — be quietly resistant; quietly hostile.

hlafuna udaba — deliberate; ponder over.

hlafuna umuntu — reprimand severely.

hlafuna ngemihlathi yomibili — be unreliable.

-hlafunela (v) chew for; put words into one's mouth; allege wrongfully that one has spoken certain words.

-hlafuno (in- izin-) (n) zygoma; junction of jaws.

-hlafuza (v) ground coarsely; act carelessly.

-hlahla (v) cut down trees; clear up patch of ground; lead the way; clarify.

hlahla indlela — make path where none exists; throw light; solve problem.

hlahla amehlo — stare wildly (as one frightened).

hlahla inhloko — cut up head of beast.

hlahla umuntu ingozi — cause injury by hitting person on head.

hlahla amaviyo — arrange warriors by their regiments.

hlaba umhlahlo — smell out witches.

hlahla kwamanzi — clearing up of water.

hlahla kwamabele — ripening of corn.

hlahla kwelanga — clearing up of weather.

-hlahla (i- ama-) (n) branch that has been removed from tree; person who is careless with his appearance; one who wears rags.

vala ngehlahla — become exterminated (of people).

-hlahla (in- izin-) (n) good fortune.

-hlahla (isi- izi-) (n) tree.

-hlahlamelisa (v) bless.

-hlahlela (v) cut up carcass into joints.

-hlahleli (um- aba-) (n) one who cuts up carcass into joints.

-hlahlavu (um- imi-) (n) dilapidated object; something worn out.

-hlahli (um- aba-) (n) pioneer; pathfinder; organiser.

-hlahlo (um- imi-) (n) meeting for witch-doctors to smell out witches.

hlaka (ideo) of scattering; divulging.

-hlaka (i-) (n) first milk after calving; beestings.

-hlaka (in-) (n) gum; resin.

-hlaka (u- izin-) (n) person who carries bags of herbalist; stretcher; framework.

-hlakahla (v) analyse; take to pieces.

-hlakahla (u-) (n) dried saliva round mouth which oozes in one's sleep.

-hlakaka (v) be scattered in all directions; scatter in all directions; be divulged.

-hlakala (isi- izi-) (n) wrist.

hlakalala (ideo) of disorder; of scattering in all directions; of confusion.

-hlakalala (ubu-) (n) disorder; confusion; things thrown about the place.

-hlakanhlaka (in- izin-) (n) things in disorder; food with coarse texture.

-hlakani (i- ama-) (n) cunning person.

-hlakani (ubu-) (n) cunning; cleverness; prudence.

-hlakanipha (v) be clever; be wise; be skilful.

ukuhlakanipha ngamehlo — to look clever when, in fact, one is not clever.

-hlakaniphi (isi- izi-) (n) clever person; wise person.

-hlakanipho (in-) (n) wisdom; cleverness.

-hlakanyeka (v) shudder.

-hlakaza (v) scatter; dismantle; divulge; betray.

-hlakazane (in-) (n) confusion; disorder; dispersing.

-hlakazeka (v) become dispersed; get dismantled; be exposed.

-hlakomuzi (aman-) (n) lying on one's back.

-hlakothi (isi- izi-) (n) species of tree.

-hlakula (v) hoe out weeds.

-hlakulela (v) weed round plant.

-hlakuva (in- izin-) (n) castor-oil bean.

-hlakuva (um- imi-) (n) castor-oil plant.

-hlakuva (u- um-) (n) beast with brown colour but spotted on sides.

-hlala (v) sit; stay; remain.

hlala emanzini — be in misery.

hlala emunywini — be in misery.

hlala phezu kwegeja lishisa — be in misery.

hlala indlu — live in that house.

hlala phezu kwezihlangu — be prepared for war.

hlala phezu kwezikhali — be prepared for war.

hlala enhliziyweni — lose interest in something.

hlala emphinjeni — choke; grab by the throat.

hlala ngomphimbo — choke; grab by the throat.

hlala emadevini — reply before person finishes speaking.

hlala umuntu — inform against person; undermine person secretly.

hlala ngomuntu — inform against person; undermine person secretly.

hlala ngegonondo — sit on coccyx.

hlala phezu kwemali — hide money.

hlala izithonto — pounce upon.

hlala imindundu — be away a long time.

hlala ungohlala — stay away a very long time.

-hlala (i- ama-) (n) monkey orange fruit.

-hlala (um- imi-) (n) monkey orange tree.

-hlalakahle (in-) (n) comfortable living.

-hlalandawonye (isi- izi-) (n) stay at home; indolent person.

-hlalankomo (i- ama-) (n) tick bird.

-hlalanyathi (i- ama-) (n) tick bird.

-hlalaphansi (um- imi-) (n) pension.

-hlalawodwa (um- imi-) (n) hermit.

-hlale (def v) do from time to time; do habitually.

-hlalela (v) wait for.

hlalela phezulu — be apprehensive.

hlalela ovalweni — be in constant fear.

hlalela nxanye — sit sideways.

-hlali (in- izin-) (n) animal sinew; hair from tail of ox or horse.

-hlali (isi- izi-) (n) medium size calabash for keeping milk for men.

-hlalisa (v) keep person company; delay; show where to sit.

-hlalo (in-) (n) mode of life; welfare.

-hlalo (isi- izi-) (n) seat; chair; saddle.

-hlalu (ubu-) (n) bead.

ubuhlalu bexoxo — frog's spawn.

-hlalu (u-) (n) pebbles; gravel.

-hlaluka (v) become evident; come to light.

-hlalwa (v) be sat on by; be occupied (as house).

hlalwa ilahle emhlane — be in great misery.

hlalwa ukuhlupheka embonjeni — be in great misery.

hlalwa yimpama — receive a smack.

ukungahlalwa yimpukane — to be very clean personally; to be neat.

ukungahlalwa isibi — to be very clean personally; to be neat.

-hlalwane (u- izin-) (n) fine gravel; unpleasant irritating talk.

-hlama (in- izin-) (n) dough; crushed mealies; fat meat.

-hlama (isi- izi-) (n) faeces on body or clothes.

-hlamba (v) wash; swim; purify.

hlamba izandla — absolve oneself from any further responsibility.

hlamba kwamehlo — be full of tears.

hlamba imikhonto — slaughter beasts after battle.

-hlamba (in-) (n) vulgar language;

obscene talk.

-hlambalaza (v) insult; slander.

-hlambamanzi (um- imi-) (n) species of tree.

-hlambezo (isi- izi-) (n) medicine to assist expectant woman in labour.

-hlambi (in- izin-) (n) expert swimmer.

-hlambi (isi- izi-) (n) heavy downpour of rain or shower but of short duration.

-hlambi (um- imi-) (n) flock of birds or sheep; herd of cattle.

-hlambisamthimba (in-) (n) beast slaughtered for bridal party at wedding.

-hlambo (i- ama-) (n) purification ceremony after period of mourning; usually an organised hunt.

-hlambo (isi- izi-) (n) marshy low-lying land.

-hlambuluka (v) become clear (of liquid); become thin (as gruel); improve in appearance; feel at ease.

-hlambulula (v) rinse in water; cause to become clear; thin liquid; dilute; have diarrhoea; withdraw accusation.

hlambulula inkulumo — make clarification.

hlamu (ideo) of deserting; forsaking.

-hlamuka (v) break away from; desert.

-hlamvu (i- ama-) (n) small branch; leaf; worthless person.

-hlamvu (in- izin-) (n) pip; stone (of fruit); seed; bullet; light brown beast.

inhlamvu yeso — eye-ball.

-hlamvu (u- izin-) (n) seed; grain; coin; single word or syllable.

-hlamvukazi (in- izin-) (n) light brown cow.

-hlandla (v) clarify; make clear statement.

-hlandla (isi- izi-) (n) grass mat for thatching; container for smoking reeds.

-hlandla (um- imi-) (n) back-bone; spine.

-hlanzelela (v) make provision against a contingency.

-hlandlokazi (in- izin-) (n) large type of hawk (small type of eagle).

-hlane (i- ama-) (n) unoccupied land; wilderness.

fica ihlane — come upon in a lonely spot.

-hlane (um- imi-) (n) back (of person or animal).

-hlanekela (in- izin-) (n) back of hand.

shaya ngenhlanekela — strike with back of hand.

-hlanekezela (v) invert; turn inside out; misrepresent.

-hlanga (in- izin-) (n) incision on body.

-hlanga (i- ama-) (n) harvested land with stubble.

-hlanga (u- izin-) (n) hollowed reed for giving enema; dry stalk (maize); incision on body; tribal stock.

ukuba nohlanga — one who from time to time is assailed by desire to do evil.

-hlanga (um- imi-) (n) reed; bed of reeds.

-hlangabeza (v) meet.

-hlangabezana (v) meet one another; agree on compromise; come to grips.

-hlangana (v) assemble; come together; meet; come upon; come to grips; unite; be compact; dense.

hlangana phezulu — friendship without roots; engage in fight.

hlangana ngamakhanda — come to secret agreement.

hlangana nempi isaluka — meet with unexpected difficulty.

hlangana nezimbila zeluka/zithutha —meet with unexpected difficulty.

hlangana kwempi — come to grips on battlefield.

hlangana isisu nomgogodla — be very hungry.

hlangana imihlathi — feel cold.

hlangana komsindo — be noisy.

hlangana kwenyanga — be full moon.

-hlanganisa (v) bring together; join together.

hlanganisa ukukhuluma — confer.

hlanganisa amakhanda — baffle; confer.

hlanganisa ngamakhanda — cause people to quarrel; puzzle.

hlanganisa imihlathi — persevere.

hlanganisa amehlo — visit bereaved; offer condolence.

hlanganisa amakhambi — prepare medicine.

-hlanganisela (v) mix together; lump together; surround; compile; contribute to common good.

-hlanganisela (in- izin-) (n) different kinds or types together; miscellaneous.

-hlanganiso (in- izin-) (n) meeting.

-hlanganiso (um- imi-) (n) first encounter (in a fight); first blow.

-hlangano (in- izin-) (n) meeting; organisation; junction; confluence; alliance.

-hlangano (um- imi-) (n) meeting.

-hlanganyelo (v) act together to achieve common purpose; combine against; come together to achieve numerical strength against opponent.

-hlangazimhlophe (rel) black male calf with white horns.

-hlangothi (u- izin-) (n) side; flank; portion.

lala ngohlangothi — lie on one's side.

hlangu (ideo) of shedding off; brushing off.

hlangu hlangu (ideo) of shedding off quickly; of brushing off quickly.

-hlangu (isi- izi-) (n) large war shield.

-hlangu (in- izin-) (n) reed-buck.

-hlanguhlangu (u- izin-) person with wild nature.

-hlanguka (v) come off; become brushed off.

-hlangula (v) brush off.

-hlanguza (v) deny all knowledge of something.

-hlangula (zi-) (v) exculpate onself.

-hlangwe (um- imi-) (n) species of snake.

-hlanhlatha (v) walk through the veld where there is no path.

-hlanhlula (in- izin-) (n) rib.

-hlansi (in- izin-) (n) spark.

-hlanti (um- imi-) (n) small skin bag; herbalist's medicine bag.

-hlanu (adj) five.

-hlanu (isi-) (n) five shillings; fifth.

-hlanya (v) become mad; behave insanely.

-hlanya (u- izin-) (n) lunatic; witchdoctor; mamba; wild animal or person.

-hlanya (ubu-) (n) insanity; madness.

-hlanza (v) vomit; clean; purify; begin to bear fruit (as pumpkin).

hlanza okudala — deny outright; deny all knowledge of.

hlanza amehlo — satisfy oneself.

-hlanza (zi-) (n) exculpate oneself.

-hlanze (i- ama-) (n) bushveld.

-hlanzeka (v) be clean.

-hlanzeko (in-) (n) cleanliness.

-hlanzi (in- izin-) (n) fish.

-hlanzisa (v) give an emetic.

-hlanzo (ubu-) (n) vomit.

hlapha (ideo) of disorder; abundance.

-hlaphahlapha (i- ama-) (n) careless, untidy person; one who gives lavishly.

-hlaphahlapha (ubu-) (n) disorderliness; prodigality.

-hlaphaka (v) be plentiful; abundant.

-hlaphaza (v) be untidy; be wasteful.

-hlapho (um- imi-) (n) placenta of animal.

-hlaphuka (v) become refreshed.

-hlasela (v) attack; set out to attack.

-hlaseli (um- aba-) (n) invader.

hlasi (ideo) of snatching up; grabbing.

-hlasimula (v) get a shock; twitch.

-hlathi (i- ama-) (n) forest; bush.

-hlathi (isi- izi-) (n) cheek.

ukwehla kwezihlathi — disappointment.

izihlathi ukuxosha izindlebe — to laugh.

-hlathi (um- imi-) (n) jawbone; jaw.

umhlathi wegeja — ploughshare.

ukuqina kwemihlathi — to grow old.

ukuqinisa imihlathi — to persevere.

ukuba mihlathi ixhaphela amakati — to lose condition; to be thin.

-hlatshelo (um- imi-) (n) sacrifice.

-hlava (in- izin-) (n) mealie stalk-borer; honey guide.

-hlava (isi- izin-) (n) mealie stalk-borer; place eaten out by stalk-borer.

-hlavane (u-) (n) goose-flesh.

-hlawe (i- ama-) (n) beast with loose horns facing downwards.

-hlawekazi (ama-) (n) female beast with loose horns facing downwards.

-hlawula (v) pay fine.

-hlawulo (i- ama-) (n) fine; punishment.

-hlawulo (in- izin-) (n) fine; punishment.

-hlaya (i- ama-) (n) fun; joke.

-hlayenza (in-) (n) common occurrence.

-hlayiya (izin-) (n) particles; small grain (e.g. of sugar).

-hlaza (v) shame; disgrace.

-hlaza (u-) (n) green grass; greenness; plant life; dagga.

-hlaza (um- imi-) (n) extra toe or finger; species of edible plant;

cancer.

-hlazaluthi (u-) (n) type of Zulu potato.

-hlazane (in-) (n) morning grazing before milking; time of mid-morning milking.

-hlazisa (v) bring shame upon.

-hlaziya (v) examine in detail.

-hlazo (i- ama-) (n) disgraceful event; shame.

-hlazuka (v) become disentangled; separated.

-hlazula (v) disentangle.

-hlazuluka (v) become disentangled.

-hlazulula (v) disentangle; unravel.

-hle (def v) to do merely; may be, likely to happen.

-hle (adj) good; beautiful; pretty.

-hle (isi-) (n) do out of kindness; goodness; benevolence.

-hle (ubu-) (n) beauty; pleasantness.

-hleba (v) whisper; speak evil of; backbite.

-hlebana (v) lack of harmony in appearance; report one another.

-hlebeka (v) be let down (in prestige); be unsuitable.

-hlebeza (v) whisper.

-hlebezi (ama-) (n) rumour.

-hlebi (in- izin-) (n) slanderer.

-hlebo (in-) (n) secret information; false accusation.

-hlehla (v) go back; retire; withdraw.

-hlehlisa (v) move back; postpone.

hlehlisa icala — remand a case.

-hlehlo (um- imi-) (n) fatty membrane covering bowels; peritoneum.

-hleka (v) laugh.

hleka ihlaya — laugh heartily.

hleka uhleko — laugh heartily.

hleka usulu — laugh mockingly.

hleka inhlinini — pretend to be laughing.

hleka olwabayeni — pretend to be laughing.

hleka ngothotho — have full set of well formed teeth.

hleka ehlathini — full of hair on the face.

-hlekabayeni (in- izin-) (n) one who laughs at anything.

hleke (ideo) of coming apart; splitting.

-hleke (isi- izi-) (n) cluster.

-hlekehleke (isi- izi-) (n) very big trunk; unusually large tree; broadly spread object.

-hlekela (v) laugh for.

hlekela nxanye — laugh mockingly; laugh aside.

hlekela phakathi — pretend not to be laughing.

-hlekelele (in- izin-) (n) scandal.

-hlekeza (v) split open; pull apart.

-hlekisa (v) be amusing; cause laughter.

-hlekisa (in- izin-) (n) something causing amusement; subject of ridicule; laughing stock.

-hleko (u-) (n) laughter.

-hlekwa (v) be scorned; ridiculed.

hlekwa zinyoni — delay; be in distress.

-hlela (v) arrange in order, edit.

-hleleleka (v) be at ease; be prosperous.

-hlelemba (v) level.

-hlelenjwayo (u- o-) (n) porridge of mealie stalk juice.

-hleli (um- aba-) (n) editor; one who puts in order.

-hlelo (u- ama-) (n) sect; denomination.

-hlelo (u- izin-) (n) arrangement; grammar.

-hlenga (v) assist; nurse; redeem.

-hlenga (isi- izi-) (n) raft.

-hlengethwa (i- ama-) (n) porpoise.

-hlengezela (v) be filled with tears.

-hlengezela (in- izin-) (n) part of; portion.

-hlengi (um- aba-) (n) helper; nurse.

hlephu (ideo) of breaking off; chipping.

-hlephu (isi- izi-) (n) fragment; chip.

-hlephuka (v) get broken; have a piece broken off.

-hlephula (v) break off a piece.

-hlevane (u-) (n) goose-flesh; skin eruption.

-hlewuka (v) crack open.

-hlewuka (in- izin-) (n) hare-lip.

-hleza (i- ama-) (n) mealie cob without grain.

-hleza (isi- izi-) (n) beast with broken off horn(s).

-hleze (def v) to do continually.

hleze (conj) lest.

-hlezi (v) state of being seated.

-hlibhi (isi- izi-) (n) sledge.

hlibi (ideo) of grazing skin.

-hlibika (v) get grazed (skin).

-hlibila (v) graze skin.

hlifi (ideo) of crushing; disorder.

-hlifihlifi (ubu-) (n) disorderliness.

-hlifihlifi (ama-) (n) disorder; untidi-

ness.
-hlifiza (v) crush; cause disorder.
-hlihla (v) sizzle; froth over.
-hlihlima (v) froth over.
-hlihliza (v) hiss; make noise of pain.
hliki (ideo) of spoiling; creating disorder; rubbing off.
-hlikihla (v) rub; erase; massage.
-hlikihliki (ama-) (n) untidiness; disorderliness.
-hlikihliki (ubu-) (n) untidiness; state of being scattered about.
hlikilili (ideo) of disorder; untidiness; of being scattered about.
-hlikilili (ubu-) (n) disorderliness; untidiness.
-hlikinhliki (in- izin-) (n) careless, untidy person; disorderliness; mess.
-hlikiza (v) make untidy; scatter about; disorder.
-hlikwe (um- imi-) (n) person with hairy face; shaggy person.
-hlilingi (isi- izi-) (n) catapult; sling.
-hlimbithwa (i-) (n) storm-water with debris.
-hlimbiza (v) thwart; undermine.
-hlina (v) grin with pain.
-hliniva (in- izin-) (n) ugly person.
-hlinza (v) remove the skin; flay; operate upon; murder.
-hlinzeka (v) prepare food for a visitor; become skinned.
-hlinzekela (v) make provision for.
-hlinzela (v) skin for.
  hlinzela ezibini — treat person in a callous manner; treat cruelly.
-hlinzela (i- ama-) (n) meat given to one who has been helping in flaying a beast.
-hlinzisa (v) give present of meat; help to skin.
hliphi (ideo) of scattering about; of spoiling.
-hliphihliphi (ama-) (n) state of disorder.
-hliphihliphi (ubu-) (n) disorderliness.
-hliphiza (v) throw into disarray.
-hliziyo (in- izin-) (n) heart.
-hlo (i- ama-) (n) eye.
  thwala amehlo — be undisciplined; be disrespectful.
  wisa amehlo — look down (as one who is shy).
  bangela amehlo — cause one to feel shy.
  ukuzingenisela amehlo — make people lose respect for you.

  fakela amehlo abantu — make people despise a person.
  hlahla amehlo — stare wildly.
  fihla amehlo — avoid people.
  ncisha amehlo — avoid people.
  thenga amehlo — do in order to please.
  lalisa amehlo — pretend to be humble.
  cela amehlo — ingratiate oneself; try to make oneself popular.
  vala amehlo — pretend as if you do not see; witness a tragedy (happening or going to happen).
  hloma amehlo — watch; be precocious.
  bakazisa amehlo — look startled.
  pha amehlo — watch; look on.
  eba ngamehlo — steal a glance.
  lindela ngamehlo amnyama — await with great expectation.
  ukuba namehlo — have keen sight.
  ukuba nehlo — to have ability of feeding everyone at your feast.
  amehlo amhlophe — expression of gratitude at one's recovery or escape from grave danger; may you fare well.
  mehlo madala — we have not met for a long time (greeting by people who have been parted a long time.)
  ukuba mehlwana — to wait a long time.
-hloba (v) adorn oneself; become curdled; become watery (as cooked blood-broth).
-hlobana (v) be related to.
-hlobisa (v) decorate; dress up.
-hlobiso (um- imi-) (n) decoration.
-hlobo (i-) (n) summer time; green mealies and early pumpkins; ornament.
-hlobo (in- izin-) (n) kind; variety; type.
-hlobo (u- izin-) (n) kind; variety; type; pedigree.
-hlobo (um- aba-) (n) friend.
-hlobo (isi- izi-) (n) blood relation.
-hlobo (ubu-) (n) friendship.
-hlofa (v) act in a rough manner; bully.
-hlofane (i- ama-) (n) person with hairy face.
hlofo (ideo) of bashing; of crushing; of crackling of dry grass.
-hlofohlofo (ubu-) (n) noise of dry

grass breaking; crackling noise.

-hlofoka (v) get smashed; get broken as dry grass.

-hlofoza (v) go through dry grass; smash; crush.

-hlofozela (v) go through dry grass; smash; crush.

-hlofu (u-) unpleasant smell.

-hlohla (v) push in; load a gun.

hlohla kwezulu — gathering of storm clouds.

hlohla umoya — be windy.

hlohla inkani — act in a stubborn manner.

hlohla umsindo — make noise.

hlohla ikhwelo — whistle.

-hlohlela (v) push in roughly; ram in.

-hlohleleka (v) force one's way in.

-hlohloloza (v) hold by scruff of neck; push roughly from behind.

-hlohlozela (v) be acid; have sharp irritation; smart as wound.

hloko (ideo) of prodding.

-hloko (in- izin-) (n) head; woman's top-knot; leader.

-hloko (isi- izi-) (n) point of sharp or tapering object; heading.

-hlokohlela (v) be persistent; press forward.

-hlokohlela (in- izin-) (n) longish object; longish weapon.

-hlokohloko (i- ama-) (n) weaver-bird.

-hlokoloza (v) prod; take by scruff of neck.

-hlokoma (v) come down in spate (river); make rumbling noise; make joyful noise (as singing).

hlokoma umuntu — take to task; decry.

-hlokomo (in-) (n) sound of water (river, waterfall); noise of joyful song; din.

-hlokosela (in- izin-) (n) sty.

-hlokoza (v) poke (as fire or snake in hole).

hlokoza imamba emgodini — court trouble.

hlokoza indaba — raise matter.

-hlola (v) inspect, examine; spy; test; act as ill-omen.

-hlola (in- izin-) (n) bones for divining.

-hlola (isi- izi-) (n) presumptuous person.

-hlola (um- imi-) (n) unexpected event; surprising event; portent.

-hlolamvula (i- ama-) (n) common swift.

-hlolela (v) wish someone ill; bring evil upon.

-hloli (in- izin-) (n) spy; scout.

-hloli (um- aba-) (n) inspector; supervisor; examiner.

-hlolo (um- imi-) (n) unexpected event; surprising event; portent.

-hlolwa (uku-) (n) examination.

-hloma (v) arm oneself; plunge upright on ground.

hloma umlilo — set fire to.

hloma iqatha othini — put away something in reserve; provide for oneself.

hloma ethala — put aside.

hloma kwezulu — amass rain clouds.

-hlomantethe (u- izin-) (n) tall clumsy looking person.

-hlombe (i- ama-) (n) shoulder; applause; clapping.

phambana nehlombe — act out of step or rhythm.

shaya ihlombe — clap (as in a dance or in applause.)

ukuthathwa yihlombe — to be carried away by excitement.

-hlomeka (v) get thrust in; be implanted.

hlomeka endaweni — go there.

hlomeka emeveni — get hurled into thorns.

hlomeka enhla nasezansi — go this and that way (looking for something).

-hlomelana (v) take up arms against one another.

-hlomisa (v) arm; equip.

-hlomula (v) share buck.

-hlomulo (um- imi-) (n) share of buck; share of anything; commission.

-hlomunye (um-) (n) day after tomorrow.

-hlonga (v) lack.

-hlonga (u-) (n) species of grass.

-hlongandlebe (i- ama-) (n) one who ignores advice.

-hlongasibi (kwa-) (adv) wilderness.

-hlongoza (v) initiate.

hlongoza impi — discuss war; start a war.

hlongoza imvula — threaten to rain.

hlongoza udaba — initiate affair; raise an issue.

hlongoza inkani — argue stubbornly.

-hlonhlo (i- ama-) (n) frontal eminences.

-hlonhlo (in- izin-) (n) peninsula; piece of land jutting out to sea.

-hlonhlo (um- imi-) (n) species of euphorbia.

-hloni (ama-) (n) shame; bashfulness.

-hloni (izin-) (n) bashfulness.

-hlonipha (v) act respectfully; honour; avoid certain sounds by women (hlonipha custom).

-hloniphisa (v) put on something to lend air of dignity.

-hlonipho (in-) (n) respect; reverence.

-hlonishwa (isi- (izi-) (n) respected person.

-hloniza (v) act with restraint out of respect.

-hlonono (isi- izi-) (n) cricket (insect); deafening noise of voices.

-hlonti (isi- izi-) (n) firebrand; torch.

-hlonyane (um- imi-) (n) medicinal herb used for stomachache and other conditions.

-hlonza (v) come into open; be clear; end to solidify.

-hlonzane (u-) (n) malarial fever.

-hlonze (in- izin-) (n) wrinkle fold on forehead.

-hlonze (u-) (n) thickness.

-hlonzo (um- imi-) (n) backbone; spinal column.

-hlophe (um- imi-) (n) beast with white colour.

-hlophekazi (isi- izi-) (n) fair complexioned person (woman).

-hlophoyi (isi- izi-) (n) good for nothing person.

-hlosa (v) intend to do; aim at doing; begin to grow breasts.

-hlosa (u-) (n) species of wild plant with edible leaves and buds.

-hloso (in- izin-) (n) purpose; aim.

hlosu (ideo) of wrenching off; of tearing off (as limb).

-hlosuka (v) get wrenched off; get torn off.

-hlosula (v) wrench off; tear off.

-hlozi (i- ama-) (n) thicket.

-hlozinga (v) examine.

-hlu (u- izin-) (n) row; file; list.

-hluba (v) peel off; strip bark; moult; improve in appearance and manners.
hluba indlubu ekhasini — speak out and leave nothing behind.
hluba kwezulu — have a clear sky.
hluba ebusweni — improve in appearance.

hluba izwe ngejubane — run a long distance.

zihluba isithunzi — lower one's dignity in eyes of people.

-hlubi (i- ama-) (n) fowl with no feathers on neck; one of the Hlubi clan.

hlubu (ideo) of peeling; grazing skin.

-hlubuka (v) desert; abandon.

-hlubuka (i- ama-) (n) deserter.

-hlubula (v) uncover body; lack for clothing; lure away.

-hlubulo (um- imi-) (n) flank; side.

-hluhluwe (um- imi-) (n) thorny monkey-rope.

hluku (ideo) of shaking.

-hluku (isi-) (n) cruelty.

-hlukuhla (v) rub.

-hlukuluza (v) jolt; offend.

-hlukumeza (v) jolt; offend.

-hlukuza (v) shake.

-hlukuza (i- ama-) (n) cluster; bunch.

-hlukuzo (i- ama-) cluster; bunch.

-hlula (v) overcome; defeat.

-hlule (i- ama-) (n) clot of blood; imperfectly formed foetus.

-hluma (v) grow; sprout; be in luck.

-hluma (um- imi-) (n) young castrated animal.

-hlumba (in- izin-) (n) hard growth.

-hlume (um- imi-) (n) young castrated animal; large tree growing near river.

-hlume (i- ama-) (n) new shoot.

-hlumela (i- ama-) (n) young off-shoot.

-hlumelela (v) revitalise; add on to.

-hlumelelo (i-) (n) accretion.

-hlumisa (v) cause to grow; give something valuable.

-hlunama (v) be surly.

-hlunga (v) sift; differentiate.

-hlungeka (v) become sifted; become sorted out.

-hlungu (i- ama-) (n) newly burnt veld.

-hlungu (isi- izi-) (n) snake venom; poison; snake serum; that which causes swelling when one hits another.

-hlungu (ubu-) (n) pain.

-hlunyana (um- imi-) (n) castrated young male goat.

-hlupha (v) worry; afflict; irritate.

-hluphe (isi- izi-) (n) fur; soft down.

-hlupheka (v) experience hardship; be in trouble.

-hlupheki (isi- izi-) (n) needy person; one in poor circumstances.

-hlupheko (in- izin-) (n) worry; affliction; grief.

-hlupho (u-) (n) nuisance; trouble.

hluphu (ideo) of plucking.

hlusu (ideo) of wrenching; of tearing off (as limb).

-hlusuka (v) get wrenched off; get torn off.

-hlusula (v) wrench off; tear off.

-hlutha (v) pluck (as feathers).

-hluthandlebe (isi- izi-) (n) bat.

hluthu (ideo) of wrenching; snatching; striking; become irritated.

-hluthu (isi- izi-) (n) shaggy growth of hair; water drain.

-hluthuhluthu (isi- izi-) (n) person with quick temper.

-hluthuka (v) get wrenched off; plucked out; offended.

-hluthula (v) pluck out; wrench off; aim true.

-hluthulela (v) lock.

-hluthulelo (isi- izi-) (n) key; lock.

-hluza (v) strain; filter.
hluza ekhanda — be clear headed.

-hluze (in- izin-) (n) lemon drink; sour drink.

-hluzela (v) strain for.
hluzela umuntu etsheni elishisayo — treat callously.

-hluzi (in- izin-) (n) one who has a good hand at straining beer.

-hluzi (isi- izi-) (n) calf of leg; developed muscles of arm.

-hluzi (u-) (n) water which oozes from rotting skin.

-hluzi (um- imi-) (n) gravy; soup.

-hluzo (i- ama-) (n) strainer; filter.

hluzu (ideo) of wrenching off.

-hluzu (i- ama-) (n) scar which has formed protuberance.

-hluzu (isi- izi-) (n) calf muscles; developed arm muscles; knot on tree.

-hluzuka (v) get wrenched off.

-hluzula (v) wrench off.

-hlwa (v) become dark (night).
ukuhlwa ngomnyama — absence of moonlight.
ukuhlwa emini — be at a loss what to do; solar eclipse.

-hlwa (in- izin-) (n) flying ant; state of being naked; poor person; person without relatives.

-hlwa (isi- izi-) (n) crowd; swarm.

-hlwa (umu- imi-) (n) termite.

-hlwabula (v) chew the cud.

-hlwabusa (v) be tasty.

-hlwabusi (in- izin-) (n) flying ant.

-hlwanyela (v) sow; sow by broadcasting.

-hlwanyeli (um- aba-) (n) sower.

-hlwanyelo (in- izin-) (n) seed.

hlwathi (ideo) of dozing; of walking blindly.

-hlwathi (in- izin-) (n) python.

-hlwathi (isi- izi-) (n) nap; short sleep; fainting fit.

-hlwathiza (v) walk where there is no path; walk blindly; do the wrong way.

-hlwaya (v) search thoroughly; hunt.

-hlwayela (v) sow; sow by scattering.

-hlwayi (u- izin-) (n) buck-shot.

-hlwayo (um- imi-) (n) hunting party of a few people.

-hlwazimamba (um- imi-) (n) species of snake.

-hlwehlwe (um- imi-) (n) peritoneum; fatty membrane covering bowels.

-hlwelwa (v) be overtaken by night on the way.

-hlwenga (um- imi-) (n) mane.
thwala umhlwenga — show conceit.

-hlweza (u-) (n) coins; small loose things.

-hlwezane (u-) (n) loose stones.

hlwi (ideo) of snatching.

-hlwibi (u- izin-) (n) person with unattractive features.

-hlwisa (v) be away until dark; deliberately wait until it is night time.

-hlwitha (v) snatch.

-hlwithandlebe (isi- izi-) (n) bat.

ho (ideo) of intense heat.

ho (interj) to bring animals to a standstill.

-hoba (v) hide; draw back.

-hobela (v) strike a heavy blow; make big fire.

-hobhe (i- ama-) (n) dove.

hobho (ideo) of caving in; of gaping open.

-hobhoka (v) become split open; become bashed in.

-hobholo (um-) (n) envy; jealousy.

-hobhoza (v) cut hole.

-hobhozi (isi- izi-) (n) gaping hole.

hobhu (interj) of encouraging.

-hobhu (i- ama-) (n) heap; pile.

-hobo (u-) (n) exposing buttocks whilst kneeling.

-hobolozela (v) swallow big mouthfuls (of liquid).

-hobosha (i- ama-) (n) puff-adder.

-hodoba (u- o-) (n) witch.

-hodoza (v) poke; remove ash or soot from stove.

hoge (ideo) of sniffing.

-hogela (v) sniff; inhale.

hogela ukufa — catch infection.

hogela izindaba — search for gossip.

-hogo (isi-) hell.

-hogwane (um- imi-) (n) dog; mongrel.

-hoha (v) bring to a standstill.

hohlo (ideo) of rattling; of falling down (as dust, soot etc.); of ageing; of emaciation.

-hohloka (v) fall down (as dust, soot etc.); disintegrate; break down; show signs of ageing; lose condition.

-hohloza (v) shake down; pull down.

-hoho (u- izi-) (n) large beer pot; large hut; hut where beer is kept; cavern.

-hohoba (um- imi-) (n) long narrow object; narrow strip of land.

-hohombe (um- imi-) (n) long narrow object (as bus).

-hohoza (v) make noise as steam engine.

-hoko (i- ama-) (n) crate for fowls.

-hola (v) draw along; pull; draw wages.

hola izinyawo — walk slowly; do reluctantly.

hola izithende —walk slowly; do reluctantly.

hola amehlo — pretend as if not watching.

hola umongula — fish out information in cunning manner.

hola izingubo — wear long dresses.

-hole (isi- izi-) (n) cripple; one with legs paralysed.

-holeka (v) move by dragging oneself along.

holekela emuva — withdraw; retreat.

-holela (v) pay; lead to.

holela ophathe — lead into an ambush; lure into danger.

ziholela amanzi ngomsele — inadvertently bring trouble upon oneself.

-holeli (um- aba-) (n) one who leads span of oxen.

-holi (um- aba-) (n) leader.

-holi (ubu-) (n) leadership.

-holide (i- ama-) (n) holiday; vacation.

-holo (i- ama-) (n) pay; wages; rough surface; hall; hole made with hoe.

-holo (um- imi-) (n) excavation; cavern; pay.

-holoba (v) bubble as water in the river.

-holobha (v) gallop.

-holoholo (ama-) object with rough surface.

-holokoqo (u- izinkolokoqo) (n) long slender object (snake, tail).

-holola (v) cry all the time.

-hololo (um- imi-) (n) cry baby.

-home (um- imi-) (n) deep hole made by termites.

-homfu (i- ama-) (n) large dog.

-homfu (isi- izi-) (n) gourmand.

-homuhomu (ubu-) (n) noise of men (as in drinking party).

-homuzela (v) make noise (men) as in drinking party.

-hona (v) snore.

-hongo (i-) (n) curds formed by milking into whey.

-honqa (-o) (isi- izi-) (n) screen; shelter.

hoqo (ideo) of clattering.

-hoqolo (u- izink-) (n) long slender object (snake, tail).

-hoqoloza (v) draw in deeply; drink large mouthfuls.

-hoqohoqo (ubu-) (n) clatter; rattle.

-hoqoza (v) rattle; clatter.

-hora (i- ama-) (n) hour.

-hosha (v) pull out; draw out.

hosha umoya — see how land lies.

hosha umongulo — fish out secret.

-hosha (isi- izi-) (n) kloof; ravine.

-hosha (um- imi-) (n) kloof; ravine.

-hoshekela (v) retreat; withdraw; move back.

hosho (ideo) of hoarseness.

-hosho (isi- izi-) (n) person with hoarse voice.

-hoshobala (v) be frightened.

-hoshoza (v) be hoarse.

hoshu (ideo) of pulling out; of drawing out.

-hoshuka (v) slip out.

-hoshula (v) pull out.

-hostela (i- ama-) (n) hostel.

-hotela (i- ama-) (n) hotel.

-hova (v) be engaged in; preoccupied with.

ukuhovana nobuthongo — to be engaged in sleeping.

ukuhovana notshwala — to be engaged in drinking beer.

-hovisi (i- ama-) (n) office (room).

hovo (ideo) of falling in; caving in.

-hovoka (v) cave in; fall in; get eaten

away (as soil).

-hoxa (v) withdraw; pull out of.

-hoxisa (v) apologise; withdraw statement.

hoyi (interj) of assembling oxen to be inspanned.

-hoyiza (v) bring oxen to the yokes; get them to stand in row for inspanning.

-hoyizana (u-) (n) small particles.

-hoza (v) let out liquid; turn tap on; make sound of water issuing from tap.

hu (ideo) of whiteness; of sound of milking; of blowing of wind; of fast moving object; of flowing of water; of smacking.

-hu (u-) (n) string of things; swarm of young.

-huba (v) distant rumbling (as water in river); noise of kettle before coming to boil; move on belly; sing; noise of wind blowing; move fast; boiling of mealie grains.

-hubehube (isi- izi-) (n) glutton.

-hubengu (isi- izi-) (n) glutton.

-hubha (v) chase; tackle.

-hubhe (um- imi-) (n) lane; passage; long room.

hubhu (ideo) of deceit; of disembowelling.

-hubhu (u- o-) (n) liar.

uHubhu kaBhejane — liar.

-hubhuhubhu (i- ama-) (n) liar.

-hubhulu (i- ama-) (n) species of bird.

-hubhuluza (v) eat gruel; drink liquid food.

-hubhuluzi (u-) (n) watery food.

-hubhuza (v) tell lies; yield much milk; disembowel.

-hubo (i- ama-) (n) psalm; hymn; song.

-hubuluza (v) drink liquid food; eat gruel.

-huda (v) have diarrhoea.

-hudlu (ideo) of rasping; scouring; scraping.

-hudlu (i- ama-) (n) mine boots; heavy boots.

-hudluza (v) rasp; scour; scrape.

-hudo (u- (n) diarrhoea; trail of shooting star.

-hudo (u-) (n) diarrhoea.

-hudo (isi-) (n) dysentry; diarrhoea.

hudu (ideo) of dragging.

-hudula (v) drag along.

hudula izikhumba — snore.

hudula izinyawo — walk slowly.

-huduleka (v) act tardily; get dragged along.

-hudulu (isi- izi-) (n) strong person.

-huha (v) entice; lure; fascinate.

-huha (i-) (n) fascination; attraction; habit not easy to discard.

-huhuluza (v) graze the surface; be dragged along.

-huhuluzo (um- imi-) (n) drag-mark; graze-mark.

-huhumbe (u-; um- imi-) (n) long large spacious object (e.g. bus).

-huhuza (v) milk a heavy milker.

-huhwa (isi- izi-) (n) species of bird.

-huka (v) hook.

-huku (i- ama-) (n) hook.

-hula (v) mow; cut down; drag off.

hulu (ideo) of slipping out; coming off.

-huluba (v) creep along; go along belly; move stealthily.

-hulugu (isi- izi-) (n) enclosure for calves.

-huluhulu (isi- izi-) (n) powerful person; powerful machine.

-huluka (v) slip out; slide down.

-hulukuhla (v) empty large quantity at the same time.

-hulukuhla (isi- izi-) (n) downpour; torrential rain.

-hulukuhlela (v) empty large quantity into (e.g. emptying water from container).

hulukuhlu (ideo) of downpour; of emptying large quantity.

-hulukuhlu (isi- izi-) (n) downpour; torrential rain.

-hulukuqa (v) throw stones at.

-hulukuqela (v) move quickly; walk fast; sneak away; be in a hurry.

hulukuqu (ideo) of paying short visit.

-hulukushela (v) move away quickly; walk fast; sneak away.

-hulula (v) shell mealies; take out from thread (like beads); give birth of pig; be prolific.

-hululeka (v) slip off; go down a slope; go down country.

-hululuka (v) slip off; go down a slope; go down country.

-hulumende (u- o-) (n) government.

-hulumeni (u- o-) (n) government.

-huma (v) speak nonsense; rave; fabricate stories; go on and on without pausing (as when reading).

-humbaza (v) cheat; defraud.

-hume (um- imi-) (n) cave; cavern.

humu (ideo) of mumbling; murmur.

-humuhumu (ubu-) (n) murmuring; mumbling.

-humusha (v) translate; interpret; entice.

-humusha (i- ama-) unreliable person; scoundrel.

-humusha (ubu-) (n) dishonesty.

-humushi (um- aba-) (n) interpreter; translator.

-humuza (v) mumble; murmur.

-humuzela (v) mumble; murmur.

-hunga (v) entice; lure.

-hungeka (v) get enticed; get lured.

-hungqu (rel) mottled.

-hungqu (i- ama-) (n) mottled animal.

-hunguka (v) get enticed; lured.

-hungula (v) entice; lure.

-hunqu (rel) mottled.

-huntshu (u-) (n) long sleek object (as car).

-hunu (isi- izi-) (n) person or animal with ear lopped off; anything cut short.

-huqa (v) smear (as with grease or mud).
  huqa ubuthongo — be asleep.
  huqa phansi — drag on the ground/ floor; reach the ground (as long dress).

-huqa (isi- izi-) (n) strong person or beast; glutton.

-huqa (um- imi-) (n) a won't work; idler.

-huqazela (v) crawl.

huqu (ideo) of crawling.

-huquzela (v) crawl on hands and knees; wallow; creep along.

-husha (v) reach the ground (as dress); get dragged (as dress); make thin.

-hushazela (v) be long (of dress); reach to the ground; wear long dresses.

-husheka (v) become thin; lose weight.

-hushuka (v) slip out (as beads from string); fall out through hole (as sugar or meal etc.).

-hushuza (v) pull out; remove core (as reed to make flute).

-hutha (v) hoot.

-hutha (i-) (n) hooter.

-huye (-i) (u- o-) (n) species of bird.

huzu (ideo) of grazing; scraping.

-huzu (i- ama-) (n) one who has deserted home; scoundrel.

-huzuka (v) become abraded; desert home.

-huzuko (um- imi-) (n) abrasion.

-huzula (v) graze; abrade; cause to

desert home.

-huzulo (um- imi-) (n) abrasion.

-hwabayi (i- ama-) (n) crow.

-hwabha (v) cause loss of condition; emaciation.

-hwabheka (v) become emaciated; lose condition.

hwalala (ideo) of dusk.

-hwalala (v) become evening; become dusk.

hwamu (ideo) of drying up; evaporation.

-hwamuka (v) dry up; evaporate.

-hwamuko (um-) (n) vapour; evaporation.

-hwanqa (i- ama-) (n) man with whiskers; light grey beast.

-hwanqa (ubu-) (n) hairiness on cheeks.

hwaphu (ideo) of snatching; doing a little.

-hwaphuluza (v) snatch; do superficially.

-hwaphuna (v) snatch.

hwaqa (ideo) of frowning; gloominess.

-hwaqa (v) frown; scowl.

-hwaqabala (v) frown; scowl; be sullen; become overcast.

hwasha (ideo) of rustling.

-hwashahwasha (ubu-) (n) rustling.

-hwashaza (v) rustle.

-hwatha (i- ama-) (n) cloth worn over the shoulders; shawl.

hwathu (ideo) of noise of stiff garment (such as khakhi, German print).

-hwathuhwathu (isi- izi-) (n) stiff garment (such as khakhi; German print).

-hwathuza (v) walk in stiff garments.

-hwathuzela (v) walk in stiff garments.

-hwaya (v) scrape; plough superficially; scrape bottom of barrel; have rough surface.

-hwayiba (u- o-) (n) species of bird.

-hwaza (v) babble; make noise of cheering.

-hweba (v) barter; trade.

-hwebi (um- aba-) (n) trader; merchant.

-hwebo (u- um-) (n) trade.

-hwelela (v) become dusk.

-hwesheba (um- imi-) (n) long foot; long strip.

-hwexula (v) strike with something flexible.

hwi (ideo) of snatching.

hwibi (ideo) of drawing in; of sipping.

-hwibila (v) draw in (as mucus).

-hwitha (v) snatch.
hwixi (ideo) of whipping.
-hwixila (v) thrash.
-hwixiza (v) prevaricate.

I

ihi (interj) of agreement; of derision.
-ihlo (amehlo) (n) eye.
ikakhulu (adv) more especially.
imbala (adv) really.
imbala (interj) of surprise; even; by the way.
impela (adv) truly...
-indla (ikwindla) (n) autumn.
ingabe (conj) would that; I wonder.
ingani (conj) even though; whereas.
ingathi (conj) even though; whereas; it is as if.
-inki (u- i-) (n) ink.
-intshi (i- ama-) (n) inch.
inxa (conj) if; when.
inxashana (conj) if; when.
ishi (interj) of derision.
ishu (interj) of pain.
isibili (adv) really; truly; in fact.
isiminya (adv) truly.
-iso (iso, amehlo) (n) eye.
-iva (iva, ameva) (n) thorn.
iwu (interj) of pleasant surprise.
iya (interj) of impatience.
izolo (adv) yesterday.

J

ja (ideo) of lying prone.
-ja (in- izin-) (n) dog.
   inja yomoya — one who likes to roam about.
-ja (isi-) (n) water from smoking horn.
-jabane (isi- izi-) (n) young pumpkins, green herbs and mealie meal cooked together.
-jabha (v) be disappointed.
-jabhiso (in-) (n) cause of disappointment.
-jabula (v) be happy; be contented.
   jabula udele — be very happy.
-jabulo (in- izin-) (n) pleasure; joy.
-jadu (i- ama-) (n) tribal dance; competition.
-jadu (in- izin-) (n) snuff-box.
-jadu (um-) (n) kind of dance.

-jaha (v) chase; gallop; race; be in a hurry.
-jahela (v) grow quickly.
-jaho (um- imi-) (n) race.
-jaja (v) be happy; judge.
-jaji (i- ama-) (n) judge.
-jaka (isi- izi-) (n) obstinate person.
-jaka (ubu-) (n) obstinacy.
-jakada (v) scold; reproach.
-jalidi (i- ama-) (n) enclosed yard.
-jalimane (i- ama-) (n) German.
-jalimane (isi-) German language; German print (cloth).
-jama (v) look at in a threatening manner; glare at.
jambalala (ideo) of lying flat.
-jamelana (v) glare at one another.
-jamu (u- o-) (n) jam.
-janjatho (um- imi-) (n) long rafter from front to back of hut.
-jankomo (i- ama-) (n) species of bird.
janqu (ideo) of writhing.
-janqula (v) writhe.
-janquza (v) writhe.
-jantshi (u- o-) (n) railway line.
-jaqaba (isi- izi-) (n) powerfully built person.
-jaqaba (ama-) (n) powerfully built person.
-jaqamba (ama-) (n) cramp.
jati (ideo) of glimpsing; quick glance.
-javujavu (in-) (n) tasteless cold food.
-jayela (v) be accustomed to.
-jayeza (v) make accustomed.
-jazi (i- ama-) (n) overcoat.
-jazibhantshi (u- o-) (n) long jacket; member of male voice group singing Zulu rhythmic semi-indigenous songs.
-jekamanzi (u- o-) (n) dragon-fly.
-jeke (u- o-) (n) jug; jack (for car).
-jele (i- ama-) (n) gaol.
-jele (u- o-) (n) jailer.
-jeleza (u- o-) (n) kind of melon.
-jeli (u- o-) (n) jelly.
jembelele (ideo) of lethargy.
-jembelele (in- izin-) (n) lazy, slow, lethargic person.
-jembelele (um- imi-) (n) lethargic person.
-jembuluka (v) be slimy.
-jembuluka (in- izin-) (n) slimy substance.
-jendevu (um- imi-) (n) old unmarried woman.
-jenduka (v) deviate; go back.
-jenga (u- izi-) (n) row; file.

-jenjebuza (v) glance at.
jenjebuzi (ideo) of glancing at.
jeqe (ideo) of glancing sideways, or backwards.
-jeqe (u- o-) (n) crushed fresh mealies made into bread; mealie bread.
-jeqeza (v) glance at; look back.
-Jesu (u-) (n) Jesus.
-jeza (v) get punishment.
-jezi (i- ama-) (n) jersey.
-jezisa (v) punish.
-jeziso (isi- izi-) (n) punishment.
ji (ideo) of throwing away; of flinging down; killing; of outright action. *wafa ji* — died outright.
ji (interj) of joy of killing.
-ji (i-) (n) shout of triumph.
-jiba (u- o-) (n) species of corn.
-jibha (u- o-) (n) crane; double kick.
-jija (v) follow close behind.
-jijane (um- imi-) (n) girl with top knot.
-jijibe (u- izin-) (n) beast with long horns.
-jijibeza (v) give no time for resting; throw far.
-jijimeza (v) allow no respite; hurl far.
-jika (v) turn a bend or corner; turn round.
-jika (i- ama-) (n) bend; corner.
-jikankezo (i- ama-) (n) church goer who drinks liquor secretly.
-jikela (v) play with swing; go round. *jikela eshobeni* — approach from side with least danger.
jikelele (ideo) of going right round; of complete encircling.
-jikeleza (v) go right round; encircle; follow roundabout route; lash round.
-jikelezo (um- imi-) (n) doing a round; going from home to home (as prayer women).
-jikeli (um- imi-) (n) swing.
-jiki (i- ama-) (n) beer.
-jikijela (v) throw.
-jikijelo (um- imi-) (n) a throw; distance of single throw.
-jikijolo (i- ama-) (n) bramble.
-jikiza (v) dangle.
-jikwe (u-) (n) kind of Zulu sweet-potato.
-jila (isi- izi-) (n) obstinate person; surly person.
-jilingana (v) thicken; congeal.
-jimbilili (in- izin-) (n) slimy liquid; oily tasteless liquid (such as castor-

oil).
-jindana (isi-) (n) snuff taken in mouth.
-jilo (u-) (n) kind of Zulu sweet po-tato.
-jinga (v) frequent; pester.
-jinga (in- izin-) (n) rich person.
-jingandlu (um- imi-) (n) species of snake.
-jinge (def v) do habitually.
-jingene (def v) do habitually.
-jingi (isi- izi-) (n) melon cooked with mealie meal; pumpkin porridge.
-jingijolo (i- ama-) (n) bramble.
-jingo (isi- izi-) (n) nape of neck.
-jiti (um- aba-) (n) card sharp; scoun-drel; crook.
-jiva (in-) (n) sour smell of belching.
-jiva (um- imi-) (n) frock-coat.
jivaza (v) decry; speak contemptuously of; undermine.
-jiya (v) become thick; congeal; mature.
-jiyankomo (i- ama-) (n) species of bird.
-jiyela (v) be in quandary; suffer sprain.
-jiyelwa (v) be in a quandary.
-jiyeza (v) incapacitate; frustrate.
-jobe (u-) (n) bead flap hanging over face or at the back of the head.
-jobelela (v) add on to.
-jobo (in- izin-) (n) man's attire of tails worn round waist.
jobu (ideo) of stretching out slowly (like something elastic); of flowing out slowly (like thick liquid).
jobuluka (v) flow slowly; be elastic.
-joja (v) follow close behind; poke with a stick; impale.
-jojela (in- izin-) (n) long sharp instru-ment; person with sharp eyes.
jojo (u- o-) (n) finch.
-jojo (u- izin-) (n) long pointed object.
-joka (v) pester; give no breathing space.
-joka (i- ama-) (n) yoke.
-jokojoko (u- ama-) (n) tall moving object; long moving object.
-jokola (v) run away; throw in towel.
-jokwe (i- ama-) (n) yoke.
-joli (rel) white spotted.
-jomane (in- izin-) (n) horse.
-jomba (u- o-) (n) species of wild fruit.
-jombolo (i- ama-) (n) rock-drill.
-jomela (u- o-) (n) species of bird.
-jona (v) expel salivary water from smoking horn through hollow reed.

-jonga (v) pester; aim.
-jongo (in- izin-) (n) purpose; aim.
-jongosi (i- ama-) (n) young ox.
-jono (um- imi-) (n) hollow reed for expelling salivary water when smoking hemp.
-jonqa (v) be stubborn; insolent.
-joqa (v) be stubborn; insolent.
-josaka (u- o-) (n) knapsack.
ukuphuma nxanye njengojosaka — to differ with others.
-jova (v) inoculate; give injection.
-jovo (um- imi-) (n) inoculation; injection.
-joye (i- ama-) (n) datura.
-joyina (v) enter a labour contract (for mine).
-joyini (i- ama-) (n) recruited labour (for mine).
-jozi (i- ama-) (n) broad bladed spear.
ju (ideo) of dripping.
-ju (u-) (n) honey.
-juba (v) give permission to marry; throw; cut; fly (as bird).
-juba (i- ama-) (n) dove; pigeon.
-jubalala (v) fly away; come out first.
-jubalaza (v) struggle to free oneself.
-jubane (i- ama-) (n) fleetness of foot; ability to run quickly.
-jubantendele (i- ama-) (n) species of bird.
-jubantondo (i- ama-) (n) species of bird.
-jubela (i- ama-) (n) splinter; chip.
-juda (i- ama-) (um- ama-) (n) Jew.
-Juda (isi-) (n) Jewish language; Jewish way of living.
-jukujela (v) throw.
-jukujelo (um- imi-) (n) distance of throw; a throwing.
-jukujuku (ama-) (n) distant place.
-jula (v) be deep; go deep.
-jula (isi- izi-) (n) hunting spear.
-jula (uku-) (n) depth.
-jula (in-) (n) depth.
-juluka (v) perspire.
-juluko (um-) (n) sweat; perspiration.
-julumba (i- ama-) (n) swelling on the skin caused by irritation (such as insect bite).
-juma (v) take by surprise.
-jumba (isi- izi-) (n) bag the size of sugar pocket; large bundle.
-jumbane (in- izin-) (n) poison.
-jumeka (v) fall asleep; be taken unawares.
jumpu (ideo) of cutting off.

-jumpula (v) cut off; lop off.
-jumpuna (v) cut off; lop off.
-jundu (isi- izi-) (n) blunt instrument.
-jundubeza (v) make blunt.
-junduza (v) cut with blunt instrument.
-junguju (u-) (n) frog spawn; slimy syrupy stuff.
-jungujungu (isi- izi-) (n) nape of neck.
-junju (um- imi-) (n) throbbing.
-juphe (i- ama-) (n) tit-bit of meat.
-juqa (v) sever; cut; kill outright.
juqu (ideo) of cutting through.
-juqu (isi- izi-) (n) section; piece.
-juqu (u- o-) (n) deadly poison.
-juquka (v) get severed.
-juqula (v) cut in two; sever.
-juza (v) drip; ooze.
-juzo (um- imi-) (n) stuff oozing out.
-jwabu (i- ama-) (n) loose skin; lean meat.
-jwana (isi- izi-) (n) baby baboon.
-jwanqa (u-) (n) species of Zulu potato.
jwaphu (ideo) of taking a little.
-jwaphu (i- ama-) (n) small bit.
-jwaphuna (v) snatch; take a bit.
-jwaqu (um- imi-) (n) tough lean meat; emaciated beast.
-jwayela (v) become used; be familiar with.
-jwayeza (v) accustom.
-jwayezi (in-) (n) regular occurrence; confirmed habit.
-jwayezi (isi-) (n) regular occurrence; confirmed habit.
-jwayi (isi- izi-) (n) aged woman.
jwi (ideo) of being alone; of flinging.
-jwiba (v) fling.
-jwini (esi-) (adv) in the midst of.

K

kabana (adv) rather badly.
kabanzana (adv) rather broadly; widely; more extensively.
kabanzi (adv) extensively; widely.
-kabha (v) chop wood.
kabi (adv) badly; exceedingly.
kabili (adv) twice.
kabuhlungu (adv) painfully.
kabusha (adv) anew; afresh.
kade (adv) long ago.
kade (conj) and thereafter.
kade (def v) of action just completed.
kadeni (adv) just as I thought; after a long time.

kaduba (conj) and then.

kadukuba (conj) and then.

-kafolo (isi- izi-) (n) scaffolding.

-kafula (isi- izi-) (n) scaffolding.

kafuphi (adv) briefly.

kafushane (adv) briefly; shortly.

kahlanu (adv) five times.

kahle (adv) well; beautifully; carefully; gently.

kahle (interj) just a moment; wait a little.

kahle-nje (interj) certainly; without a doubt.

-kaka (v) surround; encircle; defaecate.

-kaka (ama-) (n) excreta (usually of babies).

-kakelezela (v) surround completely.

kakhulu (adv) greatly; very much.

-kala (v) weigh.

-kali (isi- izi-) (n) measure; balance; scale; plough-share; weight; beer measure.

-kaliki (u-) (n) whitewash; lime.

-kalikuni (i- ama-) (n) turkey.

-kalishi (i- ama-) (n) carriage.

-kalu (u- o-) (n) melon cut up and dried.

kalufifi (adv) hazily; indistinctly.

kalukhuni (adv) with difficulty.

kalula (adv) easily.

kalusilili (adv) with reluctance; slowly.

kalusizi (adv) painfully.

kaluvindi (adv) hazily; indistinctly.

-kama (v) comb; produce tax receipt.

kambe (adv) by the way; of course.

-kamela (i- ama-) (n) camel; room.

-kameli (i- ama-) (n) camel.

-kamelo (i- ama-) (n) room.

kamhlophe (adv) clearly.

kamfu (ideo) of tying tightly in the middle; round the waist; of holding tightly round waist.

-kamfula (v) tie tightly round the waist.

kamnandi (adv) sweetly; agreeably.

kamtoti (adv) pleasantly.

-kamu (i- ama-) (n) comb; military camp; police station.

kamuva (adv) afterwards.

kancane (adv) slightly; slowly; gradually.

kanci (adv) very slightly; very slowly.

kancinyane (adv) very slightly; very slowly.

kancu (adv) very slightly; very slowly.

kande (conj) and then.

kanduba (conj) and then.

kane (adv) four times.

kanekiso (isi- izi-) (n) laager; shelter.

kangaka (adv) so much; so many times; to such an extent.

kangakanana (adv) so much; to such an extent.

kangakanani (adv) how much.

kangakaya (adv) as much as that.

kangaki (adv) how many times.

kangako (adv) so much; to that extent.

kangangoba (conj) so much so; inasmuch as.

kangangokuba (conj) so much so; inasmuch as.

kangcono (adv) in a better way or manner.

-kani (i- ama-) (n) watering can; milk can.

-kani (um- imi-) (n) species of tree.

-kanina (u- o-) (n) child of mother's sister.

kaningi (adv) many times.

-kanisa (v) make a stand (as in war); put up camp.

-kaniso (isi- izi-) (n) protected camp; laager.

kanjalo (adv) in that manner.

kanjani (adv) how; in what manner.

kanje (adv) in this manner.

kanjena (adv) in this manner.

kanjeya (adv) in that manner; at that distance.

kanti (conj) just so; in fact.

kanti (interj) just so; so what; what of it; what if so; who can stop me!

-kantini (in- izin-) (n) beer-hall.

-kantolo (in- izin-) (n) court; courthouse.

kanye (adv) once; once and for all; selfsame.

kanye na — together with.

kanyekanye (adv) all together.

kanzima (adv) with difficulty.

kapa (ideo) of spilling.

-kapaka (v) get spilled.

-kapaza (v) spill.

-kapazela (v) spill onto.

-kapuluta (v) scoop out.

-kapuluza (v) scoop out.

-kaputeni (u- o-) (n) captain.

kashumi (adv) ten times.

kasikhombisa (adv) seven times.

kasithupha (adv) six times.

kasishiyagalolunye (adv) nine times.

kasishiyagalombili (adv) eight times.

-katali (u- izin-) (n) guitar.

kathathu (adv) three times.

-kati (i- ama-) (n) cat; cat-o-nine-tails.

-katolika (i- ama-) (n) Roman Catholic.

-kawoti (isi- izi-) (n) scout-belt; boy scout.

-kaze (def v) never.

kazi (conj) of uncertainty.

-ke (def v) do at times.

-ke (suffix) then (hamba-ke — go then; buya-ke — return then).

-kebhe (i- ama-) (n) cab.

-kebhe (isi- izi-) (n) boat; ship; ferry.

-keke (u-) (n) object that is not straight up; lopsided object.

kekeke (ideo) of cackling.

-kekela (v) walk sideways; cackle.

-kekelezela (v) heap around; trim round.

-kela (v) clip.

-kele (isi- izi-) (n) scissors; shears.

-kelemu (isi- izi-) (n) rogue.

-kelemu (isi- izi-) (n) worms (in body).

-kelemu (ubu-) (n) treachery; lawlessness.

-kelo (um- imi-) (n) large eating vessel; row.

-kelo (isi- izi-) (n) scissors; shears.

-kenebtange (i- ama-) (n) pliers.

kepe (ideo) of waving movement of longish broad flat object.

-kepezela (v) undulate; flap up and down.

kepha (conj) but; nevertheless.

-keqe (um- imi-) (n) necklace.

-kesi (i- ama-) (n) box; case.

-ketanga (i- ama-) (n) chain.

kete (ideo) of speaking.

-ketekete (isi- izi-) (n) lantern.

-ketela (i- ama-) (n) kettle.

-keti (isi- izi-) (n) skirt.

ketu (ideo) of upsetting; pushing over; tumbling over.

-ketuka (v) tumble over.

-ketula (v) upset; throw over.

-ketshezi (u- izin-) (n) watery substance; liquid; slim person with small waist (esp. women).

-kewu (i- ama-) (n) domestic duck.

-keyi (isi- izi-) (n) yoke skey.
    inzukazikeyi — a very difficult problem.

-kha (v) dip; pick.
    kha phezulu — do superficially; tell only part of the story.
    kha phansi — miss the mark; fail.
    kha umdlali — give token in appreciation of good performance;
    take fancy to.
    kha ngamehlo — eye someone: glance.

-kha (ama-) (n) scent.

-khaba (v) kick.

-khaba (i- ama-) (n) young crops.

-khaba (inkaba izink-) (n) navel.

-khaba (isi- izi-) (n) hair growing on chest and navel.

-khaba (um- imi-) (n) large abdomen (man).

-khabathisa (v) tie trousers above waist; reach up the legs (as dew).

-khabe (i- ama-) (n) water melon; ambi-dexter.

-khabethe (i- ama-) (n) cupboard.

-khabethuke (isi- izi-) (n) very large object.

-khaca (v) scold; upbraid.

-khabukhabu (i- ama-) (n) fast walker; one always in a hurry.

-khabuzela (v) walk hurriedly; walk briskly.

-khaca (v) scold; upbraid.

khace (ideo) of blackness; darkness.

-khadi (i- ama-) (n) playing card: card.
    shova amakhadi — shuffle cards.

khadibhodi (i- ama-) (n) card-board.

khafu (ideo) of puffing out; belching out.

-khafu (isi- izi-) (n) scarf; food.

-khafula (v) spit out.
    khafula umuntu — upbraid; rail at
    khafulwa yingcwaba — recover from serious illness.

-khafulithi (ama-) (n) shavings; discarded peels (as sweet cane).

-khafuthini (isi- izi-) (n) lunch box.

-khafuza (v) emit smoke; belch forth; talk endlessly.

khahla (ideo) of dropping with crushing noise.

-khahla (v) speak heatedly; treat in a rough manner.

-khahlabeza (v) treat roughly, without consideration.

khahlahla (ideo) of crushing down; of arrival.

-khahlamba (u-) (n) Dranensberg mountains.

-khahlameza (v) treat roughly, without consideration.

-khahlaza (v) throw down with a crash.

khahle (ideo) of arrival.

-khahlela (v) kick; blossom (as mealie plants).

khahlelwa yihashi/yindlovu esifu-beni — be unable to keep a secret.

-khahleleka (v) arrive at.

-khahlo (u-) (n) rough cruel treatment.

-khahlu (isi-) (n) violent action; emotion.

-khakha (v) have a bitter taste; be pungent.

-khakha (um- imi-) (n) section; layer; stratum.

-khakha (isi- izi-) (n) woman's leather skirt.

-kakhabisa (v) upbraid; order away in rough manner.

-khakhasi (i- ama-) (n) species of thistle; person of weak morals.

-khakhasi (um- imi-) (n) red stinkwood tree.

-khakhayi (u-) (n) anterior fontanelle; crown of head.

-khala (v) weep; cry; complain; plead; make sound (as bell).

khala ezimathonsi — cry bitterly.

khala uzithulisa — lack comforter/sympathiser.

khala kukhaleke — have one's complaint attended to.

khala ngomuntu — blame someone; want someone.

khala esikaNandi — cry endlessly.

khala ngaso linye — pretend to be sorry.

khala ngomsebenzi — seek work.

khala ungashayiwe — be ugly.

khala kwengane esiswini — hunger.

kukhala ibhungane — there is no one; the place is deserted.

kukhala uhlanga — it is winter time.

kukhale nyonini — what has happened that you act as you do.

-khala (i- ama-) (n) nose; nostril.

ikhala lempi — vanguard.

ikhala lenja — cold food.

-khala (isi- izi-) (n) gap; opening.

-khala (um- imi-) (n) ring through cow's nose; reins.

-khaladi (i- ama-) coloured person.

khalakatha (ideo) of sudden entry.

-khalakathela (v) fall into; tumble into.

-khalakathelisa (v) mislead; lead into disaster.

-khalala (v) lose interest in; spurn.

-khalaza (v) be disappointed; grumble.

-khalazemithi (e-) (rel) beast with dark grey colour and whitish spots here and there.

-khalela (v) cry for; be sympathetic with; make the best of a bad situation.

-khalenda (i- ama-) (n) calendar.

-khali (isi- izi-) (n) weapon.

-khali (u- o-) (n) curry; curry powder.

-khalima (v) low (as cow); turn back (as cattle); warn of danger.

-khalipha (v) be alert; be clever; be sharp.

khalipha nganxanye njengomese — regard oneself as cleverer than others.

-khalo (isi- izi-) (n) cry; grievance; complaint; request.

-khalo (u- izin-) (n) plateau; fairly level country; waist.

ukhalo lwentombazane — amount of lobolo required for her.

-khama (v) squeeze out; strain; drain off (as whey); throttle; light rain (when it clears).

khama inkani — put an end to all argument; convince absolutely.

khama inkomo — milk dry.

-khamanzi (i-) (n) ladle.

-khamba (isi- izi-) (n) belt worn by women.

-khamba (u- izinkamba) (n) earthenware pot.

-khamba (um- imi-) (n) camel-thorn tree.

-khambi (i- ama-) (n) medicinal herb; insanity; disease causing rash on body especially face.

-khambi (izinkambi) (n) tea leaves.

-khamela (v) squeeze out for; drain off for; throttle for.

khamela esekweni — treat cruelly.

-khamelela (v) do with all one's strength; persevere.

khamfu (ideo) of grabbing by the waist.

-khamfula (v) tie tightly round the waist.

-khamisa (v) open mouth; be agape; be surprised.

-khamo (isi- izi-) (n) press (as wine press).

-khamuluka (v) shout.

-khanakhana (u- o-) (n) Indian curry.

-khanda (v) repair; pound; beat; work in metal.

khanda ngamatshe — stone someone.

-khanda (i- ama-) (n) head; head

kraal; chief's kraal.

ukuphathwa yikhanda — to have a headache.

ukuba nekhanda — to be clever.

ukuba nekhanda lokwazi izinto — to have gift of doing.

ukungabi nakhanda — to be headstrong.

ikhanda lokwelamela izinto — habit of surprising people.

ukhanda limtshela okwakhe — one who will not heed advice.

-**khanda (u-)** (n) head of beast.

-**khandampondo (u-)** (n) poll-tax.

khandana (v) be crowded together; meet.

-**khande (u- izinkande)** (n) sharpened stick for piercing gourd in boys' throwing game.

-**khandi (u- izinkandi)** (n) see ukhande.

-**khandi (um- aba-)** (n) maker; repairer.

-**khandla** (v) overstrain; tire out.

-**khandleka** (v) be overstrained; lose condition.

-**khandlela (i- ama-)** (n) candle.

-**khandlu (um- imi-)** (n) place of assembly; assembly of men.

-**khando (um- imi-)** (n) ore.

-**khanga** (v) attract; be attractive.

-**khangala (um- imi-)** (n) Cape teak tree.

-**khangala (inkangala izin-)** (n) open veld with few trees.

-**khangela** (v) look at.

-**khangela abathakathi (kwa-)** (adv) Congella.

-**khangeza** (v) hold out hands to receive present; place gift in someone's hands (as food).

-**khangezisa** (v) give a small amount.

-**khangezo (isi- izi-)** (n) small clay plate used for children.

-**khangisa** (v) attract; be attractive.

-**khangu (um- imi-)** (n) birthmark; mole on skin; new earthen pot.

-**khangula** (v) use for the first time; use pot for first time.

-**khanjana (u- o-)** (n) pin.

-**khanka (i- ama-)** (n) jackal.

-**khankanya** (v) ponder; consider; thrash out matter.

-**khankasa** (v) press on (as army); be on the war-path.

-**khankaso (um- imi-)** (n) onslaught; a pressing on; campaign.

-**khankatha** (v) upbraid.

khanku (ideo) of seizing (esp. by the middle of body).

-**khankula** (v) grab.

khansu (ideo) of running like a tired person.

-**khansuza** (v) run wearily.

-**khanuka** (v) be jealous; have strong desire.

-**kanuko (inkanuko izin-)** (n) lust.

-**khanula** (v) strain (as one giving birth).

-**khanya** (v) become light; shine; gleam; become clear; have fair complexion.

-**khanya (uku-)** (n) light.

-**khanya (um- imi-)** (n) something to screen or shelter eyes.

akha umkhanya — look on but not take a part.

-**khanyikhanyi (u- o-)** (n) glowworm; firefly.

-**khanyisa** (v) explain; make clear; light (as candle); make light.

-**khanyiso (inkanyiso)** (n) enlightenment.

-**khanzi (i- ama-)** (n) large earthenware pot.

-**khanzi (um- imi-)** (n) grass belt worn by women for a few days after giving birth.

khapha (ideo) of splashing.

-**khapha** (v) accompany; lead; guide.

-**khaphela** (v) betray; drive out to pastures.

-**khaphelo (i- ama-)** (n) pasture land.

-**khaphethi (i- ama-)** (n) carpet (woven).

-**khapheza** (v) push violently; sprinkle; pour over.

-**khasa** (v) crawl on hands and knees.

khasela eziko — endanger oneself.

-**khasa (inkasa)** (n) voetgangers; young of swarm locusts; irrigation furrow.

-**khasakhasana (isi- izi-)** (n) short person.

-**khasaza** (v) shuffle along.

-**khasha (u-)** (n) appearance for a moment.

ukwala ukhasha — to act immediately; not to waste time.

-**khashana** (adv) a long distance off.

-**khashana (isi- izi-)** (n) a short while.

-**khasi (i- ama-)** (n) leaf; peel; page; playing card; light object.

-**khasi (ama-)** (n) card game; playing cards.

-**khasimende (i- ama-)** (n) customer.

-**khasitadi (u-)** (n) custard.

khatha (ideo) of arrival.

-khatha (v) smear with oil or grease or fat.

-khatha (inkatha izin-) (n) woven ring of grass or cloth used to protect the head when carrying a head load; coil of wire or rope; secret ring of herbs made by tribal doctor and used to ensure safety, unity and loyalty of tribe.

-khatha (isi- izi-) (n) cloud (as smoke); rolled up object.

-khathakhatha (ama-) (n) herbs used for curing sickness.

-khathala (v) become tired; worry about.

-khathalela (v) be concerned about; look after.

khathatha (ideo) of unexpected arrival.

-khathaza (v) worry; annoy.

-khathazeka (v) be worried; be anxious.

-khathazo (i-) (n) a kind of herb used as a remedy.

-khathazo (inkathazo izin-) (n) trouble; worry.

-khathekhisi (um- aba-) (n) catechist.

-khathekhizima (i- ama-) (n) catechism.

khathi (yikhathi) (conj) so that; in order that; (adv) it is now.

-khathi (isi- izi-) (n) time.

-khathi (inkathi izinkathi) (n) period of time; season.

-khathi (um- imi-) (n) space between; firmament.

khathilesi (adv) at the present time; at this moment.

khathisimbe (adv) perhaps; at sometime or other.

-khatholika (i- ama-) (n) member of Roman Catholic Church.

-khathulula (v) cover much ground (working); work extensively.

-khave (u-) (n) beast with sharp horns.

khawu (ideo) of stopping; cessation; abatement.

-khawu (isi- izi-) (n) interruption; break.

ukwenza izikhawu — to do at intervals.

-khawuka (v) cease; break off.

-khawula (v) stop; cease.

khawulo (um- imi-) (n) limit; boundary.

-khawundane (isi- izi-) (n) woman of loose morals.

-khawundi (i- ama-) (n) account (statement; reckoning).

khaxa (ideo) of perfect fit; throwing thing in; of gripping.

-khaya (i- ama-) (n) home.

-khaya (um-) (n) members of family; species of tree.

khayi (ideo) of being bashful.

-khayiza (v) be bashful; be embarrassed.

-khaza (v) purge.

-khaza (ama-) (n) cold.

indlu yamakhaza — cold room; mortuary.

-khaza (um- imi-) (n) tick.

-khazikhazi (ubu-) (n) glamour; splendour; glitter.

-khazimula (v) shine; glitter.

-khazimulo (inkazimulo izin-) (n) glitter.

-khebezane (i- ama-) (n) spear with long broad serrated blade.

-khebula (i-) (n) kind of concoction.

-kheca (v) suck in; become deflated; be hungry.

kheca isisu — draw in belly.

-khece (isi- izi-) (n) something not quite full.

-khedama (v) be depressed; bereaved.

khedama (inkedama izink-) (n) orphan.

-khedamisa (v) be in state of sorrow; look dejected.

khefu (ideo) of momentary rest; of talking.

-khefu (i- ama-) (n) period of rest.

hlaba ikhefu — rest.

-khefuza (v) talk incessantly; speak falsehoods.

-khefuzela (v) breathe heavily; pant.

-khehla (v) adopt headring (man); topknot (woman); cut down (as sugar cane).

-khehla (i- ama-) (n) man with headring; old man.

khehle (ideo) of felling; breaking; laziness; jingling or rattling; glowing of fire.

khehlehle (ideo) of collapsing; of being broken at the limbs.

-khehleka (v) glow (of fire).

-khehlekhehle (um- imi-) (n) old dilapidated object; rattling object.

-khehlewane (inkehlewane izink-) (n) glowing fire.

-khehleza (v) rattle; chop down; knock down.

-khehli (inkehli izink-) (n) betrothed girl with topknot; topknot of betrothed girl.

-khekhe (i- ama-) (n) cake.

-khekheba (i- ama-) (n) layer; caked mass; honey-comb.

-khekhebula (v) scrape off in large clods or flakes.

khekhekhe (ideo) of running along (as dog behind master).

-khekhekhe (isi- izi-) (n) quick action; quick worker; quickly.

-khekheleza (v) cheat at work; do superficially.

-khekhezela (v) follow behind (like dog).

-khela (v) trip; address letter.

khele (ideo) of limping.

-khele (um- imi-) (n) claypot with wide mouth; piece of red meat from side of beast.

-khelekehle (isi- izi-) (n) gorge; precipice; ravine.

-khelekethe (ama-) (n) rough broken country.

-khelela (v) pick for; pluck for; fill container with water by means of ladle.

-kheleleka (v) arrive in relays.

-khelelo (isi- izi-) (n) ladle; something with which to dip water.

-khelengu (ubu-) (n) deceit.

-kheleza (v) limp.

-kheli (i- ama-) (n) address (postal).

-khema (v) drizzle.

kheme (ideo) of drizzling.

-khemese (i- ama-) (n) chemist.

-khemezela (v) drizzle

-khemezelo (um- imi-) (n) drizzle; soft rain.

-khemisi (i- ama-) (n) chemist.

khence (ideo) of tinkling; clanging; ringing.

-khenceza (v) ring (like a bell); clang.

-khendla (v) get supply of medicine from far place.

-khenenda (v) disable; sit idly.

-khenende (um- imi-) (n) indolent person; cripple.

-khenka (v) run.

-khenkenene (ama-) (n) beast with horns wide spread slanting towards back.

-khenketha (v) wander.

-khenkethe (um- imi-) (n) vagrant; pariah dog.

khenqe (ideo) of ringing; clanging.

-khenqekhenqe (ubu-) (n) continuous ringing; clanging.

-khenqeza (v) ring; clang.

khenye (ideo) of limping.

khenyeza (v) limp; be lame.

khephe (ideo) of flapping of light object; of being frightened.

-khephezela (v) flap (as light object); be assailed with fear.

khephu (ideo) of chipping off; frothing.

-khephuka (v) get broken off; froth.

-khephula (v) break a piece out (as removing plaster from wall).

-khephunkephu (inkephunkephu) (n) mass of foam; froth.

-khephuza (v) froth over.

-khephuzela (v) froth over; be dressed in finery (such as plumes).

-khesa (v) decry; undermine.

-kheshe (i- ama-) (n) cage (used in mines).

-kheshe (u-) (n) cash.

-khesheza (inkesheza) (n) very small quantity.

-khetha (v) select; choose; elect; dance.
   khetha iphela emasini — be partial.
   khetha amabala — walk gingerly.
   kuyokhetha ukhethi — we will see what the outcome will be.

-khethe (u-) (n) shale; galvanised iron.

khethelele (ideo) of being silent.
   vuma khethelele — raise no objection; be well satisfied.

-khethelo (i- ama-) (n) the best of anything; choice.

-khethikhizimu (i- ama-) (n) catechism.

-khethini (i- ama-) (n) curtain.

-khetho (i- ama-) (n) bridegroom's party at a wedding.

-khetho (isi- izi-) (n) beer skimmer shaped liked a spoon.

-khetho (u-) (n) election.

-kheva (v) sit idly; gape stupidly.

kheve (ideo) of gaping.

-kheveza (isi- izi-) (n) large opening.

-khewu (isi- izi-) (n) gap.

-khexa (v) be amazed; stand in amazement; be astounded.
   khexa umlomo — be stunned; astounded.

-khezekheze (i- ama-) (n) delicacies; attractive food.

-khezekheze (ubu-) (n) glitter; luxury.

-khezezela (v) be attractive as delicacies.

-khezo (inkezo izinkezo), (n) ladle;

gourd for drinking beer.
-khezo (u- izinkezo) (n) spoon.
-khicila (v) scrape off (as perspiration).
khifi (ideo) of drizzling.
-khifikhifi (ama-) (n) speckled object.
-khifiza (v) drizzle.
-khihla (v) weep.
  khihla isililo — wail; cry without ceasing.
khihli (ideo) of glowing (as fire); frothing over; blossom.
-khihlika (v) be prosperous; glow as fire; froth over; blossom.
-khihliwane (inkihliwane izin-) (n) glowing fire.
-khihliza (v) froth; foam.
  khihliza amagwebu — foam at the mouth.
  khihliza izinyembezi — shed tears.
  khihliza kweso — discharge from sick eyes.
  khihliza kommbila — begin to form grain.
-khikhi (i- ama-) (n) pocket.
-khikhila (isi- izi-) (n) crop of fowl.
-khikhizela (i- ama-) (n) young shoot developing from plant; self seeded plant.
-khikhiliza (v) work in a dishonest way; cut out.
-khilikithela (v) walk on uneven ground; fall into ditch.
khilikithi (ideo) of falling into ditch, etc.
-khilosha (v) do crochet work.
khimilili (ideo) of sudden halting.
-khinda (v) wear short trousers; wear short dress.
-khindi (isi- izi-) (n) short trousers; short skirt; shorts.
-khinga (inkinga izin-) (n) riddle; mystery.
-khinikela (v) narrate to.
-khininda (v) disable; hit at the knees.
-khininga (v) narrate.
-khinqi (i- ama-) (n) knob.
-khinsela (v) over eat.
-khinsela (inkinsela izin-) (n) important person; wealthy person.
-khinyabeza (v) place heavy burden upon; overload; disturb.
-khinyakhinya (inkinyankinya) (n) difficulty; problem.
-khinyabezo (um- imi-) (n) a big load; difficult problem.
-khipha (v) take out; pull out.
  khipha inyumbazane — discriminate against.
  khipha iqhubu — discriminate against.
  khipha iqhude — discriminate against.
  khipha inyongo — drink purgative.
  khipha umthakathi — expel bile.
  khipha isibhongo — take revenge.
  khipha amehlo — look frightened; wild.
  khipha ihlambo — take revenge; cleanse after bereavement.
  khipha inkani — defeat utterly.
  khipha inhlazane — allow cattle to graze before milking in the morning.
  khipha isisu — commit abortion.
  khipha ngoshova — push out by scruff of neck.
  khipha isigwebo — pronounce judgment.
  khipha ubuthi — drink from beer pot first before passing it on to others.
  khipha impi — send out army to attack.
  khipha ulimi ngamakhala — speak a language fluently.
  khiphana umlala — contest; fight a duel.
  khiphela inkonyane — take an unborn calf from dead cow.
  khishwa ngumuthi — to have a loose stomach due to a purgative.
  khishwa ukudla — develop dislike for food one has been taking all along.
-khipha (isi- izi-) (n) horn or bone for removing dirt from fingernails.
-khiphampethu (um- imi-) (n) species of tree.
-khiqiza (v) produce abundantly.
-khisazela (v) walk heavily.
khishi (i- ama-) (n) kitchen.
-khisi (isi- izi-) (n) ditch; hollow.
-khisila (v) loathe; decry; deplore; speak ill of.
-khisimusa (-za) (v) give Christmas gift.
-khisimusi (u- o-) (n) Christmas; Christmas gift.
khithi (ideo) of dropping down.
-khithika (v) fall down (as snow or leaves).
-khithikhithi (inkithinkithi izin-) (n) pile; heap.
-khithikhithi (ubu-) (n) dropping in

large quantities.
-khithiza (v) bring down in large quantities; buy in large quantities.
-khiwane (i- ama-) (n) fruit of fig.
-khiwane (um- imi-) (n) fig; fig tree.
khiya (ideo) of hesitating.
-khiya (v) lock.
-khiyankinya (inkinyankinya izink-) (n) difficult problem.
-khiyaza (v) hesitate.
-khiye (isi- izi-) (n) key.
-khiyela (v) lock up.
-khiza (v) drizzle.
-khizane (i- ama-) (n) tick.
-khizo (um- imi-) (n) drizzle.
-khoba (i- ama-) (n) grain husk.
-khobe (u- izinkobe) (n) grain; [pl. only] boiled grain (mealies, corn).
khobo (ideo) of battering.
-khobola (v) batter on head.
-khobolo (i- ama-) (n) hideout; untidy shelter.
-khobongo (i- ama-) (n) beast with straight horns in front of face.
-khobongo (isi- izi-) (n) beast with straight horns in front of face.
khocu (ideo) of scraping; of cleaning thoroughly.
-khocula (v) scrape; clean; take away everything.
-khofi (i- ama-) (n) coffee; (pl) varieties of.
-khohla (v) slip one's mind.
-khohlakala (v) be forgotten; be corrupt.
-khohlakali (isi- izi-) (n) corrupt person.
-khohlakalo (inkohlakalo) (n) aberration.
-khohlanisa (v) mislead; deceive; defraud.
-khohlela (v) cough.
-khohlela (isi- izi-) (n) phlegm.
-khohlisa (v) cheat; deceive; mislead; give a little.
-khohlisa (inkohlisa izink-) (n) stye.
-khohlisi (um- aba-) (n) deceiver.
-khohliso (inkohliso) (n) deceit.
khohlo (ideo) of being quite dry; of rattling.
-khohlo (i- ama-) (n) wife of the left hand house; eldest son of wife of left hand house; section of kraal of this wife.
-khohlokhohlo (u-) (n) whooping cough.
-khohlomba (inkohlomba izin-) (n)

dried up object; container of dried up skin; sheath for weapon.
-khohlomba (ama-) (n) medicine containers.
-khohloza (v) make rattling noise.
-khohlozela (v) make rattling noise.
-khohlwa (v) forget; be puzzled.
-khohlwa (i- ama-) (n) see ikhohlo.
-khohlwa (isi- izi-) (n) forgetful person.
-khokha (v) pay; draw a stick or weapon.
-khokha (um-) (n) unfortunate and unpleasant consequence.
-khokhela (v) pay for; pay wages; lead.
    khokhela khokhela — saying when asking for sweet-cane.
-khokheli (um- aba-) (n) leader; one who pays.
-khokhelo (inkokhelo) (n) payment; reward.
-khokhisa (v) demand repayment or refund; revenge.
-khokho (isi- izi-) (n) food which cakes up at bottom of pot; burnt food at bottom of pot.
-khokho (u- o-) (n) ancestor; great grand parent; cork; cocoa.
-khokho (u- izinkokho) (n) scab; hard crust; irritation as in throat.
-khokhoba (v) walk bent over; stoop when walking; falling down of meat.
-khokhobisa (v) take away secretly.
-khokholoza (v) be very expensive.
-khokhovula (u- izinkokhovula) (n) witch; expert medicine man.
-khokhozela (v) act in servile manner.
-khola (v) satisfy; tire.
-kholakala (v) be trustworthy; satisfying; convincing.
-kholana (v) be friendly.
-kholeka (v) be convincing; satisfying; trustworthy.
-kholisa (v) cause to be satisfied; cause harm to.
-kholisa (inkolisa) (n) that which is usual.
-kholisa (zi-) (v) harm oneself; help oneself abundantly.
-kholo (u- izinkolo) (n) faith; belief, creed.
-kholo (u- o-) (n) species of bird; beast with greyish brown colour.
kholokotho (ideo) of disappearing (as in deep hole); falling into.
-kholokotho (isi- izi-) (n) ravine; abyss.
-khololo (u- o-) (n) collar.

-kholwa (v) believe in; be satisfied; quench thirst.

-kholwa (i- ama-) (n) believer; christian.

-kholwa (ubu-) (n) christianity; christian way of life.

-kholwane (um- imi-) (n) species of bird.

-kholwase (u- o-) (n) flamingo.

-khoma (um- imi-) (n) whale.

-khomakhoma (isi- izi-) (n) tree-fern.

-khomanisi (i- ama-) (n) communist.

-khomanisi (ubu-) (n) communism.

-khomba (v) point; dance; choose lover; be a marksman.

   khomba ngophakathi — be in comfortable circumstances.

   khomba ngenjumbane — be determined to hurt someone.

   khomba ngesibhamu — shoot.

   khomba ngomunwe — accuse person.

   khomba umuzi onotshwala — meet with difficulty.

   khonjwa ngezithupha — be spoken ill of.

-khomba (inkomba izink-) (n) forefinger; pointing finger; pointer.

-khomba (uku-) (n) kind of dance.

-khombazana (inkombazana; izinkombazana) (n) species of bird.

-khombamagumbi (isi- izi-) (n) compass.

-khombe (um- imi-) (n) manger; long trough; gift of meat; white rhinoceros.

-khombisa (v) show; indicate, get even with; put right.

-khombisa (isi-) (n) seven.

-khombo (isi- izi-) (n) appointment.

-khomo (um- imi-) (n) whale.

-khomololo (isi- izi-) (n) grief; amazement.

   ukuba yisikhomololo — to be overwhelmed with grief.

-khompasi (i- ama-) (n) compass.

-khomuza (v) order about; give instructions.

khona (adv) of place; here; there.

khona (conj) so that; even though.

khona (pron) it.

-khona (i- ama-) (n) corner; corn (on foot).

khona lapha (adv) right here.

khona manjalo (adv) then and there; at that very moment.

khona manje (adv) presently; right now.

-khonco (i- ama-) (n) link of chain; buckle.

-khonde (i- ama-) (n) male baboon.

-khondlo (um- imi-) (n) species of bird.

-khondo (um- imi-) (n) track; trail.

-khondo (u- izink-) (n) track.

-khondolo (u-) (n) hereditary weakness; characteristic.

-khonga (v) negotiate for marriage; beg.

-khongco (i- ama-) (n) buckle; chainlink.

-khongi (um- aba-) (n) man who negotiates with girl's people on behalf of bridegroom.

-khongolose (u- o-) (n) congress.

-khongozela (v) hold out hand to receive; hold out receptacle to.

-khongozelo (inkongozelo) (n) collection (esp. church collection).

-khonjwana (u-) (n) small track.

-khonka (v) lay concrete; reinforce.

-khonko (isi- izi-) (n) species of grass.

-khonkobala (v) shrivel up; double up.

-khonkolo (u- o-) (n) concrete.

-khonkotha (v) bark.

-khonkwane (isi- izi-) (n) peg; small stake; beacon.

-khono (i-) (n) skill; ability.

-khono (um- imi-) (n) limb; arm; firearm; sleeve.

   ngena umkhono nesiphanga — be deeply involved.

   ukuba ngangemikhono yephela — to be emaciated.

-khonona (v) grumble, be disappointed.

-khononda (v) grumble; be disappointed.

-khonsathi (i- ama-) (n) concert.

-khonto (um- imi-) (n) spear.

-khonya (v) bellow (as bull).

-khonyane (isi-) (n) locust; locusts.

-khonyelana (v) hate each other; be at logger-heads.

-khonyololo (isi- izi-) (n) person who is physically well developed.

khonyu (ideo) of retching.

-khonyuluka (v) retch.

-khonza (v) pay respect to; send regards to; worship; be a tenant.

-khonzela (v) convey someone's greetings.

-khonzi (isi- izi-) (n) messenger; choir boy; vassal.

-khonzisa (v) give a present of greeting.

-khonziso (um- imi-) (n) present of greeting.

-khonzo (inkonzo izin-) (n) church service; service.

  inkonzo enhle — we wish you well; we wish you a happy stay (often said to girl marrying).

-khonzo (um- imi-) (n) greeting in form of gift.

-khophe (u- izinkophe) (n) eyelash.

khopho (ideo) of bashfulness; shyness.

-khopho (u- o-) (n) person with sunken eyes.

-khophoco (isi- izi-) (n) person with big forehead and sunken eyes.

-khophokanethi (u- o-) (n) person with prominent forehead and sunken eyes.

-khophokhopho (i- ama-) (n) bashful person.

-khophoza (v) be shy.

-khosana (inkosana amakhosana) (n) eldest son; prince; son of respected person.

-khosazana (inkosazana amakhosazana) (n) eldest daughter; princess; daughter of a respected person.

khose (ideo) of sheltering.

-khosela (v) take shelter.

-khoshobala (v) shrivel up.

-khosi (inkosi amakhosi) (n) king; chief; term of respect to one in authority; kindly genial person. (pl. — illness affecting the mind.)

-khosi (i- ama-) (n) twins.

-khosi (ubu-) (n) kingship; chieftainship; life of ease.

-khosi (um- imi-) (n) ceremony; festival; general alarm.

  hlaba umkhosi — sound alarm.

-khosikazi (inkosikazi amakhosikazi) (n) chief wife; married woman.

-khotha (v) lick.

  khotha ubhici — help someone in difficulty.

  khotha emafini — reach the sky.

-khotha (isi- izi-) (n) veld covered with grass.

-khothama (v) bow; stoop; dying of king.

-khothamo (i- ama-) (n) thatch above doorway.

-khothe (u-) (n) pumpkin seed roasted or ground.

-khothetsheni (u- o-) (n) rock lizard.

-khothi (u-) (n) pumpkin seed roasted or ground.

-khothi (um- imi-) (n) seven; forefinger.

-khothikhothi (u- o-) (n) species of snake.

-khothisa (v) take stock to new grazing ground; give powdered medicine; cause to lick.

-khothoza (v) look for left overs in reaped field.

-khothozo (um- imi-) (n) pickings from reaped field.

khothu (ideo) of scraping off.

-khothula (v) scrape off.

-khothulula (v) scrape off thoroughly.

-khothuluza (v) scrape off thoroughly.

khothuluzi (ideo) of scraping off thoroughly.

-khova (v) sit stupidly; sit like one dazed.

-khova (isi- izi-) (n) owl; blind person; one who sleeps in the daytime; banknote; plantain grove.

-khova (u- o-) (n) plantain.

-khovu (um- imi-) (n) dwarf-like familiar of a witch used for nefarious purposes.

-khovula (ama-) (n) mucus.

-khowankowane (inkowankowane izink-) (n) toadstool.

-khowe (i- ama-) (n) large edible mushroom.

-khoza (i-) (n) heat.

-khozi (u- izinkozi) (n) eagle.

-khuba (v) trip up; balk.

-khuba (i- ama-) (n) hoe; plough.

-khuba (um- imi-) (n) custom; customary behaviour; practice; unusual action; undesirable action.

-khubalo (i- ama-) (n) medicinal root; plant; bark; etc.

-khubampofu (um-) (n) a kind of soil.

-khubaza (v) disable; hurt.

-khubeka (v) stumble; trip.

-khubekisa (v) mislead; hurt one's feelings.

-khubekiso (isi- izi-) (n) obstruction; stumbling block; something which misleads.

-khubela (v) help milker by keeping calf away from cow.

-khubele (inkubele izink-) (n) casualty; wounded person.

-khubo (isi- izi-) (n) obstacle; difficulty.

-khubula (v) resow.

-khubula (i- ama-) (n) place where wild animals sleep; rendezvous for witches.

-khubulo (um- imi-) (n) land which has been replanted.

-khubusi (u-) (n) crowd.

khucu (ideo) of cleaning up.

-khucuka (v) get cleaned off (as layer of dirt).

-khucula (v) clean up; remove rubbish.

-khuculula (v) clean up thoroughly.

-khucuza (v) scrub; clean up thoroughly.

-khudumala (v) become hot.

-khudumeza (v) make hot; warm up.

-khudumezi (isi-) (n) sultry weather.

-khuhla (v) rub; smear; scour; scrub; grate.

-khuhlane (um- imi-) (n) common cold; fever or any ailment producing feverish condition.

khuhle (ideo) of complete darkness; destroying; forgetting; of density.

-khuhle (isi- izi-) (n) bulge.

-khuhle (u·· izinkuhle) (n) dense thick forest.

-khuhlumeza (v) handle roughly.

-khuhluza (v) rub with coarse instrument (e.g. file, sandpaper); cleanse by shaking; grate.

-khukho (u- izinkukho) (n) sleeping mat made of rushes.

-khukhu (i- ama-) (n) pocket.

khukhu (ideo) of washing away (as strong current of water).

-khukhuboya (isi-) (n) species of fig.

-khukhukazi (isi- izi-) (n) hen.

-khukhula (v) go away (as army); carry away (as a flood); rake off; erode.

-khukhula (isi- izi-) (n) flood; torrent; downpour.

-khukhulela-ngoqo (u- o-) (n) multitude; hunting expedition organised by chief.

-khukhuleka (uku-) (n) erosion.

-khukhuluza (v) scrape; graze.

-khukhumala (v) swell; expand; be inflated; rise (as dough).

-khukhumeza (v) make conceited.

-khukhunathi (u- o-) (n) cocoanut.

-khukhusa (v) sneak away (esp. of stealing).

-khukhuza (v) scrape (as meat from bone); puff away like steam engine.

-khukhuzi (um- imi-) (n) species of tree.

-khuku (inkuku izinkuku) (n) fowl.

-khukhuvana (u- o-) (n) very emaciated person.

-khula (v) grow; increase.

-khula (u-) (n) weed.

-khulathi (inkulathi izin-) (n) band fixing spear blade to shaft.

-khuleka (v) greet; ask for sleeping place; tie up; pray.

-khuleko (um- imi-) (n) prayer.

-khulelisa (v) cause to be pregnant.

-khulelwa (v) become pregnant.

-khulelwane (inkulelwane) (n) one born and bred in the area.

-khulisa (v) bring up; rear; magnify; exaggerate.

-khuliso (inkuliso) (n) upbringing.

-khulu (adj) large; great.

-khulu (i- ama-) (n) hundred.

-khulu (isi- izi-) (n) important person; high ranking person.

-khulu (ubu-) (n) greatness.

-khulu (u- o-) (n) grandmother.

-khulukhulwane (u- o-) (n) ancestor.

-khulula (v) untie; set free.

-khululeka (v) become free.

-khululeko (inkululeko) (n) freedom; emancipation.

-khululi (um-) (n) deliverer; redeemer.

-khuluma (v) talk; speak.

khuluma umlomo nomlomo — speak face to face.

khuluma ingcaca izinqe zesele/ zembuzi — speak not hiding anything.

khuluma uziphikisa — contradict oneself.

khuluma ngezandla — speak in gestures.

-khulumela (v) speak on behalf of; intercede.

khulumela phezulu — speak in loud tone.

khulumela phansi — speak softly.

khulumela futhi — be a talkative.

khulumela umuntu — speak on one's behalf; tell lies about someone.

khulumela inyoni emlilweni — speak prematurely.

ukuzikhulumela nje — to speak falsehoods.

-khulumbe (i- ama-) (n) headquarters; chief kraal.

-khulumeli (um- aba-) (n) representative; advocate.

-khulumi (isi- izi-) (n) talkative person.

-khulumisa (v) speak to; make love.

-khulumo (inkulumo izink-) (n) speech; conversation.

-khulungwane (inkulungwane izink-) (n) thousand.

-khulungwane (um- imi-) (n) howling of dog.

-khuluphala (v) become stout.
khuluphalelwa yingulube — be insulted by a person you do not expect to; have an unexpected unpleasant experience.

-khuma (v) eat dry food.
khuma inhlabathi — be poor; fall on one's face.

-khumba (isi- izi-) (n) hide of beast; skin; person of no account.
isikhumba sendlovu/semvubu — tough natured.
isikhumba sehlula abeshuki — stubborn person.

-khumba (inkumba izin-) (n) battle shield.

-khumbi (u- izinkumbi) (n) water edge; shore.

-khumbi (um- imi-) (n) ship; thick rope; horseshoe formation.

-khumbula (v) remember.

-khumbulo (inkumbulo) (n) remembrance.

-khumbuza (v) remind.

-khumbuzo (isi- izi-) (n) memorial; reminder.

-khumenge (um- imi-) (n) crumbling stone; shale.

-khumiso (um- imi-) (n) powder medicine (for goats).

-khumukani (isi- izi-) (n) wealthy person.

khumu (ideo) of loosening; of becoming unhitched; crumbling; of disengaging in a fight.

-khumuka (v) become loose; come off (as a nut from a bolt).
khumuka emsebenzini — come out of work.
khumuka umkhaba — develop a big tummy (of a man).

-khumula (v) undress; untie; outspan; stop wearing mourning attire.
khumula idolo — hit on the knee.

-khumulo (i- ama-) (n) outspan place; terminus; harbour.

-khumulo (isi- izi-) (n) outspan place; terminus; harbour.

-khumuzeka (v) be eroded; crumble.

-khumuzela (v) crumble.

-khuna (um-) (n) smell of old milk in dirty calabash.

-khunatha (i- ama-) (n) species of bird.

-khunatha (um- imi-) (n) bashful person.

-khundla (isi- izi-) (n) billet; office (e.g. chairman, secretary, etc.).
ukungabi nasikhundla — to be restless; apprehensive.

-khundla (inkundla izink-) (n) arena; piece of ground; place where people meet.

-khundlwana (e-) (isi- izi-) (n) child.

-khunga (v) tie up; give present to baby; chase (as dogs buck).

-khungatha (v) perplex.
khungatha izandla — clasp hands in perplexity.

-khungatheka (v) be tongue-tied; speechless.

-khungela (v) hang onto.

-khungo (isi- izi-) (n) place where hunting is to be.

-khuni (isi- izi-) (n) piece of burning wood, firebrand.

-khuni (u- izinkuni) (n) piece of firewood.

-khunku (isi- izi-) (n) stump of tooth.

-khunku (ubu-) (n) species of wild fruit.

-khunkula (v) bewitch.

-khunkuli (um- aba-) (n) witch.

-khunkutheka (v) laugh with closed mouth.

-khunkutheka (um- imi-) (n) winter pumpkin; pumpkin remaining in field after harvest.

-khunta (v) become mouldy.

-khunta (isi- izi-) (n) fungus; mould.

-khuntela (um-) (n) dry rot.

-khunya (um-) (n) thick mucus.

-khunzimalanga (inkunzimalanga izin-) bully; powerfully built man.

khupha (ideo) of digging; scratching.

-khupha (isi- izi-) (n) yolk of egg; pollen; bee-bread.

-khupha (um-) (n) beans; jugo beans or cow-peas cooked with mealie meal.

-khuphashe (isi- izi-) (n) lobster; crayfish.

khuphe (ideo) of throwing up dirt; digging.

-khuphe (ubu-) (n) fowl lice; tampans.

-khuphekhuphe (isi- izi-) (n) diligent person; hard worker; energetic person.

-khuphekhuphe (ubu-) (n) bristling activity.

-khupheza (v) scratch; throw up dirt;

work energetically.

khuphezela umhlabathi esweni — deceive.

khuphu (ideo) of slight incline.

-khuphuka (v) climb; go up; be promoted; become wealthy.

-khuphula (v) raise; lift up.

-khuphulula (v) uncover; draw out; extract.

-khunqakhunqa (isi- izi-) (n) invalid.

-khushini (i- ama-) (n) cushion.

khushu (ideo) of movement (as something covered); of movement of short stout person.

-khushuza (v) move (as one in bed); wear tight clothes; walk as short stout person.

-khusu (um- imi-) (n) meat cooked overnight; cold cooked meat.

-khutha (isi-) (n) impure air.

-khuthala (v) be industrious; diligent.

-khuthali (isi- izi-) (n) diligent person; industrious person.

-khuthaza (v) encourage; urge on.

-khuthazo (inkuthazo) (n) encouragement.

-khuthu (i- ama-) (n) big pieces of cold meat.

-khuthuza (v) steal from someone's person; pick-pocket; rob.

-khuvethe (u-) (n) great hardship; disaster; misfortune.

khuxu (ideo) of tipping out.

-khuxula (v) tip out.

-khuxuza (v) shake to tip out.

-khuza (v) give orders; shout at; express disapproval.

khuza ngempama — smack.

khuza ubungqayingqayi — attempt to stop a quarrel.

khuza phezulu — become full; strike on the head.

khuza umhlola — express surprise at unusual happening.

khuza ubabaze — express strong disapproval.

khuza impisi — shout at a girl.

khuza isifo — express condolence.

khuza amabutho — command warriors.

khuza kwelanga — extreme heat of sun.

khuza izulu — protect home against lightning.

-khuza (isi- izi-) (n) menial.

-khuzela (v) shout at a girl (by young men).

-khuzula (v) shell mealies.

-khwa (um- imi-) (n) Zulu knife.

-khwabanisa (v) embezzle; remove fraudulently.

-khwabukhwabu (isi- izi-) (n) sleeping mat of bulrush.

-khwabula (v) bring to an end; stop.

khwahla (ideo) of rattling; clapping.

-khwahla (inkwahla) (n) clapping of hands for a dance.

-khwahla (u- o-) (n) beggar; tramp.

-khwahlakhwahla (ubu-) (n) rattling noise; noise of clapping at a dance.

-khwahlaza (v) rattle; crackle.

-khwali (isi- izi-) (n) kind of edible wild roots.

-khwali (inkwali) (n) partridge.

-khwama (isi- izi-) (n) small bag; pocket; purse; fund.

-khwane (i- ama-) (n) sedge from which mats are made.

-khwangi (i- ama-) (n) young steer.

-khwani (-e) (i- ama-) (n) see *ikhwane*.

-khwantabala (v) appear uneasy; be depressed.

-khwantshu (um-) (n) boiled mealies mixed with beans or jugo beans or cowpeas mixed with mealie meal.

-khwanya (v) beg; glean.

-khwapha (i- ama-) (n) arm-pit.

faka ekhwapheni — protect.

phakamisela ikhwapha — betray; expose.

khwasha (ideo) of rustling; slight movement.

-khwashaza (v) rustle; make slight movement.

-khwatha (v) search in pockets.

-khwathaza (v) search in pockets.

-khwaxela (v) hold onto with legs.

khwaxu (ideo) of beating with whip.

-khwaxula (v) beat with whip; belt.

-khwaya (i- ama-) (n) choir.

-khwazi (u- izinkwazi) (n) shore.

-khwazi (um- imi-) (n) misfortune; ill luck.

-khwazikhwazi (ama-) (n) multi-coloured object.

-khwe (i- ama-) (n) wife's home (and people).

-khwe (ubu-) (n) wife's home or people.

ubukhwe bezinja — far far away.

-khwe (um- aba-) (n) father-in-law of groom.

-khwebezane (ubu- (n) species of berry producing shrub.

khwebu (ideo) of becoming displaced.
-khwebu (isi- izi-) (n) mealie cob.
-khwebuka (v) change one's mind; break a promise.
-khwebula (v) put a stop to; bring to an end to.
-khweca (v) curve in.
-khwece (isi- izi-) (n) perspiration scraper made of bone.
-khwehle (isi- izi-) (n) bush partridge; bevy; group.
-khwehlela (v) cough.
-khwehlela (isi- izi-) (n) phlegm; sputum.
-khwekazi (um- aba-) (n) wife's mother; bridegroom's mother-in-law.
-khwekhwe (u-) (n) eczema; itching of skin.
-khwela (v) climb; mount; mate.
   khwela ngomsindo — pester with noise.
   khwela ngamanga — pester with lies.
   khwela ngenduku — beat up.
   khwela uzehlele — fight a person.
   khwela ngolaka — become enraged.
   khwela ngengalo — trick someone.
   khwela ngomuntu — upbraid; scold.
   khwela ngenhlamba — swear at.
   khwela ngentaba — deny; be stubborn.
   khwela phezu komuntu — look down upon person; have no respect.
   khwela phezu kwendlu njengenja — lack respect; be unmannerly.
   khwelisa ngamaduyana—embarrass.
   khwelwa yikhanda / isisu — suffer from headache, etc.
-khwela(o) (i- ama-) (n) whistle.
-khwele (isi-) (n) jealousy (sexual).
-khwelakhwela (i- ama-) (n) pick-up van.
-khwelisa (v) cause to climb; see off (as one going by train); take cow on heat to bull.
-khweleza (v) be sexually jealous.
-khwelo (i- ama-) (n) whistle.
-khwelo (isi- izi-) (n) ladder; steps.
-khwembe (i- ama-) (n) crooked object; bow-legged person.
-khwembeza (v) walk like bow-legged person.
-khwengukhwengu (ama-) (n) multi-coloured object.
khwentu (ideo) of grazing surface.

-khwentuluza (v) graze surface.
-khwenyana (um- aba-) (n) brother-in-law; son-in-law.
-khwenyawabo (um- aba-) (n) his, her, their brother-in-law.
-khwenyawenu (um- aba-) (n) your brother-in-law.
-khwenyawethu (um- aba-) (n) my, our brother-in-law.
-khwepha (izi-) (n) muscular arms, well built arms; strength.
-khwepha (um- (n) white flesh in breast of fowl.
-khweqa (v) show white of eye (as one dead).
-khwesha (v) cross examine.
-khwexa (v) hold with legs; adjust baby on back.
-khwexela (v) adjust baby on back; tuck in.
-khweza (v) lift up; raise up; put away for another occasion.
-khwezela (v) add fuel to a fire.
-khwezi (i-) (n) morning star.
-khwezikhwezi (ama-) (n) multi-coloured object.
khwibi (interj) of scaring fowl.
-khwibi (i- ama-) (n) fowl.
-khwibisha (v) turn back suddenly; change direction suddenly.
khwibishi (ideo) of sudden turning back.
-khwibiza (v) scare off fowl.
-khwica (v) put tail between legs as dog; gather together; fold as arms.
-khwifa (v) spit; squirt from mouth.
-khwifikhwifi (ama-) (n) spotted object.
-khwifiza (v) make small dots; spots.
-khwili (isi- izi-) (n) short heavy stick.
-khwili (um- imi-) (n) ground nuts not completely dried up cooked with shells.
-khwilithi (i- ama-) (n) quilt.
-khwindi (um- imi-) (n) loin girth worn by women.
-khwingca (v) fold; choke.
   khwingca umsila — run away; suffer defeat.
-khwingci (i-) (n) hiccup.
-khwintsha (v) tuck in; put tail between legs as dog.
khwishi (ideo) of blackness.
-khwishi (isi- izi-) (n) very black object.
-khwishi (ama-) (n) kind of dance.
-khwishikazana (isi- izi-) (n) whirlwind.
-khwishi (inkwishi) (n) concoction of great potency.

-khwishikhwishi (isi- izi-) (n) whirl-wind; gusting wind; industrious person.

-khwishiza (v) rage violently as wind; bustle around.

-khwishimane (um-) (n) head ornament of owl feathers.

-khwixa (v) belabour with whip, belt, etc.

-khwixikhwixi (i- ama-) (n) unreliable, untruthful person.

-khwixikhwixi (ubu-) (n) evasion; prevarication.

-khwixila (v) flog with whip, belt, etc.

-khwixiza (v) be evasive; prevaricate.

-kidi (isi- izi-) (n) cattle pound.

-kigi (isi- izi-) (n) night commode.

-kikila (isi- izi-) (n) crop of bird.

-kikiliga (v) crow (of cock).

-kikiliza (v) work around; cut round.

-kikiza (v) shrill cries by women esp. at wedding; ululate.

-kilentshisi (i- ama-) (n) dumpling.

-kilesibhande (i- ama-) (n) braces.

kimi (adv) to, from, or at me.

kimina (adv) to, from, or at me.

-kinatela (v) tie securely; lock.

kini (adv) to, from or at you.

kinina (adv) to, from or at you.

-kipilita (v) scoop out; cut round.

-kipita (v) live together unmarried.

-kipito (um-) (n) living together of unmarried people.

-kitaza (v) tickle.

-kitela (v) cram; fill to overflowing.

kithi (adv) to, from or at us; my/our country/home.

kithina (adv) to, from or at us.

kla (ideo) of bright light; watering at mouth; spitting out.

-klaba (v) graze.

-klabalasa (v) make noise; sing noisily.

klabe (ideo) of stealing a glance; of cutting into slices.

-klabela (v) slice pumpkin; cut up into pieces.

-klabha (v) chop wood.

-klabhu (isi- izi-) (n) sheep.

-klabhane (u-) (n) butter water.

-klabhuklabhu (u-) (n) watery food.

-klabhuza (v) make incision.

-klabishi (i- ama-) (n) cabbage.

-klabusa (v) be tasty.

-kladula (v) run away.

-kladuluka (v) wander up and down.

-klakla (v) pierce ear lobe.

-klaklabula (v) peal (as thunder);

thunder violently.

-klalathi (i- ama-) (n) beast with white spot on neck.

-klalathikazi (i- ama-) (n) female beast with white spot on neck.

-klama (v) make out site for building; survey.

-klami (um- aba-) (n) surveyor; one who makes out sites.

klamu (ideo) of squeaky clump of boot (as mine boots); of biting crisp food.

-klamukleshe (u-) (n) wild edible root, whitish in colour.

-klamuzela (v) make squeaky clump noise; be crisp (food).

-klangaklanga (u-) (n) watery food; noisy person.

-klangalasa (v) scream; shout.

-klanguklangu (u- izin-) (n) shrieking noise; person in violent temper.

-klapalata (v) have liquid stools (of child).

-klasa (v) be happy; be tasty.

klavu (ideo) of cutting deep incision.

-klavuza (v) make deep incision.

-klaya (v) cut through length-wise; split; cleave; cut across veld where there is no pathway.

-klebe (u- o-) (n) hawk; a crook.

klebhu (ideo) of tearing; of redness; of being assembled.

-klebhuka (v) become torn.

-klebhula (v) tear.

-klekla (v) pierce ear lobes.

-kleklebula (v) thunder violently; plough; rip.

-klela (v) stand in a line.

klele (ideo) of being in a line (as street lights in the evening); of being lit; of redness.

-klele (um- imi-) (n) species of wild shrub.

-klele (isi- izi-) (n) edible fruit of umklele tree.

klenye (ideo) of eating fatty meat.

-klenyeza (v) eat fatty meat.

klevu (ideo) of eating fatty meat.

-klevuza (v) eat fatty meat.

klewu (ideo) of wailing of dog.

-klewula (v) howl like a dog.

-kleza (v) milk into mouth; fall of rain.

kleze (ideo) of stealing a glance; of cracking.

-klezeka (v) get cracked.

-kleziswa (v) be formed into regiment;

receive name.

-klezo (um- imi-) (n) light rain; ornament of oxtail.

kli (ideo) of fullness; of holding tight; throttling.

klibhi (interj) expression of contempt; you have a hope; don't deceive yourself.

-klikliza (v) be breathless; choke.

-klila (i- ama-) (n) beast with white mark on throat; girl who is courted.

-klilathi (i- ama-) (n) beast with white mark on throat.

-klilo (u-) (n) diphtheria.

-klina (v) be naughty.

-klini (isi- izi-) (n) mischievous person.

-klinti (i- ama-) (n) young pumpkin.

-klinya (v) throttle; choke.

kliwu (ideo) of screaming; shouting; howling like a dog.

-kliwula (v) scream.

-kloba (i- ama-) (n) big fire; big blaze.

-klobo (um- imi-) (n) opening; weak spot; misfortune.

-kloloda (v) jeer; mock.

-klolo (i- ama-) (n) species of tree.

-klolodela (v) jeer at.

-klolodo (i- ama-) (n) mongoose.

-klomela (v) give prize; reward.

-klomelo (um- imi-) (n) prize; reward.

-klovuza (v) eat something juicy, luscious.

-kloza (v) ooze (as saliva).

-kloza (i- ama-) (n) person who loves eat meat.

klu (ideo) of noise in stomach; of pouring in large quantities.

-klubha (v) chase; throw at.

klubhu (ideo) of redness.

klubu (ideo) of wrenching.

-klubuka (v) be wrenched off.

-klubula (v) wrench off (as cob from stalk).

-klukluluza (v) eye balefully.

-klukluza (v) make noise in stomach.

klulu (ideo) of eyeing disdainfully.

-klume (i- ama-) (n) sapling.

klunyu (ideo) of dislocation.

-klunyuka (v) become dislocated.

-klunyula (v) dislocate.

-klunya (v) pour in large quantity of water.

-klwa (i- ama-) (n) broad bladed spear.

-klwabula (v) chew the cud.

-klwabusa (v) be pleasant to taste.

-klwaza (v) bubble as water or voices.

-klwebha (v) scratch.

-klwede (isi- izi-) (n) red person; red object.

klwengu (ideo) of ripping.

-klwenguka (v) get ripped.

-klwengula (v) tear.

klwi (ideo) of tearing; being tall.

-klwiklwiklwi (ubu-) (n) sound of tearing; scratching of pen on paper.

-klwiklwiza (v) write; write quickly.

kodwa (conj) but.

kodwa (pron) alone; only.

-kofola (v) cultivate; use cultivator.

-kofolo (isi- izi-) (n) cultivator.

-kofu (isi- izi-) (n) abrasion.

-kokela (isi- izi-) (n) a fence round.

-kokeyana (isi- izi-) (n) a small enclosure.

-koko (u- o-) (n) ancestor.

-kokola (v) limp.

-kokosi (i- ama-) (n) temporary shelter.

kokubili (pron) both.

kokuhlanu (pron) all five.

kokune (pron) all four.

kokunye (interj) perhaps; possibly.

kokuthathu (pron) all three.

-kole (isi- izi-) (n) school.

-kolo (isi- izi-) (n) school.

-kolo (u-) (n) wheat.

-kolobha (v) scrub; do temporary domestic work.

-kolobho (isi- izi-) (n) temporary domestic employment.

-kolosi (i- ama-) (n) railway siding.

-kolweni (u- o-) (n) wheat; barley.

-komidi (i- ama-) (n) committee.

-komiti (i- ama-) (n) committee.

-komkhulu (i-) (n) chief's kraal; great place; capital.

-komondela (v) commandeer.

-kompulazi (isi- izi-) (n) African township.

konje (conj) by the way.

konke (pron) all of it; everything.

-kopa (v) pick out (as from hole); copy.

-kopela (v) hook; twine round; copy into.

-kopeletsheni (u- o-) (n) municipality; corporation.

-kopi (i- ama-) (n) small tin.

kopo (ideo) of sound of liquid in container.

-kopola (v) peep at; examine medically.

-kopolo (u- o-) (n) corporal.

-kopolota (v) scoop out.

koqo (ideo) of jingling as money in

money box.

-koqokoqo (isi- izi-) (n) money box.

-koqoza (v) jingle as money in money box.

-koshi (isi- izi-) (n) checked material; scotsman.

-koshimane (isi- izi-) (n) florin.

-kositini (u- izin-) (n) concertina.

-kotela (v) hang onto; hold tightly with legs.

-kotini (u- o-) (n) cotton.

-kotiza (v) perform duties of bride; behave like bride.

-kotshi (u- o-) (n) pig.

-Krestu (u-) (n) Christ.

-Krestu (ubu-) (n) Christianity.

-Krestu (um- aba-) (n) Christian.

kubo (adv) to, from or at them; his. her, their home or country.

-kubo (i- ama-) (n) his/her home.

kubona (adv) to, from or at them.

kudala (adv) long ago.

kudaladala (adv) very long ago.

kudana (adv) a good distance away.

kude (adv) far; a great distance away.

kudebuduze (adv) not too far.

kufuphi (adv) nearby.

kufushane (adv) a short distance away.

kuhle (adv) like.

kuhle (conj) ought.

kujana (adv) a fair distance away.

-kuka (u- o-) (n) cook (for whites).

kuku (ideo) of clucking.

-kukulugu (isi- izi-) (n) very stout person.

-kukuza (v) cluck (as brooding fowl); call chickens.

-kulufa (v) turn a screw.

-kulufela (v) screw on.

-kulufo (u-) (isi- izi-) (n) screw.

-kululu (i- ama-) (n) flea.

kumbe (conj) perhaps.

-kume (um- imi-) (n) bull that is persecuted by others.

-kunene (u-) (adv) right hand side.

kunga (conj) would that.

kungaba (conj) perhaps.

kunoba (conj) rather than that.

kunokuba (conj) rather than that.

kuphela (adv) that only; alone; merely that.

kuqala (adv) first; long ago.

kusasa (adv) tomorrow; at dawn.

kusukela (adv) as from.

kusihlwa (adv) at dusk; at night.

kuthangi (adv) day before yesterday.

-kutshukutshu (i- ama-) (n) half-caste.

kutu (ideo) of silence; sultriness.

-kutu (isi- izi-) (n) place which does not let in fresh air; closeness of atmosphere.

kwabo (poss) their.

kwabo (adv) to, at or from his/her /their home.

kwakhe (adv) at, or from his/her home.

kwakhe (poss) his/her.

kwakho (adv) at, to or from your home.

kwakho (poss) your.

kwala (conj) even when; though.

-kwaliza (v) struggle as one choking.

kwalo (poss) its, his or her.

kwami (adv) at, to or from my home.

kwami (poss) my.

kwanga (conj) would that.

kwangathi (conj) would that.

kwapu (ideo) of scooping; dipping out.

-kwapuna (v) scoop out; dip out.

kwaso (poss) his, her, its.

-kwata (isi- izi-) (n) labour gang.

-kwatapheya (u- o-) (n) avocado pear.

kwawo (poss) its; their.

-kwaya (i- ama-) (n) choir.

kwayo (poss) its; their.

kwazise (conj) because.

kwazo (poss) its, their.

-kwele (isi- izi-) square; rectangular house.

-kweleta (v) owe; buy on credit.

-kweleti (isi- izi-) (n) debt.

kwenu (adv) to, from or at your home.

kwenu (poss) your.

-kweqa (v) turn up whites of eyes.

kwesikabhadakazi (adv) at night; in deep sleep.

kwesikanina (adv) on the left hand side.

kwesobunene (adv) on the right hand side.

kwesobunxele (adv) on the left hand side.

kwesokhohlo (adv) on the left hand side.

kwesokudla (adv) on the right hand side.

kwesokunene (adv) on the right hand side.

kwesokunxele (adv) on the left hand side.

kwesokuphonsa (adv) on the right side.

kwethu (adv) to, from or at our home.
kwethu (poss) our.
kwi (ideo) of early dawn.
-kwipili (u- o-) (n) quince.
kwiti (ideo) of speaking strange language.
-kwitikwiti (ubu-) (n) unintelligible talk.
-kwitiza (v) speak a foreign language; speak unintelligibly.

L

la (pron) these.
la (adv) here.
la (conj) when.
-la (ama-) (n) dome of sky.
-labalaba (v) covet; desire.
-labalabela (v) covet; desire.
labaya (pron) those yonder.
labayana (pron) those yonder.
labhalala (ideo) of subsiding.
-labhalala (v) subside.
-labi (isi-) (n) an only thing.
labo (pron) those.
lacu (ideo) of getting up quickly; of standing up quickly.
-lacuka (v) get up quickly.
-ladi (i- ama-) (n) ladder.
-lahla (v) throw away; lose, bury.
  lahla umlomo — make request not expecting success.
  lahla amathunga — lose hope.
  lahla amehlo — cast a glance; visit a critically ill person.
  lahla umuntu — help person in difficulty; bury a person; ignore person.
  zilahla amathambo — be desperate; take a grave risk.
  zilahla kunina — of setting of the sun.
  lahlwa yicala — be found guilty.
-lahlankosi (um- imi-) (n) species of tree.
-lahle (i- ama-) (n) coal; cinder; ember.
-lahleka (v) go astray; be lost.
-lahlela (v) speak without hope of making an impression; speak despairingly.
-laka (i- ama-) (n) voice; uvula; tonsil.
-laka (u-) (n) temper.
-lakashela (v) swallow up; gulp down.
lakhe (poss) his; her.

lakho (poss) your.
-lala (v) sleep; lie down; lie fallow; have sexual intercourse; be plentiful.
  lala ngophondo — be in helpless condition.
  lala ngenxeba — be comforted.
  lala ngenkomo — defend oneself.
  lala phezu komuntu — help person; protect person.
  lala umgodi — sleep in hole.
  lala obenyoni — be apprehensive.
  lala ngendlu — be ill.
  lala ngendlala — starve; go to sleep without food.
  lala ngamanzi — lack food.
  lala sibe sinye — fall into deep sleep; sleep soundly.
  lala uphenduka — be worried; change one's stand.
  lala emgqeni — stalk; await; pretend.
  lala emuzini — be in misery.
  lala phansi — plead; humble oneself; be ill.
  lala umlalela wafuthi — die.
  lala uthuli — be covered with dust.
  lala ngomhlane — be happy.
  lala ungalele — sleep in fits and starts.
  lala nezinkukhu — sleep early.
  lala isithongwana — have a nap.
  lala amalombo — be away for days.
  lala ungembethe — eat a lot.
  lala izibuthu — stalk.
-lala (i- ama-) (n) ilala palm; Hyphaena orenata; one of the Lala tribe.
-lala (um- imi-) (n) tendon at side of neck.
  dlana umlala — contest keenly.
-lalamvubu (um- imi-) (n) heavy mist in low lying land.
-lalandle (um- imi-) (n) domesticated animal which sleeps in the veld; domesticated animal gone wild.
-lalane (um-) (n) thick grass; thick dry grass which has not been burnt down for some time.
-lalazi (um- imi-) (n) whetstone.
-lalela (v) listen; obey; lie in ambush.
-lalisa (v) give stranger place to sleep; put to sleep; place on a mat or bed; outwit.
  lalisa amehlo — pretend to be good/innocent.
  lalisa izinkophe — pretend to be

good.

lalisa umsila phansi — humble oneself with ulterior motive.

lalisa amazwi — speak soothing words; choose words carefully.

lalisa ulimi — plead; beg.

lalisa izindlebe — humble oneself.

lalisa umhlwenga — be placated.

lalo (poss) its; his; her (depending on class).

-lalo (isi- izi-) (n) weal; old sore.

-lamba (v) become hungry.

-lambalidlile (i- ama-) (n) person with small stomach.

-lambatha (v) be poor; destitute; be of no value; fail.

-lambisa (v) draw in stomach; make hungry.

-lambu (i- ama-) (n) lamp.

lami (poss) my.

lamu (interj) of stopping a fight.

-lamu (um- aba-) (n) brother-in-law; sister-in-law.

-lamula (v) mediate; make peace between; help.

-lamula (i- ama-) (n) lemon.

-lamulela (v) give assistance to; rescue someone.

-lamuleli (um- aba-) (n) helper; rescuer.

-lamuli (um- aba-) (n) mediator.

lana (pron) these.

-landa (v) fetch; relate; resemble.

-landa (i- ama-) (n) egret.

-landa (isi- izi-) (n) small spear with short shaft.

-landa (ubu-) (n) wife's people or kraal.

-landakazi (um- aba-) (n) relative by marriage (on wife's side).

-landapense (u-) (n) rinderpest.

-landela (v) follow; follow after; recite.

landela amabheka — look like mother's people.

landela ezithendeni — follow close behind.

landela amazwi omuntu — repeat word for word.

-landelana (v) follow one another.

-landeli (um- aba-) (n) follower; disciple.

-landelisa (v) send after; add on; place in sequence.

-landelo (isi- izi-) (n) recitation.

-landi (um- aba-) (n) narrator.

-landisa (v) relate; give an account to.

-lando (um- imi-) (n) account of events; history.

-landu (um- imi-) (n) grudge; history.

-landula (v) make an excuse; deny.

landula umuntu — report that one is critically ill.

-landulela (v) express inability to do what one is asked to do; indicate you do not have something asked for.

-langa (i- ama-) (n) sun; day.

ilanga lezimpisi — the sun is about to set; only shows on hilltops.

ilanga elisenhloko — same day; very day.

ilanga selilanda abalimi — it is towards sunset.

ilanga seliya ngonina — it is about sunset.

ilanga selingena kunina — the sun is setting.

-langa (um- imi-) (n) cast in the eye.

-langabi (i- ama-) (n) flame.

langalelo (adv) on that day.

langalimbe (adv) on a certain day.

langalinye (adv) on one and the same day; for one day.

langathile (adv) on a certain day.

langathize (adv) on a certain day.

-langaza (v) long for; desire.

-langazela (v) long for.

langu (ideo) of blazing up.

-languka (v) catch fire; be in flames; blaze; flare up.

-lanjwana (um- aba-) (n) illegitimate child.

lanqu (ideo) of offensive smell; stench.

-lantani (i- ama-) (n) lantern.

-lantsha (um- imi-) (n) long streamline object.

lapha (adv) here.

lapha (conj) when; where.

laphalazi (ideo) of casting a glance.

laphaya (adv) yonder.

laphayana (adv) yonder.

lapho (adv) there.

lapho (conj) when.

lasha (ideo) of disappearing into abyss.

-lasha (u-) (n) chasm; deep hole.

laso (poss) its; his; her.

-lathalatha (isi- izi-) (n) stupid person; imbecile.

-lathazela (v) walk foolishly; act like an imbecile.

-lathi (i- ama-) (n) altar.

lavu (ideo) of intense heat.

-lavulavu (isi- izi-) (n) something

burning hot.

-lavuza (v) be burning hot; be red hot.

lawa (pron) these.

lawaya (pron) those yonder.

lawayana (pron) those yonder.

lawo (pron) those.

lawo (poss) its; their.

-lawu (i- ama-) (n) hut for unmarried boys or girls; Hottentot.

-lawu (isi-) (n) Hottentot language; Hottentot custom.

-lawu (ubu-) (n) love charm.

-lawula (v) give an order; speak jokingly.
    lawula utshwala — serve beer.
    lawula impi — send out an army.
    lawula igama lomuntu — speak about that person.
    lawula iphupho — explain a dream.
    ukuwuhlaba uwulawule — sound a warning; shout away.

-laya (v) admonish; retaliate; let down.

laya (pron) those yonder.

layana (pron) those yonder.

layaya (pron) those yonder.

-layeka (v) meet with disappointment.

-layela (v) gasp as one dying; be in throes of death; say last words before dying; show the way.

-layeza (v) give instructions; give message.

-layezela (v) instruct others to do a thing for you.

-layezo (um- imi-) (n) instruction; message.

-layi (isi- izi-) (n) dagga.

-layisense (i- ama-) (n) licence.

-layisha (v) load (as wagon, truck).

-layisi (i-) (n) rice.

-layitha (u- o-) (n) rogue; hooligan; gangster.

layo (poss) its; his; her.

-laza (v) turn sour; scatter as clouds; pass season without being covered by bull; spread out in the wind (as something running or flying).

-laza (isi-) (n) beer of the day before.

-laza (um- imi-) (n) whey; white beast with black stripes far apart; (pl only) stratified cloud.

-lazelwa (v) be postponed; pass season without being covered by bull.

-lazisa (v) put away to turn sour.

lazo (poss) their.

le (adv) far away.

le (pron) this; these.

-le (umu-) (n) soot.

-leba (zi-) (v) get oneself into trouble.

lebhu (ideo) of being on fire.

-lebhuka (v) fall down in flames; be on fire.

leke (ideo) of moving in a stupid way.

-lekelela (v) assist.

-lekeleli (um- aba-) (n) helper; assistant.

-lekezela (v) move in a stupid manner.

leku (ideo) of bobbing head up and down.

-lekuza (v) bob head up and down.

-lele (u-) (n) green slimy mess; lichen; algae.

lelele (ideo) of becoming sleepy.

-lelesa (v) be insolent; commit a crime; strike (of lightning).

-lelesi (isi- izi-) (n) wrong-doer; criminal.

-lelesi (ubu-) (n) doing wrong; committing crime.

-leleza (v) flatten out, smooth (as ground).

leli (pron) this.

leliya (pron) that yonder.

leliyana (pron) that yonder.

lelo (pron) that.

-lembe (i- ama-) (n) Zulu hoe.

-lembelele (um- imi-) (n) lethargic, sleepy person.

-lembu (u-) (n) spider; spider's web.

-lembu (ubu-) (n) spider's web.

lena (pron) this.

lence (ideo) of slicing.

-lence (isi- izi-) (n) sharp instrument for cutting.

-lenga (v) hang from; dangle.

-lengelenge (u-) (n) long drawn out affair; endless thing.

-lengisa (v) cause to hang; execute by hanging.

-lengisi (i- ama-) (n) catapult.

-lentshisi (u-) (n) peas.

lenu (poss) your.

-lenze (um- imi-) (n) leg.

lephu (ideo) of coming off; of falling off (burning material falling down).

-lephuka (v) fall down (like burning hut); break off.

-lephulephu (ama-) (n) tatters.

-lephuzela (v) wear tatters.

leshe (ideo) of movement of fat or tired person.

leshezela (v) walk like stout person; walk like tired person.

lesi (pron) this.

lesiya (pron) that yonder.

lesiyana (pron) that yonder.
leso (pron) that.
-letha (v) bring.
lethu (poss) our.
-leti (isi- izi-) (n) slate.
-letisi (u- o-) (n) lettuce.
-levu (isi- izi-) (n) beard; chin.
-levulevu (ubu-) (n) endless talking.
-levuza (v) talk incessantly.
leya (pron) that yonder.
leyaya (pron) that yonder.
-leyisi (u- o-) (n) lace.
leyo (pron) that.
lezi (pron) these.
leziya (pron) those yonder.
leziyana (pron) those yonder.
lezo (pron) those.
-liba (i- ama-) (n) grave.
-liba (um- imi-) (n) tendril; shoot of runner.
-libala (v) loiter; delay; forget; be taken up with.
-libazisa (v) cause to delay; cause to forget; while away time with.
-libe (um-) (n) something that takes a very long time; a going away for good or for a long time.
-libo (imi-) (n) runner; shoot (as of pumpkin plant).
-libo (u-) (n) genealogy.
liki (ideo) of shaking.
-likiliki (isi- izi-) (n) stout person with hanging cheeks.
-likoza (v) sob.
-likozi (isi-) (n) sobbing.
-lila (v) weep; mourn.
-lilela (v) condole with; convey sympathy.
-lili (isi- izi-) (n) section of Zulu hut.
-lili (ubu-) (n) sex; gender.
lilili (ideo) of ululating.
-lilizela (v) ululate.
-lilo (isi- izi-) (n) lamentation.
-lilo (um- imi-) (n) fire.
-lima (v) plough; hoe; cultivate.
-lima (i- ama-) (n) communal cultivation.
-lima (isi- izi-) (n) fool; idiot.
-lima (ubu-) (n) foolishness.
-limala (v) get hurt; receive injury.
-limaza (v) injure; hurt.
-limela (isi-) (n) early spring; the group of stars Pleiades.
-limela (um- imi-) (n) cultivated lands together.
-limi (ama-) (n) stuttering; impediment of speech.

-limi (u- izi-) (izindimi) (n) tongue; language; gift of speech.
　　ukuba nolimi — to speak well; to have a glib tongue.
　　ukuba nolimi olumbaxa — to be untruthful.
　　ukuba limi mbili — to be untruthful.
　　ukuba nolimi olubi — for evil to befall as predicted.
-limi (um- aba-) (n) gardener; farmer.
-limi (ama-) (n) impediment of speech.
-limisi (um- aba-) (n) agricultural demonstrator.
-limo (isi- izi-) (n) vegetable; cultivated crops.
-linda (v) wait for; guard; keep watch over; keep vigil.
　　linda izinkomo — look after cattle.
　　linda amathonsi abanzi — await greater disaster.
　　linda umnyama ongenafu — wait in vain.
　　ukulinda nje — not too short and not too tall.
　　ukuzilinda — to count one's words; control oneself.
-lindamthombo (isi- izi-) (n) one who stays at home all the time.
-lindaziko (um- imi-) (n) one of the hearth stones.
-lindela (v) wait; watch for; guard for; attend evening watch prior to funeral; attend service or watch on eve of Christmas or New Year.
-lindelo (um-) (n) sitting up on night preceding funeral; service on Xmas or New Year eve.
-lindi (um- aba-) (n) watchman; guard.
-linga (v) attempt; tempt.
-lingana (v) be equal; be of equal size or age; fit properly.
-lingani (um- aba-) (n) term used of parents-in-law.
-linganisa (v) measure; compare; fit; try on.
-linganisana (v) be abreast.
-linganisela (v) prepare just enough; be considerate.
-linganiso (isi- izi-) (n) measure; yardstick; scale.
-linganiso (indinganiso izindinganiso) (n) measure.
-lingi (isi- izi-) (n) sling.
-lingi (um- aba-) (n) tempter.
-lingisa (v) imitate; emulate.
-lingisela (v) imitate.

-lingo (isi- izi-) (n) temptation.

-lingo (um- imi-) (n) strange happening; trick.

-lingoza (v) sob.

-lingozi (isi-) (n) sobbing.

-lisa (isi-) (n) male person; male gender; men-folk.

-lisa (um- aba-) (n) male person.

-livilivi (ama-) (n) very fat meat.

-livu (i-) (n) leave of absence.

-lizanyana (um- aba-) (n) nurse-maid.

lo (pron) this.

-lo (isi- izi-) (n) wild beast; lion; leopard; intestinal worm.

   izilo zokwelamana — children of same parents.

-loba (v) write; fish; decorate (as wood carving or pottery).

-lobela (v) write for or to.

-lobeli (um- aba-) (n) correspondent.

lobi (ideo) of desiring.

-lobi (um- aba-) (n) writer; author.

-lobika (v) long for; be very angry.

-lobiza (v) long for; be very angry.

lobo (pron) that.

-lobokazi (um- aba-) (n) bride; betrothed woman.

-lobola (v) give cattle for bride.

   lobola ngelanga — pay all bride price at same time.

-lobolo (i-) (n) cattle and other things given for bride.

-lobolisa (v) ask for bride price; do at long intervals.

-lobotshela (v) swallow up; gulp down.

lobu (pron) this.

lobuya (pron) that yonder.

lobuyana (pron) that yonder.

lobuyaya (pron) that yonder.

lodwa (pron) it alone.

lohle (ideo) of vanishing; disappearing.

-lohle (i-) (n) vanishing completely.

-lokazane (isi- izi-) (n) insect; small animal.

lokho (pron) that; those.

lokhu (pron) this.

lokhu (conj) as; since.

-lokhu (def v) to keep on doing.

lokhuya (pron) that yonder.

lokhuyana (pron) that yonder.

lokhuyaya (pron) that yonder.

-lokishi (i- ama-) (n) location; township for Africans; urban township.

loko (ideo) of flickering.

loko (pron) that; those.

-lokotha (v) dare; attempt; call by name.

-lokotho (izi-) (n) good intentions.

-lokoza (v) flicker; be dimly visible.

-lokozane (isi-) (n) sobbing.

loku (pron) this.

loku (conj) as; since.

-loku (def v) to keep on doing.

lokuya (pron) that yonder.

lokuyana (pron) that yonder.

lokuyaya (pron) that yonder.

-lola (v) sharpen; whet.

lolo (pron) that.

-lolonga (v) smooth (as claypot or piece of wood).

-lolozela (v) lull a child to sleep.

-lolozelo (um- imi-) (n) lullaby.

lolu (pron) this.

loluya (pron) that yonder.

loluyana (pron) that yonder.

lombo (ideo) of disappearing; of sinking (as sun); of falling into.

-lombo (ama-) (n) long period.

-lombolozela (v) sink; fall into; descend.

-lomo (isi- izi-) (n) popular person; person of substance.

-lomo (um- imi-) (n) mouth; beak; spokesman.

   qeda umlomo — put an end to all excuses.

   nquma umlomo — silence in argument.

   ukuba nomlomo omude — be a talkative.

   ukuba nomlomo omubi — predict unpleasant events.

   nganiki mlomo — not to reply.

   anda ngomlomo njengembenge — much talk and no actions.

   ukuziluma umlomo — be tongue tied.

   umlomo ongathethi manga — a chief; king.

lona (pron) itself; herself; himself.

lona (pron) this.

-londa (v) take care of; preserve.

-londa (ama-) (n) thrush.

-londa (isi- izi-) (n) sore; wound.

-londoloza (v) protect; keep safely.

-londolozi (um- aba-) (n) protector; guardian.

-londonya (v) scrutinise.

-longwe (i- ama-) (n) dry cattle dung.

-longwe (ubu-) (n) dung of herbivorous animal.

lonke (pron) all of it.

-lopholo (um- imi-) (n) stupid person.

lo-sengubo (isilo se-) (n) muzzle;

suffocate (ukwenza isilo sengubo).

-lori (i- ama-) (n) lorry.

-lotha (v) die out (as fire); abate.

-lotha (um- imi-) (n) ashes; worthless person.

-lothe (i-) (n) annihilation; complete destruction.

lothololo (ideo) of subsiding; abating.

-lova (v) idle; refuse to work; loaf.

-lova (u- o-) (n) loafer.

-lovu (u-) (n) scalding substance.

-lovu (um- imi-) shady bower.

lowa (pron) that yonder.

lowaya (pron) that yonder.

lowayana (pron) that yonder.

lowo (pron) that.

loya (pron) that yonder.

-loya (v) bewitch; cast a spell on.

loyana (pron) that yonder.

loyaya (pron) that yonder.

-lozi (um- imi-) (n) whistling sound; diviner who does not use bones.

-luba (v) desire.

-luba (isi- izi-) (n) tuft; head-dress of feathers.

-lubhalala (v) become aged.

luca (ideo) of rising suddenly.

lucezu (adv) sideways.

-lucezu (rel) in slices.

lufifi (adv) hazily; indistinctly.

-lufifi (rel) dim; hazy.

-lufipha (rel) dark coloured.

-lugu (isi- izi-) (n) fowl house.

lugugube (adv) sideways; walk sideways.

-lugugube (rel) crabwise.

-luhlaza (rel) green; blue; uncooked; uncultured.

-luhlaza (ubu-) (n) greenness; blueness; ignorance; being uncultured.

-luka (v) plait; weave; knit; go out to graze.

-lukeke (rel) slanting; askew.

lukeke (adv) crabwise; sideways.

lukhulu (adv) a good deal; much.

-lukhuni (rel) hard; tough; difficult.

-lukhuni (ubu-) (n) hardship; difficulty.

-lukhuntwana (rel) have sour appearance.

-lukuluku (i-) sudden rise of temper.

-lula (rel) light; easy; agile.

-lula (i- ama-) (n) pumice stone.

-lulama (v) recover from illness.

-lulaza (v) demean; make light.

-luleka (v) advise; become straight; lengthen.

-luleki (um- aba-) (n) advisor.

-luleko (isi- izi-) (n) advice.

-lulu (i- ama-) (n) pancreas.

-lulu (isi- izi-) (n) large woven grass basket.

-lulutheka (v) behave stupidly; act in a thoughtless manner; be absent minded.

-lulwane (i- ama-) (n) bat; one easily influenced.

-luma (v) bite; itch; have sharp pain in stomach.
  luma indlebe — tell person a secret.
  luma uphozisa — pretend to be good whilst undermining a person (also luma uphephetha).

-lumatha (v) catch alight.

-lumba (v) invent story; tell untruths; cast a spell.
  lumba amalumbo — tell untruths.

-lumbanisa (v) join together; place side by side.

-lumbo (i- ama-) (n) untruth; lie; disease; magic; spell.

-lumbuza (ubu-) plume of feathers worn by young men on head and hanging over the back of the head.

-lumeka (v) draw blood (as with horn); set alight.

-lumela (v) be gritty (of food); be itchy.

-lumisa (v) give a bite of food.

-lumo (isi-) (n) painful menstruation.

-lumula (v) wean.

-lunama (rel) tough; tenacious.

-lunda (i- ama-) (n) hump on neck of beast.
  thwala ilunda — be proud.

lundlu (ideo) of bobbing up; rising and falling.

-lunduzela (v) behave foolishly.

-lunga (rel) black or brown with white stripes (of colour of cattle).

-lunga (v) be correct; be of good behaviour; get ready.

-lunga (i- ama-) (n) part of the body; joint; member of an organisation; black or brown beast with white stripes.

-lunga (uku-) (n) goodness; uprightness; righteousness.

-lunge (u-) (n) long row of objects.

-lungela (v) get ready for; be suited for.

-lungelela (v) add on to; join; place in a row.

-lungelo (i- ama-) (n) right; privilege.

-lungelunge (u-) (n) very long row of

objects.

-lungisa (v) put right; prepare; tidy up.

-lungiselelo (ama-) (n) preparations; arrangements.

-lungiselo (ama-) (n) preparations; arrangements.

lungu (ideo) of peeping.

-lungu (isi-) (n) language of white people; customs of white people.

-lungu (i- ama-) (n) joint; internode; member.

-lungu (ubu-) (n) quality of white people; membership.

-lungu (um- abe-) (n) white person; European.

-lungulela (isi-) (n) heartburn; acidity (of stomach).

-lungumabele (um- imi-) (n) species of tree.

-lunguza (v) peep.

-lungwana (u-) (n) poor white people.

-lunywa (v) be bitten; have pain in the stomach; feel itchy.

  lunywa yisisu — suffer from stomachache.

  lunywa wunyawo — have a desire to go away.

-luphuya (rel) destitute.

-luqwatha (rel) bare country; desert.

lushu (ideo) of being overripe, very soft.

-lushuka (v) fall apart as something overripe or very tender.

-lusica (rel) tenacious; tough; unpleasant looking.

lusilili (adv) reluctantly.

-lusizi (rel) miserable.

-lutha (v) mislead; make a fool of.

-lutha (i- ama-) (n) false belief.

luthu (ideo) of aiming true.

-luthunqusana (rel) faded; covered with dust.

-luthuqusi (rel) covered with dust; faded.

-luthuthuva (rel) pale coloured.

-luthuza (v) hit target.

lutsheku (adv) slanting.

-luvivi (rel) early dawn; indistinct; lukewarm.

-luvindi (rel) indistinct.

-lwa (v) fight.

lwabo (poss) their; its.

-lwabulo (u-) (n) epidermis.

lwakhe (poss) his; her.

lwakho (poss) your; its.

lwalo (poss) its.

-lwambesi (u-) (n) thin covering; veil.

lwambi (ideo) of disappearing (as in water) of setting of sun.

lwami (poss) my.

-lwandlakazana (u-) (n) species of mealies with small grain.

-lwandle (u- izi-) (n) sea; ocean.

-lwandlekazana (u-) (n) species of mealies with small grain.

-lwane (isi- izi-) (n) animal; creature.

-lwane (ubu-) (n) savage behaviour; bestiality.

-lwanga (u- izi-) (n) roof of mouth; palate.

-lwanyazana (isi- izi-) (n) small animal; small creature.

-lwanyane (isi- izi-) (n) small animal; small creature.

lwaso (poss) its; his.

lwawo (poss) its; their.

lwayo (poss) its; their

lwazo (poss) their.

-lwebu (u-) (n) thin membrane; gossamer.

-lwembu (u- izi-) (n) spider; spider's web.

lwenu (poss) your.

-lwesibili (u- o-) (n) Tuesday.

-lwesihlanu (u- o-) (n) Friday.

-lwesine (u- o-) (n) Thursday.

-lwesithathu (u- o-) (n) Wednesday.

lwethu (poss) our.

-lwezi (u-) (n) November.

lwi (ideo) of stretching out.

-lwi (isi- izi-) (n) quarrelsome person; fighter.

-lwisa (v) fight someone.

M

-ma (v) stand; stop; give yourself to man who has not made love to you.

  ma ngononina — be in the correct order.

  ma ngentaba — deny outright.

  ma ngobumo — do everything in one's power.

  ma ingqondo — be confused; be at a loss what to do.

  ma ikhanda — be confused; be at a loss what to do.

  ma isibindi — feel encouraged.

  ma ngenkomo — stand supported by shield.

  ma ngamlenze munye — be in a precarious position.

ma esithubeni — be at a loss what to do.

ma ngezinyawo — be in a hurry.

ma ematheni — forget.

ma ngomuntu — await someone; depend upon someone.

ma kwakhe — his nature; wont to.

ma mbonjane — be in difficulty.

ma (conj) when; if.

-ma (uku-) (n) standing; stopping.

-ma (u- o-) (n) my/our mother.

-mabalabala (rel) spotted.

-mabbadu (rel) black and white beast.

-mabbadubhadu (rel) spotted.

-mabhalane (u- o-) (n) clerk.

-mabhalangozipho (u- o-) (n) clever person.

-mabhengwane (u- o-) (n) owl.

-mabibini (u- o-) (n) small non-poisonous snake.

-mabizwasabele (u- o-) (n) one who responds readily.

-mabohlololo (rel) low spirits; dejected.

-mabonwabulawe (u- o-) (n) enemy.

-mabubane (u- o-) (n) girdle worn by girls.

-mabula (i- izi-) (n) marble.

-mabuyaze (u-) (n) unsuccessful adventure.

inqina/impi kamabuyaze — fruitless errand.

-maconsana (u-) (n) distilled intoxicating drink.

-macweba (u- o-) (n) thin soft wire for traps.

-madakeni (u- o-) (n) tramp.

-madakadaka (rel) wet; covered with mud.

-madevana (u- o-) (n) one with small moustache.

-madimana (u- o-) (n) kind of loin skin for men.

-madlavudlavu (rel) tattered.

-madlodlongo (rel) unkempt (hair).

-madolonzima (rel) reluctant.

-madolwane (u-) (n) species of grass.

maduze (adv) near.

-mafahlafahla (rel) spotted; speckled.

-mafavuke (u- o-) (n) one who does not permit trouble to keep him down.

-mafufununu (u- o-) (n) very stout person.

-mafufununu (rel) stout; fat.

-mafukufuku (rel) disorderly.

-mafundafobele (u- o-) (n) glutton;

one who eats big mouthfuls.

-mafungwase (u- o-) (n) eldest daughter by whom brothers swear.

-magange (rel) eager.

-magazini (u- o-) (n) journal; magazine; type of gun.

-magebhugebhu (rel) broken country; uneven.

-magejageja (u- o-) (n) plough with many discs.

-magi (i- izi-) (n) mug.

-magqabhagqabha (rel) spotted; speckled.

-magqibane (u-) (n) kind of hair style of Zulu girls.

-magqumagquma (rel) hilly.

-magubudu (rel) beast with horns falling down like a sickle.

-magumangithole (u- o-) (n) homeless destitute person.

-magumbigumbi (rel) many cornered.

-magwazeguqile (u- o-) (n) courageous fighter.

-magwazephindelela (u- o-) (n) persistent fighter; one who is not satisfied with single achievement.

-magwegwe (rel) crooked; bow-legged.

-magwenxe (rel) crooked; bowed.

-magwinci (rel) meandering; winding; zig-zag.

-mahadlahadla (rel) coarse; rough; jagged.

mahala (adv) free of charge; gratis.

-mahambanendlwana (u- o-) (n) wattle bagworm; one always on the move.

-mahaqahaqa (rel) many coloured.

-mahasondi (rel) drunk.

-mahedlehedle (rel) coarse; rough.

-mahlakahlaka (rel) disorderly; untidy; scattered about.

-mahlalela (u- o-) (n) loafer.

-mahlawe (rel) beast with loose horns pointing downwards.

mahlayeni (adv) acting with no show of seriousness.

-mahlekehlathini (u- o-) (n) man who does not shave face.

-mahlikihliki (rel) untidy; disorderly.

-mahlukanandlela (e-) (adv) intersection; parting of the ways.

-maholo (rel) rough; coarse.

-mahosohoso (rel) rough; coarse.

-mahwalahwala (rel) mottled.

-makade (isi- izi-) (n) very old thing.

-makadebona (u- o-) (n) person of wide experience.

-makani (u- o-) (n) species of bird.

-makaniki (u- o-) (n) mechanic.
-makethe (i- izi-) (n) market.
-makhaza (rel) cold.
-makhelekethe (rel) broken country; uneven.
-makhelwane (u- o-) (n) neighbour.
-makhonde (u-) (n) species of wild edible root.
makhosi (interj) said by witch-doctor when sneezing.
makhathaleni (adv) at long last; after a long time.
-makhulu (u- o-) (n) my, our grand-mother.
-makhwali (u-) (n) species of edible wild plant.
-makhwangukhwagu (rel) multi-colour-ed.
-makhwazikhwazi (rel) multi-coloured.
-makhwembe (rel) crooked; bowed.
-makhwengukhwengu (rel) multi-coloured.
-makhweyana (u- o-) (n) musical bow.
-makhwezikhwezi (rel) multi-coloured.
-makhwifikhwifi (rel) spotted.
-maki (i- ama-) (n) mark (score).
makla (ideo) of smashing to pieces; of snapping.
-maklaka (v) get smashed.
-maklaza (v) smash to pieces.
-makoti (u- o-) (n) bride; newly mar-ried woman.
-maku (isi- izi-) (n) small breed of dog.
-malalepayipini (u- o-) (n) tramp.
-malaleveva (u-) (n) malaria.
-mali (i- izi-) (n) money.
-malikwata (u- o-) (n) loquat.
-malimbumbulu (i-) (n) counterfeit coin; token money.
-maliwa (u- o-) (n) unpopular person.
-malokazana (u- o-) (n) daughter in law.
maluju (interj) said when one is tired of mock-fight.
-malukazi (u- o-) (n) old beast.
-malume (u- o-) (n) maternal uncle.
-malunda (u- o-) (n) quick tempered person; beast with big hump; strong well built person or animal.
malunga (adv) with reference to; in connection with; opposite.
malungana (adv) with reference to; in connection with; opposite.
-malunkambu (u- o-) (n) cloth with dark colour worn by girls.
-maluzwenda (u-) (n) species of shrub.

-mama (u- o-) (n) my/our mother.
-mamangalahlwa (kwa-) (adv) far off place.
-mamatheka (v) smile.
-mamba (i- izi-) (n) mamba snake (black or green).
-mambana (i- izi-) (n) alert smart looking man.
mame (interj) of surprise; indignation.
-mame (isi-) (n) women.
-mame (u- o-) (n) my/our mother; also term of respect to other women.
-mamekazi (u- o-) (n) my/our mother's sister.
mameshane (interj) of surprise; in-dignation.
-mamezala (u- o-) (n) my mother-in-law (said by women).
-mamlambo (u- o-) (n) fabulous water snake.
mamfu (ideo) of eating in big mouth-fuls.
-mamfuza (v) eat in big mouthfuls.
-mamndengende (u- o-) (n) honey-guide bird.
mamo (interj) of surprise; indignation.
-mampilimpili (rel) stained with blood; with red spots.
-manakanaka (rel) spotted.
-manangananga (rel) spotted; bespat-tered.
-manaphanapha (rel) bespattered.
-manaphu (rel) be in tatters; be be-spattered.
-manaphunaphu (rel) be in tatters; be bespattered.
-mancishana (u- o-) (n) small beer-pot.
-mandawane (u- o-) (n) provision bag of canvas; haversack.
-mandlakazi (u-) (n) section of Zulus who stem from Sojiyisa.
-mandukulu (u- o-) (n) owl.
mandulo (adv) in olden times.
-mandulo (u-) (n) September.
-mane (def v) merely.
-manga (isi- izi-) (n) unusual happen-ing.
-mangala (v) be surprised; lay a charge against.
-mangalela (v) bring a charge against.
-mangalelwa (um- aba-) (n) defendant.
-mangali (um- aba-) (n) plaintiff.
-mangalisa (v) cause surprise.
-mangaliso (isi- izi-) (n) surprising happening; wonderful thing.
-mangaliso (um- imi-) (n) wonder;

miracle.

-**mangelengele** (rel) broken precipitous country; rough; jagged.

-**mango** (u- o-) (n) mango tree and fruit.

-**mango** (um- imi-) (n) steep hill.

-**mangobe** (u- o-) (n) cat.

-**mangqamfana** (u-) burr-weed.

-**mangqwashi** (u- o-) (n) species of bird.

manini (adv) when.

manjalo (adv) at that same moment (used with *khona*).

manje (-na) (adv) now; at the present time.

manje (-na) (conj) and then.

-**manje** (isi-) (n) modern fashion.

manjeya (adv) like yonder distance.

-**mankonovana** (rel) filthy.

-**mankumbu** (rel) bulging; protruding.

-**mankunkunku** (u-) (n) dropsy.

-**mankwapheni** (u- o-) (n) bead ornament worn over shoulders and under armpit.

-**manqikanqika** (rel) hesitant; undecided.

-**manqindi** (rel) blunt; cut short.

-**manqulwana** (u- o-) (n) ladybird.

-**mantibi** (u- o-) (n) very old woman.

-**mantindane** (u- o-) (n) witch's familiar; person brought back to life by witchcraft.

-**mantshi** (i- izi-) (n) magistrate.

-**mantshingelana** (u- o-) (n) species of night adder; night watchman.

-**mantshingeyana** (u- o-) (n) species of night-adder; night watchman.

-**mantshisi** (u- o-) (n) matches.

manxa (conj) if; when.

manxashana (conj) if; when.

-**manxiwangamilwambuya** (u- o-) (n) roving person.

manya (ideo) of flashing; glitter.

-**manyazela** (v) shine; glitter.

-**manyazini** (u-) (n) permanganate of potash.

-**manyolo** (u- o-) (n) manure; artificial fertilizer.

-**manyule** (i- izi-) (n) bald head; clean shaven person; person with no hair on head.

-**manzi** (rel) wet; damp.

-**manzi** (ubu-) (n) dampness.

-**manzisa** (v) moisten; wet.

-**mapendane** (u- o-) (n) painter.

-**maqandakacilo** (rel) white beast with small red spots; roan.

-**maqandakawayiba** (rel) roan coloured beast; white with brown spots.

-**maqandeqelu** (rel) white beast with small red marks; roan coloured.

-**maqandalingophi** (u- o-) (n) species of night-adder.

maqede (adv) as soon as; and thereafter.

-**maqhafuqhafu** (rel) coarse; rough.

-**maqhuzu** (u- o-) (n) high ranking person; high ranking officer.

-**maqinase** (u- o-) (n) precocious child.

-**maqokolo** (rel) lumpy; thick.

maqondana (adv) in line with; with reference to.

-**maqondana** (u- o-) (n) one's lover; one's wife (or husband).

-**maquba** (u-) (n) June.

-**maqumbane** (u- o-) (n) European woman employer.

-**masavutshiwe** (rel) dark grey or dark red with white spots all over the body.

-**mashayandawonye** (u-) (n) starvation; hunger.

-**masheqe** (u- o-) (n) old bull.

-**mashi** (i-) (n) kind of dance.

-**mashumishumi** (rel) countless; very many.

-**masikandi** (u- o-) (n) expert guitarist.

-**masingana** (u-) (n) January.

masinya(ne) (adv) soon; quickly.

-**masipala** (u- o-) (n) municipality; urban authority.

-**masipalati** (u- o-) (n) municipality; urban authority.

masisha (adv) quickly; soon.

-**masitende** (u- o-) (n) land-owner; landlord; stand-owner.

-**masiteshi** (u- o-) (n) station master.

-**masithela** (u-) (n) place where eyes cannot reach; hidden place.

-**mata** (v) be damp.

-**mata** (u- o-) (n) mat (European manufactured); partner.

-**matalasi** (u- o-) (n) mattress.

-**matasatasa** (rel) busy.

mathambama (adv) in the afternoon.

-**mathambo** (rel) very thin; bony.

-**mathanazana** (u- o-) (n) female baboon.

-**mathanda** (u-) (n) doing as one wills.

-**mathatha** (rel) barbed (as barbed spear).

-**mathathangozwane** (u- o-) (n) accomplished thief.

-**mathebethebane** (u- o-) (n) sparrow

hawk.

-mathebethebani (u- o-) (n) sparrow hawk.

-mathukulula (u-) (n) kind of purgative.

-mathumbenkala (rel) overcast.

-mathumbentaka (rel) overcast.

-mathunga (u-) (n) species of wild plant whose root is used as medicine for curing chest trouble.

mathunzi (adv) dull; late afternoon.

mathupha (adv) in person; at close quarters.
zibambele mathupha — do work for oneself.

-mathutha (u- o-) (n) refuse remover.

-matisa (v) dampen.

-matshehlathi (rel) beast with greyish or brownish spots.

-matshezulu (rel) beast with black and white marks evenly distributed.

-mavakavaka (rel) spotted.

-mavovo (rel) mottled.

-mavukuthu (rel) beast with pigeon-grey colour.

-mawundeni (i- izi-) (n) mounted police.

-maxhikixhiki (rel) dirty; untidy.

maye (interj) of sudden alarm; alas.

maye babo (interj) alas.

mayela (adv) over towards; in connection with.

-mayela (i- ama-) (n) mile.

mayelana (adv) over towards; in connection with.

-mayemaye (ubu-) (n) wailing.

-mayezi (rel) cloudy.

-mayini (i- izi-) (n) mine (coal, gold).

-mazazawane (rel) legs with prominent muscles.

-mazenga (rel) grooved; corrugated.

-mazi (i- izi-) (n) cow.

-mazinga (rel) grooved; corrugated (said of old beast with many grooves on horns).

-mazitike (u- o-) (n) ornament worn round head or neck or waist (has small flap in front).

-mazombe (rel) meandering; zig-zag.

-mazulu (u-) (n) species of sweet potatoes with white skin (also *usikwayimani*).

mba (ideo) of striking with flat object; of lying flat.

-mba (v) dig.
mba eqolo — be expensive.
mba umbulule — speed away; run away.

-mba (umu- imi-) (n) snuff-box container.

-mbaba (i-) (n) pumpkin dried up by sun before ripening; openness.

-mbabala (i- izi-) (n) bush-buck doe.

-mbabazane (i-) (n) stinging nettle.

mbala (adv) really; infact.

mbala (interj) of questioning surprise.

-mbala (i- izi-) (n) fire marks on skin.

-mbalane (u- o-) (n) species of canary.

-mbalasi (i- izi-) (n) flower.

-mbali (i- izi-) (n) flower.

-mbalule (i- izi-) (n) shin.

-mbalwa (rel) few.

-mbamba (i-) (n) kind of concoction.

-mbambamba (isi-) (n) of striking repeatedly (as with stick).

-mbambatha (v) pat with hand; slap on back.

-mbambezela (i-) (n) time waster.

-mbamgodi (isi- izi-) (n) man about the home whose primary duty is to help in beer making; degenerate.

mbanda (ideo) of beating about the bush; of prevaricating.

-mbandaza (v) prevaricate.

-mbande (i- izi-) (n) hill slopes.

-mbangayiya (i-) (n) ostrich plume worn on forehead.

mbangca (ideo) of avoiding the truth.

-mbangcaza (v) prevaricate.

-mbangi (i- izi-) (n) rival; cause.

-mbanjane (i-) (n) species of grass.

-mbasha (i-) (n) roasted dry mealies.

-mbatha (ama-) (n) necklace of wood worn by one who has killed in battle.

-mbati (i- izi-) (n) oyster.

-mbawula (i- izi-) (n) brazier; fiery tempered woman.

-mbaxambaxa (i- izi-) (n) slovenly person.

-mbayimbayi (u- o-) (n) field gun; canon.

mbayimbayi (adv) at sometime; bye and bye.

-mbayiyana (u-) (n) frost; very cold wind.

-mbaza (i- izi-) (n) mussel.

-mbazana (i- izi-) (n) species of bird.

-mbazi (i- izi-) (n) mussel.

mbe (ideo) of being firmly implanted; sticking fast.

-mbe (enumerative) some other.

mbebe (ideo) of striking with back of hand on mouth.

-mbebe (i- izi-) (n) back of hand.

-mbebeza (v) strike on mouth with back of hand.

-mbebhedla (i- izi-) (n) person with big buttocks.

-mbela (v) bury.

-mbelambela (isi-) (n) firmly fixed object.

-mbeleko (i- izi-) (n) baby carrying skin.

-mbelo (um- imi-) (n) kraal or enclosure of staves.

-mbemba (i- izi-) (n) battle axe.

-mbembethela (v) firmly implant; take deep draught.

-mbendeni (u-) (n) anthrax.

mbengce (ideo) of being evasive in speech.

-mbengceza (v) be evasive.

-mbenge (i- izi-) (n) small grass basket for covering beer or eating boiled mealies.

-mbewu (i- izi-) (n) seed.

-mbexelele (i- izi-) (n) stout flabby person.

-mbexembexe (i- izi-) (n) stout flabby person.

-mbiba (i- izi-) (n) striped field mouse.

mbibi (ideo) of striking face with back of hand.

-mbibi (i- izi-) (n) blow on face with back of hand.

-mbibiza (v) strike face with back of hand.

-mbila (i- izi-) (n) rock-rabbit.

-mbila (um-) (n) maize.

-mbilapho (i- izi-) (n) groin (human being); glandular swelling in groin.

-mbilikicane (u-) (n) edible herbs.

-mbiliso (i- izi-) (n) yeast.

-mbimbi (u-) (n) joining forces against; conspiracy.

-mbishimbishi (i- izi-) (n) very stout person.

-mbiza (v) travel at great speed.

-mbizezikhewu (u- o-) (n) person who has lost front teeth.

-mbizo (i- izi-) (n) gathering summoned by chief or headman.

mbo (ideo) of closing lid; covering; turning vessel upside down; of flocking to a place.

-mbo (i-) (n) epidemic; plague.

-mbo (isi- izi-) (n) pointed stave used for digging; crow-bar; dibber.

-mbobo (i- izi-) (n) hole.

-mbobozehluzo (u- o-) (n) one who cannot keep a secret.

-mbongi (i- izi-) (n) one who recites praises at court; bee.

-mbongolo (i- izi-) (n) donkey.

-mbongoza (v) wail.

-mboni (i- izi-) (n) factory.

-mbonisweni (e-) (adv) vantage point.

-mbondwe (i- izi-) (n) beast with dark red colour.

-mbonya (v) flog.

-mboqo (i- izi-) (n) row; single file.

-mbovane (i-) (n) weevil.

-mboza (v) cover over.

-mboza (ama-) (n) Mbuyazwe's regiment.

-mboza (i-) (n) tobacco.

-mbozisamahlanga (i-) (n) first rain before ploughing begins.

-mbozo (isi- izi-) (n) lid.

-mbuka (i- ama-) (n) rebel; traitor; deserter.

-mbuka (ubu-) (n) disloyalty; acting as traitor.

-mbulu (i- izi-) (n) iguana; person easily influenced; dirt on feet. *ukuba yimbulu* — to be unreliable; to be changeable.

-mbulula (v) exhume; dig up; run away.

-mbuluza (v) pretend; act in a deceptive manner.

-mbumba (i-) (n) cowpeas.

-mbumbulu (rel) counterfeit.

-mbumbulu (i- izi-) (n) bullet.

-mbumbuthela (v) pour in large quantities; pour with noise (as from bottle).

-mbundu (i- izi-) (n) pile; heap.

-mbunga (i-) (n) downy hair.

-mbuya (i-) (n) green herbs.

-mbuyiselo (i-) (n) repayment.

-mbuzi (izi-) (n) white marks on finger-nails.

-mdaka (rel) dark brown.

mdla (adv) on the day that.

mdlazana (adv conj) on the day that.

-mdokwe (rel) brownish-red beast.

-mdubu (rel) dark brown colour.

mefu (ideo) of sudden appearance.

-mefuka (v) appear suddenly.

-mehlana (isi- izi-) (n) tot; small quantity of brandy.

mehlomadala (interj) we meet again after such a long time.

-mehlomnyama (rel) exhausted; hungry.

-mehlwana (u- o-) (n) kind of bird

with white eyes.

mekle (ideo) of breaking of brittle object.

-mekleka (v) get broken (as brittle object).

-mekleza (v) break with sharp noise (as something brittle).

-meko (izi-) (n) circumstances.

-mela (v) wait for; stand for; defend; stand over; tolerate.

-melana (v) wait for each other; face each other; be opposite each other; be against; put up with; contest.

-melela (v) defend; appear for; (in court).

-melelwa (v) marry by customary union.

-meli (i- izi-) (n) mare.

-meli (um- aba-) (n) lawyer; advocate.

-melwe (def v) be obliged; be incumbent.

-mema (v) invite; call; summon; carry on the back.

-memeza (v) shout; call out.

-memezela (v) announce.

-memezelo (isi- izi-) (n) notice; announcement.

memfu (ideo) of sudden appearance; of peeping out.

-memfuka (v) appear suddenly.

-memo (isi- izi-) (n) invitation.

-mendlela (i- izi-) (n) medal.

-menemene (ama-) (n) prevarication; falsehoods.

menge (ideo) of glittering; sparkling.

-mengemenge (ubu-) (n) glittering; sparkling.

-mengezela (v) glitter; sparkle.

-mentshisi (u- o-) (n) matches.

menye (ideo) of glittering; sparkling.

-menyemenye (ubu-) (n) glittering; sparkling.

-menyezela (v) glitter; sparkle.

-menywa (isi- izi-) (n) guest.

-mese (um- imi-) (n) knife.

-mese (u- o-) (n) knife.

-meselane (u- o-) (n) bricklayer; mason.

-mesisi (u- o-) (n) white lady of house.

-meyili (i- izi-) (n) fast mail train.

-mfagolweni (u- o-) (n) half-crown.

-mfamfatha (v) suck juice (as from bone); feel with teeth.

-mfamumfamu (i- izi-) (n) fresh soft bread; spongy substance.

mfe (ideo) of pureness (*mhlophe mfe-* pure white).

-mfemfe (izi-) (n) thick sour milk.

-mfengwane (i- izi-) (n) whistle.

-mfezi (i- izi-) (n) species of snake; person who likes milk very much.

mfi (ideo) of squeezing; of tying securely; of fullness.

-mfimfa (v) leak; ooze out; show no promise.

-mfimfitha (v) suck out (as soft bone).

-mfiva (i-) (n) fever.

-mfivilithi (i- izi-) (n) worthless thing.

-mfoloko (i- izi-) (n) fork.

-mfolomane (i- izi-) (n) foreman.

-mfoma (v) ooze; perspire.

-mfomfo (um-) (n) species of wild shrub or fruit.

-mfonyo (isi- izi-) (n) muzzle (for calf etc.).

-mfonyoza (v) handle carelessly (as clothes).

-mfothongwane (i- izi-) (n) shallow dip or valley.

-mfulane (i-) (n) flannel.

-mfulo (i-) (n) fodder.

-mfumfu (u-) (n) October.

-mfumfusa (v) swell (as bud); emerge.

-mfumfutha (v) sniff at; follow scent.

-mfungumfungu (i- izi-) (n) refuse; rubbish.

-mfusi (i- izi-) child born after twins; brown coloured beast.

mhla (conj adv) on the day that.

mhlana (conj adv) on the day that.

mhlawumbe (conj) perhaps.

mhlayimbe (conj) perhaps.

mhlazana (conj adv) on the day that.

-mhlophe (rel) white.

mhlophe (adv) clearly.

-mhlophe (ubu-) (n) whiteness.

-mhloshana (rel) pale; whitish.

mi (interj) here take.

mihla (adv) frequently; daily.
    mihla namalanga — daily.

mihli (ideo) of crying.
                out crying.

-mila (v) grow.

-mila (isi- izi-) (n) growth; tumour; cancer.

-milamongo (isi- izi-) (n) immovable object; something fixed.

-milo (isimilo) (n) character; nature.

-mimilita (tha) (v) swallow down whole.

-mimilitela (v) swallow down whole.

mimiliti (ideo) of swallowing whole.

mina (pron) I; me; myself.

mina (interj) I say.

-mina (ubu-) (n) my nature; personally.

minci (ideo) of perspiring; slipperiness.

-mincika (v) perspire; be slimy.

-mini (i- izi-) (n) daytime.

-mininika (v) flow steadily; ooze.

minitheni (adv) on a certain day.

-minithi (i- ama-) (n) minute; record of meeting.

minithile (adv) on a certain day.

minithize (adv) on a certan day.

-minya (v) take deep draught; drink last mouthful; drain to dregs; suppress desire to relieve nature or break wind.

-minyana (v) be crowded together.
ukuminyana kwezinkwa ebhodweni — a situation whose outcome is difficult to predict; keen contest.

-minza (v) drown; gulp down; swallow; be greedy.

-minzi (isi- izi-) (n) glutton.

-minzo (um- imi-) (n) gullet.

-misa (v) cause to cease; cause to stop; erect; instal; appoint; establish; act as bridesmaid or best-man.

-misa (uku-) (n) shape of horns.

-misela (v) lay down conditions; treat woman in order to get children.
ukuzimisela — to be determined.

-misela (zi-) (v) be determined.

-miselo (isi- izi-) (n) rule; order; condition.

-mishani (i- izi-) (n) mission station.

-misi (u- o-) (n) lady teacher.

-miso (isi- izi-) (n) law; ordinance; rule; condition.

-mitha (v) become pregnant.

-mithisa (v) make pregnant.

-miwa (v) be choked.

-miyane (u- o-) (n) mosquito.

-mka (u- o-) (n) wife of.

-mkakhe (u- o-) (n) his wife.

-mkakho (u- o-) (n) your wife.

-mkami (u- o-) (n) my wife.

-mkhulu (u- o-) (n) grandfather.

-mnandi (rel) tasty; nice; pleasant.

-mnandi (ubu-) (n) pleasantness; tastiness.

-mnene (rel) gentle; kind.

-mnkantshabomvu (rel) grown up person.

-mnyama (rel) black.
inhliziyo emnyama — evil heart; lack of appetite.

-mnyama (ubu-) (n) blackness; darkness.

mo (ideo) of icy coldness.

-mo (isi- izi-) (n) character; form; shape.

-mo (umu-) (n) feature; characteristic.

-moba (u-) (n) sugar-cane.

-moba (isi- izi-) (n) cane field.

-mofu (i- izi-) (n) Friesland; imported breed of cattle.

mohlo (ideo) of crushing; bashing.

-mohloka (v) get crushed; bashed.

-mohloza (v) bash in.

moklo (ideo) of breaking; smashing.

-mokloka (v) get broken; smashed.

mokloza (v) bash in; break; smash.

-mokololo (isi-) (n) loud noise; noise of many people speaking at the same time.

-molisi (i- izi-) Indian game (fowl).

-moliya (isi-) (n) horse sickness.

-molontshisi (isi- izi-) (n) short stick with nut (metal) at one end.

mome (ideo) of drinking everything.

-momondiya (isi- izi-) (n) pretty girl.

-momotheka (v) smile.

moncu (ideo) of pulling out; unsheathing.

-moncuka (v) slip out.

-moncula (v) pull out; unsheath.

-mongo (isi- izi-) (n) forehead; brow of hill.

-mongozima (-ya) (u-) (n) bleeding from the nose.

-mongo (isi- izi-) (n) knob-kerrie with big head and short handle.

-mongula (u-) (n) bleeding from the nose.

-monya (v) anoint face.

-monya (u- izi-) (n) python.

monyo (ideo) of smiling.

-monyo (isi- izi-) (n) face ointment; charm.

-monyozela (v) smile.

monyu (ideo) of slipping out.

-monyuka (v) slip out.

-monyula (v) pull out.

-mosa (v) waste.

-moto (i- izi-) (n) motor-car.

-moya (u- imi-) (n) wind; breath; air; spirit.

moyi (ideo) of smiling faintly.

-moyimoyi (isi- izi-) (n) handsome person.

-moyizela (v) smile.

mpa (ideo) of slapping.

-mpabanga (i- izi-) (n) poor person.

-mpahla (i- izi-) (n) luggage; package; goods.

-mpaka (i- izi-) (n) witch's cat; wild

cat; precocious person.

mpaku (ideo) of slapping with flat of hand.

-mpakuza (-la) (v) slap with flat of hand.

-mpala (i- izi-) (n) species of small antelope.

-mpalampala (i- izi-) wind instrument like trumpet.

-mpama (i- izi-) (n) palm of the hand.

-mpambosi (i- izi-) (n) deviation; derivative (grammar).

-mpampa (v) be flurried; be in uncontrolled excitement; be agitated.

-mpampini (u- o-) (n) boere pumpkin.

-mpamuza (v) talk nonsense.

-mpande (i- izi-) (n) root.

-mpandla (i- izi-) (n) bald-headed person; bald head.

-mpangele (i- izi-) (n) guinea-fowl.

-mpango (i-) (n) loot; booty.

-mpansa (v) slap.

mpansu (ideo) of slapping.

-mpansula (v) strike with open hand.

-mpantsha (um- imi-) (n) top hat.

-mpapha (i- izi-) (n) hip bone (cattle).

-mpasa (v) slap.

-mpatha (i- izi-) (n) novice.

-mpaya (-za-) (v) act in agitated manner.

-mpayiza (v) wander about.

mpe (ideo) of slitting open; of gliding.

-mpe (u-) (n) juice; honey.

-mpehla (i- izi-) (n) wood-borer; weevil; plantar warts.

-mpelesi (i- izi-) (n) bridesmaid; best man.

-mpempe (i- izi) (n) whistle.

-mpempempe (u- o-) (n) person who talks endlessly.

-mpempeza (v) trumpet; whistle; talk endlessly.

-mpemvu (rel) white faced.

-mpemvu (i- izi-) (n) beast with white face.

-mpendu (u- o-) (n) hillside plough; disc plough; unreliable person.

-mpenge (i- izi-) (n) broad-brimmed hat.

-mpensula (i- izi-) (n) person with big buttocks.

-mpepho (i-) (n) incense.

-mpesheni (i- izi-) (n) pension.

-mpetha (u- o-) (n) expert.

-mpethu (i- izi) (n) maggot.

-mpethwane (u- o-) (n) lowest rib.

-mpi (i- izi-) (n) army; regiment; fight or battle.

-mpikanamalanga (i-) (n) daily occurrence.

mpiki (ideo) movement of a stumpy end.

-mpikiza (v) waggle a stump.

-mpikiza (isi- izi-) (n) stumpy object.

-mpilimpili (i- izi-) (n) small claypot.

-mpimpi (i- izi-) (n) traitor; fifth column; pimp.

mpini (ideo) of spinning (as a top).

-mpininiza (v) revolve; spin.

-mpintsha (v) be tight (as clothes, shoes); squeeze.

-mpintshana (v) be crowded together.

-mpentshisi (i- ama-) (n) peach.

-mpintshisi (i- ama-) (n) pair of pliers; pincers.

-mpiselo (i- izi-) (n) knob-kerrie.

-mpisi (i- izi-) (n) hyena.

-mpisimpisi (u- o-) (n) military blanket; cotton blanket.

-mpithi (i-) (n) mode of dressing hair by Zulu; duiker.

mpo (ideo) of being erect; of being cold.

-mpofana (i- izi-) (n) destitute person.

-mpofu (rel) poor; tawny; duncoloured.

-mpofu (i- izi-) (n) dun-coloured beast; eland.

-mpofu (ubu-) (n) dun-colour; poverty.

-mpofu (i- izi-) (n) eland.

-mpohlo (i- izi-) (n) bachelor.

-mpoko (i-) (n) tobacco seed.

-mpokwe (i-) (n) grass flower.

-mpolomba (v) take snuff in mouth.

-mpolompolo (i- izi-) (n) fast mail train; talkative.

-mpompa (v) pump; talk nonsense; talk endlessly.

-mpompi (isi- izi-) (n) one who talks endlessly; one given to talk nonsense.

-mpompi (u- o-) (n) water tap.

-mpompoloza (v) make noise; wail.

mpondozamnenke (adv) very early morning.

mpondozamthini (adv) very early morning.

-mpondwe (i- izi-) (n) flat piece of wood or bone or iron for hoeing.

-mpondwe (u- o-) (n) pound (money).

-mpongo (i- izi-) (n) goat ram.

-mpongo (um-) (n) wail; loud wailing.

-mpongoloza (v) wail.

-mpophoma (i- izi-) (n) waterfall.

-mpoqompoqo (rel) brittle.

-mpothoninga (i-) (n) senseless talk;

something you cannot make head or tail of.

-mpova (i-) (n) pollen.

-mpoxela (i- izi-) (n) small beast with horns too large for it.

mpumpu (ideo) of searching about.

mpumpununu (ideo) of great noise.

-mpukane (i- izi-) (n) fly; meat from shoulder which moves after animal is dead.

-mpukeqe (i- izi-) (n) stupid person.

-mpuku (i- izi-) (n) mouse.

-mpukuvane (i- izi-) (n) tsetse fly.

-mpumputhe (i- izi-) (n) blind person.

-mpumulo (i- izi-) (n) nose bridge; nose.

-mpundu (i- izi-) (n) small lobe of liver (beast); gate post.

-mpunga (rel) grey.

-mpunga (i- izi-) (n) grey haired man; grey animal.

-mpungushe (i- izi-) (n) jackal.

-mpunzi (i- izi-) (n) buck; projecting hair on forehead.

-mpuphu (i-) (n) mealie-meal; fine powder.

-mpuqumpuqu (i- izi-) (n) powdery substance; substance which crumbles easily.

-mpusela (i- izi-) (n) calf without mother; small sized calf.

-mpushumpushu (i-) (n) powdery or crumbly food.

-mqoka (rel) that which is uppermost; most important.

-mseka (rel) with white mark on throat.

-mshafuthi (u- o-) (n) young looking old person.

msuku (adv conj) on the day that.

msukwana (adv conj) on the day that.

-msulwa (rel) innocent; chaste.

-mthuku (rel) tepid; lukewarm.

-mthukuthuku (rel) tepid; lukewarm.

-mthunqu (rel) dust coloured; greyish.

-mtoti (rel) sweet; pleasant.

-mtoti (ubu-) (n) sweetness.

-muhle (kwa-) (adv) Bantu Commissioner's office.

muhlu (ideo) of slapping; of striking with fist.

-muhluza (v) slap; hit with fist; bang against.

-muhluza (isi- izi-) (n) person with large head; large head.

-muka (v) go away.

muka ngendle njengamabele — go

away without saying good-bye.

muka ngomzila — follow path.

muka nayo — have the better in an affray.

-mukanandwendwe (isi- izi-) (n) person without strong will power; person easily influenced.

-mukela (v) go away a long time; delay; receive; receive ration; admit.

-mukeleka (v) be acceptable.

-mukelisa (v) hand out rations.

-mukisa (v) send away; take back; carry away (as water).

-muku (isi-) muzzled person.

ukwenza isimuku — to stop one's mouth and nostrils.

muku (ideo) of slapping in the mouth.

-mukula (v) slap in the face.

-mumatha (v) hold with mouth.

-munca (v) suck.

-muncu (rel) sour; be in sour mood.

-muncu (ubu-) (n) acidity; bitterness; sour mood.

-muncuza (u-) (n) sour porridge.

-muncwane (isi- izi-) (n) kind of small plant with sour leaves.

-mungulu (isi- izi-) (n) dumb person.

-mungumungwane (isi- izi-) (n) measles.

-mungunya (v) suck; speak indistinctly.

mungunya udaba — ponder over an affair.

-munya (v) suck.

-munyane (isi- izi-) (n) small plant with sour leaves.

-munyu (rel) sour; bitter.

-munyu (isi-) (n) unpopularity; touchy or sensitive nature.

-munyu (ubu-) (n) acidity; bitterness.

-munyunga (v) suck; ponder over.

-munyuza (u-) (n) sour porridge;

-muru (i- izi-) (n) nut for bolt.

-musa (def v) don't.

mu (ideo) of shedding tears; of striking a hard blow.

muva (adv) later.

muveni (adv) afterwards.

mvenene (ideo) of running fast.

-mvokoqa (i- izi-) (n) ladle with broad base.

-mvongoqo (i- izi-) (n) ladle with broad base.

-mvoxo (-mvonxo) (i-) (n) water in which beer-strainer has been rinsed.

-mvubomabele (rel) roan coloured beast.

-mvubu (i- izi-) (n) hippopotamus; sjambok.

-mvula (i- izi-) (n) rain.

mzuku (adv) on the day on which.

mzukwana (adv) on the day on which.

N

na (ideo) of lying flat; spread out.

-na (v) pour down as rain.

-na (umu-) (n) eczema.

naba (loc dem cop) here they are.

-naba (v) stretch limbs.

-nabalala (v) be flattened out; lie sprawling.

-nabalala (isi- izi-) (n) low spread out object (as car; house etc.).

nabaya (loc dem cop) there they are yonder.

nabayana (loc dem cop) there they are yonder.

nabu (ideo) of very slow movement; of lethargy.

nabu (loc dem cop) here it is.

-nabukeni (i- ama-) (n) baby's napkin.

nabuya (loc dem cop) there it is yonder.

nabuyana (loc dem cop) there it is yonder.

-nabuzela (v) crawl; move very slowly.

nadanada (isi- izi-) (n) stupid person.

-nadi (i- ama-) (n) nut (for bolt).

-nadinga (u- o-) (n) so and so.

-nadinga (i-) (n) such and such a thing.

nafu (ideo) of stickiness.

-nafuka (v) be sticky.

-nafuna (v) be sticky.

-nafuzela (v) be sticky.

-naka (v) take notice of; be concerned with.

-naka (i- ama-) (n) tidy person.

-naka (um- imi-) (n) copper necklace worn by royalty; ornament worn round wrist by girls.

-nakanaka (ama-) (n) small spots; spotted object.

-nakanaka (isi- izi-) (n) clumsy, stupid looking person.

nakancane (adv) not in the least.

nakanci (adv) not in the least.

-nakane (u-) (n) 'nagana' disease.

nakanjani (adv) decidedly; whatever happens.

nakanye (adv) even once.

-nakashela (v) pester.

-nakaza (v) cover with spots; act carelessly.

-nakazela (v) act in clumsy foolish way.

-nakazi (i- izi-) (n) black or red beast with white spots.

-nake (u-) (n) great care.

-nakekela (v) take care of.

-nakelela (v) take care of.

nakho (loc dem cop) there it is.

nakhoke (interj) there you are; off you go.

nakhu (loc dem cop) here it is.

nakhu (conj) since.

nakhuya (loc dem cop) there it is yonder.

nakhuyana (loc dem cop) there it is yonder.

-nako (loc dem cop) there it is.

-nako (um- imi-) (n) concern.

naku (loc dem cop) here it is.

nakuba (conj) even though.

nakuya (loc dem cop) there it is yonder.

nakuyana (loc dem cop) there it is yonder.

-nakwabo (um- aba-) (n) husband of his wife's sister; man married to girl from same village as his wife.

-nakwenu (um- aba-) (n) husband of your wife's sister; man married to girl from same village as you wife.

-nakwethu (um- aba-) (n) husband of my wife's sister; man married to girl of same village as my wife.

-nala (i-) (n) plenty; abundance (usually food); red or black beast with white spots.

-nalakazi (i- izi-) (n) female red or black beast with white spots.

nali (loc dem cop) here it is.

-nalithi (i- izi-) (n) needle.

naliya (loc dem cop) there it is yonder.

naliyana (loc dem cop) there it is yonder.

nalo (loc dem cop) there it is.

nalu (loc dem cop) here it is.

naluya (loc dem cop) there it is yonder.

naluyana (loc dem cop) there it is yonder.

nama (ideo) of tenacity.

-nama (v) be happy.

-nama (isi- izi-) (n) species of grass.

-namanedi (u- o-) (n) lemonade.

-namatha (v) stick to; touch; be close to.

-namathela (v) adhere to; stick onto.

-namathisela (v) cause to adhere to.

-namba (i- izi-) (n) number; figure.

-namba (isi- izi-) (n) lethargic person; dull witted person.

-nambathi (isi- izi-) (n) pumpkin cooked with mealie meal.

-nambitha (v) taste.
 ukunambitha indaba — to hear story for first time.
 ukunambithisa indaba — to turn story over and over.

-nambitheka (v) be tasty.

-Nambithi (um-) (n) Ladysmith; Klip River (Natal).

nambu (ideo) of sluggish, lethargic action.

-nambuluka (v) act or speak in a lazy manner.

-nambuluka (isi- izi-) (n) lethargic person.

-nambuza (v) act in a lazy manner; crawl like insect.

-nambuzane (isi- izi-) (n) insect; small crawling animal.

-nambuzela (v) act in a slow lazy manner; crawl like insect.

name (ideo) of plastering over; of covering up.

-nameka (v) seal; plaster.
 nameka ngecala — pass blame onto someone else.

namfu (ideo) of being sticky.

-namfuka (v) be sticky; be lazy.

-namfuna (v) be sticky.

-namfunamfu (isi- izi-) (n) sticky object; glutinous substance.

namhla (adv) today; nowadays.

namhlanje (adv) today; nowadays.

nampa (loc dem cop) here they are.

nampaya (loc dem cop) there they are yonder.

nampayana (loc dem cop) there they are yonder.

nampo (loc dem cop) there they are.

nampu (loc dem cop) here it is.

nampuya (loc dem cop) there it is yonder.

nampuyana (loc dem cop) there it is yonder.

namu (ideo) of being sticky.

namuhla (adv) today.
 namuhla kunamuhla — we will see what the outcome will be.

-namuka (v) be sticky.

-namuluka (v) act in a slow lazy manner.

-namuza (v) speak in a lazy fashion.

-nana (v) ask for loan; pay back.
 nana izinduku — take revenge.

-nana (isi- izi-) (n) toad.

-nana (u- o-) (n) baby.

-nanabuka (v) act in a lazy lethargic manner; be slow.

-nanaza (v) be in doubt.

-nanazela (v) add on to.

-nandi (isi-) (n) species of grass.

-nandi (u-) (n) pleasant taste; sweetness.

-nandisa (v) sweeten; make agreeable.

-nanela (v) join in applause; echo; appreciate.

-nanelo (isi- izi-) (n) appreciation.

-nanezela (v) add on to; applaud.

-nangananga (ama-) (n) incidents; spots.

nango (loc dem cop) there he is.

nangu (loc dem cop) here he is.

nanguya (loc dem cop) there he is yonder.

nanguyana (loc dem cop) there he is yonder.

-nani (i- ama-) (n) price; number.

nani nani (adv) all and sundry.

nanini (adv) at all times; at one time or another; no matter when.

nanka (loc dem cop) here they are.

nankaya (loc dem cop) there they are yonder.

nankayana (loc dem cop) there they are yonder.

nanko (loc dem cop) there they are; there it is.

nanku (loc dem cop) here it is.

nankuya (loc dem cop) there it is yonder.

nankuyana (loc dem cop) there it is yonder.

nansi (loc dem cop) here it is; here they are.

nansiya (loc dem cop) there it is yonder; there they are yonder.

nansiyana (loc dem cop) there it is yonder; there they are yonder.

nanso (loc dem cop) there it is; there they are.

nanti (loc dem cop) here it is.

nantiya (loc dem cop) there it is yonder.

nantiyana (loc dem cop) there it is yonder.

nanto (loc dem cop) there it is.

-nantshi (i- ama-) (n) naartjie fruit.
nantu (loc dem cop) here it is.
nantuya (loc dem cop) there it is yonder.
nantuyana (loc dem cop) there it is yonder.
nanxa (conj) although; even though.
-nanzi (i- izi-) (n) third stomach of beast; colon.
naphakade (adv) for ever and ever.
-naphanapha (ama-) (n) splashing all over.
naphaza (v) splash; make dirty.
naphinaphi (adv) everywhere.
-naphu (u- o-) (n) dull witted person.
-naphu (isi- izi-) (n) one who wears tatters; stupid fellow.
-naphungana (isi- izi-) (n) stupid looking person.
-naphuzela (v) be in tatters; walk foolishly.
nasi (loc dem cop) here it is.
nasiya (loc dem cop) there it is yonder.
nasiyana (loc dem cop) there it is yonder.
naso (loc dem cop) there it is.
-nathi (i- ama-) (n) nut for bolt.
-nawakhe (um- aba-) (n) his younger brother.
-nawakho (um- aba-) (n) your younger brother.
-nawami (um- aba-) (n) my younger brother.
-nawe (um- aba-) (n) my younger brother.
-nayiloni (i- ama-) (n) nylon; police car.
nazi (loc dem cop) here they are.
naziya (loc dem cop) there they are yonder.
naziyana (loc dem cop) there they are yonder.
nazo (loc dem cop) there they are.
-nazo (i-) (n) third stomach of beast.
-ncasiselo (in-) (n) explanation.
-ncaka (um- imi-) (n) species of tree.
-ncama (v) eat before going on a journey; prefer.
-ncamo (um-) (n) food eaten before a journey.
ncamu (ideo) of smacking lips.
-ncamuncamu (ubu-) (n) noise of smacking lips.
-ncamuza (v) smack lips.
-ncanakazana (isi- izi-) (n) sweetheart; paramour.

-ncane (adj) small; few; young.
 kwaba kuncane indawo — keen competition; outcome difficult to predict.
-ncane (ubu-) (n) smallness.
-ncaphe (isi-) (n) late crop of mealies.
-ncashela (v) produce cob on stalk.
-ncasiselo (in- izin-) (n) explanation.
-ncazelo (in- izin-) (n) explanation.
-nce (def v) do after; after which.
nce (ideo) of tinkling sound.
-ncedo (um- imi-) (n) cover for pre-puce.
-ncegela (in- izin-) (n) hammer head; head which protrudes at back.
-nceku (i- izi-) (n) steward; royal servant.
-nceku (ubu-) (n) stewardship.
-ncela (v) suckle; suck milk.
 ukuncela isithupha — to be poor.
 umuntu owancela — strong well built person.
-ncele (i- izi-) (n) flesh below buttocks.
-ncele (um- imi-) (n) boundary.
-ncelebana (i- izi-) (n) one who seeks favours; stooge.
-ncelisa (v) give suck; suckle.
 ncelisa umbele ofile — deceive.
 ncelisa amawele — deceive.
-ncelu (um- imi-) (n) lark.
-ncema (i-) (n) sedge used for making fine mats.
-ncencetha (v) ring; jingle; tinkle.
-ncenceza (v) ring; jingle; tinkle.
-ncenga (v) beg; plead; coax.
-ncetheza (v) speak falsehoods; gossip.
-nci (adj) very small; minute.
-ncibilika (v) melt; dissolve; get accustomed; feel at ease.
-ncibujani (u- o-) (n) new year.
-ncika (v) lean on; rely on.
-ncikida (v) pinch.
-ncikinciki (i- izi-) (n) illegible scrawl.
-ncimfa (v) make sound of annoyance.
ncimiji (ideo) of equality; fullness; resemblance.
-ncinca (v) ooze; suppurate.
-ncinciza (v) utter click of surprise; disappointment; disgust.
-ncinda (v) lick fingers; lick medicine from hot potsherd with finger tips.
 ukuncinda uthi lomkhangala — to suffer great hardship.
-ncindisa (v) give medicine taken with tip of fingers from hot potsherd.
-ncindo (um- imi-) (n) sour dough for making beer.

-ncintela (v) excel; surpass.

-ncintisana (v) compete.

-ncintiswano (um- imi-) (n) competition.

-ncintisano (um- imi-) (n) competition.

-ncintsha (v) stint.

ncintsha amehlo — avoid a person.

-ncintshana (v) be stingy; be niggardly; be mean.

-ncintshani (isi- izi-) (n) niggardly person; stingy person.

-ncintshanja (um- imi-) (n) sty on eye.

-ncinyane (adj) very small.

-ncinyane (i-) (n) small quantity.

-ncinza (isi- izi-) (n) sweetheart; secret lover.

-ncinza (v) pinch.

ncinza ngozipho — advise; warn against danger.

-ncinzancinzane (u-) (n) children's game of pinching hands.

-ncinzisa (v) give small quantity.

ncinzisa ugwayi — give a little snuff.

-ncipha (v) dwindle; become less; become thin.

-nciphisa (v) reduce in size or amount; diminish; minimise.

-ncisha (v) stint.

ncisha amehlo — avoid person.

-ncishana (v) be stingy; be niggardly; be mean.

-ncishani (isi- izi-) (n) niggardly person; stingy person.

-ncishanja (um- imi-) (n) sty on eye.

-ncinti (isi-) (n) brown sugar.

-ncithi (um-) (n) moisture rising from floor of house; mildew.

-nco (rel) red beast with white spots.

-nco (i- izi-) (n) red beast with white spots; dog with red and white spots.

-ncokazi (i- izi-) (n) red cow with white spots.

-ncoko (ama-) (n) light hearted conversation; good humoured conversation.

-ncokola (v) joke; make fun.

-ncolosi (i-) (n) stiff porridge mixed with drink of thinned maize porridge; ground boiled mealies mixed with water of beer dregs.

-ncoma (v) praise; admire.

-ncome (i-) (n) Blood River.

-ncomela (v) praise.

-ncombo (rel) yellow.

-ncombo (i-) (n) small termite; yellow colour.

ncomu (ideo) of slipping out; of becoming uprooted.

-ncomuka (v) slip out; become uprooted.

-ncomula (v) extract; pull out.

-nconco (um- imi-) (n) unripe crops.

-nconcombela (i- izi-) (n) tidy person; neat person.

-nconcoza (v) exhibit great delight; be profuse in expression of thanks.

-nconda (v) stalk; watch closely; watch from hiding place.

-ncondo (u-) (n) person who walks with a limp.

-ncongo (um- imi-) (n) tree which resembles fig.

ncontu (ideo) of pullling out.

-ncontula (v) pull out.

nconzu (ideo) of removing small bit.

-nconzuka (v) come away in small bits.

-nconzula (v) take off little bits (e.g. piece of meat or bread); nibble away.

-nconzulula (v) reduce by very small bits.

-nconzunconzu (ama-) (n) small bits worn off.

ukwenza amanconzunconzu — to do piecemeal.

-ncosana (i-) (n) a little; a few; small quantity.

-ncoshoba (i- izi-) (n) razor.

-ncosholozela (v) pester; persist.

ncosu (ideo) of taking away small bits.

-ncosuka (v) disintegrate; come away in bits.

-ncosula (v) take away in small bits.

-nconsunconsu (i- izi-) (n) something which gets torn easily.

-ncothoncothwane (i- izi-) (n) worthless person.

ncothu (ideo) of pulling out.

-ncothuka (v) come off.

-ncothula (v) pull off.

ncozu (ideo) of nibbling away.

-ncozuka (v) come off in small bits.

-ncozula (v) take away in small bits.

-ncozulula (v) reduce by very small bits.

-ncu (adj) minute; very small.

-ncukubili (u- o-) (n) hermaphrodite.

-nculu (i- izi-) (n) one who eats very little food; abstemious person.

-ncumbe (i-) (n) milk and meal gruel used as baby food.

-ncuncu (i- izi-) (n) honey-sucker.

-ncunza (v) reduce gradually; wear down gradually.

-ncunzeka (v) be run down; appear wasted.

-ncunzi (isi- izi-) (n) one who eats slowly.

-ncusa (i- izi-) (n) a kind of throwing spear.

-ncushela (i- izi-) (n) pointed object; beast with sharp horns.

-ncushuncushu (i- izi-) (n) meal with fine texture; soft food such as baby food.

-ncwaba (rel) healthy looking; fresh looking.

-ncwaba (u-) (n) August; first lunar month.

-ncwada (v) wear prepuce cover.

-ncwadi (i- izi-) (n) letter; book.

-ncwado (um- imi-) (n) cover for prepuce.

-ncwasimende (i- izi-) (n) one who carries himself like a respectable European; neat dapper person.

-ncwancwa (i-) (n) sour porridge.

-ncwazi (u-) (n) thin covering.

-ncwayimbana (u-) (n) appearance of foolishness.

ncwe (ideo) of cutting into strips; of paring.

-ncweba (v) pinch.
    ncweba ngozipho — advise; warn against danger.
    ncweba izintanga — pick growing points of pumpkin.
    ncwebela ugwayi — give a pinch of snuff.

-ncweba (i- izi-) (n) skin bag worn from neck and containing medicines or charms.

-ncwela (v) pare; trim.

-ncwina (v) whimper; complain.

-ncwincwi (i- izi-) (n) honey-sucker.

nda (ideo) of lying prostrate; of being in open view.

-ndaba-mlonyeni (u- o-) (n) someone about whom everyone is talking.

-Ndabazabantu (u- o-) (n) Bantu Commissioner.

-Ndabezitha (u- o-) (n) formal title of respect used for members of Zulu royal house.

-ndanda (v) go along; glide along.

-ndanda (u- izi-) (n) tall well built person.

-ndandanisa (v) barter.

-ndanana (um-) ·(n) an ever present yearning.

-ndasa (u-) (n) March.

-ndawo (i- izi-) (n) place; room; situation.

-ndawo (i-) (n) species of rush for making mats.

ndawo (adv) nowhere.
    angiyindawo — I am not going anywhere.

ndawo (interj) what; not on your life; never.

ndawonye (adv) in one place.

-ndaxandaxa (i- izi-) (n) lazy person; untidy; clumsy.

-ndendende (i- izi-) (n) a never ending story.

-ndeni (i- izi-) (n) kennel; core.

-ndeni (um- imi-) (n) relatives.

-ndeyinde (i- izi-) (n) a never ending story.

-ndeyisana (i- izi-) (n) 'hammer head'; occipital protuberance.

-ndi (u- ulu-) (n) range of mountains; Drakensberg Mts.

-ndicosho (u-) (n) anthrax.

-ndida (i-) (n) puzzle.

-ndiki (i- izi-) (n) stump of arm or finger.

-ndiki (i- ama-) (n) evil spirit; one possessed; leper.

-ndikindiki (rel) numb; slightly warm.

-ndilokwe (i- izi-) (n) petticoat.

-ndima (i- izi-) (n) plot of land weeded, ploughed or cultivated; section.

-ndimbane (i- izi-) (n) large collection; abundance.

-ndimi (izi-) (n) tongues.

-ndimimbili (u- o-) (n) double tongued person; one given to deceit.

-ndinda (v) wander about aimlessly; lead loose life by woman.

-ndindimana (um- imi-) (n) small pot of clay.

ndindindi (ideo) of rumbling; reverberation.

-ndindindi (ubu-) (n) rumbling noise; reverberation.

-ndindiza (v) rumble; thunder; reverberate.

-ndindizela (v) rumble; thunder; reverberate.

-ndindonya (v) pummel; thump.

-ndindwa (isi- izi-) (n) woman of loose morals; prostitute.

-ndinganiso (i- izi-) (n) container used as a measure.

-ndingilizi (i- izi-) (n) circle; round object.

-ndini (suffix) added to nouns to indicate usually sarcasm or disparagement.

-ndishindishi (i- izi-) (n) very stout person.

-ndiva (i-) (n) worthless thing.

shaya indiva — treat as of no account.

ndiya (ideo) of being giddy; of being in confused state.

-ndiya (i- ama-) (n) Indian.

-ndiyaza (v) be giddy; be confused; stagger.

-ndiyazela (v) be dizzy; be confused; stagger.

-ndiza (v) fly.

-ndiza (i- ama-) (n) aeroplane.

-ndizamshini (i- ama-) (n) aeroplane.

-ndla (ama-) (n) strength; power.

-ndlala (v) spread out (as mats and blankets for sleeping).

-ndlala (i-) (n) scarcity of food; famine.

-ndlala (i- izi-) (n) gland in body of beast.

-ndlamu (i-) (n) kind of Zulu dance.

-ndlavini (i- izi-) (n) rogue; scoundrel.

-ndlazanyoni (i- izi-) (n) species of large eagle.

-ndlazi (i- izi-) (n) mouse bird.

-ndle (i-) (n) lonely place; immediate surroundings of kraal; excrement.

-ndlendla (i- izi-) (n) barbed spear.

-ndlivaliwe (i-) (n) black cattle; black clothes.

-ndlobana (i-) (n) towering rage; fierce temper.

-ndlobho (i- izi-) (n) person with one eye.

-ndlodlela (i- izi-) (n) kind of spear with narrow blade.

-ndlolothi (i- izi-) (n) species of tulip which is harmful to cattle.

-ndlondlo (i- izi-) (n) old mamba; person with vicious temper.

-ndlovuyangena (i-) (n) force.

-ndlu (i- izi-) (n) house; hut; room; dwelling place.

-ndluluza (i- izi-) (n) false eye.

-ndlunkulu (i- izi-) (n) main hut; hut of the chief wife; royal house; royal family.

-ndlunkulu (um-) (n) girl of royal blood; girls of the royal household.

-ndlunkulu (u- o-) (n) chief wife.

-ndlwabindlwabi (isi- izi-) (n) congested place; place teeming with people.

-ndlwana (u- o-) (n) poor person.

-ndlwane (um- imi-) (n) pup.

ndo (ideo) of pummeling.

-ndodla (i- izi-) (n) pile; stack.

-ndokoshana (u- o-) (n) small beer pot.

-ndonda (v) speak in a deep voice; breathe with difficulty.

-ndondela (i- izi-) (n) bundle; heap.

-ndondo (i- izi-) (n) brass ornament worn round neck.

-ndondo (um-) (n) difficult breathing (as of dying person).

-ndondonya (v) pummel.

-ndoni (um- imi-) (n) fruit of *umdoni* tree (cordate water myrtle tree).

-ndonya (v) pummel.

-ndonya (i- izi-) (n) star on face of horse.

-ndoniyamanzi (i-) (n) person (usually woman) with black skin.

-ndophi (i- izi-) (n) rope.

-ndosa (i-) planet jupiter.

-ndovundovu (i-) (n) rich, luxurious (as grass).

-ndozolwane (um- imi-) (n) mosquito.

-ndulo (i- ama-) (n) antiquity; ancient times.

ndulu (ideo) of looking like blind person; of acting in dazed manner.

-nduluza (v) look as one blind; act in a dazed manner; stare foolishly.

-ndumba (izi-) (n) cowpeas.

-ndumundumu (i- izi-) (n) big and attractive.

indumundumu yomshado — a big wedding.

-nduna (i- izi-) (n) headman; pimple.

-ndunayabafazi (i-) (n) man without a beard.

-ndundundu (isi-) (n) weevil.

-nduze (um- imi-) (n) lily.

-ndwa (i- izi-) (n) species of bird.

-ndwadla (i- izi-) (n) tall well built person.

-ndwadlela (i- izi-) (n) tall well built person.

-ndwandwe (i- izi-) (n) heron.

-ndwaza (v) stare foolishly like one who smokes dagga; stare stupidly.

-ndweba (i- izi-) (n) whistle.

-ndweza (um- imi-) (n) cigarette.

ne (ideo) of adhering.

-ne (adj) four.

nebala (adv) indeed.

nebu (ideo) of tearing.

-nebuka (v) become torn.

-nebula (v) tear.

-neke (isi-) (n) patience; great care.

-nele (def v) do immediately after.

-**nemba** (v) take aim; aim well; smear.
nembala (adv; interj) indeed.
-**nembe (ama-)** (n) food remnants on dish.
-**nembe (u-)** (n) patience; persistence.
-**nembeza (u-)** (n) conscience.
-**nembo (um- imi-)** (n) shell bracelet.
-**nembuluka** (v) act in a slow lazy fashion; speak in a drawling fashion.
-**nemfu (u-)** (n) loss of appetite.
nempela (adv) indeed.
nemu (ideo) of speaking in a slow drawling manner.
-**nemuza** (v) speak in drawling manner.
-**nene (isi- izi-)** (n) front part of a man's loin covering.
-**nene (uku-)** (n) the right hand side.
-**nenezo (um- imi-)** (n) girl's loin covering of skin.
-**nenga** (v) offend; cause disgust.
-**nengeka** (v) be offensive.
-**nengiso (isi- izi-)** (n) cause of offence; cause of disgust.
-**nengwa** (v) be offended; be annoyed.
-**nenke (um- imi-)** (n) snail.
-**nenkezela** (v) have feeling of nausea.
neno (adv) this way; on this side.
-**nensa** (v) speak in a lazy manner; sing slowly.
nephu (ideo) of tearing to pieces.
-**nephuka** (v) become torn to pieces.
-**nephula** (v) tear to pieces.
-**nephunephu (ama-)** (n) tatters.
-**nephuzela** (v) be in tatters.
-**nesi (u- o-)** (n) nurse.
-**nesi (ubu-)** (n) nursing.
-**netha** (v) become wet through rain; let rain through; be stupid looking.
  ukunethwa yizinduku — to be beaten up with sticks.
  ukunethwa zimvula — to be experienced; to be in misery.
  ukunetha inhlamba — to villify; pour abuse.
-**netha (i- ama-)** (n) net.
-**nethezeka** (v) lead a life of ease; be in comfortable circumstances.
-**neva (i-)** (n) ground malt.
-**neve (isi- izi-** (n) man who is not a favourite with women; foolish looking person.
-**newabo (um- aba-)** (n) his, her, their elder brother.
-**newenu (um- aba-)** (n) your elder brother.
-**newethu (um- aba-)** (n) my elder brother.

neze (adv) not ever; at all.
-**nezezela** (v) add to.
-**nezezelo (isi-)** (n) an addition.
-**nga (ama-)** (n) lie; untruth.
-**nga (umu- imi-)** (n) thorn tree; mimosa.
-**nga (isi-)** (n) forest of thorn trees.
-**ngababa (i- izi-)** (n) white stork; heron.
-**ngabaza** (v) be uncertain; be in doubt.
ngabe (conj) ought; should.
-**ngabhuza (i-)** (n) diluted; watery.
ngabomu (adv) on purpose.
ngadla (interj) I've got you.
-**ngagalu (i- izi-)** (n) korhaan.
-**ngahle** (def v) might; could.
ngahle kube (conj) might be.
-**ngaka** (rel) as big as this; as many as these.
-**ngakanani** (rel inter) how big; how many.
-**ngakanani** (rel) a few; not much.
  izinkomo azingakanani — there are only a few cattle.
  ukudla akungakanani — there isn't much food.
-**ngakaya** (rel) as big as that; as many as that.
-**ngakayana** (rel) as big as that; as many as that.
ngakho (adv) therefore; about that.
ngakhoke (adv) therefore.
ngakhona (adv) in that direction; quite so; should have been so.
-**ngaki** (adj) how many?
-**ngako** (rel) as big as that; as many as that.
ngakwesobunxele (adv) on the left side.
ngakwesokudla (adv) on the right side.
ngakube (conj) would; ought.
ngala (adv) in this direction.
ngalanga (adv) occasionally.
ngalapha (adv) in this direction.
ngalaphaya (adv) over there; in that direction.
ngalapho (adv) on that side.
ngale (adv) on that side.
ngalena (adv) on that side yonder.
ngalokho (adv) for that reason; therefore.
ngalokhu (adv) for this reason.
ngamabomu (adv) on purpose; deliberately.
ngamandla (adv) with force; with strength.
  hamba ngamandla — go quickly.

cula ngamandla — sing with force; vigour.

-ngampisi (i-) (n) beast with colour of spotted hyena; brindled beast.

-ngamunwe (rel) colour between brown and black.

-ngane (i- izi-) (n) child.

-ngane (isi- izi-) (n) sweetheart; close friend.

-ngane (ubu-) (n) childhood; childishness; friendship.

-ngane (um- aba-) (n) friend.

-nganekwane (i- izi-) (n) legend; story; fable.

nganeno (adv) on this side; on the hither side.

-nganga (i- izi-) (n) termite.

-ngangakazana (i- izi-) (n) skunk; polecat.

-ngangamanga (rel) bountiful; plenty.

-ngangamela (i- izi-) (n) broad chest; big chest.

ngangoba (conj) in so much that.

ngangokuba (conj) in so much that.

ngangokuthi (conj) in so much that.

ngangomuso (adv) on the next day.

nganhlanye (adv) on one side.

ngani (adv) by means of what? why?

-ngani (isi- izi-) (n) sweetheart; close friend.

nganxanye (adv) on one side.

ngapha (adv) on this side.

ngaphandle (adv) on the outside.
ukuya ngaphandle — to go and relieve nature.

ngaphakathi (adv) on the inside.

ngaphambili (adv) on the front of.

ngaphambiyana (adv) a little further on.

ngaphansana (adv) a little less; a little lower; a little below.

ngaphansi (adv) on the underside; below.

ngaphaya (adv) on that side yonder.

ngaphayana (adv) on that side yonder.

ngaphesheya (adv) across; on the other side; over the sea.

ngaphezudlwana (adv) a little more; a little higher.

ngaphezulu (adv) on top; above; on the upper side; more than.

ngaphi (adv) where; in which direction; on which side.

ngapho (adv) on that side.

-ngase (def v) expressing likelihood.

ngase (conj) and thereafter; and then.

ngasekube (conj) it is likely that.

ngasemuva (adv) towards the rear; after.

ngasenhla (adv) towards the upper part.

ngasezansi (adv) towards the lower part.

ngasese (adv) secretly.

ngasitha (interj) royal salute for Zulu monarch.

ngawononina (adv) in orderly fashion; in proper place.

-ngaxamabuthweni (u- o-) (n) meddler.

-ngathekisa (v) allude metaphorically.

-ngathekiso (isi- izi-) (n) metaphor.

-ngazi (i- izi-) (n) blood.

-ngca (umu-) (n) condition of calabash which makes sour milk bitter; mould under calabash.

-ngcacamezela (i-) (n) makeshift; something in short supply; something not in proper condition; careful act.

-ngcanga (i- izi-) (n) dog.

-ngcayi (i- izi-) (n) breast cover for women.

-ngcazi (i- izi-) (n) large claypot with narrow neck.

-ngcebo (i-) (n) wealth.

-ngcede (u- o-) (n) warbler.
amasi kangcede — white discharge from eye.
kwangcede omhlophe — barren poor country.

-ngcemfe (i- ama-) (n) young of bees; eggs of bees.

-ngcela (u-) (n) Zulu lunar month starting in December.

-ngcele (um- imi-) (n) boundary.

-ngcelu (um- imi-) (n) road lark.

-ngcelu (i- izi-) (n) kind of wide mouthed shallow basket.

ngci (ideo) of tightness; completion.
vala ngci — close tightly; securely.
gcina ngci — come to an end.

-ngciciyela (i-) (n) patchwork; makeshift.

ngcifi (ideo) of landing heavily upon.

-ngcifiza (v) squash; land heavily upon.

-ngciji (izi-) (n) pricks; difficulties.

-ngcili (i- izi-) (n) tapeworm.

-ngcina (i-) (n) beeswax.

-ngcindezela (i-) (n) hardship; oppression.

-ngcindezi (i-) (n) hardship; oppression.

ngcingci (interj) of joy.

-ngcingo (um- imi-) (n) narrow passage-way.

-ngcinya (v) choke.

-ngcipho (i- izi-) (n) trap.

-ngcithakalo (i- izi-) (n) devastation; loss.

-ngcithi (um-) (n) mildew; moisture rising from floor of house.

-ngcobe (u-) (n) porridge of grain from grain storage pit.

-ngcobosi (i-) (n) kind of rush used for mat making.

-ngcofa (v) peck; besmirch.

ngcofo (ideo) of pecking.

-ngcofoza (v) peck.

-ngcokolo (isi- izi-) (n) maize stalk-borer.

-ngcola (v) become dirty.

-ngcola (uku-) (n) dirt.

-ngcolisa (v) make dirty.

ngcomu (ideo) of slipping out; of becoming extracted.

-ngcomuka (v) come out; slip out.

-ngcomula (v) extract; pull out.

-ngcongcoza (v) be profuse in expression of thanks; exhibit great delight.

-ngcono (rel) better; preferable.

-ngcono (ubu-) (n) improvement.

-ngcosana (i-) (n) a little; a few; a small amount.

ngcothu (ideo) of slipping out.

-ngcothuka (v) slip out; come out.

-ngcothula (v) pull out.

-ngcozana (i-) (n) a little; a few; a small amount.

-ngcozu (ama-) (n) small bits; fragments.

-ngcozula (v) separate in small fragments; pull apart in small bits.

-ngcuba (i-) (n) meat of an animal which has died from natural causes.

-ngcubangcono (rel) not as serious as might have been; improving; better than expected.

-ngcubula (i- izi-) (n) girdle worn by young girl.

-ngcula (i- izi-) (n) small bladed hunting spear.

-ngcungu (i- izi-) (n) kind of claypot; beast with curved in horns.

-ngcuphe (i-) (n) danger.

-ngcwaba (v) bury; inter.

-ngcwaba (i- ama-) (n) grave; tomb; [pl] graves; cemetery.

-ngcwabasi (i- izi-) (n) neat person.

-ngcwabo (um- imi-) (n) burial; funeral.

-ngcwayi (i- izi-) (n) small dancing shield.

-ngcwayo (i- izi-) (n) breast covering

for young married woman.

-ngcwecwe (u- o-) (n) sheet of corrugated iron.

-ngcweka (v) play at stick fighting.

-ngcwele (rel) holy.

-ngcwele (ubu-) (n) holiness.

-ngcwelisa (v) make holy.

-ngcwenga (v) sing pleasantly; shout in ululating manner.

-ngcweti (i- izi-) (n) expert; adept.

-ngcwi (umu- imi-) (n) apparition in human form; very thin person through illness.

nge (ideo) of being wide open.

-nge (umu- imi-) (n) bottom stopper of calabash.

-ngebeza (ama-) (n) meat tit-bits for girls when beast is slaughtered.

-ngebezana (ama-) (n) meat tit-bits for girls.

-ngebhe (i- izi-) (n) fear.

-ngede (i-) (n) honey-bird.

ngedwa (pron) me alone.

-ngege (i- izi-) (n) string of beads worn round head; oxtails worn on wrist.

-ngego (i- izi-) (n) razor.

-ngeje (i- izi-) (n) chamber-pot; vessel for urine.

-ngeke (def v) never.

-ngekle (i- izi-) (n) cattle egret.

-ngele (i- izi-) (n) rocky precipitous place; mountain side.

-ngelemane (i- izi-) (n) pick-axe.

-ngelengele (i- izi-) (n) precipice.

ngelikade (adv) at long last; after a long time.

-ngelosi (i- izi-) (n) angel.

ngembaba (adv) openly; without trying to hide.

ngempela (adv) in fact; really.

-ngena (v) come in; take to wife widow of a brother or close relative.

  ukungena indlela — to go away; to start on a journey.

  ukungena ngenxele — to adopt a wrong approach.

  ukungena indaba — to join a conversation.

  ukungena odabeni — to consider matter at issue.

  ukungena ngesihluthu — to act precipitately.

  ukungena inkomo — to milk a cow.

  ukungena ebukhosini — to assume chieftainship.

  ukungena kunina — the setting of

the sun.

ukungena engqephini — to be well dressed.

ukungena ezintangeni — to prevaricate.

ukungena ngenxeba — to take mean advantage of a person.

ukungena umkhono nesiphanga — to be deeply involved.

ukungena enhliziyweni — to be partial towards a thing.

-ngenandlini (um-) (n) gift brought for the people at home.

-ngeneka (v) be influenced easily.

-ngenela (v) enter for; let in water; join a queue in middle.

ukungenela umuntu — attack a person at home unaware.

-ngenela (um- imi-) (n) tributary (river).

-ngenge (ama-) (n) hair done in ridges.

-ngengelezi (i- izi-) (n) bald headed man.

-ngengenene (i- izi-) (n) wide open space; bald patch on head.

ngenhla (adv) on the upper side.

-ngenisa (v) bring in; introduce; rise in flood (as river); work oneself in.

ngenisa emzini — to ask for hospitality; spend the night.

-ngeniso (isi- izi-) (n) introduction (beginning of essay or book).

-ngenwa (v) be entered by.

ukungenwa yinyoni / yinqe / yingebhe / ngamakhaza / yitwetwe — to become nervous; to be frightened.

ukungenwa ngamanzi emadolweni — to become nervous; to be frightened.

ukungenwa wuhlevane — to become nervous; to be frightened.

ukungenwa yiphela endlebeni — to be pestered.

ngenxa (adv) on account of.

ngezansana (adv) a little lower down.

ngezansi (adv) on the lower side.

-ngeqe (i-) (n) tails worn on wrist.

ngesihle (adv) without charge; with good grace.

ngesinyenyela (adv) stealthily.

ngesonto (adv) weekly; on Sunday.

-ngevu (i-) (n) conversation.

-ngexe (i- izi-) (n) hippopotamus.

ngeze (adv) for no reason.

-ngicawe (i- izi-) (n) kind of hunting spear.

-ngide (-i) (i- izi-) (n) padlock; door handle.

-ngidi (i-) (n) thudding sound (as hoof beats); padlock.

-ngiklane (u- o-) (n) meat from breast of cattle.

-ngila (i- izi-) (n) gizzard; crop.

-nginga (i- izi-) (n) well to do person.

ngingi (ideo) of stuttering; of stammering.

-ngingila (i- izi-) (n) gizzard.

-ngingingi (ubu-) (n) stuttering; stammering.

-ngingiza (v) stutter; stammer.

-ngini (i- izi-) (n) person with stump arm.

-ngiqi (izi-) (n) large numbers.

-ngisawoti (i-) (n) epsom salts.

ngisho (conj) even, even if.

ngisho (interj) no wonder.

-ngisi (i- ama-) (n) Englishman.

-ngisi (isi-) (n) English language; English way.

-ngiyakusho (u- o-) (n) illegitimate pregnancy.

-ngiyane (u- o-) (n) Zulu headring; Mimosa gum.

-ngiyo (i-) (n) beer that is drunk first; beer used as leaven.

ngoba (conj) because.

ngobala (adv) without reason.

-ngobo (i- izi-) (n) part of the stomach of a beast; storehouse.

-ngobolwane (i- izi-) (n) fixing of rail screws (used with shaya).

ngodli (adv) fearlessly; with deliberate intent (also ngodli dlakalasi).

-ngodosi (i- izi-) (n) betrothed woman.

ngofo (ideo) of pecking; of striking (as snake).

-ngofoza (v) peck; strike (as snake).

ngokuba (conj) because.

ngokuhlwa (adv) at night fall.

ngokusa (adv) at dawn.

ngokushesha (adv) hurriedly.

-ngolokodela (i-) (n) something there for all time.

-ngolovane (i- izi-) (n) cocopan; small truck running on tramline.

-ngoloyi (i-) (n) layer of burnt food at bottom of pot.

-ngoLwesibili (adv) on Tuesday.

-ngoLwesihlanu (adv) on Friday.

-ngoLwesine (adv) on Thursday.

-ngoLwesithathu (adv) on Wednesday.

-ngoma (v) sing.

-ngoma (i- izi-) (n) hymn; song; dance.

-ngoma (um- aba-) (n) witch-doctor.
-ngomane (i-) (n) loud noise; din.
ngoMgqibelo (adv) on Saturday.
ngomhlomunye (adv) the day after tomorrow.
ngomusa (adv) with kindness.
ngomuso (adv) tomorrow.
-ngomuso (i-) (n) the day following; the morrow; the future.
-ngougoni (i-) (n) species of grass.
-ngoni (i- izi-) (n) bend of river.
-ngonyama (i- izi-) (n) lion.
-ngono (i- izi-) (n) nipple of person.
ngopho (ideo) of pecking; of striking (as snake).
-ngophoza (v) peck; strike as snake.
-ngoqo (u- o-) (n) one who no longer does homage to king; stingy person.
-ngosi (i- izi-) (n) nook; corner.
-ngoso (u- o-) (n) shrew-mouse.
-ngoti (u- o-) (n) expert.
ngovivi (adv) at break of day.
-ngovolo (i- izi-) (n) one with protruding teeth.
-ngovu (i-) (n) bitter beer.
-ngozi (i- izi-) (n) wound; accident; danger; misfortune.
    ingozi engeqiwa ntwala — a big wound.
    ukwehlelwa yingozi — to meet with an accident, misfortune.
-ngozimakhaza (rel) feeling better after illness.
    sekoba ngozimakhaza — he will recover, survive.
ngqa (ideo) of seeing for the first time (used after verb qala.)
ngqabalazi (ideo) of swallowing large mouthfuls.
-ngqabangqeshe (ama-) (n) frolicking; jumping (as one excited).
-ngqabashiya (v) jump about excitedly; frolick; frisk.
-ngqabavu (i- izi-) (n) young healthy looking person; well groomed horse.
-ngqabitha (v) jump down.
-ngqakala (i-) (n) white sides of foot.
    shaya ingqakala — wash feet clean.
-ngqalabutho (i- izi-) (n) first born; pioneer.
-ngqalathi (i- izi-) (n) skin bag.
-ngqalizivele (i-) (n) first occurrence (said of happening regarded as noteworthy).
-ngqamngqeshe (ama-) (n) frisking; frolicking; jumping excitedly.
-ngqamuza (i- ama-) (n) big eye.

-ngqandavu (i- izi-) (n) deep thinker; deep thought.
-ngqanga (ama-) (n) milk curds.
-ngqangqa (v) be very angry.
-ngqangu (um- imi-) (n) track made by animals in forest or grass; mouse track in grass.
-ngqansula (i- izi-) (n) well groomed.
    ingqansula yehashi — well groomed horse.
-ngqaphambili (u- o-) (n) very first one; pioneer.
ngqapha (ideo) of striking (as snake).
-ngqaphaza (v) strike as snake.
-ngqapheli (i- izi-) (n) keen observer.
-ngqaqamazinyo (i-) (n) first beast paid to girl's father to start lobolo negotiations.
-ngqasha (v) kick out legs (as animal dying).
-ngqatha (i-) (n) ball of excrement (e.g. goat).
-ngqatha (um- imi-) (n) thick excrement.
-ngqatho (i-) (n) roasted dry mealies; dry mealies; virgin soil.
-ngqathu (i- izi-) (n) skipping rope; skipping.
ngqavu (ideo) of snapping (as vicious dog).
-ngqavuza (v) snap.
-ngqayingqayi (ubu-) (n) heated confusion.
    khuza ubungqayingqayi — stop a fight; stop brawling; stop heated argument.
-ngqayizivele (i-) (n) first occurrence (said of happening regarded as noteworthy).
-ngqazu (isi- izi-) (n) excellent; something which causes excitement.
-ngqengendlela (u- o-) (n) species of lark.
-ngqengqa (v) climb as steps; move on edge of precipice.
-ngqephu (i- izi-) (n) smart clothing; finery.
-ngqeqe (i- izi-) (n) clever person; cunning animal.
-ngqeshane (ama-) (n) lying on back.
    shaya amangqeshane — to somersault.
ngqeshe (ideo) of showing off when walking.
-ngqesheza (v) show off; prance.
ngqi (ideo) of firm hold; of being stuck; of tightness.

-ngqibitha (v) jump down.

ngqibithi (ideo) of jumping down.

-ngqikithi (i-) (n) core; essence.

-ngqila (v) bump.

-ngqimba (i- izi-) (n) fold e.g. of skin; thick mass e.g. thick cloud.

-ngqimphothwe (i-; u-) (n) somersault.

ngqimu (ideo) of hurling down; of collapsing; of dying.

-ngqimula (v) hurl down violently; kill.

-ngqinamba (i- izi-) (n) difficulty; obstacle.

-ngqingetshe (kwa-) (adv) hardship; difficulty.

-ngqingili (u- o-) (n) homosexual.

ngqingqingqi (ideo) of rumbling as thunder; of tremor.

-ngqingqizela (v) rumble as thunder; quake.

ngqo (ideo) of straightness.

-ngqo (ubu-) (n) cunning.

-ngqofa (v) peck.

ngqofo (ideo) of pecking.

-ngqofoza (v) peck.

-ngqokolo (ubu-) (n) cunning.

ngqokotho (ideo) of hearty laughter; of bursting out laughing.

-ngqondo (i- izi-) (n) mind; intelligence; habitual criminal.

-ngqondovu (i-) (n) bitter beer.

-ngqongqa (v) growl; be obstinate; get burnt.

kwasha kwangqongqa — it was burnt to ashes.

ngqongqo (ngqo) (ideo) of knocking.

-ngqongqoshe (u- o-) (n) person first in rank; prime minister.

-ngqongqotha (v) knock as on door.

-ngqongqoza (v) knock as on door.

ngqopho (ideo) of pecking.

-ngqophoza (v) peck.

-ngqoqwane (u-) (n) frost.

ngqothu (ideo) of pulling out; of extracting.

-ngqothuka (v) become extracted; come out.

-ngqothula (v) come out; extract; pull out.

-ngqoza (i- izi-) (n) cock.

ngqu (ideo) of bumping against.

-ngquba (v) butt; bump.

ngqubu (ideo) of bumping.

-ngqubu (i- izi-) (n) bend (as of river); bulge.

-ngqubuza (v) bump; ram.

-ngqudulu (i- izi-) (n) hornless beast.

-ngqukumbane (i- izi-) (n) scotch-cart.

-ngqulunga (i- izi-) (n) round object; spherical object.

-ngquma (i- izi-) (n) brass ornament hanging from neck.

-ngqumbi (i- izi-) (n) heap; pile.

ngqumu (ideo) of talking secretly.

-ngqumuza (v) talk secretly; share secrets.

-ngqumuza (i- ama-) (n) big eyes.

-ngqungqulu (i- izi-) (n) eagle.

-ngqungquthela (i- izi-) (n) large gathering; conference.

ngqupha (ideo) of nodding (as one feeling sleepy).

-ngquphane (um- imi-) (n) stupid looking person; simpleton; black or brown beast with whitish spots on face and body; a kind of bird.

-ngquphaza (v) nod sleeping; act in sleepy fashion.

-ngquphazela (v) nod sleeping; act in a sleepy fashion.

-ngqushumbana (i- izi-) (n) pot-bellied person.

-ngquthu (i- izi-) (n) lobola beast specially for bride's mother.

-ngquza (i- izi-) (n) anus.

ngquzu (ideo) of running away in confusion; of burst of laughter; of dislodging something firmly fixed.

-ngquzuka (v) run away; become dislodged (as boulder); burst out laughing or crying.

-ngquzula (v) rout; dislodge.

ngqwa (ideo) of coming face to face.

-ngqwababa (i- izi-) (n) collar bone.

-ngqwamana (v) meet; come face to face.

-ngqwanga (i- izi-) (n) framework of headring; very hard or tough object.

ngqwapha (ideo) of striking as snake.

-ngqwaphaza (v) strike.

-ngqwashi (u- o-) (n) species of lark.

-ngqwatha (v) stare sheepishly; have vacant look.

-ngqwayimana (i-) (n) eczema.

-ngqwayingqwayi (i- izi-) (n) impressive looking person; choice animal.

-ngqwaza (i) (u- izi-) (n) tall well built person.

-ngqwele (i- izi-) (n) boy who defeats other boys of his age group; champion.

-ngqweqwane (u-) (n) frost.

-ngqwinda (v) wave a stick; hit out

with a stick.

ngu (ideo) of surrounding.

-ngu (umu-) (n) fine dust from corn.

-ngubo (i- izi-) (n) blanket; dress.

-nguboziyeweni (u- o-) (n) aged person.

-ngududu (i- izi-) (n) ground hornbill.

-ngudulu (i- izi-) (n) hornless beast; calf with horns just beginning to grow.

-nguklu (i- izi-) (n) late variety of pumpkin.

-ngula (v) skim off.

-ngulube (i- izi-) (n) pig.

-ngunaza (v) speak under one's breath; mumble; exhibit quiet dissatisfaction.

-ngundaza (v) speak in low tones; be dissatisfied but not openly.

-ngunga (v) surround; encircle.

-ngungu (i- izi-) (n) calabash; inflated ball; round object; dome.

-ngungu (u- izi-) (n) lungs and breast of slaughtered beast.

-ngungumbane (i- izi-) (n) porcupine.

-ngungumela (i- izi-) (n) well built broad shouldered person.

-ngungununu (l- izi-) (n) sulky person.

-Nguni (isi-) (n) Nguni language and usage.

-Nguni (um- abe-) (n) one of Nguni stock (Zulu; Xhosa; Swazi) one of Qwabe clan.

-ngunuza (v) speak under one's breath; speak unintelligibly.

ngupha (ideo) of nodding (as one feeling sleepy).

-nguphane (um- imi-) (n) simpleton.

-nguphaza (v) nod sleepily.

-nguphazela (v) nod sleepily.

-nguqu (u- o-) (n) hill-side plough.

-nguquko (i-) (n) change; repentance.

-nguqunguqu (i- izi-) (n) constant change.

-nguzanguza (i- izi-) (n) large rock.

-nguzunga (-u) (i- izi-) (n) large rock.

-ngwadla (i- izi-) (n) mystery; difficult affair.

-ngwaqa (u- o-) (n) consonant.

-ngwaqa (i-) (n) difficult affair; mystery.

-ngwazi (i- izi-) (n) one who has killed in battle.

-ngwe (i- izi-) (n) leopard.

-ngwebu (i-) (n) froth; soap-suds; foam.

-ngwengwe (u-) (n) lawn grass.

-ngwengwezi (u-) (n) thin layer; coat-

ing.

-ngwenya (i- izi-) (n) crocodile; one who does not pay poll-tax.

-ngwevu (rel) grey.

-ngwevu (ama-) (n) down and up blow with a stick.

-ngwevu (i- izi-) (n) grey haired person; beast with grey hair.

-ngxabano (i- izi-) (n) quarrel.

-ngxabo (i- izi-) (n) root.

-ngxabulela (i- izi-) (n) sandal.

-ngxakangxaka (i- izi-) (n) disorder; confusion.

-ngxama (v) be angered.

-ngxathu (i- izi-) (n) dirty person; filthy object.

-ngxembe (i- izi-) (n) wooden ladle; large wooden spoon.

-ngxemu (i- izi-) (n) squint-eyed person.

-ngxenge (i- izi-) (n) male coax-bill.

-ngxenye (i- izi-) (n) one side; one part.

ngxephe (interj) expression of apology; sympathy.

ngxephepha (interj) of regret; sympathy.

-ngxepheza (v) apologise; sympathise.

-ngxephezela (v) apologise; sympathise.

-ngxephezelo (isi- izi-) (n) compensation offered with apology; apology.

ngxi (ideo) of tightness; firmness.

-ngxi (i-) (n) filth; dirt on body.

-ngxibongo (i- izi-) (n) beast with straight sharp horns; smallpox.

-ngxiwo (i- izi-) (n) leather bag for carrying spears or other weapons.

-ngxotha (i- izi-) (n) large heavy brass armlet worn by old warriors.

ngxotho (ideo) of guilty appearance.

-ngxothoza (v) look guilty; be shamefaced.

-ngxovangxova (i- izi-) (n) confusion; disorder

-ngxoviya (i- izi-) (n) disorder; confusion.

-ngxoxo (i- izi-) (n) conversation.

-ngxube (i- izi-) (n) miscellany; jumble.

-ngxubevange (l- izi-) (n) miscellany; mixture; jumble.

-ngxwembe (i- izi-) (n) wooden ladle; large wooden spoon.

nhla (ideo) of catching a glimpse; of glancing.

-nhlaba (i-) (n) aloe.

-nhlaba (u-) (n) May (lunar month).

-nhlabamkhosi (i- izi-) (n) one who

sounds the alarm.

-nhlabavu (i- izi-) (n) red or light brown spotless beast.

-nhlalunhlalu (rel) separate; disunited.

-nhlaka (i-) (n) resin.

-nhlama (i-) (n) ground green mealies; dough; fat meat.

-nhlamvu (i- izi-) (n) pip; stone of fruit; bullet; red or light brown spotless beast.

-nhlakomuzi (ama-) (n) lying on one's back with knees up.

-nhlamvazana (i- izi-) (n) light brown cow or heifer.

-nhlamvukazi (i- izi-) (n) red or light brown cow.

-nhlandlokazi (i- izi-) (n) large eagle.

-nhlangula (u-) (n) Zulu lunar month of July.

-nhlangulana (u-) (n) Zulu lunar month of June/July.

-nhlangwane (i- izi-) (n) night adder.

-nhlanhla (i- izi-) (n) good fortune; good luck.

-nhlanhlatha (v) walk through veld where there is no path; follow unbeaten track; leave usual path.

-nhlanhlazela (v) bless.

nhlanye (adv) on one side.

-nhlanzi (i- izi-) (n) fish; girl who marries sister's husband.

-nhlava (i- izi-) (n) maize stalk-borer; honeyguide.

-nhlavazana (i-) (n) light brown cow or heifer.

-nhlazana (i- izi-) (n) early grazing before milking.

-nhlayiya (i- izi-) (n) loose particle.

-nhlekwane (i- izi-) (n) hunting spear with short shaft; black beast with white spot or stripe at side or shoulder.

-nhlendla (i- izi-) (n) assegai with barbs.

-nhlengane (i- izi-) (n) species of antelope.

-nhlese (i-) (n) beer sediment; dregs of beer which are used again for making beer.

-nhliziyo (i- izi-) (n) heart.
 ukuba nenhliziyo engaphandle — to be greedy.
 ukuba nenhliziyo encane — to be quick tempered.
 ukuba nenhliziyo ebomvu — to be vindictive; spiteful.
 ukuba nenhliziyo emnyama — to be

without appetite.
 ukungabi nanhliziyo — to be impatient.
 ukuba nhliziyombili — to be of two minds; to be undecided.
 ukuba nhliziyonye — to be good hearted; to be unchanging.
 ukuba nhliziyombi — to be evilhearted.
 ukuba nhliziyo mhlophe — to be good hearted.
 ukuba nhliziyonde — to be patient; long suffering.
 inhliziyo ukugaya izibozi — to be in a rage.
 kwanhliziyo ngise — one's heart's desire.

nhlo (ideo) of piercing; of coming into being.
 selokhu kwathi nhlo — since the beginning; from the onset.

nhlobo (adv) not ever; apace.

-nhlobonhlobo (rel) different kinds.

-nhloko (i- izi-) (n) head of animal; cooked head of beast; woman's top-knot.

-nhlokokayivuthwa (u- o-) (n) foolhardy person; one full of mischief.

-nhlokosela (i- izi-) (n) stye on eye-lid.

-nhlolanja (u-) (n) lunar month of January.

-nhlongweni (u- o-) (n) fighting stick sharpened at one end.

-nhlonhlo (ama-) (n) frontal eminences.

-nhlonhlo (i- izi-) (n) peninsula, cape.

-nhlosa (i-) (n) roasted young corn.

-nhloya (i-) (n) whey.

-nhloyile (u- o-) (n) species of hawk.

-nhluzwa (rel) naked.

-nhlwa (i- izi-) (n) destitute person; naked person; flying ant.

-nhlwabusi (i- izi-) (n) flying ant.

-nhlwathi (i- izi-) (n) python.

-nibujali (u- o-) (n) New Year's day.

-nika (v) give; tell off.
 ukunika amehlo — to look on helplessly; to pity.
 ukunika induku — to belabour.
 ukunika impama — to smack.
 ukunika unyawo — to kick.
 ukunganiki mlomo — to remain silent.

-nikana (v) give to one another; quarrel.

-nikanika (v) pull to pieces; maul.

-nikazi (um- aba-) (n) owner.

-nikela (v) make an offering; contribute; betray; allow calf to suckle; set dogs upon; go to.

-nikela (ukuzi-) (n) to give oneself entirely; to sacrifice oneself.

-nikelo (um- imi-) (n) offering; contribution.

-nikeza (v) pass on; hand over.

niki (ideo) of tearing to pieces; of scattering or dispersing.

-nikina (v) shake the head; shake off.

-nikinikana (i- ama-) (n) one clothed in tatters.

-nikiniki (i- ama-) (n) tatters; one dressed in tatters.

-nikiniki (isi- izi-) (n) hairy person; stupid looking person.

-nikiniki (ubu-) (n) confused action; fight; heated argument.

-nikiza (v) pull to pieces.

-nikizela (v) wear ragged clothes.

-nimba (i-) (n) birth pains.

nina (pron) you.

-nina (i- ama-) (n) woman; man who behaves like a woman.

-nina (u- o-) (n) his, her, their mother.

-ninakhulu (u- o-) (n) his, her, their grandmother.

-ninalume (u- o-) (n) his, her, their maternal uncle.

-ninazala (u- o-) (n) her mother-in-law.

-ninda (v) smear; grease; daub; abuse.
ninda ngodaka emehlweni — deceive.

-nindolo (isi- izi-) (n) large forest; thick covering; large area.

-ninga (v) ponder; be undecided.

-ningana (adj) quite a fair number; not too few.

-ningi (adj) many; much.

-ningi (i-) (n) the greater number; the majority.

-ningi (ubu-) (n) abundance.

-ningi (um- imi-) (n) fabulous multi-headed snake.

-ninginingi (adj) numerous.

-ningizimu (i-) (n) South; wind from South.

nini (adv) when.

-nini (um- aba-) (n) owner.

-nini (isi- izi-) section of hut.

-ninimandla (um-) (n) the all powerful.

-ninimuzi (um- aba-) (n) kraal-head; family head.

-niningwane (imi-) (n) details.

nininini (adv) a long time ago.

-nisela (v) water (as garden).

-nitha (v) knit.

-nja (i- izi-) (n) dog.
inja yomoya — (inja emhloshana) — one who likes to roam about.

-nja (ubu-) (n) low morals.

-njadu (i- izi-) (n) leather snuff container.

-njakazi (i- izi-) (n) bitch.

-njalo (i- izi-) (n) seed tuber.

njalo (adv) continually; always; in that manner; likewise.

-njalo (rel) like that.

njalonjalo (adv) for ever; continually.

-njani (rel) of what kind; of what sort.

-njani (ubu-) (n) condition; state.

nje (interj) just so.

-nje (rel) such as this; like this.

nje (enclitic) merely; just.

nje (adv) in this way or manner.

njengoba (conj) as; whereas; since.

njengokuba (conj) as; whereas; since.

njengokuthi (conj) as; whereas; since.

-njeya (rel) as yonder.

njeya (adv) in yonder manner.

-njeyana (rel) as yonder.

-njeyaya (rel) as yonder.

-njewula (i- izi-) (n) person who has lost all teeth.

-njinga (i- izi-) (n) wealthy person.

-njini (i- izi-) (n) engine; railway locomotive.

-njiniyela (u- o-) (n) engineer.

-njiva (i-) (n) foul smell when belching.

njo (ideo) of staring; of fixed gaze.

-njobo (i- izi-) (n) leather loin covering worn by men.

-njojela (i- izi-) (n) long pointed object.

-njoloba (i- izi-) (n) rubber; elastic; eraser.

-njongosi (i- izi-) (n) hunting dog.

-njonjo (um- imi-) (n) beer which girls give to their lovers.

-njunju (um- imi-) (n) sharp shooting pain.

-njunjutha (v) throb.

-nkaba (i- izi-) (n) navel; place of birth.
zwa ngenkaba — be attracted to a relative one does not know.

-nkabazwe (i- izi-) (n) equator.

-nkabi (i- izi-) (n) ox; any of the larger animals when castrated.

-nkabi (u- o-) (n) fellow.

-nkabimalanga (u- o-) (n) fellow.

-nkafunkafu (i-) (n) coarse mass (e.g. wood shavings; husks of maize);

pulp.

-nkahlankahla (i- izi-) (n) heavy clumsy object.

-nkahlu (isi-) (n) violent impulse; anger.

-nkala (i- izi-) (n) crab.

-nkalanga (v) secure tightly.

-nkalankala (i- izi-) (n) crab.

-nkamanga (i- izi-) (n) prepuce cover.

-nkamanzi (i- izi-) (n) nose of beast.

-nkambabeyibuza (i-) (n) permanent scar; large wound.

-nkambaphansi (i- izi-) (n) blind worm.

-nkambi (izi-) (n) tea leaves.

-nkambiso (i-) (n) manner of life; custom.

-nkambu (i- izi-) (n) paddock; camp.

-nkamfunkamfu (i-) (n) coarse mass (e.g. husks; bran); coarse food.

-nkamisa (u- o-) (n) vowel.

-nkampane (-i) (i- izi-) (n) company; business; trading company.

nkampu (ideo) of striking on the body; of cutting in two.

-nkampu (i- izi-) (n) spotted beast with white band on sides.

-nkampuka (v) become cut in two.

-nkampula (v) cut in two; strike on the body.

-nkampuna (v) cut in two; strike on the body.

-nkamunkamu (i-) (n) great interest; excitement; longing; enthusiasm.

-nkanankana (i- izi-) (n) difficult problem.

-nkangala (i- izi-) (n) open veld with no trees; highveld.

-nkani (i- izi-) (n) discord; stubbornness; obstinacy; difficulty.

-nkanka (i- ama-) (n) nasal passage; adenoids.

-nkankane (i- ama-) (n) ibis.

-nkankatho (i-) (n) very potent beer; bitter beer.

-nkankaza (v) speak through nostrils.

-nkanku (i- izi-) (n) black beast with white spots on the sides up to back; species of cuckoo.

-nkantini (i- izi-) (n) beer-hall.

-nkantolo (i- izi-) (n) magistrate's court; court.

-nkantsha (um-) (n) bone marrow.

-nkanuko (i- izi-) (n) lust.

-nkanyamba (i- izi-) (n) fabulous large water snake associated with tornadoes.

-nkanyezi (i- izi-) (n) star.

-nkanyiso (i- izi-) (n) civilisation; enlightenment.

-nkasa (i-) (n) locust hoppers; irrigation.

-nkatha (i- izi-) (n) grass to support load on head; grass coil; coiled object; tribal insignia.

inkatha yenkangala — a difficult situation.

-nkatha (kwa-) (adv) place of execution.

-nkathazo (i- izi-) (n) worry.

nkathi (adv) after a long time.

-nkathi (i-) (n) period; time.

-nkatho (i- u-) (n) lot.

dliwa yinkatho — have lot fall upon one.

-nkawu (i- izi-) (n) monkey; albino; kind of concoction.

-nkawuza (v) mimic.

-nkazimulo (i- izi-) (n) splendour; brightness.

nke (ideo) of whiteness; of being dry; of striking hard surface; of arriving; of throbbing.

-nkebelele (i- izi-) (n) wide mouthed person or animal.

-nkedama (i- izi-) (n) orphan.

-nkedama (ubu-) (n) state of being an orphan.

-nkehli (i- izi-) (n) betrothed girl with top-knot; top-knot of woman.

-nkelekethe (i- izi-) (n) precipice.

-nkelenkele (i- izi-) (n) calamity; disaster.

-nkema (v) be agape with amazement; be helpless.

-nkemba (i- izi-) (n) sword.

-nkemba (isi- izi-) (n) short spear with broad blade.

nkemfu (ideo) of idle talk.

-nkemfu (ama-) (n) idle talk; gossip.

-nkemfuza (v) talk incessantly.

-nkendle (i- izi-) (n) mouse track.

nkene (ideo) of clanging; of resounding.

-nkeneza (v) clang; resound.

-nkengane (i- ama-) (n) one of another tribe; one of no account; poor person.

-nkenke (um- imi-) (n) fissure on feet; crack.

-nkenketha (v) throb with pain; ache.

nkente (ideo) of making a sound.

-nkenteza (v) chatter; echo.

-nkentshane (i- ama-) (n) jackal.

-nkenya (v) strike a blow on bony

part or hard surface.

-nkephunkephu (i-) (n) red embers; foam.

-nkesheza (i-) (n) small quantity.

nkewu (ideo) of glowing of fire; of grinning.

-nkewuka (v) glow as fire; grin.

-nkewunkewu (i- izi-) (n) large glowing fire; one who keeps on grinning.

-nkezo (i- izi-) (n) gourd.

nki (ideo) of tightness; of being in difficulty.

-nkilivane (i-) (n) indescribable state (usually of injury).

-nkimbi (izi-) (n) maze.

-nkimbinkimbi (izi-) (n) maze; labyrinth.

-nkinga (i- izi-) (n) mystery; puzzle.

-nkinka (v) tie securely.

-nkinobho (i- izi-) (n) button.

-nkinsa (v) be prosperous.

-nkinsela (i- izi-) (n) wealthy person; important person.

-nkintsho (i- izi-) (n) loop; handle.

-nkinyankinya (i- izi-) (n) quandary.

-nkithinkithi (i- izi-) (n) large quantity of articles.

-nkiyankiya (i- izi-) (n) quandary.

-nklazo (i-) (n) kind of dance.

nklemfu (ideo) of empty talk.

-nklemfu (ama-) (n) boastful talk.

nkli (ideo) of being full up; of throttling; of tight hold.

nklimfi (ideo) of talking nonsense.

-nklinkliza (v) choke.

-nklinya (v) strangle; throttle.

nko (ideo) of binding securely; of striking hard surface.

-nkobo (i-) (n) mode of life.

-nkobongela (i- izi-) (n) beast with twisted horns.

-nkohlakalo (i-) (n) low morals; corruption.

-nkohlisa (i- izi-) (n) sty on the eye.

-nkohliso (i-) (n) deceit.

-nkohlomba (i- izi-) (n) dry leatherbag; emaciated person or animal.

-nkokhelo (i-) (n) wages; payment.

-nkolo (i- izi-) (n) religion; belief.

-nkolombela (i- izi-) (n) person with sunken eyes.

-nkolotsha (i- izi-) (n) beer addict; intemperate person.

-nkomane (ama-) (n) fisticuffs.
  ukulwa ngamankomane — to fight with bare fists.

-nkomazi (i- izi-) (n) cow; female of large animal.

-nkomba (i- izi-) (n) indicator; forefinger.

-nkomba (u- o-) (n) forefinger.

-nkombi (i- izi-) (n) marksman; expert at dancing.

-nkombose (u- o-) (n) species of dove.

-nkomfe (i-) (n) species of grass.

-nkominophondo (i-; u-) (n) person with violent temper; quarrelsome person.

-nkomishi (i- izi-) (n) cup; trophy.

-nkomo (i- izi-) (n) beast; shield; loinskin; one who has no knowledge of a game.
  inkomo edla yodwana — one who does not mix with others.
  inkomo ehamba yodwana — one who does not mix with others.
  inkomo kaHaga — an Afrikaner.
  izinkomo zomlomo — choice beasts belonging to King.

-nkomponi (i- izi-) (n) mine; compound; barracks.

-nkondlo (i- izi-) (n) dance; dance song; poem.

-nkondlwane (i- izi-) (n) plant used by Zulus for making fire.

-nkone (rel) black or red beast with white spots.

-nkone (i- izi-) (n) black or red beast with white spots.

-nkonekazi (i- izi-) (n) female black or red beast with white spots.

-nkongozelo (i- izi-) (n) collection (e.g. in church).

-nkonjane (i- izi-) (n) swallow.

-nkonka (u- o-) (n) male bush-buck.

-nkonko (u- izi-) (n) tall lanky person.

-nkonkoni (i- izi-) (n) blue wildebeest.

-nkonkonko (ama-) (n) whooping cough.

-nkonkonko (isi-) (n) something tied securely.

-nkonkoshela (v) hold tightly.

-nkonona (v) complain, be dissatisfied.

-nkonovu (i- izi-) (n) baboon; dirty person.

-nkonsolo (i-) (n) hardship; persecution.

-nkontshela (v) swallow liquid.

-nkonyane (i- ama-) (n) calf; young of larger herbivores.

-nkonyane (i- izi-) (n) biceps.

-nkonzo (i- izi-) (n) service; religious service; worship.

-nkosana (i- amakhosana) (n) heir by chief wife; first boy born at home.

-nkosazana (i- amakhosazana) (n) first girl born at home; chief's daughter.

-nkoshana (i-) (n) copulation between male persons; sodomy.

-nkosi (i- ama-) (n) king; chief.

-nkosikazi (i- ama-) (n) king's principal wife; wife.

-nkositini (i- izi-) (n) concertina.

-nkotha (i-) (n) seven; forefinger.

-nkothotho (i- izi-) (n) pig.

-nkovana (i- izi-) (n) species of owl.

-nkovu (i- izi-) (n) species of shrike; water strained from cooked pumpkin.

-nkowane (i- izi-) (n) species of small mushroom.

-nkowankowane (i- izi-) (n) mushroom.

-nkoza (i- izi-) (n) filament of maize flower.

-nkuba (i- izi-) (n) dungbeetle.

-nkubabulongwe (i- izi-) (n) dungbeetle.

-nkubele (i- izi-) (n) one wounded in battle; casualty.

-nkucunkucu (i- izi-) (n) refuse; rubbish.

-nkuku (i- izi-) (n) fowl.

-nkulathi (i- izi-) (n) leather which binds blade of spear and shaft.

-nkulelwane (i-) (n) one born and bred in a place.

-nkuliso (i-) (n) upbringing; home training.

-nkululeko (i-) (n) freedom; emancipation.

-nkulumo (i- izi-) (n) speech; address.

-nkulungwane (i- izi-) (n) thousand; flying ant.

-Nkulunkulu (u-) (n) Deity; God; the ancestral spirit of all mankind.

-nkumba (i- izi-) (n) war-shield.

-nkumbi (i- izi-) (n) locust.

-nkumbu (ama-) (n) pot belly.

-nkumbula (i-) (n) crowd; mob.

-nkumbulo (i- izi-) (n) remembrance; memory.

-nkume (i- izi-) (n) centipede.
   ukutheza ukhuni olunenkume — to come up against difficulty.

nkumpu (ideo) of lopping off.

-nkumpula (v) lop off.

-nkumpuna (v) lop off.

-nkumunkumu (i- izi-) (n) crumbly thing (e.g. rock).

-nkuna (i-) (n) old thatch.

-nkunela (i- izi-) (n) aged beast.

-nkungu (i- izi-) (n) mist; fog.

-nkunkuma (i-) (n) refuse; rubbish.

-nkunzana (i- izi-) (n) kind of thorny runner.

-nkunzi (i- izi-) (n) bull.

-nkunzimalanga (i- izi-) (n) well built person or animal; fellow.

-nkuthalo (i-) (n) diligence.

-nkwa (isi- izi-) (n) bread.

-nkwabazane (i- izi-) (n) species of dove.

-nkwakhwa (i- izi-) (n) large brown snake.

-nkwalankwala (i- izi-) (n) a difficulty; problem.

-nkwali (i- izi-) (n) partridge; quarry; dirt on feet.

nkwampu (ideo) of scooping; of dipping.

-nkwampuna (v) scoop; dip out.

-nkwankwa (i-) (n) craving for meat.

-nkwankwaza (v) stutter.

-nkwanteleka (i-) (n) contract.

-nkwantshu (i-) (n) muscle cramp; numbness.

-nkwapha (i- izi-) (n) armpit.

-nkwashunkwashu (i- izi-) (n) fruit without flavour and with little juice.

-nkwazi (i- izi-) (n) black beast with white head; black bird with a white head.

nkwe (ideo) of drying up.

-nkwe (isi- izi-) (n) squirrel; bushbaby.

-nkwela (v) dawn.

-nkweli (i- izi-) (n) expert horseman.

-nkwethu (i- izi-) (n) dandruff.

-nkwingci (i-) (n) hiccup.

-nkwishi (i-) (n) kind of concoction.

-nkwishinkwishi (i- izi-) (n) trouble; commotion.

noba (conj) although.

nobabili (pron) both of you.

nobahlanu (pron) all five of you.

nobane (pron) all four of you.

nobathathu (pron) all three of you.

-nobhadula (u- o-) (n) belt; bar to close door of hut.

-nobhala (u- o-) (n) secretary.

-nobhanqa (u-) (n) walking barefooted.
   shaya unobhanqa — walk barefooted.

-nobhutshuzwayo (u- o-) (n) soccer;

soccerball.

-nobibi (u- o-) (n) species of cobra.

-nobiya (u- o-) (n) species of cobra.

-nodi (i- ama-) (n) musical note; (pl. only) notes (written record).

-nodonga (-we) (u- o-) (n) drone bee.

nodwa (pron) you alone.

-nofo (i-) (n) soft object.

-nofonofo (i-) (n) soft object.

-nofozela (v) be spongy; be soft.

-nogolantethe (u- o-) (n) stork; locust bird.

-nogwaja (u- o-) (n) rabbit.

-noha (u- o-) (n) baboon.

-nohemu (u- o-) (n) crane.

-nokhanula (u- o-) (n) physical mother.

nokho (conj) nevertheless.

noko (ideo) of slow lazy movement.

-noko (isi- izi-) (n) slow witted person; lethargic person.

-nokolota (v) do slowly; take time; be over careful.

-nokondisa (v) repeat over and over; take time over.

nokuba (conj) although.

-nokwe (isi- izi-) (n) slow witted person; lethargic person.

-nolibhantshi (i- izi-) (n) waistcoat.

noma (conj) although; even if.

nombe (ideo) of climbing; grasping; clinging.

-nombela (v) climb; grasp tightly; cling on; hold on by means of hands and feet.

-nombo (um- imi-) (n) detail.

-nombolo (i- izi-) (n) number.

-nomdede (u-) (n) Zulu custom for time of drought.

-nomfi (i-) (n) bird-lime.

-nomgedlewane (u- o-) (n) old beast.

-nomkhubulwana (u- o-) (n) Zulu female harvest deity.

-nompempe (u- o-) (n) referee.

-nomphelo (u-) (n) end; finally; for good.

-nompunyumpunyu (u- o-) (n) wily person; slippery person.

-nomthebe (u- o-) (n) queen termite; queen ant.

-nomtsheketshe (u- o-) (n) honey-guide.

-nona (v) become fat.

nonela phakathi njengendlazi — hide one's real nature.

yanginonela ingulube — good heavens!

-nona (u- o-) (n) Afrikaner housewife.

-nondabula (u- o-) (n) rondavel.

-nondindwa (u- o-) (n) woman of loose morals.

-nondlini (u- o-) (n) a good milking cow.

-nondo (i-) (n) clothes moth.

-nondwezane (u- o-) (n) gossiper; rumour.

-nonga (v) add flavouring to food; season food.

-nongekleni (u- o-) (n) scarecrow.

-nongo (isi- izi-) (n) flavouring.

-nongqayi (u- o-) (n) mounted police; policeman.

-nongwane (i- izi-) (n) baby's cord before healing.

-nongxi (u- o-) (n) mosquito.

-nonhlevu (u- o-) (n) early African convert.

-noni (i- ama-) (n) piece of fat meat.

-noni (i- izi-) (n) sable antelope.

-nonina (u- o-) (n) one of the same kind.

nonke (pron) all of you.

nonke (ideo) of locking up; of tying securely; of catching on fire.

-nonkela (v) lock up; tie securely; catch on (of fire).

-nono (i- ama-) (n) careful person; tidy person.

-nono (ubu-) (n) neatness.

-nonophala (v) improve in health; put on weight.

nonsu (ideo) of pulling apart something soft.

-nonsuka (v) become torn apart (of soft object).

-nonsula (v) tear apart (of soft object).

nonxa (conj) although.

nonyaka (adv) this year.

-nophempethwayo (u- o-) (n) cobra; ringhals.

-noshobishobi (u- o-) (n) tadpole.

nosu (ideo) of pulling apart of something soft.

-nosuka (v) become torn apart (of soft object).

-nosula (v) tear apart; pull apart.

-nosunosu (i- izi-) (n) something soft that easily comes apart; material that is friable.

-notha (v) become rich; be well to do.

-nothi (i- ama-) (n) musical note; notes (written record.)

-nothisa (v) serve notice of termination of service.

-nothisi (i- ama-) (n) notice of termination of service.

-notho (um-) (n) riches; possession.

-nothongwane (isi- izi-) (n) sheepish sleepy looking person.

-nothonotho (i- izi-) (n) object soft to the touch.

-noxhaka (u- o-) (n) trap.

-noxhongo (u- o-) (n) stilt; species of heron.

-noyi (um- imi-) (n) louse nit.

-nqaba (v) refuse.

-nqaba (i- izi-) (n) fortress; surprising thing.

-nqabakayitshelwana (i-) (n) mystery; puzzle.

-nqabalazi (ideo) of gulping down.

-nqabela (v) forbid.

-nqadi (i- ama-) (n) right hand side of Zulu kraal; wife of right hand side kraal.

-nqaka (v) catch.
    nqaka umuntu — interrupt person speaking.

-nqakada (v) prepare hair in tufts.

-nqakido (um- imi-) (n) dressing of hair in tufts.

-nqakulisana (v) ask questions of one another.

-nqala (rel) difficult; hard.

-nqala (ubu-) (n) difficulty.

-nqalanga (v) tie tightly.

-nqalanqala (isi- izi-) (n) something tied securely; immovable object; difficult task.

-nqalathi (i- izi-) (n) skin-bag.

-nqama (i- izi-) (n) ram.

nqamanqa (ideo) of coming upon unexpectedly; of unexpected meeting.

-nqambothi (u-) (n) nicely flavoured.

-nqampu (ideo) of plucking (as grass); of cropping.

-nqampuna (v) pluck; crop grass.

-nqampunampumulo (i- ama-) (n) headlines; brief summaries of news.

-nqampunqampu (ubu-) (n) plucking; cropping.

-nqampunqampu (ama-) (n) tit-bits; pickings here and there; short sayings.

nqamu (ideo) of stopping; of being cut; of cutting in two.

-nqamu (ama-) (n) the deadline; the deciding moment.

-nqamu (isi- izi-) (n) piece cut off.

-nqamuka (v) cease; break off.

-nqamula (v) cause to cease; cut off; amputate; walk across.
    ukunqamula eduze — to be brief; to cut a long story short.

-nqamulajuqu (u- o-) (n) deadly poison; final arbiter.

-nqamulela (v) take short cut.

-nqamuleza (v) crucify.

-nqamulisa (v) wash from feet to waist.

-nqamulo (um- imi-) (n) limit; boundary.

-nqanda (v) turn back; prevent; be curved (as horns of beast).

-nqandabuthi (isi-) (n) anti-toxin.

-nqandakuvunda (isi- izi-) (n) antiseptic.

nqantu (ideo) of plucking; of cropping; of snapping.

-nqantula (v) pluck off; crop.

-nqantula (um- imi-) (n) worm beneath tongue of dogs.

nqapha (ideo) of striking; of snapping.

-nqaphaza (v) strike (as snake); snap.

-nqasha (u-) (n) black quarter.

-nqashaza (v) cut pieces of meat and eat.

nqathu (ideo) of snapping.

-nqathuza (v) deny vehemently; be in a rage.

-nqawe (isi- izi-) (n) species of mimosa tree.

-nqawunqawu (isi- izi-) (n) fabulous animal resembling a dog which is used by witches; quick tempered person.

-nqayi (i- ama-) (n) assegai wood tree.

nqe (ideo) of ringing; of arrival; of striking hard surface.

-nqe (i- ama-) (n) vulture; nervousness.

-nqe (isi- izi-) (n) buttock; lower part (as of pot).
    ukungasibeki isinqe phansi — to be diligent; to be always busy.
    ukungabi nasinqe — to be always on the move.
    ukuhlala ngesinqe esisodwa — to be apprehensive; to be temporary.

nqebelezi (ideo) of gulping down; of taking big mouthful; of drinking everything.

-nqeke (i-) (n) pumpkin sliced and cooked.

-nqekema (isi- izi-) (n) person with a

big head; a big head.

-nqekeza (isi- izi-) (n) person with a
big head; a big head.

nqekle (ideo) of snapping; breaking;
cracking.

-nqekle (isi- izi-) (n) person with
broken limb.

nqeku (ideo) of head bobbing up and
down.

-nqekuza (v) move head up and down;
bob head up and down.

-nqena (v) be lazy; be anxious.

-nqenqe (ama-) (n) hair style of ridges
adopted by young men.

-nqenqe (u- izi-) (n) edge; ledge;
border.

-nqenqema (u- izi-) (n) edge; ledge;
border.

-nqenqetha (v) ring.

-nqeshelele (i- izi-) (n) person with
protruding teeth.

nqi (ideo) of tightness.

-nqiba (v) beg for food.

-nqibi (isi- izi-) (n) beggar.

-nqika (v) lean against.

nqika (ideo) of hesitation.

-nqikanqika (ama-) (n) hesitation; un-
certainty.

-nqikaza (v) hesitate; shrink back.

-nqikla (i- izi-) (n) cartilage of breast-
bone of beast.

-nqina (i- ama-) (n) lower part of leg
of animal.

-nqina (i- izi-) (n) hunting party.

-nqinambumbulu (i- izi-) (n) hunting
party called for a purpose other
than hunting.

-nqinda (v) make blunt; cut short.

-nqindi (ama-) (n) beast with horns
cut short.

-nqindi (i-) (n) fist.
  shaya inqindi — to box.

-nqindi (isi- izi-) (n) long knife; spear
with shaft cut short.

-nqini (um- imi-) (n) dog with tail cut;
short dress; short jacket.

nqo (ideo) of being overhead (as sun);
of being upright; of being straight;
of knocking.

-nqoba (v) overcome; defeat.

-nqobo (i-) (n) the important factor;
the real thing.

-nqodoyi (u- o-) (n) stingy person.

-nqoha (v) adopt a defiant attitude;
refuse to give way.

nqokotho (ideo) of burst of laughter.

-nqola (i- izi-) (n) waggon.

-nqolo (um- imi-) (n) boy who does
not go out to herd; effeminate man.

-nqolobane (i- izi-) (n) granary.

-nqologombotsheni (um- imi-) (n) boy
who stays at home and does not
herd; cowardly boy.

-nqomfi (i- ama-) (n) kind of children's
game of striking larnyx; yellow
breasted lark.

-nqomfula (um- imi-) (n) thick mucus
from nose.

-nqondo (i- ama-) (n) leg of bird; leg
of locust; foot of buck.

-nqondovu (i-) (n) bitter beer.

-nqonqodwane (i-) (n) old cows;
species of rush.

-nqonqoloza (v) shout; cry aloud.

-nqonqotha (v) knock as on door.

-nqonqothela (v) drive in a nail.

-nqonqoyi (i-) (n) jupiter.

-nqonqoza (v) knock as on door.

-nqotho (izi-) (n) entire build of body;
outward appearance of person.
  nguye nezinqotho — he resembles
  him to the minutest detail.

-nqoza (i- izi-) (n) cock.

nqu (ideo) of being fast asleep.

-nqu (umu-) (n) thin fermented por-
ridge with flour.

-nqubekela-phambili (i-) (n) progress.

-nqubeko (i-) (n) progress.

-nqubu (i- izi-) (n) bend as of river;
bulge.

-nqubulunjwana (i-) (n) chicken-pox.

-nqudulu (i- izi-) (n) beast with no
horns.

-nquge (i- izi-) (n) lame person.

nquku (ideo) of picking up; of lifting.

-nqukula (v) lift up heavy object.

-nqukunquku (isi- izi-) (n) big headed
person.

-nqukuza (isi- izi-) (n) big headed
person; half-wit.

-nqulu (i- izi-) (n) hip; hip bone.
  ukuziqhweba inqulu — to be pleas-
  ed with something.

-nquma (v) cut; cut across; give a
decision; become solid (as fat).
  nquma umlomo — interrupt person
  talking.
  nquma isikhathi — decide on time
  nquma kabili — lie across.

-nqumela (v) set limit; prescribe work.
  nqumela ogodweni — treat callously.
  nqumela intambo — sentence to
  hanging.
  nqumela ugwayi katiki — threaten

a person.

-nqumela (isi-) (n) substance like fat which has solidified.

-nqumisa (v) place across; lie across; arrange meeting with lover.

-nqumo (isi- izi-) (n) decision; judgment.

-nquna (v) be naked.

-nqunda (v) make blunt; discourage.

-nqunqutha (v) walk quickly without looking back.

-nqunta (v) crop; pluck off.

nquntu (ideo) of plucking off; cropping.

-nquntuka (v) get plucked off.

-nquntula (v) get plucked off; crop.

-nqunu (rel) naked.

-nqunu (ubu-) (n) nakedness.

-nqushumba (i- izi- (n) hefty person with big belly.

-nqushumbana (i- izi-) (n) big belly; person with big belly.

-nquthu (isi- izi-) (n) back of the head.

nqwa (ideo) of coming face to face.

-nqwa (ama-) (n) the very beginning.

-nqwaba (i- izi-) (n) heap.

-nqwababa (i- izi-) (n) collar-bone.

-nqwabela (v) accumulate; heap up.

-nqwaha (v) adopt defiant attitude; refuse to budge an inch.

-nqwamana (v) meet unexpectedly.

nqwamanqa (ideo) of unexpected meeting.

-nqwamba (v) wear finery; put on decoration for valour.

-nqwambisa (v) decorate someone for bravery.

-nqwansi (um- imi-) (n) an only beast which one possesses.

-nsabula (-e) (i- izi-) (n) bayonet; sword.

-nsada (i-) (n) plenty; abundant; surplus.

-nsakansaka (i-) (n) fringed edging.

-nsakavukela (i-) (n) every day happening.

-nsalo (um- imi-) (n) bow and arrow.

-nsanga (i- izi-) (n) person with squint eyes.

-nsangu (i-) (n) dagga.

-nsangwini (u-) (n) khakhi weed.

-nsasa (i- izi-) (n) one whose hair is greying.

nsavu (ideo) of penetrating something soft (as when making an incision with sharp instrument).

-nsavuza (v) make incisions; pierce.

something soft.

nse (ideo) of straightness; of equality.

-nsehle (i-) (n) beer dregs; sediment of beer which is again used for making beer.

-nseka (izi-) (n) child birth after pains.

-nsele (i- izi-) (n) ratel.

-nselekazi (i- izi-) (n) beast with white spots on body; goat with white spots.

-nselele (i-) (n) challenge.
cela inselele — issue a challenge.

-nselelo (i-) (n) challenge.

-nselo (i- izi-) (n) hoof.

-nsema (i- izi-) (n) gourd rolled in game of darts; game of throwing darts.

-nsemba (isi- izi-) (n) kind of hunting spear.

-nsense (ama-) (n) crack on feet.

-nsephe (i- izi-) (n) springbok.

nsi (ideo) of tightness; of giggling.

-nsika (i- izi-) (n) support; pole.
ukuwa kwensika — death of head of family; hunger.

-nsila (i-) (n) dirt.

-nsilane (i- izi-) (n) whip; sjambok.

-nsimba (i- izi-) (n) genet.

-nsinde (i-) (n) species of grass much loved by cattle; sweet grass.

-nsingizi (i- izi-) (n) ground hornbill.

-nsingizisuka (i- izi-) (n) black beast with white patch under forelimb.

-nsingo (i- izi-) (n) razor.

-nsini (i-) (n) laughter.

nsinsinsi (ideo) of giggling; of suppressed laughter.

-nsinsinsi (ubu-) (n) giggling; suppressed laughter.

-nsinsitheka (v) giggle.

-nsinya (v) fasten securely.

-nsipho (i- izi-) (n) soap.

-nsipho (izi-) (n) beer dregs; remains after straining beer.

-nsiphozamabele (i- izi-) (n) beast with small brown and white spots all over the body.

-nsiyane (i- ama-) (n) waxbill.

-nsizwa (i- izi-) (n) young man; hornless ox.

-nsizwakazi (i- izi-) (n) hornless cow.

-nsizwambuzana (i- izi-) (n) small sized man.

nso (ideo) of stinging; of stinging bite.

-nso (i- izi-) (n) kidney.

-nsobonsobo (rel) soft; tender.

-nsobonsobo (i- izi-) (n) something soft and tender.

-nsokonsoko (i- izi-) (n) long thin object; weak stem.

nsondo (interj stem) indicative of possessing extraordinary features.

-nsolo (i-) (n) suspicion.

-nsonyama (i- izi-) (n) choice meat from breast for important people.

-nsosha (i-) (n) likeness; resemblance.

-nsoyi (i-) (n) red ochre.

-nsudi (i- izi-) (n) suit.

-nsumansumane (i- izi-) (n) fairy-tale.

-nsumbulwana (u- o-) (n) ten shilling gold coin.

-nsumo (i- izi-) (n) fable; fairy-tale.

-nsundu (rel) brown.

-nsundu (i- izi-) (n) brown beast.

-nsunguzi (i- izi-) (n) passageway through forest.

-nsunsu (i- izi-) (n) pimple; sharp pain; acne.

-nsuze (i- izi-) (n) species of snake.

-nsweba (i- ama-) (n) flesh beneath buttocks.

-nswebu (i-) (n) likeness; resemblance.

-nswempe (i- izi-) (n) partridge.

-nswempu (rel) odd; incredible.

nswi (ideo) of fullness; of squeaking; of whining.

-nswininiza (v) moan; whine; squeal.

-nswinswinswi (u- o-) (n) cotton blanket; military blanket.

-ntaba (i- izi-) (n) mountain; hill. *zintaba zakhona* — it is a usual happening; it is his habit.

-ntabakayikhonjwa (u- o-) (n) one of high status.

-ntaka (i- izi-) (n) finch.

-ntakansinsi (i- izi-) (n) finch.

-ntaki (i- izi-) (n) finch.

-ntakwabo (um- aba-) (n) his/her sweetheart.

-ntakwenu (um- aba-) (n) your sweetheart.

-ntakwethu (um- aba-) (n) my sweetheart.

-ntalantala (i- izi-) (n) person with big buttocks.

ntambama (adv) in the afternoon.

-ntambama (i-) (n) afternoon.

-ntambo (i- izi-) (n) string; rope.

-ntamo (i- izi-) (n) neck.

-ntamuntamu (i-) (n) something plentiful (as beer).

-ntamuza (v) be in comfortable circumstances; do as one pleases. *ntamuza umbuso* — live comfortably.

-ntanabo (um- abantababo) (n) their child.

-ntanakhe (um- abantabakhe) his/her child.

-ntanakho (um- aba-) (n) your child.

-ntanami (um- aba-) (n) my child.

-ntandabuzo (i- izi-) (n) doubt; misgiving.

-ntandakubukwa (u- o-) (n) showy person.

-ntandane (i- izi-) (n) orphan.

-ntandela (i- zi-) (n) flowering climber resembling morning glory.

-ntando (i-) (n) will; love charm.

-ntanenkosi (um- aba-) (n) king's child; one of royal line.

-ntanethu (um- aba-) (n) term used by men in accosting young girls.

ntanga (ideo) of walking with legs apart.

-ntanga (i- izi-) (n) one of same age group; private hut for men.

-ntanga (u- o-) (n) one of same age group.

ntanganye (adv) of the same age group.

-ntanganta (v) walk with legs apart.

-ntangayabo (u- o-) (n) one of same age group as himself, herself, themselves.

-ntangayakhe (u- o-) (n) one of same age group as himself, herself.

-ntangayami (u- o-) (n) one of same age group as myself.

-ntangayenu (u- o-) (n) one of same age group as yourself.

-ntangayethu (u- o-) (n) one of same age group as ourselves.

-ntanomntanami (um- abantabomntanami) (n) my grandchild.

ntansa (ideo) of difficult walking.

-ntansaza (v) walk with difficulty.

ntansu (ideo) of striking with whip; stick.

-ntansula (v) whip; strike with stick.

-ntanta (v) float.

-ntantashiya (u- izi-) (n) tall person.

-ntantatheka (v) flee blindly.

-ntanya (um-) (n) cold water with sugar.

-ntashinga (i-) (n) such and such a thing.

-ntashinga (u- o-) (n) so and so.

-ntatheli (i- izi-) (n) newspaper reporter.

-ntayintayi (ama-) (n) tatters.

-ntaza (v) skim along; float along; run

fast.

nte (ideo) of straightness; of splitting down.

-ntebe (i- izi-) (n) arum lily.

-ntekentekana (i- izi-) (n) weakling.

-ntela (v) jest; joke.

-ntela (i-) (n) tax; rent.

ntelekeshe (ideo) of slipping away unnoticed.

-ntelezi (i- izi-) (n) protective charm.

-nteli (isi- izi-) (n) joker; jester.

-ntende (i- izi-) (n) hollow of hand.

-ntendele (i- izi-) (n) partridge.

-ntendelezo (i- izi-) (n) penitent rail; rail round pulpit.

ntenene (ideo) of running.

-ntenesha (i- izi-) (n) hare.

-ntenga (v) sway about.

-ntengiso (i-) (n) price.

-ntengo (i-) (n) price.

-ntengu (i- izi-) (n) one strong in argument; clever speaker.

-ntenjane (i- izi-) (n) dun coloured beast.

-ntentezo (ama-) (n) hair dressed in rows.

-ntethe (i- izi-) (n) grasshopper; a cigarette.

-ntethelelo (i-) (n) forgiveness; pardon.

nti (ideo) of pricking; stinging.

-ntibane (i- izi-) (n) wart-hog.

ntiki (ideo) of being nude.

-ntikintiki (i- izi-) (n) jelly-like substance; congealed substance.

-ntikiza (v) be naked.

-ntilibathwa (i-) (n) abundance.

-ntilintili (i-) (n) abundance of corn.

-ntindili (i- izi-) (n) destitute person.

-ntingaza (v) act blindly; be at a loss; very shy.

-ntinginono (i- izi-) (n) secretary bird.

ntinini (ideo) of speed in running.

-ntinyela (v) sting as bee or hornet.

ntipha (ideo) of doing blindly; of being at a loss; of being shy.

-ntiphaza (v) act blindly; be at a loss; be shy.

-ntiyane (i- ama-) (n) waxbill.

nto (ideo) of dripping; of falling in drops; of straightness.

-nto (i- izi-) (n) thing; object.

-ntobeko (i-) (n) humility.

-ntofontofo (rel) soft; downy.

-ntofontofo (i- izi-) (n) downy object.

-ntokanji (u- o-) (n) so and so.

-ntokazi (i- izi-) (n) beautiful woman; impressive looking woman.

-ntokozo (i- izi-) (n) joy; delight.

-ntola (i-) (n) weakness of the knees.

-ntolibhantshi (i- izi-) (n) waist-coat.

-ntombazana (i- ama-) (n) girl.

-ntombi (i- izi-) (n) grown up girl; virgin; sweetheart.

-ntombi (ubu-) (n) virginity; girlhood.

-ntondo (u- o-) (n) small sized of a litter.

-ntondolo (i- izi-) (n) castrated goat; wether.

-ntonga (i- izi-) (n) staff; stave.

-ntongela (v) take snuff.

-ntongo (izi-) (n) matter on eyelashes when waking up.

-ntongomane (i- ama-) (n) monkey nut; peanut.

-ntonyane (i- izi-) (n) small beer pot.

-ntothololo (i- izi-) (n) person without strength.

-ntothoviyane (i- izi-) (n) species of bluish evil smelling locust.

-ntsha (i-) (n) youth.

-ntshabusuku (i- izi-) (n) blister.

-ntshakazo (i- izi-) (n) flower of maize.

-ntshalantshala (rel) shy; bashful.

-ntshaqane (i-) (n) beans or jugo beans or cowpeas cooked with mealie meal.

-ntshe (i- izi-) (n) ostrich.

-ntshebe (i- izi-) (n) person with long beard; long beard.

-ntshede (i-) (n) soot.

-ntshedesi (i- izi-) (n) person with buttocks drawn in; person with flat buttocks.

-ntshela (i-) (n) burnt food at bottom of pot.

-ntshengula (i- izi-) (n) snuff-spoon.

-ntshentshetha (v) trot (as dog).

-ntsheshelezi (i- izi-) (n) person with buttocks drawn in; person with flat buttocks.

-ntshezi (i-) (n) an odd item.

-ntshidi (i-) (n) bad luck.

-ntshidila (i-) (n) large flock.

-ntshinga (v) throw away.

-ntshintsho (i- izi-) (n) ram of buck.

-ntshisekelo (i-) (n) great longing; enthusiasm.

-ntshiyane (i- ama-) (n) waxbill.

-ntshonalanga (i-) (n) west.

-ntshontsha (v) steal.

-ntshontsho (i- ama-) (n) meat tit-bits for one who helps in slaughtering.

-ntshoshovana (i- izi-) (n) person with sharp beard.

-ntshozi (i-) (n) sharp glance; baleful look.

ntshu (ideo) of sharp piercing pain; of throbbing.

-ntshumayelo (i- izi-) (n) sermon.

-ntshuntshutha (v) throb.

-ntshwaqa (i- izi-) (n) fold (as on forehead); something shrivelled up.

-ntshwilela (izi-) (n) long pointed moustache.

-ntu (isi-) (n) Bantu language; Bantu way of life; mankind.

-ntu (ubu-) (n) human nature; good nature.

-ntu (umu- aba-) (n) human being; African; one with human feelings; blunt instrument (as knife).
  ilanga libantu bahle — it is late afternoon.

-ntu (ulu-) (n) diaphragm.

-ntuba (i- izi-) (n) entrance; opening.

-ntukazane (umu- aba-) (n) a commoner; a poor person.

-ntukuthelo (i-) (n) anger.

-ntula (v) be in need of; be destitute.

-ntulikazi (u-) (n) Zulu lunar month of July.

-ntulo (i- izi-) (n) gecko; lizard.

-ntululwane (i-) (n) abundance.

-ntuluntulu (i- izi-) (n) a pouring out; gun which fires many bullets in quick succession.

-ntuluza (v) be prolific; multiply.

-ntuma (i- izi-) (n) species of shrub with yellow berries.

-ntumantuma (isi- izi-) (n) stupid person.

-ntumazela (v) act childishly.

-ntunge (i-) (n) species of tall grass used for thatching.

-ntungaza (v) behave stupidly; blindly.

-ntungela (v) have a proud look.

-ntunja (i- izi-) (n) small opening; small hole.

-ntupha (i- izi-) (n) tip of finger.

-ntu-phaqa (umu- aba-) (n) commoner.

-ntusi (i-) (n) red beast with white mark on belly or forelimb.

-ntusi (rel) red colour with a white marking.

-ntusikazi (i- izi-) (n) red cow with white belly or white mark on forelimb.

-ntuthu (i-) (n) smoke.

-ntuthwane (i- izi-) (n) ant.

-ntuva (i-) (n) dirt; dandruff.

-ntwabi (i-) (n) hiccups.

-ntwala (i- izi-) (n) body louse.

-ntwana (ubu-) (n) childishness; childhood.

-ntwana (um- aba-) (n) child; member of the royal family.
  umntwana obomvana — newly born baby.
  ukuhamba ngabantwana — to have thick legs.

-ntwasahlobo (i-) (n) springtime.

ntwe (ideo) of tearing apart; of gliding; of dawning.

-ntwela (v) dawn; become light; begin to comprehend.

ntwengu (ideo) of tearing.

-ntwenguka (v) become torn; get rent.

-ntwengula (v) tear; rend; tear into strips.

-ntwenguntwengu (ama-) (n) tatters.

-ntwentwesi (u- izi-) (n) thin membrane; thin transparent material.

-ntweza (v) glide on surface of water; skim through the air.

-nuka (v) smell; emit an odour; smell out (i.e. divine); accuse person of bewitching you.
  nuka santungwana — be suspicious.

-nuku (i- ama-) (n) untidy person; dirty person.

-nuku (ubu-) (n) slovenliness.

-nukubeza (v) slander; make dirty.

-numuza (v) live in comfort.

-numzana (-e) (um- aba-) (n) head of the family; respected man.

-nundu (i-) (n) clothes moth.

-nungu (i- izi-) (n) porcupine quills; spotted non-poisonous snake; beast with very sharp horns.

-nunku (um-) (n) fermented drink mixed with crushed boiled mealies.

nunu (interj) of frightening.

-nunu (i- izi-) (n) insect; any small unpleasant animal; monster; gogga; ugly person.

-nunusa (v) frighten.
  ukununusa ngenyoka efile — to frighten with harmless thing.
  ukununusa ngenyoka engenakhanda — to frighten with harmless thing.

nushu (ideo) of being very soft; fine powder.

-nushunushu (i- izi-) (n) very soft food; very fine powder.

-nuthunuthu (i- izi-) (n) very soft food; very fine powder.

-nuthunuthu (isi- izi-) (n) animal

covered with long hair; shaggy animal; wooly blanket.

nwabu (ideo) of slow movement.

-nwabu (u- izi-) (n) chameleon; untrustworthy person; slow acting person.

-nwabuzela (v) move along slowly; creep; act slowly.

-nwali (u-) (n) dried peritoneum of animal; dried peritoneum.

-nwampela (v) eat soft food with hand (as sour milk); eat delicious food.

-nwaya (v) scratch an itchy part.

nwe (ideo) of dawning.

-nwe (isi-) (n) expertness; skill; neatness.

-nwe (umu- imi-) (n) finger; unit.
  ukukhomba ngomunwe ophakathi — to be in comfortable circumstances.
  ukuba nomunwe — to steal; to be good at handwork.
  ukukhomba ngomunwe — to frighten.
  ukukhomba ngomunwe esweni — to annoy.

-nweba (v) stretch out; extend; exaggerate.

nwebu (ideo) of falling apart (as worn out or rotten thing); of tearing apart.

-nwebuka (v) become threadbare; get torn; become worn out.

-nwebula (v) pull apart (as worn out thing); tear.

-nwebuluka (v) stretch out; be worn out.

-nwebuluka (um- imi-) (n) dull lethargic sort of person.

-nwele (u- izi-) (n) human hair on head.
  unwele olude — Thank you! may you live long.

nwi (ideo) of dawning; of climbing.

nx (interj) click of annoyance.

-nxa (ama-) (n) sides of body; grudge.

-nxa (i- izi-) (n) portion; side.

-nxa (umu- imi-) (n) portion.

-nxada (v) tack; sew carelessly; bind grass for thatching.

-nxahi (i- ama-) (n) bull castrated when it is fully grown; ground malt.

-nxakalala (i- izi-) (n) tumult; confusion; disorder; complicated structure.

-nxakanxaka (i- izi-) (n) tumult; confusion; disorder; complicated structure.

-nxala (i- izi-) (n) rhebok.

-nxanxatha (v) chew.

-nxanxa (v) coax.

-nxantathu (u- o-) (n) three sided object; triangle.

nxanye (adv) on one side.
  ukushonelwa yilanga nxanye — to be in difficulty.

-nxapha (v) make click of annoyance; misfire.

nxaphepha (interj) of expressing sympathy; of seeking pardon.

nxashana (conj) if; when.

nxazonke (adv) on all sides.

-nxeba (i- ama-) (n) wound.
  ngena ngenxeba — take mean advantage of person in difficulty.

-nxegenxege (i- izi-) (n) loose jointed article.

-nxele (i- ama-) (n) left handed person; ox with one horn pointing downwards; one from the iKhohlwa section of Zulu kraal.

-nxele (isi-) (n) left hand.

-nxele (ubu-) (n) left hand direction; left handedness.
  isandla sobunxele — left hand.

-nxele (uku-) (n) left hand direction.
  isandla sokunxele — left hand

-nxemu (i- izi-) (n) one who squints; cross-eyed person.

-nxenxa (v) coax.

-nxenye (i- izi-) (n) a section; a portion; one half.

nxephe (interj) sorry; interjection of sympathy or regret.

nxephepha (interj) sorry; interjection of sympathy or regret.

-nxepheza (v) apologise; sympathise.

-nxephezisela (v) express apology; sympathy; regret.

-nxephezelo (isi- izi-) (n) apology; expression of sympathy; gift offered to indicate regret; compensation.

nxese (interj) sorry.

-nxesezela (v) express sympathy or regret.

-nxi (isi-) (n) fainting fit; swoon.

-nxiba (v) sponge for food.

-nxibenxibe (u-) (n) constant bother.

-nxibhilili (i- izi-) (n) turmoil; confusion.

-nxibi (isi- izi-) (n) beggar.
-nxibongo (i-) (n) smallpox.
-nxibongo (i- izi-) (n) beast with straight sharp horns.
-nximfa (v) make click sound of annoyance.
-nximfi (i-) (n) expression of annoyance.
-nxiwa (i- ama-) (n) old kraal site.
-nxobongo (i-) (n) smallpox.
-nxokonxoko (i-) (n) confused noise; hubbub.
nxotho (ideo) of looking guilty; of guilty shame.
-nxothonxothwana (i- izi-) (n) shy person.
-nxothoza (v) be shame-faced.
-nxothozela (v) be crestfallen; be shamefaced.
-nxovanxova (i- izi-) (n) confusion; disorder; mess.
-nxoza (i-) (n) plant fibre.
-nxuluma (i- ama-) (n) large kraal of many huts.
-nxuma (um- imi-) (n) teat-like growth on neck of goat; baby's skin sucking bottle.
-nxusa (v) entreat; ask a favour.
-nxusa (i- ama-) (n) chief's messenger; envoy; ambassador.
nya (ideo) of silence; complete absence.
-nya (v) pass excreta.
  ukunya indoni namakhiwane — to be dishonest; to be unreliable.
-nya (ulu-) (n) harshness; cruelty.
-nyaba (um- imi-) (n) bundle of firewood.
-nyabulala (isi- izi-) (n) baby.
nyafu (ideo) of wriggling about (like worms).
-nyafuka (v) wriggle.
-nyafuza (v) wriggle.
nyaka (ideo) of moving.
-nyaka (um- imi-) (n) year.
-nyakafula (v) disarrange; scold; disclose unpleasant secrets.
-nyakama (v) become upset; frown; feel nauseated.
-nyakamba (v) become damp.
-nyakambisa (v) moisten.
nyakana (adv conj) on the year that.
-nyakanya (um- imi-) (n) bunch of feathers worn by warriors on head.
-nyakanyaka (i- izi-) (n) turmoil; commotion; confusion; abundance.
-nyakanyaka (isi- izi-) (n) large crowd of people.
-nyakatho (i-) (n) north; north-wind.
-nyakaza (v) move about.
-nyakazisa (v) shake; put spirit into.
-nyakeni (u- o-) (n) bag for containing spoons.
nyakenye (adv) last year; next year.
-nyakenye (i-) (n) an inordinately long time.
nyakomunye (adv) the year before last; the year after next.
nyaku (ideo) of soft tread (like movement of cat).
-nyakuza (v) tread gently; walk stealthily.
nyala (ideo) of guilty look; of licking; of disappearing stealthily.
-nyala (i- izi-) (n) species of antelope.
-nyala (ama-) (n) dirt; disgrace.
  amanyala enyoka — a terrible thing; a shocking incident.
-nyalalisa (v) maintain silence; disappear stealthily.
-nyalanyala (i- ama-) (n) shifty eyed person.
nyali (ideo) of licking lips; of shooting out tongue as snake.
-nyaliza (v) lick (as cat licking itself); dart out tongue as snake.
-nyalothi (i- izi-) (n) beast with muddy colour.
-nyaluthi (i- izi-) (n) beast with muddy colour; species of corn.
-nyama (i- izi-) (n) meat; flesh.
  inyama yezithebe — carcass divided into parts according to custom.
  ukuba yinyama — to be in demand.
  inyama yamehlo — meat from the sides of the head.
  ukuba nyamana mbana — to be disliked.
-nyama (isi-) (n) ill luck; misfortune.
-nyama (um-) (n) darkness; ill omen.
-nyamalala (v) disappear; vanish.
-nyamazane (i- izi-) (n) buck; game; [pl. only] parts of certain animals which are burnt and inhaled by a child.
-nyambisa (v) moisten.
-nyamfokwe (i- izi-) (n) lazy person.
nyamfu (ideo) of wriggling about like many worms together.
-nyamfuka (v) wriggle about like worms.
-nyamfunyamfu (i-) (n) intermingling movement; wriggling movement.
nyampu (ideo) of flashing; of silence.

-nyamu (isi- izi-) (n) young of animal; baby who does not yet crawl.

-nyanda (i- izi-) (n) bundle of grass; bundle of wood.

-nyandezulu (i- izi-) (n) species of green snake with black spots on neck and sides.

-nyanga (v) cure; practise as doctor.

-nyanga (i- izi-) (n) month; moon; herbalist; expert.

inyanga ephezulu — current month.

-nyanga (ubu-) (n) calling of herbalist; profession of doctor.

-nyangamthakathi (u- o-) (n) witch pretending to be a doctor.

-nyangani (i-) (n) kind of rock.

-nyango (um- imi-) (n) doorway; door.

-nyani (um- imi-) (n) flower of corn or maize or sweet cane.

-nyankomo (um-) (n) kind of soft grass much liked by cattle (usually found just outside the cattle kraal).

-nyanta (v) feel depressed; feel apprehensive; be half-cooked.

-nyantulula (v) turn upside down; expose unpleasant secrets.

-nyanya (v) dislike; loathe.

-nyanya (izi-) (n) ancestors; ancestral spirits.

-nyanyalata (v) act superficially.

-nyanzelela (v) compel; force.

-nyathela (v) tread on; stamp on; surpass; observe ceremony of first fruits.

ukunyathela inyoka emsileni — to arouse one's anger.

ukunyathela ngabantwana — to have thick legs.

ukunyathela abantu — to suppress people.

ukunyathela ipasi — to get a permit.

-nyathelisa (v) organise first fruits ceremony; have pass endorsed.

-nyatheliso (um- imi-) (n) ceremony of first fruits.

-nyathelo (i- ama- isi- izi-) (n) footstep; footmark; steps (to take); stride.

thatha isinyathelo — take action.

-nyathi (i- izi-) (n) buffalo; hefty person.

-nyathi (u- o-) (n) dock worker; night soil remover.

-nyathi (ubu-) (n) band of buffalo skin worn round head by boys.

-nyathuza (v) walk softly.

-nyawo (u- izi-) (n) foot; footprint; manner of walking.

ukuba nonyawo — to be on the move always; to have a good gait (as horse).

-nyawothi (i- izi-) (n) beast with muddy colour; species of corn.

nyawu (ideo) of mewing of cat.

-nyaza (v) talk ill of; criticise; run down.

-nyazi (isi- izi-) (n) kind of basket.

nyazi (ideo) of flashing.

-nyazi (u-) (n) flash of lightning; kind of broad mouthed basket with lid.

-nyazima (v) flash.

-nye (adj) some; other.

-nye (enum) one.

-nye (isi- izi-) (n) bladder (urine).

-nye (ubu-) (n) singular; unity.

-nyefu (isi- izi-) (n) lazy person; untidy person; slovenly person; child which messes itself.

-nyekevu (i- izi-) (n) house cricket.

-nyela (v) become dislocated; sprained; be half cooked; be disheartened.

-nyela (i- ama-) (n) cast iron; dross.

-nyelankobe (isi- um-) (n) mealies boiled with game meat.

-nyele (u-) (n) draught; cold breeze.

-nyelela (v) slink off.

nyelele (ideo) of slinking off.

-nyelezela (v) produce a litter (of dog).

-nyelo (isi-) (n) sprain; dislocation.

-nyembezi (u- izi-) (n) tear drop.

-nyemfu (isi- izi-) (n) slovenly person; child which messes itself.

-nyemu (um- imi-) (n) person who likes to isolate himself; reserved person.

-nyendle (i- izi-) house cricket.

-nyenya (v) steal away; move stealthily.

-nyenyela (v) steal a march on; stalk.

-nyenyela (isi-) (n) action performed stealthily.

-nyenyeza (v) whisper; sprinkle.

-nyenyezo (um-) (n) second helping of beer brought for cultivating party.

nyevu (ideo) of speaking ill of; of slandering.

-nyevu (u- izi-) (n) slanderer.

-nyevu (i- izi-) (n) hair-lip.

-nyevuza (v) slander; backbite.

-nyewe (i-) (n) compassion.

nyewu (ideo) of grinning.

-nyewu (um- imi-) (n) person who is shy to eat in the presence of others.

-nyewuka (v) grin.
-nyeza (u-) (n) kind of sweet-potato with reddish skin.
-nyeza (zi-) (v) feel self conscious.
-nyezane (um- imi-) (n) willow tree; warrior's insignia of valour.
-nyezi (u-) (n) moonlight.
nyi (ideo) of being crowded.
-nyiba (v) draw back; slink away.
-nyibilika (v) become loose.
-nyikanyika (v) struggle.
-nyikanyika (isi- izi-) (n) crowd; difficult affair.
nyiki (ideo) of moving.
-nyikinya (v) shift this and that way (as fixed object).
-nyikinyiki (isi- izi-) (n) crowd.
-nyikwe (i- ama-) (n) pancreas.
nyimbilizi (ideo) of swallowing something slimy.
nyimfi (ideo) of loosing shape; of becoming disarranged or disordered; become crumpled.
-nyimfika (v) lose shape; become disarranged or disordered; become crumpled.
-nyimfiza (v) crumple; disarrange.
-nyinyiphala (v) become gloomy.
-nyinyitheka (v) be heavily laden; move slowly.
-nyipha (v) twist face in disgust; screw face as one tasting bitter substance or bad tasting medicine.
nyobo (ideo) of bashfulness.
-nyobozela (v) be ashamed.
-nyofa (v) abuse; sow discord; crumple.
-nyoka (i- izi-) (n) snake; lazy person; cunning person.
-nyoka (ubu-) (n) craftiness.
-nyoko (u- o-) (n) your mother.
-nyokokhulu (u- o-) (n) your grandmother.
-nyokolume (u- o-) (n) your maternal uncle.
-nyokotho (isi- izi-) (n) thick mass; large crowd; denseness.
-nyokozala (u- o-) (n) your mother-in-law (of bride).
nyolo (ideo) of slinking away; of being filled with fear.
-nyolozela (v) slink away in fear.
-nyombo (um- imi-) (n) core; forward portion of growth.
-nyombuluka (v) become uncoiled.
-nyombulula (v) uncoil.
-nyomfa (v) slander; sow disharmony;

crumple.
nyomu (ideo) of coming out; of withdrawing.
-nyomuka (v) be pulled out.
-nyomula (v) pull out.
-nyonga (i- ama-) (n) thigh joint; lower part of back above buttocks.
-nyonga (u- izi-) (n) one who walks lamely; person with crippled thigh.
-nyongaza (v) walk with a limp; walk like a cripple.
-nyongo (i- izi-) (n) bile; gall bladder.
-nyoni (i- izi-) (n) bird; nervousness; lightning.
 kwelenyoni — topmost part of tree.
-nyonikayiphumuli (i-) egret; white royal cattle.
-nyoningco (ubu-) (n) expertness; cunning; cleverness.
-nyonka (v) carry away bait (as bird); steal.
-nyonkela (v) copy (i.e. steal).
-nyonkoloza (v) have sly, deceitful look; eye balefully.
-nyonya (v) feel ashamed; be timid.
-nyonyana (v) be uneasy; have feeling of shame.
-nyonyisa (v) cover with shame; disappoint.
-nyonyoba (v) creep; stalk.
-nyonyovu (u-) (n) long; sleek object.
-nyosi (i- izi-) (n) bee; honey.
-nyova (v) disarrange; crumple; turn upside down; sow misunderstanding.
nyova (adv) backwards.
nyovane (adv) backwards.
-nyovu (um- imi-) (n) wasp.
-nyovulula (v) turn upside down; disarrange.
-nyu (umu-) (n) pity; sympathy; acid to taste.
-nyube (u- o-) (n) sly person; one who does not mix easily.
nyuku (ideo) of shaking; of moving fixed object.
-nyuku (i- izi-) (n) newcomer.
-nyukubala (v) scowl; frown; be gloomy.
-nyukunya (v) move fixed object; shake this way and that way to loosen fixed object.
-nyukuzisa (v) shake fixed object.
-nyumba (i- izi-) (n) barren female (human or animal).
-nyumbakazi (i- izi-) (n) barren cow.
-nyumbazana (i-) (n) (only in con-

junction with *khipha*).

ukukhipha inyumbazana — to single out a person for unpleasant treatment; ostracise.

-nyunda (v) run down; slander; speak ill of; backbite.

-nyundela (v) make things difficult for someone; speak ill of.

-nyundi (isi- izi-) (n) slanderer.

nyundu (ideo) of protruding.

-nyunduka (v) protrude.

-nyuzi (um- imi-) (n) mule.

-nyuziphepha (i- u- ama- o-) (n) newspaper.

-nzi (ama-) (n) water; a simple thing.

ukugcwala amanzi esiswini — to be apprehensive; to be in fear.

ukushaywa ngamanzi — to be afraid

ukubona into emanzini — to regard a thing as unattainable.

ukuzwa amanzi ngobhoko — to send out feelers.

amanzi amponjwana — beer.

ukuchitha amanzi — to urinate.

ukuba ngangamanzi okuphala izikhumba — to be abundant.

-nzima (rel) dark skinned; black; heavy; difficult.

-nzima (i- izi-) (n) black beast.

-nzima (ubu-) (n) heaviness; weight; difficulty.

-nzimakazi (i- izi-) (n) black cow.

nzo (ideo) of fixed gaze.

-nzolobela (i- izi-) (n) deep pool.

-nzonzo (rel) still.

-nzonzo (i- ama-) (n) thin legs of a person; legs of a bird.

-nzonzo (um- imi-) (n) person with thin legs; thin legs; legs of bird.

-nzonzobala (v) be still, deep and overpowering.

-nzonzwane (ama-) (n) tip-toe.

-nzosha (i-) (n) resemblance; likeness.

-nzulu (i- izi-) (n) deep pool.

-nzulu (ubu-) (n) depth.

O

-oba (um-) (n) sugar-cane.

obabo (pron) theirs.

obakhe (pron) his/hers.

obakho (pron) yours.

obala (adv) in the open; clearly.

obami (pron) mine.

obaso (pron) its.

obawo (pron) its; theirs.

obayo (pron) its; theirs.

obazo (pron) theirs.

obenu (pron) yours.

obethu (pron) ours.

-obuka (v) peel off.

-obula (v) remove skin or bark.

-obulo (ul-) (n) outer skin.

-obuza (v) cast skin.

-obuzo (um- ul-) (n) slough.

-oco (is- iz-) (n) upright looking claypot.

-ocwana (is- iz-) (n) large beer claypot.

-oda (v) place an order.

-oda (i- ama-) (n) order (business).

odwa (pron) they only; only them.

-ojayela (v) become accustomed.

-ojayeza (v) make accustomed to; make familiar with.

-ojwayela (v) become accustomed.

-ojwayeza (v) make accusomed; make familiar with.

-okha (v) light (as fire, a pipe); take to task; pounce upon.

ukokha ngensini / ngehlaya — to laugh at.

ukokha umlilo — to ask for a girl in marriage.

-okhela (v) set fire to; set light to; quarrel with.

ukokhela ngolaka — to upbraid.

okuhle (interj) may you have good luck.

okumhlophe (interj) good luck to you.

okwabo (pron) theirs.

okwakhe (pron) his/hers.

okwakho (pron) yours; its.

okwalo (pron) its/his.

okwami (pron) mine.

okwaso (pron) its.

okwawo (pron) its/theirs.

okwayo (pron) its/theirs.

okwazo (pron) theirs.

okwenu (pron) yours.

okwethu (pron) ours.

-olula (v) extend; be long winded.

olwabo (pron) theirs.

olwakhe (pron) his/hers.

olwakho (pron) yours.

olwalo (pron) its.

olwami (pron) mine.

olwaso (pron) its.

olwawo (pron) its/theirs.

olwayo (pron) its/theirs.

olwazo (pron) theirs.
olwenu (pron) yours.
olwethu (pron) ours.
-oma (v) become dry; be thirsty; be emaciated.
 ukoma amathe — to be stunned; be speechless.
 ukomela othini — to die of hunger.
 ukukhuluma wome — to make everything clear.
 ukusimze wome — to be surprised; to be confused.
omabili (pron) both.
omahlanu (pron) all five.
omane (pron) all four.
omathathu (pron) all three.
omelela (v) dry up and stick on; dry onto.
omi (ub-) (n) maggots.
-omisa (v) make dry; make thirsty; be dry (of weather).
-omisa (uk-) (n) drought.
-ona (v) spoil; do wrong; sin; seduce.
-ona (is-) (n) witchweed.
-ona (um-) (n) envy; jealousy.
-onakala (v) become spoilt; be injured.
-onakali (is-) (n) mischief doer; evil person.
-onakalo (um-) (n) mishap; damage.
-onda (v) become thin.
-onela (v) spoil for.
-ondla (v) rear; nourish.
 ukondla isife — to examine a bird-trap to see if catch has been made.
 ukondlela impuku eweni — to engage in futile undertaking.
-ondleka (v) b⸱ well cared for; be healthy looking.
-ondli (um- ab-) (n) one who rears; one who nourishes.
-ondlo (is- iz-) (n) payment for the keep of someone; board.
-onga (v) save.
-ongama (v) overhang; stand above.
-ongamela (v) overhang; be in charge; preside over.
-ongameli (um- ab-) (n) president; presiding officer.
-ongeza (v) increase; add onto.
-ongi (um- ab-) (n) nurse.
-ongo (um-) (n) centre; core; main point.
-ongula (v) remove scum.
-ongula (um-) (n) nose bleeding.
-ongulo (um-) (n) nose bleeding; scum; that which has been skimmed from

the top.
-oni (iny- iziny-) (n) bird; lightning; nervousness.
-oni (is- iz-) (n) sinner; wrongdoer.
-oni (um- ab-) (n) sinner; wrong doer.
onke (pron) all; the whole of.
-ono (is- iz-) wrong; sin.
-opha (v) bleed.
-ophelo (um-) (n) bleeding internally.
-opho (um-) (n) bleeding.
-ophula (v) save from danger; remove pot from fire; dish up.
-osa (v) roast; fry; toast.
-oso (iz-) (n) meat for grilling.
-osula (v) wipe off; polish.
-osuleka (v) be well groomed; get polished.
-osulela (v) infect with disease; put blame on.
-osulelo (is-) (n) scapegoat.
-otha (v) warm oneself; inform against.
 ukotha amalanga amathathu — to be very old.
 ukotha omabili — to be aged.
 ukotha ibandla — to confer at chief's assembly.
 ukuwotha ubomvu — to be very angry.
-otha (um-) (n) plague; epidemic.
-othamela (v) bask in the sun.
-othameli (is- iz-) (n) attendant.
-othamlilo (is- iz-) (n) human being.
-othuka (v) get frightened.
-othula (v) off-load; take off (as hat); bring down; make gift in homage.
 ukothula udaba — to present matter for consideration.
-othulo (is-) (n) gift in homage.
-othusa (v) frighten.
-othuso (is-) (n) something used to frighten with.
-ova (i- ama-) (n) overtime work.
-ovaroli (i- ama-) (n) overall.
-ovu (ub-) (n) pus.
-ovu (um-) (n) beeswax.
owabo (pron) theirs.
owakhe (pron) his/hers.
owakho (pron) yours.
owalo (pron) its/his.
owami (pron) mine.
-owane (um- im-) (n) game trap of log and stone.
owaso (pron) its/his/hers.
owawo (pron) its/theirs.
owayo (pron) its/theirs.
owazo (pron) theirs.

owenu (pron) yours.
owethu (pron) ours.
-oya (ub-) (n) wool; hair (animal); hair on the body.
-oya (ul-) (n) core; life essence.
-oya (um-) (n) wind; spirit.
-ozela (v) be drowsy.
-ozela (uk-) (n) drowsiness.

P

-paka (v) park (as a car).
-paki (i- ama-) (n) a park.
-pakipotwe (i- ama-) (n) baking pot.
-pakisha (v) pack.
-pakisi (u- o-) (n) bread which has not risen properly.
paku (ideo) of slapping; of hitting with flat object on body.
-pakula (v) slap; strike with flat object on body.
-pakupaku (isi- izi-) (n) beer container.
-palamende (i- ama-) (n) parliament.
-pali (i- ama-) (n) pole; gate post.
-pampuleki (isi- izi-) (n) place of outspanning.
pamu (ideo) of striking object such as ball.
-pamula (v) strike soft object.
-pamuza (v) strike a ball; strike soft object like a ball.
-pana (v) knee-halter; curtail movement.
panela (isi- izi-) (n) spanner.
-pani (i- ama-) (n) frying pan; baking pan.
-pani (isi- izi-) (n) span of oxen; suit; costume.
-panikuku (i- ama-) (n) pancake.
panqu (ideo) of writhing.
-panquka (v) writhe.
-panquza (v) writhe; wag.
panya (ideo) of looking with big attractive eyes.
-panyaza (v) look with large attractive eyes.
-panyaza (i- ama-) (n) attractive woman.
-papisi (ama-) (n) kind of horse sickness caused by worms.
paqa (ideo) of collapsing; of becoming flattened; of clopping noise.
-paqaza (v) flatten out (as tin); dent.
paqu (ideo) of wagging; writhing;

wriggling.
-paquluka (v) writhe; wriggle.
-paquza (v) wag; writhe; wriggle.
-pasa (v) slap; trot.
-pashi (isi- izi-) (n) longish money bag of leather tied onto arm by men.
-pasi (i- ama-) (n) pass.
-pasipoto (i- ama-) (n) pass-port; travelling document.
-paso (um-) (n) trotting.
pasu (ideo) of slapping.
-pasula (v) slap.
-pasuza (v) slap.
pata (ideo) of falling in; collapsing.
-pata (u-) (n) mealies stored in a hole; food prepared from mealies stored in hole.
-patalala (v) cave in; collapse.
patsha (ideo) of bursting under pressure (as ripe fruit; eye).
-patsha (um- imi-) (n) top-hat.
-patshaka (v) burst (as fruit; eye).
-patshaza (v) cause to burst.
-patshaza (i- ama-) (n) young pretty woman.
-patshi (isi- izi-) (n) longish money bag of leather tied onto arm by men.
-patsholo (isi-) (n) venereal disease.
-pawundi (i- ama-) (n) pound weight.
-payinapu (u- o-) (n) pineapple.
-payipi (i- ama-) (n) drain-pipe; water-pipe.
pe (ideo) of whistle (as train).
-peke (isi- izi-) (n) bacon.
peketu (ideo) of turning upside down; of revealing a secret; of frisking.
-peketula (v) turn upside down; expose unpleasant secret; frisk.
-peketwane (ama-) (n) affair which is topsy-turvy; public exposure of unpleasant matters.
-pela (v) spell.
-pele (isi- izi-) (n) beginners book; spelling book; spare object.
-pelepele (u- o-) (n) pepper; chillies.
-peleti (isi- izi-) (n) pin; safety pin.
-penda (v) paint.
-pende (u- o-) (n) paint.
-peni (i- ama-) (n) pen.
-peni (u- o-) (n) threepence.
-pendlemana (um-) (n) kind of hair style.
-pensele (i- ama-) (n) pencil.
pensu (ideo) of protruding.
-pensula (im- izim-) (n) person with

large protruding buttocks.

penu (ideo) of falling over; of capsizing.

-penuka (v) fall over; capsize.

-penula (v) upset; push over.

-pepepe (ubu-) (n) endless talk; constant breaking of wind.

-pepeza (v) talk endlessly; break wind frequently.

-pesheli (isi- izi-) (n) special train; night-pass; competent person; something for a particular occasion only.

-peta (v) dig with spade.

-pete (isi- izi-) (n) spade.

-pete (u-) (n) knock kneed person.

-peteka (v) be knock kneed; bend.·

-peteza (v) bend.

-petezela (v) bending movement; have supple springy movement.

-petiroli (u- o-) (n) petrol.

-peto (isi- izi-) (n) spade.

-petshisi (i- ama-) (n) peach fruit; pretty girl.

-petshisi (um- imi-) (n) peach tree.

petu (ideo) of turning inside out.

-petuka (v) turn inside out.

-petula (v) turn inside out.

-petulula (v) make thorough search; disarrange whilst searching.

-petuza (v) speak all sorts of unpleasant things.

pewu (ideo) of falling over; of capsizing.

-pewuka (v) fall over; capsize.

-pewula (v) push over; turn upside down.

-pewula (v) **(u-)** (n) Paul Kruger.

pha (ideo) of whiteness.

-pha (v) give.
ukupha amehlo — to look at; watch; witness.
ukupha indlebe — to listen.

phaba (ideo) of slapping in the face.

-phaba (i- ama-) (n) outer side of a foot; lack of consideration.

phaca (ideo) of throwing down suddenly liquid or semi-solid substance; of splashing down.

-phacaza (v) pass loose stools; splash.

phace (ideo) of splashing down; of throwing down suddenly liquid or semi-solid substance.

-phaceka (v) throw on mud.

-phafa (um- imi-) (n) species of tree.

phafu (ideo) of emitting smoke; of speaking.

-phafuka (v) emit smoke.

-phafuza (v) emit smoke; talk incessantly.

phahla (ideo) of smashing (as glass).

-phahla (v) be on either side; place in between.

-phahla (i- ama-) (n) one of twins of goat; species of tree.

-phahla (impahla izim-) (n) belongings; goods; domesticated animals such as cattle, sheep, horses.

-phahla (u- izimpahla) (n) roof; framework of Zulu hut.

-phahlaza (v) smash.

-phahlazeka (v) get smashed.

phahle (ideo) of throwing on mud (as when plastering).

-phahleka (v) throw mud on; plaster roughly.

phahlu (ideo) of ill considered talk; of blurting out.

-phahluka (v) blurt out; make foolish talk.

-phahluki (isi- izi-) (n) one given to foolish talk; one who blurts out.

-phaka (v) serve (as food); distribute; send out army; send out in sections.
phaka ifa — distribute inheritance.

phaka (ideo) of opening eyes in excitement; of coming to; of being conscious of.

phakade (adv) forever.

-phakama (v) rise upwards; be promoted; become well known; begin to loose temper.

-phakamisa (v) raise up; promote; propose (as at a meeting); drink beer.
phakamisela isandla — threaten to strike one older than yourself or one in authority; strike one older than yourself or one in authority.
phakamisela amehlo — show disrespect.
phakamisela ikhwapha — betray.

-phakamiso (isi- izi-) (n) proposal.

-phakanyiswa (isi- izi-) (n) chief not of royal blood; elevated person.

-phakaphaka (i- ama-) (n) timid person; one easily excitable.

phakathi (adv) inside; in the middle; between.
phakathi komhlane nembeleko — in comfortable circumstances.
phakathi kwetshe nembokodo — in dire circumstances; between devil and deep blue sea.
phakathi kwezimpondo zamehlo —

between eyebrows.

phakathi naphakathi — halfway; in between.

-**phakathi (i- ama-)** (n) counsellor.

-**phakathi (um- imi-)** (n) the common people; assembly of men.

-**phakazela** (v) be nervous; be in excited mood.

-**phakela** (v) dish out for; supply.

phakela unyawo — like roaming about.

-**phakeme** (v) be raised; high; important.

-**phakethe (i- ama-)** (n) packet; pocket.

-**phako (um- imi-)** (n) provisions; food for a journey.

-**phako (isi- izi-)** (n) ladle; spoon for dishing out.

phaku (ideo) of dishing out; of flapping; of agitation.

-**phakula** (v) castrate; complete.

-**phakulula** (v) ladle out.

-**phakuluza** (v) ladle out.

-**phakuluzi (isi- izi-)** (n) spoon for dishing out; ladle.

-**phakuphaku (i- ama-)** (n) a nervous person; an excitable person.

-**phakuphaku (ubu-)** (n) state of nervousness; flutter of excitement.

-**phakuza** (v) flap wings.

-**phakuzela** (v) be agitated.

-**phala** (v) scrape; flay pig; scratch; gallop.

phala izikhumba — make skins supple.

amanzi okuphala izikhumba — an abundance of.

-**phalafini (u-)** (n) paraffin.

phalakaca (ideo) of throwing down (as mud); of splashing.

-**phalakaca** (v) throw down (e.g. mud); splash.

-**phalakaceka** (v) fall as mud.

-**phalala** (v) rush as in an emergency; overflow.

phalala umkhosi — answer to an urgent call.

-**phalamende (i- ama-)** (n) parliament.

-**phalaphala (isi- izi-)** (n) pretty woman; woman with attractive eyes.

-**phalaza** (v) vomit after taking emetic.

-**phalishi (i- ama-)** (n) porridge.

-**phalo (isi- izi-)** (n) instrument used for scraping; instrument which was used for hoeing chief's land; identification disc for labourers.

phama (ideo) of fullness.

-**phamazela** (v) stagger; walk in drunken fashion.

-**phamba** (v) deceive; play a trick on.

-**phamba (impamba)** (n) puzzle; mystery.

-**phambana** (v) cross one another; pass one another; be at loggerheads.

-**phambanisa** (v) confuse; cross (as sticks); report incorrectly.

-**phambanisela** (v) double cross.

-**phambano (isi- izi-)** (n) cross.

-**phambeka** (v) err; become confused.

-**phambeko (isi- izi-)** (n) mistake; error.

phambi (adv) in front of; before.

phambili (adv) before; in front of.

-**phambili (um-)** (n) the front part.

phambu (ideo) of branching off.

-**phambuka** (v) branch off; leave the main road; do something contrary.

-**phambukela** (v) branch off to or for; stop for a short while at a place.

-**phana** (v) be generous.

-**phanda** (v) dig; scratch; question closely.

ukuphanda amaliba — to revive old disputes.

-**phanda (i- ama-)** (n) bundle of spears.

-**phanda (um- imi-)** (n) large claypot.

-**phande (i- ama-)** (n) bundle of spears.

-**phandeko (isi- izi-)** (n) rope used for tying cows.

-**phandla** (v) dazzle.

-**phandla (isi- izi-)** (n) goat skin armlet; war decoration.

-**phandla (impandla izimpandla)** (n) bald head; person with bald head.

phandle (adv) outside.

-**phandle (ama-)** (n) outskirts of town; rural place; rural people.

-**phandle (um-)** (n) the exterior; the outside.

-**phandolo (i- ama-)** (n) pantry.

-**phandu (um- imi-)** (n) cave.

-**phanga** (v) rob; eat greedily; be in a hurry; loot (as army).

ukuphanga umdaka — to marry at an early age; to act in a hurry.

ukuphangwa yinto — to experience something prematurely (e.g.

ukuphangwa yimpandla to become bald prematurely; *ukuphangwa ukufa* — to die prematurely.)

-**phanga (isi- izi-)** (n) shoulder blade;

meat from the shoulder of beast.

-phangalala (v) die.

-phangazana (um-) (n) hunger; nervousness.

-phangazela (v) be in a hurry; be nervous.

-phangela (v) forestall.

-phangela (i- ama-) (n) large beer pot.

-phangelana (v) try to outdo one another; rush.

-phangi (um- aba-) (n) robber.

-phangisa (v) hurry; hasten.

-phango (i-) (n) hunger; booty; loot.

-phango (impango) (n) booty; spoils.

phangqu (ideo) of writhing; wriggling; of flapping.

-phangquza (v) writhe; wriggle; flap (as dog its tail on ground).

phanqu (ideo) of writhing; wriggling; flapping as tail of dog.

-phanquza (v) writhe; wriggle; flap (as dog its tail on ground).

phansi (adv) beneath; below; down; lower end.

ukuba phansi — to be humble; to be poor.

ukulala phansi — to be laid down ill; to humble oneself.

ukuvuka phansi — to fall fighting; to recover from illness.

ukushaya phansi ngenduku — to refuse utterly.

ongaphansi ongaphezulu — descriptive of a fight in which people struggle on the ground; uncertain outcome.

abaphansi — ancestral spirits.

-phansi (ubu-) (n) lowliness; poverty; inferiority.

phansu (ideo) of slapping; of striking with a whip.

-phansula (v) slap; strike with a whip.

-phantsha (v) have a puncture; lose brilliance.

-phanyeka (v) hang up; execute by hanging.

-phanza (v) beg for food.

-phanzi (isi- izi-) (n) beggar.

-phapha (v) fly; be wild.

-phapha (isi- izi-) (n) short assegai with broad blade.

-phapha (izi-) (n) meat from flank of beast.

-phapha (u- o-) (n) Pope.

-phaphalaza (v) miss the mark; state case badly.

-phaphama (v) waken up.

-phaphamela (v) be interested in.

-phaphasi (i- ama-) (n) calabash for containing food; pail.

-phaphatheka (v) run off in wild uncontrolled manner; be in a state of excitement; fade in colour; be anaemic.

-phaphazela (v) flap the wings; flutter; act in an excitable manner; be forward.

-phaphazi (isi- izi-) (n) butterfly; large moth.

-phaphe (u- izimpaphe) (n) feather; fish-tail.

ukuba luphaphe — to lack dignity.

ukuba nophaphe ekhanda — not to be wholly sound mentally.

-phapheni (um-) (n) bead necklace.

-phaphi(aba-) (n) spirits causing insanity.

-phaphu (i- ama-) (n) lung; fear.

-phaphuleka (v) be frightened.

phaqa (ideo) of snapping; of pattering; of being alone.

umuntu phaqa — a commoner.

-phaqaka (v) snap; be brittle.

-phaqaza (v) snap.

phaqu (ideo) of cleaning.

-phaqula (v) clean thoroughly; rub clean.

-phaqula (zi-) (v) attend to one's appearance; make up.

-paradisi (i-) (n) Paradise.

-phasa (v) support; prop up; pass an examination.

-phaseji (i- ama-) (n) passage-way.

-phasalala (u-) (n) tall straight person.

-phasela (i- ama-) (n) parcel.

phasha (ideo) of coming out (as rising sun).

-Phasika (i-) (n) Passover.

phatha (ideo) of brief space of time; of hesitation.

-phatha (v) hold; handle; control; administer.

ukuphatha emehlweni — to deceive.

ukuphatha ngodaka emehlweni — to deceive.

ukuphatha ngamanga — to speak falsehoods.

ukuphatha ngesandla — to belabour.

ukuphatha ngezandla ezibandayo — to treat shabbily.

ukuphatha ngendaba — to hold in conversation.

ukuphatha indaba — to talk about an affair.

ukuphatha ngomsindo — to pester.

ukuphatha mpukumbili — engage in many ventures at the same time.

ukuphatha ludedengu — to treat with scant regard; to hold carelessly.

ukuphatha ngendluzula — to treat harshly.

ukuphatha izulu — to be able to control lightning.

ukuphatha umuntu — to speak about a person.

ukuphatha intambo — to lead a span of oxen.

ukuziphatha ngamazinyo — to be in great difficulty.

-phatha (um- imi-) (n) head with flattened sides; head with shallow top; person with shallow topped head; object with flattened sides; food container of wood or clay with flattened sides.

-phathaneka (v) be puzzled; be confused.

-phathanisa (v) put on leggings.

-phathanisela (v) put on leggings.

-phathanisi (i- ama-) (n) leggings; puttie.

phathaphatha (adv) shortly thereafter.

-phatheka (v) be involved; be unwell; be well nourished.

-phathela (v) deputize for; act as a regent; carry for.

phathela inyoni eziko/emlilweni — speak inopportunely; speak at a wrong time.

-phathelana (v) related to; to carry for one another.

-phathelela (v) have bearing upon.

-phathi (u-; i-) (n) putty.

-phathi (um- aba-) (n) one in charge.

-phathimandla (isi- izi-) (n) one in authority.

-phathisa (v) help to carry; entrust to; commission.

-phathisihlalo (um- aba-) (n) chairman.

-phathiswa (v) carry for.

-phathiswa (um- aba-) (n) deputy; regent; messenger; cabinet minister.

-phatho (impatho) (n) treatment.

-phathwa (v) suffer from; be controlled by.

phathwa yisisu/yizinyo/yikhanda — suffer from stomachache, toothache, headache.

akaphathwa — speak of the devil and he appears.

-phawini (u- o-) (n) ration; share.

-phawu (u- izimpawu) (n) mark; brand.

-phawula (v) mark; brand; mention.

-phawundi (i- ama-) (n) pound weight.

phaxa (ideo) of walking in mud; of falling on mud.

-phaxaza (v) soil with mud; walk through mud.

phayi (ideo) of blinking; of looking this and that way.

-phayi (u- o-) (n) pie.

-phayinaphu (u- o-) (n) pineapple.

-phayinti (i- ama-) (n) pint.

-phayiphayi (isi- izi-) (n) precocious person; excitable person.

-phayiza (v) flash eyes; look hither and thither; be excitable.

-phazama (v) make an error; falter; be disturbed.

-phazamisa (v) disturb; interrupt.

-phazamiso (isi- izi-) (n) interruption; disturbance; interference.

phazi (ideo) of flashing as lightning.

-phazima (v) flash; blink.

ngokuphazima kweso — in a flash; like lightning.

phe (ideo) of being wafted; of being carried by wind (of light object).

-pheca (v) fold.

phece (ideo) of bending; of evasiveness.

-pheceleza (v) explain.

phefu (ideo) of laboured breathing.

-phefu (i-) (n) respite; breathing space.

-phefu (isi- izi-) (n) paraffin lamp; hefty person.

-phefu (u-) (n) laboured breathing; asthma.

-phefumula (v) breathe.

-phefumulo (um- imi-) (n) breath; soul.

-phefuza (v) pant; talk incessantly.

-phefuzela (v) pant.

-phehla (v) churn; stir; produce heat by friction; bore a hole.

phehla uzwathi — provoke trouble; incite.

phehla udushu — provoke trouble; incite.

phehla ibhotela — churn butter.

phehla umuthi — churn potion in a container with pronged stick.

phehla umuntu — enrage.

phehla imbewu — bore holes in seed (as weevil).

-phehla (impehla) (n) wood-borer; plantar warts.

phehle (ideo) of splitting.
-phehleka (v) become split.
-phehlelela (v) christen.
-phehleza (v) split; break.
-phehlu (u-) (n) friction; misunderstanding.
-phehlu (um-) (n) milking a second time; milk obtained a second time.
-phehlwa (i-) (n) butter.
-phehlwa (impehlwa) (n) plantar warts.
-pheka (v) cook.
  pheka imbuzi nezimpondo — do a thing the wrong way.
  pheka inyama ngomhluzi wenye — eat meat daily.
  pheka uthulula — cook for many people.
  pheka umuntu — nag; pester.
-phekeka (v) be constantly bothered; be properly trained.
-phekela (v) cook for; give gift of food for feast.
-phekepheke (isi- izi-) (n) energetic person; lorry.
-phekezela (v) bustle around; accompany.
-phekezeli (um- aba-) (n) escort.
-pheki (um- aba-) (n) cook.
-phekisi (i- ama-) (n) clothes peg.
-pheko (isi- izi-) (n) gift of food for feast; beast given to bridal party for food on the way to wedding.
pheku (ideo) of lifting up; of springing back; of bustling.
-phekuka (v) get tilted up; spring back.
-phekula (v) cause to spring back; upset.
-phekulazikhuni (i- ama-) (n) trouble monger.
-phekupheku (isi- izi-) (n) industrious person; energetic person.
-phekupheku (ubu-) (n) bustling about; great activity.
-phekuza (v) bustle about.
phela (adv) indeed; truly.
-phela (v) get finished; be intact; be complete.
  phela nasozwaneni — be enervated; be disappointed; be dumb with astonishment.
-phela (i- ama-) (n) cockroach.
  ukuba yiphela endlebeni — to be a constant bother.
-phela (uku-) (adv) for good.
-phela (uku-) (n) end; finish.
-phelasonto (impelasonto) (n) week-

end.
-phelazwe (impelazwe) (n) land's end.
-phelekehle (u- izimpelekehle) (n) beast with long horns bent backwards.
-phelekezela (v) accompany; see off.
-phelekezeli (um- aba-) (n) escort; one who accompanies.
-phelela (v) be intact; be complete; be all there.
-phelelisa (v) make complete.
-phelelisela (v) make complete; hit.
-phelelwa (v) run short of; lose.
  phelelwa yizingubo — run short of clothing.
  phelelwa yizwi — be hoarse.
  phelelwa ngumdlandla — lose interest.
-phelesi (impelesi izimpelesi) (n) bridesmaid; bestman; girl who accompanies bride when she goes to marry.
-phelezela (v) escort; accompany; side with.
-phelezeli (um- aba-) (n) escort; one who accompanies.
-phelo (um-) (n) (adv) end.
  hamba umphelo — go for good.
-phemba (v) light a fire; initiate an action; establish.
  phemba umuzi — set up house.
  phemba impi — start quarrel.
  phemba umlilo ungawothi — to be disappointed with the fruits of one's labour.
-pheme (um- imi-) (n) shelter; screen.
-phempethwane (u- o-) (n) cobra.
-phenama (isi- izi-) (n) top of loinskin where loin-wear is tied.
-phendla (v) expose; search; investigate.
-phendlemana (isi- izi-) (um- imi-) (n) tuft of hair on top of head.
phendu (ideo) of turning.
-phendu (um-) (n) a kind of dance.
-phenduka (v) turn over; turn around; repent; change.
  ukuphenduka kwesondo — change of events; change of fortune.
-phendukela (v) turn against.
-phendukezela (v) turn inside out; distort.
-phendula (v) turn over; turn round; answer; cause to repent; plough; change (as weather).
  phendula iminyango — change allegiance.
-phendulela (v) speak on behalf of;

turn inside out.

-phendulo (impendulo izin-) (n) answer; reply.

-phenge (impenge izimpenge) (n) broad brimmed hat; beast with horns widespread.

-phenge (u- izimpenge) (n) beast with horns widespread.

-phengelezi (u- izimpengelezi) (n) beast with horns widespread.

phengqe (ideo) of alertness; of staring.

-phengqenqe (isi- izi-) (n) one bustling with energy; clever person.

phengu (ideo) of warding off; of changing.

-phenguka (v) be warded off; be changed.

-phengula (v) change; ward off; turn over; uncover.

-phengulula (v) examine closely; turn over; uncover.

-phenqa (v) show white of eyes.

phenqe (ideo) of exposing white of eyes.

-phenqenqe (isi- izi-) (n) clever person; energetic person.

phenqu (ideo) of turning over; of turning inside out.

-phenquka (v) be turned inside out; get blown up.

-phenqula (v) turn over; blow up.

-phenqulula (v) turn over and over; search thoroughly.

-phenquphenqu (ubu-) (n) bustle.

-phenquza (v) turn over; turn inside out; search; bustle about.

phenu (ideo) of falling over.

-phenuka (v) fall over.

-phenula (v) upset; overturn.

-phenya (v) search; turn over; lift up dress; examine; clear after rain.

-phenyane (u-) (n) disease attacking fowls.

-phepha (v) escape; avoid injury.

phepha (interj) sorry; take care.

-phepha (i- ama-) (n) paper; playing card; light object.

-phepha (u-) (n) pepper.

-phepha (u- izimpepha) (n) husk.

-phephandaba (i- ama-) (n) newspaper.

-phephane (isi- izi-) (n) flower of *ubendle* shrub.

-phephela (v) hide; take cover; escape to or in.

-phephela (u- o-) (n) scraper (for removing perspiration); propeller (as of aeroplane); blade of propeller.

-phephelezi (u- izimpephelezi) (n) husk; skin covering.

-phephelo (isi- izi-) (n) shelter; refuge.

-phephetha (v) blow as wind; soothe by blowing air; destroy.

-phephetheka (v) be blown away; move fast; be wiped out.

-phephezela (v) flutter; flap about.

-phephisa (v) save; shelter.

phephisa (interj) sorry.

-phepho (isi- izi-) (n) gale; strong wind.

phephu (ideo) of being blown away; of being knocked over easily.

-phephuka (v) be blown away; run fast; be weak (as one who is ill).

-phephula (v) blow away; knock down easily.

-pheqa (v) fold back; turn over (as pages of book); show white of eyes.

pheqa amehlo — show white of eyes.

pheqe (ideo) of turning leaves of book; of folding back; of showing white of eyes.

-pheqeza (v) turn over (as leaves of book); fold back; turn the eyes.

phequ (ideo) of turning over; of searching.

-phequluka (v) be turned upside down.

-phequlula (v) turn upside down; turn over and over; search thoroughly; disarrange.

-phequza (v) turn upside down; search thoroughly; bustle about.

pheshe (ideo) of flashing past.

pheshepheshe (ideo) of appearing and disappearing (as one moving in a thicket).

-pheshethwa (isi- izi-) (n) important person.

phesheya (adv) on the other side; across; overseas.

-phetha (v) complete; end off; make a hem.

phetha inkulumo — bring discussion to an end; conclude talk.

wala waphetha — he refused utterly.

-phethela (v) shelter; reach; come to an end.

-phethelo (i- ama-) (n) boundary; suburb.

-phetho (isi-) (n) end; conclusion; outcome.

-phetho (um- imi-) (n) hem.

phethu (ideo) of swirling; of swarming up to surface.

-phethu (isi- izi-) (n) spring of water.

-phethu (impethu izimpethu) (n) maggot.

-phethuka (v) bubble up; well up.

-phethula (v) turn upside down; disarrange.

-phethuza (v) swarm up; move as maggots.

-phethuzela (v) swarm up; move as maggots.

-pheza (v) leave off; discontinue; skim along.

pheze (ideo) of faltering; making a mistake.

phezu (adv) on top of.

-phezukomkhono (u- o-) (n) red chested cuckoo.

phezulu (adv) above; on top.

-phezulu (um-) (n) heavens; firmament; lightning.

-phi (inter suf) which? where?

phibi (ideo) of smacking; of hitting with back of hand.

-phibiza (v) smack; strike with back of hand.

-phica (v) weave; confuse; trick.

-phicabadala (impicabadala) (n) mystery; puzzle; riddle.

phici (ideo) of perspiring; of squashing; of knitting or doing crochet work.

-phicika (v) perspire; get squashed (e.g. fruit or soft object).

-phiciza (v) squash; crush.

-phico (u- izimpico) (n) wattle work; woven work.

phihli (ideo) of smashing; of abundance; of decaying; of crying; of messing as baby.

-phihli (isi- izi-) (n) rich harvest; heavy rain; rotting matter; serious affair; mess (as stools of child).

-phihlika (v) develop sores; get smashed; cry; be abundant.

-phihliza (v) smash to pieces.

-phihlizeka (v) get smashed.

-phijama (i- ama-) (n) pyjamas.

-phika (v) deny.

ukuphika uhlanze okwayizolo — to deny outright.

ukuphika ulale amanqeshane — to deny outright.

ukuphika ume ngentaba — to deny outright.

ukuphika ukhwele emthini — to deny outright.

ukuphika inkani — to be obstinate.

ukuphika ngomuntu — to rely upon a person.

ukuphika nelanga — to work the whole day; to attempt something beyond one's ability.

phika Mphezeni — deny all knowledge.

-phika (i-) (n) short breath; hard breathing.

-phika (isi- izi-) (n) shoulder cover.

-phikankani (i- ama-) (n) obstinate person.

-phikaphu (i- ama-) (n) pick-up-van.

-phikazela (v) pant.

-phike (def v) do blindly.

-phikela (v) stand up for.

-phikelela (v) persist.

-phikeleli (isi- izi-) (n) persevering person; a kind of small bird.

-phikisa (v) dispute; oppose.

-phikisana (v) compete with; dispute with; argue; be contradictory.

-phikiswano (impikiswano) (n) rivalry; competition.

-phikiswano (um- imi-) (n) rivalry; competition.

-phikitha (v) search.

-phiko (i- ama-) (n) wing.

-phiko (u- izimpiko) (n) wing.

uphiko lomsebenzi — a branch of work.

-phila (v) live; be in good health.

-philiba (i-) (n) unfermented beer.

-philisa (v) cure.

-philisi (i- ama-) (n) pill; tablet.

-philo (i- ama- (n) pillow.

-philo (impilo) (n) health.

-phimbo (i- ama-) (n) voice; singing voice.

-phimbo (um- imi-)' (n) throat.

-phimisa (v) spit out; pronounce clearly.

-phimisela (v) spit at; despise.

-phimpi (i- ama-) (n) species of snake.

-phinda (v) do again; fold; return.

phinda isilandelo — recite a poem.

phinda impinda — first visit home by bride.

phinda umphehlu — second milking of cow.

-phinda (impinda) (n) a recurrence.

-phindana (v) writhe; coil together.

-phindanamalanga (impindanamalanga) (n) an everyday occurrence.

phinde (conj) never.

-**phinde** (def v) repeat; do again.
-**phindela** (v) return to.
  ukuphindela njengokugiya — to do again.
-**phindelela** (v) do again and again.
-**phindisa** (v) retaliate; take back.
-**phindisela** (v) retaliate; take back.
phindla (ideo) of lethargic movement.
-**phindlaza** (v) move lethargically; of lazy movement.
-**phindlazela** (v) move lethargically; of lazy movement.
  phinga (v) commit adultery; mate as dogs.
-**phingi (isi- izi-)** (n) adulterer; adulteress.
phinggqi (ideo) of writhing movement (as snake); of wriggling.
-**phingqilika** (v) wriggle; uncoil (as snake); move as snake.
-**phini (i- ama-)** (n) stick for stirring; oar; assistant.
-**phini (um- imi-)** (n) handle.
-**phinifo (i- ama-)** (n) pinafore; apron.
-**phinimbazo (um- imi-)** (n) person difficult to fathom; one who will not heed advice.
-**phinqa** (v) show white of eyes; roll eyes; protrude eyes.
phinqi (ideo) of wriggling, slipping out.
-**phinqika** (v) wriggle; writhe; protrude.
-**phinqilika** (v) writhe; glide away as snake.
phinyi (ideo) of dislocating.
-**phinyika** (v) be dislocated.
-**phinyila** (v) dislocate.
-**phipha** (v) remove excreta; be indiscriminate.
-**phiphambi (um- imi-)** (n) one who is indiscriminate.
-**phiphela** (v) to eat anything; to eat a lot; to eat like a glutton.
phiqe (ideo) of piercing; penetrating; of sinking.
-**phiqeka** (v) push in; penetrate.
-**phiqela** (v) push; penetrate.
-**phiqeleka** (v) go in by force.
phiqi (ideo) of protruding; of gliding.
-**phiqika** (v) protrude; glide (as movement of snake).
-**phiqila** (v) cause to protrude.
-**phiqilika** (v) glide away as snake; slip out.
-**phiqilo (um- imi-)** (n) Zulu dance involving graceful movement of body.

-**phiqiza** (v) press; squeeze.
-**phisa** (v) brew beer.
-**phisana** (v) give away.
-**phiseka** (v) feel concerned; be anxious.
-**phisela** (v) attach spear or axe-head to handle; prepare for war.
-**phiselo (impiselo)** (n) large knob-kerrie.
-**phishaphisheka** (v) bustle about; be anxious.
-**phisheka** (v) bustle about; be anxious.
phishi (ideo) of blackness; darkness; of breaking wind.
-**phishilili (u- izimpishilili)** (n) tall slender stiff-bodied person; beast with long horns slanting towards the back.
-**phisi (i- ama-)** (n) keen and good hunter.
-**phisi (impisi izimpisi)** (n) hyena.
-**phisilili (u- izimpisilili)** (n) tall slender stiff-bodied person; beast with long horns slanting towards the back.
-**phiso (u- izimpiso)** (n) beer pot with thin neck.
-**phiswa** (v) have desire to relieve nature (urinate or pass excreta).
-**phithana** (v) be confused; be mentally disturbed; be entangled.
phithi (ideo) of sudden change of mind; of being confused.
-**phithi (i- ama-)** (n) bluebuck.
-**phithi (impithi)** (n) kind of hair style.
-**phithikeza** (v) confuse.
-**phithiza** (v) swarm; move in disorganised manner.
-**phithizelisa** (v) cause to move in disorganised manner; cause mental upset.
-**phithiphithi (isi- izi-)** (n) commotion; quarrel; disturbance.
-**phiva (i- ama-)** (n) black waterbuck.
-**phiwo (isi- izi-)** (n) gift; talent.
-**phixiphixi (i- ama-)** (n) untruthful person.
-**phixiphixi (ubu-)** (n) dishonesty; deceit.
-**phixiza** (v) deceive; tell untruths.
-**phixongo (um- imi-)** (n) beast with horns pointing straight up.
-**phiyaphiya (isi- izi-)** (n) one who does what he pleases; headstrong person.
-**phiyaza** (v) disregard advice; dis-

regard other people's feelings.

pho (conj) well then.

pho (ideo) of striking a hard blow (as on the head).

-pho (isi- izi-) (n) gift.

-phobana (u- o-) (n) penis.

phobo (ideo) of striking a hard blow on the head; of bashing.

-phoboza (v) strike a hard blow on the head.

phoco (ideo) of denting.

-phocoka (v) become dented; become flattened (as a tin).

-phocoza (v) dent in; bash.

-phofana (impofana izimpofana) (n) person without means; destitute person.

-phofisa (v) make poor.

-phofu (impofu izimpofu) (n) tan coloured beast; eland.

-phofu (ubu-) (n) poverty.

-phofukazi (isi- izi-) (n) woman with fair complexion.

phohlo (ideo) of smashing.

-phohlo (i- ama-) (n) kind of large beads or wooden beads worn in neck and ankles by girls.

-phohlohlwana (isi- izi-) (n) young he-goat.

-phohloka (v) become smashed.

-phohloza (v) break.

phoko (ideo) of pouring out a little.

-phoko (u-) (n) species of millet; *mabele* porridge.

-phokophela (v) aim at; yearn for.

-phokozela (v) give a little.

-phola (v) heal; get cool; be cool; be calm.

-pholi (u- o-) (n) parrot.

-pholisa (v) cure; heal; stop pain; cool.
pholisa amaseko — relax for a while after a meal.

-pholisha (v) polish.

-pholishi (u- o-) (n) polish.

-phololwane (isi- izi-) (n) kind of bush with edible leaves.

-pholomba (v) take snuff in the mouth.

-pholoza (v) tell lies.

-phoma (v) drip; dry out.

-phomede (i- ama-) (n) permit for removing cattle.

-phompo (i- ama-) (n) braggart; insolent person.

-phompolo (isi- izi-) (n) type of fierce ant usually found in wood.

-phompoza (v) talk boastingly; lack modesty.

-phondla (v) wash the face.

-phondo (i- ama-) (n) bush-land with scattered trees; fertile grassland.

-phondo (impondo izim-) (n) horn; trumpet or bugle.

-phondo (isi- izi-) (n) entrance at side of kraal.

-phondo (u- izimpondo) (n) horn; wing of army; antennae.
ukushisela uphondo — to start trouble.
ukuba nophondo — to be quarrelsome.
ukuwa ngophondo — to be in difficulty.
ukubambela inyathi ngophondo — to betray one to the enemy.

-phondongozi (u- izimpondongozi) (n) species of tree; act fraught with danger.

-phongo (isi- izi-) (n) forehead.

-phongo (impongo izimpongo) (n) ram of goat.

-phongolo (um- imi-) (n) barrel; drum (as oil drum).
umphongolo wesivumelwano — ark of the covenant.

-phongoza (v) prefix.

-phonsa (v) throw; bewitch; cause lightning to strike person.
ukuphonsa induku — to belabour with a stick.
ukuphonsa phansi — to throw down.
ukuphonsa izingubo — to put on attire.
ukuphonsa amehlo — to look at; to look after.
ukuphonsa ihashi — to make horse gallop.
ukuphonsa izwi — to speak.
ukuphonsa igabade — pay last respects to deceased.
ukuphonsa kwenkunzi — the manner of attack of a bull.
ukuphonsa kwenja — the way a hunting dog chases after game.

-phonsakubusa (i- ama-) (n) one after heir in line of succession.

-phonsanyoni (um- imi-) (n) stirring stick used by men.

-phonse (def v) be on the point of.

-phonse (um- imi-) (n) long underground tuber; long tuberous shaped object.

-phonseka (v) fall into; rush in.

-phonsela (v) throw towards; allow span of oxen to go without leader;

give free rein.

-phonsi (um- imi-) (n) long underground tuber; long tuberous shaped object.

-phonsisa (v) make a mistake; do a wrong thing.

-phonsiso (isi- izi-) (n) mistake; sin.

-phonso (isi- izi-) (n) act of witchcraft; charm.

-phonsukubusa (i- ama-) (n) one next to heir in line of succession.

-phopho (u- o-) (n) pawpaw.

-phophotha (v) strike on the head.

-phophoma (impophoma izimpophoma) (n) water-fall.

phophopho (ideo) of gushing out; of gurgling.

-phophoza (v) gush out (as blood).

-phoqa (v) compel; use a thing where it does not fit or where it is not suitable.

phoqa uphuthu — eat stiff porridge without meat.

-phoqela (impoqela) (n) something done by force.

-phoqeleka (v) be compelled.

-phoqelela (v) force into.

phoqo (ideo) of snapping; of breaking.

-phoqoka (v) snap; break; die.

-phoqompoqo (impoqompoqo izim-) (n) brittle object.

-phoqoza (v) break.

-phosa (v) throw; bewitch; cause lightning to strike person.

-phosakubusa (i- ama-) (n) one following heir in line of succession.

-phosanyoni (um- imi-) (n) stirring stick used by men.

-phose (def v) be on the point of.

-phoseka (v) fall into; rush in.

-phosela (v) throw towards; allow span of oxen to go without a leader; give free rein.

-phosi (um- imi-) (n) long underground tuber.

phosho (ideo) of gossiping; of speaking lies.

-phoshophosho (i- ama-) (n) talkative; gossip.

-phoshoza (v) talk incessantly; gossip; speak untruths.

-phoshozwayo (u- o-) (n) a talkative.

-phosisa (v) make a mistake; do a wrong thing.

-phosiso (isi- izi-) (n) mistake; sin.

-phositoli (um- aba-) (n) apostle.

-phoso (isi- izi-) (n) act of witchcraft; charm; mistake.

-phosukubusa (i- ama-) (n) one following heir in line of succession.

-photha (v) plait; twist together.
  photha amanga — fabricate.

-phothana (v) be coiled; be twisted; be entangled; twist oneself when walking.

-phothane (u- izimpothane) (n) twisted object; tall and slender person who adopts twisted gait.

-phothane (impothane izim-) (n) beast with twisted horns.

-phothaninga (impothaninga izim-) (n) matter which is difficult to solve.

-phothanisa (v) twist together.

-phothela (impothela izim-) (n) beast with twisted horns.

-photho (u- izimpotho) (n) hair dressed by twisting.

-photho (um- imi-) (n) plaited object; twisted object.

phothol{o}lo (ideo) of being noisy.

phothu (ideo) of chafing; of purifying; of grinding.

-phothuka (v) get chafed; get crushed.

-phothuko (um-) (n) chafe; abrasion.

-phothula (v) chafe; grind cooked grain; conclude curative treatment.

-phothulo (izimpothulo) (n) boiled grain.

-phothulo (um-) (n) ground boiled grain.

-phothwe (i- ama-) (n) bulbul.

-phova (impova) (n) pollen.

-phoxa (v) embarass; demean.

-phoxela (um- imi-) (n) beast with upright horns.

-phoxela (impoxela izimpoxela) (n) small beast with outsized horns.

-phoxo (isi- izi-) (n) one given to embarassing others; one who annoys.

-phoxo (ubu-) (n) embarassing action; rashness.

-phoyinti (i- ama-) (n) wharf; point in a game.

-phoyisa (v) police.

-phoyisa (i- ama-) (n) policeman.

-phoza (v) calm down; get cool; subside.

-phoza (i- ama-) (n) precocious person.

-phozisa (v) make cool; soothe; appease; bring discredit upon.

-phristi (um- aba-) (n) Priest.

-phrofetha (v) prophesy.

-phrofethi (um- aba-) (n) prophet.

-phrofetho (isi- izi-) (n) prophecy.
phu (ideo) of stinking; of puffing.
phuba (ideo) of staggering; of floundering.
-phubaphuba (ubu-) (n) of unsteady gait.
-phubazela (v) stagger; walk unsteadily.
phubu (ideo) of bursting into laughter; of bursting into tears; of flicking.
-phubuka (v) burst into laughter or tears.
-phubuza (v) flick.
-phuca (v) shave; deprive.
-phuci (um- aba-) (n) shaver.
-phuco (impuco izimpuco) (n) razor.
phucu (ideo) of shaving smooth; of civilising.
-phucuka (v) become smooth; become civilised; be chafed.
-phucuko (impucuko) (n) enlightenment; civilisation.
-phucula (v) smoothen by rubbing; shave; civilise.
-phucuza (v) rub smooth; shave; clean; civilise.
-phucuzeka (v) be civilised.
-phucuzeko (impucuzeko) (n) civilisation.
phuhla (ideo) of standing upright.
-phuhla (v) stand upright; stand motionless.
phuhle (ideo) of standing upright.
-phuhleka (v) place upright.
phuhlu (ideo) of rotting.
-phuhlu (isi- izi-) (n) something rotten.
-phuhluka (v) get rotten.
phuka (ideo) of floundering; of unsteady gait.
-phukazela (v) flounder; walk unsteadily.
-phukeqe (impukeqe izim-) (n) foolish person.
phuku (ideo) of pouting lips.
-phuku (i- ama-) (n) mouse.
-phuku (impuku -izimpuku) (n) mouse.
-phuku (isi- izi-) (n) kaross; skin blanket.
-phukula (v) pout the lips.
-phukuluthi (impukuluthi izim-) (n) mouse used by wizard.
-phukuphuku (isi- izi-) (n) foolish person.
-phukuphuku (ubu-) (n) stupidity.
phukuthu (ideo) of being spotted on the face.

-phukuzela (v) behave foolishly; walk unsteadily.
-phula (v) break.
phula inhliziyo — break the heart.
phula emsebenzini — be absent from work.
phula uhleko — laugh heartily.
phula ukhezo — sucking of calf at wrong time.
phula engozini — save from danger.
phula umoya — cause distress.
-phulaphiko (i- ama-) (n) girl with an illegitimate child.
-phulu (um- imi-) (n) thick armlets of grass or copper.
-phuluka (v) recover; escape.
-phulukundlela (v) rush out.
phulukundlu (ideo) of rushing out.
-phulula (v) stroke; rub.
-phuma (v) come out; go out; lose colour.
ukuphuma impi — to invade; to go on military expedition.
ukuphuma inqina — to go out hunting.
ukuphuma impi kamabuyaze — to go on a futile errand.
ukuphuma inqina kamabuyaze — to go on a futile errand.
ukuphuma umuzi — to set up one's own kraal.
ukuphuma esaleni — to have a narrow escape.
ukuphuma emlonyeni wengwenya — to have a narrow escape.
ukuphuma ngesamagundane — to have a narrow escape.
ukuphuma iqhude — fight between two people.
ukuphuma nobovu — to get relief.
ukuphuma iqhubu — make oneself difficult.
ukuphuma eceleni njengojosaka — to differ from others.
ukuphuma izintaba — to travel; go abroad.
ukuphuma kwengubo — to lose colour (of cloth); to fade.
ukuphuma nomlilo emanzini — to be very clever. '
ukuphuma nesikhuni emanzini — to be very clever.
ukuphuma uzishiyile — to leave room and people start talking about you.
ukuphuma isithunzi — to lose dignity.

kuphume nesinedolo — no one has remained behind.

uphuma langa sikothe — a pretty woman.

-**phumalanga (impumalanga)** (n) east.

-**phumalimi (i- ama-)** (n) white man.

-**phumandlu (i- ama-)** (n) woman who has left her husband.

-**phumela** (v) relieve nature; go right through; discolour (as different coloured materials when washed together).

-**phumela (um- imi-)** (n) outcome.

-**phumelela** (v) succeed.

-**phumelelo (impumelelo)** (n) success.

-**phumesa** (v) speak out; pronounce.

-**phumesela** (v) speak out; pronounce.

-**phumo (u-)** (n) secession.

amabandla ophumo — separatist churches.

phumpu (ideo) of groping.

-**phumpu (isi- izi-)** (n) blunt object; stumpy object.

-**phumputha** (v) grope about (as one blind).

-**phumputhe (impumputhe izim-)** (n) blind person.

-**phumputheka** (v) grope; be dazed; be blind.

-**phumula** (v) rest.

-**phumulo (impumulo)** (n) nose.

-**phumuza** (v) relieve; give chance to rest.

-**phundla** (v) remove branches; make poor.

-**phundla (u- o-)** (n) person without means.

-**phundle (impundle izim-)** (n) one who is destitute; tree stripped of leaves.

-**phundu (isi- izi-)** (n) back of head.

siphundu kawuboni — you don't see what is going on behind you.

-**phundu (impundu)** (n) gatepost; small lobe of liver.

-**phundula** (v) deceive; lead astray.

-**phunduleka** (v) go astray; be deceived; forget.

-**phunga** (v) whisk away (as flies); drink hot liquid.

phunga imikhonto — ward off danger.

phungwa ngezithebe — be near.

-**phunga (i- ama-)** (n) odour; smell.

-**phungo (isi- izi-)** (n) medicine for drinking.

-**phungo (um- imi-)** (n) thin food (such as porridge, soup).

phungu (ideo) of becoming less.

-**phunguka** (v) become less (in number or quantity).

-**phungula** (v) decrease; take some out of.

-**phungumangathi (isi- izi-)** (n) pupa; kind of bird.

phunyu (ideo) of breaking free.

-**phunyuka** (v) escape from; slip away from; break wind unintentionally.

-**phunyula** (v) escape from; slip away from; break free.

-**phunyumpunyu (impunyumpunyu)** (n) elusive person.

-**phunza** (v) have miscarriage (of animal).

-**phunzi (impunzi izim-)** (n) duiker.

-**phunzi (isi- izi-)** (n) tree stump.

-**phunzo (um- imi-)** (n) premature calf.

-**phupha** (v) dream; lose colour or taste; talk nonsense; degenerate.

akasaphushwa — he has gone a long time.

-**phuphe (um- imi-)** (n) idiot; person who has degenerated; article that has lost its colour or savour.

-**phupho (i- ama-)** (n) dream.

phuphu (ideo) of frothing.

-**phuphu (i- ama-)** (n) fledgling; young of bird.

amaphuphu ezikhova — R2 notes; kind of thick spotted worsted.

-**phuphuma** (v) overflow.

ukuphuphuma kwesisu — to have a miscarriage.

-**phuphuma (isi- izi-)** (n) one who acts rashly; impetuous person.

-**phuphusi (i- ama-)** (n) contusion.

-**phuphuthe (impumputhe izi-)** (n) blind person.

-**phuphutheka** (v) wander about in dazed manner; go about blindly.

-**phuphutho (isi-)** (n) mealies boiled with jugo beans or cowpeas or beans.

-**phuphuza** (v) produce froth.

-**phuphuzela** (v) froth over; have a hairy skin.

phuqu (ideo) of crumbling into fine particles; of rising of dust.

-**phuquka** (v) rise up as dust; pulverise.

-**phuqumpuqu (im-)** (n) dust; crumbling substance.

-**phuquza** (v) raise dust; pulverise.

-**phuquzela** (v) crumble.

-phuqusi (impuqusi izi-) (n) a dusty patch.

-phusa (v) go dry (as of cow); be clever.

-phusela (impusela izi-) (n) sickly looking calf without a mother.

-phusha (v) puff; pinch; boil (as pots when cooking).

-phusha (isi- izi-) (n) useless person; something that has lost its savour.

-phusho (i-) (n) act of pinching.

phushu (ideo) of being crisp.

-phushuka (v) get crushed (as cooked potatoes).

-phushuza (v) crush crisp object (like cooked potato).

phutha (ideo) of groping; of searching.

-phutha (v) be absent.

-phutha (i- ama-) (n) mistake; failing.

-phutha (izi-) (n) goat with shorn ears.

-phuthaza (v) search; grope in darkness; handle a woman in an indecent manner.

-phuthini (u- o-) (n) pudding.

-phuthisa (v) cause to be absent.

phuthu (ideo) of chafing.

-phuthu (i- ama-) (n) hurry; agitation.

-phuthu (u-) (n) very thick porridge.

-phuthuka (v) become chafed.

-phuthula (v) chafe.

-phuthuma (v) hasten; hurry.

-phuthuphuthu (i- ama-) (n) great haste.

-phuthuphuthu (ubu-) (n) great haste.

-phuthuzela (v) rush; be in great haste.

-phuya (u- izimpuya) (n) poor person.

-phuza (v) drink; drink beer or liquor; be late; delay.

ukuphuza imvula — to be drenched.

ukuphuza umuntu inyongo — to have complete mastery over a person.

ukuphuzela umuntu — to take liquor to provide an excuse for molesting a person.

ukuphuza mfula munye — to come from the same locality.

-phuzi (i- ama-) (n) yellow pumpkin with coarse skin; object with yellowish colour.

-phuzi (u- izimpuzi) (n) pumpkin plant; pumpkin pip.

-phuzile (v) drunk.

-phuzingwebu (rel) black or red beast with white snout.

-phuzisa (v) take animal to water;

give to drink; give strong drink; cause delay.

-phuzo (isi- izi-) (n) drink (e.g. tea, soft drink).

-phuzo (u-) (n) beer drinking.

-phuzu (i- ama-) (n) hindrance; obstruction; protuberance; point in discussion.

pi (ideo) of hooting.

-pigogo (i- ama-) (n) peacock.

-pikapu (i- ama-) (n) pick-up-van.

piki (ideo) of wriggling; of moving a stump (e.g. tail).

-piki (i- ama-) (n) pick.

-pikili (isi- izi-) (n) nail.

-pikinini (u- o-) (n) picanniny.

-pikiza (v) wag a stump (e.g. tail).

-pikiza (isi- izi-) (n) stump of tail, arm, or leg.

-pikla (v) talk defiantly; give a telling off.

-pilingi (isi- izi-) (n) spring (as of watch or car etc.).

pinini (ideo) of running swiftly; of spinning as top.

-pininiza (v) run swiftly; spin.

-pintshisi (i- ama-) (n) pair of pliers.

-pipi (i- ama-) (n) pipe for smoking; high cheek bone.

-pipiza (v) hoot (of car).

-pitikoti (i- ama-) (n) petticoat).

pitshi (ideo) of squashing.

-pitshika (v) get squashed.

-pitshiza (v) squash.

-piyane (u-) (n) piano.

-plasitela (v) plaster.

-pliti (i- ama-) (n) pleat.

po (ideo) of hooting.

-poka (v) be a ghost; have a violent temper.

-poki (isi- izi-) (n) ghost; spoke of wheel.

-pokisi (u-) (n) smallpox.

-poko (impoko izi-) (n) flower of grass.

-pokwe (impokwe izim-) (n) flower of grass.

-poli (isi- izi-) (n) railway line; spur (horse spur).

-poliyane (isi- izi-) (n) insanity.

-polo (isi- izi) (n) railway line; spur.

-polotwane (i- ama-) (n) half-caste; coloured.

-pondo (u- o-) (n) pound (money).

-pondwe (u- o-) (n) pound (money).

-poni (i- ama-) (n) Basuto pony.

-popo (u- o-) (n) pawpaw.

-popola (v) examine with a stethoscope; look through a telescope or microscope; peep through a hole.

-popoli (um- aba-) (n) dipping inspector.

-popopo (u- o-) (n) large intestine.

-popoza (v) hoot.

-posa (v) post; mail.

-posana (u- o-) (n) mail train (usually early morning train).

-posi (i- ama-) (n) post; post office.

-posoda (i- ama-) (n) postal order.

-potimende (i- ama-) (n) portmanteau; suit case.

-potingana (u- o-) (n) baby.

poto (ideo) of softness to touch; of giving under pressure.

-potoka (v) give under pressure; be dented.

-potokala (v) be dented.

-potoza (v) dent; press in; cuddle.

-potsha (v) give enema.

potsho (ideo) of spitting; of being ejected.

-potsho (u- izim-) (n) syringe; reed for administering enema.

-potshoka (v) be spat out; be ejected.

-potshoza (v) spit out; eject.

-poyinandi (u-) (n) Local Health Commission.

-pringi (isi- izi-) (n) spring (of metal).

-pristi (um- aba-) (n) priest.

-profeta (v) prophesy.

-profethi (um- aba-) (n) prophet.

-profetho (isi- izi-) (n) prophecy.

-pulangwe (i- ama-) (n) plank; timber.

-pulani (i- ama-) (n) plan.

-pulazi (i- ama-) (n) farm.

-puleti (i- ama-) (n) plate.

-puluha (v) somersault.

-pulukushela (v) escape; dart away.

pulukushu (ideo) of escaping.

-pulupiti (i- ama-) (n) pulpit.

-pulukutshela (v) escape; dart away.

pulukutshu (ideo) of escaping.

-punu (isi- izi-) (n) spoon.

putshu (ideo) of becoming ejected; of slipping through.

-putshu (u-) (n) fruit (such as syringa fruit).

-putshuka (v) slip through; become ejected.

-putshuza (v) squeeze out.

putu (ideo) of crumbling.

-putuka (v) crumble.

-Putukezi (i- ama-) (n) Portuguese.

-putuza (v) break down to bits.

Q

qa (ideo) of smacking; of coldness; of beholding.

-qa (i- ama-) (n) large piece of meat.

-qa (isi- izi-) (n) piece.

qaba (ideo) of falling in large drops (as rain).

-qaba (ubu-) (n) lack of culture; heathenism.

-qabatheka (v) run; wander up and down; yearn for.

qabavu (ideo) of frolicking; frisking.

-qabavula (v) frolic; frisk.

-qabavula (ing- izing-) (n) well groomed horse.

-qabaza (v) fall as large raindrops when it starts to rain.

-qabetho (isi- izi-) (n) large grass basket.

-qabi (i- ama-) (n) small herd or flock.

qabu (ideo) of awakening; of kissing.

-qabuka (v) wake up; become aware of; see for the first time; do unexpectedly.

-qabukela (v) do on rare occasion.

-qabula (v) kiss; refresh.

qabula amathe — eat to your satisfaction.

qabula utshwala — eat meat after drinking beer.

-qabunga (i- ama-) (n) leaf.

-qabuqabu (i- ama-) (n) novelty; something causing excitement.

-qadasi (i- ama-) (n) Boer.

-qadi (i- ama-) (n) wife of the right hand side in Zulu kraal; son of the right hand wife.

-qadolo (u-) (n) blackjack (weed).

-qagalane (isi-) (n) bunion.

-qagana (i- ama-) (n) snuff container.

-qagela (v) guess.

-qagela (uku-) guess-work.

-qagulisa (v) oppose; contradict.

-qagulisana (v) argue against each other.

-qakala (v) smack.

-qakala (i- ama-) (n) ankle.

-qakamba (v) stand out prominently.

-qakambisa (v) bring into prominence.

-qakaqa (v) bite repeatedly something hard.

-qakulisa (v) tease; argue with.

-qakulisana (v) joke with one another;

argue.

qala (ideo) of glancing this way or that way.

-qala (v) begin; commence; annoy.
qala ngqa — happen for very first time.

-qala (um- imi-) (n) neck.

-qala (uku-) (n) the beginning.

-qalaba (isi- izi-) (n) species of tree; protea.

-qalanga (v) tie securely.

-qalanqa (v) tie securely.

-qalashu (i- ama-) (n) species of wild cat.

-qalaza (v) look about; glance around.

-qale (def v) do first of all.

-qaleka (v) become faint; have a craving.

-qalekisa (v) curse; cause to become faint.

-qalekiso (isi- izi-) (n) curse.

-qalela (v) commence for; make a start; start in good time.
qalela phansi — start again.

-qalelela (v) make an early start.

-qalelo (isi- izi-) (n) commencement.

-qali (um- aba-) (n) initiator.

-qalinga (i- ama-) (n) cob with scattered grain.
ukuduma neqalinga — to be taken up with a worthless thing.

-qalisa (v) begin with; happen for the first time; be first to do.

-qalo (isi- izi-) (n) beginning; commencement; prefix.

-qalo (u- izin-) (n) bamboo.

-qamatheka (v) be outstanding (e.g. in beauty).

-qamba (v) make up; invent; compose; tell falsehood; give a name.

-qambalala (u-) (n) kind of running grass.

-qambe (def v) by the time.

-qambela (v) lie about; accuse falsely.

-qambi (i- ama-) (n) small herd.

-qambi (um- aba-) (n) composer; inventor; founder.

-qambo (um-) (n) medicinal preparation.

-qamekela (v) way-lay.

-qamela (v) rest head (as on pillow); lean on.

-qamelo (isi- izi) (n) head-rest.

-qamelo (um- imi-) (n) pillow.

-qamunda (v) talk with ease; talk incessantly.

-qanda (v) be cold; divide; strike.

ukuqanda amasuku — first crowing of cock.
ukuqanda komsindo — great noise.
ukuqanda insimu — to divide a field.
ukuqanda ngomshiza — to hit with a stick.

-qanda (i- ama-) (n) egg.

-qanda (isi- izi-) (n) beast with spots all over body; kind of wasp.

-qanda-lenjelwane (i-) (n) faeces covered with earth.

-qandela (v) guess.

-qandela (uku-) (n) guess-work.

-qandelela (v) guess.

-qandisa (v) make cold.

-qandolo (isi- izi-) (n) black and white goat; species of reed.

qandu (ideo) of chipping.

-qandula (v) roughen surface of grinding stone; make loud noise.

-qanduli (um- aba-) (n) one who prepares a grinding stone.

-qandulo (isi- izi-) (n) instrument for chipping grind-stone.

-qanduqandu (u-) (n) shrill piercing cry; cry-baby.

-qangabhodwe (um- imi-) (n) species of grass; tall person.

-qangala (um- imi-) (n) musical instrument of reed and cord shaped like a bow.

-qanganisa (v) issue threats; curse.

qangqa (ideo) of being visible.

-qangqalaza (v) be visible; lie exposed.

-qansa (v) stand out (as vein); become taut.

-qansa (um- imi-) (n) steep climb; steep road; great difficulty.

qapha (ideo) of pattering.

-qapha (v) be careful; be on the lookout.
ukuqapha eqolo njengonwabu — to be apprehensive; to be suspicious.

-qaphaqapha (ubu-) (n) pattering.

-qaphaza (v) patter.

-qaphela (v) watch out for; take care of.

-qapheli (ing- izing-) (n) observer.

-qaphelisa (v) be observant; watch intently.

qaphu (ideo) of talking briefly; of nipping off.

-qaphuna (v) nip off.

-qaphuqaphu (i- ama-) (n) good fluent speaker; interesting speaker.

-qaphuza (v) speak eloquently; praise.

-qaqa (v) rip open; undo; run fast;

run away.

-qaqa (i- ama-) (n) polecat.

-qaqa (u- izingqaqa) (n) ridge.

-qaqabula (v) tear (as thorns tearing skin); rip open; thunder.

-qaqada (v) gnaw.

-qaqamba (v) throb; ache.

-qaqela (v) mass onto; adhere.

-qaquluka (v) become ripped open; become disentangled; recover speech.

-qaqulula (v) disentangle; tear open.

-qasha (v) hire; employ; rent.

-qashi (um- aba-) (n) tenant.

-qashisa (v) let; hire out.

-qashisi (um- aba-) (n) landlord.

qatha (ideo) of arriving; of falling down; of dropping.

-qatha (v) plough virgin soil; eat dry.

-qatha (rel) firm; strong.

-qatha (i- ama-) (n) small piece of meat.

-qatha (isi-) (n) kind of concoction.

-qathaka (v) drop down; fall.

-qathane (um- imi-) (n) hard cake or bread; hard biscuit.

qathatha (ideo) of arriving.

-qathaza (v) drop; be very angry.

-qathazela (v) be very angry.

-qatho (um-) (n) newly cultivated virgin ground.

-qava (v) be prominent.

-qathuba (isi- izi-) (n) Zulu sandal.

-qavitha (v) talk incessantly; chatter.

-qaza (i- ama-) (n) thatching stitch.
ukubamba iqaza — to give a hand.

-qebekula (v) dig out.

-qebelengwana (-e) (i- ama-) (n) small cakes of fresh mealie dough boiled; fried mealie dough.

-qeda (v) finish; complete.
qeda inhliziyo — annoy.
qeda umoya — cause worry.
qeda uthando — disappoint.
qeda icala — do superficially.
ukungaqedi — not to fully comprehend.
umuntu ongaqedwa — a person whose real nature remains a closed book.

-qedakala (v) be understood; be comprehensible.

qedane (adv conj) and then; as soon as.

-qedaphunga (isi-) (n) deodorant.

-qedaviki (isi-) (n) type of concoction.

-qedazwe (um- imi-) (n) epidemic.

qede (conj) as soon as.

-qede (def v) as soon as.

-qedela (v) finish off; destroy sick or badly injured animal.

qeduba (conj) and then; as soon as.

qekelele (ideo) of standing apart; of standing out.

-qeketha (v) gossip; talk incessantly.

-qeku (um- imi-) (n) herd of young cattle.

-qele (i- ama-) (n) hill-side; slope.

-qelu (u- o-) (n) species of small bird like warbler.

qembu (ideo) of hiving off; of separating.

-qembu (i- ama-) (n) small group of people; following.

-qembuka (v) become divided; become separated; desert.

-qembula (v) detach; separate.

-qendu (isi- izi-) (n) section.

-qengqe (isi- izi-) (n) beast with spreading horns.

-qengqe (um- imi-) (n) flat open mouthed wooden bowl for sour milk; flat open country.

-qengqetheka (v) move along flat surface.

qephu (ideo) (n) of ripping off; of removing a piece; of speaking energetically; of coming off in pieces.

-qephu (isi- izi-) (n) small piece; section.

-qephu (ingqephu izi-) (n) good dress material; well made dress or suit.

-qephuka (v) get torn off.

-qephula (v) tear apart.

-qeqeba (i- ama-) (n) layer; flat cake (as food); solid opposition.

-qeqebula (v) tear open; thunder; be lucid.

-qeqesha (v) train.

qethu (ideo) of falling over; of capsizing.

-qethu (u-) (n) species of turf grass.

-qethuka (v) fall over; become capsized; hold in slanting position.

-qethuka (um- imi-) (n) slope.

qha (ideo) of dryness; of grasping.

qha (interj) no!

-qha (isi- izi-) (n) kind of small dog.

-qha (ubu-) (n) haughtiness; conceit.

qhaba (ideo) of falling (as raindrops)

-qhabanga (i- ama-) (n) stick with small head.

-qhabaza (v) patter.

-qhabela (v) tease with words (as man

courting).

-qhabisa (v) tease with words.

qhabo (interj) no!

qhabu (ideo) of drinking mouthful; of drinking a little.

-qhabula (v) drink a little.

-qhadi (um- imi-) (n) cross-beam of roof.

qhafa (ideo) of clipping.

-qhafa (v) drink heavily.

-qhafaza (v) clip (as ticket).

-qhafi (um- aba-) (n) one who drinks excessively.

-qhaga (i- ama-) (n) gourd; calabash.

qhaha (ideo) of switching an electric light; of cracking as glass.

-qhahaka (v) get cracked as glass.

-qhahaza (v) switch on light; crack (as glass).

qhaka (ideo) of blossoming; of whiteness.

-qhakambisa (v) boast of.

-qhakanyeka (v) shudder.

-qhakanyeko (um-) (n) convulsion.

-qhakaza (v) bloom; shine brightly (as electric light); grow grey hair; grind coarsely.

-qhakazo (um-) (n) crushed mealies.

qhakla (ideo) of switching on (as light).

-qhaklaza (v) switch on (as lights).

-qhalaqhala (i- ama-) (n) boastful person.

-qhalaqhala (ubu-) (n) boastfulness.

-qhama (v) stand out clearly; be prominent.

qhambu (ideo) of piercing; of perforating.

-qhambuka (v) become perforated.

-qhambusa (v) perforate; pierce.
  qhambusa ithumba — open a boil.
  qhambusa indlebe — perforate the ear.

-qhambuza (v) perforate; pierce.

qhamu (ideo) of appearing suddenly.

-qhamuka (v) appear; come into view.

-qhana (v) tie with qin.

-qhanago (um-) (n) feeling of pride.

qhano (isi- izi-) (n) satety-pin.

-qhansa (v) stand out (as veins).

-qhantsha (v) sneak away; jump; fly off as sparks.

-qhanyana (isi- izi-) (n) young male sheep or goat.

-qhaqha (v) rip open; undo; unpick; demolish.

-qhaqhabula (v) scratch (as thorns); rip open; thunder.

qhaqhazela (v) tremble.

-qhashla (v) jump away; fly off (as a chip); hire; rent.

-qhashambula (v) walk smartly with springing gait.

-qhashaqhasha (v) wriggle; kick (as dying animal).

-qhashi (um- aba-) (n) tenant.

-qhashisa (v) hire out.

-qhatha (v) initiate a quarrel or fight between two people; plough virgin soil.
  ukuqhatha umunyu — to be in misery.
  ukuqhatha insimu — to plough virgin soil.

-qhathane (um- imi-) (n) hard cake or bread; hard biscuit.

-qhathanisa (v) correlate; compare; contrast.

-qhathaniso (isi- izi-) (n) comparison; correlation.

-qhathanzipho (i- ama-) (n) person o clean habits and appearance.

-qhathi (um- aba-) (n) one who causes people to fight.

qhathu (ideo) of pulling at something taut (e.g. guitar strings); of removing something sticking onto the clothes or body e.g. blackjack, vermin etc.

-qhathula (v) remove something adhering onto body.

-qhathulula (v) remove something adhering onto body e.g. dog removing fleas with claws.

-qhawe (i- ama-) (n) hero.

-qhawe (ubu-) (n) heroism; bravery.

qhawu (ideo) of grasping; of walking jauntily.

-qhawuqhawu (i- ama-) (n) proud person.

-qhawuza (v) walk in a proud manner.

-qhawuzela (v) walk in a proud manner.

-qhaza (i- ama-) (n) thatching stitch.
  ukubamba iqhaza — to give a hand.

-qhaza (isi- izi-) (n) plug for earlobe; person wearing ear-plugs; uneducated person.

qhazu (ideo) of crushing.

-qhazuka (v) get crushed.

-qhazula (v) crush.

-qhazulo (um- imi-) (n) crushed mealies; coarsely ground meal.

qhebe (ideo) of clicking (as camera); of switching on; of opening.

-qhebeqhebe (i- ama-) (n) person who likes talking; precocious person.

-qhebeza (v) photograph; switch on.

qheke (ideo) of splitting; of opening; of breaking away.

-qhekeka (v) crack; burst open; break away.

-qhekeko (u-) (n) desertion; a breaking away; secession.

-qhekeza (v) open; cause to burst open; split open.

qhekle (ideo) of clicking as camera; of switching on as lights; of cracking as glass.

-qhekleza (v) photograph; switch on lights; crack.

-qhela (v) move aside; tie band round forehead.
ukuqhela kwezihlathi — to smile.

-qhele (um- imi-) (n) crown; head ornament.

-qhelisa (v) cause to move out of the way.

qhelu (ideo) of moving aside.

-qheluka (v) move aside.

-qhenya (v) show pride.
ukuziqhenya — to be proud of oneself.

-qhenyo (um-) (n) showing off.

qhephu (ideo) of chipping off; of breaking off.

-qhephu (isi- izi-) (n) chip; piece of broken material.

-qhephuka (v) get chipped; be broken off.

-qhephula (v) chip off; break.

-qhephulela (v) wear jauntily (as hat).

-qheqhe (izi-) (n) thick curds.

-qheshelele (inqeshelele izin-) (n) person with protruding teeth.

-qhetha (v) grin; sit at ease; visit by girl to sweetheart's home.

qhewu (ideo) of slitting.

-qhewu (um- imi-) (n) jacket or skirt with slit at the back; beast with slit ear or lip.

-qhewuka (v) become slit; open as flap or slit.

-qhewula (v) make slit.

-qhezeba (isi- izi-) (n) muscular person; well built person.

qhezu (ideo) of chipping; of breaking.

-qhezu (i- ama-) (n) chip; small piece; fraction.

-qhezuka (v) become chipped; get broken off.

-qhezula (v) chip off; break.

qhibu (ideo) of bursting forth.

-qhibuka (v) burst forth; become prosperous; put on weight.
ukuqhibuka njengekhowe — to grow like a mushroom.

qhifi (ideo) of squashing (as louse between fingernails).

-qhifika (v) become squashed.

-qhifiza (v) squash.

qhiki (ideo) of nudging with elbow; of light movement; of being affected emotionally.

-qhikiza (v) nudge.

-qhikiza (i- ama-) (n) girl of marriageable age.

qhili (ideo) of smiling; of frothing over.

-qhilika (v) smile; froth over.

qhimilili (ideo) of sudden halting.

-qhimilili (i- ama-) (n) gecko.

-qhimiza (v) crush soft object.

-qhimiza (i- ama-) (n) eggs of bees; young of bees.

-qhimuqhimu (isi- izi-) (n) large kraal.

-qhina (v) plait hair; dress hair; tie; incapacitate.

-qhina (i- ama-) (n) steenbok.

-qhinamba (ama-) (n) contracting of muscles.

-qhineka (v) be incapacitated.

-qhinga (i- ama-) (n) scheme; plan.

-qhingi (isi- izi-) (n) island.

-qhino (um- imi-) (n) plaited hair.

-qhinqa (v) pile up; wait.

-qhinqa (i- ama-) (n) bundle of corn.

qhinsi (ideo) of bursting open.

-qhinsika (v) burst open; ooze out.

-qhinsila (v) cause to burst.

-qhiyama (v) sit up straight; sit upright.

qho (ideo) of determination; of sharp footsteps (as one walking on wooden floor).

-qhoba (v) chew a bone; eat something dry.

qhobo (ideo) of crushing; of crunching; of breaking.

-qhobodisa (v) push head down (as horse prancing).

-qhoboqhobo (ubu-) (n) noise of crunching.

-qhobosha (v) kneehalter; tie with a safety-pin.

-qhobosho (isi- izi-) (n) safety-pin.

-qhoboka (v) get crushed.

-qhoboza (v) crunch; crush; smash.

-qhobozela (v) eat with crunching

noise (as lion eating prey); consume voraciously.

qhofo (ideo) of pecking.

-qhofoka (v) get cracked (as egg pecked by hen).

-qhofoza (v) peck.

-qhogolo (i- ama-) (n) bully; one who likes to show off.

-qhola (v) add flavouring; apply perfume; sprinkle with a powder.

-qholisa (v) slaughter a beast for a girl who is about to marry.

-qholiso (um- imi-) (n) beast slaughtered for girl on the point of marrying; beast slaughtered when bride is to visit.

-qholo (i-) (n) pride.

-qholosha (v) be proud; arrogant; adopt proud gait.

-qholwane (u- o-) (n) aged female baboon.

-qhoma (isi- izi-) (n) mastoid process; cheek-bone.

-qhomoloza (v) stay a long time waiting.

-qhononondo (u-) (n) fragrance.

-qhoqho (isi- izi-) (n) heap of stones.

-qhoqhobala (v) sit on top of (in a fight); choke.

qhoqhoqho (ideo) of bubbling of smoking horn.

-qhoqhoqho (u- o-) (n) windpipe.

-qhoqhowane (isi- izi-) (n) heap of stones.

-qhoqhoza (v) walk with shoes on a hard surface.

-qhosha (v) be boastful; be creased; bulge.

-qhosha (i- ama-) (n) button.

-qhotha (v) bend; stoop.

-qhothetsheni (u- o-) (n) rock lizard.

-qhotho (isi-) (n) hail.

-qhotho (u- izinqotho) (n) dry thong; shrivelled thing.
nguye nezinqotho — he is a perfect image.

-qhova (isi- izi-) (n) bunch of hair in front; head gear of plumes; nest of bird.

qho (ideo) of banging (as report of gun); of bursting; of burning; of drying up.

-qhuba (v) drive along; push; make progress.
qhuba imbuzi — be drunk.
qhuba ngamadolo — deceive.
qhuba imali — raise wages.

qhuba isikhathi — while away time.
qhuba intwala ngewisa — be insolent.

-qhubankomo (i-) (n) early morning star seen about September.

-qhubeka (v) move along; proceed; make progress.

-qhubekela (inqubekela (n) progress.

-qhubezela (v) encourage; add fat to fire.

-qhubo (inqubo) (n) procedure.

-qhubu (i- ama-) (n) swelling; bulge.

-qhubukusha (v) nudge; initiate; bulge; swell.

-qhubukusho (um-) (n) swelling.

-qhubusha (v) bulge; prod; nudge.

-qhude (i- ama-) (n) rooster.
phuma iqhude — fight a duel.
qhude manikiniki — urge on to a fight.

-qhudelana (v) compete.

-qhuga (v) limp.

qhuge (ideo) of limping.

qhuge (inquge izi-) (n) lame person; one who has lost a leg.

-qhugela (v) walk with a limp.

-qhugwane (i- ama-) (n) beehive shaped grass hut.

qhuku (ideo) of prodding.

-qhukuluza (v) prod; tease; jostle; struggle along.

-qhukuza (v) struggle along.

-qhulula (v) bear many young as cat or rabbit; strip off; pluck fruit like berries, peaches, etc. in large quantities; pluck fruit indiscriminately.

-qhuma (v) explode; burst; germinate; come out (as teeth).
qhuma abathakathi — grow milk-teeth.
qhuma amabele — develop breast (of girl).
qhuma kwendaba — coming of affair into the open.
qhuma phezulu — shouting; laughing aloud; crying aloud.
qhuma umhlola — have a strange occurrence.

qhumbu (ideo) of perforating; piercing; punching.

-qhumbuka (v) become punctured.

qhumbusa (v) perforate; make hole in ear.

-qhumbuza (v) perforate; make hole in ear.

-qhumisa (v) cause to explode.
qhumisa ngempama — give a hard

smack.

qhumisa uhleko — laugh hilariously.

qhumisa isiNgisi/isiBhunu — speak English/Afrikaans.

-qhumo (um- imi-) (n) column of people.

-qhumuka (v) burst out.

qhumuka ukhale — burst out crying.

qhumuka uhleke — burst out laughing.

-qhunguqhu (u-) (n) long object.

qhunsu (ideo) of popping out eyes; of snapping.

-qhunsuka (v) snap.

-qhunsula (v) snap; stare.

-qhuqha (v) tremble; shiver; trot.

-qhuqho (u-) (n) malaria.

-qhuqho (um-) (n) shivering; trembling; trotting.

-qhuqhumba (v) make cracking noise.

-qhuqhumba (i- ama-) (n) pimple; growth on skin.

-qhuqhumbe (um- imi-) (n) cowpeas that remains hard when cooked.

-qhuqhumbela (v) dance the *umqhuqhumbelo* dance.

-qhuqhumbelo (um-) (n) kind of Zulu dance.

-qhuqhuqhu (isi- izi-) (n) motor cycle; machine which makes popping noise.

-qhuqhuqhu (ubu-) (n) noise of popping.

-qhuqhuva (i- ama-) (n) pustule; rash; knot.

-qhuqhuza (v) make noise as of motor cycle.

qhushu (ideo) of perforating; punching; piercing.

-qhushuza (v) perforate; puncture; pierce.

-qhutha (v) pluck feathers; pull out.

qhuthu (ideo) of pulling out; of plucking.

-qhuthula (v) pull out; pluck.

-qhuthulula (v) pull out in numbers.

qhuzu (ideo) of kicking against something hard; of knocking off; of sudden death.

-qhuzu (i- ama-) (n) protuberance; knot.

-qhuzuka (v) stumble against hard object; get knocked off.

-qhuzula (v) knock off; damage; cause to stumble.

-qhwa (i-) (n) snow; ice.

qhwaba (ideo) of being alone.

-qhwaga (v) seize; deprive by force; compel.

-qhwaga (isi- izi-) (n) strong person; giant.

-qhwagi (i- ama-) (n) locust; black or red beast with white colour along back and face.

-qhwakela (v) sit on an elevated place.

-qhwakelo (isi- izi-) (n) elevated seat.

-qhwaku (u-) (n) beak.

-qhwanda (v) scratch (as fowl); dig over the surface; ferret information.

-qhwaya (v) scratch (as fowl).

-qhweba (v) beckon.

ukuziqhweba inqulu — to be self satisfied.

qhwi (ideo) of striking a match; of turning back; of sudden change of direction.

-qhwisha (v) scratch the soil; strike a match; deviate abruptly.

qhwishi (ideo) of scratching the soil.

-qhwishi (u-) (n) commotion.

-qhwiza (v) strike a match.

-qibilindi (isi- izi-) (n) short person.

-qikaqika (isi- izi-) (n) bulky object; heavy object.

-qikelela (v) guard against; be on the look out for.

-qikileka (v) stop suddenly; draw back.

-qikileko (um-) (n) tea or coffee.

-qikili (isi- izi-) (n) herds of cattle; flock of sheep.

-qikolo (i- ama-) (n) thick object.

-qila (v) outwit; trick.

-qili (i- ama-) (n) crafty person.

-qili (ubu-) (n) craftiness.

-qiliga (v) play tricks upon.

-qimba (v) wear nothing above waist.

-qimba (ama-) (n) folds of skin; wrinkles.

-qimba (u- izingqimba) (n) fold; undulation; thick mass as cloud.

qimu (ideo) of falling; of flinging down; of falling dead.

-qimuka (v) fall on the back; fall dead.

-qimula (v) hurl down; knock down.

ukuziqimula — to lie down.

-qimuleka (v) get knocked against; get knocked down.

qimuqimu (ideo) of lying down.

-qina (v) be hard or firm; be precocious; become grown up; be tight.

qina ngamehlo — clever looking

fool.

qina idolo — feel encouraged.

qina njengentwala yesidwaba — be forward.

qina imihlathi — be advanced in age.

-qinambana (i- ama-) (n) crafty child; wild awake child.

-qinela (v) take advantage of; bully.

-qingatha (isi- izi-) (n) one rendered impotent; ricksha.

-qingo (um- imi-) (n) bundle; large volume; coil.

-qingqiliza (v) roll.

qingqo (ideo) of sitting up suddenly; of sudden awakening.

-qinisa (v) tighten; make firm; strengthen; confirm; affirm; encourage; admit into full membership; protect with charms.

qinisa imihlathi — remain quiet; suffer quietly.

qinisa amehlo — pretend to be clever.

qinisa ikhanda — be stubborn.

qinisa umuzi — protect kraal with charms.

-qiniseka (v) make certain; be fullfilled; be true.

-qinisekiso (isi-) (n) confirmation; surety; guarantee.

-qinisela (v) persevere.

-qiniselo (isi- izi-) (n) guarantee.

-qinisile (v) be truthful; correct.

-qiniso (i- ama-) (n) truth.

-qinti (isi- izi-) (n) small piece of land.

-qiqinga (v) carry a heavy load or bundle.

-qiqingo (um- imi-) (n) heavy bundle.

qithi (ideo) of alighting; of placing down.

-qithila (v) place down.

qithithi (ideo) of arriving.

-qiwu (isi- izi-) (n) game reserve.

-qoba (v) cut into small pieces.

-qobe (um- imi-) (n) large column.

-qobela (v) cut up and mix (as stew).

qobela phansi — write.

-qobela (i-) (n) cooked offal.

-qobhe (i- ama-) (n) cob with grain removed.

-qobo (u-) (n) self; the reality; truth.

uqobo lwakhe — his very self.

-qobo (um- imi-) (n) large column.

-qobodo (i- ama-) (n) beast with horns facing up and inwards.

-qobola (v) strike on head with a stick; gallop; ascend steep hill.

-qobolo (isi- izi-) (n) short thick stick; bar for fastening door.

-qobolonda (v) take out from shell.

-qobolondo (i- ama-) (n) empty pod (as beans); shell.

-qoboza (v) cut up with blows; hit as hail.

-qogolo (i- ama-) (n) bully.

-qojama (v) sit on haunches; squat.

qoka (ideo) of tip-toeing.

-qoka (v) choose.

-qoka (um-) (n) most important place.

-qokama (v) stand high; use strong language.

-qokama (i- ama-) (n) thick object.

-qokaza (v) walk as one wearing highheeled shoes.

-qokelela (v) accumulate; bring together.

-qokolo (i- ama-) (n) rough knotted hand.

-qokolo (um- imi-) (n) species of shrub with long thorns.

-qokoma (i- ama-) (n) thick object; rough knotted hand.

-qokozo (um- imi-) (n) kind of subdued dance.

-qola (v) rob; cheat.

-qola (i- ama-) (n) butcher bird; gangster; black or brown beast with white markings on back.

-qolo (i- ama-) (n) small of back.

-qolo (um- imi-) (n) ridge; framework; corrugation.

-qoma (v) select a lover; choose.

-qoma (i- ama-) (n) large grass basket.

-qomana (v) love one another.

-qombola (v) go up a steep.

-qombothi (um-) (n) bad beer.

-qomfa (v) stoop.

-qomisa (v) court.

-qomo (u-) (n) species of 'Idumbe' tuber.

-qonda (v) be straight; go straight towards; understand.

-qondakala (v) be understandable.

-qondana (v) be in line with one another; be opposite to one another; happen at same time.

-qondile (v) straight.

-qondisa (v) straighten; direct; aim straight.

-qondiso (isi- izi-) (n) instruction; explanation.

-qondo (i- ama-) (n) sex-disease affect-
ing male person.

-qondo (u-) (n) framework of head-
ring; necklace of "uqondo" grass;
kind of river grass.

-qondo (um- imi-) (n) meaning; idea.

-qonela (v) surpass; look down upon;
outwit.

-qonga (v) be filled up; reach high;
become angry.

qonga ngoluka — be in a temper.

-qonga (isi- izi-) (n) reel of cotton;
mealie cob; kraal-head.

-qongelela (v) heap up; accumulate.

-qongisa (v) cause to heap up.

-qongo (isi- izi-) (n) summit.

qongqo (ideo) of perching on top; of
reaching summit.

-qongqotha (v) knock; strike.

-qongqwane (isi- izi-) (n) bar for
fastening door; short thick stick.

-qonqela (i- ama-) (n) selfish, stingy
person; miser.

-qonqela (ubu-) (n) stinginess; miserli-
ness; acquisitiveness.

-qonsa (v) be steep; go up steep
ascent.

qonu (ideo) of bolting (as horse.)

-qonula (v) bolt as horse; kick as
horse.

-qonuqonu (ubu-) (n) bolting of
horse; kicking of horses.

-qopha (v) cut pieces out of (usually
wood for decorating); make a
man's loin-skin; criticise.

qopha kwelanga — going up of sun;
time when sun is overhead.

-qophamuthi (isi- izi-) (n) wood-
pecker.

-qophelo (i- ama-) (n) rung; level of
attainment.

-qophi (um- aba-) (n) carver; sculptor.

qopho (ideo) of pecking.

-qopholoza (v) peck; nag.

-qopholozi (isi- izi-) (n) strong beak;
quarrelsome person.

-qoqa (v) gather together; collect.

-qoqana (v) collect together; assem-
ble; sit quietly.

-qoqo (i- ama-) (n) collection; antho-
logy.

-qoqo (isi- izi-) (n) select group; pile.

-qoqoda (v) strike on the head with
a stick; surpass.

-qoqodwane (isi- izi-) (n) select group.

-qoqotha (v) strike on head; surpass.

-qoqovane (i- ama-) (n) small group.

qose (ideo) of stinging; of biting.

-qosela (v) sting; bite (as ant).

-qoshama (v) squat on haunches.

qoshosho (ideo) of squatting; of
sitting on haunches.

-qotha (v) grind into powder; wipe
out.

ukuqotha imbokodo nesisekelo — to
destroy everything.

-qotheka (v) be wiped out; be ground
into fine powder.

-qotho (rel) honest.

-qotho (um-) (n) powder.

-qotho (ubu-) (n) honesty.

qothu (ideo) of wiping out; of com-
pletion.

-qothuka (v) fall away (as hair, wool,
etc.); get worn out; become
denuded; get rubbed off; become
bankrupt.

ukuqothuka izinyawo — to get tired
walking up and down.

-qothula (v) finish off; denude com-
pletely.

ukuqothula izinkophe — to impover-
ish.

ukushaya uqothule — to finish up
everything.

-qotsheni (o-) (adv) in the very act.

qu (ideo) of appearing for a short
while; of pouring in large quantity.

-qu (isi- izi-) (n) root; origin; honours;
achievement.

-quba (v) lie down as animal; shelter
for a while.

-quba (um-) (n) manure.

qubasha (ideo) of momentary resting.

-qubatha (v) walk long distances.

qubhu (ideo) of rising up of sediment;
of becoming discoloured.

-qubhu (u-) (n) muddy water; bad
beer; thin fermented porridge with
flour.

-qubhuza (v) raise sediment; cause to
become muddy.

qubu (ideo) of upsetting; of eruption.

-qubu (i- ama-) (n) soft feather.

-qubu (isi-) (n) speed.

-qubuka (v) erupt; break out in a
rash; become upset in stomach.

-qubuko (um-) (n) skin eruption; rash.

-qubukula (v) lift.

-qubula (v) sing; lift up heavy object;
bark; take unawares; drive away;
dance in spirited fashion.

-qubula (i- ama-) (n) grass which has
not been burnt for over a year.

-qubulo (i-) (n) kind of dance; ornament of monkey tails.

-qubulo (isi- izi-) (n) kind of dance.

-qukaqa (isi- izi-) (n) large heavy object.

-qukaquka (isi- izi-) (n) large heavy object.

-qukatha (v) contain; include.

quku (ideo) of lifting.

-qukula (v) lift up.

-qukulu (u- o-) (n) big toe.

-qukuqa (isi- izi-) (n) large heavy object.

-qukuthu (um- imi-) (n) bundle.

-qula (v) try a case; lie down of cattle.

-quleka (v) faint.

-qulela (v) pour large quantity.

-qulo (i- ama-) (n) swarm (as bees); cluster.

-qulu (i- ama-) (n) swarm (as bees); cluster.

-qulu (um- imi-) (n) bundle; roll; large volume.

-qulusa (v) be naked; show buttocks.
    qulusa obala — want for shelter; be exposed.

-qulusela (v) expose the back to; persist.
    qulusela phambili — persist against odds; press forward.

-qulusi (um- aba-) (n) member of Aba-Qulusi clan.

-quma (v) groan; moan.

-qumama (isi- izi-) (n) important person; well to do person.

-qumba (v) suffer from indigestion; swell out; be flatulent.

-qumbalala (um- imi-) (n) large sausage-shaped object; swollen object.

-qumbe (um- imi-) (n) bud.

-qumbelana (v) be flatulent; be angry.

-qumbi (isi- izi-) (n) crowd.

-qumbi (in- izin-) (n) mass; heap.

-qumbisa (v) cause indigestion.

-qumbu (u- o-) (n) queen termite.

qumu (ideo) of sounding of string instrument like guitar, piano etc.

-qumuza (v) play string instrument.

-qunda (v) blunt.

-qundeka (v) get blunt.
    qundeka kwamehlo — dusk.

-qundu (isi- izi-) (n) bunch of grass with roots; worn out tooth.

-qunga (v) mix; dilute; encourage; persevere; act boldly.

qunga ihongo — mix fresh milk with whey.

qunga kwezulu — changing of weather with rising of clouds.

qunga inkosi — strengthen king with charms.

qunga isibindi — encourage.

-qunga (isi- izi-) (n) tambootie grass.

-qunga (u-) (n) tambootie grass.

-qungo (i-) (n) lust to kill people.

-qungo (um- imi-) (n) mixture.

-qungokazi (um- im-) (n) light grey beast.

qungqu (ideo) of exposure; of nakedness.

-qungqu (isi- izi-) (n) large grass or earthen container.

-qungquluza (v) be naked; lie exposed.

-qungqutha (v) pour out contents.

-qungu (um- imi-) (n) large grass or earthen container.

-qunguzela (v) become unsettled as weather.

-qunsana (i- ama-) (n) hunchback.

-qunta (v) pluck off; nip.

-quntu (isi- izi-) (n) short bunch of grass with roots; short worn down tooth.

-qunya (v) pour large quantity of.

-qunyela (v) pour large quantity of.

-qupha (i- ama-) (n) knuckle.

quphu (ideo) of scooping.

-quphuluza (v) dig out; tease.

-quqaba (u-) (n) crowd; swarm; large number of.

-ququ (i-) (n) strong unpleasant odour; smell of goat ram.

-ququbala (v) ride; sit in one place.

-ququda (v) gnaw.

-ququmadevu (isi- izi-) (n) monster in fairytales.

-ququva (i- ama-) (n) blister.

-ququva (u- izing-) (n) large bodied person.

-ququzela (v) inspire; encourage; bustle around.

-ququzeli (um- aba-) (n) organiser.

-qushumba (i- ama-) (n) pot-bellied person.

-qutha (v) pout; screw mouth.

quthu (ideo) of pulverising.

-quthu (um- imi-) (n) powder.

-quthu (i- ama-) (n) grass basket with lid.

-quthuza (v) grind into powder.

-quva (v) be angry; pout.
-quza (v) bark furiously; attack with fury.
-quzi (isi- izi-) (n) kind of lizard.
qwa (ideo) of striking a hard surface; of whiteness.
-qwabalanda, (v) strike a hard surface.
-qwagela (v) steal green mealies and sweetcane from lands by boys.
qwaku (ideo) of walking upright with still gait.
-qwakuza (v) be straight upright when walking.
-qwala (v) strike hard surface; go up a steep.
-qwalane (um- imi-) (n) Hottentot.
-qwalatshe (um- imi-) (n) Hottentot.
-qwanga (isi- izi-) (n) reel of cotton; mealie-cob; kraal-head.
-qwanga (u- izingqwanga) (n) cartilage.
-qwaqwada (v) strike on the head with a stick; surpass.
-qwaqwasi (ama-) (n) country place.
-qwasha (v) listen intently; be sleepless at night.
-qwatha (v) shave clean; denude completely.
-qwatha (u-) (n) desert; place denuded of vegetation.
-qwathule (u- izin-) (n) desert; place denuded of vegetation.
qwayi (ideo) of winking; blinking.
-qwayi (isi- izi-) (n) thick fighting stick.
-qwayiba (um- imi-) (n) dried meat; biltong.
-qwayiza (v) blink; wink.
qwebu (ideo) of raising as eyelid.
-qwebu (um- imi-) (n) biltong; wrinkle.
-qwebula (v) lift eyes.
-qwele (i-) (n) rough skin after shaving.
-qwembe (u- izin-) (n) meat-tray of wood.
-qwenga (v) savage; tear.
qwengu (ideo) of tearing; of savaging.
-qwengula (v) savage; tear.
-qweqwe (u- izingqweqwe) (n) scab on sore; hard crust.
qwi (ideo) of being alone.

R

-rabha (i- ama-) (n) rubber; erasor.
-rabi (i- ama-) (n) woman of low morals.
-rabi (ama-) (n) cheap low type music.
-ragi (i- ama-) (n) travelling rug.
-randi (i- ama-) (n) rand (money).
-raphuraphu (ama-) (n) tatters; person wearing tatters.
-raphuzela (v) be in tatters.
rathu (ideo) of upbraiding.
-rathuza (v) scold; upbraid.
-rayisi (i- ama-) (n) rice.
-rediyo (i- ama-) (n) radio.
-rejista (i- ama-) (n) register (attendance); registered letter.
-rejista (v) register.
-reka (v) act to rag-time music.
-rekhethi (i- ama-) (n) tennis racquet.
-rekhothi (i- ama-) (n) gramophone record.
-reki (i- ama-) (n) rake.
-renke (i- ama-) (n) taxi-rank; bus-rank.
-rente (i-) (n) rent.
-resheni (i-) (n) ration.
-reyithi (ama-) (n) rates.
-rezini (ama-) (n) raisins.
-ribhini (i- ama-) (n) ribbon.
-ringi (i- ama-) (n) ring worn on finger.
-risese (i- u-) (n) recess; break.
-risho (i- ama-) (n) ricksha.
-risho (u- o-) (n) ricksha puller.
-risidi (i- ama-) (n) receipt.
-ritheni (i- ama-) (n) return ticket.
-rizevu (u- o-) (n) reserved coach (railway).
-robhothi (i- ama-) (n) robot.
-Roma (i- ama-) (n) Roman Catholic.
-rontabuli (u- o-) (n) rondavel.
-rozi (i- ama-) (n) rose.
-rula (i- ama-) (n) ruler.

S

sa (ideo) of scattering.
sa (interj) of urging dog on to attack.
-sa (v) contracted form of ukuyisa to send; take; cause to go.
  ukusa kwankatha/kwagoqanyawo — to kill.
-sa (v) dawn; stop raining.
-sa (uku-) (n) dawn.
  ukusa nasebukhweni bezinja — cloudless sky.
  ukubona ngokusa — to be very ill.
  ukuchaza kuse nge — to explain

very clearly.

ukusa ngokunye — to have second thoughts.

kwasa okungaliyo — the awaited day came.

umshaye ekhanda kwasa — he struck him a gaping wound on the head.

kusa kusa—the old order changeth; situations change by the day.

-sa (kwa-) (adv) daily.

-sa (isi-) (n) sympathy.

-sa (umu-) (n) kindness.

-saba (v) fear; be afraid.

-saba (u- izin-) (n) dry twigs.

sabalala (ideo) of being scattered.

-sabalala (v) be scattered about.

-sabatha (i- ama-) (n) Sabbath; Sunday.

-sabeka (v) be wonderful; be terrifying.

-sabekisa (v) cause to be terrifying.

-sabela (v) answer; reply.

-sabisa (v) frighten.

sabisa ngenyoka efile — frighten with a harmless thing.

sabisa ngenyoka engenanhloko — frighten with a harmless thing.

sabo (pron) their.

saca (ideo) of flinging down.

-sacaza (v) throw down violently.

sadu (ideo) of indecent spreading of legs.

-saduka (v) come apart of legs.

-sadula (v) spread legs indecently.

-saduza (v) spread legs indecently.

safu (ideo) of scooping generously.

-safuna (v) scoop up large quantity.

-saha (v) cut with a saw.

-saha (i- ama-) (n) saw.

-sahi (um- aba-) (n) one who saws.

-saho (um- imi-) (n) cutting (as in side of hill).

saka (ideo) of scattering about; of smashing to bits.

lala saka — of going to sleep without food; of being in deep sleep.

balele saka — be intensely hot (of sun).

yifa saka — of sudden death.

-saka (i- ama-) (n) sack.

-sakabuli (i- ama-) (n) black-tailed finch.

-sakaka (v) get scattered.

sakalala (ideo) of being scattered about.

-sakansaka (in- izin-) (n) tasselled

objcet; scattered object.

-sakaza (v) scatter; smash; strike a hard blow.

-sakazana (u- o-) (n) sugar pocket.

sakhe (pron) his/her.

sakho (pron) your.

-Sakramente (i-) (n) Sacrament.

-sala (v) be left over; remain behind.

sala empini — die in battle.

sala phansi njengamafinyila — be discarded; be rejected.

sala esithubeni — be left high and dry.

-sala (i- ama-) (n) ear bead ornament worn by girls.

-salamusi (i- ama-) (n) magic; magician.

-sale (def v) must; ought; do of necessity.

-salela (v) fall behind; lag.

-salela (in- izin-) (n) remains; remnants.

-salela (um- imi-) (n) remains; remnants.

-salelwa (v) have remaining; be short of.

-sali (um- aba-) (n) one who remains.

salo (pron) his; its.

-samanisa (v) issue summons.

-samaniso (i- ama-) (n) legal summons.

-sambatheka (v) get confused.

-sambatheka (in- izin-) (n) muddle; confused affair.

sami (pron) mine or my.

-samo (um-) (n) back portion of hut.

-sampula (i- ama-) (n) sample.

-sampula (v) advertise.

-sampulisa (v) advertise.

-sampulela (v) do something quite unexpectedly.

-sana (u- izin-) (n) small child.

-sanda (def v) of action just completed.

-sangana (v) be confused; be mad; be terrified.

-sango (i- ama-) (n) gate; gateway; (sg. only) heat (as of sun).

-sangu (in-) (n) dagga.

sangu (ideo) of coming round.

-sanguluka (v) come round; come to one's senses.

-sangulula (v) bring round.

-sanka (um-) (n) unpleasant body odour.

-sansalaza (v) exert muscle strain; put up resistance.

-santabula (v) go at speed.

santu (ideo) of indecent spreading of legs.

-santula (v) frolic, run fast; run wildly; gambol.

-santuluka (v) frolic; gambol; run fast; run wildly.

santungwana (adv) have an appetising odour.

-santuza (v) run wildly; part legs in indecent manner.

sanu (ideo) of separating legs in indecent manner.

-sanuza (v) of parting legs in indecent manner.

sapha (ideo) of scattering; of splashing; of squandering.

-saphaza (v) scatter; squander; be wasteful; splash liquid.

-saringa (um- imi-) (n) syringa tree.

-sasa (v) be happy.

-sasambane (isi- izi-) (n) undersized person or animal.

-sasane (um- imi-) (n) flat-crown tree.

-sasasa (i-) (n) popularity; enthusiasm; happiness.

-sasazela (v) urge a dog on to attack.

saso (pron) its; his; her.

-sathane (u- o-) (n) Satan.

savu (ideo) of scooping generously.

-savuna (v) scoop up large quantity.

sawo (pron) its; their.

-sawoti (u-) (n) salt.

-sayensi (i-) (n) science.

-sayidi (i- ama-) (n) railway siding.

-sayidi (e-) (adv) Port Shepstone.

-sayina (v) make a signature.

-sayinisa (v) cause to sign; swear to a statement.

-sayitsheni (u- o-) (n) sergeant.

-sayizi (u- o-) (n) size of clothes, shoes etc.

sayo (pron) its; their.

sazo (pron) their.

-se (def v) do merely.

-sebe (u-) (n) shore; margin; boundary; edge.

-sebe (um- imi-) (n) ray of sunlight.

-sebele (u- o-) (n) parent of children who have married each other.

-sebenza (v) work; treat with medicine.

-sebenzela (v) work for.
  sebenzela emuva njengenkukhu — wasted labour.
  sebenzela ihashi elifile — wasted labour.

-sebenzi (isi- izi-) (n) servant.

-sebenzi (um- imi-) (n) work.

-sebenzi (um- aba-) (n) workman.

-sebenzile (v) well done.

-sebenzisa (v) cause to work; assist; make use of.

-sebenzo (in-) (n) fruit of one's labour; wages.

-sefa (v) sift.

-sefeka (v) get worn out; get sifted.

-sefo (isi- izi-) (n) sieve; safe for keeping money.

-seka (v) support.

seke (ideo) of walking with rocking motion; of waddling.

-sekela (v) prop up; support.

-sekela (i- ama-) (n) assistant; supporter.

-sekela (u-) (n) disease of dogs.

-sekelo (isi- izi-) (n) support; foundation stone.

-sekeni (i- ama-) (n) used article; second hand article.

-sekeni (u-) (n) second class (on the train).

-sekeza (v) walk with rocking motion; waddle.

-sekezela (v) walk with rocking motion; waddle.

-sekisi (i- ama-) (n) circus; fun.

-seko (i- ama-) (n) hearthstone.
  ukubaphansi kwamaseko — to be childish.
  ukusengela esekweni — to waste.
  ukukhamela umuntu esekweni — to subdue completely; to treat callously.

-seko (isi- izi-) (n) prop.

-seku (u- izin-) (n) edge; shore; boundary.

-sela (i- ama-) (n) thief.

-sela (ubu-) (n) thieving.

-sele (i- ama-) (n) frog; toad.

-sele (isi- izi-) (n) rut.

-sele (um- imi-) (n) furrow; ditch.

-selesele (i- ama-) (n) frog; toad.

selokhu (conj) eversince.

-selwa (v) oversleep.

-selwa (i- ama-) (n) marrow; edible calabash.

-selwa (u- izin-) marrow plant; royal line; calabash gourd used for royalty.

-sembathwangaphi (u- o-) (n) blanket with attractive sides; reversible blanket.

-semende (u-) (n) cement.

-sende (i- ama-) (n) testicle.

-sendo (u-) (n) ancestry; lineage.
-sendo (um-) (n) downy surface of woman's skin skirt.
-senene (um- imi-) (n) non-poisonous snake with dark brown colour.
-senga (v) milk.
senga umuntu — ferret information.
senga ezimithi — speak falsehoods.
senga inkomo nenkonyane — have a bad character (of a man).
-senga (ubu-) (n) leglets and armlets of twisted wire.
sengalokhu (conj) as if.
sengathi (conj) apparently; as if; would that.
sengathithi (conj) apparently; as if; would that.
-senge (um- imi-) (n) cabbage tree.
-senge (ubu-) (n) copper or wire anklets, armlets.
gaya ubusenge — make copper or wire anklets, armlets.
-sengela (v) milk for.
sengela esigujini — lure person into trouble.
sengela emasekweni — be wasteful.
-sengetsha (in-) (n) species of hard rock.
-sengi (um- aba-) (n) milker.
-sengwa (v) produce much milk; be milked.
-sengwakazi (in- izin-) (n) good milking cow.
-sense (ama-) (n) fissures on feet.
-sentela (ama-) (n) fissures on feet; scale (as fish scale).
-sentelela (v) make case more difficult for one; inform against.
-senti (i- ama-) (n) cent.
-sentu (u-) (n) throwing up of soil like a bull.
ukuhlaba usentu — toss up soil.
senu (pron) your.
-senzenjani (u-) (n) sour milk made bitter by gourd.
sephu (ideo) of feeling apprehensive.
-sephunsephu (in- izin-) (n) hairy object; tassel.
-sephuzela (v) feel apprehensive; wave about like hair.
-sese (nga-) (adv) a secret place.
-sesha (v) cross question; investigate (as crime); search.
-seshane (um- imi-) (n) species of wattle tree.
-seshi (um- aba-) (n) detective.
-sethi (i- ama-) (n) set (in tennis); set

of articles.
sethu (pron) ours.
-seva (v) serve in game of tennis; serve food.
-sevo (isi- izi-) (n) sieve; safe for keeping money.
-seyili (u- o-) (n) canvas; tarpaulin.
sh! (interj) of scaring away; be quiet; of caressing baby.
-sha (v) burn; dry up; lose voice.
ukusha amashushu — to be impatient.
ukusha komsebenzi — to work hard.
ukusha amathe neziqatha — to suffer extremely.
ukusha phansi ushe phezulu — to be restless; to be upset.
ukusha kothando — to be deeply in love.
kushile — you have been found out.
-sha (adj) new; young.
-sha (ubu-) (n) youth; newness.
-sha (ulu-) (n) youth.
-sha (intsha) (n) youth.
-sha (umu- aba-) (n) fresher; new comer.
-shabalala (v) be destroyed; perish; come to nought.
-shabasheka (v) fidget; be restless; bustle around.
-shabhu (i- ama-) (n) work-shop.
-shabusuku (intshabusuku) (n) blister resulting from internal disorder.
-shada (v) marry; marry by other than customary rites.
ukushada nonwabu ukhethelwe zintulo — to be very angry.
-shada (i- ama-) (n) black mark; dust mark.
-shadashada (isi- izi-) (n) clumsy stout person.
-shadela (v) marry into.
-shadi (i- ama-) (n) chart.
-shadi (um- aba-) (n) one married by Christian rites.
-shadisa (v) conduct Christian or civil marriage.
-shadisi (um- aba-) (n) marriage officer.
-shado (um- imi-) (n) marriage by civil or Christian rites.
-shafa (v) come to nought.
shafu (ideo) of talking a lot; of speaking untruths; of shuffling.
-shafu (i- ama-) (n) mine-shaft.

-shafushafu (i- ama-) (n) one who talks endlessly; glib tongued person.

-shafuza (v) talk endlessly; speak without any regard for veracity.

-shaka (i- ama-) (n) stomach disorder.

shakaqa (ideo) of eating greedily; of eating dry food.

-shakaqa (v) eat dry food; eat greedily.

-shakaqela (v) eat greedily; eat dry food.

-shakaza (v) hawk vegetables and fruit.

-shakwindla (i- ama-) (n) pasturage burnt early in season.

shala (ideo) of applying sparingly (as in anointing); of avoiding.

-shaladi (i-) (n) shallot.

-shalashala (i- ama-) (n) one who does not mix easily; one who avoids other people.

-shalambombo (i- ama-) (n) unreliable person; glib talker.

-shalaza (v) avoid people.

-shali (i- ama-) (n) shawl.

-shalufu (i- ama-) (n) shelf.

shalu (ideo) of flitting past.

-shaluza (v) flit past; be restless.

-shamasheka (v) fidget; be restless; bustle around.

-shambakaqa (v) bundle together; eat greedily.

-shambasha (v) rub.

-shameni (isi-) (n) kind of dance.

-shampeni (u- o-) (n) champion.

shampu (ideo) of doing superficially; of anointing sparingly; of avoiding person.

-shampushampu (i- ama-) (n) glib talker; superficial worker.

-shampuza (v) act superficially; apply oil or fat sparingly; avoid people; be unfriendly.

-shana (um- aba-) (n) niece; nephew.

-shanda (i- ama-) (n) spot on body.

-shanela (v) sweep.

-shanelela (v) prepare for; introduce; act in readiness for.

-shanelo (um- imi-) (n) broom.

-shanga (v) roam about.

-shangane (i- ama-) (n) member of Tsonga-Ronga group.

-shangashanga (u- izintshangantshanga) (n) waif; one who roams about.

-shangushangu (u- izintshanguntshangu) (n) waif; one who roams about.

-shanguza (v) roam about.

-shanguzo (um- imi-) (n) medicine; kind of broom for stirring beer.

-shantshi (i- ama-) (n) charge office.

-shantshula (v) go at high speed.

-shanyela (v) sweep.

-shanyelela (v) prepare for; introduce; act in readiness for.

-shanyelo (um- imi-) (n) broom.

shapha (ideo) of avoiding.

-shaphaza (v) avoid people; act in an unfriendly manner.

shaqa (ideo) of taking everything; of allowing no respite.

-shaqa (v) shrink; be acrid; astonish; take everything; take in large quantities.

-shaqaba (isi- izi-) (n) hefty muscular person.

-shaqalaza (v) take everything; take in large quantities; gulp down in large quantities.

shaqalazi (ideo) of gulping down large quantity.

-shaqamba (isi- izi-) (n) hefty muscular person.

-shaqane (isi- izi-) (n) bundle; something acrid.

-shaqeka (v) be astonished; be tongue-tied.

-shaqisayo (rel) astonishing; shocking.

-shaqo (um- imi-) (n) a carrying away in large quantities.

-shasha (isi- izi-) (n) woman of lose morals.

-shashadu (um- imi-) (n) bald-headed man.

-shashalazi (i- ama-) (n) bare piece of land; cleared piece of land.

-shashaza (i- ama-) (n) pustule.

-shathi (i- ama-) (n) chart.

-shavo (um- imi-) (n) letter (usually love letter).

-shawula (v) use dry grass for fire.

-shawulela (v) use dry grass for fire.

-shawushile (um-) (n) endless work.

-shaya (v) strike; punish; play (as an instrument).

shaya esibomvu — eat to satisfaction; over-eat.

shaya esentwala — eat to satisfaction; over-eat.

shaya esingeqiwa gundane — over-eat.

shaya indali — have a sale.

shaya ushantshule — disappear; go away.

shaya uchithe — go away; disappear.

shaya ukudla — get rich harvest.

shaya inyoka endleleni — choose the one you like.

shaya ulimi — speak in gentle manner; speak persuasively.

shaya uqothule — finish off completely.

shaya ubhuqe — finish off completely.

shaya umkhulungwane — howl as dog.

shaya ingomane — strike shields of army.

shaya isicathulo — play *isicathulo* dance.

shaya indlamu — kind of dance.

shaya amathambo/izinhlola — throw bones; divine.

shaya ihlombe/izandla—clap hands.

shaya amanqeshane/amagenama — fall on back; lie on back.

shaya amahlakomuzi — lie on back.

shaya amaphepha — play card game.

shaya emhlolweni — strike nail on the head.

shaya amakhala — have misgivings; protest.

shaya udwendwe/uhele/umqobo — walk one behind the other; walk single file.

shaya uphiphithe — finish completely.

shaya ngomshiza — hit with a stick.

shaya ngomshini — use typewriter; sew with machine.

shaya amaphiko — occupy position of importance.

shaya ikhefu — rest for a while.

shaya ngemfe iphindiwe — outwit by deception.

shaya ingobolwane — hammer screws on railway line.

shaya ingede ngoju — be ungrateful.

shaya ngegula ebusweni — pass blame onto someone else.

shaya isibhedlela — strike to hurt.

shaya ingqakala — wash feet clean.

shaya phansi — fail; refuse.

shaya phansi ngenduku — refuse.

shaya amagongo — die; turn a somersault.

shaya umthetho — lay down the law.

shaya impithi — dress hair in twisted fashion.

shaya umagqibane — press down hair.

shaya isibhakela — to box.

shaya ibhuqe — destroy utterly.

shaya ilothe — destroy utterly.

shaya izithende — undermine.

shaya idamu — swim.

shaya idoshaba — sing bass; sing with heavy voice.

shaya indlela yokuqala — sing soprano.

shaya eceleni — miss; by-pass.

shaya ikhwelo — whistle.

shaya inggathu — play at skipping.

shaya ucingo — phone; send telegram.

shaya umkelo/umklelo — arrange warriors in rows.

shaya ukhula — cultivate.

shaya ekhanda — beat; surpass in intelligence.

shaya ingqotha — surpass.

shaya izithupha — approve; applaud.

shaya ngendlebe etsheni — deceive.

shaya sengathi — make as if.

shaya unobhanqa — walk barefooted.

shaya ngoCetshwayo — walk barefooted.

shaya amazolo — be abroad very early in the morning.

shaya amakhwapha — take out something (food) which has been kept away.

shaya umshengele — stretch hair backwards.

shaya ushiye ulimi — belabour severely.

shaya ngesibhamu — shoot.

shaya imbombombo — plot against; belabour.

shaya isimbambamba — strike repeatedly on body.

shaya intengo — determine price.

shaya isijingi — destroy completely.

shaya nqo kwesikhathi — to be precisely (of time).

shaya ubayede — give royal salute.

shaya umkhumbi — be arranged in a semi-circle.

shaya umduvo — go on strike.

shaya umunwe — to take an oath.

shaya kwesikhathi — striking of time for starting or stopping.

shaya ngoswazi oluncane — impose
light punishment at court.
sh   ashisayo — scold.
sh   alane — live.
shaya amanzi — cause misunder-
standing.
shaya amangwevu — deal up and
down blows.
shaya ngodede — be at ease.
shaya emxhakeni — take out money
from pocket.
shaya umcathu — walk gingerly.
shaya utshani — go away; disap-
pear.
shaya umhlahlo — divine as witch-
doctor.
shaya inkatho — cast lots.
shaya uzamthilili — cause confu-
sion; evade.
shaya isithutha — make fool of.
shaya phansi phezulu — be restless;
wander up and down.
shaya emuva naphambili — be un-
truthful.
shaya nxazonke — be untruthful.
ukuzishaya — to regret.
shaya isifuba — be proud; trust one-
self.
shaya into ethize — make as if.
shaya owaziyo — pretend to know.
shaya zonke — be well dressed.
shaya ngekhanda obondeni — de-
ceive oneself; persecute oneself
unnecessarily.
shaya ngendlebe etsheni — deceive
oneself; hurt oneself to no good.
-shayakhothe (i- ama-) (n) trickster;
rogue; unreliable person.
-shayana (v) hit one another.
shayana amadolo — tremble with
fear.
shayana ngamakhanda — be upset.
shayana amazinyo — feel cold.
-shayanisa (v) cause to quarrel; cause
to hit each other; compare and con-
trast.
shayanisa ngamakhanda — cause
people to quarrel.
shayanisa amazinyo — be cold.
shayanisa amadolo — be frightened.
shaye (ideo) of sitting in large num-
bers; of sitting spread out.
-shayeka (v) be touched; feel sorry;
get to a place.
shayeka izindlebe — not to hear
well.
shayeka phansi — collapse; fall

down.
-shayela (v) drive (as team of horses,
oxen, motor car); nail; sweep.
shayela ekhanda — drink everything
in one breath.
shayela ihlombe — approve; ap-
plaud.
shayela izandla — approve; applaud.
shayela izithupha — approve; ap-
plaud.
shayela phezulu — walk briskly;
drink in one draught.
shayela umuntu ihawu — egg.
-shayelela (v) make ready for; prepare
for.
-shayelelo (isi- izi-) (n) preface.
-shayeli (um- aba-) (n) driver (of team
or motor car); sweeper.
-shayelo (um- imi-) (n) broom.
-shayina (i- ama-) (n) Chinese.
-shayisa (v) collide; knock off work;
adopt proud gait; do the wrong
thing.
-shayo (isi- izi-) (n) punishment.
-shayo (um- imi-) (n) cross-beam of
roof.
-shaywa (v) be punished; be struck.
shaywa yisikhundla — find place
deserted.
shaywa zindonga — find place de-
serted.
shaywa ngumoya — go for a walk;
go on holiday.
shaywa yisazelo — have a guilty
conscience.
shaywa yintwabi — have hiccups.
shaywa uvalo — be terror stricken;
be frightened.
shaywa ngumphezulu — be struck
by lightning.
shaywa ngamahloni — feel uneasy;
be bashful.
shaywa zindlebe — hear rumour;
not to hear well.
-shaza (v) strike with cold air.
shazi (ideo) of flitting past; of moment-
ary appearance; of catching glimpse.
-shaziza (v) see for a short while;
catch glimpse of.
-shazo (um-) (n) frostbite.
-shazwa (v) be frost bitten.
-sheba (v) mix food when eating to
make it more appetising.
-shebeleza (v) glide away.
-shebo (isi- izi-) (n) food used to im-
prove appetite (e.g. meat to im-
prove porridge).

shede (ideo) of walking with a shuffle.

-shede (i- ama-) (n) shed (tool-shed etc).

-shedeza (v) shuffle along.

-shedezela (v) shuffle along.

-shefa (v) shave.

-shefane (um- imi-) (n) toothless person.

-sheka (v) pass loose stools; be terrified.

-sheke (i- ama-) (n) cheque.

-shekelela (v) head off.

-shekezela (v) be frightened.

-sheki (i- ama-) (n) cheque.

-sheko (u-) (n) loose stools.

-sheko (um- imi-) (n) black beast with white on legs.

-shela (v) court; woo; burn onto.
shela embizeni — burn onto pot (of food).

-shela (intshela) (n) food burnt onto the pot.

-shelela (v) slide; slip.

shelele (ideo) of going for a short while; of slipping; of being on a short visit.

-shelelezi (ubu-) (n) slipperiness.

-sheleni (u- o-) (n) shilling; ten cent coin.

-shelezi (ubu-) (n) slipperiness; smoothness.

-sheli (isi- izi-) (n) suitor.

-shelufu (i- ama-) (n) shelf; cupboard.

shemu (ideo) of biting off; of removing hair unevenly.

-shemula (v) bite off; shave unevenly.

shende (ideo) of slight movement.

-shende (i- ama-) (n) secret lover; paramour.

-shendela (v) move aside; move backwards; shunt.

-shendeza (v) have a secret lover.

-shengele (u- izintshengele) (n) claypot.

-shengele (um- imi-) (n) eating claypot with wide mouth.

-shenxa (v) move to the side; move a little.

-shenxisa (v) put off; postpone.

-shesha (v) make haste; be quick; glide along.

-sheshane (um- imi-) (n) cultivator.

-sheshe (def v) do quickly.

-sheshela (v) glide towards; draw near.

-sheshe (isi- izi-) (n) sharp knife.

-sheshelengwane (um- imi-) (n) one who curries favour with authority;

informer.
umsheshelengwane ozishaya incekwana — base informer; lick spittle.

-sheshi (i- ama-) (n) Church of England.

-sheshi (um- ama-) (n) of the Church of England.

-sheshisa (v) act quickly; hasten; make haste; weed with cultivator.

shevu (ideo) of biting off a piece.

-shevu (u-) (n) poison.

-shevula (v) bite a piece off.

shewu (ideo) of biting off a piece.

-shewu (isi- izi-) (n) place where a piece has been bitten off; gap.

-shewula (v) bite away a piece.

-sheyini (i- ama-) (n) chain.

-shezi (isi- izi-) (n) patch.

shi (ideo) of being fully clad; of going right in.
ukuthi shi engqephini — to be well dressed.
ukuthi shi odakeni — to go right into the mire.

-shiba (um- imi-) (n) top-knot; long hair pushed back.

-shibha (v) be cheap.

-shibhi (i- ama-) (n) shebeen.

-shibhisa (v) reduce price.

-shibhoshi (u-) (n) sheep-dip.

-shibilika (v) be slippery; glide along.

shibiliki (ideo) of slipping.

shici (ideo) of making an impression.

-shicilela (v) print; make an impression.

-shicileli (um- aba-) (n) printer.

-shidaba (v) clean back after passing excreta.

-shidi (i- ama-) (n) sheet.

-shifu (i- ama-) (n) shift.

-shikashika (v) work hard.

-shikashika (um-) (n) heavy work.

-shikashikeka (v) be engrossed in hard work.

-shikeka (v) work hard.

shiki (interj) of protruding buttocks.

shiki (ideo) of frightening off.

-shikila (v) have protruding well formed buttocks; expose buttocks; turn one's back on.

-shikilela (v) show buttocks; turn the other way.

-shikilelwana (um-) (n) kind of dance.

-shikilisa (v) offer resistance; be difficult to solve.

-shikisha (v) dance; rub; rub off.

-shikishi (u- izintshikishi) (n) something that goes on all the time; hard worker.

-shikisho (um- imi-) (n) a kind of dance.

-shikiza (v) drive away.

-shikizela (v) be on the move.

-shikizo (isi- izi-) (n) instrument for stirring beer.

-shilo (v) said so.

-shima (v) be without a sweetheart.

-shimane (isi- izi-) (n) man who is not successful in courtships.

-shimela (u- o-) (n) chimney.

-shimeyane (isi- izi-) (n) kind of intoxicating drink.

-shimula (u- o-) (n) chimney.

-shinga (v) act foolishly; act disrespectfully.

-shinga (i- ama-) (n) mischievous person; one quick to fight.

-shinga (ubu-) (n) mischievousness; acting with scant regard for others.

shingi (ideo) of turning round; of turning away.

-shingila (v) turn the back on.

shingili (ideo) of turning the other way.

-shingiphala (v) lose interest.

-shingishane (isi- izi-) (n) whirl-wind; cyclone; energetic worker.

-shingishane (u- izintshingishane) (n) swift object.

-shingo (isi- izi-) (n) stick with small decorated head used for dancing.

-shini (um- imi-) (n) machine; mill; good performer; efficient person; vehicle in good condition.

-shintsha (v) change.

-shintshi (u-) (n) change (money).

-shintshisa (v) exchange.

-shintshiselana (v) exchange.

-shipha (v) break wind noiselessly.

-shiphela (v) cause to lose appetite.

shiphi (ideo) of wiping carelessly.

-shiphi (isi-) (n) bad smell from breaking wind noiselessly.

-shiphiliza (v) wipe off carelessly.

shiphilizi (ideo) wipe off carelessly.

-shiphiza (v) wipe off; shed tears.

shiqa (ideo) of ramming in.

-shiqa (ama-) (n) beer dregs.

shiqe (ideo) of ramming in.

-shiqeka (v) push in; ram in.

-shiqela (v) push in; ram in.

-shiqeleka (v) get rammed in.

-shisa (v) burn; set alight; be hot; iron;

have high temperature (of sick person).

shisa ubuthongo — sleep soundly.

shisa obudala — sleep soundly.

shisa uphondo/intethe — start trouble.

-shisandlu (i-) (n) north-west wind.

-shisanyama (u- o-) (n) one peddling cooked food.

-shiseka (v) be anxious; be concerned; get ironed.

-shisekela (v) be eager for; earnest about.

-shisekeli (isi- izi-) (n) an enthusiast; a zealous person.

-shisekelo (intshisekelo) (n) zeal.

-shisela (v) mend by burning; burn round; undermine person with authorities.

-shishi (um-) (n) Johannesburg.

-shishibala (v) be low (as car).

-shishibala (isi- zi-) (n) low object.

-shishili (isi- izi-) (n) herd; flock.

-shishiliza (v) go on one's buttocks; be dragged along.

ukushishiliza efusini — to be insolent.

-shishilizo (um- imi-) (n) mark of dragging.

-shishimeza (v) egg; push on.

-shishinga (v) drive herd/flock.

-shishizela (v) lull baby.

-shiya (v) abandon; leave behind.

shiya induku ebandla — have male children; make worthy contribution.

shiya edengwane — leave in lurch.

shiya amabele — die.

shiya isithunzi — run very fast.

ukuzishiya — to have a child who strongly resembles the parent.

shiywa ngumzimba — be apprehensive.

hamba uzishiye — for people to gossip about you as soon as you leave or turn your back.

-shiya (i- ama-) (n) eyebrow.

-shiyana (v) differ in quantity.

-shiyagalolunye (isi-) (n) nine.

-shiyagalombili (isi-) (n) eight.

-shiyaminwemibili (isi-) (n) eight.

-shiyamunwemunye (isi-) (n) nine.

-shiyela (v) give snuff to; give tobacco to; leave something (as food) for someone else.

-shiyi (i- ama-) (n) eyebrow.

-shiza (um- imi-) (n) heavy fighting stick.

-shizane (u-) (n) kind of Zulu sweet-potato.

-shizi (u-) (n) cheese.

-shizolo (i- ama-) (n) chisel.

-sho (v) say; mean.

ukusho ngodli dlakalasi — to act in a stubborn manner.

ukusho ngenduku/ngewisa — to hit with a stick or knobkerrie.

ukusho ngaphansi nangaphezulu — have diarrhoea and vomiting.

ukusho ngezikanokusho / ngezakwanokusho — to be well dressed.

ukusho ngengila — cry aloud.

ukusho ungisho — speak tentatively.

ukusho ngephimbo — cry or sing.

ukusho ngenkani — to persist stubbornly.

ukusho mahlayeni — to speak as though in jest.

ukusho ngenhlamba — to swear at.

ukusho inkosi/umuntu — to repeat praises of king/person.

ukusho ngekhanda — to recite from memory; go without a hat on (women).

ukusho emva kwendaba — to speak after the event.

ukusho zibekwa nje — to say from the onset.

ukusho lokhu nalokhuya — to prevaricate.

ukusho ngejubane — to run.

ukusho entshweni — to suggest something readily acceptable.

ukusho ngale — to jump over; jump across.

ukuzisho — sing one's praises.

ngisho ukwazi nje — of not caring; of paying no heed.

ukusholo phansi — to speak or sing in low tones.

ukuzisholo nje — to speak for the sake of it; not to be serious in what one says.

-sho (isi- izi-) (n) saying; proverbial expression.

-sho (umu- imi-) (n) sentence.

-shoba (i- ama-) (n) tail of beast or buck; hairy tail; beast given to bride to slaughter at wedding.

ishoba ukulala amazolo — to die.

-shoba (um- imi-) (n) tail.

-shobashoba (v) fidget; be restless.

shobe (ideo) of disappearing suddenly.

-shobela (v) disappear (as mouse into a hole).

shobi (ideo) of wriggling.

-shobinga (v) urinate.

-shobingo (um-) (n) urine.

-shobishobi (u- o-) (n) tadpole; larvae of mosquito.

-shobiza (v) wriggle about.

-shobola (v) scold; nag.

-shobolo (i- ama-) (n) one given to scolding.

-shoda (v) be insufficient; be below specified number.

-shodi (i- ama-) (n) good kick (football).

-shodolo (isi- izi-) (n) short person; tailless bird.

-shodolwana (isi- izi-) (n) short person; tailless bird.

-shoka (v) prop up; support.

-shoki (i-) (n) chalk.

-shokobeza (v) arm; go out on a campaign.

-shokobezi (ubu-) (n) ornament for warriors of white tails worn on arms.

-shokobezi (um- aba-) (n) one who goes out on a campaign; rebel.

-shokolo (isi- izi-) (n) one unpopular with opposite sex.

-shokoledi (u- o-) (n) chocolate.

-sholo (v) say for.

-shomana (v) be pals.

-shomi (u- o-) (n) pal.

-shomo (isi- izi-) (n) crowd; group.

-shona (v) sink (as water); be deep; set as sun; die; become poor; become bankrupt.

shona phansi kwenhliziyo — get annoyed; to have no appetite.

koshona ilanga — it will take a very long time; there will be a long delay.

-shonalanga (intshonalanga) (n) west.

-shonelwa (v) lose children by death.

ukushonelwa yilanga — to be delayed; to be overtaken by nightfall; to suffer great hardship.

ukushonelwa yilanga nxanye — to be in great difficulty; to suffer misfortune.

-shongololo (i- ama-) (n) millipede.

-shoni (isi- izi-) (n) destitute person.

-shonisa (v) impoverish.

-shonisalanga (um-) (n) something causing delay; something which happens slowly.

shono (interj) say so! little wonder!

-shono (v) speak.

-shono (um-) (n) death; poverty.

-shontshosi (i-) (n) unfermented beer.
shophi (ideo) of walking of person with small buttocks.
-shophi (um-) (n) misfortune.
-shophiza (v) walk as one with small buttocks.
-shosha (v) drag oneself along ground; go on one's buttocks. .
-shosha (isi- izi-) (n) cripple.
-shoshaphansi (um-) (n) something done underhand; kind of dance.
-shoshela (v) draw near.
-shoshobala (v) be undersized; go fast.
-shosholoza (v) move fast.
-shoshozela (v) smart (as sore); egg.
-shoshozela (i- ama-) (n) ringleader; one who urges on.
-shova (v) pedal a bicycle; shuffle cards; push about.
 ngoshova — by force.
shovu (ideo) of incessant talking.
-shovushovu (i- ama-) (n) a talkative person; unreliable person.
-shovuza (v) talk endlessly.
-shozi (isi- izi-) (n) place where lightning has struck.
-shu (umu- imi-) (n) stripe.
-shuba (v) become thick (as food); hurl; become mature.
 shuba phansi — fling down.
-shubela (v) wear loin-skin or cloth which passes between legs.
-shubelo (um- imi-) (n) loin skin or cloth worn between legs.
-shubhu (i- ama-) (n) tube.
-shubo (um-) (n) haste; ease; effectiveness.
-shuda (v) bolt.
-shudo (um- imi-) (n) bolt.
shudu (ideo) of heavy gait; of shuffling.
-shudu (um- imi-) (n) marks of scuffling on ground.
-shudula (v) trample; scuffle; walk with slow heavy gait.
-shudulo (um- imi-) (n) mark of scuffling on ground; patch of ground worn out by rubbing.
-shudushudu (ubu-) (n) a trampling under; scuffling.
-shuduza (v) shuffle along, trample.
-shuka (v) soften by rubbing; tan leather; offer stiff opposition; make weary.
 shuka indaba — thrash out an affair.

 shuka ingubo — wash thoroughly a dress by rubbing together.
-shukeka (v) get weary; go through the mill.
-shukela (u-) (n) sugar.
shuku (ideo) of slight movement; of shaking.
-shukula (v) clean by rubbing; scour.
-shukulo (isi- izi-) (n) abrasive.
-shukuma (v) stir; move.
-shukuza (v) make effort to free oneself; move; wear tight clothes; shake.
-shukuzisa (v) shake.
-shuma (v) go under; slip through.
-shumayela (v) preach.
-shumayeli (um- aba-) (n) preacher.
-shumayelo (intshumayelo) (n) sermon.
-shumayeza (v) preach to.
-shumbu (i- ama- um- imi-) (n) tincan; billy-can.
shume (ideo) of getting under; of pushing into.
-shumeka (v) hide something under; push through.
-shumeka (u- o-) (n) shoe-maker; shoe-repairer.
-shumi (i- ama-) (n) ten.
-shumishumi (ama-) (n) scores.
shumpu (ideo) of lopping off; of amputating; of wringing.
-shumpu (isi- izi-) (n) stump.
-shumpuka (v) get amputated; get twisted off.
-shumpula (v) cut off; wrench off; amputate.
-shungu (i- ama-) (n) snuff-box.
-shungu (um- imi-) (n) large crowd walking.
-shunqa (v) emit smoke.
-shunqisa (v) kill with fumes.
-shunqisela (v) protect or cure by giving inhalation of burning charms.
shuphu (ideo) of wringing; of cutting off.
-shuphuka (v) get wrenched off; cut off.
-shuphula (v) wrench off; cut off.
-shuphuluza (v) pinch.
-shuqa (v) thicken (as blood).
shuqu (ideo) of covering head with cloth; of wrapping; of drinking off.
-shuqula (v) wear turban or doek; wrap up.
-shuqulo (um- imi-) (n) doek; turban.
-shuqulu (isi- izi-) (n) large bundle.

-shuquluza (v) drink off.

shuquluzi (ideo) of drinking off.

-shuqungana (v) crowd together; get bundled together; be of one mind; congeal.

-shusha (v) give one no breathing space; harass.

-shushisa (v) prosecute; persecute.

-shushisi (um- aba-) (n) court prosecutor.

-shushu (ama-) (n) restlessness.
ukusha amashushu — to be restless; to be impatient.

-shushubeza (v) flash past.

-shushuluza (v) flash past.

-shushuluzo (um- imi-) (n) great speed.

-shushumbisa (v) carry or drive away stealthily.

shuthe (ideo) of hiding away; of pushing in.

-shutheka (v) hide; push under.

shwa (ideo) of hissing speech; of noise of water spouting.

-shwa (i- ama-) (n) misfortune.

-shwabadela (v) eat up; consume; eat greedily.

-shwabana (v) crease; shrink; shrivel up; show signs of ageing; be frightened.

-shwakaqa (v) eat greedily; eat dry food.

-shwakaqela (v) eat greedily; eat dry food.

-shwala (isi- um-) (n) very thick porridge; very thick food.

-shwama (v) eat new crops; perform first fruits ceremony.

-shwambakanya (v) take away in one bundle.

-shwapha (isi- izi-) (n) person with pushed in buttocks; flat buttocks; craving.

shwaphu (ideo) of pinching; of taking a little; of learning to speak language.

-shwaphuluza (v) take a small bit; do a little; pinch hard; have a smattering of a language.

-shwaqa (v) be pungent; acid; collect together; be amazed.

-shwaqeka (v) be amazed; be taken aback.

-shwashwaza (v) speak with difficulty in hissing manner; speak indistinctly.

shwathe (ideo) of pushing under; of hiding away.

-shwatheka (v) hide; push under.

shwathi (ideo) of pushing under; of hiding away; of bashfulness.

-shwathika (v) hide; push under.

-shwathiza (v) be bashful; prevaricate.

shwe (ideo) of gentle breeze; of rustling; of gliding past.

-shwe (umu- imi-) (n) stripe; line; scratch; sentence.

shwele (interj) pardon me; sorry.

-shweleza (v) beg pardon.

-shwempe (um- imi-) (n) fat beast.

-shweshwe (isi- izi-) (n) Sotho type of pinafore; [sg. only] Southern Sotho way of life or language.

-shweza (v) glide along.

shwi (ideo) of solitariness; of swinging; of flinging.

-shwiba (v) throw with a swing; fling.

-shwibeka (v) get thrown away.

-shwila (v) spin; rotate.

-shwilela (intshwilela izin-) (n) long twisted object.

shwili (ideo) of revolving, twirling.

-shwileka (v) rotate swiftly.

-si (isi-) (n) smoke; smell; steam.

-si (ama-) (n) curdled milk; sour milk.

-si (ubu-) (n) honey.

-si (ulu-) (n) smell.

-si (umu-) (n) steam.

-siba (u- izin-) (n) feather; pen.

-sibali (u- o-) (n) brother/sister-in-law.

-sibalukhulu (u- o-) (n) high ranking official.

-sibanibani (u- o-) (n) so-and-so.

-sibekela (v) cover with a lid.

-sibekelo (isi- izi-) (n) lid.

-sibindigidi (u-) (n) person not easily frightened; calm person.

-sibhincamakhasana (o-) (n) rumour.

-sibukula (v) uncover; remove lid; lift.

sici (ideo) of landing heavily upon; of crushing.

-sicila (v) crush.

-sicilela (v) print (as book).

-sigazu (u- o-) (n) cigar.

sihla (ideo) of landing heavily upon.

-sihla (isi- izi-) (n) bruise; dirt mark.

-sihlalo (u- o-) (n) chairman.

sika (ideo) of feinting.

-sika (v) cut; divide; distress; sew dress for special occasion; overtake.
sika kwamancane — feel pity for someone.
sika emathunjini — feel pity for

someone.

sika izihlangu — make a shield.

sika ingubo — sew a new dress.

sika izithende — undermine a person.

sika ngejubane — run.

-sika (ubu-) (n) winter.

-sikaza (v) make as if to strike; feint.

-sikazi (in- izin-) (n) female animal.

-sikazi (i- ama-) (n) female animal.

-sikela (i- ama-) (n) sickle.

-sikela (v) cut for; give portion of land.

ukuzisikela kwelinonile — to boost oneself; place oneself in better light.

-sikelana (v) be adjacent.

siki (ideo) of movement of heavy object.

-siki (um- aba-) (n) tailor; dressmaker; cutter.

abasiki bebunda — rumour; gossip.

-sikihla (v) destroy utterly.

-sikilidi (u- o-) (n) cigarette.

-sikisela (v) insinuate; allude.

-sikiselo (isi-) (n) insinuation; allusion.

-sikisiki (u-) (n) inspiration; restlessness.

-sikiswa (v) eating of meat for first time by bride.

-sikizela (v) move as a heavy object.

-siko (i- ama-) (n) custom.

-siko (um- imi-) (n) fashionable dress.

-siko (u-) (n) custom; manner of doing.

-sikothi (u-) (n) manner of doing; custom.

-sikwa (v) be cut; have labour pains.

-sikwayimani (u-) (n) species of white dry sweet potato.

-sila (v) grind.

-sila (isi-) (n) misfortune.

-sila (isi- izi-) (n) tail of bird or fish.

-sila (um- imi-) (n) tail.

umsila kaxoxo — one in hind position; one who trails behind.

-silaha (i- ama-) (n) butchery.

-silala (v) be insufficient.

-sileka (v) smear cow teats with dung.

-silela (v) be insufficient.

-silika (u- o-) (n) silk.

-silili (lu-) (adv) reluctantly.

-silinjani (um- imi-) (n) species of shrub.

-siliva (i-) (n) silver.

-simakade (u-) (n) God.

-simama (v) revive from illness; get strong; stand firm.

-simba (ama-) (n) excreta.

-simbane (um- imi-) (n) dung in the form of balls (e.g. goat).

-simbithi (um- imi-) (n) species of tree.

simbu (ideo) of germinating; of appearing in large numbers as weeds; of uprooting.

-simbuka (v) grow thickly as weeds; get uprooted.

-simbula (v) uproot.

-simela (v) smear (as with soap).

-simelela (v) lean on; use a walking stick.

-simende (u-) (n) cement.

-simu (in- ama-) (n) garden; cultivated land.

-simukanandwendwe (isi- u- o-) (n) one easily influenced; person of weak character.

-simze (def v) do merely.

-sina (v) dance.

sina ngomuntu — make fun of person in trouble.

sina ngethambo lomuntu — make fun of person in trouble.

sina (ideo) of snarling; of grinning.

-sinama (v) be surly.

-sinansina (in- izin-) (n) evil hearted person; one who hardly ever smiles.

-sinaza (v) snarl.

-sincinti (u-) (n) brown sugar; very sweet tea or coffee.

-sinda (v) be heavy; recover; escape; smear floor with dung; get beer; be pregnant.

ukusinda empini — to come just when a meal is finished.

ukusinda ngokulambisa — escape narrowly.

ukusinda ufile — escape narrowly.

-sindaba (v) wipe back after passing excreta.

-sindana (v) carry one's weight with difficulty; be heavily built.

-sindisa (v) rescue; save; redeem; heal.

-sindisi (um-) (uMsindisi) (n) Saviour.

-sindisi (um- aba-) (n) rescuer; healer.

-sindiso (u-) (n) salvation; redemption.

-sindiso (in-) (n) salvation; redemption.

-sindo (isi- izi-) (n) weight; importance.

-sindo (um- imi-) (n) noise.

-sindwa (v) be smeared; be weighed down by weight.

sindwa zinyawo — come too late.

sindwa umuntu — be awed by person.

kusindwe ngobethole — it is a red letter day.

sine (ideo) of snarling; of grinning.

-sineka (v) grin; snarl.

-sinekana (**in- izin-**) (n) one who laughs at anything; one who keeps on grinning.

-sinelwa (v) get married in traditional fashion (of man).

-singa (v) watch closely; shave; search for bees.

-singa (**isi- izi-**) (n) rope for tying up calf, goat etc.

-singa (**u-**) (n) inspiration; gut for sewing.

sukwa usinga — feel an uncontrollable impulse; be inspired.

-singa (**um- imi-**) (n) current of water; whirlpool.

-singatha (v) hold in the arms (as a babe).

-singila (v) separate weeds or refuse from soil; tidy up as when weeding.

-singili (**i- ama-**) (n) signal (as railway); single ticket.

-singilili (**um- imi-**) (n) hindrance; difficulty.

-singizane (**um-**) (n) species of grass.

-singo (**in- izin-**) (n) razor.

-sini (**in-**) (n) laughter; gum.

ukwenza umuntu insini — make a laughing stock of someone.

-sini (**isi- izi-**) (n) gap where tooth has come out; person with gap in front teeth; chipped place.

-sinisa (v) marry off daughter (in traditional manner).

sinisa amahleza — behave like a child; treat lightly an important matter.

-sinsi (**um- imi-**) (n) kaffirboom.

-sinsila (**um- imi-**) (n) small of back; coccyx.

-sinyaka (**u- o-**) (n) part of large intestine of beast.

-sipha (**um- imi-**) (n) muscle; sinew.

-sipha (v) smear soap (as when washing clothes).

siphu (ideo) of standing on end; of pulling out; of coming out in numbers (as weeds).

-siphuka (v) get pulled out.

-siphula (v) pull out (as weeds).

siphula izinselwa njengaBathwa —

wanton waste.

-siphuna (v) pull out (as weeds).

-siphuzela (v) feel frightened; stand on end as when frightened.

-sisa (v) give out stock on loan.

-sisela (v) give someone stock on loan; attribute to someone words he has not spoken.

-sisitheka (v) be overladen; move slowly; progress slowly.

-siso (**ama-**) (n) stock given on loan.

-sistela (**i- ama-**) (n) nun.

-sitafu (**u- o-**) (n) staff nurse.

-sitha (v) hide from light; screen from view.

-sitha (**i-**) (n) secluded place.

-sithakala (v) be out of sight.

-sithamoya (**isi- izi-**) (n) stout woman.

sithe (ideo) of disappearing.

-sitheka (v) be hidden from view.

-sithela (v) get out of sight; disappear.

sithela ngesithupha — believe that other people are not aware of what one is doing.

-sitheza (v) screen; hide.

sithezwa yisithupha — be easily deceived.

-sithibala (v) be overcast.

-sithibeza (v) hide; cast shade upon; obscure.

-siza (v) help.

-sizakala (v) take advantage of; be assisted.

-sizi (**u- izin-**) (n) grief; sorrow.

-sizi (**um- aba-**) (n) helper.

-sizi (**um-**) (n) gunpowder; black mark of burnt wood or grass; sooty covering by smoke.

-sizi (**in- izi-**) (n) medicinal preparation prepared by burning ingredients.

-sizila (v) wipe out; destroy utterly.

-sizo (**u-**) (n) help; aid.

-sizwile (**u- o-**) (n) rumour.

-so (**i- amehlo**) (n) eye.

ukuba neso — to be observant; one able to feed everyone in a party; to have a sore eye.

ngokuphazima kweso — in the twinkling of an eye.

-so (**ubu-**) (n) face.

ubuso nobuso — face to face.

-so (**umu-**) (n) the morrow.

sobabili (pron) both of us.

sobahlanu (pron) all five of us.

sobane (pron) all four of us.

-sobanibani (**u- o-**) (n) so-and-so.

sobathathu (pron) all three of us.

sobe (ideo) of disappearing suddenly

-sobela (v) disappear suddenly

-sobho (i- ama-) (n) soup; gravy.

-sobhovu (u- o-) (n) kraal head.

sobe (ideo) of devouring; of eating something soft and tender.

-sobo (um-) (n) black edible berries (weed); solanum negrum.

-sobonsobo (in-) (n) something soft and tender.

-soco (um-) (n) strength after eating; physical well being.

sodwa (pron) we alone.

-sofa (u- o-) (n) sofa.

-sofasilahlane (u- o-) (n) intimate and faithful friend.

-soka (v) circumcise.

-soka (i- ama-) (n) man popular with women; recognised lover of a girl. *isoka lamanyala* — man with many sweethearts.

-sokama (v) become damp.

-sokama (um-) (n) dampness; moisture.

-sokanqangi (i- ama-) (n) first born child of first wife.

-sokhaya (u- o-) (n) head of the family.

-sokisi (i- ama-) (n) sock; stocking.

-sokisiyembe (i- ama-) (n) vest.

soko (ideo) of being tender.

-sokoca (v) bewitch.

-sokoco (um- aba-) (n) witch.

-sokola (v) struggle.

-sokonsoko (in-) (n) long slender weak stalk.

-sokozela (v) grow long slender and weak; wave about as weak stalk.

-sola (v) find fault with; be suspicious; suspect.

-soleka (v) be suspect; be blameworthy.

-solisa (v) arouse suspicion.

-solisi (u-) (n) epsom salts.

-solo (in- izin-) (n) criticism; dissatisfaction; blame.

-solo (u-) (n) conspiracy. *goba usolo* — conspire against.

-solokohlo (ama-) (n) a no returning.

-solozi (u- o-) (n) species of pumpkin shaped more or less like rugby ball.

-soma (v) premarital sexual intercourse (on thighs).

-somandla (u-) (n) the Almighty.

-somane (i-) (n) clever person.

-sombozo (um-) (n) kind of women's dance.

-sombu (ideo) of unfolding; loosening; undoing.

-sombuluka (v) become untied; become unrolled.

-sombuluko (um-) (n) Monday.

-sombulula (v) untie; unroll; unravel.

-somi (i- ama-) (n) species of bird.

-sompungana (u- o-) (n) remover of night soil.

sona (pron) he, she, it.

-sondela (v) come near; approach.

-sondelana (v) be close together; be crowded.

-sondelangange (u-) (n) species of thorny climber.

-sondeza (v) bring close.

-sondezela (v) move nearer.

-sondo (i- ama-) (n) wheel; hoof; hoof-print; leg of pot.

-sondonzima (u- o-) (n) fabulous large monster.

-songa (v) fold up; wrap up; threaten; begin to form (as cabbage). *songa izandla* — have nothing; be unconcerned. *songa inkatha* — overcome with ease.

songathi (conj) as though; would that.

songathithi (conj) as though; would that.

-songe (in- izin) (n) bend; twisted object.

-songela (v) wrap for; threaten; cause constipation.

-songelana (v) be constipated.

-songeleka (v) be constipated.

-songensonge (in- izin-) (n) twists and turns; coiled up mass; spiral object.

-songo (i- ama-) (n) armlet.

-songo (u-) (n) threat; plot; grudge.

sonke (pron) all of us; all of it.

-sonta (v) go to church; twist.

-sontana (v) be twisted; have showy swaying gait.

-sontane (in- izin-) (n) coiled object; twisted object; twisted tangle.

-sontela (in- izin-) (n) beast with twisted horns.

-sonti (um- imi-) (n) yellow-wood tree.

-sontisa (v) conduct church service.

-sonto (i- ama-) (n) church building; church; Sunday; week.

-sonto (in-) (n) woolen thread; twisted thread.

-sopha (v) aim at; be determined to have better of; be determined to harm someone.

-sosa (i- ama-) (n) saucer.

-sosha (i- ama-) (n) soldier.

-sosi (i- ama-) (n) saucer.

-sosipani (i- ama-) (n) saucepan.

-sositshi (i- ama-) (n) sausage.

-sosiyana (i- ama-) (n) hooligan; cut-throat.

-sosobala (v) crouch; cower; sit huddled up.

-sota (u-) (n) soda.

-sotsha (i- ama-) (n) soldier.

-soyi (i- ama-) (n) sod.

-sozisela (v) do one an evil turn; deprive.

-su (i- ama-) (n) plan; children living and dead by woman.

-su (isi- izi-) (n) stomach; stomach-ache; pregnancy.

-su (ulu-) (n) stomach of beast; dress of goat-skin.

-subatha (v) run away.

-subela (v) wear loin covering passed between legs.

-subelo (um- imi-) (n) loin covering worn by passing between legs (like baby's napkin).

sucu (ideo) of blackness.

-sudi (i- ama-) (n) suit.

-sudikhesi (i- ama-) (n) suit – case.

sudu (ideo) of moving aside.

-suduka (v) move out of the way.

-suka (v) go off; commence; originate.
　　ukusuka egadeni — to be tall.
　　ukusuka phansi — to be tall; to do for oneself; from the beginning.
　　ukusuka izithonto — pounce upon.
　　ukusuka ngesiqubu/ngesivinini — to run fast.
　　ukusuka netshitshi—to woo a young girl; to be in love with a young girl.

suka (interj) is that so; really; get out; I tell you.

-suka (um- imi-) (n) origin; origin of matter; root of tooth.

-sukasihambe (u- o-) (n) beautiful person or object.

-suke (def v) do simply, merely, because.

-sukela (v) attack without reason; give chase.
　　sukela phezulu — act promptly.
　　sukela imamba isemgodini — court trouble.

-sukeleka (v) run; act without any apparent reason.

-sukile (v) tall; high.

-suku (ubu-) (n) night.
　　hamba ubusuku — travel by night.
　　ubusuku nemini — day and night.

-suku (u- izin-) (n) day.

sukulumbe (adv) some day.

sukuluthize (adv) some day.

-sukwa (v) have attack of; be motivated by.
　　sukwa okwakhe — do something out of way.
　　sukwa ukugula — be attacked by illness.
　　sukwa amanga — tell unnecessary lies.
　　sukwa usinga — feel inspired.
　　sukwa ugqozi — feel inspired.
　　sukwa umona — be jealous.
　　sukwa ubuhatha — be influenced easily.

-sula (v) wipe out.
　　sula ngetshe — hit with a stone.

-sulansula (in-) (n) charm which makes one elusive.

-sulaza (v) dilly-dally; waste time, walk in deliberate fashion with swinging movement.

-suleka (v) be wiped clean; be sleek.

-sulela (v) infect with disease; put blame on; wipe for.

-sulelo (isi- izi-) (n) scapegoat.

sulu (ideo) of moving slightly; of disappearing.

-sulu (isi- izi-) (n) one's secret hoard; loneliness; solitariness.

-sulu (u-) (n) impolite laughter.
　　hleka usulu — cynical laughter.

-sulubezi (i- ama-) (n) act of overlooking; omission.

sululu (ideo) of disappearing.

-sulumani (i- ama-) (n) Mohammedan.

-suluza (v) walk with swinging gait; shift.

-sumpa (in- izin-) (n) wart.

-sumpa (i- ama-) (n) handle on milk-pail.

sumpu (ideo) of cutting off; of wringing.

-sumpuka (v) get cut; get wrung off.

-sumpula (v) cut off; wring.

-sundu (i- ama-) (n) date palm; fruit of palm tree.

-sundu (um- imi-) (n) earthworm.

-sundulo (um- imi-) (n) nape of neck.

-sunduza (v) push aside; push.

-sungubala (v) hide; creep through.

-sungula (v) initiate; inaugurate.

-sunguli (um- aba-) (n) founder;

initiator; inaugurator.

-sungulo (u- izin-) (n) awl; blind worm.

-susa (v) remove; deduct; kill.

susa uchuku — start quarrel.

susa umsindo — start quarrel.

susa uthuli — start quarrel.

susa usinga/ugqozi — inspire.

susa izinyawo — go.

susa izimbiza — start cooking.

susa phansi — start from the beginning.

susa ushikishi — start a quarrel; start important work.

susa indlu — start building a house.

susa insini — start laughter.

susa esemehlweni — eat a little.

-susa (isi-) (n) motive; cause.

-suso (isi-) (n) kind of dance.

-sutha (v) be satisfied with food.

sutha esentwala — be overfed; eat too much.

sutha umoya — have no appetite.

sutha amazwi — listen to satisfying talk.

-sutha (in-) (n) insolence.

-suthisa (v) cause satisfaction.

-suthu (isi-) (n) Sotho language; Sotho way of life.

-suthu (um- abe-) (n) member of the Sotho tribe.

-suthu (u-) (n) beast with long horns (Afrikaner cattle); Lesotho; Usuthu River; Zulu regiment.

-suza (v) break wind.

-suzela (v) sting.

-suzelabhiyafu (in-) (n) woman with large buttocks.

-suzelakude (in-) (n) woman with large buttocks.

swabu (ideo) of reviving.

-swabuluka (v) revive; become cheerful.

-swaca (v) frown with anger.

swace (ideo) of disappearing round a corner.

-swacela (v) disappear round the corner.

-swahla (u- izin-) (n) tall; well built person.

-swakama (v) become wet; be moist.

-swakama (-o) (um-) (n) moisture; humidity; dampness.

-swakama (uku-) (n) humidity.

-swalakahla (u- izin-) (n) tall, well built person.

-swambakanya (v) take away in one bundle; bundle together.

-swana (izi-) (n) insolent words.

amazwi ayiziswana — insolent provocative talk.

-swanguluka (v) come to one's senses; recover conciousness.

-swani (in-) (n) dry sticks for kindling fire; tinder; spears.

-swani (um-) (n) stomach contents of herbivorous animal.

-swanyanswanya (in-) (n) something tender and soft.

swaxe (ideo) of disappearing round corner.

-swaxela (v) disappear.

swayi (ideo) of silence; of keeping quiet.

-swayi (i-) (n) salt.

-swazi (i- ama-) (n) member of Swazi tribe; spear with groove on blade.

-swazi (isi-) (n) Swazi language; Swazi way of life.

-swazi (u- izin-) (n) switch; small stick.

-swazi (um- imi-) (n) misfortune.

swe (ideo) of cutting thin strip; of making clean cut.

swebe (ideo) of whispering.

-swebeswebe (ubu-) (n) whispering; hissing.

-swebeza (v) whisper; hiss.

-swebezane (u-) (n) swarm.

-swebhu (isi- izi-) (n) whip.

-swela (v) be in need of; be poor; require.

-swela (u-) (n) snake odour.

-swelaboya (in- izin-) (n) cut-throat; brigand.

-swelakala (v) be necessary; be lacking.

-swelakalo (in- izin-) (n) need.

-swele (def v) need to do.

-sweleka (v) be lacking; be needed.

-swelela (v) become dusk.

swelele (ideo) of becoming dusk.

-swelele (um- imi-) (n) species of owl.

-swelo (in- izin-) (n) need.

-swempe (um- imi-) (n) old bull.

-swenya (isi-) (n) bundle.

-swenya (um-) (n) cutworm.

-sweswe (um- imi-) (n) strip.

-swezi (ubu-) (n) poverty.

swi (ideo) of fullness.

swibi (ideo) of striking with a whip.

-swibila (v) strike with a whip.

-swidi (i- ama-) (n) sweets; Swedish person; Swedish Church; member of Swedish Church.

-swidi (u- o-) (n) sweets.
-swininiza (v) whimper.

T

-tabane (um- imi-) (n) grass belt worn by women on certain occasions.
-tabane (isi- izi-) (n) effeminate; unmanly.
tabu (ideo) of lethargic walk.
-tabutabu (ama-) (n) lethargic and stupid looking person.
-tabuzela (v) walk slowly; be lethargic.
-tadi (isi- izi-) (n) study (room).
-tadisha (v) study.
-tafula (i- ama-) (n) table.
-tafutafu (isi- izi-) (n) rich food; very sweet food; fatty food.
-tahantaha (in- izin-) (n) large numbers.
-taka (v) pile up; stack; get stuck.
-takasa (v) a kind of walk.
-taki (isi- izi-) (n) pile; stack.
takla (ideo) of hitting in the stomach; of falling down on the stomach.
-taklaza (v) hit in the stomach; fling down violently.
-taku (u-) (n) difficulty; hardship; misery.
-taladi (isi- izi-) (n) street.
-talagu (u-) (n) mirage; shimmering of heat.
-talasa (v) protrude buttocks; be contemptuous.
-talasi (isi- izi-) (n) contemptuous person.
-talatiya (u-) (n) hardship; difficulty.
-tamasa (v) enjoy; be in comfortable circumstances.
-tamatama (um- imi-) (n) band worn over the shoulder.
-tamatisi (u- o-) (n) tomato.
-tamba (v) dance in a group as at a wedding.
-tambu (isi- izi-) (n) stamped mealies.
-tamukoko (isi- izi-) (n) opening of underground drain.
-tamuza (v) be in comfortable circumstances; enjoy life of ease; do as one pleases.
-tanasa (v) walk in contemptuous manner; protrude buttocks.
-tanatana (v) battle against difficulties.
-tanataneka (v) be actively occupied.
tanga (ideo) of walking with legs apart.
-tanganta (v) walk with legs apart.
-tangasa (v) walk with legs apart.
-tangi (i- ama-) (n) tank.
-tangi (isi- izi-) (n) bridle bit.
tankla (ideo) of hitting in the stomach.
-tanklaza (v) hit in the stomach; fling down violently.
-tanya (um-) (n) sugared water.
-tanyaza (v) eat tasty food.
    tanyaza umbuso — live in comfortable circumstances.
-tapa (v) take out; dig out; extract honey; touch sticky object; get cheaply.
    tapa ngamehlo — gaze at in silence.
    tapa indlu — demolish hut.
    tapa ubumba — dig clay.
    tapana ngamehlo — eye each other in silence.
-tapi (um- aba-) (n) one who extracts honey, digs clay, etc.
-tapo (um- imi-) (n) place of digging; abundance; bargain.
-tapolo (u- -o) (n) tarpaulin; canvas.
-tapolo (isi- izi-) (n) greasy substance.
tapu (ideo) of being sticky; of touching something sticky or greasy.
-tapu (isi- izi-) (n) greasy mass.
-tapuna (v) touch something greasy or sticky; touch something unpleasant; dig clay.
-taputapu (isi- izi-) (n) greasy mass.
-tashi (isi- izi-) (n) starch; stupid person; lethargic person.
tata (ideo) of walking with difficulty; of toddling.
-tata (ama-) (n) acting with undue haste; acting in a flurry.
-tata (um- imi-) (n) lagoon; wide expanse of water.
-tatabuka (v) be lethargic; walk like an invalid.
-tatama (v) move with difficulty.
-tatamisa (v) carry a heavy load; carry or support a person who cannot walk easily.
tatata (ideo) of acting nervously; of walking nervously.
-tatata (ubu-) (n) acting in a flurried manner; acting in an excited hurried manner.
-tatazela (v) act in excited hurried manner.
-tate (um- imi-) (n) lagoon.
-tatimende (isi- izi-) (n) statement (evidence).

-tatulula (v) dig out; extricate; take out from under a pile.

-tayiteli (-a) (i- ama-) (n) title deed.

te (ideo) of wetness; of dripping.

-teba (v) bend easily; be springy.

tebe (ideo) of bending; of springiness.

-tebe (i- ama-) (n) loin-skin of young calf.

-tebe (in- izin-) (n) lily.

-tebele (isi- izi-) (n) stable; half-penny.

-tebesa (v) show no enthusiasm.

-tebesela (v) lack enthusiasm.

-tebetebe (u- o-) (n) suspension bridge; weak object.

-tebha (u- o-) (n) Native Recruiting Corporation; free transport.

-tebha (v) hang down (as clothes); be loose.

-tebhe (i- ama-) (n) fat of fowl.

-tebhisa (v) wear clothes loosely.

-tebhisi (isi- izi-) (n) stairs; ladder; steps.

tebhu (ideo) of redness.

-tebhula (i- ama-) (n) table.

-tefa (v) cry easily; fuss.

teke (ideo) of wetness.

-tekenteke (in- izin-) (n) weakling.

-tekenya (i- ama-) (n) jigger flea.

-tekenyane (i- ama-) (n) jigger flea.

-tekeza (v) speak like a Swazi or Bhaca.

-teku (i-) (n) joking.

-tekula (v) speak jokingly.

-teleka (v) go on strike.

-teleka (isi- izi-) (n) strike.

telekeshe (ideo) of dashing; of moving rapidly.

-telekeshela (v) dash away; dart out.

-tembu (isi- izi-) (n) postage stamp; brand mark.

beka isitembu — finalise; do very well.

-temu (i- ama-) (n) term; difficult word.

-tena (i-) (n) tenor (of music).

-tende (i- ama-) (n) tent; sail.

-tende (isi- izi-) (n) stand; erf.

-tende (u- o-) (n) tent; sail.

-tenga (v) sway.

tenge (ideo) of swaying.

-tengezela (v) sway; move in feeble fashion; toddle.

-teshi (isi- izi-) (n) station.

-testamente (i- ama-) (n) Testament.

-teta (v) carry baby on back; sit on back as child; give birth.

-tetelegu (isi- izi-) (n) stout person.

-tetema (v) thrive with difficulty; cry easily; be peevish; be delicate.

-tetemisa (v) spoil (as child).

-tetemuka (v) walk gingerly; be showy in one's gait.

-tetimende (isi- izi-) (n) statement (evidence).

-tewuzela (v) be sleek; be juicy.

-tezi (isi- izi-) (n) double storey building; corset.

tha (ideo) of floating; of spreading out.

-tha (v) pour liquid into a container; pour through funnel; give a name; give enema; tell a tale.

-tha (isi- izi-) (n) enemy; pile of dry dung; heap.

-tha (ubu-) (n) enmity.

-thaba (v) be delighted.

-thabatha (v) take; receive.

-thabatha (i-) (n) beadwork sewn in patches.

-thabathaba (isi- izi-) (n) vast expanse.

-thabatheka (v) be carried away by emotion.

thaca (ideo) of falling; splash.

-thacaza (v) throw down splash; pass liquid stools.

-thaceka (v) make dirty.

-thafa (i- ama-) (n) level country; pasture land; (pl. only) faeces.

thahla (ideo) of cracking noise (such as typewriter).

-thahlaza (v) make sharp noise.

-thaka (v) mix together.

-thaka (ubu-) (n) loss of strength; feebleness.

-thakasa (v) be happy.

-thakatha (v) practise witchcraft; be skilful.

-thakathaka (ubu-) (n) weakness (as after illness).

-thakathi (um- aba-) (n) one who practises witchcraft; bile; painful tooth; milk-teeth; one with great skill.

umthakathi wezindaba — one who fires the imagination of people.

umthakathi wezigodo — one accomplished in witchcraft.

-thakathi (ubu-) (n) witchcraft.

-thakasa (v) rejoice; be happy.

-thakazela (v) praise; congratulate; welcome with pleasure.

-thakazelo (isi- izi-) (n) clan praises; praise; congratulation.

thakla (ideo) of crashing down; of falling on one's belly.

-**thaklaza** (v) fling down.
-**thako (isi- izi-)** (n) ingredient; essence.
thala (ideo) of looking this way and that way.
-**thala (i- ama-)** (n) place at back of hut; raised platform; shower (as of spears); grass container hung from rafters.
-**thala (isi- izi-)** (n) species of river grass.
-**thala (um-)** (n) the milky way; kind of grass; thick muscles of belly of beast.
-**thalalisa** (v) pretend to be unaware; ignore.
-**thalaza** (v) glance this way and that way; search; peer about.
-**thamba** (v) become tame; become soft; be gentle.
  ukuthamba komzimba — feeling of depression.
  ukuthamba kwezulu — plentiful rain.
-**thambama** (v) go down as sun; become afternoon.
-**thambama (intambama)** (n) afternoon.
-**thambeka** (v) slope.
-**thambeka (um- imi-)** (n) slope.
-**thambekela** (v) slope towards; be inclined to.
-**thambekisa** (v) tilt; cause to slope.
-**thambisa** (v) soften; tame.
  thambisa umzimba — relax muscles.
  thambisa igazi — banish anger.
-**thambo (i- ama-)** (n) bone; species of tree with hard wood.
  owethambo — one against whom grudge is held.
  ithambo elahlula impisi — a difficult problem.
  ukuba nethambo — to be tall.
  ukuphuma amathambo — loosing of milk-teeth.
  ukuba mathambo — to be emaciated.
  thambo lenyoka — a deadly threat.
-**thambo (um- imi-)** (n) vein; blood vessel; rib of leaf.
-**thamela** (v) bask in the sun.
  ukuthamela ibandla — to listen to discussion at assembly of men.
-**thameli (isi- izi-)** (n) attendant (usually of King).
-**thamo (i- ama-)** (n) mouthful (usually of something liquid); pay little attention to the truth; exaggerate.

-**thamo (um- imi-)** (n) mouthful of food.
-**thamunda** (v) speak at length; gossip.
-**thanathana (uku-)** (n) usually in loc. form *ekuthanathaneni* somewhere — place unspecified.
-**thanda** (v) desire; like; love; be inclined; wind; plait.
-**thandabuza** (v) be in doubt; hesitate.
-**thandabuzo (intandabuzo)** (n) doubt.
-**thandana** (v) be in love.
-**thandani (izi-)** (n) lovers.
-**thandaza** (v) pray; beg.
-**thandazeli (um- aba-)** (n) faith healer.
-**thandazo (um- imi-)** (n) prayer.
-**thandeka** (v) be lovable; likeable.
-**thandela** (v) wind around (as a piece of string).
-**thandela (intandela)** (n) species of climbing plant.
-**thandezela** (v) wind around.
-**thando (intando)** (n) will; free will.
-**thando (isi- izi-)** (n) forge; smithey; furnace.
-**thando (u-)** (n) love; affection; liking.
-**thandokazi (intandokazi izin-)** (n) favourite; favourite wife.
-**thandwa (isi- izi-)** (n) loved one; popular person.
-**thanga (i- ama-)** (n) thigh; pumpkin; shelter for herdsman; chief's kraal where cattle are kept; one who falls easily.
-**thanga (izi-)** (n) sitting of boy on floor with feet together and knees apart.
-**thanga (u- izintanga)** (n) pumpkin plant; pumpkin seed.
  ukuba zintanga — to sit with legs spread out; to obstruct way.
-**thangala (um- imi-)** (n) kraal of rough stones; precipice.
-**thangami (u-) (isi- izi-)** (n) place for basking in sun.
-**thange (i- ama-)** (n) tank.
-**thango (u- izintango)** (n) hedge; fence.
-**thango (um- imi-)** (n) pile of objects.
-**thani (i- ama-)** (n) ton.
thanqa (ideo) of throwing down violently.
-**thanqaza** (v) hurl down violently.
-**thansabula** (v) strike with a switch or whip.
thansu (ideo) of striking with a switch or whip.
-**thansula** (v) strike with a switch o

whip.

-thantala (i- ama-) (n) vast expanse of water.

-thantazana (um- imi-) (n) young heifer; small cow.

-thantikazi (um- imi-) (n) big cow.

-thanzi (i- ama-) (n) reasonable quantity.

-thapha (v) take out; dig out; extract honey; touch sticky object; obtain cheaply.

(For phrases see *tapa*)

-thaphi (um- aba-) (n) one who extracts honey, digs clay, etc.

-thapho (um- imi-) (n) place of digging; source of supply; abundance; bargain.

thaphu (ideo) of appearing in numbers; of giving forth odour.

-thaphuka (v) come forth in numbers; emit odour; fragrance.

-thaphuthaphu (ubu-) (n) do on a large scale.

thasi (ideo) of grabbing.

thasha (ideo) of walking leisurely.

-thashaza (v) walk leisurely.

-thasisela (v) add on to.

-thatha (v) take; marry.

  thatha ngewala — act precipitately.

  thatha umzimba — pick up after illness.

  thatha isisu — become pregnant.

  thatha phansi — start from the beginning.

  thatha indlela — start on a journey.

  thatha ukukhuluma — start speaking.

  thatha indaba — start narrating a story.

  thatha isikhundla — take office.

  thatha ukusa — dawn.

  thatha ingoma/iculo — start a song/ hymn.

  thatha amazwi /amagama — repeat words spoken.

  thatha unyawo — walk.

  thatha izinyawo — walk fast.

  thatha ngesizotha — speak in a dignified manner.

  thatha ukhasha — catch quickly.

  thatha iqanda lengesengese — be pestered by someone whose property one has taken.

  thatha kancane — walk steadily; act slowly.

  thatha ikhefu — rest.

  thatha kanye — succeed first time;

  be effective (as cure).

  thatha ngamandla — act precipitately.

  thatha ngejubane — run; run away.

  thatha ngozwane — be expert thief.

  thatha ngozipho — be expert thief.

  thatha olunye unyawo — mend one's ways; change one's habits.

  thatha amehlo — be attractive.

  thatha isithombe — take a photograph.

  thatha kalula — minimise importance of thing; treat lightly.

  thatha isihlwathi — sleep for a short while.

  thatha inhlamvu — hit first time; be a marksman.

  thatha ngesiva — run fast.

  thatha ezakho — come let us fight.

  zabathatha — he ran away; went away.

-thatha (i- ama-) (n) precocious person; barb of assegai; barbed assegai.

-thatha (ubu-) (n) precocity.

-thathamela (u- izintathamela) (n) stiff person (as one numb from cold).

-thathanduku (um- imi-) (n) last supply of beer before dispersing.

thathatha (ideo) of dazed movement.

-thathazela (v) act in precocious manner.

-thathe (def v) do thereupon.

-thathe (u-) (n) undergrowth of unburnt grass.

-thatheka (v) be carried away by emotion; be easily influenced; be engrossed; fascinated.

-thathela (v) run; delay; follow roundabout route.

  thathela ngejubane — run away.

  thathela amaqanda — remove eggs from bird's nest.

  thathela phansi — start from the beginning.

  thathela phezulu — act hastily.

-thathelana (v) be infectious; be contagious.

-thathelela (v) chase after.

-thatheli (intatheli izin-) (n) newspaper correspondent.

-thathisa (v) help carrying; make sure; refer; confer; start.

-thathu (adj) three.

-thathu (isi-) (n) third position.

-thathu (ubu-) (n) state of being three.

-thawini (i- ama-) (n) town.

-thawula (i- ama-) (n) towel.
thaxa (ideo) of throwing down wet object (as cloth); of striking with wet object (such as cloth); of being drenched.
-thaxazela (v) be drenched; walk in wet clothes.
-thaya (-i) (i- ama-) (n) tyre.
-thayela (u- o-) (n) corrugated iron.
thayi (ideo) of looking in perplexed manner.
-thayi (-a) (i- ama-) (n) tyre.
-thayi (u- o-) (n) neck-tie.
-thayimiholo (u- o-) (n) Town hall; Town hall clock.
-thayipha (v) type.
-thayiza (v) be confused; be precocious; intercede.
-thayizela (v) intercede on behalf of.
-thayizelo (u-) (n) intercession; plea.
-the (ama-) (n) spittle.
    amathe onyawo — instep.
    amathe nolimi — close friends.
    ukuba sematheni — current topic.
    amathe ezimpukane — light drizzle.
    fela amathe — despise; denigrate.
    ukubuyela kwamathe kwasifuba — to be disappointed.
-thebe (i- ama-) (n) hip-bone.
-thebe (intebe izintebe) (n) arum lily plant.
-thebe (isi- izi-) (n) eating mat; Holy Communion.
-thebeli (um-) (n) species of small owl.
thece (ideo) of sitting lazily; of sitting nude.
-thefula (v) speak in 'thefula' dialect (in Qwabe fashion) (y replaces l in thefula).
theke (ideo) of quivering (as jelly).
-thekela (v) beg food from friend.
-thekeleza (v) bind.
-thekeli (isi- izi-) (n) one who begs for food; one who has been offered temporary accommodation.
-thekeli (um- aba-) (n) one who begs for food; wife.
-thekelisa (v) give food to one who has asked for it.
thekence (ideo) of sitting flat; of sitting lazily.
-thekenteke (intekenteke izin-) (n) sickly person; weak person; weak object.
-theketheke (ama-) (n) jelly-like substance; loose stools.

-thekezela (v) quiver.
-theku (i- ama-) (n) bay; harbour.
    eThekwini — Durban.
-thekwane (u- o-) (n) hammer-kop.
-thekwane (ubu-) (n) bunch of feathers worn on head.
-thela (v) pour; pay tax; give in (be defeated); bear fruit.
    thela umzimba — put on weight of one in middle age.
    thela umzimba phansi — be dejected; be weary.
    thela phansi — hurl down.
    thela ngothuli — leave behind in a race.
    thela izinkamba — serve beer.
    thela ngamanzi — overshadow.
    thela amanzi — ask for pardon.
    thela amanzi edadeni — be ineffective.
    thela inkulumo amanzi—undermine talk; belittle.
    thela ngobulawu emehlweni — deceive.
    thela ngenkovu emehlweni — deceive.
    thela umuthi enkomeni — gulp down; drink everything.
    thela ngemikhonto — aim with spears.
    thela ngethala — throw a shower of spears.
    thela ngehlazo — bring shame upon.
    thela ngamahloni — bring shame upon.
    thela ngenhlamba — swear at.
    thela ngomlotha — besmirch.
    thela imvula — to rain.
    thela ngezinyembezi — weep.
    ukuzithela ngamanzi — to appear unconcerned.
    ukuzithela ngabandayo — to appear unconcerned; to take no notice.
    ukuzithela kuMalunda — to meet more than one's match.
    zamthela — to bleed.
-thela (intela) (n) tax; levy.
-thelawayeka (u-) (n) uncontrolled activity; doing as one pleases.
-theleka (v) arrive.
-thelekela (v) attack.
-thelela (v) water; add onto; assist; infect; pay for.
    thelela ikhanda — pay poll-tax.
    thelela ngokufa — infect with disease.
-thelela (um- imi-) (n) reinforcement.

-**thelelana** (v) pour for one another; infect one another.

thelelana amanzi — become reconciled.

-**thelezi (intelezi izin-)** (n) herbs and charms applied by sprinkling; charms for doctoring army.

-**thelisa** (v) collect tax; impose a levy; conquer.

-**thelisi (um- aba-)** (n) tax collector.

-**thelo (isi- izi-)** (n) fruit.

-**thela (intela)** (n) tax; levy.

-**themba** (v) hope; trust.

-**themba (i- ama-)** (n) trust; hope.

-**thembeka** (v) be trustworthy; be reliable.

-**thembisa** (v) make promise; be promising.

-**thembiso (isi- izi-)** (n) promise; assurance.

-**thembu (isi- izi-)** (n) more than one wife; plurality of wives.

-**Thembu (um-)** (n) member of the Thembu tribe.

-**thembuza** (v) go from one wife to another.

-**themeleza** (v) talk endlessly; be long winded; recount patiently; talk nonsense.

-**themelezo (um- imi-)** (n) endless talk; pointless talk.

-**thempeli (i- ama-)** (n) temple.

-**thempeli (um- ama-)** (n) member of Independant Order of True Templars.

-**thena** (v) castrate; prune; remove growing points of runner plants.

thena amandla — discourage.

-**thena (i- ama-)** (n) tenor (music).

-**thende (i- ama-)** (n) tent.

-**thende (isi- izi-)** (n) heel.

dla izithende — undermine.

shaya izithende — undermine.

izithende zahlala esiphundu — he ran fast.

faka izithende — put on heels to shoes.

-**thende (um- imi-)** (n) stripe; streak.

-**thendele (i- ama-)** (n) partridge.

-**thendelezela** (v) bind.

-**thenga** (v) buy.

thenga amehlo — do in order to please someone; do because you see someone; ingratiate oneself.

thenga indaba — intervene in matter which does not concern one.

thenga ubulima — act prematurely;

act without giving due thought.

thenga umuntu — bribe.

thenga amagula ezansi — drown in river.

thenga ilala ezansi — drown in river.

-**thengela** (v) serve in a store; buy for; be cheap.

-**thengi (um- aba-)** (n) buyer; landowner.

-**thengisa** (v) sell.

-**thengisi (um- aba-)** (n) seller.

-**thengo (intengo izin-)** (n) purchase price.

-**thenisi (i- ama-)** (n) tennis; tennis ball.

-**thente (um- imi-)** (n) species of grass.

-**thentesa** (v) point flaws; express dissatisfaction.

-**thenwa (um- aba-)** (n) eunuch.

-**thetha** (v) nag; speak in a nagging way.

thetha amadlozi — propitiate spirits; call spirits.

thetha ubulanda — handover bride (by her father) to her people-in-law.

thetha icala — try a case.

thetha impi — send out army on a campaign.

thetha inqina — send out hunting party.

thethwa yicala — be found not guilty.

-**thethe (intethe izin-)** (n) grasshopper; cigarette.

-**thethelela** (v) forgive.

-**thethelelo (intethelelo)** (n) forgiveness.

-**thethi (isi-)** (n) one given to scolding; nagging person.

-**thethimacala (um- aba-)** (n) one who tries cases.

-**thethisa** (v) scold.

-**thetho (um- imi-)** (n) law; rule; system.

umthetho wakhe — it is his habit/practice.

-**theza** (v) gather firewood.

ukuthezela entanjeni — to bite as much as one can chew.

ukutheza olunenkume — bring trouble upon oneself.

ukulutheza phezulu — strike on the head with a stick.

-**thezisana** (v) argue; wrangle.

-**thezuka (um- imi-)** (n) steep; pre-

cipice.
-thi (v) say; intend; think.
 used extensively preceding ideo-
 phones (e.g. *ukuthi klabe* — to
 steal a glance. *ukuthi thasi* — to
 pick up; to grab etc.
 expresses to do a little when fol-
 lowed by infin. e.g. *wathi ukuha-
 mba* — he walked a little; *sathi
 ukuphumula* — we rested a little;
 etc.
 used as conj to express while; when;
 e.g. *kuthe esakhuluma* — while he
 was speaking; *ngithe ngisabhala*
 — as I was writing).
 ukuthi galo yephuka — to take to
 one's heels.
-thi (ubu-) (n) poison.
-thi (u- ulu- izinti) (n) stick; twig.
 ukuba ngangothi lokuvungula — to
 be emaciated.
 ukuba namehlo ayizinti — to have
 sharp eyes.
-thi (umu- imi-) (n) tree; medicine.
-thiba (v) stop; prevent; assume
 stance for combat.
-thiba (zi-) (v) abstain.
thika (ideo) of disturbing; of hesitat-
 ing.
-thikameza (v) worry; disturb; inter-
 rupt.
-thikamezo (isi- izi-) (n) interruption;
 distraction; disturbance.
-thikathika (i- ama-) (n) hesitation;
 interruption; disturbance.
-thikaza (v) hesitate.
-thikazisa (v) worry; disturb; annoy.
thiki (ideo) of movement of jelly-like
 substance; of quivering; of disturb-
 ing.
-thikibeza (v) worry; disturb; interrupt.
-thikimeza (v) worry; disturb; inter-
 rupt.
-thikintiki (intikintiki izin-) (n) jelly-
 like substance.
-thikithana (isi- izi-) (n) label.
-thikithi (i- ama-) (n) ticket.
-thikithi (u- izintikithi) (n) crowd;
 packed mass; congestion.
-thikithiki (u-) (n) jelly-like substance.
-thikiza (v) shake; quiver; move like
 jelly-like substance.
-thilamu (i- ama-) (n) tram.
-thile (rel) certain; some.
-thileyi (i- ama-) (n) tray.
-thilileka (v) walk leisurely; wonder
 about.

-thilomu (i- ama-) (n) tea-room.
-thimba (i- ama-) (n) group of girls.
-thimba (um- imi-) (n) bridal party.
-thimba (v) fascinate; lure.
thimu (ideo) of sneezing.
-thimu (i- ama-) (n) team (sporting).
-thimula (v) sneeze; snort.
-thimula (u-) (n) watery mucus.
-thimuthimu (isi- izi-) (n) abundance;
 large object.
 isithimuthimu somuzi — large kraal.
thina (pron) we; us.
-thingo (u- izintingo) (n) cut saplings
 for building; withies.
-thingo-lwenkosazana (u-) (n) rain-
 bow.
-thingo-lwenkosikazi (u-) (n) rainbow.
-thini (i- ama-) (n) tin.
-thini (um- imi-) (n) otter.
thinsi (ideo) of falling down heavily.
-thinsika (v) fall down (of heavy
 object); drop down.
-thinsila (v) throw down heavy object.
-thinta (v) touch.
 thinta inyoka emsileni — bring trou-
 ble upon oneself.
 thinta umnyovu — bring trouble up-
 on oneself.
 thinta ukhuni lombangandlala —
 bring trouble upon oneself.
 thinta ongathintwa — tease short-
 tempered person.
 thinta ubhece esafinya — harm one-
 self.
 thinta umuntu enonini — say some-
 thing pleasant.
 thinta isikhwehlela — cough slightly
 (deliberately).
 thinta isigingci/upiyane — play well
 guitar or piano.
 thinta izinyawo — go slowly.
 ukuba mathintanyawo — to hesitate.
-thinta (i- ama-) (n) tomb.
-thintana (v) communicate.
-thinteka (v) be involved.
-thinti (isi- izi-) (n) man's loin attire
 of tails.
-thintitha (v) shake out dust from.
 thintitha ihlaya — laugh heartily.
 thintitha isililo — wail; cry.
 ukuzithintitha — make oneself look
 presentable.
-thinyane (um- imi-) (n) kitten.
-thinzane (ama-) (n) doubt; hesitation.
-thinzathinza (ama-) (n) doubts.
-thinzisana (v) argue; wrangle.
-thisha (u- o-) (n) teacher.

-thishela (u- o- ama-) (n) teacher.
-thispuni (i- ama-) (n) teaspoon.
-thithibala (v) be at a loss what to do; be depressed; look sickly; be cold.
-thithimbili (um- imi-) (n) sluggish person; stupid person.
-thithithi (isi- izi-) (n) stupid person.
-thithiza (v) hesitate; be confused.
-thivili (isi- izi-) (n) farthing.
-thixo (isi- izi-) (n) idol; god.
-thiya (v) hinder; trap; prop up.
-thiyo (isi- izi-) (n) trap; obstacle.
-thizane (ama-) (n) mental confusion
-thize (rel) certain; some.
tho (ideo) of dripping of water.
-tho (isi- izi-) (n) limb; joint of meat; lower leg.
    ukuba nezitho — to have thick legs.
-tho (into izinto) (n) article; thing.
-tho (u- izinto) (n) thing.
-thoba (v) foment; bend down; be humble.
-thoba (i- ama-) (n) drooping eye; person with drooping eye; beast with in-bending horns.
-thobeza (v) appease.
-thobezela (v) appease.
-thobo (isi- izi-) (n) poultice.
-thobolo (u-) (n) cinders.
thofo (ideo) of softness.
-thofontofo (intofontofo izin-) (n) soft downy surface; soft seats.
-thofozela (v) be soft; downy.
-thofu (um-) (n) lead (metal).
-thohlongwana (isi- izi-) (n) youngster.
-thokazi (i- ama-) (n) heifer.
-thokomala (v) be warm; be comfortable.
-thokothoko (isi-) (n) thicket; crowded place.
-thokoza (v) be happy; report kill when hunting.
-thokozela (v) congratulate.
-thokozisa (v) cause to be happy.
-thokozo (intokozo) (n) happiness.
-thola (v) find; get; adopt.
    thola umntwana — give birth.
    thola isisu — become pregnant.
    thola umuntu —offer shelter; give employment.
    thola icala — get into trouble.
    thola ngesandla—grab by the hand.
    thola ekhanda — strike head.
tholakala (v) be available; be found.
tholampilo (um- imi-) (n) clinic.
tholana (v) be friendly; come to grips.

    ukutholana phezulu — to come to grips; to fight.
-tholanyama (um-) (n) heap; swelling; damp manure.
-thole (i- ama-) (n) calf.
-thole (isi- izi-) (n) heifer.
-tholela (v) gather fuel.
    ukutholela inyoni — to find a bird's nest.
-tholisela (v) hand over to owner lost property.
tholo (ideo) of nervousness; of shyness.
-tholo (um- imi-) (n) acacia; black-wattle.
-tholoza (v) be nervous; be shy.
-tholwa (v) be found; be employed.
-tholwa (isi- izi-) (n) adopted stranger.
-thomba (v) reach age of puberty; rust.
-thombe (i- ama-) (n) place in hut where calf is tied.
-thombe (isi- izi-) (n) picture; statue; small sized person; person who can offer no help.
-thombe (um- imi-) (n) species of tree.
-thombo (isi- izi-) (n) young plant; seedling; built of body.
-thombo (um- imi-) (n) fountain; source; malt.
-thombonkala (i-) (n) rusty covering on stagnant water.
-thombothi (um- imi-) (n) species of tree.
-thombuluka (v) become uncoiled; become unfastened.
-thombulula (v) uncoil; unfasten.
-thomiyana (isi- izi-) (n) child; small person.
-thondo (um- imi-) (n) penis.
-thondolo (um- imi-) (n) wether; castrated goat.
-thondolo (intondolo izin-) (n) castrated goat.
    intondolo ephuka amathambo — an old castrated goat.
-thonga (isi-) (n) Tsonga language; Tsonga way of life.
-thonga (i- ama-) (n) member of Tsonga tribe.
-thonga (isi-) (n) loud report (as of gun).
-thonga (um- aba-) (n) member of Tsonga tribe; one in charge of hunting party.
-thongo (i- ama-) (n) ancestral spirit.
-thongo (isi- izi-) (n) deep sleep.

-thongo (ubu-) (n) drowsiness; sleep.
-thongwana (-e) (i- ama-) (n) snuff-box.
-thongwana (isi- izi-) (n) nap; short sleep.
-thongwane (um- imi-) (n) shrub bearing red fruit resembling mulberry.
-thonsa (v) drip.
-thonsela (um- imi-) (n) remains; remnant; small number.
-thonsi (i- ama-) (n) drop; mental instability.
-thonsisela (v) instil; apply drops (as medicine).
-thonta (v) drip.
-thontela (v) drip onto; perch.
-thontisa (v) sow by hand following plough.
-thontisela (v) sow by hand following plough.
thonto (ideo) of perching.
-thonto (izi-) (n) pouncing.
  suka izithonto — pounce upon.
-thonya (v) influence; fascinate; hypnotise.
-thonya (i-) (n) influence; hypnotism; have luck of taking people unawares (or surprising people doing wrong).
-thopha (v) praise; call by clan name; flatter.
-thophela (v) ripen; turn into reddish hue (as fruit or crops).
-thophiza (isi- izi-) (n) short person; child.
-thopho (isi- izi-) (n) praise name; clan name; pet name.
-thosa (v) toast; fry; roast; toss.
-thoshi (i- ama-) (n) torch.
-thosi (i-) (n) toss.
-thosi (u- o-) (n) toast.
thosu (ideo) of tearing away.
-thosuka (v) get torn off.
-thosula (v) tear off.
-thotha (v) place close together; leave small space in between.
  thotha izinyawo — walk slowly.
-thothana (v) be placed close together; draw to a close (usually of days).
-thothanisa (v) place close together; pack closely.
-thotho (u-) (n) full set of teeth; collection of well arranged objects.
-thothobala (v) be dull; be huddled up.
thothololo (ideo) of breaking down; of collapsing.
-thothololo (intothololo izin-) (n)

person without strength.
-thothololo (u- izin-) (n) abyss.
-thotholwane (u-) (n) joy.
-thothomba (v) become brown (as when roasting); take on reddish hue.
-thothombala (v) become brown (as when roasting); take on reddish hue.
-thothombisa (v) roast; bake.
-thothongana (v) be nervous; be huddled up.
-thothongo (um- imi-) (n) dull, sleepy person; stupid person; beast presented to bride by her father.
-thovane (um- imi-) (n) species of tree.
-thovothi (um- imi-) (n) jugular vein.
-thoza (isi-) (n) dignity; personality.
-thozisa (v) hand over lost article to owner.
-thozisela (v) hand over lost property to owner.
-threyi (i- ama-) (n) tray.
thu (ideo) of appearing suddenly; of puffing out; of report (as of gun).
-thuba (i- ama-) (n) chance; opportunity; time.
-thuba (isi- izi-) (n) time; opening.
  ukuba sesithubeni — to be in a dilemma; to be baffled.
-thuba (intuba izintuba) (n) gateway; small opening.
-thube (um- imi-) (n) dun coloured beast.
-thubela (i- ama-) (n) bruise.
-thubeleza (v) weave in and out; follow round about route; avoid public eye.
-thubi (isi-) (n) porridge of mealie meal and milk of cow just calved.
-thubi (um- imi-) (n) bowel contents of locust; milk of cow just after calving.
-thubiyela (um- imi-) (n) contusion.
-thubula (v) bump.
-thubulela (i- ama-) (n) contusion.
-thubuza (v) break up (as clods); pulverise.
-thufela (v) pout; be silent; be in bad mood.
-thufiyela (v) scan; scrutinise.
thuhlu (ideo) of hitting (as with gun).
-thuhluza (v) shoot.
-thuka (v) be frightened; be startled; insult; swear; praise (king, spirits).
-thukisa (v) expose to abuse.
  thukisa ngabantu — advise people

to abuse one.

-thuko (isi- izi-) (n) insult; evil word; abuse.

thuku (ideo) of hiding; of burrowing.

-thuku (i- ama-) (n) large manure grub; grub-like object in brain of sheep.

ukuba nethuku — to behave like one insane.

-thuku (ama-) (n) huts near main entrance of Zulu kraal; last position in a line.

ukuba semathuku — to be right at the bottom of the line.

-thuku (um- imi-) (n) dun-coloured beast.

-thukuluka (v) become unfastened; become free.

-thukulula (v) untie; set free.

-thukusa (v) conceal; sow.

thukusa izintanga—plant pumpkins.

thukusa induku emqubeni — keep something up the sleeve.

-thukuthela (v) become annoyed; become angry; be determined.

-thukuthelo (intukuthelo) (n) anger; annoyance.

-thukuthezi (isi-) (n) feeling of discomfort as if one is going to faint.

-thukuthuku (isi- izi-) (n) beads of perspiration; fruits of one's labour.

-thukuza (v) burrow (as mole); hide.

-thula (v) be silent; be peaceful.

-thula (uku-) (n) quiet; silence.

-thulasizwe (u- o-) (n) one in authority; high ranking officer.

-thule (rel) quiet; peaceful.

-thuli (isi- izi-) (n) quiet person; reserved person.

-thuli (u- izintuli) (n) dust.

ukuba nothuli — to be quarrelsome.

-thuli-lwezichwe (u-) (n) whirlwind; commotion.

-thulu (isi- izi-) (n) deaf person; beast with no horns.

-thulula (v) pour out (from a container); empty.

-thuma (v) send.

-thuma (um- imi-) (n) bitter-apple shrub.

-thuma (intuma izin-) (n) fruit of bitter-apple.

-thumba (v) take captive; loot.

-thumba (i- ama-) (n) abscess; boil; tumour.

-thumbanja (isi- izi-) (n) place just outside door of hut.

-thumbu (i- ama-) (n) intestine; hose-pipe.

ukuba mathumbu entaka — to be cloudy.

ukubola amathumbu — to have worthless child.

ukusikwa emathunjini — to feel compassion.

-thumbu (ubu-) (n) centre of fruit like pumpkin.

-thumbu (u- o-) (n) last born in family.

-thumela (v) forward to; send for.

-thumthumu (isi- izi-) (n) large kraal.

-thuna (v) bury; be unsuitable.

-thuna (i- ama-) (n) grave.

-thunaza (v) humiliate; degrade; shame.

-thunda (v) urinate.

-thundabebhekene (intundabebhekene) (n) strong beer.

-thundlaza (v) peddle snuff.

-thundo (um-) (n) urine.

-thundu (i- ama-) (n) brow; eye ridge.

-thundu (isi- izi-) (n) large food container of grass or clay.

-thunduluka (um- imi-) (n) species of tree.

-thunduluka (i- ama-) (n) fruit of *umthunduluka* tree.

-thunduzela (v) put baby to sleep; quieten.

-thunga (v) sew; serve out; wear head ring.

thunga nocansi — stab lying on a mat.

thunga amanga — tell lies.

thunga icebo — devise a plan; concoct a plot.

thunga umlomo — keep quiet.

thunga intebe — do foolish thing; pursue unrewarding venture.

thunga utshwala — serve out beer.

thunga isicoco — wear a headring.

thunga inhloko — dress headgear; wear top-knot.

-thunga (i- ama-) (n) milk-pail.

-thungatha (v) follow a trail (as a dog on the scent).

-thungela (v) sew for; set on fire; light a fire.

thungela ngolaka — scold.

thungela umlilo equbuleni — annoy person with quick temper.

-thungelana (v) engage in heated argument.

-thungeleka (v) be set on fire.

-thungo (isi- izi-) (n) bundle of grass tied together.

-thungo (um- imi-) (n) sewing; stitch.

-thungo (u- izintungo) (n) sapling for building; withies.

thungqu (ideo) of rising of dust or smoke; of being light in complexion.

-thungquka (v) rise as dust; come forth (as smoke).

-thungquza (v) raise dust; give forth smoke.

-thungu (isi- izi-) (n) bundle.

-thungulu (u-) (n) country along sea coast.

-thungulu (um- imi-) (n) species of shrub.

-thungulu (i- ama-) (n) Natal plum.

-thunguluka (v) become open (as eyes of pup).

-thungulula (v) open.

-thunjana (i- ama- u- o-) (n) last born of a family; appendix.

-thunjwa (v) be taken captive.

-thunjwa (isi- izi-) (n) captive.

-thunjwa (um- aba-) (n) captive.

-thunqa (v) give out smoke.

-thunqisa (v) burn medicines; fumigate; cover with smoke.

-thunqisela (v) treat with fumes of burnt medicine.

thunqu (ideo) of rising of dust; of coming forth of smoke; of being light complexioned.

mpofu thunqu — light in complexion.

-thunquka (v) rise as dust; come forth (as smoke).

-thunquza (v) raise dust; give forth smoke.

thunsu (ideo) of falling of heavy object.

-thunsuka (v) fall down (of heavy object.

-thunsula (v) throw down heavily.

-thuntu (ubu-) (n) bluntness.

-thuntubeza (v) make blunt; discourage.

-thuntusha (isi- izi-) (n) stupid person.

-thuntutha (v) dust.

-thunuka (v) hurt a sore place; open old wounds.

-thunukala (v) be hurt on a sore place.

-thunywa (isi- izi-) (n) messenger.

-thunywa (um- aba-) (n) messenger.

-thunzi (i- ama-) (n) shadow.

-thunzi (isi- izi-) (n) shadow; dignity; prestige.

-thunzi (um- imi-) (n) shade.

-thupha (u- izintupha) (n) tip of finger.

-thupha (isi-) (n) six; thumb.

izithupha ziya emasini — people alike in all respects.

-thuphe (isi-) (n) species of grass.

-thuqasana (u-) (n) person of no consequence; person covered with dust.

-thuqasi (um- imi-) (n) person covered with dust or grime.

thuqu (ideo) of rising up of dust; of being light complexioned.

-thuqu (um- imi-) (n) beast with dull grey colour.

-thuquka (v) rise up as dust.

-thuquza (v) raise dust.

-thuqusi (u- izintuqusi) (n) person covered with dust or grime.

-thuqwa (um- imi-) (n) beast with dull grey colour.

-thusa (v) frighten.

-thushana (isi- izi-) (n) foolish person.

thushu (ideo) of appearing suddenly.

-thushuka (v) appear all of a sudden.

-thusi (i- ama-) (n) brass.

-thutha (v) move house; transport.

thutha izindaba — carry tales.

-thutha (isi- izi-) (n) foolish person; ancestral spirit.

-thutha (ubu-) (n) stupidity.

-thuthambi (um- imi-) (n) one who removes night soil.

-thutheleka (v) come in numbers; assemble in numbers.

-thuthezela (v) transport in several loads.

thuthu (ideo) of progressing a little.

-thuthu (intuthu) (n) smoke.

-thuthu (u-) (n) hot ashes; beast with greyish colour of ash.

thuthuka (interj) said when one sneezes.

-thuthuka (v) increase in size, importance or wealth; progress.

-thuthuko (intuthuko) (n) progress; advancement.

-thuthumba (intuthumba izin-) (n) pustule.

-thuthumela (v) tremble.

-thuthuthu (isi- izi-) (n) motor cycle; stupid person.

-thuthuva (i- ama-) (n) pustule; pimple.

-thuthuva (u-) (n) unrest; disorderly conduct; sand-coloured beast.

-thuthuzela (v) quieten (as crying baby); lull.

-thuthuza (v) make noise as motor cycle; puff; act blindly.
-thuthwane (isi-) (n) epilepsy.
-thuvi (u-) (n) excreta.
thwa (ideo) of whiteness.
-thwa (umu- aba-) (n) Pgymy; Bushman.
-thwabaza (v) roam; wander about.
-thwabi (i-) (n) hiccups.
-thwaca (isi- izi-) (n) foolish person.
thwahla (ideo) (n) of sharp report (as gun).
-thwahlaza (v) hit with gun.
-thwala (v) carry; be pregnant.
  thwala amaphiko — show off.
  thwala umhlwenga — be conceited.
  thwala ishoba — be conceited.
  thwala umsila — be conceited.
  thwala iqolo — be conceited.
  thwala ikhanda — be haughty.
  thwala ilunda — be proud; aloof.
  thwala amehlo — be disrespectful; be apprehensive.
  thwala kwezulu — gathering of clouds.
  thwala izandla ekhanda — cry; mourn.
  thwala izikhwama — carry bags for a herbalist.
  thwala chule — balance on head.
  ukuzithwala — to be proud.
-thwalambiza (isi- izi-) (n) praying mantis.
-thwalo (um- imi-) (n) load; burden.
-thwangathwanga (isi- izi-) (n) worthless person.
-thwanguthwangu (isi- izi-) (n) worthless person.
thwanqa (ideo) of hurling down.
-thwanqaza (v) hurl down.
-thwanqu (u- o-) (n) poor person; helpless person.
thwansu (ideo) of striking with light stick or whip.
-thwansula (v) strike with switch or whip.
-thwaqu (u- o-) (n) poor person; helpless person.
-thwasa (v) commence (as new season); wax (as new moon); enter apprenticeship for witchcraft; become possessed by spirits.
-thwasa (i- ama-) (n) witch-doctor apprentice.
-thwasahlobo (intwasahlobo) (n) spring.
-thwasela (v) be aware of; be on the alert.

-thwathwa (i-) (n) beerhall; Benoni.
-thwathwa (isi-) (n) frost.
thwaxu (ideo) of striking with flat object (like a belt); of whipping.
-thwaxula (v) whip; strike with flat object (like belt).
thwayi (ideo) of walking along.
-thwayiza (v) walk along.
-thwazi (um- imi-) (n) tall person.
  umthwazi wothwishi — tall person.
-thwebula (v) enchant; hypnotise; mesmerise.
-thweka (i- ama-) (n) man or animal with one testicle.
-thwesa (v) help to raise a head-load; cause to carry.
-thwethwe (u- izintwethwe) (n) emaciated person; dried up object.
-thwethwesi (u- izintwethwesi) (n) very thin material; membrane.
thwi (ideo) of sitting with legs outstretched; of straightness.
thwibi (ideo) of striking with light switch or whip.
-thwibila (v) whip.
-thwisha (v) whip.
thwishi (ideo) of straightness.
-thwishika (v) be straight.
-thwishila (v) straighten out; stretch out.
-thwithwa (v) sip noisily.
-tibhili (isi- izi-) (n) fowl excreta.
-tibila (v) hold tight; dig in toes; make firm resistance.
-tibili (isi- izi-) (n) stirrup.
-tibintibi (in- izin-) (n) glutinous substance; jelly-like substance; quivering mass.
-tibiza (v) tread on something soft.
-tifiketi (isi- izi-) (n) certificate.
-tika (v) to be too much for.
  ukuzitika — to eat too much; overindulge.
-tikalita (v) struggle.
-tikata (v) struggle.
-tikatikeka (v) struggle.
-tikeka (v) to be satiated with.
-tiki (u- o-) (n) three penny piece; 2½ cents.
-tikiza (v) be nude.
-tile (isi- izi-) (n) beast with pitch-black colour.
-tiligi (u-) (n) treacle.
-tilobho (isi- izi-) (n) strop.
-tilogo (i- ama-) (n) rail truck.
-tilosi (i- ama-) (n) sailor; back ox in span.
-timane (isi- izi-) (n) apparel of black

beads worn below navel.

-timela (isi- izi-) (n) train; railway engine.

-timiti (i- ama-) (n) festive occasion; tea-party.

-timu (isi-) (n) steam; strength.

-tingi (isi- izi-) (n) fowl excreta.

-tini (isi- izi-) (n) brick.

tinye (ideo) of stinging.

-tinyela (v) sting (as bee).

-tisha (u- o-) (n) teacher.

-tishi (isi- izi-) (n) stitch.

-titi (u-) (n) mashed food (sweet potato, potato, pumpkin) with no meal added.

-titi (isi- izi-) (n) man's loin garment of tails.

-titihoye (i- ama-) (n) plover.

-titiliza (v) buy cheaply; get bargains. *ukutitiliza imali* — to earn a good salary.

-titilizo (um- imi-) (n) a bargain; something obtained cheaply.

-titinya (v) belabour with a stick.

-tiye (i- ama-) (n) tea.

-tiyela (i-) (n) tar.

to (ideo) of dripping.

-tobhamnwana (isi-) (n) septic finger.

-tobho (ama-) (n) the last.

-tobhu (isi- izi-) (n) stop (such as bus stop).

tobo (ideo) of yielding under pressure.

-tobontobo (in- izin-) (n) soft object (such as ripe fruit).

-toboza (v) feel by pressing; cuddle.

-tobozela (v) be soft.

-tofetofe (isi- izi-) (n) rich food; delicacy.

tofo (ideo) of softness.

-tofontofo (in- izin-) (n) soft surface (as soft seats).

-tofu (isi- izi-) (n) stove.

-toho (i- ama-) (n) piece work; labour paid by task or paid by the day.

-tohoza (v) do piece work.

-toka (v) be under police detention; await trial in jail.

-tokifela (isi- izi-) (n) kind of money raising and lending club (money raised by selling food and liquor).

-tokisi (isi- izi-) (n) place for awaiting trial prisoners.

-tokolo (u- o-) (n) mythical being supposed to live in rivers and used for witchcraft.

-tokoloshe (u- o-) (n) mythical being

supposed to live in rivers and used for witchcraft.

-tokwe (isi- izi-) (n) piece; piece work.

-tolishi (i- ama-) (n) cotton reel.

-tolo (isi- izi-) (n) shop; store.

-tolobho (isi- izi-) (n) strop.

-tolotolo (isi- izi-) (n) jew's harp.

-tolomu (isi-) (n) medicinal charm whose fumes are used as a preventative against certain ailment (acts like doepa).

-tomota (v) pat; cuddle.

ukuzitomota — to attend to one's appearance.

tomu (ideo) of pulling out; of drawing; of selecting.

-tomu (i- ama-) (n) bridle; reins.

-tomula (v) draw; pull out; select.

-tonda (v) stand.

-Topiya (i- ama-) (n) member of Ethiopian Church; Ethiopian Church.

-totoba (v) walk with slow faltering gait.

-totobisa (v) nurse along.

totololo (ideo) of sinking deep.

-totololo (u- o-) (n) deep pool; deep chasm.

-totosa (v) pet; humour; indulge.

-totoyi (i- ama-) (n) cockroach.

-toxoyi (isi- izi-) (n) dirty greasy stuff.

-trofula (i- ama-) (n) trowel.

tsa (ideo) of spitting; squirting; spraying.

-tsaka (v) eject saliva in a jet through closed teeth.

-tsako (isi- izi-) (n) space between upper front teeth.

-tsako (i- ama-) (n) space between upper front teeth.

-tsatsaza (v) spurt; spray.

tsavu (ideo) of cutting with sharp instrument.

-tsavuza (v) cut open with sharp instrument.

-tsaza (v) spurt.

tsebhu (ideo) of bright red colour.

tsege (ideo) of creaking; of cry of guinea-fowl.

-tsege (u-) (n) skimmed milk.

-tsegeza (v) creak; squeak.

tseke (ideo) of creaking.

-tsekeza (v) creak; squeak.

tsevu (ideo) of cutting or eating juicy food.

-tsevula (v) bite juicy object (such as fruit).

-tsevuza (v) bite juicy object (such as

fruit).

tsha (ideo) of being relaxed; of being completely satisfied; of spurting, squirting.

-tsha (i- izi-) (n) dish; vessel; utensil.

-tsha (umu- imi-) (n) loin garment of skin or cloth and beads.

selingamutsha wendoda — the sun is about to set.

-tshabadu (isi-) (n) insipid beer.

-tshabhu (u-) (n) thin insipid fermented drink.

-tshaka (v) eject saliva in a jet through closed teeth.

-tshakadula (v) frolic; scamper.

-tshakalubisi (in- izin-) (n) species of non-venomous brown snake.

-tshakaza (in- izin-) (n) flower of maize.

-tshako (isi- izi-) (n) space between upper front teeth.

-tshala (v) plant; sow.

-tshala (i- ama-) (n) derogatory term for an Indian.

-tshalabhontshisi (i- ama-) (n) derogatory term for an Indian.

-tshali (i- ama-) (n) shawl; wild creeper berry; species of bramble.

-tshalo (i-) (n) species of wild creeper berry; species of bramble.

-tshalo (isi- izi-) (n) plant sown in garden.

-tshani (u-) (n) grass.

ukuba ngangotshani — to be abundant.

ukushaya utshani — to go away; to disappear.

ukuzidlisa satshanyana — to dilly-dally.

tshapa (ideo) of discharging liquid stools; of squirting.

-tshapalata (v) have diarrhoea; pass liquid stools.

-tshapaza (v) have diarrhoea; pass liquid stools.

-tshatha (v) carry on the shoulder.

-tshatshaza (v) squirt; spurt.

-tshaza (v) spurt.

-tshazo (um- imi-) (n) lower intestine; colon.

-tshe (i- ama-) (n) stone; rock; heavy object.

itshe lemali — a large amount of money.

itshe lesikhumbuzo — memorial stone.

ukubeka itshe — to erect a tomb-stone.

ukugwinya itshe — to summon courage; pull oneself up.

tshece (ideo) of cutting clean through with sharp instrument.

-tsheceza (v) cut clean through with sharp instrument.

-tsheka (v) slant; lean over.

-tshekedula (v) frolic; scamper.

-tsheketshe (i- ama-) (n) species of ant.

tsheku (ideo) of frisking.

-tshekula (v) frolic; frisk.

-tshela (v) tell.

tshela izinhlamvu zikabhoqo—speak your mind.

tshela izinqe zesele — give a telling off.

-tsheleka (n) lend; borrow.

-tshelekisa (v) give a loan.

-tshelo (i-) (n) hearsay.

ukuzwa ngetshelo — get from hearsay.

-tshena (v) tell.

-tshengisa (v) show.

-tshenkomo (i-) (n) species of hard blue stone.

-tsheno (i-) (n) hearsay.

ukuzwa ngetsheno — get from hearsay.

-tshentshetha (v) trot along.

-tshezi (um- imi-) (n) something with bright red colour; red beads; gold coin; herd of brown cattle.

-tshindane (in- izin-) (n) red-headed squirrel.

tshiki (ideo) of wriggling; of flicking; of wagging.

-tshiki (um-) (n) species of grass.

-tshikiza (v) wag (tail); wriggle; walk with lively gait.

tshilo (ideo) of disappearing; of twittering.

-tshiloza (v) twitter.

-tshinana (i- ama-) (n) black beast with white and dun-coloured spots or greyish and red spots; red beast with white and grey spots.

-tshinga (v) discard; throw away.

-tshingasi (isi- izi-) (n) stick for stirring beer while being served.

-tshingo (um- imi-) (n) reed-pipe; flute; beautiful singing voice of woman.

ukuba ngumtshingo ubethwa ngubani — to be helpless.

-tshitshi (i- ama-) (n) young girl not yet in love.

-tshivovo (um- imi-) (n) species of

bird.

tshiyo (ideo) of cry of chicks.

-tshiyoza (v) cry as chick.

tshobe (ideo) of disappearing into (as mouse into a hole).

-tshobela (v) disappear into; swallow.

-tshobotshela (v) devour; swallow.

-tshoda (v) lose condition; become emaciated.

-tshodo (isi-) (n) beer of the day before.

-tshodo (u-) (n) piece of cloth worn round waist or hung over shoulders (may be decorated with beads).

tshoko (ideo) of greenness; of vomiting of child.

-tshokoza (v) vomit (of child).

-tsholwana (um- imi-) (n) potato or orange pocket (of sacking).

tshonono (ideo) of coming out slowly (as liquid from a container).

-tshononozela (v) pour out slowly.

-tshopi (isi-) (n) bunion.

-tshopi (um- aba-) (n) member of Tshopi tribe.

-tshotsholwana (i- ama-) (n) very thin person or animal.

tshovo (ideo) of cowering.

-tshovoza (v) cower; walk with wet clothes on.

tshu (ideo) of throbbing; of gliding; of needle piercing material.

-tshudeni (isi- izi-) (n) student.

-tshulu (isi- izi-) (n) stew.

-tshuma (v) talk endlessly; eject saliva through reed when smoking hemp; thread needle.

tshume (ideo) of pricking.

-tshumeka (v) pierce.

-tshumentshu (in- izin-) (n) sharpened plain wire.

-tshumo (u- izin-) (n) reed used by hemp smokers to eject saliva.

-tshungubala (v) weave in and out; slip through.

-tshutshumba (v) ache; throb.

-tshuza (v) glide along; skim through; dive.

tshwa (ideo) of penetrating.

-tshwala (u-) (n) beer.

-tshwala (ama-) (n) beer parties.

-tshwana (um- aba-) (n) member of Tswana tribe.

-tshwana (isi-) (n) language and way of life of the Tswana people.

-tshwele (i- ama-) (n) chicken.

-tshwele (u-) (n) dry mealies soaked in water and roasted.

-tshweleza (v) roast dry mealies soaked in water.

tshwibi (ideo) of striking with light switch; of whipping.

-tshwibila (v) strike with light switch; whip.

-tshwininiza (v) squeak; have a shrill voice.

tsu (ideo) of blackness; of darkness.

-tswayi (i-) (n) salt.

-tsweba (i- ama-) (n) rump; part below buttocks.

-tswele (i- ama-) (n) chicken.

tswi (ideo) of squeaking; of speaking in shrill voice.

tswibi (ideo) of whipping; of striking with switch.

-tswibila (v) whip.

-tswininiza (v) squeak; have a shrill voice.

tu (ideo) of complete silence.

-tuba (v) break up sods; smash; tire; belabour.

-tubesi (i- ama-) (n) well nourished person.

-tubha (v) walk slowly along street.

-tubhamnwana (isi-) (n) septic finger.

-tubhe (isi- izi-) (n) pavement; stoep.

-tubhi (isi- izi-) (n) pavement; stoep.

tubhu (ideo) of redness.

-tubhu (isi- izi-) (n) pavement; stoep.

tubu (ideo) of breaking up into pieces.

-tubukala (v) crumble.

-tubutubu (isi- izi-) (n) fat baby; round stout person.

-tubuza (v) break up into small bits.

tuklu (ideo) of striking on the body (especially stomach).

-tukluza (v) hit on the body.

-tukwana (isi- izi-) (n) person of importance.

-tula (v) conspire; plot.

-tulo (i- ama-) (n) iron or wooden needle for thatching; plot; fruit of *umviyo* tree.

-tulo (isi- izi-) (n) chair; stool.

-tulwa (um- imi-) (n) species of wild medlar.

-tulwa (i- ama-) (n) dun-coloured beast.

-tumusha (ubu-) (n) red ants.

-tununu (u- izin-) (n) person with protruding buttocks.

-tusa (v) praise.

twa (ideo) of piercing; of penetrating.

-twabi (in-) (n) hiccups.

-twani (i- ama-) (n) tripe; stomach of beast.

twatsha (ideo) of penetrating; of inserting.

-twayi (isi-) (n) mange in goat.

-twayi (u-) (n) scabies.

-twayitwayi (ama-) (n) difficulties; hardship.

-tweletwele (isi- izi-) (n) jew's harp.

-twena (v) strain.

-tweno (isi- izi-) (n) strainer.

-twetwe (i-) (n) nervousness; anxiety.

-twetwezela (v) be nervous.

U

ukuba (conj) if; in order that; because.
ukuthi (conj) in order that.
ukuze (conj) in order that.
uma (conj) if; when.

V

-va (v) exceed.

-va (ili- ameva) (n) thorn.

-va (um-) (n) back part; background.

-vaca (v) converse; discuss.

vacu (ideo) of scooping.

-vacula (v) dip up; scoop up.

vaka (ideo) of dotting.

-vaka (i- ama-) (n) coward.

-vaka (ubu-) (n) cowardice.

-vakasha (v) visit; go for a walk.

-vakashi (isi- izi-) (n) visitor.

-vakavaka (ama-) (n) spotted object; spots.

-vakaza (v) make spots; be spotted.

-vakazi (im- izim-) (n) veil.

-vala (v) shut; close.
  vala ngehlahla — die out (of people); be exterminated.
  vala amehlo — witness a tragedy.
  vala izinkophe — sleep.
  vala umuntu umlomo — silence in argument.
  vala izindlebe — not to listen.
  vala ngesibhakela — hit with closed fist.
  vala umuntu — bribe person to conceal truth.
  vala izulu — protect home against lightning.

-valamlomo (i- izi-) (n) gift by father of son courting girl to girl's father.

-valaphu (im- izim-) (n) envelope.

-valela (v) shut in; exclude.

-valelisa (v) bid goodbye to.

-valeliso (um- imi-) (n) farewell function; farewell.

-vali (im- izim-) (n) part of stomach of beast; gate-keeper.

-valo (isi- izi-) (n) stopper; door.

-valo (u- izim-) (n) anxiety; cartilage below breastbone.
  ukuba novalo entanyeni — to be a coward.

-valo (um- imi-) (n) cross-bar for gate.

-vama (v) abound; be plentiful.

-vama (def v) be wont to.

-vama (im-) (n) majority.

-vamba (i- ama-) (n) careless untidy person.

-vamba (ubu-) (n) carelessness; slovenliness.

-vamela (v) hit hard.

-vamelo (izi-) (n) power; exertion.

-vande (isi- izi-) (n) small plot where early crop is planted.

-vandlaza (i- ama-) (n) cooked beer dregs mixed with thick porridge.

-vandlazi (um- imi-) (n) cooked beer dregs mixed with thick porridge.

-vanga (v) mix together.

-vangazi (i-) (n) calf-dung.

-vangela (v) preach gospel.

-vangeli (i- ama-) (n) gospel.

-vangeli (um- aba-) (n) evangelist.

vanxu (ideo) of dipping out.

-vanxula (v) dip out.

-vanzi (u-) (n) objects lying scattered.

-vaselina (u- o-) (n) vaseline.

-vathazela (v) be unarmed.

-vathi (u-) (n) fire-stick.

-vatho (isi- izi-) (n) clothing.

-vava (v) cause splinters; splint.

-vava (u-) (n) sharp object; beast with sharp horns.

-vavanya (v) examine; test.

-vavasholo (u- izi-) (n) beast with sharp upright horns.

-vave (u- izim-) (n) splinter.

-vaveka (v) get split.

-vaxula (v) dip out.

-vayisi (u- o-) (n) engineering vice.

-vayolini (i- ama-) (n) violin.

-vazi (i- ama-) (n) vase.

-ve (u- izim-) (n) paradise fly-catcher bird.

-vela (v) appear; originate; become prominent; be taller.

-velakancane (i-) (n) rare occurrence.

-vele (def v) do merely; do originally.

-velela (v) hit the limelight; capture attention.

-velivelayo (um-) (n) someone who comes up all of a sudden.

-velo (im-) (n) natural state.

-vemvane (u- izim-) (n) butterfly; moth.

-vemve (um- imi-) (n) wagtail; newly born calf.

-veni (i- ama-) (n) van; police van.

vendle (ideo) of loose jointed walk.

-vendle (u-) (n) polio.

-vendlezela (v) walk as one with loose joints.

venene (ideo) of running swiftly.

-venge (i- ama-) (n) large piece of meat.

-vengeza (v) cut meat into large pieces.

venu (ideo) of standing up; of growing in large numbers as weeds.

-venyane (um- imi-) (n) species of bird.

veshe (ideo) of loose jointed walk.

-veshe (um- imi-) (n) big fat beast.

-veshezela (v) walk with loose jointed gait.

vete (ideo) of speaking a foreign language (European).

vetevete (ideo) of speaking a foreign European language.

-vetevete (isi-) (n) a strange European language.

-veteza (v) speak in a foreign European language.

-veva (v) quiver; tremble; waver.

-vevezela (v) quiver; waver; tremble.

-vetula (v) frolic.

-veyili (i- ama-) (n) veil.

-veza (v) bring forth; bring into view; disclose.

veza elomhlathi — laugh heartily.

vezela izinyo — be friendly; be casual friends.

-vezandlebe (i- ama-) (n) illegitimate child.

-vezimanzi (i- ama-) (n) species of water snake.

-vi (i- ama-) (n) knee-cap.

-vi (umu- imi-) (n) hornet.

-vika (v) guard (as against a blow); ward off.

-vikela (v) defend; protect.

-vikeli (um- aba-) (n) protector.

viki (ideo) of cutting up.

-viki (i- ama-) (n) week.

-viki (im- izim-) (n) expert fighter with sticks.

-vikimviki (im- izim-) (n) pile of chopped up material.

-vikiza (v) cut up into small pieces.

-vila (i- ama-) (n) lazy person.

-vila (ubu-) (n) laziness.

-vilapha (v) be lazy.

-vilavoco (u- o-) (n) very lazy person.

-viliba (isi- izi-) (n) round ear ornament worn by Zulus.

-vimba (v) prevent; close up; stop.

-vimba (im- izim-) (n) beast or goat paid in respect of seduced girl.

-vimba (um- imi-) (n) large intestine with fat stuffed inside and roasted.

-vimbana (v) be blocked (of nostrils).

-vimbanisa (v) be noisy; be stuffy.

-vimbela (v) block the way; obstruct.

-vimbela (i- ama-) (n) legendary water snake.

-vimbezela (v) shut in; attack.

-vimbi (um- imi-) (n) continous rainfall.

-vimbo (isi- izi-) (n) cork; stopper.

-vimbo (um- imi-) (n) weal.

-vinga (v) chop up.

-vingi (isi- izi-) (n) fragment.

-vingqi (um- imi-) (n) fold of flesh; fold.

vingqo (ideo) of movement such as of caterpillar.

-vingqoza (v) move as caterpillar.

-viniga (u-) (n) vinegar.

vinini (ideo) of running swiftly.

-vinini (isi-) (n) speed.

vinqo (ideo) of movement such as caterpillar.

-vinqoza (v) move as caterpillar.

-vinyelela (v) support oneself heavily with; exert muscular effort.

vithi (ideo) of falling to pieces; shattering; of being fast asleep.

-vithi (i- ama-) (n) snuff container of skin; worn out object.

-vithi (u-) (n) revolt; disorderly conduct.

-vithi (um-) (n) species of grass.

-vithiza (v) smash.

-viva (v) form regiment; prepare for war.

-vivane (isi- izi-) (n) cairn.

-vivi (isi-) (n) something lukewarm (as food).

-vivi (u-) (n) early dawn.

-vivinya (v) test; examine.

-vivinyo (isi- izi-) (n) test; examination.

-viyo (i- ama-) (n) regiment; group of people; fruit of wild medlar.

-viyo (um- imi-) (n) wild medlar tree.

viyo (ideo) of whistling.

-viyoza (v) whistle.

vo (ideo) of being alone; of dripping; of wetness; of downpour.

-vo (umu- imi-) (n) unit above ten.

-vobo (u- o-) (n) rubbish; worthless thing.

voklo (ideo) of breaking (as a bone).

-vokloka (v) get broken; get smashed.

-vokloza (v) break; smash.

-vokomala (v) swell up.

-vokwane (u- izim-) (n) lower lip; underlip of cattle.

-volo (u- o-) (n) wool.

-volovolo (i- ama-) (n) revolver.

vondo (ideo) of being limp.

-vondomvondo (im- izim-) (n) limp object; flabby person.

-vondozela (v) be flabby; limp.

-vondwe (i- ama-) (n) cane rat.

vosho (ideo) of bending knees; squating down.

-voshomvosho (im- izim-) (n) limp object; flabby person.

voshosho (ideo) of bending knees.

-voshoza (v) bend knees.

-voshozela (v) bend knees; squat.

-vosi (i- ama-) (n) boere-wors.

-vota (v) vote.

-voti (i- ama-) (n) vote.

-vova (v) strain beer.
 vova inkani — tame person/animal.

-vove (im-) (n) juice from bone

-vovo (isi- izi-) (n) beer strainer.

-vovo (i- ama-) (n) beer strainer; (pl only) beer dregs.

-vovo (u- o-) (n) aloe flower.

-vovujane (um- imi-) (n) species of bird.

voxo (ideo) of scooping out.

-voxoza (v) dip out.

-voyizane (u-) (n) salt.

vu (ideo) of rising suddenly; of speaking.

-vu (im- izim-) (n) sheep; quiet tame person.

-vu (u- izim-) (n) grey hair.

-vuba (v) mix together (as food); prepare sour milk.
 vuba ngoludala — follow old customs.

-vubela (v) mix with a ferment.

-vubelo (im- izim-) (n) ferment, yeast.

-vubomabele (em-) (rel) darkish grey beast with white spots.

-vubu (im- izim) (n) hippopotamus; sjambok.

-vubukula (v) uncover; raise (as a stone).

-vuka (v) wake up; rise up.
 vuka ngolaka — become angry; be enraged.
 vuka indlobane — become angry; be enraged.
 vuka indlondlo — become angry; be enraged.
 vuka kwesikabhadakazi — wake up at early dawn.
 vuka ohleni — change one's mind.
 vuka nezinkukhu — get up early.
 vuka emaqandeni — wake up from sluggishness.
 vuka komoya — starting of wind to blow.

-vuka (um- imi-) (n) recurrent affair.

-vukana (i- ama-) (n) young bull.

-vukazi (im- izim-) (n) ewe.

-vukela (v) rise up against; attack.

-vukelwa (v) be sexually excited (of man).

-vuko (u-) (n) resurrection.

-vukusi (i- ama-) (n) mole.

-vukuthu (i- ama-) (n) rock pigeon; young fit-looking girl.

-vukuvale (u- o-) (n) man who is not successful in courtship.

-vukuza (v) burrow.

-vukuzane (im- izim-) (n) mole.

-vukuzi (im- izim-) (n) mole.

-vula (v) open; commence.
 vula umlomo — speak.
 vula indlebe — listen intently.
 vula indlela — pioneer; open new path.
 vula umsele — bring trouble upon oneself.

-vula (im- izim-) (n) rain; initial lobola beast.

-vulamlomo (im-) (n) beast (or money) paid to bride's father before marriage negotiations commence.

-vulandlela (i- ama-) (n) Boy Scout; Pathfinder.

-vuleka (v) become open; return of appetite; feel at ease.

-vulela (v) let out; go at speed.

-vuleleka (v) feel at ease to speak; move swiftly.

-vuma (v) agree; grow well; clap

hands during process of divining; sing.

vuma phansi — fall down.

vuma ingoma — sing.

vuma indaba — celebrate the acceptance of young man by girl he has been courting.

-**vuma (i-)** (n) beast slaughtered by man accepting girl who has run to him.

-**vumakabili (i- ama-)** (n) owl.

-**vumazonke (u- o-)** (n) person who has weak will.

-**vumba (i- ama-)** (n) odour.

-**vumbazana (um- imi-)** (n) pullet.

vumbu (ideo) of getting up suddenly; of standing up in numbers.

-**vumbuka** (v) appear suddenly; get up unexpectedly; grow in numbers; have rash.

-**vumbula** (v) unearth.

-**vumbulula** (v) turn upside down; unearth.

-**vume (im-)** (n) permission.

-**vumela** (v) permit; give permission; harmonise with.

vumela phezulu — agree readily.

-**vumelana** (v) agree with one another; match.

·**vumelwane (-o) (isi- izi-)** (n) agreement.

-**vumo (um-)** (n) kind of dance.

vumvu (ideo) of sprinkling (as powder).

-**vumvu (im-)** (n) crumbs; powder.

-**vumvuza** (v) sprinkle.

-**vumvuzela** (v) sprinkle.

-**vuna** (v) reap; side with; encourage.

-**vunana** (v) side with one another.

-**vunda** (v) be fertile (soil); go bad.

-**vundela (im-)** (n) compost.

-**vundla** (v) go round; go across.

-**vundla (um- imi-)** (n) hare.

-**vundo (i- ama-)** (n) grudge.

-**vundo (um-)** (n) fertility.

-**vunduna (im- izim-)** (n) black beast with white spots or brown spots all over.

-**vunga (im-)** (n) singing in low tones; low murmuring sound.

-**vungama** (v) grumble; growl.

-**vungazela** (v) hum of conversation.

-**vunge (im-)** (n) singing in low tones; low murmuring sound.

-**vungqulu (um- imi-)** (n) thick object such as rope.

vungula (v) pick teeth.

uthi lokuvungula — tooth-pick.

-**vungunya** (v) mumble.

-**vunguvungu (isi- izi-)** (n) gale.

-**vunguza** (v) blow strongly (as wind).

-**vuni (um- aba-)** (n) reaper.

-**vunisi (um- aba-)** (n) one who helps in reaping.

-**vunivila (kwa-)** (adv) year of plenty.

vunku (ideo) of hitting a hard blow; snapping in two.

-**vunkuka** (v) snap in two.

-**vunkula** (v) strike a hard blow; snap in two.

-**vuno (isi- izi-)** (n) harvest.

-**vunula** (v) put on finery (as for special occasion).

-**vunulo (im- izim-)** (n) adornment.

-**vunya (ubu-)** (n) cloth eating vermin; skin eating vermin; mite.

-**vunywa** (v) be accepted; be admitted.

vunywa ngumsebenzi — be successful at one's work.

vunywa yimvunulo — look well in one's finery.

vunywa wunyaka — have a successful year; be in good health.

vunywa yintombi — be accepted by woman one has been courting.

vunywa yindawo — agree with the climate.

-**vusa** (v) awaken; rouse up; warn against danger; lift up.

vusa indlu — renovate house.

vusa umhlwenga — adopt hostile attitude.

vusa umuzi — revive family that is dying out.

-**vuselela** (v) renew; remind.

-**vuselelo (im- izim-)** (n) revival; revival meeting.

-**vuso (i- ama-)** (n) fear; anxiety.

-**vutha** (v) burn; burn brightly; be competent.

vutha amalangabi — be angry.

vutha uphondo — have fiery temper.

vutha ulaka — have fiery temper.

vutha indlobane — have fiery temper.

vutha ekhaleni — have fiery temper; be deeply in love.

vutha uthando — be deeply in love.

-**vuthela** (v) fan fire; blow (as trumpet); cause to run fast (as car).

-**vuthevuthe (isi- izi-)** (n) fiery tempered person; hot wind.

vuthu (ideo) of falling off.

-vuthu (im- izim-) (n) remnant; crumbs.
-vuthuka (v) fall off (as dry leaves); drop off.
-vuthuluka (v) fall off.
-vuthuluka (im-) (n) crumbs; remnants.
-vuthulula (v) shake down.
-vuthuza (v) hit; shake off.
-vuthwa (v) ripen; mature; be cooked.
-vuvaba (isi- izi-) (n) incident.
vuvu (ideo) of sprinkling.
-vuvu (isi-) (n) intense heat.
-vuvuka (v) swell; become inflamed.
-vuvukala (v) swell up.
-vuvuzela (v) sprinkle.
-vuza (v) leak; reward.
-vuze (u-) (n) species of bird.
-vuzimanzi (i- ama-) (n) venomous water snake.
-vuzo (um- imi-) (n) reward.

W

wa (ideo) of smacking (on face).
  wa ngempama — hit on face with palm of hand; smack.
-wa (v) fall.
  ukuwa kwensika — death of kraal-head; to be hungry.
  ukuwa ngophondo — to be in helpless state; to sustain injuries.
  ukuwa phezu kwezikhali — to take up arms.
  ukuwa ngencele — to rest head upon pillow, etc.
  ukuwa ngedolo — to pray; to plead.
  ukuwa uvuka — to struggle; to keep on hoping.
  ukuwa etsheni — to kneel and grind on a grinding stone.
-wa (i- ama- isi- izi-) (n) precipice; cliff.
-waba (rel) black or red beast with white patch.
-waba (i- ama-) (n) black or red beast with white patch.
-wabayi (i- ama-) (n) raven.
wabo (poss) their; its.
-wabo (u- o-) (n) contemporary; one of same age group; equal in ability.
waca (ideo) of lying spread out.
-waca (u-) (n) flock; herd.
wafa (interj) look out!
wahla (ideo) of rattling; of slapping.
-wahlawahla (ubu-) (n) rattling.

-wahlazela (v) rattle.
wahle (ideo) of slapping.
-wahlela (v) slap.
  wahlela ngempama — hit on face with open hand.
-waka (v) cheat.
-waka (u- o-) (n) one who cheats.
-waka (ubu-) (n) fraudulence.
wakhe (poss) his; her.
wakho (poss) your; its.
wala (ideo) of superficial action; hasty action.
-wala (ama-) (n) hurried action taken without due consideration; over-estimation.
-walaza (v) act hastily; act carelessly.
walo (poss) its; his.
wami (poss) my.
wanqa (ideo) of encircling; cornering; perplexity.
-wanqa (v) surround; perplex.
wanya (ideo) of careless action.
-wanyawanya (i- ama-) (n) careless worker.
-wanyaza (v) act carelessly; do superficially.
-waranti (i- ama-) (n) warrant of arrest.
-wasakazi (i- ama-) (n) black or red beast (female) with patch on flank and stomach.
-washa (v) do laundry work.
-washi (i- ama-) (n) watch.
-washi (um- aba-) (n) washer woman.
waso (poss) its; his; her.
-watela (u- o-) (n) wattle tree.
wathalala (ideo) of being spread out in large numbers.
-wathalala (u-) (n) flock; herd.
-wathanga (i- ama-) (n) hill-side.
wawo (poss) its.
-wayilense (i- ama-) (n) wireless; radio.
-wayinda (v) wind up (as clock).
-wayini (i-) (n) wine.
wayo (poss) its; his; her; their.
wazo (poss) their.
we (interj) Hey! of response to a call; of surprise; of sarcasm.
wedwa (pron) you alone.
wehle (ideo) of rattling.
-wehle (isi- izi-) (n) large number of objects which rattle.
  isiwehle semali — large collection of coins.
-wehlewehle (ubu-) (n) rattling; jingling.
-wehleza (v) rattle; jingle.

-wehlezela (v) jingle; rattle.
-wela (v) cross over (as a river); go overseas.
   wela ngelibanzi — succeed; be fortunate.
weke (ideo) of voices carried by wind; of noise echoing.
-wekezela (v) sound as distant noise; sound like an echo.
-wele (i- ama-) (n) twin.
-welewele (ubu-) (n) confused noise.
wena (pron) you.
wenababa (interj) of sneering; of triumph.
wengu (ideo) of whirling.
-wengu (isi- izi-) (n) gale; commotion.
-wenguka (v) whirl; rise as dust.
-wenguwengu (isi- izi-) (n) storm; gale; commotion.
-wenguwengu (ubu-) (n) a whirling about; commotion.
-wenguza (v) blow strongly.
wenu (poss) your.
-wenu (u- o-) (n) your contemporary; one of your age group; one with equal ability as yourself.
-Weseli (i-) (n) Methodist Church of South Africa; Wesleyan Church.
-Weseli (um- ama-) (n) member of the Methodist Church.
weshe (ideo) of speaking many things.
-wesheweshe (i- ama-) (n) one given to much but untruthful talk.
-wesheza (v) have much to say; talk glibly.
-weta (u- o-) (n) waiter.
-weta (v) serve food.
wethu (poss) our.
-wethu (u- o-) (n) my contemporary; one of same age group as myself; one with equal ability as myself.
wewu (interj) of surprise.
-weza (v) take across.
-wezi (um- aba-) (n) ferryman.
wi (ideo) of loneliness; quietness; emptiness.
-wili (i- ama-) (n) will (i.e. document for disposal of one's property).
-wiliwili (isi- izi-) (n) confused talk; incoherent speech.
-wiliza (v) speak incoherently.
-wina (v) win; be successful.
-windi (i- ama-) (n) window.
-wini (um- aba-) (n) ricksha puller.
-wisa (v) cause to fall; bring about downfall; bring down hail.
wo (interj) of despair; disappoint-

ment.
wodwa (pron) it alone.
wo-he (interj) of disappointment; longing.
wohlo (ideo) of falling (as leaves); wasting with age or illness.
-wohloka (v) fall down; waste away.
-wohloza (v) shake down.
woklo (ideo) of clapping hard; applause.
-woklowoklo (ubu-) (n) applause.
-wokloza (v) clap loudly.
woko (ideo) of softness.
-wokowoko (i- ama-) (n) flabby object.
-wola (v) gather up; collect together.
-wolekela (v) gather in large numbers.
-woleleka (v) assemble in large numbers.
-wolintshi (i- ama-) (n) orange.
-wolokohla (v) hurl down.
-wolokohlela (v) fall down; crash down; crash into.
-wolola (v) cry all the time.
-wololo (um-) (n) cry-baby.
-wombe (isi- izi-) (n) battle encounter; onslaught; illness.
wona (pron) it; he; they; them.
wondo (ideo) of being feeble.
-wondo (isi- izi-) (n) thick waist-belt of beads worn by girls.
-wondoza (v) move feebly; totter.
wonke (pron) the whole of it.
-wonke (u-) (n) everyone.
wo (interj) of surprise; regret; command to come to a standstill.
woshi (interj) of surprise; contempt.
-wota (v) fondle; entice.
-wotela (i- ama-) (n) hotel (also *ihotela amahotela*).
-wowane (um- imi-) (n) game-trap of log and stone; pit-trap.
wowu (interj) of appreciation; pleasant surprise.
-woyela (u-) (n) oil.
-woza (v) come.
-wozawoza (i-) (n) charm; attraction.
wu (ideo) of whiteness; slapping.
wu (interj) of pleasant surprise; alarm.
-wuba (i- ama-) (n) hillside.
   hamba ngezamawuba — follow unfrequented paths.
wudlu (ideo) of scraping.
-wudlu (i- ama-) (n) heavy boots; mine boots.
-wudluza (v) rasp; scrape; scour.
wuku (ideo) of slapping.
-wukula (v) slap.

-**wukulu** (isi- izi-) (n) beast slaughtered for bridal party on night of arrival at groom's kraal; idiotic person.
-**wukuwuku** (isi- izi-) (n) stupid person; dumb idiotic person.
-**wula** (v) slap.
-**wula** (i- ama-) (n) antelope.
-**wula** (isi- izi-) (n) foolish person.
-**wula** (ubu-) (n) stupidity.
-**wulaza** (v) mislead; make a fool of.
-**wuli** (i-) (n) wool.
-**wulukuhla** (v) pour out in bulk.
-**wulukuhlela** (v) pour out in bulk.
-**wulukuhlu** (isi- izi-) (n) heavy downpour.
-**wumba** (isi- izi-) (n) simple minded person.
-**wundlu** (i- ama-) (n) young of lion; young of animal.
-**wundlwane** (um- imi-) (n) pup.
-**wundu** (ideo) of cropping short; uprooting.
-**wunduka** (v) become uprooted.
-**wundula** (v) uproot.
-**wunga** (v) lure; entice.
-**wungo** (i-) (n) enticement.
wungu (ideo) of cleaning up (as refuse).
-**wungula** (v) entice; sweep away.
-**wusha** (v) blow as gale.
-**wuzawuza** (isi- izi-) (n) idiotic person.

X

-**xaba** (v) obstruct; block way.
-**xabalaza** (v) spread out; be spaced out.
-**xabalazi** (ubu-) (n) cooked melon not mixed with mealie meal.
-**xabana** (v) wrangle; quarrel.
    ukuxabana kobendle — quarrelling of friends.
-**xabano** (ing- izing-) (n) quarrel; feud.
-**xabha** (i- ama-) (n) cape of skin.
-**xabhelela** (v) put someone into trouble; come in between.
-**xabiya** (v) obstruct; stand on the way.
-**xada** (v) tack; sew carelessly; bind grass for thatching.
-**xadaxada** (i- ama-) (n) slovenly person.
-**xadazela** (v) slouch along.
-**xaka** (v) place in difficulty; feed (as sick person).

xakalala (ideo) of scattered confusion; turmoil.
-**xakalala** (ubu-) (n) state of turmoil.
-**xakalaza** (v) do rough job; act without much knowledge.
-**xakaxa** (v) prise; disentangle.
    xakaxa amazinyo — remove food between teeth.
-**xakaxaka** (ubu-) (n) disorder.
-**xakaxaka** (in- izin-) (n) difficulty; disorder.
-**xakaniseka** (v) be upset.
-**xakela** (v) have difficult labour (as animal).
-**xakazisa** (v) bustle about; effect temporary repairs.
-**xako** (isi- izi-) (n) dilemma.
-**xakwana** (isi- izi-) (n) small plot.
-**xamalaza** (v) stand with legs apart.
-**xamu** (u- o-) (n) iguana; monster; lizard.
-**xamukavinjelwa** (u- o-) (n) obstinate person.
-**xasa** (v) support; help.
xathu (ideo) of dirtiness; of peeling off; of being sticky.
-**xathu** (ing- izing-) (n) dirty person.
-**xathu** (isi- izi-) (n) weal; burn mark.
-**xathuka** (v) be overlaid with dirt; be sticky (as wet paint); peel off.
-**xathula** (v) belabour (so that skin comes off); scald.
xaxa (ideo) of moving along sluggishly; of pushing ahead.
-**xaxa** (v) belabour; flog.
-**xaxabula** (v) flog; belabour.
xazu (ideo) of coming apart; disentangle.
-**xazuluka** (v) become unravelled; come apart.
-**xazulula** (v) unravel; pull apart.
-**xazuka** (v) come apart.
-**xebe** (isi- izi-) (n) sweetheart.
-**xebeledu** (isi- izi-) (n) broad and flat object.
xebu (ideo) of peeling; stripping as bark.
-**xebuka** (v) peel off.
-**xebula** (v) strip off (as bark); belabour.
-**xega** (v) be loose.
    xega amadolo — be weak; be frightened.
    xega umuntu — let alone.
xege (ideo) of looseness.
-**xegenxege** (in- izin-) (n) unsteady object; rickety object; loose-jointed

object.

-xegexege (um- imi-) (n) unsteady object; rickety object; loose-jointed object.

-xegezela (v) have loose joints; be rickety.

-xegisa (v) loosen; allow flow of milk (as cow); show signs of being about to calve.

-xembe (isi- izi-) (n) large wooden spoon.

xephu (ideo) of stripping off.

-xephuka (v) become torn off.

-xephula (v) tear off.

-xexelegwana (isi- izi-) (n) small huts dotted together.

-xha (i- ama-) (n) bundle of wood.

-xha (isi- izi-) (n) bundle of sticks or spears.

xhafu (ideo) of eating noisily (like a pig); of squelching in mud.

-xhafunga (isi- izi-) (n) ugly unmannerly fellow; stupid looking fellow.

-xhafuxhafu (ubu-) (n) of walking in mud; noisy eating.

-xhafuza (v) squelch in mud; eat noisily (like dog, pig).

xhaka (ideo) of sudden gripping; rattle.

-xhaka (v) ride and lead another horse or bicycle; put out shoots.

-xhaka (um- imi-) (n) skin bag for keeping money and tied round waist.

-xhakalaza (v) do carelessly in hurried manner; act like one lacking in knowledge; pierce.

xhakalazi (ideo) of working carelessly and hurriedly; of piercing.

xhakatha (ideo) of gripping suddenly.

-xhakathisa (v) grab; hold firmly.

xhakathisi (ideo) of holding firmly; grabbing.

-xhakaza (v) do carelessly; do in disorderly manner.

-xhakazisa (v) cause to rattle; act carelessly.

-xhako (um- imi-) (n) grass belt worn round waist.

-xhala (i- ama-) (n) anxiety; longing.

-xhama (i- ama-) (n) bead girdle.

-xhamaxhama (i- ama-) (n) energetic person; restless person.

-xhamazela (v) be impatient; restless.

-xhanta (v) produce new shoots.

-xhantela (i- ama-) (n) new shoot.

-xhantela (um- imi-) (n) something

added on (as appendage); an indirect product.

-xhanti (isi- izi-) (n) part of beast which goes with hump.

xhapha (ideo) of boiling; of lapping up; abundance.

-xhapha (v) lap up.

-xhaphaka (v) be plentiful.

-xhaphaxhapha (i- ama-) (n) untidy person; one who wastes.

-xhaphaza (v) waste; do carelessly; perform custom of initiating bride to duties of home-in-law.

-xhaphazela (v) boil (as thin porridge). *xhaphazela isisu* — have upset stomach; be in state of tension.

-xhaphozi (i- ama-) (n) marsh; swamp.

-xhawula (v) shake hands.

-xhaxha (u-) (n) an array. *uxhaxha lwamahashi / lwezikhali / lwamasosha*—an array of horses/ weapons/soldiers.

-xhaxhaxha (ubu-) (n) leaking.

-xhaxhaza (v) leak.

-xhegu (i- ama-) (n) old man.

-xhegula (v) escape; recover; grow old.

-xheke (isi- izi-) (n) cluster.

-xheko (um- imi-) (n) grass belt worn round waist.

xhi (ideo) of festering.

-xhiba (i- ama-) (n) small hut; hut where cooking is done.

xhifi (ideo) of sudden temper; of squashing.

-xhifika (v) get squashed; get annoyed.

-xhifikeza (v) crush.

-xhifiza (v) crush.

xhiki (ideo) of carelessness; untidiness.

xhikilili (ideo) of untidiness.

-xhikixhiki (ama-) (n) something done untidily; slovenliness.

-xhikixhiki (ubu-) (n) slovenliness.

-xhikiza (v) act untidily; place in disarray.

-xhila (v) choke.

-xhiliba (um- imi-) (n) folds in face and neck of aged person; an aged person.

-xhina (v) compel.

-xhixha (v) fester.

-xhobela (v) crowd together.

-xhobelana (v) be crowded.

-xhobexhobe (ubu-) (n) crowding.

-xhobo (isi- izi-) (n) grove (trees); mound of rock (as place where dassies abound).

xhofu (ideo) of sucking of calf.
-xhofuza (v) suck as calf.
xhoko (ideo) of prodding; jabbing; teasing; eating a little.
-xhokoloza (v) prod; irritate; eat a little.
xhokolozi (ideo) of eating a little.
-xhokovana (i- ama-) (n) roughly built hut; shelter.
-xhokovu (i- ama-) (n) roughly built hut; shelter.
-xhokoxha (v) prod.
-xholosa (v) castrate dog.
-xhoma (v) hang up; impale.
xhomfu (ideo) of sucking of calf.
-xhomfuza (v) sucking of calf.
-xhonxa (v) render down fat.
-xhonxo (i- ama-) (n) beast with horns which cross in front; (pl. only) remnants of fat after being rendered down.
-xhopha (v) dazzle; put foreign body into an eye; offend good taste; lure.
-xhopho (um- imi-) (n) emaciated beast; species of grass.
-xhoxha (v) prod; render down fat.
-xhosa (i- ama-) (n) member of Xhosa nation.
-Xhosa (isi-) (n) Xhosa language; Xhosa way of life.
-xhoza (v) pare off; shell; emaciate; chip off.
xhu (ideo) of hopping; jumping.
-xhuga (v) limp.
xhuge (ideo) of limping.
-xhugela (v) limp.
-xhukazi (i- ama-) (n) young ewe (before lambing).
xhuku (ideo) of pouting lips; protruding mouth and lips.
-xhukula (v) pout; protrude lips; be sulky.
-xhuma (v) join together; knot together; splice together; hop; jump; leap.
-xhumela (i- ama-) (n) long-heeled shoe.
-xhumelela (v) join; add onto.
-xhumo (-u) (isi- izi-) (n) young of buck.
-xhushela (u- izinxushela) (n) long pointed instrument (usually iron).
-xhutha (v) pluck (as feathers); be wet with perspiration; be filthy.
-xhuthuzela (v) be impatient.
xhuxhu (ideo) of restlessness; of noise in stomach as when upset.

-xhuxhuma (v) be restless.
-xhuxhuzela (v) have stomach upset.
-xhwala (v) be chronically sick; be weak morally.
-xhwala (i- ama-) (n) organ in body chronically affected; affection of lungs.
-xhwala (isi- izi-) (n) chronically sick person; person of low morals.
-xhwanguxhwangu (isi- izi-) (n) ruffian.
-xhwatha (v) ferment (as something liquid going bad); bubble.
-xhwayixhwayi (isi- (izi-) (n) ruffian.
-xhwe (isi- izi-) (n) one who sings discordantly.
-xhwele (i- ama-) (n) medicine man; one who loves snuff.
-xhwele (um-) (n) pleasurable sensation.
   hlaba umxhwele — give complete satisfaction; enjoyment.
-xibula (v) begin to court girl.
-xika (v) apply too much oil; lay on fat generously.
xiki (ideo) of over application of oil.
-xikiza (v) apply too much oil or paint.
-xila (i- ama-) (n) girl who is courted.
-xilongo (i- ama-) (n) trumpet.
-xina (v) give no respite.
-xinga (v) show off.
-xobisa (v) pester; be a source of constant anxiety.
-xogo (i- ama-) (n) cockerel.
-xokoxoko (ubu-) (n) hubbub.
-xokozela (v) talk loudly; make a hubbub.
-xola (v) be even tempered; be forebearing; forgive.
-xolela (v) pardon; forgive.
-xolisa (v) ask for pardon; pacify.
-xolo (i- ama-) (n) tree bark.
-xolo (u-) (n) forgiveness; pardon; goodwill.
-xongololo (i- ama-) (n) group; cluster.
-xosha (v) drive away; chase.
-xoshisa (v) give present (as king giving gifts to warriors).
-xova (v) mix together (as sand and cement); knead; walk in mud.
   xova indaba — confuse an affair; handle an affair improperly.
-xovangxova (ing-) (n) confusion; mix up.
-xovuza (v) wash; wash hurriedly.
-xoxa (v) tell a story; give an account; converse.

xoxo (ideo) of hopping.
-xoxo (i- ama-) (n) frog; (pl) conversation.
-xoxo (ing- izing-) (n) conversation, discussion.
-xoxoma (v) hop; be restless.
-xozomela (v) pounce upon.
-xuba (v) mix together; grow grey hair.
-xubana (v) become mixed together.
-xubevange (ing- izin-) (n) miscellaneous collection.
-xubha (v) rinse teeth.
-xubho (isi- izi-) (n) tooth-brush.
xubhu (ideo) of rinsing.
-xubhuza (v) dip into water; rinse.
-xubo (isi-) (n) beer used for leavening.
-xukazi (i- ama-) (n) young ewe (before lambing).
xuku (ideo) of shaking liquid.
-xuku (isi- izi-) (n) crowd; group; cluster.
-xuku (um-) (n) porridge of mealies and beer dregs.
-xukuthu (isi- izi-) (n) cluster; bunch.
-xukuxuku (ubu-) (n) movement to and fro.
-xukuza (v) shake vigorously (as bottle of medicine).
-xukuzo (um- imi-) (n) opening medicine.
-xulamasele (isi- izi-) (n) species of bird.
-xunguzela (v) become upset; restless.
-xushela (u- izin-) (n) sharp pointed instrument.
-xwasa (v) discriminate against.
-xwaya (v) avoid; be wary.
-xwayisa (v) warn; cause to be wary.
-xwayiso (isi- izi-) (n) warning.
-xwazi (isi- izi-) (n) blemish.
-xwembe (isi- izi-) (n) large wooden spoon.
-xwembe (in- izin-) (n) large wooden spoon.
-xwexwe (isi- izi-) (n) broad flat object; large coin.

Y

-ya (v) go to.
  ya nayo — fight a losing battle; be overwhelmed; be critically ill.
  ya ngokuya — go in degrees; progress in stages.
  ya ngakho — proceed satisfactorily.
  ya ngamazwi omuntu — happen as predicted.
  ya kwaGoqanyawo — die.
  ya kwaNkatha — die.
  ya ngaphandle — go to relieve oneself.
  ya ngonina — of setting of sun.
  ya ngomtsha wendoda — of setting of sun.
  lingiyile — I am tongue-tied; I am at a loss what to say.
  umuntu ongayiwa — someone unpredictable; one difficult to get on with.
-yaba (u-) (n) flock (e.g. birds, animals).
-yabatheka (v) dash away (as one confused or in sad plight).
yabo (poss) their.
-yabhuka (v) wander about as vagrant; loaf; behave in foolish manner.
-yabhuka (isi- izi-) (n) foolish person.
-yabhuyabhu (isi- izi-) (n) wanderer; foolish person.
-yabuka (v) wander about; loaf.
-yabula (v) wander about; loaf.
-yaca (u-) (n) flock; array of similar objects; kind of belt worn by girls.
-yaca (isi- izi-) (n) foolish person.
-yadi (i- ama-) (n) yard; piece of cloth.
yaka (ideo) of rinsing out; of greenness; blueness.
-yaka (isi- izi-) (n) bunch of feathers worn at back of head.
-yakayaka (ama-) (n) tassels; tasselled object.
-yakaza (v) rinse out.
-yakazane (um- imi-) (n) species of grass.
-yakazela (v) be in tatters.
yakhe (poss) his; her.
yakho (poss) your; its.
yala (ideo) of doing superficially.
-yala (v) warn; tell; give advice; refuse.
-yalela (v) speak dying words; breathe one's last; give directions.
-yalelo (isi- izi-) (n) warning; instruction.
-yaleza (v) give instruction; give message to.
-yalezelo (isi- izi-) (n) message.
-yalezo (um- imi-) (n) message.
yalo (poss) its; his.
-yalo (isi- izi-) (n) admonition; warning.

-yalo (um- imi-) (n) warning; commandment.

yalu (ideo) of boiling; bubbling; commotion.

-yalu (isi- izi-) (n) source of river; bubbling fountain.

-yaluka (v) move about in large numbers; turn over.

-yalula (v) turn over; search.

-yaluyalu (isi- izi-) (n) commotion; disturbance.

-yaluza (v) move about in commotion; be restless; agitated.

-yambazi (i- um- isi-) (n) thin porridge; sour porridge.

-yama (v) lean against.

yami (poss) my.

-yangayanga (isi- izi-) (n) agitated person; stupid person.

-yangaza (v) be dismayed; bewildered.

-yanquza (v) search.

yaso (poss) its; his; her.

-yatha (isi- izi-) (n) simple minded person; one mentally deficient.

-yathayatha (isi- izi-) (n) simple minded person; one mentally deficient.

yawo (poss) its; their.

-yaya (isi- izi-) (n) necklet of ostrich feathers.

-yayatheka (v) act in confused nervous fashion.

yayo (poss) its; their.

-yaziyazi (ama-) (n) weak beer.

yazo (poss) their.

-ye (i- ama-) (n) species of ant.

yebo (interj) yes.

yedwa (pron) he/she alone.

yedwana (pron) she/he alone.

yehe (interj) aha! hey!

yehehe (interj) of mocking; of panic.

-yeka (v) leave off; stop; let go.

yeka (interj) my!
    yeka inkunzi kababa — what a bull
    is my father's.

-yeka (i- ama-) (n) acre.

-yekela (v) leave off; let alone.

-yekelela (v) leave off altogether; fail to exercise proper control; balance on head.
    yekelela izimpondo zebhayisikili —
    ride bicycle without holding
    handle-bars.

-yekethisa (v) handle carelessly; allow to hang loosely.

-yeko (um- imi-) (n) hair of diviner which hangs down.

yelele (interj) pleasurable excitement.

-yembe (i- ama-) (n) shirt.

yena (pron) he; she; it; him; her.

-yenca (v) clip; cut.

yence (ideo) of clipping; cutting.

-yence (isi- izi-) (n) clippers; scissors.

-yenda (v) swing.

-yendane (isi- izi-) (n) manner of hair dressing with tasselled fringes; person with such hair style.

yende (ideo) of swaying.

-yendezela (v) sway; totter.

-yenga (v) entice; lure; decoy.

-yengezela (v) be filled with tears; be overcome by emotion.
    yengezela izinyembezi — have tears
    in one's eyes.

-yengezi (isi- izi-) (n) beast with horns wide spread.

-yengi (um- aba-) (n) tempter.

-yeni (um- aba-) (n) bridegroom; husband; (pl. only) bridegroom's party.

-yenu (pron) your.

yephepha (interj) I beg your pardon.

yephu (ideo) of movement (as long hair).

-yephu (isi- (izi-) (n) hairy person; animal with long hair.

-yephuka (v) hang down like hair; be hairy.

-yephuzela (v) hang down like hair; be hairy.

-yetha (v) droop; pour into.

yethu (poss) our.

-yezane (um- imi-) (n) willow tree; honours of a hero.

-yezi (i- ama-) (n) cloud; pl. haziness.

-yezi (isi-) (n) giddiness.

-yihlo (u- o-) (n) your father.

-yihlokazi (u- o-) (n) your paternal aunt.

-yihlomkhulu (u- o-) (n) your grandfather.

-yihlozala (u- o-) (n) your father-in-law (of daughter-in-law).

yika (ideo) of hanging; swaying.

-yikayika (ama-) (n) tatters.

-yikazela (v) flap like tatters; wear tatters.

yikhona (conj) in order that.

yiki (ideo) of fluttering as feathers.

-yikizela (v) be adorned in plumes (or similar material which flutters).

-yiko (i- ama-) (n) voice.

-yiko (isi- izi-) (n) blemish; fault.

-yikoqo (i- ama-) (n) superstition.

yilokhu (conj) indicating persitent

action.

yinga (ideo) of uncertainty; embarrassment.

-yinga (isi- izi-) (n) blemish; bead necklace.

-yingaza (v) act as one baffled or embarrassed.

-yinge (isi- izi-) (n) circle.

-yingi (isi- izi-) (n) circle.

-yingilizi (isi- izi-) (n) circle.

yini (cop) what is it; is it so.

-yinki (u- o-) (n) ink.

-yisa (v) take to; convey.

-yise (u- o-) (n) his/her, their father.

-yisekazi (u- o-) (n) his/her, their paternal aunt.

-yisemkhulu (u- o-) (n) his/her/their grandfather.

-yisezala (u- o-) (n) her father-in-law.

-yobayoba (v) wriggle.

yobu (ideo) of scalding off.

-yobuka (v) get peeled off (as scalded skin).

-yobula (v) peel off.

-yoca (v) humiliate.

-yoco (isi- izi-) (n) Zulu frying-pan.

yocu (ideo) of scalding; grazing.

-yocu (um- imi-) (n) abrasion.

-yocuka (v) get grazed; scald.

-yocula (v) graze; scald.

yodwa (pron) they alone; he alone; it alone.

yodwana (pron) they alone; he alone; it alone.

yoko (ideo) of greenness.

-yoli (i- ama-) (n) stramonium; stinkblaar.

-yoliyoli (izi-) (n) delicacies; tasty food.

yombili (pron) both.

yomibili (pron) both.

yomihlanu (pron) the five of them.

yomine (pron) the four of them.

yomithathu (pron) three of them.

yona (pron) they; it; he; she.

yonhlanu (pron) all five.

yonke (pron) all of them; the whole of it.

yontathu (pron) the three of them.

yovu (ideo) of scalding.

-yovuka (v) get scalded.

-yovula (v) scald.

-yoyo (i- ama-) (n) fledgling before any feathers appear.

-yoyo (isi- izi-) (n) fledgling with feathers but before it can fly.

yozi (ideo) of dozing.

-yumba (isi- izi-) (n) corn without ears.

-yunifomu (i- ama-) (n) uniform.

Z

-za (v) come.
  za nendaba — narrate a story.
  za nendlebe — listen.

-za (i- ama-) (n) wave.

-za (isi- izi-) (n) building site; erf; plot of land.

-zabalaza (v) put up a struggle; refuse to give way.

-zabalazo (um- imi-) (n) struggle; stubborn refusal.

zabo (poss) its; their.

-zaca (v) become thin.

-zaca (um- imi-) (n) fighting stick.

zafu (ideo) of dipping up; of taking handful.

-zafuna (v) dip up; take a handful.

-zagiga (u-) (n) mumps.

-zakha (i- ama-) (n) barbed spear.

zakhe (poss) his/her.

zakho (poss) its; your.

-zakwabo (u- o-) (n) her co-wife.

-zakwenu (u- o-) (n) woman who has married same husband as yourself.

-zakwethu (u- o-) (n) woman who has married same husband as myself.

-zala (v) give birth; (as of animal).
  zala umuntu — help a person in difficulty.
  zalela phansi — lose children by death.
  zalelwa emqubeni — be born of well-to-do parents.
  zalelwa esithebeni — be born of well-to-do parents.
  zalela ihlokohloko — be noisy.
  zizala — have child who resembles you very much.
  ukuzalwa yindoda — to come just when a meal is finished.

-zala (i- ama-) (n) rubbish heap.

-zala (in-) (n) grass seed.

-zala (um- imi-) (n) ashes.

-zala (um- aba-) (n) cousin.

-zalambumbulu (um- aba-) (n) counterfeit cousin.

-zalana (v) be related by blood.

-zalanisa (v) breed; multiply by putting out to interest.

-zalela (v) lay eggs.

-zali (um- aba-) (n) parent.

zalo (poss) his; her; its.

-zalo (in-) (n) offspring; profit; dividend.

-zalo (isi- izi-) (n) mouth of river; estuary; womb.

-zalo (u-) (n) people descended from common ancestors.

-zalwane (ubu-) (n) brotherhood; fellowship.

-zalwane (um- aba-) (n) person belonging to the same group of people; one of the same spiritual brotherhood.

-zama (v) try.

-zamazama (v) quake; quiver; move to and fro.

-zamazisa (v) shake; stir.

-zambane (i- ama-) (n) round potato; hole on heel of stocking.

-zamcolo (u- o-) (n) deluge.

zami (poss) my.

-zamisa (v) stir.

-zamlandela (u- o-) (n) love charm; camphor.

-zamo (um- imi-) (n) effort; endeavour.

-zamula (v) yawn.

-zane (um- imi-) (n) species of tree.

-zange (def v) negative expressing never in past time.

-zankosi (u- o-) (n) handcuff.

-zansi (um-) (n) lower part of body; south-east wind.

-zanyana (um- aba-) (n) nurse for baby.

zaso (poss) its; his; hers.

-zathu (isi- izi-) (n) reason; cause.

-zavolo (u- o-) (n) night-jar.

zavu (ideo) of biting; slitting.

-zavula (v) bite; slit.

-zavula (in- izin-) (n) large protruding tooth.

-zavuza (v) slit; bite.

zawo (poss) its; their.

zawu (ideo) of slitting; biting.

-zawu (u- izin-) (n) long sharp teeth; nippers (e.g. ant).

-zawula (v) make incisions; slit; bite.

zayo (poss) their; its; his.

-zaza (v) move hither and thither.

-zaze (u-) (n) species of idumbi tuber.

-zazisa (uku-) (v & n) to have a good opinion of oneself.

zazo (poss) their.

ze (ideo) of placing firmly upon.

-ze (def v) until; do eventually; never.

-ze (rel) naked; empty.

-ze (i- ama-) (n) something of no importance; nothing.

-ze (ubu-) (n) nakedness; poverty.

-zeca (v) cut down (as with axe).

-zeca (isi- izi-) (n) battle-axe.

zece (ideo) of cutting as with clipper.

-zeceza (v) cut through as with clipper.

-zekamanzi (u- o-) (n) dragon-fly.

-zele (i- ama-) (n) green stalk of maize.

-zemazema (isi- izi-) (n) bulky, heavy object.

-zembe (i- ama-) (n) axe.

-zemtiti (i- ama-) African exempted from Native law.

zenene (ideo) of running at speed.

-zeneneza (v) run fast.

-zenga (v) make groove.

-zenga (i- ama-) (n) groove; segment.

zenu (poss) your.

-zenze (i- ama-) (n) flea.

-zenze (isi- izi-) (n) battle-axe.

-zenzisa (uku-) (v) feign; pretend.

-zenzisi (um- aba-) (n) hypocrite; pretender.

zethu (poss) our.

-zeze (i- ama-) (n) flea.

-zi (umu- imi-) (n) village; homestead; family; black spot on palm of hand; sewing fibre; fibrous plant used for rope making.

-zi (u- imi-) (n) fibre.

ziba (ideo) of temporary blackout; of darkness falling; of temporary forgetfulness.

-ziba (isi- izi-) (n) patch (as on cloth); deep pool.

-ziba (v) pretend not to hear.

zibaba (ideo) to become dark; to have mental blackout.

-zibamasondo (in-) (n) beer made on receipt of lobolo cattle.

-zibandlela (u-) (n) December.

-zibekela (v) cover (as with lid).

-zibekelo (isi- izi-) (n) lid.

-zibhadu (rel) spotted.

-zibu (i- ama-) (n) water lily.

-zibuko (i- ama-) (n) place where river may be forded.

-zibukula (v) take off lid; uncover.

-zibula (v) bear first child.

-zibulazana (i- ama-) (n) cow giving birth for first time.

-zibulo (i- ama-) (n) first born.

-zibuse (u- o-) (n) self-government.

-zibuthe (u- o-) (n) magnet.

-zidela (uku-) (n) to sacrifice oneself;

risk oneself.

-zika (v) sink down; settle (as mud in water); go deep.

-zika (in-) (n) sediment.

ziki (ideo) of cutting with blunt instrument.

-ziki (um- imi-) (n) reed-buck.

-zikiza (v) cut with blunt instrument.

-ziko (i- ama-) (n) fire-place.

-zila (v) mourn; fast; abstain from food.

-zila (um- imi-) (n) track; column of cattle or impi.

-zilazila (v) pretend; move about restlessly.

-zilo (in-) (n) fasting; mourning; mourning dress.

-zimazisa (v) lend dignity; give prestige to; console.

-zimba (i- ama-) (n) ear of corn or sweetcane.

-zimba (um- imi-) (n) body.

ukuba nomzimba — to be stout; to be well built physically.

umzimba omubi—sepsis; one prone to body sores and pustules.

zimbu (ideo) of sprouting in numbers; of raising.

-zimbuka (v) sprout in numbers; grow as weeds; come off; get uprooted.

-zimbula (v) uproot.

-zime (u- izin-) (n) walking staff.

-zimelela (v) use walking staff; support yourself by; stand firm.

zimu (ideo) of becoming stout.

-zimu (i- ama-) (n) cannibal.

-zimuka (v) grow fat; grow large.

-zinda (isi- izi-) (n) kraal of the heir.

-zindela (v) dilly-dally; be slow in doing.

-zindla (v) think over; meditate.

-zindlekela (v) suspect; presume for.

-zindlo (um- imi-) (n) suspicion; obsession.

-zinga (i- ama-) (n) ring or corrugation on horn; ridge; annular ring.

-zinge (def v) do habitually.

-zinge (isi- izi-) (n) circle.

-zingela (v) hunt.

-zingeleza (v) surround; encircle.

-zingelezi (isi- izi-) (n) circle.

-zingeli (um- aba-) (n) hunter.

-zinkimbinkimbi (rel) complicated; maze.

-zintana (u-) (n) bush-tea.

-zinyane (i- ama-) (n) young of goat; young of one of smaller animals.

zinyane lesilo — member of royal family.

-zinyeza (uku-) (n & v) feel uneasy; have guilty conscience; feel awkward.

-zinyo (i- ama-) (n) tooth.

ukuphathwa yizinyo—to suffer from toothache.

izinyo elibulalayo — an only child.

mazinyo aqinile — grown up.

enza amazinyo abushelelezi — pretend.

vezela izinyo — superficial friendship.

-zinza (v) sit down; settle down.

-zipho (i- ama-) (n) talon; claw.

-zipho (u- izin-) (n) fingernail; toenail.

ziphu (ideo) of beating with a stick.

-ziphuna (v) beat with a stick.

-ziphula (v) beat with a stick.

-zisini (rel) have gap in teeth; toothless.

-zizima (um-) (n) darkness; dark band; dark streak; bruise.

-zizimbane (i- ama-) (n) Africans in Tanzania who are Mohammedans.

zodwa (pron) they alone.

-zokwe (um- imi-) (n) leech.

-zola (v) humble; quiet.

-zolo (i-) (n & adv) yesterday.

imihla nayizolo — day in and day out; frequently.

-zolo (ama-) (n) dew.

-zolombela (in- izin-) (n) abyss.

zombe (ideo) of meandering; going zigzag.

-zombe (ama-) (n) winding trail.

-zombeza (v) meander; go zigzag.

-zombezombe (ama-) (n) winding trail; maze; labyrinth.

zombili (pron) both.

zona (pron) they themselves; them.

-zonda (v) dislike; hate; be hurt (spiritually or physically).

zondeka (v) become unacceptable.

-zondisa (v) hurt.

-zondo (in-) (n) hatred; malice; dislike.

-zondo (isi-) (n) grudge; malice.

-zondo (um- imi-) (n) garden bug.

zone (pron) all four.

-zongoloza (v) wrap round; bind.

-zongolozela (v) wrap round; bind.

-zongwe (i- ama-) (n) nape of neck.

zonhlanu (pron) all five of them.

zonke (pron) all of them.

zontathu (pron) all three of them.

-zonya (v) dress hair peppercorn style.

-zonyo (um- imi-) (n) peppercorn hair style.

-zonzo (i- ama-) (n) thin legs; thin legged person; leg of bird; tip-toe.

-zonzobala (v) be deep and calm (like pool).

-zonzwane (ama-) (n) tip-toe.

-zosha (isi- izi-) (n) poem.

-zotha (v) be calm; mellow; be dignified; be dark.

-zotha (in- izin-) (n) dark brown beast; dark brown dog.

-zotha (isi-) (n) dignity; calmness; self possession.

zoyi (ideo) of effervescing; bubbling.

-zoyiza (v) effervesce.

zozimbili (pron) both.

zozine (pron) all four of them.

zozinhlanu (pron) all five of them.

zozintathu (pron) all three of them.

-zozo (u- o-) (n) Natal sore.

-zuba (v) hurl down.

-zubela (i- ama-) (n) splinter; chip.

zucu (ideo) of striking a hard blow (as with stick).

-zucu (isi- izi-) (n) pocket or bag containing heavy material (e.g. coins).

-zucula (v) strike a hard blow.

-zucuza (v) strike a hard blow.

-zuka (v) exhaust; make weary.

-zuka (u- o-) (n) sixpence; five cents.

-zukazikeyi (in-) (n) hard tussle.

-zukeka (v) be exhausted; tired.

zuku (ideo) of struggling.

-zukulu (isi- izi-) (n) offspring; generation.

-zukulu (um- aba-) (n) grandchild.

-zukulwane (isi- izi-) (n) offspring; generation.

-zukulwane (um- aba-) (n) grandchild.

-zukuza (v) struggle.

-zukuzuku (um-) (n) hard tussle; struggle.

-zula (v) roam about; wander.
    zulelwa ngamanqe — be in grave danger.

-zulane (u- izin-) (n) vagrant; wanderer.

-zulane (um- imi-) (n) vagrant; wanderer.

-zule (in- izin-) (n) Zulu cattle.

-zulu (i- ama-) (n) heaven; sky; weather; climate; rain; lightning.

-Zulu (u-) (n) Zulu nation.

-zulu (isi-) (n) Zulu language; Zulu habit or custom; zulu manner or life.

Zulu (um- ama-) (n) member of the Zulu race.

-zulucwathile (rel) blue.

-zululeka (v) roam; become dizzy.

-zululwane (in-) (n) giddiness.

-zulumba (v) lie in wait; prowl; search.

-zuma (v) surprise; take unawares.

zumbu (ideo) of silence.

-zumbulu (isi- izi-) (n) large amount; large amount in a container such as a bag.

-zumeka (v) fall asleep.

zumpu (ideo) of silence; striking with a stick.

-zumpula (v) strike with a stick.

-zungeleza (v) surround.

-zungelezane (u-) (n) merry-go-round; going round and round.

-zungelezela (v) encircle; surround.

-zungeza (v) surround.

-zungezo (um- imi-) (n) a going round.

-zungu (isi-) (n) loneliness.

-zungu (u-) (n) conspiracy; plot; treachery.

-zungula (v) initiate.

-zunguli (um- aba-) (n) initiator.

-zungulu (um- imi-) (n) species of climber.

-zunguzane (isi-) (n) giddiness.

-zunguzungu (isi- izi-) (n) nape of neck.

-zuza (v) obtain; earn.

-zuzo (in-) (n) profit; gain.

-zuzu (um- imi-) (n) short space of time; moment.

-zuzwana (um- imi-) (n) short while.

-zwa (v) hear; listen; taste; smell; feel; sense; live; be alive.
    zwa amanzi ngobhoko/ngodondolo — put out feelers; sound depth of water with stick.
    zwa ngekhanda — have intuition.
    zwa ngomoya — get from hearsay.
    zwa ngendaba — get from hearsay.
    zwa ngosizwile — get from hearsay.
    zwa ngabasiki bebunda — get from hearsay.
    zwa ngosibhincamakhasana — get from hearsay.
    zwa ngetshelo — get from hearsay.
    zwa ngezinyo — bite.
    ukuzwa ngenduku/ngomshiza — to hit with a sitck.
    ukuzwa ngenkaba — to be attracted to a relative that one does not

know.

ukungezwa ngakutshelwa — to want to see for oneself.

ukungezwa nakuzwa — to be in a bad temper; to be determined on a course of action.

ukuzizwa — feel self-important.

-zwa (umu- imi-) (n) nerve; feeling.

-zwabethi (in-) (n) rumour.

zwace (ideo) of disappearing round bend or corner or behind something.

-zwacela (v) disappear.

-zwakala (v) be audible.

-zwakubi (in- izin-) (n) person with quick temper.

-zwana (v) be friendly; understand each other.

-zwana (isi- izi-) (n) one not of the Zulu tribe.

-zwangedwa (um-) (n) personal grief.

-zwangomoya (i- ama-) (n) vulture.

-zwani (i- ama-) (n) toe of bird.

-zwani (u- izin-) (n) toe.

-zwathi (u-) (n) firestick.

-zwayiba (ama-) (n) thin, wiry person.

-zwe (i- ama-) (n) land; country.

izwe elingafelwa nkonyane — land of milk and honey.

-zwe (isi- izi-) (n) nation; people.

-zwe (izi-) (n) insanity; evil spirits.

-zwela (v) sympathise with; be affected by; be touchy.

-zwelo (u-) (n) touchiness.

-zwelo (um- imi-) (n) emotion.

-zwezwe (um- imi-) (n) spur of cock.

zwi (ideo) of great noise; of being alone; of hurling.

-zwi (i- ama-) (n) voice; word.

ukuba nezwi — to have a beautiful singing voice; to have a big voice; to hold a grudge; to have something to say.

ukuba namazwi — to be good at argument.

amazwi ayiziswana —annoying talk.

-zwiba (v) fling.

-zwibela (i- ama-) (n) splinter; chip of wood.

-zwilili (um- imi-) (n) canary; one with good singing voice.